W9-AHD-907

THE FACTS ON FILE
ENGLISH/FRENCH
Visual Dictionary

THE FACTS ON FILE
ENGLISH/FRENCH
Visual Dictionary

LOOK UP THE WORD FROM THE PICTURE
FIND THE PICTURE FROM THE WORD

Jean-Claude Corbeil/Ariane Archambault

Facts On File® Publications
New York, *New York* • Oxford, *England*

PUBLISHED UNDER LICENSE IN THE UNITED STATES OF AMERICA BY **FACTS ON FILE**, NEW YORK

Library of Congress Cataloging-in-Publication Data:

Corbeil, Jean-Claude.
   The Facts On File Visual Dictionary, French/English

Includes index.
 I. Picture dictionaries, English. 2. Handbooks, vade-mecums, etc.
II. Title.

AG250.C64 1987   423'.1   87-9037
ISBN 0-8160-1545-7

Printed in Canada

EDITORIAL STAFF	DIRECTION ÉDITORIALE
Jacques Fortin publisher	**Jacques Fortin** éditeur
Jean-Claude Corbeil editor-in-chief	**Jean-Claude Corbeil** directeur
Ariane Archambault assistant editor	**Ariane Archambault** directrice adjointe
Sylvie Lévesque graphic design	**Sylvie Lévesque** conception graphique
ASSOCIATE RESEARCH EDITORS Edith Girard René Saint-Pierre Christiane Vachon Marielle Hébert Ann Céro	**RECHERCHE ET RÉDACTION** Edith Girard René Saint-Pierre Christiane Vachon Marielle Hébert Ann Céro
GRAPHICS STAFF Francine Giroux Emmanuelle Rousseau	**RÉALISATION GRAPHIQUE** Francine Giroux Emmanuelle Rousseau
COMPILATION OF BRITISH VOCABULARY Martin H. Manser	**COMPILATION DU VOCABULAIRE BRITANNIQUE** Martin H. Manser
COPY EDITORS Diane Martin Donald Smith	**CORRECTION-RÉVISION** Diane Martin Donald Smith

CONTENTS

Acknowledgement 10
Preface............................... 13
Introduction 15
Usage Guide........................... 30

THEMES

ASTRONOMY 33
GEOGRAPHY 45
VEGETABLE KINGDOM.................. 67
ANIMAL KINGDOM 87
HUMAN BEING....................... 111
FOOD.............................. 141
FARMING 159
ARCHITECTURE 167
HOUSE 185
HOUSE FURNITURE................... 207
GARDENING 245
DO-IT-YOURSELF 255
CLOTHING.......................... 289
PERSONAL ADORNMENT 323
PERSONAL ARTICLES................. 335
COMMUNICATIONS.................... 353
TRANSPORTATION 395
OFFICE SUPPLIES AND EQUIPMENT 459
MUSIC 473
CREATIVE LEISURE ACTIVITIES........... 497
SPORTS 523
MEASURING DEVICES 603
OPTICAL INSTRUMENTS 617
HEALTH 627
ENERGY 633
HEAVY MACHINERY.................. 673
WEAPONS 687
SYMBOLS........................... 707

General index — English 725
Thematic indexes — English 761
Specialized indexes — English 801
General index — French 815
Thematic indexes — French 849
Specialized indexes — French 887
Selective bibliography 901

TABLE OF CONTENTS 905

SOMMAIRE

Remerciements 11
Préface............................... 13
Introduction 23
Mode de consultation 31

THÈMES

ASTRONOMIE........................ 33
GÉOGRAPHIE........................ 45
RÈGNE VÉGÉTAL 67
RÈGNE ANIMAL 87
ÊTRE HUMAIN 111
NOURRITURE 141
FERME............................. 159
ARCHITECTURE 167
MAISON 185
AMEUBLEMENT DE LA MAISON 207
JARDINAGE......................... 245
BRICOLAGE 255
VÊTEMENTS 289
PARURE 323
OBJETS PERSONNELS 335
COMMUNICATIONS................... 353
TRANSPORT 395
FOURNITURES ET ÉQUIPEMENT
DE BUREAU......................... 459
MUSIQUE 473
LOISIRS DE CRÉATION................. 497
SPORTS 523
APPAREILS DE MESURE 603
APPAREILS DE VISION 617
SANTÉ 627
ÉNERGIES 633
MACHINERIE LOURDE................. 673
ARMES............................. 687
SYMBOLES 707

Index général — anglais 725
Index thématiques — anglais 761
Index spécialisés — anglais 801
Index général — français 815
Index thématiques — français 849
Index spécialisés — français 887
Bibliographie sélective 901

TABLE DES MATIÈRES 915

*The editors are grateful for the assistance provided by
the following manufacturers and organizations:*

Air Canada — **Archambault Musique** — Aréo-feu Ltée — **ASEA Inc.** — Atelier Lise Dubois — **Atomic Energy of Canada Ltd** — Automobiles Renault Canada Ltée — **Banque de terminologie du Québec** — Bell Canada — **Bombardier Inc.** — Botanical Garden of Montreal — **Camco Inc.** — Canada Mortgage and Housing Corporation — **Canadian Broadcasting Corporation** — Canadian Coleman Supply Inc. — **Canadian General Electric Company Ltd** — Canadian Government Terminology Bank — **Canadian National** — Canadian Pacific — **François Caron Inc.** — CKAC Radio — **CNCP Telecommunications** — Control Data Canada Ltd — **Department of National Defence** — Dow Planetarium — **Eaton** — Fédération québécoise de badminton — **Fédération québécoise de canot-camping** — Fédération québécoise de handball olympique — **Fédération québécoise de la montagne** — Fédération québécoise de ski nautique — **Fédération québécoise de soccer football** — Fédération québécoise des sports aériens Inc. — **Fédération québécoise de tennis** — Fédération de tennis de table du Québec — **Ford du Canada Ltée** — General Motors of Canada Ltd — **G.T.E. Sylvania Canada Ltée** — Gulf Canada Ltd — **Hewitt Equipment Ltd** — Hippodrome Blue Bonnets Inc. — **Honeywell Ltd** — Hudson's Bay Company — **Hydro-Québec** — IBM Canada Ltd — **Imperial Oil Ltd** — Institut de recherche d'Hydro-Québec (IREQ) — **Institut Teccart Inc.** — Institut de tourisme et d'hôtellerie du Québec — **International Civil Aviation Organization** — Johnson & Johnson Inc. — **La Maison Casavant** — Nissan — **Office de la langue française du Québec** — J. Pascal Inc. — **Petro-Canada Inc.** — Quebec Cartier Mining Company — **RCA Inc.** — Shell Canada Products Company Ltd — **Smith-Corona Division of SMC (Canada) Ltd** — Société d'énergie de la Baie James — **Société de transport de la Communauté urbaine de Montréal** — Teleglobe Canada — **Translation Bureau: Department of the Secretary of State of Canada** — Via Rail Canada Inc. — **Volvo Canada Ltd** — Wild Leitz Canada Ltd — **Xerox Canada Inc.** — Yamaha Canada Music Ltd.

A special thanks to **Alan Goodworth**, Managing Director of **Facts on File Publications** (Oxford), for providing the British terminology.

REMERCIEMENTS

Pour la préparation du Dictionnaire thématique visuel, nous avons bénéficié de la collaboration de nombreux organismes, sociétés et entreprises. Nous avons également bénéficié des avis judicieux de nombreux collègues, traducteurs, terminologues ou spécialistes d'un domaine.

En guise de remerciement, nous citons ci-après les noms des personnes et sociétés que nous avons consultées plus particulièrement.

Air Canada — **Aéro-feu Ltée** — Marie Archambault — **Archambault Musique** — ASEA Inc. — **Pierre Auger** — Automobile Renault Canada Ltée — **Banque de terminologie du Gouvernement canadien** — Anne-Marie Baudouin — **Alain Beaulieu** — Nycole Bélanger — **Bell Canada** — Sylvie Bergeron — **Laurent Bérubé** — Irman Bolduc — **Bombardier Inc.** — Christian Boulter — **François-Xavier Bourgeois** — Rachel Boutin-Quesnel — **Claude Bruson** — Carmen Boyer-Carignan — **Bureau des traductions : Secrétariat d'État du Canada** — Hélène Cajolet-Laganière — Camco Inc. — Canadian Coleman Supply Inc. — **Canadien National** — Canadien Pacifique — **François Caron Inc.** — Centre de Tissage Leclerc Inc. — **CKAC Radio** — CNCP Télécommunications — **Compagnie Générale Électrique du Canada Ltée** — Compagnie Minière Québec Cartier — **Compagnie Pétrolière Impériale Ltée** — Control Data Canada Ltée — **Johanne Cousineau** — Robert de Grandpré — **Marie-Eva de Villers** — Pauline Daigneault — **Pierre Dallaire** — Jane Dalley — **Miguelle Dubé** — Atelier Lise Dubois — **Robert Dubuc** — Capitaine Régent Duchesneau — **Charles Dupont** — Céline Dupré — **Eaton** — Énergie Atomique du Canada Ltée — **Fédération québécoise de badminton** — Fédération québécoise de canot-camping — **Fédération québécoise de handball olympique** — Fédération québécoise de la montagne — **Fédération québécoise de ski nautique** — Fédération québécoise de soccer football — **Fédération québécoise des sports aériens Inc.** — Fédération québécoise de tennis — **Fédération de tennis de table du Québec** — Ford du Canada Ltée — **Lisa Gallante** — General Motors du Canada Ltée — **Louise Genest-Côté** — Michel Giguère — **Céline Grégoire** — G.T.E. Sylvania Canada Ltée — **René Guibord** — Gulf Canada Ltée — **Monique Héroux** — Hewitt Equipment Ltée — **Hippodrome Blue Bonnets Inc.** — Honeywell Ltée — **Hydro-Québec** — IBM Canada Ltée — **Impériale Ltée Compagnie Pétrolière** — Institut de recherche d'Hydro-Québec (IREQ) — **Institut de Tourisme et d'Hôtellerie du Québec** — Institut Teccart Inc. — **Jardin Botanique de Montréal** — Robert Jolicœur — **Johnson & Johnson Inc.** — Viviane Julien — **Michel Juteau** — Nada Kerpan — **Richard Kromp** — La Baie d'Hudson Compagnie de — **Pierre Laberge** — Pierre Lacombe — **Ginette Laliberté** — Claire Lamy — **Marc Leclerc** — J.-Roger Leclerc — **Marylène Le Deuff** — Maison Casavant — **Michel Mainville** — Marie Mathieu-Brisebois — **Pierrette Martin** — Charles Mayer — **Lisette Ménard-Lépine** — Ministère de la Défense nationale — **Alain Morissette** — Nissan — **Office de la langue française du Québec** — Organisation de l'Aviation civile internationale — **J. Pascal Inc.** — Petro Canada Inc. — **Jean-Marc Picard** — Pierre Pilon — **Planétarium Dow** — Yves Poirier — **Madeleine Portugais-Dumont** — Normand Prieur — **Produits Shell Canada Ltée** — Sylvie Provost — **R.C.A. Inc.** — Jocelyne Robillard — **Chantal Robinson** — Louis-Jean Rousseau — **Michel Roy** — Robert Schetagne — **Shell Canada** — Smith-Corona Division de SCM (Canada) Ltée — **Société canadienne d'hypothèques et de logement** — Société d'énergie de la Baie James — **Société Radio-Canada** — Société de transport de la Communauté Urbaine de Montréal — **Guy Tardif** — Téléglobe Canada — **Via Rail Canada Inc.** — Gigi Vidal — **Thérèse Villa** — Volvo Canada Ltée — **Wild Leitz Canada Ltée** — Xerox Canada Inc. — **Yamaha Canada Musique Ltée.**

PREFACE

There are a number of dictionaries on the market whose titles readily spring to mind and whose merits are beyond question. Why then a new dictionary?

First, there is in every language a notable absence of dictionaries that provide a reliable modern terminology for the many objects, devices, machines, instruments or tools of everyday life. Secondly, bilingual Canada, and particularly Quebec, have long carried out and achieved world renown in the field of terminological research. Linguistic boards and organizations are maintained by governments; highly-skilled terminologists, linguists and translators are trained by universities; and efficient, competent terminology and translation services thrive within large corporations.

Given this context, it was only logical for Éditions Québec/Amérique to engage in the great adventure of compiling a dictionary. In four years, terminologists, linguists, researchers, translators, illustrators and graphic artists, under the supervision of prominent terminologist and linguist Jean-Claude Corbeil, have devised and composed an impressive work of reference. No dictionary had yet been specifically designed to cope with this era of information where high technology pervades every facet of our daily life. This one fills a tremendous gap.

Its novel presentation, carefully selected content, didactic illustrations and simplicity of use make it a unique tool for anyone concerned with using the right term in all circumstances. It is a work intended for clear, efficient communication serving to develop and enrich everyone's vocabulary.

Jacques Fortin
Publisher
Éditions Québec/Amérique

PRÉFACE

Il existe sur le marché de nombreux dictionnaires dont les noms surgissent spontanément à l'esprit et dont les mérites sont incontestables. Pourquoi un nouveau dictionnaire?

D'abord, on observe dans toutes les langues une pauvreté d'ouvrages dans lesquels on peut trouver, en toute confiance, la terminologie contemporaine des multiples objets, appareils, machines, instruments ou outils qui meublent la vie quotidienne. En outre, au Canada — pays bilingue — et particulièrement au Québec, la recherche terminologique est par nécessité un secteur d'activité fébrile et nos chercheurs ont acquis depuis longtemps une renommée mondiale. Les gouvernements ont créé des organismes spécialisés; les universités ont formé des terminologues, des linguistes et des traducteurs compétents et efficaces; et les grandes sociétés industrielles et commerciales ont participé à l'œuvre collective en instituant leurs propres services de terminologie et de traduction.

Dans ce contexte, il était normal et logique que les Éditions Québec/Amérique se lancent dans cette grande aventure que constitue la réalisation d'un dictionnaire. Pendant quatre ans, terminologues, linguistes, chercheurs, documentalistes, traducteurs et illustrateurs, sous la direction de l'éminent terminologue et linguiste Jean-Claude Corbeil, ont mis au point cet outil simple et précis. Ils répondaient ainsi à un besoin de l'ère de l'informatique, caractérisée par une explosion de vocables techniques, pour laquelle aucun dictionnaire n'avait été particulièrement conçu.

La présentation originale du DICTIONNAIRE THÉMATIQUE VISUEL, son contenu sélectif, sa simplicité, ses illustrations didactiques et son caractère moderne en font un ouvrage de référence d'accès facile, sans équivalent sur le marché. Il convient à quiconque se soucie d'employer le mot juste pour désigner tout objet de la vie courante. Il permettra à l'utilisateur d'enrichir son vocabulaire et de communiquer plus efficacement avec son entourage.

Jacques Fortin
éditeur
Éditions Québec/Amérique

INTRODUCTION

PURPOSE OF THE DICTIONARY

Initially, we set ourselves two goals:
a) List all the terms and notions which designate or portray the many elements of everyday life in an industrial, post-industrial or developing society, and which one needs to know to buy an object, discuss a repair, read a book or a newspaper, etc.
b) Visualize them through graphic representation; i.e., assign to an illustration the role played by the written definition in a conventional dictionary.

The latter implies a constraint: The selected notions must lend themselves to graphic representation. Hence, the list must omit abstract words, adjectives, verbs and adverbs, even though they are part of the specialized vocabulary. Terminologists have not yet adequately solved this problem.

Following a series of tests and consultations, technical graphics were deemed the best form of visual presentation because they stress the essential features of a notion and leave out the accessories, like the fashion details of clothing. The resulting illustration gains in conceptual clarity what it loses in detail and provides a better definition.

To achieve our goals, we assembled two production teams, one of terminologists and another of graphic artists, who worked together under one scientific supervisor.

THE INTENDED USER

The VISUAL DICTIONARY is meant for the active member of the modern industrial society who needs to be acquainted with a wide range of technical terms from many assorted areas, but not to be specialist in any.

The profile of the typical user guided our selection of items in every category. We included what may be of use to everybody and deliberately left out what is in the exclusive realm of the specialist.

Varying levels of specialization will be noted from one category to another, however, depending on one's degree of familiarity with a subject or the very constraints of specialization. Thus, the vocabulary of clothing or electricity is more familiar to us than that of nuclear energy. Or

15

Introduction

again, to describe the human anatomy, one is confined to medical terminology but to describe the structure of a fruit, one may use both the scientific and popular terms. Familiarity with a subject also varies from one user to another or with the degree of penetration of a specialty. The best example no doubt is the propagation of the vocabulary of data processing brought on by the widespread use of the personal computer.

Be that as it may, the aim was to reflect as best as possible the specialized vocabulary currently used in every field.

CHARACTERISTICS OF THE DICTIONARY

What distinguishes THE VISUAL DICTIONARY from other lexicons?

Conventional works

Dictionaries come in four basic types:

a) Language dictionaries

Language dictionaries are divided into two parts.

The first is the nomenclature, i.e., the list of words that are the object of a lexicographical commentary. It forms the macrostructure of the dictionary. For practical purposes, words are listed in alphabetical order. The nomenclature generally includes words of the common modern language, archaic words — often incorporated in a text — whose knowledge is useful to understand the language's history, and some technical terms that are fairly widespread.

The second is a lexicographical commentary whose microstructure varies according to lexicographical tradition. It generally deals with the word's grammatical category, its gender (if the case may be), its pronunciation in the international phonetic alphabet, its etymology, its various meanings, often in chronological order, and, finally, its uses according to a rather impressionistic typology that includes the *colloquial*, the *popular* and the *vulgar*.

b) Encyclopedic dictionaries

These add on to the former type of dictionary commentaries on the nature, the function or the history of things, allowing the layman or the specialist to better understand the import of a word. They devote much more space to technical terms and closely follow the development of science and technology. Illustrations are assigned an important role. These works are more or less bulky, depending on the extent of the nomenclature, the importance of the commentaries and the space allotted to proper nouns.

c) Encyclopedias

Contrary to the preceding, encyclopedias do not include a full word list. They are essentially concerned with the scientific, technical, geographical, historical and economic aspects of their subjects. The structure of the nomenclature is arbitrary since every classification, be it alphabetical, notional, chronological or otherwise, is legitimate. The number of such works is potentially unlimited as are the activities of civilization, although a distinction must be drawn between universal and specialized encyclopedias.

d) Specialized lexicons or vocabularies

These works are generally meant to enhance communications or to answer particular needs arising from the evolution of science or technology. They vary from one another in every respect: the method of compilation, the relationship of the authors to the subject, the size of the nomenclature, the number of languages dealt with at once and the manner of establishing equivalents, either through translation or comparison between unilingual terminologies. There is intense activity in this field nowadays. Works abound in every area and in every language combination deemed useful.

THE VISUAL DICTIONARY is not an encyclopedia. For one, it does not describe but names items. Secondly, it avoids the enumeration of items within a category. Rather than list the different types of trees, for instance, it selects a typical representative of the tree family and lists each of its parts.

It is even less a language dictionary. It contains only substantives — without written definitions — few adjectives, and very often complex terms, which is common to all terminologies.

Neither is it a compendium of specialized vocabularies —, as it favors words useful to the average person over terms known only to specialists, who may find it too elementary.

The VISUAL DICTIONARY is the first basic dictionary of terminological orientation, comprising within a single volume, with high regard for accuracy and easy access, thousands of more or less technical terms whose knowledge becomes a necessity in this modern world where science, technology and their by-products permeate and influence daily life.

ORIGINALITY OF THE BILINGUAL VERSION

The bilingual VISUAL DICTIONARY compares two languages, French and English, and two usages of each language, British and American English, on the one hand, and French from France and North America, on the other hand. The reader is given precise information on variations in usage of the same language as well as similarities or differences between English and French. Very few bilingual dictionaries have this advantage, and none in such an easy to consult format.

Common Language

The words that are common to all speakers of French or English are printed in roman type, black for the English and blue for the French.

The European usage of French or English is printed in italics.

American English or British English

English variations are of different nature. Sometimes, only the spelling differs, as in *theater* and *theatre*, or *leveling* and *levelling*. But, often, the same idea is expressed by truly different words, such as *pants* and *trousers, elevator* and *lift, hood* and *bonnet*.

In this bilingual version of the VISUAL DICTIONARY, we systematically identify British and American usages, whenever there is a major difference, whether in the spelling or the vocabulary. British usage is shown in italics and American usage in roman.

The VISUAL DICTIONARY thus clearly distinguishes between the two usages of English.

Quebec French or French from France

Likewise, in some cases, fewer than in English to be sure, Quebec French differs from European French. The spelling never differs. However, the same idea may sometimes be expressed by different words. Thus, what is called in France *bonnet* and *tringle chemin de fer*, is known, in Quebec, as *tuque* and *tringle à coulisse*.

In the area of technical vocabulary, such cases are less frequent than they are in that of general vocabulary.

Whenever it is useful or essential to distinguish between the two usages, the term used in France is printed in italics and the Quebec term in roman.

Cultural Differences

On rare occasions, the cultural difference is so great that it becomes artificial to try and establish a correspondence between the two languages.

Introduction

For example, to reflect different styles of letter writing, we publish three models of letters, with appropriate terminology, one in American English, another in French, and the third one in British English. Similarly, we show three cuts of meat: a bilingual one for North America, another exclusively in French for the Parisian cut, and the third one in English only with the mention *British cut*. Another example of cultural differences can be seen with proofreading symbols which differ from one tradition to another, and it is neither possible nor advisable to favour one over the other.

Language Crossovers

The visual presentation of the terminology, clearly distinguished by the colours, enables the reader to see at once the borrowings, from French into English or from English into French. The bilingual VISUAL DICTIONARY may also be used as a dictionary of anglicisms by the French. To be sure, it will allow the user to find the corresponding word in one language when the word that springs to mind is in the other language.

METHODOLOGY

The preparation of this dictionary followed the methodology of systematic and comparative terminological research developed in Quebec in the early Seventies, now widespread in the whole of Canada, Europe, South America, North Africa and Sub-Saharan Africa.

We worked in the two languages, English and French, that are the most widely used throughout the world. The research available in both languages ensures a comprehensive stock of notions and terms, thanks to the interrelationship of approaches and specialties proper to each language and their different perception and expression of the same realities. Eventually, we propose to apply the same methods to other languages, particularly Arab and Spanish.

The methodology of systematic terminological research involves many stages that follow one another in logical order. This progression applies to each language under study, their comparison intervening only at the end of the process with the compilation of terminological files. Thus, the pitfalls of literal translation are avoided.

A brief description of each stage follows:

Field delimitation

First, the content and size of the project must be carefully determined according to its goals and its prospective users.

In the case of the VISUAL DICTIONARY, we selected the major themes we felt should be dealt with, then divided each one into categories and sub-categories, keeping sight of our initial goal to steer clear of encyclopedism and ultraspecialization. The result was a detailed interim table of contents, providing the structure of the dictionary, to be used as a guide and refined in subsequent stages. The actual table of contents emerged from this process.

A dummy was then submitted to the contributing editors, lexicographers and terminologists, for their opinion on the content and the graphic style of the illustrations. Enriched from their comments, the project moved onto the production stage.

The collection of documentary sources

The production plan first called for researching and collecting the material likely to yield the required information on each subject. The research covered both French and English texts.

Here, without prejudice, is the list of documentary sources in order of the confidence placed in them for reflecting correct usage:

— English-French language dictionaries.

— Specialized dictionaries or vocabularies, whether unilingual, bilingual (French-English) or multilingual, whose quality and reliability should be carefully appraised.

— Encyclopedias or encyclopedic dictionaries, language dictionaries.

— Catalogues, commercial texts, advertisements in specialized magazines and large dailies.

— Technical documents from the International Standard Organization (ISO), the American Standard Association (ASA) and the Association française de normalisation (AFNOR); directions for use of commercial products; comparative product analyses; technical information supplied by manufacturers; official government publications, etc.

— French or English articles or works by specialists with an adequate level of competence in their field. In translation, these prove highly instructive as to word usage, although caution should be exercized.

On the whole, some four to five thousand references. The selective bibliography contained in the dictionary lists only the general reference works, not the specialized sources.

Sifting through the documentation

For every subject, the terminologist must sift through the documentation, searching for specific notions and the words used by various authors to express them. From this process emerges the notional structure of the subject, its standard or differing designations. In the latter case, the terminologist pursues his research, recording each term with supporting references, until he has formed a well-documented opinion on each of the competing terms.

Since the dictionary is visual, terminologists at this stage searched for appropriate ways of graphically depicting each coherent group of notions in one or several illustrations depending on the subject. The graphic artists drew from these elements to design each page of the dictionary.

The make-up of documentary files

The elements of each terminological file were assembled from the mass of documentation.

Once identified and defined through illustration, each notion was assigned the term most frequently used by the best authors and the most reliable sources to express it. If the terminological file suggested competing terms, one was selected upon discussion and agreement between the terminologist and the scientific director.

Specialists were called upon to discuss highly technical files subject to a greater risk of error.

Graphic visualization

The terminological file, along with a proposal for graphic representation, was then turned over to the graphics team for the design and production of the final illustrated page.

Each terminologist revised the plates pertaining to his files to ensure the accuracy of illustrations, terms and spelling.

Introduction

General revision of plates

The terminological research was carried out subject by subject following a plan, but not necessarily in order.

The final version of the dictionary underwent two complete verifications. Three revisers in each language were first asked to proofread the entire work, with emphasis on the spelling, without disregarding the terminology. With the help of their commentaries, the written form was standardized throughout the dictionary. Each instance of every word or notion was checked to insure the greatest possible degree of coherence.

All the documentation and terminological files on which the dictionary is based remain in archives.

PARTICULAR PROBLEMS

Terminological variation

Our research revealed a number of cases of terminological variation, i.e., designation of a notion by different terms.

Here is a partial list of such cases:

— A particular term may have been used by only one author or occurred only once throughout the documentation; we then chose the most frequent competing term;
— Technical terms are often in compound form, hyphenated or not, incorporating a preposition or preceded by a noun. This characteristic gives rise to at least two types of terminological variants:
   a) The compound technical term may be shortened by the deletion of one or many of its elements, especially when the context is significant. Within limits, the shorter term becomes the usual designation of the notion. For instance, *objective lens* becomes *objective*, *fine adjustment knob* becomes *fine adjustment*, *revolving nose piece*, *nose piece*. We retained the compound form, leaving it to the user to shorten it according to the context.
   b) One of the elements of the compound may itself have equivalent forms, generally synonyms in the common language. For instance, *magnetic needle* is equivalent to *magnetized needle*, *eye lens* to *ocular lens*. We then retained the most frequent form.
— Finally, the variation may stem from a difference of opinion, with no bearing on terminology, making it unnecessary to give up the best known term. For instance, the *first condenser lens* and *second condenser lens* of the electronic microscope are called *upper condenser lens* and *lower condenser lens* by some authors. The difference is not sufficient to cause a problem. In these cases, the most frequent or best known form was preferred.

Terminological sense

This calls for a brief commentary on the terminological sense as compared to the lexicographical sense.

The long history of language dictionaries, the fact that they are familiar reference works, known and used by everyone from schooldays, means that a certain tradition has been set that is known and accepted by all. We know how variants designating the same notion are classified and treated; therefore, we know how to interpret the dictionary and how to use the information it gives or does not give us.

Terminological dictionaries are either recent or intended for a specialized few. There is no real tradition guiding the preparation of such dictionaries. If the specialist knows how to

interpret a dictionary pertaining to his own area of expertise because he is familiar with its terminology, the same cannot be said of the layman who may be confused by variants. Finally, language dictionaries have to some extent disciplined their users to a standard vocabulary. But since they relate to recent specialties, the terms listed in specialized vocabularies are far from set.

This aspect of the vocabulary sciences must be taken into account in the evaluation of the VISUAL DICTIONARY.

Spelling variations

The spelling of English words varies considerably. Often, the problem lies in determining whether a word should be written as a single word or in two words, with or without a hyphen: for example, *wave length* and *wavelength, grand-mother* and *grandmother, cross bar* and *crossbar*. Finally, there is some question as to the doubling of consonants in words like *traveller*. In every case, we used the spelling favored by Merriam Webster's, the Random House Dictionary, or the Oxford Dictionary.

Jean-Claude CORBEIL

INTRODUCTION

OBJET DU DICTIONNAIRE

À l'origine de ce dictionnaire, nous nous étions fixé deux objectifs :

a) Répertorier les notions et les termes utiles, voire indispensables, dans une société industrialisée, post-industrialisée ou en voie d'industrialisation, pour désigner les multiples objets de la vie quotidienne et que toute personne doit connaître pour acheter un produit ou discuter d'une réparation, lire un journal ou une revue, comprendre un mode d'emploi, etc. ;

b) Visualiser ces notions par une représentation graphique, c'est-à-dire faire jouer à l'image le rôle de la définition écrite dans un dictionnaire ordinaire.

Une contrainte découle du second objectif : les notions sélectionnées doivent être susceptibles de représentation graphique. Il était donc virtuellement impossible de retenir les substantifs abstraits, les adjectifs et les verbes, même s'ils font partie du vocabulaire spécialisé. Les terminologies n'ont pas encore réglé le problème que posent les verbes et les adjectifs.

Après divers essais et consultations, nous avons opté pour le graphisme technique comme mode de représentation des objets. Il permet de faire ressortir les traits essentiels de la notion, de purger l'image de tout ce qui est accessoire ou accidentel, comme les faits de mode dans le vêtement. L'image apparaît plus simple, plus dépouillée, mais elle y gagne en clarté conceptuelle, constituant ainsi une meilleure définition.

Pour réaliser ce double objectif, nous avons réuni une équipe de terminologues et une équipe d'illustrateurs travaillant sous une même direction scientifique.

DESTINATAIRE DU DICTIONNAIRE

Le DICTIONNAIRE THÉMATIQUE VISUEL est donc destiné à une personne qui participe, d'une manière ou d'une autre, à la civilisation contemporaine industrialisée et qui doit, en conséquence, disposer d'un éventail de termes techniques dans des domaines nombreux et très différents les uns des autres, sans être cependant un spécialiste de l'un ou de l'autre.

Le profil de cet utilisateur type a guidé le choix des notions et des termes de chaque catégorie. Nous avons privilégié le vocabulaire de l'honnête homme plutôt que celui du spécialiste.

Introduction

Toutefois, on notera des niveaux de spécialisation variables d'un domaine à l'autre, ce qui provient de la familiarisation plus ou moins grande avec un sujet, ou encore des contraintes mêmes de la spécialité. Ainsi, le vocabulaire du vêtement ou de l'électricité nous est plus familier que celui de l'énergie nucléaire. Ou encore : pour décrire l'anatomie du corps humain, nous ne pouvons que respecter et reproduire la terminologie médicale, mais pour décrire la structure d'un fruit, nous pouvons mettre côte à côte les termes techniques et usuels. Le degré de familiarité avec un sujet varie avec chaque lecteur et avec la popularité du sujet. Le meilleur exemple est sans doute la diffusion du vocabulaire de l'informatique qu'a entraînée l'usage généralisé du micro-ordinateur.

Bref, nous avons voulu refléter le vocabulaire spécialisé d'usage courant dans chaque domaine, en respectant les contraintes inhérentes à chacun.

SPÉCIFICITÉ DU DICTIONNAIRE

Il est nécessaire de situer le DICTIONNAIRE THÉMATIQUE VISUEL par rapport aux autres ouvrages de lexicographie.

Les ouvrages traditionnels

Les ouvrages de lexicographie se rangent dans quatre grandes catégories :

a) les dictionnaires de langue

Ils sont constitués fondamentalement de deux grandes parties.

D'une part, la nomenclature, c'est-à-dire l'ensemble des mots qui sont l'objet d'un commentaire lexicographique et qui forment la macro-structure du dictionnaire. Pour plus de commodité, les entrées sont classées par ordre alphabétique. En général, on y trouve les mots de la langue commune contemporaine ; des mots appartenant à des états anciens de la langue dont la connaissance facilite la compréhension de l'histoire d'une civilisation, souvent transmise par des textes ; et quelques mots techniques dont l'usage est suffisamment répandu.

D'autre part, un commentaire lexicographique sous forme d'article, dont la micro-structure varie d'une tradition lexicographique à l'autre. Généralement, l'article comprend : la catégorie grammaticale du mot ; le genre (s'il y a lieu) ; la prononciation notée en alphabet phonétique international ; l'étymologie du mot ; la définition des différents sens du mot, classés le plus souvent par ordre chronologique ; et des indications sur les niveaux de langue (familier, populaire, vulgaire), selon une typologie encore aujourd'hui plutôt impressionniste.

b) les dictionnaires encyclopédiques

Au dictionnaire de langue, ces dictionnaires ajoutent des développements sur la nature, le fonctionnement ou l'histoire des choses pour en permettre la compréhension à un profane de bonne culture générale ou à un spécialiste voulant vérifier la portée d'un mot. Ils font une place beaucoup plus grande aux termes techniques, suivant de près l'état des sciences et des techniques. En général, l'image y joue un rôle important, en illustration du texte. Les dictionnaires encyclopédiques sont plus ou moins volumineux, selon l'étendue de la nomenclature, l'importance des commentaires et la place accordée aux noms propres.

c) les encyclopédies

Contrairement à ceux de la catégorie précédente, ces ouvrages ne traitent pas la langue. Ils sont consacrés à la description scientifique, technique, parfois économique, historique et géographique des choses. La structure de la nomenclature peut varier, tous les classements étant légitimes ; alphabétique, notionnel, chronologique, par spécialité, etc. Le nombre de ces ouvrages est pratiquement illimité, comme l'est la fragmentation de la civilisation en catégories multiples. Il faut cependant distinguer entre l'encyclopédie universelle et l'encyclopédie spécialisée.

d) les lexiques ou vocabulaires spécialisés

Le plus souvent, ces ouvrages répondent à des besoins particuliers, suscités par l'évolution des sciences et des techniques ou le souci d'efficacité de la communication. Ici, tout peut varier : la méthode de confection des lexiques, la relation des auteurs avec la spécialité, l'étendue de la nomenclature, le nombre de langues traitées et la manière d'établir les équivalences d'une langue à l'autre, par simple traduction ou par comparaison entre terminologies unilingues. La lexicographie spécialisée est aujourd'hui un champ d'activité intense. Les ouvrages se multiplient dans tous les secteurs et dans toutes les langues qu'on juge utile de croiser.

LE DICTIONNAIRE THÉMATIQUE VISUEL

Ce n'est pas une encyclopédie, pour au moins deux raisons : il ne décrit pas les choses, il les nomme ; il évite aussi l'énumération des objets de même classe. Par exemple, il ne recense pas toutes les variétés d'arbres mais s'arrête sur un représentant typique de la catégorie pour en examiner la structure et chacune des parties.

Il est encore moins un dictionnaire de langue puisqu'il ne comporte aucune définition écrite et n'inclut que des substantifs, rarement des adjectifs mais beaucoup de termes complexes, comme il arrive habituellement en terminologie.

Il n'est pas non plus une somme de vocabulaires spécialisés puisqu'il évite les termes connus des seuls spécialistes au profit des termes d'usage général, au risque de passer pour simpliste aux yeux des connaisseurs de domaines particuliers.

Le DICTIONNAIRE THÉMATIQUE VISUEL est le premier dictionnaire fondamental d'orientation terminologique, réunissant en un seul corps d'ouvrage les milliers de mots plus ou moins techniques d'usage courant dans notre société où les sciences, les techniques et leurs produits font partie de l'univers quotidien.

ORIGINALITÉ DE LA VERSION BILINGUE

Le DICTIONNAIRE THÉMATIQUE VISUEL bilingue compare deux langues, l'anglais et le français, et deux usages de chaque langue, l'anglais américain et l'anglais britannique d'une part, le français du Québec et le français de France d'autre part. Ainsi le lecteur bénéficie de renseignements précis sur les variations d'usage de la même langue et sur les ressemblances ou les différences de l'anglais par rapport au français. Très peu de dictionnaires bilingues offrent cet avantage, aucun d'une manière aussi évidente ni aussi facile de consultation.

Il est nécessaire d'indiquer comment nous avons traité cet aspect particulier du dictionnaire.

Langue commune

Ce qui est neutre, commun à tous les locuteurs du français ou de l'anglais est imprimé en caractères romains, en noir pour l'anglais et en bleu pour le français.

L'usage européen du français ou de l'anglais est inscrit en italique.

Anglais américain ou anglais britannique

L'usage de l'anglais varie d'un cas à l'autre. Parfois, l'orthographe seule change, par exemple *theater* par rapport à *theatre*, ou *leveling* par rapport à *levelling*. Mais souvent, la même notion est désignée par des mots vraiment différents, par exemple *pants* et *trousers, elevator* et *lift, hood* et *bonnet*.

Dans cette version bilingue, nous avons systématiquement identifié les usages britanniques par rapport aux usages américains, chaque fois que la différence était importante, qu'il s'agisse d'orthographe ou de vocabulaire. Les usages britanniques sont notés en caractères italiques en regard du mot américain, alors en caractères romains.

Introduction

Le DICTIONNAIRE THÉMATIQUE VISUEL permet donc de bien distinguer les deux usages de l'anglais.

Français du Québec ou français de France

De même, dans quelques cas, plus rares qu'en anglais il est vrai, le français du Québec se distingue du français de France. Il n'y a jamais de différence d'orthographe. Mais, parfois, il arrive que des notions soient désignées par des mots distincts. Ainsi, en France, on appelle *bonnet* et *tringle chemin de fer* ce qu'on appelle *tuque* et *tringle à coulisse* au Québec.

Dans le vocabulaire technique, ces cas sont moins fréquents que dans le vocabulaire général.

Lorsque la chose s'est produite et que nous avons jugé utile ou indispensable de noter les deux usages, le terme utilisé en France est imprimé en italique en regard du mot québécois, en caractères romains.

Différences culturelles

À de rares occasions, la différence culturelle s'est avérée si importante qu'il aurait été artificiel d'établir la correspondance d'une langue à l'autre.

Par exemple, nous publions trois modèles de lettres, avec terminologie, l'un pour l'anglais américain, le deuxième pour le français, le dernier pour l'anglais britannique, parce que la manière de présenter une lettre est différente et qu'il peut être utile de le savoir. De la même manière, nous donnons trois coupes de viande, l'une bilingue pour l'Amérique du Nord, l'autre uniquement en français pour la coupe parisienne, la troisième en anglais seulement avec la mention *coupe britannique*. Ainsi, apparaît visuellement la différence de la coupe bien que le mot soit le même. Enfin, le dernier cas est celui des signes de corrections typographiques, qui diffèrent d'une tradition à l'autre sans qu'il soit possible ou opportun d'en privilégier l'une ou l'autre.

Contact des langues

La superposition des langues, bien différenciées par l'alternance des couleurs, permet de saisir d'un coup d'œil les mouvements d'emprunts, du français à l'anglais ou de l'anglais au français. Le DICTIONNAIRE THÉMATIQUE VISUEL bilingue peut servir ainsi de dictionnaire des anglicismes pour les francophones. Chose certaine, il permet de retracer l'équivalent dans une langue lorsque c'est le mot dans l'autre langue qui nous vient à l'esprit.

MÉTHODE DE TRAVAIL

Nous avons élaboré ce dictionnaire d'après la méthodologie de recherche terminologique systématique et comparée, mise au point au Québec au début des années 1970 et aujourd'hui largement répandue dans tout le Canada, en Amérique du Sud, en Afrique du Nord et en Afrique subsaharienne.

Nous avons travaillé simultanément en français et en anglais, langues de pays industrialisés, largement diffusées de par le monde. L'abondance de la documentation dans chacune des deux langues, la complémentarité des approches et des spécialités et le contraste des deux formes d'intuition et d'expression des mêmes réalités garantissent la qualité de l'inventaire des notions et des termes. Nous nous proposons d'employer la même procédure pour d'autres langues, notamment l'arabe et l'espagnol.

La méthodologie de la recherche terminologique systématique comporte plusieurs étapes qui s'enchaînent dans un ordre logique. Le cheminement s'applique à chaque langue, la comparaison n'intervenant qu'à la fin du processus, au moment de la constitution des dossiers terminologiques. Ainsi évite-t-on les pièges de la traduction mot à mot.

Voici une description succincte de chacune des étapes.

Délimitation de l'ouvrage

Il faut d'abord délimiter soigneusement la taille et le contenu de l'ouvrage projeté en fonction de ses objectifs et du public-cible.

Nous avons d'abord fixé les thèmes qu'il nous apparaissait nécessaire de traiter dans le DICTIONNAIRE THÉMATIQUE VISUEL, puis nous avons divisé chacun d'eux en domaines et sous-domaines en prenant soin de rester fidèles à l'idée de départ et de ne pas verser dans l'encyclopédisme ou l'hyperspécialité. Nous avons ainsi établi une table des matières provisoire, structure de base du dictionnaire, qui nous a servi de guide au cours des étapes subséquentes et que nous avons perfectionnée en cours de route. La table des matières du Dictionnaire est l'aboutissement de ce processus.

D'autre part, par la publication d'une maquette du futur dictionnaire, nous avons pu soumettre le plan du contenu et le style graphique des illustrations à l'attention et aux commentaires de collègues, tant éditeurs que lexicographes ou terminologues. Grâce à ces avis, le projet s'est précisé et nous sommes passés à la phase de la réalisation.

Recherche documentaire

Conformément au plan de l'ouvrage, nous avons d'abord recueilli la documentation pertinente à chaque sujet et susceptible de nous fournir l'information requise sur les mots et les notions. La recherche documentaire a porté aussi bien sur des textes anglais et français.

Voici, dans l'ordre inverse du crédit que nous leur accordions, la liste des sources de documentation que nous avons utilisées :

— Les articles ou ouvrages rédigés en français ou en anglais par des spécialistes du sujet, au niveau de spécialisation convenable. Leurs traductions vers l'autre langue peuvent être très révélatrices de l'usage du vocabulaire, quoiqu'il faille les utiliser avec circonspection.

— Les documents techniques, tels les normes de l'International Standard Organization (ISO), de l'American Standard Organization (ASO) et de l'Association française de normalisation (AFNOR), les modes d'emploi des produits, les analyses comparées de produits, la documentation technique fournie par les fabricants, les publications officielles des gouvernements, etc.

— Les catalogues, les textes commerciaux, la publicité dans les revues spécialisées et les grands quotidiens.

— Les encyclopédies ou dictionnaires encyclopédiques, et les dictionnaires de langue.

— Les vocabulaires ou dictionnaires spécialisés unilingues, bilingues français-anglais ou multilingues, dont il faut apprécier soigneusement la qualité et la fiabilité.

— Les dictionnaires de langue bilingues français-anglais.

Au total, quatre à cinq mille références. La bibliographie sélective qui figure dans le dictionnaire n'inclut que les sources documentaires d'orientation générale et non pas les sources spécialisées.

Dépouillement des documents

Pour chaque sujet, le terminologue doit parcourir la documentation, à la recherche des notions spécifiques et des mots qui les expriment, d'un auteur à l'autre et d'un document à l'autre. Ainsi se dessine progressivement la structure notionnelle du sujet : l'uniformité de la désignation de la même notion d'une source à l'autre ou, au contraire, la concurrence de plusieurs termes pour désigner la même réalité. Dans ce cas, le terminologue poursuit sa recherche jusqu'à ce qu'il se soit formé une opinion bien documentée sur chacun des termes concurrents. Il note tout, avec références à l'appui.

Puisque le dictionnaire est visuel, chaque terminologue s'est préoccupé à ce stade de trouver et de sélectionner des modes de représentation graphique de chaque ensemble

cohérent de notions, proposant une ou plusieurs illustrations selon les sujets. Les illustrateurs se sont inspirés de ces suggestions pour concevoir et réaliser les pages du dictionnaire.

Constitution des dossiers terminologiques

Le dépouillement de la documentation permet de réunir tous les éléments d'un dossier terminologique.

À chaque notion, identifiée et définie par l'illustration, est relié le terme le plus fréquemment utilisé pour la désigner par les meilleurs auteurs ou dans les sources le plus dignes de confiance. Lorsque plusieurs termes sont en concurrence, l'un d'eux est sélectionné après discussion et accord entre le terminologue et le directeur scientifique.

Certains dossiers terminologiques, généralement dans des domaines spécialisés où le terminologue est plus sujet à erreur, ont été soumis à des spécialistes.

Visualisation graphique

Le dossier terminologique, accompagné d'une proposition de représentation graphique, a ensuite été confié à l'équipe d'illustrateurs en vue de la conception et de la réalisation de la page définitive.

Chaque terminologue a revu les planches correspondant à ses dossiers afin de vérifier l'exactitude de la représentation visuelle et du lien entre la notion et le terme, et procéder à une première correction orthographique.

Révision générale des planches

Les terminologues ont travaillé sujet par sujet en suivant le plan, mais pas nécessairement dans l'ordre.

À la fin du processus, nous avons procédé à deux vérifications de l'ensemble du dictionnaire. D'abord, nous avons confié à trois réviseurs de chaque langue le soin de relire tout l'ouvrage en s'attachant surtout à l'orthographe, mais aussi à la terminologie. À l'aide de leurs commentaires, nous avons ensuite uniformisé certaines graphies et revu toutes les apparitions de chaque mot et de chaque notion pour donner au dictionnaire le plus de cohérence possible.

Nous conservons en archives toute la documentation et tous les dossiers terminologiques qui ont servi à la réalisation du dictionnaire.

PROBLÈMES PARTICULIERS

Variante terminologique

Au cours de la recherche, nous avons relevé de nombreux exemples de variantes terminologiques, c'est-à-dire de désignation d'une notion par des termes différents.

D'une manière pragmatique, les choses se présentent de la manière suivante :

— Il peut arriver qu'un terme ne soit utilisé que par un auteur ou ne trouve qu'une attestation dans la documentation. Nous avons alors retenu le terme concurrent le plus fréquent.

— Les termes techniques se présentent souvent sous forme composée, avec ou sans trait d'union ou préposition. Cette caractéristique entraîne au moins deux types de variantes terminologiques :

   a) Le terme technique composé peut se réduire par l'abandon d'un ou de plusieurs de ses éléments, surtout si le contexte est très significatif. À la limite, le terme réduit devient la désignation habituelle de la notion. L'exemple le plus connu et le plus remarquable est la réduction de *chemin de fer métropolitain* à *métro*. Dans ces cas, nous avons retenu la forme composée lorsqu'elle est couramment utilisée, laissant à l'utilisateur le soin de la réduire selon le contexte.

D) L'un des éléments du mot composé peut lui-même avoir des formes équivalentes. Il s'agit le plus souvent de synonymie en langue commune. Par exemple, le mot *vitre* dans l'expression *vitre d'observation* peut être remplacé par *fenêtre* ou *hublot*, donnant *fenêtre d'observation* et *hublot d'observation*. Ou encore, un substantif devient adjectif comme dans *jumelles à prismes* et *jumelles prismatiques*. Nous avons alors retenu la forme la plus fréquente.

— Enfin, la variante peut provenir de l'évolution du langage, sans incidence terminologique, autorisant le maintien du terme le plus répandu. Il en est ainsi de *trompe de Fallope* et *trompe utérine* et de *lunette de tir* et *lunette de visée*. Nous avons alors privilégié la forme la plus fréquente ou la plus connue du public-cible.

Sentiment terminologique

Cela nous amène à un commentaire sur l'état du sentiment terminologique par rapport au sentiment lexicographique.

Les dictionnaires de langue ont une longue histoire. Ce sont des ouvrages de référence familiers, connus et utilisés depuis l'école, avec une tradition établie, connue et acceptée de tous. Nous savons comment sont classés et traités les mots désignant la même chose. En cas de variante, nous savons comment interpréter le dictionnaire et comment utiliser les renseignements qu'il nous donne... ou ne nous donne pas !

Les dictionnaires terminologiques sont ou bien très récents ou bien destinés à un public spécialisé. Il n'existe pas de vraie tradition guidant leur conception et leur réalisation. Si le spécialiste sait interpréter un dictionnaire de sa spécialité parce que la terminologie lui est familière, il n'en est pas de même pour le profane. Les variantes le laissent perplexe. Enfin, les dictionnaires de langue ont jusqu'à un certain point discipliné l'usage du vocabulaire usuel chez leurs usagers alors que les vocabulaires de spécialités sont d'autant plus marqués par la concurrence des termes qu'ils appartiennent à des spécialités nouvelles.

L'évaluation d'un ouvrage comme le DICTIONNAIRE THÉMATIQUE VISUEL doit tenir compte de cet aspect des sciences du vocabulaire.

Variantes orthographiques

En français, les variantes orthographiques ne suscitent guère d'ennuis. Tout au plus pourrait-on signaler l'embarras dans lequel plonge l'emploi du trait d'union dans des cas comme *écran-témoin* (avec), *crochet commutateur* (sans), *bouton-pression* (avec), *pied presseur* (sans). Nous nous sommes alors conformés à l'usage le mieux attesté en nous efforçant d'être aussi systématiques et constants que possible. En cas de doute, nous avons conservé l'orthographe la plus fréquente.

Jean-Claude CORBEIL

THE VISUAL DICTIONARY
FOR A *NEW* DICTIONARY A *NEW* USAGE GUIDE

THE VISUAL DICTIONARY is divided into three parts :

> — TABLE OF CONTENTS
> — ILLUSTRATIONS depicting the ENTRIES
> — ALPHABETICAL INDEXES
>> — GENERAL
>> — THEMATIC
>> — SPECIALIZED

There are two ways of finding what you are looking for. You may refer either to the illustration or the word.

Starting from the ILLUSTRATION

You want to know what an object is called :

- Look in the **table of contents** for the **theme** which best corresponds to your query

- You will find **references** to **illustrations**

- Alongside the illustration, you will find the corresponding **word**

Starting from the WORD

You want to know what a word stands for :

- Look for the word in the **general** index or in the **thematic** or **specialized** indexes, depending on the area of research

- You will find **references** to the **illustrations** in which the word appears

- You will see from the **illustration** what the word stands for

POUR UN DICTIONNAIRE *NOUVEAU*
UN *NOUVEAU* MODE DE CONSULTATION

Le DICTIONNAIRE THÉMATIQUE VISUEL comprend trois grandes sections :

> — la TABLE DES MATIÈRES
> — les ILLUSTRATIONS, supports des MOTS
> — les INDEX
>> — général
>> — thématiques
>> — spécialisés

Vous pouvez procéder à la recherche :

À partir du SENS

Si vous voulez savoir comment désigner un objet :

- Cherchez dans la **table des matières** le **thème** qui correspond à votre question

- Vous trouverez le ou les **renvois** aux **illustrations** pertinentes

- Repérez dans les illustrations **l'objet** et le **mot** qui le désigne

À partir du MOT

Si vous voulez savoir à quel objet correspond un mot :

- Cherchez le mot dans l'index **général** ou dans les index **thématiques** ou **spécialisés**, selon la catégorie à laquelle le mot appartient

- Vous trouverez le ou les **renvois** aux **illustrations** pertinentes

- Repérez dans les **illustrations** l'objet que désigne le mot

ASTRONOMY

ASTRONOMIE

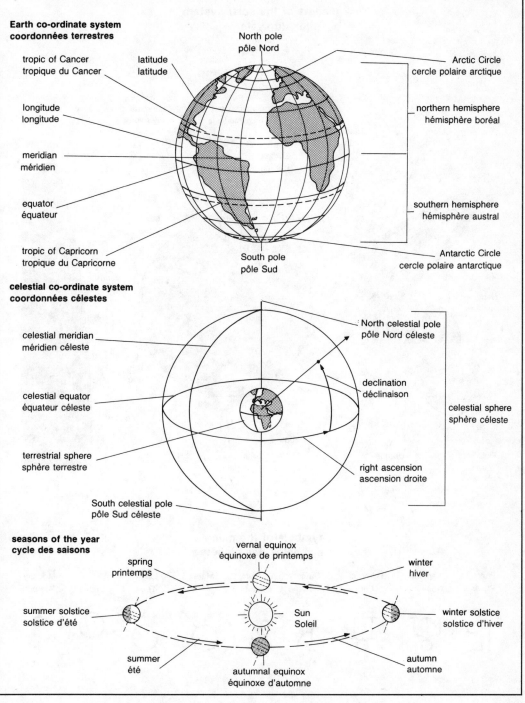

Earth co-ordinate system
coordonnées terrestres

tropic of Cancer
tropique du Cancer

latitude
latitude

North pole
pôle Nord

Arctic Circle
cercle polaire arctique

longitude
longitude

northern hemisphere
hémisphère boréal

meridian
méridien

equator
équateur

southern hemisphere
hémisphère austral

tropic of Capricorn
tropique du Capricorne

South pole
pôle Sud

Antarctic Circle
cercle polaire antarctique

celestial co-ordinate system
coordonnées célestes

celestial meridian
méridien céleste

North celestial pole
pôle Nord céleste

declination
déclinaison

celestial equator
équateur céleste

celestial sphere
sphère céleste

terrestrial sphere
sphère terrestre

right ascension
ascension droite

South celestial pole
pôle Sud céleste

seasons of the year
cycle des saisons

vernal equinox
équinoxe de printemps

spring
printemps

winter
hiver

summer solstice
solstice d'été

winter solstice
solstice d'hiver

Sun
Soleil

summer
été

autumn
automne

autumnal equinox
équinoxe d'automne

planets of the solar system
planètes du système solaire

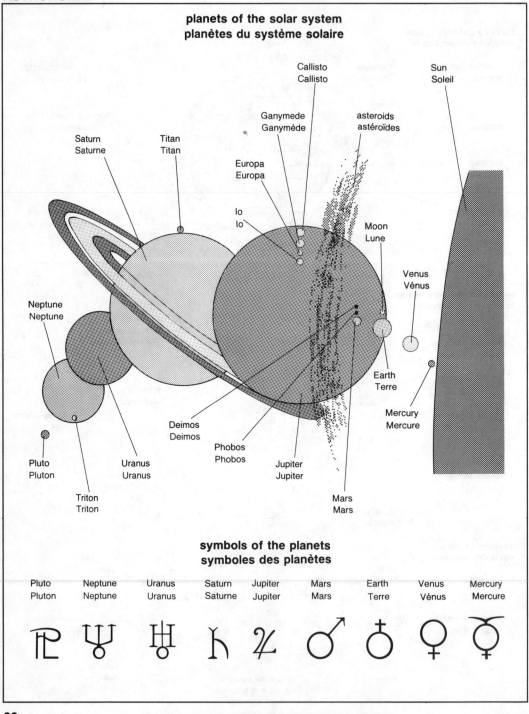

Callisto
Callisto

Sun
Soleil

Ganymede
Ganymède

asteroids
astéroïdes

Saturn
Saturne

Titan
Titan

Europa
Europa

Io
Io

Moon
Lune

Venus
Vénus

Neptune
Neptune

Earth
Terre

Mercury
Mercure

Deimos
Deimos

Phobos
Phobos

Pluto
Pluton

Uranus
Uranus

Jupiter
Jupiter

Triton
Triton

Mars
Mars

symbols of the planets
symboles des planètes

Pluto	Neptune	Uranus	Saturn	Jupiter	Mars	Earth	Venus	Mercury
Pluton	Neptune	Uranus	Saturne	Jupiter	Mars	Terre	Vénus	Mercure

Sun
Soleil

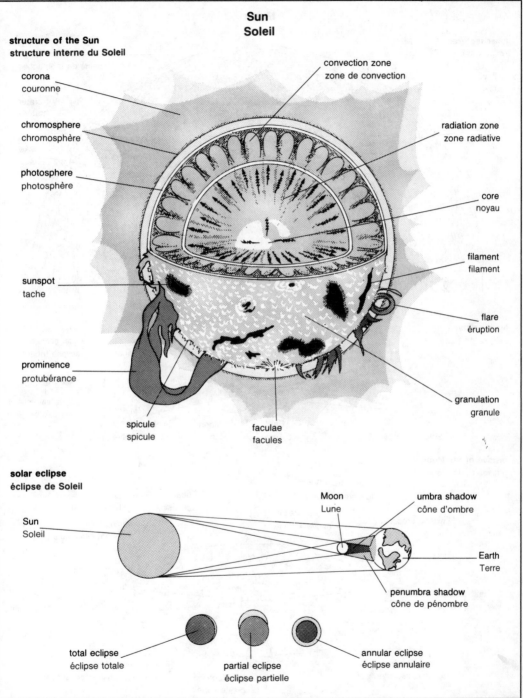

structure of the Sun
structure interne du Soleil

corona
couronne

chromosphere
chromosphère

photosphere
photosphère

sunspot
tache

prominence
protubérance

convection zone
zone de convection

radiation zone
zone radiative

core
noyau

filament
filament

flare
éruption

granulation
granule

spicule
spicule

faculae
facules

solar eclipse
éclipse de Soleil

Moon
Lune

umbra shadow
cône d'ombre

Sun
Soleil

Earth
Terre

penumbra shadow
cône de pénombre

total eclipse
éclipse totale

partial eclipse
éclipse partielle

annular eclipse
éclipse annulaire

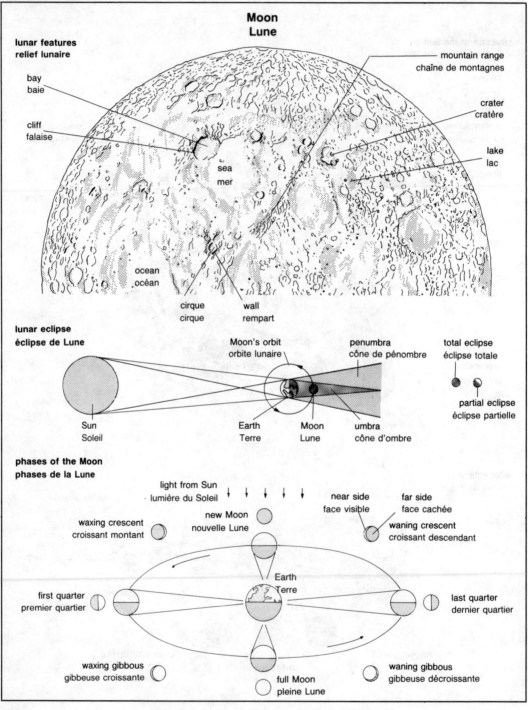

Moon
Lune

lunar features
relief lunaire

mountain range
chaîne de montagnes

bay
baie

crater
cratère

cliff
falaise

lake
lac

sea
mer

ocean
océan

cirque
cirque

wall
rempart

lunar eclipse
éclipse de Lune

Moon's orbit
orbite lunaire

penumbra
cône de pénombre

total eclipse
éclipse totale

partial eclipse
éclipse partielle

Sun
Soleil

Earth
Terre

Moon
Lune

umbra
cône d'ombre

phases of the Moon
phases de la Lune

light from Sun
lumière du Soleil

near side
face visible

far side
face cachée

waxing crescent
croissant montant

new Moon
nouvelle Lune

waning crescent
croissant descendant

first quarter
premier quartier

Earth
Terre

last quarter
dernier quartier

waxing gibbous
gibbeuse croissante

waning gibbous
gibbeuse décroissante

full Moon
pleine Lune

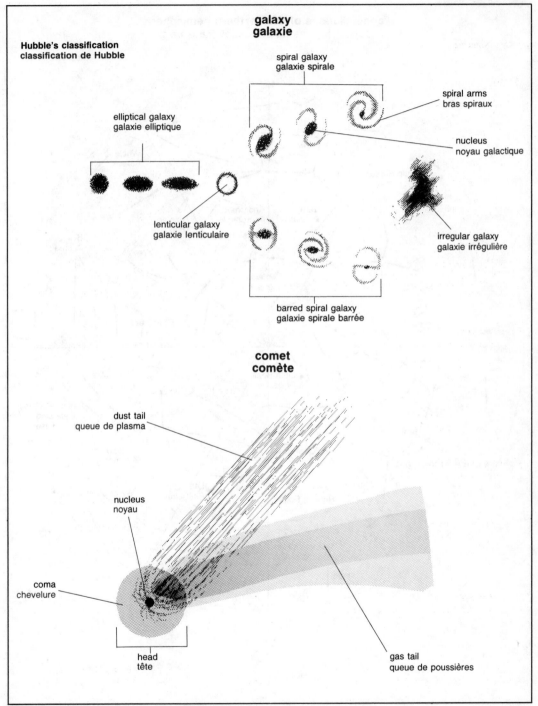

**galaxy
galaxie**

**Hubble's classification
classification de Hubble**

spiral galaxy
galaxie spirale

spiral arms
bras spiraux

elliptical galaxy
galaxie elliptique

nucleus
noyau galactique

lenticular galaxy
galaxie lenticulaire

irregular galaxy
galaxie irrégulière

barred spiral galaxy
galaxie spirale barrée

**comet
comète**

dust tail
queue de plasma

nucleus
noyau

coma
chevelure

head
tête

gas tail
queue de poussières

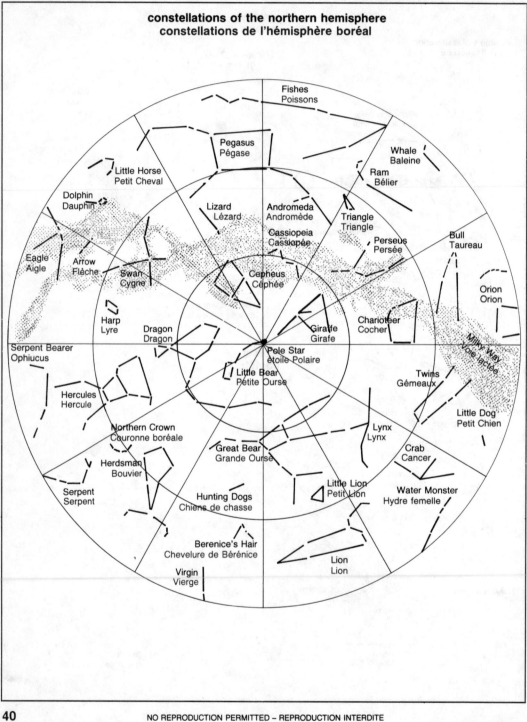

constellations of the northern hemisphere
constellations de l'hémisphère boréal

Fishes / Poissons
Pegasus / Pégase
Whale / Baleine
Little Horse / Petit Cheval
Ram / Bélier
Dolphin / Dauphin
Lizard / Lézard
Andromeda / Andromède
Triangle / Triangle
Cassiopeia / Cassiopée
Perseus / Persée
Bull / Taureau
Eagle / Aigle
Arrow / Flèche
Swan / Cygne
Cepheus / Céphée
Orion / Orion
Harp / Lyre
Dragon / Dragon
Giraffe / Girafe
Charioteer / Cocher
Milky Way / Voie lactée
Serpent Bearer / Ophiucus
Pole Star / étoile Polaire
Little Bear / Petite Ourse
Twins / Gémeaux
Hercules / Hercule
Lynx / Lynx
Little Dog / Petit Chien
Northern Crown / Couronne boréale
Crab / Cancer
Herdsman / Bouvier
Great Bear / Grande Ourse
Little Lion / Petit Lion
Water Monster / Hydre femelle
Serpent / Serpent
Hunting Dogs / Chiens de chasse
Berenice's Hair / Chevelure de Bérénice
Lion / Lion
Virgin / Vierge

constellations of the southern hemisphere
constellations de l'hémisphère austral

Water Bearer
Verseau

Whale
Baleine

Southern Fish
Poisson austral

Sculptor
Atelier du Sculpteur

Furnace
Fourneau

Crane
Grue

Sea Goat
Capricorne

Eagle
Aigle

River Eridanus
Éridan

Phoenix
Phénix

Indian
Indien

Toucan
Toucan

Hare
Lièvre

Swordfish
Dorade

Sea Serpent
Hydre mâle

Southern
Crown
Couronne australe

Archer
Sagittaire

Shield
Écu de Sobieski

Dove
Colombe

Net
Réticule

Octant
Octant

Peacock
Paon

Telescope
Télescope

Serpent
Serpent

Orion
Orion

Flying Fish
Poisson volant

Chameleon
Caméléon

Bird of Paradise
Oiseau du Paradis

Altar
Autel

Serpent Bearer
Ophiucus

Big Dog
Grand Chien

Ship's Keel
Carène

Fly
Mouche

Southern Triangle
Triangle austral

Scorpion
Scorpion

Unicorn
Licorne

Southern Cross
Croix du Sud

Wolf
Loup

Ship's Stern
Poupe

Ship's Sails
Voiles

Centaur
Centaure

Balance
Balance

Compass
Boussole

Water Monster
Hydre femelle

Cup
Coupe

Crow
Corbeau

Virgin
Vierge

astronomical observatory
observatoire astronomique

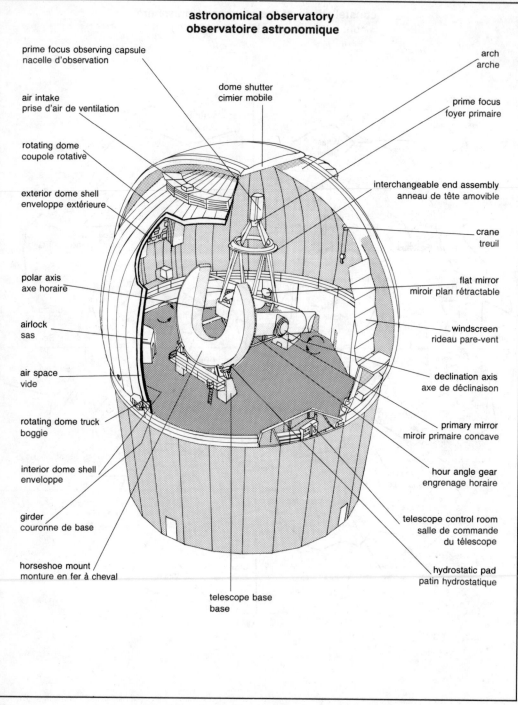

prime focus observing capsule
nacelle d'observation

arch
arche

dome shutter
cimier mobile

air intake
prise d'air de ventilation

prime focus
foyer primaire

rotating dome
coupole rotative

interchangeable end assembly
anneau de tête amovible

exterior dome shell
enveloppe extérieure

crane
treuil

polar axis
axe horaire

flat mirror
miroir plan rétractable

airlock
sas

windscreen
rideau pare-vent

air space
vide

declination axis
axe de déclinaison

rotating dome truck
boggie

primary mirror
miroir primaire concave

interior dome shell
enveloppe

hour angle gear
engrenage horaire

girder
couronne de base

telescope control room
salle de commande
du télescope

horseshoe mount
monture en fer à cheval

hydrostatic pad
patin hydrostatique

telescope base
base

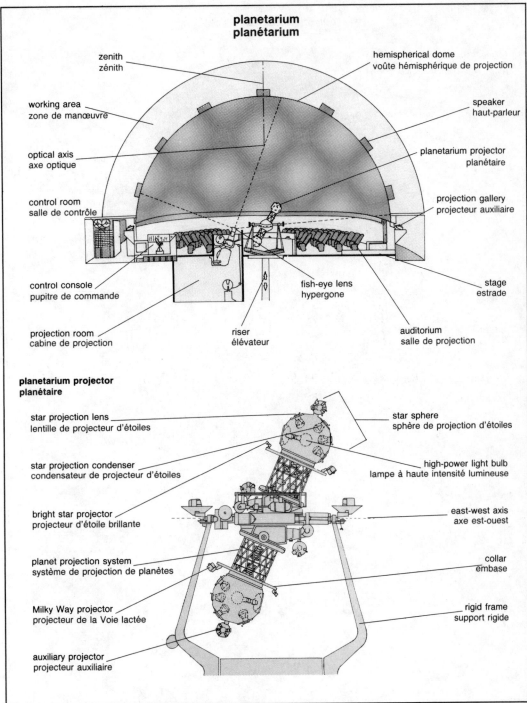

planetarium
planétarium

zenith
zénith

hemispherical dome
voûte hémisphérique de projection

working area
zone de manœuvre

speaker
haut-parleur

optical axis
axe optique

planetarium projector
planétaire

control room
salle de contrôle

projection gallery
projecteur auxiliaire

control console
pupitre de commande

stage
estrade

fish-eye lens
hypergone

projection room
cabine de projection

riser
élévateur

auditorium
salle de projection

planetarium projector
planétaire

star projection lens
lentille de projecteur d'étoiles

star sphere
sphère de projection d'étoiles

star projection condenser
condensateur de projecteur d'étoiles

high-power light bulb
lampe à haute intensité lumineuse

bright star projector
projecteur d'étoile brillante

east-west axis
axe est-ouest

planet projection system
système de projection de planètes

collar
embase

Milky Way projector
projecteur de la Voie lactée

rigid frame
support rigide

auxiliary projector
projecteur auxiliaire

GEOGRAPHY
GÉOGRAPHIE

structure of the Earth
structure de la Terre

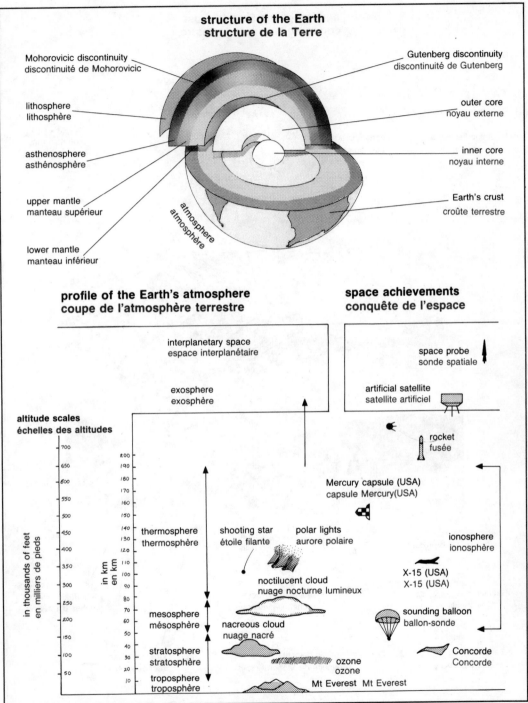

Mohorovicic discontinuity
discontinuité de Mohorovicic

Gutenberg discontinuity
discontinuité de Gutenberg

lithosphere
lithosphère

outer core
noyau externe

asthenosphere
asthénosphère

inner core
noyau interne

upper mantle
manteau supérieur

Earth's crust
croûte terrestre

lower mantle
manteau inférieur

atmosphere
atmosphère

profile of the Earth's atmosphere
coupe de l'atmosphère terrestre

space achievements
conquête de l'espace

interplanetary space
espace interplanétaire

space probe
sonde spatiale

exosphere
exosphère

artificial satellite
satellite artificiel

altitude scales
échelles des altitudes

rocket
fusée

Mercury capsule (USA)
capsule Mercury (USA)

in thousands of feet
en milliers de pieds

in km
en km

thermosphere
thermosphère

shooting star
étoile filante

polar lights
aurore polaire

ionosphere
ionosphère

X-15 (USA)
X-15 (USA)

noctilucent cloud
nuage nocturne lumineux

mesosphere
mésosphère

nacreous cloud
nuage nacré

sounding balloon
ballon-sonde

stratosphere
stratosphère

ozone
ozone

Concorde
Concorde

troposphere
troposphère

Mt Everest Mt Everest

700
650
600
550
500
450
400
350
300
250
200
150
100
50

200
190
180
170
160
150
140
130
120
110
100
90
80
70
60
50
40
30
20
10

section of the Earth's crust
coupe de la croûte terrestre

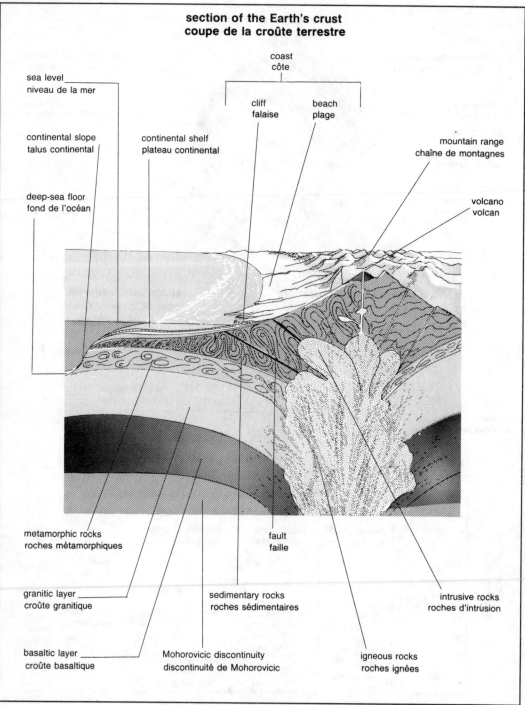

coast
côte

sea level
niveau de la mer

cliff
falaise

beach
plage

continental slope
talus continental

continental shelf
plateau continental

mountain range
chaîne de montagnes

deep-sea floor
fond de l'océan

volcano
volcan

metamorphic rocks
roches métamorphiques

fault
faille

granitic layer
croûte granitique

sedimentary rocks
roches sédimentaires

intrusive rocks
roches d'intrusion

basaltic layer
croûte basaltique

Mohorovicic discontinuity
discontinuité de Mohorovicic

igneous rocks
roches ignées

configuration of the continents
configuration des continents

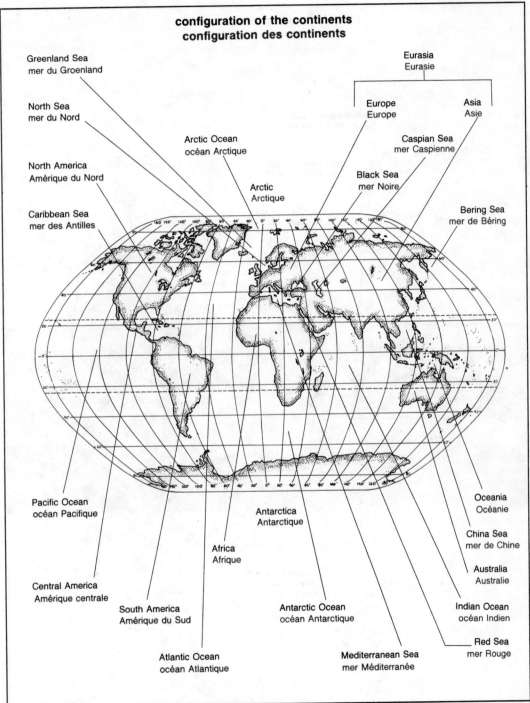

Greenland Sea
mer du Groenland

North Sea
mer du Nord

Arctic Ocean
océan Arctique

North America
Amérique du Nord

Arctic
Arctique

Caribbean Sea
mer des Antilles

Eurasia
Eurasie

Europe
Europe

Asia
Asie

Caspian Sea
mer Caspienne

Black Sea
mer Noire

Bering Sea
mer de Béring

Pacific Ocean
océan Pacifique

Antarctica
Antarctique

Oceania
Océanie

China Sea
mer de Chine

Africa
Afrique

Australia
Australie

Central America
Amérique centrale

South America
Amérique du Sud

Antarctic Ocean
océan Antarctique

Indian Ocean
océan Indien

Red Sea
mer Rouge

Atlantic Ocean
océan Atlantique

Mediterranean Sea
mer Méditerranée

**ocean floor
fond de l'océan**

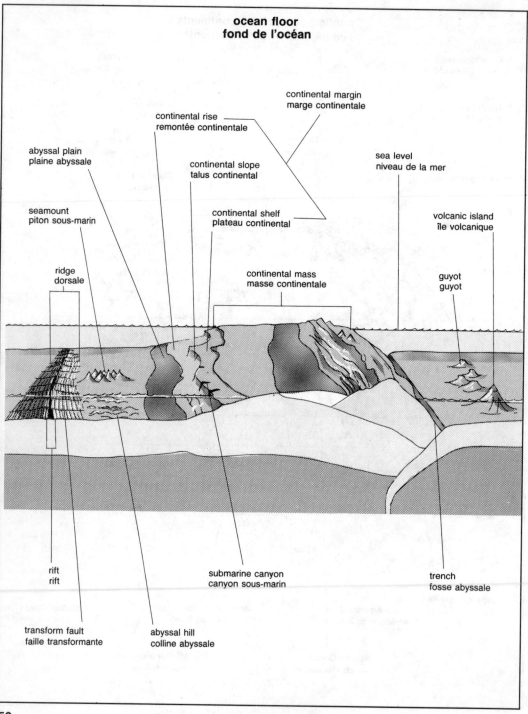

continental margin
marge continentale

continental rise
remontée continentale

sea level
niveau de la mer

abyssal plain
plaine abyssale

continental slope
talus continental

seamount
piton sous-marin

continental shelf
plateau continental

volcanic island
île volcanique

ridge
dorsale

continental mass
masse continentale

guyot
guyot

rift
rift

submarine canyon
canyon sous-marin

trench
fosse abyssale

transform fault
faille transformante

abyssal hill
colline abyssale

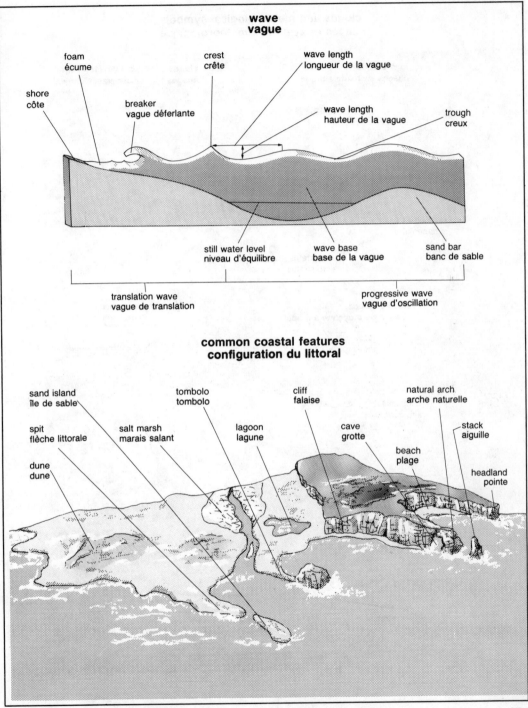

wave
vague

foam
écume

crest
crête

wave length
longueur de la vague

shore
côte

breaker
vague déferlante

wave length
hauteur de la vague

trough
creux

still water level
niveau d'équilibre

wave base
base de la vague

sand bar
banc de sable

translation wave
vague de translation

progressive wave
vague d'oscillation

common coastal features
configuration du littoral

sand island
île de sable

tombolo
tombolo

cliff
falaise

natural arch
arche naturelle

spit
flèche littorale

salt marsh
marais salant

lagoon
lagune

cave
grotte

stack
aiguille

dune
dune

beach
plage

headland
pointe

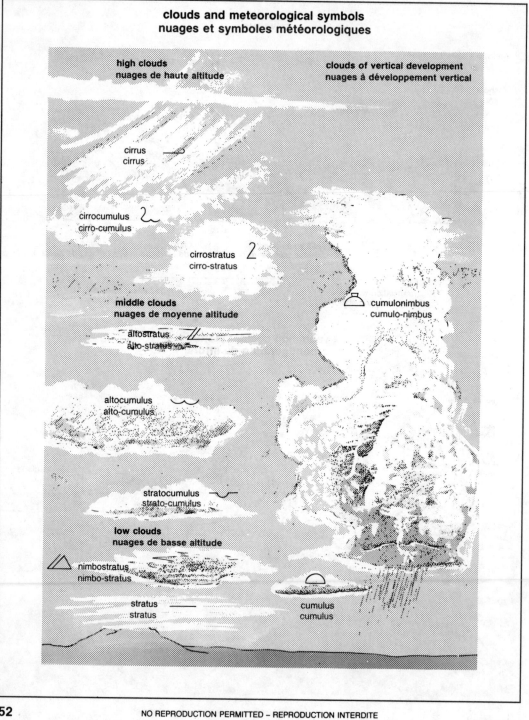

clouds and meteorological symbols
nuages et symboles météorologiques

high clouds
nuages de haute altitude

clouds of vertical development
nuages à développement vertical

cirrus
cirrus

cirrocumulus
cirro-cumulus

cirrostratus
cirro-stratus

cumulonimbus
cumulo-nimbus

middle clouds
nuages de moyenne altitude

altostratus
alto-stratus

altocumulus
alto-cumulus

stratocumulus
strato-cumulus

low clouds
nuages de basse altitude

nimbostratus
nimbo-stratus

stratus
stratus

cumulus
cumulus

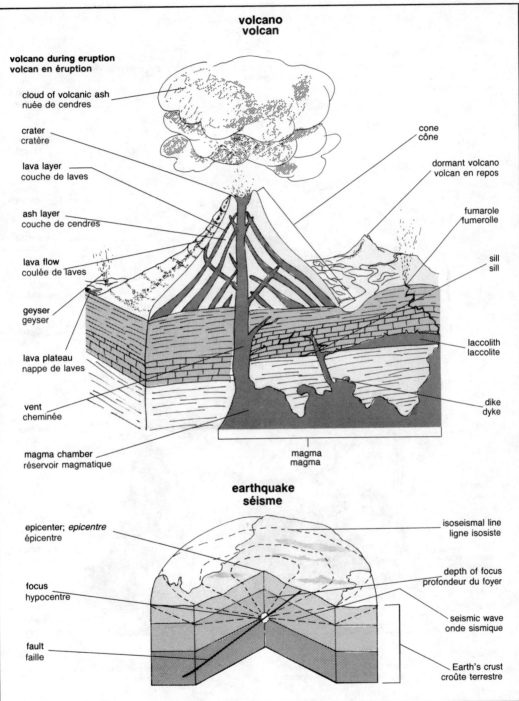

volcano
volcan

volcano during eruption
volcan en éruption

cloud of volcanic ash
nuée de cendres

crater
cratère

lava layer
couche de laves

ash layer
couche de cendres

lava flow
coulée de laves

geyser
geyser

lava plateau
nappe de laves

vent
cheminée

magma chamber
réservoir magmatique

cone
cône

dormant volcano
volcan en repos

fumarole
fumerolle

sill
sill

laccolith
laccolite

dike
dyke

magma
magma

earthquake
séisme

epicenter; *epicentre*
épicentre

focus
hypocentre

fault
faille

isoseismal line
ligne isosiste

depth of focus
profondeur du foyer

seismic wave
onde sismique

Earth's crust
croûte terrestre

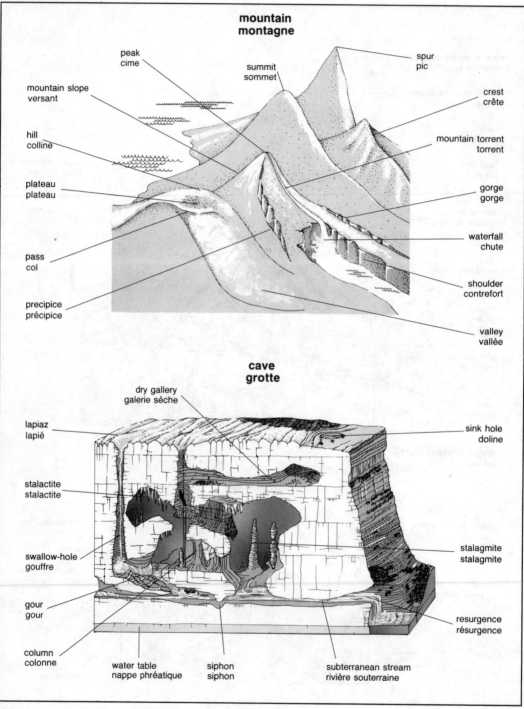

mountain
montagne

peak
cime

summit
sommet

spur
pic

mountain slope
versant

crest
crête

hill
colline

mountain torrent
torrent

plateau
plateau

gorge
gorge

waterfall
chute

pass
col

shoulder
contrefort

precipice
précipice

valley
vallée

cave
grotte

dry gallery
galerie sèche

lapiaz
lapié

sink hole
doline

stalactite
stalactite

swallow-hole
gouffre

stalagmite
stalagmite

gour
gour

resurgence
résurgence

column
colonne

water table
nappe phréatique

siphon
siphon

subterranean stream
rivière souterraine

desert
désert

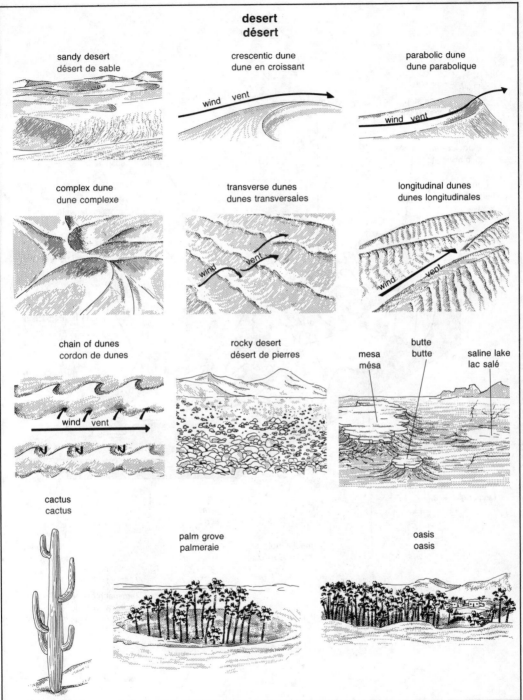

sandy desert
désert de sable

crescentic dune
dune en croissant

parabolic dune
dune parabolique

wind   vent

wind   vent

complex dune
dune complexe

transverse dunes
dunes transversales

longitudinal dunes
dunes longitudinales

wind   vent

wind   vent

chain of dunes
cordon de dunes

rocky desert
désert de pierres

mesa
mésa

butte
butte

saline lake
lac salé

wind   vent

cactus
cactus

palm grove
palmeraie

oasis
oasis

glacier
glacier

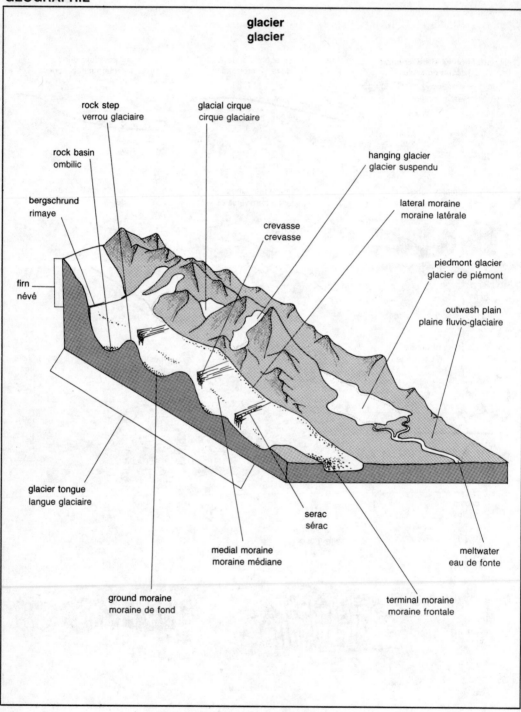

rock step
verrou glaciaire

glacial cirque
cirque glaciaire

rock basin
ombilic

hanging glacier
glacier suspendu

lateral moraine
moraine latérale

bergschrund
rimaye

crevasse
crevasse

piedmont glacier
glacier de piémont

firn
névé

outwash plain
plaine fluvio-glaciaire

glacier tongue
langue glaciaire

serac
sérac

meltwater
eau de fonte

medial moraine
moraine médiane

ground moraine
moraine de fond

terminal moraine
moraine frontale

water forms
états de l'eau

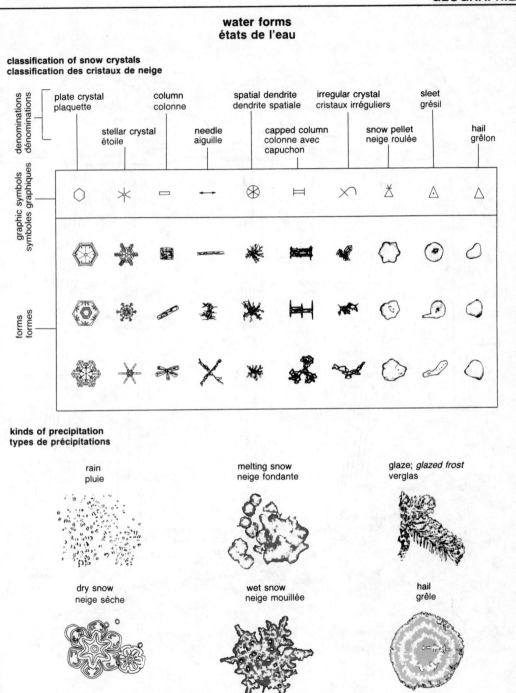

classification of snow crystals
classification des cristaux de neige

denominations / dénominations

| plate crystal / plaquette | stellar crystal / étoile | column / colonne | needle / aiguille | spatial dendrite / dendrite spatiale | capped column / colonne avec capuchon | irregular crystal / cristaux irréguliers | snow pellet / neige roulée | sleet / grésil | hail / grêlon |

graphic symbols / symboles graphiques

forms / formes

kinds of precipitation
types de précipitations

rain / pluie

melting snow / neige fondante

glaze; *glazed frost* / verglas

dry snow / neige sèche

wet snow / neige mouillée

hail / grêle

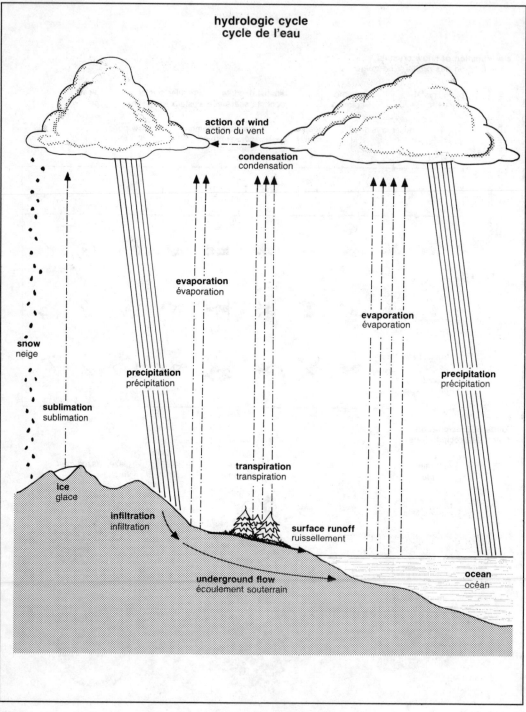

hydrologic cycle
cycle de l'eau

action of wind
action du vent

condensation
condensation

evaporation
évaporation

evaporation
évaporation

snow
neige

precipitation
précipitation

precipitation
précipitation

sublimation
sublimation

ice
glace

transpiration
transpiration

infiltration
infiltration

surface runoff
ruissellement

underground flow
écoulement souterrain

ocean
océan

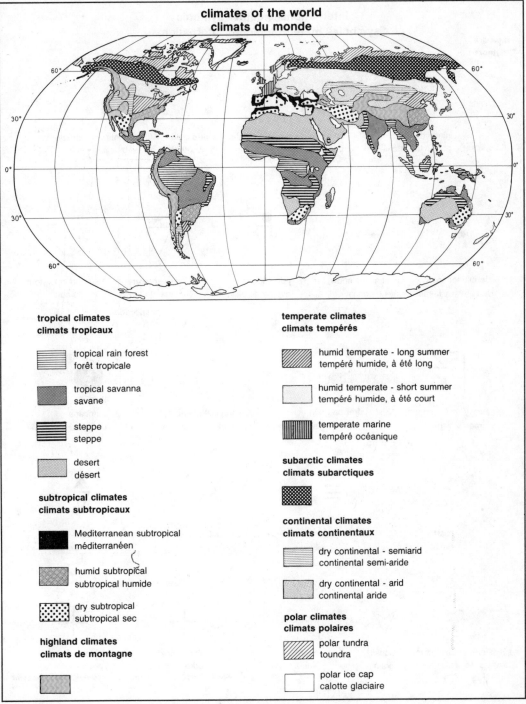

climates of the world
climats du monde

tropical climates
climats tropicaux

tropical rain forest
forêt tropicale

tropical savanna
savane

steppe
steppe

desert
désert

subtropical climates
climats subtropicaux

Mediterranean subtropical
méditerranéen

humid subtropical
subtropical humide

dry subtropical
subtropical sec

highland climates
climats de montagne

temperate climates
climats tempérés

humid temperate - long summer
tempéré humide, à été long

humid temperate - short summer
tempéré humide, à été court

temperate marine
tempéré océanique

subarctic climates
climats subarctiques

continental climates
climats continentaux

dry continental - semiarid
continental semi-aride

dry continental - arid
continental aride

polar climates
climats polaires

polar tundra
toundra

polar ice cap
calotte glaciaire

international weather symbols
symboles météorologiques internationaux

meteors
météores

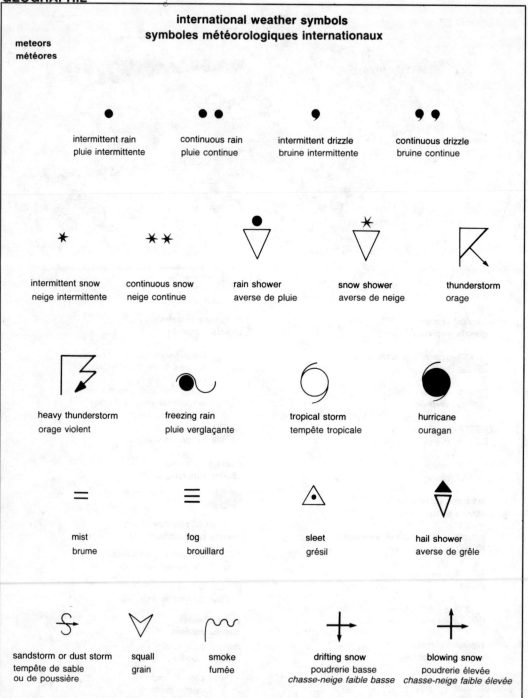

intermittent rain
pluie intermittente

continuous rain
pluie continue

intermittent drizzle
bruine intermittente

continuous drizzle
bruine continue

intermittent snow
neige intermittente

continuous snow
neige continue

rain shower
averse de pluie

snow shower
averse de neige

thunderstorm
orage

heavy thunderstorm
orage violent

freezing rain
pluie verglaçante

tropical storm
tempête tropicale

hurricane
ouragan

mist
brume

fog
brouillard

sleet
grésil

hail shower
averse de grêle

sandstorm or dust storm
tempête de sable
ou de poussière

squall
grain

smoke
fumée

drifting snow
poudrerie basse
chasse-neige faible basse

blowing snow
poudrerie élevée
chasse-neige faible élevée

international weather symbols
symboles météorologiques internationaux

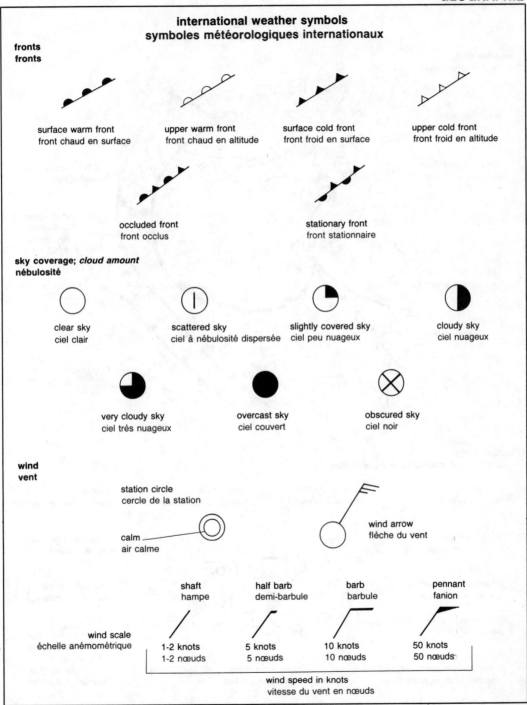

fronts
fronts

surface warm front
front chaud en surface

upper warm front
front chaud en altitude

surface cold front
front froid en surface

upper cold front
front froid en altitude

occluded front
front occlus

stationary front
front stationnaire

sky coverage; *cloud amount*
nébulosité

clear sky
ciel clair

scattered sky
ciel à nébulosité dispersée

slightly covered sky
ciel peu nuageux

cloudy sky
ciel nuageux

very cloudy sky
ciel très nuageux

overcast sky
ciel couvert

obscured sky
ciel noir

wind
vent

station circle
cercle de la station

wind arrow
flèche du vent

calm
air calme

shaft
hampe

half barb
demi-barbule

barb
barbule

pennant
fanion

wind scale
échelle anémométrique

1-2 knots
1-2 nœuds

5 knots
5 nœuds

10 knots
10 nœuds

50 knots
50 nœuds

wind speed in knots
vitesse du vent en nœuds

GEOGRAPHY
GÉOGRAPHIE

meteorology
météorologie

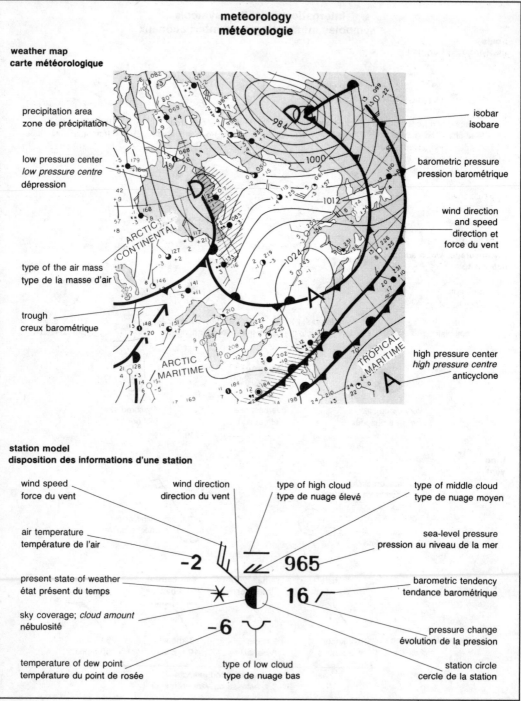

weather map
carte météorologique

precipitation area
zone de précipitation

low pressure center
low pressure centre
dépression

type of the air mass
type de la masse d'air

trough
creux barométrique

isobar
isobare

barometric pressure
pression barométrique

wind direction
and speed
direction et
force du vent

high pressure center
high pressure centre
anticyclone

ARCTIC
CONTINENTAL

ARCTIC
MARITIME

TROPICAL
MARITIME

station model
disposition des informations d'une station

wind speed
force du vent

wind direction
direction du vent

type of high cloud
type de nuage élevé

type of middle cloud
type de nuage moyen

air temperature
température de l'air

sea-level pressure
pression au niveau de la mer

present state of weather
état présent du temps

barometric tendency
tendance barométrique

sky coverage; *cloud amount*
nébulosité

pressure change
évolution de la pression

temperature of dew point
température du point de rosée

type of low cloud
type de nuage bas

station circle
cercle de la station

−2

965

16

−6

meteorology
météorologie

meteorological ground
parc météorologique

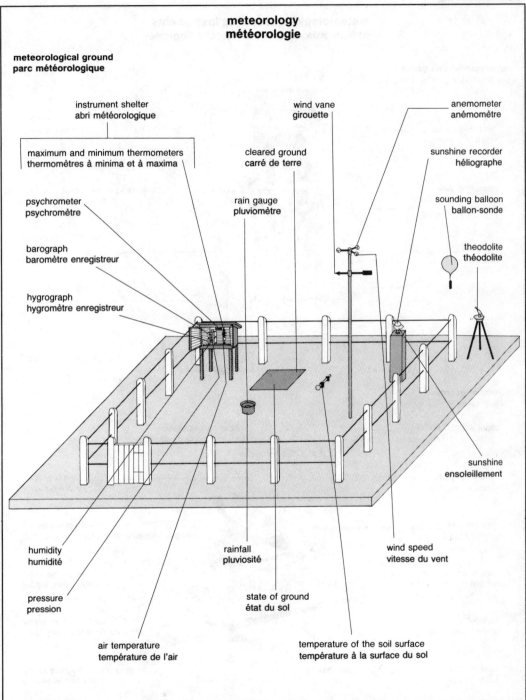

instrument shelter
abri météorologique

wind vane
girouette

anemometer
anémomètre

maximum and minimum thermometers
thermomètres à minima et à maxima

cleared ground
carré de terre

sunshine recorder
héliographe

psychrometer
psychromètre

rain gauge
pluviomètre

sounding balloon
ballon-sonde

barograph
baromètre enregistreur

theodolite
théodolite

hygrograph
hygromètre enregistreur

sunshine
ensoleillement

humidity
humidité

rainfall
pluviosité

wind speed
vitesse du vent

pressure
pression

state of ground
état du sol

air temperature
température de l'air

temperature of the soil surface
température à la surface du sol

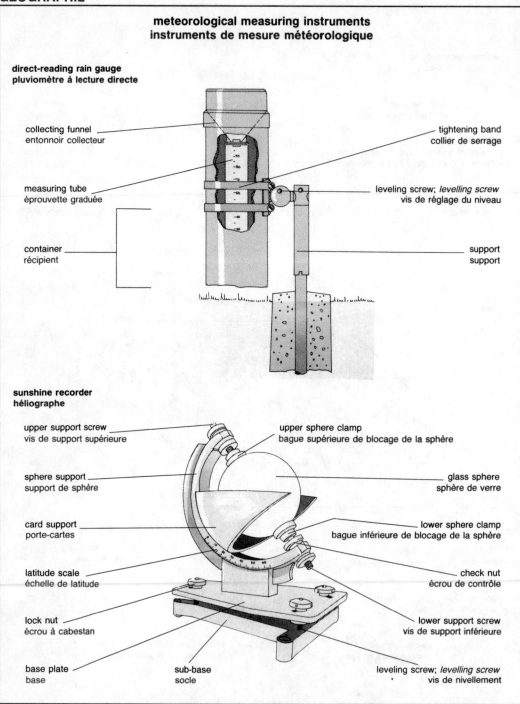

meteorological measuring instruments
instruments de mesure météorologique

direct-reading rain gauge
pluviomètre à lecture directe

collecting funnel
entonnoir collecteur

tightening band
collier de serrage

measuring tube
éprouvette graduée

leveling screw; *levelling screw*
vis de réglage du niveau

container
récipient

support
support

sunshine recorder
héliographe

upper support screw
vis de support supérieure

upper sphere clamp
bague supérieure de blocage de la sphère

sphere support
support de sphère

glass sphere
sphère de verre

card support
porte-cartes

lower sphere clamp
bague inférieure de blocage de la sphère

latitude scale
échelle de latitude

check nut
écrou de contrôle

lock nut
écrou à cabestan

lower support screw
vis de support inférieure

base plate
base

sub-base
socle

leveling screw; *levelling screw*
vis de nivellement

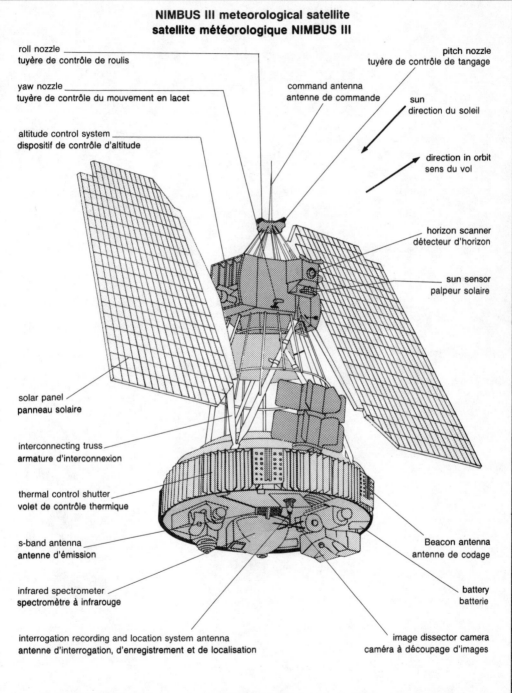

NIMBUS III meteorological satellite
satellite météorologique NIMBUS III

roll nozzle
tuyère de contrôle de roulis

pitch nozzle
tuyère de contrôle de tangage

yaw nozzle
tuyère de contrôle du mouvement en lacet

command antenna
antenne de commande

sun
direction du soleil

altitude control system
dispositif de contrôle d'altitude

direction in orbit
sens du vol

horizon scanner
détecteur d'horizon

sun sensor
palpeur solaire

solar panel
panneau solaire

interconnecting truss
armature d'interconnexion

thermal control shutter
volet de contrôle thermique

s-band antenna
antenne d'émission

Beacon antenna
antenne de codage

infrared spectrometer
spectromètre à infrarouge

battery
batterie

interrogation recording and location system antenna
antenne d'interrogation, d'enregistrement et de localisation

image dissector camera
caméra à découpage d'images

VEGETABLE KINGDOM
RÈGNE VÉGÉTAL

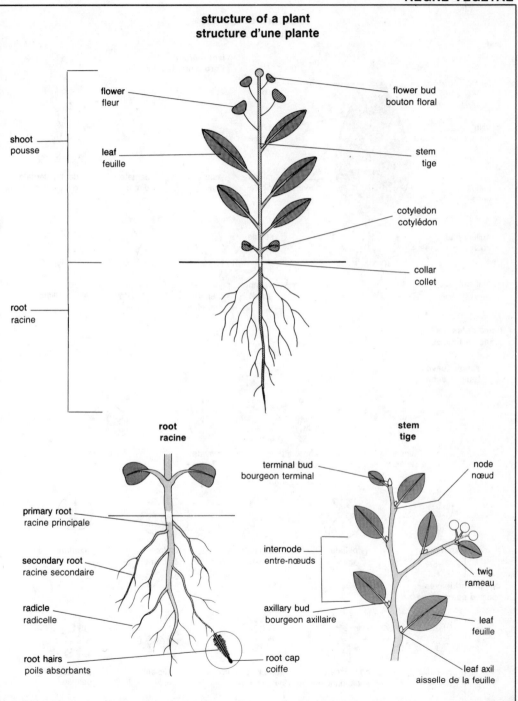

structure of a plant
structure d'une plante

flower
fleur

flower bud
bouton floral

shoot
pousse

leaf
feuille

stem
tige

cotyledon
cotylédon

collar
collet

root
racine

root
racine

stem
tige

terminal bud
bourgeon terminal

node
nœud

primary root
racine principale

secondary root
racine secondaire

internode
entre-nœuds

twig
rameau

radicle
radicelle

axillary bud
bourgeon axillaire

leaf
feuille

root hairs
poils absorbants

root cap
coiffe

leaf axil
aisselle de la feuille

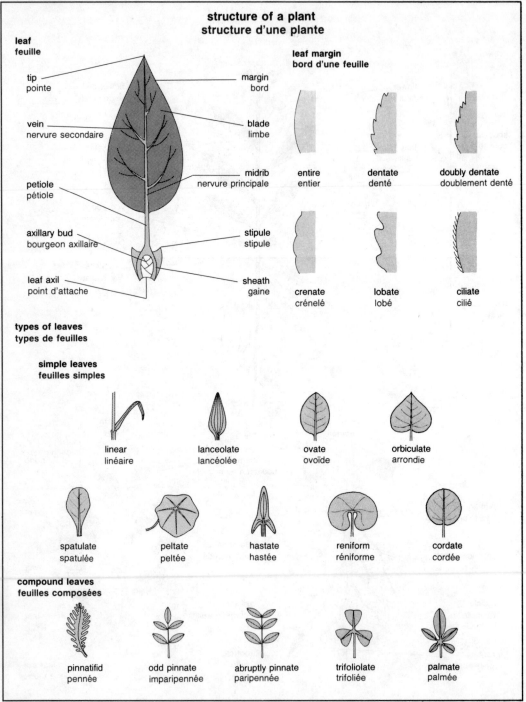

structure of a plant
structure d'une plante

leaf
feuille

tip
pointe

vein
nervure secondaire

petiole
pétiole

axillary bud
bourgeon axillaire

leaf axil
point d'attache

margin
bord

blade
limbe

midrib
nervure principale

stipule
stipule

sheath
gaine

leaf margin
bord d'une feuille

entire
entier

dentate
denté

doubly dentate
doublement denté

crenate
crénelé

lobate
lobé

ciliate
cilié

types of leaves
types de feuilles

simple leaves
feuilles simples

linear
linéaire

lanceolate
lancéolée

ovate
ovoïde

orbiculate
arrondie

spatulate
spatulée

peltate
peltée

hastate
hastée

reniform
réniforme

cordate
cordée

compound leaves
feuilles composées

pinnatifid
pennée

odd pinnate
imparipennée

abruptly pinnate
paripennée

trifoliolate
trifoliée

palmate
palmée

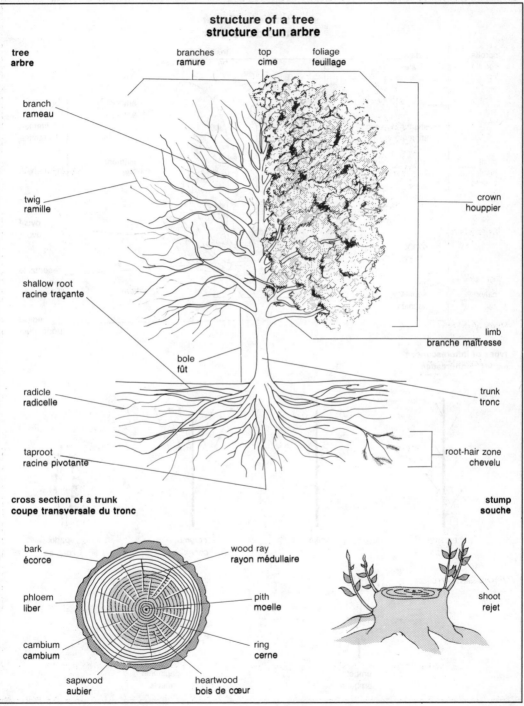

structure of a tree
structure d'un arbre

tree
arbre

branches
ramure

top
cime

foliage
feuillage

branch
rameau

twig
ramille

crown
houppier

shallow root
racine traçante

limb
branche maîtresse

bole
fût

radicle
radicelle

trunk
tronc

taproot
racine pivotante

root-hair zone
chevelu

cross section of a trunk
coupe transversale du tronc

stump
souche

bark
écorce

wood ray
rayon médullaire

phloem
liber

pith
moelle

cambium
cambium

ring
cerne

shoot
rejet

sapwood
aubier

heartwood
bois de cœur

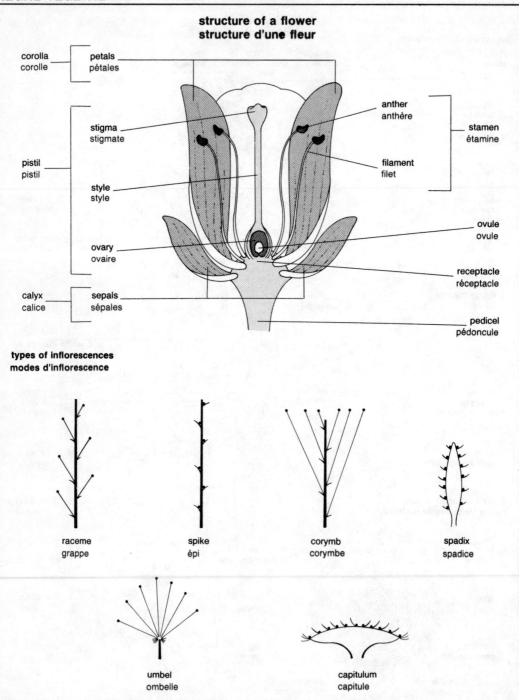

structure of a flower
structure d'une fleur

corolla / corolle — petals / pétales

stigma / stigmate

pistil / pistil

style / style

ovary / ovaire

anther / anthère

stamen / étamine

filament / filet

ovule / ovule

receptacle / réceptacle

calyx / calice — sepals / sépales

pedicel / pédoncule

types of inflorescences
modes d'inflorescence

raceme / grappe

spike / épi

corymb / corymbe

spadix / spadice

umbel / ombelle

capitulum / capitule

mushrooms
champignons

structure of a mushroom
structure d'un champignon

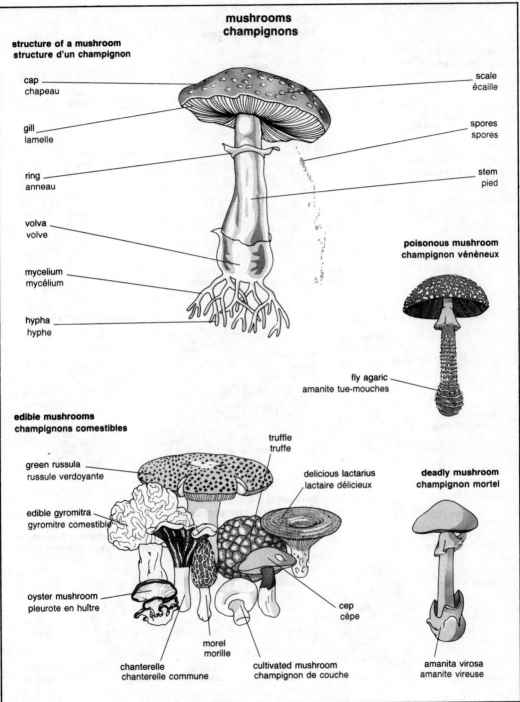

cap
chapeau

gill
lamelle

ring
anneau

volva
volve

mycelium
mycélium

hypha
hyphe

scale
écaille

spores
spores

stem
pied

poisonous mushroom
champignon vénéneux

fly agaric
amanite tue-mouches

edible mushrooms
champignons comestibles

green russula
russule verdoyante

edible gyromitra
gyromitre comestible

oyster mushroom
pleurote en huître

truffle
truffe

delicious lactarius
lactaire délicieux

cep
cèpe

morel
morille

cultivated mushroom
champignon de couche

chanterelle
chanterelle commune

deadly mushroom
champignon mortel

amanita virosa
amanite vireuse

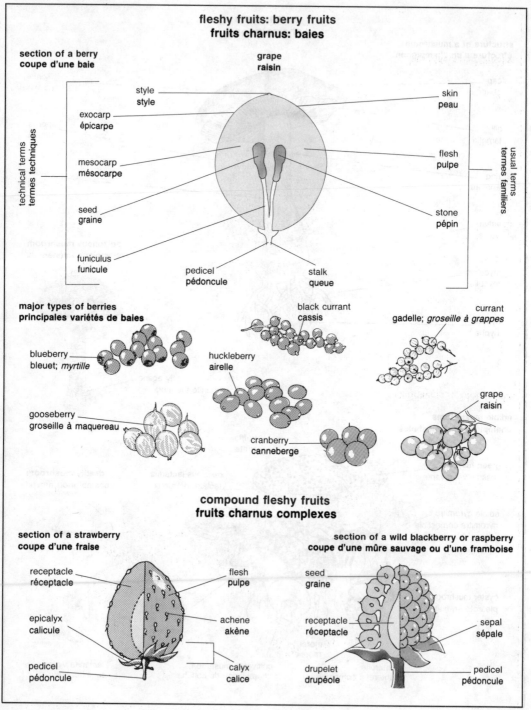

fleshy fruits: berry fruits
fruits charnus: baies

section of a berry
coupe d'une baie

grape
raisin

technical terms
termes techniques

style
style

exocarp
épicarpe

mesocarp
mésocarpe

seed
graine

funiculus
funicule

pedicel
pédoncule

stalk
queue

skin
peau

flesh
pulpe

stone
pépin

usual terms
termes familiers

major types of berries
principales variétés de baies

black currant
cassis

currant
gadelle; *groseille à grappes*

blueberry
bleuet; *myrtille*

huckleberry
airelle

gooseberry
groseille à maquereau

cranberry
canneberge

grape
raisin

compound fleshy fruits
fruits charnus complexes

section of a strawberry
coupe d'une fraise

section of a wild blackberry or raspberry
coupe d'une mûre sauvage ou d'une framboise

receptacle
réceptacle

epicalyx
calicule

pedicel
pédoncule

flesh
pulpe

achene
akène

calyx
calice

seed
graine

receptacle
réceptacle

drupelet
drupéole

sepal
sépale

pedicel
pédoncule

stone fleshy fruits
fruits charnus à noyau

section of a stone fruit
coupe d'un fruit à noyau

peach
pêche

technical terms
termes techniques

usual terms
termes familiers

style
style

plantlet
plantule

cotyledon
cotylédon

exocarp
épicarpe

mesocarp
mésocarpe

endocarp
endocarpe

seed coat
tégument de la graine

seed
graine

almond
amande

skin
peau

flesh
pulpe

stone
noyau

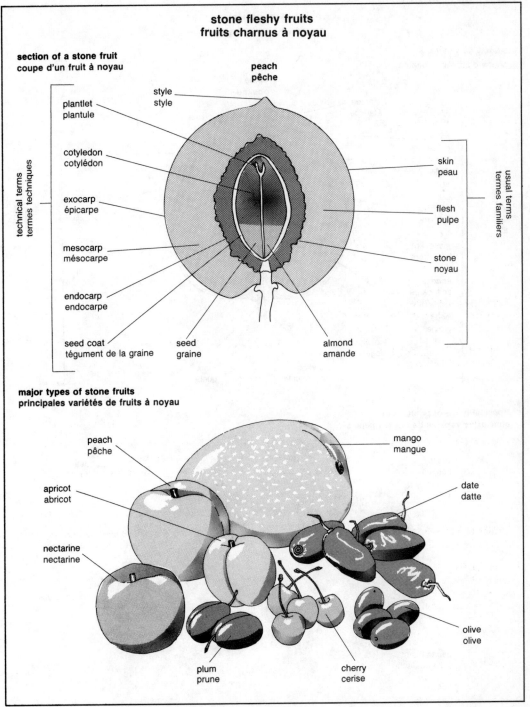

major types of stone fruits
principales variétés de fruits à noyau

peach
pêche

apricot
abricot

nectarine
nectarine

mango
mangue

date
datte

olive
olive

plum
prune

cherry
cerise

pome fleshy fruits
fruits charnus à pépins

section of a pome fruit
coupe d'un fruit à pépins

apple
pomme

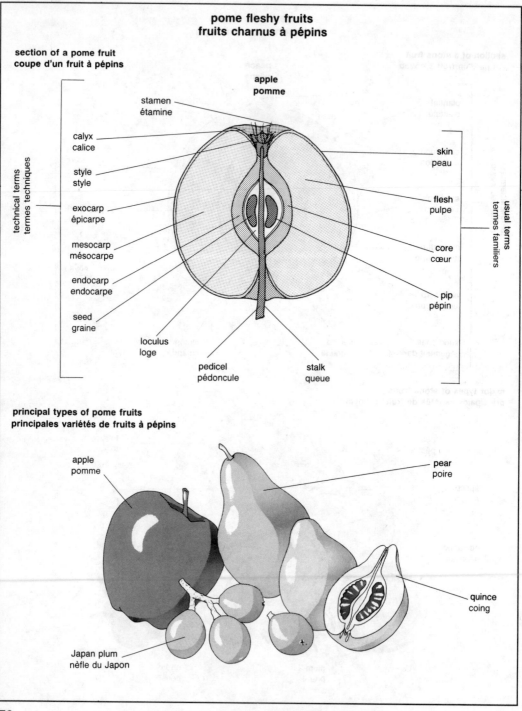

stamen
étamine

calyx
calice

style
style

exocarp
épicarpe

mesocarp
mésocarpe

endocarp
endocarpe

seed
graine

loculus
loge

pedicel
pédoncule

stalk
queue

technical terms
termes techniques

skin
peau

flesh
pulpe

core
cœur

pip
pépin

usual terms
termes familiers

principal types of pome fruits
principales variétés de fruits à pépins

apple
pomme

pear
poire

quince
coing

Japan plum
nèfle du Japon

fleshy fruits: citrus fruits
fruits charnus: agrumes

section of a citrus fruit
coupe d'un agrume

orange
orange

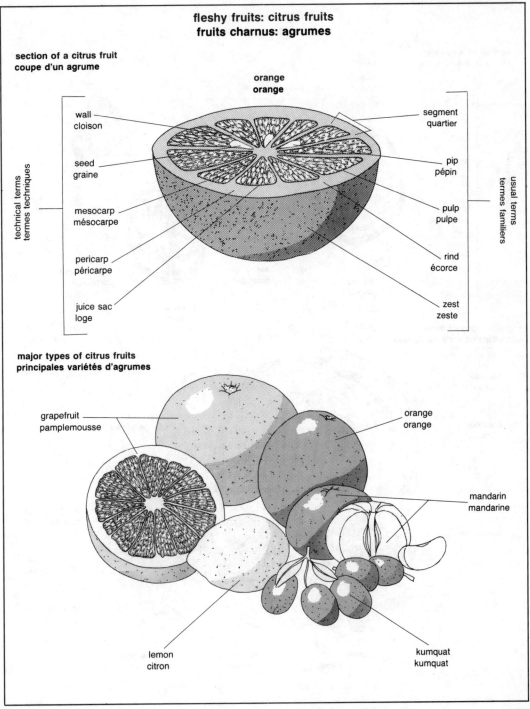

technical terms
termes techniques

wall
cloison

seed
graine

mesocarp
mésocarpe

pericarp
péricarpe

juice sac
loge

segment
quartier

pip
pépin

pulp
pulpe

rind
écorce

zest
zeste

usual terms
termes familiers

major types of citrus fruits
principales variétés d'agrumes

grapefruit
pamplemousse

orange
orange

mandarin
mandarine

lemon
citron

kumquat
kumquat

dry fruits: nuts
fruits secs: noix

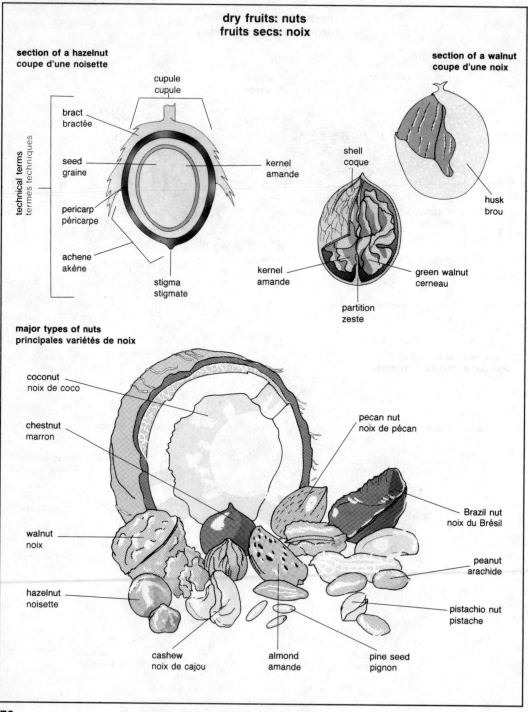

section of a hazelnut
coupe d'une noisette

cupule
cupule

bract
bractée

technical terms
termes techniques

seed
graine

kernel
amande

pericarp
péricarpe

achene
akène

stigma
stigmate

section of a walnut
coupe d'une noix

shell
coque

husk
brou

kernel
amande

green walnut
cerneau

partition
zeste

major types of nuts
principales variétés de noix

coconut
noix de coco

chestnut
marron

walnut
noix

hazelnut
noisette

cashew
noix de cajou

almond
amande

pine seed
pignon

pecan nut
noix de pécan

Brazil nut
noix du Brésil

peanut
arachide

pistachio nut
pistache

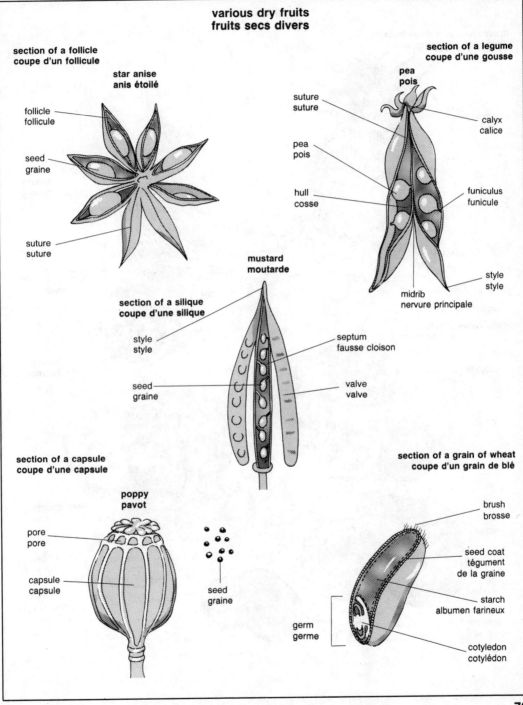

various dry fruits
fruits secs divers

section of a follicle
coupe d'un follicule

star anise
anis étoilé

follicle
follicule

seed
graine

suture
suture

section of a legume
coupe d'une gousse

pea
pois

suture
suture

pea
pois

hull
cosse

calyx
calice

funiculus
funicule

style
style

midrib
nervure principale

mustard
moutarde

section of a silique
coupe d'une silique

style
style

seed
graine

septum
fausse cloison

valve
valve

section of a capsule
coupe d'une capsule

poppy
pavot

pore
pore

capsule
capsule

seed
graine

section of a grain of wheat
coupe d'un grain de blé

brush
brosse

seed coat
tégument
de la graine

starch
albumen farineux

germ
germe

cotyledon
cotylédon

**tropical fruits
fruits tropicaux**

**major types of tropical fruits
principaux fruits tropicaux**

pineapple
ananas

banana
banane

papaya
papaye

pomegranate
grenade

Indian fig
figue de Barbarie

cherimoya
chérimole

guava
goyave

Japanese persimmon
kaki

avocado
avocat

kiwi
kiwi

litchi
litchi

vegetables
légumes

fruit vegetables
légumes-fruits

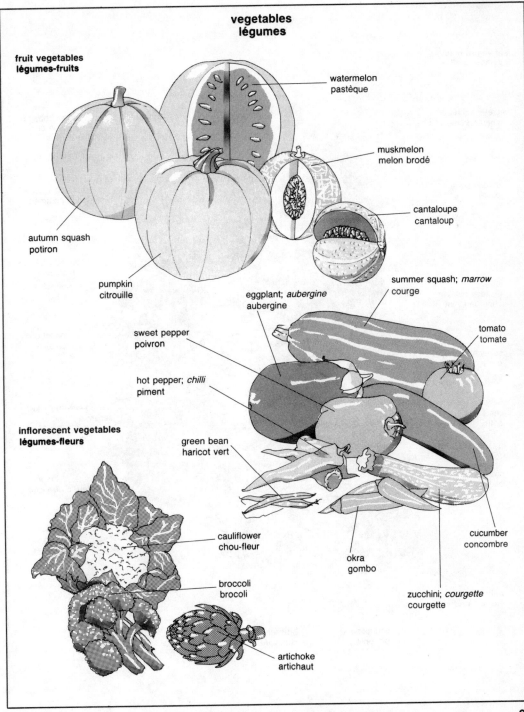

watermelon
pastèque

muskmelon
melon brodé

cantaloupe
cantaloup

autumn squash
potiron

pumpkin
citrouille

summer squash; *marrow*
courge

eggplant; *aubergine*
aubergine

tomato
tomate

sweet pepper
poivron

hot pepper; *chilli*
piment

inflorescent vegetables
légumes-fleurs

green bean
haricot vert

cauliflower
chou-fleur

cucumber
concombre

okra
gombo

broccoli
brocoli

zucchini; *courgette*
courgette

artichoke
artichaut

vegetables
légumes

leaf vegetables
légumes-feuilles

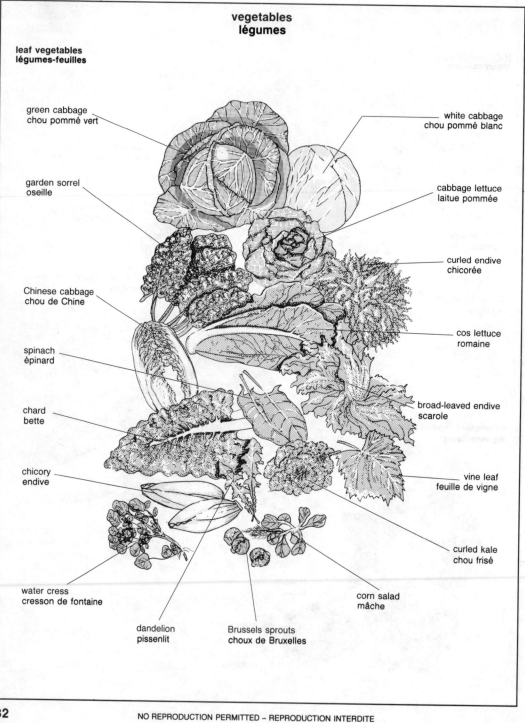

green cabbage
chou pommé vert

white cabbage
chou pommé blanc

garden sorrel
oseille

cabbage lettuce
laitue pommée

curled endive
chicorée

Chinese cabbage
chou de Chine

cos lettuce
romaine

spinach
épinard

chard
bette

broad-leaved endive
scarole

chicory
endive

vine leaf
feuille de vigne

water cress
cresson de fontaine

curled kale
chou frisé

corn salad
mâche

dandelion
pissenlit

Brussels sprouts
choux de Bruxelles

vegetables
légumes

section of a bulb
coupe d'un bulbe

scale leaf
écaille

bud
bourgeon

stem
tige

bulbil
caïeu

root
racine

bulb vegetables
légumes-bulbes

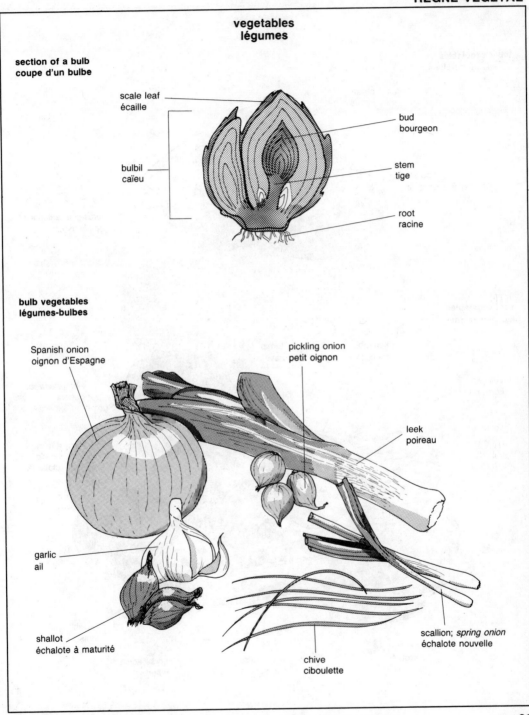

Spanish onion
oignon d'Espagne

pickling onion
petit oignon

leek
poireau

garlic
ail

shallot
échalote à maturité

chive
ciboulette

scallion; *spring onion*
échalote nouvelle

83

vegetables
légumes

tuber vegetables
légumes-tubercules

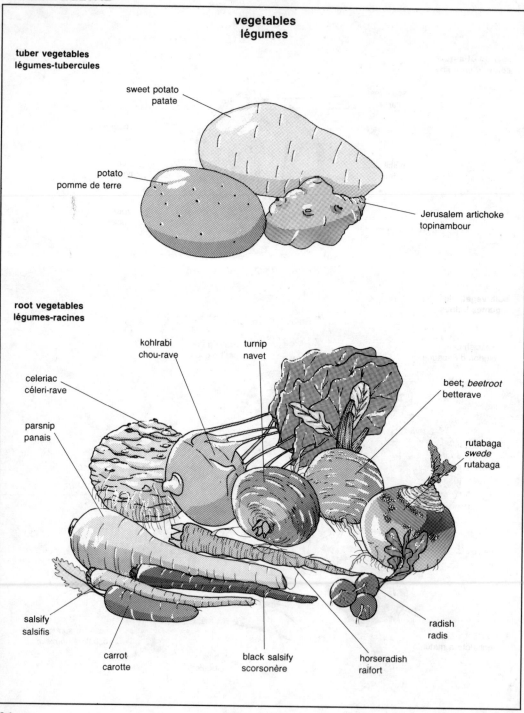

sweet potato
patate

potato
pomme de terre

Jerusalem artichoke
topinambour

root vegetables
légumes-racines

kohlrabi
chou-rave

turnip
navet

celeriac
céleri-rave

beet; *beetroot*
betterave

parsnip
panais

rutabaga
swede
rutabaga

salsify
salsifis

radish
radis

carrot
carotte

black salsify
scorsonère

horseradish
raifort

vegetables
légumes

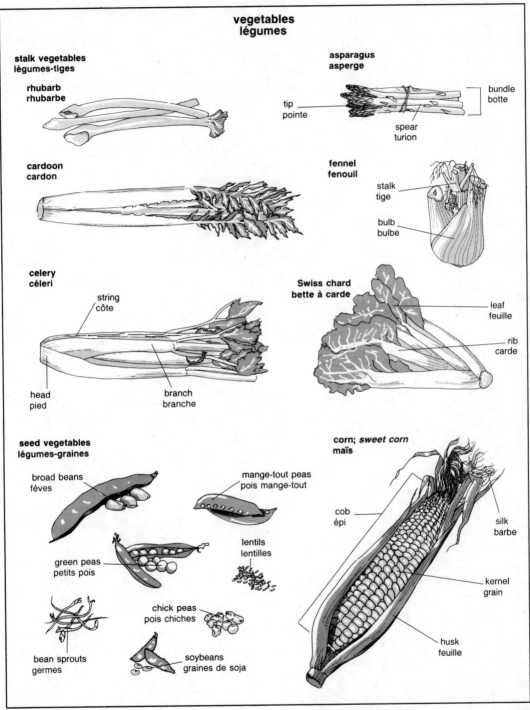

stalk vegetables
légumes-tiges

rhubarb
rhubarbe

cardoon
cardon

celery
céleri

string
côte

head
pied

branch
branche

asparagus
asperge

tip
pointe

bundle
botte

spear
turion

fennel
fenouil

stalk
tige

bulb
bulbe

Swiss chard
bette à carde

leaf
feuille

rib
carde

seed vegetables
légumes-graines

broad beans
fèves

mange-tout peas
pois mange-tout

lentils
lentilles

green peas
petits pois

chick peas
pois chiches

bean sprouts
germes

soybeans
graines de soja

corn; *sweet corn*
maïs

cob
épi

silk
barbe

kernel
grain

husk
feuille

ANIMAL KINGDOM
RÈGNE ANIMAL

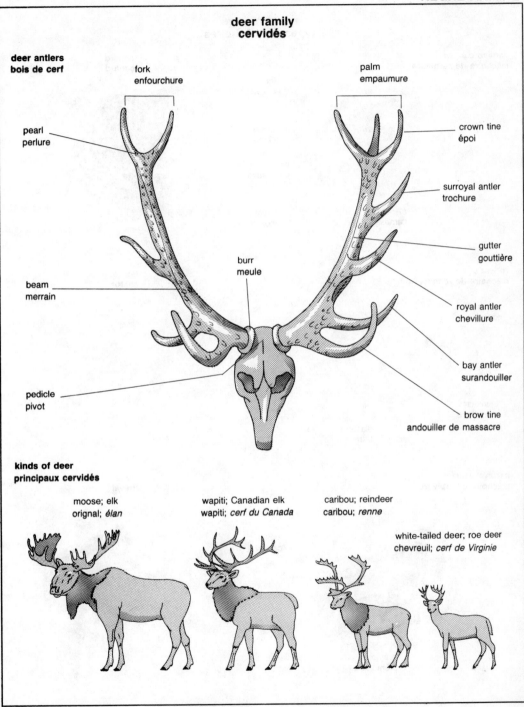

deer family
cervidés

deer antlers
bois de cerf

fork
enfourchure

palm
empaumure

pearl
perlure

crown tine
époi

surroyal antler
trochure

gutter
gouttière

burr
meule

beam
merrain

royal antler
chevillure

bay antler
surandouiller

pedicle
pivot

brow tine
andouiller de massacre

kinds of deer
principaux cervidés

moose; elk
orignal; *élan*

wapiti; Canadian elk
wapiti; *cerf du Canada*

caribou; reindeer
caribou; *renne*

white-tailed deer; roe deer
chevreuil; *cerf de Virginie*

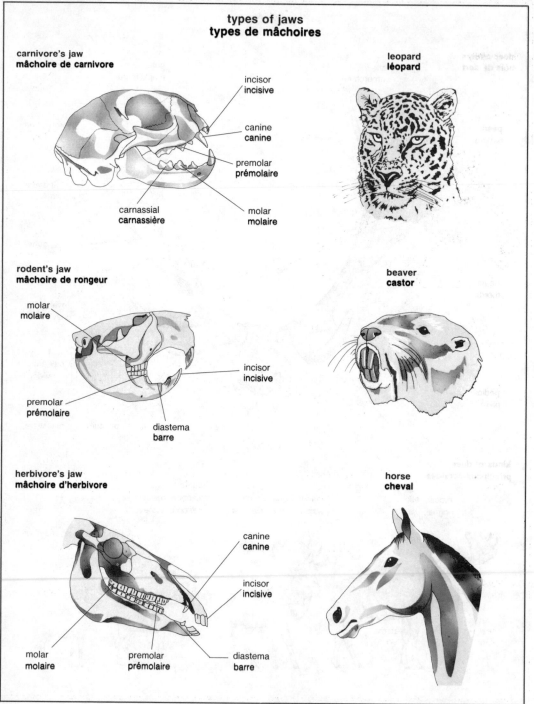

types of jaws
types de mâchoires

carnivore's jaw
mâchoire de carnivore

incisor
incisive

canine
canine

premolar
prémolaire

carnassial
carnassière

molar
molaire

leopard
léopard

rodent's jaw
mâchoire de rongeur

molar
molaire

incisor
incisive

premolar
prémolaire

diastema
barre

beaver
castor

herbivore's jaw
mâchoire d'herbivore

canine
canine

incisor
incisive

molar
molaire

premolar
prémolaire

diastema
barre

horse
cheval

horse
cheval

morphology
morphologie

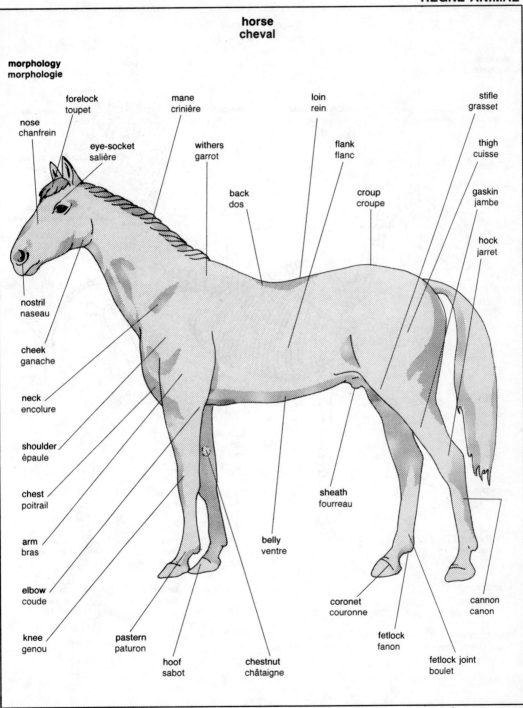

nose
chanfrein

forelock
toupet

eye-socket
salière

mane
crinière

withers
garrot

back
dos

loin
rein

flank
flanc

croup
croupe

stifle
grasset

thigh
cuisse

gaskin
jambe

hock
jarret

nostril
naseau

cheek
ganache

neck
encolure

shoulder
épaule

chest
poitrail

arm
bras

elbow
coude

knee
genou

pastern
paturon

hoof
sabot

chestnut
châtaigne

belly
ventre

sheath
fourreau

coronet
couronne

fetlock
fanon

fetlock joint
boulet

cannon
canon

horse
cheval

skeleton
squelette

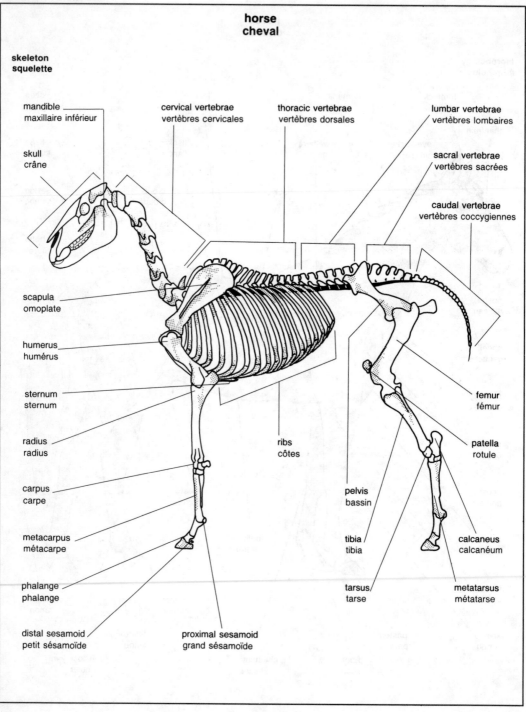

mandible
maxillaire inférieur

cervical vertebrae
vertèbres cervicales

thoracic vertebrae
vertèbres dorsales

lumbar vertebrae
vertèbres lombaires

skull
crâne

sacral vertebrae
vertèbres sacrées

caudal vertebrae
vertèbres coccygiennes

scapula
omoplate

humerus
humérus

sternum
sternum

femur
fémur

radius
radius

ribs
côtes

patella
rotule

carpus
carpe

pelvis
bassin

metacarpus
métacarpe

tibia
tibia

calcaneus
calcanéum

phalange
phalange

tarsus
tarse

metatarsus
métatarse

distal sesamoid
petit sésamoïde

proximal sesamoid
grand sésamoïde

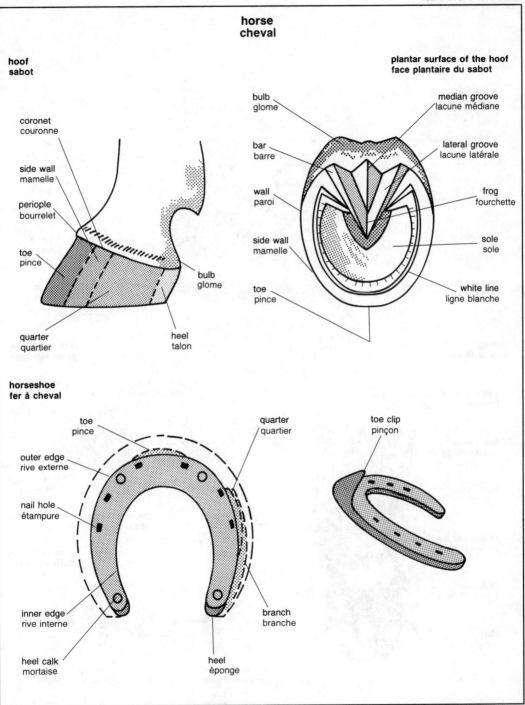

horse
cheval

hoof
sabot

coronet
couronne

side wall
mamelle

periople
bourrelet

toe
pince

quarter
quartier

bulb
glome

heel
talon

plantar surface of the hoof
face plantaire du sabot

bulb
glome

median groove
lacune médiane

bar
barre

lateral groove
lacune latérale

wall
paroi

frog
fourchette

side wall
mamelle

sole
sole

toe
pince

white line
ligne blanche

horseshoe
fer à cheval

toe
pince

quarter
quartier

toe clip
pinçon

outer edge
rive externe

nail hole
étampure

inner edge
rive interne

heel calk
mortaise

heel
éponge

branch
branche

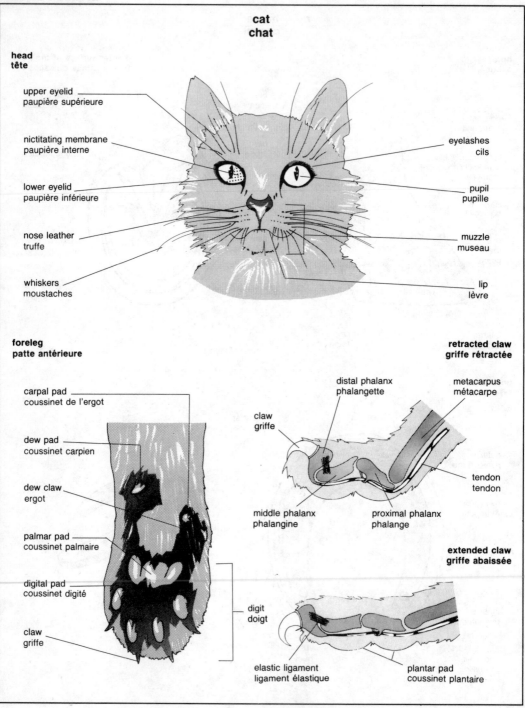

cat
chat

head
tête

upper eyelid
paupière supérieure

nictitating membrane
paupière interne

lower eyelid
paupière inférieure

nose leather
truffe

whiskers
moustaches

eyelashes
cils

pupil
pupille

muzzle
museau

lip
lèvre

foreleg
patte antérieure

retracted claw
griffe rétractée

carpal pad
coussinet de l'ergot

dew pad
coussinet carpien

dew claw
ergot

palmar pad
coussinet palmaire

digital pad
coussinet digité

claw
griffe

distal phalanx
phalangette

metacarpus
métacarpe

claw
griffe

tendon
tendon

middle phalanx
phalangine

proximal phalanx
phalange

digit
doigt

extended claw
griffe abaissée

elastic ligament
ligament élastique

plantar pad
coussinet plantaire

bird
oiseau

morphology
morphologie

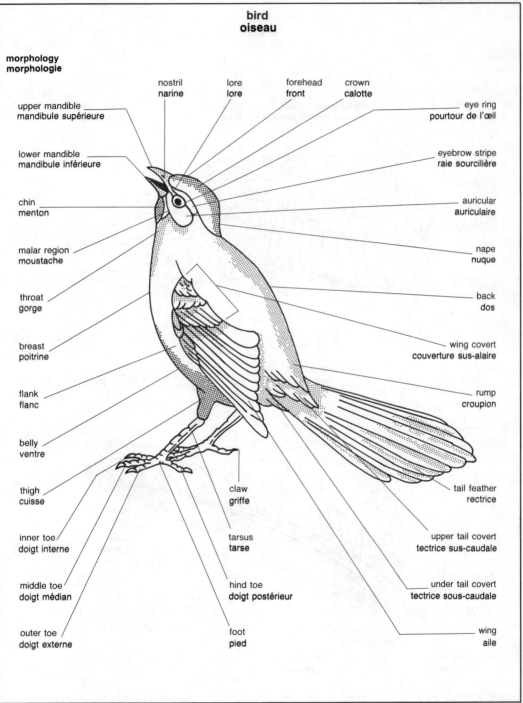

nostril
narine

lore
lore

forehead
front

crown
calotte

upper mandible
mandibule supérieure

lower mandible
mandibule inférieure

chin
menton

malar region
moustache

throat
gorge

breast
poitrine

flank
flanc

belly
ventre

thigh
cuisse

inner toe
doigt interne

middle toe
doigt médian

outer toe
doigt externe

claw
griffe

tarsus
tarse

hind toe
doigt postérieur

foot
pied

eye ring
pourtour de l'œil

eyebrow stripe
raie sourcilière

auricular
auriculaire

nape
nuque

back
dos

wing covert
couverture sus-alaire

rump
croupion

tail feather
rectrice

upper tail covert
tectrice sus-caudale

under tail covert
tectrice sous-caudale

wing
aile

bird
oiseau

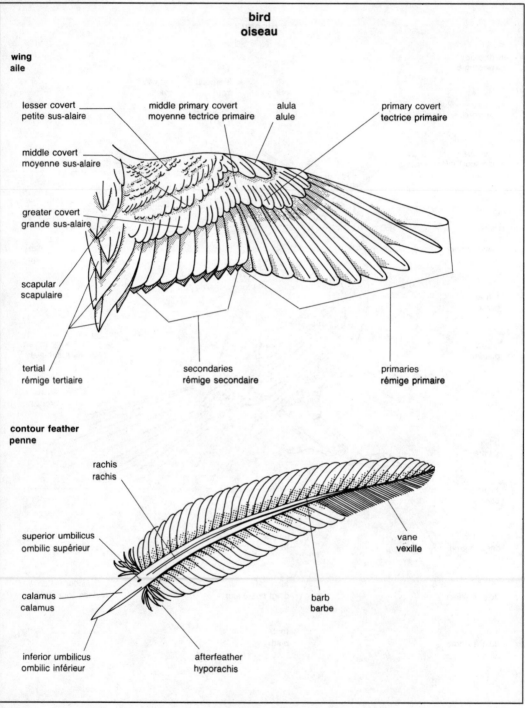

wing
aile

lesser covert
petite sus-alaire

middle primary covert
moyenne tectrice primaire

alula
alule

primary covert
tectrice primaire

middle covert
moyenne sus-alaire

greater covert
grande sus-alaire

scapular
scapulaire

tertial
rémige tertiaire

secondaries
rémige secondaire

primaries
rémige primaire

contour feather
penne

rachis
rachis

superior umbilicus
ombilic supérieur

vane
vexille

calamus
calamus

barb
barbe

inferior umbilicus
ombilic inférieur

afterfeather
hyporachis

bird
oiseau

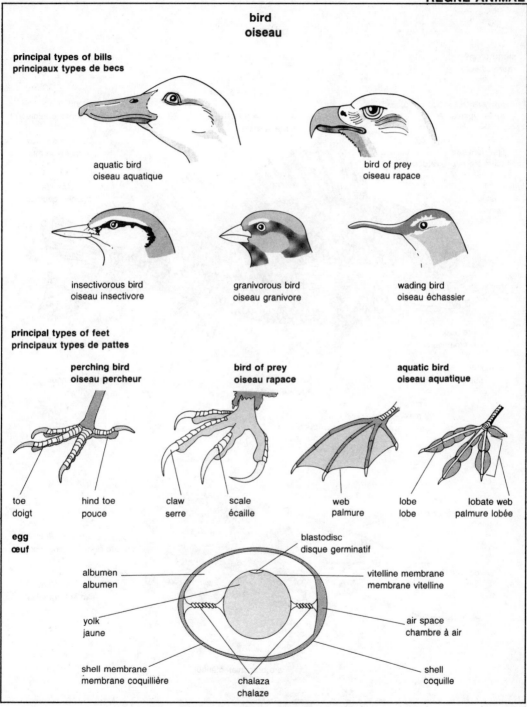

principal types of bills
principaux types de becs

aquatic bird
oiseau aquatique

bird of prey
oiseau rapace

insectivorous bird
oiseau insectivore

granivorous bird
oiseau granivore

wading bird
oiseau échassier

principal types of feet
principaux types de pattes

perching bird
oiseau percheur

bird of prey
oiseau rapace

aquatic bird
oiseau aquatique

toe
doigt

hind toe
pouce

claw
serre

scale
écaille

web
palmure

lobe
lobe

lobate web
palmure lobée

egg
œuf

blastodisc
disque germinatif

albumen
albumen

vitelline membrane
membrane vitelline

yolk
jaune

air space
chambre à air

shell membrane
membrane coquillière

chalaza
chalaze

shell
coquille

fish
poisson

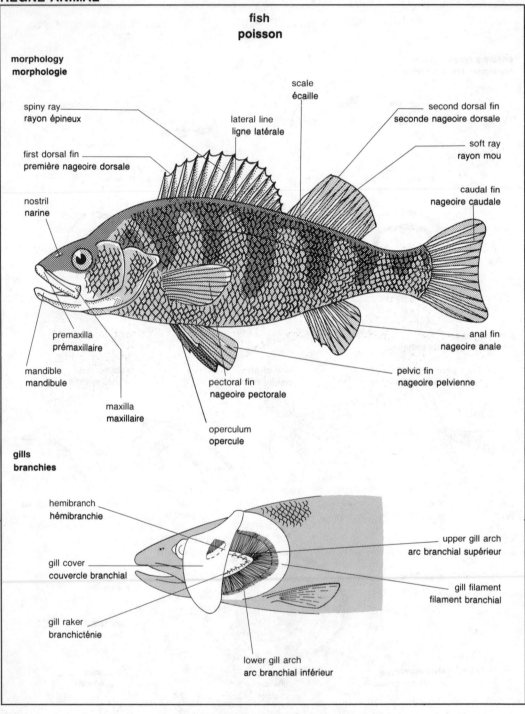

morphology
morphologie

spiny ray
rayon épineux

scale
écaille

second dorsal fin
seconde nageoire dorsale

lateral line
ligne latérale

soft ray
rayon mou

first dorsal fin
première nageoire dorsale

caudal fin
nageoire caudale

nostril
narine

premaxilla
prémaxillaire

anal fin
nageoire anale

mandible
mandibule

pelvic fin
nageoire pelvienne

maxilla
maxillaire

pectoral fin
nageoire pectorale

operculum
opercule

gills
branchies

hemibranch
hémibranchie

upper gill arch
arc branchial supérieur

gill cover
couvercle branchial

gill filament
filament branchial

gill raker
branchicténie

lower gill arch
arc branchial inférieur

**fish
poisson**

**anatomy
anatomie**

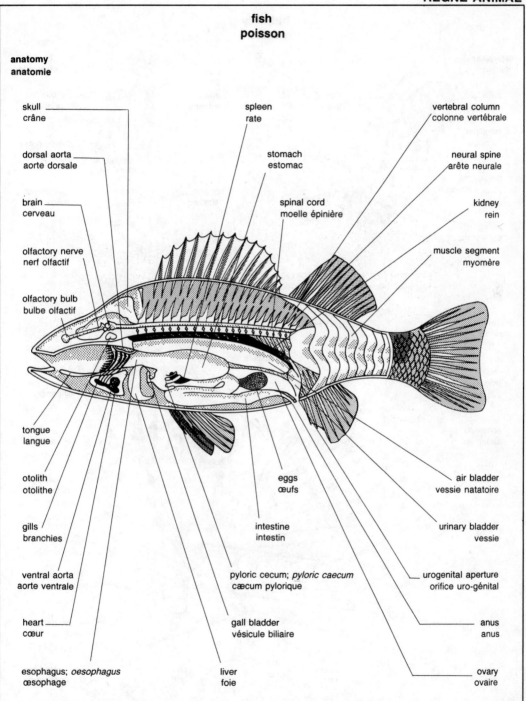

skull
crâne

dorsal aorta
aorte dorsale

brain
cerveau

olfactory nerve
nerf olfactif

olfactory bulb
bulbe olfactif

tongue
langue

otolith
otolithe

gills
branchies

ventral aorta
aorte ventrale

heart
cœur

esophagus; *oesophagus*
œsophage

spleen
rate

stomach
estomac

spinal cord
moelle épinière

eggs
œufs

intestine
intestin

pyloric cecum; *pyloric caecum*
cæcum pylorique

gall bladder
vésicule biliaire

liver
foie

vertebral column
colonne vertébrale

neural spine
arête neurale

kidney
rein

muscle segment
myomère

air bladder
vessie natatoire

urinary bladder
vessie

urogenital aperture
orifice uro-génital

anus
anus

ovary
ovaire

butterfly
papillon

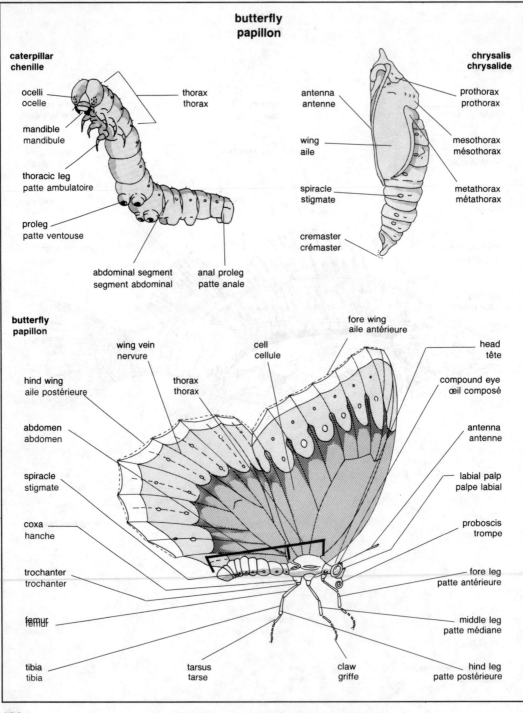

caterpillar
chenille

ocelli
ocelle

thorax
thorax

mandible
mandibule

thoracic leg
patte ambulatoire

proleg
patte ventouse

abdominal segment
segment abdominal

anal proleg
patte anale

chrysalis
chrysalide

antenna
antenne

prothorax
prothorax

wing
aile

mesothorax
mésothorax

spiracle
stigmate

metathorax
métathorax

cremaster
crémaster

butterfly
papillon

wing vein
nervure

cell
cellule

fore wing
aile antérieure

head
tête

hind wing
aile postérieure

thorax
thorax

compound eye
œil composé

abdomen
abdomen

antenna
antenne

spiracle
stigmate

labial palp
palpe labial

coxa
hanche

proboscis
trompe

trochanter
trochanter

fore leg
patte antérieure

femur
femur

middle leg
patte médiane

tibia
tibia

tarsus
tarse

claw
griffe

hind leg
patte postérieure

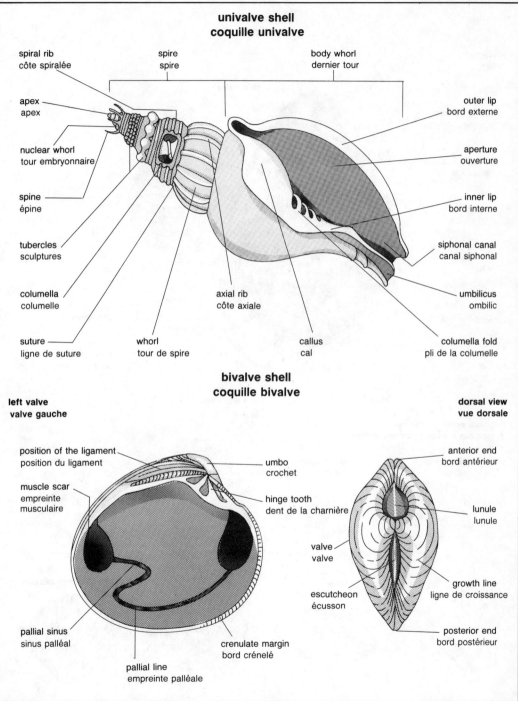

univalve shell
coquille univalve

spiral rib
côte spiralée

spire
spire

body whorl
dernier tour

apex
apex

outer lip
bord externe

nuclear whorl
tour embryonnaire

aperture
ouverture

spine
épine

inner lip
bord interne

tubercles
sculptures

siphonal canal
canal siphonal

columella
columelle

axial rib
côte axiale

umbilicus
ombilic

suture
ligne de suture

whorl
tour de spire

callus
cal

columella fold
pli de la columelle

bivalve shell
coquille bivalve

left valve
valve gauche

dorsal view
vue dorsale

position of the ligament
position du ligament

umbo
crochet

anterior end
bord antérieur

muscle scar
empreinte
musculaire

hinge tooth
dent de la charnière

lunule
lunule

valve
valve

growth line
ligne de croissance

pallial sinus
sinus palléal

escutcheon
écusson

posterior end
bord postérieur

pallial line
empreinte palléale

crenulate margin
bord crénelé

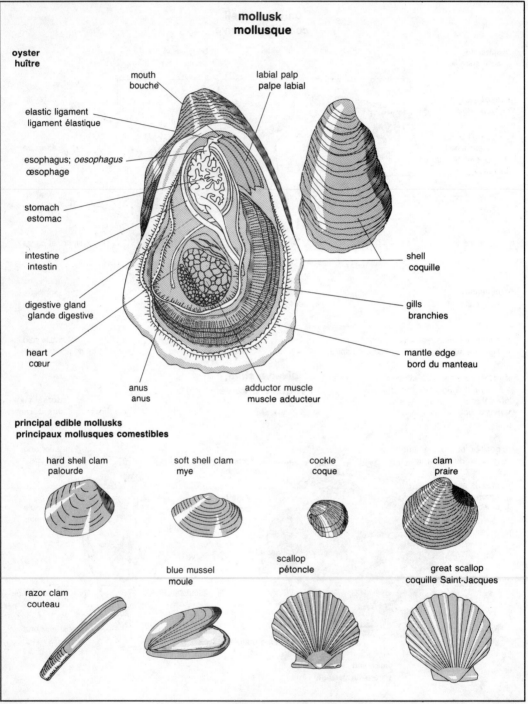

mollusk
mollusque

oyster
huître

mouth
bouche

labial palp
palpe labial

elastic ligament
ligament élastique

esophagus; *oesophagus*
œsophage

stomach
estomac

intestine
intestin

digestive gland
glande digestive

heart
cœur

anus
anus

adductor muscle
muscle adducteur

shell
coquille

gills
branchies

mantle edge
bord du manteau

principal edible mollusks
principaux mollusques comestibles

hard shell clam
palourde

soft shell clam
mye

cockle
coque

clam
praire

razor clam
couteau

blue mussel
moule

scallop
pétoncle

great scallop
coquille Saint-Jacques

crustacean
crustacé

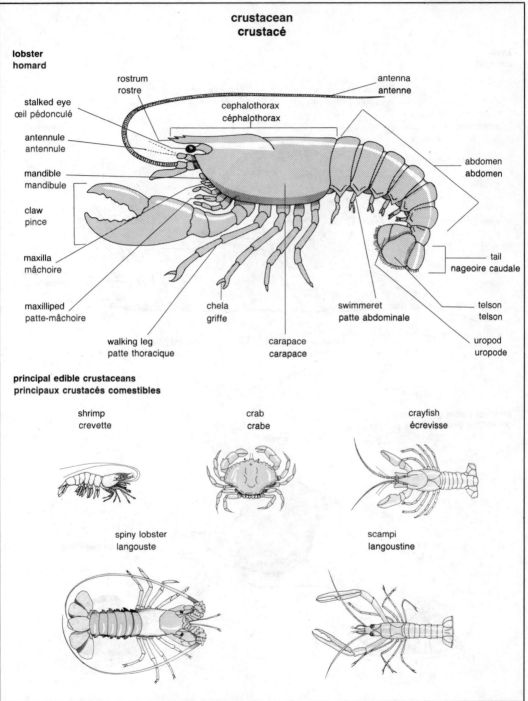

**lobster
homard**

rostrum
rostre

antenna
antenne

stalked eye
œil pédonculé

cephalothorax
céphalothorax

antennule
antennule

abdomen
abdomen

mandible
mandibule

claw
pince

maxilla
mâchoire

tail
nageoire caudale

maxilliped
patte-mâchoire

chela
griffe

swimmeret
patte abdominale

telson
telson

walking leg
patte thoracique

carapace
carapace

uropod
uropode

**principal edible crustaceans
principaux crustacés comestibles**

shrimp
crevette

crab
crabe

crayfish
écrevisse

spiny lobster
langouste

scampi
langoustine

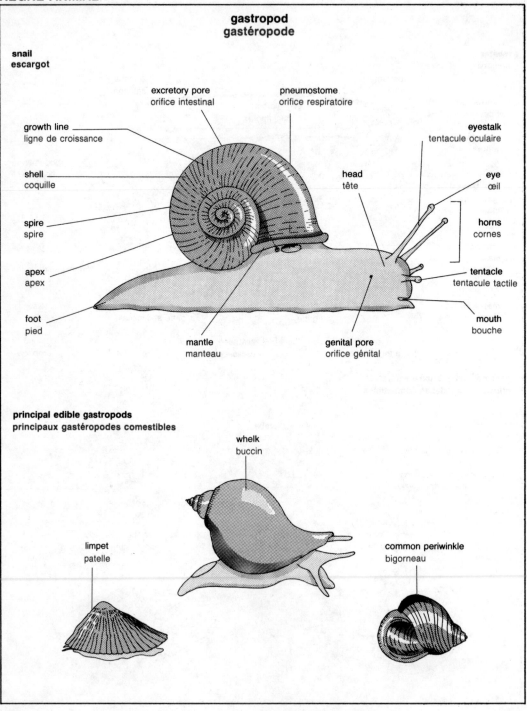

gastropod
gastéropode

snail
escargot

excretory pore
orifice intestinal

pneumostome
orifice respiratoire

growth line
ligne de croissance

eyestalk
tentacule oculaire

shell
coquille

head
tête

eye
œil

spire
spire

horns
cornes

apex
apex

tentacle
tentacule tactile

foot
pied

mouth
bouche

mantle
manteau

genital pore
orifice génital

principal edible gastropods
principaux gastéropodes comestibles

whelk
buccin

limpet
patelle

common periwinkle
bigorneau

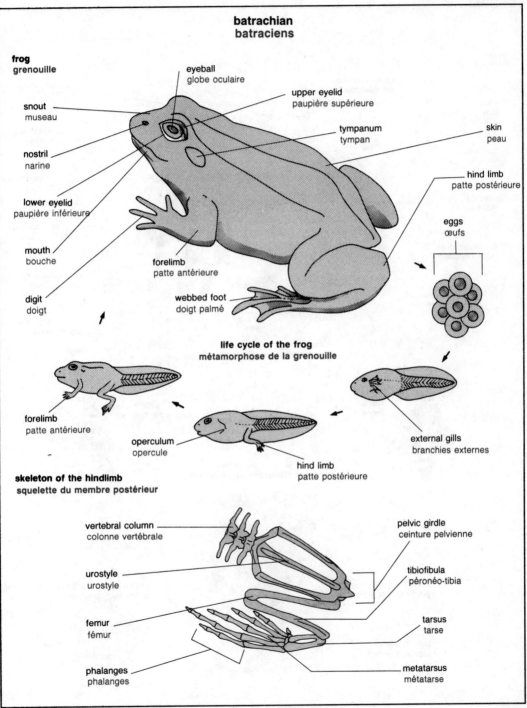

batrachian
batraciens

frog
grenouille

eyeball
globe oculaire

upper eyelid
paupière supérieure

snout
museau

tympanum
tympan

skin
peau

nostril
narine

hind limb
patte postérieure

lower eyelid
paupière inférieure

eggs
œufs

mouth
bouche

forelimb
patte antérieure

digit
doigt

webbed foot
doigt palmé

life cycle of the frog
métamorphose de la grenouille

forelimb
patte antérieure

operculum
opercule

external gills
branchies externes

hind limb
patte postérieure

skeleton of the hindlimb
squelette du membre postérieur

vertebral column
colonne vertébrale

pelvic girdle
ceinture pelvienne

urostyle
urostyle

tibiofibula
péronéo-tibia

femur
fémur

tarsus
tarse

phalanges
phalanges

metatarsus
métatarse

honeybee
abeille

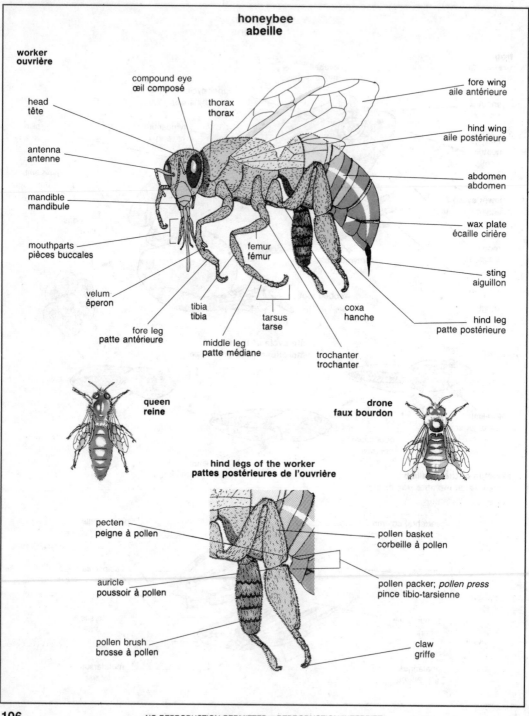

worker
ouvrière

compound eye
œil composé

head
tête

thorax
thorax

fore wing
aile antérieure

antenna
antenne

hind wing
aile postérieure

mandible
mandibule

abdomen
abdomen

mouthparts
pièces buccales

wax plate
écaille cirière

femur
fémur

sting
aiguillon

velum
éperon

tibia
tibia

tarsus
tarse

coxa
hanche

hind leg
patte postérieure

fore leg
patte antérieure

middle leg
patte médiane

trochanter
trochanter

queen
reine

drone
faux bourdon

hind legs of the worker
pattes postérieures de l'ouvrière

pecten
peigne à pollen

pollen basket
corbeille à pollen

auricle
poussoir à pollen

pollen packer; *pollen press*
pince tibio-tarsienne

pollen brush
brosse à pollen

claw
griffe

**honeybee
abeille**

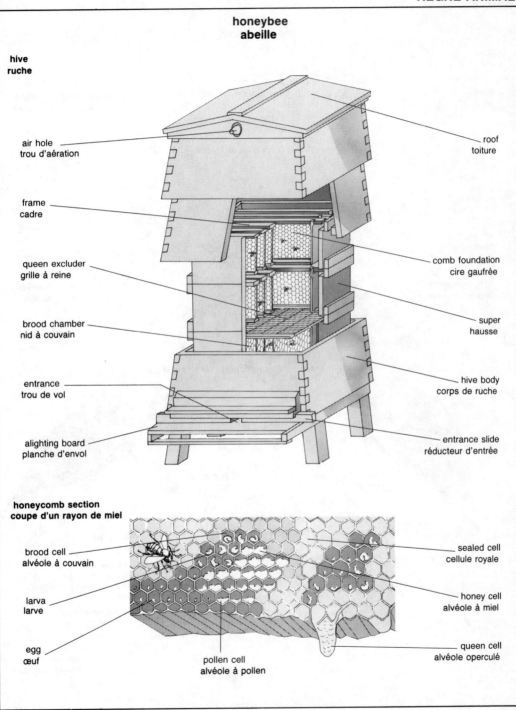

hive
ruche

air hole
trou d'aération

roof
toiture

frame
cadre

queen excluder
grille à reine

comb foundation
cire gaufrée

brood chamber
nid à couvain

super
hausse

entrance
trou de vol

hive body
corps de ruche

alighting board
planche d'envol

entrance slide
réducteur d'entrée

**honeycomb section
coupe d'un rayon de miel**

brood cell
alvéole à couvain

sealed cell
cellule royale

larva
larve

honey cell
alvéole à miel

egg
œuf

queen cell
alvéole operculé

pollen cell
alvéole à pollen

bat
chauve-souris

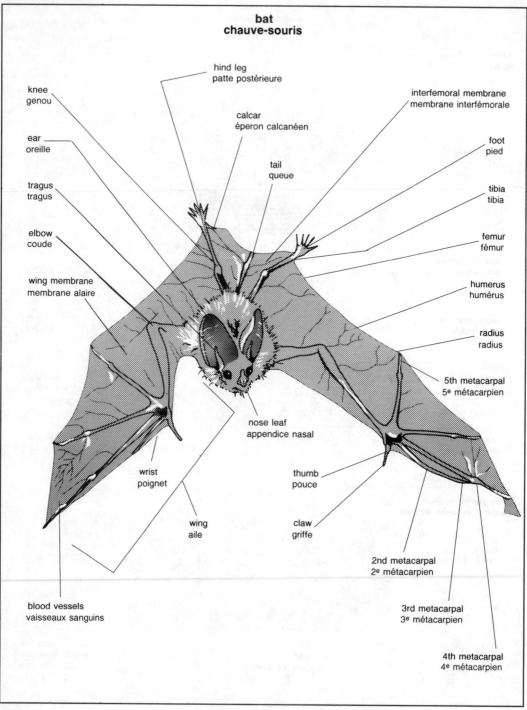

knee
genou

ear
oreille

tragus
tragus

elbow
coude

wing membrane
membrane alaire

hind leg
patte postérieure

calcar
éperon calcanéen

tail
queue

interfemoral membrane
membrane interfémorale

foot
pied

tibia
tibia

femur
fémur

humerus
humérus

radius
radius

5th metacarpal
5e métacarpien

nose leaf
appendice nasal

wrist
poignet

thumb
pouce

wing
aile

claw
griffe

blood vessels
vaisseaux sanguins

2nd metacarpal
2e métacarpien

3rd metacarpal
3e métacarpien

4th metacarpal
4e métacarpien

reptile
reptile

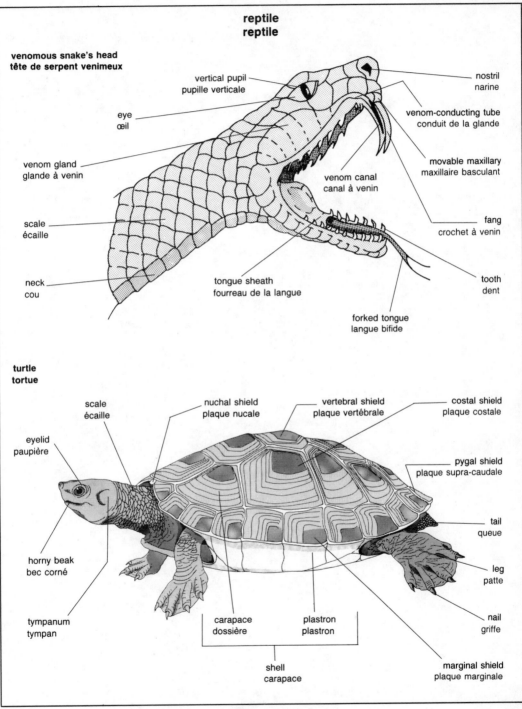

venomous snake's head
tête de serpent venimeux

vertical pupil
pupille verticale

nostril
narine

eye
œil

venom-conducting tube
conduit de la glande

venom gland
glande à venin

movable maxillary
maxillaire basculant

venom canal
canal à venin

scale
écaille

fang
crochet à venin

neck
cou

tongue sheath
fourreau de la langue

tooth
dent

forked tongue
langue bifide

turtle
tortue

scale
écaille

nuchal shield
plaque nucale

vertebral shield
plaque vertébrale

costal shield
plaque costale

eyelid
paupière

pygal shield
plaque supra-caudale

horny beak
bec corné

tail
queue

leg
patte

tympanum
tympan

carapace
dossière

plastron
plastron

nail
griffe

shell
carapace

marginal shield
plaque marginale

HUMAN BEING
ÊTRE HUMAIN

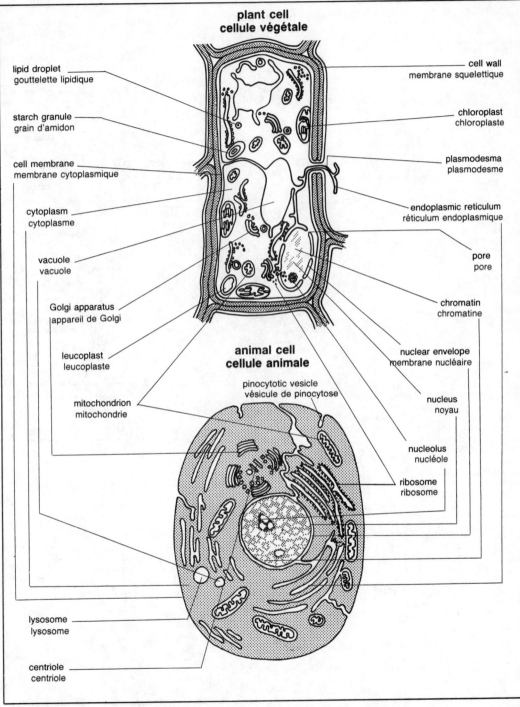

**plant cell
cellule végétale**

lipid droplet
gouttelette lipidique

starch granule
grain d'amidon

cell membrane
membrane cytoplasmique

cytoplasm
cytoplasme

vacuole
vacuole

Golgi apparatus
appareil de Golgi

leucoplast
leucoplaste

mitochondrion
mitochondrie

cell wall
membrane squelettique

chloroplast
chloroplaste

plasmodesma
plasmodesme

endoplasmic reticulum
réticulum endoplasmique

pore
pore

chromatin
chromatine

nuclear envelope
membrane nucléaire

nucleus
noyau

nucleolus
nucléole

ribosome
ribosome

**animal cell
cellule animale**

pinocytotic vesicle
vésicule de pinocytose

lysosome
lysosome

centriole
centriole

human body
corps humain

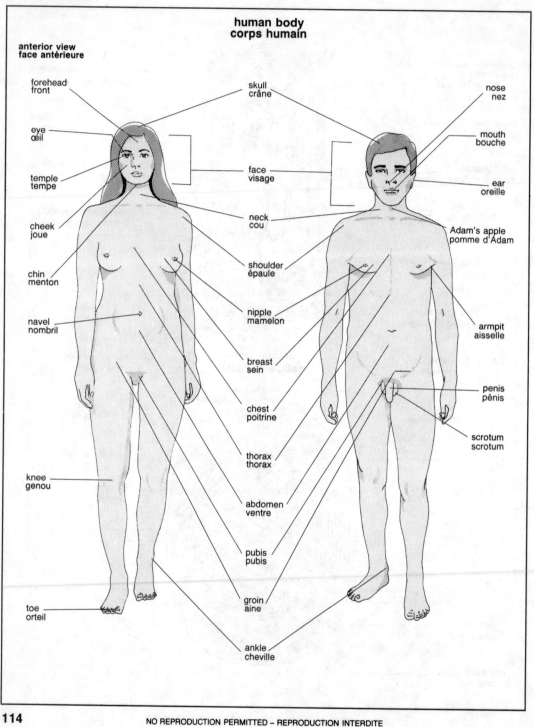

anterior view
face antérieure

forehead
front

skull
crâne

nose
nez

eye
œil

mouth
bouche

temple
tempe

face
visage

ear
oreille

cheek
joue

neck
cou

Adam's apple
pomme d'Adam

chin
menton

shoulder
épaule

navel
nombril

nipple
mamelon

armpit
aisselle

breast
sein

penis
pénis

chest
poitrine

scrotum
scrotum

thorax
thorax

knee
genou

abdomen
ventre

pubis
pubis

toe
orteil

groin
aine

ankle
cheville

human body
corps humain

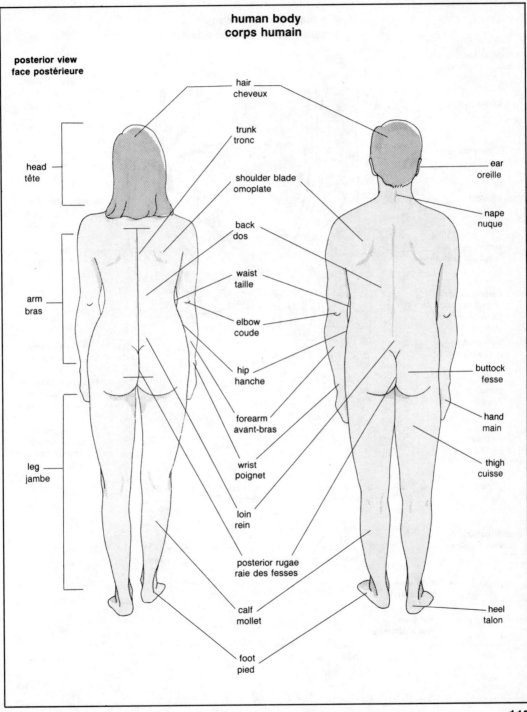

posterior view
face postérieure

hair
cheveux

trunk
tronc

shoulder blade
omoplate

back
dos

waist
taille

elbow
coude

hip
hanche

forearm
avant-bras

wrist
poignet

loin
rein

posterior rugae
raie des fesses

calf
mollet

foot
pied

head
tête

arm
bras

leg
jambe

ear
oreille

nape
nuque

buttock
fesse

hand
main

thigh
cuisse

heel
talon

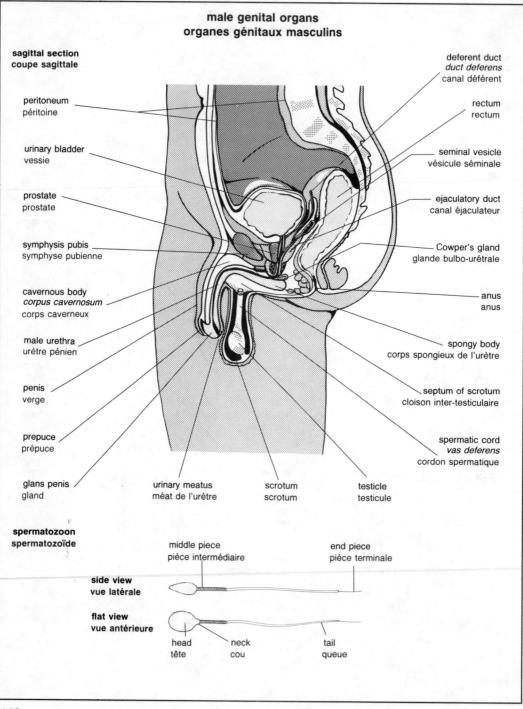

male genital organs
organes génitaux masculins

female genital organs
organes génitaux féminins

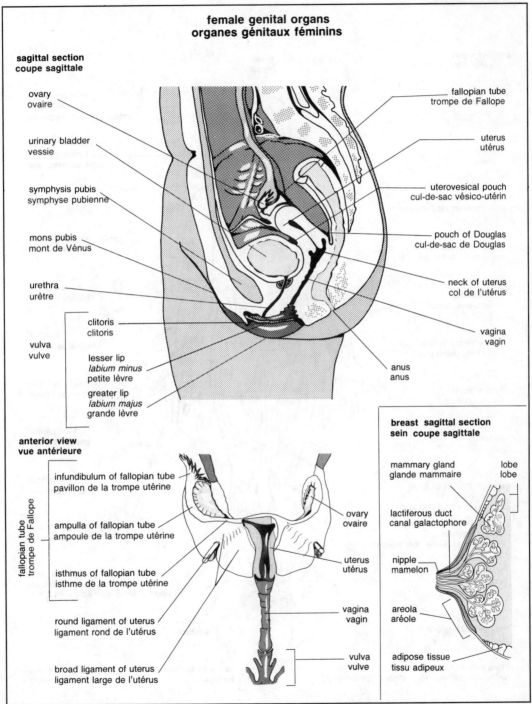

sagittal section
coupe sagittale

ovary
ovaire

urinary bladder
vessie

symphysis pubis
symphyse pubienne

mons pubis
mont de Vénus

urethra
urètre

clitoris
clitoris

vulva
vulve

lesser lip
labium minus
petite lèvre

greater lip
labium majus
grande lèvre

fallopian tube
trompe de Fallope

uterus
utérus

uterovesical pouch
cul-de-sac vésico-utérin

pouch of Douglas
cul-de-sac de Douglas

neck of uterus
col de l'utérus

vagina
vagin

anus
anus

anterior view
vue antérieure

fallopian tube
trompe de Fallope

infundibulum of fallopian tube
pavillon de la trompe utérine

ampulla of fallopian tube
ampoule de la trompe utérine

isthmus of fallopian tube
isthme de la trompe utérine

round ligament of uterus
ligament rond de l'utérus

broad ligament of uterus
ligament large de l'utérus

ovary
ovaire

uterus
utérus

vagina
vagin

vulva
vulve

breast sagittal section
sein coupe sagittale

mammary gland
glande mammaire

lobe
lobe

lactiferous duct
canal galactophore

nipple
mamelon

areola
aréole

adipose tissue
tissu adipeux

muscles
muscles

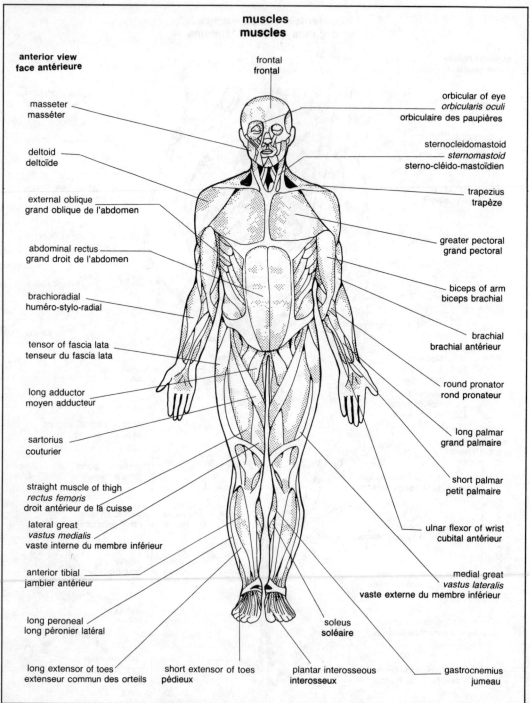

anterior view
face antérieure

frontal
frontal

orbicular of eye
orbicularis oculi
orbiculaire des paupières

masseter
masséter

sternocleidomastoid
sternomastoid
sterno-cléido-mastoïdien

deltoid
deltoïde

trapezius
trapèze

external oblique
grand oblique de l'abdomen

greater pectoral
grand pectoral

abdominal rectus
grand droit de l'abdomen

biceps of arm
biceps brachial

brachioradial
huméro-stylo-radial

brachial
brachial antérieur

tensor of fascia lata
tenseur du fascia lata

round pronator
rond pronateur

long adductor
moyen adducteur

long palmar
grand palmaire

sartorius
couturier

short palmar
petit palmaire

straight muscle of thigh
rectus femoris
droit antérieur de la cuisse

lateral great
vastus medialis
vaste interne du membre inférieur

ulnar flexor of wrist
cubital antérieur

anterior tibial
jambier antérieur

medial great
vastus lateralis
vaste externe du membre inférieur

long peroneal
long péronier latéral

soleus
soléaire

long extensor of toes
extenseur commun des orteils

short extensor of toes
pédieux

plantar interosseous
interosseux

gastrocnemius
jumeau

muscles
muscles

posterior view
face postérieure

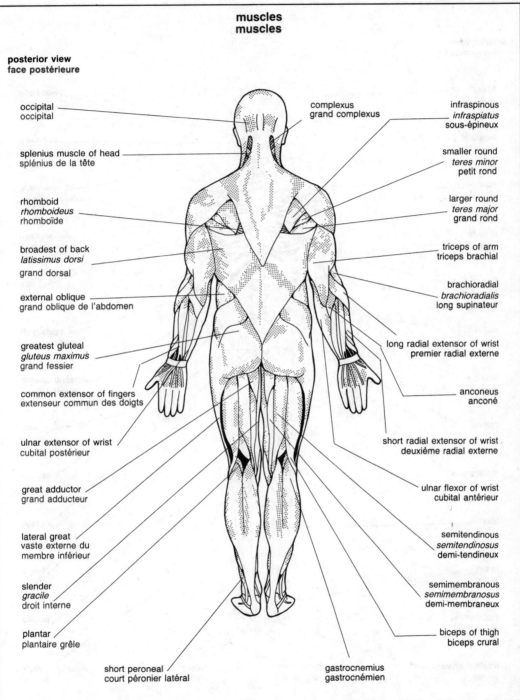

occipital
occipital

splenius muscle of head
splénius de la tête

rhomboid
rhomboideus
rhomboïde

broadest of back
latissimus dorsi
grand dorsal

external oblique
grand oblique de l'abdomen

greatest gluteal
gluteus maximus
grand fessier

common extensor of fingers
extenseur commun des doigts

ulnar extensor of wrist
cubital postérieur

great adductor
grand adducteur

lateral great
vaste externe du
membre inférieur

slender
gracile
droit interne

plantar
plantaire grêle

short peroneal
court péronier latéral

complexus
grand complexus

infraspinous
infraspiatus
sous-épineux

smaller round
teres minor
petit rond

larger round
teres major
grand rond

triceps of arm
triceps brachial

brachioradial
brachioradialis
long supinateur

long radial extensor of wrist
premier radial externe

anconeus
anconé

short radial extensor of wrist
deuxième radial externe

ulnar flexor of wrist
cubital antérieur

semitendinous
semitendinosus
demi-tendineux

semimembranous
semimembranosus
demi-membraneux

biceps of thigh
biceps crural

gastrocnemius
gastrocnémien

skeleton
squelette

anterior view
vue antérieure

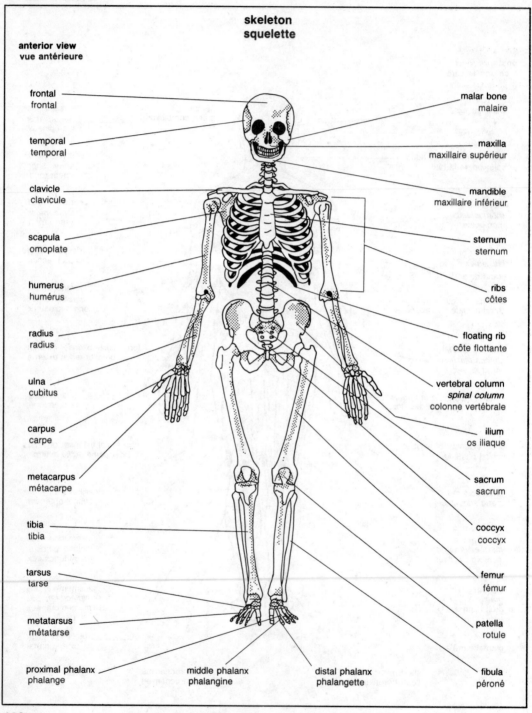

frontal
frontal

temporal
temporal

clavicle
clavicule

scapula
omoplate

humerus
humérus

radius
radius

ulna
cubitus

carpus
carpe

metacarpus
métacarpe

tibia
tibia

tarsus
tarse

metatarsus
métatarse

proximal phalanx
phalange

middle phalanx
phalangine

distal phalanx
phalangette

malar bone
malaire

maxilla
maxillaire supérieur

mandible
maxillaire inférieur

sternum
sternum

ribs
côtes

floating rib
côte flottante

vertebral column
spinal column
colonne vertébrale

ilium
os iliaque

sacrum
sacrum

coccyx
coccyx

femur
fémur

patella
rotule

fibula
péroné

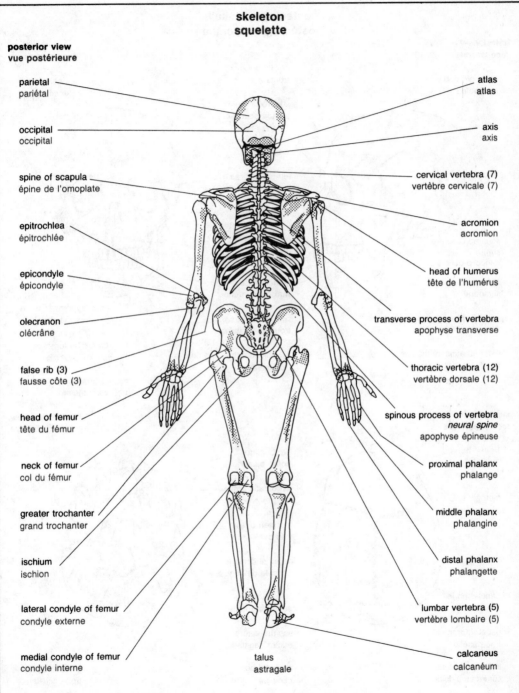

**skeleton
squelette**

posterior view
vue postérieure

parietal
pariétal

occipital
occipital

spine of scapula
épine de l'omoplate

epitrochlea
épitrochlée

epicondyle
épicondyle

olecranon
olécrâne

false rib (3)
fausse côte (3)

head of femur
tête du fémur

neck of femur
col du fémur

greater trochanter
grand trochanter

ischium
ischion

lateral condyle of femur
condyle externe

medial condyle of femur
condyle interne

atlas
atlas

axis
axis

cervical vertebra (7)
vertèbre cervicale (7)

acromion
acromion

head of humerus
tête de l'humérus

transverse process of vertebra
apophyse transverse

thoracic vertebra (12)
vertèbre dorsale (12)

spinous process of vertebra
neural spine
apophyse épineuse

proximal phalanx
phalange

middle phalanx
phalangine

distal phalanx
phalangette

lumbar vertebra (5)
vertèbre lombaire (5)

calcaneus
calcanéum

talus
astragale

osteology of skull
ostéologie du crâne

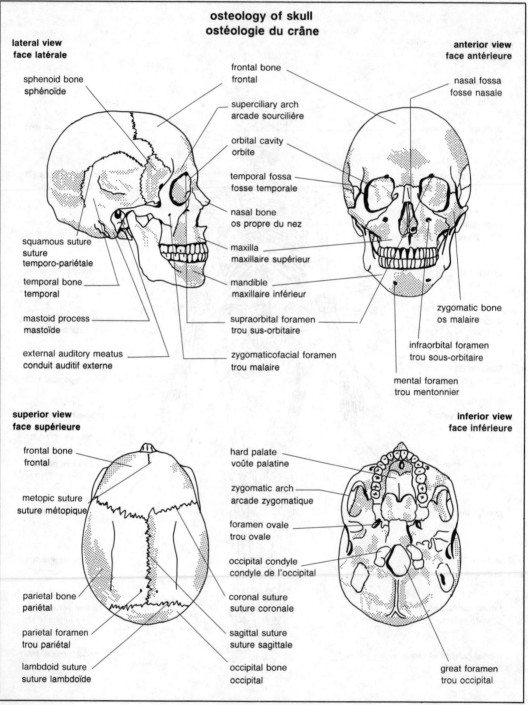

lateral view
face latérale

sphenoid bone
sphénoïde

frontal bone
frontal

superciliary arch
arcade sourcilière

orbital cavity
orbite

temporal fossa
fosse temporale

nasal bone
os propre du nez

maxilla
maxillaire supérieur

mandible
maxillaire inférieur

supraorbital foramen
trou sus-orbitaire

zygomaticofacial foramen
trou malaire

squamous suture
suture
temporo-pariétale

temporal bone
temporal

mastoid process
mastoïde

external auditory meatus
conduit auditif externe

anterior view
face antérieure

nasal fossa
fosse nasale

zygomatic bone
os malaire

infraorbital foramen
trou sous-orbitaire

mental foramen
trou mentonnier

superior view
face supérieure

frontal bone
frontal

metopic suture
suture métopique

parietal bone
pariétal

parietal foramen
trou pariétal

lambdoid suture
suture lambdoïde

hard palate
voûte palatine

zygomatic arch
arcade zygomatique

foramen ovale
trou ovale

occipital condyle
condyle de l'occipital

coronal suture
suture coronale

sagittal suture
suture sagittale

occipital bone
occipital

inferior view
face inférieure

great foramen
trou occipital

teeth
dents

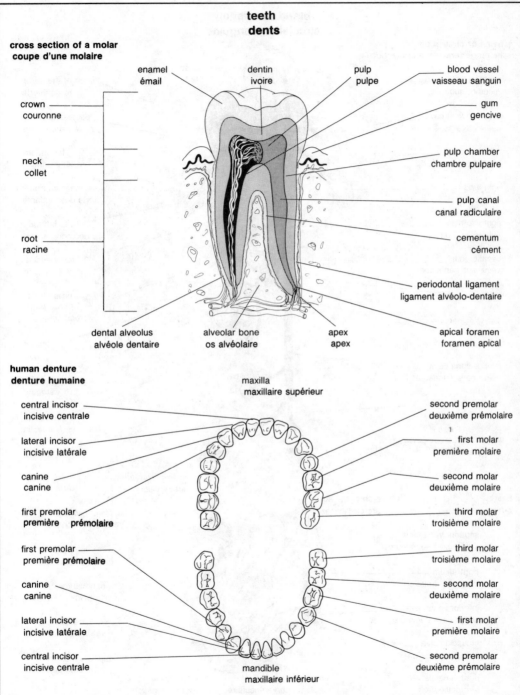

cross section of a molar
coupe d'une molaire

enamel / émail

dentin / ivoire

pulp / pulpe

blood vessel / vaisseau sanguin

crown / couronne

gum / gencive

neck / collet

pulp chamber / chambre pulpaire

pulp canal / canal radiculaire

cementum / cément

root / racine

periodontal ligament / ligament alvéolo-dentaire

dental alveolus / alvéole dentaire

alveolar bone / os alvéolaire

apex / apex

apical foramen / foramen apical

human denture
denture humaine

maxilla / maxillaire supérieur

central incisor / incisive centrale

second premolar / deuxième prémolaire

lateral incisor / incisive latérale

first molar / première molaire

canine / canine

second molar / deuxième molaire

first premolar / première prémolaire

third molar / troisième molaire

first premolar / première prémolaire

third molar / troisième molaire

canine / canine

second molar / deuxième molaire

lateral incisor / incisive latérale

first molar / première molaire

central incisor / incisive centrale

second premolar / deuxième prémolaire

mandible / maxillaire inférieur

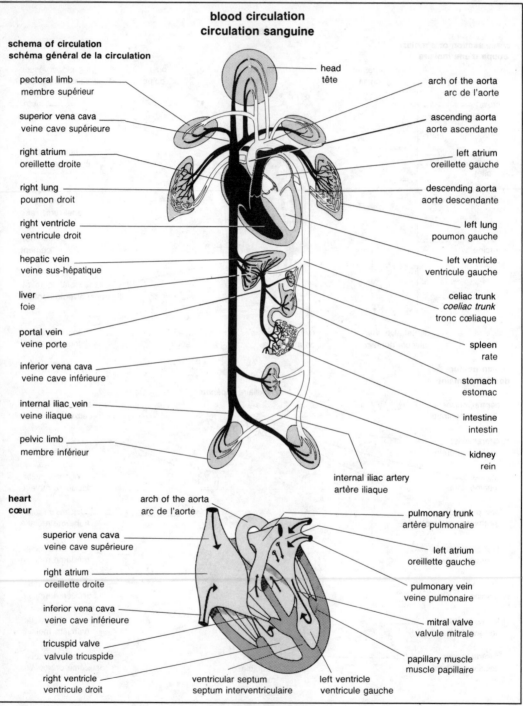

blood circulation
circulation sanguine

schema of circulation
schéma général de la circulation

pectoral limb
membre supérieur

superior vena cava
veine cave supérieure

right atrium
oreillette droite

right lung
poumon droit

right ventricle
ventricule droit

hepatic vein
veine sus-hépatique

liver
foie

portal vein
veine porte

inferior vena cava
veine cave inférieure

internal iliac vein
veine iliaque

pelvic limb
membre inférieur

head
tête

arch of the aorta
arc de l'aorte

ascending aorta
aorte ascendante

left atrium
oreillette gauche

descending aorta
aorte descendante

left lung
poumon gauche

left ventricle
ventricule gauche

celiac trunk
coeliac trunk
tronc cœliaque

spleen
rate

stomach
estomac

intestine
intestin

kidney
rein

internal iliac artery
artère iliaque

heart
cœur

arch of the aorta
arc de l'aorte

superior vena cava
veine cave supérieure

right atrium
oreillette droite

inferior vena cava
veine cave inférieure

tricuspid valve
valvule tricuspide

right ventricle
ventricule droit

ventricular septum
septum interventriculaire

left ventricle
ventricule gauche

pulmonary trunk
artère pulmonaire

left atrium
oreillette gauche

pulmonary vein
veine pulmonaire

mitral valve
valvule mitrale

papillary muscle
muscle papillaire

blood circulation
circulation sanguine

principal veins and arteries
principales veines et artères

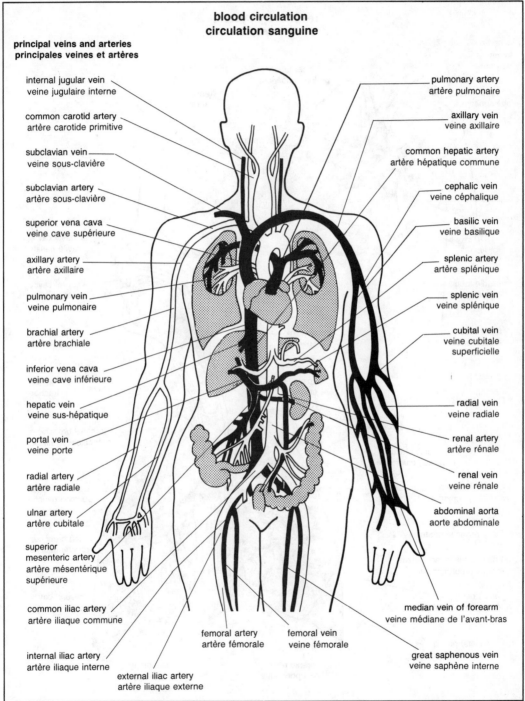

internal jugular vein
veine jugulaire interne

common carotid artery
artère carotide primitive

subclavian vein
veine sous-clavière

subclavian artery
artère sous-clavière

superior vena cava
veine cave supérieure

axillary artery
artère axillaire

pulmonary vein
veine pulmonaire

brachial artery
artère brachiale

inferior vena cava
veine cave inférieure

hepatic vein
veine sus-hépatique

portal vein
veine porte

radial artery
artère radiale

ulnar artery
artère cubitale

superior
mesenteric artery
artère mésentérique
supérieure

common iliac artery
artère iliaque commune

internal iliac artery
artère iliaque interne

external iliac artery
artère iliaque externe

pulmonary artery
artère pulmonaire

axillary vein
veine axillaire

common hepatic artery
artère hépatique commune

cephalic vein
veine céphalique

basilic vein
veine basilique

splenic artery
artère splénique

splenic vein
veine splénique

cubital vein
veine cubitale
superficielle

radial vein
veine radiale

renal artery
artère rénale

renal vein
veine rénale

abdominal aorta
aorte abdominale

median vein of forearm
veine médiane de l'avant-bras

great saphenous vein
veine saphène interne

femoral artery
artère fémorale

femoral vein
veine fémorale

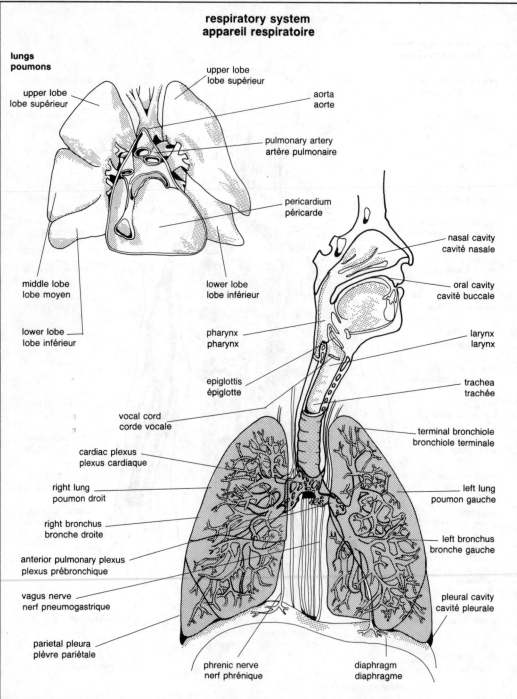

respiratory system
appareil respiratoire

lungs
poumons

upper lobe
lobe supérieur

upper lobe
lobe supérieur

aorta
aorte

pulmonary artery
artère pulmonaire

pericardium
péricarde

nasal cavity
cavité nasale

middle lobe
lobe moyen

lower lobe
lobe inférieur

oral cavity
cavité buccale

lower lobe
lobe inférieur

pharynx
pharynx

larynx
larynx

epiglottis
épiglotte

trachea
trachée

vocal cord
corde vocale

terminal bronchiole
bronchiole terminale

cardiac plexus
plexus cardiaque

right lung
poumon droit

left lung
poumon gauche

right bronchus
bronche droite

left bronchus
bronche gauche

anterior pulmonary plexus
plexus prébronchique

vagus nerve
nerf pneumogastrique

pleural cavity
cavité pleurale

parietal pleura
plèvre pariétale

phrenic nerve
nerf phrénique

diaphragm
diaphragme

digestive system
appareil digestif

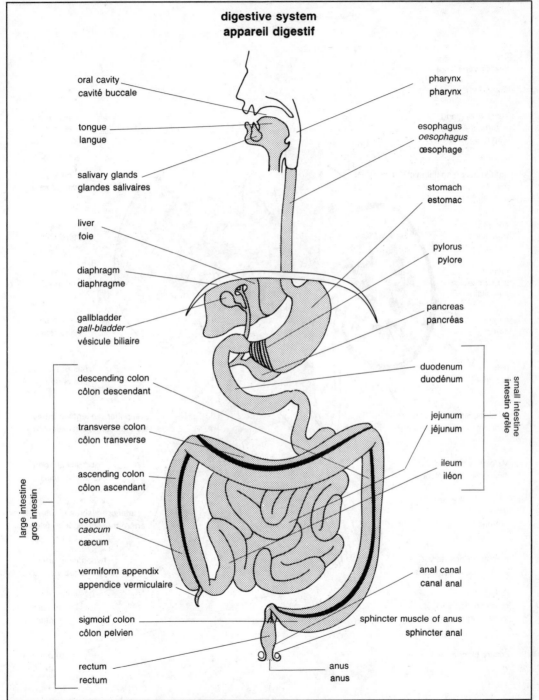

oral cavity
cavité buccale

tongue
langue

salivary glands
glandes salivaires

liver
foie

diaphragm
diaphragme

gallbladder
gall-bladder
vésicule biliaire

descending colon
côlon descendant

transverse colon
côlon transverse

ascending colon
côlon ascendant

cecum
caecum
cæcum

vermiform appendix
appendice vermiculaire

sigmoid colon
côlon pelvien

rectum
rectum

large intestine
gros intestin

pharynx
pharynx

esophagus
oesophagus
œsophage

stomach
estomac

pylorus
pylore

pancreas
pancréas

duodenum
duodénum

jejunum
jéjunum

ileum
iléon

small intestine
intestin grêle

anal canal
canal anal

sphincter muscle of anus
sphincter anal

anus
anus

urinary system
appareil urinaire

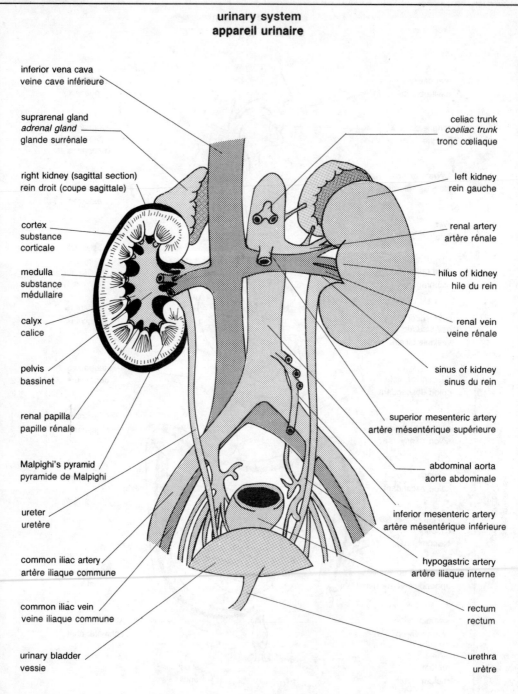

inferior vena cava
veine cave inférieure

suprarenal gland
adrenal gland
glande surrénale

right kidney (sagittal section)
rein droit (coupe sagittale)

cortex
substance
corticale

medulla
substance
médullaire

calyx
calice

pelvis
bassinet

renal papilla
papille rénale

Malpighi's pyramid
pyramide de Malpighi

ureter
uretère

common iliac artery
artère iliaque commune

common iliac vein
veine iliaque commune

urinary bladder
vessie

celiac trunk
coeliac trunk
tronc cœliaque

left kidney
rein gauche

renal artery
artère rénale

hilus of kidney
hile du rein

renal vein
veine rénale

sinus of kidney
sinus du rein

superior mesenteric artery
artère mésentérique supérieure

abdominal aorta
aorte abdominale

inferior mesenteric artery
artère mésentérique inférieure

hypogastric artery
artère iliaque interne

rectum
rectum

urethra
urètre

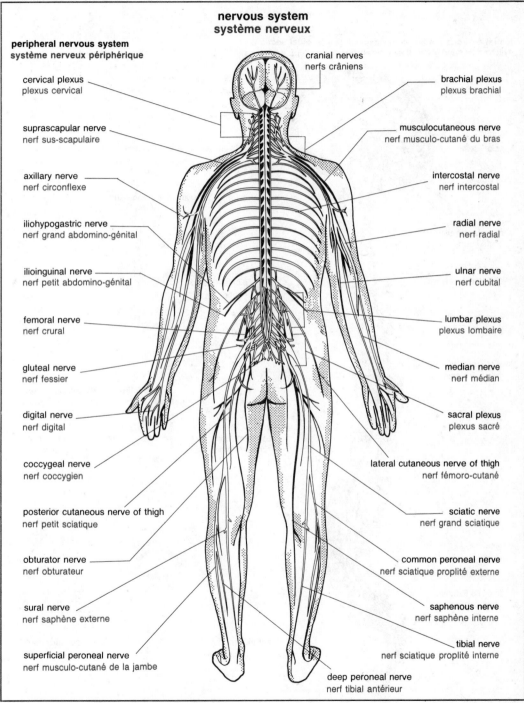

nervous system
système nerveux

peripheral nervous system
système nerveux périphérique

cranial nerves
nerfs crâniens

cervical plexus
plexus cervical

brachial plexus
plexus brachial

suprascapular nerve
nerf sus-scapulaire

musculocutaneous nerve
nerf musculo-cutané du bras

axillary nerve
nerf circonflexe

intercostal nerve
nerf intercostal

iliohypogastric nerve
nerf grand abdomino-génital

radial nerve
nerf radial

ilioinguinal nerve
nerf petit abdomino-génital

ulnar nerve
nerf cubital

femoral nerve
nerf crural

lumbar plexus
plexus lombaire

gluteal nerve
nerf fessier

median nerve
nerf médian

digital nerve
nerf digital

sacral plexus
plexus sacré

coccygeal nerve
nerf coccygien

lateral cutaneous nerve of thigh
nerf fémoro-cutané

posterior cutaneous nerve of thigh
nerf petit sciatique

sciatic nerve
nerf grand sciatique

obturator nerve
nerf obturateur

common peroneal nerve
nerf sciatique proplité externe

sural nerve
nerf saphène externe

saphenous nerve
nerf saphène interne

superficial peroneal nerve
nerf musculo-cutané de la jambe

tibial nerve
nerf sciatique proplité interne

deep peroneal nerve
nerf tibial antérieur

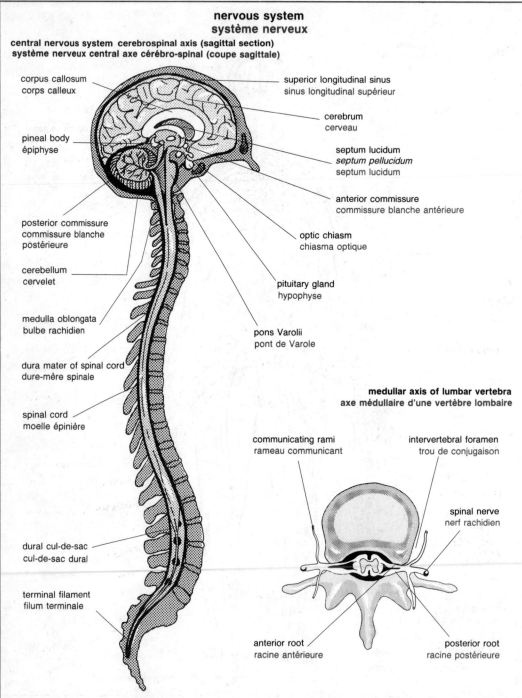

nervous system
système nerveux

central nervous system cerebrospinal axis (sagittal section)
système nerveux central axe cérébro-spinal (coupe sagittale)

corpus callosum
corps calleux

superior longitudinal sinus
sinus longitudinal supérieur

cerebrum
cerveau

pineal body
épiphyse

septum lucidum
septum pellucidum
septum lucidum

anterior commissure
commissure blanche antérieure

posterior commissure
commissure blanche
postérieure

optic chiasm
chiasma optique

cerebellum
cervelet

pituitary gland
hypophyse

medulla oblongata
bulbe rachidien

pons Varolii
pont de Varole

dura mater of spinal cord
dure-mère spinale

medullar axis of lumbar vertebra
axe médullaire d'une vertèbre lombaire

spinal cord
moelle épinière

communicating rami
rameau communicant

intervertebral foramen
trou de conjugaison

spinal nerve
nerf rachidien

dural cul-de-sac
cul-de-sac dural

terminal filament
filum terminale

anterior root
racine antérieure

posterior root
racine postérieure

sense organs: sight
organes des sens: vue

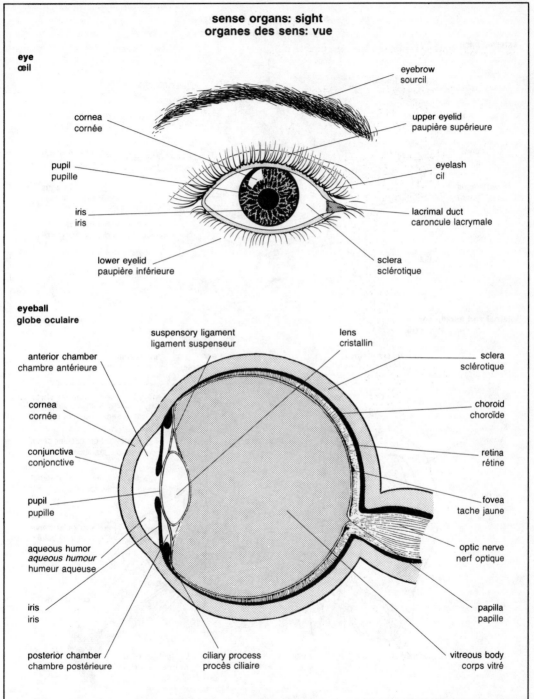

eye
œil

eyebrow
sourcil

cornea
cornée

upper eyelid
paupière supérieure

pupil
pupille

eyelash
cil

iris
iris

lacrimal duct
caroncule lacrymale

lower eyelid
paupière inférieure

sclera
sclérotique

eyeball
globe oculaire

suspensory ligament
ligament suspenseur

lens
cristallin

anterior chamber
chambre antérieure

sclera
sclérotique

cornea
cornée

choroid
choroïde

conjunctiva
conjonctive

retina
rétine

pupil
pupille

fovea
tache jaune

aqueous humor
aqueous humour
humeur aqueuse

optic nerve
nerf optique

iris
iris

papilla
papille

posterior chamber
chambre postérieure

ciliary process
procès ciliaire

vitreous body
corps vitré

sense organs: hearing
organes des sens: ouïe

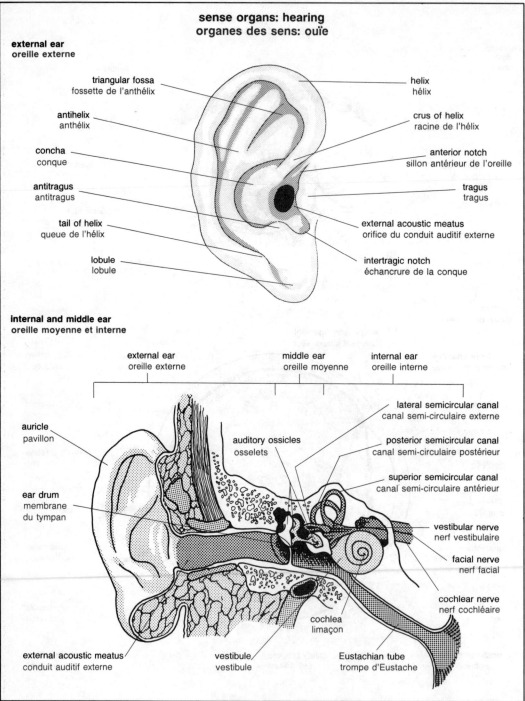

external ear
oreille externe

triangular fossa
fossette de l'anthélix

antihelix
anthélix

concha
conque

antitragus
antitragus

tail of helix
queue de l'hélix

lobule
lobule

helix
hélix

crus of helix
racine de l'hélix

anterior notch
sillon antérieur de l'oreille

tragus
tragus

external acoustic meatus
orifice du conduit auditif externe

intertragic notch
échancrure de la conque

internal and middle ear
oreille moyenne et interne

external ear
oreille externe

middle ear
oreille moyenne

internal ear
oreille interne

auricle
pavillon

auditory ossicles
osselets

lateral semicircular canal
canal semi-circulaire externe

posterior semicircular canal
canal semi-circulaire postérieur

superior semicircular canal
canal semi-circulaire antérieur

ear drum
membrane
du tympan

vestibular nerve
nerf vestibulaire

facial nerve
nerf facial

cochlear nerve
nerf cochléaire

external acoustic meatus
conduit auditif externe

vestibule
vestibule

cochlea
limaçon

Eustachian tube
trompe d'Eustache

sense organs: smell
organes des sens: odorat

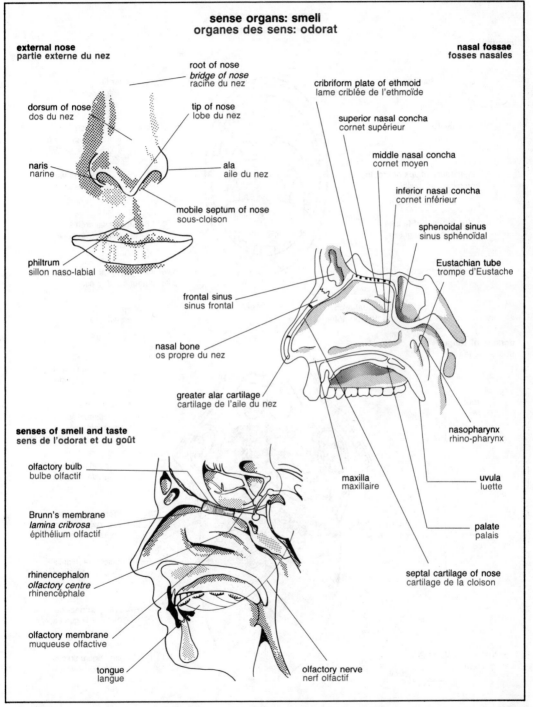

external nose
partie externe du nez

nasal fossae
fosses nasales

root of nose
bridge of nose
racine du nez

cribriform plate of ethmoid
lame criblée de l'ethmoïde

dorsum of nose
dos du nez

tip of nose
lobe du nez

superior nasal concha
cornet supérieur

middle nasal concha
cornet moyen

naris
narine

ala
aile du nez

inferior nasal concha
cornet inférieur

sphenoidal sinus
sinus sphénoïdal

mobile septum of nose
sous-cloison

Eustachian tube
trompe d'Eustache

philtrum
sillon naso-labial

frontal sinus
sinus frontal

nasal bone
os propre du nez

greater alar cartilage
cartilage de l'aile du nez

senses of smell and taste
sens de l'odorat et du goût

nasopharynx
rhino-pharynx

olfactory bulb
bulbe olfactif

maxilla
maxillaire

uvula
luette

Brunn's membrane
lamina cribrosa
épithélium olfactif

rhinencephalon
olfactory centre
rhinencéphale

palate
palais

olfactory membrane
muqueuse olfactive

septal cartilage of nose
cartilage de la cloison

tongue
langue

olfactory nerve
nerf olfactif

sense organs: taste
organes des sens: goût

mouth
bouche

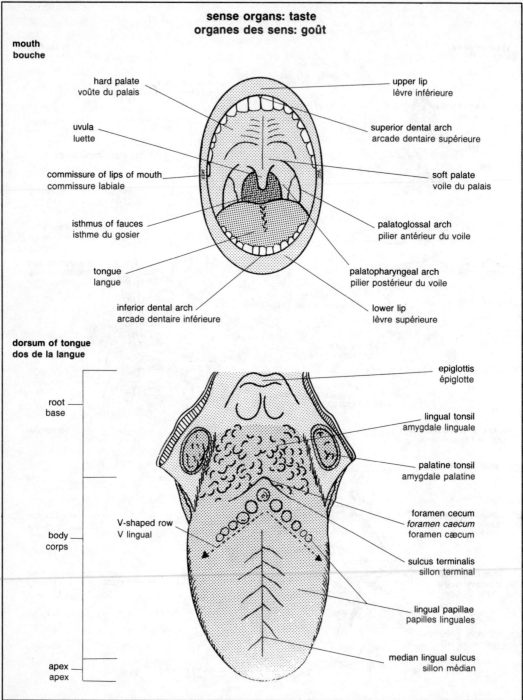

hard palate
voûte du palais

upper lip
lèvre inférieure

uvula
luette

superior dental arch
arcade dentaire supérieure

commissure of lips of mouth
commissure labiale

soft palate
voile du palais

isthmus of fauces
isthme du gosier

palatoglossal arch
pilier antérieur du voile

tongue
langue

palatopharyngeal arch
pilier postérieur du voile

inferior dental arch
arcade dentaire inférieure

lower lip
lèvre supérieure

dorsum of tongue
dos de la langue

epiglottis
épiglotte

root
base

lingual tonsil
amygdale linguale

palatine tonsil
amygdale palatine

V-shaped row
V lingual

foramen cecum
foramen caecum
foramen cæcum

body
corps

sulcus terminalis
sillon terminal

lingual papillae
papilles linguales

apex
apex

median lingual sulcus
sillon médian

sense organs: touch
organes des sens: toucher

skin
peau

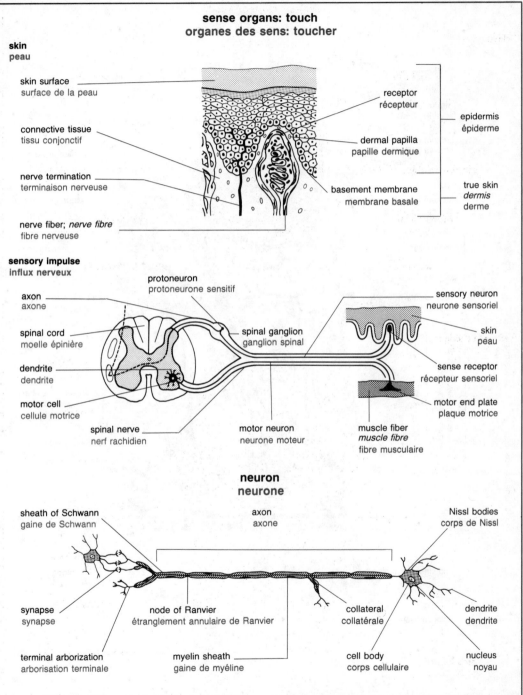

skin surface
surface de la peau

connective tissue
tissu conjonctif

nerve termination
terminaison nerveuse

nerve fiber; *nerve fibre*
fibre nerveuse

receptor
récepteur

dermal papilla
papille dermique

basement membrane
membrane basale

epidermis
épiderme

true skin
dermis
derme

sensory impulse
influx nerveux

protoneuron
protoneurone sensitif

axon
axone

spinal cord
moelle épinière

dendrite
dendrite

motor cell
cellule motrice

spinal nerve
nerf rachidien

spinal ganglion
ganglion spinal

motor neuron
neurone moteur

sensory neuron
neurone sensoriel

skin
peau

sense receptor
récepteur sensoriel

motor end plate
plaque motrice

muscle fiber
muscle fibre
fibre musculaire

neuron
neurone

sheath of Schwann
gaine de Schwann

axon
axone

Nissl bodies
corps de Nissl

synapse
synapse

node of Ranvier
étranglement annulaire de Ranvier

collateral
collatérale

dendrite
dendrite

terminal arborization
arborisation terminale

myelin sheath
gaine de myéline

cell body
corps cellulaire

nucleus
noyau

skin
peau

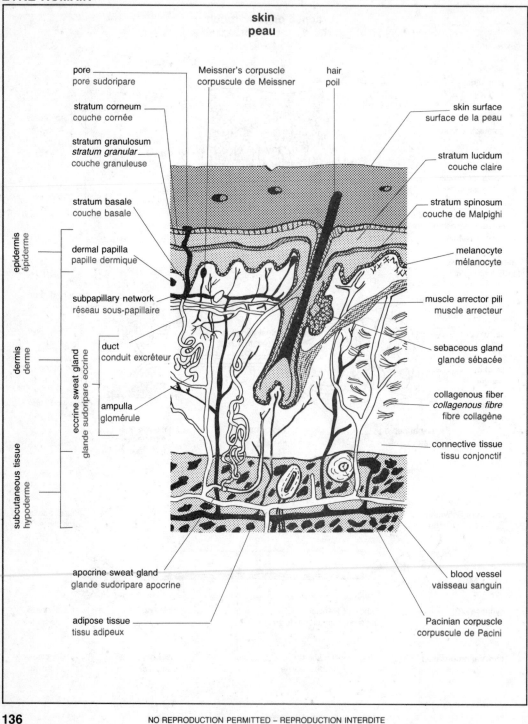

pore
pore sudoripare

Meissner's corpuscle
corpuscule de Meissner

hair
poil

skin surface
surface de la peau

stratum corneum
couche cornée

stratum granulosum
stratum granular
couche granuleuse

stratum lucidum
couche claire

stratum basale
couche basale

stratum spinosum
couche de Malpighi

epidermis
épiderme

dermal papilla
papille dermique

melanocyte
mélanocyte

subpapillary network
réseau sous-papillaire

muscle arrector pili
muscle arrecteur

dermis
derme

eccrine sweat gland
glande sudoripare eccrine

duct
conduit excréteur

sebaceous gland
glande sébacée

ampulla
glomérule

collagenous fiber
collagenous fibre
fibre collagène

connective tissue
tissu conjonctif

subcutaneous tissue
hypoderme

apocrine sweat gland
glande sudoripare apocrine

blood vessel
vaisseau sanguin

adipose tissue
tissu adipeux

Pacinian corpuscle
corpuscule de Pacini

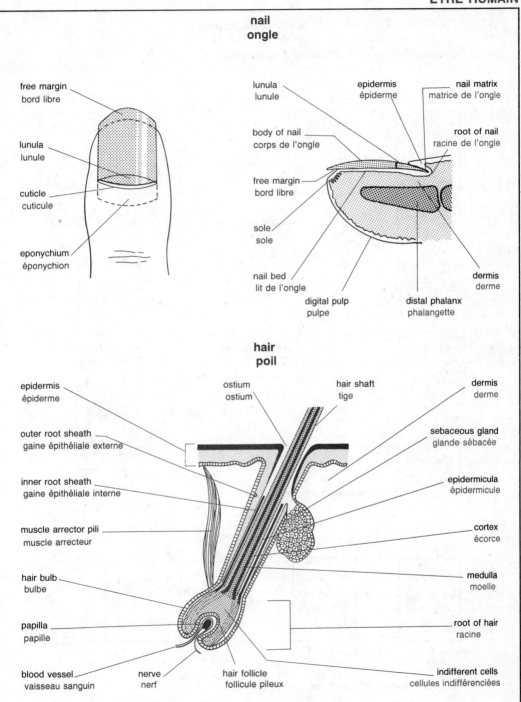

nail
ongle

free margin
bord libre

lunula
lunule

cuticle
cuticule

eponychium
éponychion

lunula
lunule

epidermis
épiderme

nail matrix
matrice de l'ongle

body of nail
corps de l'ongle

root of nail
racine de l'ongle

free margin
bord libre

sole
sole

nail bed
lit de l'ongle

digital pulp
pulpe

distal phalanx
phalangette

dermis
derme

hair
poil

epidermis
épiderme

ostium
ostium

hair shaft
tige

dermis
derme

outer root sheath
gaine épithéliale externe

sebaceous gland
glande sébacée

inner root sheath
gaine épithéliale interne

epidermicula
épidermicule

muscle arrector pili
muscle arrecteur

cortex
écorce

hair bulb
bulbe

medulla
moelle

papilla
papille

root of hair
racine

blood vessel
vaisseau sanguin

nerve
nerf

hair follicle
follicule pileux

indifferent cells
cellules indifférenciées

family relationships
liens de parenté

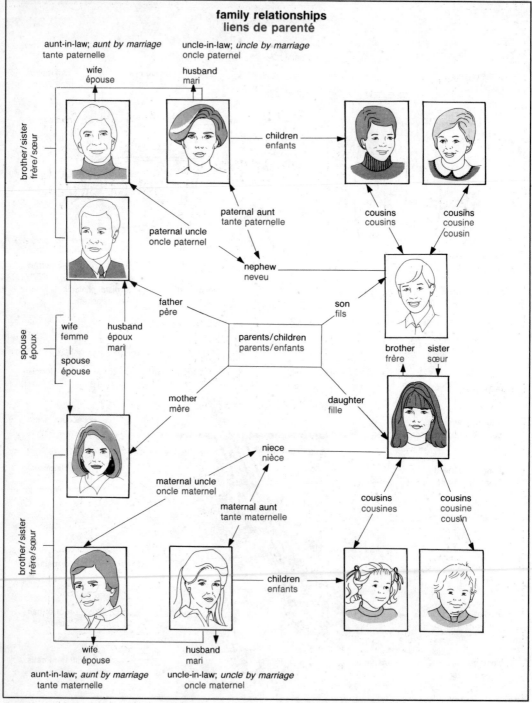

aunt-in-law; *aunt by marriage*
tante paternelle

uncle-in-law; *uncle by marriage*
oncle paternel

wife
épouse

husband
mari

children
enfants

brother/sister
frère/sœur

paternal aunt
tante paternelle

cousins
cousins

cousins
cousine
cousin

paternal uncle
oncle paternel

nephew
neveu

son
fils

spouse
époux

wife
femme

husband
époux
mari

father
père

parents/children
parents/enfants

brother
frère

sister
sœur

spouse
épouse

mother
mère

daughter
fille

niece
nièce

maternal uncle
oncle maternel

cousins
cousines

cousins
cousine
cousin

brother/sister
frère/sœur

maternal aunt
tante maternelle

children
enfants

wife
épouse

husband
mari

aunt-in-law; *aunt by marriage*
tante maternelle

uncle-in-law; *uncle by marriage*
oncle maternel

family relationships
liens de parenté

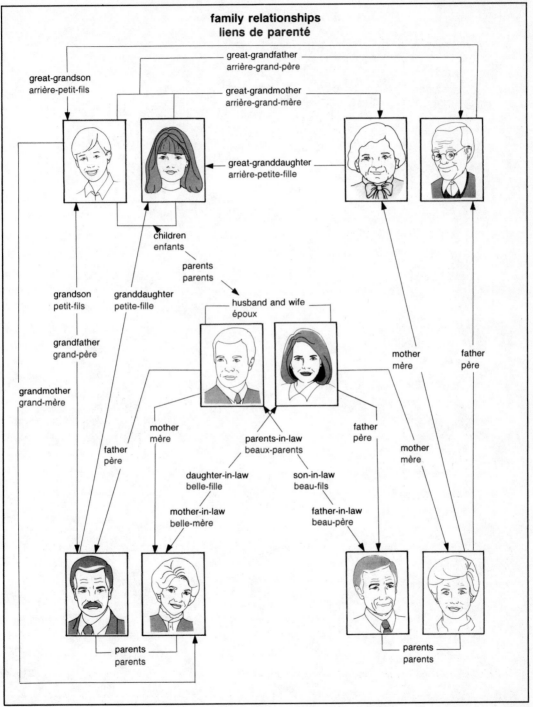

great-grandfather
arrière-grand-père

great-grandson
arrière-petit-fils

great-grandmother
arrière-grand-mère

great-granddaughter
arrière-petite-fille

children
enfants

parents
parents

grandson
petit-fils

granddaughter
petite-fille

husband and wife
époux

mother
mère

father
père

grandfather
grand-père

grandmother
grand-mère

father
père

mother
mère

mother
mère

parents-in-law
beaux-parents

father
père

mother
mère

daughter-in-law
belle-fille

son-in-law
beau-fils

mother-in-law
belle-mère

father-in-law
beau-père

parents
parents

parents
parents

FOOD
NOURRITURE

herbs
fines herbes

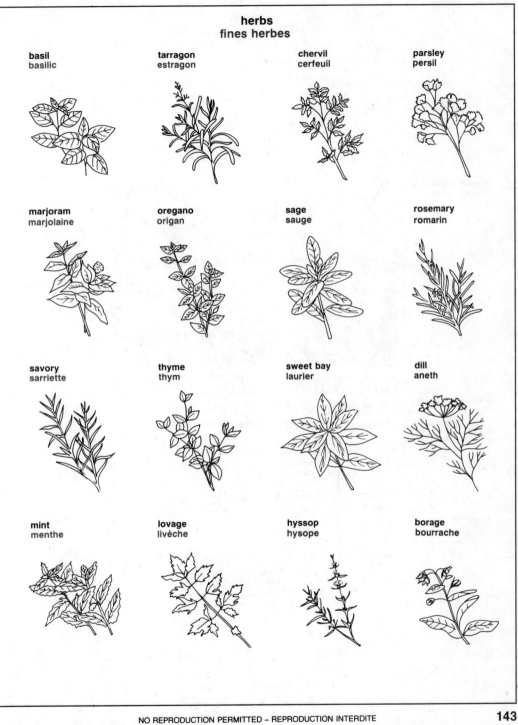

basil
basilic

tarragon
estragon

chervil
cerfeuil

parsley
persil

marjoram
marjolaine

oregano
origan

sage
sauge

rosemary
romarin

savory
sarriette

thyme
thym

sweet bay
laurier

dill
aneth

mint
menthe

lovage
livèche

hyssop
hysope

borage
bourrache

pasta
pâtes alimentaires

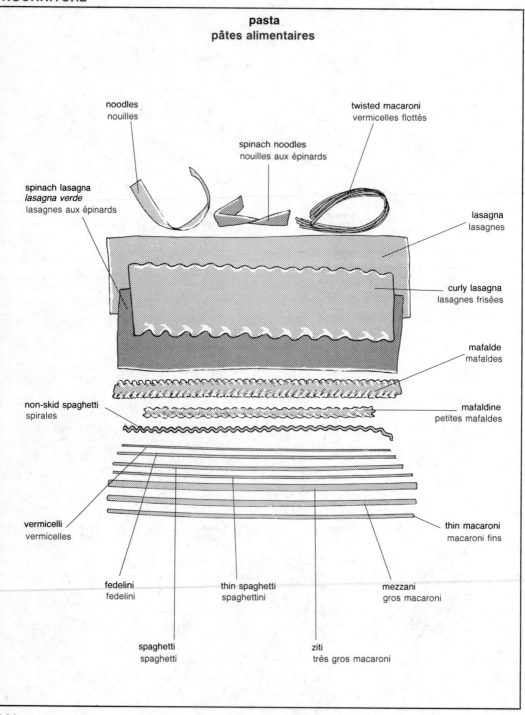

noodles
nouilles

twisted macaroni
vermicelles flottés

spinach noodles
nouilles aux épinards

spinach lasagna
lasagna verde
lasagnes aux épinards

lasagna
lasagnes

curly lasagna
lasagnes frisées

mafalde
mafaldes

non-skid spaghetti
spirales

mafaldine
petites mafaldes

vermicelli
vermicelles

thin macaroni
macaroni fins

fedelini
fedelini

thin spaghetti
spaghettini

mezzani
gros macaroni

spaghetti
spaghetti

ziti
très gros macaroni

pasta
pâtes alimentaires

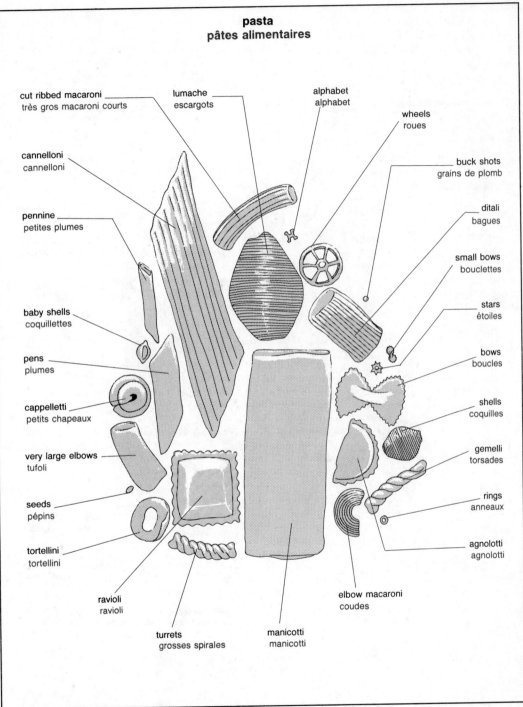

cut ribbed macaroni
très gros macaroni courts

lumache
escargots

alphabet
alphabet

wheels
roues

buck shots
grains de plomb

cannelloni
cannelloni

ditali
bagues

pennine
petites plumes

small bows
bouclettes

stars
étoiles

baby shells
coquillettes

bows
boucles

pens
plumes

shells
coquilles

cappelletti
petits chapeaux

gemelli
torsades

very large elbows
tufoli

rings
anneaux

seeds
pépins

agnolotti
agnolotti

tortellini
tortellini

elbow macaroni
coudes

ravioli
ravioli

turrets
grosses spirales

manicotti
manicotti

bread
pain

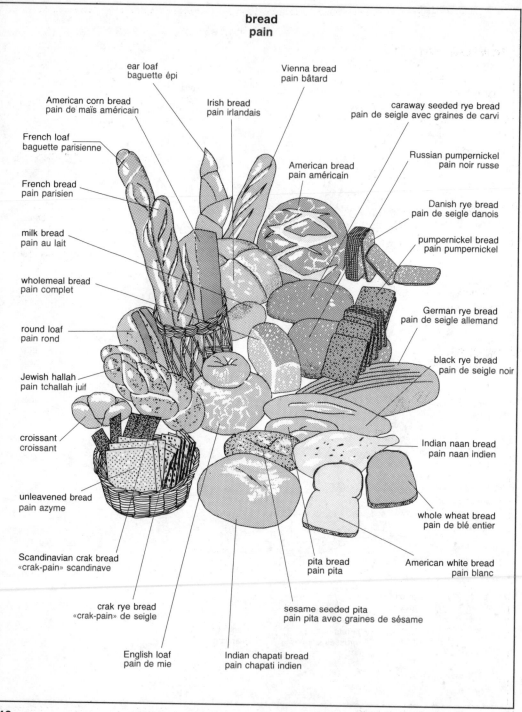

ear loaf
baguette épi

Vienna bread
pain bâtard

American corn bread
pain de maïs américain

Irish bread
pain irlandais

caraway seeded rye bread
pain de seigle avec graines de carvi

French loaf
baguette parisienne

American bread
pain américain

Russian pumpernickel
pain noir russe

French bread
pain parisien

Danish rye bread
pain de seigle danois

milk bread
pain au lait

pumpernickel bread
pain pumpernickel

wholemeal bread
pain complet

German rye bread
pain de seigle allemand

round loaf
pain rond

black rye bread
pain de seigle noir

Jewish hallah
pain tchallah juif

croissant
croissant

Indian naan bread
pain naan indien

unleavened bread
pain azyme

whole wheat bread
pain de blé entier

Scandinavian crak bread
«crak-pain» scandinave

pita bread
pain pita

American white bread
pain blanc

crak rye bread
«crak-pain» de seigle

sesame seeded pita
pain pita avec graines de sésame

English loaf
pain de mie

Indian chapati bread
pain chapati indien

146

veal
veau

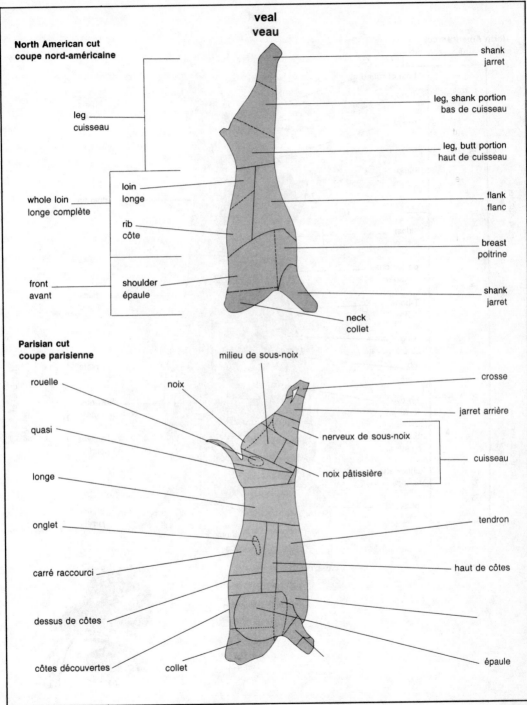

North American cut
coupe nord-américaine

shank
jarret

leg
cuisseau

leg, shank portion
bas de cuisseau

leg, butt portion
haut de cuisseau

whole loin
longe complète

loin
longe

flank
flanc

rib
côte

breast
poitrine

front
avant

shoulder
épaule

shank
jarret

neck
collet

Parisian cut
coupe parisienne

milieu de sous-noix

rouelle

noix

crosse

jarret arrière

quasi

nerveux de sous-noix

cuisseau

longe

noix pâtissière

onglet

tendron

carré raccourci

haut de côtes

dessus de côtes

côtes découvertes

collet

épaule

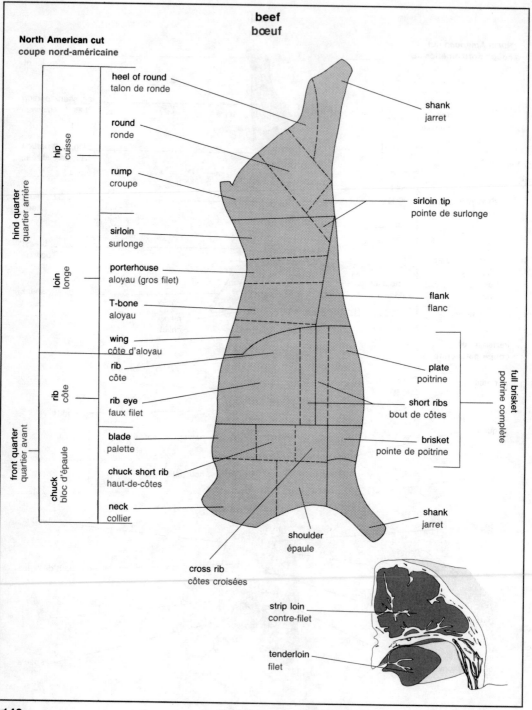

beef
bœuf

North American cut
coupe nord-américaine

hip
cuisse

hind quarter
quartier arrière

Loin
longe

front quarter
quartier avant

rib
côte

chuck
bloc d'épaule

heel of round
talon de ronde

round
ronde

rump
croupe

sirloin
surlonge

porterhouse
aloyau (gros filet)

T-bone
aloyau

wing
côte d'aloyau

rib
côte

rib eye
faux filet

blade
palette

chuck short rib
haut-de-côtes

neck
collier

cross rib
côtes croisées

shank
jarret

sirloin tip
pointe de surlonge

flank
flanc

plate
poitrine

short ribs
bout de côtes

brisket
pointe de poitrine

full brisket
poitrine complète

shank
jarret

shoulder
épaule

strip loin
contre-filet

tenderloin
filet

beef
bœuf

Parisian cut
coupe parisienne

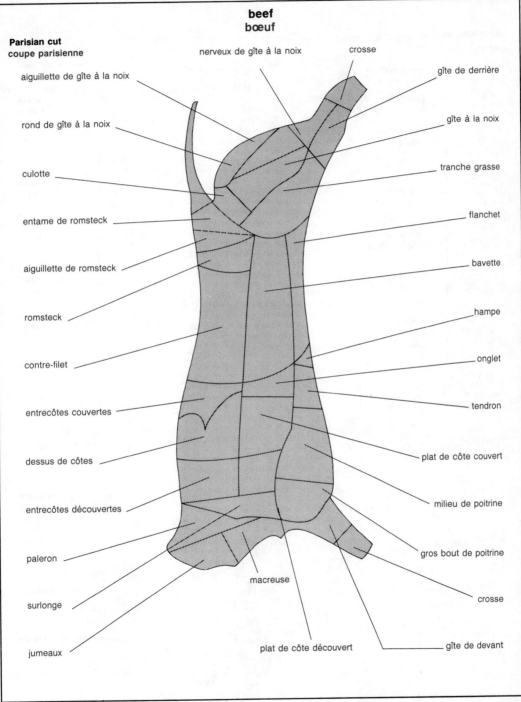

nerveux de gîte à la noix

crosse

gîte de derrière

aiguillette de gîte à la noix

gîte à la noix

rond de gîte à la noix

tranche grasse

culotte

flanchet

entame de romsteck

bavette

aiguillette de romsteck

hampe

romsteck

onglet

contre-filet

tendron

entrecôtes couvertes

plat de côte couvert

dessus de côtes

milieu de poitrine

entrecôtes découvertes

gros bout de poitrine

paleron

macreuse

crosse

surlonge

gîte de devant

jumeaux

plat de côte découvert

FOOD
NOURRITURE

pork
porc

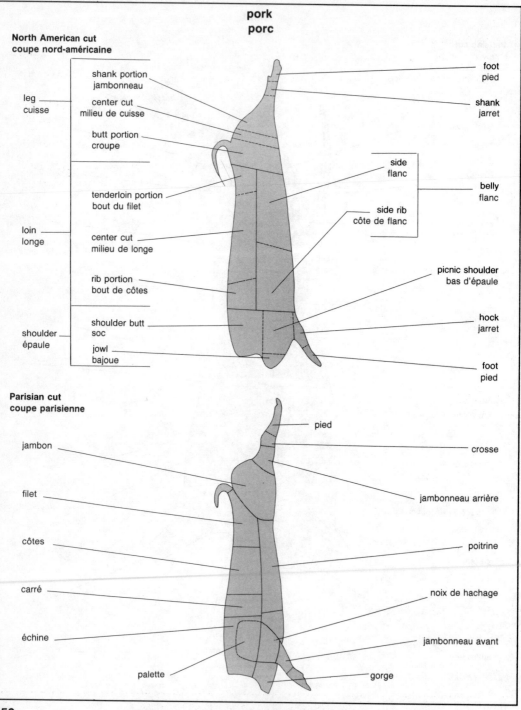

North American cut
coupe nord-américaine

foot
pied

shank portion
jambonneau

shank
jarret

leg
cuisse

center cut
milieu de cuisse

butt portion
croupe

side
flanc

belly
flanc

tenderloin portion
bout du filet

side rib
côte de flanc

loin
longe

center cut
milieu de longe

picnic shoulder
bas d'épaule

rib portion
bout de côtes

hock
jarret

shoulder butt
soc

shoulder
épaule

jowl
bajoue

foot
pied

Parisian cut
coupe parisienne

pied

jambon

crosse

jambonneau arrière

filet

côtes

poitrine

carré

noix de hachage

échine

jambonneau avant

palette

gorge

lamb
agneau

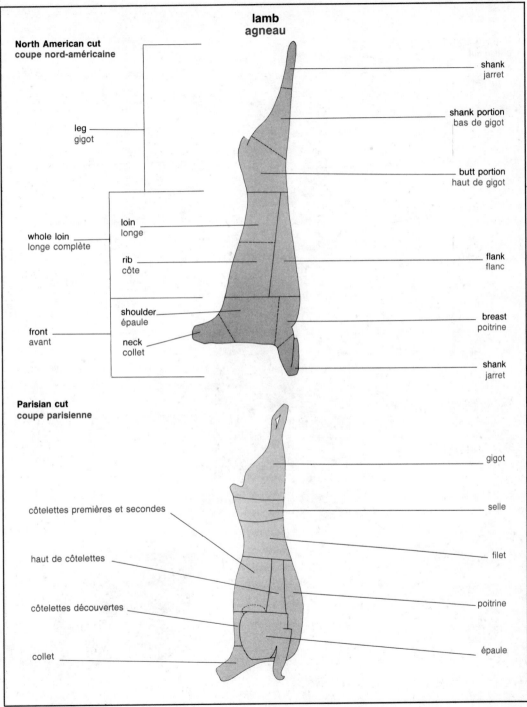

North American cut
coupe nord-américaine

shank
jarret

shank portion
bas de gigot

leg
gigot

butt portion
haut de gigot

loin
longe

whole loin
longe complète

flank
flanc

rib
côte

shoulder
épaule

breast
poitrine

front
avant

neck
collet

shank
jarret

Parisian cut
coupe parisienne

gigot

côtelettes premières et secondes

selle

haut de côtelettes

filet

côtelettes découvertes

poitrine

collet

épaule

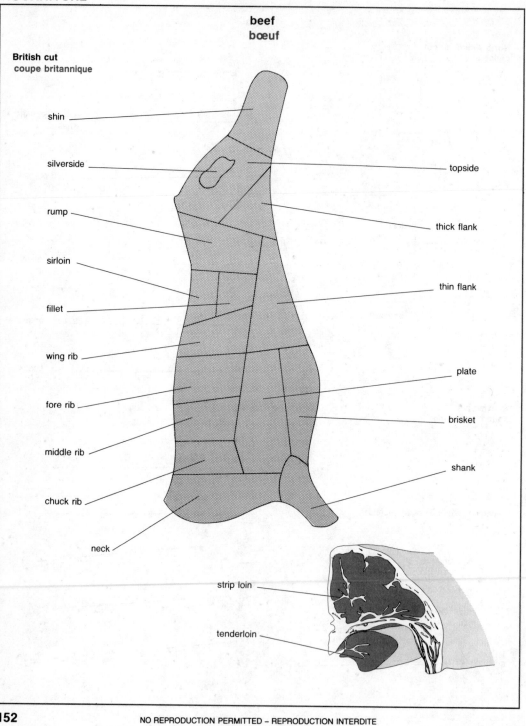

beef
bœuf

British cut
coupe britannique

shin

silverside — topside

rump

thick flank

sirloin

fillet

thin flank

wing rib

plate

fore rib

brisket

middle rib

chuck rib

shank

neck

strip loin

tenderloin

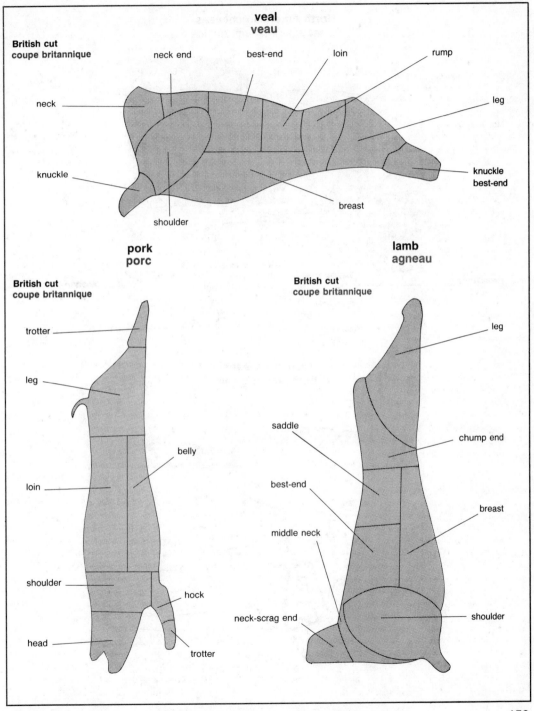

veal
veau

British cut
coupe britannique

neck end · best-end · loin · rump

neck

leg

knuckle

knuckle
best-end

shoulder

breast

pork
porc

British cut
coupe britannique

trotter

leg

belly

loin

shoulder

hock

head

trotter

lamb
agneau

British cut
coupe britannique

leg

saddle

chump end

best-end

breast

middle neck

neck-scrag end

shoulder

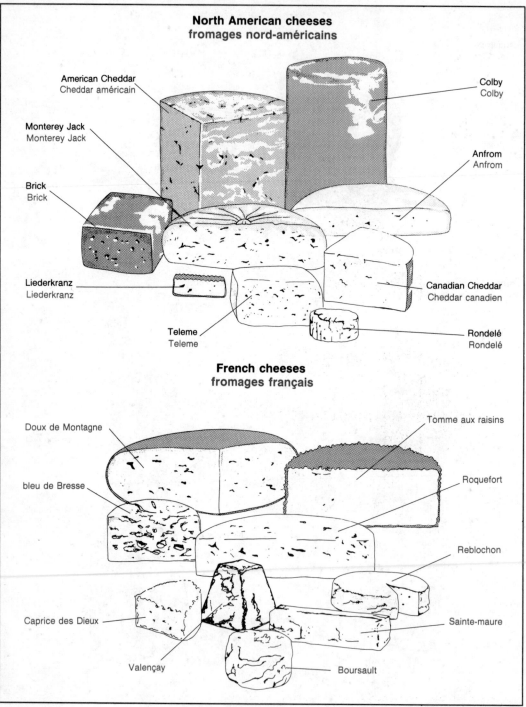

North American cheeses
fromages nord-américains

American Cheddar
Cheddar américain

Colby
Colby

Monterey Jack
Monterey Jack

Anfrom
Anfrom

Brick
Brick

Liederkranz
Liederkranz

Canadian Cheddar
Cheddar canadien

Teleme
Teleme

Rondelé
Rondelé

French cheeses
fromages français

Doux de Montagne

Tomme aux raisins

bleu de Bresse

Roquefort

Reblochon

Caprice des Dieux

Sainte-maure

Valençay

Boursault

French cheeses
fromages français

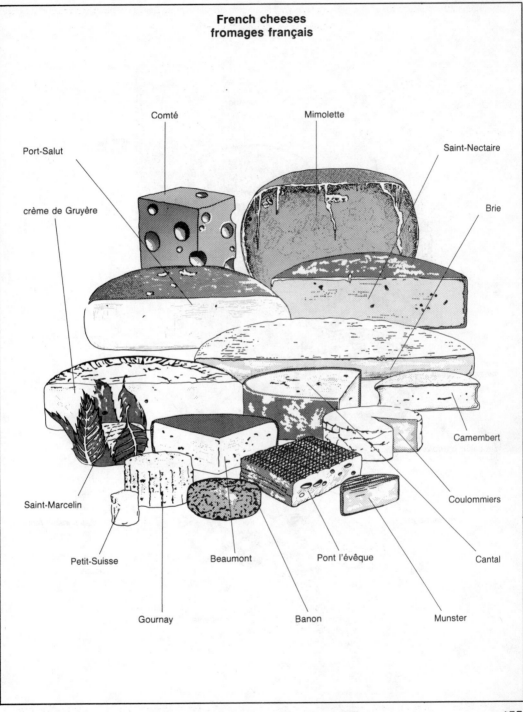

Comté

Mimolette

Saint-Nectaire

Port-Salut

Brie

crème de Gruyère

Camembert

Saint-Marcelin

Coulommiers

Petit-Suisse

Beaumont

Pont l'évêque

Cantal

Gournay

Banon

Munster

desserts
desserts

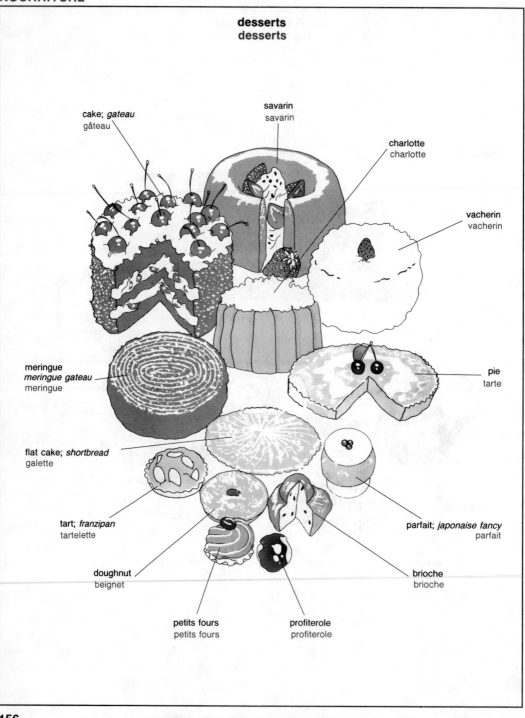

cake; *gateau*
gâteau

savarin
savarin

charlotte
charlotte

vacherin
vacherin

meringue
meringue gateau
meringue

pie
tarte

flat cake; *shortbread*
galette

tart; *franzipan*
tartelette

parfait; *japonaise fancy*
parfait

doughnut
beignet

brioche
brioche

petits fours
petits fours

profiterole
profiterole

desserts
desserts

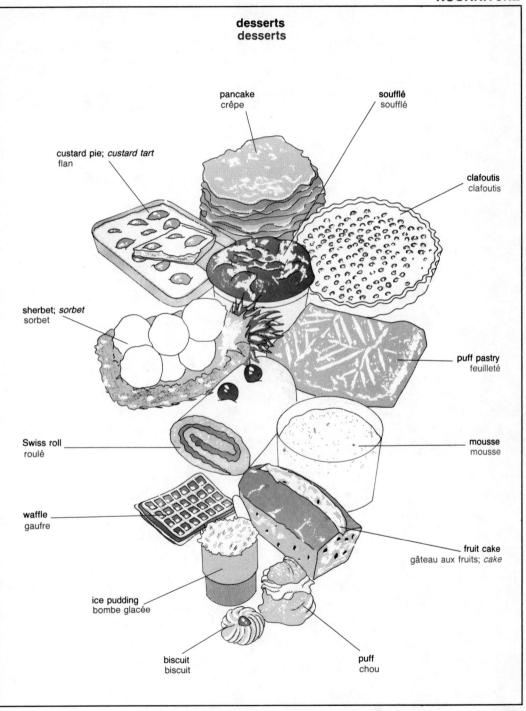

pancake
crêpe

soufflé
soufflé

custard pie; *custard tart*
flan

clafoutis
clafoutis

sherbet; *sorbet*
sorbet

puff pastry
feuilleté

Swiss roll
roulé

mousse
mousse

waffle
gaufre

fruit cake
gâteau aux fruits; *cake*

ice pudding
bombe glacée

biscuit
biscuit

puff
chou

FARMING

FERME

buildings
bâtiments

open housing
maison à cour ouverte

permanent pasture
pâturage

fodder corn
maïs fourrager

tower silo
silo-tour

electrified fence
clôture électrique

fallow
jachère

dairy
laiterie

bunker silo
silo-couloir

poultry house
poulailler

barn
grange

machinery store
hangar

grass ley
prairie

beehive
ruche

vegetable garden
jardin potager

farmyard
cour

pigsty
porcherie

farmhouse
habitation

sheep shelter
bergerie

cowshed
étable

well
puits

greenhouse
serre

orchard
verger

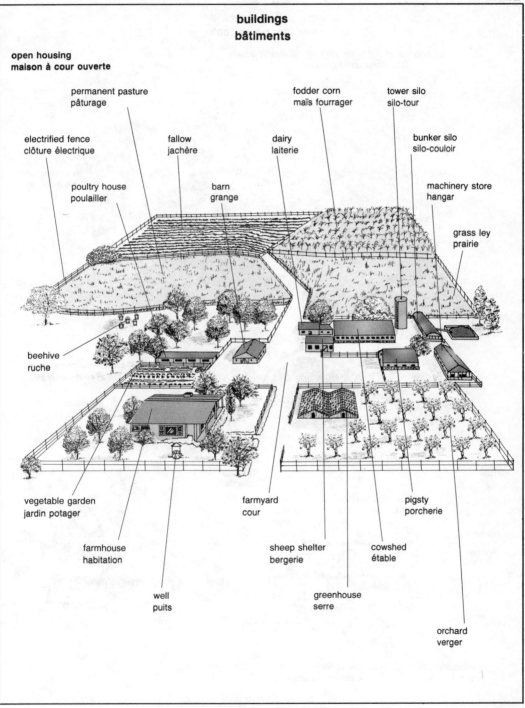

agricultural machinery
machinerie agricole

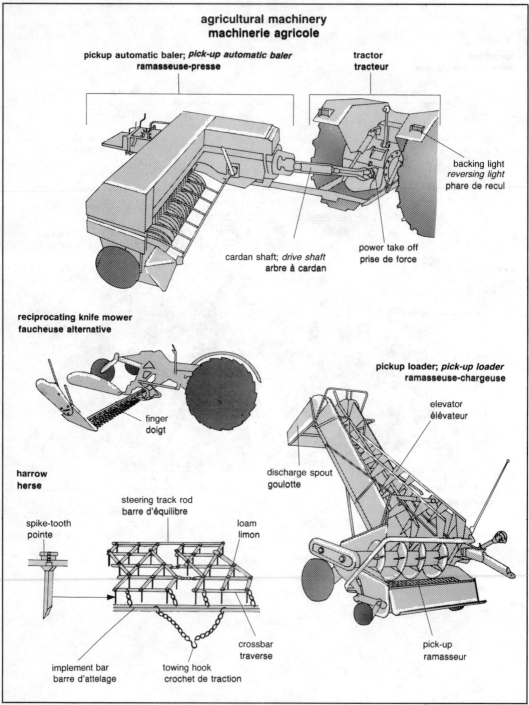

pickup automatic baler; *pick-up automatic baler*
ramasseuse-presse

tractor
tracteur

backing light
reversing light
phare de recul

power take off
prise de force

cardan shaft; *drive shaft*
arbre à cardan

reciprocating knife mower
faucheuse alternative

finger
doigt

pickup loader; *pick-up loader*
ramasseuse-chargeuse

elevator
élévateur

discharge spout
goulotte

harrow
herse

steering track rod
barre d'équilibre

loam
limon

spike-tooth
pointe

crossbar
traverse

implement bar
barre d'attelage

towing hook
crochet de traction

pick-up
ramasseur

agricultural machinery
machinerie agricole

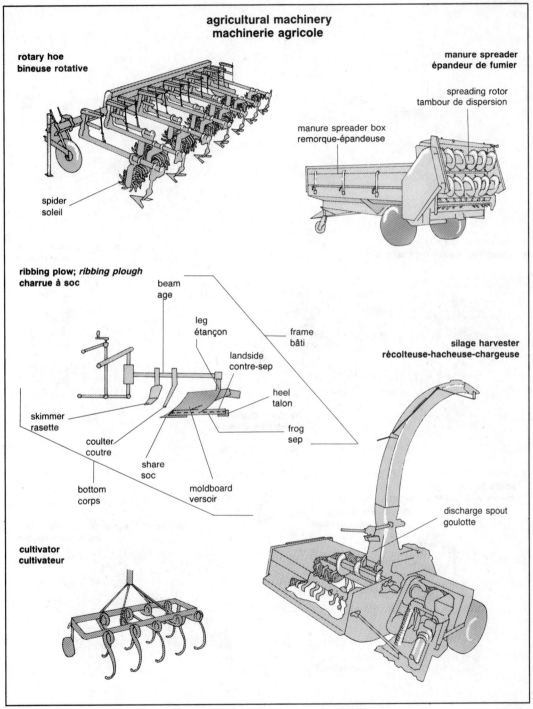

rotary hoe
bineuse rotative

spider
soleil

manure spreader
épandeur de fumier

spreading rotor
tambour de dispersion

manure spreader box
remorque-épandeuse

ribbing plow; *ribbing plough*
charrue à soc

beam
age

leg
étançon

landside
contre-sep

frame
bâti

heel
talon

frog
sep

skimmer
rasette

coulter
coutre

share
soc

moldboard
versoir

bottom
corps

silage harvester
récolteuse-hacheuse-chargeuse

discharge spout
goulotte

cultivator
cultivateur

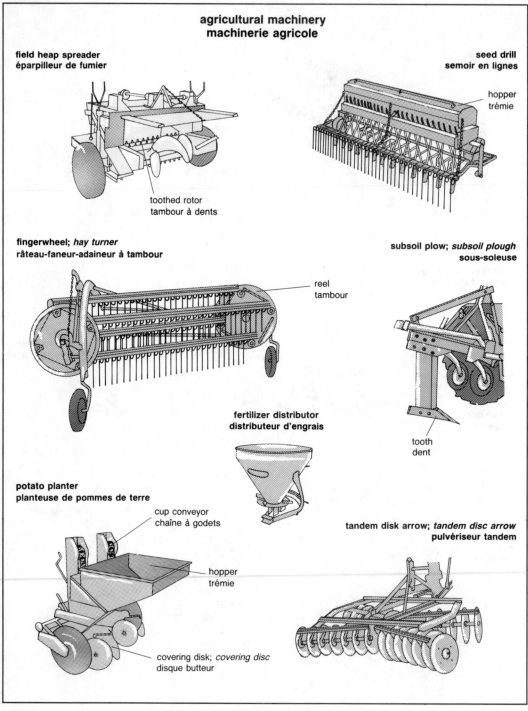

agricultural machinery
machinerie agricole

field heap spreader
éparpilleur de fumier

seed drill
semoir en lignes

hopper
trémie

toothed rotor
tambour à dents

fingerwheel; *hay turner*
râteau-faneur-adaineur à tambour

subsoil plow; *subsoil plough*
sous-soleuse

reel
tambour

fertilizer distributor
distributeur d'engrais

tooth
dent

potato planter
planteuse de pommes de terre

cup conveyor
chaîne à godets

tandem disk arrow; *tandem disc arrow*
pulvériseur tandem

hopper
trémie

covering disk; *covering disc*
disque butteur

machinery
machine agricole

**combine harvester
moissonneuse-batteuse**

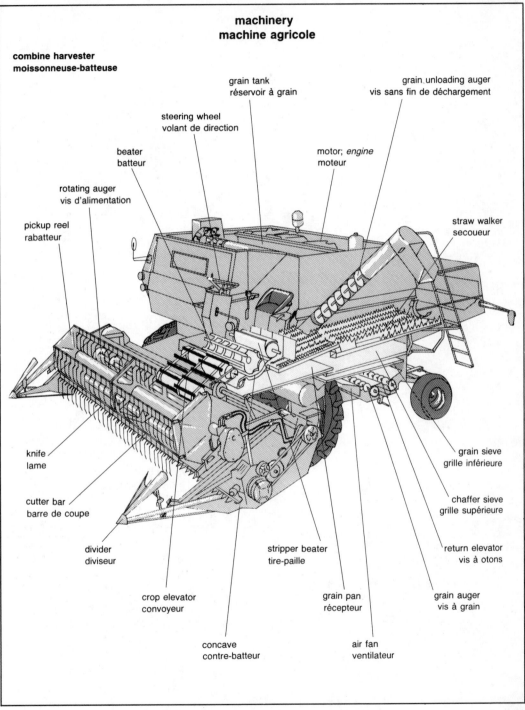

grain tank
réservoir à grain

grain unloading auger
vis sans fin de déchargement

steering wheel
volant de direction

motor; *engine*
moteur

beater
batteur

rotating auger
vis d'alimentation

straw walker
secoueur

pickup reel
rabatteur

knife
lame

grain sieve
grille inférieure

cutter bar
barre de coupe

chaffer sieve
grille supérieure

divider
diviseur

stripper beater
tire-paille

return elevator
vis à otons

crop elevator
convoyeur

grain pan
récepteur

grain auger
vis à grain

concave
contre-batteur

air fan
ventilateur

ARCHITECTURE
ARCHITECTURE

traditional houses
maisons traditionnelles

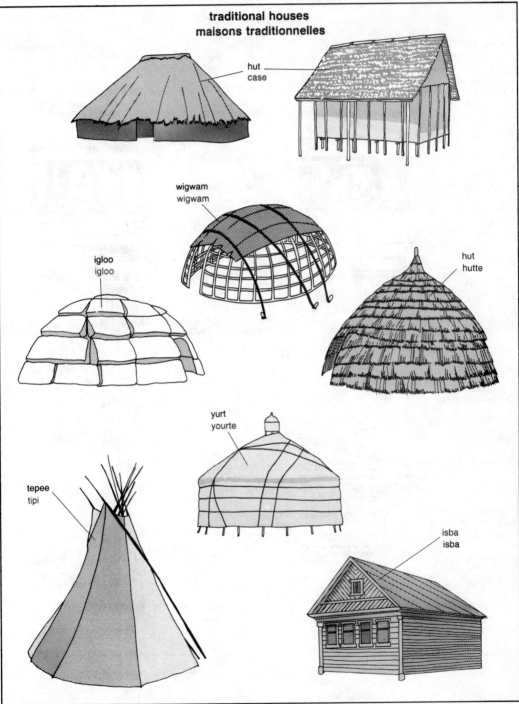

hut
case

wigwam
wigwam

igloo
igloo

hut
hutte

yurt
yourte

tepee
tipi

isba
isba

169

architectural styles
styles d'architecture

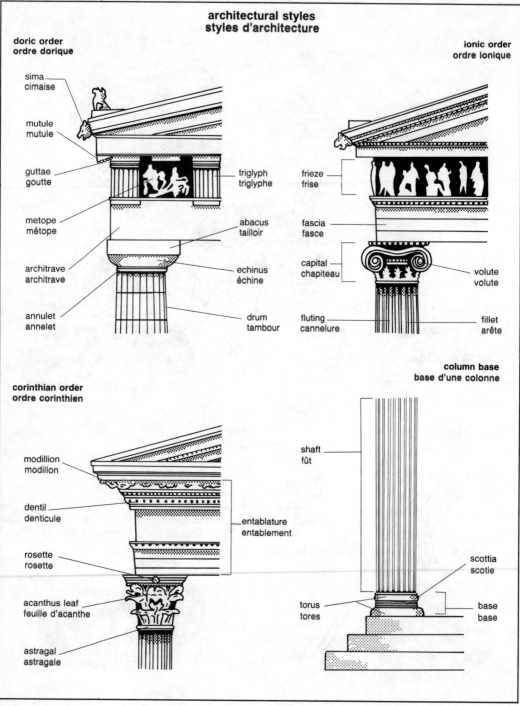

doric order
ordre dorique

sima
cimaise

mutule
mutule

guttae
goutte

metope
métope

architrave
architrave

annulet
annelet

triglyph
triglyphe

abacus
tailloir

echinus
échine

drum
tambour

ionic order
ordre Ionique

frieze
frise

fascia
fasce

capital
chapiteau

volute
volute

fluting
cannelure

fillet
arête

corinthian order
ordre corinthien

modillion
modillon

dentil
denticule

rosette
rosette

acanthus leaf
feuille d'acanthe

astragal
astragale

entablature
entablement

column base
base d'une colonne

shaft
fût

scottia
scotie

torus
tores

base
base

Greek temple
temple grec

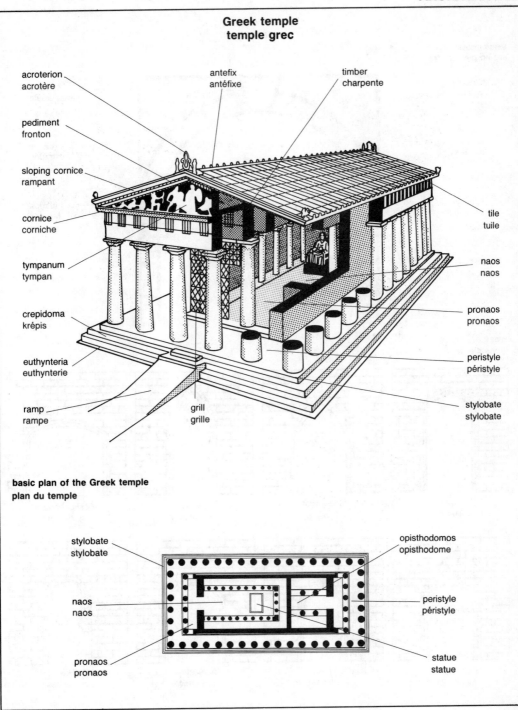

acroterion
acrotère

antefix
antéfixe

timber
charpente

pediment
fronton

sloping cornice
rampant

cornice
corniche

tympanum
tympan

crepidoma
krépis

euthynteria
euthynterie

ramp
rampe

grill
grille

tile
tuile

naos
naos

pronaos
pronaos

peristyle
péristyle

stylobate
stylobate

basic plan of the Greek temple
plan du temple

stylobate
stylobate

opisthodomos
opisthodome

naos
naos

peristyle
péristyle

pronaos
pronaos

statue
statue

171

ARCHITECTURE
ARCHITECTURE

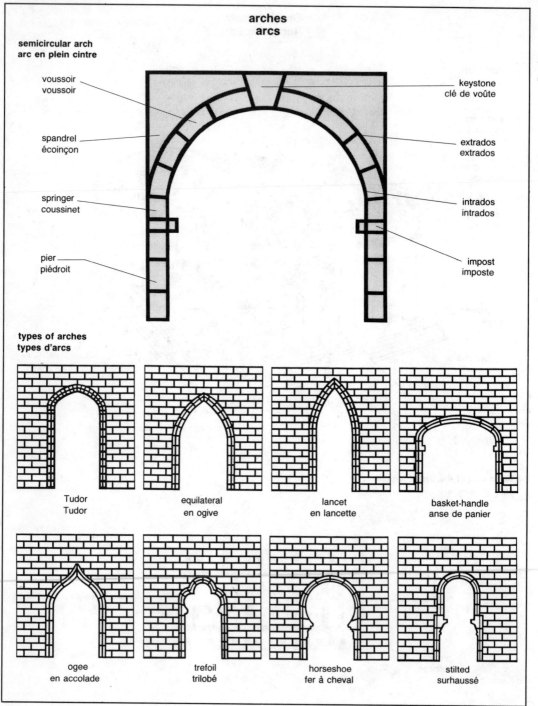

arches
arcs

semicircular arch
arc en plein cintre

voussoir
voussoir

spandrel
écoinçon

springer
coussinet

pier
piédroit

keystone
clé de voûte

extrados
extrados

intrados
intrados

impost
imposte

types of arches
types d'arcs

Tudor
Tudor

equilateral
en ogive

lancet
en lancette

basket-handle
anse de panier

ogee
en accolade

trefoil
trilobé

horseshoe
fer à cheval

stilted
surhaussé

Roman house
maison romaine

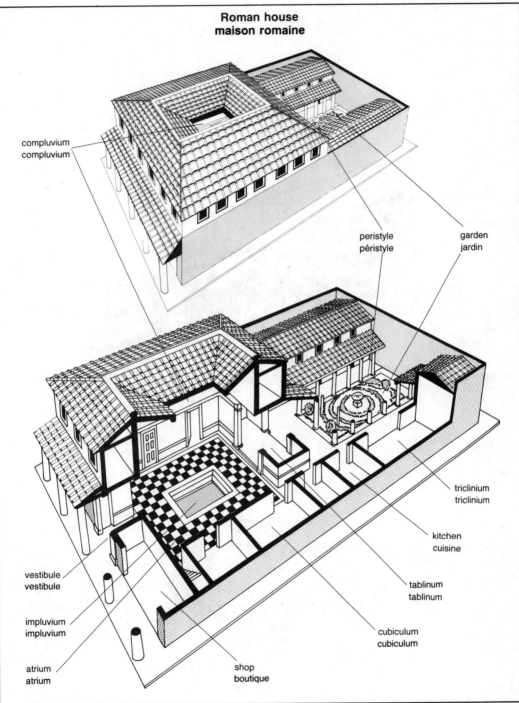

compluvium
compluvium

peristyle
péristyle

garden
jardin

triclinium
triclinium

kitchen
cuisine

vestibule
vestibule

tablinum
tablinum

impluvium
impluvium

cubiculum
cubiculum

atrium
atrium

shop
boutique

173

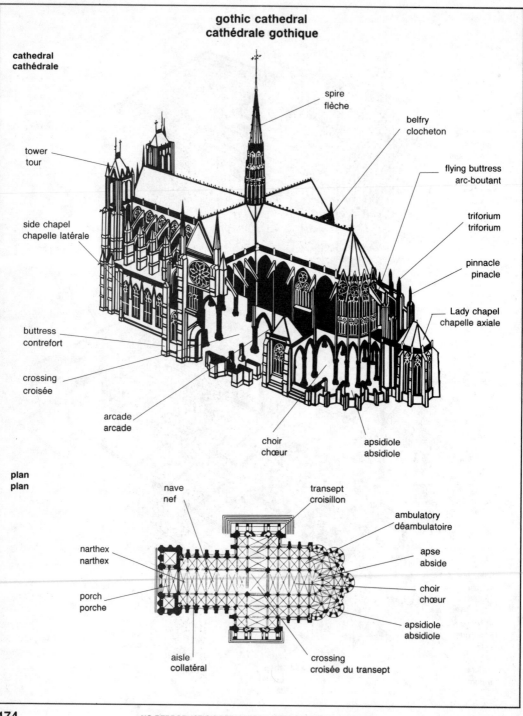

gothic cathedral
cathédrale gothique

cathedral
cathédrale

spire
flèche

belfry
clocheton

tower
tour

flying buttress
arc-boutant

triforium
triforium

side chapel
chapelle latérale

pinnacle
pinacle

Lady chapel
chapelle axiale

buttress
contrefort

crossing
croisée

arcade
arcade

choir
chœur

apsidiole
absidiole

plan
plan

nave
nef

transept
croisillon

ambulatory
déambulatoire

narthex
narthex

apse
abside

porch
porche

choir
chœur

apsidiole
absidiole

aisle
collatéral

crossing
croisée du transept

gothic cathedral
cathédrale gothique

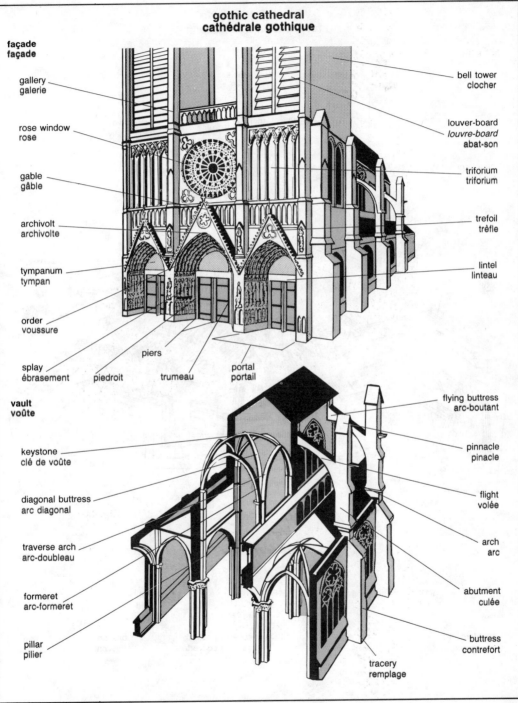

façade
façade

gallery
galerie

rose window
rose

gable
gâble

archivolt
archivolte

tympanum
tympan

order
voussure

splay
ébrasement

piedroit

piers

trumeau

portal
portail

bell tower
clocher

louver-board
louvre-board
abat-son

triforium
triforium

trefoil
trèfle

lintel
linteau

vault
voûte

keystone
clé de voûte

diagonal buttress
arc diagonal

traverse arch
arc-doubleau

formeret
arc-formeret

pillar
pilier

flying buttress
arc-boutant

pinnacle
pinacle

flight
volée

arch
arc

abutment
culée

buttress
contrefort

tracery
remplage

175

Vauban fortification
fortification à la Vauban

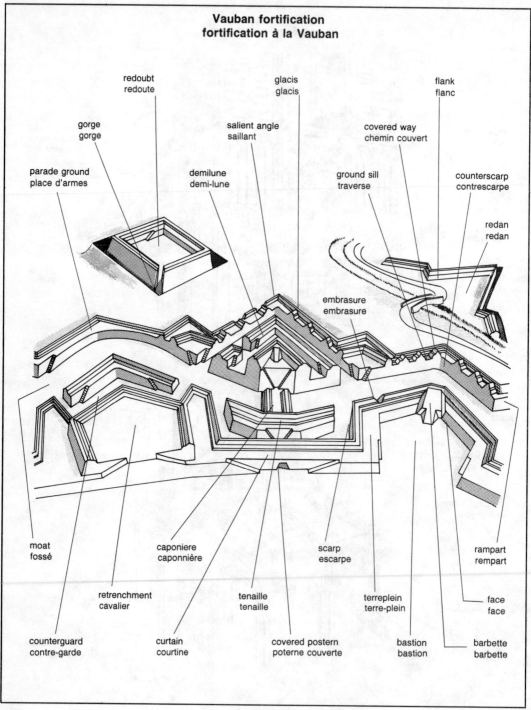

redoubt
redoute

glacis
glacis

flank
flanc

gorge
gorge

salient angle
saillant

covered way
chemin couvert

parade ground
place d'armes

demilune
demi-lune

ground sill
traverse

counterscarp
contrescarpe

redan
redan

embrasure
embrasure

moat
fossé

caponiere
caponnière

scarp
escarpe

rampart
rempart

retrenchment
cavalier

tenaille
tenaille

terreplein
terre-plein

face
face

counterguard
contre-garde

curtain
courtine

covered postern
poterne couverte

bastion
bastion

barbette
barbette

castle
château fort

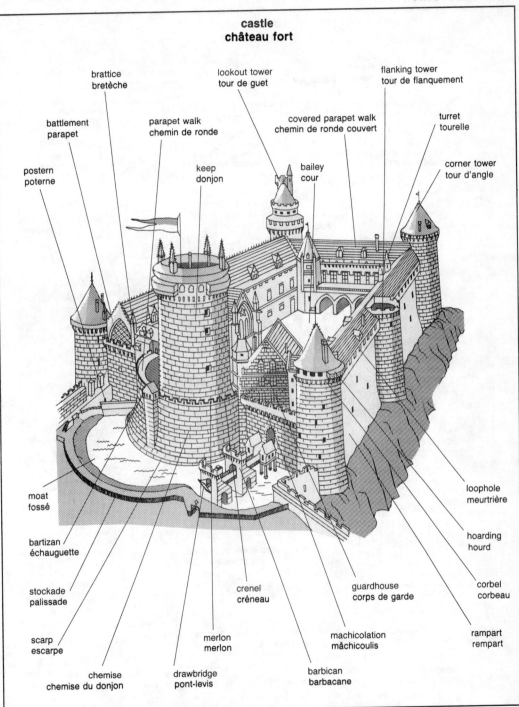

brattice
bretèche

lookout tower
tour de guet

flanking tower
tour de flanquement

battlement
parapet

parapet walk
chemin de ronde

covered parapet walk
chemin de ronde couvert

turret
tourelle

postern
poterne

keep
donjon

bailey
cour

corner tower
tour d'angle

moat
fossé

loophole
meurtrière

bartizan
échauguette

hoarding
hourd

stockade
palissade

crenel
créneau

guardhouse
corps de garde

corbel
corbeau

scarp
escarpe

merlon
merlon

machicolation
mâchicoulis

rampart
rempart

chemise
chemise du donjon

drawbridge
pont-levis

barbican
barbacane

downtown
centre-ville

billboard; *hoarding*
panneau d'affichage

trade sign; *shop sign*
enseigne commerciale

building; *high-rise office*
immeuble

bus stop
arrêt d'autobus

neon sign
enseigne lumineuse

taxi stand; *taxi rank*
station de taxis

department store
grand magasin

street sign
plaque de rue

taxi telephone
borne d'appel

street café
café

street light
réverbère

terrace
terrasse

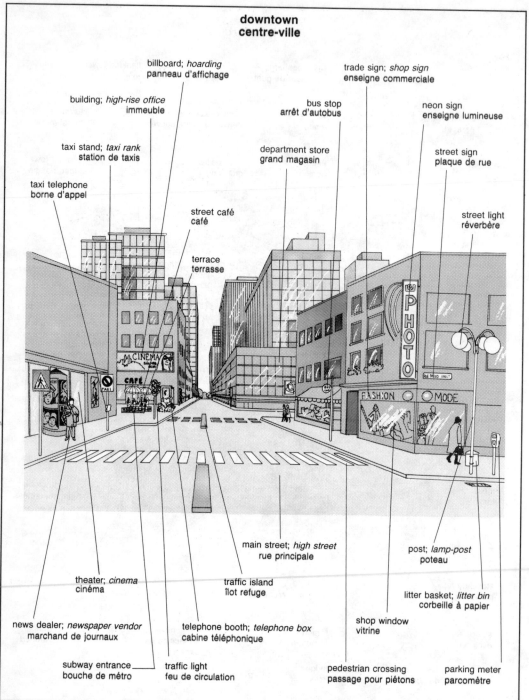

main street; *high street*
rue principale

post; *lamp-post*
poteau

theater; *cinema*
cinéma

traffic island
îlot refuge

litter basket; *litter bin*
corbeille à papier

news dealer; *newspaper vendor*
marchand de journaux

telephone booth; *telephone box*
cabine téléphonique

shop window
vitrine

subway entrance
bouche de métro

traffic light
feu de circulation

pedestrian crossing
passage pour piétons

parking meter
parcomètre

theater; *theatre*
salle de spectacle

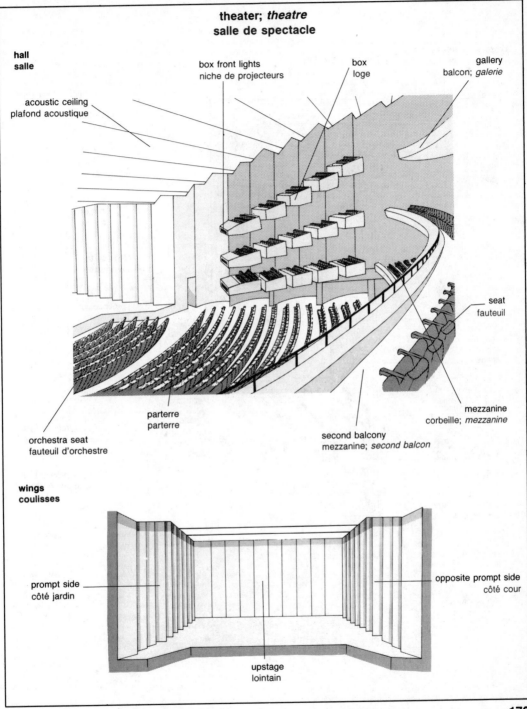

hall
salle

box front lights
niche de projecteurs

box
loge

gallery
balcon; *galerie*

acoustic ceiling
plafond acoustique

seat
fauteuil

mezzanine
corbeille; *mezzanine*

parterre
parterre

second balcony
mezzanine; *second balcon*

orchestra seat
fauteuil d'orchestre

wings
coulisses

prompt side
côté jardin

opposite prompt side
côté cour

upstage
lointain

theater; *theatre*
salle de spectacle

cross section of a stage
coupe transversale de la scène

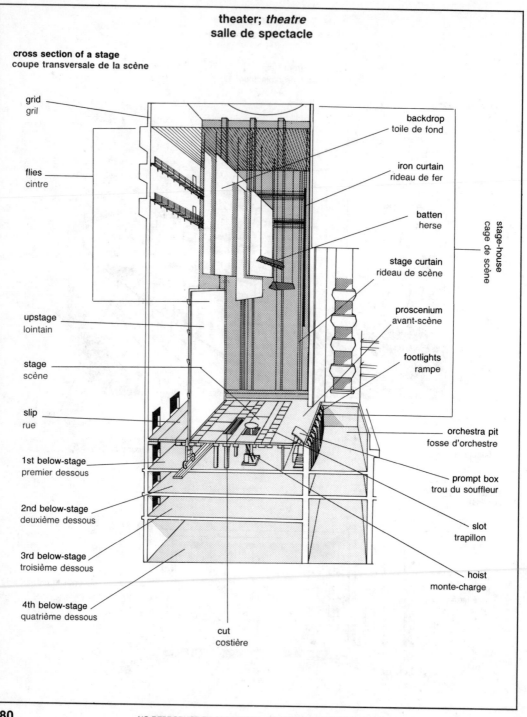

grid
gril

backdrop
toile de fond

flies
cintre

iron curtain
rideau de fer

batten
herse

stage-house
cage de scène

stage curtain
rideau de scène

upstage
lointain

proscenium
avant-scène

stage
scène

footlights
rampe

slip
rue

orchestra pit
fosse d'orchestre

1st below-stage
premier dessous

prompt box
trou du souffleur

2nd below-stage
deuxième dessous

slot
trapillon

3rd below-stage
troisième dessous

hoist
monte-charge

4th below-stage
quatrième dessous

cut
costière

elevator; *lift*
ascenseur

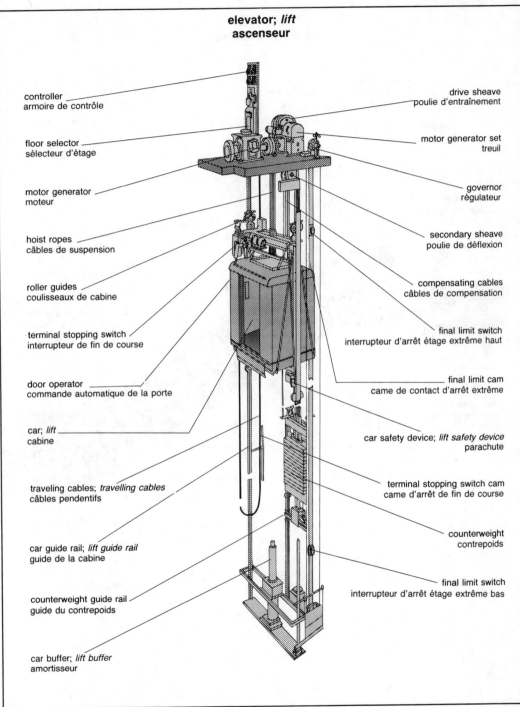

controller
armoire de contrôle

floor selector
sélecteur d'étage

motor generator
moteur

hoist ropes
câbles de suspension

roller guides
coulisseaux de cabine

terminal stopping switch
interrupteur de fin de course

door operator
commande automatique de la porte

car; *lift*
cabine

traveling cables; *travelling cables*
câbles pendentifs

car guide rail; *lift guide rail*
guide de la cabine

counterweight guide rail
guide du contrepoids

car buffer; *lift buffer*
amortisseur

drive sheave
poulie d'entraînement

motor generator set
treuil

governor
régulateur

secondary sheave
poulie de déflexion

compensating cables
câbles de compensation

final limit switch
interrupteur d'arrêt étage extrême haut

final limit cam
came de contact d'arrêt extrême

car safety device; *lift safety device*
parachute

terminal stopping switch cam
came d'arrêt de fin de course

counterweight
contrepoids

final limit switch
interrupteur d'arrêt étage extrême bas

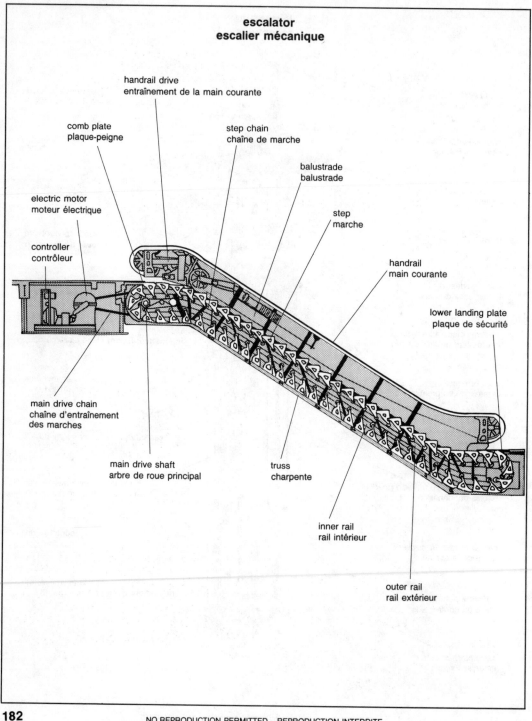

escalator
escalier mécanique

handrail drive
entraînement de la main courante

comb plate
plaque-peigne

step chain
chaîne de marche

balustrade
balustrade

electric motor
moteur électrique

step
marche

controller
contrôleur

handrail
main courante

lower landing plate
plaque de sécurité

main drive chain
chaîne d'entraînement
des marches

main drive shaft
arbre de roue principal

truss
charpente

inner rail
rail intérieur

outer rail
rail extérieur

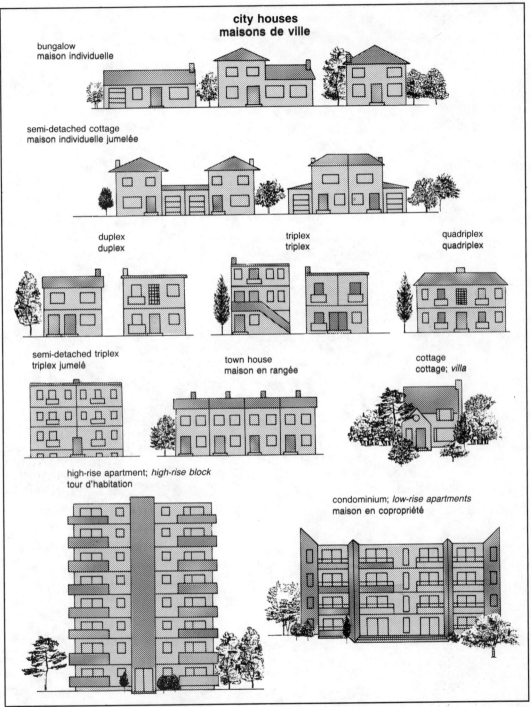

city houses
maisons de ville

bungalow
maison individuelle

semi-detached cottage
maison individuelle jumelée

duplex
duplex

triplex
triplex

quadriplex
quadriplex

semi-detached triplex
triplex jumelé

town house
maison en rangée

cottage
cottage; *villa*

high-rise apartment; *high-rise block*
tour d'habitation

condominium; *low-rise apartments*
maison en copropriété

HOUSE
MAISON

exterior of a house
extérieur d'une maison

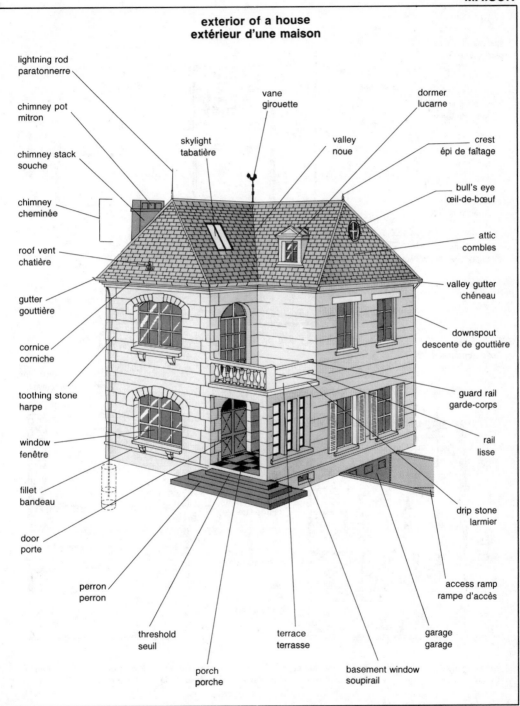

lightning rod
paratonnerre

chimney pot
mitron

chimney stack
souche

chimney
cheminée

roof vent
chatière

gutter
gouttière

cornice
corniche

toothing stone
harpe

window
fenêtre

fillet
bandeau

door
porte

perron
perron

threshold
seuil

porch
porche

vane
girouette

skylight
tabatière

valley
noue

terrace
terrasse

basement window
soupirail

dormer
lucarne

crest
épi de faîtage

bull's eye
œil-de-bœuf

attic
combles

valley gutter
chéneau

downspout
descente de gouttière

guard rail
garde-corps

rail
lisse

drip stone
larmier

access ramp
rampe d'accès

garage
garage

HOUSE
MAISON

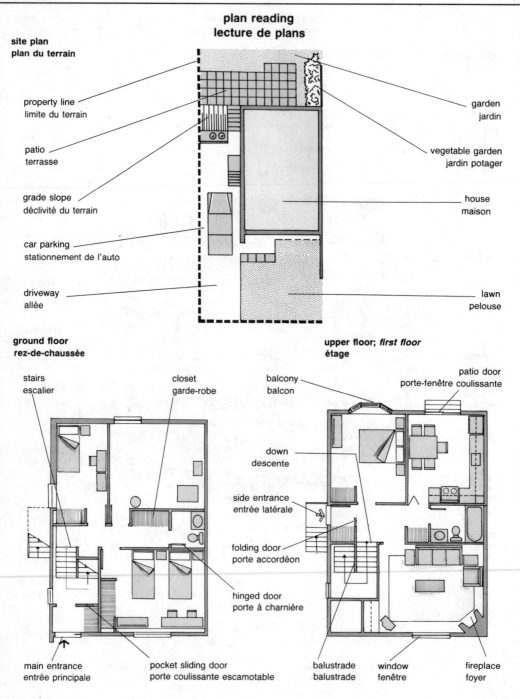

plan reading
lecture de plans

site plan
plan du terrain

property line
limite du terrain

patio
terrasse

grade slope
déclivité du terrain

car parking
stationnement de l'auto

driveway
allée

garden
jardin

vegetable garden
jardin potager

house
maison

lawn
pelouse

ground floor
rez-de-chaussée

stairs
escalier

closet
garde-robe

main entrance
entrée principale

pocket sliding door
porte coulissante escamotable

upper floor; *first floor*
étage

balcony
balcon

patio door
porte-fenêtre coulissante

down
descente

side entrance
entrée latérale

folding door
porte accordéon

hinged door
porte à charnière

balustrade
balustrade

window
fenêtre

fireplace
foyer

rooms of the house
pièces de la maison

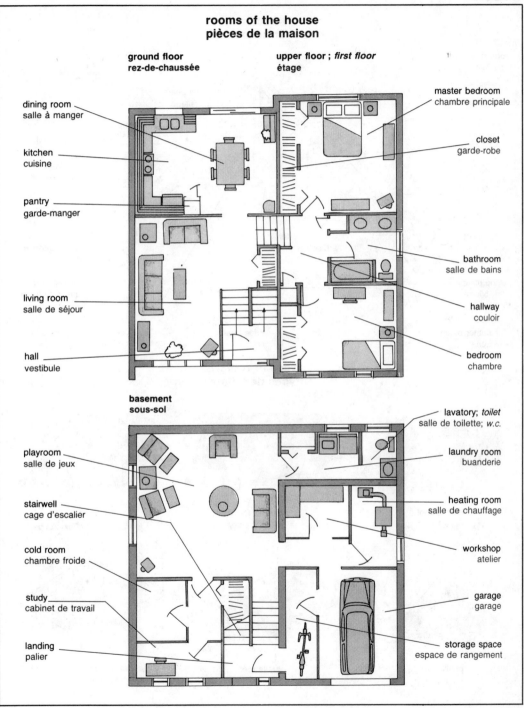

ground floor
rez-de-chaussée

upper floor ; *first floor*
étage

master bedroom
chambre principale

dining room
salle à manger

closet
garde-robe

kitchen
cuisine

pantry
garde-manger

bathroom
salle de bains

living room
salle de séjour

hallway
couloir

hall
vestibule

bedroom
chambre

basement
sous-sol

lavatory; *toilet*
salle de toilette; *w.c.*

playroom
salle de jeux

laundry room
buanderie

stairwell
cage d'escalier

heating room
salle de chauffage

cold room
chambre froide

workshop
atelier

study
cabinet de travail

garage
garage

landing
palier

storage space
espace de rangement

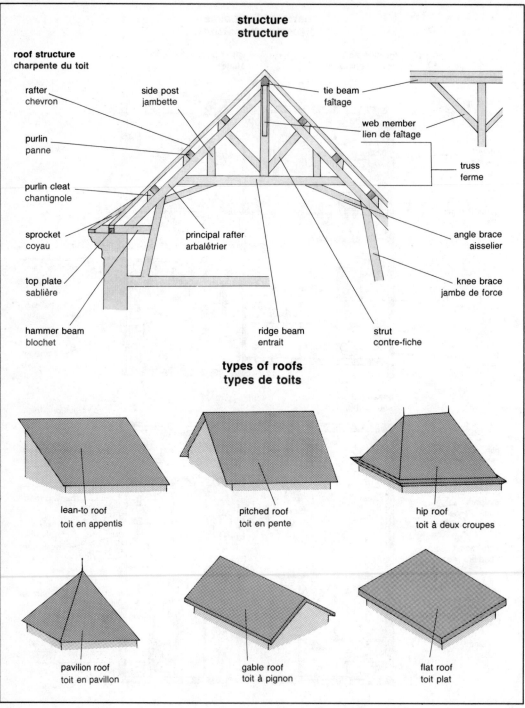

structure
structure

roof structure
charpente du toit

rafter
chevron

side post
jambette

tie beam
faîtage

web member
lien de faîtage

purlin
panne

truss
ferme

purlin cleat
chantignole

sprocket
coyau

principal rafter
arbalétrier

angle brace
aisselier

top plate
sablière

knee brace
jambe de force

hammer beam
blochet

ridge beam
entrait

strut
contre-fiche

types of roofs
types de toits

lean-to roof
toit en appentis

pitched roof
toit en pente

hip roof
toit à deux croupes

pavilion roof
toit en pavillon

gable roof
toit à pignon

flat roof
toit plat

types of roofs
types de toits

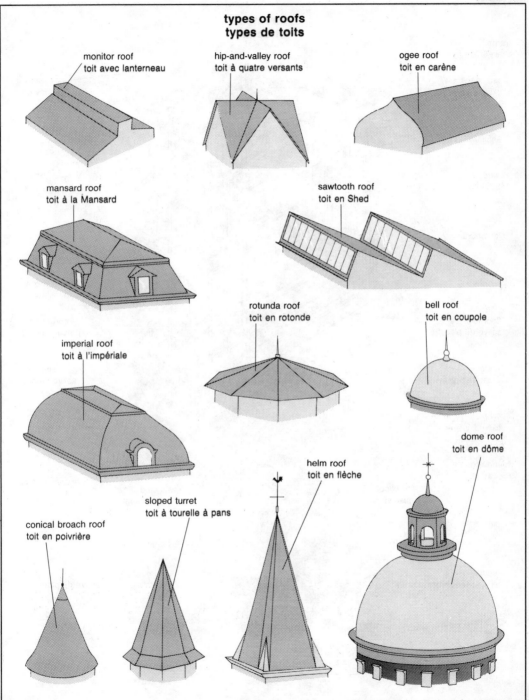

monitor roof
toit avec lanterneau

hip-and-valley roof
toit à quatre versants

ogee roof
toit en carène

mansard roof
toit à la Mansard

sawtooth roof
toit en Shed

rotunda roof
toit en rotonde

bell roof
toit en coupole

imperial roof
toit à l'impériale

dome roof
toit en dôme

helm roof
toit en flèche

sloped turret
toit à tourelle à pans

conical broach roof
toit en poivrière

structure
structure

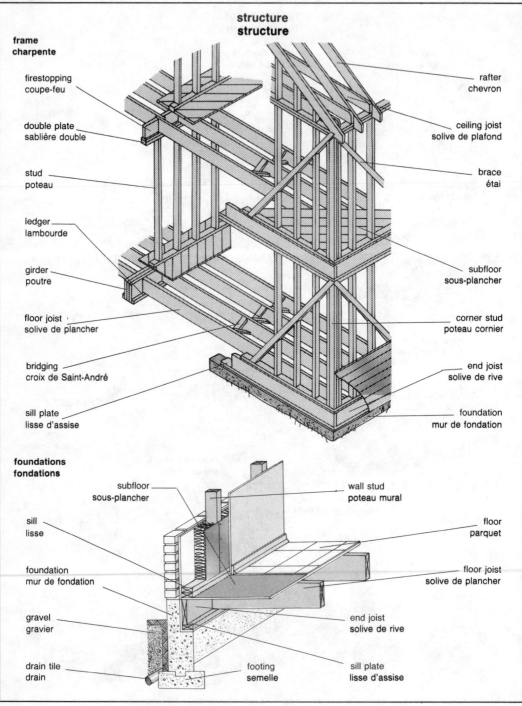

frame
charpente

firestopping
coupe-feu

double plate
sablière double

stud
poteau

ledger
lambourde

girder
poutre

floor joist
solive de plancher

bridging
croix de Saint-André

sill plate
lisse d'assise

rafter
chevron

ceiling joist
solive de plafond

brace
étai

subfloor
sous-plancher

corner stud
poteau cornier

end joist
solive de rive

foundation
mur de fondation

foundations
fondations

subfloor
sous-plancher

sill
lisse

foundation
mur de fondation

gravel
gravier

drain tile
drain

wall stud
poteau mural

floor
parquet

floor joist
solive de plancher

end joist
solive de rive

sill plate
lisse d'assise

footing
semelle

building materials
matériaux de construction

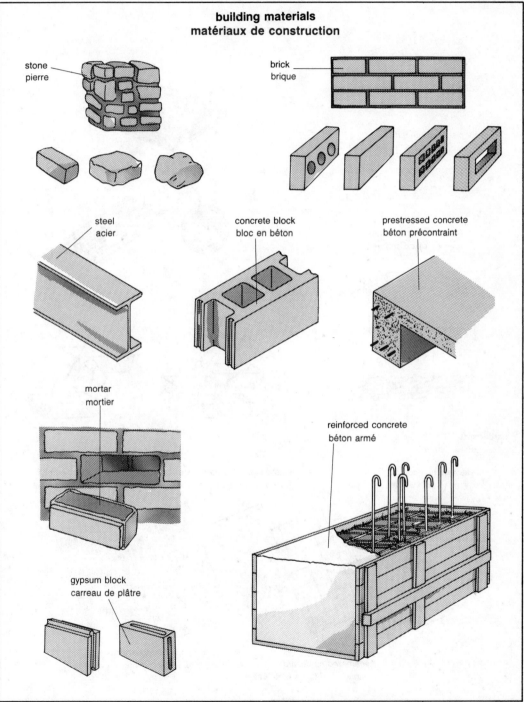

stone
pierre

brick
brique

steel
acier

concrete block
bloc en béton

prestressed concrete
béton précontraint

mortar
mortier

reinforced concrete
béton armé

gypsum block
carreau de plâtre

building materials
matériaux de construction

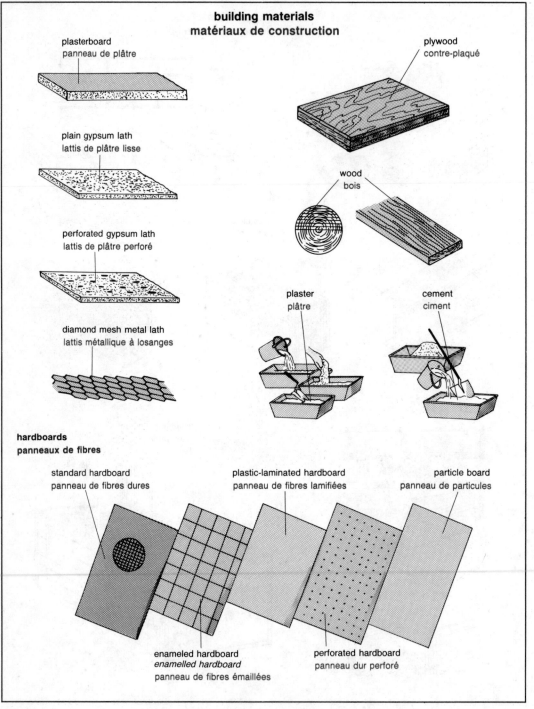

plasterboard
panneau de plâtre

plywood
contre-plaqué

plain gypsum lath
lattis de plâtre lisse

wood
bois

perforated gypsum lath
lattis de plâtre perforé

plaster
plâtre

cement
ciment

diamond mesh metal lath
lattis métallique à losanges

hardboards
panneaux de fibres

standard hardboard
panneau de fibres dures

plastic-laminated hardboard
panneau de fibres lamifiées

particle board
panneau de particules

enameled hardboard
enamelled hardboard
panneau de fibres émaillées

perforated hardboard
panneau dur perforé

building materials
matériaux de construction

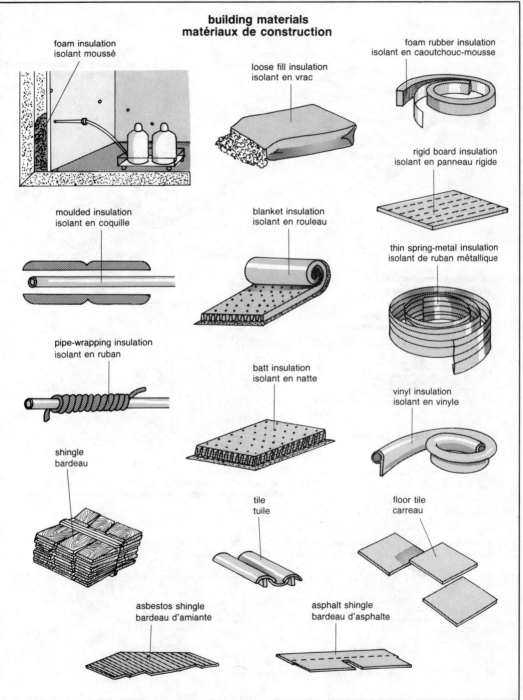

foam insulation
isolant moussé

loose fill insulation
isolant en vrac

foam rubber insulation
isolant en caoutchouc-mousse

rigid board insulation
isolant en panneau rigide

moulded insulation
isolant en coquille

blanket insulation
isolant en rouleau

thin spring-metal insulation
isolant de ruban métallique

pipe-wrapping insulation
isolant en ruban

batt insulation
isolant en natte

vinyl insulation
isolant en vinyle

shingle
bardeau

tile
tuile

floor tile
carreau

asbestos shingle
bardeau d'amiante

asphalt shingle
bardeau d'asphalte

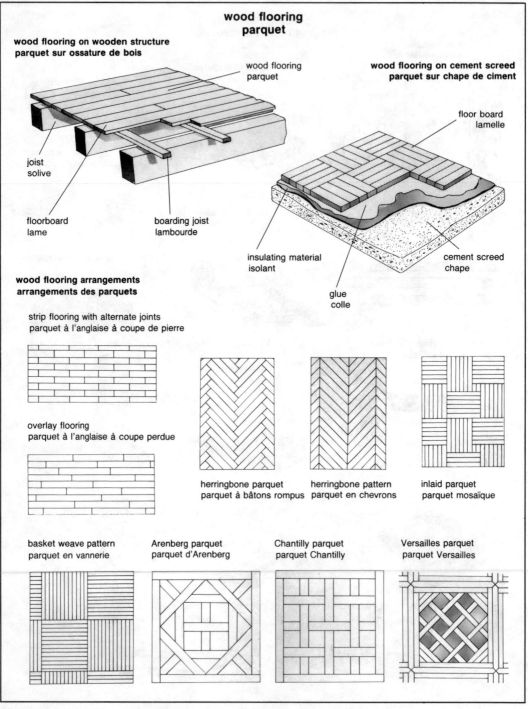

wood flooring
parquet

wood flooring on wooden structure
parquet sur ossature de bois

wood flooring
parquet

wood flooring on cement screed
parquet sur chape de ciment

floor board
lamelle

joist
solive

floorboard
lame

boarding joist
lambourde

insulating material
isolant

cement screed
chape

glue
colle

wood flooring arrangements
arrangements des parquets

strip flooring with alternate joints
parquet à l'anglaise à coupe de pierre

overlay flooring
parquet à l'anglaise à coupe perdue

herringbone parquet
parquet à bâtons rompus

herringbone pattern
parquet en chevrons

inlaid parquet
parquet mosaïque

basket weave pattern
parquet en vannerie

Arenberg parquet
parquet d'Arenberg

Chantilly parquet
parquet Chantilly

Versailles parquet
parquet Versailles

stairs
escalier

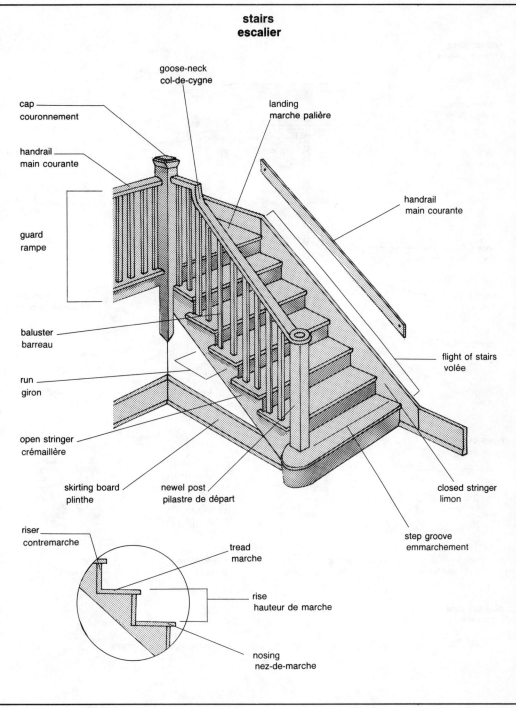

goose-neck
col-de-cygne

cap
couronnement

landing
marche palière

handrail
main courante

handrail
main courante

guard
rampe

baluster
barreau

flight of stairs
volée

run
giron

open stringer
crémaillère

skirting board
plinthe

newel post
pilastre de départ

closed stringer
limon

step groove
emmarchement

riser
contremarche

tread
marche

rise
hauteur de marche

nosing
nez-de-marche

197

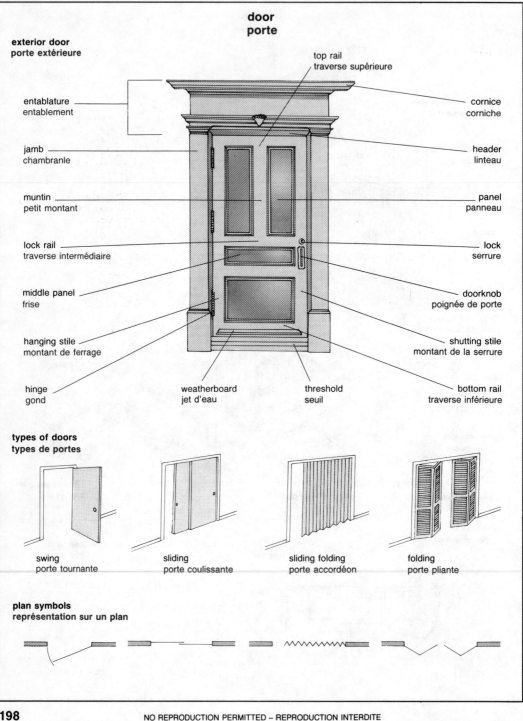

door
porte

exterior door
porte extérieure

top rail
traverse supérieure

entablature
entablement

cornice
corniche

jamb
chambranle

header
linteau

muntin
petit montant

panel
panneau

lock rail
traverse intermédiaire

lock
serrure

middle panel
frise

doorknob
poignée de porte

hanging stile
montant de ferrage

shutting stile
montant de la serrure

hinge
gond

weatherboard
jet d'eau

threshold
seuil

bottom rail
traverse inférieure

types of doors
types de portes

swing
porte tournante

sliding
porte coulissante

sliding folding
porte accordéon

folding
porte pliante

plan symbols
représentation sur un plan

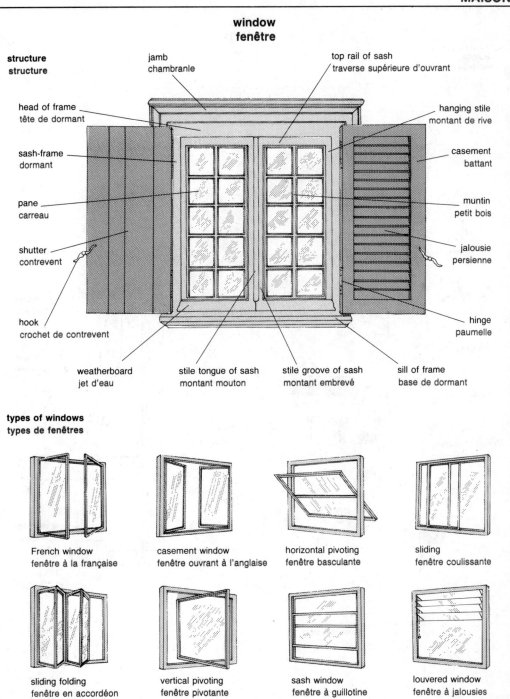

window
fenêtre

structure
structure

jamb
chambranle

top rail of sash
traverse supérieure d'ouvrant

head of frame
tête de dormant

hanging stile
montant de rive

sash-frame
dormant

casement
battant

pane
carreau

muntin
petit bois

shutter
contrevent

jalousie
persienne

hook
crochet de contrevent

hinge
paumelle

weatherboard
jet d'eau

stile tongue of sash
montant mouton

stile groove of sash
montant embrevé

sill of frame
base de dormant

types of windows
types de fenêtres

French window
fenêtre à la française

casement window
fenêtre ouvrant à l'anglaise

horizontal pivoting
fenêtre basculante

sliding
fenêtre coulissante

sliding folding
fenêtre en accordéon

vertical pivoting
fenêtre pivotante

sash window
fenêtre à guillotine

louvered window
fenêtre à jalousies

heating
chauffage

fireplace
cheminée à foyer ouvert

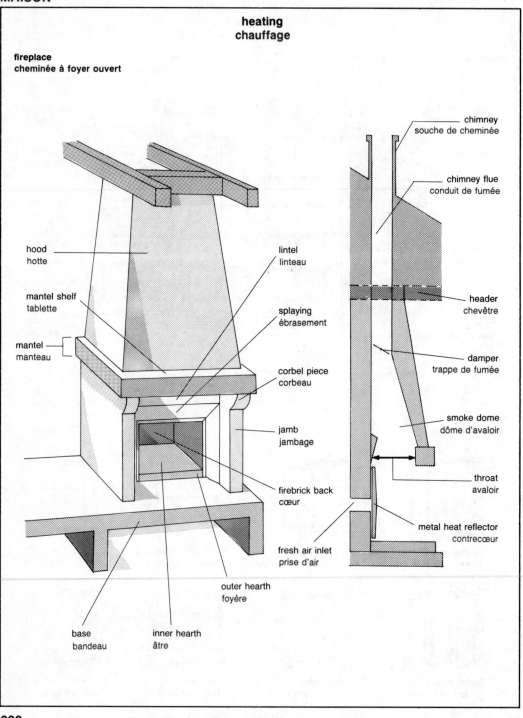

chimney
souche de cheminée

chimney flue
conduit de fumée

hood
hotte

lintel
linteau

mantel shelf
tablette

splaying
ébrasement

header
chevêtre

mantel
manteau

corbel piece
corbeau

damper
trappe de fumée

jamb
jambage

smoke dome
dôme d'avaloir

firebrick back
cœur

throat
avaloir

metal heat reflector
contrecœur

fresh air inlet
prise d'air

outer hearth
foyère

base
bandeau

inner hearth
âtre

heating
chauffage

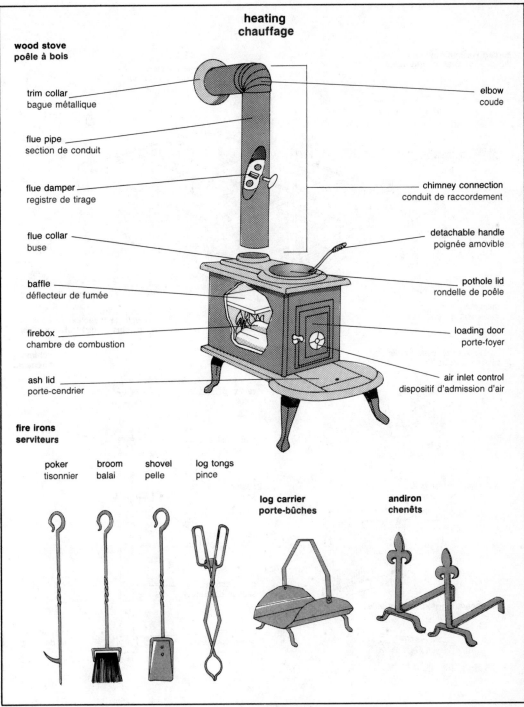

wood stove
poêle à bois

trim collar
bague métallique

elbow
coude

flue pipe
section de conduit

flue damper
registre de tirage

chimney connection
conduit de raccordement

flue collar
buse

detachable handle
poignée amovible

baffle
déflecteur de fumée

pothole lid
rondelle de poêle

firebox
chambre de combustion

loading door
porte-foyer

ash lid
porte-cendrier

air inlet control
dispositif d'admission d'air

fire irons
serviteurs

poker
tisonnier

broom
balai

shovel
pelle

log tongs
pince

log carrier
porte-bûches

andiron
chenêts

heating
chauffage

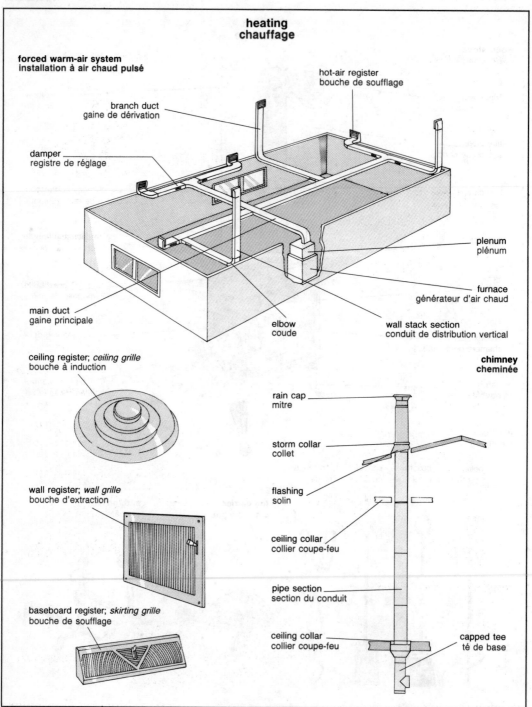

forced warm-air system
installation à air chaud pulsé

branch duct
gaine de dérivation

hot-air register
bouche de soufflage

damper
registre de réglage

plenum
plénum

furnace
générateur d'air chaud

main duct
gaine principale

elbow
coude

wall stack section
conduit de distribution vertical

ceiling register; *ceiling grille*
bouche à induction

chimney
cheminée

rain cap
mitre

storm collar
collet

flashing
solin

wall register; *wall grille*
bouche d'extraction

ceiling collar
collier coupe-feu

pipe section
section du conduit

baseboard register; *skirting grille*
bouche de soufflage

ceiling collar
collier coupe-feu

capped tee
té de base

heating
chauffage

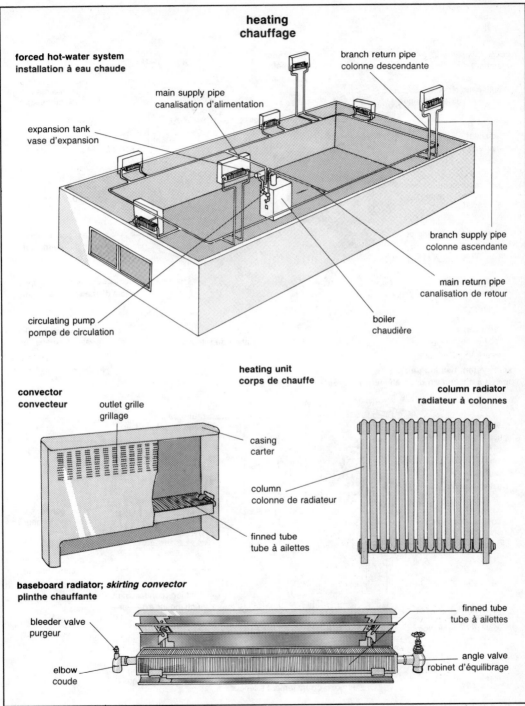

forced hot-water system
installation à eau chaude

branch return pipe
colonne descendante

main supply pipe
canalisation d'alimentation

expansion tank
vase d'expansion

branch supply pipe
colonne ascendante

main return pipe
canalisation de retour

circulating pump
pompe de circulation

boiler
chaudière

heating unit
corps de chauffe

convector
convecteur

outlet grille
grillage

casing
carter

column
colonne de radiateur

finned tube
tube à ailettes

column radiator
radiateur à colonnes

baseboard radiator; *skirting convector*
plinthe chauffante

bleeder valve
purgeur

finned tube
tube à ailettes

elbow
coude

angle valve
robinet d'équilibrage

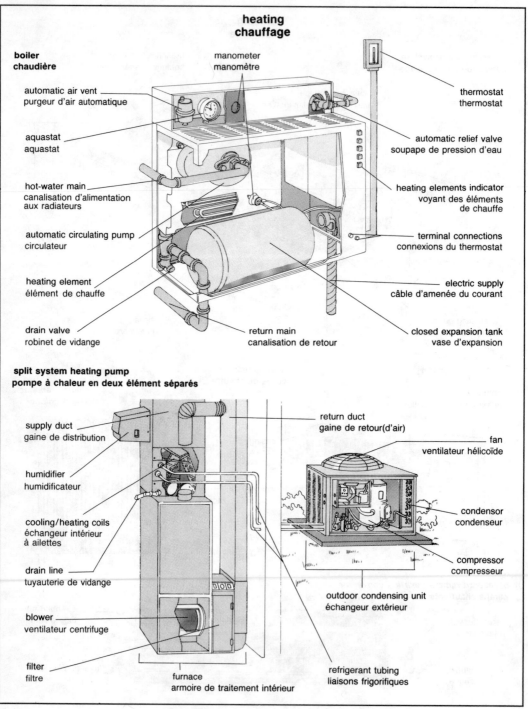

heating
chauffage

boiler
chaudière

manometer
manomètre

thermostat
thermostat

automatic air vent
purgeur d'air automatique

automatic relief valve
soupape de pression d'eau

aquastat
aquastat

heating elements indicator
voyant des éléments
de chauffe

hot-water main
canalisation d'alimentation
aux radiateurs

automatic circulating pump
circulateur

terminal connections
connexions du thermostat

heating element
élément de chauffe

electric supply
câble d'amenée du courant

drain valve
robinet de vidange

return main
canalisation de retour

closed expansion tank
vase d'expansion

split system heating pump
pompe à chaleur en deux élément séparés

supply duct
gaine de distribution

return duct
gaine de retour(d'air)

fan
ventilateur hélicoïde

humidifier
humidificateur

cooling/heating coils
échangeur intérieur
à ailettes

condensor
condenseur

drain line
tuyauterie de vidange

compressor
compresseur

blower
ventilateur centrifuge

outdoor condensing unit
échangeur extérieur

filter
filtre

refrigerant tubing
liaisons frigorifiques

furnace
armoire de traitement intérieur

heating
chauffage

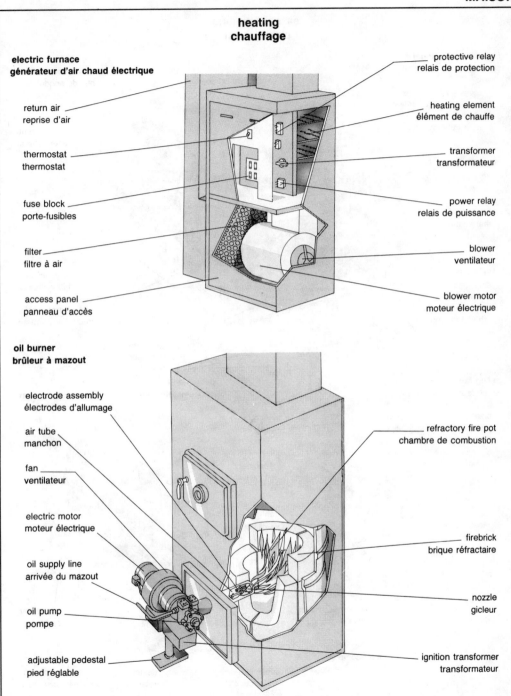

electric furnace
générateur d'air chaud électrique

return air
reprise d'air

thermostat
thermostat

fuse block
porte-fusibles

filter
filtre à air

access panel
panneau d'accès

protective relay
relais de protection

heating element
élément de chauffe

transformer
transformateur

power relay
relais de puissance

blower
ventilateur

blower motor
moteur électrique

oil burner
brûleur à mazout

electrode assembly
électrodes d'allumage

air tube
manchon

fan
ventilateur

electric motor
moteur électrique

oil supply line
arrivée du mazout

oil pump
pompe

adjustable pedestal
pied réglable

refractory fire pot
chambre de combustion

firebrick
brique réfractaire

nozzle
gicleur

ignition transformer
transformateur

air conditioning
climatisation

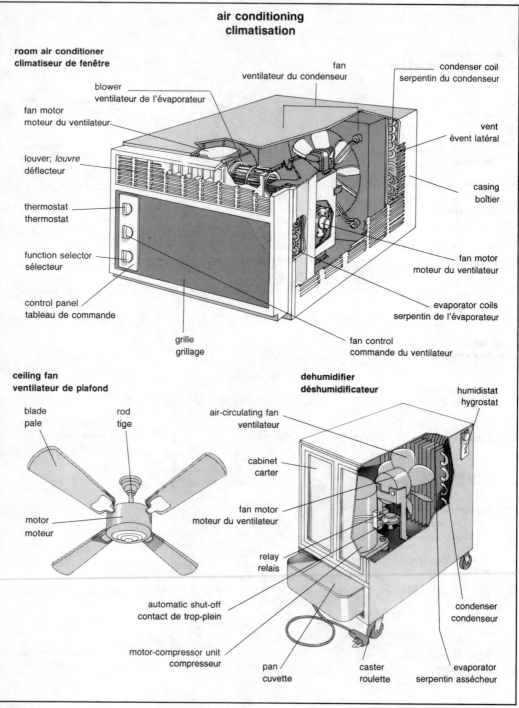

room air conditioner
climatiseur de fenêtre

fan
ventilateur du condenseur

condenser coil
serpentin du condenseur

blower
ventilateur de l'évaporateur

fan motor
moteur du ventilateur

vent
évent latéral

louver; *louvre*
déflecteur

casing
boîtier

thermostat
thermostat

function selector
sélecteur

fan motor
moteur du ventilateur

control panel
tableau de commande

evaporator coils
serpentin de l'évaporateur

grille
grillage

fan control
commande du ventilateur

ceiling fan
ventilateur de plafond

dehumidifier
déshumidificateur

humidistat
hygrostat

blade
pale

rod
tige

air-circulating fan
ventilateur

cabinet
carter

fan motor
moteur du ventilateur

motor
moteur

relay
relais

automatic shut-off
contact de trop-plein

condenser
condenseur

motor-compressor unit
compresseur

pan
cuvette

caster
roulette

evaporator
serpentin assécheur

HOUSE FURNITURE
AMEUBLEMENT DE LA MAISON

table
table

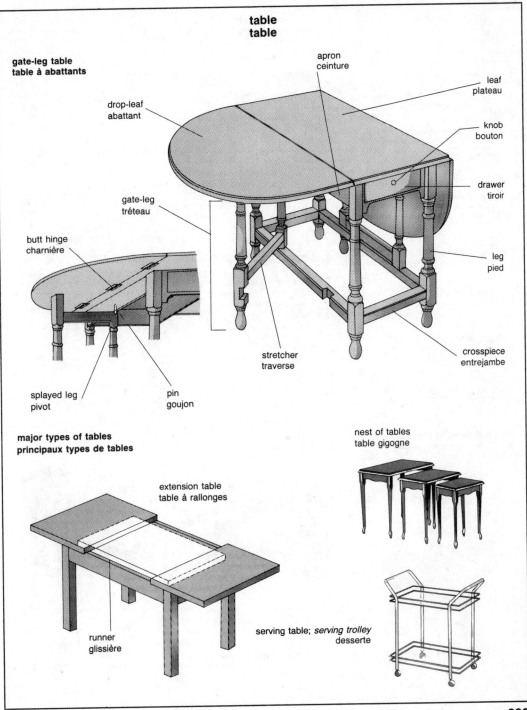

gate-leg table
table à abattants

apron
ceinture

leaf
plateau

drop-leaf
abattant

knob
bouton

gate-leg
tréteau

drawer
tiroir

butt hinge
charnière

leg
pied

crosspiece
entrejambe

stretcher
traverse

splayed leg
pivot

pin
goujon

major types of tables
principaux types de tables

nest of tables
table gigogne

extension table
table à rallonges

runner
glissière

serving table; *serving trolley*
desserte

armchair
fauteuil

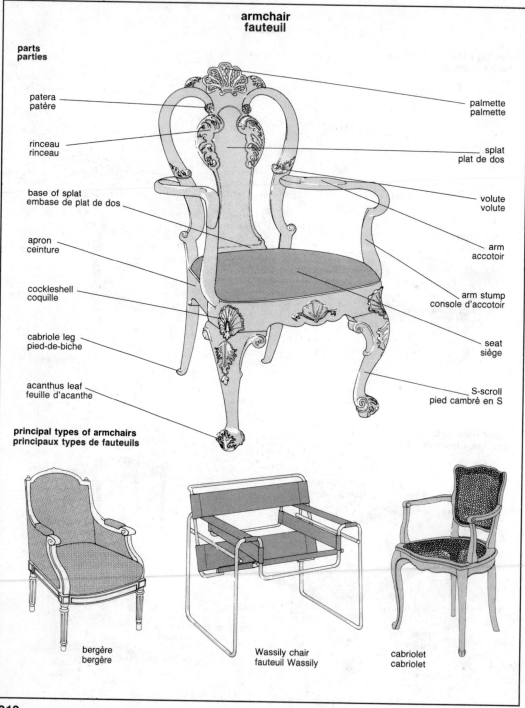

parts
parties

patera
patère

rinceau
rinceau

base of splat
embase de plat de dos

apron
ceinture

cockleshell
coquille

cabriole leg
pied-de-biche

acanthus leaf
feuille d'acanthe

palmette
palmette

splat
plat de dos

volute
volute

arm
accotoir

arm stump
console d'accotoir

seat
siège

S-scroll
pied cambré en S

principal types of armchairs
principaux types de fauteuils

bergère
bergère

Wassily chair
fauteuil Wassily

cabriolet
cabriolet

armchairs
fauteuils

principal types of armchairs
principaux types de fauteuils

récamier
récamier

sofa
canapé

love seat; *two-seater settee*
causeuse

director's chair
fauteuil metteur en scène

club chair
fauteuil club

chesterfield
canapé capitonné

rocking chair
berceuse

méridienne
méridienne

seats
sièges

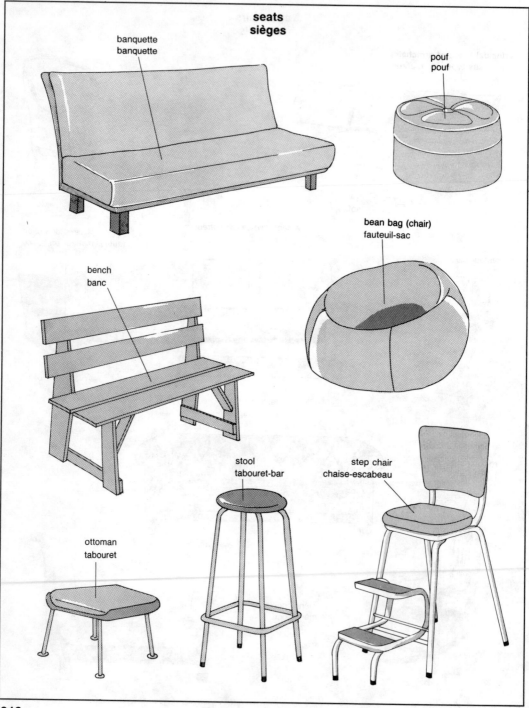

banquette
banquette

pouf
pouf

bean bag (chair)
fauteuil-sac

bench
banc

stool
tabouret-bar

step chair
chaise-escabeau

ottoman
tabouret

side chair
chaise

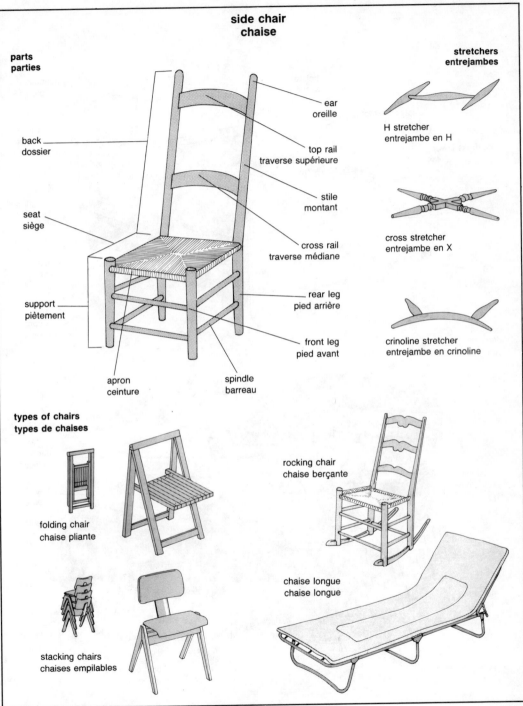

parts
parties

stretchers
entrejambes

ear
oreille

back
dossier

top rail
traverse supérieure

stile
montant

seat
siège

cross rail
traverse médiane

support
piètement

rear leg
pied arrière

front leg
pied avant

apron
ceinture

spindle
barreau

H stretcher
entrejambe en H

cross stretcher
entrejambe en X

crinoline stretcher
entrejambe en crinoline

types of chairs
types de chaises

rocking chair
chaise berçante

folding chair
chaise pliante

chaise longue
chaise longue

stacking chairs
chaises empilables

bed
lit

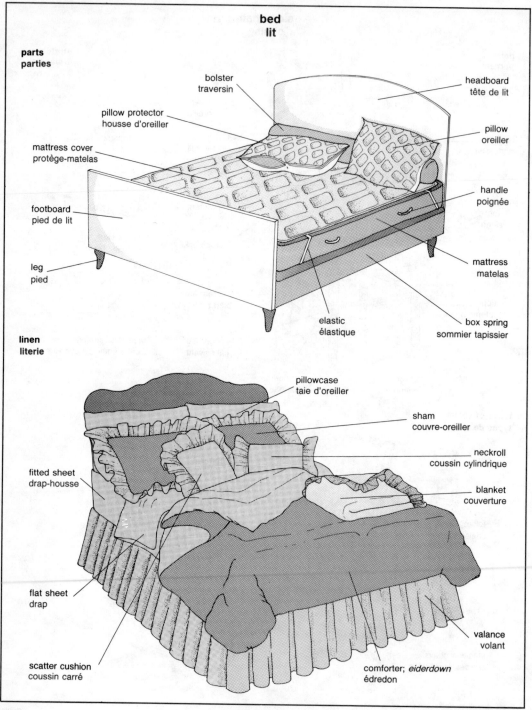

parts
parties

bolster
traversin

headboard
tête de lit

pillow protector
housse d'oreiller

pillow
oreiller

mattress cover
protège-matelas

handle
poignée

footboard
pied de lit

leg
pied

mattress
matelas

elastic
élastique

box spring
sommier tapissier

linen
literie

pillowcase
taie d'oreiller

sham
couvre-oreiller

neckroll
coussin cylindrique

fitted sheet
drap-housse

blanket
couverture

flat sheet
drap

valance
volant

scatter cushion
coussin carré

comforter; *eiderdown*
édredon

storage furniture
meubles de rangement

armoire
armoire

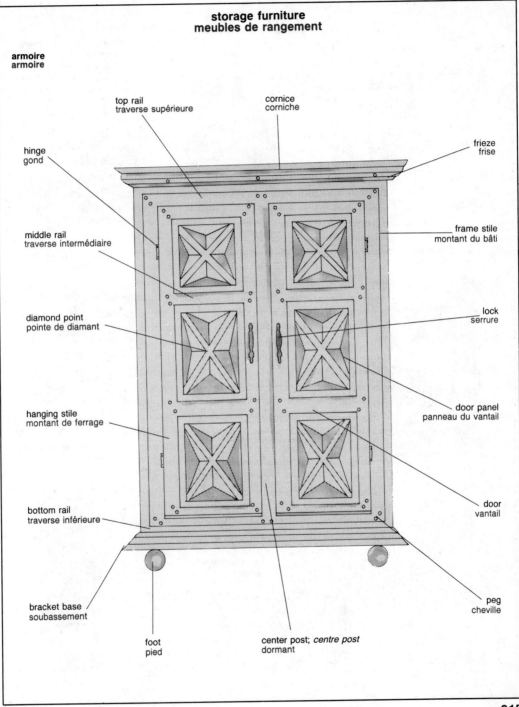

top rail
traverse supérieure

cornice
corniche

frieze
frise

hinge
gond

middle rail
traverse intermédiaire

frame stile
montant du bâti

diamond point
pointe de diamant

lock
serrure

hanging stile
montant de ferrage

door panel
panneau du vantail

bottom rail
traverse inférieure

door
vantail

bracket base
soubassement

peg
cheville

foot
pied

center post; *centre post*
dormant

storage furniture
meubles de rangement

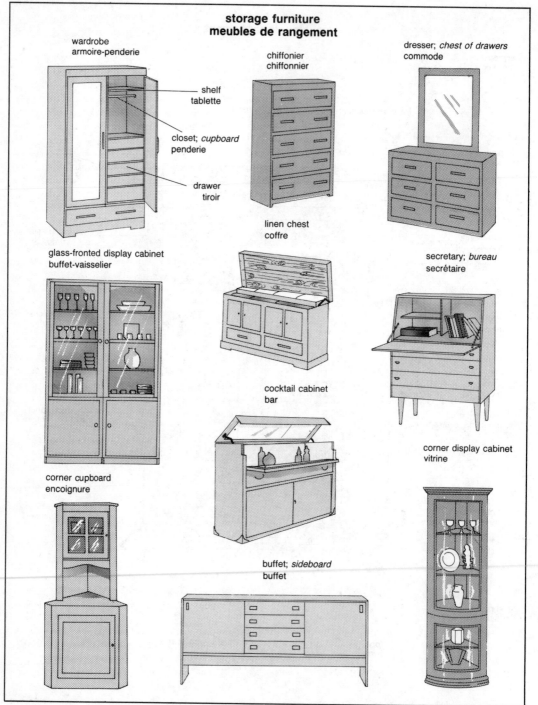

wardrobe
armoire-penderie

chiffonier
chiffonnier

dresser; *chest of drawers*
commode

shelf
tablette

closet; *cupboard*
penderie

drawer
tiroir

linen chest
coffre

glass-fronted display cabinet
buffet-vaisselier

secretary; *bureau*
secrétaire

cocktail cabinet
bar

corner display cabinet
vitrine

corner cupboard
encoignure

buffet; *sideboard*
buffet

window accessories
parures de fenêtre

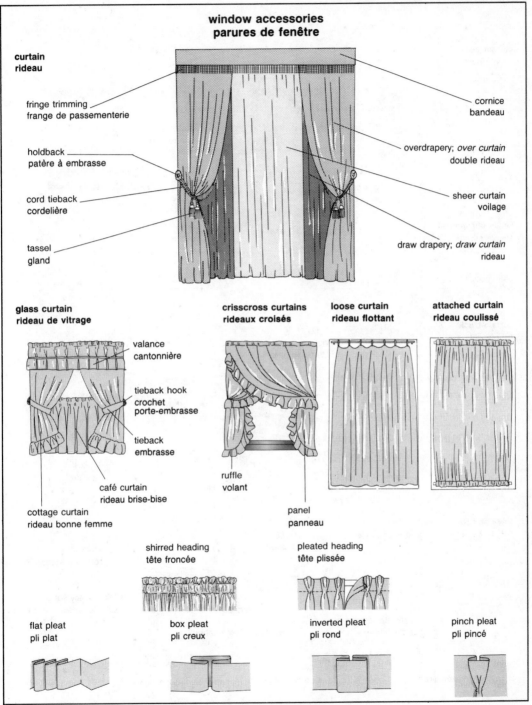

curtain
rideau

fringe trimming
frange de passementerie

holdback
patère à embrasse

cord tieback
cordelière

tassel
gland

cornice
bandeau

overdrapery; *over curtain*
double rideau

sheer curtain
voilage

draw drapery; *draw curtain*
rideau

glass curtain
rideau de vitrage

valance
cantonnière

tieback hook
crochet
porte-embrasse

tieback
embrasse

café curtain
rideau brise-bise

cottage curtain
rideau bonne femme

crisscross curtains
rideaux croisés

ruffle
volant

panel
panneau

loose curtain
rideau flottant

attached curtain
rideau coulissé

shirred heading
tête froncée

pleated heading
tête plissée

flat pleat
pli plat

box pleat
pli creux

inverted pleat
pli rond

pinch pleat
pli pincé

217

HOUSE FURNITURE
AMEUBLEMENT DE LA MAISON

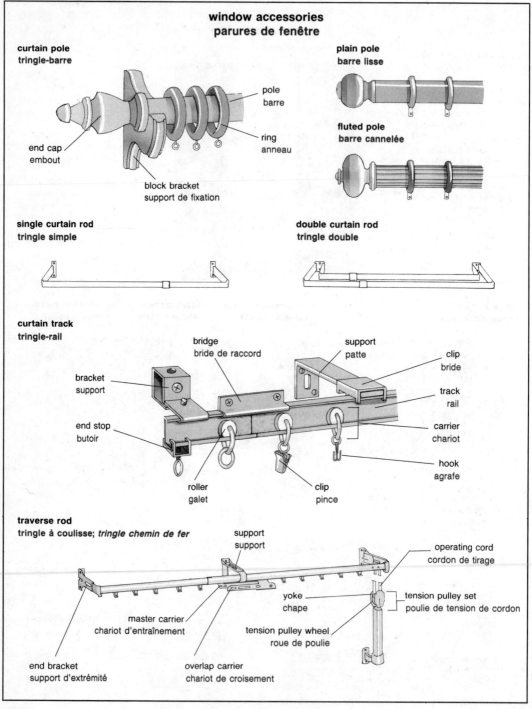

window accessories
parures de fenêtre

curtain pole
tringle-barre

pole
barre

ring
anneau

end cap
embout

block bracket
support de fixation

plain pole
barre lisse

fluted pole
barre cannelée

single curtain rod
tringle simple

double curtain rod
tringle double

curtain track
tringle-rail

bridge
bride de raccord

support
patte

clip
bride

bracket
support

track
rail

end stop
butoir

carrier
chariot

hook
agrafe

roller
galet

clip
pince

traverse rod
tringle à coulisse; *tringle chemin de fer*

support
support

operating cord
cordon de tirage

master carrier
chariot d'entraînement

yoke
chape

tension pulley set
poulie de tension de cordon

tension pulley wheel
roue de poulie

end bracket
support d'extrémité

overlap carrier
chariot de croisement

window accessories
parures de fenêtre

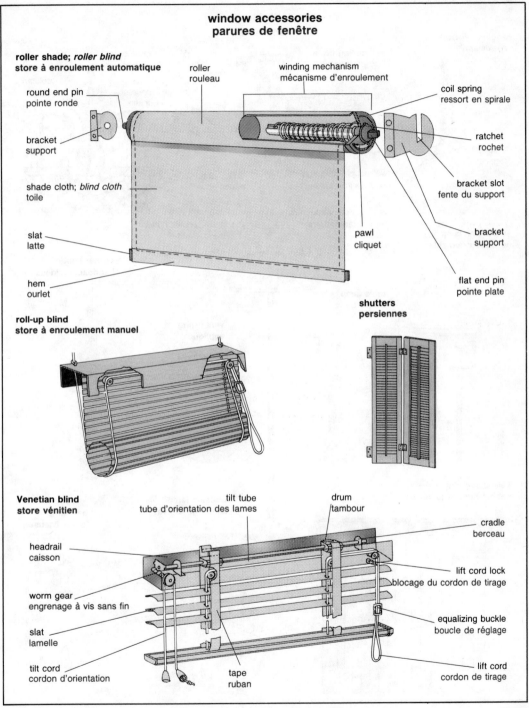

roller shade; *roller blind*
store à enroulement automatique

roller
rouleau

winding mechanism
mécanisme d'enroulement

coil spring
ressort en spirale

round end pin
pointe ronde

bracket
support

ratchet
rochet

shade cloth; *blind cloth*
toile

bracket slot
fente du support

slat
latte

pawl
cliquet

bracket
support

hem
ourlet

flat end pin
pointe plate

shutters
persiennes

roll-up blind
store à enroulement manuel

Venetian blind
store vénitien

tilt tube
tube d'orientation des lames

drum
tambour

cradle
berceau

headrail
caisson

lift cord lock
blocage du cordon de tirage

worm gear
engrenage à vis sans fin

slat
lamelle

equalizing buckle
boucle de réglage

tilt cord
cordon d'orientation

tape
ruban

lift cord
cordon de tirage

HOUSE FURNITURE
AMEUBLEMENT DE LA MAISON

lights
luminaires

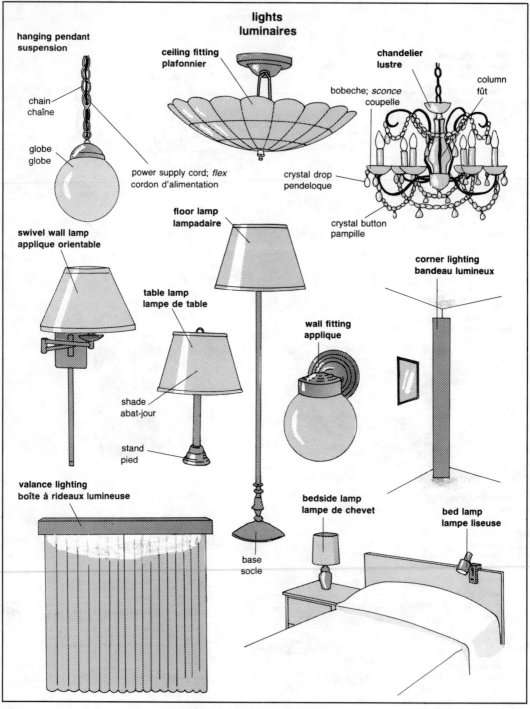

hanging pendant
suspension

chain
chaîne

globe
globe

ceiling fitting
plafonnier

power supply cord; *flex*
cordon d'alimentation

chandelier
lustre

column
fût

bobeche; *sconce*
coupelle

crystal drop
pendeloque

crystal button
pampille

corner lighting
bandeau lumineux

swivel wall lamp
applique orientable

floor lamp
lampadaire

table lamp
lampe de table

wall fitting
applique

shade
abat-jour

stand
pied

valance lighting
boîte à rideaux lumineuse

bedside lamp
lampe de chevet

bed lamp
lampe liseuse

base
socle

lights
luminaires

strip light
rampe d'éclairage

track lighting
rail d'éclairage

conductor
conducteur électrique

bar frame
gouttière

drop light
baladeuse

hook
crochet

reflector
réflecteur

spot
spot

post lantern
lanterne de pied

wall lantern
lanterne murale

guard
grillage de protection

adjustable lamp
lampe d'architecte

on-off switch
interrupteur marche-arrêt

shade
abat-jour

arm
bras

handle
manche

flashlight; *torch*
lampe de poche

power supply cord; *flex*
cordon d'alimentation

louver; *louvre*
écran-paralume

spring
ressort

desk lamp
lampe de bureau

clamp
pince

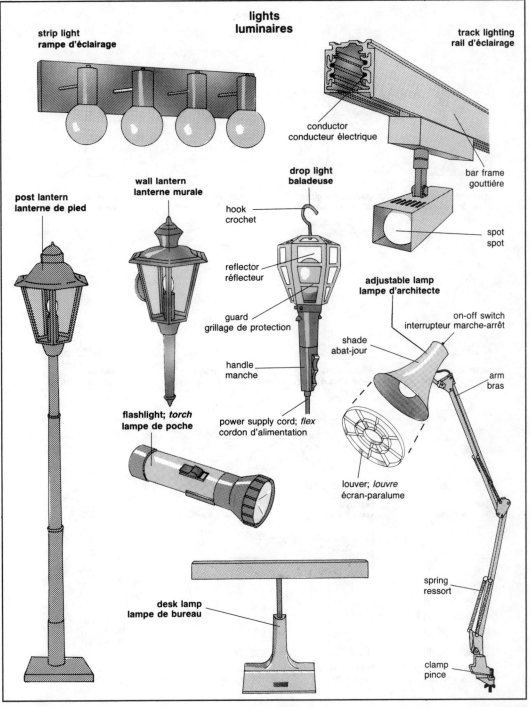

glassware
verres

champagne flute
flûte à champagne

champagne glass
coupe à champagne

bordeaux
verre à bordeaux

burgundy
verre à bourgogne

white wine
verre à vin blanc

Alsace glass
verre à vin d'Alsace

water goblet
verre à eau

cocktail
verre à cocktail

port
verre à porto

brandy
verre à cognac

liqueur
verre à liqueur

old-fashioned; *tumbler*
verre à whisky

highball; *tall tumbler*
verre à gin

beer mug
chope à bière

decanter
carafe

dinnerware
vaisselle

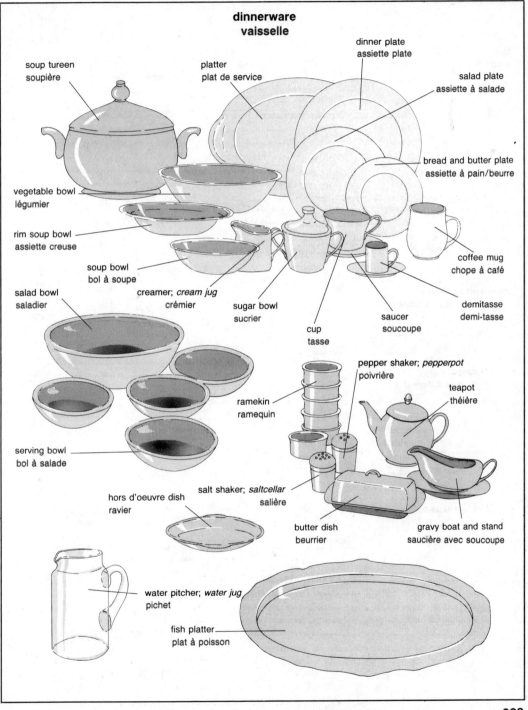

soup tureen
soupière

platter
plat de service

dinner plate
assiette plate

salad plate
assiette à salade

bread and butter plate
assiette à pain/beurre

vegetable bowl
légumier

rim soup bowl
assiette creuse

coffee mug
chope à café

soup bowl
bol à soupe

creamer; *cream jug*
crémier

sugar bowl
sucrier

cup
tasse

saucer
soucoupe

demitasse
demi-tasse

salad bowl
saladier

pepper shaker; *pepperpot*
poivrière

teapot
théière

ramekin
ramequin

serving bowl
bol à salade

salt shaker; *saltcellar*
salière

hors d'oeuvre dish
ravier

butter dish
beurrier

gravy boat and stand
saucière avec soucoupe

water pitcher; *water jug*
pichet

fish platter
plat à poisson

HOUSE FURNITURE
AMEUBLEMENT DE LA MAISON

silverware
couvert

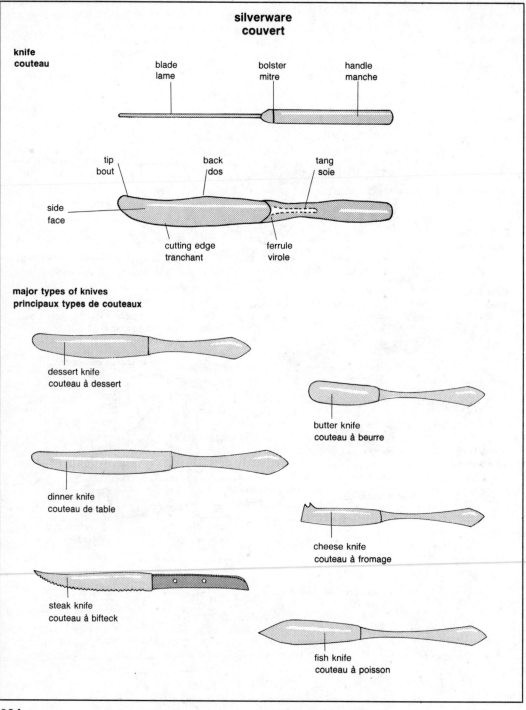

knife
couteau

blade
lame

bolster
mitre

handle
manche

tip
bout

back
dos

tang
soie

side
face

cutting edge
tranchant

ferrule
virole

major types of knives
principaux types de couteaux

dessert knife
couteau à dessert

butter knife
couteau à beurre

dinner knife
couteau de table

cheese knife
couteau à fromage

steak knife
couteau à bifteck

fish knife
couteau à poisson

silverware
couvert

fork
fourchette

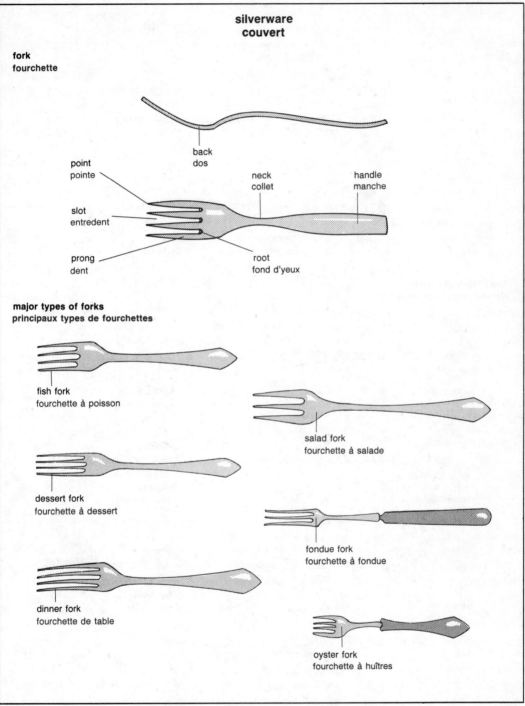

back
dos

point
pointe

neck
collet

handle
manche

slot
entredent

prong
dent

root
fond d'yeux

major types of forks
principaux types de fourchettes

fish fork
fourchette à poisson

salad fork
fourchette à salade

dessert fork
fourchette à dessert

fondue fork
fourchette à fondue

dinner fork
fourchette de table

oyster fork
fourchette à huîtres

225

HOUSE FURNITURE
AMEUBLEMENT DE LA MAISON

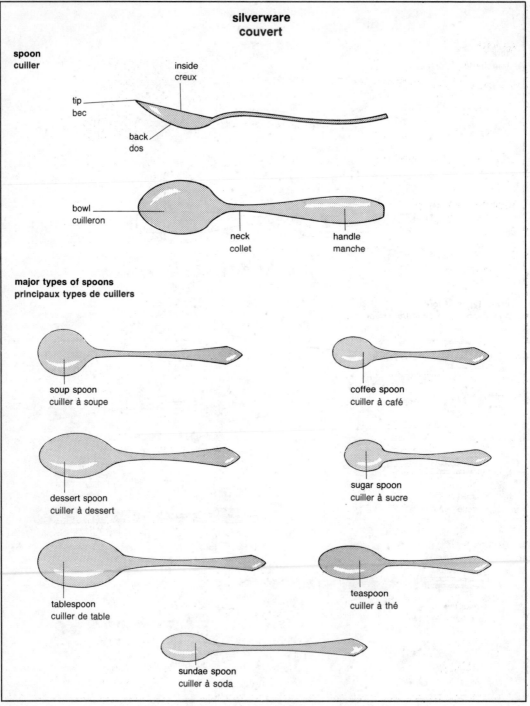

silverware
couvert

spoon
cuiller

inside
creux

tip
bec

back
dos

bowl
cuilleron

neck
collet

handle
manche

major types of spoons
principaux types de cuillers

soup spoon
cuiller à soupe

coffee spoon
cuiller à café

dessert spoon
cuiller à dessert

sugar spoon
cuiller à sucre

tablespoon
cuiller de table

teaspoon
cuiller à thé

sundae spoon
cuiller à soda

kitchen utensils
ustensiles de cuisine

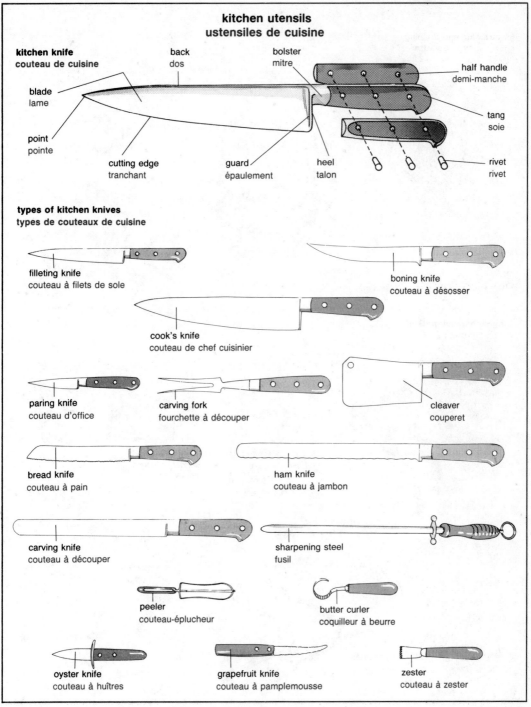

kitchen knife
couteau de cuisine

back
dos

bolster
mitre

half handle
demi-manche

blade
lame

tang
soie

point
pointe

cutting edge
tranchant

guard
épaulement

heel
talon

rivet
rivet

types of kitchen knives
types de couteaux de cuisine

filleting knife
couteau à filets de sole

boning knife
couteau à désosser

cook's knife
couteau de chef cuisinier

paring knife
couteau d'office

carving fork
fourchette à découper

cleaver
couperet

bread knife
couteau à pain

ham knife
couteau à jambon

carving knife
couteau à découper

sharpening steel
fusil

peeler
couteau-éplucheur

butter curler
coquilleur à beurre

oyster knife
couteau à huîtres

grapefruit knife
couteau à pamplemousse

zester
couteau à zester

HOUSE FURNITURE
AMEUBLEMENT DE LA MAISON

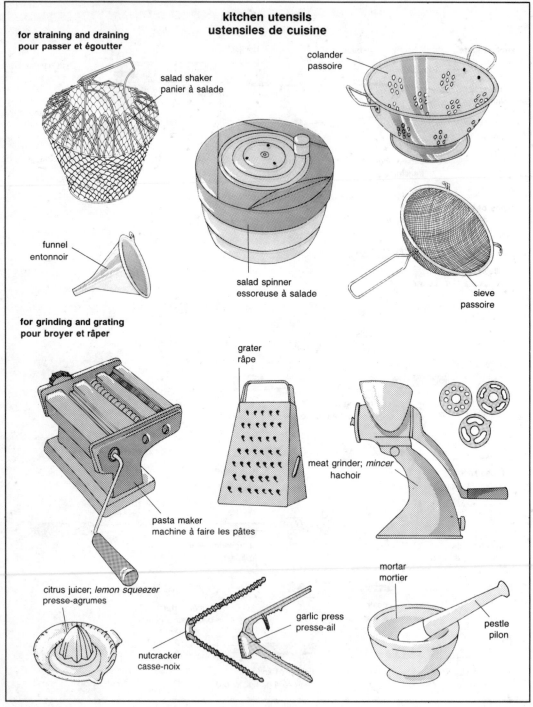

kitchen utensils
ustensiles de cuisine

for straining and draining
pour passer et égoutter

salad shaker
panier à salade

colander
passoire

funnel
entonnoir

salad spinner
essoreuse à salade

sieve
passoire

for grinding and grating
pour broyer et râper

grater
râpe

meat grinder; *mincer*
hachoir

pasta maker
machine à faire les pâtes

mortar
mortier

citrus juicer; *lemon squeezer*
presse-agrumes

garlic press
presse-ail

pestle
pilon

nutcracker
casse-noix

kitchen utensils
ustensiles de cuisine

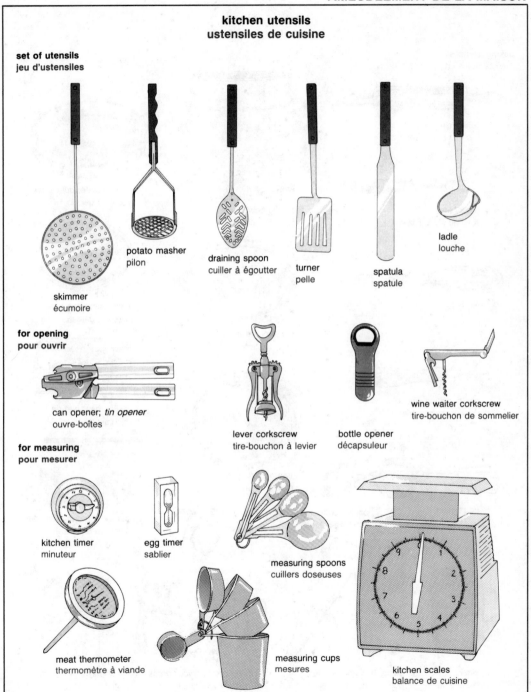

set of utensils
jeu d'ustensiles

potato masher
pilon

draining spoon
cuiller à égoutter

turner
pelle

spatula
spatule

ladle
louche

skimmer
écumoire

for opening
pour ouvrir

can opener; *tin opener*
ouvre-boîtes

lever corkscrew
tire-bouchon à levier

bottle opener
décapsuleur

wine waiter corkscrew
tire-bouchon de sommelier

for measuring
pour mesurer

kitchen timer
minuteur

egg timer
sablier

measuring spoons
cuillers doseuses

meat thermometer
thermomètre à viande

measuring cups
mesures

kitchen scales
balance de cuisine

kitchen utensils
ustensiles de cuisine

baking utensils
pour la pâtisserie

rolling pin
rouleau à pâtisserie

pastry brush
pinceau à pâtisserie

whisk
fouet

pastry cutting wheel
roulette de pâtissier

egg beater
batteur à œufs

mixing bowls
bols à mélanger

pie pan; *pie tin*
moule à tarte

flan pan; *flan tin*
moule à flan

cookie cutters; *biscuit cutters*
emporte-pièces

quiche plate; *quiche tin*
moule à quiche

cake pan; *cake tin*
moule à gâteau

muffin pan; *bun tin*
moule à muffins

cookie sheet; *biscuit sheet*
plaque à biscuits

sifter
tamis à farine

pastry bag and nozzles
poche à douilles

cookie press; *biscuit press*
presse à biscuits

icing syringe
piston à décorer

kitchen utensils
ustensiles de cuisine

miscellaneous utensils
ustensiles divers

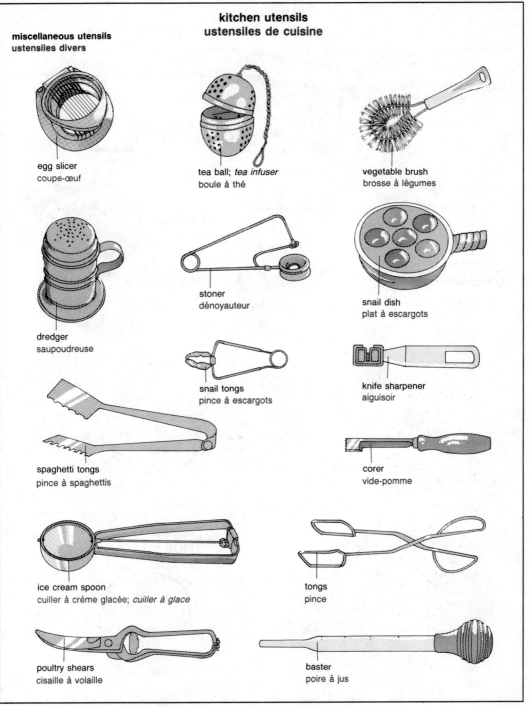

egg slicer
coupe-œuf

tea ball; *tea infuser*
boule à thé

vegetable brush
brosse à légumes

dredger
saupoudreuse

stoner
dénoyauteur

snail dish
plat à escargots

snail tongs
pince à escargots

knife sharpener
aiguisoir

spaghetti tongs
pince à spaghettis

corer
vide-pomme

ice cream spoon
cuiller à crème glacée; *cuiller à glace*

tongs
pince

poultry shears
cisaille à volaille

baster
poire à jus

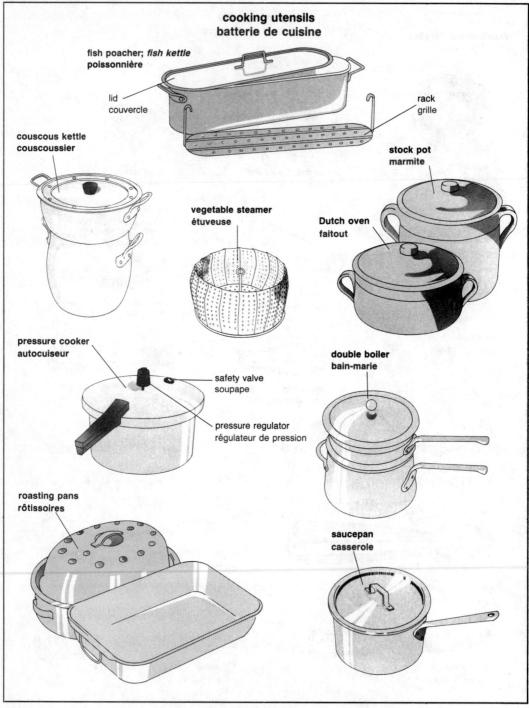

cooking utensils
batterie de cuisine

fish poacher; *fish kettle*
poissonnière

lid
couvercle

rack
grille

couscous kettle
couscoussier

vegetable steamer
étuveuse

stock pot
marmite

Dutch oven
faitout

pressure cooker
autocuiseur

safety valve
soupape

pressure regulator
régulateur de pression

double boiler
bain-marie

roasting pans
rôtissoires

saucepan
casserole

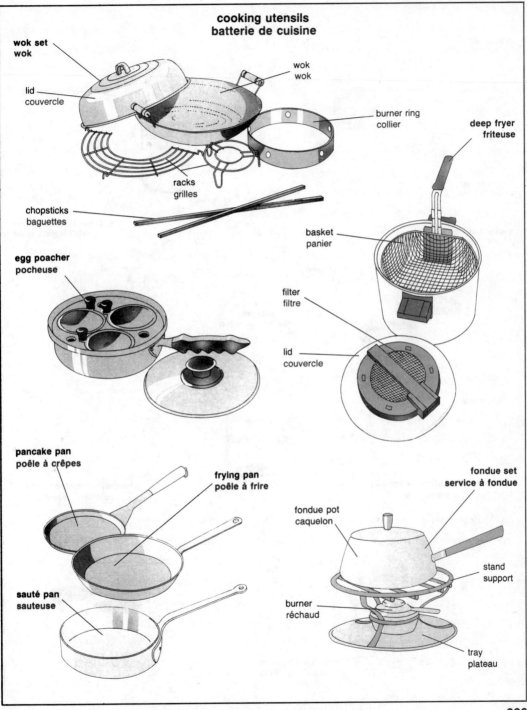

cooking utensils
batterie de cuisine

wok set
wok

wok
wok

lid
couvercle

burner ring
collier

deep fryer
friteuse

racks
grilles

basket
panier

chopsticks
baguettes

egg poacher
pocheuse

filter
filtre

lid
couvercle

pancake pan
poêle à crêpes

frying pan
poêle à frire

fondue set
service à fondue

fondue pot
caquelon

stand
support

sauté pan
sauteuse

burner
réchaud

tray
plateau

coffee makers
cafetières

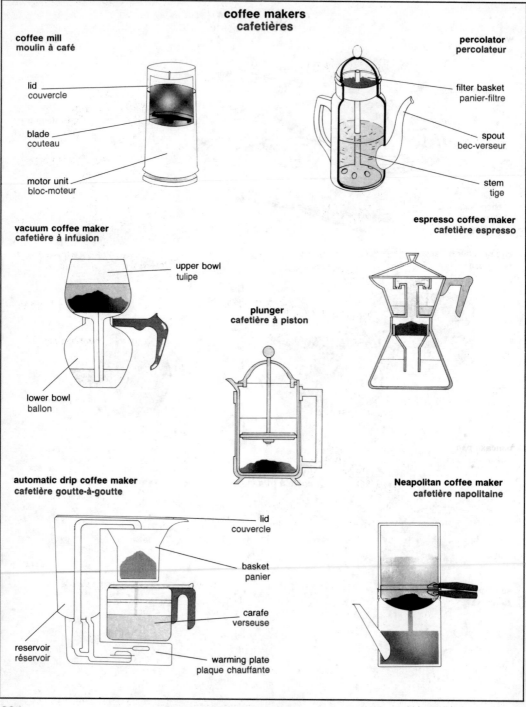

coffee mill
moulin à café

lid
couvercle

blade
couteau

motor unit
bloc-moteur

percolator
percolateur

filter basket
panier-filtre

spout
bec-verseur

stem
tige

vacuum coffee maker
cafetière à infusion

upper bowl
tulipe

lower bowl
ballon

plunger
cafetière à piston

espresso coffee maker
cafetière espresso

automatic drip coffee maker
cafetière goutte-à-goutte

lid
couvercle

basket
panier

carafe
verseuse

reservoir
réservoir

warming plate
plaque chauffante

Neapolitan coffee maker
cafetière napolitaine

domestic appliances
appareils électroménagers

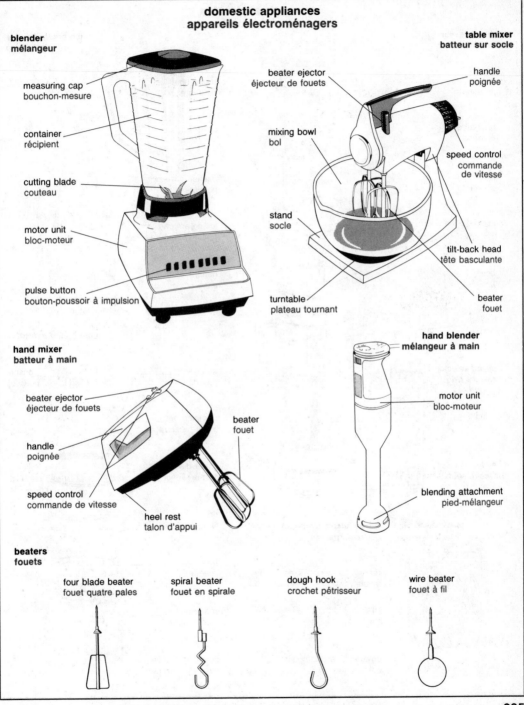

blender
mélangeur

measuring cap
bouchon-mesure

container
récipient

cutting blade
couteau

motor unit
bloc-moteur

pulse button
bouton-poussoir à impulsion

table mixer
batteur sur socle

beater ejector
éjecteur de fouets

handle
poignée

mixing bowl
bol

speed control
commande
de vitesse

stand
socle

tilt-back head
tête basculante

turntable
plateau tournant

beater
fouet

hand mixer
batteur à main

beater ejector
éjecteur de fouets

beater
fouet

handle
poignée

speed control
commande de vitesse

heel rest
talon d'appui

hand blender
mélangeur à main

motor unit
bloc-moteur

blending attachment
pied-mélangeur

beaters
fouets

four blade beater
fouet quatre pales

spiral beater
fouet en spirale

dough hook
crochet pétrisseur

wire beater
fouet à fil

domestic appliances
appareils électroménagers

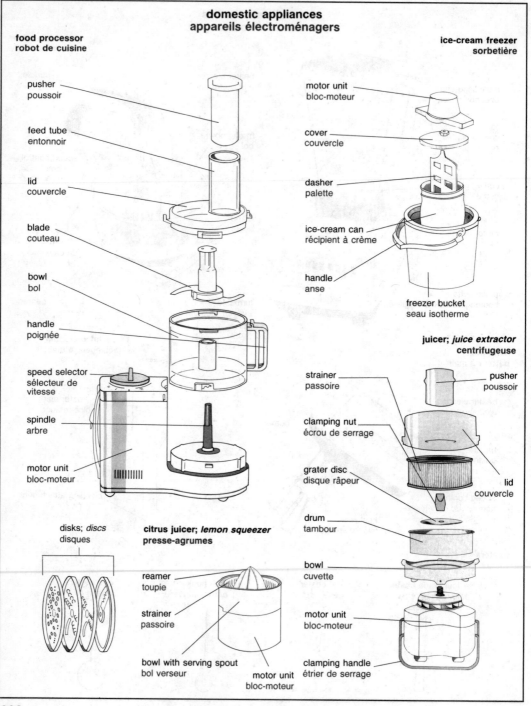

food processor
robot de cuisine

pusher
poussoir

feed tube
entonnoir

lid
couvercle

blade
couteau

bowl
bol

handle
poignée

speed selector
sélecteur de
vitesse

spindle
arbre

motor unit
bloc-moteur

disks; *discs*
disques

citrus juicer; *lemon squeezer*
presse-agrumes

reamer
toupie

strainer
passoire

bowl with serving spout
bol verseur

motor unit
bloc-moteur

ice-cream freezer
sorbetière

motor unit
bloc-moteur

cover
couvercle

dasher
palette

ice-cream can
récipient à crème

handle
anse

freezer bucket
seau isotherme

juicer; *juice extractor*
centrifugeuse

strainer
passoire

pusher
poussoir

clamping nut
écrou de serrage

grater disc
disque râpeur

lid
couvercle

drum
tambour

bowl
cuvette

motor unit
bloc-moteur

clamping handle
étrier de serrage

domestic appliances
appareils électroménagers

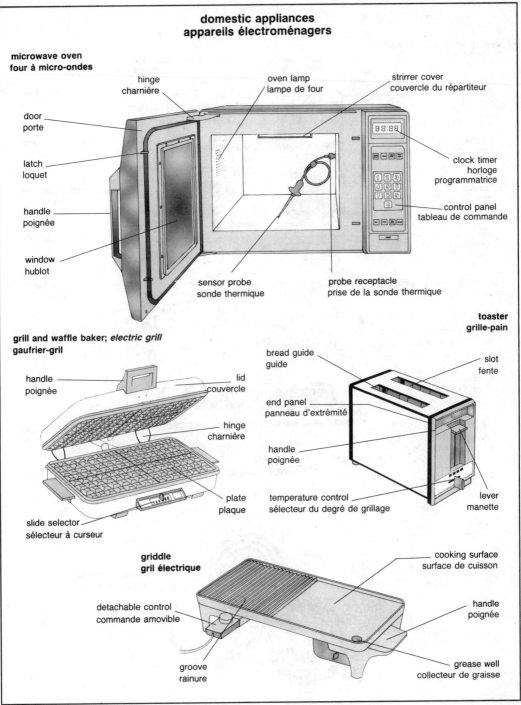

microwave oven
four à micro-ondes

hinge
charnière

oven lamp
lampe de four

strirrer cover
couvercle du répartiteur

door
porte

latch
loquet

handle
poignée

window
hublot

clock timer
horloge
programmatrice

control panel
tableau de commande

sensor probe
sonde thermique

probe receptacle
prise de la sonde thermique

toaster
grille-pain

grill and waffle baker; *electric grill*
gaufrier-gril

handle
poignée

lid
couvercle

hinge
charnière

plate
plaque

slide selector
sélecteur à curseur

bread guide
guide

slot
fente

end panel
panneau d'extrémité

handle
poignée

temperature control
sélecteur du degré de grillage

lever
manette

griddle
gril électrique

cooking surface
surface de cuisson

handle
poignée

detachable control
commande amovible

groove
rainure

grease well
collecteur de graisse

237

HOUSE FURNITURE
AMEUBLEMENT DE LA MAISON

domestic appliances
appareils électroménagers

electric range; *electric cooker*
cuisinière électrique

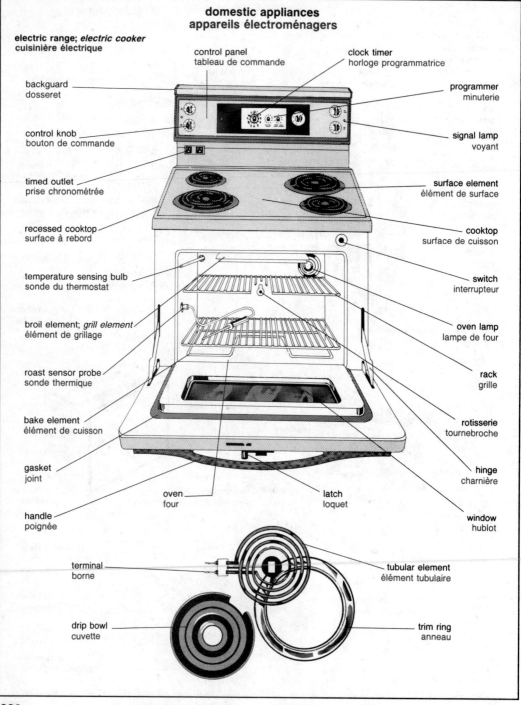

control panel
tableau de commande

clock timer
horloge programmatrice

backguard
dosseret

programmer
minuterie

control knob
bouton de commande

signal lamp
voyant

timed outlet
prise chronométrée

surface element
élément de surface

recessed cooktop
surface à rebord

cooktop
surface de cuisson

temperature sensing bulb
sonde du thermostat

switch
interrupteur

broil element; *grill element*
élément de grillage

oven lamp
lampe de four

roast sensor probe
sonde thermique

rack
grille

bake element
élément de cuisson

rotisserie
tournebroche

gasket
joint

hinge
charnière

oven
four

latch
loquet

handle
poignée

window
hublot

terminal
borne

tubular element
élément tubulaire

drip bowl
cuvette

trim ring
anneau

domestic appliances
appareils électroménagers

frost-free refrigerator
réfrigérateur sans givre

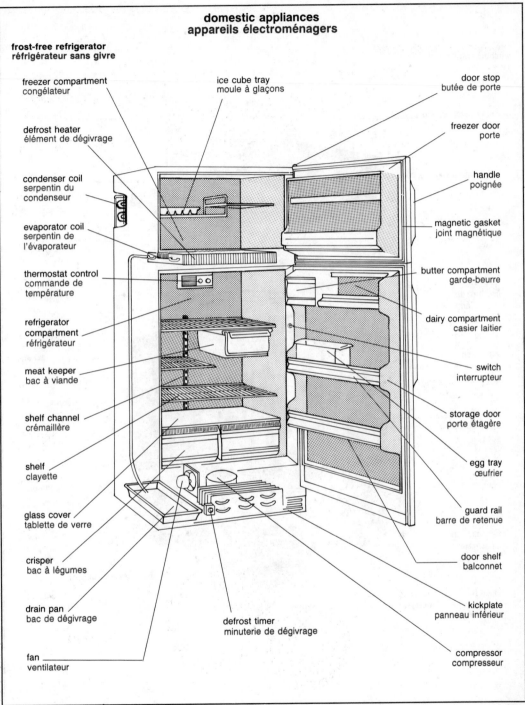

freezer compartment
congélateur

ice cube tray
moule à glaçons

door stop
butée de porte

defrost heater
élément de dégivrage

freezer door
porte

condenser coil
serpentin du
condenseur

handle
poignée

evaporator coil
serpentin de
l'évaporateur

magnetic gasket
joint magnétique

thermostat control
commande de
température

butter compartment
garde-beurre

refrigerator
compartment
réfrigérateur

dairy compartment
casier laitier

meat keeper
bac à viande

switch
interrupteur

shelf channel
crémaillère

storage door
porte étagère

shelf
clayette

egg tray
œufrier

glass cover
tablette de verre

guard rail
barre de retenue

crisper
bac à légumes

door shelf
balconnet

drain pan
bac de dégivrage

defrost timer
minuterie de dégivrage

kickplate
panneau inférieur

fan
ventilateur

compressor
compresseur

domestic appliances
appareils électroménagers

washer; *washing machine*
lave-linge

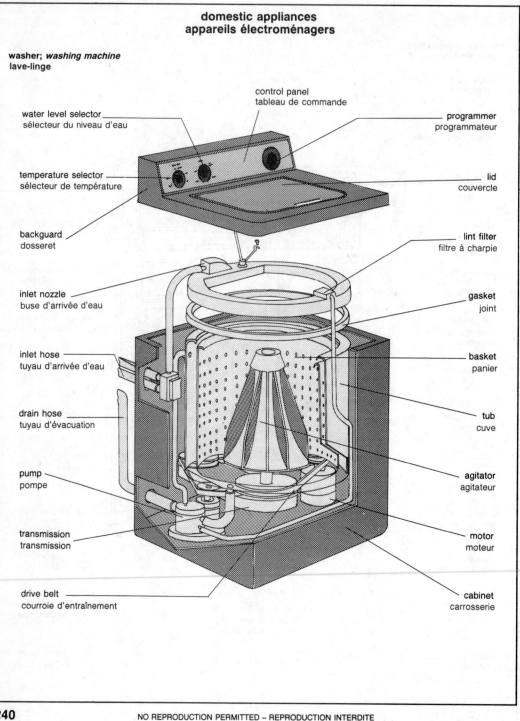

control panel
tableau de commande

water level selector
sélecteur du niveau d'eau

programmer
programmateur

temperature selector
sélecteur de température

lid
couvercle

backguard
dosseret

lint filter
filtre à charpie

inlet nozzle
buse d'arrivée d'eau

gasket
joint

inlet hose
tuyau d'arrivée d'eau

basket
panier

drain hose
tuyau d'évacuation

tub
cuve

pump
pompe

agitator
agitateur

transmission
transmission

motor
moteur

drive belt
courroie d'entraînement

cabinet
carrosserie

domestic appliances
appareils électroménagers

dryer; *tumble dryer*
sécheuse

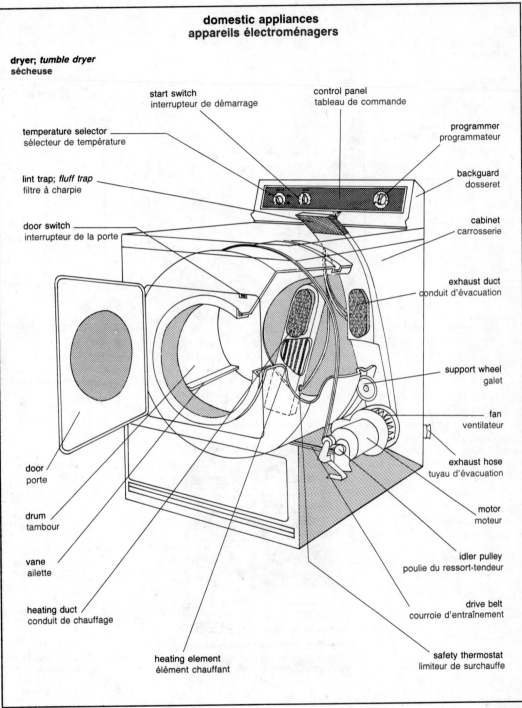

start switch
interrupteur de démarrage

control panel
tableau de commande

programmer
programmateur

temperature selector
sélecteur de température

backguard
dosseret

lint trap; *fluff trap*
filtre à charpie

cabinet
carrosserie

door switch
interrupteur de la porte

exhaust duct
conduit d'évacuation

support wheel
galet

fan
ventilateur

door
porte

exhaust hose
tuyau d'évacuation

drum
tambour

motor
moteur

vane
ailette

idler pulley
poulie du ressort-tendeur

heating duct
conduit de chauffage

drive belt
courroie d'entraînement

heating element
élément chauffant

safety thermostat
limiteur de surchauffe

domestic appliances
appareils électroménagers

dishwasher
lave-vaisselle

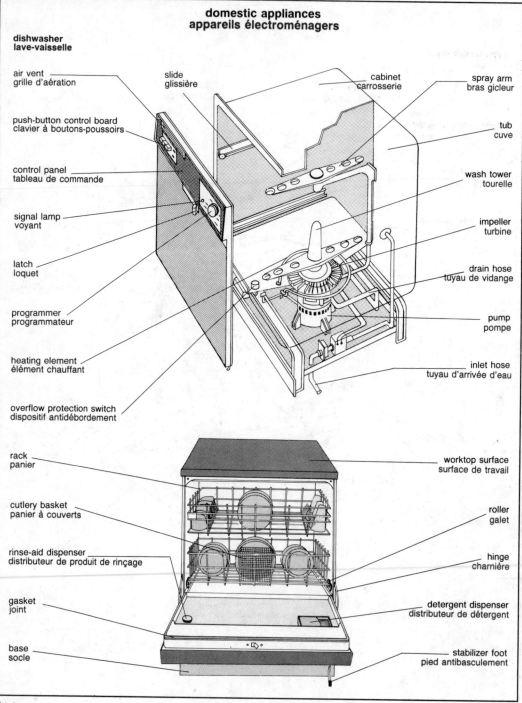

air vent
grille d'aération

slide
glissière

cabinet
carrosserie

spray arm
bras gicleur

push-button control board
clavier à boutons-poussoirs

tub
cuve

control panel
tableau de commande

wash tower
tourelle

signal lamp
voyant

impeller
turbine

latch
loquet

drain hose
tuyau de vidange

programmer
programmateur

pump
pompe

heating element
élément chauffant

inlet hose
tuyau d'arrivée d'eau

overflow protection switch
dispositif antidébordement

rack
panier

worktop surface
surface de travail

cutlery basket
panier à couverts

roller
galet

rinse-aid dispenser
distributeur de produit de rinçage

hinge
charnière

gasket
joint

detergent dispenser
distributeur de détergent

base
socle

stabilizer foot
pied antibasculement

domestic appliances
appareils électroménagers

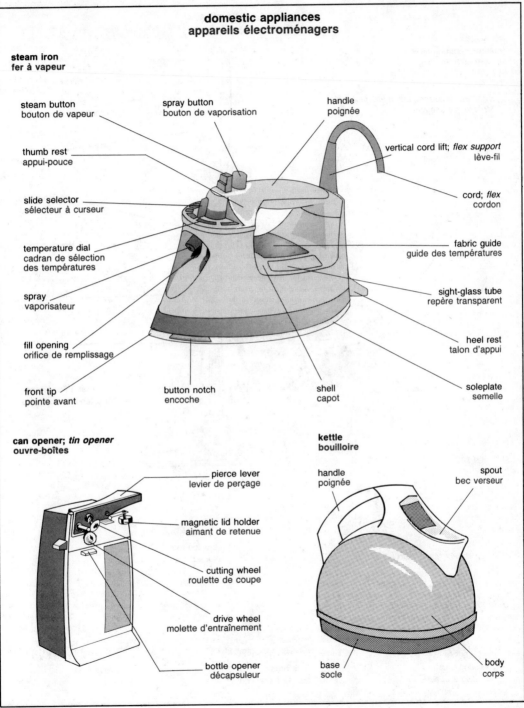

steam iron
fer à vapeur

steam button
bouton de vapeur

spray button
bouton de vaporisation

handle
poignée

vertical cord lift; *flex support*
lève-fil

thumb rest
appui-pouce

cord; *flex*
cordon

slide selector
sélecteur à curseur

temperature dial
cadran de sélection
des températures

fabric guide
guide des températures

sight-glass tube
repère transparent

spray
vaporisateur

heel rest
talon d'appui

fill opening
orifice de remplissage

front tip
pointe avant

button notch
encoche

shell
capot

soleplate
semelle

can opener; *tin opener*
ouvre-boîtes

pierce lever
levier de perçage

magnetic lid holder
aimant de retenue

cutting wheel
roulette de coupe

drive wheel
molette d'entraînement

bottle opener
décapsuleur

kettle
bouilloire

handle
poignée

spout
bec verseur

base
socle

body
corps

HOUSE FURNITURE
AMEUBLEMENT DE LA MAISON

domestic appliances
appareils électroménagers

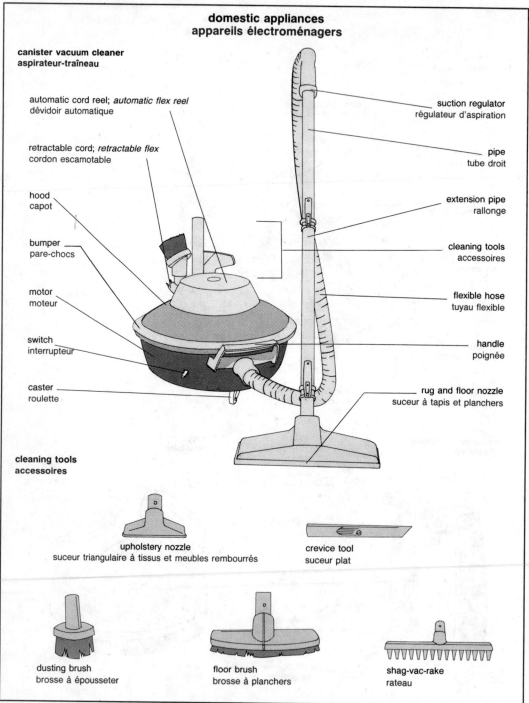

canister vacuum cleaner
aspirateur-traîneau

automatic cord reel; *automatic flex reel*
dévidoir automatique

retractable cord; *retractable flex*
cordon escamotable

hood
capot

bumper
pare-chocs

motor
moteur

switch
interrupteur

caster
roulette

suction regulator
régulateur d'aspiration

pipe
tube droit

extension pipe
rallonge

cleaning tools
accessoires

flexible hose
tuyau flexible

handle
poignée

rug and floor nozzle
suceur à tapis et planchers

cleaning tools
accessoires

upholstery nozzle
suceur triangulaire à tissus et meubles rembourrés

crevice tool
suceur plat

dusting brush
brosse à épousseter

floor brush
brosse à planchers

shag-vac-rake
rateau

244

GARDENING

JARDINAGE

pleasure garden
jardin d'agrément

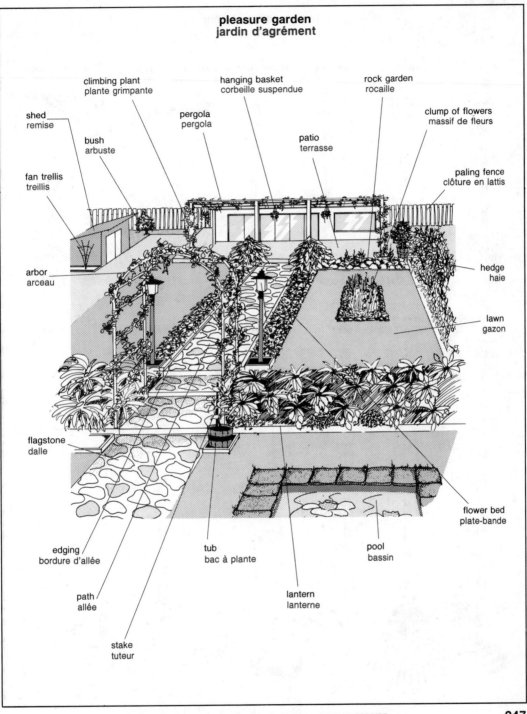

climbing plant
plante grimpante

hanging basket
corbeille suspendue

rock garden
rocaille

shed
remise

pergola
pergola

clump of flowers
massif de fleurs

bush
arbuste

patio
terrasse

fan trellis
treillis

paling fence
clôture en lattis

arbor
arceau

hedge
haie

lawn
gazon

flagstone
dalle

flower bed
plate-bande

edging
bordure d'allée

tub
bac à plante

pool
bassin

path
allée

lantern
lanterne

stake
tuteur

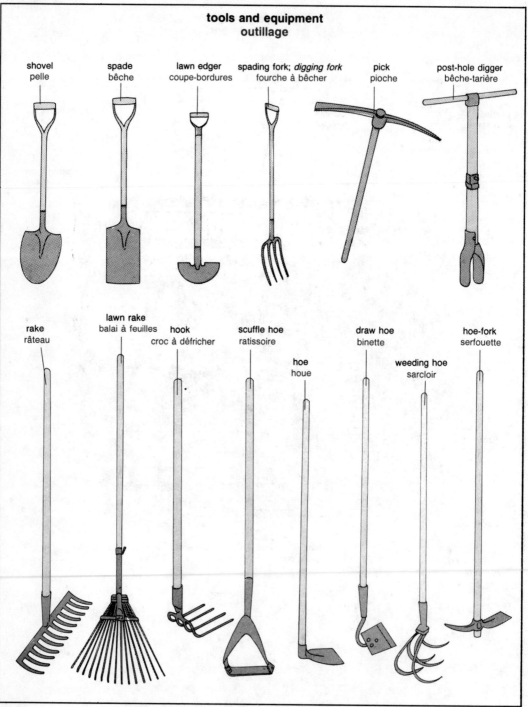

tools and equipment
outillage

shovel
pelle

spade
bêche

lawn edger
coupe-bordures

spading fork; *digging fork*
fourche à bêcher

pick
pioche

post-hole digger
bêche-tarière

rake
râteau

lawn rake
balai à feuilles

hook
croc à défricher

scuffle hoe
ratissoire

hoe
houe

draw hoe
binette

weeding hoe
sarcloir

hoe-fork
serfouette

tools and equipment
outillage

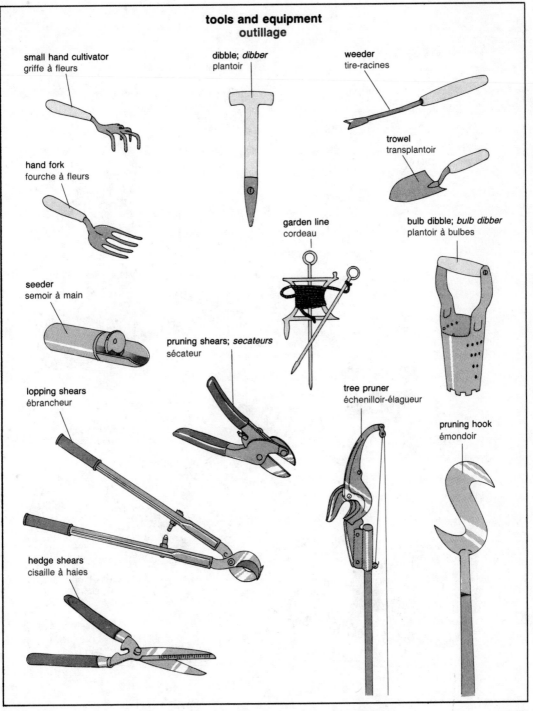

small hand cultivator
griffe à fleurs

dibble; *dibber*
plantoir

weeder
tire-racines

hand fork
fourche à fleurs

trowel
transplantoir

garden line
cordeau

bulb dibble; *bulb dibber*
plantoir à bulbes

seeder
semoir à main

pruning shears; *secateurs*
sécateur

lopping shears
ébrancheur

tree pruner
échenilloir-élagueur

pruning hook
émondoir

hedge shears
cisaille à haies

tools and equipment
outillage

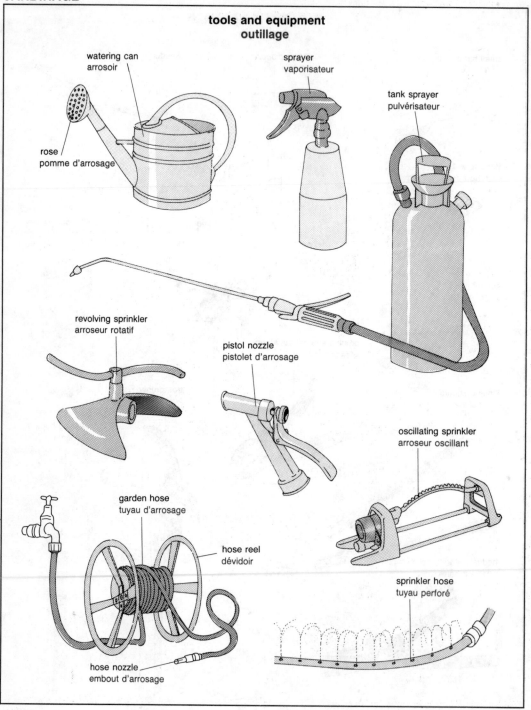

watering can
arrosoir

sprayer
vaporisateur

tank sprayer
pulvérisateur

rose
pomme d'arrosage

revolving sprinkler
arroseur rotatif

pistol nozzle
pistolet d'arrosage

oscillating sprinkler
arroseur oscillant

garden hose
tuyau d'arrosage

hose reel
dévidoir

sprinkler hose
tuyau perforé

hose nozzle
embout d'arrosage

tools and equipment
outillage

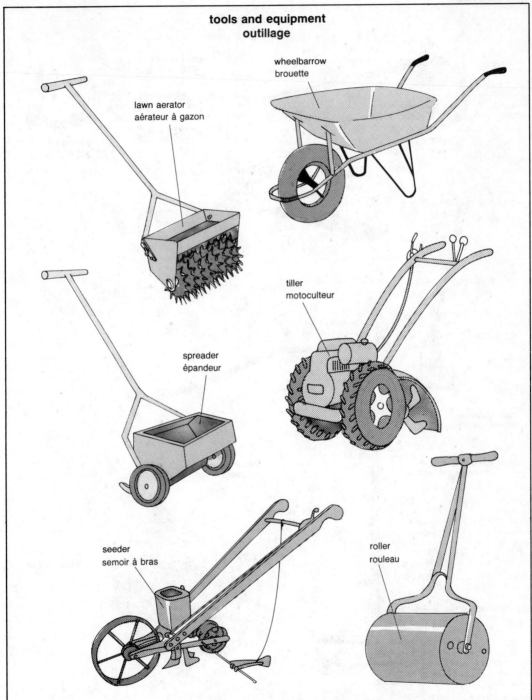

wheelbarrow
brouette

lawn aerator
aérateur à gazon

tiller
motoculteur

spreader
épandeur

seeder
semoir à bras

roller
rouleau

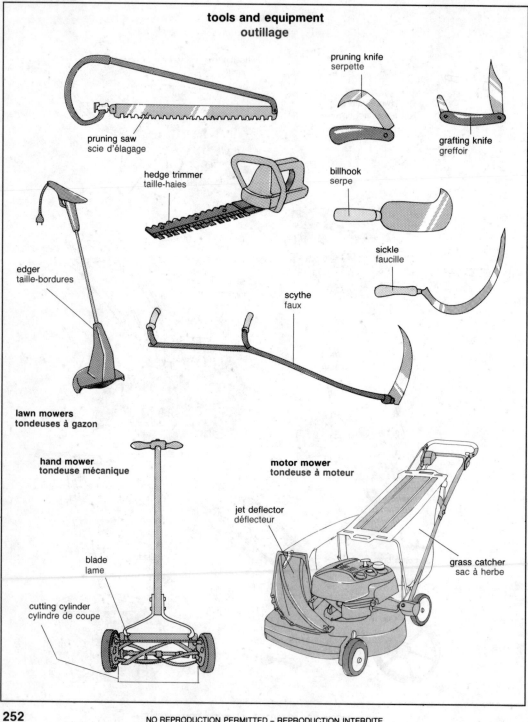

tools and equipment
outillage

pruning knife
serpette

grafting knife
greffoir

pruning saw
scie d'élagage

hedge trimmer
taille-haies

billhook
serpe

edger
taille-bordures

sickle
faucille

scythe
faux

lawn mowers
tondeuses à gazon

hand mower
tondeuse mécanique

motor mower
tondeuse à moteur

jet deflector
déflecteur

grass catcher
sac à herbe

blade
lame

cutting cylinder
cylindre de coupe

chainsaw
scie à chaîne

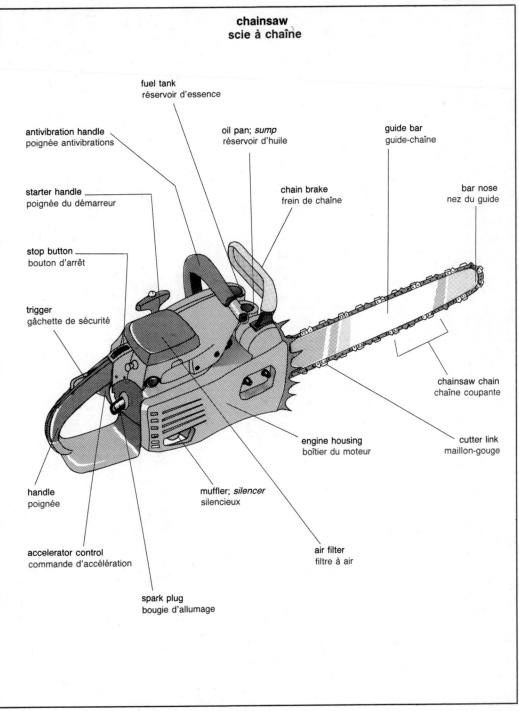

fuel tank
réservoir d'essence

antivibration handle
poignée antivibrations

oil pan; *sump*
réservoir d'huile

guide bar
guide-chaîne

starter handle
poignée du démarreur

chain brake
frein de chaîne

bar nose
nez du guide

stop button
bouton d'arrêt

trigger
gâchette de sécurité

chainsaw chain
chaîne coupante

handle
poignée

muffler; *silencer*
silencieux

engine housing
boîtier du moteur

cutter link
maillon-gouge

accelerator control
commande d'accélération

air filter
filtre à air

spark plug
bougie d'allumage

DO-IT-YOURSELF

BRICOLAGE

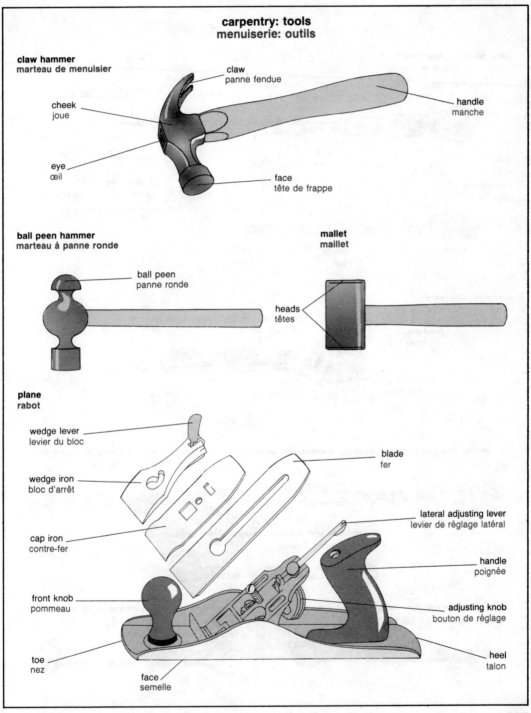

carpentry: tools
menuiserie: outils

claw hammer
marteau de menuisier

claw
panne fendue

cheek
joue

handle
manche

eye
œil

face
tête de frappe

ball peen hammer
marteau à panne ronde

mallet
maillet

ball peen
panne ronde

heads
têtes

plane
rabot

wedge lever
levier du bloc

blade
fer

wedge iron
bloc d'arrêt

lateral adjusting lever
levier de réglage latéral

cap iron
contre-fer

handle
poignée

front knob
pommeau

adjusting knob
bouton de réglage

toe
nez

heel
talon

face
semelle

carpentry: tools
menuiserie: outils

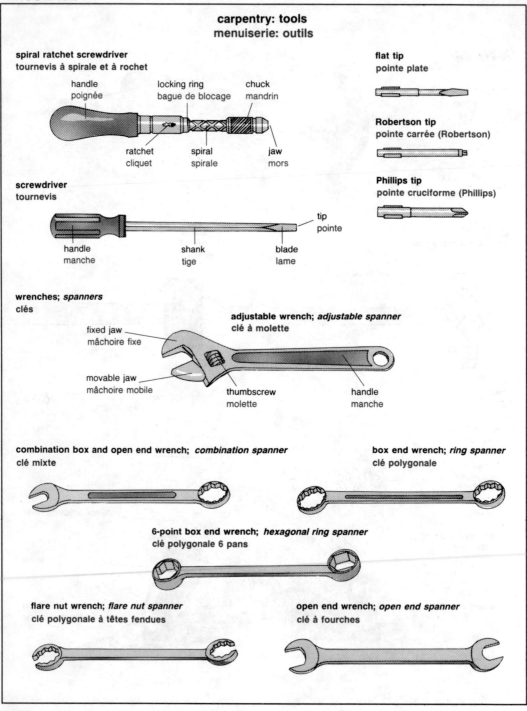

spiral ratchet screwdriver
tournevis à spirale et à rochet

handle
poignée

locking ring
bague de blocage

chuck
mandrin

ratchet
cliquet

spiral
spirale

jaw
mors

flat tip
pointe plate

Robertson tip
pointe carrée (Robertson)

Phillips tip
pointe cruciforme (Phillips)

screwdriver
tournevis

tip
pointe

handle
manche

shank
tige

blade
lame

wrenches; *spanners*
clés

adjustable wrench; *adjustable spanner*
clé à molette

fixed jaw
mâchoire fixe

movable jaw
mâchoire mobile

thumbscrew
molette

handle
manche

combination box and open end wrench; *combination spanner*
clé mixte

box end wrench; *ring spanner*
clé polygonale

6-point box end wrench; *hexagonal ring spanner*
clé polygonale 6 pans

flare nut wrench; *flare nut spanner*
clé polygonale à têtes fendues

open end wrench; *open end spanner*
clé à fourches

carpentry: tools
menuiserie: outils

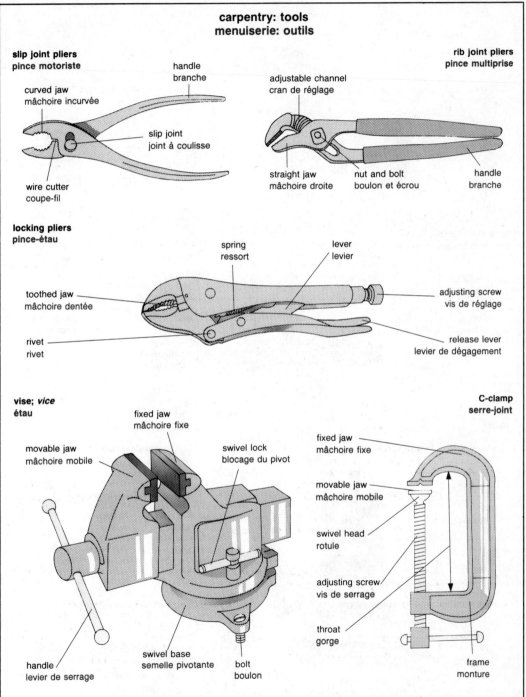

slip joint pliers
pince motoriste

handle
branche

curved jaw
mâchoire incurvée

slip joint
joint à coulisse

wire cutter
coupe-fil

rib joint pliers
pince multiprise

adjustable channel
cran de réglage

straight jaw
mâchoire droite

nut and bolt
boulon et écrou

handle
branche

locking pliers
pince-étau

spring
ressort

lever
levier

toothed jaw
mâchoire dentée

adjusting screw
vis de réglage

rivet
rivet

release lever
levier de dégagement

vise; *vice*
étau

fixed jaw
mâchoire fixe

movable jaw
mâchoire mobile

swivel lock
blocage du pivot

handle
levier de serrage

swivel base
semelle pivotante

bolt
boulon

C-clamp
serre-joint

fixed jaw
mâchoire fixe

movable jaw
mâchoire mobile

swivel head
rotule

adjusting screw
vis de serrage

throat
gorge

frame
monture

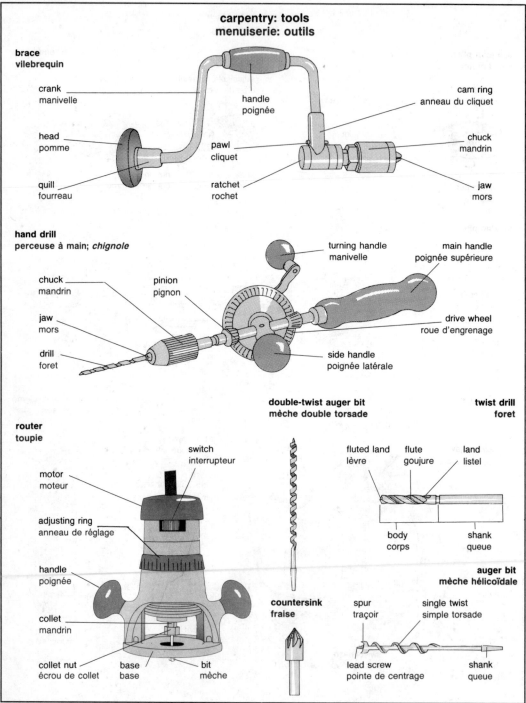

carpentry: tools
menuiserie: outils

brace
vilebrequin

crank
manivelle

handle
poignée

cam ring
anneau du cliquet

head
pomme

pawl
cliquet

chuck
mandrin

quill
fourreau

ratchet
rochet

jaw
mors

hand drill
perceuse à main; *chignole*

turning handle
manivelle

main handle
poignée supérieure

chuck
mandrin

pinion
pignon

jaw
mors

drive wheel
roue d'engrenage

drill
foret

side handle
poignée latérale

double-twist auger bit
mèche double torsade

twist drill
foret

router
toupie

switch
interrupteur

fluted land
lèvre

flute
goujure

land
listel

motor
moteur

adjusting ring
anneau de réglage

body
corps

shank
queue

handle
poignée

auger bit
mèche hélicoïdale

collet
mandrin

countersink
fraise

spur
traçoir

single twist
simple torsade

collet nut
écrou de collet

base
base

bit
mèche

lead screw
pointe de centrage

shank
queue

carpentry: tools
menuiserie: outils

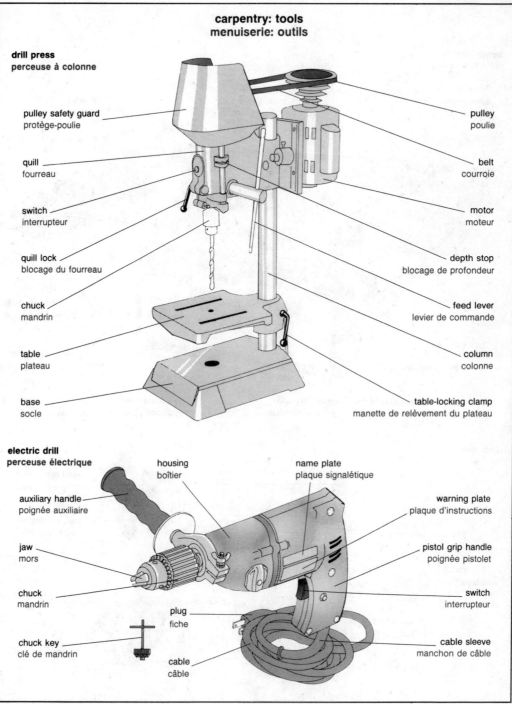

drill press
perceuse à colonne

pulley safety guard
protège-poulie

quill
fourreau

switch
interrupteur

quill lock
blocage du fourreau

chuck
mandrin

table
plateau

base
socle

pulley
poulie

belt
courroie

motor
moteur

depth stop
blocage de profondeur

feed lever
levier de commande

column
colonne

table-locking clamp
manette de relèvement du plateau

electric drill
perceuse électrique

housing
boîtier

name plate
plaque signalétique

auxiliary handle
poignée auxiliaire

jaw
mors

chuck
mandrin

chuck key
clé de mandrin

plug
fiche

cable
câble

warning plate
plaque d'instructions

pistol grip handle
poignée pistolet

switch
interrupteur

cable sleeve
manchon de câble

carpentry: tools
menuiserie: outils

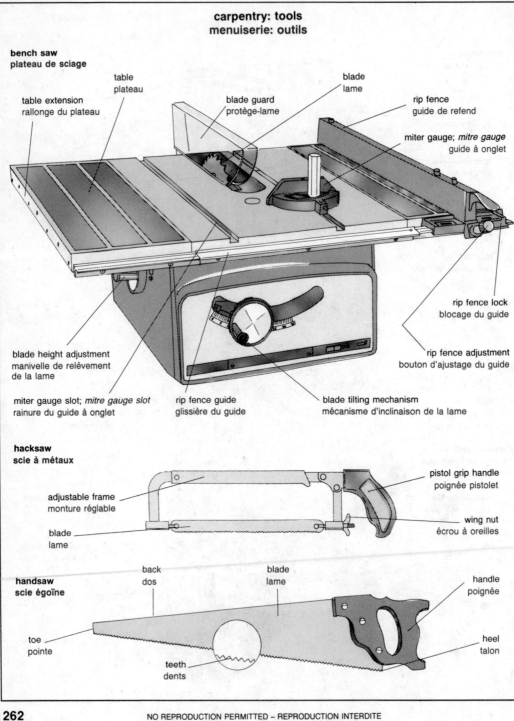

bench saw
plateau de sciage

table
plateau

table extension
rallonge du plateau

blade guard
protège-lame

blade
lame

rip fence
guide de refend

miter gauge; *mitre gauge*
guide à onglet

rip fence lock
blocage du guide

blade height adjustment
manivelle de relèvement
de la lame

rip fence adjustment
bouton d'ajustage du guide

miter gauge slot; *mitre gauge slot*
rainure du guide à onglet

rip fence guide
glissière du guide

blade tilting mechanism
mécanisme d'inclinaison de la lame

hacksaw
scie à métaux

adjustable frame
monture réglable

pistol grip handle
poignée pistolet

blade
lame

wing nut
écrou à oreilles

handsaw
scie égoïne

back
dos

blade
lame

handle
poignée

toe
pointe

teeth
dents

heel
talon

carpentry: tools
menuiserie: outils

circular saw
scie circulaire

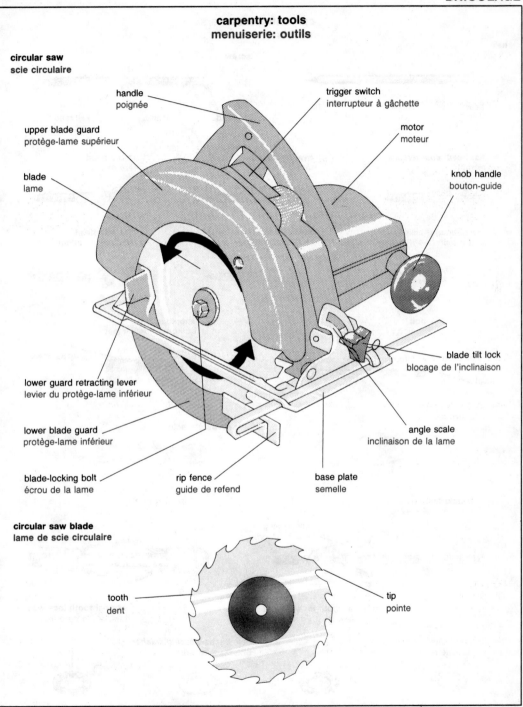

handle
poignée

trigger switch
interrupteur à gâchette

motor
moteur

upper blade guard
protège-lame supérieur

blade
lame

knob handle
bouton-guide

lower guard retracting lever
levier du protège-lame inférieur

blade tilt lock
blocage de l'inclinaison

lower blade guard
protège-lame inférieur

angle scale
inclinaison de la lame

blade-locking bolt
écrou de la lame

rip fence
guide de refend

base plate
semelle

circular saw blade
lame de scie circulaire

tooth
dent

tip
pointe

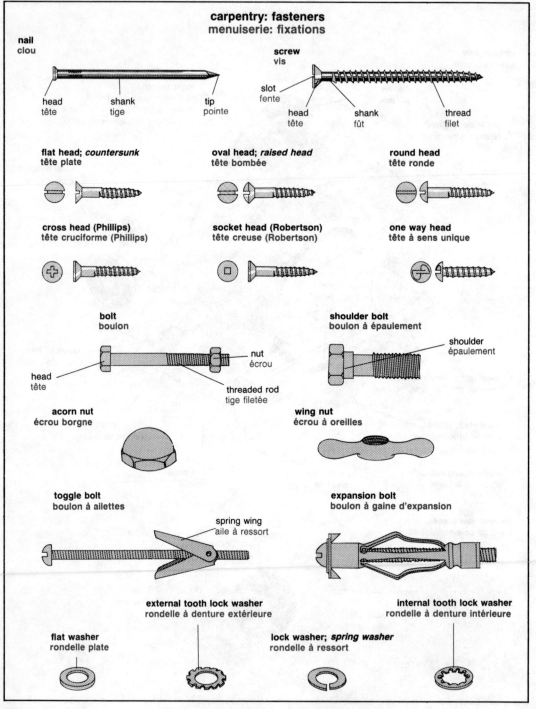

carpentry: fasteners
menuiserie: fixations

nail
clou

head / tête
shank / tige
tip / pointe

screw
vis

slot / fente
head / tête
shank / fût
thread / filet

flat head; *countersunk*
tête plate

oval head; *raised head*
tête bombée

round head
tête ronde

cross head (Phillips)
tête cruciforme (Phillips)

socket head (Robertson)
tête creuse (Robertson)

one way head
tête à sens unique

bolt
boulon

head / tête
nut / écrou
threaded rod / tige filetée

shoulder bolt
boulon à épaulement

shoulder / épaulement

acorn nut
écrou borgne

wing nut
écrou à oreilles

toggle bolt
boulon à ailettes

spring wing / aile à ressort

expansion bolt
boulon à gaine d'expansion

external tooth lock washer
rondelle à denture extérieure

internal tooth lock washer
rondelle à denture intérieure

flat washer
rondelle plate

lock washer; *spring washer*
rondelle à ressort

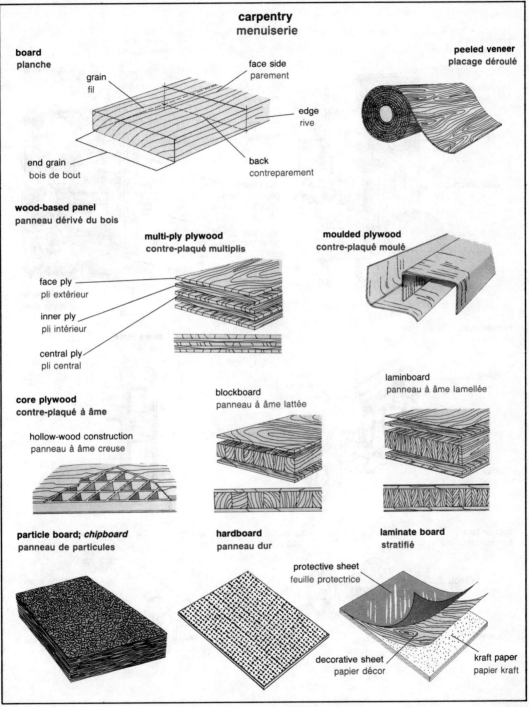

carpentry
menuiserie

board
planche

grain
fil

face side
parement

edge
rive

end grain
bois de bout

back
contreparement

peeled veneer
placage déroulé

wood-based panel
panneau dérivé du bois

multi-ply plywood
contre-plaqué multiplis

face ply
pli extérieur

inner ply
pli intérieur

central ply
pli central

moulded plywood
contre-plaqué moulé

core plywood
contre-plaqué à âme

hollow-wood construction
panneau à âme creuse

blockboard
panneau à âme lattée

laminboard
panneau à âme lamellée

particle board; *chipboard*
panneau de particules

hardboard
panneau dur

laminate board
stratifié

protective sheet
feuille protectrice

decorative sheet
papier décor

kraft paper
papier kraft

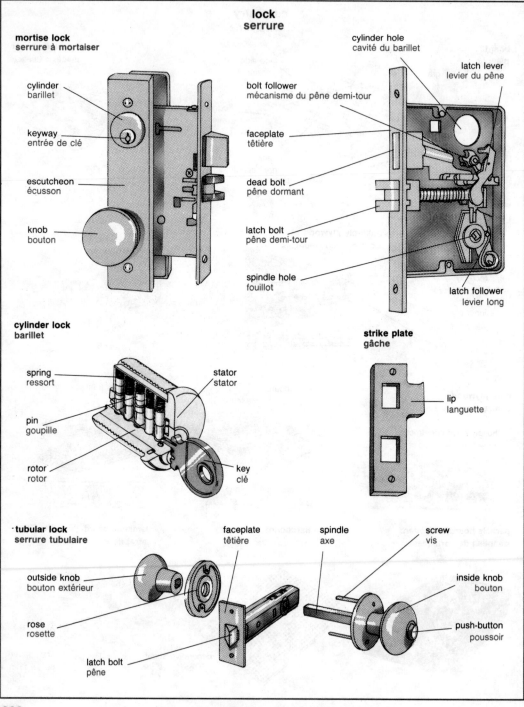

lock
serrure

mortise lock
serrure à mortaiser

cylinder
barillet

keyway
entrée de clé

escutcheon
écusson

knob
bouton

cylinder hole
cavité du barillet

latch lever
levier du pêne

bolt follower
mécanisme du pêne demi-tour

faceplate
têtière

dead bolt
pêne dormant

latch bolt
pêne demi-tour

spindle hole
fouillot

latch follower
levier long

cylinder lock
barillet

spring
ressort

stator
stator

pin
goupille

rotor
rotor

key
clé

strike plate
gâche

lip
languette

tubular lock
serrure tubulaire

faceplate
têtière

spindle
axe

screw
vis

outside knob
bouton extérieur

inside knob
bouton

rose
rosette

push-button
poussoir

latch bolt
pêne

plumbing
plomberie

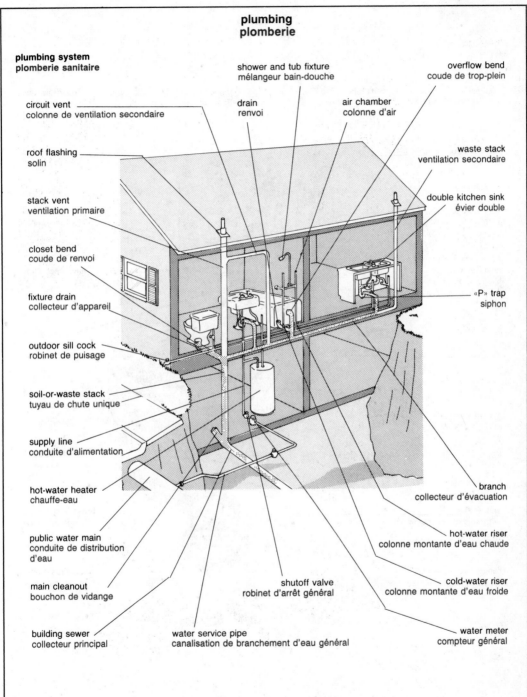

plumbing system
plomberie sanitaire

shower and tub fixture
mélangeur bain-douche

overflow bend
coude de trop-plein

circuit vent
colonne de ventilation secondaire

drain
renvoi

air chamber
colonne d'air

roof flashing
solin

waste stack
ventilation secondaire

double kitchen sink
évier double

stack vent
ventilation primaire

closet bend
coude de renvoi

fixture drain
collecteur d'appareil

«P» trap
siphon

outdoor sill cock
robinet de puisage

soil-or-waste stack
tuyau de chute unique

supply line
conduite d'alimentation

hot-water heater
chauffe-eau

branch
collecteur d'évacuation

public water main
conduite de distribution
d'eau

hot-water riser
colonne montante d'eau chaude

main cleanout
bouchon de vidange

shutoff valve
robinet d'arrêt général

cold-water riser
colonne montante d'eau froide

building sewer
collecteur principal

water service pipe
canalisation de branchement d'eau général

water meter
compteur général

267

DO-IT-YOURSELF
BRICOLAGE

plumbing
plomberie

toilet
toilette; *w.c.*

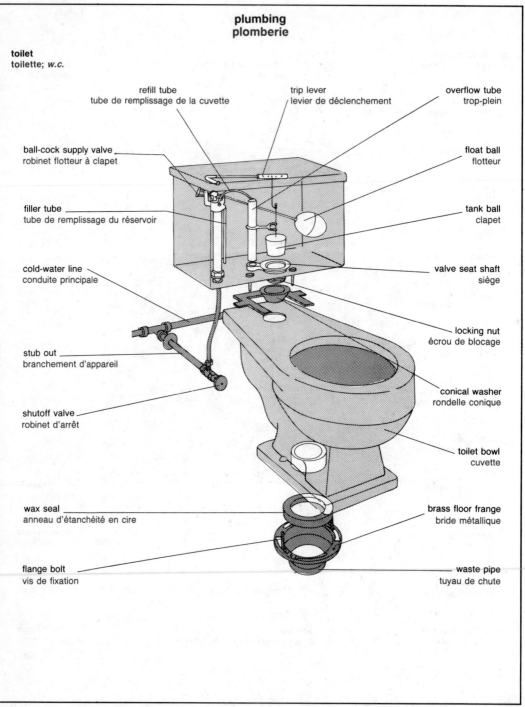

refill tube
tube de remplissage de la cuvette

trip lever
levier de déclenchement

overflow tube
trop-plein

ball-cock supply valve
robinet flotteur à clapet

float ball
flotteur

filler tube
tube de remplissage du réservoir

tank ball
clapet

cold-water line
conduite principale

valve seat shaft
siège

locking nut
écrou de blocage

stub out
branchement d'appareil

conical washer
rondelle conique

shutoff valve
robinet d'arrêt

toilet bowl
cuvette

wax seal
anneau d'étanchéité en cire

brass floor frange
bride métallique

flange bolt
vis de fixation

waste pipe
tuyau de chute

plumbing
plomberie

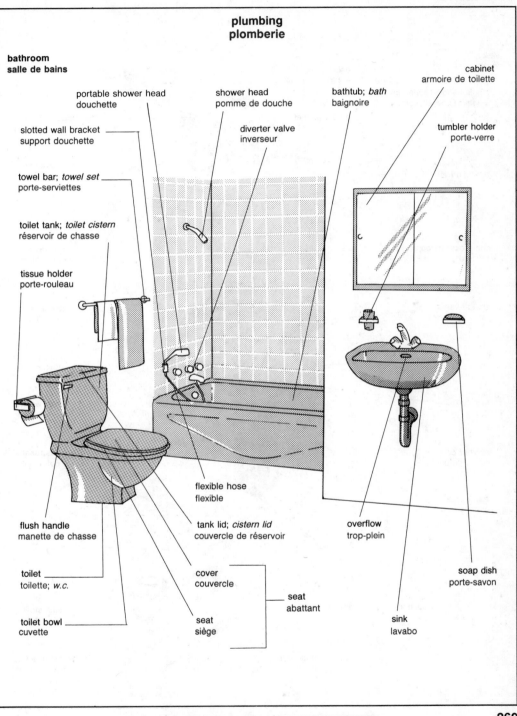

bathroom
salle de bains

portable shower head
douchette

slotted wall bracket
support douchette

towel bar; *towel set*
porte-serviettes

toilet tank; *toilet cistern*
réservoir de chasse

tissue holder
porte-rouleau

flush handle
manette de chasse

toilet
toilette; *w.c.*

toilet bowl
cuvette

shower head
pomme de douche

diverter valve
inverseur

flexible hose
flexible

tank lid; *cistern lid*
couvercle de réservoir

cover
couvercle

seat
siège

seat
abattant

bathtub; *bath*
baignoire

overflow
trop-plein

sink
lavabo

cabinet
armoire de toilette

tumbler holder
porte-verre

soap dish
porte-savon

plumbing
plomberie

sink
évier

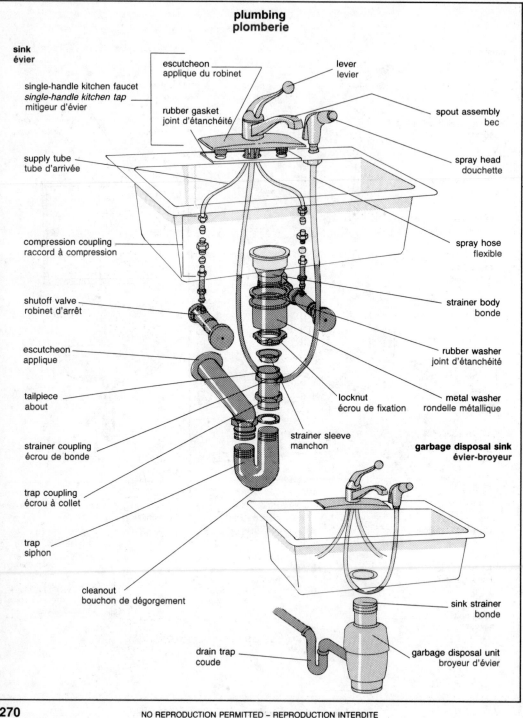

escutcheon
applique du robinet

lever
levier

single-handle kitchen faucet
single-handle kitchen tap
mitigeur d'évier

rubber gasket
joint d'étanchéité

spout assembly
bec

supply tube
tube d'arrivée

spray head
douchette

compression coupling
raccord à compression

spray hose
flexible

shutoff valve
robinet d'arrêt

strainer body
bonde

escutcheon
applique

rubber washer
joint d'étanchéité

tailpiece
about

locknut
écrou de fixation

metal washer
rondelle métallique

strainer coupling
écrou de bonde

strainer sleeve
manchon

garbage disposal sink
évier-broyeur

trap coupling
écrou à collet

trap
siphon

cleanout
bouchon de dégorgement

sink strainer
bonde

drain trap
coude

garbage disposal unit
broyeur d'évier

plumbing
plomberie

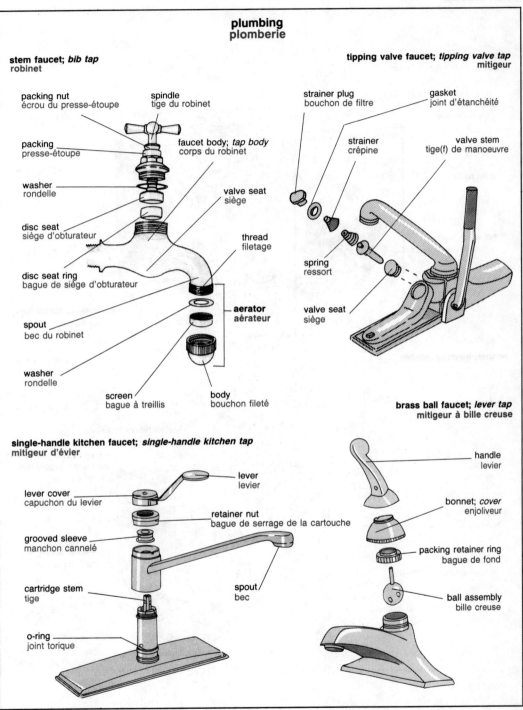

stem faucet; *bib tap*
robinet

packing nut
écrou du presse-étoupe

spindle
tige du robinet

packing
presse-étoupe

faucet body; *tap body*
corps du robinet

washer
rondelle

valve seat
siège

disc seat
siège d'obturateur

thread
filetage

disc seat ring
bague de siège d'obturateur

aerator
aérateur

spout
bec du robinet

washer
rondelle

screen
bague à treillis

body
bouchon fileté

tipping valve faucet; *tipping valve tap*
mitigeur

strainer plug
bouchon de filtre

gasket
joint d'étanchéité

strainer
crépine

valve stem
tige(f) de manoeuvre

spring
ressort

valve seat
siège

single-handle kitchen faucet; *single-handle kitchen tap*
mitigeur d'évier

lever cover
capuchon du levier

lever
levier

retainer nut
bague de serrage de la cartouche

grooved sleeve
manchon cannelé

cartridge stem
tige

spout
bec

o-ring
joint torique

brass ball faucet; *lever tap*
mitigeur à bille creuse

handle
levier

bonnet; *cover*
enjoliveur

packing retainer ring
bague de fond

ball assembly
bille creuse

plumbing
plomberie

examples of branching
exemples de branchement

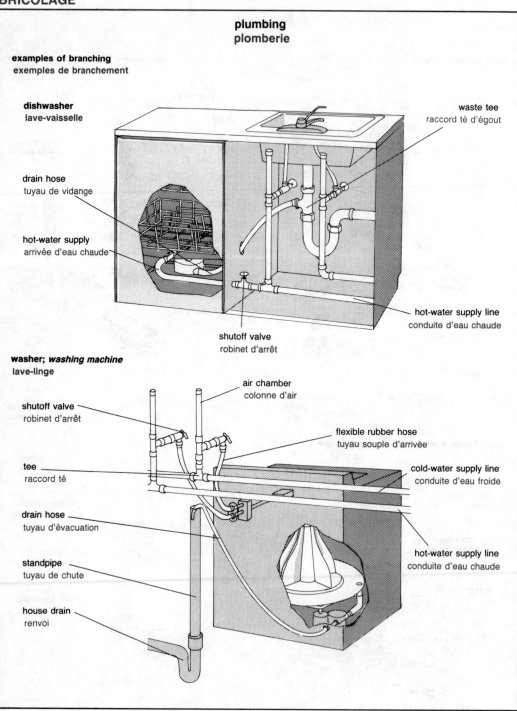

dishwasher
lave-vaisselle

waste tee
raccord té d'égout

drain hose
tuyau de vidange

hot-water supply
arrivée d'eau chaude

hot-water supply line
conduite d'eau chaude

shutoff valve
robinet d'arrêt

washer; *washing machine*
lave-linge

air chamber
colonne d'air

shutoff valve
robinet d'arrêt

flexible rubber hose
tuyau souple d'arrivée

tee
raccord té

cold-water supply line
conduite d'eau froide

drain hose
tuyau d'évacuation

hot-water supply line
conduite d'eau chaude

standpipe
tuyau de chute

house drain
renvoi

plumbing
plomberie

electric water-heater tank
chauffe-eau électrique

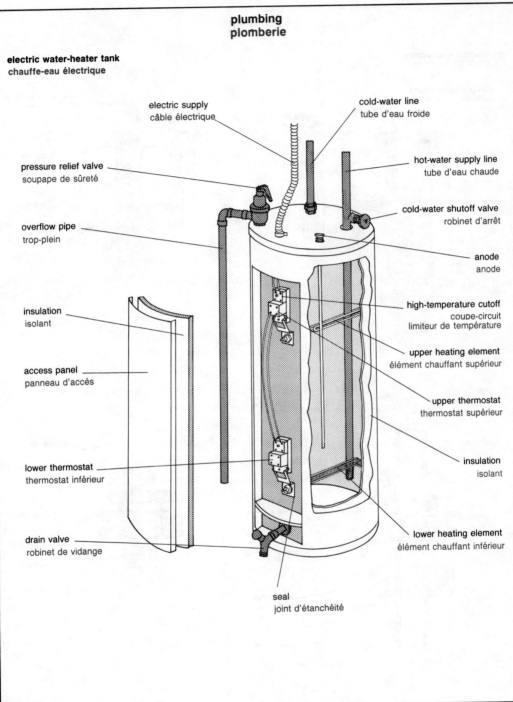

electric supply
câble électrique

cold-water line
tube d'eau froide

pressure relief valve
soupape de sûreté

hot-water supply line
tube d'eau chaude

cold-water shutoff valve
robinet d'arrêt

overflow pipe
trop-plein

anode
anode

high-temperature cutoff
coupe-circuit
limiteur de température

insulation
isolant

upper heating element
élément chauffant supérieur

access panel
panneau d'accès

upper thermostat
thermostat supérieur

insulation
isolant

lower thermostat
thermostat inférieur

drain valve
robinet de vidange

lower heating element
élément chauffant inférieur

seal
joint d'étanchéité

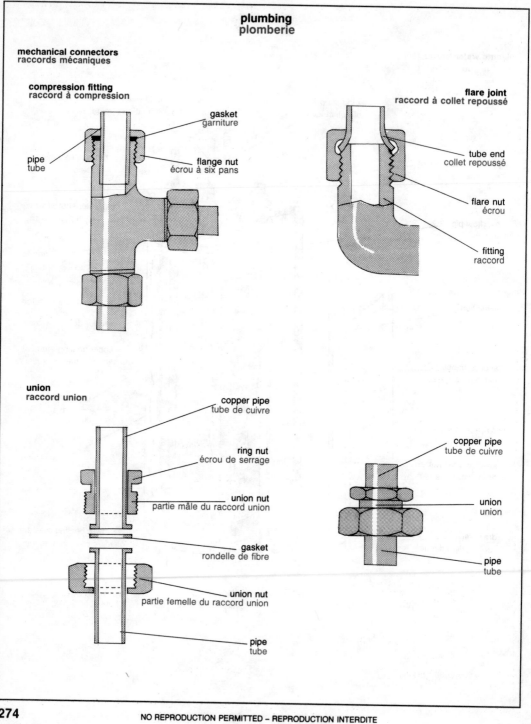

plumbing
plomberie

mechanical connectors
raccords mécaniques

compression fitting
raccord à compression

gasket
garniture

pipe
tube

flange nut
écrou à six pans

flare joint
raccord à collet repoussé

tube end
collet repoussé

flare nut
écrou

fitting
raccord

union
raccord union

copper pipe
tube de cuivre

ring nut
écrou de serrage

union nut
partie mâle du raccord union

gasket
rondelle de fibre

union nut
partie femelle du raccord union

pipe
tube

copper pipe
tube de cuivre

union
union

pipe
tube

plumbing
plomberie

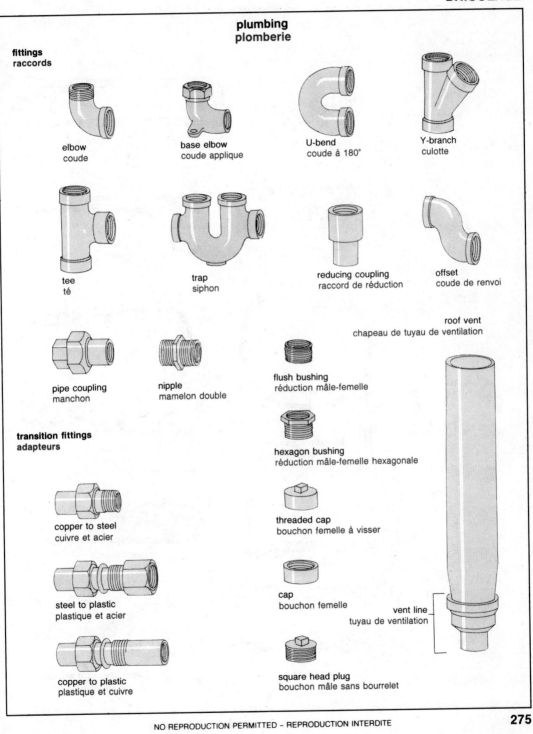

fittings
raccords

elbow
coude

base elbow
coude applique

U-bend
coude à 180°

Y-branch
culotte

tee
té

trap
siphon

reducing coupling
raccord de réduction

offset
coude de renvoi

pipe coupling
manchon

nipple
mamelon double

flush bushing
réduction mâle-femelle

transition fittings
adapteurs

hexagon bushing
réduction mâle-femelle hexagonale

threaded cap
bouchon femelle à visser

copper to steel
cuivre et acier

steel to plastic
plastique et acier

cap
bouchon femelle

copper to plastic
plastique et cuivre

square head plug
bouchon mâle sans bourrelet

roof vent
chapeau de tuyau de ventilation

vent line
tuyau de ventilation

plumbing
plomberie

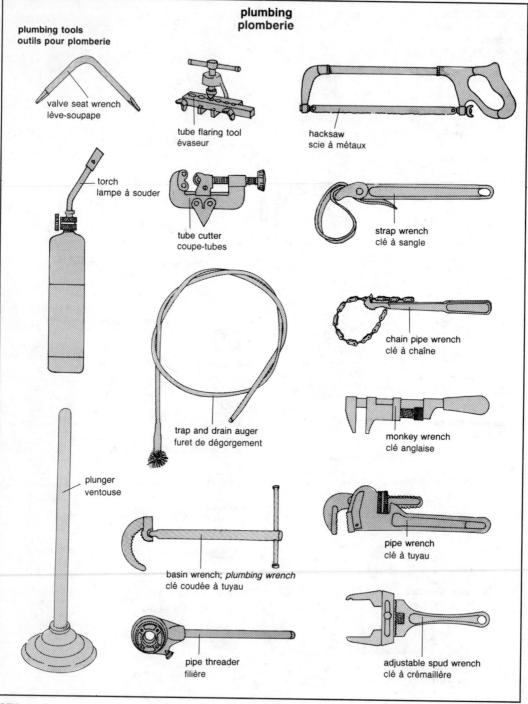

plumbing tools
outils pour plomberie

valve seat wrench
lève-soupape

tube flaring tool
évaseur

hacksaw
scie à métaux

torch
lampe à souder

tube cutter
coupe-tubes

strap wrench
clé à sangle

chain pipe wrench
clé à chaîne

trap and drain auger
furet de dégorgement

monkey wrench
clé anglaise

plunger
ventouse

basin wrench; *plumbing wrench*
clé coudée à tuyau

pipe wrench
clé à tuyau

pipe threader
filière

adjustable spud wrench
clé à crémaillère

plumbing
plomberie

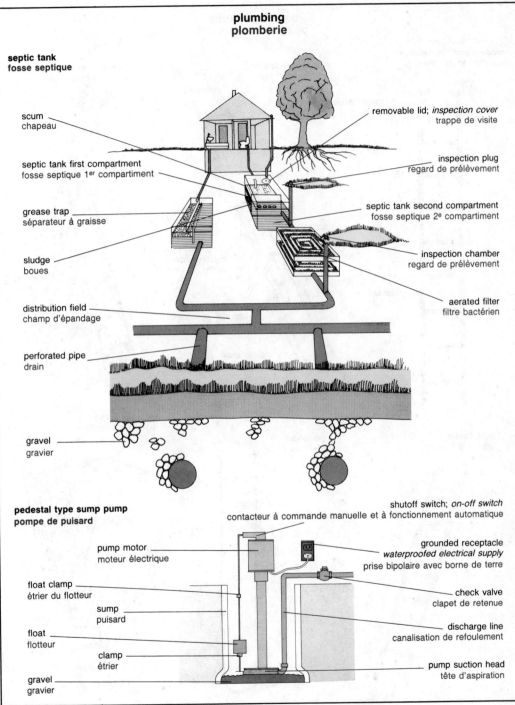

septic tank
fosse septique

scum
chapeau

removable lid; *inspection cover*
trappe de visite

septic tank first compartment
fosse septique 1er compartiment

inspection plug
regard de prélèvement

grease trap
séparateur à graisse

septic tank second compartment
fosse septique 2e compartiment

sludge
boues

inspection chamber
regard de prélèvement

distribution field
champ d'épandage

aerated filter
filtre bactérien

perforated pipe
drain

gravel
gravier

pedestal type sump pump
pompe de puisard

shutoff switch; *on-off switch*
contacteur à commande manuelle et à fonctionnement automatique

pump motor
moteur électrique

grounded receptacle
waterproofed electrical supply
prise bipolaire avec borne de terre

float clamp
étrier du flotteur

check valve
clapet de retenue

sump
puisard

discharge line
canalisation de refoulement

float
flotteur

clamp
étrier

gravel
gravier

pump suction head
tête d'aspiration

painting upkeep
peinture d'entretien

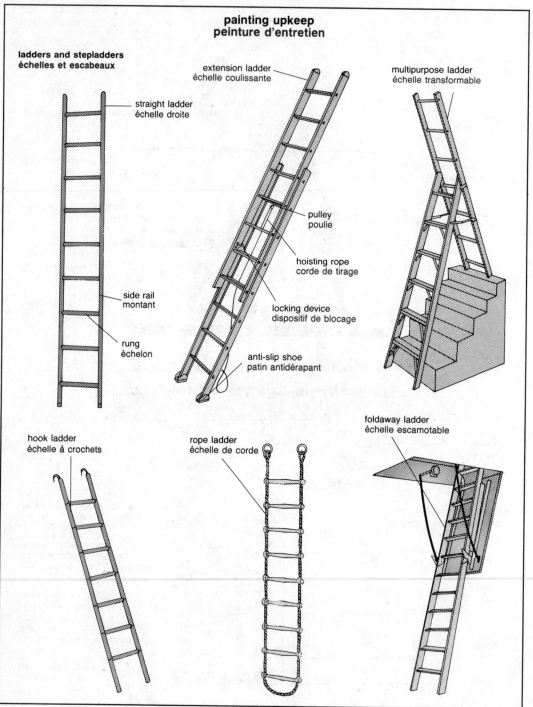

ladders and stepladders
échelles et escabeaux

straight ladder
échelle droite

extension ladder
échelle coulissante

multipurpose ladder
échelle transformable

pulley
poulie

hoisting rope
corde de tirage

side rail
montant

locking device
dispositif de blocage

rung
échelon

anti-slip shoe
patin antidérapant

hook ladder
échelle à crochets

rope ladder
échelle de corde

foldaway ladder
échelle escamotable

painting upkeep
peinture d'entretien

ladders and stepladders
échelles et escabeaux

ladder scaffold
échelle d'échafaudage

rolling ladder
échelle roulante

fruit-picking ladder
échelle fruitière

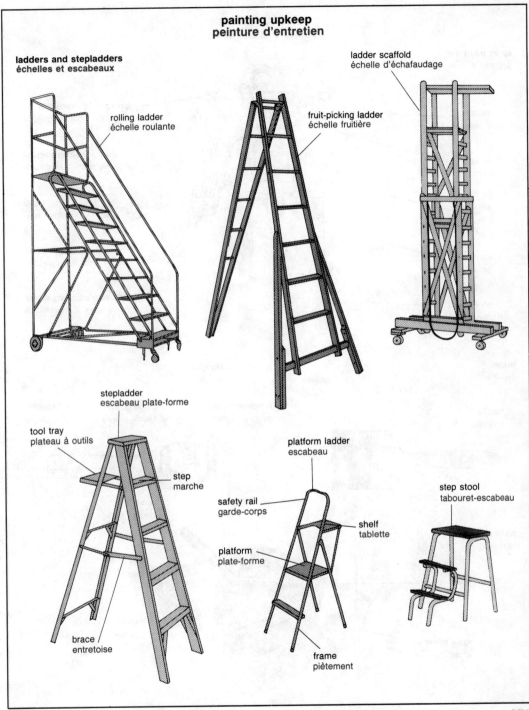

stepladder
escabeau plate-forme

tool tray
plateau à outils

step
marche

platform ladder
escabeau

safety rail
garde-corps

shelf
tablette

step stool
tabouret-escabeau

platform
plate-forme

brace
entretoise

frame
piètement

painting upkeep
peinture d'entretien

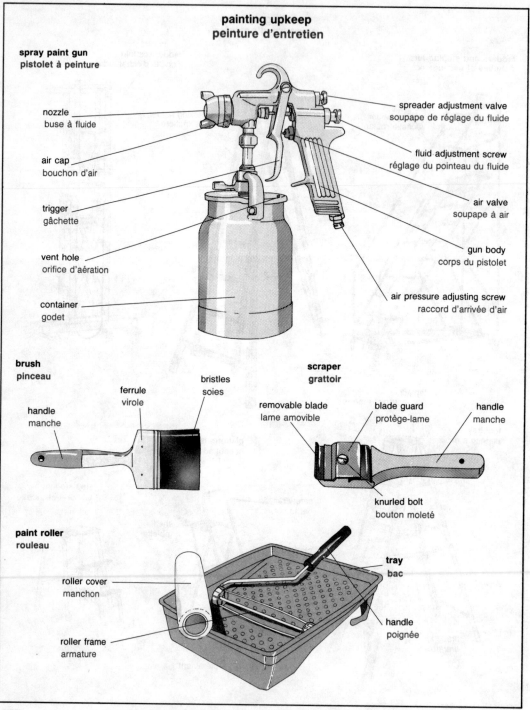

spray paint gun
pistolet à peinture

nozzle
buse à fluide

air cap
bouchon d'air

trigger
gâchette

vent hole
orifice d'aération

container
godet

spreader adjustment valve
soupape de réglage du fluide

fluid adjustment screw
réglage du pointeau du fluide

air valve
soupape à air

gun body
corps du pistolet

air pressure adjusting screw
raccord d'arrivée d'air

brush
pinceau

bristles
soies

ferrule
virole

handle
manche

scraper
grattoir

removable blade
lame amovible

blade guard
protège-lame

handle
manche

knurled bolt
bouton moleté

paint roller
rouleau

roller cover
manchon

roller frame
armature

tray
bac

handle
poignée

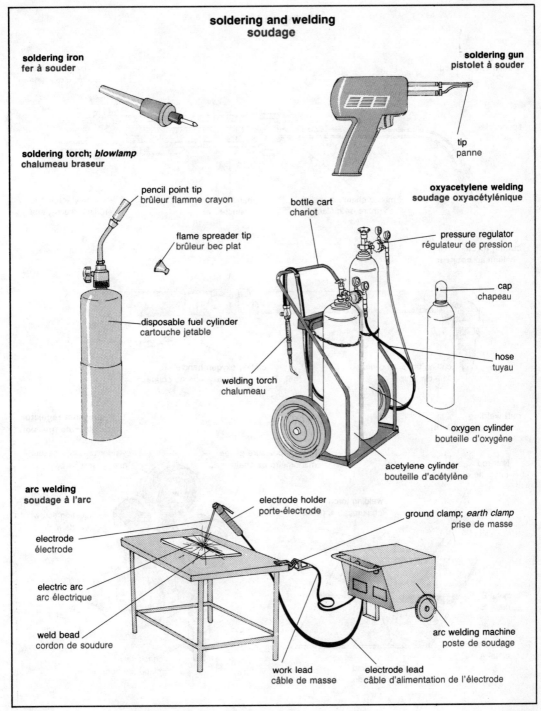

soldering and welding
soudage

soldering iron
fer à souder

soldering gun
pistolet à souder

tip
panne

soldering torch; *blowlamp*
chalumeau braseur

pencil point tip
brûleur flamme crayon

bottle cart
chariot

oxyacetylene welding
soudage oxyacétylénique

flame spreader tip
brûleur bec plat

pressure regulator
régulateur de pression

cap
chapeau

disposable fuel cylinder
cartouche jetable

hose
tuyau

welding torch
chalumeau

oxygen cylinder
bouteille d'oxygène

acetylene cylinder
bouteille d'acétylène

arc welding
soudage à l'arc

electrode holder
porte-électrode

ground clamp; *earth clamp*
prise de masse

electrode
électrode

electric arc
arc électrique

weld bead
cordon de soudure

arc welding machine
poste de soudage

work lead
câble de masse

electrode lead
câble d'alimentation de l'électrode

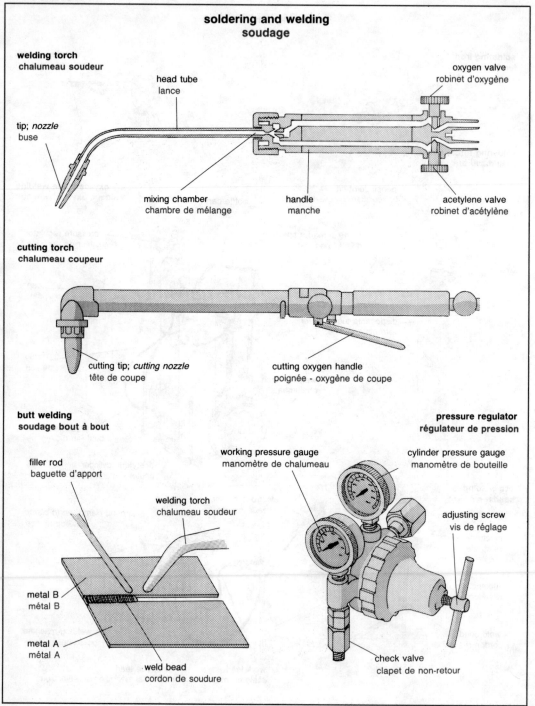

soldering and welding
soudage

welding torch
chalumeau soudeur

head tube
lance

oxygen valve
robinet d'oxygène

tip; *nozzle*
buse

mixing chamber
chambre de mélange

handle
manche

acetylene valve
robinet d'acétylène

cutting torch
chalumeau coupeur

cutting tip; *cutting nozzle*
tête de coupe

cutting oxygen handle
poignée - oxygène de coupe

butt welding
soudage bout à bout

pressure regulator
régulateur de pression

working pressure gauge
manomètre de chalumeau

cylinder pressure gauge
manomètre de bouteille

filler rod
baguette d'apport

welding torch
chalumeau soudeur

adjusting screw
vis de réglage

metal B
métal B

metal A
métal A

check valve
clapet de non-retour

weld bead
cordon de soudure

soldering and welding
soudage

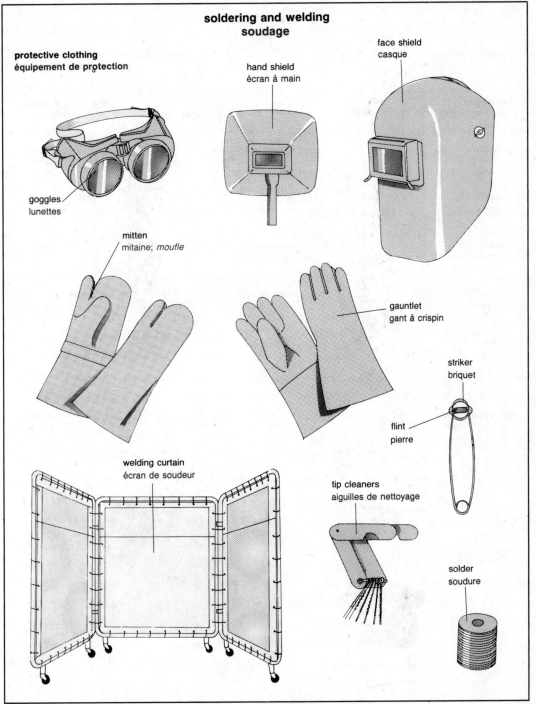

protective clothing
équipement de protection

hand shield
écran à main

face shield
casque

goggles
lunettes

mitten
mitaine; *moufle*

gauntlet
gant à crispin

striker
briquet

flint
pierre

welding curtain
écran de soudeur

tip cleaners
aiguilles de nettoyage

solder
soudure

electricity
électricité

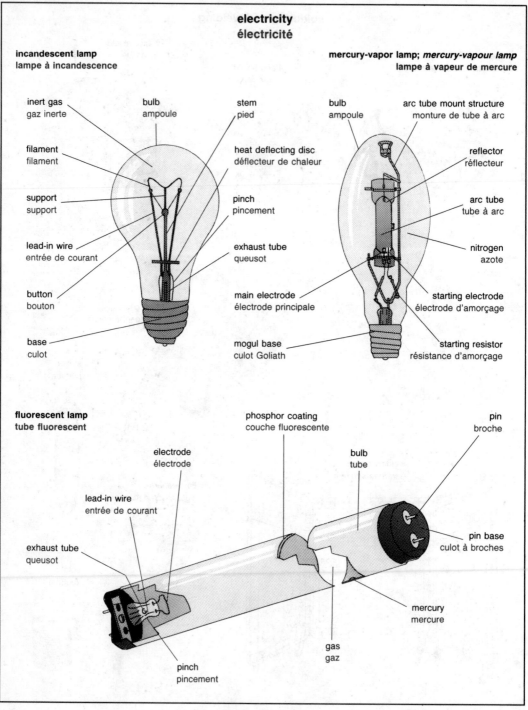

incandescent lamp
lampe à incandescence

inert gas
gaz inerte

filament
filament

support
support

lead-in wire
entrée de courant

button
bouton

base
culot

bulb
ampoule

stem
pied

heat deflecting disc
déflecteur de chaleur

pinch
pincement

exhaust tube
queusot

main electrode
électrode principale

mogul base
culot Goliath

mercury-vapor lamp; *mercury-vapour lamp*
lampe à vapeur de mercure

bulb
ampoule

arc tube mount structure
monture de tube à arc

reflector
réflecteur

arc tube
tube à arc

nitrogen
azote

starting electrode
électrode d'amorçage

starting resistor
résistance d'amorçage

fluorescent lamp
tube fluorescent

phosphor coating
couche fluorescente

pin
broche

electrode
électrode

bulb
tube

lead-in wire
entrée de courant

pin base
culot à broches

exhaust tube
queusot

mercury
mercure

pinch
pincement

gas
gaz

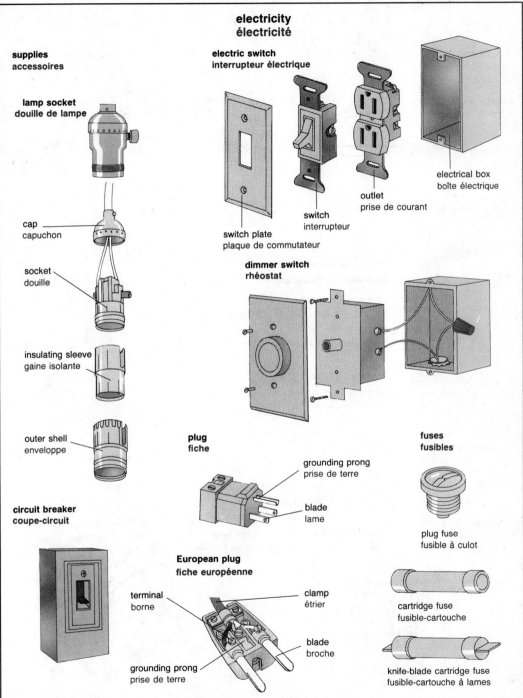

electricity
électricité

supplies
accessoires

lamp socket
douille de lampe

cap
capuchon

socket
douille

insulating sleeve
gaine isolante

outer shell
enveloppe

circuit breaker
coupe-circuit

electric switch
interrupteur électrique

switch plate
plaque de commutateur

switch
interrupteur

outlet
prise de courant

electrical box
boîte électrique

dimmer switch
rhéostat

plug
fiche

grounding prong
prise de terre

blade
lame

European plug
fiche européenne

terminal
borne

clamp
étrier

blade
broche

grounding prong
prise de terre

fuses
fusibles

plug fuse
fusible à culot

cartridge fuse
fusible-cartouche

knife-blade cartridge fuse
fusible-cartouche à lames

electricity
électricité

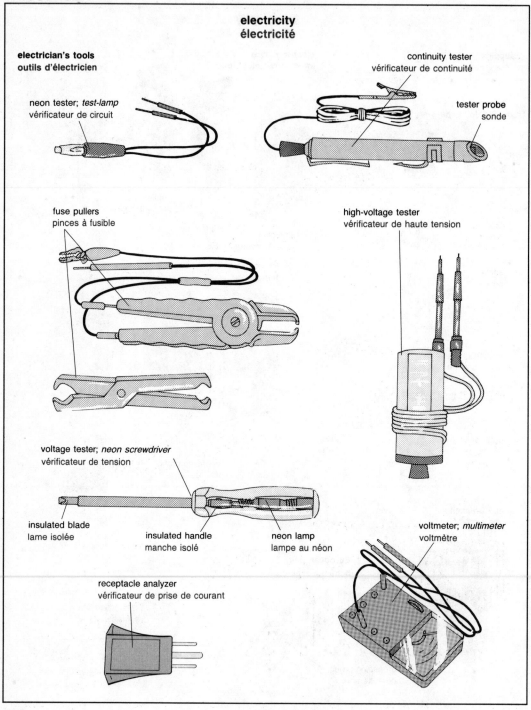

electrician's tools
outils d'électricien

continuity tester
vérificateur de continuité

neon tester; *test-lamp*
vérificateur de circuit

tester probe
sonde

fuse pullers
pinces à fusible

high-voltage tester
vérificateur de haute tension

voltage tester; *neon screwdriver*
vérificateur de tension

insulated blade
lame isolée

insulated handle
manche isolé

neon lamp
lampe au néon

voltmeter; *multimeter*
voltmètre

receptacle analyzer
vérificateur de prise de courant

electricity
électricité

electrician's tools
outils d'électricien

multipurpose tool
pince universelle

long-nose pliers
pince à long bec

insulated handle
manche isolant

crimper
sertisseur

pivot
pivot

wire cutter
coupe-fil

wire stripper
dénude-fil

lineman's pliers; *combination pliers*
pince d'électricien

jaw
mâchoire

wire cutter
coupe-fil

insulated handle
manche isolant

wire stripper
pince à dénuder

adjustment wheel
molette de réglage

cutter
couteau d'électricien

fish wire
câble de traction

cable ripper
dénudeur de fil

hammer
marteau d'électricien

blade
lame

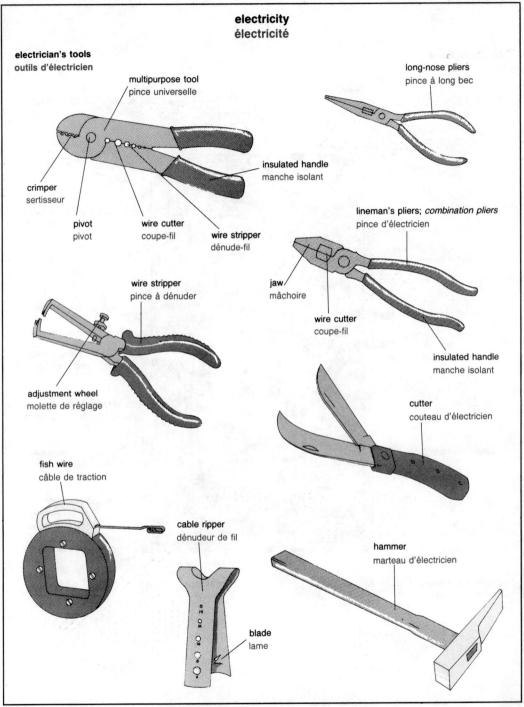

electricity
électricité

distribution board
tableau de distribution

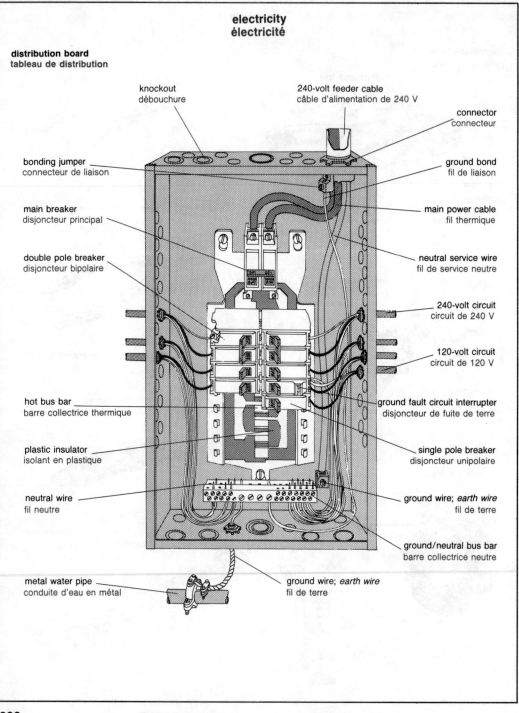

knockout
débouchure

240-volt feeder cable
câble d'alimentation de 240 V

connector
connecteur

bonding jumper
connecteur de liaison

ground bond
fil de liaison

main breaker
disjoncteur principal

main power cable
fil thermique

double pole breaker
disjoncteur bipolaire

neutral service wire
fil de service neutre

240-volt circuit
circuit de 240 V

120-volt circuit
circuit de 120 V

hot bus bar
barre collectrice thermique

ground fault circuit interrupter
disjoncteur de fuite de terre

plastic insulator
isolant en plastique

single pole breaker
disjoncteur unipolaire

neutral wire
fil neutre

ground wire; *earth wire*
fil de terre

ground/neutral bus bar
barre collectrice neutre

metal water pipe
conduite d'eau en métal

ground wire; *earth wire*
fil de terre

CLOTHING

VÊTEMENTS

men's clothing
vêtements d'hommes

trench coat
trench-coat

raincoat
impermeable

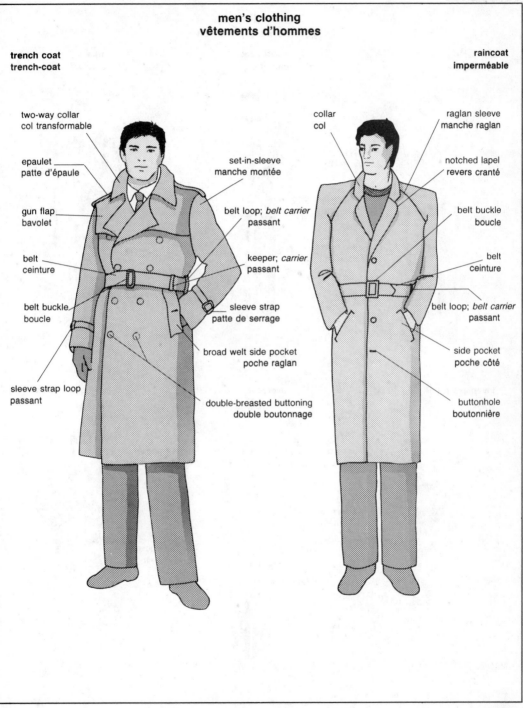

two-way collar
col transformable

epaulet
patte d'épaule

gun flap
bavolet

belt
ceinture

belt buckle
boucle

sleeve strap loop
passant

collar
col

set-in-sleeve
manche montée

belt loop; *belt carrier*
passant

keeper; *carrier*
passant

sleeve strap
patte de serrage

broad welt side pocket
poche raglan

double-breasted buttoning
double boutonnage

raglan sleeve
manche raglan

notched lapel
revers cranté

belt buckle
boucle

belt
ceinture

belt loop; *belt carrier*
passant

side pocket
poche côté

buttonhole
boutonnière

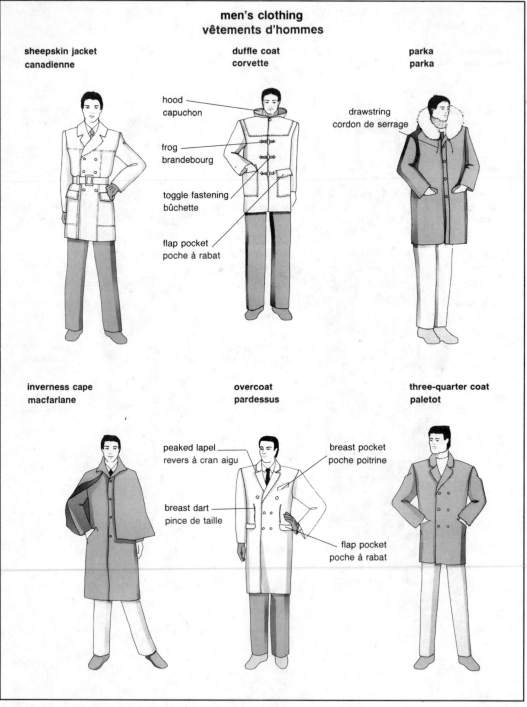

men's clothing
vêtements d'hommes

sheepskin jacket
canadienne

duffle coat
corvette

parka
parka

hood
capuchon

frog
brandebourg

toggle fastening
bûchette

flap pocket
poche à rabat

drawstring
cordon de serrage

inverness cape
macfarlane

overcoat
pardessus

three-quarter coat
paletot

peaked lapel
revers à cran aigu

breast dart
pince de taille

breast pocket
poche poitrine

flap pocket
poche à rabat

NO REPRODUCTION PERMITTED – REPRODUCTION INTERDITE

men's clothing
vêtements d'hommes

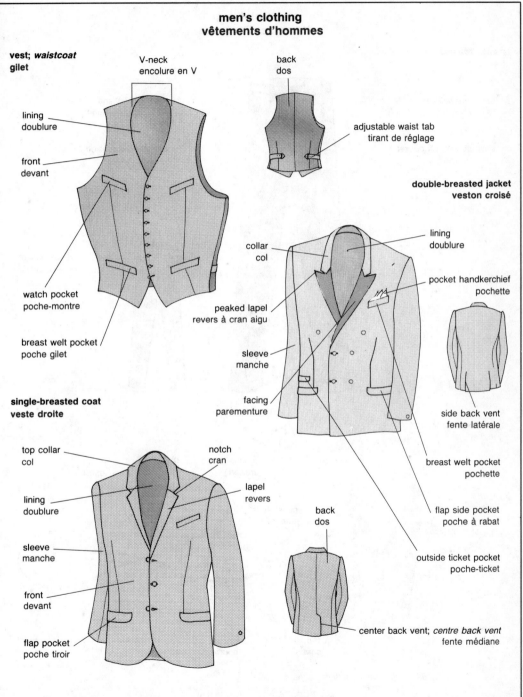

**vest; *waistcoat*
gilet**

V-neck
encolure en V

back
dos

lining
doublure

front
devant

adjustable waist tab
tirant de réglage

**double-breasted jacket
veston croisé**

collar
col

lining
doublure

pocket handkerchief
pochette

peaked lapel
revers à cran aigu

watch pocket
poche-montre

sleeve
manche

breast welt pocket
poche gilet

facing
parementure

**single-breasted coat
veste droite**

side back vent
fente latérale

top collar
col

notch
cran

breast welt pocket
pochette

lining
doublure

lapel
revers

flap side pocket
poche à rabat

sleeve
manche

back
dos

front
devant

outside ticket pocket
poche-ticket

flap pocket
poche tiroir

center back vent; *centre back vent*
fente médiane

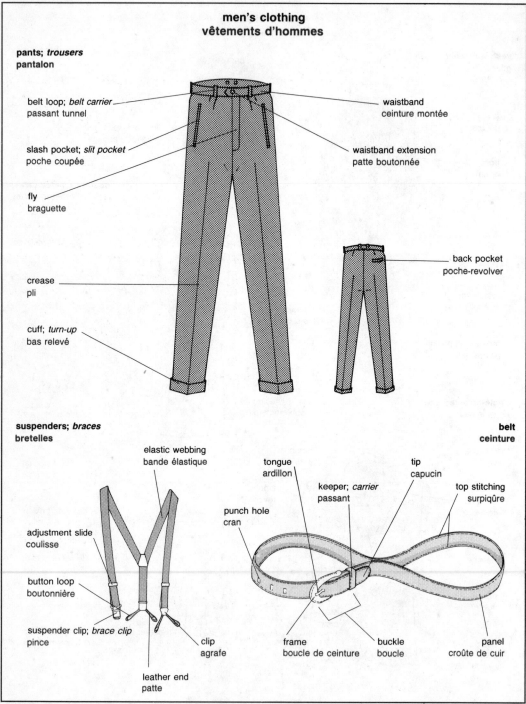

men's clothing
vêtements d'hommes

pants; *trousers*
pantalon

belt loop; *belt carrier*
passant tunnel

slash pocket; *slit pocket*
poche coupée

fly
braguette

crease
pli

cuff; *turn-up*
bas relevé

waistband
ceinture montée

waistband extension
patte boutonnée

back pocket
poche-revolver

suspenders; *braces*
bretelles

belt
ceinture

elastic webbing
bande élastique

tongue
ardillon

tip
capucin

top stitching
surpiqûre

keeper; *carrier*
passant

punch hole
cran

adjustment slide
coulisse

button loop
boutonnière

suspender clip; *brace clip*
pince

clip
agrafe

frame
boucle de ceinture

buckle
boucle

panel
croûte de cuir

leather end
patte

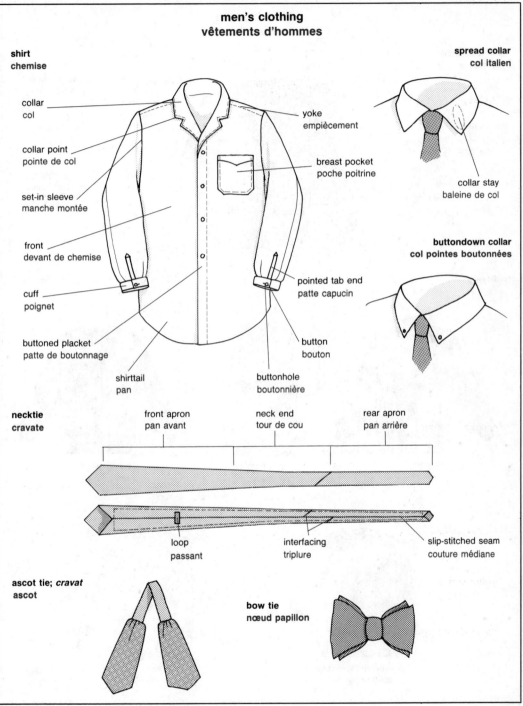

men's clothing
vêtements d'hommes

shirt
chemise

spread collar
col italien

collar
col

yoke
empiècement

collar point
pointe de col

breast pocket
poche poitrine

set-in sleeve
manche montée

collar stay
baleine de col

front
devant de chemise

buttondown collar
col pointes boutonnées

cuff
poignet

pointed tab end
patte capucin

buttoned placket
patte de boutonnage

button
bouton

shirttail
pan

buttonhole
boutonnière

necktie
cravate

front apron
pan avant

neck end
tour de cou

rear apron
pan arrière

loop
passant

interfacing
triplure

slip-stitched seam
couture médiane

ascot tie; *cravat*
ascot

bow tie
nœud papillon

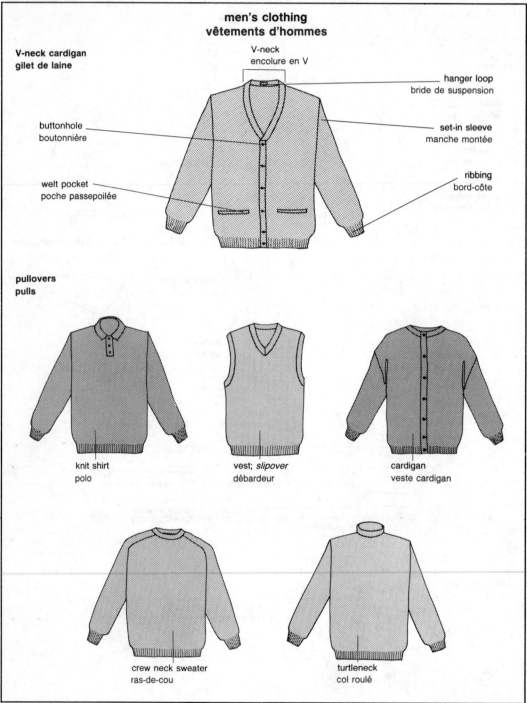

men's clothing
vêtements d'hommes

V-neck cardigan
gilet de laine

V-neck
encolure en V

hanger loop
bride de suspension

buttonhole
boutonnière

set-in sleeve
manche montée

welt pocket
poche passepoilée

ribbing
bord-côte

pullovers
pulls

knit shirt
polo

vest; *slipover*
débardeur

cardigan
veste cardigan

crew neck sweater
ras-de-cou

turtleneck
col roulé

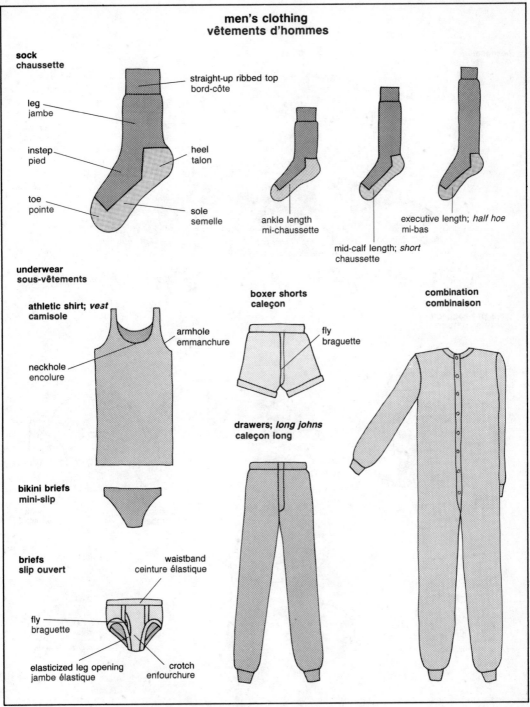

men's clothing
vêtements d'hommes

sock
chaussette

straight-up ribbed top
bord-côte

leg
jambe

instep
pied

heel
talon

toe
pointe

sole
semelle

ankle length
mi-chaussette

mid-calf length; *short*
chaussette

executive length; *half hoe*
mi-bas

underwear
sous-vêtements

athletic shirt; *vest*
camisole

armhole
emmanchure

neckhole
encolure

boxer shorts
caleçon

fly
braguette

combination
combinaison

bikini briefs
mini-slip

drawers; *long johns*
caleçon long

briefs
slip ouvert

waistband
ceinture élastique

fly
braguette

elasticized leg opening
jambe élastique

crotch
enfourchure

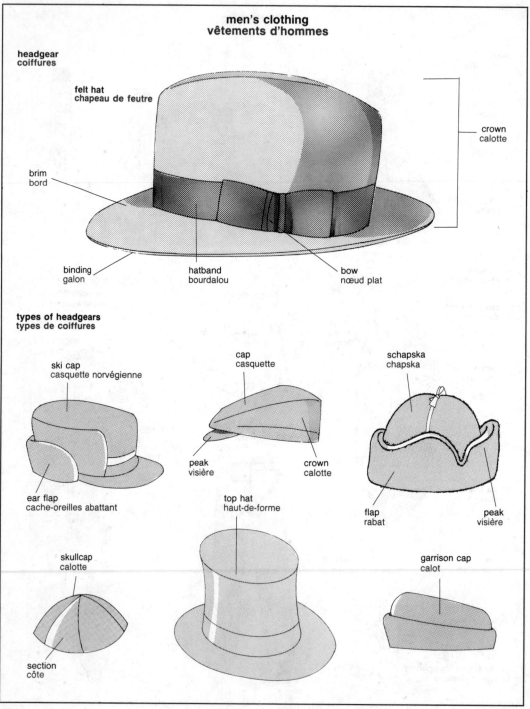

men's clothing
vêtements d'hommes

headgear
coiffures

felt hat
chapeau de feutre

crown
calotte

brim
bord

binding
galon

hatband
bourdalou

bow
nœud plat

types of headgears
types de coiffures

ski cap
casquette norvégienne

cap
casquette

schapska
chapska

peak
visière

crown
calotte

ear flap
cache-oreilles abattant

flap
rabat

peak
visière

top hat
haut-de-forme

skullcap
calotte

garrison cap
calot

section
côte

glove
gant

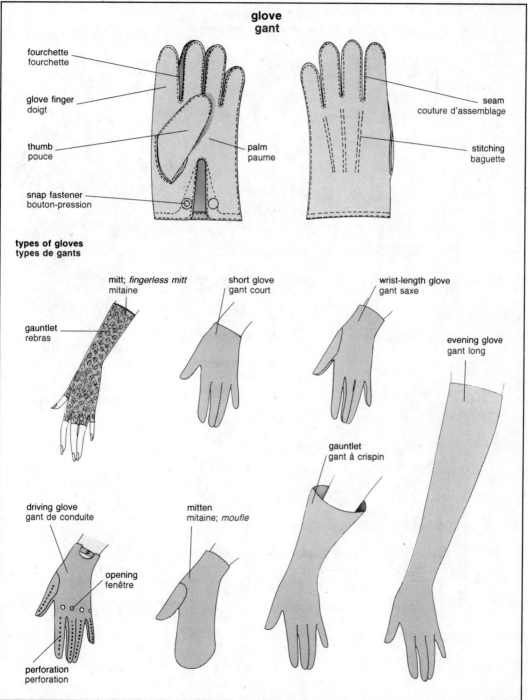

fourchette
fourchette

glove finger
doigt

thumb
pouce

snap fastener
bouton-pression

seam
couture d'assemblage

stitching
baguette

palm
paume

types of gloves
types de gants

mitt; *fingerless mitt*
mitaine

short glove
gant court

wrist-length glove
gant saxe

gauntlet
rebras

evening glove
gant long

gauntlet
gant à crispin

driving glove
gant de conduite

mitten
mitaine; *moufle*

opening
fenêtre

perforation
perforation

women's clothing
vêtements de femmes

coats
manteaux

car coat
paletot

raglan
raglan

pelerine
pèlerine

raglan sleeve
manche raglan

pelerine
pèlerine

patch pocket with turn-down flap
poche plaquée à revers

broad welt
poche raglan

fly front closing
boutonnage sous patte

seam pocket
poche prise dans une couture

top coat
redingote

seaming
découpe bretelle

patch pocket
poche plaquée

back belt
martingale

women's clothing
vêtements de femmes

**coats
manteaux**

**cape
cape**

buttoned placket
patte de boutonnage

arm slit
passe-bras

tailored collar
col tailleur

notched lapel
revers cranté

**pea jacket
caban**

hand warmer pocket
poche repose-bras

mock pocket
fausse poche

**poncho
poncho**

double breasted buttoning
double boutonnage

**windbreaker; *windcheater*
blouson court**

**windbreaker; *windcheater*
blouson long**

ribbing
bord-côte

waistband
ceinture montée

301

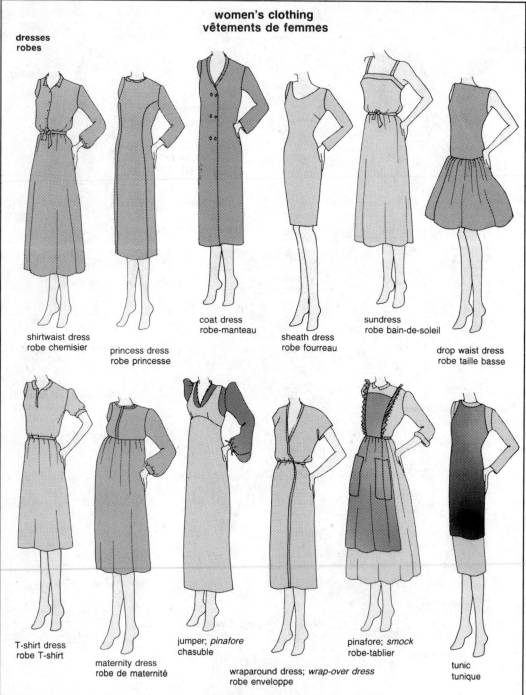

women's clothing
vêtements de femmes

dresses
robes

shirtwaist dress
robe chemisier

princess dress
robe princesse

coat dress
robe-manteau

sheath dress
robe fourreau

sundress
robe bain-de-soleil

drop waist dress
robe taille basse

T-shirt dress
robe T-shirt

maternity dress
robe de maternité

jumper; *pinafore*
chasuble

wraparound dress; *wrap-over dress*
robe enveloppe

pinafore; *smock*
robe-tablier

tunic
tunique

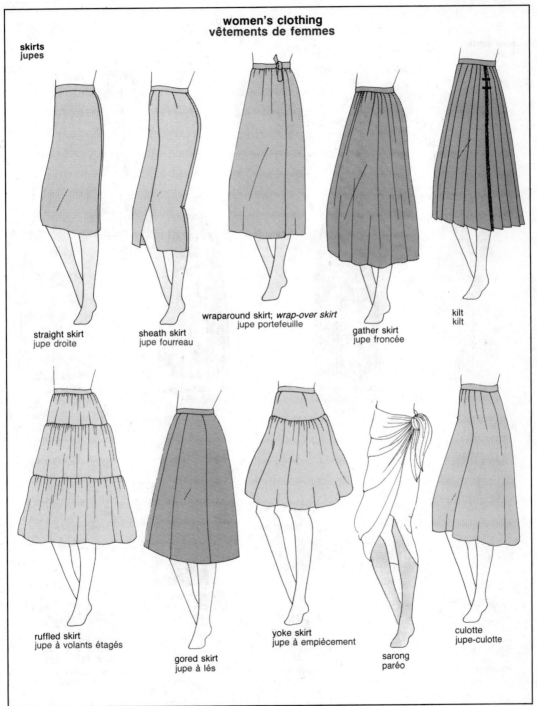

women's clothing
vêtements de femmes

skirts
jupes

straight skirt
jupe droite

sheath skirt
jupe fourreau

wraparound skirt; *wrap-over skirt*
jupe portefeuille

gather skirt
jupe froncée

kilt
kilt

ruffled skirt
jupe à volants étagés

gored skirt
jupe à lés

yoke skirt
jupe à empiècement

sarong
paréo

culotte
jupe-culotte

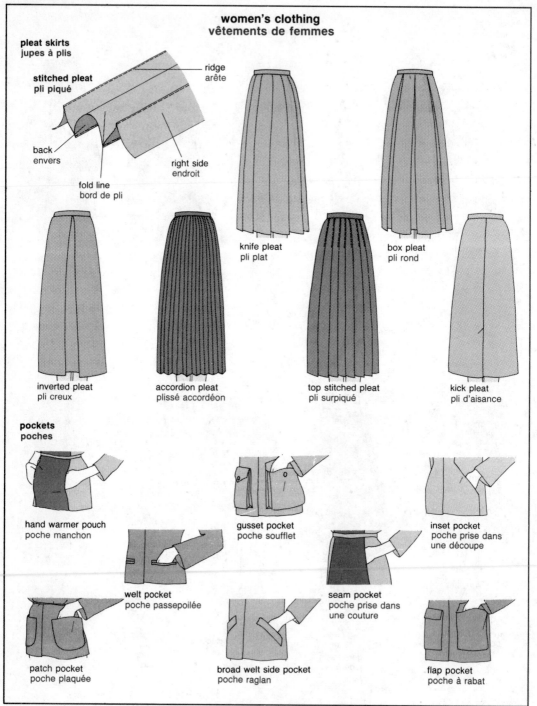

women's clothing
vêtements de femmes

pleat skirts
jupes à plis

stitched pleat
pli piqué

ridge
arête

back
envers

right side
endroit

fold line
bord de pli

knife pleat
pli plat

box pleat
pli rond

inverted pleat
pli creux

accordion pleat
plissé accordéon

top stitched pleat
pli surpiqué

kick pleat
pli d'aisance

pockets
poches

hand warmer pouch
poche manchon

gusset pocket
poche soufflet

inset pocket
poche prise dans
une découpe

welt pocket
poche passepoilée

seam pocket
poche prise dans
une couture

patch pocket
poche plaquée

broad welt side pocket
poche raglan

flap pocket
poche à rabat

women's clothing
vêtements de femmes

blouses
chemisiers

classic
classique

tunic; *smock*
tunique

middy; *sailor tunic*
marinière

yoke
empièçement

buttoned placket
patte polo

gather
france

breast pocket
poche poitrine

wrap over top; *wrap-over top*
cache-cœur

polo shirt; *T-shirt*
polo

smock; *button-through smock*
tablier-blouse

bottom of collar
pied de col

shirt collar
col chemisier

shirttail
pan

shirt sleeve
manche chemisier

crotch piece
patte d'entrejambe

over-blouse; *tunic*
casaque

mini shirtdress; *overshirt*
liquette

body shirt
corsage-culotte

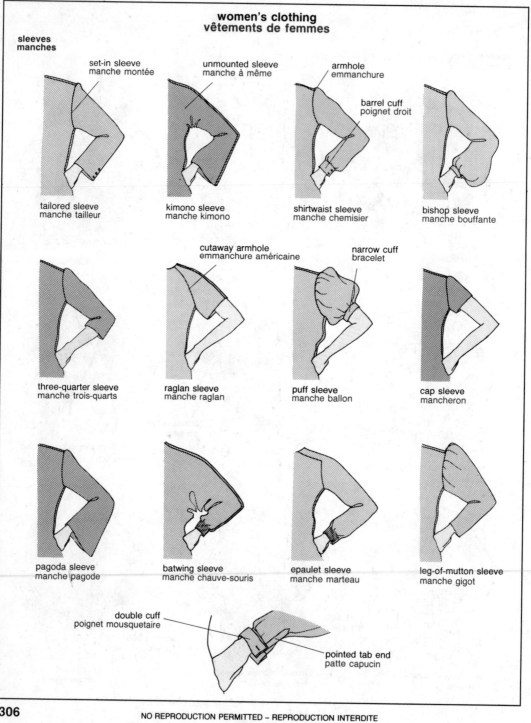

women's clothing
vêtements de femmes

sleeves
manches

set-in sleeve
manche montée

unmounted sleeve
manche à même

armhole
emmanchure

barrel cuff
poignet droit

tailored sleeve
manche tailleur

kimono sleeve
manche kimono

shirtwaist sleeve
manche chemisier

bishop sleeve
manche bouffante

cutaway armhole
emmanchure américaine

narrow cuff
bracelet

three-quarter sleeve
manche trois-quarts

raglan sleeve
manche raglan

puff sleeve
manche ballon

cap sleeve
mancheron

pagoda sleeve
manche pagode

batwing sleeve
manche chauve-souris

epaulet sleeve
manche marteau

leg-of-mutton sleeve
manche gigot

double cuff
poignet mousquetaire

pointed tab end
patte capucin

women's clothing
vêtements de femmes

vests and pullovers; *waistcoats and pullovers*
vestes et pulls

cardigan
cardigan

pullover
pull

turtleneck
col roulé

long cardigan
veste de laine

twin-set
tandem

slipover
débardeur

crew sweater
ras du cou

gusset pocket
poche soufflet

safari jacket
saharienne

blazer
blazer

vest pocket; *waistcoat pocket*
poche gilet

vest; *waistcoat*
gilet

bolero
boléro

spencer
spencer

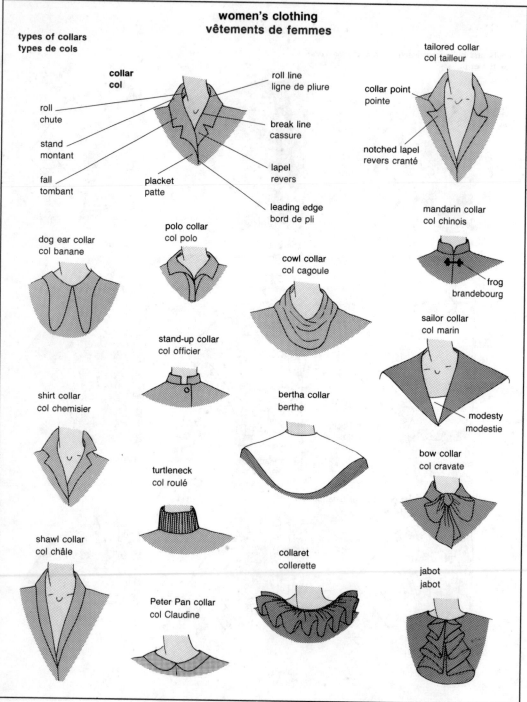

women's clothing
vêtements de femmes

types of collars
types de cols

collar
col

roll
chute

stand
montant

fall
tombant

placket
patte

roll line
ligne de pliure

break line
cassure

lapel
revers

leading edge
bord de pli

tailored collar
col tailleur

collar point
pointe

notched lapel
revers cranté

dog ear collar
col banane

polo collar
col polo

cowl collar
col cagoule

mandarin collar
col chinois

frog
brandebourg

sailor collar
col marin

shirt collar
col chemisier

stand-up collar
col officier

bertha collar
berthe

modesty
modestie

bow collar
col cravate

shawl collar
col châle

turtleneck
col roulé

collaret
collerette

jabot
jabot

Peter Pan collar
col Claudine

women's clothing
vêtements de femmes

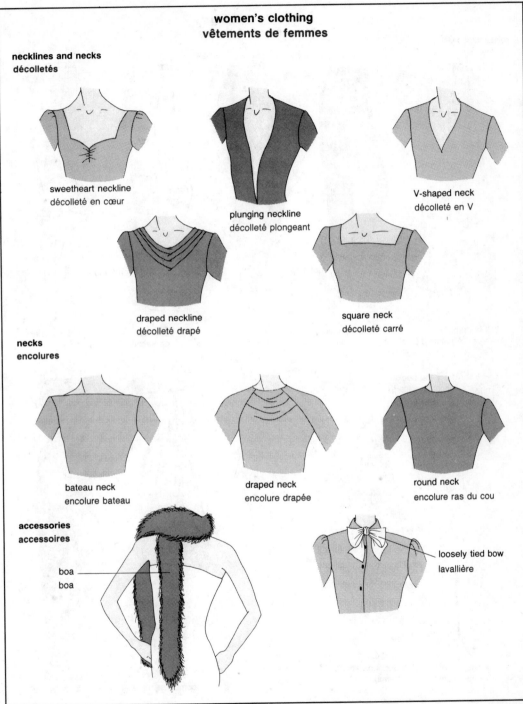

necklines and necks
décolletés

sweetheart neckline
décolleté en cœur

plunging neckline
décolleté plongeant

V-shaped neck
décolleté en V

draped neckline
décolleté drapé

square neck
décolleté carré

necks
encolures

bateau neck
encolure bateau

draped neck
encolure drapée

round neck
encolure ras du cou

accessories
accessoires

boa
boa

loosely tied bow
lavallière

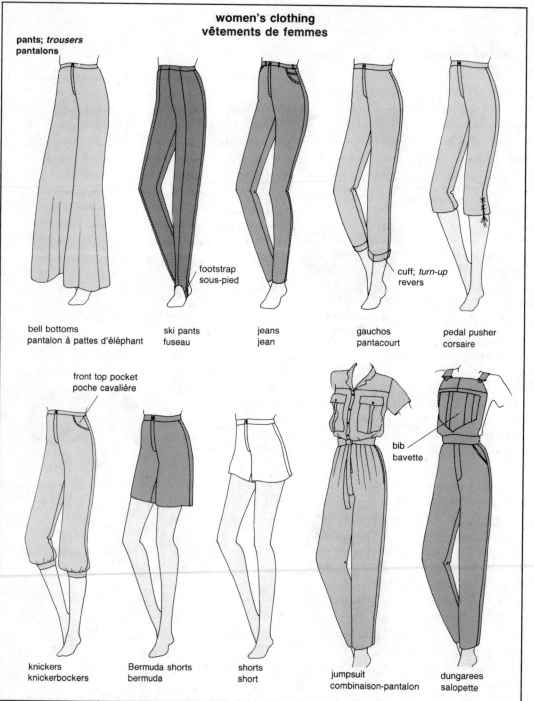

**women's clothing
vêtements de femmes**

pants; *trousers*
pantalons

footstrap
sous-pied

cuff; *turn-up*
revers

bell bottoms
pantalon à pattes d'éléphant

ski pants
fuseau

jeans
jean

gauchos
pantacourt

pedal pusher
corsaire

front top pocket
poche cavalière

bib
bavette

knickers
knickerbockers

Bermuda shorts
bermuda

shorts
short

jumpsuit
combinaison-pantalon

dungarees
salopette

women's clothing
vêtements de femmes

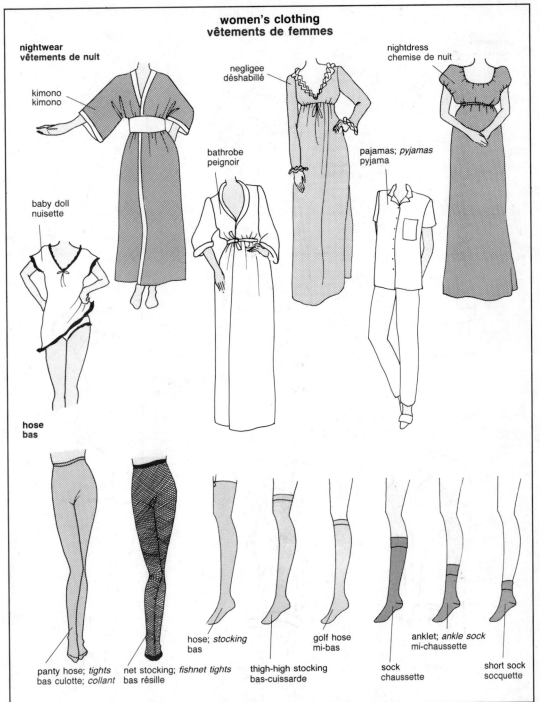

nightwear
vêtements de nuit

kimono
kimono

negligee
déshabillé

nightdress
chemise de nuit

baby doll
nuisette

bathrobe
peignoir

pajamas; *pyjamas*
pyjama

hose
bas

hose; *stocking*
bas

golf hose
mi-bas

anklet; *ankle sock*
mi-chaussette

panty hose; *tights*
bas culotte; *collant*

net stocking; *fishnet tights*
bas résille

thigh-high stocking
bas-cuissarde

sock
chaussette

short sock
socquette

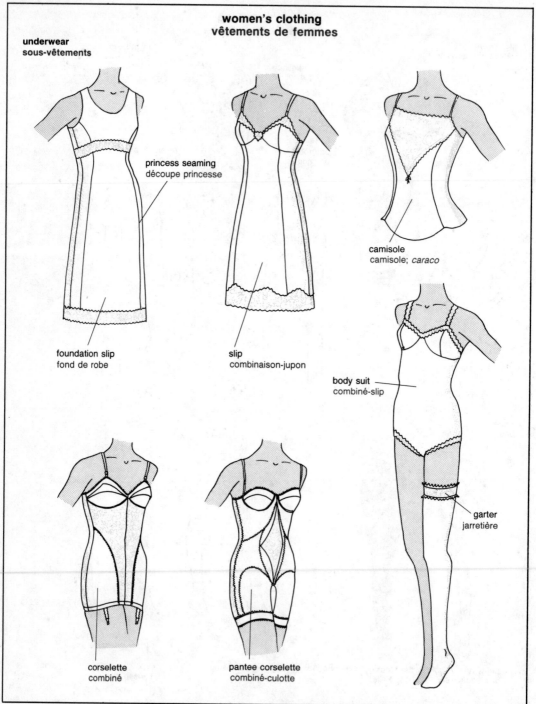

women's clothing
vêtements de femmes

underwear
sous-vêtements

princess seaming
découpe princesse

camisole
camisole; *caraco*

foundation slip
fond de robe

slip
combinaison-jupon

body suit
combiné-slip

garter
jarretière

corselette
combiné

pantee corselette
combiné-culotte

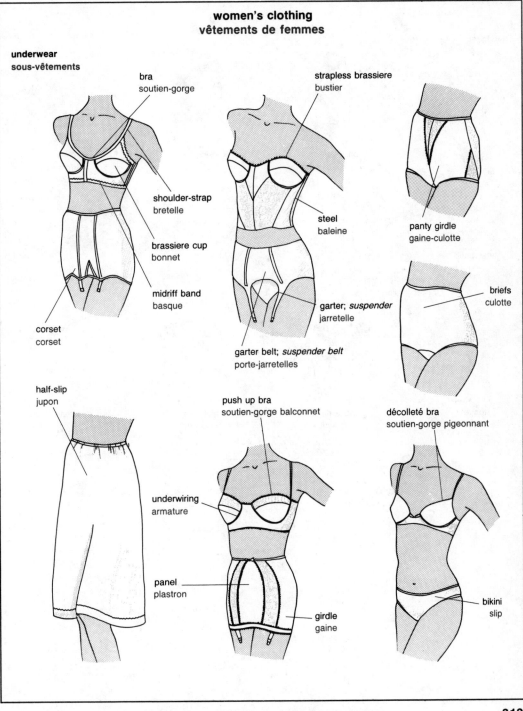

women's clothing
vêtements de femmes

underwear
sous-vêtements

bra
soutien-gorge

strapless brassiere
bustier

shoulder-strap
bretelle

steel
baleine

panty girdle
gaine-culotte

brassiere cup
bonnet

midriff band
basque

garter; *suspender*
jarretelle

briefs
culotte

corset
corset

garter belt; *suspender belt*
porte-jarretelles

half-slip
jupon

push up bra
soutien-gorge balconnet

décolleté bra
soutien-gorge pigeonnant

underwiring
armature

panel
plastron

girdle
gaine

bikini
slip

women's clothing
vêtements de femmes

headgear
coiffures

fur hood
cagoule

balaclava
passe-montagne

stocking cap
tuque

kerchief
marmotte

pompom
pompon

head band
tour de tête

tam- o'-shanter
tourmaline

string
bride

southwester
suroît

crown
calotte

brim
bord

gob hat
bob

toque
toque

hat veil
voilette

pillbox hat
tambourin

mob-cap
charlotte

turban
turban

boater
canotier

cartwheel hat
capeline

felt hat; *trilby*
feutre

cap
bonnet

beret
béret

cloche
cloche

children's clothing
vêtements d'enfants

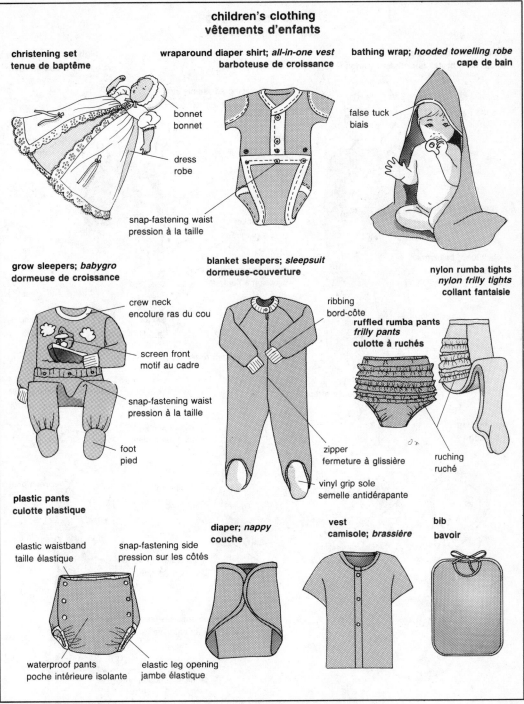

christening set
tenue de baptême

bonnet
bonnet

dress
robe

snap-fastening waist
pression à la taille

wraparound diaper shirt; *all-in-one vest*
barboteuse de croissance

bathing wrap; *hooded towelling robe*
cape de bain

false tuck
biais

grow sleepers; *babygro*
dormeuse de croissance

crew neck
encolure ras du cou

screen front
motif au cadre

snap-fastening waist
pression à la taille

foot
pied

blanket sleepers; *sleepsuit*
dormeuse-couverture

ribbing
bord-côte

zipper
fermeture à glissière

vinyl grip sole
semelle antidérapante

nylon rumba tights
nylon frilly tights
collant fantaisie

ruffled rumba pants
frilly pants
culotte à ruchés

ruching
ruché

plastic pants
culotte plastique

elastic waistband
taille élastique

snap-fastening side
pression sur les côtés

waterproof pants
poche intérieure isolante

elastic leg opening
jambe élastique

diaper; *nappy*
couche

vest
camisole; *brassière*

bib
bavoir

children's clothing
vêtements d'enfants

crossover back straps dungarees
salopette à bretelles croisées au dos

button strap
bretelle boutonnée

bib
bavette

rope belt
cordelière

belt loop; *belt carrier*
passant

snap-fastening adjustable strap
bretelle réglable à pressions

zipper
fermeture à glissière

patch pocket
poche plaquée

inside-leg snap-fastening
pression à l'entrejambe

high-back dungarees
salopette à dos montant

top stitching
surpiqûre

ribbing
bord-côte

jumpsuit
grenouillère; *gigoteuse*

snap-fastening shoulder strap
pression épaule

vest
brassière

foot
pied

bunting bag
nid d'ange

sleeper; *sleeping-suit*
dormeuse; *pantin*

raglan sleeve
manche raglan

ribbing
bord-côte

screen print
motif

snap-fastening front
pression devant

inside-leg snap-fastening
pression à l'entrejambe

vinyl grip sole
semelle antidérapante

children's clothing
vêtements d'enfants

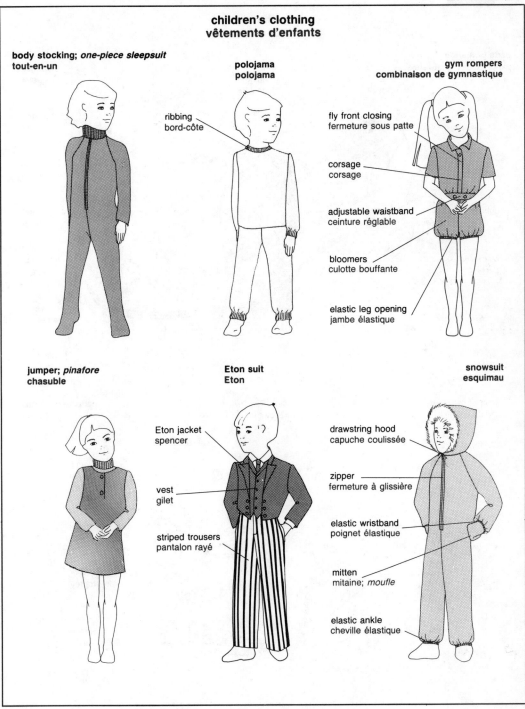

body stocking; *one-piece sleepsuit*
tout-en-un

ribbing
bord-côte

polojama
polojama

gym rompers
combinaison de gymnastique

fly front closing
fermeture sous patte

corsage
corsage

adjustable waistband
ceinture réglable

bloomers
culotte bouffante

elastic leg opening
jambe élastique

jumper; *pinafore*
chasuble

Eton suit
Eton

Eton jacket
spencer

vest
gilet

striped trousers
pantalon rayé

snowsuit
esquimau

drawstring hood
capuche coulissée

zipper
fermeture à glissière

elastic wristband
poignet élastique

mitten
mitaine; *moufle*

elastic ankle
cheville élastique

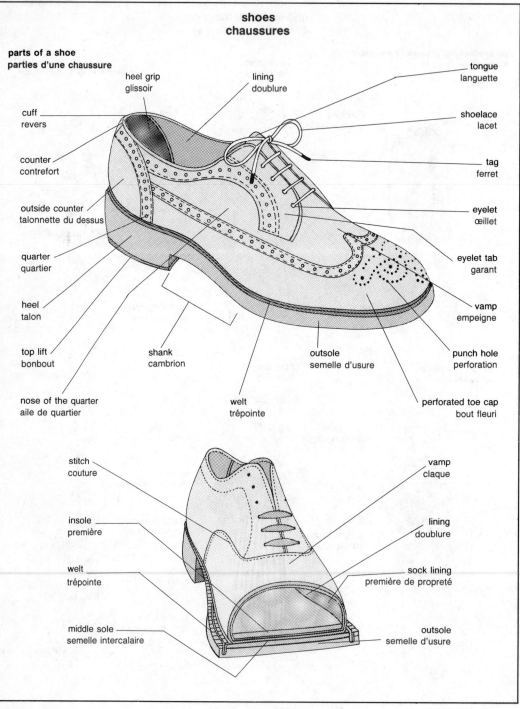

shoes
chaussures

parts of a shoe
parties d'une chaussure

heel grip
glissoir

lining
doublure

tongue
languette

cuff
revers

shoelace
lacet

counter
contrefort

tag
ferret

outside counter
talonnette du dessus

eyelet
œillet

quarter
quartier

eyelet tab
garant

heel
talon

vamp
empeigne

top lift
bonbout

shank
cambrion

outsole
semelle d'usure

punch hole
perforation

nose of the quarter
aile de quartier

welt
trépointe

perforated toe cap
bout fleuri

stitch
couture

vamp
claque

insole
première

lining
doublure

welt
trépointe

sock lining
première de propreté

middle sole
semelle intercalaire

outsole
semelle d'usure

shoes
chaussures

principal types of shoes
principaux types de chaussures

toe rubber
boutine

training shoe
chaussure d'entraînement

T-strap shoe
salomé

moccasin
mocassin

clog
socque

sandal
sandalette

sneaker
tapinois

thong; *flip-flop*
tong

tennis shoe
chaussure de tennis

ballerina; *pump*
ballerine

sandal; *toe-strap*
nu-pied

espadrille
espadrille

sandal; *ankle-strap*
sandale

pump; *court*
escarpin

one-bar shoe
Charles IX

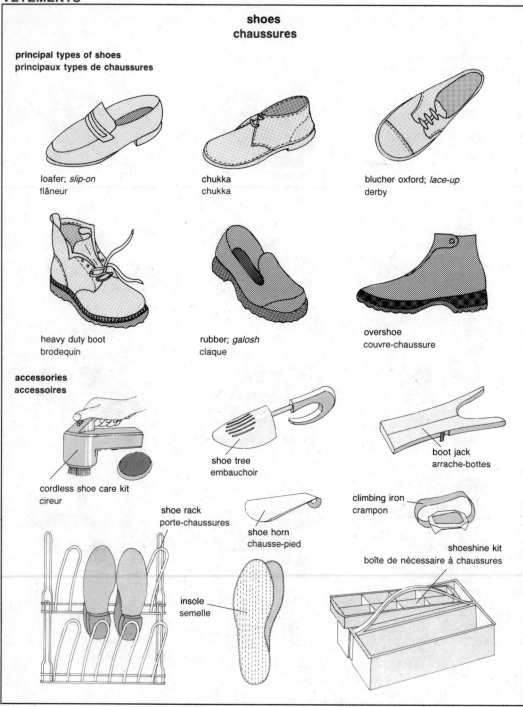

shoes
chaussures

principal types of shoes
principaux types de chaussures

loafer; *slip-on*
flâneur

chukka
chukka

blucher oxford; *lace-up*
derby

heavy duty boot
brodequin

rubber; *galosh*
claque

overshoe
couvre-chaussure

accessories
accessoires

shoe tree
embauchoir

boot jack
arrache-bottes

cordless shoe care kit
cireur

shoe rack
porte-chaussures

shoe horn
chausse-pied

climbing iron
crampon

shoeshine kit
boîte de nécessaire à chaussures

insole
semelle

costumes
costumes

bullfighter
torero

shirt
chemise

tie
cravate étroite

vest
gilet

sash
ceinture

frog
brandebourg

pants
culotte

tassel
pompon

pink stocking
bas rose

slippers
escarpin

hat
montera

pigtail
petite queue

epaulet
épaulette

jacket
veste

cape
cape

ballerina
ballerine

tutu
tutu

tights
collant

ribbon
ruban

toe
pointe

ballet slippers
chaussons de danse

drawstring
cordelette

sole
semelle

costumes
costumes

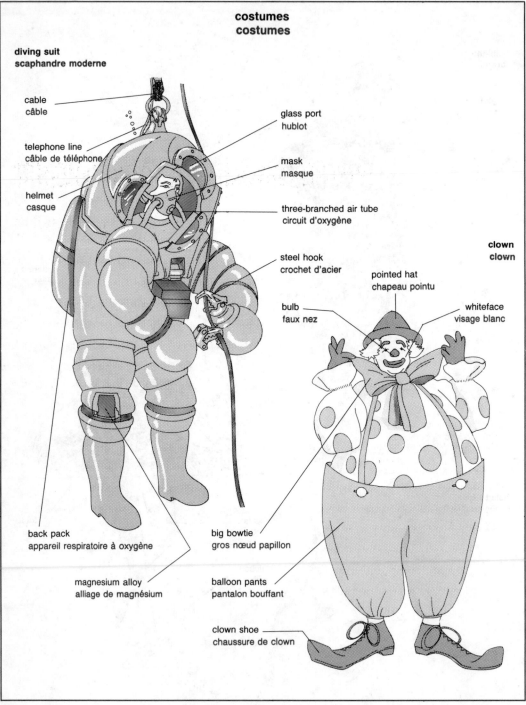

diving suit
scaphandre moderne

cable
câble

telephone line
câble de téléphone

helmet
casque

glass port
hublot

mask
masque

three-branched air tube
circuit d'oxygène

steel hook
crochet d'acier

clown
clown

pointed hat
chapeau pointu

whiteface
visage blanc

bulb
faux nez

back pack
appareil respiratoire à oxygène

big bowtie
gros nœud papillon

magnesium alloy
alliage de magnésium

balloon pants
pantalon bouffant

clown shoe
chaussure de clown

PERSONAL ADORNMENT
PARURE

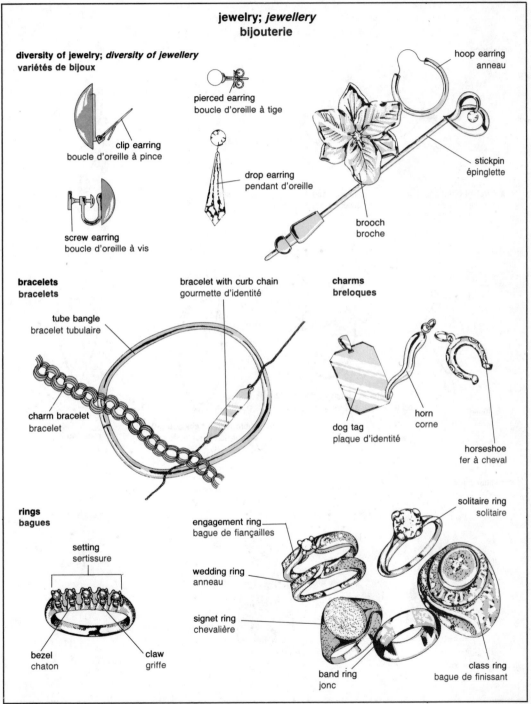

jewelry; *jewellery*
bijouterie

diversity of jewelry; *diversity of jewellery*
variétés de bijoux

clip earring
boucle d'oreille à pince

screw earring
boucle d'oreille à vis

pierced earring
boucle d'oreille à tige

drop earring
pendant d'oreille

hoop earring
anneau

stickpin
épinglette

brooch
broche

bracelets
bracelets

bracelet with curb chain
gourmette d'identité

tube bangle
bracelet tubulaire

charm bracelet
bracelet

charms
breloques

dog tag
plaque d'identité

horn
corne

horseshoe
fer à cheval

rings
bagues

setting
sertissure

bezel
chaton

claw
griffe

engagement ring
bague de fiançailles

wedding ring
anneau

signet ring
chevalière

solitaire ring
solitaire

band ring
jonc

class ring
bague de finissant

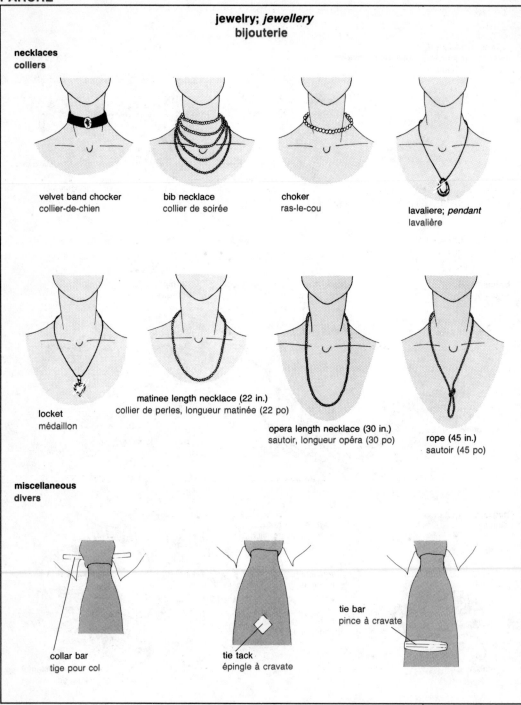

jewelry; *jewellery*
bijouterie

necklaces
colliers

velvet band chocker
collier-de-chien

bib necklace
collier de soirée

choker
ras-le-cou

lavaliere; *pendant*
lavalière

locket
médaillon

matinee length necklace (22 in.)
collier de perles, longueur matinée (22 po)

opera length necklace (30 in.)
sautoir, longueur opéra (30 po)

rope (45 in.)
sautoir (45 po)

miscellaneous
divers

collar bar
tige pour col

tie tack
épingle à cravate

tie bar
pince à cravate

jewelry; *jewellery*
bijouterie

cuts for gemstones
tailles des pierres

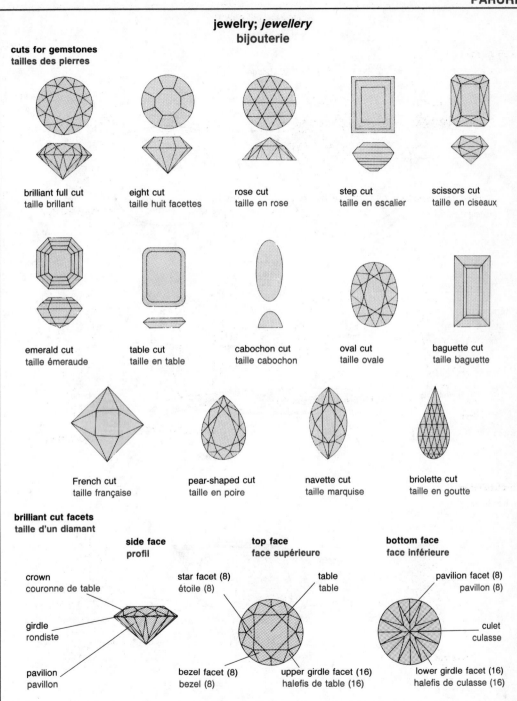

brilliant full cut
taille brillant

eight cut
taille huit facettes

rose cut
taille en rose

step cut
taille en escalier

scissors cut
taille en ciseaux

emerald cut
taille émeraude

table cut
taille en table

cabochon cut
taille cabochon

oval cut
taille ovale

baguette cut
taille baguette

French cut
taille française

pear-shaped cut
taille en poire

navette cut
taille marquise

briolette cut
taille en goutte

brilliant cut facets
taille d'un diamant

side face
profil

top face
face supérieure

bottom face
face inférieure

crown
couronne de table

star facet (8)
étoile (8)

table
table

pavilion facet (8)
pavillon (8)

girdle
rondiste

culet
culasse

pavilion
pavillon

bezel facet (8)
bezel (8)

upper girdle facet (16)
halefis de table (16)

lower girdle facet (16)
halefis de culasse (16)

eyeglasses
lunettes

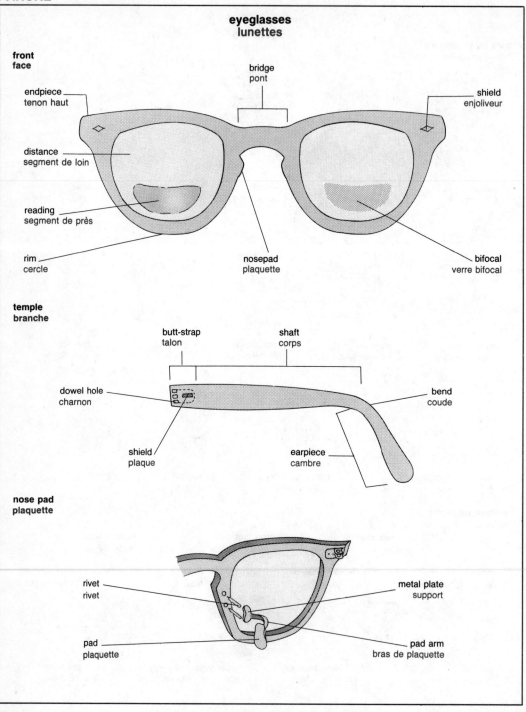

front
face

endpiece
tenon haut

bridge
pont

shield
enjoliveur

distance
segment de loin

reading
segment de près

rim
cercle

nosepad
plaquette

bifocal
verre bifocal

temple
branche

butt-strap
talon

shaft
corps

dowel hole
charnon

bend
coude

shield
plaque

earpiece
cambre

nose pad
plaquette

rivet
rivet

metal plate
support

pad
plaquette

pad arm
bras de plaquette

eyeglasses
lunettes

principal types of eyeglasses
principaux types de lunettes

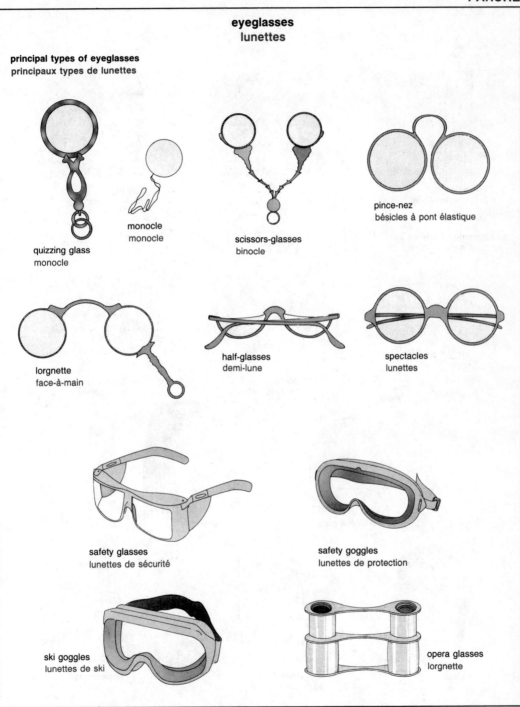

quizzing glass
monocle

monocle
monocle

scissors-glasses
binocle

pince-nez
bésicles à pont élastique

lorgnette
face-à-main

half-glasses
demi-lune

spectacles
lunettes

safety glasses
lunettes de sécurité

safety goggles
lunettes de protection

ski goggles
lunettes de ski

opera glasses
lorgnette

hair styles
coiffure

kinds of hair
types de cheveux

straight hair
cheveux raides

wavy hair
cheveux ondulés

curly hair
cheveux frisés

components of hair styles
éléments de la coiffure

bun
chignon

bouffant
coiffure bouffante

page boy
petit page

corkscrew curls
boudin

braids
tresses

pigtails
nattes

pony tail
queue de cheval

fingerwaves
vagues

hair styles
coiffure

components of hair styles
éléments de la coiffure

shag
permanente bouclée

poodle cut
permanente frisée

women's pompadour
coiffure à la Pompadour

French twist
torsade

bangs
frange

bob
coiffure à la Ninon

crew cut
coupe en brosse

Beatle cut
coupe à la Beatle

men's pompadour
coiffure à la Pompadour

Afro
afro

wigs and hairpieces
perruque et postiche

capless wig
perruque

hairpieces
postiches

bun
chignon

toupee
toupet

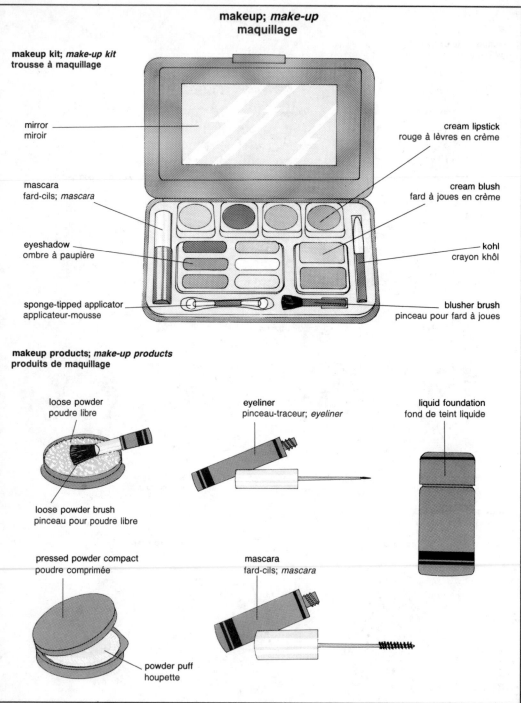

makeup; *make-up*
maquillage

makeup kit; *make-up kit*
trousse à maquillage

mirror
miroir

cream lipstick
rouge à lèvres en crème

mascara
fard-cils; *mascara*

cream blush
fard à joues en crème

eyeshadow
ombre à paupière

kohl
crayon khôl

sponge-tipped applicator
applicateur-mousse

blusher brush
pinceau pour fard à joues

makeup products; *make-up products*
produits de maquillage

loose powder
poudre libre

eyeliner
pinceau-traceur; *eyeliner*

liquid foundation
fond de teint liquide

loose powder brush
pinceau pour poudre libre

pressed powder compact
poudre comprimée

mascara
fard-cils; *mascara*

powder puff
houpette

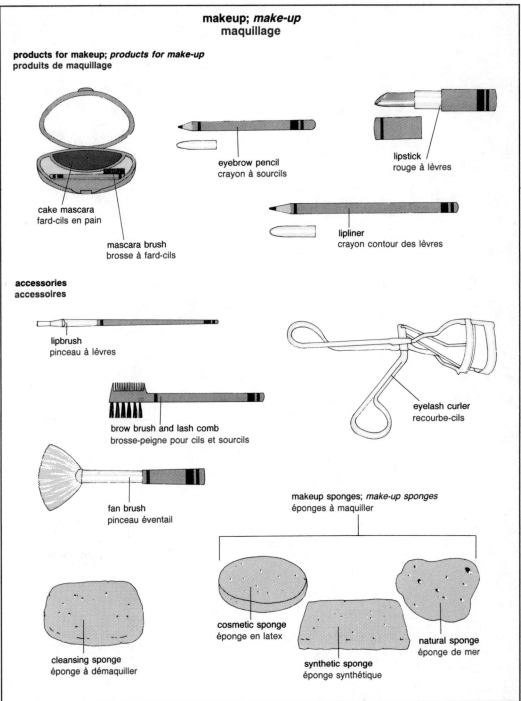

makeup; *make-up*
maquillage

products for makeup; *products for make-up*
produits de maquillage

eyebrow pencil
crayon à sourcils

lipstick
rouge à lèvres

cake mascara
fard-cils en pain

mascara brush
brosse à fard-cils

lipliner
crayon contour des lèvres

accessories
accessoires

lipbrush
pinceau à lèvres

brow brush and lash comb
brosse-peigne pour cils et sourcils

eyelash curler
recourbe-cils

fan brush
pinceau éventail

makeup sponges; *make-up sponges*
éponges à maquiller

cosmetic sponge
éponge en latex

natural sponge
éponge de mer

cleansing sponge
éponge à démaquiller

synthetic sponge
éponge synthétique

PERSONAL ARTICLES
OBJETS PERSONNELS

razors
rasoirs

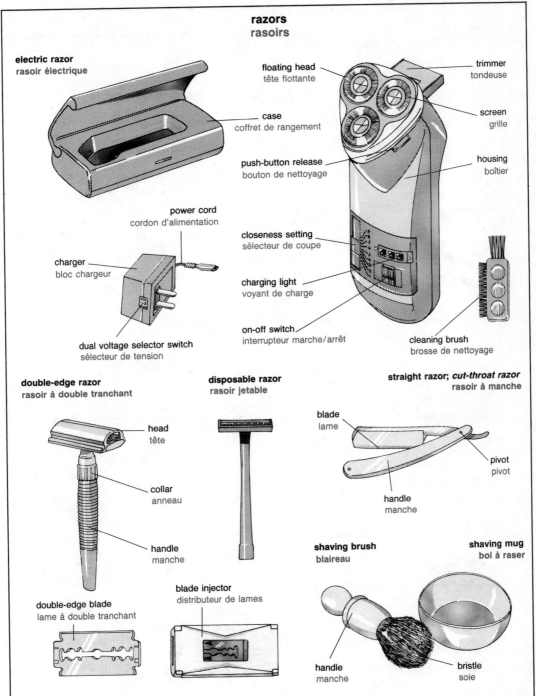

electric razor
rasoir électrique

floating head
tête flottante

trimmer
tondeuse

case
coffret de rangement

screen
grille

push-button release
bouton de nettoyage

housing
boîtier

power cord
cordon d'alimentation

closeness setting
sélecteur de coupe

charger
bloc chargeur

charging light
voyant de charge

cleaning brush
brosse de nettoyage

dual voltage selector switch
sélecteur de tension

on-off switch
interrupteur marche/arrêt

double-edge razor
rasoir à double tranchant

disposable razor
rasoir jetable

straight razor; *cut-throat razor*
rasoir à manche

head
tête

blade
lame

collar
anneau

pivot
pivot

handle
manche

handle
manche

handle
manche

shaving brush
blaireau

shaving mug
bol à raser

double-edge blade
lame à double tranchant

blade injector
distributeur de lames

handle
manche

bristle
soie

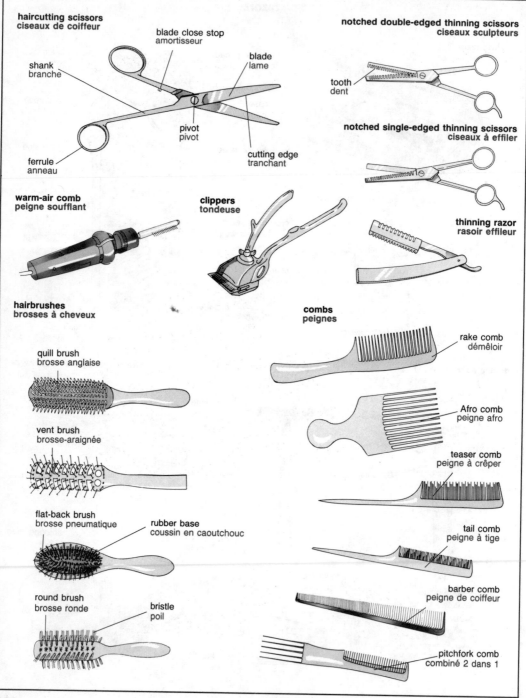

haircutting scissors
ciseaux de coiffeur

blade close stop
amortisseur

blade
lame

shank
branche

pivot
pivot

ferrule
anneau

cutting edge
tranchant

notched double-edged thinning scissors
ciseaux sculpteurs

tooth
dent

notched single-edged thinning scissors
ciseaux à effiler

warm-air comb
peigne soufflant

clippers
tondeuse

thinning razor
rasoir effileur

hairbrushes
brosses à cheveux

combs
peignes

quill brush
brosse anglaise

rake comb
démêloir

vent brush
brosse-araignée

Afro comb
peigne afro

teaser comb
peigne à crêper

flat-back brush
brosse pneumatique

rubber base
coussin en caoutchouc

tail comb
peigne à tige

barber comb
peigne de coiffeur

round brush
brosse ronde

bristle
poil

pitchfork comb
combiné 2 dans 1

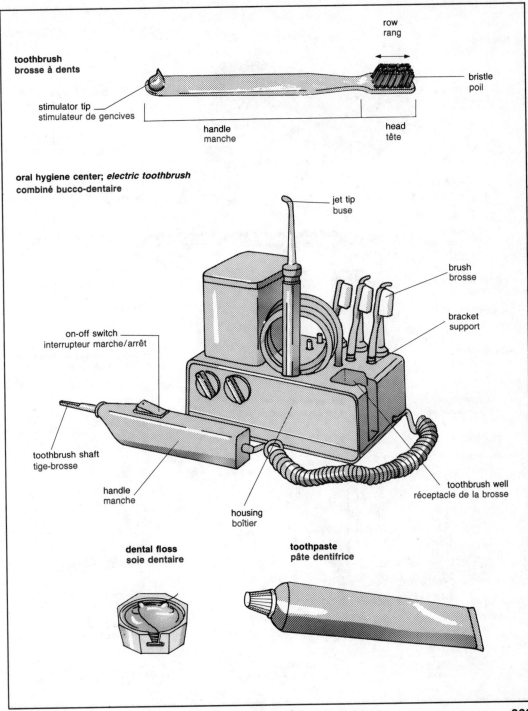

toothbrush
brosse à dents

row
rang

stimulator tip
stimulateur de gencives

bristle
poil

handle
manche

head
tête

oral hygiene center; *electric toothbrush*
combiné bucco-dentaire

jet tip
buse

brush
brosse

bracket
support

on-off switch
interrupteur marche/arrêt

toothbrush shaft
tige-brosse

handle
manche

housing
boîtier

toothbrush well
réceptacle de la brosse

dental floss
soie dentaire

toothpaste
pâte dentifrice

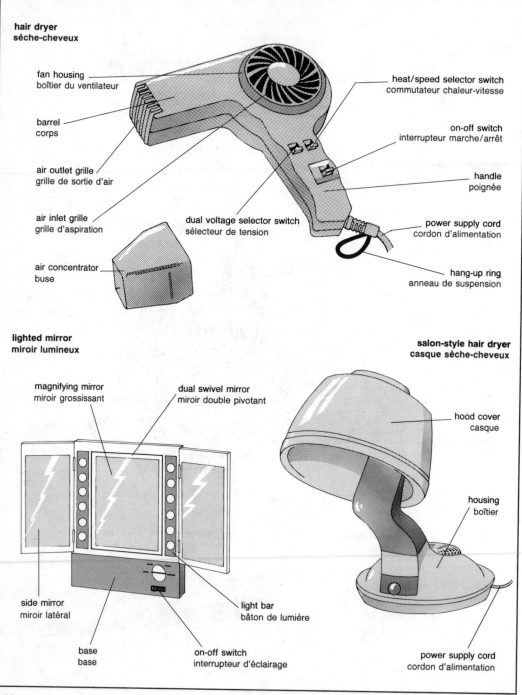

hair dryer
sèche-cheveux

fan housing
boîtier du ventilateur

heat/speed selector switch
commutateur chaleur-vitesse

barrel
corps

on-off switch
interrupteur marche/arrêt

air outlet grille
grille de sortie d'air

handle
poignée

air inlet grille
grille d'aspiration

dual voltage selector switch
sélecteur de tension

power supply cord
cordon d'alimentation

air concentrator
buse

hang-up ring
anneau de suspension

lighted mirror
miroir lumineux

salon-style hair dryer
casque sèche-cheveux

magnifying mirror
miroir grossissant

dual swivel mirror
miroir double pivotant

hood cover
casque

housing
boîtier

side mirror
miroir latéral

light bar
bâton de lumière

base
base

on-off switch
interrupteur d'éclairage

power supply cord
cordon d'alimentation

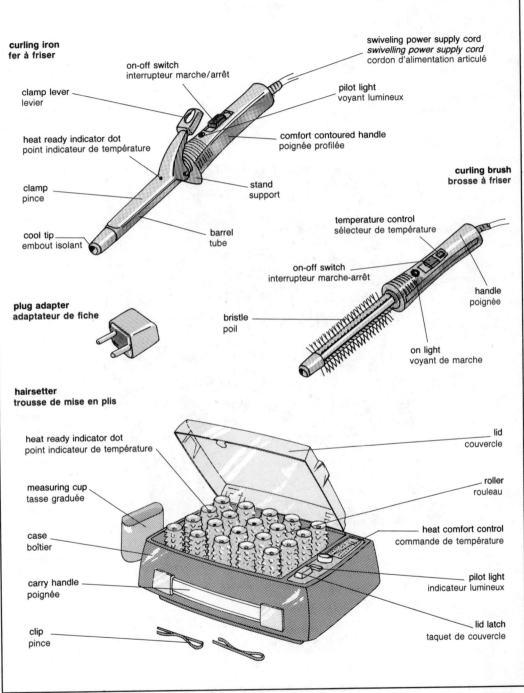

curling iron
fer à friser

on-off switch
interrupteur marche/arrêt

swiveling power supply cord
swivelling power supply cord
cordon d'alimentation articulé

clamp lever
levier

pilot light
voyant lumineux

heat ready indicator dot
point indicateur de température

comfort contoured handle
poignée profilée

curling brush
brosse à friser

clamp
pince

stand
support

temperature control
sélecteur de température

cool tip
embout isolant

barrel
tube

on-off switch
interrupteur marche-arrêt

handle
poignée

plug adapter
adaptateur de fiche

bristle
poil

on light
voyant de marche

hairsetter
trousse de mise en plis

heat ready indicator dot
point indicateur de température

lid
couvercle

measuring cup
tasse graduée

roller
rouleau

case
boîtier

heat comfort control
commande de température

carry handle
poignée

pilot light
indicateur lumineux

clip
pince

lid latch
taquet de couvercle

manicure set
trousse de manucure

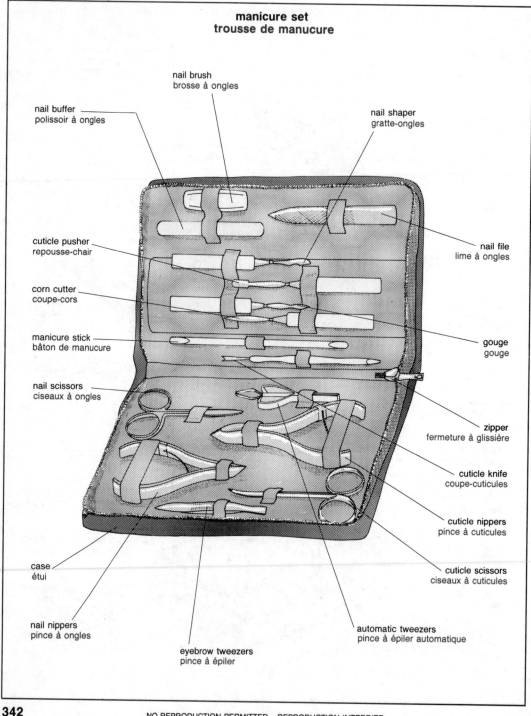

nail brush
brosse à ongles

nail shaper
gratte-ongles

nail buffer
polissoir à ongles

cuticle pusher
repousse-chair

nail file
lime à ongles

corn cutter
coupe-cors

manicure stick
bâton de manucure

gouge
gouge

nail scissors
ciseaux à ongles

zipper
fermeture à glissière

cuticle knife
coupe-cuticules

cuticle nippers
pince à cuticules

case
étui

cuticle scissors
ciseaux à cuticules

nail nippers
pince à ongles

automatic tweezers
pince à épiler automatique

eyebrow tweezers
pince à épiler

342

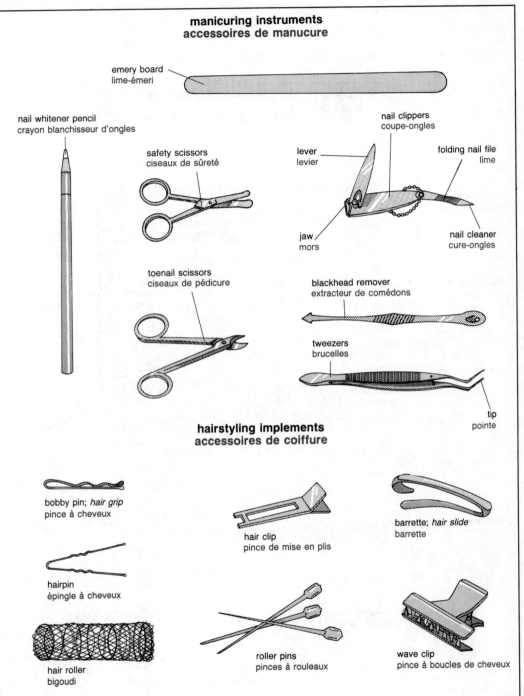

manicuring instruments
accessoires de manucure

emery board
lime-émeri

nail whitener pencil
crayon blanchisseur d'ongles

safety scissors
ciseaux de sûreté

nail clippers
coupe-ongles

lever
levier

folding nail file
lime

jaw
mors

nail cleaner
cure-ongles

toenail scissors
ciseaux de pédicure

blackhead remover
extracteur de comédons

tweezers
brucelles

tip
pointe

hairstyling implements
accessoires de coiffure

bobby pin; *hair grip*
pince à cheveux

hair clip
pince de mise en plis

barrette; *hair slide*
barrette

hairpin
épingle à cheveux

roller pins
pinces à rouleaux

wave clip
pince à boucles de cheveux

hair roller
bigoudi

PERSONAL ARTICLES
OBJETS PERSONNELS

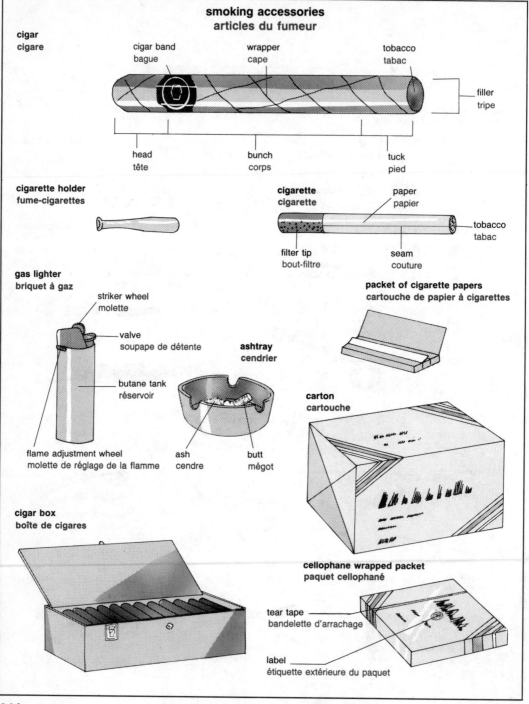

smoking accessories
articles du fumeur

cigar
cigare

cigar band
bague

wrapper
cape

tobacco
tabac

filler
tripe

head
tête

bunch
corps

tuck
pied

cigarette holder
fume-cigarettes

cigarette
cigarette

paper
papier

tobacco
tabac

filter tip
bout-filtre

seam
couture

gas lighter
briquet à gaz

striker wheel
molette

valve
soupape de détente

butane tank
réservoir

flame adjustment wheel
molette de réglage de la flamme

packet of cigarette papers
cartouche de papier à cigarettes

ashtray
cendrier

ash
cendre

butt
mégot

carton
cartouche

cigar box
boîte de cigares

cellophane wrapped packet
paquet cellophané

tear tape
bandelette d'arrachage

label
étiquette extérieure du paquet

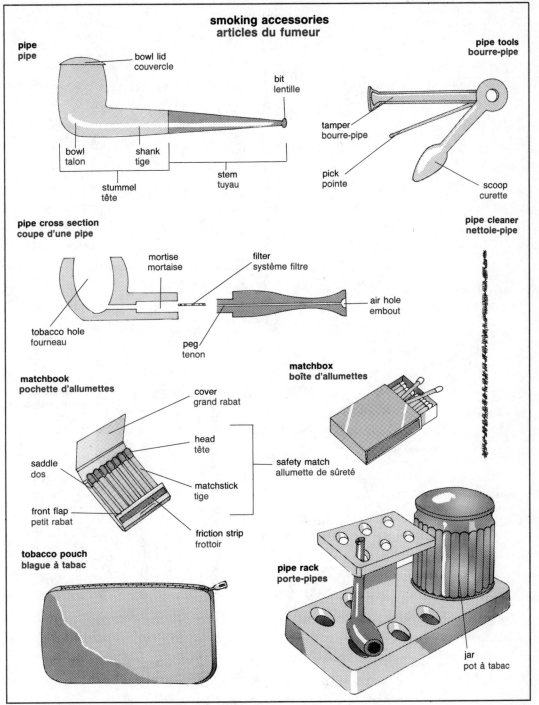

smoking accessories
articles du fumeur

pipe
pipe

bowl lid
couvercle

bit
lentille

bowl
talon

shank
tige

stem
tuyau

stummel
tête

pipe tools
bourre-pipe

tamper
bourre-pipe

pick
pointe

scoop
curette

pipe cross section
coupe d'une pipe

mortise
mortaise

filter
système filtre

air hole
embout

tobacco hole
fourneau

peg
tenon

pipe cleaner
nettoie-pipe

matchbook
pochette d'allumettes

cover
grand rabat

head
tête

saddle
dos

matchstick
tige

front flap
petit rabat

friction strip
frottoir

safety match
allumette de sûreté

matchbox
boîte d'allumettes

tobacco pouch
blague à tabac

pipe rack
porte-pipes

jar
pot à tabac

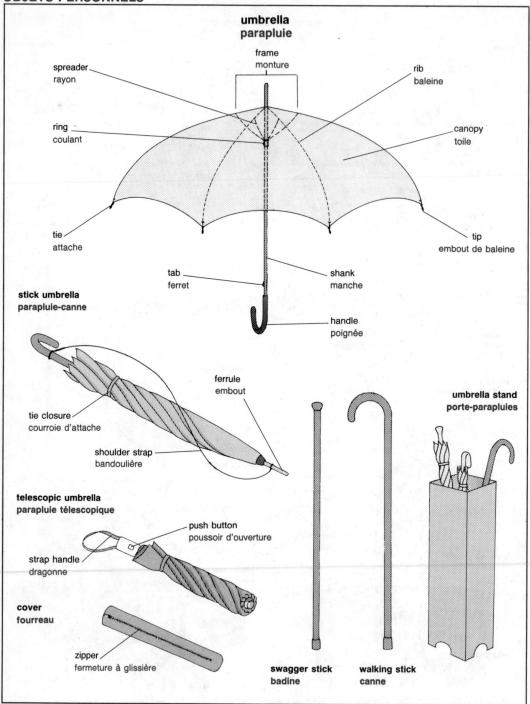

umbrella
parapluie

frame
monture

spreader
rayon

rib
baleine

ring
coulant

canopy
toile

tie
attache

tip
embout de baleine

tab
ferret

shank
manche

handle
poignée

stick umbrella
parapluie-canne

ferrule
embout

tie closure
courroie d'attache

shoulder strap
bandoulière

umbrella stand
porte-parapluies

telescopic umbrella
parapluie télescopique

push button
poussoir d'ouverture

strap handle
dragonne

cover
fourreau

zipper
fermeture à glissière

swagger stick
badine

walking stick
canne

luggage
bagages

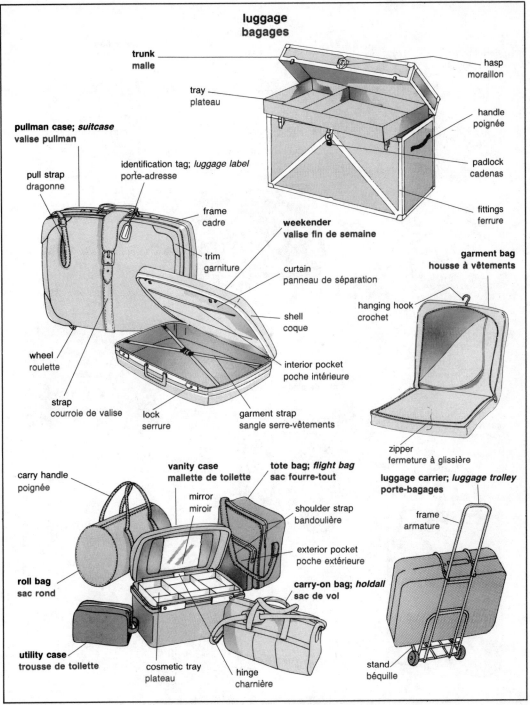

trunk
malle

hasp
moraillon

tray
plateau

handle
poignée

pullman case; *suitcase*
valise pullman

identification tag; *luggage label*
porte-adresse

padlock
cadenas

pull strap
dragonne

frame
cadre

weekender
valise fin de semaine

fittings
ferrure

trim
garniture

curtain
panneau de séparation

garment bag
housse à vêtements

hanging hook
crochet

shell
coque

wheel
roulette

interior pocket
poche intérieure

strap
courroie de valise

lock
serrure

garment strap
sangle serre-vêtements

zipper
fermeture à glissière

carry handle
poignée

vanity case
mallette de toilette

tote bag; *flight bag*
sac fourre-tout

luggage carrier; *luggage trolley*
porte-bagages

mirror
miroir

shoulder strap
bandoulière

frame
armature

exterior pocket
poche extérieure

roll bag
sac rond

carry-on bag; *holdall*
sac de vol

utility case
trousse de toilette

cosmetic tray
plateau

hinge
charnière

stand
béquille

handbags
sacs à main

barrel bag
sac polochon

zipper
fermeture à glissière

clutch bag
sac pochette

press-stud
bouton-pression

accordion bag
sac accordéon

box bag
sac boîte

tote bag
sac fourre-tout

gusset
soufflet

beach bag
sac de plage

lining
doublure

carrier bag
sac cabas

shopping bag
sac à provisions

handbags
sacs à main

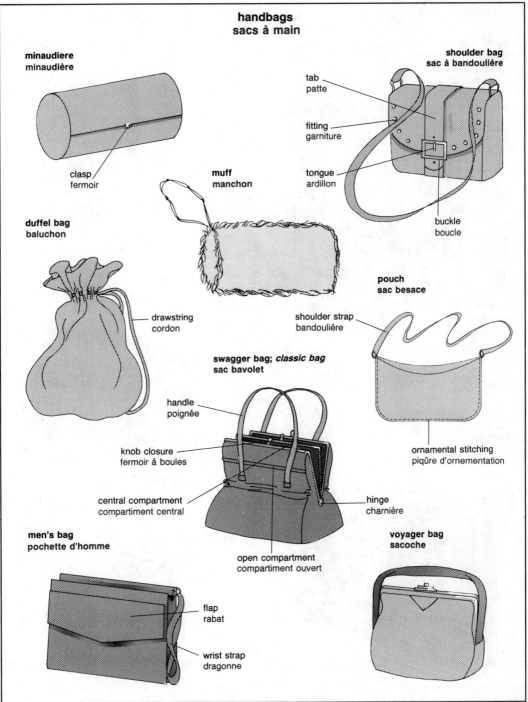

minaudiere
minaudière

shoulder bag
sac à bandoulière

tab
patte

fitting
garniture

tongue
ardillon

clasp
fermoir

muff
manchon

buckle
boucle

duffel bag
baluchon

pouch
sac besace

drawstring
cordon

shoulder strap
bandoulière

swagger bag; *classic bag*
sac bavolet

handle
poignée

ornamental stitching
piqûre d'ornementation

knob closure
fermoir à boules

central compartment
compartiment central

hinge
charnière

men's bag
pochette d'homme

voyager bag
sacoche

open compartment
compartiment ouvert

flap
rabat

wrist strap
dragonne

leather goods
articles de maroquinerie

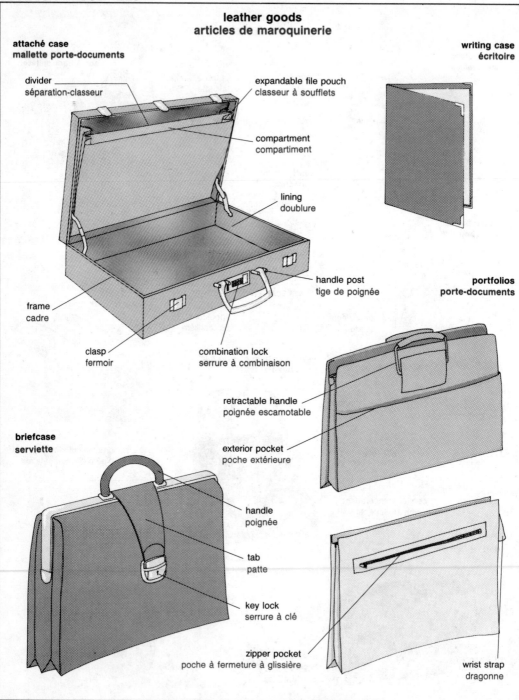

attaché case
mallette porte-documents

divider
séparation-classeur

expandable file pouch
classeur à soufflets

compartment
compartiment

lining
doublure

handle post
tige de poignée

frame
cadre

clasp
fermoir

combination lock
serrure à combinaison

writing case
écritoire

portfolios
porte-documents

retractable handle
poignée escamotable

exterior pocket
poche extérieure

briefcase
serviette

handle
poignée

tab
patte

key lock
serrure à clé

zipper pocket
poche à fermeture à glissière

wrist strap
dragonne

leather goods
articles de maroquinerie

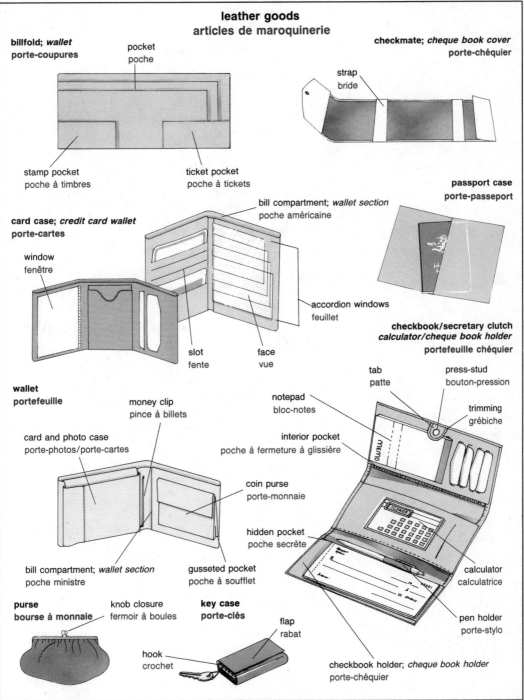

billfold; *wallet*
porte-coupures

pocket
poche

checkmate; *cheque book cover*
porte-chéquier

strap
bride

stamp pocket
poche à timbres

ticket pocket
poche à tickets

passport case
porte-passeport

bill compartment; *wallet section*
poche américaine

card case; *credit card wallet*
porte-cartes

window
fenêtre

accordion windows
feuillet

checkbook/secretary clutch
calculator/cheque book holder
portefeuille chéquier

slot
fente

face
vue

tab
patte

press-stud
bouton-pression

wallet
portefeuille

money clip
pince à billets

notepad
bloc-notes

trimming
grébiche

card and photo case
porte-photos/porte-cartes

interior pocket
poche à fermeture à glissière

coin purse
porte-monnaie

hidden pocket
poche secrète

bill compartment; *wallet section*
poche ministre

gusseted pocket
poche à soufflet

calculator
calculatrice

purse
bourse à monnaie

knob closure
fermoir à boules

key case
porte-clés

flap
rabat

pen holder
porte-stylo

hook
crochet

checkbook holder; *cheque book holder*
porte-chéquier

COMMUNICATIONS

COMMUNICATIONS

writing systems of the world
écritures des peuples

Merry Christmas
Happy New Year

English
anglais

Joyeux Noël
Bonne année

French
français

クリスマス
おめでとう

初光り

Japanese
japonais

God
Jul
Godt
Nytt Ar

Norwegian
norvégien

Vrolijk Kerstfeest
en een
Gelukkig Nieuwjaar

Dutch
hollandais

Feliz
Navidad
Próspero
Año Nuevo

Spanish
espagnol

С Рождеством
С новым годом

Russian
russe

מזל שׁב גם
עשׂה טוב ה

Hebrew
hébreu

عيد شامبارك
كرسمس مبارك

Iranian
iranien

BUON
NATALE
FELICE
ANNO NUOVO

Italian
italien

Glædelig Jul
og
Godt Nytaar

Danish
danois

Hyvää Joulua Ja
Onnellista
Uutta Vuotta

Finnish
finlandais

ΚΑΛΑ ΧΡΙΣΤΟΥΓΕΝΝΑ
ΚΑΙ ΕΥΤΥΧΙΣΜΕΝΟΣ Ο
ΚΑΙΝΟΥΡΓΙΟΣ ΧΡΟΝΟΣ

Greek
grec

CHÚC MỪNG GIÁNG SINH
CÔNG CHÚC TÂN XUÂN

Vietnamese
vietnamien

God Jul
och
Gott Nytt
Är

Swedish
suédois

عام سعيد
وكل عام وانتم بخير

Arabic
arabe

नव वर्ष की शुभकामनाएँ

Hindi
hindi

Armenian
arménien

SĂRBĂTORI FERICITE
și
LA MULTI ANI

Rumanian
roumain

ХРИСТОС
РОДИВСЯ
ШАСЛИВОТО
НОВОТО РОКУ

Ukrainian
ukrainien

FELIZ NATAL
PRÓSPERO ANO NOVO

Portuguese
portugais

Fröhliche Weihnachten
und alles Gute
zum Neuen Jahr

German
allemand

Sinhalese
cingalais

Wesołych Świąt
i
Szczęśliwego
Nowego Roku

Polish
polonais

聖誕快生
新年愉快

Chinese
chinois

Nadolig Llawen
Blwyddyn Newydd
Dda

Welsh
gallois

KELLEMES KARÁCSONYI
ÜNNEPEKE
BOLDOG ÚJÉVET

Hungarian
hongrois

Inuktitut
inuktitut

Braille
alphabet Braille

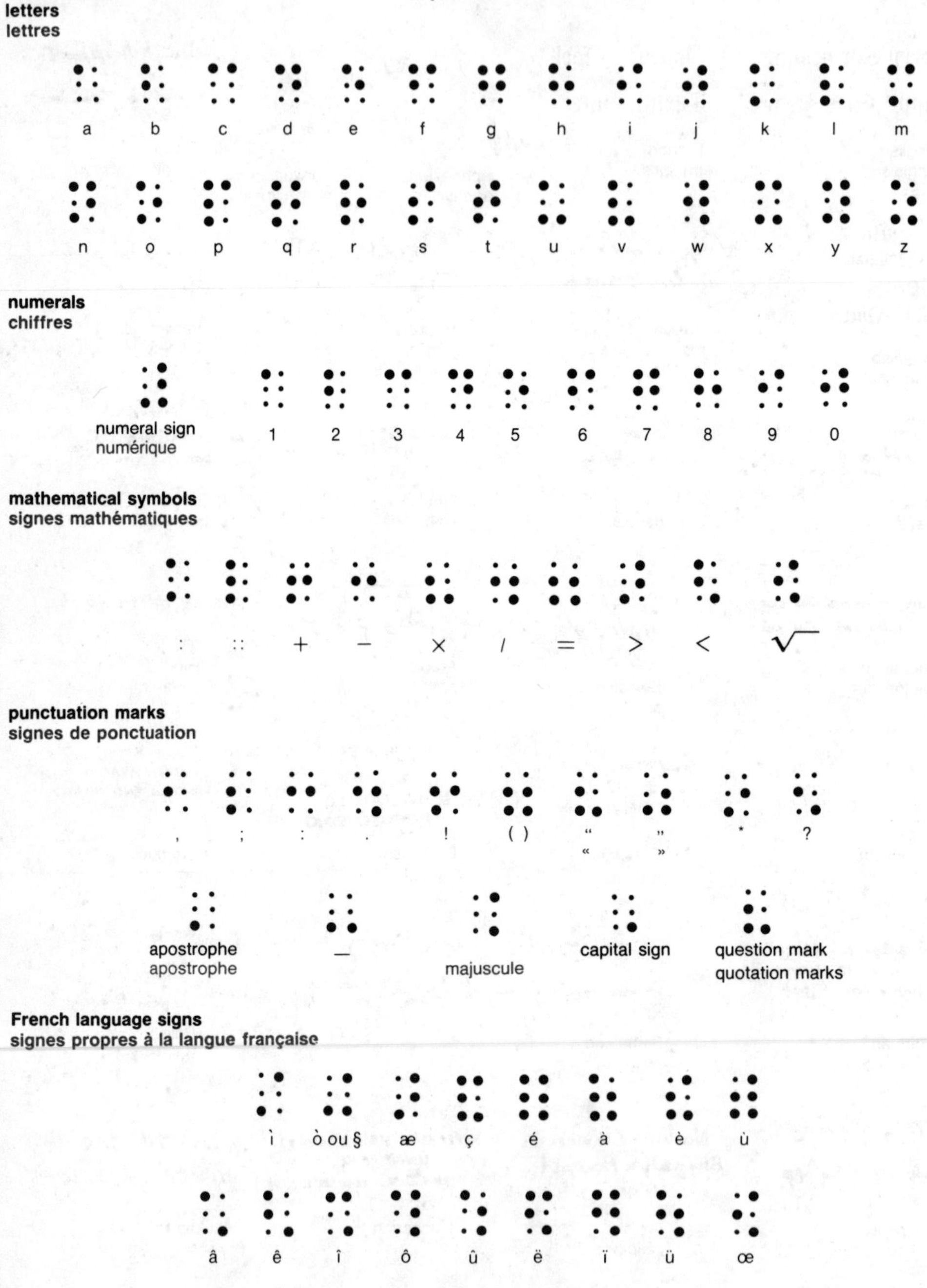

letters
lettres

a b c d e f g h i j k l m

n o p q r s t u v w x y z

numerals
chiffres

numeral sign
numérique

1 2 3 4 5 6 7 8 9 0

mathematical symbols
signes mathématiques

: :: + − × / = > < √

punctuation marks
signes de ponctuation

, ; : . ! ( ) " " * ?
« »

apostrophe
apostrophe

—
majuscule

capital sign

question mark
quotation marks

French language signs
signes propres à la langue française

ì ò ou § æ ç é à è ù

â ê î ô û ë ï ü œ

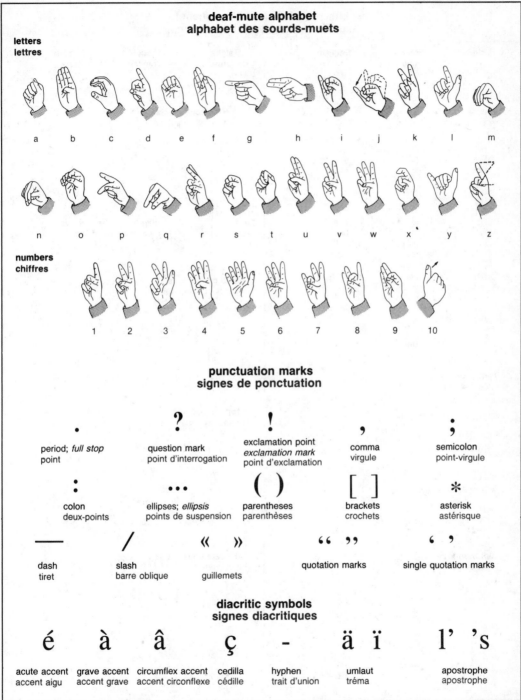

deaf-mute alphabet
alphabet des sourds-muets

letters
lettres

a b c d e f g h i j k l m

n o p q r s t u v w x y z

numbers
chiffres

1 2 3 4 5 6 7 8 9 10

punctuation marks
signes de ponctuation

.
period; *full stop*
point

?
question mark
point d'interrogation

!
exclamation point
exclamation mark
point d'exclamation

,
comma
virgule

;
semicolon
point-virgule

:
colon
deux-points

...
ellipses; *ellipsis*
points de suspension

( )
parentheses
parenthèses

[ ]
brackets
crochets

*
asterisk
astérisque

——
dash
tiret

/
slash
barre oblique

« »
guillemets

" "
quotation marks

' '
single quotation marks

diacritic symbols
signes diacritiques

é
acute accent
accent aigu

à
grave accent
accent grave

â
circumflex accent
accent circonflexe

ç
cedilla
cédille

-
hyphen
trait d'union

ä ï
umlaut
tréma

l' 's
apostrophe
apostrophe

international phonetic alphabet
alphabet phonétique international

signs signes	French français	English anglais		signs signes	French français	English anglais
vowels **voyelles orales**				**fricative consonants** **consonnes fricatives**		
[a]	lac	—		[f]	fou	life
[ɑ]	mât	arm		[v]	vite	live
[æ]	—	back		[θ]	—	thin
[e]	thé	elite		[ð]	—	then
[ɛ]	poète	yet		[h]	—	hot
[ə]	—	ago		[s]	hélas	pass
[ɜ]	—	earth		[z]	gaz	zoo
[i]	île	beet		[ʒ]	page	rouge
[ɪ]	—	bit		[ʃ]	cheval	she
[ɔ]	note	ball				
[o]	dos	note		**liquid consonants** **consonnes liquides**		
[œ]	peur	—				
[u]	loup	rule		[l]	mal	real
[ʊ]	—	bull		[r]	rude	rue
[ʌ]	—	but		[m]	blême	him
[y]	mur	cure		[n]	fanal	in
[ɸ]	feu	—		[ɲ]	agneau	rang
[ɒ]	—	hot				
[:]	longueur / length			**stop consonants** **consonnes occlusives**		
nasal vowels **voyelles nasales**				[p]	pas	mop
				[b]	beau	bat
[ã]	blanc	—		[d]	dur	do
[ɛ̃]	pain	—		[t]	tu	two
[ɔ̃]	bon	—		[k]	que	lake
[œ̃]	brun	—		[g]	gare	bag
glides **semi-voyelles**						
				affricate consonants **consonnes affriquées**		
[j]	yeux	you				
[ɥ]	nuit	—		[tʃ]	—	chin
[w]	oui	we		[dʒ]	—	joke
diphthongs **diphtongues**						
[aɪ]	—	my				
[aʊ]	—	how				
[ɔɪ]	—	toy				
[ju]	—	amuse				
[eɪ]	—	may				
[ɛə]	—	dare				
[ɪə]	—	here				
[əʊ]	—	no				
[ʊə]	—	here				

typical letter
lettre type

American model
modèle américain

letterhead

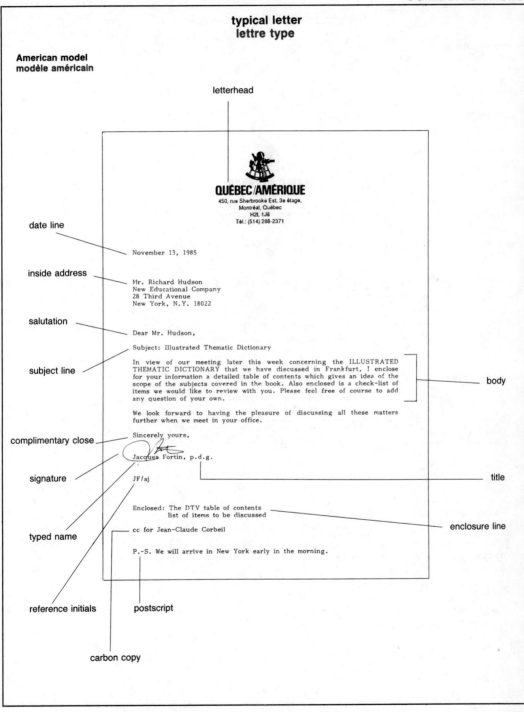

date line — November 13, 1985

inside address — Mr. Richard Hudson
New Educational Company
28 Third Avenue
New York, N.Y. 18022

salutation — Dear Mr. Hudson,

subject line — Subject: Illustrated Thematic Dictionary

In view of our meeting later this week concerning the ILLUSTRATED THEMATIC DICTIONARY that we have discussed in Frankfurt, I enclose for your information a detailed table of contents which gives an idea of the scope of the subjects covered in the book. Also enclosed is a check-list of items we would like to review with you. Please feel free of course to add any question of your own. — body

We look forward to having the pleasure of discussing all these matters further when we meet in your office.

complimentary close — Sincerely yours,

Jacques Fortin, p.d.g. — title

signature —

typed name — JF/aj

Enclosed: The DTV table of contents
list of items to be discussed — enclosure line

reference initials — cc for Jean-Claude Corbeil

postscript — P.-S. We will arrive in New York early in the morning.

carbon copy

QUÉBEC/AMÉRIQUE
450, rue Sherbrooke Est, 3e étage,
Montréal, Québec
H2L 1J8
Tél.: (514) 288-2371

typical letter
lettre type

Canadian model
modèle canadien

en-tête   lieu et date

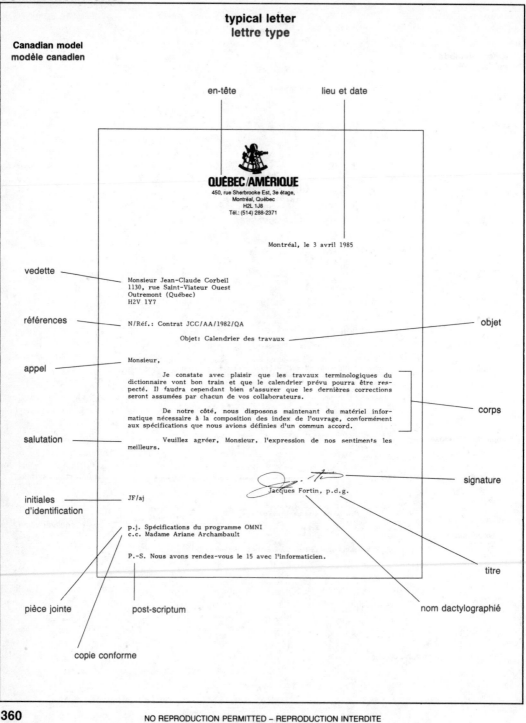

QUÉBEC/AMÉRIQUE
450, rue Sherbrooke Est, 3e étage,
Montréal, Québec
H2L 1J8
Tél.: (514) 288-2371

Montréal, le 3 avril 1985

vedette — Monsieur Jean-Claude Corbeil
1130, rue Saint-Viateur Ouest
Outremont (Québec)
H2V 1Y7

références — N/Réf.: Contrat JCC/AA/1982/QA — objet

Objet: Calendrier des travaux

appel — Monsieur,

 Je constate avec plaisir que les travaux terminologiques du dictionnaire vont bon train et que le calendrier prévu pourra être respecté. Il faudra cependant bien s'assurer que les dernières corrections seront assumées par chacun de vos collaborateurs.

 De notre côté, nous disposons maintenant du matériel informatique nécessaire à la composition des index de l'ouvrage, conformément aux spécifications que nous avions définies d'un commun accord. — corps

salutation — Veuillez agréer, Monsieur, l'expression de nos sentiments les meilleurs.

           signature

Jacques Fortin, p.d.g.

initiales d'identification — JF/aj

p.j. Spécifications du programme OMNI
c.c. Madame Ariane Archambault

P.-S. Nous avons rendez-vous le 15 avec l'informaticien. — titre

pièce jointe   post-scriptum   nom dactylographié

copie conforme

typical letter
lettre type

British model
modèle britannique

letterhead

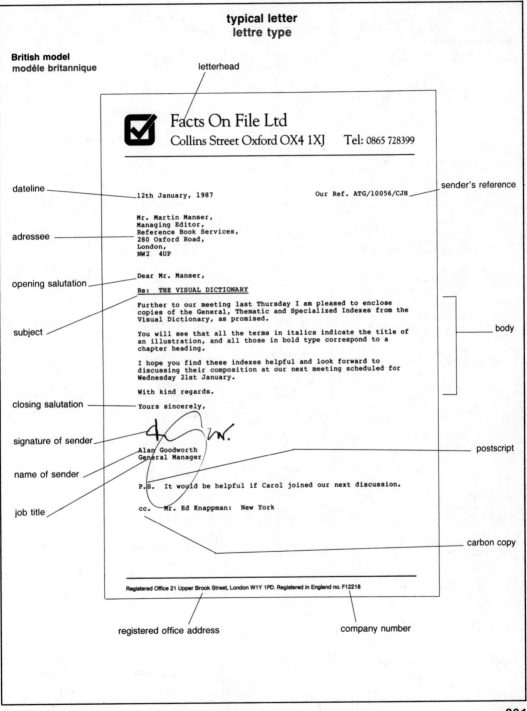

Facts On File Ltd
Collins Street Oxford OX4 1XJ   Tel: 0865 728399

dateline

12th January, 1987   Our Ref. ATG/10056/CJH   sender's reference

Mr. Martin Manser,
Managing Editor,
adressee — Reference Book Services,
280 Oxford Road,
London,
NW2 4UP

opening salutation — Dear Mr. Manser,

Re: THE VISUAL DICTIONARY

Further to our meeting last Thursday I am pleased to enclose
copies of the General, Thematic and Specialized Indexes from the
Visual Dictionary, as promised.

subject

You will see that all the terms in italics indicate the title of
an illustration, and all those in bold type correspond to a
chapter heading.

body

I hope you find these indexes helpful and look forward to
discussing their composition at our next meeting scheduled for
Wednesday 21st January.

With kind regards.

closing salutation — Yours sincerely,

signature of sender

Alan Goodworth
General Manager

postscript

name of sender

P.S. It would be helpful if Carol joined our next discussion.

job title

cc.   Mr. Ed Knappman: New York

carbon copy

Registered Office 21 Upper Brook Street, London W1Y 1PD. Registered in England no. F12218

registered office address   company number

proofreading
corrections typographiques

corrections of errors
corrections d'erreurs

	French / Français	American / Américain	British / Britannique
align vertically / aligner verticalement	‖	‖	‖
align horizontally / aligner horizontalement	=	=	=
begin a new paragraph / alinéa	[	⁊	⌐
augmenter le blanc	#		
center; *centre* / centrer	][	][	[]
correct a letter / changer une lettre	a/	a/	a/
correct a word / changer un mot	/ demi /	heel /	heel /
insert space / espacer les mots	#/	#	Y
run in; *run on* / faire suivre	à jouer. On pourrait	heel. The doctor	heel. The doctor
insert here / insérer	ʌ	ʌ	h
insert a letter / insérer une lettre	uʌ	aʌ	
insert a word / insérer un mot	la ʌ	low ʌ	
close up / joindre	‿	‿	‿
justifier à gauche	⌐		
justifier à droite	⌐		
take over to next line / mettre sur la ligne suivante	à	break	break

proofreading
corrections typographiques

corrections of errors corrections d'erreurs	French Français	American Américain	British Britannique
take back to previous line mettre sur la ligne précédente	*la* ⌐	⌐ *move up*	*move up* ⌐
let it stand ne rien changer	*bon* H	...*stet*	(*stet*)
move to left pousser à gauche	[	[	⊢←[
move to right pousser à droite	]	]	]→⊢
rapprocher sans joindre	↕⎮		
reduce space réduire le blanc	→	(*reduce* #)	↑
delete supprimer	↗	*e*	↗
transpose two words transposer deux mots	la ⌐solution⌐ bonne	⌐order⌐ the *tr*	⌐order⌐ the
transpose lines transposer deux lignes	∽	∽ *tr*	∽
transpose two letters transposer deux lettres	*e/g*	∽ *tr*	∽
something omitted voir copie	(*v. copie*)	*see copy*	(*see copy*)
corrections of punctuation marks corrections de la ponctuation			
period; *full stop* point	⊙	⊙	⊙
comma virgule	⌃	⌃	⌃
apostrophe apostrophe	⌄	⌄	⌄

proofreading
corrections typographiques

corrections of punctuation marks
corrections de la ponctuation

	French / Français	American / Américain	British / Britannique
colon / deux-points			
semicolon / point-virgule			
hyphen / trait d'union			
quotation marks / guillemets			
parentheses / parenthèses			

corrections of diacritic symbols
corrections de signes diacritiques

superscript / exposant	a^2	a^2	a^2
subscript / indice	H_2O	H_2O	H_2O

corrections of type
corrections de caractères

	French	American	British
set in lower case / en bas de casse	bdc	lc	lc
set in capitals / en capitales	cap	cap	
set in small capitals / en petites capitales	p.c.	sc	
set in italic / en italique	ital.	ital	
set in roman / en romain	rom.	rom	
set in boldface / en gras	gr.	bf	
set in lightface / en léger	léger	lf	

proofreading
corrections typographiques

indication of types
indication de caractères

italic / italiques	bible	*bible*
boldface; *bold* / gras	bible	**bible**
small capitals / petites capitales	bible	BIBLE
capitals / grandes capitales	bible	BIBLE
italic capitals / capitales italiques	bible	*BIBLE*
boldface capitals; *bold capitals* / capitales en gras	bible	**BIBLE**
italic boldface capitals / capitales italiques gras	bible	***BIBLE***
capitals for initials, small capitals for the rest / grandes capitales et petites capitales	HENRY MILLER	HENRY MILLER

American proofreading model
modèle américain de corrections typographiques

1.1 - The phoneme. It is important to keep in mind that the sounds of human language are more that just sounds. The p of pin is exploded with a puff of air following it, whereas the p of capture is not, those two sound are quite different as mere sounds. But english we say they are the same, and they are, because they function as the same unit in the sound system of English.

The functioning units like English /p/ are called phonemes by structural linguists and will usually be enclosed in slant bars in the text.

Robert Lado

from Linguistics across cultures

proofreading
corrections typographiques

French proofreading model
modèle français de corrections typographiques

]Alchimie du verbe[

J'inventais la couleur des voyelles. A noir, /blanc/ E /beige/, I rouge, O bleu, U vert.- Je réglais la forme et le mouvement de chaque consonne, et, avec des rythmes instinctifs, je flottais d'inventer un verbe poétique accessible, un jour ou l'autre, à tous les sens. Je réservais la traduction. D'abord ce fut une étude. J'écrivais des silences, des nuits, je notais l'inexprimable.

Je fixais des vertiges.

Arthur Rimbaud

extraits de Un saison en enfer

British proofreading model
modèle britannique de corrections typographiques

1.1 - The phoneme. It is important to keep in mind that the sounds of human language are more that just sounds. The p of pin is explosed with a puff of air following it, whereas the p of capture is not, those sound are quite different as mere sounds. But english we say they are the same, and they are, because they function as the same unit in the sound system of English. The functioning units like English /p/ are called phonemes by structural linguists and (with) usually be enclosed in plant bars in the text.

Robert Lado

from Linguistics across cultures

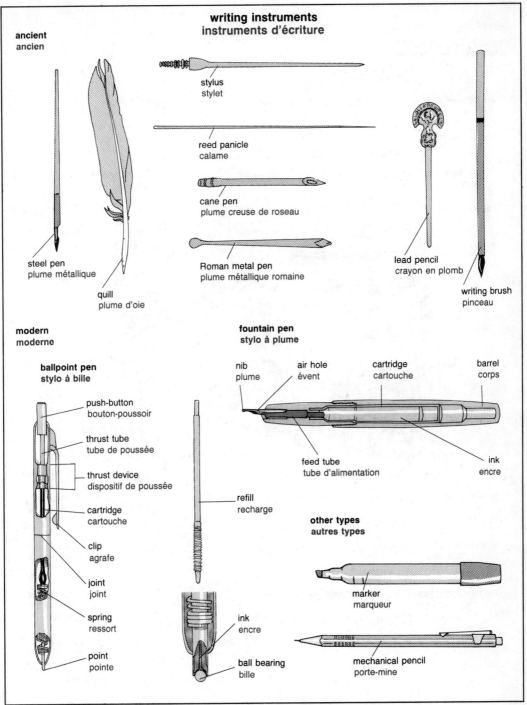

writing instruments
instruments d'écriture

ancient
ancien

stylus
stylet

reed panicle
calame

cane pen
plume creuse de roseau

Roman metal pen
plume métallique romaine

steel pen
plume métallique

quill
plume d'oie

lead pencil
crayon en plomb

writing brush
pinceau

modern
moderne

fountain pen
stylo à plume

ballpoint pen
stylo à bille

push-button
bouton-poussoir

thrust tube
tube de poussée

thrust device
dispositif de poussée

cartridge
cartouche

clip
agrafe

joint
joint

spring
ressort

point
pointe

refill
recharge

ink
encre

ball bearing
bille

nib
plume

air hole
évent

cartridge
cartouche

barrel
corps

feed tube
tube d'alimentation

ink
encre

other types
autres types

marker
marqueur

mechanical pencil
porte-mine

photography
photographie

single-lens reflex camera
appareil à visée reflex mono-objectif

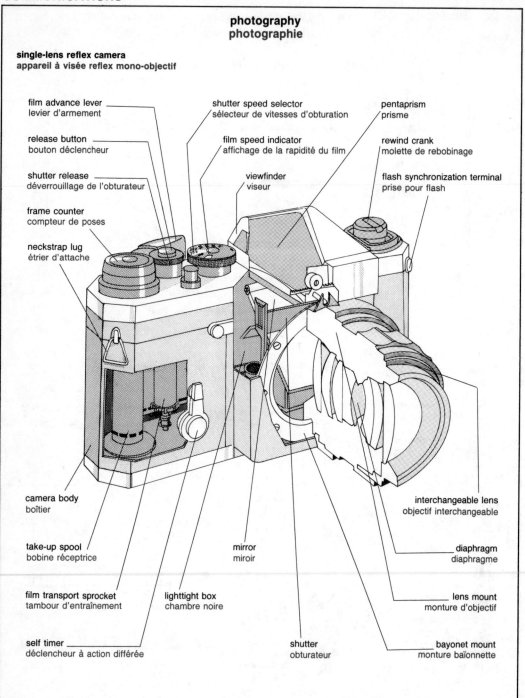

film advance lever
levier d'armement

release button
bouton déclencheur

shutter release
déverrouillage de l'obturateur

frame counter
compteur de poses

neckstrap lug
étrier d'attache

shutter speed selector
sélecteur de vitesses d'obturation

film speed indicator
affichage de la rapidité du film

viewfinder
viseur

pentaprism
prisme

rewind crank
molette de rebobinage

flash synchronization terminal
prise pour flash

camera body
boîtier

take-up spool
bobine réceptrice

film transport sprocket
tambour d'entraînement

self timer
déclencheur à action différée

mirror
miroir

lighttight box
chambre noire

shutter
obturateur

interchangeable lens
objectif interchangeable

diaphragm
diaphragme

lens mount
monture d'objectif

bayonet mount
monture baïonnette

photography
photographie

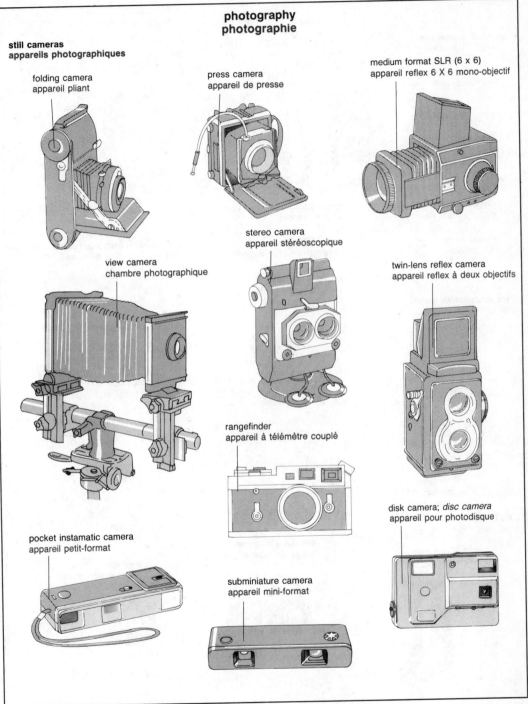

still cameras
appareils photographiques

folding camera
appareil pliant

press camera
appareil de presse

medium format SLR (6 x 6)
appareil reflex 6 X 6 mono-objectif

view camera
chambre photographique

stereo camera
appareil stéréoscopique

twin-lens reflex camera
appareil reflex à deux objectifs

rangefinder
appareil à télémètre couplé

disk camera; *disc camera*
appareil pour photodisque

pocket instamatic camera
appareil petit-format

subminiature camera
appareil mini-format

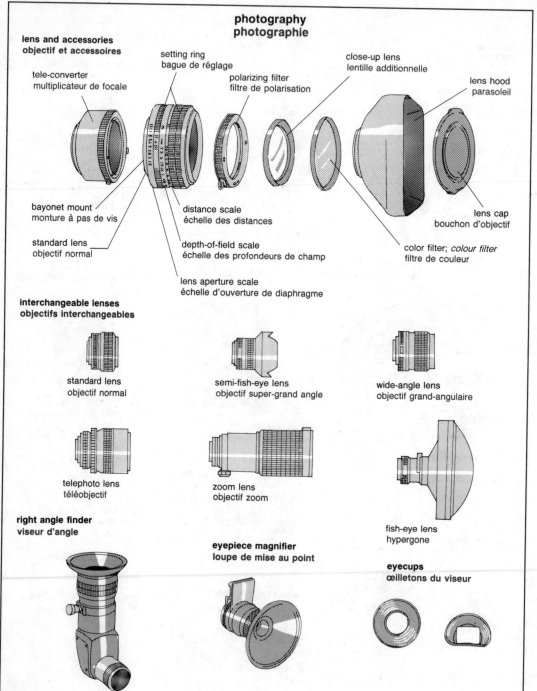

photography
photographie

lens and accessories
objectif et accessoires

tele-converter
multiplicateur de focale

setting ring
bague de réglage

polarizing filter
filtre de polarisation

close-up lens
lentille additionnelle

lens hood
parasoleil

bayonet mount
monture à pas de vis

distance scale
échelle des distances

lens cap
bouchon d'objectif

standard lens
objectif normal

depth-of-field scale
échelle des profondeurs de champ

color filter; *colour filter*
filtre de couleur

lens aperture scale
échelle d'ouverture de diaphragme

interchangeable lenses
objectifs interchangeables

standard lens
objectif normal

semi-fish-eye lens
objectif super-grand angle

wide-angle lens
objectif grand-angulaire

telephoto lens
téléobjectif

zoom lens
objectif zoom

fish-eye lens
hypergone

right angle finder
viseur d'angle

eyepiece magnifier
loupe de mise au point

eyecups
œilletons du viseur

photography
photographie

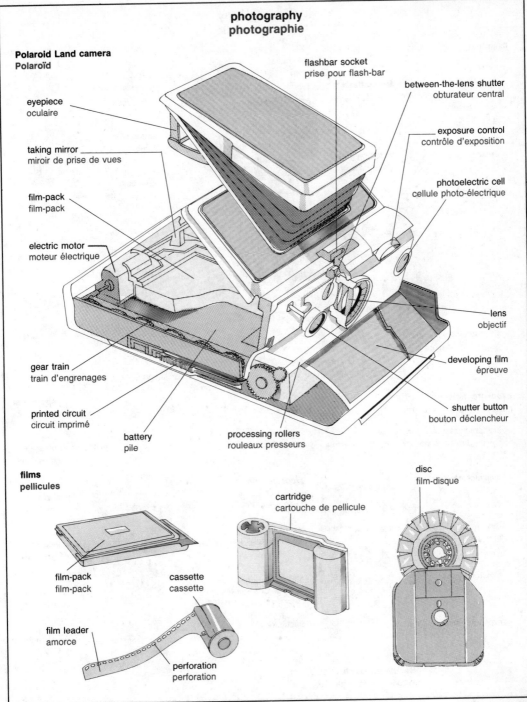

Polaroid Land camera
Polaroïd

flashbar socket
prise pour flash-bar

between-the-lens shutter
obturateur central

eyepiece
oculaire

exposure control
contrôle d'exposition

taking mirror
miroir de prise de vues

photoelectric cell
cellule photo-électrique

film-pack
film-pack

electric motor
moteur électrique

lens
objectif

gear train
train d'engrenages

developing film
épreuve

printed circuit
circuit imprimé

shutter button
bouton déclencheur

battery
pile

processing rollers
rouleaux presseurs

films
pellicules

disc
film-disque

cartridge
cartouche de pellicule

film-pack
film-pack

cassette
cassette

film leader
amorce

perforation
perforation

photography
photographie

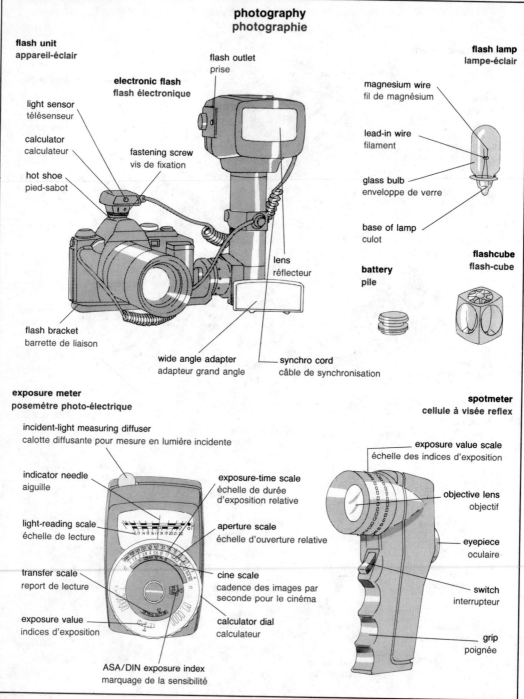

flash unit
appareil-éclair

electronic flash
flash électronique

flash outlet
prise

flash lamp
lampe-éclair

magnesium wire
fil de magnésium

lead-in wire
filament

glass bulb
enveloppe de verre

base of lamp
culot

light sensor
télésenseur

calculator
calculateur

fastening screw
vis de fixation

hot shoe
pied-sabot

lens
réflecteur

battery
pile

flashcube
flash-cube

flash bracket
barrette de liaison

wide angle adapter
adapteur grand angle

synchro cord
câble de synchronisation

exposure meter
posemètre photo-électrique

spotmeter
cellule à visée reflex

incident-light measuring diffuser
calotte diffusante pour mesure en lumière incidente

exposure value scale
échelle des indices d'exposition

indicator needle
aiguille

exposure-time scale
échelle de durée
d'exposition relative

objective lens
objectif

light-reading scale
échelle de lecture

aperture scale
échelle d'ouverture relative

eyepiece
oculaire

transfer scale
report de lecture

cine scale
cadence des images par
seconde pour le cinéma

switch
interrupteur

exposure value
indices d'exposition

calculator dial
calculateur

grip
poignée

ASA/DIN exposure index
marquage de la sensibilité

photography
photographie

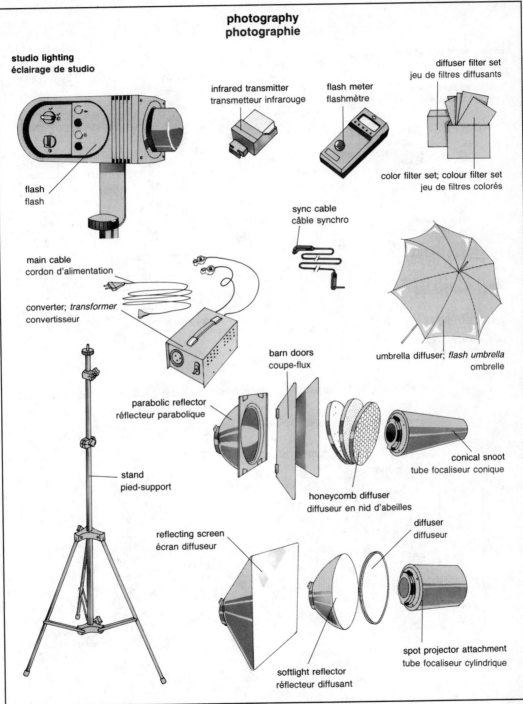

studio lighting
éclairage de studio

infrared transmitter
transmetteur infrarouge

flash meter
flashmètre

diffuser filter set
jeu de filtres diffusants

flash
flash

color filter set; colour filter set
jeu de filtres colorés

sync cable
câble synchro

main cable
cordon d'alimentation

converter; *transformer*
convertisseur

umbrella diffuser; *flash umbrella*
ombrelle

barn doors
coupe-flux

parabolic reflector
réflecteur parabolique

conical snoot
tube focaliseur conique

stand
pied-support

honeycomb diffuser
diffuseur en nid d'abeilles

reflecting screen
écran diffuseur

diffuser
diffuseur

spot projector attachment
tube focaliseur cylindrique

softlight reflector
réflecteur diffusant

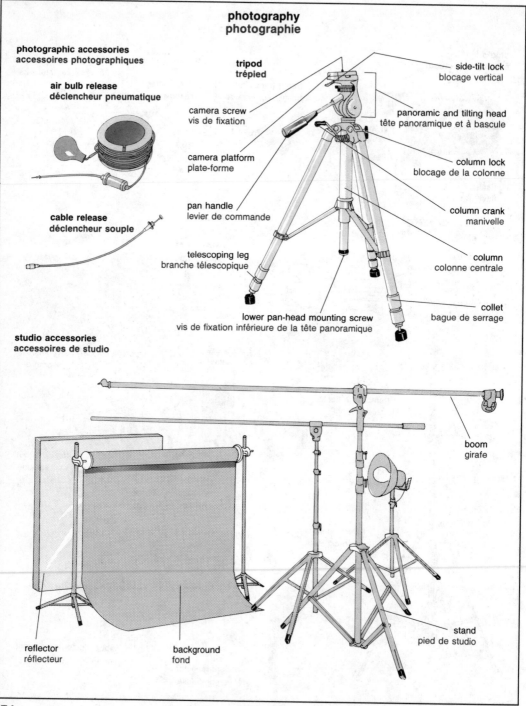

photography
photographie

photographic accessories
accessoires photographiques

air bulb release
déclencheur pneumatique

cable release
déclencheur souple

tripod
trépied

camera screw
vis de fixation

camera platform
plate-forme

pan handle
levier de commande

telescoping leg
branche télescopique

lower pan-head mounting screw
vis de fixation inférieure de la tête panoramique

side-tilt lock
blocage vertical

panoramic and tilting head
tête panoramique et à bascule

column lock
blocage de la colonne

column crank
manivelle

column
colonne centrale

collet
bague de serrage

studio accessories
accessoires de studio

boom
girafe

stand
pied de studio

reflector
réflecteur

background
fond

photography
photographie

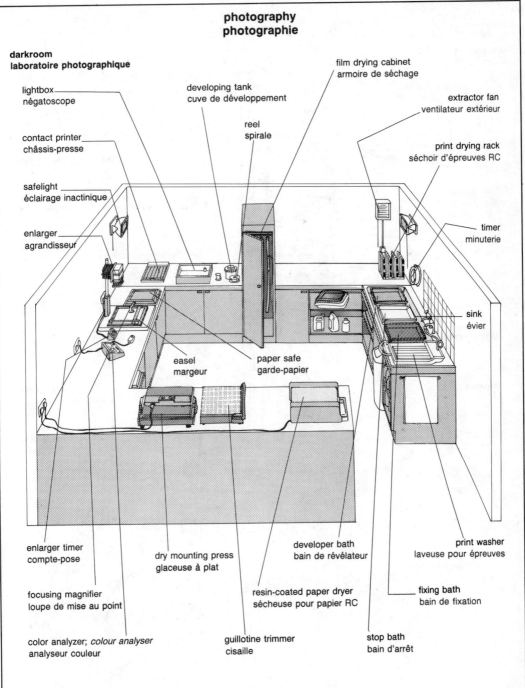

darkroom
laboratoire photographique

film drying cabinet
armoire de séchage

lightbox
négatoscope

developing tank
cuve de développement

extractor fan
ventilateur extérieur

reel
spirale

contact printer
châssis-presse

print drying rack
séchoir d'épreuves RC

safelight
éclairage inactinique

timer
minuterie

enlarger
agrandisseur

sink
évier

easel
margeur

paper safe
garde-papier

enlarger timer
compte-pose

dry mounting press
glaceuse à plat

developer bath
bain de révélateur

print washer
laveuse pour épreuves

focusing magnifier
loupe de mise au point

resin-coated paper dryer
sécheuse pour papier RC

fixing bath
bain de fixation

color analyzer; *colour analyser*
analyseur couleur

guillotine trimmer
cisaille

stop bath
bain d'arrêt

photography
photographie

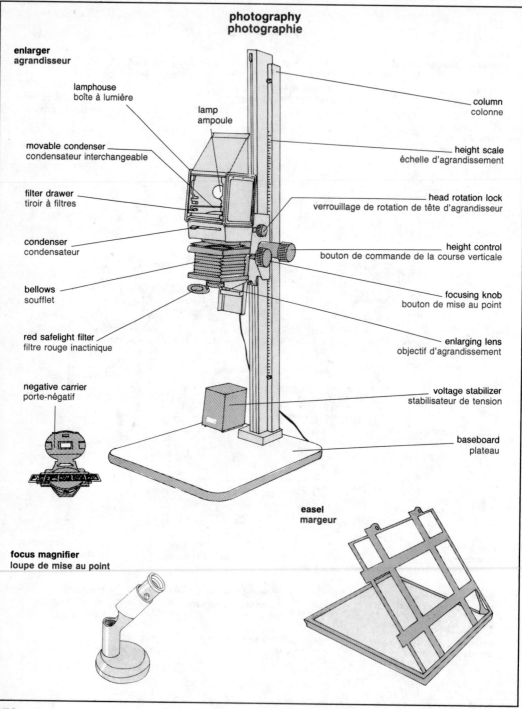

enlarger
agrandisseur

lamphouse
boîte à lumière

lamp
ampoule

column
colonne

movable condenser
condensateur interchangeable

height scale
échelle d'agrandissement

filter drawer
tiroir à filtres

head rotation lock
verrouillage de rotation de tête d'agrandisseur

condenser
condensateur

height control
bouton de commande de la course verticale

bellows
soufflet

focusing knob
bouton de mise au point

red safelight filter
filtre rouge inactinique

enlarging lens
objectif d'agrandissement

negative carrier
porte-négatif

voltage stabilizer
stabilisateur de tension

baseboard
plateau

easel
margeur

focus magnifier
loupe de mise au point

photography
photographie

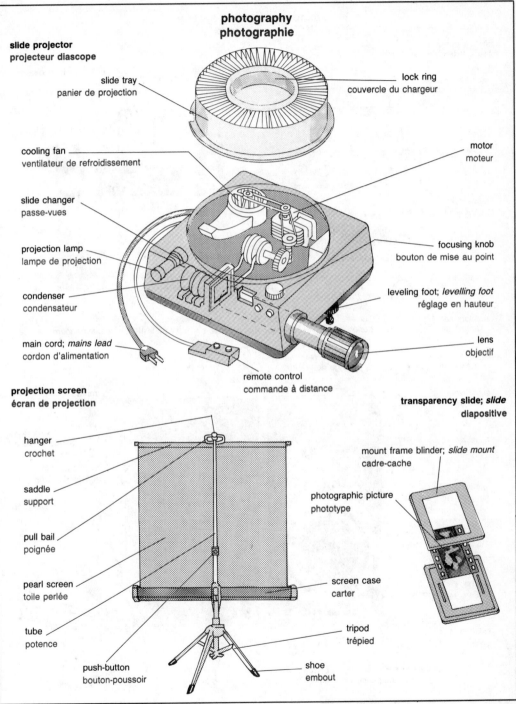

slide projector
projecteur diascope

slide tray
panier de projection

lock ring
couvercle du chargeur

cooling fan
ventilateur de refroidissement

motor
moteur

slide changer
passe-vues

projection lamp
lampe de projection

focusing knob
bouton de mise au point

condenser
condensateur

leveling foot; *levelling foot*
réglage en hauteur

main cord; *mains lead*
cordon d'alimentation

lens
objectif

remote control
commande à distance

projection screen
écran de projection

transparency slide; *slide*
diapositive

hanger
crochet

mount frame blinder; *slide mount*
cadre-cache

saddle
support

photographic picture
phototype

pull bail
poignée

pearl screen
toile perlée

screen case
carter

tube
potence

tripod
trépied

push-button
bouton-poussoir

shoe
embout

377

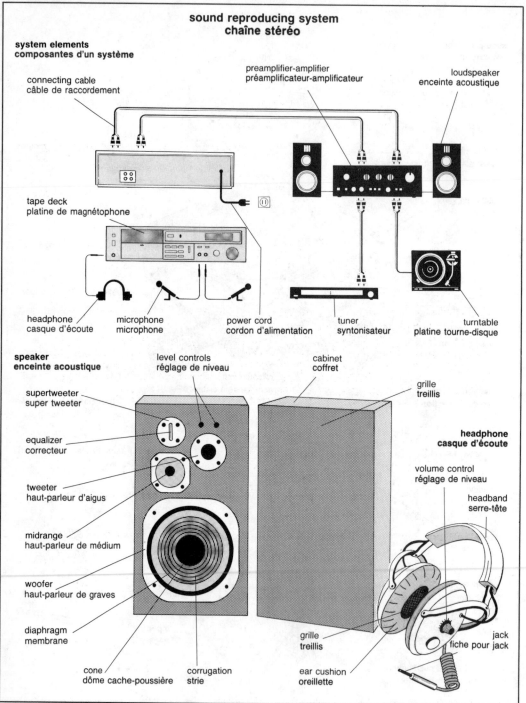

sound reproducing system
chaîne stéréo

system elements
composantes d'un système

connecting cable
câble de raccordement

preamplifier-amplifier
préamplificateur-amplificateur

loudspeaker
enceinte acoustique

tape deck
platine de magnétophone

headphone
casque d'écoute

microphone
microphone

power cord
cordon d'alimentation

tuner
syntonisateur

turntable
platine tourne-disque

speaker
enceinte acoustique

level controls
réglage de niveau

cabinet
coffret

grille
treillis

supertweeter
super tweeter

equalizer
correcteur

tweeter
haut-parleur d'aigus

midrange
haut-parleur de médium

woofer
haut-parleur de graves

diaphragm
membrane

cone
dôme cache-poussière

corrugation
strie

grille
treillis

ear cushion
oreillette

headphone
casque d'écoute

volume control
réglage de niveau

headband
serre-tête

jack
fiche pour jack

378

sound reproducing system
chaîne stéréo

amplifier-tuner
amplificateur

band selectors
touches de modulation (AM-FM)

FM stereo indicator
lampe-témoin stéréo

automatic frequency control
contrôle automatique de fréquence

monitor indicator
voyant de contrôle

digital frequency display
affichage numérique des stations

analogue frequency meter
cadran

speaker selector
commutateur haut-parleur

tuning buttons
touches de réglage d'accord

input selectors
commutateurs d'entrées

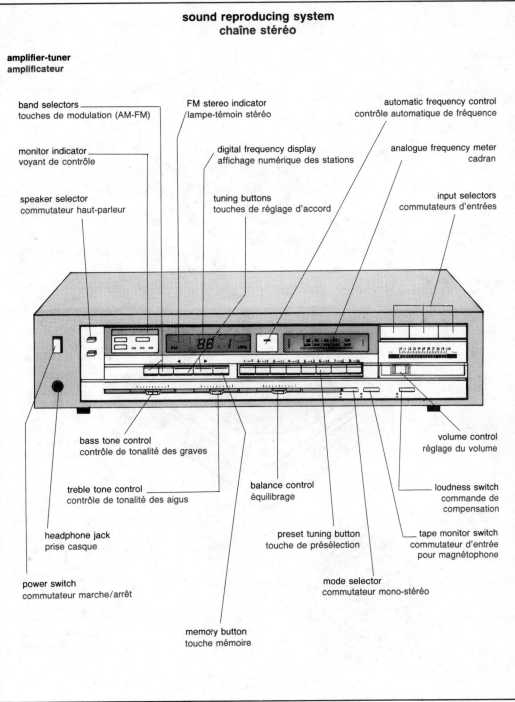

bass tone control
contrôle de tonalité des graves

volume control
réglage du volume

treble tone control
contrôle de tonalité des aigus

balance control
équilibrage

loudness switch
commande de
compensation

headphone jack
prise casque

preset tuning button
touche de présélection

tape monitor switch
commutateur d'entrée
pour magnétophone

power switch
commutateur marche/arrêt

mode selector
commutateur mono-stéréo

memory button
touche mémoire

sound reproducing system
chaîne stéréo

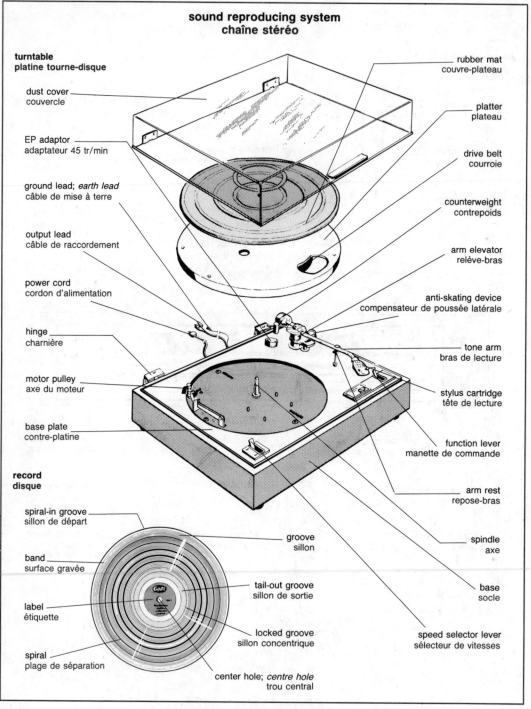

turntable
platine tourne-disque

dust cover
couvercle

EP adaptor
adaptateur 45 tr/min

ground lead; *earth lead*
câble de mise à terre

output lead
câble de raccordement

power cord
cordon d'alimentation

hinge
charnière

motor pulley
axe du moteur

base plate
contre-platine

record
disque

spiral-in groove
sillon de départ

band
surface gravée

label
étiquette

spiral
plage de séparation

rubber mat
couvre-plateau

platter
plateau

drive belt
courroie

counterweight
contrepoids

arm elevator
relève-bras

anti-skating device
compensateur de poussée latérale

tone arm
bras de lecture

stylus cartridge
tête de lecture

function lever
manette de commande

arm rest
repose-bras

spindle
axe

base
socle

speed selector lever
sélecteur de vitesses

groove
sillon

tail-out groove
sillon de sortie

locked groove
sillon concentrique

center hole; *centre hole*
trou central

sound reproducing system
chaîne stéréo

tape deck
platine de magnétophone

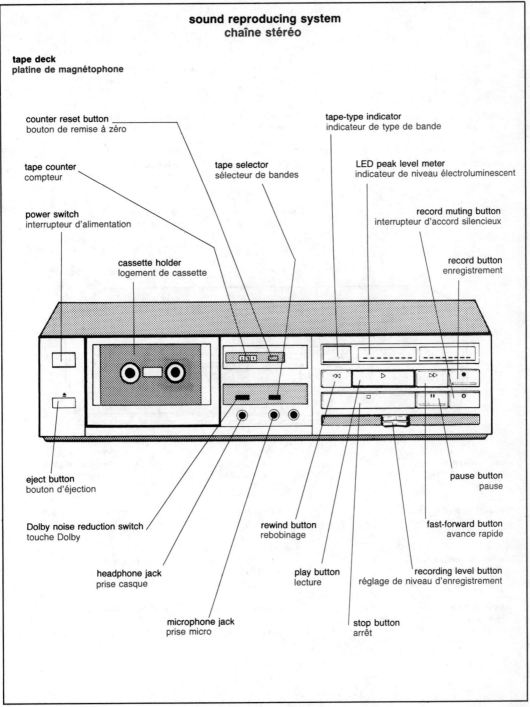

counter reset button
bouton de remise à zéro

tape-type indicator
indicateur de type de bande

tape counter
compteur

tape selector
sélecteur de bandes

LED peak level meter
indicateur de niveau électroluminescent

power switch
interrupteur d'alimentation

record muting button
interrupteur d'accord silencieux

cassette holder
logement de cassette

record button
enregistrement

eject button
bouton d'éjection

pause button
pause

Dolby noise reduction switch
touche Dolby

rewind button
rebobinage

fast-forward button
avance rapide

headphone jack
prise casque

play button
lecture

recording level button
réglage de niveau d'enregistrement

microphone jack
prise micro

stop button
arrêt

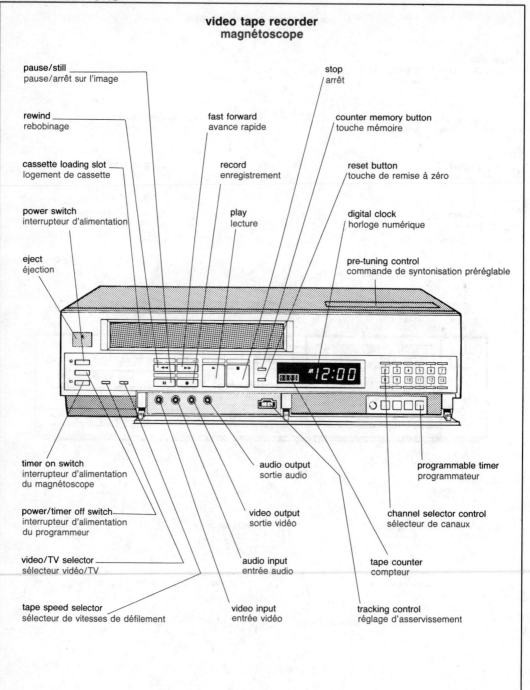

video tape recorder
magnétoscope

pause/still
pause/arrêt sur l'image

rewind
rebobinage

cassette loading slot
logement de cassette

power switch
interrupteur d'alimentation

eject
éjection

fast forward
avance rapide

record
enregistrement

play
lecture

stop
arrêt

counter memory button
touche mémoire

reset button
touche de remise à zéro

digital clock
horloge numérique

pre-tuning control
commande de syntonisation préréglable

timer on switch
interrupteur d'alimentation
du magnétoscope

power/timer off switch
interrupteur d'alimentation
du programmeur

video/TV selector
sélecteur vidéo/TV

tape speed selector
sélecteur de vitesses de défilement

audio output
sortie audio

video output
sortie vidéo

audio input
entrée audio

video input
entrée vidéo

programmable timer
programmateur

channel selector control
sélecteur de canaux

tape counter
compteur

tracking control
réglage d'asservissement

cinematography
cinématographie

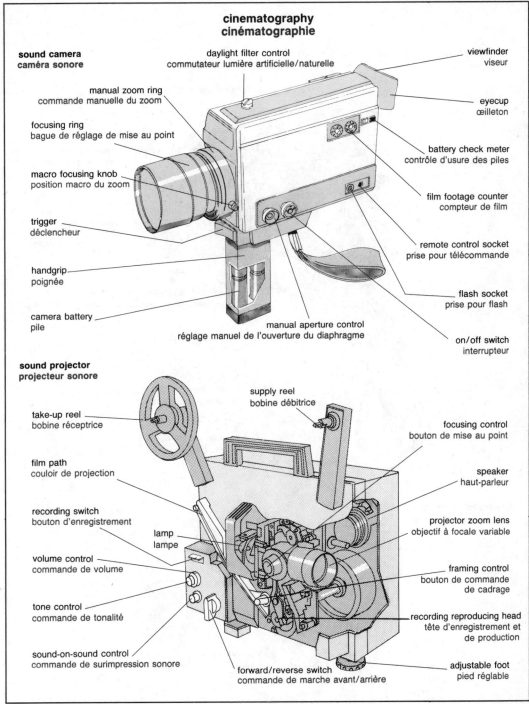

sound camera
caméra sonore

daylight filter control
commutateur lumière artificielle/naturelle

viewfinder
viseur

manual zoom ring
commande manuelle du zoom

eyecup
œilleton

focusing ring
bague de réglage de mise au point

battery check meter
contrôle d'usure des piles

macro focusing knob
position macro du zoom

film footage counter
compteur de film

trigger
déclencheur

remote control socket
prise pour télécommande

handgrip
poignée

flash socket
prise pour flash

camera battery
pile

manual aperture control
réglage manuel de l'ouverture du diaphragme

on/off switch
interrupteur

sound projector
projecteur sonore

take-up reel
bobine réceptrice

supply reel
bobine débitrice

focusing control
bouton de mise au point

film path
couloir de projection

speaker
haut-parleur

recording switch
bouton d'enregistrement

lamp
lampe

projector zoom lens
objectif à focale variable

volume control
commande de volume

framing control
bouton de commande
de cadrage

tone control
commande de tonalité

recording reproducing head
tête d'enregistrement et
de production

sound-on-sound control
commande de surimpression sonore

forward/reverse switch
commande de marche avant/arrière

adjustable foot
pied réglable

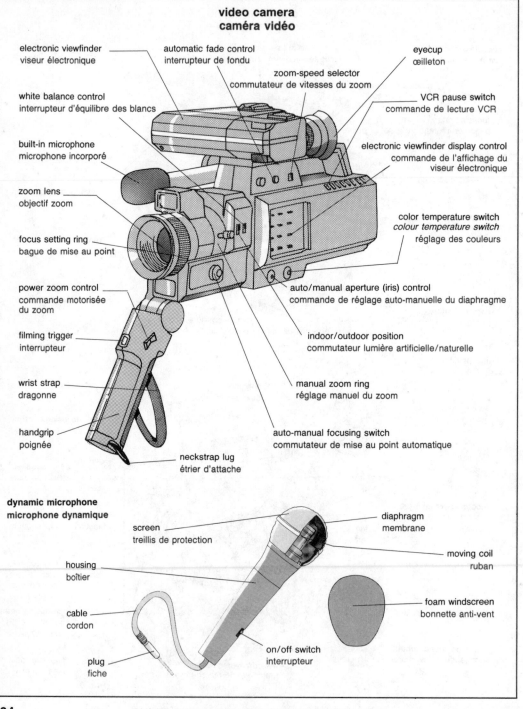

video camera
caméra vidéo

electronic viewfinder
viseur électronique

automatic fade control
interrupteur de fondu

eyecup
œilleton

zoom-speed selector
commutateur de vitesses du zoom

VCR pause switch
commande de lecture VCR

white balance control
interrupteur d'équilibre des blancs

electronic viewfinder display control
commande de l'affichage du
viseur électronique

built-in microphone
microphone incorporé

zoom lens
objectif zoom

color temperature switch
colour temperature switch
réglage des couleurs

focus setting ring
bague de mise au point

power zoom control
commande motorisée
du zoom

auto/manual aperture (iris) control
commande de réglage auto-manuelle du diaphragme

filming trigger
interrupteur

indoor/outdoor position
commutateur lumière artificielle/naturelle

wrist strap
dragonne

manual zoom ring
réglage manuel du zoom

handgrip
poignée

auto-manual focusing switch
commutateur de mise au point automatique

neckstrap lug
étrier d'attache

dynamic microphone
microphone dynamique

screen
treillis de protection

diaphragm
membrane

moving coil
ruban

housing
boîtier

cable
cordon

foam windscreen
bonnette anti-vent

plug
fiche

on/off switch
interrupteur

telegraph
télégraphe

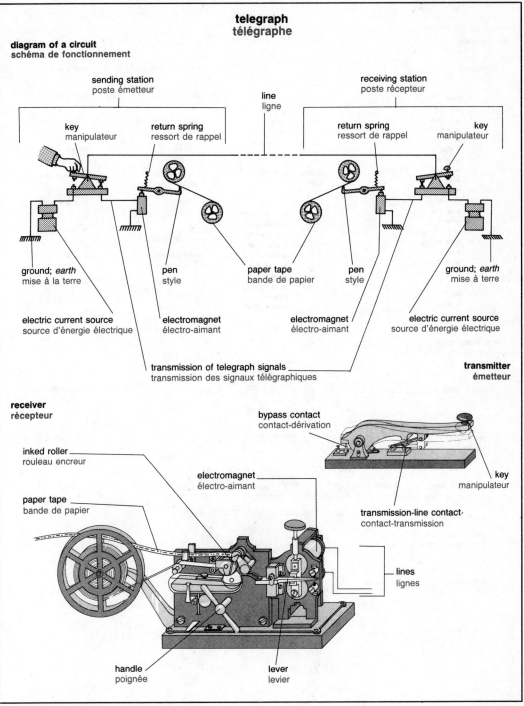

diagram of a circuit
schéma de fonctionnement

sending station
poste émetteur

line
ligne

receiving station
poste récepteur

key
manipulateur

return spring
ressort de rappel

return spring
ressort de rappel

key
manipulateur

ground; *earth*
mise à la terre

pen
style

paper tape
bande de papier

pen
style

ground; *earth*
mise à terre

electric current source
source d'énergie électrique

electromagnet
électro-aimant

electromagnet
électro-aimant

electric current source
source d'énergie électrique

transmission of telegraph signals
transmission des signaux télégraphiques

transmitter
émetteur

receiver
récepteur

bypass contact
contact-dérivation

inked roller
rouleau encreur

electromagnet
électro-aimant

key
manipulateur

paper tape
bande de papier

transmission-line contact
contact-transmission

lines
lignes

handle
poignée

lever
levier

telegraph
télégraphe

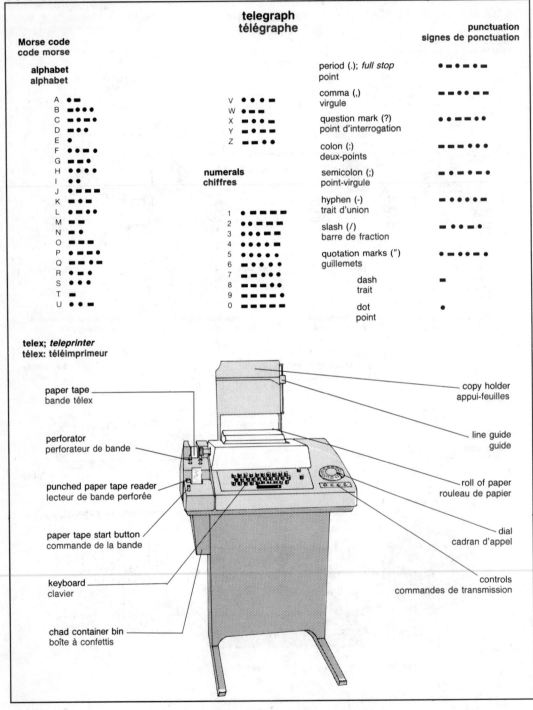

Morse code
code morse

alphabet
alphabet

A
B
C
D
E
F
G
H
I
J
K
L
M
N
O
P
Q
R
S
T
U

V
W
X
Y
Z

numerals
chiffres

1
2
3
4
5
6
7
8
9
0

punctuation
signes de ponctuation

period (.); *full stop*
point

comma (,)
virgule

question mark (?)
point d'interrogation

colon (:)
deux-points

semicolon (;)
point-virgule

hyphen (-)
trait d'union

slash (/)
barre de fraction

quotation marks (")
guillemets

dash
trait

dot
point

telex; *teleprinter*
télex: téléimprimeur

paper tape
bande télex

perforator
perforateur de bande

punched paper tape reader
lecteur de bande perforée

paper tape start button
commande de la bande

keyboard
clavier

chad container bin
boîte à confettis

copy holder
appui-feuilles

line guide
guide

roll of paper
rouleau de papier

dial
cadran d'appel

controls
commandes de transmission

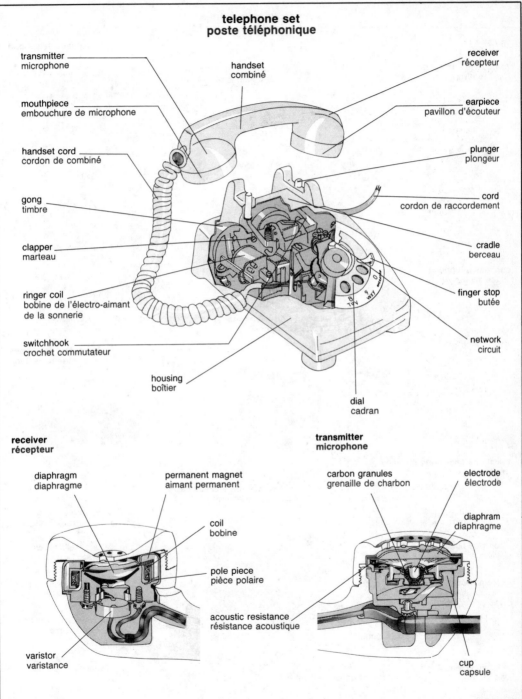

telephone set
poste téléphonique

transmitter
microphone

handset
combiné

receiver
récepteur

mouthpiece
embouchure de microphone

earpiece
pavillon d'écouteur

handset cord
cordon de combiné

plunger
plongeur

gong
timbre

cord
cordon de raccordement

clapper
marteau

cradle
berceau

ringer coil
bobine de l'électro-aimant
de la sonnerie

finger stop
butée

switchhook
crochet commutateur

network
circuit

housing
boîtier

dial
cadran

receiver
récepteur

diaphragm
diaphragme

permanent magnet
aimant permanent

coil
bobine

pole piece
pièce polaire

acoustic resistance
résistance acoustique

varistor
varistance

transmitter
microphone

carbon granules
grenaille de charbon

electrode
électrode

diaphram
diaphragme

cup
capsule

types of telephones
types de postes téléphoniques

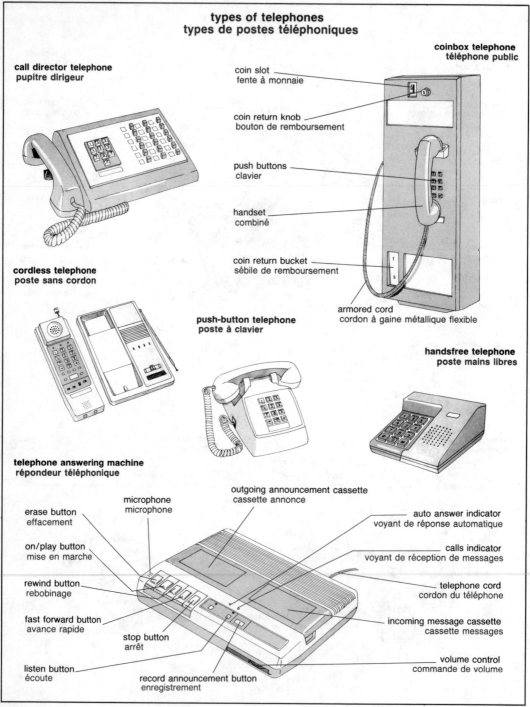

call director telephone
pupitre dirigeur

cordless telephone
poste sans cordon

telephone answering machine
répondeur téléphonique

coinbox telephone
téléphone public

coin slot
fente à monnaie

coin return knob
bouton de remboursement

push buttons
clavier

handset
combiné

coin return bucket
sébile de remboursement

armored cord
cordon à gaine métallique flexible

push-button telephone
poste à clavier

handsfree telephone
poste mains libres

erase button
effacement

on/play button
mise en marche

rewind button
rebobinage

fast forward button
avance rapide

listen button
écoute

microphone
microphone

stop button
arrêt

record announcement button
enregistrement

outgoing announcement cassette
cassette annonce

auto answer indicator
voyant de réponse automatique

calls indicator
voyant de réception de messages

telephone cord
cordon du téléphone

incoming message cassette
cassette messages

volume control
commande de volume

television
télévision

studio and control rooms
studio et régies

lighting and vision control room
régie image-éclairage

video technician; *video operator*
technicien de l'image

control panel
tableau de commande

lighting director
éclairagiste; *chef-électricien*

dimmer control; *lighting control panel*
commande des gradateurs

videotape recorder
magnétoscope

amplifier
amplificateur

studio
studio

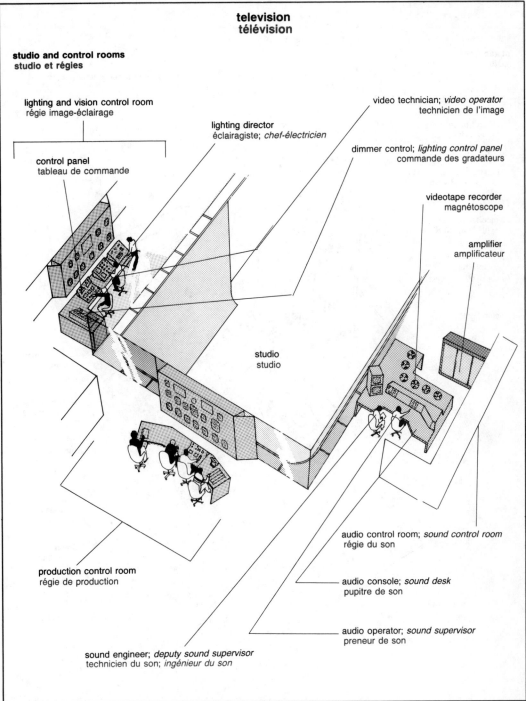

production control room
régie de production

audio control room; *sound control room*
régie du son

audio console; *sound desk*
pupitre de son

audio operator; *sound supervisor*
preneur de son

sound engineer; *deputy sound supervisor*
technicien du son; *ingénieur du son*

television
télévision

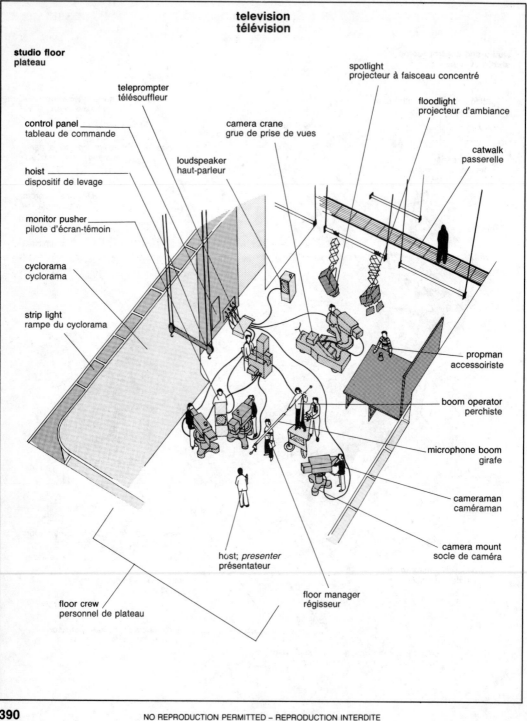

studio floor
plateau

teleprompter
télésouffleur

spotlight
projecteur à faisceau concentré

floodlight
projecteur d'ambiance

control panel
tableau de commande

camera crane
grue de prise de vues

catwalk
passerelle

hoist
dispositif de levage

loudspeaker
haut-parleur

monitor pusher
pilote d'écran-témoin

cyclorama
cyclorama

strip light
rampe du cyclorama

propman
accessoiriste

boom operator
perchiste

microphone boom
girafe

cameraman
caméraman

camera mount
socle de caméra

host; *presenter*
présentateur

floor manager
régisseur

floor crew
personnel de plateau

television
télévision

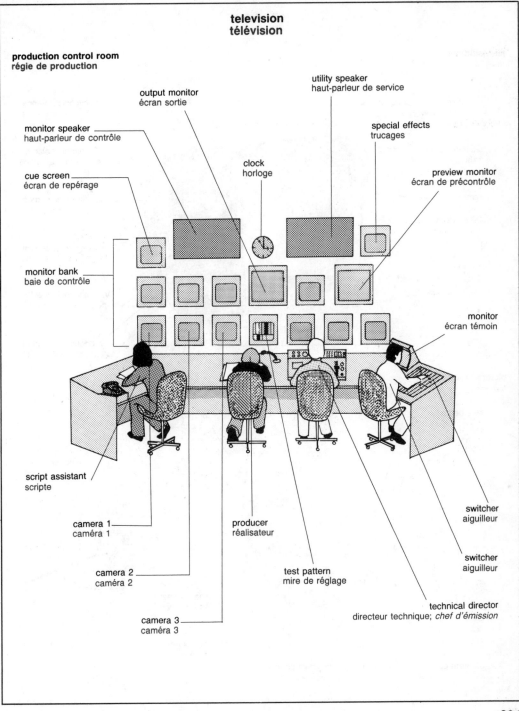

production control room
régie de production

output monitor
écran sortie

utility speaker
haut-parleur de service

monitor speaker
haut-parleur de contrôle

special effects
trucages

cue screen
écran de repérage

clock
horloge

preview monitor
écran de précontrôle

monitor bank
baie de contrôle

monitor
écran témoin

script assistant
scripte

switcher
aiguilleur

camera 1
caméra 1

producer
réalisateur

switcher
aiguilleur

camera 2
caméra 2

test pattern
mire de réglage

camera 3
caméra 3

technical director
directeur technique; *chef d'émission*

television
télévision

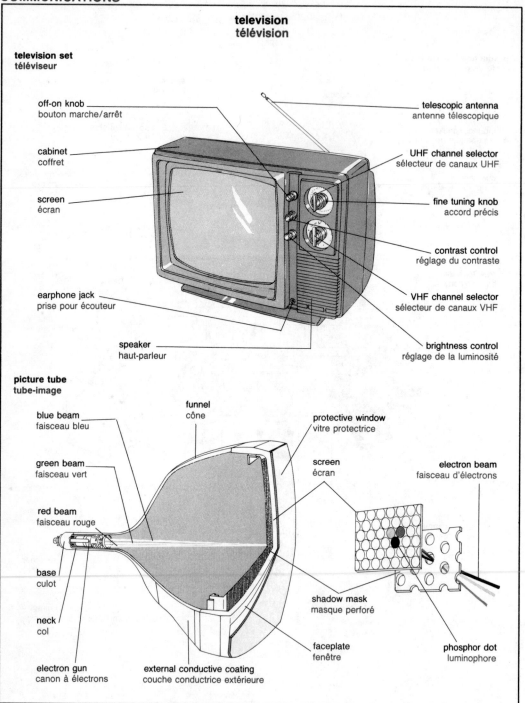

television set
téléviseur

off-on knob
bouton marche/arrêt

cabinet
coffret

screen
écran

earphone jack
prise pour écouteur

speaker
haut-parleur

telescopic antenna
antenne télescopique

UHF channel selector
sélecteur de canaux UHF

fine tuning knob
accord précis

contrast control
réglage du contraste

VHF channel selector
sélecteur de canaux VHF

brightness control
réglage de la luminosité

picture tube
tube-image

blue beam
faisceau bleu

green beam
faisceau vert

red beam
faisceau rouge

base
culot

neck
col

electron gun
canon à électrons

funnel
cône

external conductive coating
couche conductrice extérieure

protective window
vitre protectrice

screen
écran

shadow mask
masque perforé

faceplate
fenêtre

electron beam
faisceau d'électrons

phosphor dot
luminophore

telecommunication satellites
satellites de télécommunications

Hermes satellite
satellite Hermès

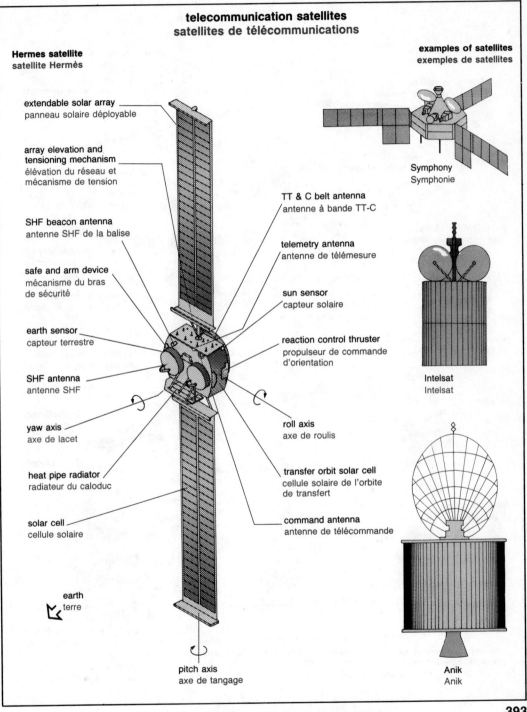

extendable solar array
panneau solaire déployable

array elevation and tensioning mechanism
élévation du réseau et mécanisme de tension

SHF beacon antenna
antenne SHF de la balise

safe and arm device
mécanisme du bras de sécurité

earth sensor
capteur terrestre

SHF antenna
antenne SHF

yaw axis
axe de lacet

heat pipe radiator
radiateur du caloduc

solar cell
cellule solaire

earth
terre

pitch axis
axe de tangage

TT & C belt antenna
antenne à bande TT-C

telemetry antenna
antenne de télémesure

sun sensor
capteur solaire

reaction control thruster
propulseur de commande d'orientation

roll axis
axe de roulis

transfer orbit solar cell
cellule solaire de l'orbite de transfert

command antenna
antenne de télécommande

Symphony
Symphonie

Intelsat
Intelsat

Anik
Anik

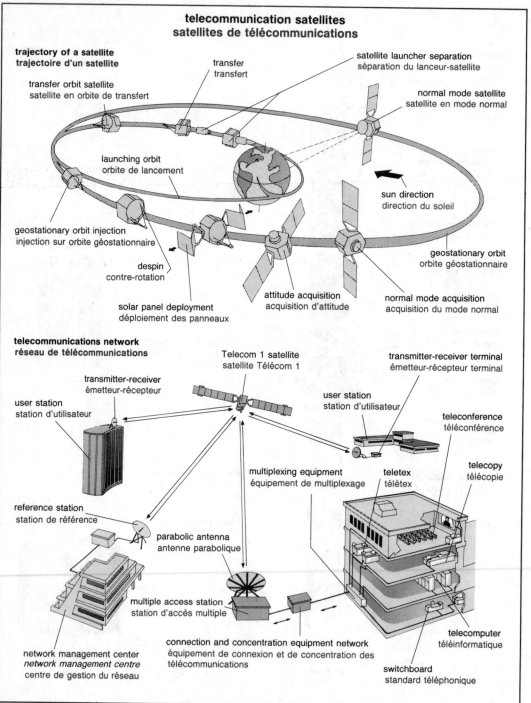

telecommunication satellites
satellites de télécommunications

trajectory of a satellite
trajectoire d'un satellite

transfer
transfert

satellite launcher separation
séparation du lanceur-satellite

transfer orbit satellite
satellite en orbite de transfert

normal mode satellite
satellite en mode normal

launching orbit
orbite de lancement

sun direction
direction du soleil

geostationary orbit injection
injection sur orbite géostationnaire

geostationary orbit
orbite géostationnaire

despin
contre-rotation

solar panel deployment
déploiement des panneaux

attitude acquisition
acquisition d'attitude

normal mode acquisition
acquisition du mode normal

telecommunications network
réseau de télécommunications

Telecom 1 satellite
satellite Télécom 1

transmitter-receiver terminal
émetteur-récepteur terminal

transmitter-receiver
émetteur-récepteur

user station
station d'utilisateur

user station
station d'utilisateur

teleconference
téléconférence

multiplexing equipment
équipement de multiplexage

teletex
télétex

telecopy
télécopie

reference station
station de référence

parabolic antenna
antenne parabolique

multiple access station
station d'accès multiple

telecomputer
téléinformatique

network management center
network management centre
centre de gestion du réseau

connection and concentration equipment network
équipement de connexion et de concentration des
télécommunications

switchboard
standard téléphonique

TRANSPORTATION
TRANSPORT

automobile; *car*
automobile

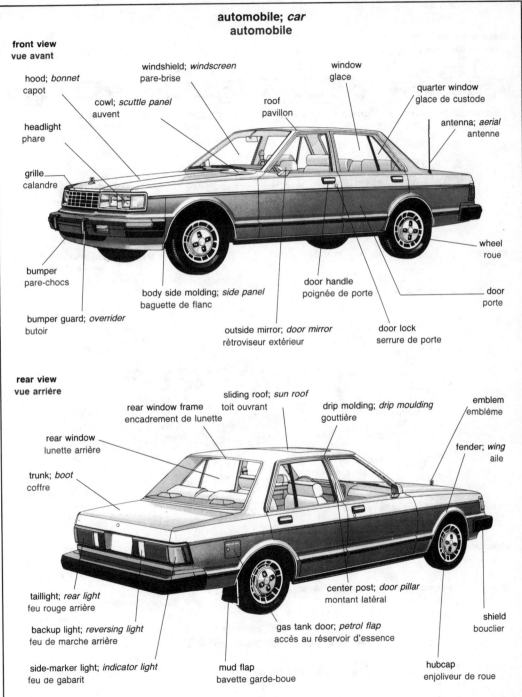

front view
vue avant

hood; *bonnet*
capot

windshield; *windscreen*
pare-brise

window
glace

quarter window
glace de custode

cowl; *scuttle panel*
auvent

roof
pavillon

antenna; *aerial*
antenne

headlight
phare

grille
calandre

wheel
roue

bumper
pare-chocs

door handle
poignée de porte

door
porte

body side molding; *side panel*
baguette de flanc

door lock
serrure de porte

bumper guard; *overrider*
butoir

outside mirror; *door mirror*
rétroviseur extérieur

rear view
vue arrière

sliding roof; *sun roof*
toit ouvrant

drip molding; *drip moulding*
gouttière

emblem
emblème

rear window frame
encadrement de lunette

fender; *wing*
aile

rear window
lunette arrière

trunk; *boot*
coffre

center post; *door pillar*
montant latéral

shield
bouclier

taillight; *rear light*
feu rouge arrière

backup light; *reversing light*
feu de marche arrière

gas tank door; *petrol flap*
accès au réservoir d'essence

side-marker light; *indicator light*
feu de gabarit

mud flap
bavette garde-boue

hubcap
enjoliveur de roue

397

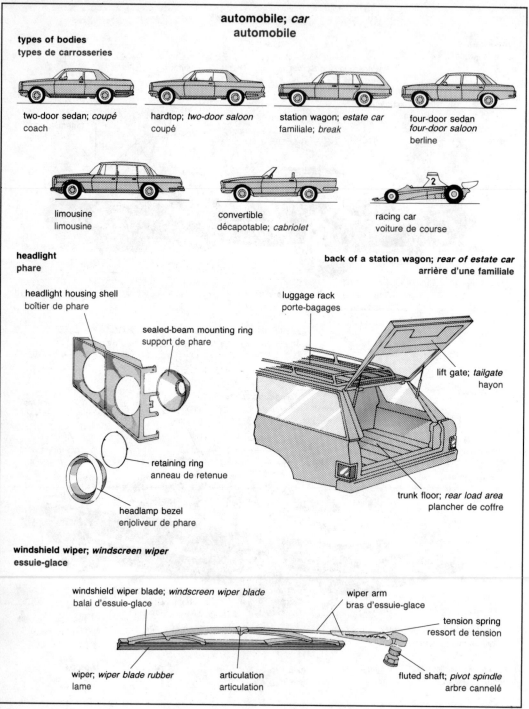

automobile; *car*
automobile

types of bodies
types de carrosseries

two-door sedan; *coupé*
coach

hardtop; *two-door saloon*
coupé

station wagon; *estate car*
familiale; *break*

four-door sedan
four-door saloon
berline

limousine
limousine

convertible
décapotable; *cabriolet*

racing car
voiture de course

headlight
phare

back of a station wagon; *rear of estate car*
arrière d'une familiale

headlight housing shell
boîtier de phare

sealed-beam mounting ring
support de phare

luggage rack
porte-bagages

lift gate; *tailgate*
hayon

retaining ring
anneau de retenue

headlamp bezel
enjoliveur de phare

trunk floor; *rear load area*
plancher de coffre

windshield wiper; *windscreen wiper*
essuie-glace

windshield wiper blade; *windscreen wiper blade*
balai d'essuie-glace

wiper arm
bras d'essuie-glace

tension spring
ressort de tension

wiper; *wiper blade rubber*
lame

articulation
articulation

fluted shaft; *pivot spindle*
arbre cannelé

automobile; *car*
automobile

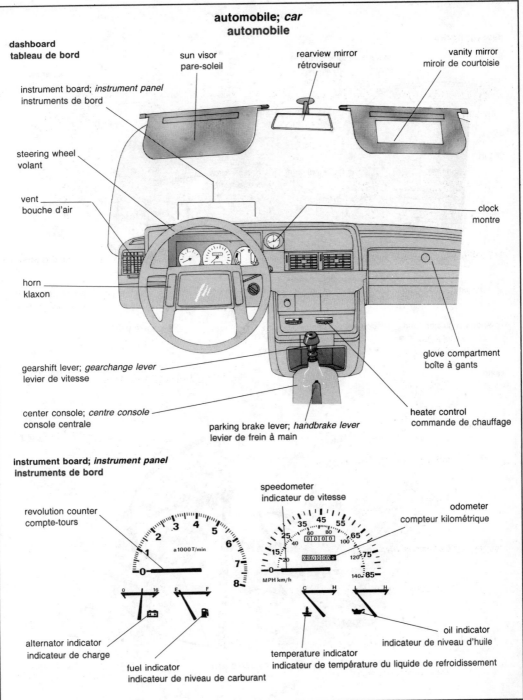

dashboard
tableau de bord

sun visor
pare-soleil

rearview mirror
rétroviseur

vanity mirror
miroir de courtoisie

instrument board; *instrument panel*
instruments de bord

steering wheel
volant

vent
bouche d'air

clock
montre

horn
klaxon

gearshift lever; *gearchange lever*
levier de vitesse

center console; *centre console*
console centrale

parking brake lever; *handbrake lever*
levier de frein à main

glove compartment
boîte à gants

heater control
commande de chauffage

instrument board; *instrument panel*
instruments de bord

revolution counter
compte-tours

a 1000 T/min

speedometer
indicateur de vitesse

odometer
compteur kilométrique

MPH km/h

alternator indicator
indicateur de charge

fuel indicator
indicateur de niveau de carburant

temperature indicator
indicateur de température du liquide de refroidissement

oil indicator
indicateur de niveau d'huile

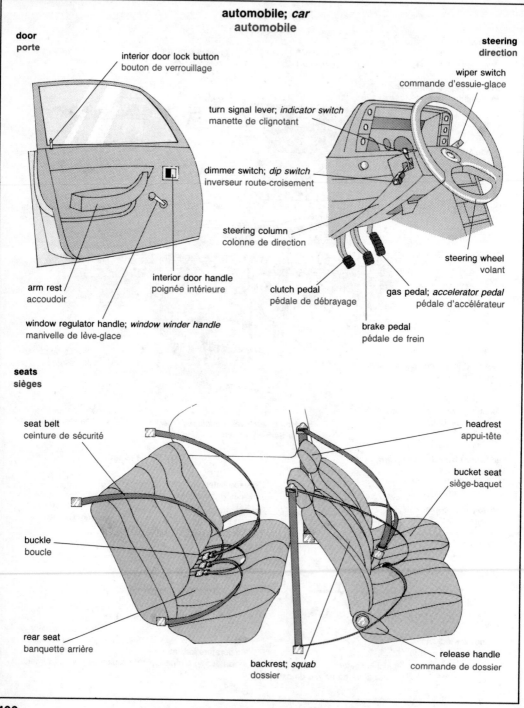

automobile; *car*
automobile

door
porte

steering
direction

interior door lock button
bouton de verrouillage

wiper switch
commande d'essuie-glace

turn signal lever; *indicator switch*
manette de clignotant

dimmer switch; *dip switch*
inverseur route-croisement

steering column
colonne de direction

steering wheel
volant

arm rest
accoudoir

interior door handle
poignée intérieure

clutch pedal
pédale de débrayage

gas pedal; *accelerator pedal*
pédale d'accélérateur

window regulator handle; *window winder handle*
manivelle de lève-glace

brake pedal
pédale de frein

seats
sièges

seat belt
ceinture de sécurité

headrest
appui-tête

bucket seat
siège-baquet

buckle
boucle

rear seat
banquette arrière

backrest; *squab*
dossier

release handle
commande de dossier

service station
station-service

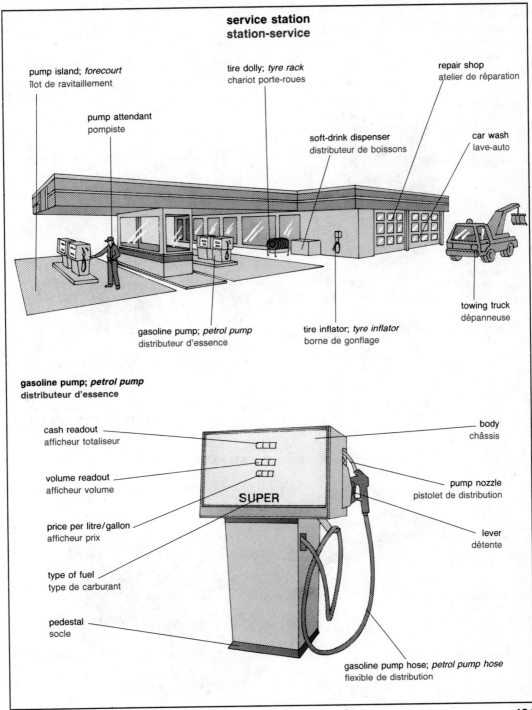

pump island; *forecourt*
îlot de ravitaillement

tire dolly; *tyre rack*
chariot porte-roues

repair shop
atelier de réparation

pump attendant
pompiste

soft-drink dispenser
distributeur de boissons

car wash
lave-auto

towing truck
dépanneuse

gasoline pump; *petrol pump*
distributeur d'essence

tire inflator; *tyre inflator*
borne de gonflage

gasoline pump; *petrol pump*
distributeur d'essence

cash readout
afficheur totaliseur

body
châssis

volume readout
afficheur volume

pump nozzle
pistolet de distribution

price per litre/gallon
afficheur prix

SUPER

lever
détente

type of fuel
type de carburant

pedestal
socle

gasoline pump hose; *petrol pump hose*
flexible de distribution

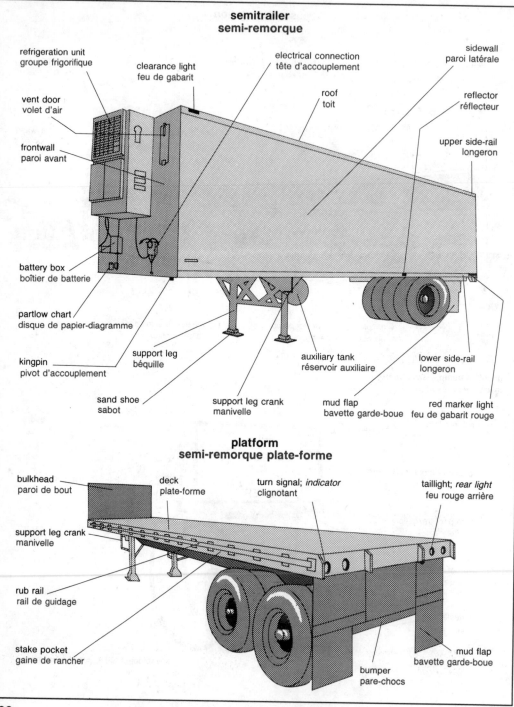

semitrailer
semi-remorque

refrigeration unit
groupe frigorifique

clearance light
feu de gabarit

electrical connection
tête d'accouplement

sidewall
paroi latérale

vent door
volet d'air

roof
toit

reflector
réflecteur

frontwall
paroi avant

upper side-rail
longeron

battery box
boîtier de batterie

partlow chart
disque de papier-diagramme

kingpin
pivot d'accouplement

support leg
béquille

auxiliary tank
réservoir auxiliaire

lower side-rail
longeron

sand shoe
sabot

support leg crank
manivelle

mud flap
bavette garde-boue

red marker light
feu de gabarit rouge

platform
semi-remorque plate-forme

bulkhead
paroi de bout

deck
plate-forme

turn signal; *indicator*
clignotant

taillight; *rear light*
feu rouge arrière

support leg crank
manivelle

rub rail
rail de guidage

stake pocket
gaine de rancher

bumper
pare-chocs

mud flap
bavette garde-boue

truck trailer; *tractor unit*
tracteur

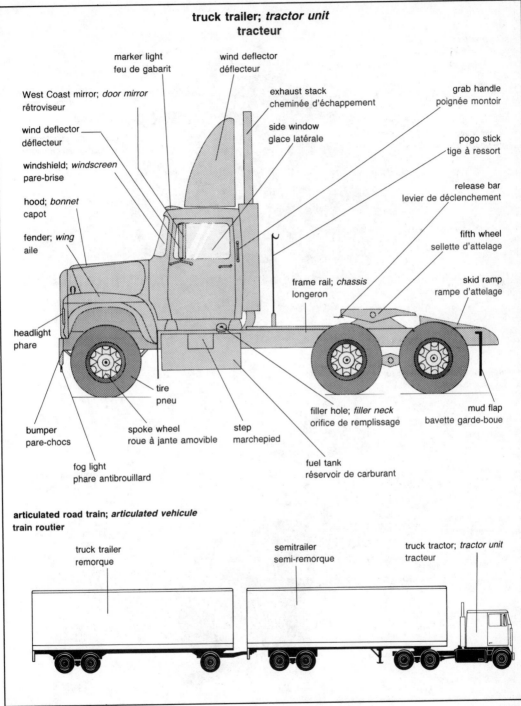

marker light
feu de gabarit

wind deflector
déflecteur

West Coast mirror; *door mirror*
rétroviseur

exhaust stack
cheminée d'échappement

grab handle
poignée montoir

side window
glace latérale

wind deflector
déflecteur

pogo stick
tige à ressort

windshield; *windscreen*
pare-brise

release bar
levier de déclenchement

hood; *bonnet*
capot

fifth wheel
sellette d'attelage

fender; *wing*
aile

frame rail; *chassis*
longeron

skid ramp
rampe d'attelage

headlight
phare

tire
pneu

filler hole; *filler neck*
orifice de remplissage

mud flap
bavette garde-boue

bumper
pare-chocs

spoke wheel
roue à jante amovible

step
marchepied

fog light
phare antibrouillard

fuel tank
réservoir de carburant

articulated road train; *articulated vehicule*
train routier

truck trailer
remorque

semitrailer
semi-remorque

truck tractor; *tractor unit*
tracteur

403

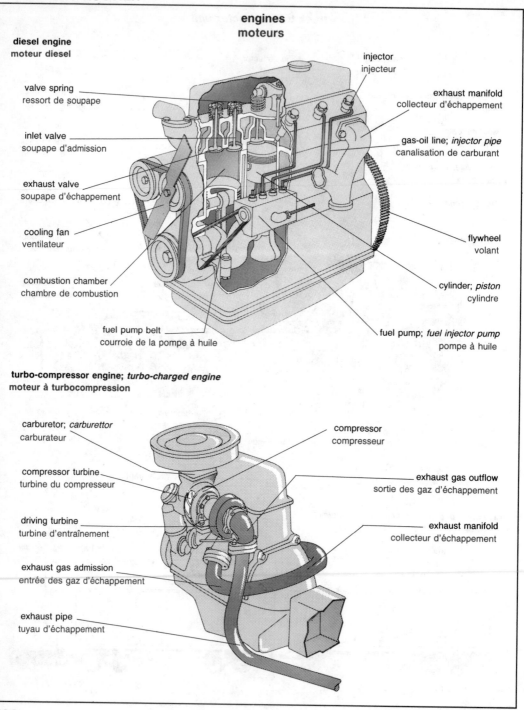

engines
moteurs

diesel engine
moteur diesel

injector
injecteur

valve spring
ressort de soupape

exhaust manifold
collecteur d'échappement

inlet valve
soupape d'admission

gas-oil line; *injector pipe*
canalisation de carburant

exhaust valve
soupape d'échappement

cooling fan
ventilateur

flywheel
volant

combustion chamber
chambre de combustion

cylinder; *piston*
cylindre

fuel pump belt
courroie de la pompe à huile

fuel pump; *fuel injector pump*
pompe à huile

turbo-compressor engine; *turbo-charged engine*
moteur à turbocompression

carburetor; *carburettor*
carburateur

compressor
compresseur

compressor turbine
turbine du compresseur

exhaust gas outflow
sortie des gaz d'échappement

driving turbine
turbine d'entraînement

exhaust manifold
collecteur d'échappement

exhaust gas admission
entrée des gaz d'échappement

exhaust pipe
tuyau d'échappement

engine
moteur

gasoline engine; *petrol engine*
moteur à essence

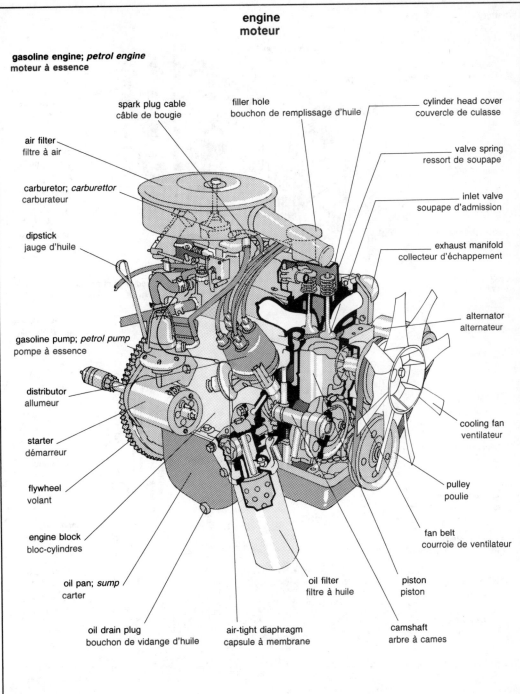

spark plug cable
câble de bougie

filler hole
bouchon de remplissage d'huile

cylinder head cover
couvercle de culasse

air filter
filtre à air

valve spring
ressort de soupape

carburetor; *carburettor*
carburateur

inlet valve
soupape d'admission

dipstick
jauge d'huile

exhaust manifold
collecteur d'échappement

gasoline pump; *petrol pump*
pompe à essence

alternator
alternateur

distributor
allumeur

starter
démarreur

cooling fan
ventilateur

flywheel
volant

pulley
poulie

engine block
bloc-cylindres

fan belt
courroie de ventilateur

oil pan; *sump*
carter

oil filter
filtre à huile

piston
piston

oil drain plug
bouchon de vidange d'huile

air-tight diaphragm
capsule à membrane

camshaft
arbre à cames

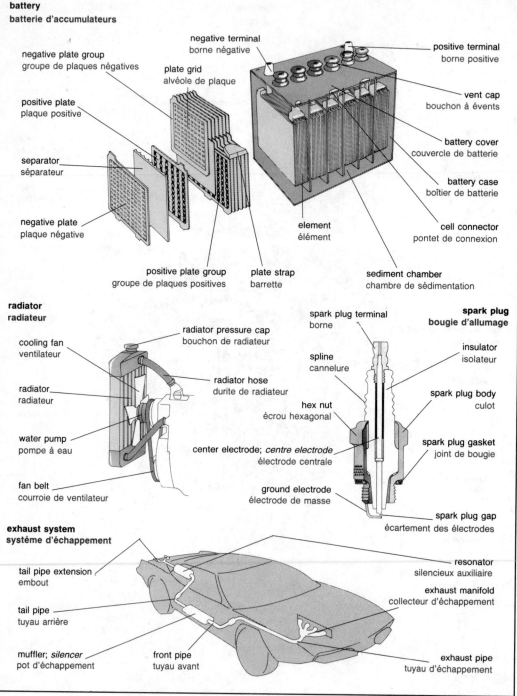

battery
batterie d'accumulateurs

negative plate group
groupe de plaques négatives

plate grid
alvéole de plaque

negative terminal
borne négative

positive terminal
borne positive

positive plate
plaque positive

vent cap
bouchon à évents

separator
séparateur

battery cover
couvercle de batterie

battery case
boîtier de batterie

negative plate
plaque négative

element
élément

cell connector
pontet de connexion

positive plate group
groupe de plaques positives

plate strap
barrette

sediment chamber
chambre de sédimentation

radiator
radiateur

spark plug terminal
borne

spark plug
bougie d'allumage

cooling fan
ventilateur

radiator pressure cap
bouchon de radiateur

insulator
isolateur

spline
cannelure

radiator
radiateur

radiator hose
durite de radiateur

spark plug body
culot

water pump
pompe à eau

hex nut
écrou hexagonal

spark plug gasket
joint de bougie

center electrode; *centre electrode*
électrode centrale

fan belt
courroie de ventilateur

ground electrode
électrode de masse

spark plug gap
écartement des électrodes

exhaust system
système d'échappement

tail pipe extension
embout

resonator
silencieux auxiliaire

exhaust manifold
collecteur d'échappement

tail pipe
tuyau arrière

muffler; *silencer*
pot d'échappement

front pipe
tuyau avant

exhaust pipe
tuyau d'échappement

tires; *tyres*
pneus

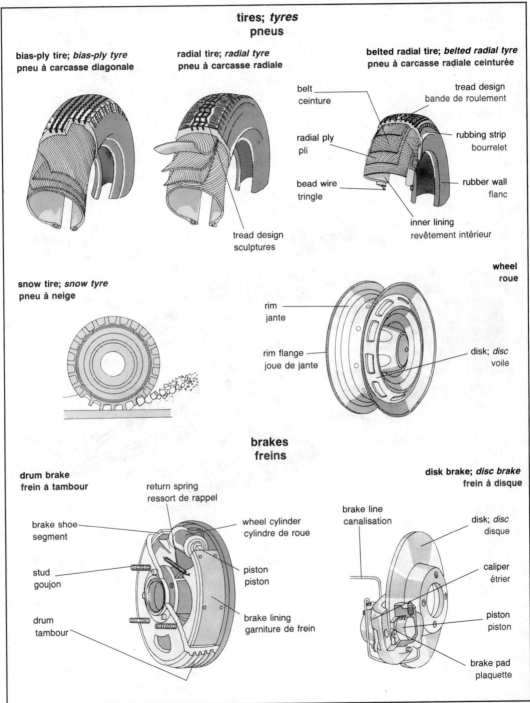

bias-ply tire; *bias-ply tyre*
pneu à carcasse diagonale

radial tire; *radial tyre*
pneu à carcasse radiale

belted radial tire; *belted radial tyre*
pneu à carcasse radiale ceinturée

belt
ceinture

tread design
bande de roulement

radial ply
pli

rubbing strip
bourrelet

bead wire
tringle

rubber wall
flanc

inner lining
revêtement intérieur

tread design
sculptures

snow tire; *snow tyre*
pneu à neige

wheel
roue

rim
jante

rim flange
joue de jante

disk; *disc*
voile

brakes
freins

drum brake
frein à tambour

disk brake; *disc brake*
frein à disque

return spring
ressort de rappel

brake shoe
segment

wheel cylinder
cylindre de roue

brake line
canalisation

disk; *disc*
disque

stud
goujon

piston
piston

caliper
étrier

drum
tambour

brake lining
garniture de frein

piston
piston

brake pad
plaquette

snowmobile
motoneige

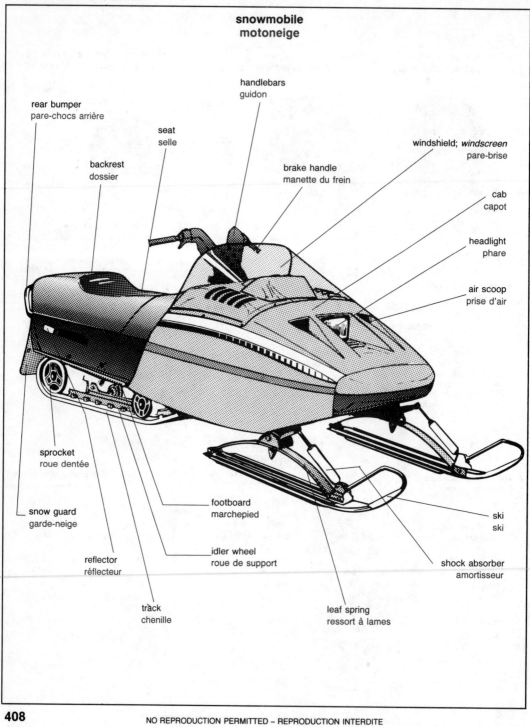

handlebars
guidon

rear bumper
pare-chocs arrière

seat
selle

windshield; *windscreen*
pare-brise

backrest
dossier

brake handle
manette du frein

cab
capot

headlight
phare

air scoop
prise d'air

sprocket
roue dentée

snow guard
garde-neige

footboard
marchepied

ski
ski

reflector
réflecteur

idler wheel
roue de support

shock absorber
amortisseur

track
chenille

leaf spring
ressort à lames

motorcycle
motocyclette

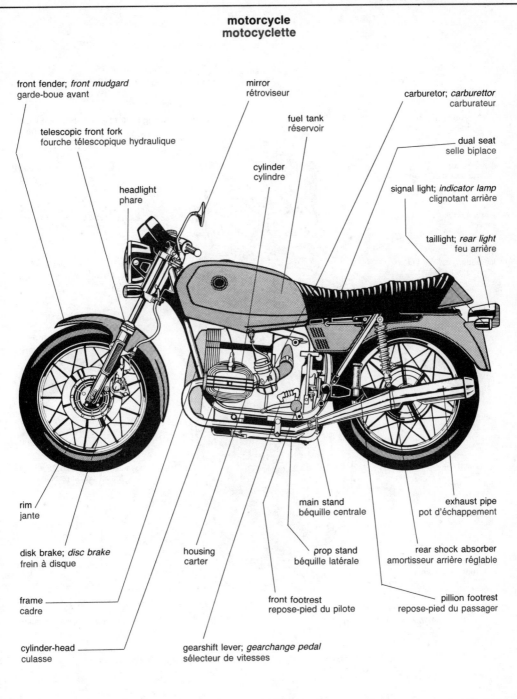

front fender; *front mudgard*
garde-boue avant

mirror
rétroviseur

carburetor; *carburettor*
carburateur

fuel tank
réservoir

telescopic front fork
fourche télescopique hydraulique

dual seat
selle biplace

cylinder
cylindre

headlight
phare

signal light; *indicator lamp*
clignotant arrière

taillight; *rear light*
feu arrière

rim
jante

main stand
béquille centrale

exhaust pipe
pot d'échappement

disk brake; *disc brake*
frein à disque

housing
carter

prop stand
béquille latérale

rear shock absorber
amortisseur arrière réglable

frame
cadre

front footrest
repose-pied du pilote

pillion footrest
repose-pied du passager

cylinder-head
culasse

gearshift lever; *gearchange pedal*
sélecteur de vitesses

motorcycle
motocyclette

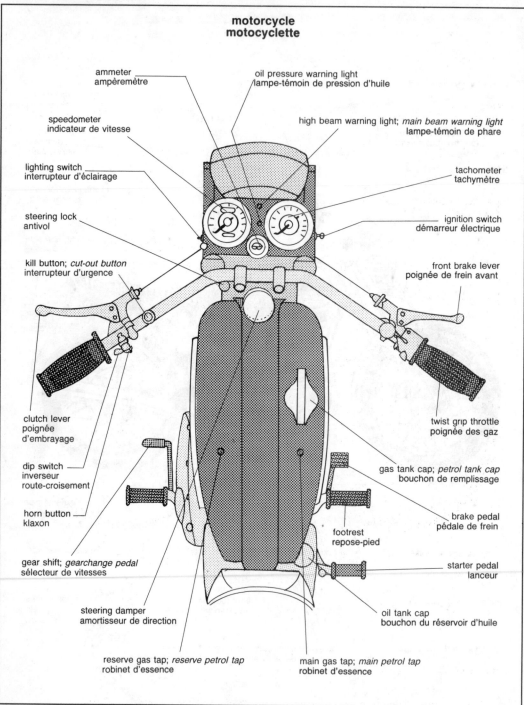

ammeter
ampèremètre

oil pressure warning light
lampe-témoin de pression d'huile

speedometer
indicateur de vitesse

high beam warning light; *main beam warning light*
lampe-témoin de phare

lighting switch
interrupteur d'éclairage

tachometer
tachymètre

steering lock
antivol

ignition switch
démarreur électrique

kill button; *cut-out button*
interrupteur d'urgence

front brake lever
poignée de frein avant

clutch lever
poignée
d'embrayage

twist grip throttle
poignée des gaz

dip switch
inverseur
route-croisement

gas tank cap; *petrol tank cap*
bouchon de remplissage

horn button
klaxon

brake pedal
pédale de frein

footrest
repose-pied

gear shift; *gearchange pedal*
sélecteur de vitesses

starter pedal
lanceur

steering damper
amortisseur de direction

oil tank cap
bouchon du réservoir d'huile

reserve gas tap; *reserve petrol tap*
robinet d'essence

main gas tap; *main petrol tap*
robinet d'essence

bicycle
bicyclette

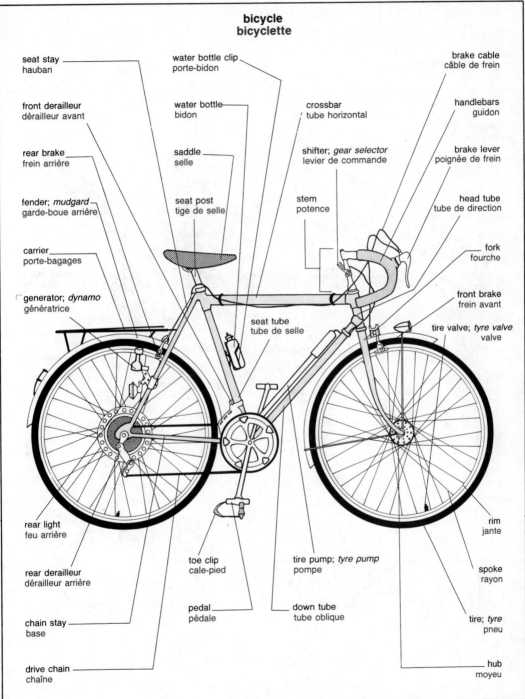

seat stay
hauban

front derailleur
dérailleur avant

rear brake
frein arrière

fender; *mudgard*
garde-boue arrière

carrier
porte-bagages

generator; *dynamo*
génératrice

rear light
feu arrière

rear derailleur
dérailleur arrière

chain stay
base

drive chain
chaîne

water bottle clip
porte-bidon

water bottle
bidon

saddle
selle

seat post
tige de selle

seat tube
tube de selle

toe clip
cale-pied

pedal
pédale

crossbar
tube horizontal

shifter; *gear selector*
levier de commande

stem
potence

tire pump; *tyre pump*
pompe

down tube
tube oblique

brake cable
câble de frein

handlebars
guidon

brake lever
poignée de frein

head tube
tube de direction

fork
fourche

front brake
frein avant

tire valve; *tyre valve*
valve

rim
jante

spoke
rayon

tire; *tyre*
pneu

hub
moyeu

bicycle
bicyclette

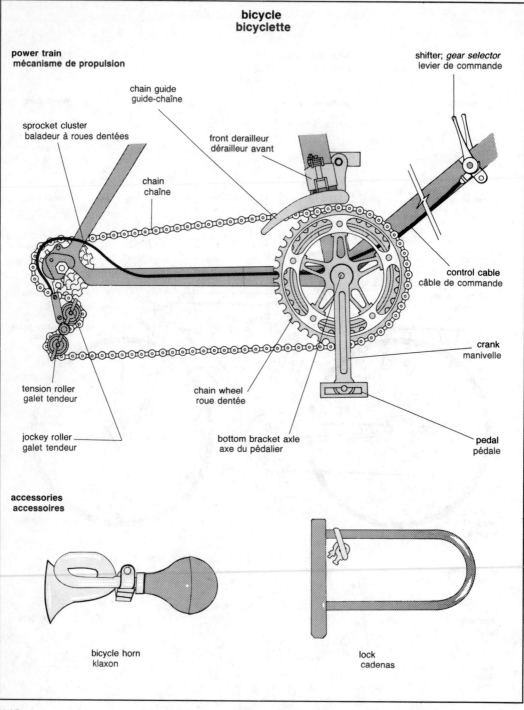

power train
mécanisme de propulsion

shifter; *gear selector*
levier de commande

chain guide
guide-chaîne

front derailleur
dérailleur avant

sprocket cluster
baladeur à roues dentées

chain
chaîne

control cable
câble de commande

crank
manivelle

tension roller
galet tendeur

chain wheel
roue dentée

pedal
pédale

jockey roller
galet tendeur

bottom bracket axle
axe du pédalier

accessories
accessoires

bicycle horn
klaxon

lock
cadenas

cross section of a street
coupe d'une rue

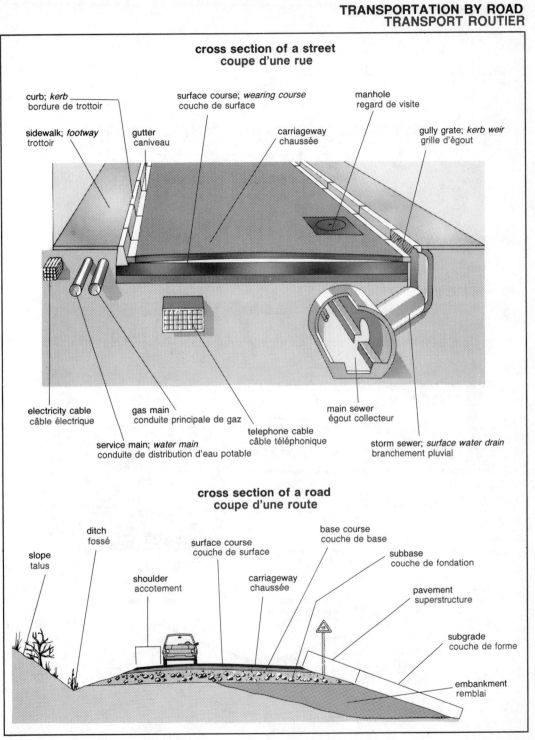

curb; *kerb*
bordure de trottoir

surface course; *wearing course*
couche de surface

manhole
regard de visite

sidewalk; *footway*
trottoir

gutter
caniveau

carriageway
chaussée

gully grate; *kerb weir*
grille d'égout

electricity cable
câble électrique

gas main
conduite principale de gaz

main sewer
égout collecteur

telephone cable
câble téléphonique

service main; *water main*
conduite de distribution d'eau potable

storm sewer; *surface water drain*
branchement pluvial

cross section of a road
coupe d'une route

ditch
fossé

base course
couche de base

slope
talus

surface course
couche de surface

subbase
couche de fondation

shoulder
accotement

carriageway
chaussée

pavement
superstructure

subgrade
couche de forme

embankment
remblai

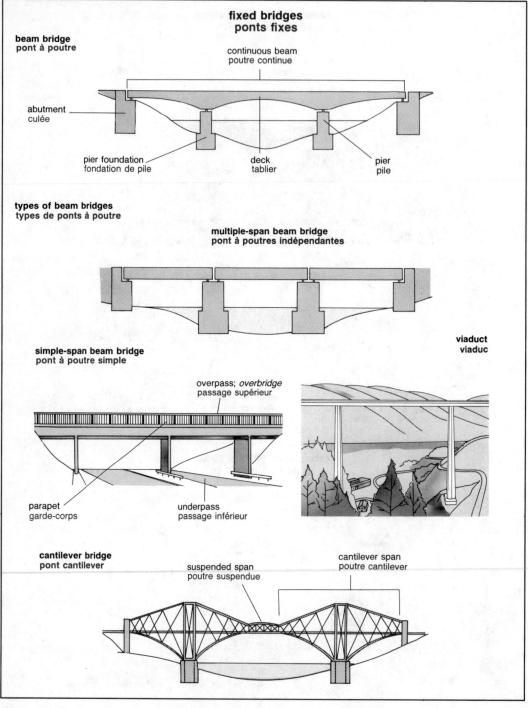

fixed bridges
ponts fixes

beam bridge
pont à poutre

continuous beam
poutre continue

abutment
culée

pier foundation
fondation de pile

deck
tablier

pier
pile

types of beam bridges
types de ponts à poutre

multiple-span beam bridge
pont à poutres indépendantes

viaduct
viaduc

simple-span beam bridge
pont à poutre simple

overpass; *overbridge*
passage supérieur

parapet
garde-corps

underpass
passage inférieur

cantilever bridge
pont cantilever

suspended span
poutre suspendue

cantilever span
poutre cantilever

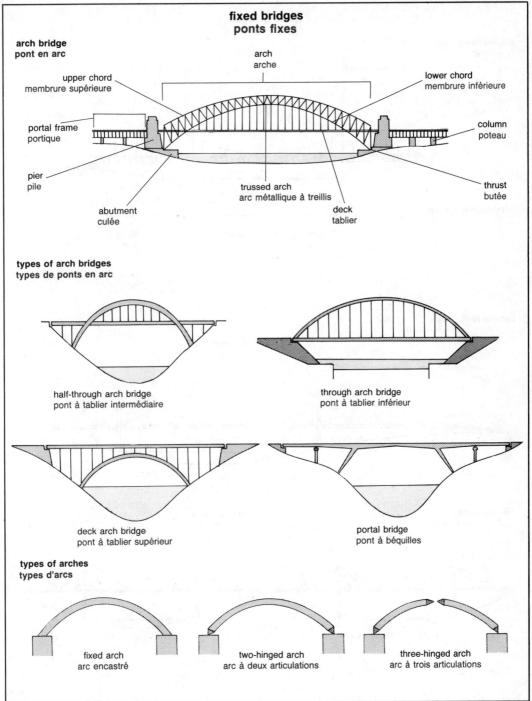

fixed bridges
ponts fixes

arch bridge
pont en arc

arch
arche

upper chord
membrure supérieure

lower chord
membrure inférieure

portal frame
portique

column
poteau

pier
pile

thrust
butée

abutment
culée

trussed arch
arc métallique à treillis

deck
tablier

types of arch bridges
types de ponts en arc

half-through arch bridge
pont à tablier intermédiaire

through arch bridge
pont à tablier inférieur

deck arch bridge
pont à tablier supérieur

portal bridge
pont à béquilles

types of arches
types d'arcs

fixed arch
arc encastré

two-hinged arch
arc à deux articulations

three-hinged arch
arc à trois articulations

fixed bridges
ponts fixes

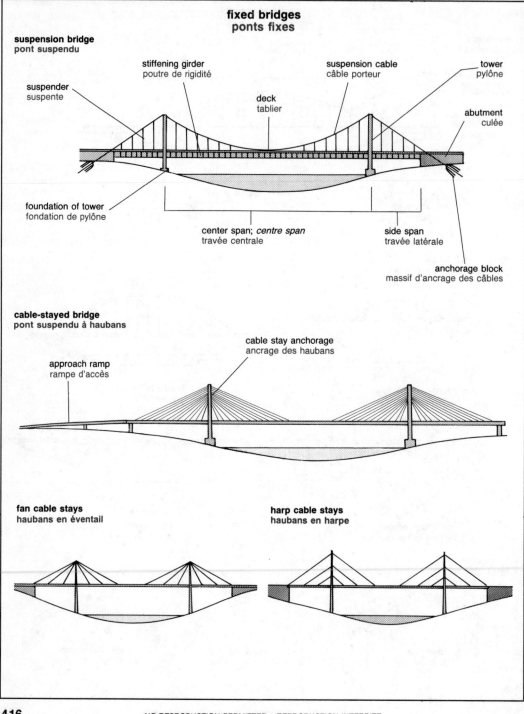

suspension bridge
pont suspendu

stiffening girder
poutre de rigidité

suspension cable
câble porteur

tower
pylône

suspender
suspente

deck
tablier

abutment
culée

foundation of tower
fondation de pylône

center span; *centre span*
travée centrale

side span
travée latérale

anchorage block
massif d'ancrage des câbles

cable-stayed bridge
pont suspendu à haubans

cable stay anchorage
ancrage des haubans

approach ramp
rampe d'accès

fan cable stays
haubans en éventail

harp cable stays
haubans en harpe

movable bridges
ponts mobiles

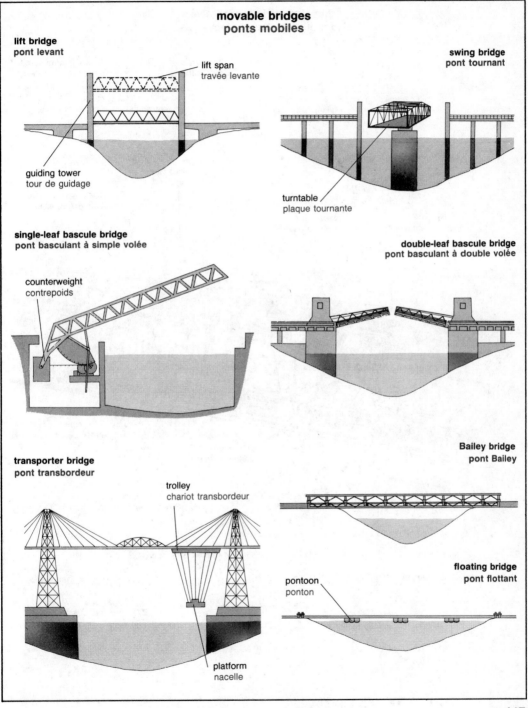

lift bridge
pont levant

lift span
travée levante

guiding tower
tour de guidage

swing bridge
pont tournant

turntable
plaque tournante

single-leaf bascule bridge
pont basculant à simple volée

counterweight
contrepoids

double-leaf bascule bridge
pont basculant à double volée

transporter bridge
pont transbordeur

trolley
chariot transbordeur

Bailey bridge
pont Bailey

floating bridge
pont flottant

pontoon
ponton

platform
nacelle

diesel-electric locomotive
locomotive diesel-électrique

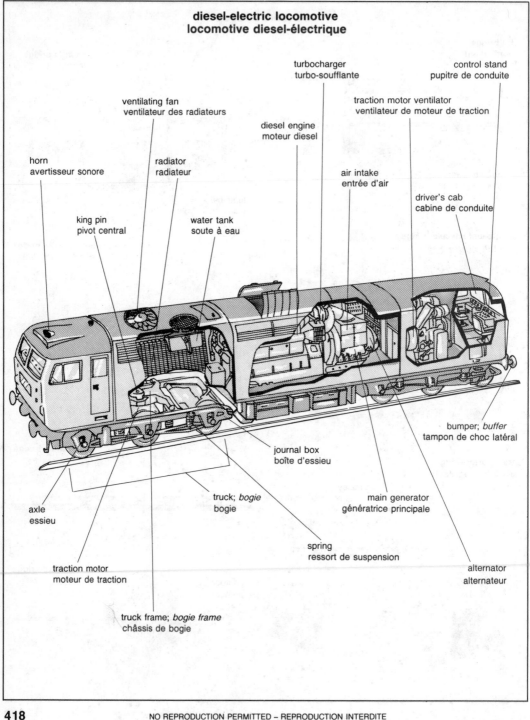

turbocharger
turbo-soufflante

control stand
pupitre de conduite

ventilating fan
ventilateur des radiateurs

traction motor ventilator
ventilateur de moteur de traction

diesel engine
moteur diesel

horn
avertisseur sonore

radiator
radiateur

air intake
entrée d'air

driver's cab
cabine de conduite

king pin
pivot central

water tank
soute à eau

bumper; *buffer*
tampon de choc latéral

journal box
boîte d'essieu

truck; *bogie*
bogie

main generator
génératrice principale

axle
essieu

traction motor
moteur de traction

spring
ressort de suspension

alternator
alternateur

truck frame; *bogie frame*
châssis de bogie

box car; *bogie wagon*
wagon couvert

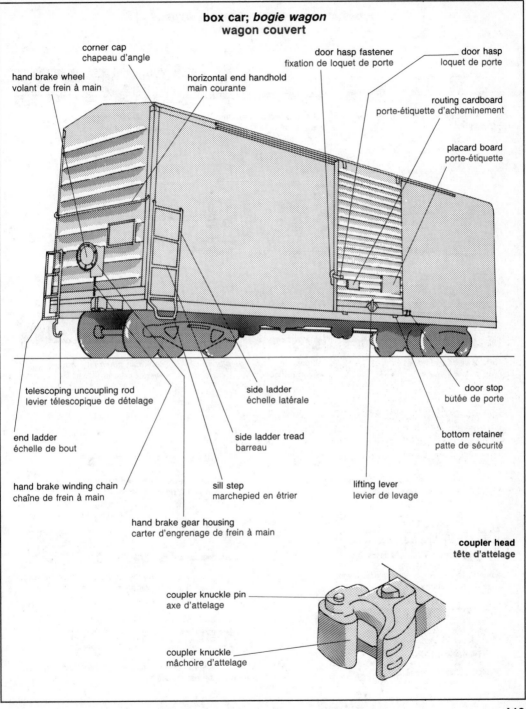

corner cap
chapeau d'angle

door hasp fastener
fixation de loquet de porte

door hasp
loquet de porte

hand brake wheel
volant de frein à main

horizontal end handhold
main courante

routing cardboard
porte-étiquette d'acheminement

placard board
porte-étiquette

telescoping uncoupling rod
levier télescopique de dételage

side ladder
échelle latérale

door stop
butée de porte

end ladder
échelle de bout

side ladder tread
barreau

bottom retainer
patte de sécurité

hand brake winding chain
chaîne de frein à main

sill step
marchepied en étrier

lifting lever
levier de levage

hand brake gear housing
carter d'engrenage de frein à main

coupler head
tête d'attelage

coupler knuckle pin
axe d'attelage

coupler knuckle
mâchoire d'attelage

419

types of cars ; *types of freight wagons*
types de wagons

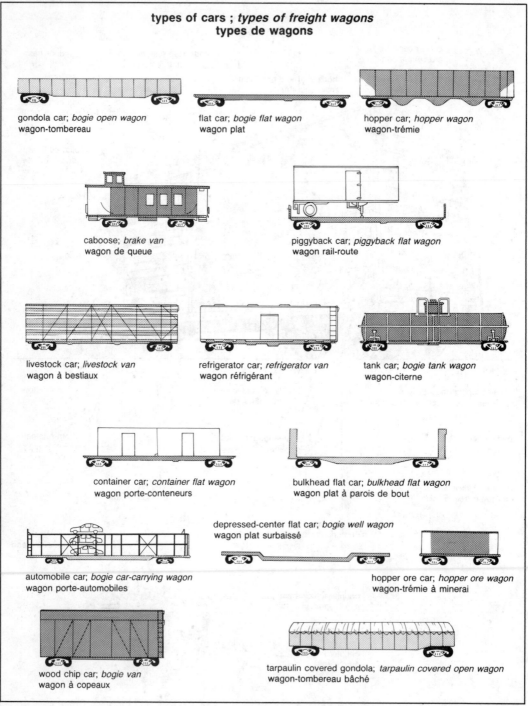

gondola car; *bogie open wagon*
wagon-tombereau

flat car; *bogie flat wagon*
wagon plat

hopper car; *hopper wagon*
wagon-trémie

caboose; *brake van*
wagon de queue

piggyback car; *piggyback flat wagon*
wagon rail-route

livestock car; *livestock van*
wagon à bestiaux

refrigerator car; *refrigerator van*
wagon réfrigérant

tank car; *bogie tank wagon*
wagon-citerne

container car; *container flat wagon*
wagon porte-conteneurs

bulkhead flat car; *bulkhead flat wagon*
wagon plat à parois de bout

depressed-center flat car; *bogie well wagon*
wagon plat surbaissé

automobile car; *bogie car-carrying wagon*
wagon porte-automobiles

hopper ore car; *hopper ore wagon*
wagon-trémie à minerai

wood chip car; *bogie van*
wagon à copeaux

tarpaulin covered gondola; *tarpaulin covered open wagon*
wagon-tombereau bâché

types of passenger cars; *types of passenger coaches*
types de voitures

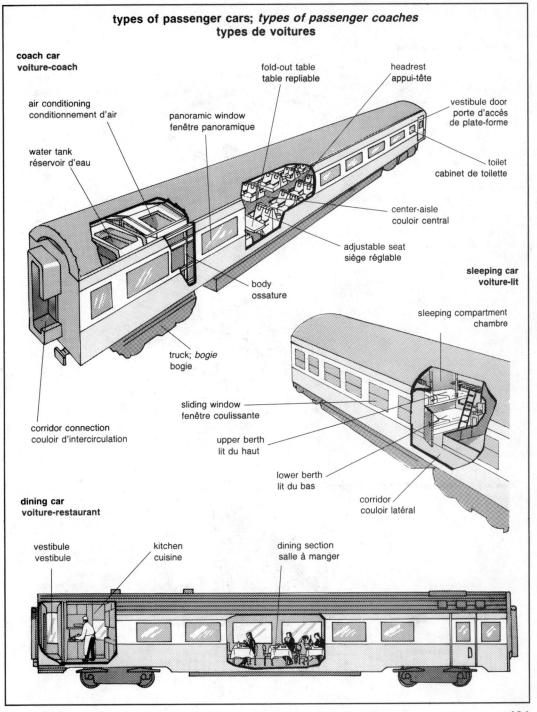

coach car
voiture-coach

fold-out table
table repliable

headrest
appui-tête

air conditioning
conditionnement d'air

panoramic window
fenêtre panoramique

vestibule door
porte d'accès
de plate-forme

water tank
réservoir d'eau

toilet
cabinet de toilette

center-aisle
couloir central

adjustable seat
siège réglable

sleeping car
voiture-lit

sleeping compartment
chambre

body
ossature

truck; *bogie*
bogie

sliding window
fenêtre coulissante

corridor connection
couloir d'intercirculation

upper berth
lit du haut

lower berth
lit du bas

corridor
couloir latéral

dining car
voiture-restaurant

vestibule
vestibule

kitchen
cuisine

dining section
salle à manger

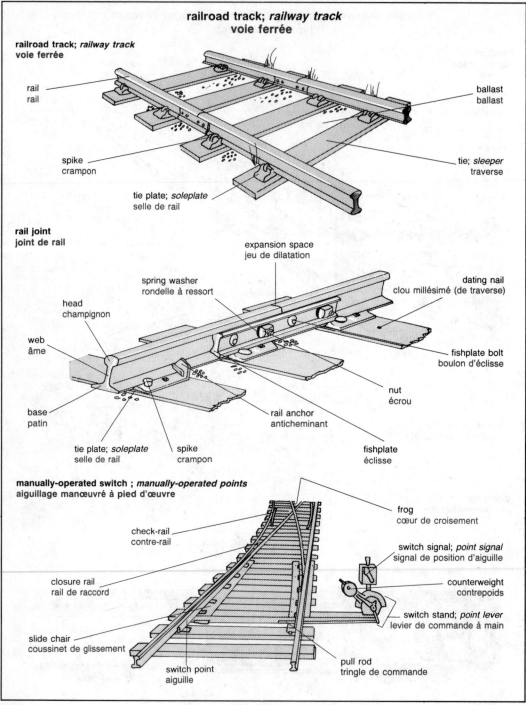

railroad track; *railway track*
voie ferrée

railroad track; *railway track*
voie ferrée

rail
rail

ballast
ballast

spike
crampon

tie; *sleeper*
traverse

tie plate; *soleplate*
selle de rail

rail joint
joint de rail

expansion space
jeu de dilatation

spring washer
rondelle à ressort

dating nail
clou millésimé (de traverse)

head
champignon

web
âme

fishplate bolt
boulon d'éclisse

nut
écrou

base
patin

rail anchor
anticheminant

tie plate; *soleplate*
selle de rail

spike
crampon

fishplate
éclisse

manually-operated switch ; *manually-operated points*
aiguillage manœuvré à pied d'œuvre

frog
cœur de croisement

check-rail
contre-rail

switch signal; *point signal*
signal de position d'aiguille

closure rail
rail de raccord

counterweight
contrepoids

slide chair
coussinet de glissement

switch stand; *point lever*
levier de commande à main

switch point
aiguille

pull rod
tringle de commande

railroad track; *railway track*
voie ferrée

remote-controlled switch; *remote-controlled points*
aiguillage manœuvré à distance

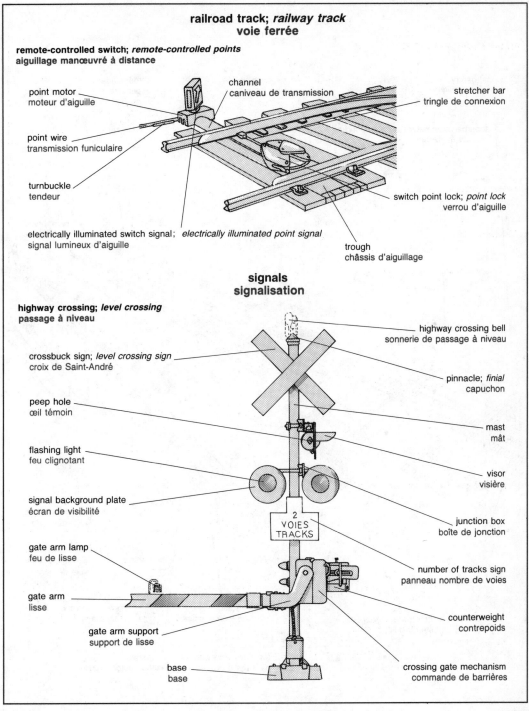

point motor
moteur d'aiguille

channel
caniveau de transmission

stretcher bar
tringle de connexion

point wire
transmission funiculaire

turnbuckle
tendeur

switch point lock; *point lock*
verrou d'aiguille

electrically illuminated switch signal; *electrically illuminated point signal*
signal lumineux d'aiguille

trough
châssis d'aiguillage

signals
signalisation

highway crossing; *level crossing*
passage à niveau

crossbuck sign; *level crossing sign*
croix de Saint-André

highway crossing bell
sonnerie de passage à niveau

pinnacle; *finial*
capuchon

peep hole
œil témoin

mast
mât

flashing light
feu clignotant

visor
visière

signal background plate
écran de visibilité

junction box
boîte de jonction

2
VOIES
TRACKS

gate arm lamp
feu de lisse

number of tracks sign
panneau nombre de voies

gate arm
lisse

counterweight
contrepoids

gate arm support
support de lisse

base
base

crossing gate mechanism
commande de barrières

railroad station; *railway station*
gare

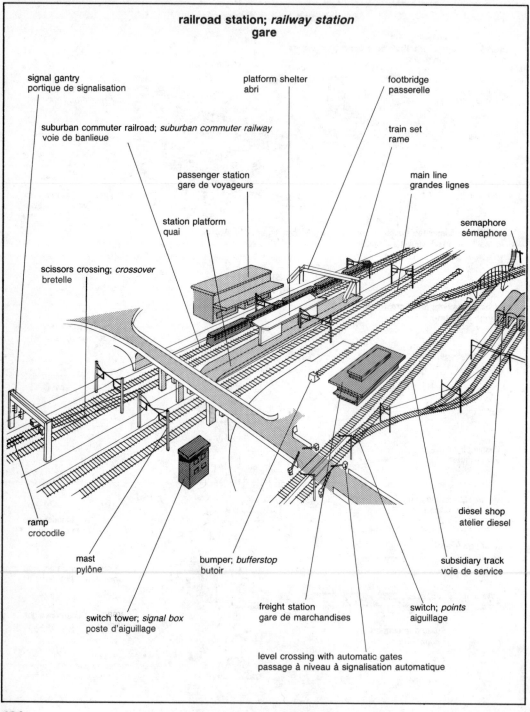

signal gantry
portique de signalisation

platform shelter
abri

footbridge
passerelle

suburban commuter railroad; *suburban commuter railway*
voie de banlieue

train set
rame

passenger station
gare de voyageurs

main line
grandes lignes

station platform
quai

semaphore
sémaphore

scissors crossing; *crossover*
bretelle

ramp
crocodile

mast
pylône

diesel shop
atelier diesel

bumper; *bufferstop*
butoir

subsidiary track
voie de service

switch tower; *signal box*
poste d'aiguillage

freight station
gare de marchandises

switch; *points*
aiguillage

level crossing with automatic gates
passage à niveau à signalisation automatique

container
conteneur

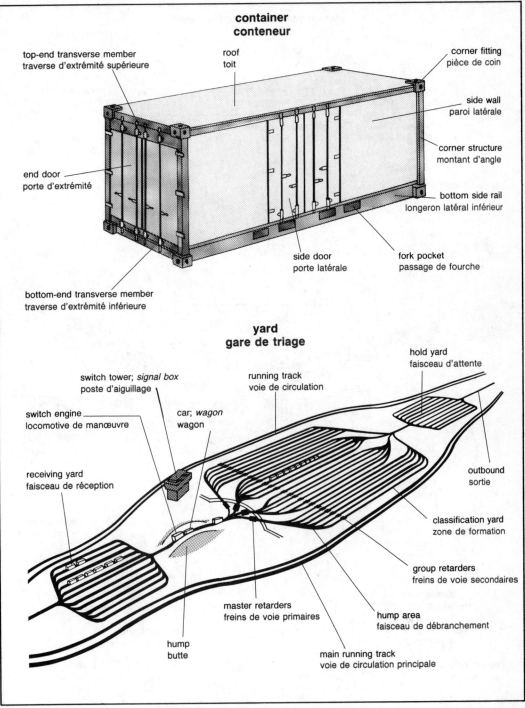

top-end transverse member
traverse d'extrémité supérieure

roof
toit

corner fitting
pièce de coin

side wall
paroi latérale

corner structure
montant d'angle

end door
porte d'extrémité

bottom side rail
longeron latéral inférieur

side door
porte latérale

fork pocket
passage de fourche

bottom-end transverse member
traverse d'extrémité inférieure

yard
gare de triage

switch tower; *signal box*
poste d'aiguillage

running track
voie de circulation

hold yard
faisceau d'attente

switch engine
locomotive de manœuvre

car; *wagon*
wagon

receiving yard
faisceau de réception

outbound
sortie

classification yard
zone de formation

group retarders
freins de voie secondaires

master retarders
freins de voie primaires

hump area
faisceau de débranchement

hump
butte

main running track
voie de circulation principale

station hall; *station concourse*
hall de gare

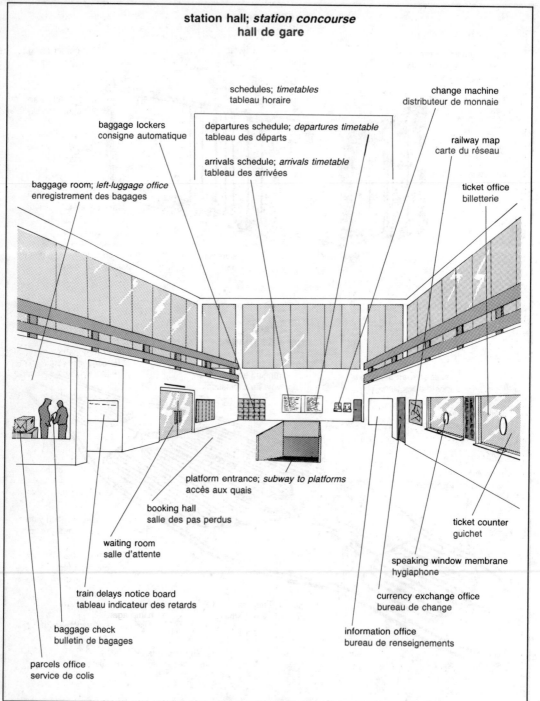

schedules; *timetables*
tableau horaire

change machine
distributeur de monnaie

baggage lockers
consigne automatique

departures schedule; *departures timetable*
tableau des départs

arrivals schedule; *arrivals timetable*
tableau des arrivées

railway map
carte du réseau

baggage room; *left-luggage office*
enregistrement des bagages

ticket office
billetterie

platform entrance; *subway to platforms*
accès aux quais

booking hall
salle des pas perdus

waiting room
salle d'attente

ticket counter
guichet

train delays notice board
tableau indicateur des retards

speaking window membrane
hygiaphone

baggage check
bulletin de bagages

currency exchange office
bureau de change

information office
bureau de renseignements

parcels office
service de colis

station platform
quai de gare

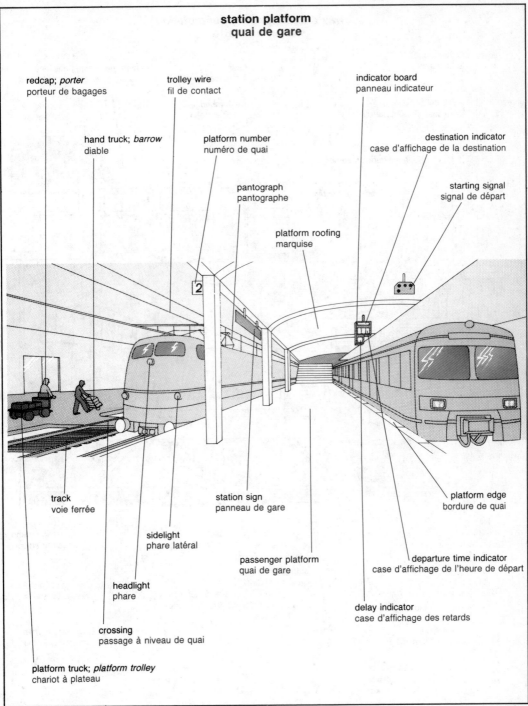

redcap; *porter*
porteur de bagages

trolley wire
fil de contact

indicator board
panneau indicateur

hand truck; *barrow*
diable

platform number
numéro de quai

destination indicator
case d'affichage de la destination

pantograph
pantographe

starting signal
signal de départ

platform roofing
marquise

track
voie ferrée

station sign
panneau de gare

platform edge
bordure de quai

sidelight
phare latéral

headlight
phare

passenger platform
quai de gare

departure time indicator
case d'affichage de l'heure de départ

delay indicator
case d'affichage des retards

crossing
passage à niveau de quai

platform truck; *platform trolley*
chariot à plateau

TRANSPORTATION BY SUBWAY
TRANSPORT PAR MÉTRO

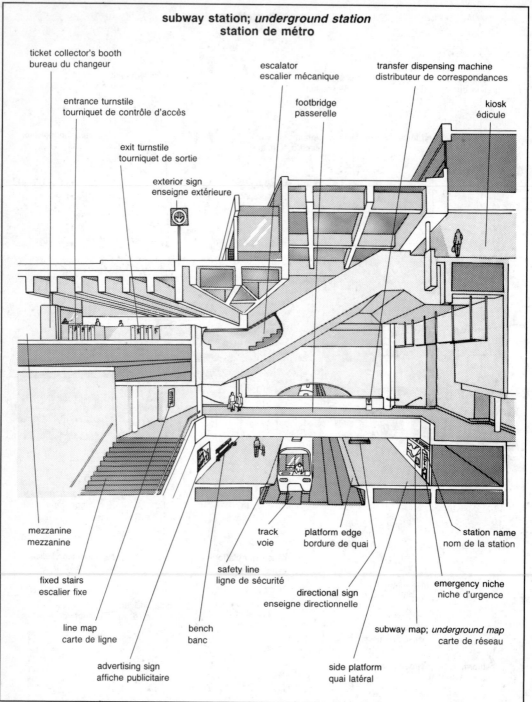

subway station; *underground station*
station de métro

ticket collector's booth
bureau du changeur

entrance turnstile
tourniquet de contrôle d'accès

exit turnstile
tourniquet de sortie

exterior sign
enseigne extérieure

escalator
escalier mécanique

footbridge
passerelle

transfer dispensing machine
distributeur de correspondances

kiosk
édicule

mezzanine
mezzanine

track
voie

platform edge
bordure de quai

station name
nom de la station

fixed stairs
escalier fixe

safety line
ligne de sécurité

directional sign
enseigne directionnelle

emergency niche
niche d'urgence

line map
carte de ligne

bench
banc

subway map; *underground map*
carte de réseau

advertising sign
affiche publicitaire

side platform
quai latéral

underground railway
chemin de fer métropolitain

subway train; *underground train*
rame de métro

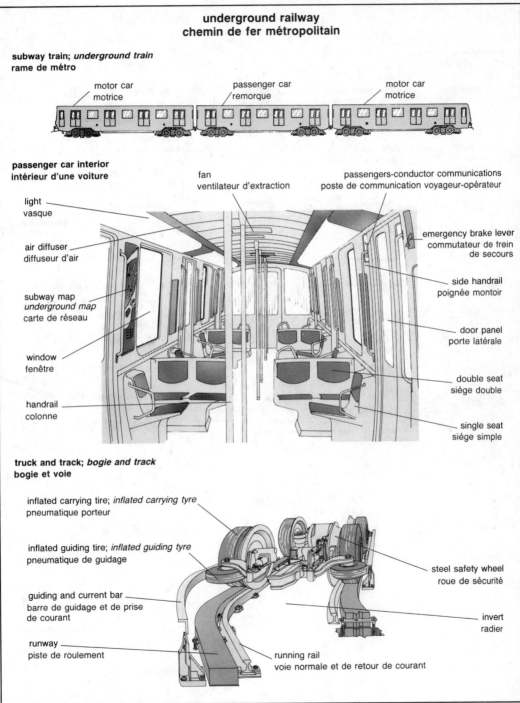

motor car
motrice

passenger car
remorque

motor car
motrice

passenger car interior
intérieur d'une voiture

fan
ventilateur d'extraction

passengers-conductor communications
poste de communication voyageur-opérateur

light
vasque

emergency brake lever
commutateur de frein
de secours

air diffuser
diffuseur d'air

side handrail
poignée montoir

subway map
underground map
carte de réseau

door panel
porte latérale

window
fenêtre

double seat
siège double

handrail
colonne

single seat
siège simple

truck and track; *bogie and track*
bogie et voie

inflated carrying tire; *inflated carrying tyre*
pneumatique porteur

inflated guiding tire; *inflated guiding tyre*
pneumatique de guidage

steel safety wheel
roue de sécurité

guiding and current bar
barre de guidage et de prise
de courant

invert
radier

runway
piste de roulement

running rail
voie normale et de retour de courant

four-masted bark
quatre-mâts barque

masting and rigging
mâture et gréement

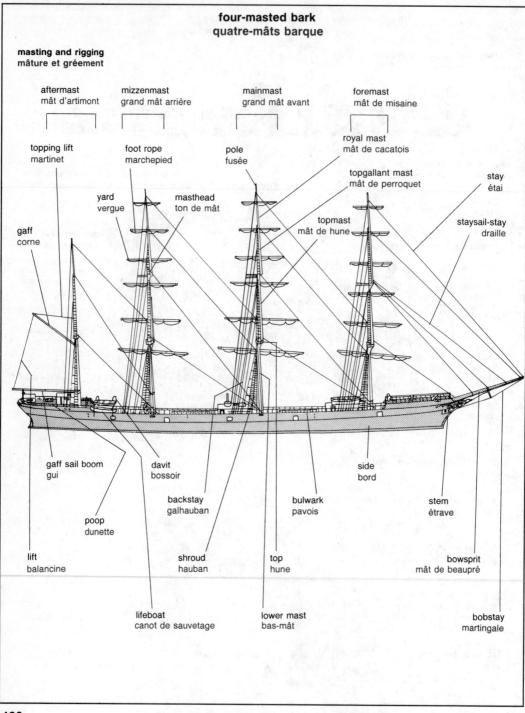

aftermast
mât d'artimont

mizzenmast
grand mât arrière

mainmast
grand mât avant

foremast
mât de misaine

topping lift
martinet

foot rope
marchepied

pole
fusée

royal mast
mât de cacatois

topgallant mast
mât de perroquet

stay
étai

gaff
corne

yard
vergue

masthead
ton de mât

topmast
mât de hune

staysail-stay
draille

gaff sail boom
gui

davit
bossoir

side
bord

lift
balancine

poop
dunette

backstay
galhauban

bulwark
pavois

stem
étrave

shroud
hauban

top
hune

bowsprit
mât de beaupré

lifeboat
canot de sauvetage

lower mast
bas-mât

bobstay
martingale

four-masted bark
quatre-mâts barque

sails
voilure

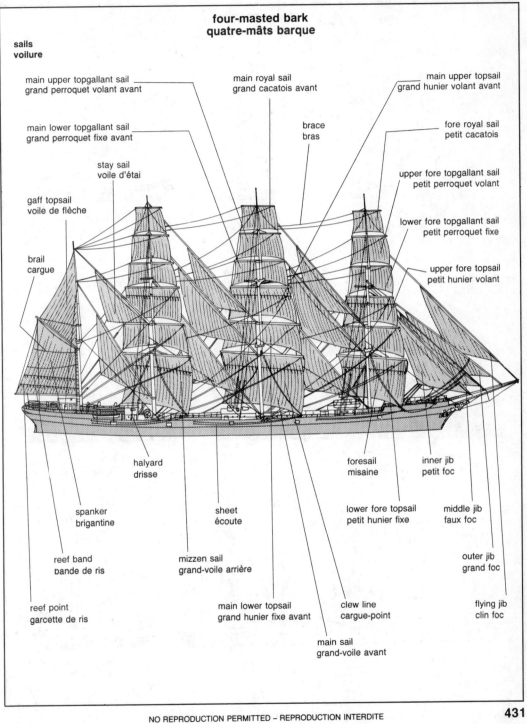

main upper topgallant sail
grand perroquet volant avant

main lower topgallant sail
grand perroquet fixe avant

stay sail
voile d'étai

gaff topsail
voile de flèche

brail
cargue

main royal sail
grand cacatois avant

brace
bras

main upper topsail
grand hunier volant avant

fore royal sail
petit cacatois

upper fore topgallant sail
petit perroquet volant

lower fore topgallant sail
petit perroquet fixe

upper fore topsail
petit hunier volant

halyard
drisse

foresail
misaine

inner jib
petit foc

spanker
brigantine

sheet
écoute

lower fore topsail
petit hunier fixe

middle jib
faux foc

reef band
bande de ris

mizzen sail
grand-voile arrière

outer jib
grand foc

reef point
garcette de ris

main lower topsail
grand hunier fixe avant

clew line
cargue-point

flying jib
clin foc

main sail
grand-voile avant

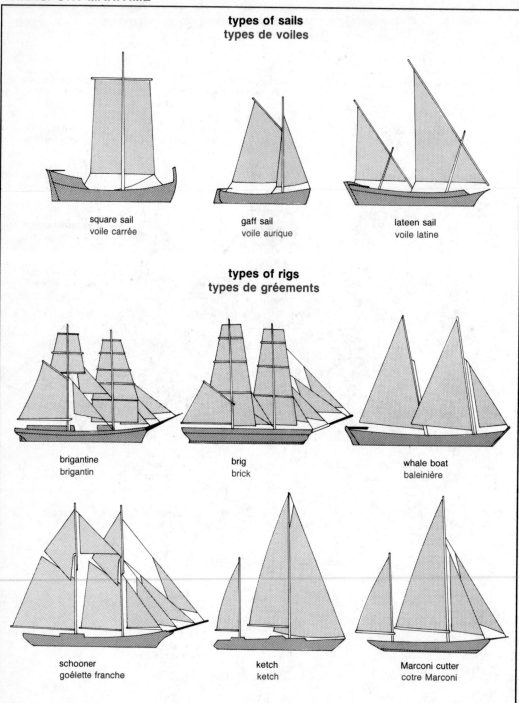

types of sails
types de voiles

square sail
voile carrée

gaff sail
voile aurique

lateen sail
voile latine

types of rigs
types de gréements

brigantine
brigantin

brig
brick

whale boat
baleinière

schooner
goélette franche

ketch
ketch

Marconi cutter
cotre Marconi

passenger liner
paquebot

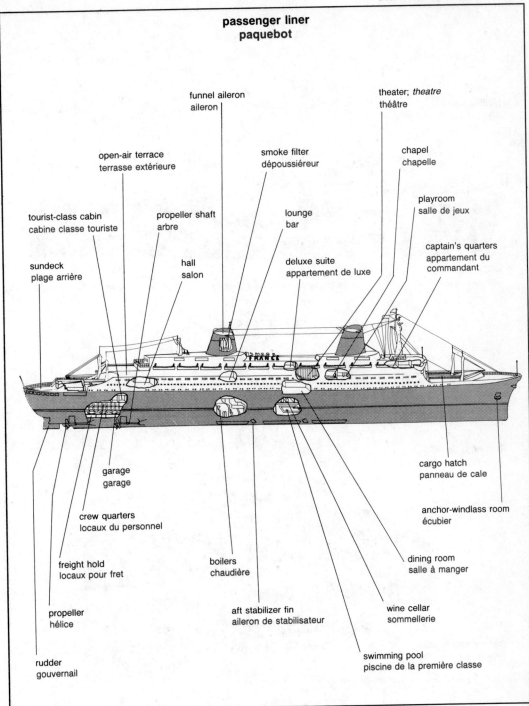

funnel aileron
aileron

theater; *theatre*
théâtre

open-air terrace
terrasse extérieure

smoke filter
dépoussiéreur

chapel
chapelle

playroom
salle de jeux

tourist-class cabin
cabine classe touriste

propeller shaft
arbre

lounge
bar

captain's quarters
appartement du
commandant

sundeck
plage arrière

hall
salon

deluxe suite
appartement de luxe

garage
garage

cargo hatch
panneau de cale

crew quarters
locaux du personnel

anchor-windlass room
écubier

freight hold
locaux pour fret

boilers
chaudière

dining room
salle à manger

propeller
hélice

aft stabilizer fin
aileron de stabilisateur

wine cellar
sommellerie

rudder
gouvernail

swimming pool
piscine de la première classe

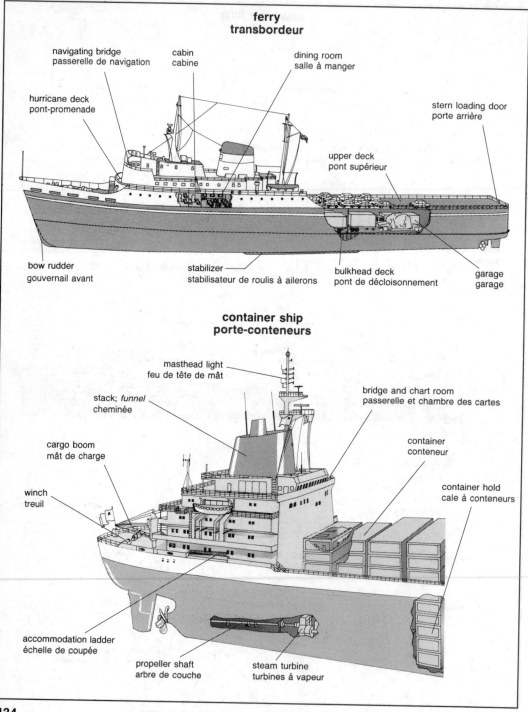

ferry
transbordeur

navigating bridge
passerelle de navigation

cabin
cabine

dining room
salle à manger

hurricane deck
pont-promenade

stern loading door
porte arrière

upper deck
pont supérieur

bow rudder
gouvernail avant

stabilizer
stabilisateur de roulis à ailerons

bulkhead deck
pont de décloisonnement

garage
garage

container ship
porte-conteneurs

masthead light
feu de tête de mât

bridge and chart room
passerelle et chambre des cartes

stack; *funnel*
cheminée

cargo boom
mât de charge

container
conteneur

winch
treuil

container hold
cale à conteneurs

accommodation ladder
échelle de coupée

propeller shaft
arbre de couche

steam turbine
turbines à vapeur

hovercraft
aéroglisseur

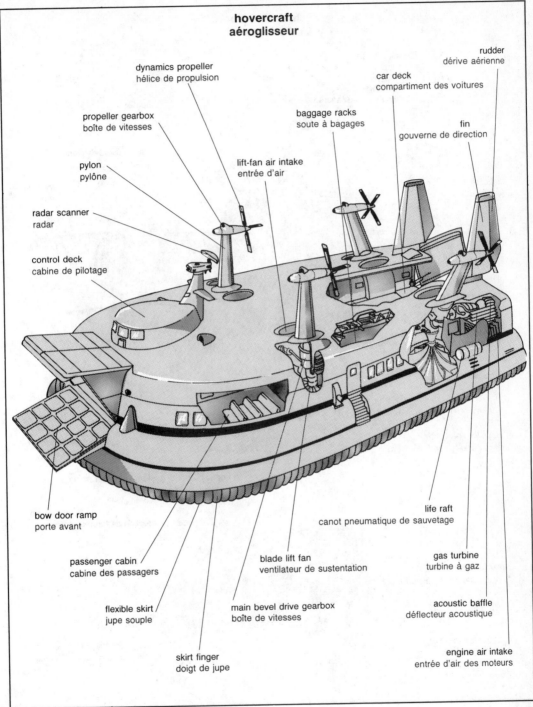

dynamics propeller
hélice de propulsion

rudder
dérive aérienne

car deck
compartiment des voitures

propeller gearbox
boîte de vitesses

baggage racks
soute à bagages

fin
gouverne de direction

pylon
pylône

lift-fan air intake
entrée d'air

radar scanner
radar

control deck
cabine de pilotage

bow door ramp
porte avant

life raft
canot pneumatique de sauvetage

passenger cabin
cabine des passagers

blade lift fan
ventilateur de sustentation

gas turbine
turbine à gaz

flexible skirt
jupe souple

main bevel drive gearbox
boîte de vitesses

acoustic baffle
déflecteur acoustique

skirt finger
doigt de jupe

engine air intake
entrée d'air des moteurs

hydrofoil boat
hydroptère

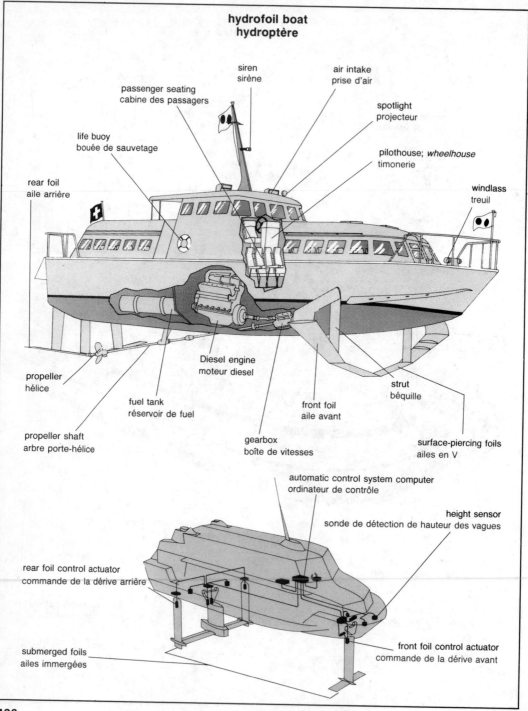

siren
sirène

air intake
prise d'air

passenger seating
cabine des passagers

spotlight
projecteur

life buoy
bouée de sauvetage

pilothouse; *wheelhouse*
timonerie

rear foil
aile arrière

windlass
treuil

propeller
hélice

Diesel engine
moteur diesel

strut
béquille

fuel tank
réservoir de fuel

front foil
aile avant

propeller shaft
arbre porte-hélice

gearbox
boîte de vitesses

surface-piercing foils
ailes en V

automatic control system computer
ordinateur de contrôle

height sensor
sonde de détection de hauteur des vagues

rear foil control actuator
commande de la dérive arrière

submerged foils
ailes immergées

front foil control actuator
commande de la dérive avant

bathyscaphe
bathyscaphe

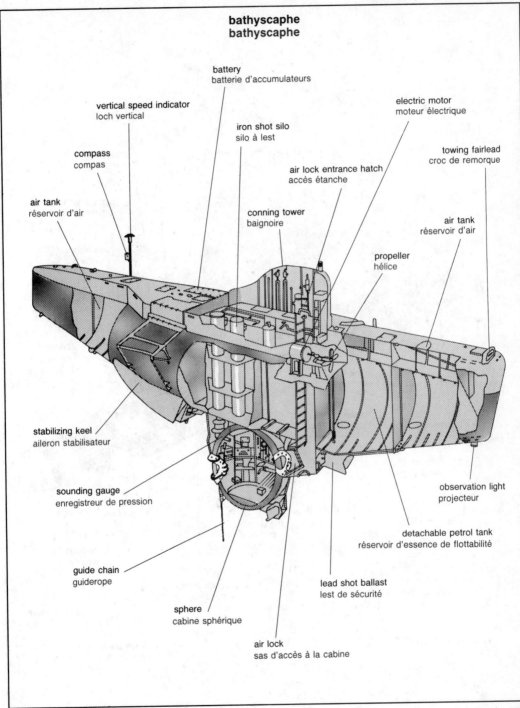

battery
batterie d'accumulateurs

vertical speed indicator
loch vertical

iron shot silo
silo à lest

electric motor
moteur électrique

compass
compas

air lock entrance hatch
accès étanche

towing fairlead
croc de remorque

air tank
réservoir d'air

conning tower
baignoire

air tank
réservoir d'air

propeller
hélice

stabilizing keel
aileron stabilisateur

sounding gauge
enregistreur de pression

observation light
projecteur

detachable petrol tank
réservoir d'essence de flottabilité

guide chain
guiderope

lead shot ballast
lest de sécurité

sphere
cabine sphérique

air lock
sas d'accès à la cabine

submarine
sous-marin

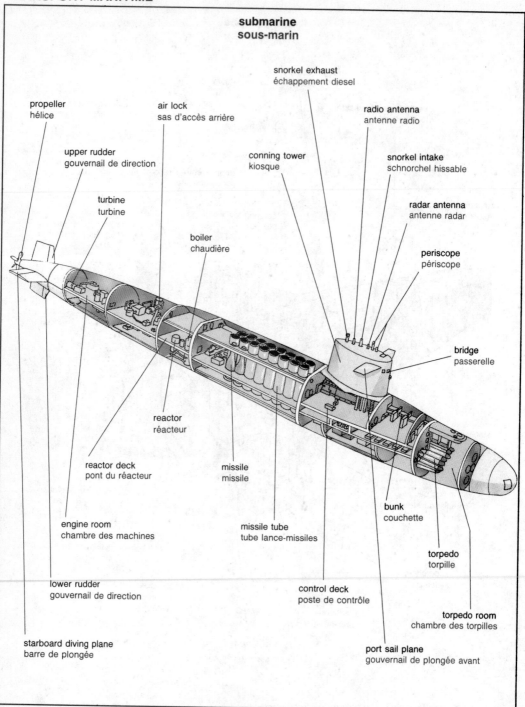

snorkel exhaust
échappement diesel

propeller
hélice

air lock
sas d'accès arrière

radio antenna
antenne radio

upper rudder
gouvernail de direction

conning tower
kiosque

snorkel intake
schnorchel hissable

radar antenna
antenne radar

turbine
turbine

periscope
périscope

boiler
chaudière

reactor
réacteur

bridge
passerelle

reactor deck
pont du réacteur

missile
missile

engine room
chambre des machines

bunk
couchette

missile tube
tube lance-missiles

torpedo
torpille

lower rudder
gouvernail de direction

control deck
poste de contrôle

torpedo room
chambre des torpilles

starboard diving plane
barre de plongée

port sail plane
gouvernail de plongée avant

frigate
frégate

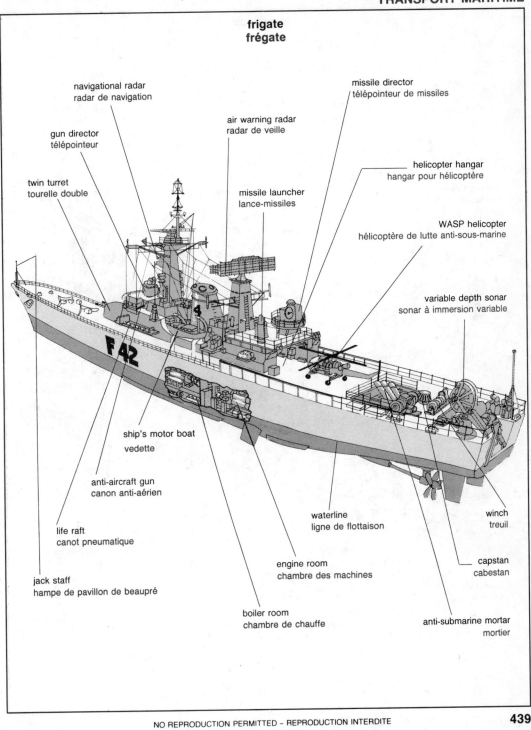

navigational radar
radar de navigation

missile director
télépointeur de missiles

air warning radar
radar de veille

gun director
télépointeur

helicopter hangar
hangar pour hélicoptère

twin turret
tourelle double

missile launcher
lance-missiles

WASP helicopter
hélicoptère de lutte anti-sous-marine

variable depth sonar
sonar à immersion variable

ship's motor boat
vedette

anti-aircraft gun
canon anti-aérien

waterline
ligne de flottaison

winch
treuil

life raft
canot pneumatique

engine room
chambre des machines

capstan
cabestan

jack staff
hampe de pavillon de beaupré

boiler room
chambre de chauffe

anti-submarine mortar
mortier

canal lock
écluse

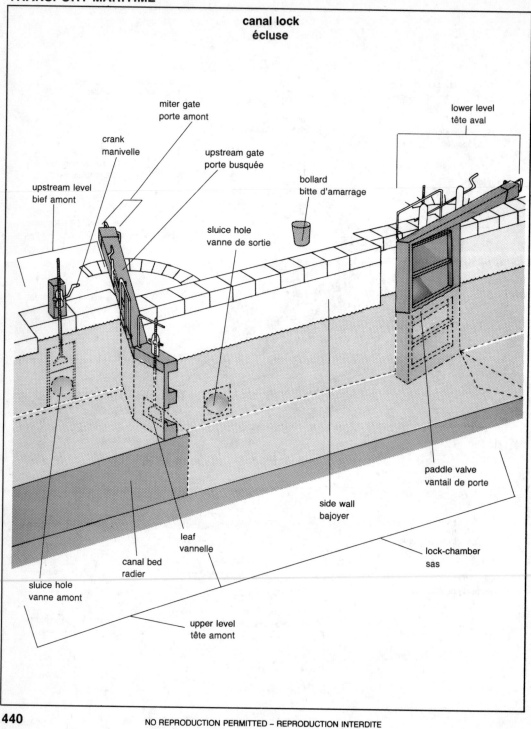

miter gate
porte amont

crank
manivelle

upstream gate
porte busquée

upstream level
bief amont

sluice hole
vanne de sortie

bollard
bitte d'amarrage

lower level
tête aval

paddle valve
vantail de porte

side wall
bajoyer

leaf
vannelle

lock-chamber
sas

canal bed
radier

sluice hole
vanne amont

upper level
tête amont

harbor; *harbour*
port maritime

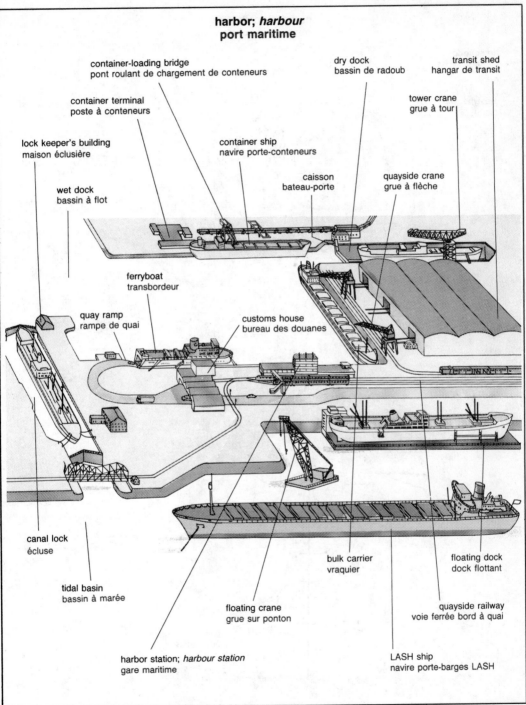

container-loading bridge
pont roulant de chargement de conteneurs

dry dock
bassin de radoub

transit shed
hangar de transit

container terminal
poste à conteneurs

tower crane
grue à tour

lock keeper's building
maison éclusière

container ship
navire porte-conteneurs

wet dock
bassin à flot

caisson
bateau-porte

quayside crane
grue à flèche

ferryboat
transbordeur

quay ramp
rampe de quai

customs house
bureau des douanes

canal lock
écluse

bulk carrier
vraquier

floating dock
dock flottant

tidal basin
bassin à marée

floating crane
grue sur ponton

quayside railway
voie ferrée bord à quai

harbor station; *harbour station*
gare maritime

LASH ship
navire porte-barges LASH

441

navigation devices
appareils de navigation

echo sounder
sondeur à éclats

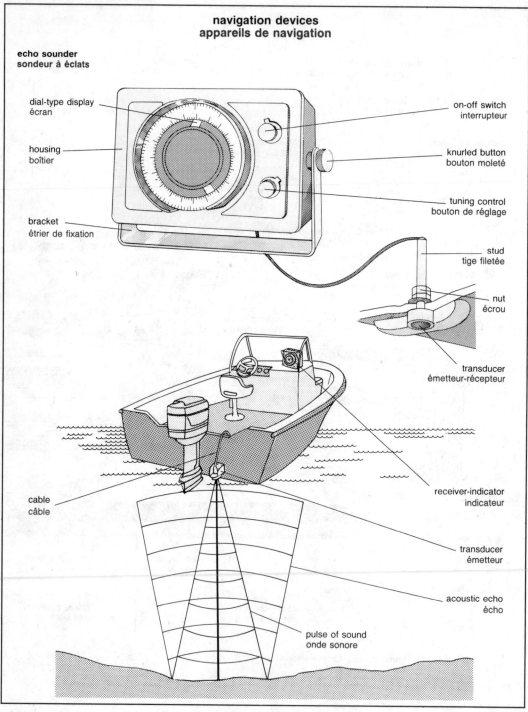

dial-type display
écran

housing
boîtier

bracket
étrier de fixation

on-off switch
interrupteur

knurled button
bouton moleté

tuning control
bouton de réglage

stud
tige filetée

nut
écrou

transducer
émetteur-récepteur

receiver-indicator
indicateur

transducer
émetteur

acoustic echo
écho

cable
câble

pulse of sound
onde sonore

navigation devices
appareils de navigation

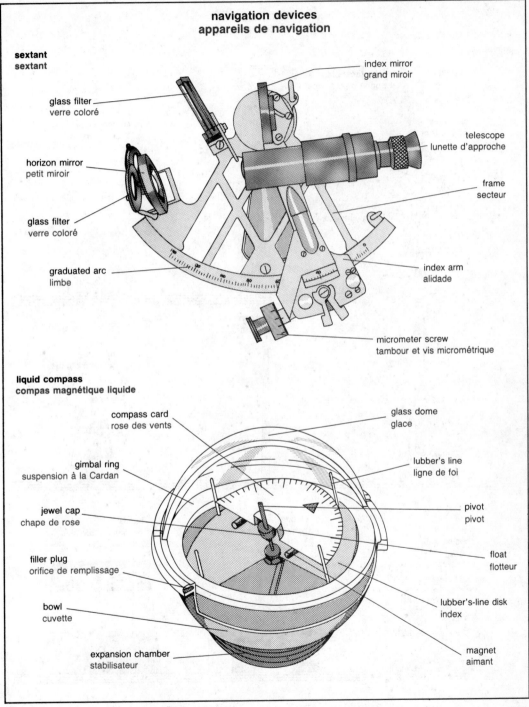

sextant
sextant

index mirror
grand miroir

glass filter
verre coloré

telescope
lunette d'approche

horizon mirror
petit miroir

frame
secteur

glass filter
verre coloré

graduated arc
limbe

index arm
alidade

micrometer screw
tambour et vis micrométrique

liquid compass
compas magnétique liquide

compass card
rose des vents

glass dome
glace

gimbal ring
suspension à la Cardan

lubber's line
ligne de foi

jewel cap
chape de rose

pivot
pivot

filler plug
orifice de remplissage

float
flotteur

bowl
cuvette

lubber's-line disk
index

expansion chamber
stabilisateur

magnet
aimant

443

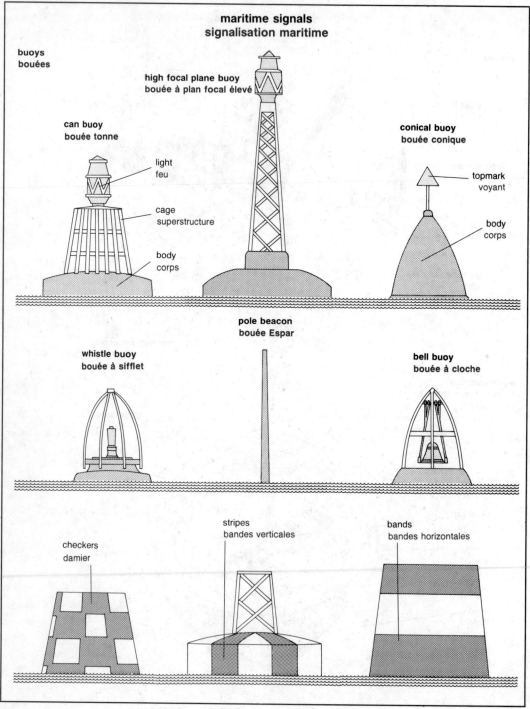

maritime signals
signalisation maritime

buoys
bouées

high focal plane buoy
bouée à plan focal élevé

can buoy
bouée tonne

conical buoy
bouée conique

light
feu

cage
superstructure

body
corps

topmark
voyant

body
corps

pole beacon
bouée Espar

whistle buoy
bouée à sifflet

bell buoy
bouée à cloche

checkers
damier

stripes
bandes verticales

bands
bandes horizontales

maritime signals
signalisation maritime

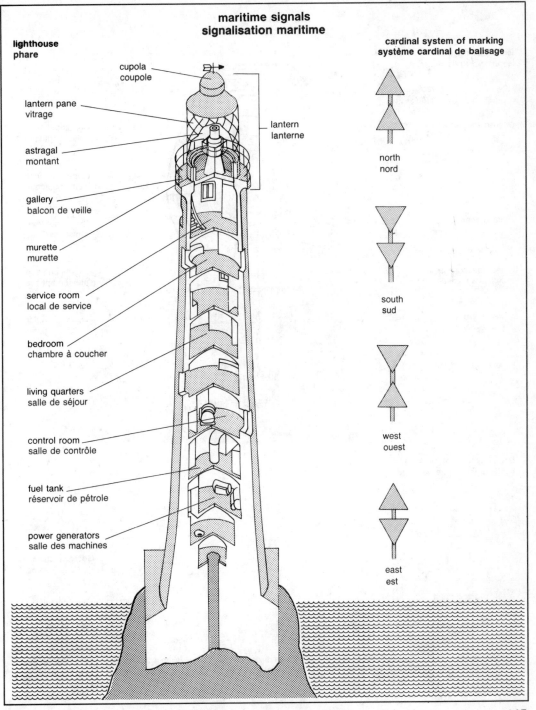

lighthouse
phare

cupola
coupole

lantern pane
vitrage

astragal
montant

gallery
balcon de veille

murette
murette

service room
local de service

bedroom
chambre à coucher

living quarters
salle de séjour

control room
salle de contrôle

fuel tank
réservoir de pétrole

power generators
salle des machines

lantern
lanterne

cardinal system of marking
système cardinal de balisage

north
nord

south
sud

west
ouest

east
est

maritime signals
signalisation maritime

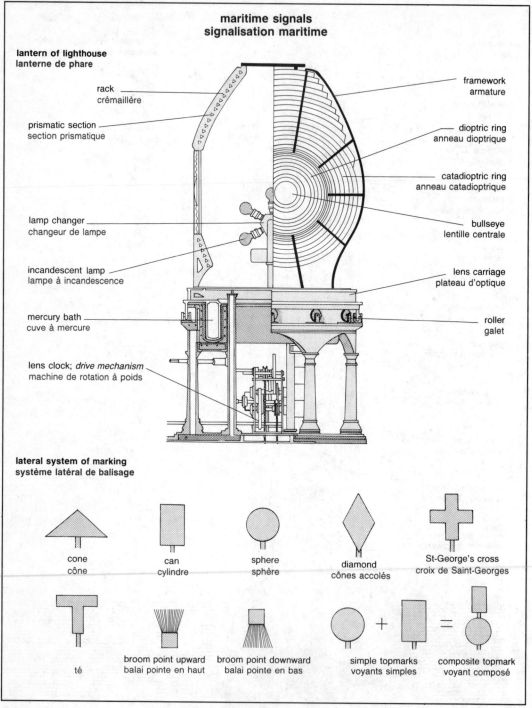

lantern of lighthouse
lanterne de phare

rack
crémaillère

prismatic section
section prismatique

lamp changer
changeur de lampe

incandescent lamp
lampe à incandescence

mercury bath
cuve à mercure

lens clock; *drive mechanism*
machine de rotation à poids

framework
armature

dioptric ring
anneau dioptrique

catadioptric ring
anneau catadioptrique

bullseye
lentille centrale

lens carriage
plateau d'optique

roller
galet

lateral system of marking
système latéral de balisage

cone
cône

can
cylindre

sphere
sphère

diamond
cônes accolés

St-George's cross
croix de Saint-Georges

té

broom point upward
balai pointe en haut

broom point downward
balai pointe en bas

simple topmarks
voyants simples

composite topmark
voyant composé

NO REPRODUCTION PERMITTED – REPRODUCTION INTERDITE

anchor
ancre

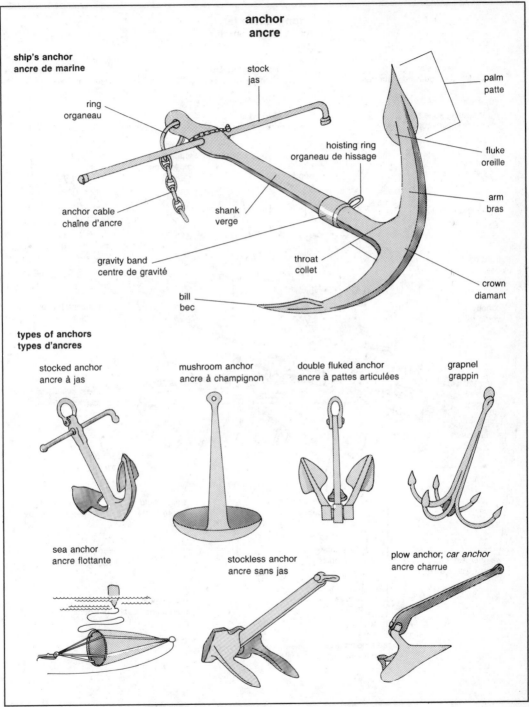

ship's anchor
ancre de marine

stock
jas

ring
organeau

palm
patte

hoisting ring
organeau de hissage

fluke
oreille

anchor cable
chaîne d'ancre

shank
verge

arm
bras

gravity band
centre de gravité

throat
collet

crown
diamant

bill
bec

types of anchors
types d'ancres

stocked anchor
ancre à jas

mushroom anchor
ancre à champignon

double fluked anchor
ancre à pattes articulées

grapnel
grappin

sea anchor
ancre flottante

stockless anchor
ancre sans jas

plow anchor; *car anchor*
ancre charrue

long-range jet
avion long-courrier

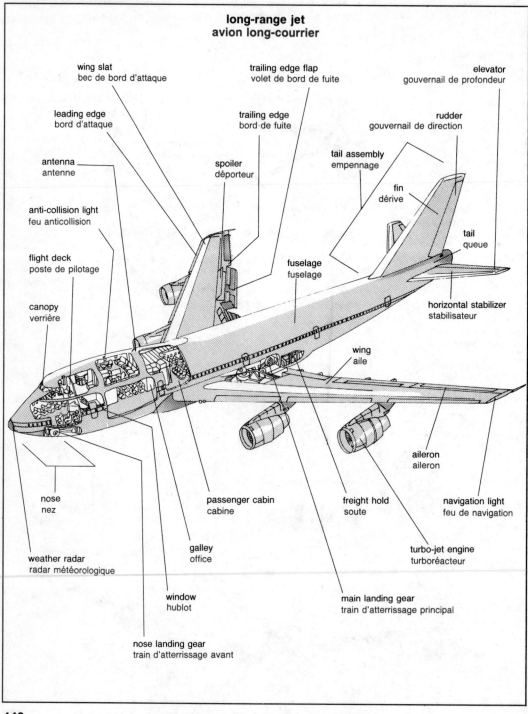

wing slat
bec de bord d'attaque

trailing edge flap
volet de bord de fuite

elevator
gouvernail de profondeur

leading edge
bord d'attaque

trailing edge
bord de fuite

rudder
gouvernail de direction

antenna
antenne

spoiler
déporteur

tail assembly
empennage

fin
dérive

anti-collision light
feu anticollision

tail
queue

flight deck
poste de pilotage

fuselage
fuselage

horizontal stabilizer
stabilisateur

canopy
verrière

wing
aile

nose
nez

passenger cabin
cabine

freight hold
soute

aileron
aileron

navigation light
feu de navigation

weather radar
radar météorologique

galley
office

turbo-jet engine
turboréacteur

window
hublot

main landing gear
train d'atterrissage principal

nose landing gear
train d'atterrissage avant

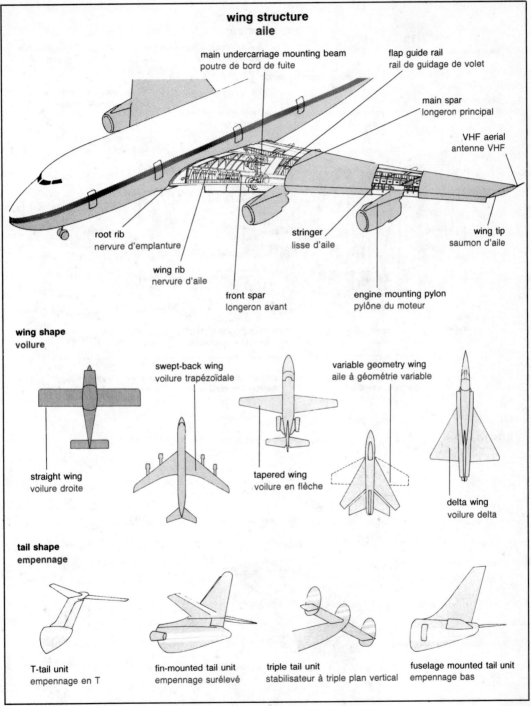

wing structure
aile

main undercarriage mounting beam
poutre de bord de fuite

flap guide rail
rail de guidage de volet

main spar
longeron principal

VHF aerial
antenne VHF

root rib
nervure d'emplanture

stringer
lisse d'aile

wing tip
saumon d'aile

wing rib
nervure d'aile

front spar
longeron avant

engine mounting pylon
pylône du moteur

wing shape
voilure

swept-back wing
voilure trapézoïdale

variable geometry wing
aile à géométrie variable

straight wing
voilure droite

tapered wing
voilure en flèche

delta wing
voilure delta

tail shape
empennage

T-tail unit
empennage en T

fin-mounted tail unit
empennage surélevé

triple tail unit
stabilisateur à triple plan vertical

fuselage mounted tail unit
empennage bas

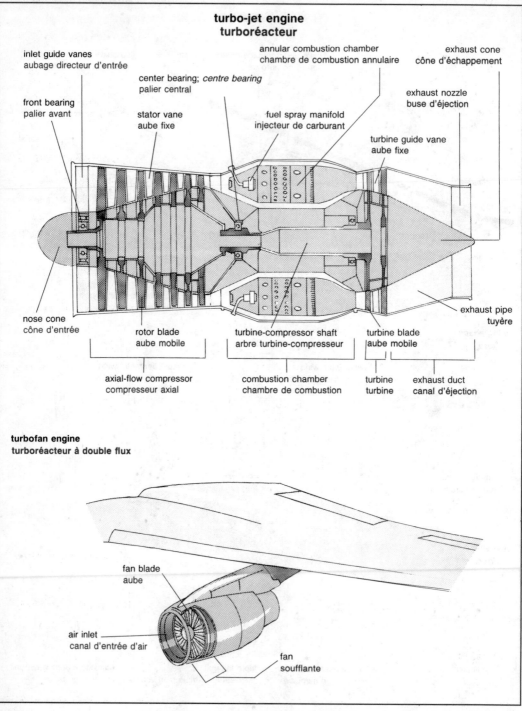

turbo-jet engine
turboréacteur

inlet guide vanes
aubage directeur d'entrée

annular combustion chamber
chambre de combustion annulaire

exhaust cone
cône d'échappement

center bearing; *centre bearing*
palier central

exhaust nozzle
buse d'éjection

front bearing
palier avant

stator vane
aube fixe

fuel spray manifold
injecteur de carburant

turbine guide vane
aube fixe

nose cone
cône d'entrée

rotor blade
aube mobile

turbine-compressor shaft
arbre turbine-compresseur

turbine blade
aube mobile

exhaust pipe
tuyère

axial-flow compressor
compresseur axial

combustion chamber
chambre de combustion

turbine
turbine

exhaust duct
canal d'éjection

turbofan engine
turboréacteur à double flux

fan blade
aube

air inlet
canal d'entrée d'air

fan
soufflante

flight deck
poste de pilotage

autopilot control
panneau de contrôle du pilotage automatique

overhead switch panel
panneau de commutation

control levers
manettes de commande

engine instruments
instruments de contrôle des moteurs

windshield; *windscreen*
pare-brise

flying instruments
instruments de vol

central instrument panel
tableau de bord

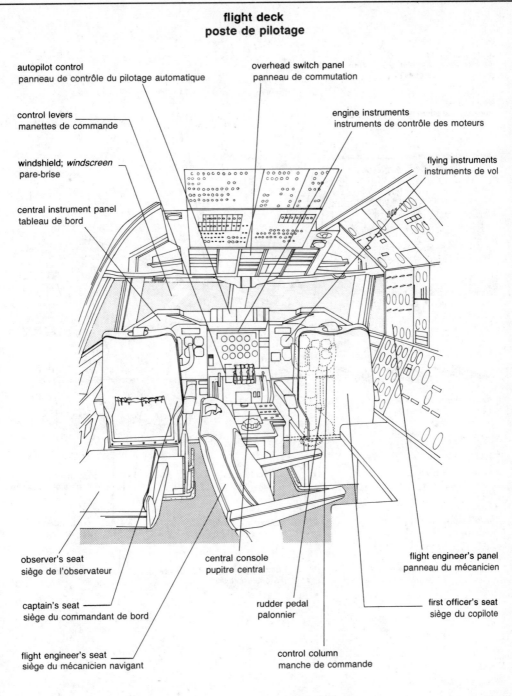

observer's seat
siège de l'observateur

central console
pupitre central

flight engineer's panel
panneau du mécanicien

captain's seat
siège du commandant de bord

rudder pedal
palonnier

first officer's seat
siège du copilote

flight engineer's seat
siège du mécanicien navigant

control column
manche de commande

airport
aéroport

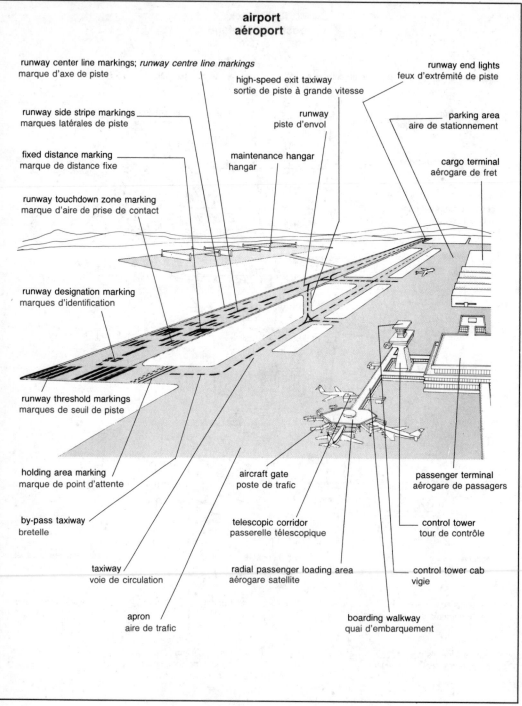

runway center line markings; *runway centre line markings*
marque d'axe de piste

high-speed exit taxiway
sortie de piste à grande vitesse

runway end lights
feux d'extrémité de piste

runway side stripe markings
marques latérales de piste

runway
piste d'envol

parking area
aire de stationnement

fixed distance marking
marque de distance fixe

maintenance hangar
hangar

cargo terminal
aérogare de fret

runway touchdown zone marking
marque d'aire de prise de contact

runway designation marking
marques d'identification

runway threshold markings
marques de seuil de piste

holding area marking
marque de point d'attente

aircraft gate
poste de trafic

passenger terminal
aérogare de passagers

by-pass taxiway
bretelle

telescopic corridor
passerelle télescopique

control tower
tour de contrôle

taxiway
voie de circulation

radial passenger loading area
aérogare satellite

control tower cab
vigie

apron
aire de trafic

boarding walkway
quai d'embarquement

airport
aéroport

ground airport equipment
équipements aéroportuaires

catering vehicle
camion commissariat

lavatory truck; *toilet truck*
camion vide-toilette

baggage conveyor
convoyeur à bagages

potable water truck
citerne d'eau potable

boom truck
nacelle élévatrice

passenger transfer vehicle
transbordeur

jet refueler
camion avitailleur

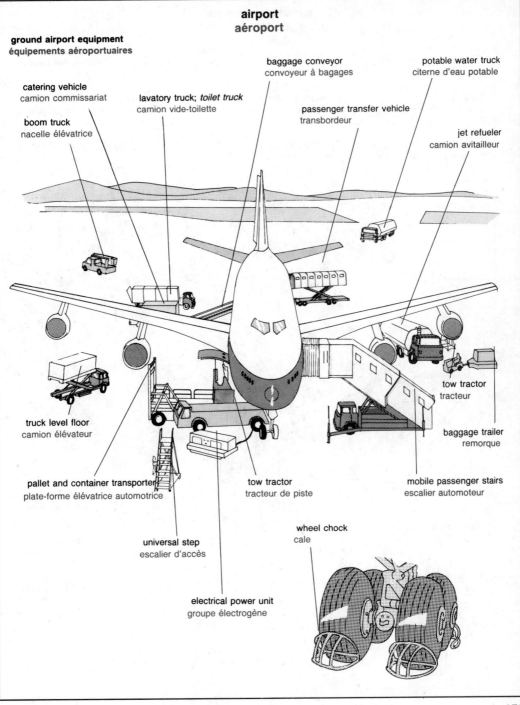

truck level floor
camion élévateur

tow tractor
tracteur

baggage trailer
remorque

pallet and container transporter
plate-forme élévatrice automotrice

tow tractor
tracteur de piste

mobile passenger stairs
escalier automoteur

universal step
escalier d'accès

wheel chock
cale

electrical power unit
groupe électrogène

TRANSPORTATION BY AIR
TRANSPORT AÉRIEN

passenger terminal
aérogare des passagers

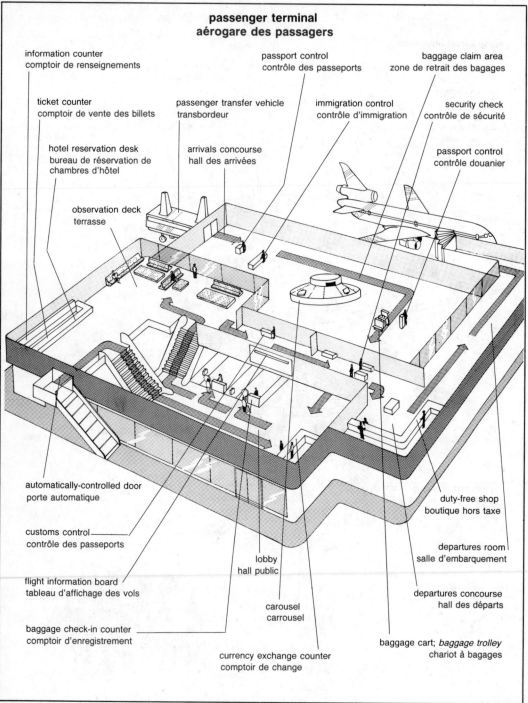

information counter
comptoir de renseignements

passport control
contrôle des passeports

baggage claim area
zone de retrait des bagages

ticket counter
comptoir de vente des billets

passenger transfer vehicle
transbordeur

immigration control
contrôle d'immigration

security check
contrôle de sécurité

hotel reservation desk
bureau de réservation de
chambres d'hôtel

arrivals concourse
hall des arrivées

passport control
contrôle douanier

observation deck
terrasse

automatically-controlled door
porte automatique

duty-free shop
boutique hors taxe

customs control
contrôle des passeports

departures room
salle d'embarquement

lobby
hall public

flight information board
tableau d'affichage des vols

departures concourse
hall des départs

baggage check-in counter
comptoir d'enregistrement

carousel
carrousel

baggage cart; baggage trolley
chariot à bagages

currency exchange counter
comptoir de change

helicopter
hélicoptère

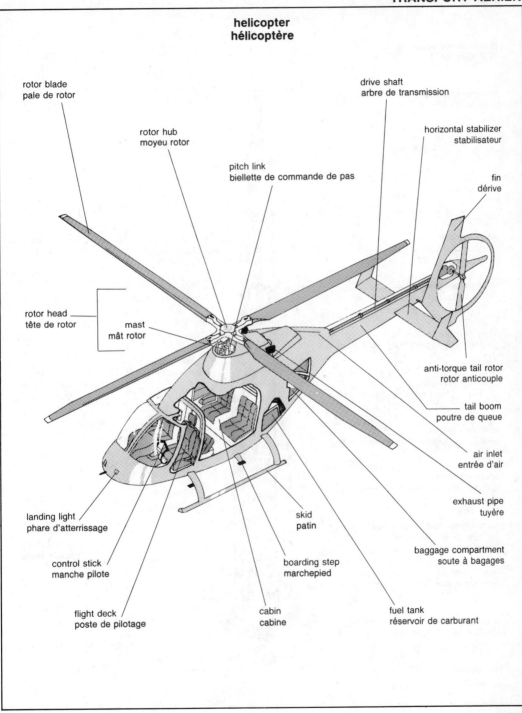

rotor blade
pale de rotor

rotor hub
moyeu rotor

pitch link
biellette de commande de pas

drive shaft
arbre de transmission

horizontal stabilizer
stabilisateur

fin
dérive

rotor head
tête de rotor

mast
mât rotor

anti-torque tail rotor
rotor anticouple

tail boom
poutre de queue

air inlet
entrée d'air

landing light
phare d'atterrissage

skid
patin

exhaust pipe
tuyère

control stick
manche pilote

boarding step
marchepied

baggage compartment
soute à bagages

flight deck
poste de pilotage

cabin
cabine

fuel tank
réservoir de carburant

rocket
fusée

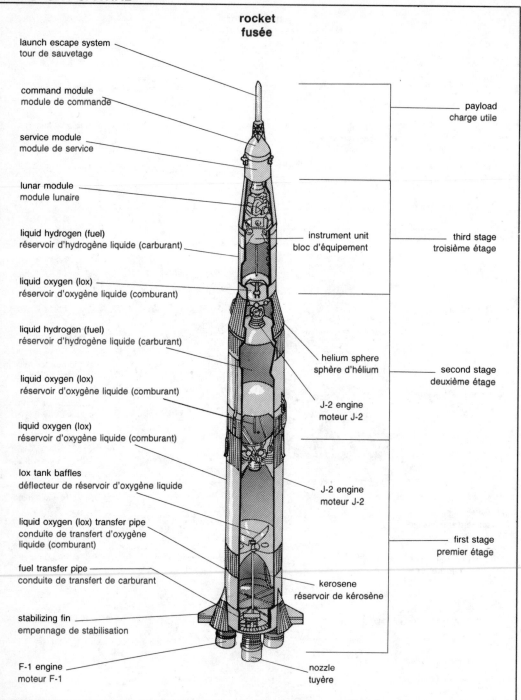

launch escape system
tour de sauvetage

command module
module de commande

service module
module de service

lunar module
module lunaire

liquid hydrogen (fuel)
réservoir d'hydrogène liquide (carburant)

liquid oxygen (lox)
réservoir d'oxygène liquide (comburant)

liquid hydrogen (fuel)
réservoir d'hydrogène liquide (carburant)

liquid oxygen (lox)
réservoir d'oxygène liquide (comburant)

liquid oxygen (lox)
réservoir d'oxygène liquide (comburant)

lox tank baffles
déflecteur de réservoir d'oxygène liquide

liquid oxygen (lox) transfer pipe
conduite de transfert d'oxygène
liquide (comburant)

fuel transfer pipe
conduite de transfert de carburant

stabilizing fin
empennage de stabilisation

F-1 engine
moteur F-1

payload
charge utile

instrument unit
bloc d'équipement

third stage
troisième étage

helium sphere
sphère d'hélium

second stage
deuxième étage

J-2 engine
moteur J-2

J-2 engine
moteur J-2

first stage
premier étage

kerosene
réservoir de kérosène

nozzle
tuyère

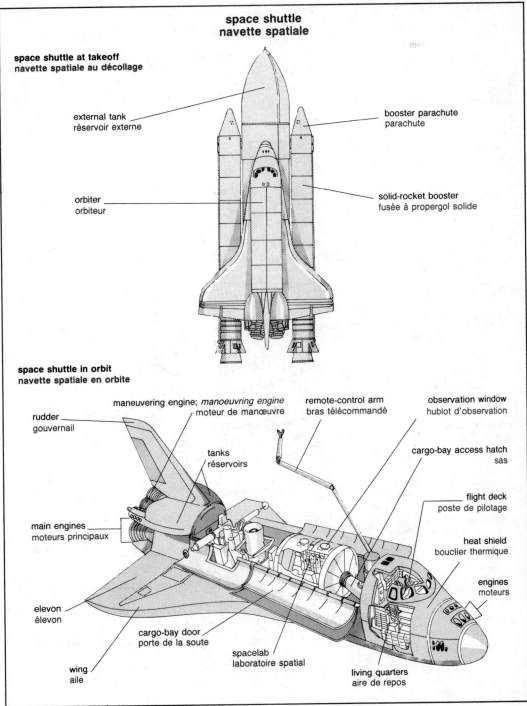

space shuttle
navette spatiale

space shuttle at takeoff
navette spatiale au décollage

external tank
réservoir externe

booster parachute
parachute

orbiter
orbiteur

solid-rocket booster
fusée à propergol solide

space shuttle in orbit
navette spatiale en orbite

rudder
gouvernail

maneuvering engine; *manoeuvring engine*
moteur de manœuvre

remote-control arm
bras télécommandé

observation window
hublot d'observation

tanks
réservoirs

cargo-bay access hatch
sas

main engines
moteurs principaux

flight deck
poste de pilotage

heat shield
bouclier thermique

engines
moteurs

elevon
élevon

cargo-bay door
porte de la soute

spacelab
laboratoire spatial

living quarters
aire de repos

wing
aile

space suit
scaphandre spatial

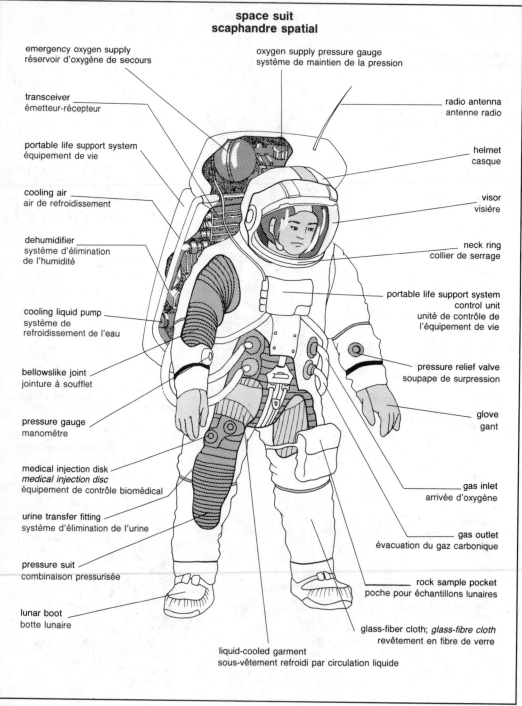

emergency oxygen supply
réservoir d'oxygène de secours

oxygen supply pressure gauge
système de maintien de la pression

transceiver
émetteur-récepteur

radio antenna
antenne radio

portable life support system
équipement de vie

helmet
casque

cooling air
air de refroidissement

visor
visière

dehumidifier
système d'élimination
de l'humidité

neck ring
collier de serrage

portable life support system
control unit
unité de contrôle de
l'équipement de vie

cooling liquid pump
système de
refroidissement de l'eau

bellowslike joint
jointure à soufflet

pressure relief valve
soupape de surpression

pressure gauge
manomètre

glove
gant

medical injection disk
medical injection disc
équipement de contrôle biomédical

gas inlet
arrivée d'oxygène

urine transfer fitting
système d'élimination de l'urine

gas outlet
évacuation du gaz carbonique

pressure suit
combinaison pressurisée

rock sample pocket
poche pour échantillons lunaires

lunar boot
botte lunaire

glass-fiber cloth; *glass-fibre cloth*
revêtement en fibre de verre

liquid-cooled garment
sous-vêtement refroidi par circulation liquide

OFFICE SUPPLIES AND EQUIPMENT

FOURNITURES ET ÉQUIPEMENT DE BUREAU

stationery
articles de bureau

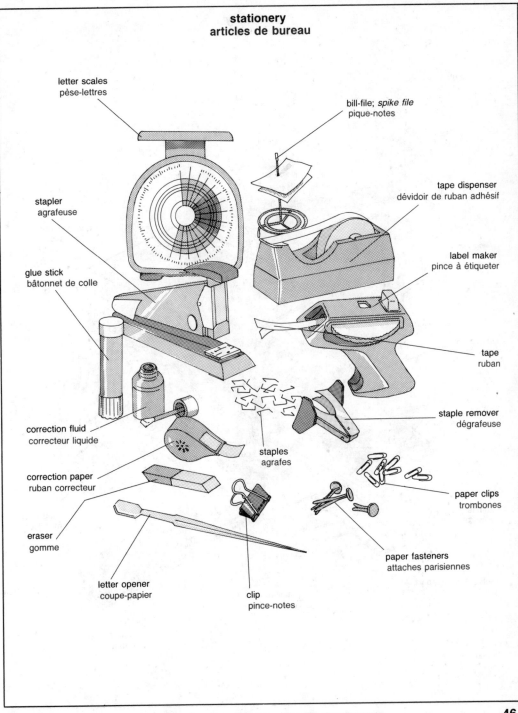

letter scales
pèse-lettres

bill-file; *spike file*
pique-notes

tape dispenser
dévidoir de ruban adhésif

stapler
agrafeuse

label maker
pince à étiqueter

glue stick
bâtonnet de colle

tape
ruban

correction fluid
correcteur liquide

staple remover
dégrafeuse

correction paper
ruban correcteur

staples
agrafes

paper clips
trombones

eraser
gomme

paper fasteners
attaches parisiennes

letter opener
coupe-papier

clip
pince-notes

stationery
articles de bureau

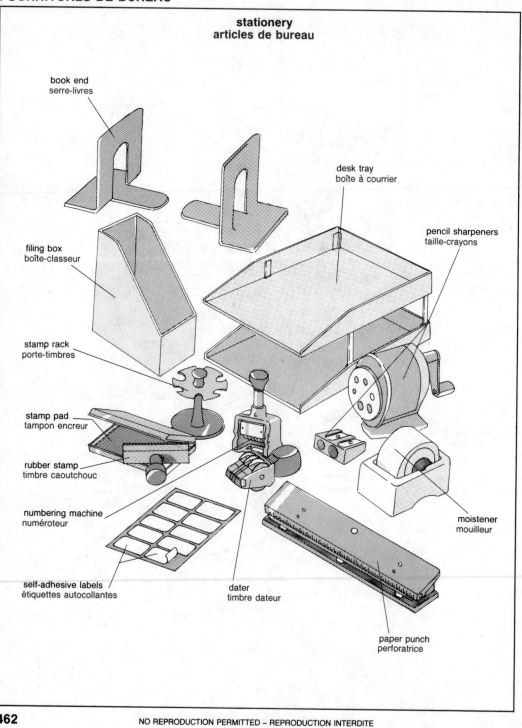

book end
serre-livres

desk tray
boîte à courrier

pencil sharpeners
taille-crayons

filing box
boîte-classeur

stamp rack
porte-timbres

stamp pad
tampon encreur

rubber stamp
timbre caoutchouc

numbering machine
numéroteur

moistener
mouilleur

self-adhesive labels
étiquettes autocollantes

dater
timbre dateur

paper punch
perforatrice

stationery
articles de bureau

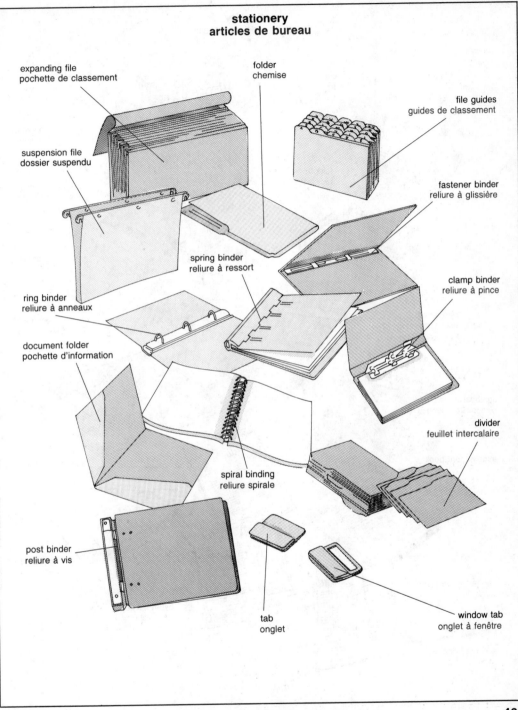

expanding file
pochette de classement

folder
chemise

file guides
guides de classement

suspension file
dossier suspendu

fastener binder
reliure à glissière

spring binder
reliure à ressort

clamp binder
reliure à pince

ring binder
reliure à anneaux

document folder
pochette d'information

divider
feuillet intercalaire

spiral binding
reliure spirale

post binder
reliure à vis

tab
onglet

window tab
onglet à fenêtre

stationery
articles de bureau

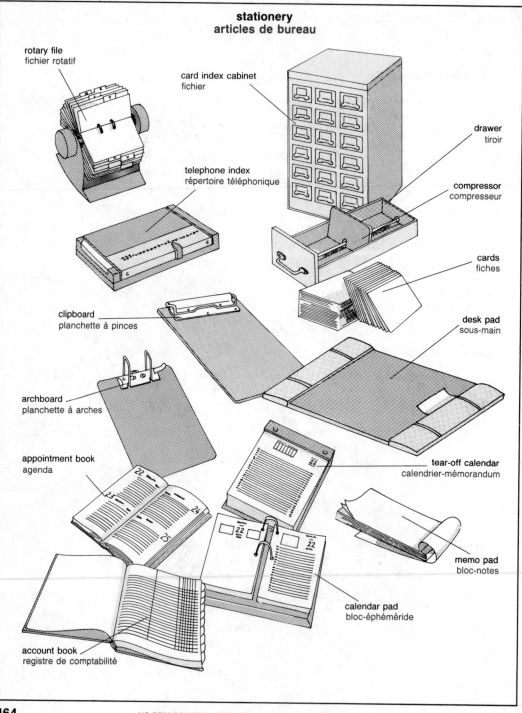

rotary file
fichier rotatif

card index cabinet
fichier

drawer
tiroir

telephone index
répertoire téléphonique

compressor
compresseur

cards
fiches

clipboard
planchette à pinces

desk pad
sous-main

archboard
planchette à arches

appointment book
agenda

tear-off calendar
calendrier-mémorandum

memo pad
bloc-notes

calendar pad
bloc-éphéméride

account book
registre de comptabilité

office furniture
mobilier de bureau

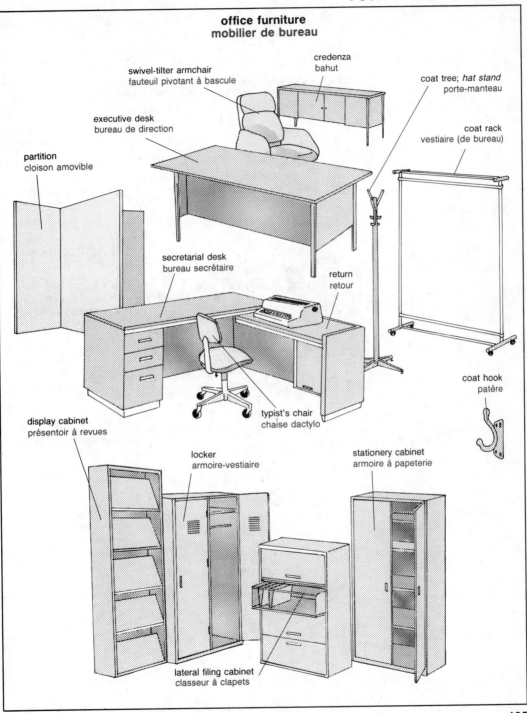

swivel-tilter armchair
fauteuil pivotant à bascule

credenza
bahut

coat tree; *hat stand*
porte-manteau

executive desk
bureau de direction

coat rack
vestiaire (de bureau)

partition
cloison amovible

secretarial desk
bureau secrétaire

return
retour

typist's chair
chaise dactylo

coat hook
patère

display cabinet
présentoir à revues

locker
armoire-vestiaire

stationery cabinet
armoire à papeterie

lateral filing cabinet
classeur à clapets

typewriter
machine à écrire

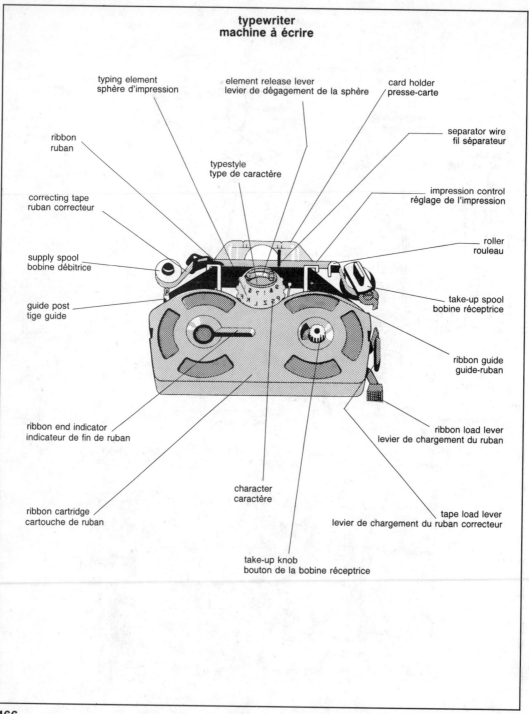

typing element
sphère d'impression

element release lever
levier de dégagement de la sphère

card holder
presse-carte

separator wire
fil séparateur

ribbon
ruban

typestyle
type de caractère

impression control
réglage de l'impression

correcting tape
ruban correcteur

roller
rouleau

supply spool
bobine débitrice

take-up spool
bobine réceptrice

guide post
tige guide

ribbon guide
guide-ruban

ribbon end indicator
indicateur de fin de ruban

ribbon load lever
levier de chargement du ruban

character
caractère

ribbon cartridge
cartouche de ruban

tape load lever
levier de chargement du ruban correcteur

take-up knob
bouton de la bobine réceptrice

typewriter
machine à écrire

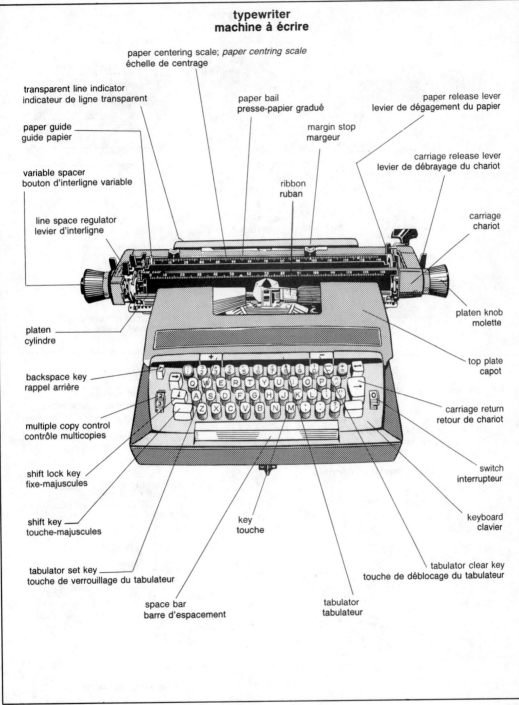

paper centering scale; *paper centring scale*
échelle de centrage

transparent line indicator
indicateur de ligne transparent

paper bail
presse-papier gradué

paper release lever
levier de dégagement du papier

paper guide
guide papier

margin stop
margeur

carriage release lever
levier de débrayage du chariot

variable spacer
bouton d'interligne variable

ribbon
ruban

carriage
chariot

line space regulator
levier d'interligne

platen knob
molette

platen
cylindre

top plate
capot

backspace key
rappel arrière

carriage return
retour de chariot

multiple copy control
contrôle multicopies

shift lock key
fixe-majuscules

switch
interrupteur

shift key
touche-majuscules

key
touche

keyboard
clavier

tabulator set key
touche de verrouillage du tabulateur

tabulator clear key
touche de déblocage du tabulateur

space bar
barre d'espacement

tabulator
tabulateur

MICROCOMPUTER
MICRO-ORDINATEUR

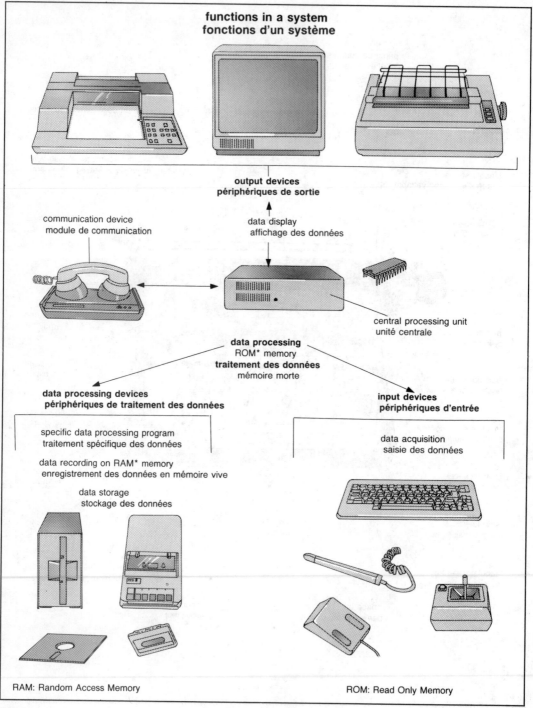

functions in a system
fonctions d'un système

output devices
périphériques de sortie

communication device
module de communication

data display
affichage des données

central processing unit
unité centrale

data processing
ROM* memory
traitement des données
mémoire morte

data processing devices
périphériques de traitement des données

input devices
périphériques d'entrée

specific data processing program
traitement spécifique des données

data acquisition
saisie des données

data recording on RAM* memory
enregistrement des données en mémoire vive

data storage
stockage des données

RAM: Random Access Memory

ROM: Read Only Memory

configuration of a system
configuration d'un système

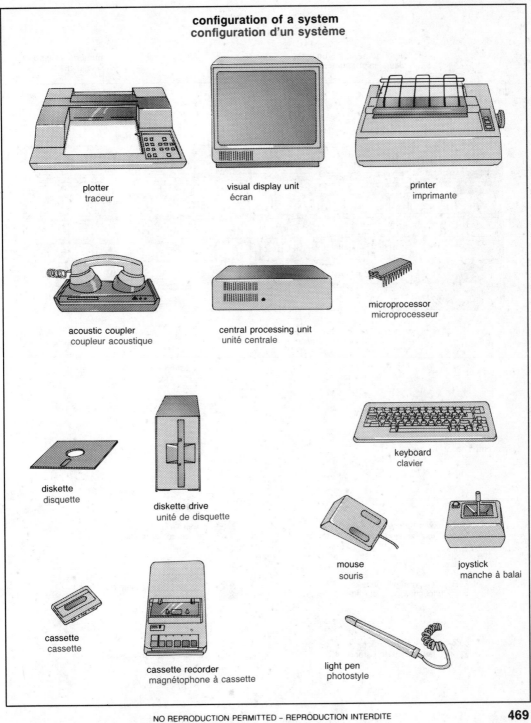

plotter
traceur

visual display unit
écran

printer
imprimante

acoustic coupler
coupleur acoustique

central processing unit
unité centrale

microprocessor
microprocesseur

diskette
disquette

diskette drive
unité de disquette

keyboard
clavier

mouse
souris

joystick
manche à balai

cassette
cassette

cassette recorder
magnétophone à cassette

light pen
photostyle

MICROCOMPUTER
MICRO-ORDINATEUR

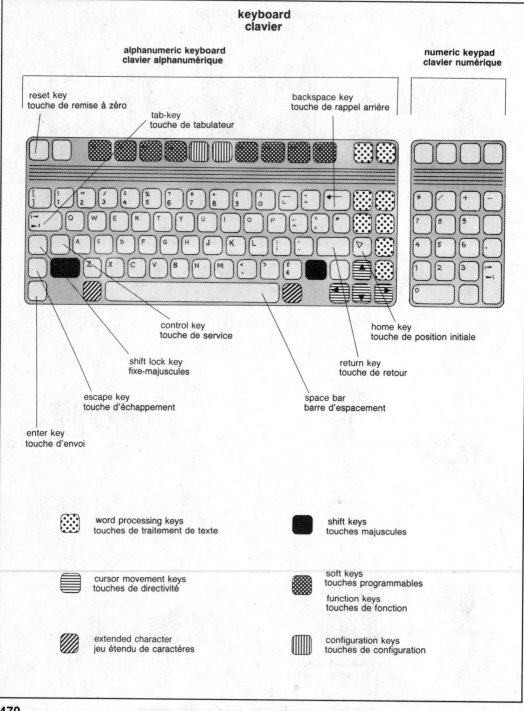

keyboard
clavier

alphanumeric keyboard
clavier alphanumérique

numeric keypad
clavier numérique

reset key
touche de remise à zéro

tab-key
touche de tabulateur

backspace key
touche de rappel arrière

control key
touche de service

home key
touche de position initiale

shift lock key
fixe-majuscules

return key
touche de retour

escape key
touche d'échappement

space bar
barre d'espacement

enter key
touche d'envoi

word processing keys
touches de traitement de texte

shift keys
touches majuscules

cursor movement keys
touches de directivité

soft keys
touches programmables

function keys
touches de fonction

extended character
jeu étendu de caractères

configuration keys
touches de configuration

peripheral equipment
périphériques

dot matrix printer
imprimante matricielle

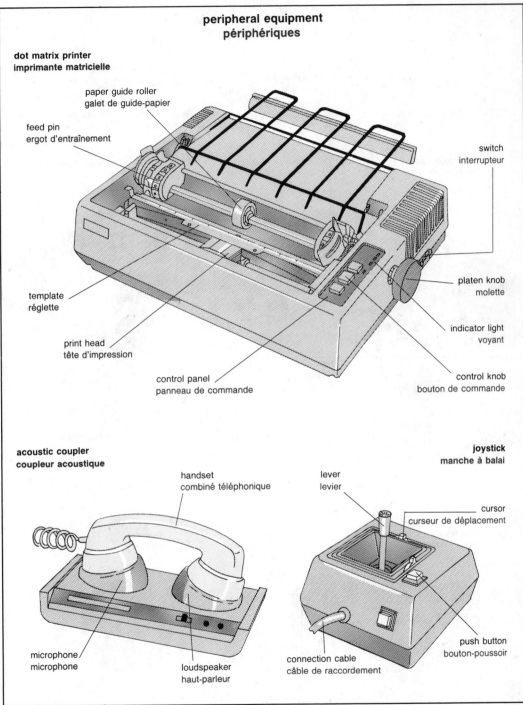

paper guide roller
galet de guide-papier

feed pin
ergot d'entraînement

switch
interrupteur

template
réglette

platen knob
molette

print head
tête d'impression

indicator light
voyant

control panel
panneau de commande

control knob
bouton de commande

acoustic coupler
coupleur acoustique

joystick
manche à balai

handset
combiné téléphonique

lever
levier

cursor
curseur de déplacement

microphone
microphone

loudspeaker
haut-parleur

connection cable
câble de raccordement

push button
bouton-poussoir

471

computer room
salle de l'ordinateur

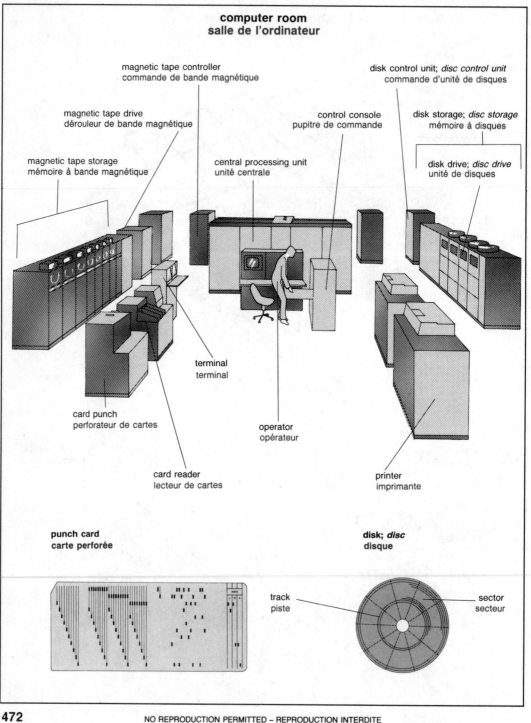

magnetic tape controller
commande de bande magnétique

disk control unit; *disc control unit*
commande d'unité de disques

magnetic tape drive
dérouleur de bande magnétique

control console
pupitre de commande

disk storage; *disc storage*
mémoire à disques

magnetic tape storage
mémoire à bande magnétique

central processing unit
unité centrale

disk drive; *disc drive*
unité de disques

terminal
terminal

card punch
perforateur de cartes

operator
opérateur

card reader
lecteur de cartes

printer
imprimante

punch card
carte perforée

disk; *disc*
disque

track
piste

sector
secteur

MUSIC

MUSIQUE

musical notation
notation musicale

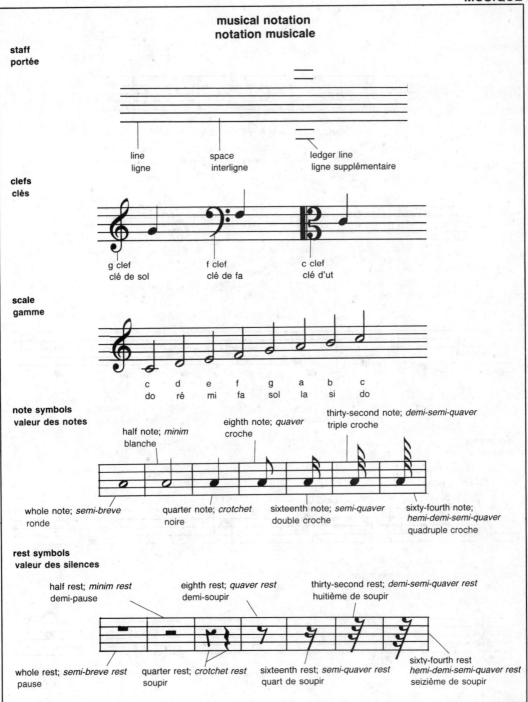

staff
portée

line / ligne
space / interligne
ledger line / ligne supplémentaire

clefs
clés

g clef / clé de sol
f clef / clé de fa
c clef / clé d'ut

scale
gamme

c / do d / ré e / mi f / fa g / sol a / la b / si c / do

note symbols
valeur des notes

half note; *minim* / blanche
eighth note; *quaver* / croche
thirty-second note; *demi-semi-quaver* / triple croche
whole note; *semi-breve* / ronde
quarter note; *crotchet* / noire
sixteenth note; *semi-quaver* / double croche
sixty-fourth note; *hemi-demi-semi-quaver* / quadruple croche

rest symbols
valeur des silences

half rest; *minim rest* / demi-pause
eighth rest; *quaver rest* / demi-soupir
thirty-second rest; *demi-semi-quaver rest* / huitième de soupir
whole rest; *semi-breve rest* / pause
quarter rest; *crotchet rest* / soupir
sixteenth rest; *semi-quaver rest* / quart de soupir
sixty-fourth rest / *hemi-demi-semi-quaver rest* / seizième de soupir

musical notation
notation musicale

time signatures
mesures

three-four time
mesure à trois temps

bar line
barre de mesure

two-two time
mesure à deux temps

four-four time
mesure à quatre temps

repeat mark
barre de reprise

accidentals
altérations

flat
bémol

double sharp
double dièse

key signature
armature de la clé

sharp
dièse

natural
bécarre

double flat
double bémol

intervals
intervalles

unison	second	third	fourth	fifth	sixth	seventh	octave
unisson	seconde	tierce	quarte	quinte	sixte	septième	octave

ornaments
ornements

appoggiatura
appoggiature

trill
trille

turn
gruppetto

mordent
mordant

chord
accord

other signs
autres signes

tie
liaison

accent mark
accent

arpeggio
arpège

pause
point d'orgue

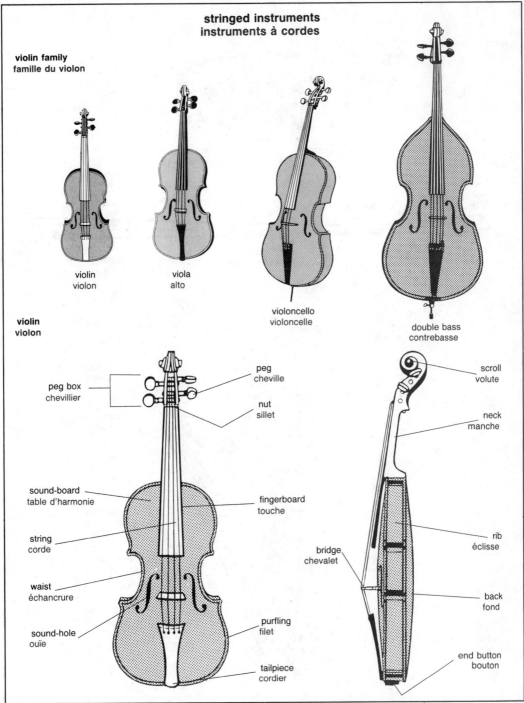

stringed instruments
instruments à cordes

violin family
famille du violon

violin
violon

viola
alto

violoncello
violoncelle

double bass
contrebasse

violin
violon

peg box
chevillier

peg
cheville

nut
sillet

scroll
volute

neck
manche

sound-board
table d'harmonie

fingerboard
touche

string
corde

rib
éclisse

waist
échancrure

bridge
chevalet

sound-hole
ouïe

back
fond

purfling
filet

tailpiece
cordier

end button
bouton

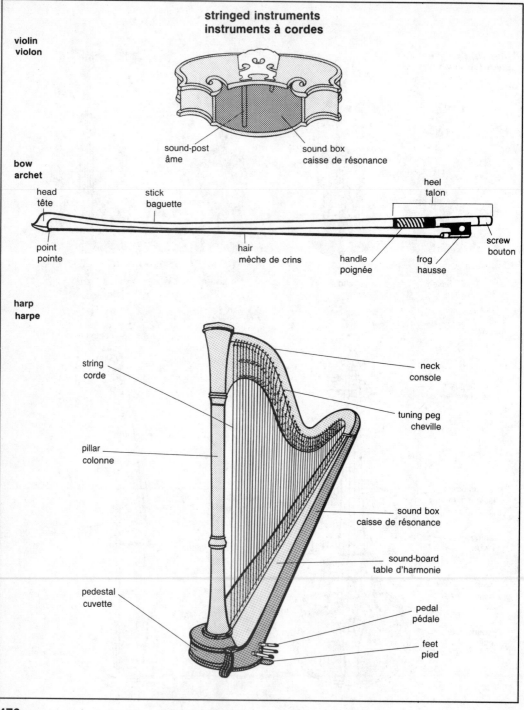

stringed instruments
instruments à cordes

violin
violon

sound-post
âme

sound box
caisse de résonance

bow
archet

head
tête

stick
baguette

heel
talon

point
pointe

hair
mèche de crins

handle
poignée

frog
hausse

screw
bouton

harp
harpe

string
corde

neck
console

tuning peg
cheville

pillar
colonne

sound box
caisse de résonance

sound-board
table d'harmonie

pedestal
cuvette

pedal
pédale

feet
pied

keyboard instruments
instruments à clavier

upright piano
piano droit

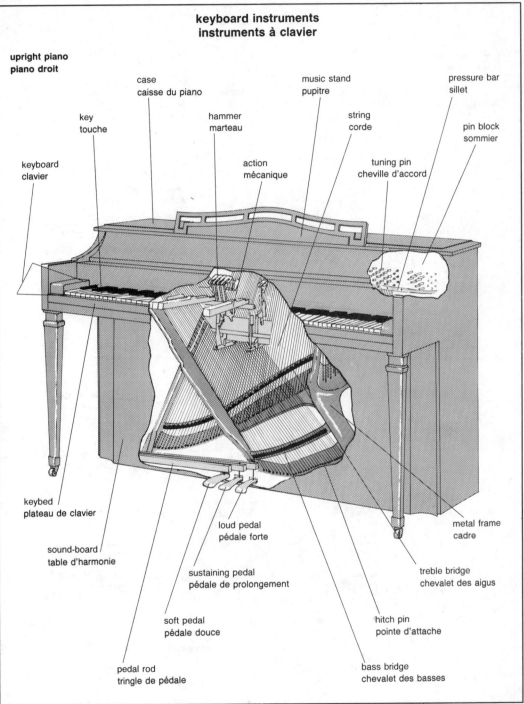

case
caisse du piano

music stand
pupitre

pressure bar
sillet

key
touche

hammer
marteau

string
corde

pin block
sommier

action
mécanique

tuning pin
cheville d'accord

keyboard
clavier

keybed
plateau de clavier

loud pedal
pédale forte

metal frame
cadre

sound-board
table d'harmonie

sustaining pedal
pédale de prolongement

treble bridge
chevalet des aigus

soft pedal
pédale douce

hitch pin
pointe d'attache

pedal rod
tringle de pédale

bass bridge
chevalet des basses

keyboard instruments
instruments à clavier

upright piano action
mécanique du piano droit

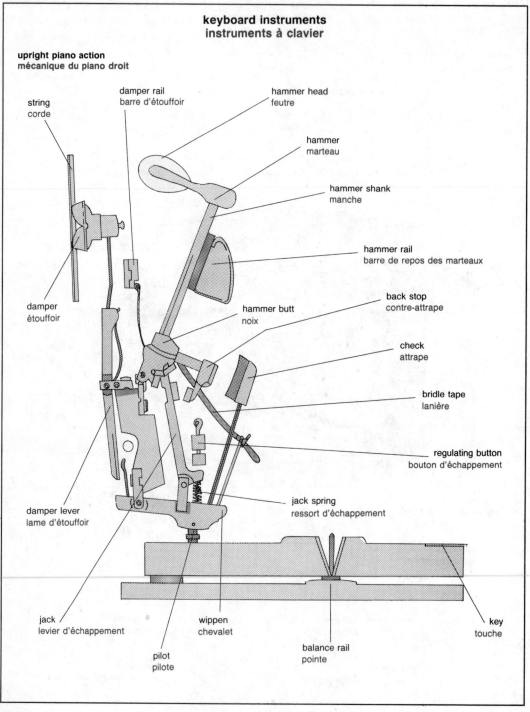

string
corde

damper rail
barre d'étouffoir

hammer head
feutre

hammer
marteau

hammer shank
manche

hammer rail
barre de repos des marteaux

damper
étouffoir

back stop
contre-attrape

hammer butt
noix

check
attrape

bridle tape
lanière

regulating button
bouton d'échappement

damper lever
lame d'étouffoir

jack spring
ressort d'échappement

jack
levier d'échappement

wippen
chevalet

key
touche

pilot
pilote

balance rail
pointe

organ
orgue

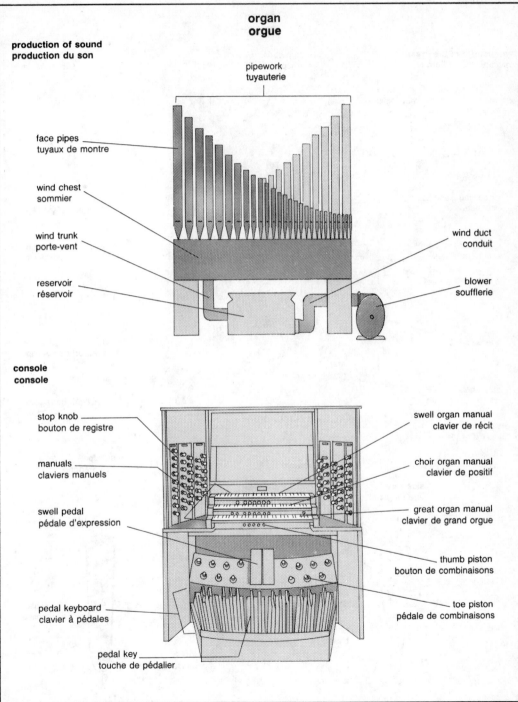

**production of sound
production du son**

pipework
tuyauterie

face pipes
tuyaux de montre

wind chest
sommier

wind trunk
porte-vent

wind duct
conduit

reservoir
réservoir

blower
soufflerie

**console
console**

stop knob
bouton de registre

swell organ manual
clavier de récit

manuals
claviers manuels

choir organ manual
clavier de positif

swell pedal
pédale d'expression

great organ manual
clavier de grand orgue

thumb piston
bouton de combinaisons

pedal keyboard
clavier à pédales

toe piston
pédale de combinaisons

pedal key
touche de pédalier

organ
orgue

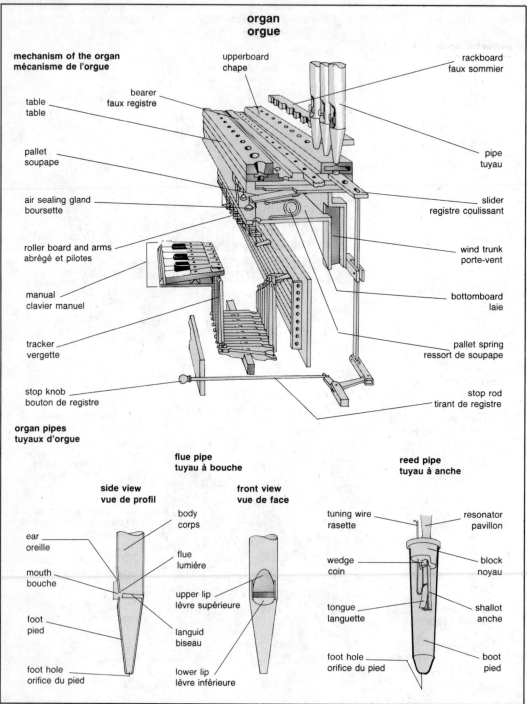

**mechanism of the organ
mécanisme de l'orgue**

upperboard
chape

rackboard
faux sommier

bearer
faux registre

table
table

pipe
tuyau

pallet
soupape

air sealing gland
boursette

slider
registre coulissant

roller board and arms
abrégé et pilotes

wind trunk
porte-vent

manual
clavier manuel

bottomboard
laie

tracker
vergette

pallet spring
ressort de soupape

stop knob
bouton de registre

stop rod
tirant de registre

**organ pipes
tuyaux d'orgue**

**flue pipe
tuyau à bouche**

**reed pipe
tuyau à anche**

**side view
vue de profil**

**front view
vue de face**

body
corps

tuning wire
rasette

resonator
pavillon

ear
oreille

flue
lumière

wedge
coin

block
noyau

mouth
bouche

upper lip
lèvre supérieure

tongue
languette

shallot
anche

foot
pied

languid
biseau

foot hole
orifice du pied

foot hole
orifice du pied

lower lip
lèvre inférieure

boot
pied

wind instruments
instruments à vent

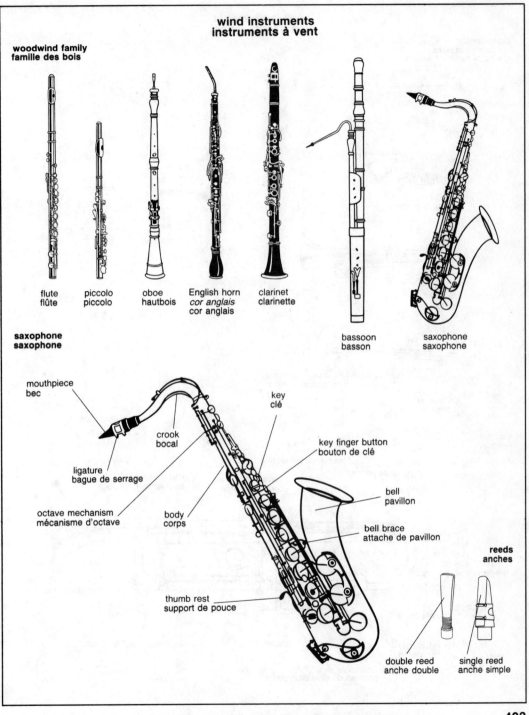

woodwind family
famille des bois

flute
flûte

piccolo
piccolo

oboe
hautbois

English horn
cor anglais
cor anglais

clarinet
clarinette

bassoon
basson

saxophone
saxophone

saxophone
saxophone

mouthpiece
bec

key
clé

crook
bocal

key finger button
bouton de clé

ligature
bague de serrage

bell
pavillon

octave mechanism
mécanisme d'octave

body
corps

bell brace
attache de pavillon

reeds
anches

thumb rest
support de pouce

double reed
anche double

single reed
anche simple

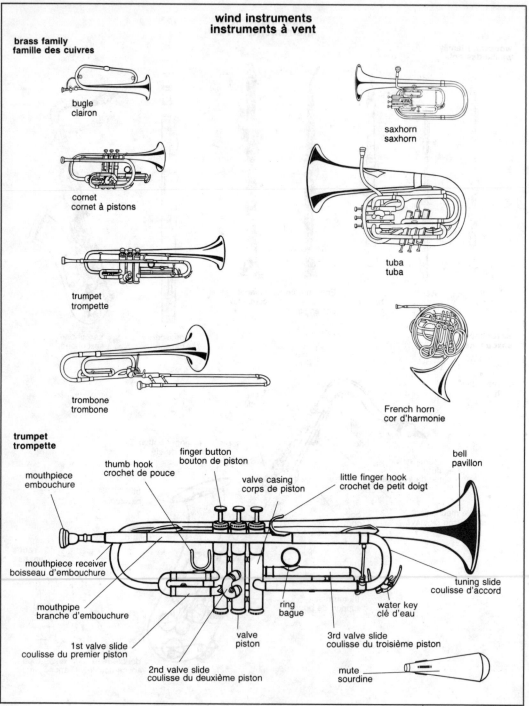

wind instruments
instruments à vent

brass family
famille des cuivres

bugle
clairon

cornet
cornet à pistons

trumpet
trompette

trombone
trombone

saxhorn
saxhorn

tuba
tuba

French horn
cor d'harmonie

trumpet
trompette

mouthpiece
embouchure

thumb hook
crochet de pouce

finger button
bouton de piston

valve casing
corps de piston

little finger hook
crochet de petit doigt

bell
pavillon

mouthpiece receiver
boisseau d'embouchure

mouthpipe
branche d'embouchure

1st valve slide
coulisse du premier piston

2nd valve slide
coulisse du deuxième piston

valve
piston

ring
bague

3rd valve slide
coulisse du troisième piston

water key
clé d'eau

tuning slide
coulisse d'accord

mute
sourdine

percussion instruments
instruments à percussion

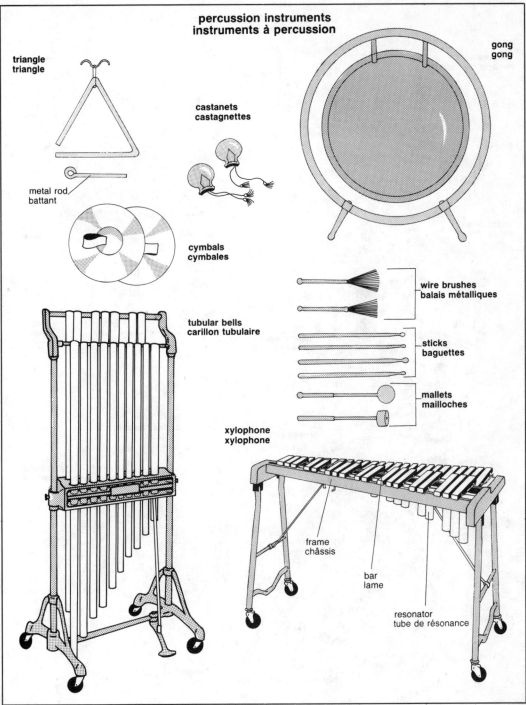

**triangle
triangle**

**castanets
castagnettes**

**gong
gong**

metal rod
battant

**cymbals
cymbales**

**wire brushes
balais métalliques**

**tubular bells
carillon tubulaire**

**sticks
baguettes**

**mallets
mailloches**

**xylophone
xylophone**

frame
châssis

bar
lame

resonator
tube de résonance

percussion instruments
instruments à percussion

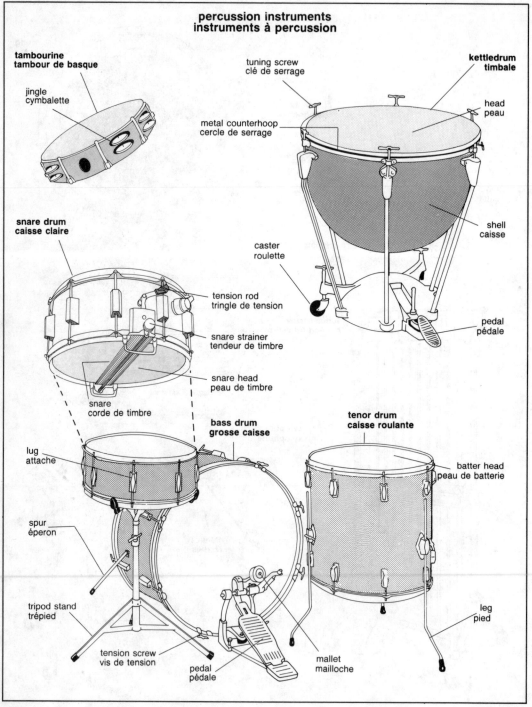

tambourine
tambour de basque

jingle
cymbalette

tuning screw
clé de serrage

kettledrum
timbale

head
peau

metal counterhoop
cercle de serrage

snare drum
caisse claire

shell
caisse

caster
roulette

tension rod
tringle de tension

snare strainer
tendeur de timbre

snare head
peau de timbre

pedal
pédale

snare
corde de timbre

bass drum
grosse caisse

tenor drum
caisse roulante

lug
attache

batter head
peau de batterie

spur
éperon

tripod stand
trépied

leg
pied

tension screw
vis de tension

pedal
pédale

mallet
mailloche

traditional musical instruments
instruments traditionnels

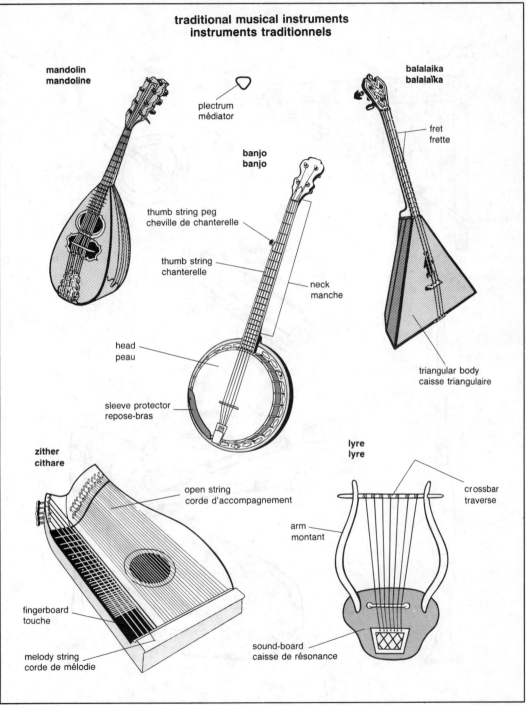

mandolin
mandoline

plectrum
médiator

banjo
banjo

balalaika
balalaïka

fret
frette

thumb string peg
cheville de chanterelle

thumb string
chanterelle

neck
manche

head
peau

triangular body
caisse triangulaire

sleeve protector
repose-bras

zither
cithare

open string
corde d'accompagnement

lyre
lyre

crossbar
traverse

arm
montant

fingerboard
touche

melody string
corde de mélodie

sound-board
caisse de résonance

487

traditional musical instruments
instruments traditionnels

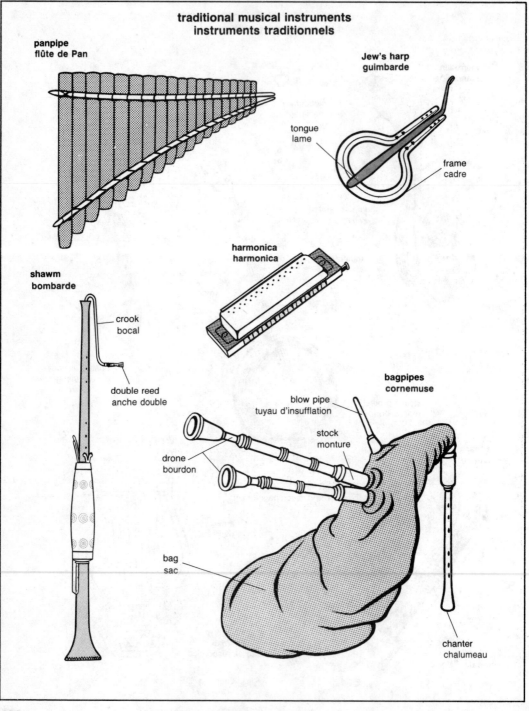

panpipe
flûte de Pan

Jew's harp
guimbarde

tongue
lame

frame
cadre

harmonica
harmonica

shawm
bombarde

crook
bocal

double reed
anche double

bagpipes
cornemuse

blow pipe
tuyau d'insufflation

stock
monture

drone
bourdon

bag
sac

chanter
chalumeau

traditional musical instruments
instruments traditionnels

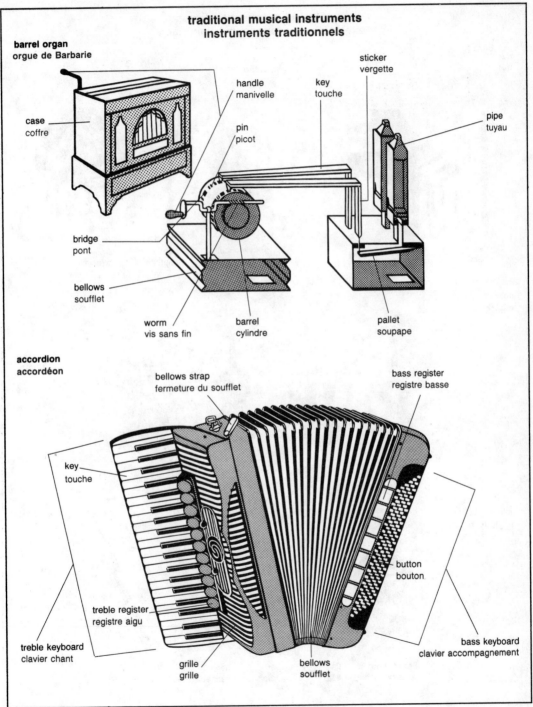

barrel organ
orgue de Barbarie

sticker
vergette

handle
manivelle

key
touche

pipe
tuyau

case
coffre

pin
picot

bridge
pont

bellows
soufflet

worm
vis sans fin

barrel
cylindre

pallet
soupape

accordion
accordéon

bellows strap
fermeture du soufflet

bass register
registre basse

key
touche

button
bouton

treble register
registre aigu

bass keyboard
clavier accompagnement

treble keyboard
clavier chant

grille
grille

bellows
soufflet

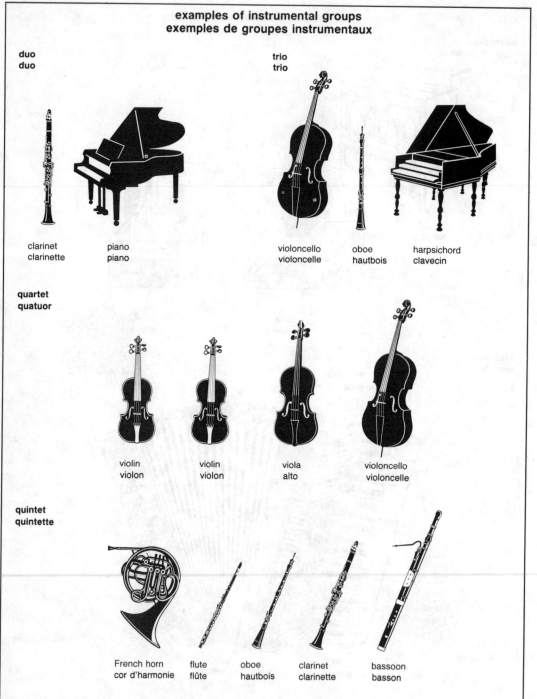

examples of instrumental groups
exemples de groupes instrumentaux

duo
duo

trio
trio

clarinet
clarinette

piano
piano

violoncello
violoncelle

oboe
hautbois

harpsichord
clavecin

quartet
quatuor

violin
violon

violin
violon

viola
alto

violoncello
violoncelle

quintet
quintette

French horn
cor d'harmonie

flute
flûte

oboe
hautbois

clarinet
clarinette

bassoon
basson

examples of instrumental groups
exemples de groupes instrumentaux

sextet
sextuor

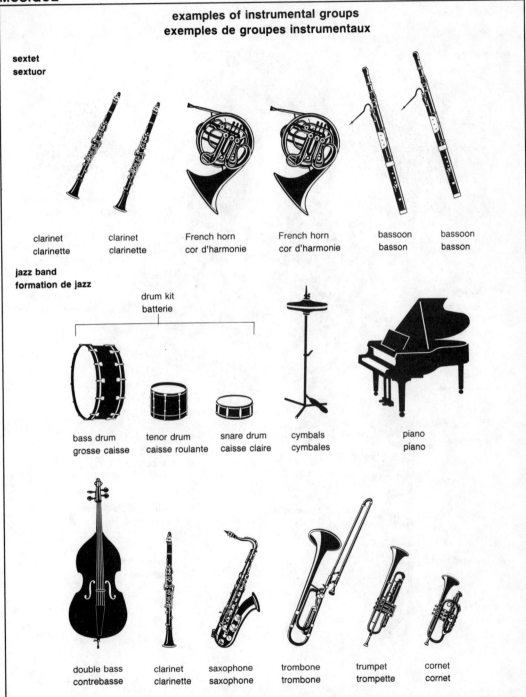

clarinet
clarinette

clarinet
clarinette

French horn
cor d'harmonie

French horn
cor d'harmonie

bassoon
basson

bassoon
basson

jazz band
formation de jazz

drum kit
batterie

bass drum
grosse caisse

tenor drum
caisse roulante

snare drum
caisse claire

cymbals
cymbales

piano
piano

double bass
contrebasse

clarinet
clarinette

saxophone
saxophone

trombone
trombone

trumpet
trompette

cornet
cornet

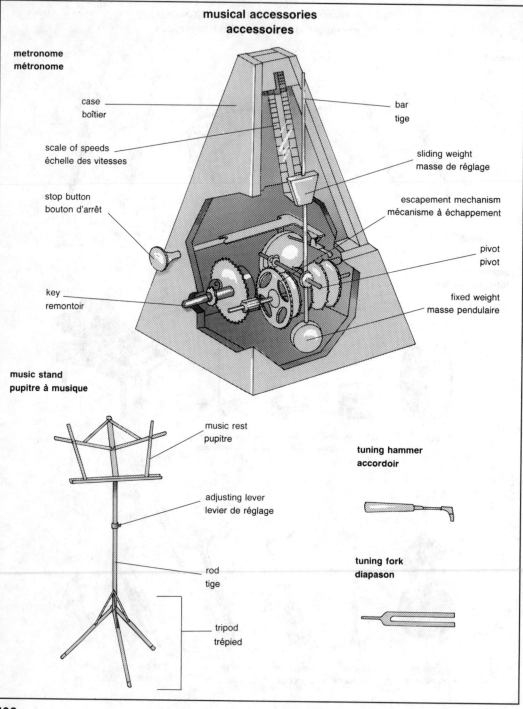

musical accessories
accessoires

metronome
métronome

case
boîtier

bar
tige

scale of speeds
échelle des vitesses

sliding weight
masse de réglage

stop button
bouton d'arrêt

escapement mechanism
mécanisme à échappement

pivot
pivot

key
remontoir

fixed weight
masse pendulaire

music stand
pupitre à musique

music rest
pupitre

tuning hammer
accordoir

adjusting lever
levier de réglage

tuning fork
diapason

rod
tige

tripod
trépied

492

symphony orchestra
orchestre symphonique

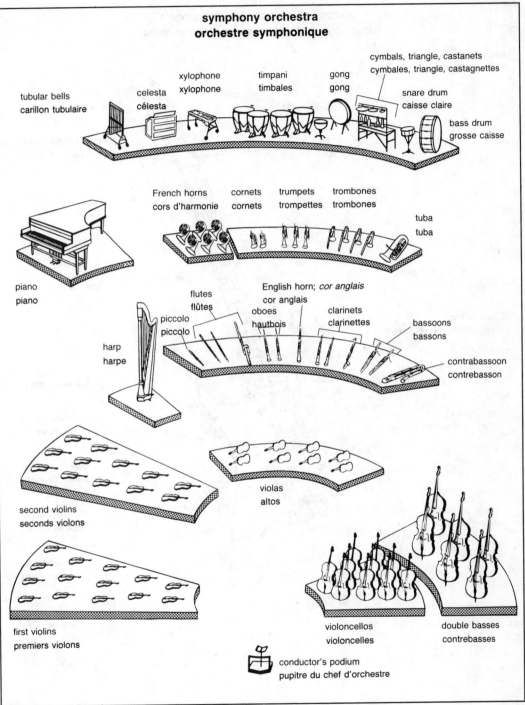

tubular bells
carillon tubulaire

celesta
célesta

xylophone
xylophone

timpani
timbales

gong
gong

cymbals, triangle, castanets
cymbales, triangle, castagnettes

snare drum
caisse claire

bass drum
grosse caisse

French horns
cors d'harmonie

cornets
cornets

trumpets
trompettes

trombones
trombones

tuba
tuba

piano
piano

flutes
flûtes

English horn; *cor anglais*
cor anglais

oboes
hautbois

clarinets
clarinettes

bassoons
bassons

piccolo
piccolo

harp
harpe

contrabassoon
contrebasson

second violins
seconds violons

violas
altos

violoncellos
violoncelles

double basses
contrebasses

first violins
premiers violons

conductor's podium
pupitre du chef d'orchestre

electric and electronic instruments
instruments électriques et électroniques

electric guitar
guitare électrique

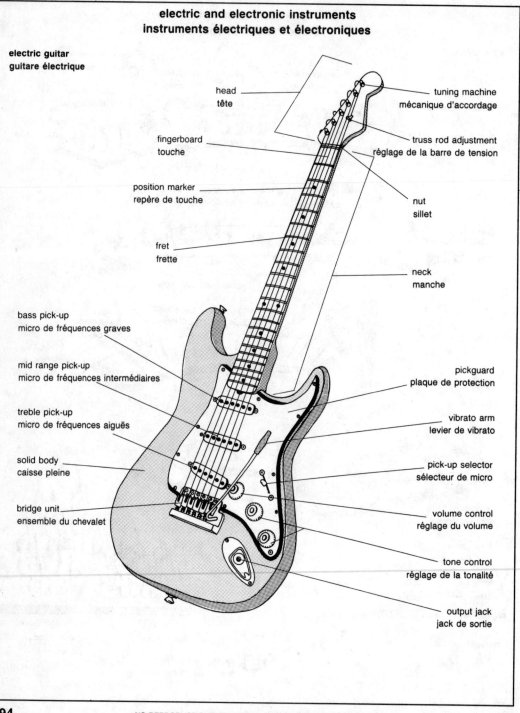

head
tête

tuning machine
mécanique d'accordage

fingerboard
touche

truss rod adjustment
réglage de la barre de tension

position marker
repère de touche

nut
sillet

fret
frette

neck
manche

bass pick-up
micro de fréquences graves

mid range pick-up
micro de fréquences intermédiaires

pickguard
plaque de protection

treble pick-up
micro de fréquences aiguës

vibrato arm
levier de vibrato

solid body
caisse pleine

pick-up selector
sélecteur de micro

bridge unit
ensemble du chevalet

volume control
réglage du volume

tone control
réglage de la tonalité

output jack
jack de sortie

electric and electronic instruments
instruments électriques et électroniques

synthesizer
synthétiseur

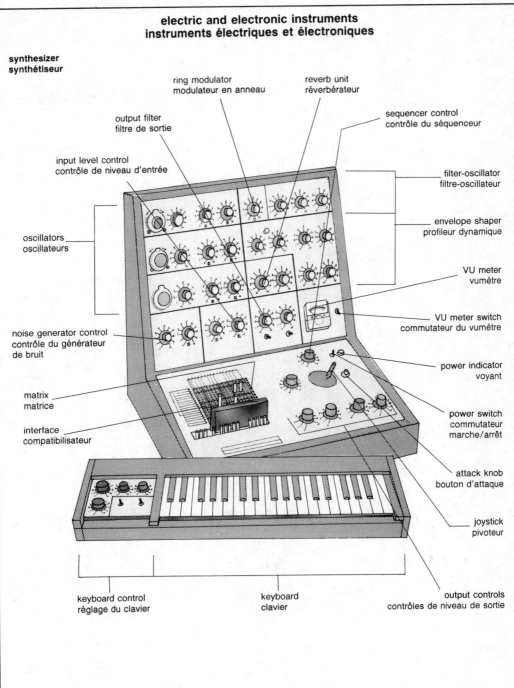

ring modulator
modulateur en anneau

reverb unit
réverbérateur

output filter
filtre de sortie

sequencer control
contrôle du séquenceur

input level control
contrôle de niveau d'entrée

filter-oscillator
filtre-oscillateur

envelope shaper
profileur dynamique

oscillators
oscillateurs

VU meter
vumètre

VU meter switch
commutateur du vumètre

noise generator control
contrôle du générateur
de bruit

power indicator
voyant

matrix
matrice

power switch
commutateur
marche/arrêt

interface
compatibilisateur

attack knob
bouton d'attaque

joystick
pivoteur

keyboard control
réglage du clavier

keyboard
clavier

output controls
contrôles de niveau de sortie

CREATIVE LEISURE ACTIVITIES

LOISIRS DE CRÉATION

sewing
couture

sewing machine
machine à coudre

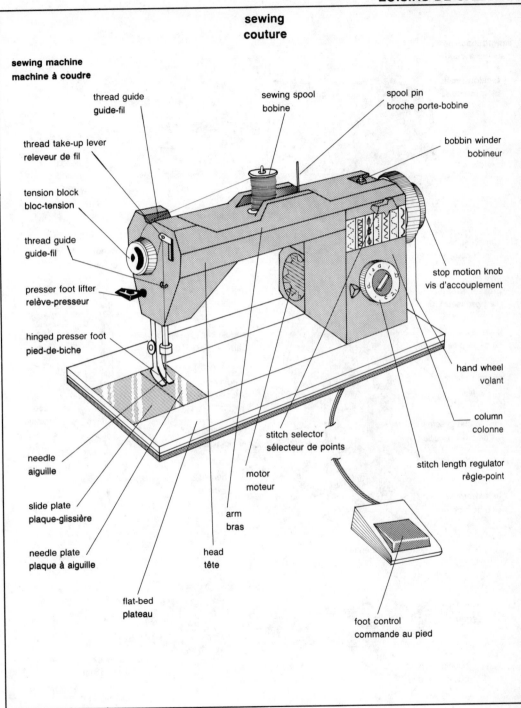

thread guide
guide-fil

sewing spool
bobine

spool pin
broche porte-bobine

thread take-up lever
releveur de fil

bobbin winder
bobineur

tension block
bloc-tension

thread guide
guide-fil

stop motion knob
vis d'accouplement

presser foot lifter
relève-presseur

hinged presser foot
pied-de-biche

hand wheel
volant

column
colonne

stitch selector
sélecteur de points

stitch length regulator
règle-point

needle
aiguille

motor
moteur

slide plate
plaque-glissière

arm
bras

needle plate
plaque à aiguille

head
tête

flat-bed
plateau

foot control
commande au pied

sewing
couture

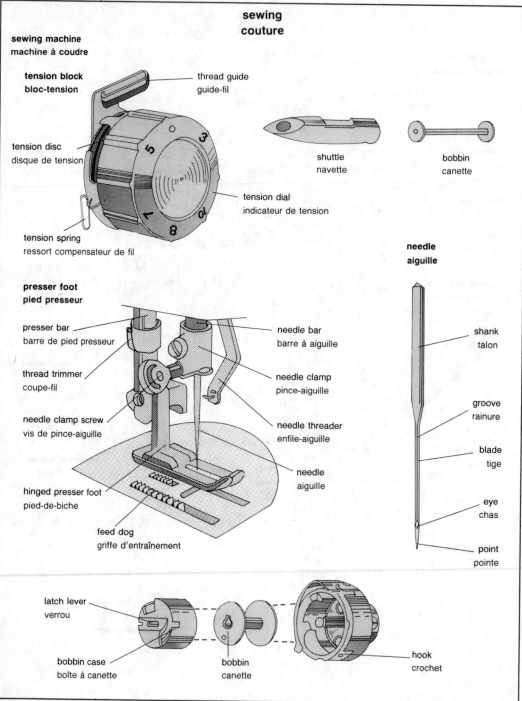

sewing machine
machine à coudre

tension block
bloc-tension

thread guide
guide-fil

tension disc
disque de tension

tension dial
indicateur de tension

tension spring
ressort compensateur de fil

shuttle
navette

bobbin
canette

needle
aiguille

presser foot
pied presseur

presser bar
barre de pied presseur

needle bar
barre à aiguille

thread trimmer
coupe-fil

needle clamp
pince-aiguille

needle clamp screw
vis de pince-aiguille

needle threader
enfile-aiguille

needle
aiguille

hinged presser foot
pied-de-biche

feed dog
griffe d'entraînement

shank
talon

groove
rainure

blade
tige

eye
chas

point
pointe

latch lever
verrou

bobbin case
boîte à canette

bobbin
canette

hook
crochet

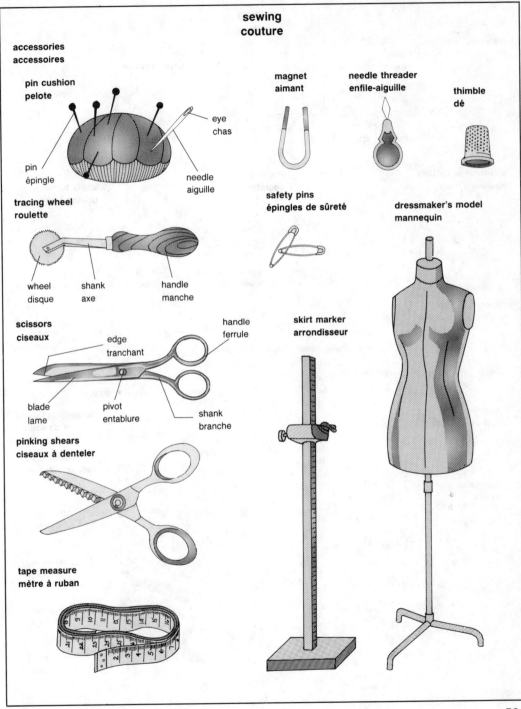

sewing
couture

accessories
accessoires

pin cushion
pelote

eye
chas

pin
épingle

needle
aiguille

magnet
aimant

needle threader
enfile-aiguille

thimble
dé

tracing wheel
roulette

wheel
disque

shank
axe

handle
manche

safety pins
épingles de sûreté

dressmaker's model
mannequin

scissors
ciseaux

edge
tranchant

handle
ferrule

blade
lame

pivot
entablure

shank
branche

skirt marker
arrondisseur

pinking shears
ciseaux à denteler

tape measure
mètre à ruban

CREATIVE LEISURE ACTIVITIES
LOISIRS DE CRÉATION

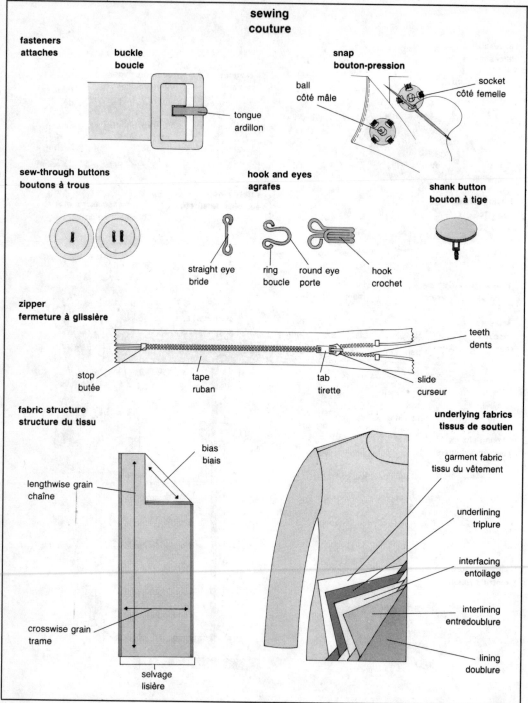

sewing
couture

fasteners
attaches

buckle
boucle

tongue
ardillon

snap
bouton-pression

ball
côté mâle

socket
côté femelle

sew-through buttons
boutons à trous

hook and eyes
agrafes

shank button
bouton à tige

straight eye
bride

ring
boucle

round eye
porte

hook
crochet

zipper
fermeture à glissière

teeth
dents

stop
butée

tape
ruban

tab
tirette

slide
curseur

fabric structure
structure du tissu

bias
biais

lengthwise grain
chaîne

crosswise grain
trame

selvage
lisière

underlying fabrics
tissus de soutien

garment fabric
tissu du vêtement

underlining
triplure

interfacing
entoilage

interlining
entredoublure

lining
doublure

sewing
couture

pattern
patron

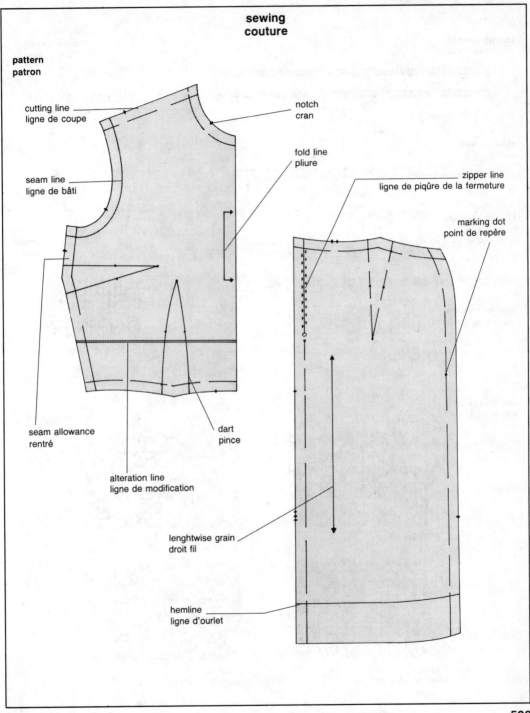

cutting line
ligne de coupe

notch
cran

fold line
pliure

zipper line
ligne de piqûre de la fermeture

seam line
ligne de bâti

marking dot
point de repère

seam allowance
rentré

dart
pince

alteration line
ligne de modification

lenghtwise grain
droit fil

hemline
ligne d'ourlet

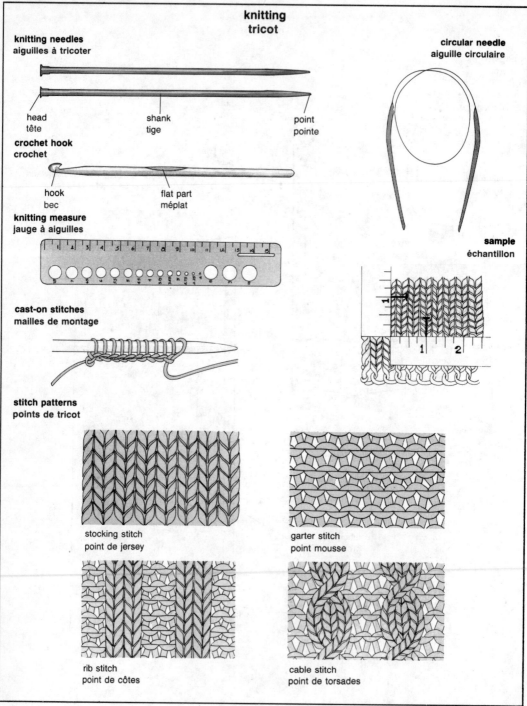

knitting
tricot

knitting needles
aiguilles à tricoter

circular needle
aiguille circulaire

head
tête

shank
tige

point
pointe

crochet hook
crochet

hook
bec

flat part
méplat

knitting measure
jauge à aiguilles

sample
échantillon

cast-on stitches
mailles de montage

stitch patterns
points de tricot

stocking stitch
point de jersey

garter stitch
point mousse

rib stitch
point de côtes

cable stitch
point de torsades

knitting machine
machine à tricoter

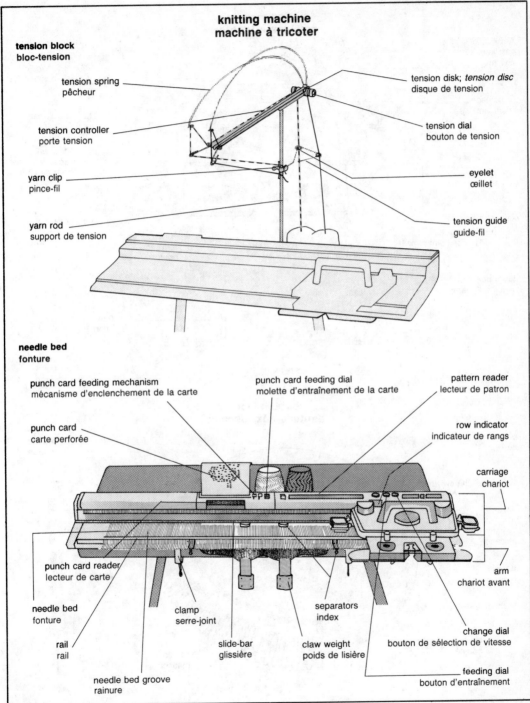

tension block
bloc-tension

tension spring
pêcheur

tension disk; *tension disc*
disque de tension

tension controller
porte tension

tension dial
bouton de tension

yarn clip
pince-fil

eyelet
œillet

yarn rod
support de tension

tension guide
guide-fil

needle bed
fonture

punch card feeding mechanism
mécanisme d'enclenchement de la carte

punch card feeding dial
molette d'entraînement de la carte

pattern reader
lecteur de patron

punch card
carte perforée

row indicator
indicateur de rangs

carriage
chariot

punch card reader
lecteur de carte

arm
chariot avant

needle bed
fonture

clamp
serre-joint

separators
index

change dial
bouton de sélection de vitesse

rail
rail

slide-bar
glissière

claw weight
poids de lisière

feeding dial
bouton d'entraînement

needle bed groove
rainure

knitting machine
machine à tricoter

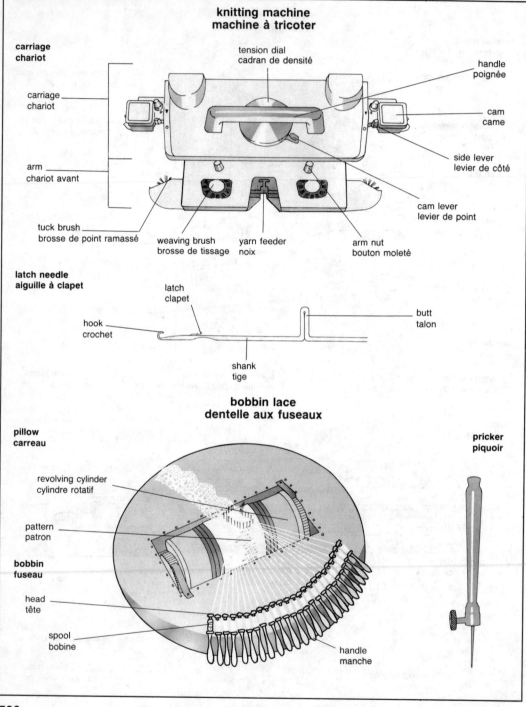

carriage
chariot

tension dial
cadran de densité

handle
poignée

carriage
chariot

cam
came

side lever
levier de côté

arm
chariot avant

cam lever
levier de point

tuck brush
brosse de point ramassé

weaving brush
brosse de tissage

yarn feeder
noix

arm nut
bouton moleté

latch needle
aiguille à clapet

latch
clapet

butt
talon

hook
crochet

shank
tige

bobbin lace
dentelle aux fuseaux

pillow
carreau

pricker
piquoir

revolving cylinder
cylindre rotatif

pattern
patron

bobbin
fuseau

head
tête

spool
bobine

handle
manche

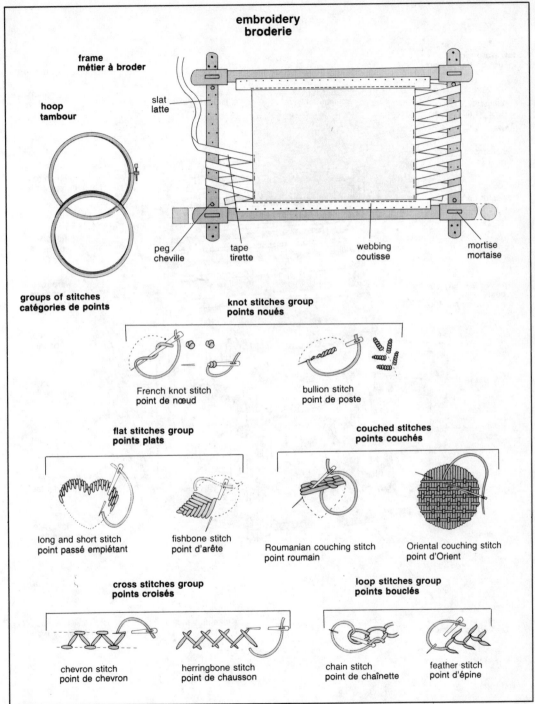

embroidery
broderie

frame
métier à broder

hoop
tambour

slat
latte

peg
cheville

tape
tirette

webbing
coutisse

mortise
mortaise

groups of stitches
catégories de points

knot stitches group
points noués

French knot stitch
point de nœud

bullion stitch
point de poste

flat stitches group
points plats

couched stitches
points couchés

long and short stitch
point passé empiétant

fishbone stitch
point d'arête

Roumanian couching stitch
point roumain

Oriental couching stitch
point d'Orient

cross stitches group
points croisés

loop stitches group
points bouclés

chevron stitch
point de chevron

herringbone stitch
point de chausson

chain stitch
point de chaînette

feather stitch
point d'épine

weaving
tissage

low warp loom
métier de basse lisse

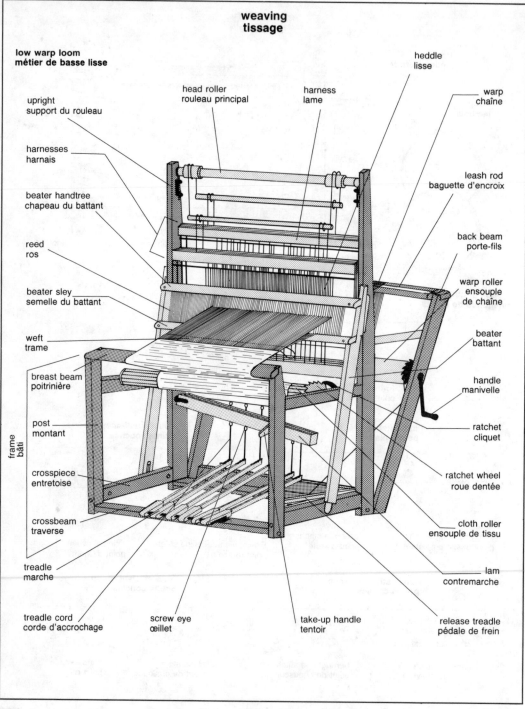

heddle
lisse

upright
support du rouleau

head roller
rouleau principal

harness
lame

warp
chaîne

harnesses
harnais

leash rod
baguette d'encroix

beater handtree
chapeau du battant

back beam
porte-fils

reed
ros

warp roller
ensouple
de chaîne

beater sley
semelle du battant

beater
battant

weft
trame

handle
manivelle

breast beam
poitrinière

ratchet
cliquet

post
montant

ratchet wheel
roue dentée

crosspiece
entretoise

frame
bâti

cloth roller
ensouple de tissu

crossbeam
traverse

lam
contremarche

treadle
marche

treadle cord
corde d'accrochage

screw eye
œillet

take-up handle
tentoir

release treadle
pédale de frein

weaving
tissage

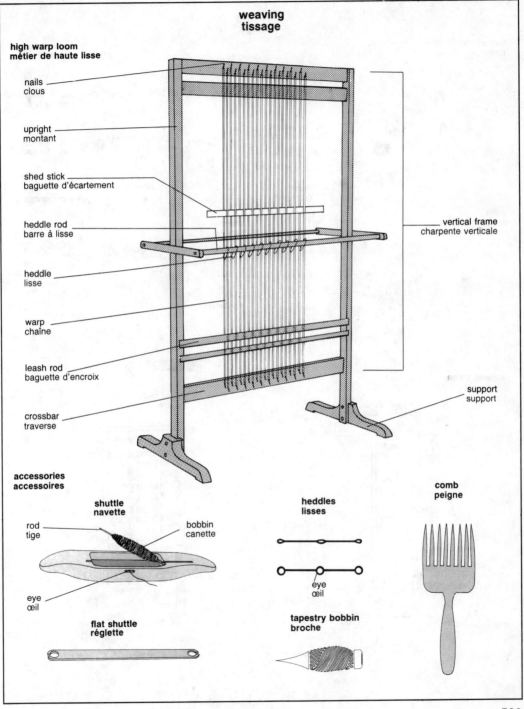

high warp loom
métier de haute lisse

nails
clous

upright
montant

shed stick
baguette d'écartement

heddle rod
barre à lisse

heddle
lisse

warp
chaîne

leash rod
baguette d'encroix

crossbar
traverse

vertical frame
charpente verticale

support
support

accessories
accessoires

shuttle
navette

rod
tige

bobbin
canette

eye
œil

flat shuttle
réglette

heddles
lisses

eye
œil

tapestry bobbin
broche

comb
peigne

weaving
tissage

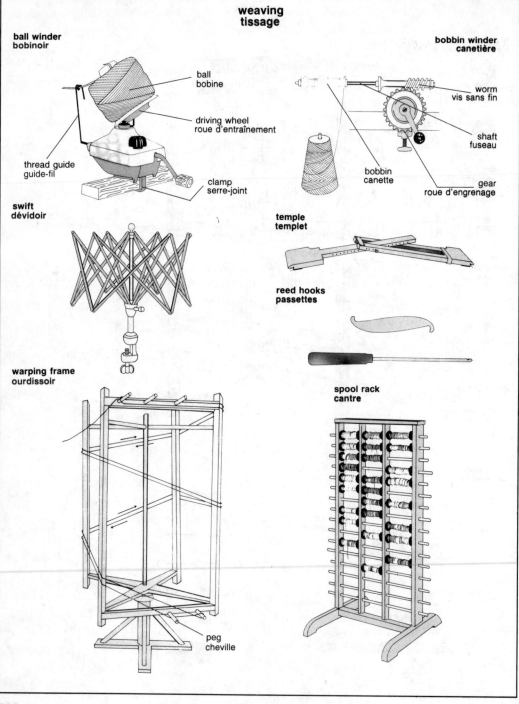

ball winder
bobinoir

bobbin winder
canetière

ball
bobine

worm
vis sans fin

driving wheel
roue d'entraînement

shaft
fuseau

thread guide
guide-fil

bobbin
canette

gear
roue d'engrenage

clamp
serre-joint

swift
dévidoir

temple
templet

reed hooks
passettes

warping frame
ourdissoir

spool rack
cantre

peg
cheville

weaving
tissage

diagram of weaving principle
schéma de principe du tissage

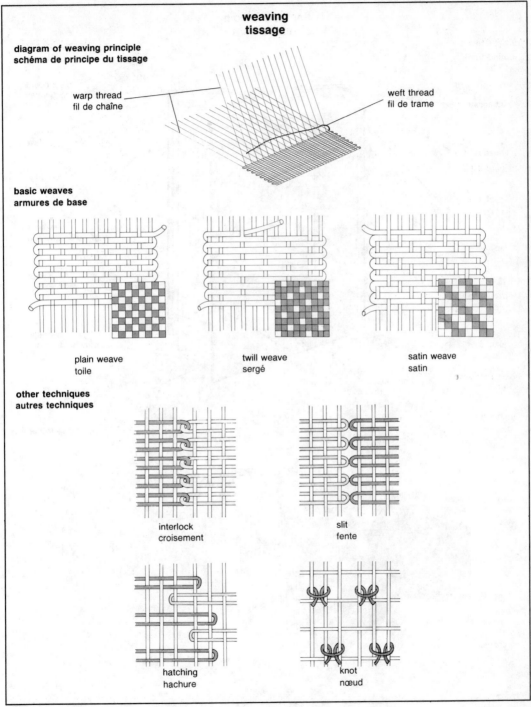

warp thread
fil de chaîne

weft thread
fil de trame

basic weaves
armures de base

plain weave
toile

twill weave
sergé

satin weave
satin

other techniques
autres techniques

interlock
croisement

slit
fente

hatching
hachure

knot
nœud

fine bookbinding
reliure d'art

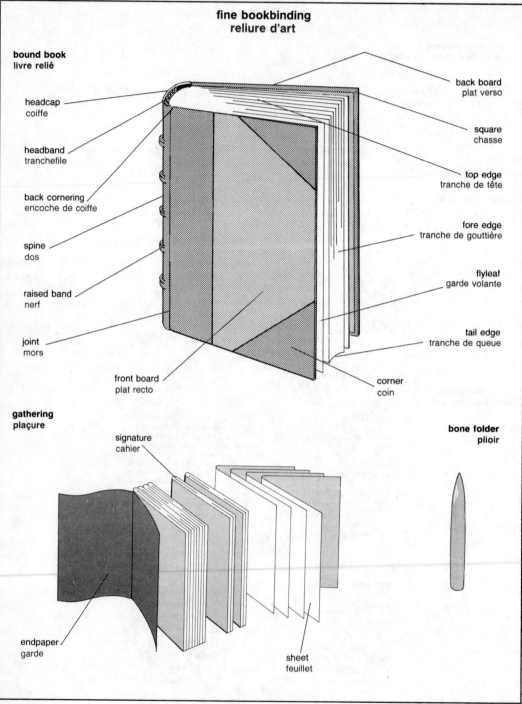

bound book
livre relié

headcap
coiffe

headband
tranchefile

back cornering
encoche de coiffe

spine
dos

raised band
nerf

joint
mors

front board
plat recto

back board
plat verso

square
chasse

top edge
tranche de tête

fore edge
tranche de gouttière

flyleaf
garde volante

tail edge
tranche de queue

corner
coin

gathering
plaçure

signature
cahier

endpaper
garde

sheet
feuillet

bone folder
plioir

fine bookbinding
reliure d'art

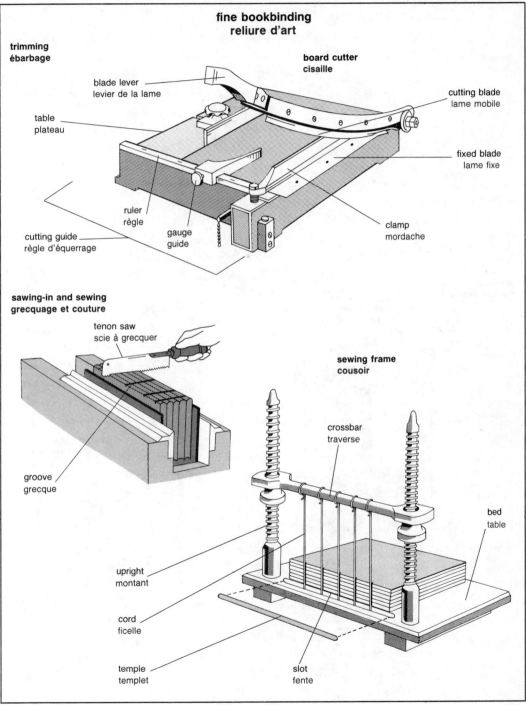

trimming
ébarbage

board cutter
cisaille

blade lever
levier de la lame

cutting blade
lame mobile

table
plateau

fixed blade
lame fixe

ruler
règle

clamp
mordache

cutting guide
règle d'équerrage

gauge
guide

sawing-in and sewing
grecquage et couture

tenon saw
scie à grecquer

sewing frame
cousoir

crossbar
traverse

groove
grecque

bed
table

upright
montant

cord
ficelle

temple
templet

slot
fente

513

fine bookbinding
reliure d'art

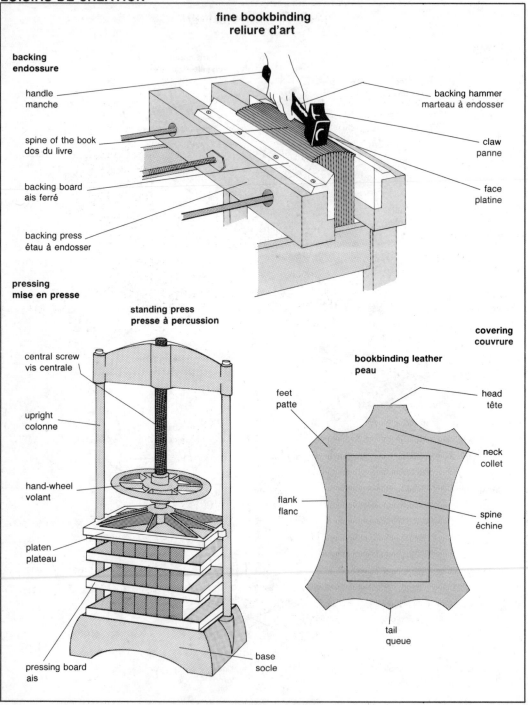

backing
endossure

handle
manche

backing hammer
marteau à endosser

spine of the book
dos du livre

claw
panne

backing board
ais ferré

face
platine

backing press
étau à endosser

pressing
mise en presse

standing press
presse à percussion

covering
couvrure

central screw
vis centrale

bookbinding leather
peau

feet
patte

head
tête

upright
colonne

neck
collet

hand-wheel
volant

flank
flanc

spine
échine

platen
plateau

pressing board
ais

base
socle

tail
queue

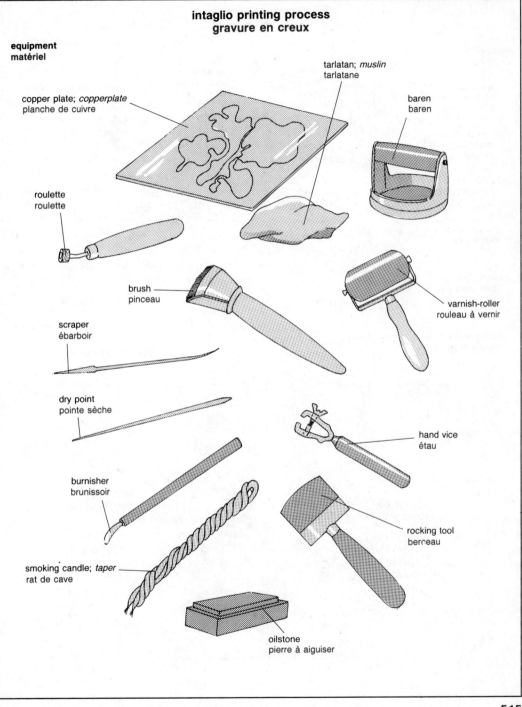

intaglio printing process
gravure en creux

equipment
matériel

tarlatan; *muslin*
tarlatane

copper plate; *copperplate*
planche de cuivre

baren
baren

roulette
roulette

brush
pinceau

varnish-roller
rouleau à vernir

scraper
ébarboir

dry point
pointe sèche

hand vice
étau

burnisher
brunissoir

rocking tool
berceau

smoking candle; *taper*
rat de cave

oilstone
pierre à aiguiser

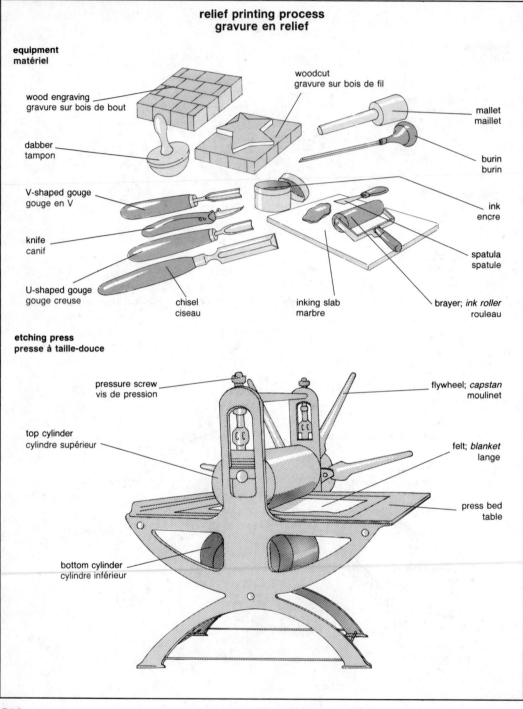

relief printing process
gravure en relief

equipment
matériel

wood engraving
gravure sur bois de bout

woodcut
gravure sur bois de fil

mallet
maillet

dabber
tampon

burin
burin

V-shaped gouge
gouge en V

ink
encre

knife
canif

spatula
spatule

U-shaped gouge
gouge creuse

chisel
ciseau

inking slab
marbre

brayer; *ink roller*
rouleau

etching press
presse à taille-douce

pressure screw
vis de pression

flywheel; *capstan*
moulinet

top cylinder
cylindre supérieur

felt; *blanket*
lange

press bed
table

bottom cylinder
cylindre inférieur

lithography
lithographie

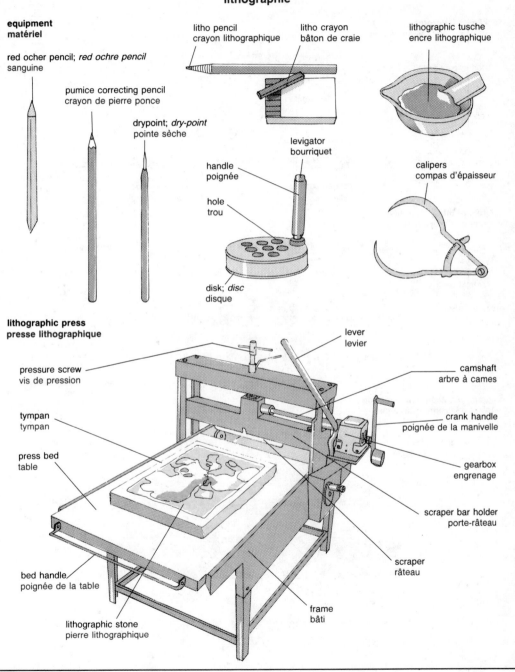

equipment
matériel

red ocher pencil; *red ochre pencil*
sanguine

pumice correcting pencil
crayon de pierre ponce

drypoint; *dry-point*
pointe sèche

litho pencil
crayon lithographique

litho crayon
bâton de craie

lithographic tusche
encre lithographique

levigator
bourriquet

handle
poignée

hole
trou

calipers
compas d'épaisseur

disk; *disc*
disque

lithographic press
presse lithographique

lever
levier

pressure screw
vis de pression

camshaft
arbre à cames

tympan
tympan

crank handle
poignée de la manivelle

press bed
table

gearbox
engrenage

scraper bar holder
porte-râteau

scraper
râteau

bed handle
poignée de la table

frame
bâti

lithographic stone
pierre lithographique

printing
impression

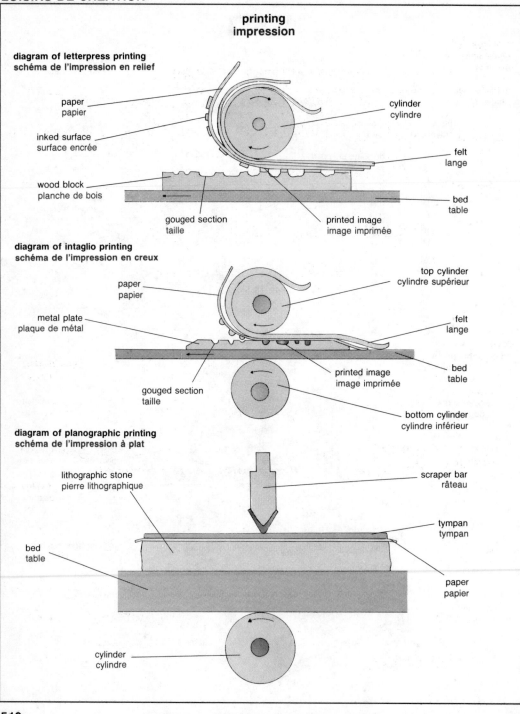

diagram of letterpress printing
schéma de l'impression en relief

paper
papier

inked surface
surface encrée

cylinder
cylindre

felt
lange

wood block
planche de bois

bed
table

gouged section
taille

printed image
image imprimée

diagram of intaglio printing
schéma de l'impression en creux

paper
papier

metal plate
plaque de métal

top cylinder
cylindre supérieur

felt
lange

bed
table

gouged section
taille

printed image
image imprimée

bottom cylinder
cylindre inférieur

diagram of planographic printing
schéma de l'impression à plat

lithographic stone
pierre lithographique

scraper bar
râteau

tympan
tympan

bed
table

paper
papier

cylinder
cylindre

pottery
poterie

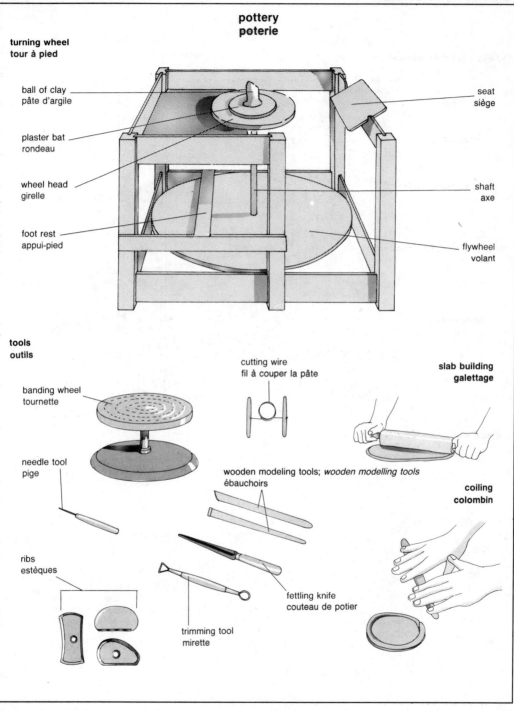

turning wheel
tour à pied

ball of clay
pâte d'argile

plaster bat
rondeau

wheel head
girelle

foot rest
appui-pied

seat
siège

shaft
axe

flywheel
volant

tools
outils

cutting wire
fil à couper la pâte

slab building
galettage

banding wheel
tournette

needle tool
pige

wooden modeling tools; *wooden modelling tools*
ébauchoirs

coiling
colombin

ribs
estèques

fettling knife
couteau de potier

trimming tool
mirette

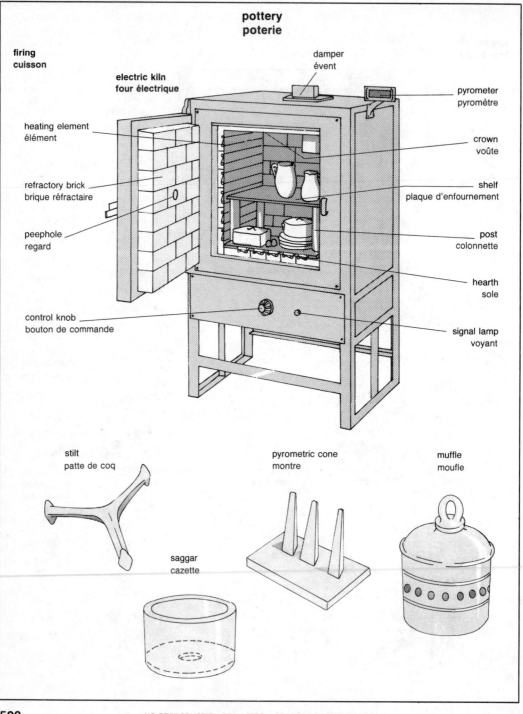

pottery
poterie

firing
cuisson

electric kiln
four électrique

damper
évent

pyrometer
pyromètre

heating element
élément

crown
voûte

refractory brick
brique réfractaire

shelf
plaque d'enfournement

post
colonnette

peephole
regard

hearth
sole

control knob
bouton de commande

signal lamp
voyant

stilt
patte de coq

pyrometric cone
montre

muffle
moufle

saggar
cazette

stained glass
vitrail

sketch
maquette

layout
carton

cartoon
carton

work drawing
gabarit

carbon
papier carbone

pattern
patron

pattern scissors
ciseaux à trois lames

glass cutting
coupe du verre

glass cutter
coupe-verre

grozzing teeth
dent

ball-end
marteline

wheel
roulette

handle
manche

breaking pliers
pince à détacher

eye shield protector
écran protecteur

glass grinder
meule

diamond head
meule diamantée

assembly process
sertissage

lead stretcher
étau à plomb

copper foil
ruban de cuivre

soldering process
soudage

lead knife
couteau à plomb

soldering iron
fer à souder

holder
support

flux
flux

flux brush
pinceau

lead came
baguette de plomb

face
face

heart
âme

lip
aile

channel
rainure

tip
pointe

tip cleaner
éponge

solder
soudure

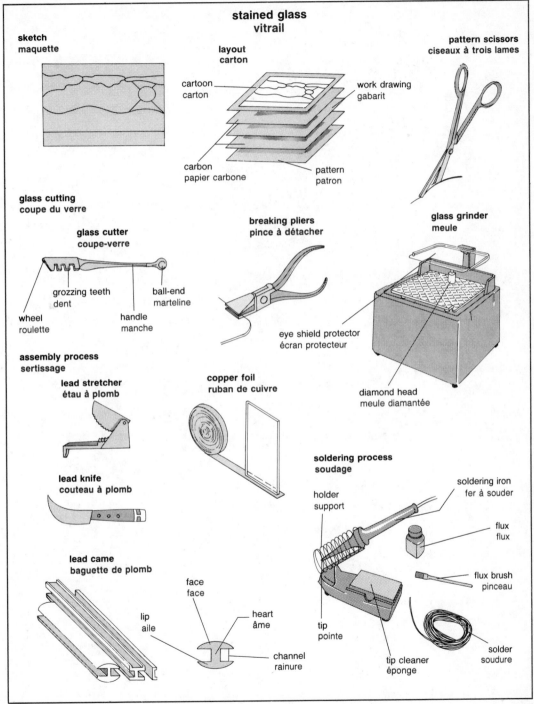

SPORTS
SPORTS

baseball
baseball

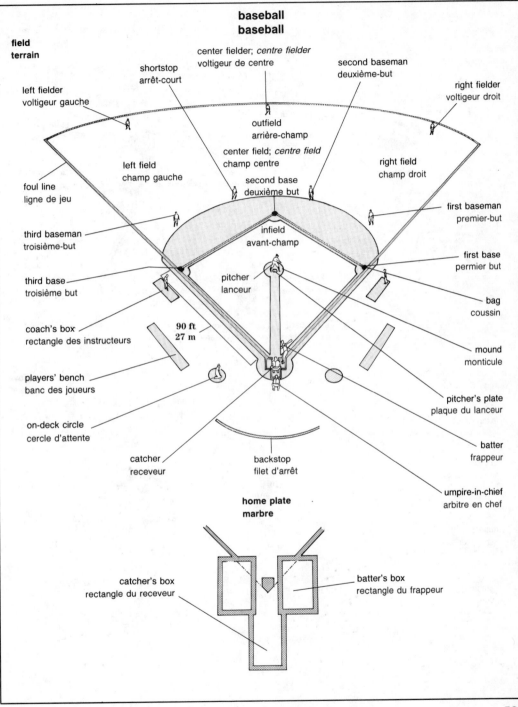

**field
terrain**

center fielder; *centre fielder*
voltigeur de centre

shortstop
arrêt-court

second baseman
deuxième-but

left fielder
voltigeur gauche

right fielder
voltigeur droit

outfield
arrière-champ

left field
champ gauche

center field; *centre field*
champ centre

right field
champ droit

foul line
ligne de jeu

second base
deuxième but

first baseman
premier-but

third baseman
troisième-but

infield
avant-champ

first base
permier but

third base
troisième but

pitcher
lanceur

bag
coussin

coach's box
rectangle des instructeurs

90 ft
27 m

mound
monticule

players' bench
banc des joueurs

pitcher's plate
plaque du lanceur

on-deck circle
cercle d'attente

batter
frappeur

catcher
receveur

backstop
filet d'arrêt

umpire-in-chief
arbitre en chef

**home plate
marbre**

catcher's box
rectangle du receveur

batter's box
rectangle du frappeur

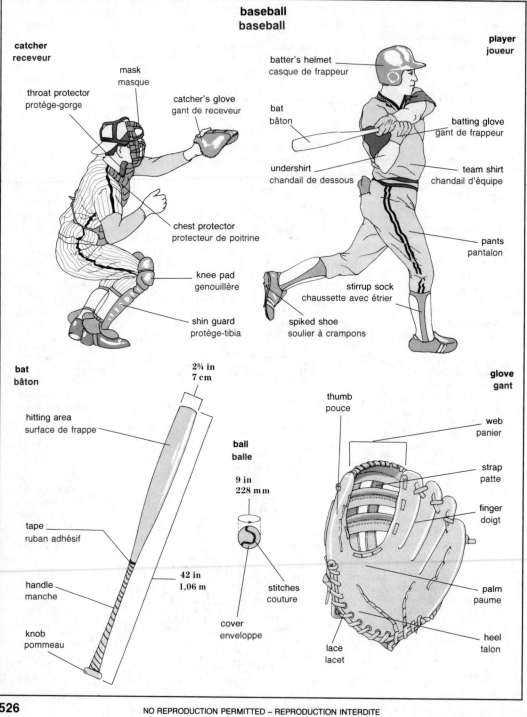

baseball
baseball

catcher
receveur

mask
masque

throat protector
protège-gorge

catcher's glove
gant de receveur

chest protector
protecteur de poitrine

knee pad
genouillère

shin guard
protège-tibia

player
joueur

batter's helmet
casque de frappeur

bat
bâton

batting glove
gant de frappeur

undershirt
chandail de dessous

team shirt
chandail d'équipe

pants
pantalon

stirrup sock
chaussette avec étrier

spiked shoe
soulier à crampons

bat
bâton

2¾ in
7 cm

hitting area
surface de frappe

tape
ruban adhésif

handle
manche

knob
pommeau

42 in
1,06 m

ball
balle

9 in
228 mm

stitches
couture

cover
enveloppe

glove
gant

thumb
pouce

web
panier

strap
patte

finger
doigt

palm
paume

heel
talon

lace
lacet

football
football

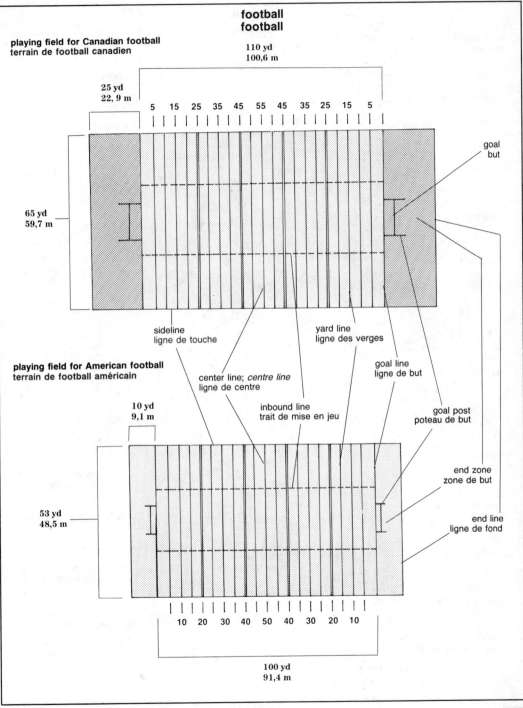

playing field for Canadian football
terrain de football canadien

110 yd
100,6 m

25 yd
22, 9 m

5   15   25   35   45   55   45   35   25   15   5

goal
but

65 yd
59,7 m

sideline
ligne de touche

yard line
ligne des verges

playing field for American football
terrain de football américain

center line; *centre line*
ligne de centre

goal line
ligne de but

10 yd
9,1 m

inbound line
trait de mise en jeu

goal post
poteau de but

end zone
zone de but

53 yd
48,5 m

end line
ligne de fond

10   20   30   40   50   40   30   20   10

100 yd
91,4 m

football
football

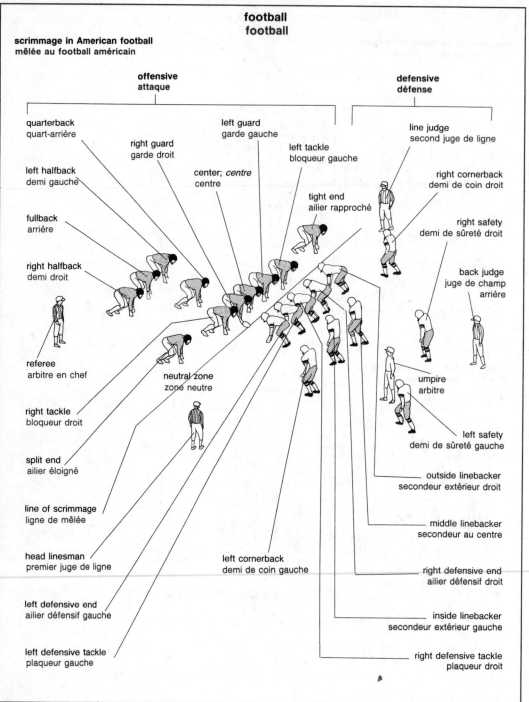

scrimmage in American football
mêlée au football américain

offensive
attaque

defensive
défense

quarterback
quart-arrière

right guard
garde droit

left guard
garde gauche

left tackle
bloqueur gauche

line judge
second juge de ligne

left halfback
demi gauche

center; *centre*
centre

right cornerback
demi de coin droit

tight end
ailier rapproché

right safety
demi de sûreté droit

fullback
arrière

right halfback
demi droit

back judge
juge de champ
arrière

referee
arbitre en chef

neutral zone
zone neutre

umpire
arbitre

right tackle
bloqueur droit

left safety
demi de sûreté gauche

split end
ailier éloigné

outside linebacker
secondeur extérieur droit

line of scrimmage
ligne de mêlée

middle linebacker
secondeur au centre

head linesman
premier juge de ligne

left cornerback
demi de coin gauche

right defensive end
ailier défensif droit

left defensive end
ailier défensif gauche

inside linebacker
secondeur extérieur gauche

left defensive tackle
plaqueur gauche

right defensive tackle
plaqueur droit

football
football

scrimmage in Canadian football
mêlée au football canadien

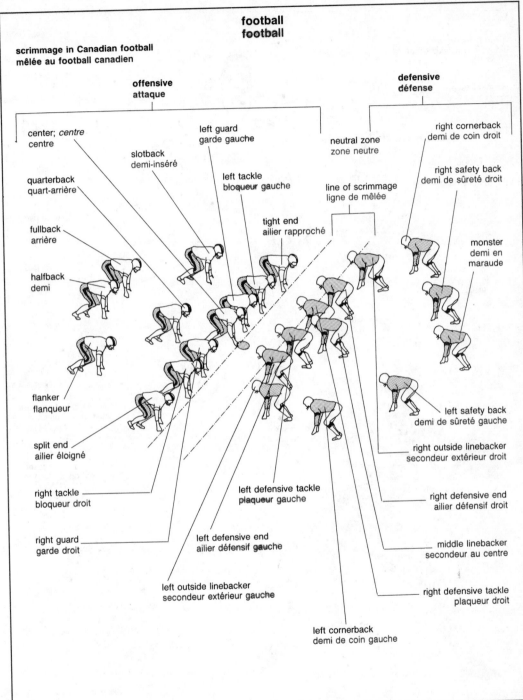

offensive
attaque

defensive
défense

center; *centre*
centre

left guard
garde gauche

neutral zone
zone neutre

right cornerback
demi de coin droit

slotback
demi-inséré

left tackle
bloqueur gauche

line of scrimmage
ligne de mêlée

right safety back
demi de sûreté droit

quarterback
quart-arrière

tight end
ailier rapproché

monster
demi en
maraude

fullback
arrière

halfback
demi

flanker
flanqueur

left safety back
demi de sûreté gauche

split end
ailier éloigné

right outside linebacker
secondeur extérieur droit

right tackle
bloqueur droit

left defensive tackle
plaqueur gauche

right defensive end
ailier défensif droit

right guard
garde droit

left defensive end
ailier défensif gauche

middle linebacker
secondeur au centre

left outside linebacker
secondeur extérieur gauche

right defensive tackle
plaqueur droit

left cornerback
demi de coin gauche

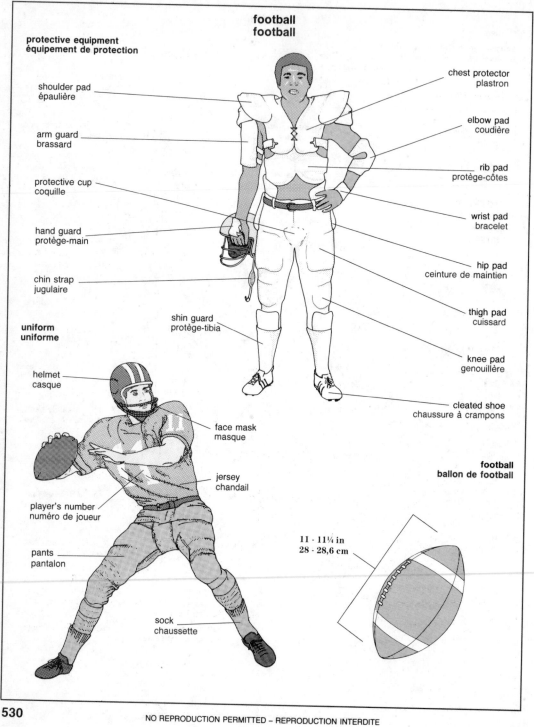

football
football

protective equipment
équipement de protection

shoulder pad
épaulière

arm guard
brassard

protective cup
coquille

hand guard
protège-main

chin strap
jugulaire

chest protector
plastron

elbow pad
coudière

rib pad
protège-côtes

wrist pad
bracelet

hip pad
ceinture de maintien

thigh pad
cuissard

knee pad
genouillère

cleated shoe
chaussure à crampons

shin guard
protège-tibia

uniform
uniforme

helmet
casque

face mask
masque

jersey
chandail

player's number
numéro de joueur

pants
pantalon

sock
chaussette

football
ballon de football

11 - 11¼ in
28 - 28,6 cm

rugby
rugby

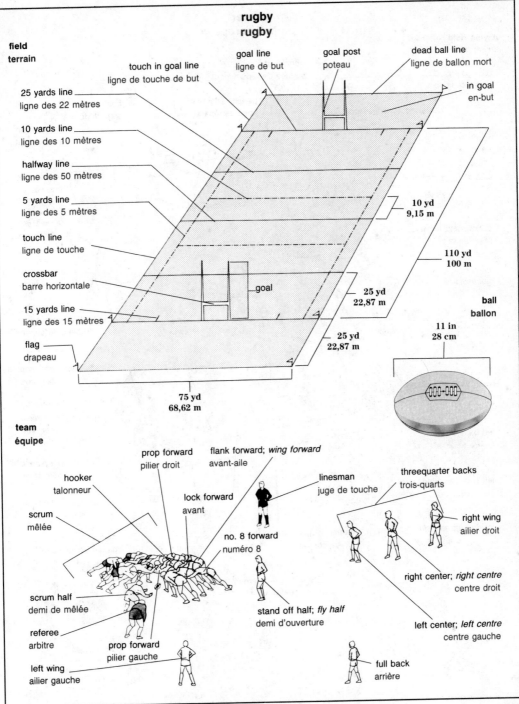

field
terrain

touch in goal line
ligne de touche de but

goal line
ligne de but

goal post
poteau

dead ball line
ligne de ballon mort

in goal
en-but

25 yards line
ligne des 22 mètres

10 yards line
ligne des 10 mètres

halfway line
ligne des 50 mètres

5 yards line
ligne des 5 mètres

touch line
ligne de touche

crossbar
barre horizontale

15 yards line
ligne des 15 mètres

flag
drapeau

goal

10 yd
9,15 m

110 yd
100 m

25 yd
22,87 m

25 yd
22,87 m

75 yd
68,62 m

ball
ballon

11 in
28 cm

team
équipe

prop forward
pilier droit

flank forward; *wing forward*
avant-aile

linesman
juge de touche

threequarter backs
trois-quarts

hooker
talonneur

lock forward
avant

right wing
ailier droit

scrum
mêlée

no. 8 forward
numéro 8

right center; *right centre*
centre droit

scrum half
demi de mêlée

stand off half; *fly half*
demi d'ouverture

left center; *left centre*
centre gauche

referee
arbitre

prop forward
pilier gauche

full back
arrière

left wing
ailier gauche

531

soccer
football européen

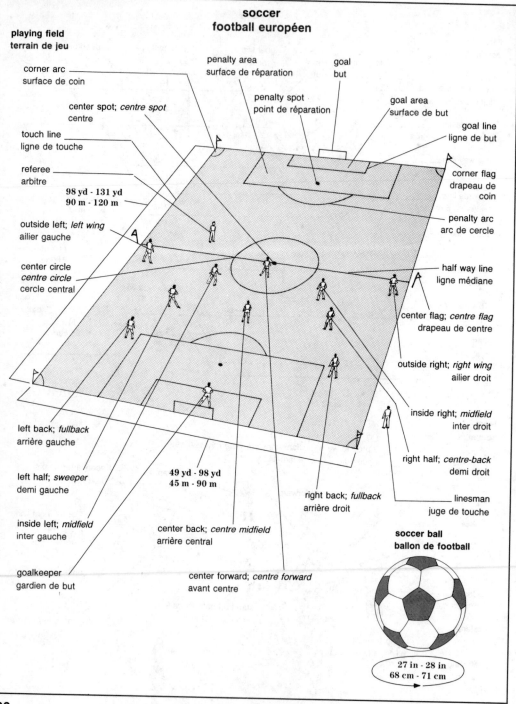

playing field
terrain de jeu

corner arc
surface de coin

center spot; *centre spot*
centre

touch line
ligne de touche

referee
arbitre

98 yd - 131 yd
90 m - 120 m

outside left; *left wing*
ailier gauche

center circle
centre circle
cercle central

left back; *fullback*
arrière gauche

left half; *sweeper*
demi gauche

inside left; *midfield*
inter gauche

goalkeeper
gardien de but

penalty area
surface de réparation

penalty spot
point de réparation

center back; *centre midfield*
arrière central

center forward; *centre forward*
avant centre

goal
but

goal area
surface de but

goal line
ligne de but

corner flag
drapeau de
coin

penalty arc
arc de cercle

half way line
ligne médiane

center flag; *centre flag*
drapeau de centre

outside right; *right wing*
ailier droit

inside right; *midfield*
inter droit

right half; *centre-back*
demi droit

linesman
juge de touche

right back; *fullback*
arrière droit

49 yd - 98 yd
45 m - 90 m

soccer ball
ballon de football

27 in - 28 in
68 cm - 71 cm

ice hockey
hockey sur glace

rink
patinoire

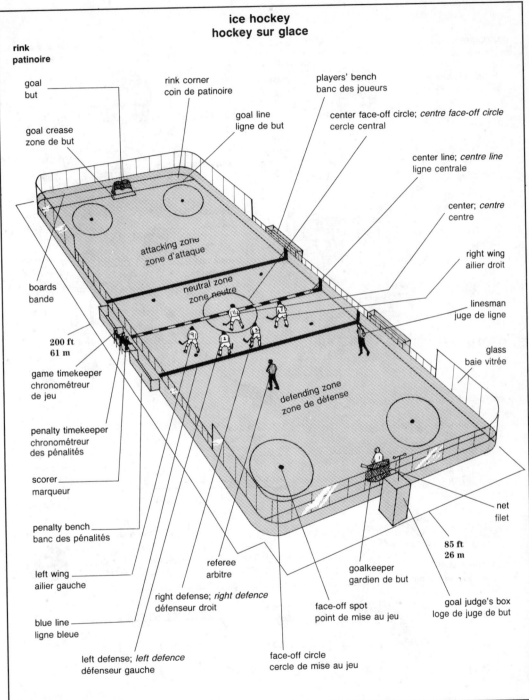

goal
but

goal crease
zone de but

rink corner
coin de patinoire

goal line
ligne de but

players' bench
banc des joueurs

center face-off circle; *centre face-off circle*
cercle central

center line; *centre line*
ligne centrale

center; *centre*
centre

right wing
ailier droit

attacking zone
zone d'attaque

neutral zone
zone neutre

boards
bande

linesman
juge de ligne

glass
baie vitrée

200 ft
61 m

game timekeeper
chronométreur
de jeu

defending zone
zone de défense

penalty timekeeper
chronométreur
des pénalités

scorer
marqueur

penalty bench
banc des pénalités

net
filet

85 ft
26 m

left wing
ailier gauche

blue line
ligne bleue

referee
arbitre

right defense; *right defence*
défenseur droit

goalkeeper
gardien de but

face-off spot
point de mise au jeu

goal judge's box
loge de juge de but

left defense; *left defence*
défenseur gauche

face-off circle
cercle de mise au jeu

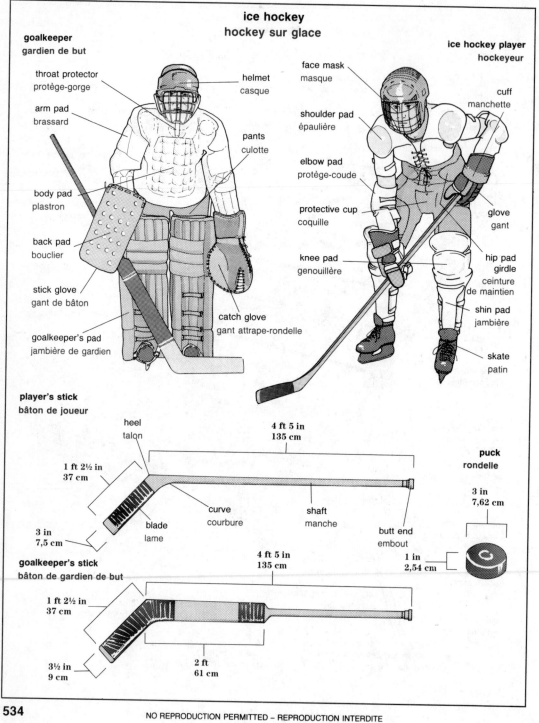

ice hockey
hockey sur glace

goalkeeper
gardien de but

ice hockey player
hockeyeur

throat protector
protège-gorge

helmet
casque

face mask
masque

cuff
manchette

arm pad
brassard

pants
culotte

shoulder pad
épaulière

elbow pad
protège-coude

body pad
plastron

protective cup
coquille

glove
gant

back pad
bouclier

knee pad
genouillère

hip pad
girdle
ceinture
de maintien

stick glove
gant de bâton

catch glove
gant attrape-rondelle

shin pad
jambière

goalkeeper's pad
jambière de gardien

skate
patin

player's stick
bâton de joueur

heel
talon

4 ft 5 in
135 cm

puck
rondelle

1 ft 2½ in
37 cm

3 in
7,62 cm

curve
courbure

shaft
manche

3 in
7,5 cm

blade
lame

butt end
embout

1 in
2,54 cm

goalkeeper's stick
bâton de gardien de but

4 ft 5 in
135 cm

1 ft 2½ in
37 cm

3½ in
9 cm

2 ft
61 cm

basketball
basket-ball

court
terrain

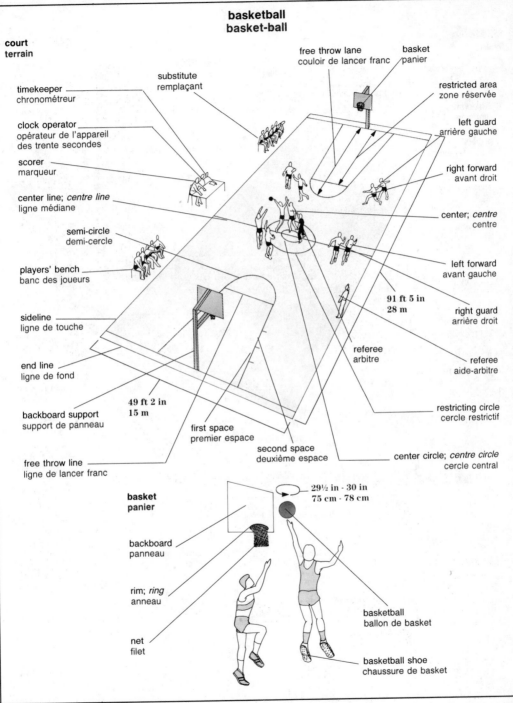

timekeeper
chronométreur

clock operator
opérateur de l'appareil
des trente secondes

scorer
marqueur

center line; *centre line*
ligne médiane

semi-circle
demi-cercle

players' bench
banc des joueurs

sideline
ligne de touche

end line
ligne de fond

backboard support
support de panneau

free throw line
ligne de lancer franc

substitute
remplaçant

free throw lane
couloir de lancer franc

basket
panier

restricted area
zone réservée

left guard
arrière gauche

right forward
avant droit

center; *centre*
centre

left forward
avant gauche

91 ft 5 in
28 m

right guard
arrière droit

referee
arbitre

referee
aide-arbitre

restricting circle
cercle restrictif

center circle; *centre circle*
cercle central

49 ft 2 in
15 m

first space
premier espace

second space
deuxième espace

basket
panier

backboard
panneau

rim; *ring*
anneau

net
filet

29½ in - 30 in
75 cm - 78 cm

basketball
ballon de basket

basketball shoe
chaussure de basket

volleyball
volley-ball

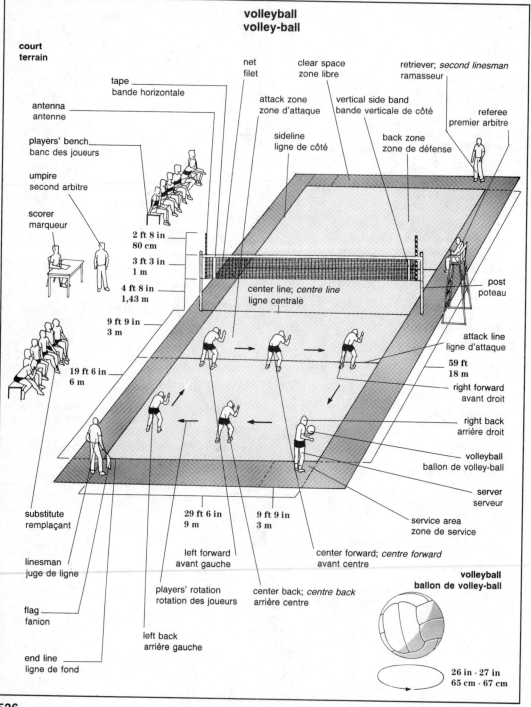

court
terrain

tape
bande horizontale

antenna
antenne

players' bench
banc des joueurs

umpire
second arbitre

scorer
marqueur

net
filet

clear space
zone libre

attack zone
zone d'attaque

sideline
ligne de côté

vertical side band
bande verticale de côté

back zone
zone de défense

retriever; *second linesman*
ramasseur

referee
premier arbitre

2 ft 8 in
80 cm

3 ft 3 in
1 m

4 ft 8 in
1,43 m

9 ft 9 in
3 m

19 ft 6 in
6 m

center line; *centre line*
ligne centrale

post
poteau

attack line
ligne d'attaque

59 ft
18 m

right forward
avant droit

right back
arrière droit

volleyball
ballon de volley-ball

server
serveur

service area
zone de service

substitute
remplaçant

29 ft 6 in
9 m

9 ft 9 in
3 m

center forward; *centre forward*
avant centre

linesman
juge de ligne

left forward
avant gauche

center back; *centre back*
arrière centre

flag
fanion

players' rotation
rotation des joueurs

volleyball
ballon de volley-ball

left back
arrière gauche

end line
ligne de fond

26 in - 27 in
65 cm - 67 cm

536

tennis
tennis

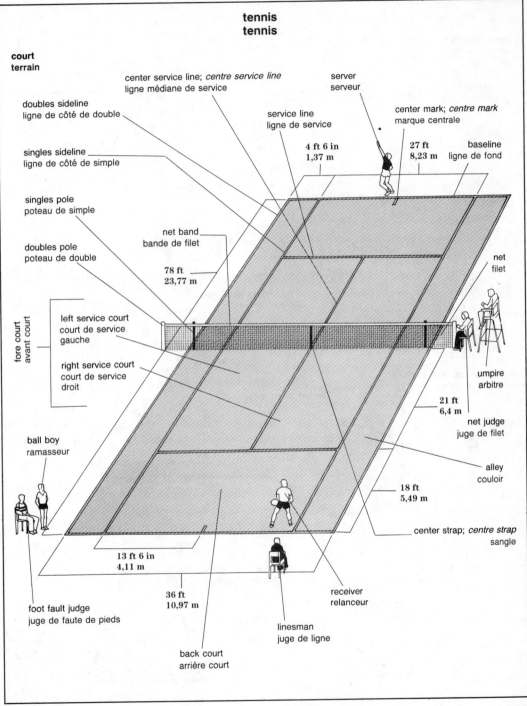

court
terrain

center service line; *centre service line*
ligne médiane de service

server
serveur

doubles sideline
ligne de côté de double

service line
ligne de service

center mark; *centre mark*
marque centrale

singles sideline
ligne de côté de simple

4 ft 6 in
1,37 m

27 ft
8,23 m

baseline
ligne de fond

singles pole
poteau de simple

net band
bande de filet

net
filet

doubles pole
poteau de double

78 ft
23,77 m

fore court
avant court

left service court
court de service
gauche

right service court
court de service
droit

umpire
arbitre

21 ft
6,4 m

net judge
juge de filet

ball boy
ramasseur

alley
couloir

18 ft
5,49 m

center strap; *centre strap*
sangle

13 ft 6 in
4,11 m

foot fault judge
juge de faute de pieds

36 ft
10,97 m

receiver
relanceur

linesman
juge de ligne

back court
arrière court

537

tennis
tennis

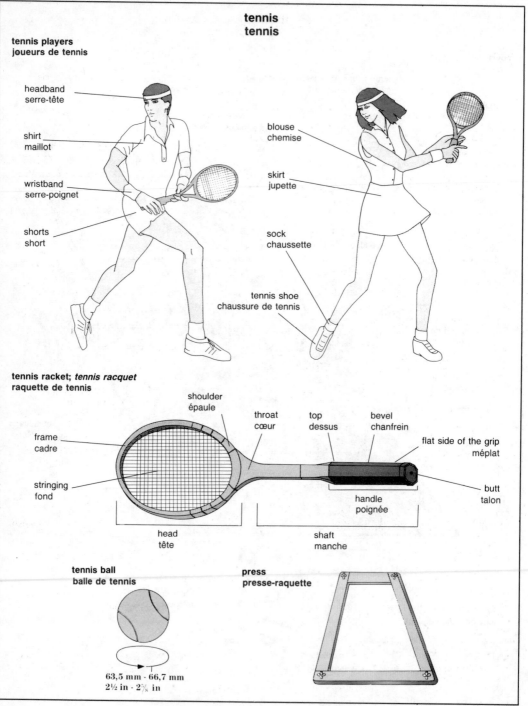

tennis players
joueurs de tennis

headband
serre-tête

shirt
maillot

wristband
serre-poignet

shorts
short

blouse
chemise

skirt
jupette

sock
chaussette

tennis shoe
chaussure de tennis

tennis racket; *tennis racquet*
raquette de tennis

shoulder
épaule

throat
cœur

top
dessus

bevel
chanfrein

flat side of the grip
méplat

frame
cadre

stringing
fond

handle
poignée

butt
talon

head
tête

shaft
manche

tennis ball
balle de tennis

63,5 mm - 66,7 mm
2½ in - 2⅞ in

press
presse-raquette

handball
hand-ball

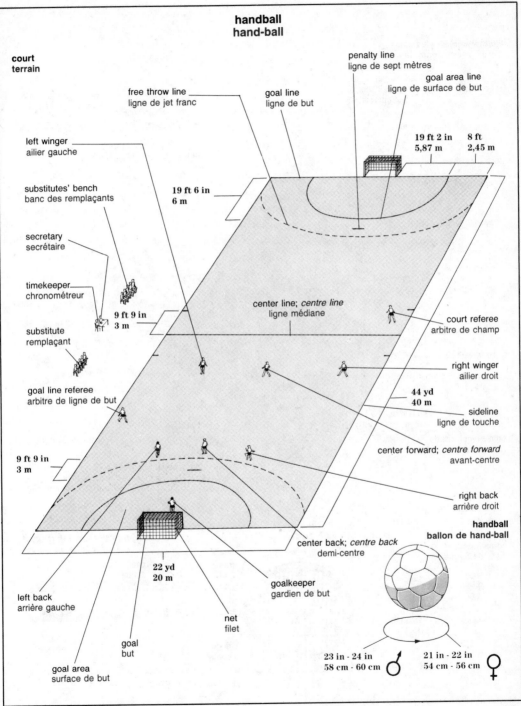

court
terrain

free throw line
ligne de jet franc

penalty line
ligne de sept mètres

goal line
ligne de but

goal area line
ligne de surface de but

19 ft 2 in
5,87 m

8 ft
2,45 m

left winger
ailier gauche

substitutes' bench
banc des remplaçants

19 ft 6 in
6 m

secretary
secrétaire

timekeeper
chronométreur

9 ft 9 in
3 m

center line; *centre line*
ligne médiane

court referee
arbitre de champ

substitute
remplaçant

right winger
ailier droit

goal line referee
arbitre de ligne de but

44 yd
40 m

sideline
ligne de touche

9 ft 9 in
3 m

center forward; *centre forward*
avant-centre

right back
arrière droit

handball
ballon de hand-ball

center back; *centre back*
demi-centre

left back
arrière gauche

22 yd
20 m

goalkeeper
gardien de but

net
filet

goal
but

goal area
surface de but

23 in - 24 in
58 cm - 60 cm

21 in - 22 in
54 cm - 56 cm

squash
squash

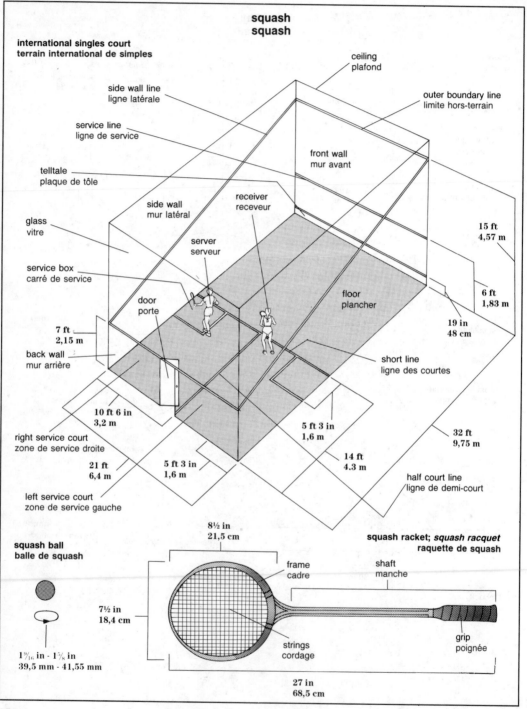

international singles court
terrain international de simples

ceiling
plafond

side wall line
ligne latérale

outer boundary line
limite hors-terrain

service line
ligne de service

front wall
mur avant

telltale
plaque de tôle

receiver
receveur

side wall
mur latéral

glass
vitre

15 ft
4,57 m

server
serveur

service box
carré de service

6 ft
1,83 m

floor
plancher

door
porte

19 in
48 cm

7 ft
2,15 m

back wall
mur arrière

short line
ligne des courtes

10 ft 6 in
3,2 m

right service court
zone de service droite

5 ft 3 in
1,6 m

32 ft
9,75 m

21 ft
6,4 m

5 ft 3 in
1,6 m

14 ft
4.3 m

half court line
ligne de demi-court

left service court
zone de service gauche

8½ in
21,5 cm

squash racket; *squash racquet*
raquette de squash

squash ball
balle de squash

frame
cadre

shaft
manche

7½ in
18,4 cm

grip
poignée

strings
cordage

1¹¹⁄₁₆ in - 1⅞ in
39,5 mm - 41,55 mm

27 in
68,5 cm

racquetball
racquetball

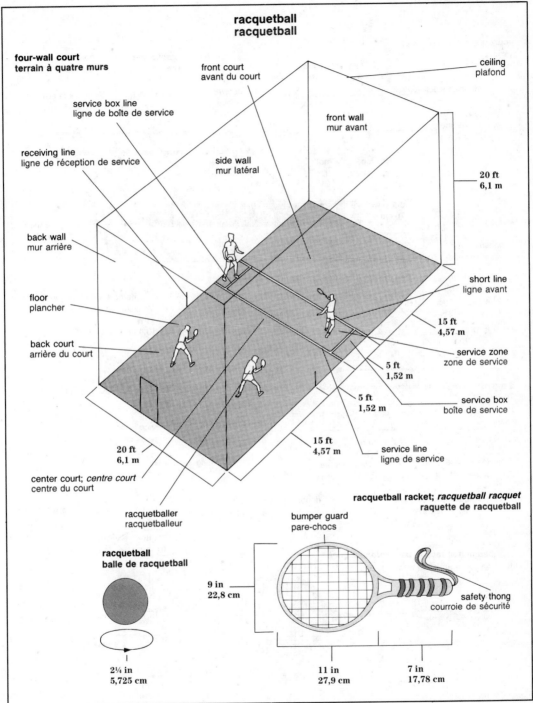

four-wall court
terrain à quatre murs

front court
avant du court

ceiling
plafond

service box line
ligne de boîte de service

front wall
mur avant

receiving line
ligne de réception de service

side wall
mur latéral

20 ft
6,1 m

back wall
mur arrière

short line
ligne avant

floor
plancher

15 ft
4,57 m

back court
arrière du court

service zone
zone de service

5 ft
1,52 m

service box
boîte de service

5 ft
1,52 m

service line
ligne de service

20 ft
6,1 m

15 ft
4,57 m

center court; *centre court*
centre du court

racquetballer
racquetballeur

racquetball racket; *racquetball racquet*
raquette de racquetball

bumper guard
pare-chocs

racquetball
balle de racquetball

9 in
22,8 cm

safety thong
courroie de sécurité

2¼ in
5,725 cm

11 in
27,9 cm

7 in
17,78 cm

badminton
badminton

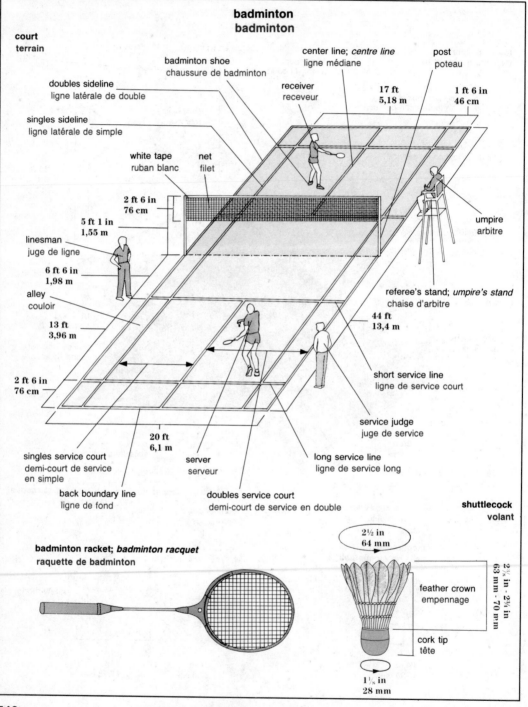

court
terrain

badminton shoe
chaussure de badminton

center line; *centre line*
ligne médiane

post
poteau

doubles sideline
ligne latérale de double

singles sideline
ligne latérale de simple

receiver
receveur

17 ft
5,18 m

1 ft 6 in
46 cm

white tape
ruban blanc

net
filet

2 ft 6 in
76 cm

5 ft 1 in
1,55 m

umpire
arbitre

linesman
juge de ligne

6 ft 6 in
1,98 m

alley
couloir

referee's stand; *umpire's stand*
chaise d'arbitre

13 ft
3,96 m

44 ft
13,4 m

2 ft 6 in
76 cm

short service line
ligne de service court

service judge
juge de service

singles service court
demi-court de service
en simple

20 ft
6,1 m

server
serveur

long service line
ligne de service long

back boundary line
ligne de fond

doubles service court
demi-court de service en double

shuttlecock
volant

badminton racket; *badminton racquet*
raquette de badminton

2½ in
64 mm

2⅜ in - 2¾ in
63 mm - 70 mm

feather crown
empennage

cork tip
tête

1⅛ in
28 mm

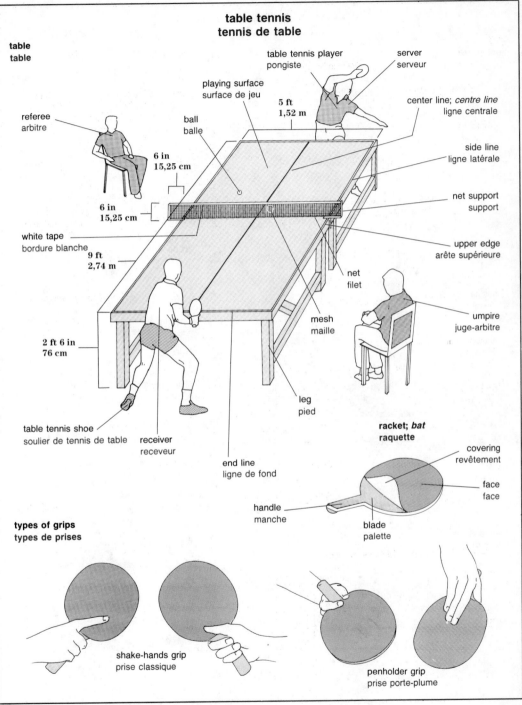

table tennis
tennis de table

table
table

table tennis player
pongiste

server
serveur

playing surface
surface de jeu

5 ft
1,52 m

center line; *centre line*
ligne centrale

referee
arbitre

ball
balle

side line
ligne latérale

6 in
15,25 cm

net support
support

6 in
15,25 cm

white tape
bordure blanche

upper edge
arête supérieure

net
filet

9 ft
2,74 m

mesh
maille

umpire
juge-arbitre

2 ft 6 in
76 cm

leg
pied

table tennis shoe
soulier de tennis de table

receiver
receveur

racket; *bat*
raquette

covering
revêtement

face
face

end line
ligne de fond

handle
manche

blade
palette

types of grips
types de prises

shake-hands grip
prise classique

penholder grip
prise porte-plume

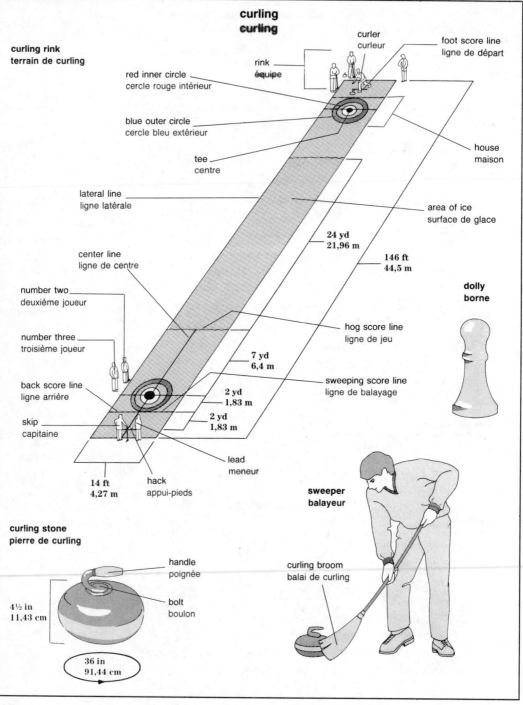

curling
curling

curling rink
terrain de curling

rink
équipe

curler
curleur

foot score line
ligne de départ

red inner circle
cercle rouge intérieur

blue outer circle
cercle bleu extérieur

house
maison

tee
centre

lateral line
ligne latérale

area of ice
surface de glace

center line
ligne de centre

24 yd
21,96 m

146 ft
44,5 m

dolly
borne

number two
deuxième joueur

hog score line
ligne de jeu

number three
troisième joueur

7 yd
6,4 m

back score line
ligne arrière

sweeping score line
ligne de balayage

2 yd
1,83 m

skip
capitaine

2 yd
1,83 m

lead
meneur

14 ft
4,27 m

hack
appui-pieds

sweeper
balayeur

curling stone
pierre de curling

handle
poignée

curling broom
balai de curling

4½ in
11,43 cm

bolt
boulon

36 in
91,44 cm

544

water polo
water-polo

playing area
surface de jeu

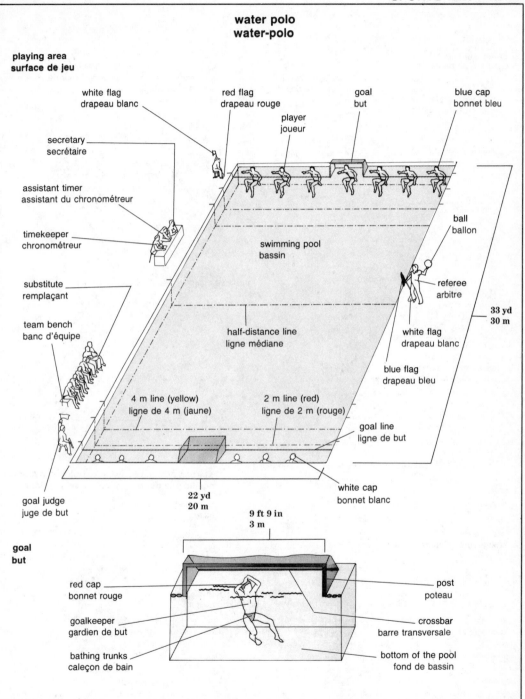

white flag
drapeau blanc

red flag
drapeau rouge

goal
but

blue cap
bonnet bleu

player
joueur

secretary
secrétaire

assistant timer
assistant du chronométreur

timekeeper
chronométreur

ball
ballon

swimming pool
bassin

referee
arbitre

substitute
remplaçant

33 yd
30 m

team bench
banc d'équipe

half-distance line
ligne médiane

white flag
drapeau blanc

blue flag
drapeau bleu

4 m line (yellow)
ligne de 4 m (jaune)

2 m line (red)
ligne de 2 m (rouge)

goal line
ligne de but

goal judge
juge de but

22 yd
20 m

white cap
bonnet blanc

goal
but

9 ft 9 in
3 m

red cap
bonnet rouge

post
poteau

goalkeeper
gardien de but

crossbar
barre transversale

bathing trunks
caleçon de bain

bottom of the pool
fond de bassin

545

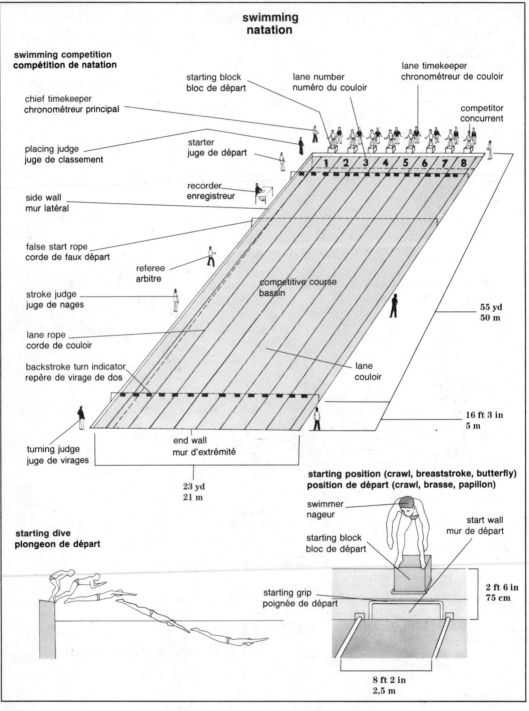

swimming
natation

swimming competition
compétition de natation

chief timekeeper
chronométreur principal

starting block
bloc de départ

lane number
numéro du couloir

lane timekeeper
chronométreur de couloir

competitor
concurrent

placing judge
juge de classement

starter
juge de départ

recorder
enregistreur

side wall
mur latéral

false start rope
corde de faux départ

referee
arbitre

competitive course
bassin

stroke judge
juge de nages

lane rope
corde de couloir

backstroke turn indicator
repère de virage de dos

lane
couloir

turning judge
juge de virages

end wall
mur d'extrémité

55 yd
50 m

16 ft 3 in
5 m

23 yd
21 m

starting dive
plongeon de départ

starting position (crawl, breaststroke, butterfly)
position de départ (crawl, brasse, papillon)

swimmer
nageur

start wall
mur de départ

starting block
bloc de départ

starting grip
poignée de départ

2 ft 6 in
75 cm

8 ft 2 in
2,5 m

types of strokes
types de nages

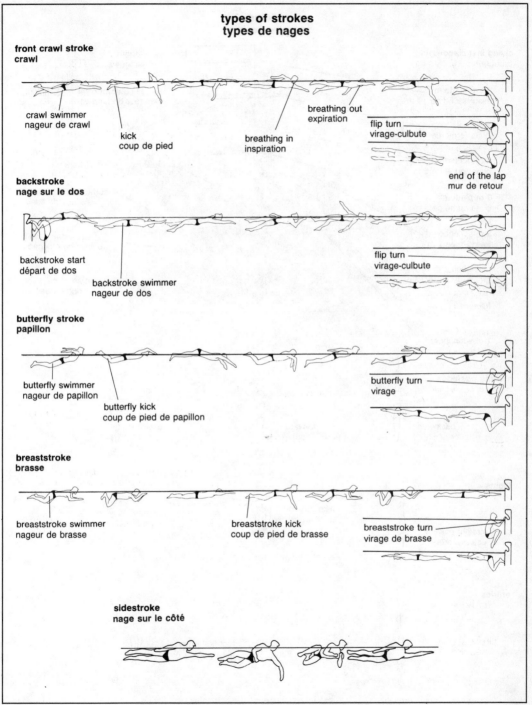

front crawl stroke
crawl

crawl swimmer
nageur de crawl

kick
coup de pied

breathing in
inspiration

breathing out
expiration

flip turn
virage-culbute

end of the lap
mur de retour

backstroke
nage sur le dos

backstroke start
départ de dos

backstroke swimmer
nageur de dos

flip turn
virage-culbute

butterfly stroke
papillon

butterfly swimmer
nageur de papillon

butterfly kick
coup de pied de papillon

butterfly turn
virage

breaststroke
brasse

breaststroke swimmer
nageur de brasse

breaststroke kick
coup de pied de brasse

breaststroke turn
virage de brasse

sidestroke
nage sur le côté

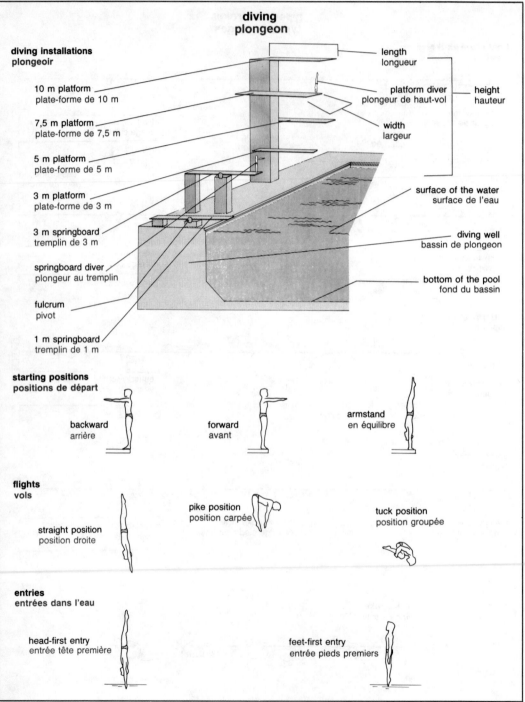

diving
plongeon

diving installations
plongeoir

10 m platform
plate-forme de 10 m

7,5 m platform
plate-forme de 7,5 m

5 m platform
plate-forme de 5 m

3 m platform
plate-forme de 3 m

3 m springboard
tremplin de 3 m

springboard diver
plongeur au tremplin

fulcrum
pivot

1 m springboard
tremplin de 1 m

length
longueur

platform diver
plongeur de haut-vol

width
largeur

height
hauteur

surface of the water
surface de l'eau

diving well
bassin de plongeon

bottom of the pool
fond du bassin

starting positions
positions de départ

backward
arrière

forward
avant

armstand
en équilibre

flights
vols

straight position
position droite

pike position
position carpée

tuck position
position groupée

entries
entrées dans l'eau

head-first entry
entrée tête première

feet-first entry
entrée pieds premiers

groups of dives
groupes de plongeons

forward dive
plongeon en avant

backward dive
plongeon en arrière

reverse dive
plongeon renversé

diver
plongeur

height of the dive
hauteur du plongeon

starting position
position de départ

arm position
position des bras

leg position
position des jambes

entry
entrée

inward dive
plongeon retourné

twist dive
tire-bouchon

armstand dive
plongeon en équilibre

flight
vol

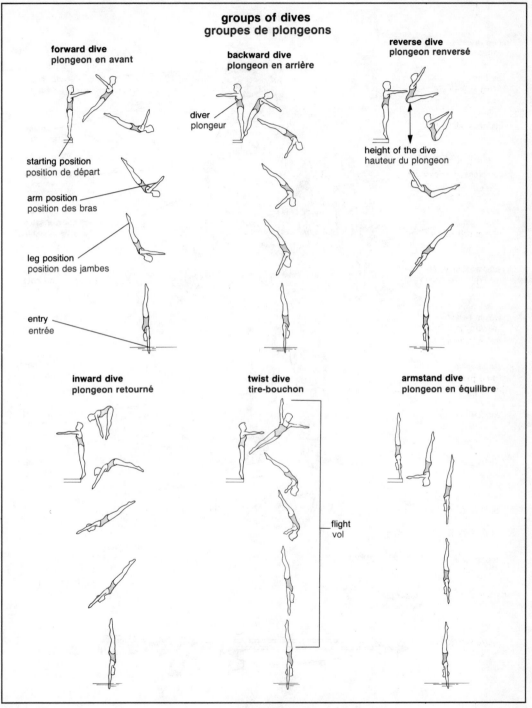

skin diving
plongée sous-marine

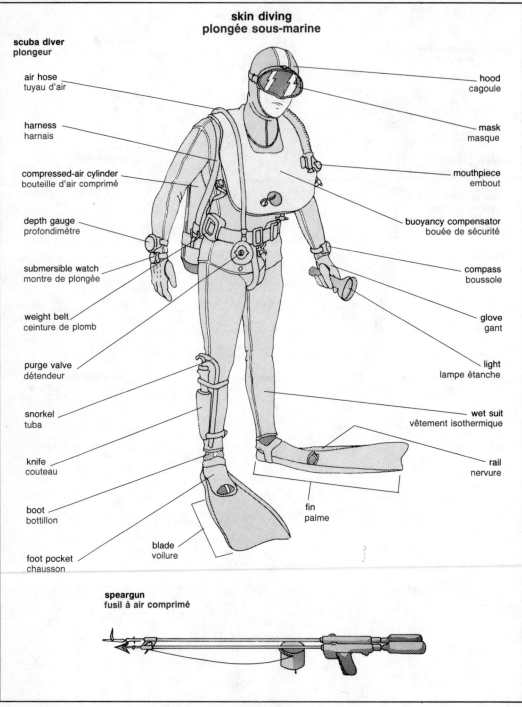

scuba diver
plongeur

air hose
tuyau d'air

harness
harnais

compressed-air cylinder
bouteille d'air comprimé

depth gauge
profondimètre

submersible watch
montre de plongée

weight belt
ceinture de plomb

purge valve
détendeur

snorkel
tuba

knife
couteau

boot
bottillon

foot pocket
chausson

blade
voilure

hood
cagoule

mask
masque

mouthpiece
embout

buoyancy compensator
bouée de sécurité

compass
boussole

glove
gant

light
lampe étanche

wet suit
vêtement isothermique

rail
nervure

fin
palme

speargun
fusil à air comprimé

sailboard
planche à voile

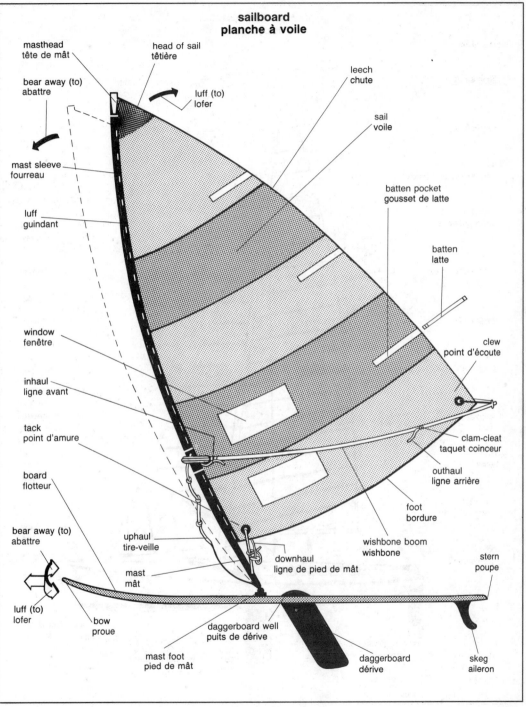

masthead
tête de mât

head of sail
têtière

leech
chute

bear away (to)
abattre

luff (to)
lofer

sail
voile

mast sleeve
fourreau

batten pocket
gousset de latte

luff
guindant

batten
latte

window
fenêtre

clew
point d'écoute

inhaul
ligne avant

clam-cleat
taquet coinceur

tack
point d'amure

outhaul
ligne arrière

board
flotteur

foot
bordure

bear away (to)
abattre

wishbone boom
wishbone

uphaul
tire-veille

downhaul
ligne de pied de mât

stern
poupe

mast
mât

luff (to)
lofer

bow
proue

daggerboard well
puits de dérive

mast foot
pied de mât

daggerboard
dérive

skeg
aileron

one-design sailboat
dériveur

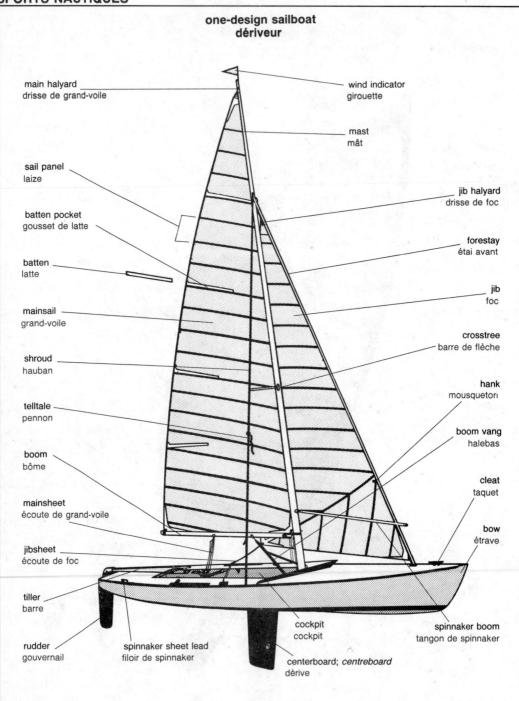

main halyard
drisse de grand-voile

wind indicator
girouette

mast
mât

sail panel
laize

jib halyard
drisse de foc

batten pocket
gousset de latte

forestay
étai avant

batten
latte

jib
foc

mainsail
grand-voile

crosstree
barre de flèche

shroud
hauban

hank
mousqueton

telltale
pennon

boom vang
halebas

boom
bôme

cleat
taquet

mainsheet
écoute de grand-voile

bow
étrave

jibsheet
écoute de foc

tiller
barre

rudder
gouvernail

spinnaker sheet lead
filoir de spinnaker

cockpit
cockpit

spinnaker boom
tangon de spinnaker

centerboard; *centreboard*
dérive

points of sailing
allures

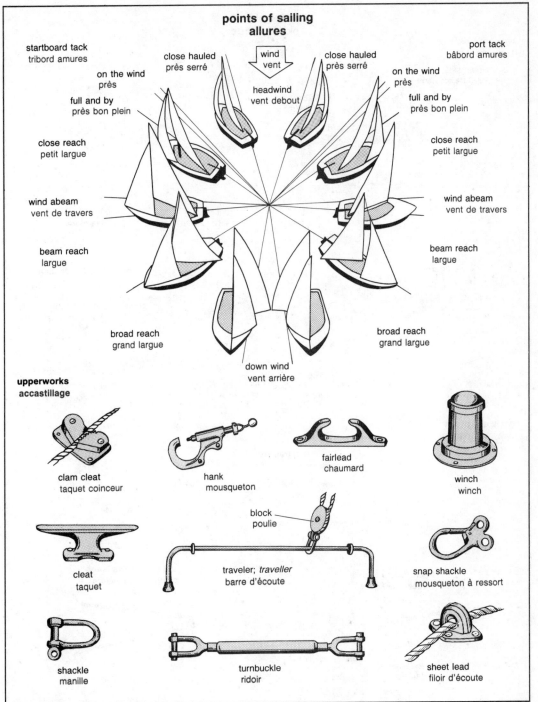

startboard tack
tribord amures

port tack
bâbord amures

close hauled
près serré

wind
vent

close hauled
près serré

on the wind
près

on the wind
près

headwind
vent debout

full and by
près bon plein

full and by
près bon plein

close reach
petit largue

close reach
petit largue

wind abeam
vent de travers

wind abeam
vent de travers

beam reach
largue

beam reach
largue

broad reach
grand largue

broad reach
grand largue

down wind
vent arrière

upperworks
accastillage

clam cleat
taquet coinceur

hank
mousqueton

fairlead
chaumard

winch
winch

block
poulie

cleat
taquet

traveler; *traveller*
barre d'écoute

snap shackle
mousqueton à ressort

shackle
manille

turnbuckle
ridoir

sheet lead
filoir d'écoute

water skiing
ski nautique

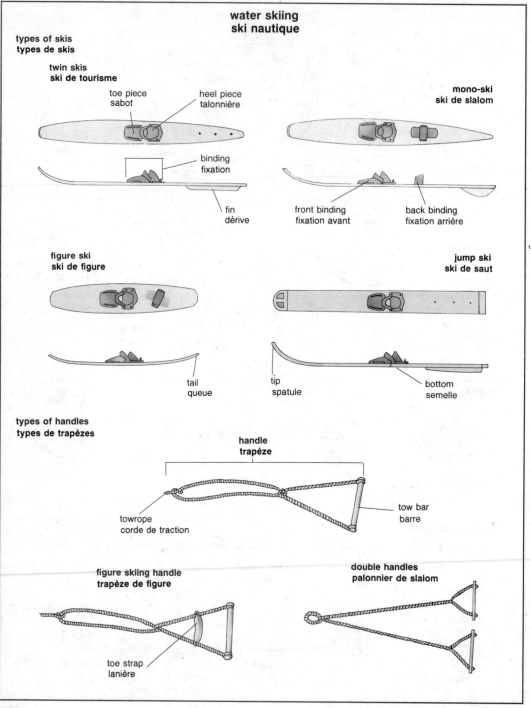

types of skis
types de skis

twin skis
ski de tourisme

toe piece
sabot

heel piece
talonnière

mono-ski
ski de slalom

binding
fixation

fin
dérive

front binding
fixation avant

back binding
fixation arrière

figure ski
ski de figure

jump ski
ski de saut

tail
queue

tip
spatule

bottom
semelle

types of handles
types de trapèzes

handle
trapèze

towrope
corde de traction

tow bar
barre

figure skiing handle
trapèze de figure

double handles
palonnier de slalom

toe strap
lanière

parachuting
parachutisme

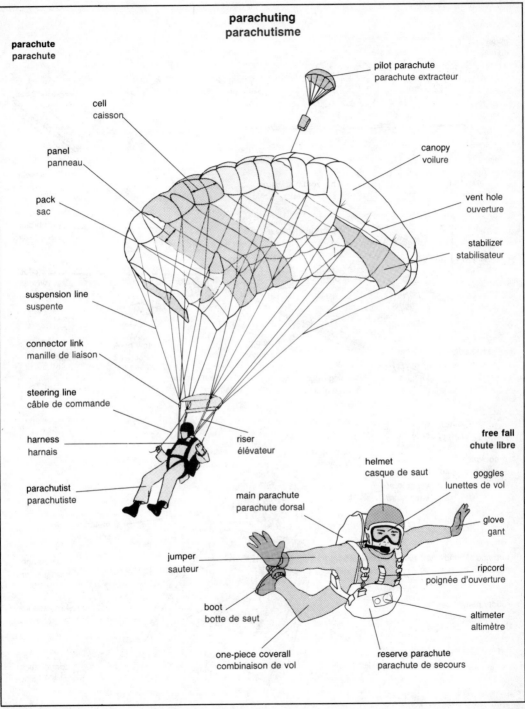

parachute
parachute

cell
caisson

panel
panneau

pack
sac

pilot parachute
parachute extracteur

canopy
voilure

vent hole
ouverture

stabilizer
stabilisateur

suspension line
suspente

connector link
manille de liaison

steering line
câble de commande

harness
harnais

parachutist
parachutiste

riser
élévateur

free fall
chute libre

helmet
casque de saut

goggles
lunettes de vol

main parachute
parachute dorsal

glove
gant

jumper
sauteur

ripcord
poignée d'ouverture

boot
botte de saut

altimeter
altimètre

one-piece coverall
combinaison de vol

reserve parachute
parachute de secours

gliding
vol à voile

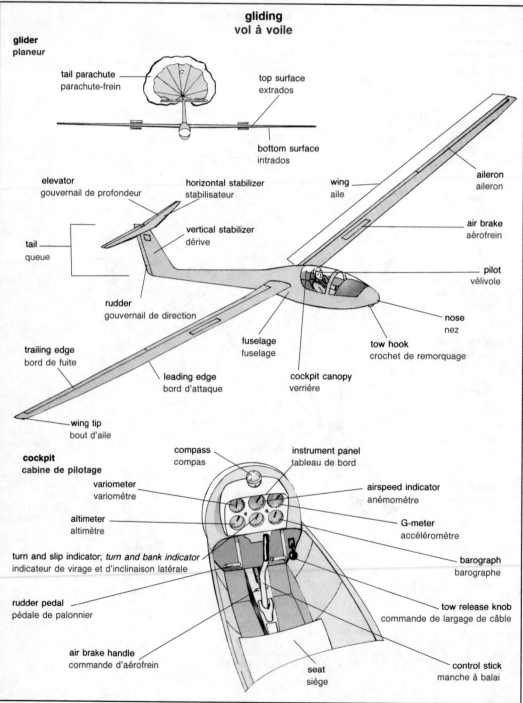

glider
planeur

tail parachute
parachute-frein

top surface
extrados

bottom surface
intrados

elevator
gouvernail de profondeur

horizontal stabilizer
stabilisateur

wing
aile

aileron
aileron

air brake
aérofrein

vertical stabilizer
dérive

pilot
vélivole

tail
queue

rudder
gouvernail de direction

nose
nez

trailing edge
bord de fuite

fuselage
fuselage

tow hook
crochet de remorquage

leading edge
bord d'attaque

cockpit canopy
verrière

wing tip
bout d'aile

cockpit
cabine de pilotage

compass
compas

instrument panel
tableau de bord

variometer
variomètre

airspeed indicator
anémomètre

altimeter
altimètre

G-meter
accéléromètre

turn and slip indicator; *turn and bank indicator*
indicateur de virage et d'inclinaison latérale

barograph
barographe

rudder pedal
pédale de palonnier

tow release knob
commande de largage de câble

air brake handle
commande d'aérofrein

seat
siège

control stick
manche à balai

hang gliding
vol libre

hang glider
aile volante

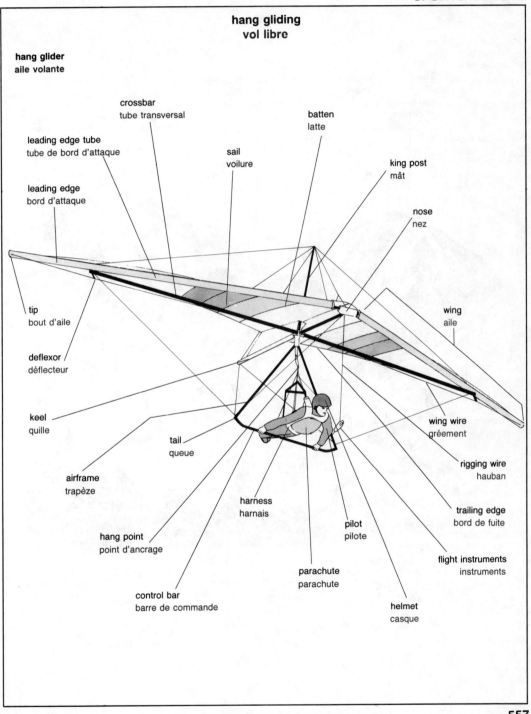

crossbar
tube transversal

batten
latte

leading edge tube
tube de bord d'attaque

sail
voilure

king post
mât

leading edge
bord d'attaque

nose
nez

tip
bout d'aile

wing
aile

deflexor
déflecteur

keel
quille

wing wire
gréement

tail
queue

rigging wire
hauban

airframe
trapèze

trailing edge
bord de fuite

harness
harnais

pilot
pilote

hang point
point d'ancrage

flight instruments
instruments

parachute
parachute

control bar
barre de commande

helmet
casque

skiing
ski

ski resort
station de ski

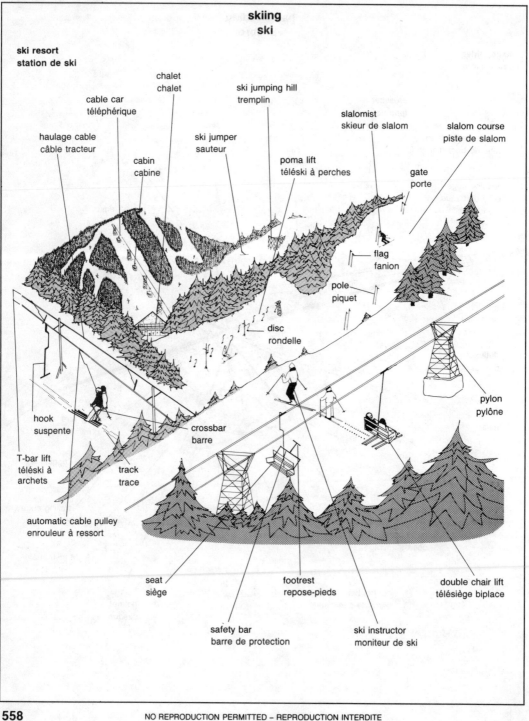

chalet
chalet

ski jumping hill
tremplin

slalomist
skieur de slalom

slalom course
piste de slalom

cable car
téléphérique

haulage cable
câble tracteur

ski jumper
sauteur

poma lift
téléski à perches

gate
porte

cabin
cabine

flag
fanion

pole
piquet

disc
rondelle

pylon
pylône

hook
suspente

crossbar
barre

T-bar lift
téléski à
archets

track
trace

automatic cable pulley
enrouleur à ressort

seat
siège

footrest
repose-pieds

double chair lift
télésiège biplace

safety bar
barre de protection

ski instructor
moniteur de ski

alpine skiing
ski alpin

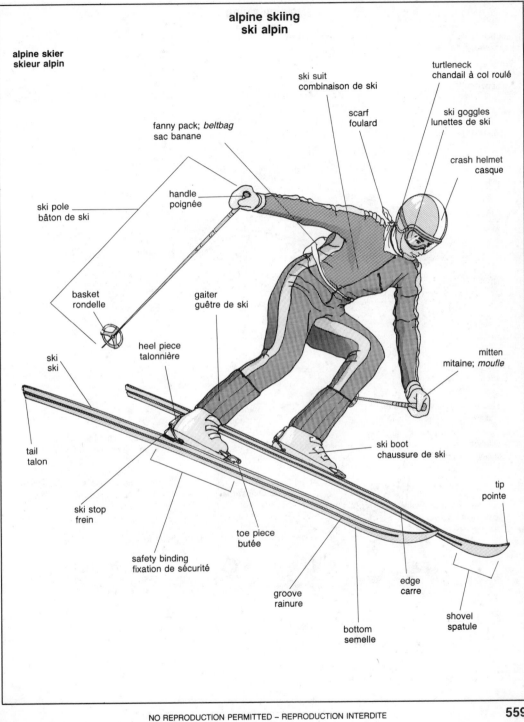

alpine skier
skieur alpin

ski suit
combinaison de ski

turtleneck
chandail à col roulé

scarf
foulard

ski goggles
lunettes de ski

fanny pack; *beltbag*
sac banane

crash helmet
casque

handle
poignée

ski pole
bâton de ski

basket
rondelle

gaiter
guêtre de ski

mitten
mitaine; *moufle*

ski
ski

heel piece
talonnière

tail
talon

ski boot
chaussure de ski

tip
pointe

ski stop
frein

toe piece
butée

safety binding
fixation de sécurité

groove
rainure

edge
carre

shovel
spatule

bottom
semelle

alpine skiing
ski alpin

ski boot
chaussure de ski

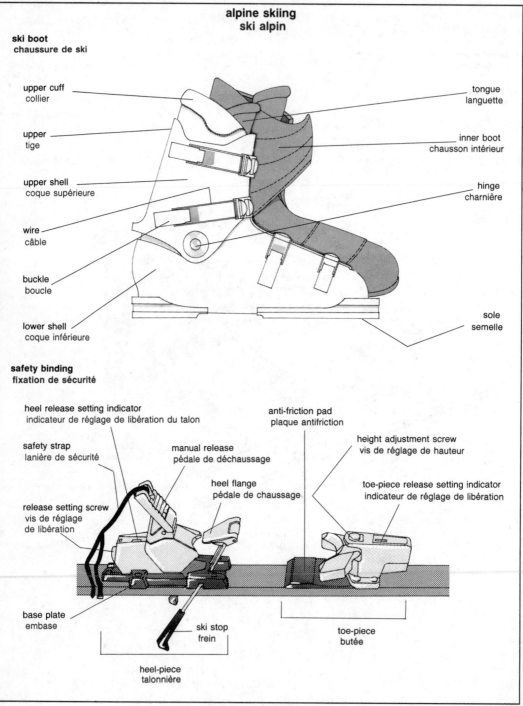

upper cuff
collier

tongue
languette

upper
tige

inner boot
chausson intérieur

upper shell
coque supérieure

hinge
charnière

wire
câble

buckle
boucle

sole
semelle

lower shell
coque inférieure

safety binding
fixation de sécurité

heel release setting indicator
indicateur de réglage de libération du talon

anti-friction pad
plaque antifriction

safety strap
lanière de sécurité

manual release
pédale de déchaussage

height adjustment screw
vis de réglage de hauteur

heel flange
pédale de chaussage

toe-piece release setting indicator
indicateur de réglage de libération

release setting screw
vis de réglage
de libération

base plate
embase

ski stop
frein

toe-piece
butée

heel-piece
talonnière

cross-country skiing
ski de fond

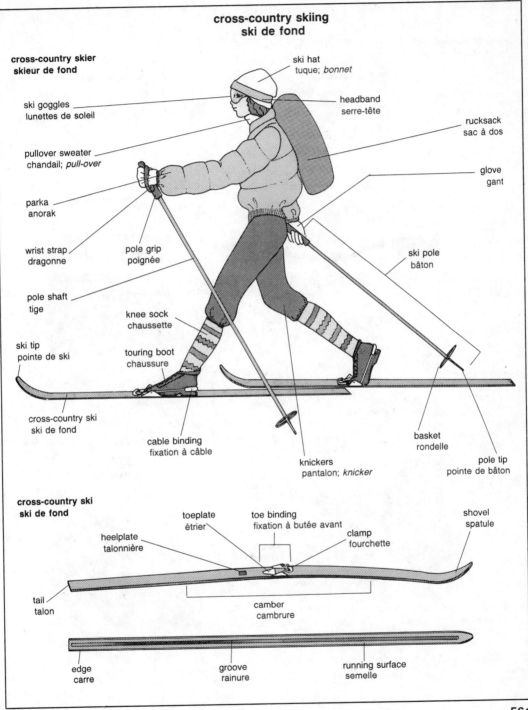

**cross-country skier
skieur de fond**

ski hat
tuque; *bonnet*

ski goggles
lunettes de soleil

headband
serre-tête

rucksack
sac à dos

pullover sweater
chandail; *pull-over*

glove
gant

parka
anorak

wrist strap
dragonne

pole grip
poignée

ski pole
bâton

pole shaft
tige

knee sock
chaussette

ski tip
pointe de ski

touring boot
chaussure

cross-country ski
ski de fond

basket
rondelle

pole tip
pointe de bâton

cable binding
fixation à câble

knickers
pantalon; *knicker*

**cross-country ski
ski de fond**

toeplate
étrier

toe binding
fixation à butée avant

shovel
spatule

heelplate
talonnière

clamp
fourchette

tail
talon

camber
cambrure

edge
carre

groove
rainure

running surface
semelle

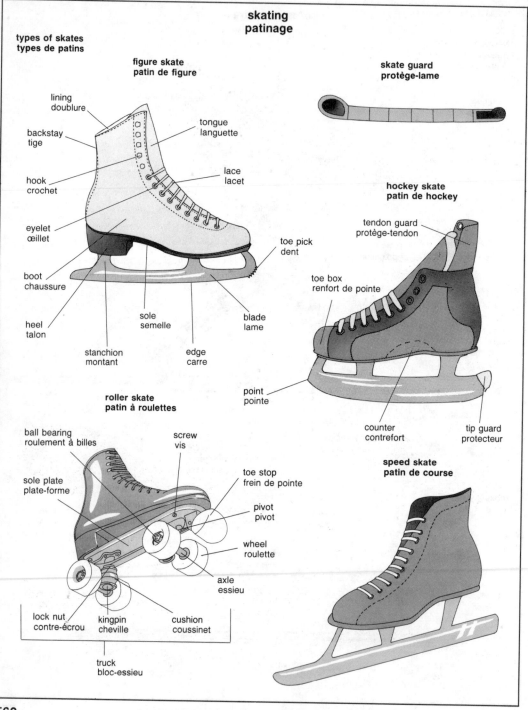

skating
patinage

types of skates
types de patins

figure skate
patin de figure

lining
doublure

backstay
tige

hook
crochet

eyelet
œillet

boot
chaussure

heel
talon

stanchion
montant

sole
semelle

edge
carre

blade
lame

tongue
languette

lace
lacet

toe pick
dent

skate guard
protège-lame

hockey skate
patin de hockey

tendon guard
protège-tendon

toe box
renfort de pointe

point
pointe

counter
contrefort

tip guard
protecteur

roller skate
patin à roulettes

ball bearing
roulement à billes

sole plate
plate-forme

lock nut
contre-écrou

kingpin
cheville

cushion
coussinet

truck
bloc-essieu

screw
vis

toe stop
frein de pointe

pivot
pivot

wheel
roulette

axle
essieu

speed skate
patin de course

snowshoes
raquettes(f)

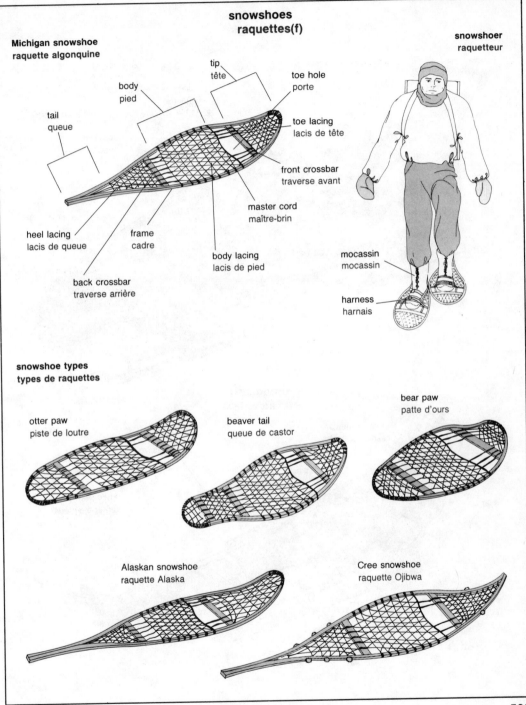

Michigan snowshoe
raquette algonquine

tip
tête

toe hole
porte

body
pied

toe lacing
lacis de tête

tail
queue

front crossbar
traverse avant

master cord
maître-brin

heel lacing
lacis de queue

frame
cadre

body lacing
lacis de pied

back crossbar
traverse arrière

snowshoer
raquetteur

mocassin
mocassin

harness
harnais

snowshoe types
types de raquettes

otter paw
piste de loutre

beaver tail
queue de castor

bear paw
patte d'ours

Alaskan snowshoe
raquette Alaska

Cree snowshoe
raquette Ojibwa

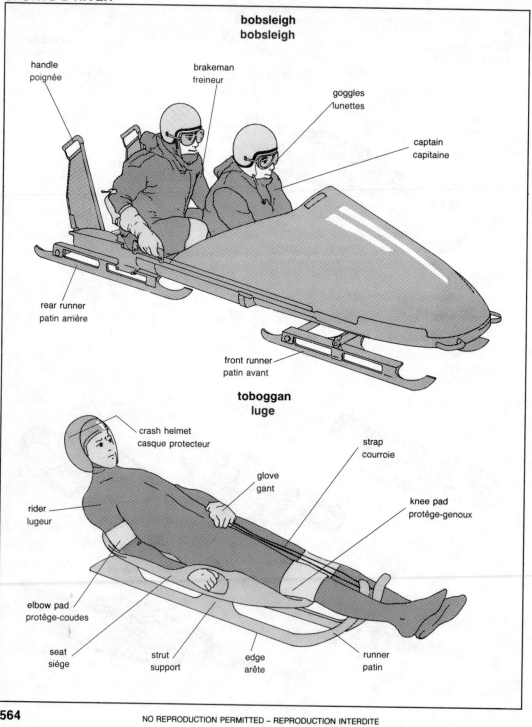

bobsleigh
bobsleigh

handle
poignée

brakeman
freineur

goggles
lunettes

captain
capitaine

rear runner
patin arrière

front runner
patin avant

toboggan
luge

crash helmet
casque protecteur

strap
courroie

glove
gant

knee pad
protège-genoux

rider
lugeur

elbow pad
protège-coudes

seat
siège

strut
support

edge
arête

runner
patin

riding
équitation

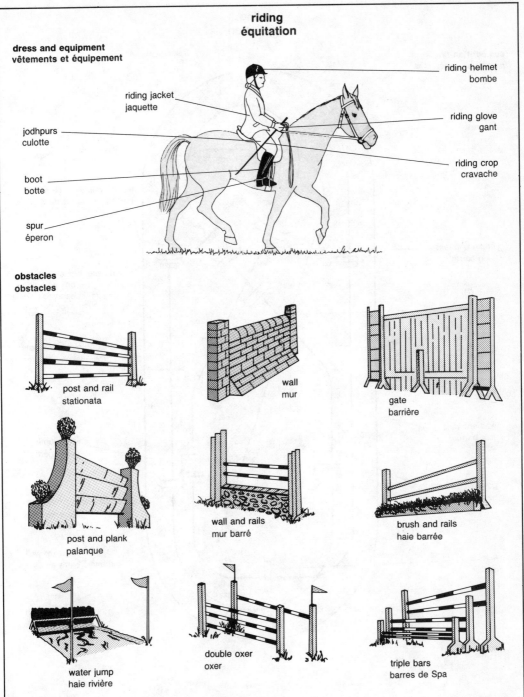

dress and equipment
vêtements et équipement

riding helmet
bombe

riding jacket
jaquette

riding glove
gant

jodhpurs
culotte

riding crop
cravache

boot
botte

spur
éperon

obstacles
obstacles

post and rail
stationata

wall
mur

gate
barrière

post and plank
palanque

wall and rails
mur barré

brush and rails
haie barrée

water jump
haie rivière

double oxer
oxer

triple bars
barres de Spa

EQUESTRIAN SPORTS
SPORTS ÉQUESTRES

riding
équitation

competition ring
parcours d'obstacles

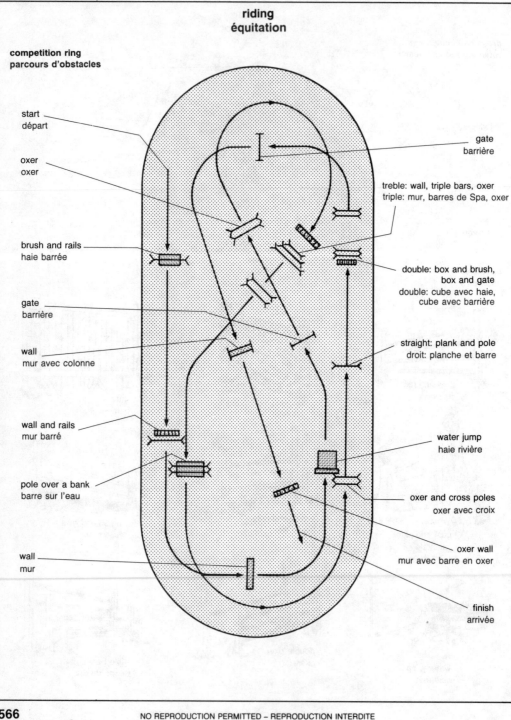

start
départ

oxer
oxer

brush and rails
haie barrée

gate
barrière

wall
mur avec colonne

wall and rails
mur barré

pole over a bank
barre sur l'eau

wall
mur

gate
barrière

treble: wall, triple bars, oxer
triple: mur, barres de Spa, oxer

double: box and brush,
box and gate
double: cube avec haie,
cube avec barrière

straight: plank and pole
droit: planche et barre

water jump
haie rivière

oxer and cross poles
oxer avec croix

oxer wall
mur avec barre en oxer

finish
arrivée

riding
équitation

bridle
bride

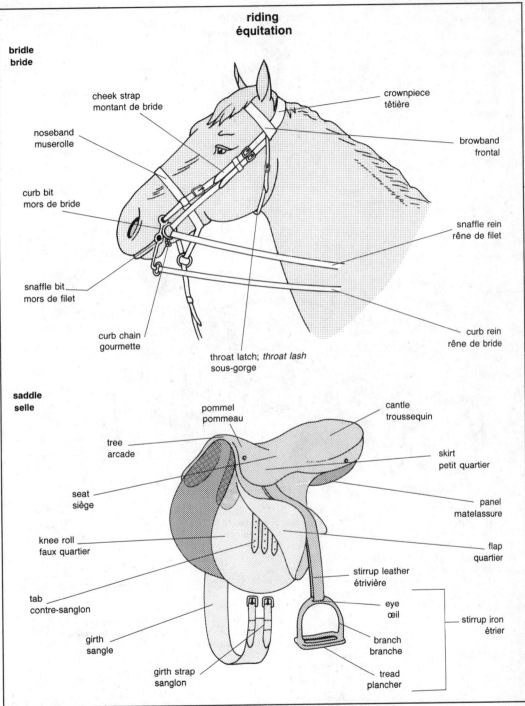

cheek strap
montant de bride

crownpiece
têtière

noseband
muserolle

browband
frontal

curb bit
mors de bride

snaffle rein
rêne de filet

snaffle bit
mors de filet

curb chain
gourmette

curb rein
rêne de bride

throat latch; *throat lash*
sous-gorge

saddle
selle

pommel
pommeau

cantle
troussequin

tree
arcade

skirt
petit quartier

seat
siège

panel
matelassure

knee roll
faux quartier

flap
quartier

stirrup leather
étrivière

tab
contre-sanglon

eye
œil

stirrup iron
étrier

girth
sangle

branch
branche

girth strap
sanglon

tread
plancher

harness racing
course sous harnais

standardbred pacer
ambleur sous harnais

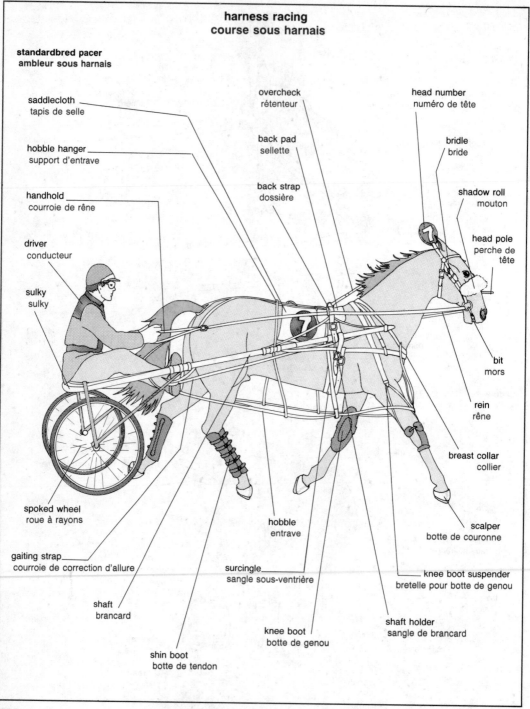

saddlecloth
tapis de selle

hobble hanger
support d'entrave

handhold
courroie de rêne

driver
conducteur

sulky
sulky

overcheck
rétenteur

back pad
sellette

back strap
dossière

head number
numéro de tête

bridle
bride

shadow roll
mouton

head pole
perche de tête

bit
mors

rein
rêne

breast collar
collier

scalper
botte de couronne

knee boot suspender
bretelle pour botte de genou

shaft holder
sangle de brancard

spoked wheel
roue à rayons

gaiting strap
courroie de correction d'allure

shaft
brancard

hobble
entrave

surcingle
sangle sous-ventrière

knee boot
botte de genou

shin boot
botte de tendon

harness racing
course sous harnais

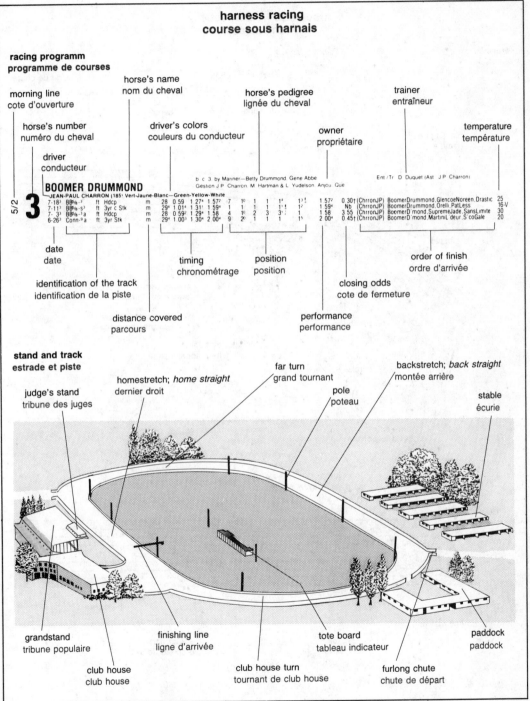

racing programm
programme de courses

morning line
cote d'ouverture

horse's name
nom du cheval

horse's pedigree
lignée du cheval

trainer
entraîneur

horse's number
numéro du cheval

driver's colors
couleurs du conducteur

owner
propriétaire

temperature
température

driver
conducteur

b c 3 by Mariner—Betty Drummond. Gene Abbe
Gestion J P Charron. M. Hartman & L Yudelson. Anjou. Que

Ent / Tr D Duquet (Ast J P Charron)

BOOMER DRUMMOND
JEAN-PAUL CHARRON (185) Vert-Jaune-Blanc—Green-Yellow-White

5/2 **3**

7-18³	BB⅝-³	ft	Hdcp	m	28	0.59	1 27⁴	1 57²	7	1⁰	1	1	1⁴	1³ ¹	1 57²	0 30† (ChrronJP)	BoomerDrummond.GlencoeNoreen.Drastic	25
7-11³	BB⅝-s³	ft	3yr c Stk	m	29⁴	1.01⁴	1 31¹	1 59⁴	1	1	1	1¹	1¹	1²	1 59⁴	Nb (ChrronJP)	BoomerDrummond.Orelli.PatLess	16-V
7- 3³	BB⅝-³a	ft	Hdcp	m	28	0.59²	1.29⁴	1 58	4	1⁰	2	3	3¹	1	1 58	3.55 (ChrronJP)	BoomerD mond.SupremeJade.SansLimite	30
6-26³	Conn-³a	ft	3yr Stk	m	29⁴	1.00³	1 30⁴	2 00⁴	9	2⁰	1	1	1	1⁵	2 00	0.45† (ChrronJP)	BoomerD mond.MartiniL deur.S'coGale	20

date
date

identification of the track
identification de la piste

distance covered
parcours

timing
chronométrage

position
position

performance
performance

closing odds
cote de fermeture

order of finish
ordre d'arrivée

stand and track
estrade et piste

homestretch; *home straight*
dernier droit

far turn
grand tournant

backstretch; *back straight*
montée arrière

judge's stand
tribune des juges

pole
poteau

stable
écurie

grandstand
tribune populaire

finishing line
ligne d'arrivée

tote board
tableau indicateur

paddock
paddock

club house
club house

club house turn
tournant de club house

furlong chute
chute de départ

track and field athletics
athlétisme

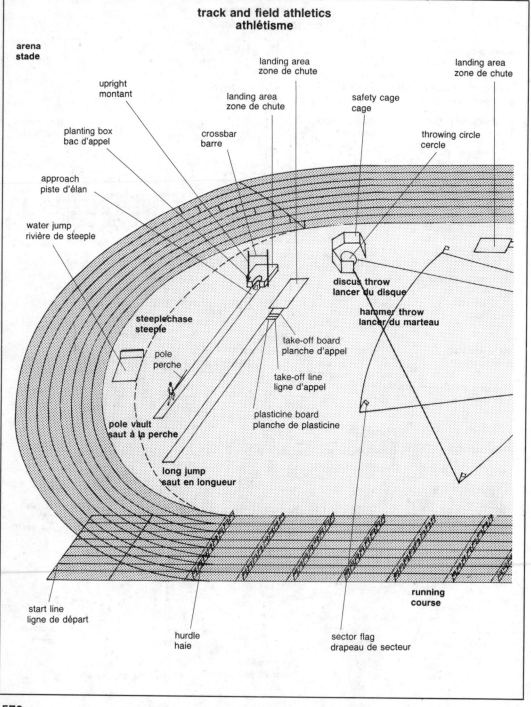

arena
stade

upright
montant

landing area
zone de chute

landing area
zone de chute

planting box
bac d'appel

landing area
zone de chute

safety cage
cage

crossbar
barre

throwing circle
cercle

approach
piste d'élan

water jump
rivière de steeple

discus throw
lancer du disque

steeplechase
steeple

hammer throw
lancer du marteau

pole
perche

take-off board
planche d'appel

take-off line
ligne d'appel

pole vault
saut à la perche

plasticine board
planche de plasticine

long jump
saut en longueur

start line
ligne de départ

running
course

hurdle
haie

sector flag
drapeau de secteur

track and field athletics
athlétisme

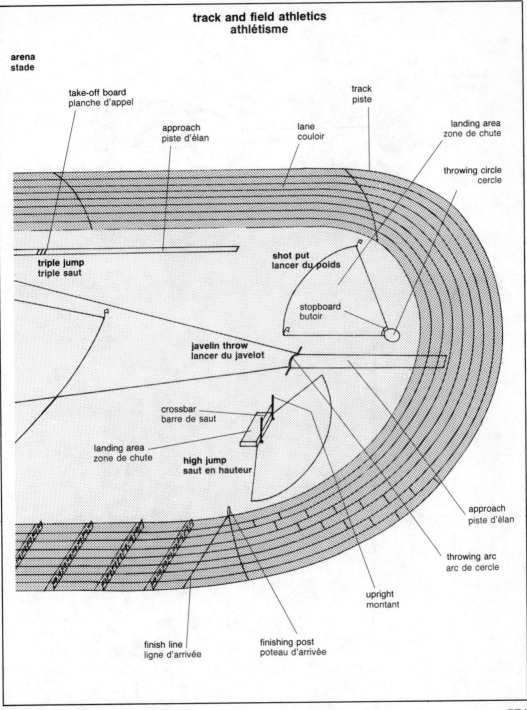

arena
stade

take-off board
planche d'appel

approach
piste d'élan

lane
couloir

track
piste

landing area
zone de chute

throwing circle
cercle

**triple jump
triple saut**

**shot put
lancer du poids**

stopboard
butoir

**javelin throw
lancer du javelot**

crossbar
barre de saut

landing area
zone de chute

**high jump
saut en hauteur**

approach
piste d'élan

throwing arc
arc de cercle

upright
montant

finish line
ligne d'arrivée

finishing post
poteau d'arrivée

track and field athletics
athlétisme

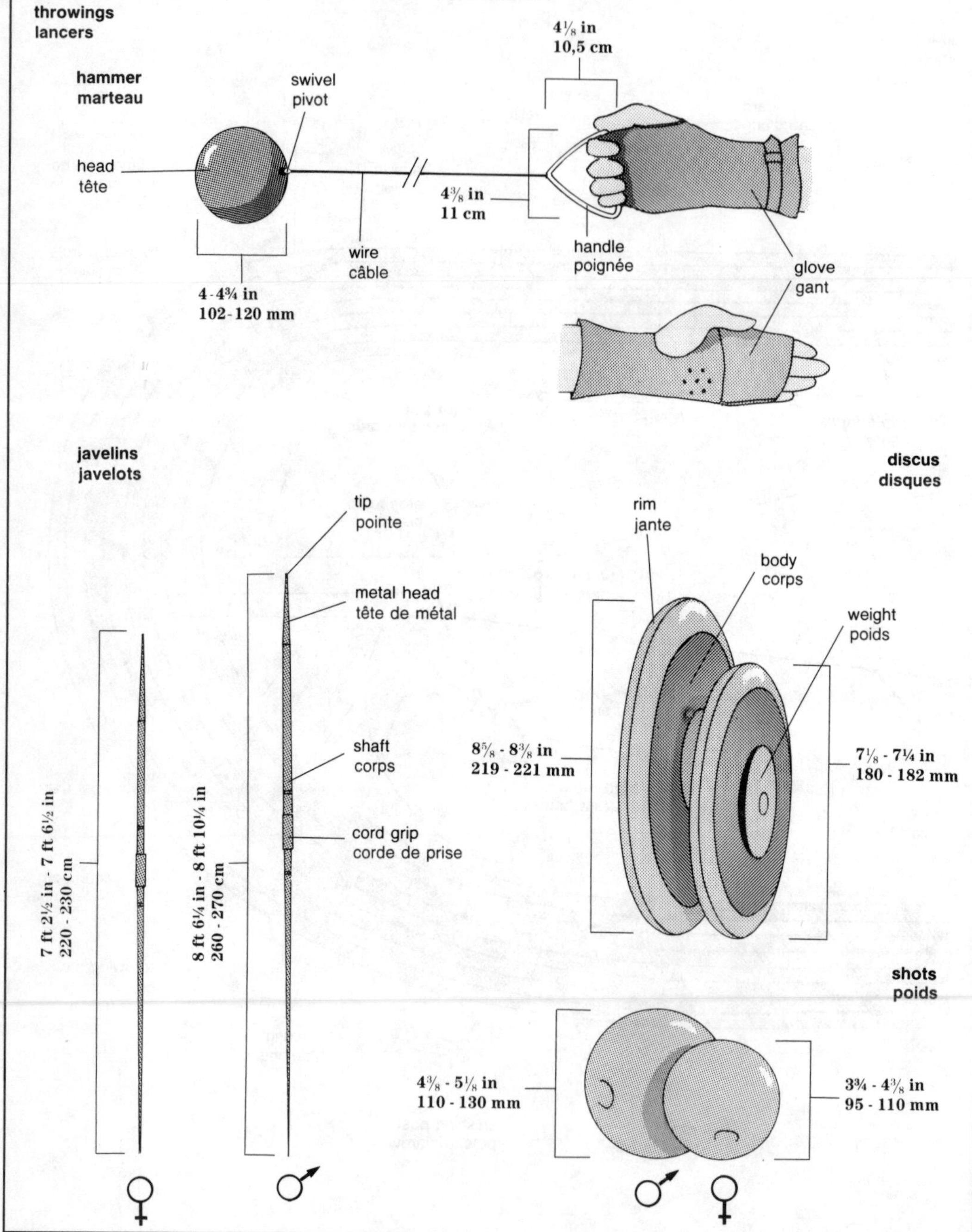
throwings
lancers
hammer
marteau
swivel
pivot
head
tête
wire
câble
4 - 4¾ in
102 - 120 mm
4⅛ in
10,5 cm
4⅜ in
11 cm
handle
poignée
glove
gant
javelins
javelots
tip
pointe
metal head
tête de métal
shaft
corps
cord grip
corde de prise
7 ft 2½ in - 7 ft 6½ in
220 - 230 cm
8 ft 6¼ in - 8 ft 10¼ in
260 - 270 cm
♀
♂
discus
disques
rim
jante
body
corps
weight
poids
8⅝ - 8⅜ in
219 - 221 mm
7⅛ - 7¼ in
180 - 182 mm
shots
poids
4⅜ - 5⅛ in
110 - 130 mm
3¾ - 4⅜ in
95 - 110 mm
♂
♀

gymnastics
gymnastique

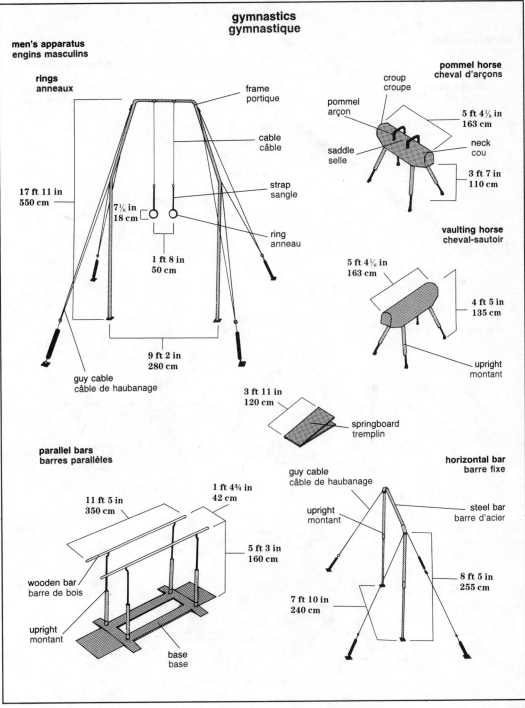

men's apparatus
engins masculins

rings
anneaux

frame
portique

cable
câble

17 ft 11 in
550 cm

7 1/8 in
18 cm

strap
sangle

ring
anneau

1 ft 8 in
50 cm

9 ft 2 in
280 cm

guy cable
câble de haubanage

pommel horse
cheval d'arçons

croup
croupe

pommel
arçon

5 ft 4 1/8 in
163 cm

saddle
selle

neck
cou

3 ft 7 in
110 cm

vaulting horse
cheval-sautoir

5 ft 4 1/8 in
163 cm

4 ft 5 in
135 cm

upright
montant

3 ft 11 in
120 cm

springboard
tremplin

parallel bars
barres parallèles

11 ft 5 in
350 cm

1 ft 4 3/4 in
42 cm

wooden bar
barre de bois

5 ft 3 in
160 cm

upright
montant

base
base

guy cable
câble de haubanage

upright
montant

horizontal bar
barre fixe

steel bar
barre d'acier

8 ft 5 in
255 cm

7 ft 10 in
240 cm

gymnastics
gymnastique

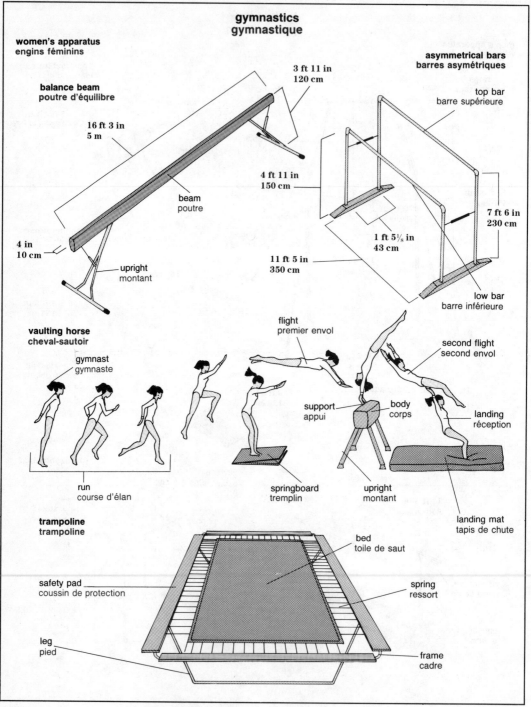

women's apparatus
engins féminins

asymmetrical bars
barres asymétriques

balance beam
poutre d'équilibre

top bar
barre supérieure

3 ft 11 in
120 cm

16 ft 3 in
5 m

4 ft 11 in
150 cm

7 ft 6 in
230 cm

beam
poutre

1 ft 5⅛ in
43 cm

4 in
10 cm

11 ft 5 in
350 cm

low bar
barre inférieure

upright
montant

vaulting horse
cheval-sautoir

flight
premier envol

second flight
second envol

gymnast
gymnaste

support
appui

body
corps

landing
réception

run
course d'élan

springboard
tremplin

upright
montant

landing mat
tapis de chute

trampoline
trampoline

bed
toile de saut

safety pad
coussin de protection

spring
ressort

leg
pied

frame
cadre

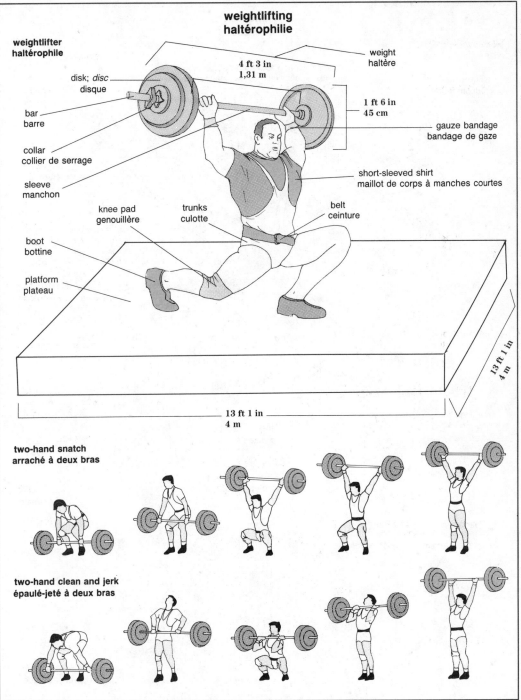

weightlifting
haltérophilie

weightlifter
haltérophile

weight
haltère

4 ft 3 in
1,31 m

disk; *disc*
disque

bar
barre

1 ft 6 in
45 cm

gauze bandage
bandage de gaze

collar
collier de serrage

short-sleeved shirt
maillot de corps à manches courtes

sleeve
manchon

knee pad
genouillère

trunks
culotte

belt
ceinture

boot
bottine

platform
plateau

13 ft 1 in
4 m

13 ft 1 in
4 m

two-hand snatch
arraché à deux bras

two-hand clean and jerk
épaulé-jeté à deux bras

fencing
escrime

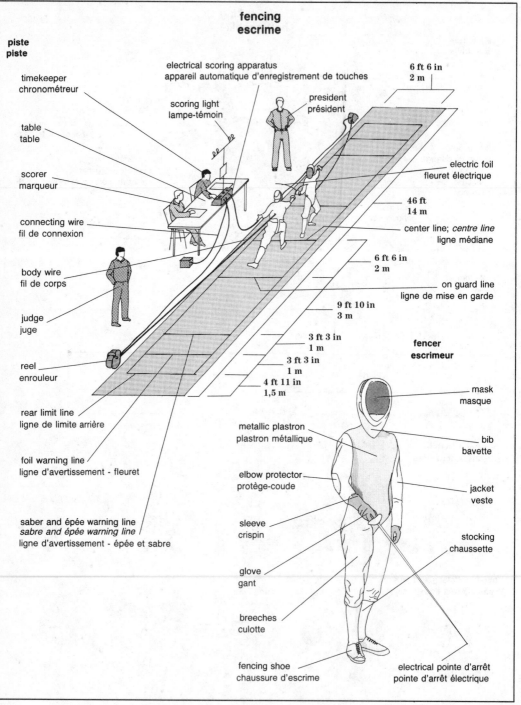

piste
piste

timekeeper
chronométreur

electrical scoring apparatus
appareil automatique d'enregistrement de touches

6 ft 6 in
2 m

scoring light
lampe-témoin

president
président

table
table

scorer
marqueur

electric foil
fleuret électrique

46 ft
14 m

connecting wire
fil de connexion

center line; *centre line*
ligne médiane

body wire
fil de corps

6 ft 6 in
2 m

on guard line
ligne de mise en garde

judge
juge

9 ft 10 in
3 m

reel
enrouleur

3 ft 3 in
1 m

fencer
escrimeur

3 ft 3 in
1 m

4 ft 11 in
1,5 m

rear limit line
ligne de limite arrière

mask
masque

metallic plastron
plastron métallique

bib
bavette

foil warning line
ligne d'avertissement - fleuret

elbow protector
protège-coude

jacket
veste

sleeve
crispin

stocking
chaussette

saber and épée warning line
sabre and épée warning line
ligne d'avertissement - épée et sabre

glove
gant

breeches
culotte

fencing shoe
chaussure d'escrime

electrical pointe d'arrêt
pointe d'arrêt électrique

fencing
escrime

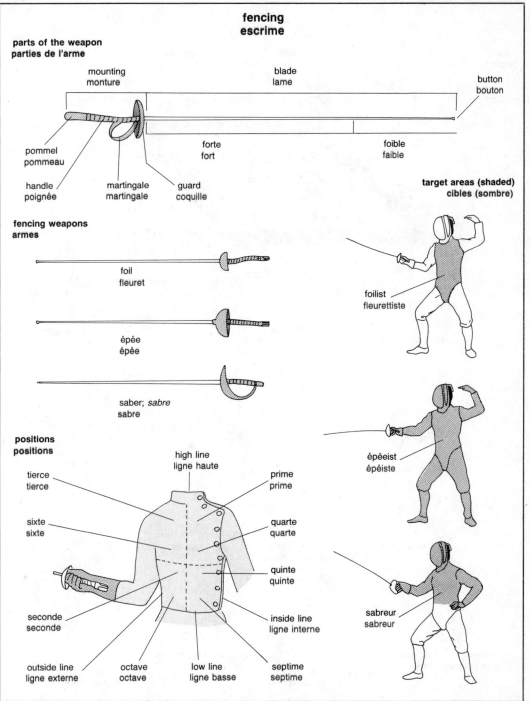

parts of the weapon
parties de l'arme

mounting
monture

blade
lame

button
bouton

forte
fort

foible
faible

pommel
pommeau

handle
poignée

martingale
martingale

guard
coquille

target areas (shaded)
cibles (sombre)

fencing weapons
armes

foil
fleuret

épée
épée

saber; *sabre*
sabre

foilist
fleurettiste

épéeist
épéiste

positions
positions

high line
ligne haute

tierce
tierce

prime
prime

sixte
sixte

quarte
quarte

quinte
quinte

seconde
seconde

inside line
ligne interne

outside line
ligne externe

octave
octave

low line
ligne basse

septime
septime

sabreur
sabreur

judo
judo

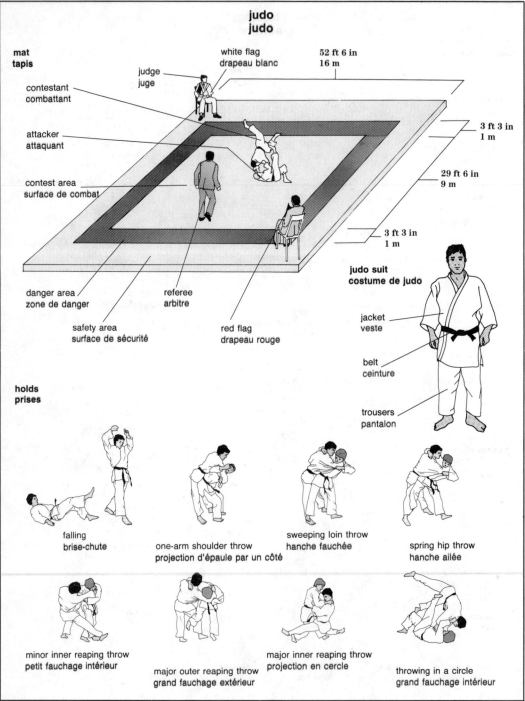

mat
tapis

white flag
drapeau blanc

52 ft 6 in
16 m

judge
juge

contestant
combattant

attacker
attaquant

3 ft 3 in
1 m

29 ft 6 in
9 m

contest area
surface de combat

3 ft 3 in
1 m

danger area
zone de danger

referee
arbitre

safety area
surface de sécurité

red flag
drapeau rouge

judo suit
costume de judo

jacket
veste

belt
ceinture

trousers
pantalon

holds
prises

falling
brise-chute

one-arm shoulder throw
projection d'épaule par un côté

sweeping loin throw
hanche fauchée

spring hip throw
hanche ailée

minor inner reaping throw
petit fauchage intérieur

major outer reaping throw
grand fauchage extérieur

major inner reaping throw
projection en cercle

throwing in a circle
grand fauchage intérieur

boxing
boxe

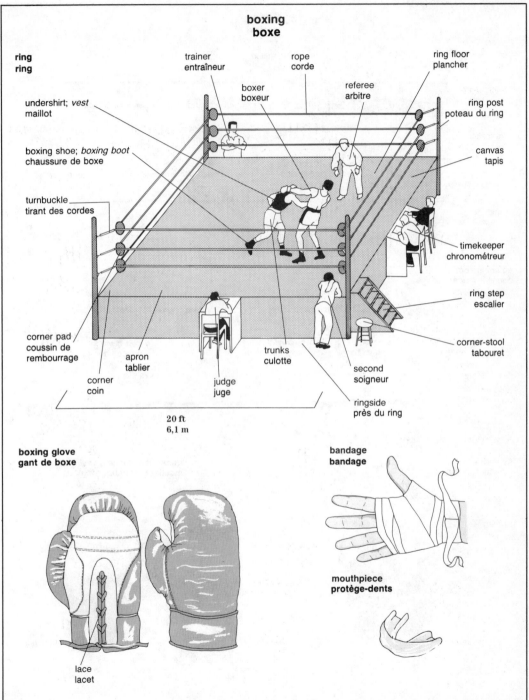

ring
ring

trainer
entraîneur

rope
corde

ring floor
plancher

boxer
boxeur

referee
arbitre

ring post
poteau du ring

undershirt; *vest*
maillot

canvas
tapis

boxing shoe; *boxing boot*
chaussure de boxe

turnbuckle
tirant des cordes

timekeeper
chronométreur

ring step
escalier

corner pad
coussin de
rembourrage

apron
tablier

trunks
culotte

second
soigneur

corner-stool
tabouret

corner
coin

judge
juge

ringside
près du ring

20 ft
6,1 m

boxing glove
gant de boxe

bandage
bandage

mouthpiece
protège-dents

lace
lacet

579

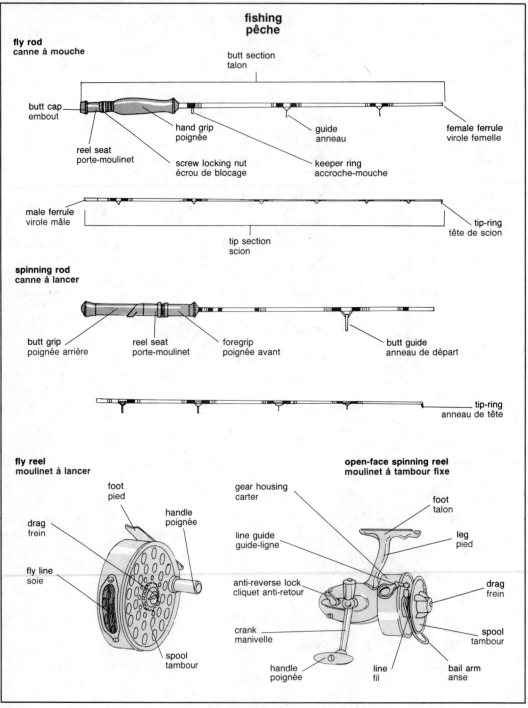

fishing
pêche

fly rod
canne à mouche

butt section
talon

butt cap
embout

hand grip
poignée

guide
anneau

female ferrule
virole femelle

reel seat
porte-moulinet

screw locking nut
écrou de blocage

keeper ring
accroche-mouche

male ferrule
virole mâle

tip-ring
tête de scion

tip section
scion

spinning rod
canne à lancer

butt grip
poignée arrière

reel seat
porte-moulinet

foregrip
poignée avant

butt guide
anneau de départ

tip-ring
anneau de tête

fly reel
moulinet à lancer

foot
pied

handle
poignée

drag
frein

fly line
soie

spool
tambour

open-face spinning reel
moulinet à tambour fixe

gear housing
carter

foot
talon

line guide
guide-ligne

leg
pied

anti-reverse lock
cliquet anti-retour

drag
frein

crank
manivelle

spool
tambour

handle
poignée

line
fil

bail arm
anse

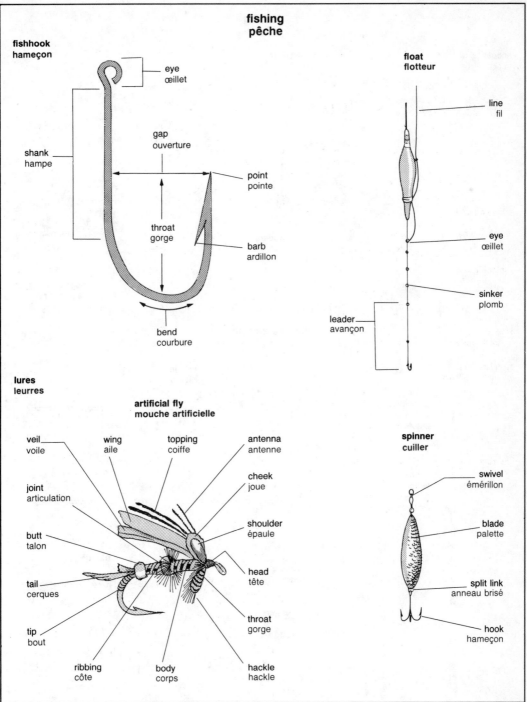

fishing
pêche

fishhook
hameçon

eye
œillet

gap
ouverture

shank
hampe

point
pointe

throat
gorge

barb
ardillon

bend
courbure

float
flotteur

line
fil

eye
œillet

sinker
plomb

leader
avançon

lures
leurres

artificial fly
mouche artificielle

veil
voile

wing
aile

topping
coiffe

antenna
antenne

cheek
joue

joint
articulation

shoulder
épaule

butt
talon

head
tête

tail
cerques

throat
gorge

tip
bout

ribbing
côte

body
corps

hackle
hackle

spinner
cuiller

swivel
émérillon

blade
palette

split link
anneau brisé

hook
hameçon

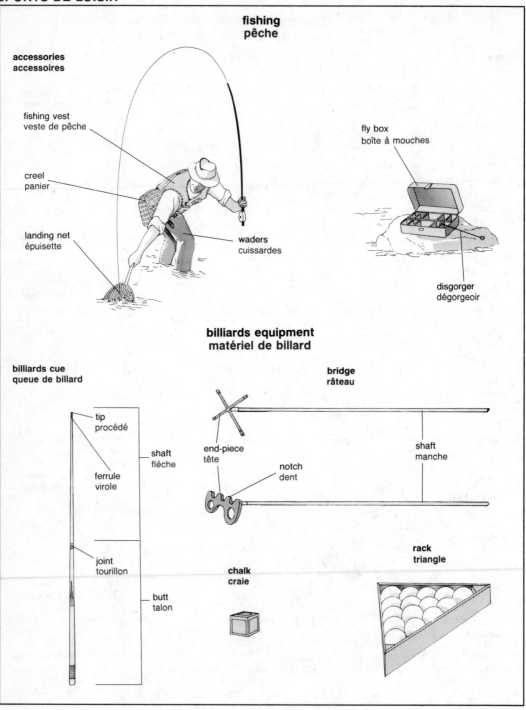

fishing
pêche

accessories
accessoires

fishing vest
veste de pêche

creel
panier

landing net
épuisette

waders
cuissardes

fly box
boîte à mouches

disgorger
dégorgeoir

billiards equipment
matériel de billard

billiards cue
queue de billard

tip
procédé

shaft
flèche

ferrule
virole

joint
tourillon

butt
talon

bridge
râteau

end-piece
tête

notch
dent

shaft
manche

chalk
craie

rack
triangle

pool and carom billiards
billard pool et billard français

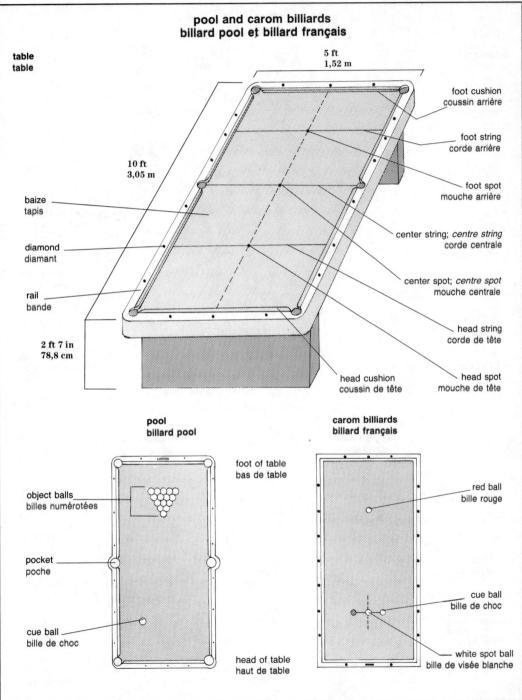

table
table

5 ft
1,52 m

foot cushion
coussin arrière

foot string
corde arrière

10 ft
3,05 m

foot spot
mouche arrière

baize
tapis

center string; *centre string*
corde centrale

diamond
diamant

center spot; *centre spot*
mouche centrale

rail
bande

head string
corde de tête

2 ft 7 in
78,8 cm

head cushion
coussin de tête

head spot
mouche de tête

pool
billard pool

carom billiards
billard français

foot of table
bas de table

object balls
billes numérotées

red ball
bille rouge

pocket
poche

cue ball
bille de choc

white spot ball
bille de visée blanche

cue ball
bille de choc

head of table
haut de table

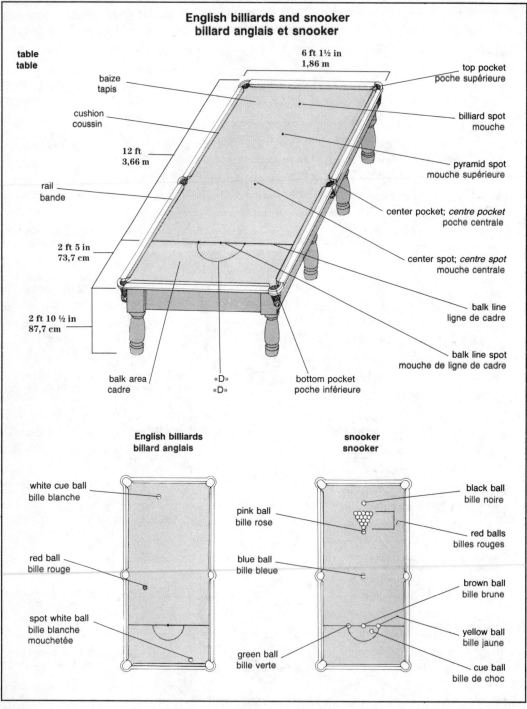

English billiards and snooker
billard anglais et snooker

table
table

6 ft 1½ in
1,86 m

top pocket
poche supérieure

baize
tapis

billiard spot
mouche

cushion
coussin

pyramid spot
mouche supérieure

12 ft
3,66 m

rail
bande

center pocket; *centre pocket*
poche centrale

2 ft 5 in
73,7 cm

center spot; *centre spot*
mouche centrale

balk line
ligne de cadre

2 ft 10 ½ in
87,7 cm

balk line spot
mouche de ligne de cadre

balk area
cadre

«D»
«D»

bottom pocket
poche inférieure

English billiards
billard anglais

snooker
snooker

white cue ball
bille blanche

black ball
bille noire

pink ball
bille rose

red balls
billes rouges

red ball
bille rouge

blue ball
bille bleue

brown ball
bille brune

spot white ball
bille blanche
mouchetée

yellow ball
bille jaune

green ball
bille verte

cue ball
bille de choc

golf
golf

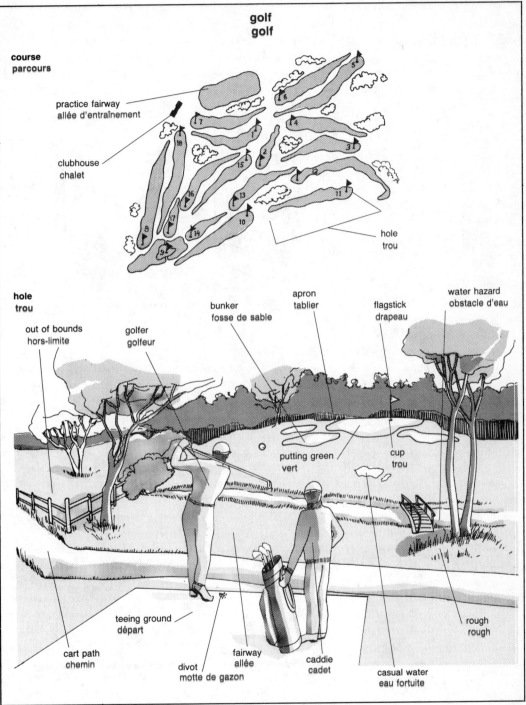

course
parcours

practice fairway
allée d'entraînement

clubhouse
chalet

hole
trou

hole
trou

out of bounds
hors-limite

golfer
golfeur

bunker
fosse de sable

apron
tablier

flagstick
drapeau

water hazard
obstacle d'eau

putting green
vert

cup
trou

rough
rough

teeing ground
départ

cart path
chemin

divot
motte de gazon

fairway
allée

caddie
cadet

casual water
eau fortuite

585

golf
golf

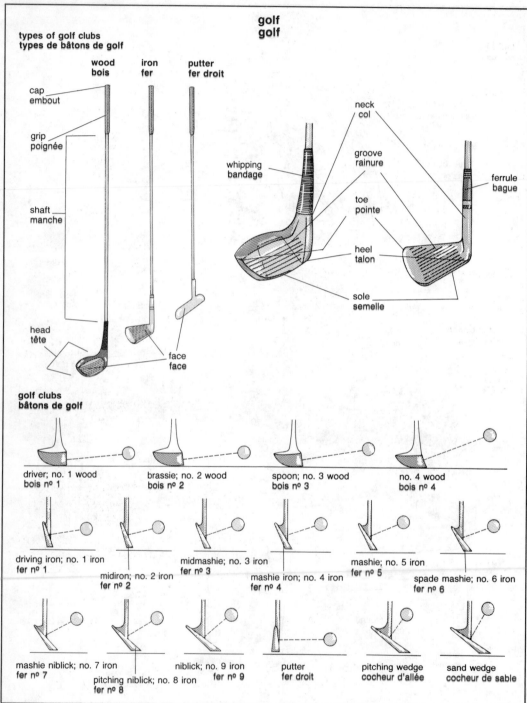

types of golf clubs
types de bâtons de golf

wood
bois

iron
fer

putter
fer droit

cap
embout

grip
poignée

shaft
manche

head
tête

face
face

neck
col

whipping
bandage

groove
rainure

toe
pointe

heel
talon

sole
semelle

ferrule
bague

golf clubs
bâtons de golf

driver; no. 1 wood
bois nº 1

brassie; no. 2 wood
bois nº 2

spoon; no. 3 wood
bois nº 3

no. 4 wood
bois nº 4

driving iron; no. 1 iron
fer nº 1

midiron; no. 2 iron
fer nº 2

midmashie; no. 3 iron
fer nº 3

mashie iron; no. 4 iron
fer nº 4

mashie; no. 5 iron
fer nº 5

spade mashie; no. 6 iron
fer nº 6

mashie niblick; no. 7 iron
fer nº 7

pitching niblick; no. 8 iron
fer nº 8

niblick; no. 9 iron
fer nº 9

putter
fer droit

pitching wedge
cocheur d'allée

sand wedge
cocheur de sable

golf
golf

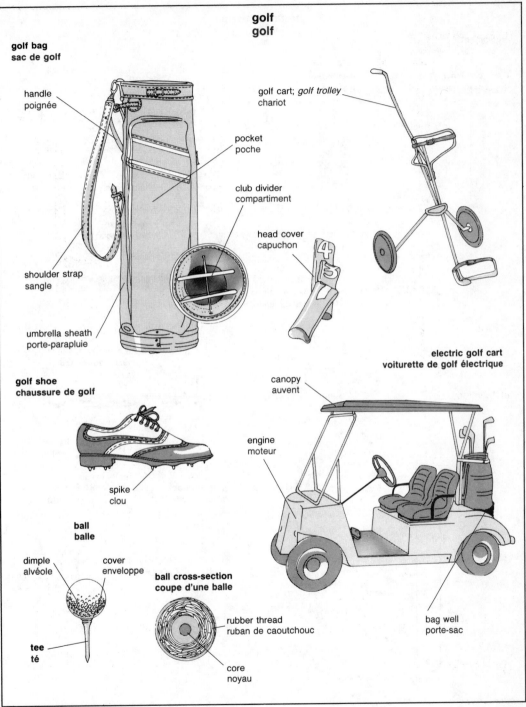

golf bag
sac de golf

handle
poignée

golf cart; *golf trolley*
chariot

pocket
poche

club divider
compartiment

head cover
capuchon

shoulder strap
sangle

umbrella sheath
porte-parapluie

electric golf cart
voiturette de golf électrique

golf shoe
chaussure de golf

canopy
auvent

engine
moteur

spike
clou

ball
balle

dimple
alvéole

cover
enveloppe

ball cross-section
coupe d'une balle

rubber thread
ruban de caoutchouc

tee
té

core
noyau

bag well
porte-sac

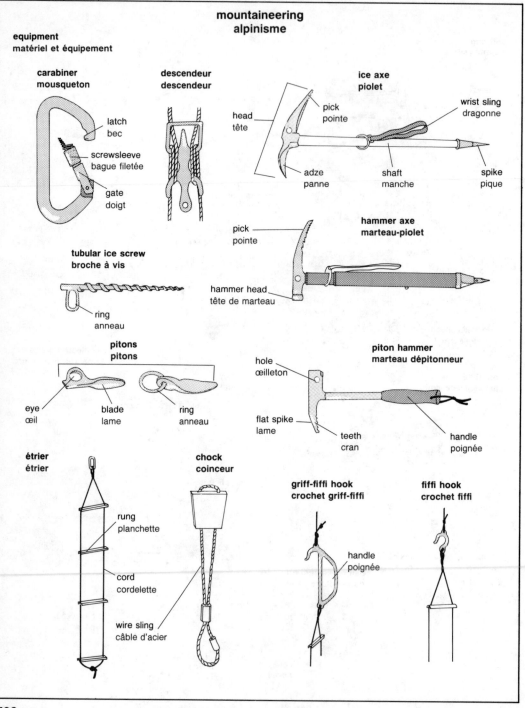

mountaineering
alpinisme

equipment
matériel et équipement

carabiner
mousqueton

latch
bec

screwsleeve
bague filetée

gate
doigt

descendeur
descendeur

ice axe
piolet

head
tête

pick
pointe

wrist sling
dragonne

adze
panne

shaft
manche

spike
pique

tubular ice screw
broche à vis

ring
anneau

pick
pointe

hammer axe
marteau-piolet

hammer head
tête de marteau

pitons
pitons

eye
œil

blade
lame

ring
anneau

hole
œilleton

piton hammer
marteau dépitonneur

flat spike
lame

teeth
cran

handle
poignée

étrier
étrier

rung
planchette

cord
cordelette

wire sling
câble d'acier

chock
coinceur

griff-fiffi hook
crochet griff-fiffi

handle
poignée

fiffi hook
crochet fiffi

mountaineering
alpinisme

mountaineer
alpiniste

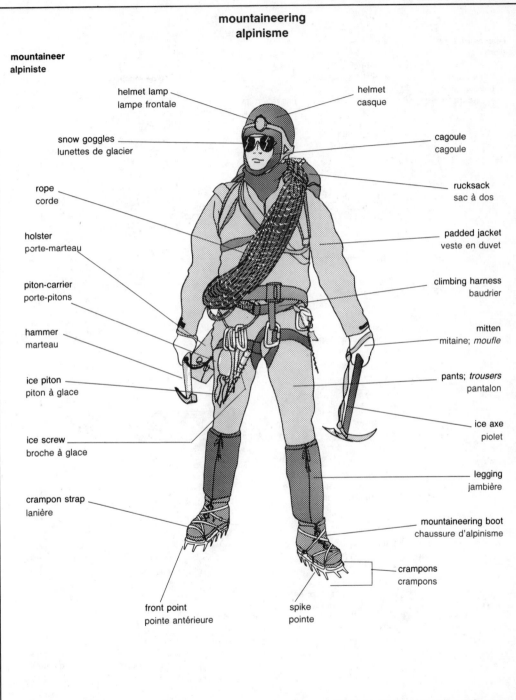

helmet lamp
lampe frontale

helmet
casque

snow goggles
lunettes de glacier

cagoule
cagoule

rope
corde

rucksack
sac à dos

holster
porte-marteau

padded jacket
veste en duvet

piton-carrier
porte-pitons

climbing harness
baudrier

hammer
marteau

mitten
mitaine; *moufle*

ice piton
piton à glace

pants; *trousers*
pantalon

ice screw
broche à glace

ice axe
piolet

crampon strap
lanière

legging
jambière

mountaineering boot
chaussure d'alpinisme

crampons
crampons

front point
pointe antérieure

spike
pointe

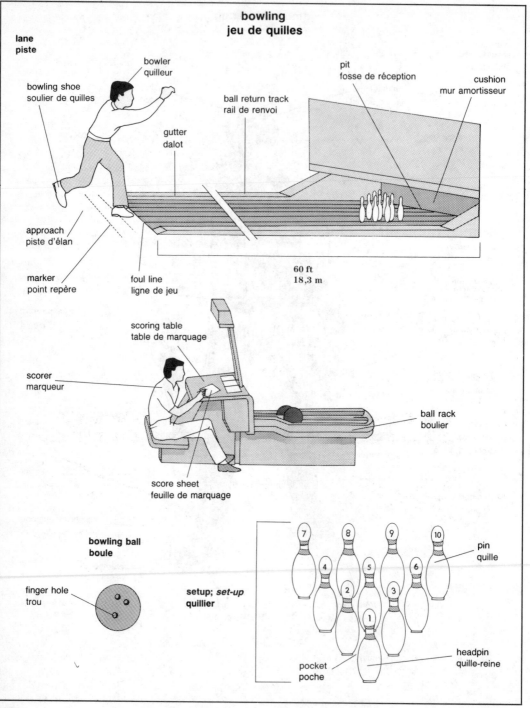

bowling
jeu de quilles

lane
piste

bowler
quilleur

bowling shoe
soulier de quilles

pit
fosse de réception

cushion
mur amortisseur

ball return track
rail de renvoi

gutter
dalot

approach
piste d'élan

60 ft
18,3 m

marker
point repère

foul line
ligne de jeu

scoring table
table de marquage

scorer
marqueur

ball rack
boulier

score sheet
feuille de marquage

bowling ball
boule

pin
quille

finger hole
trou

setup; *set-up*
quillier

pocket
poche

headpin
quille-reine

chess
échecs

men
pièces

pieces
figures

pawn
pion

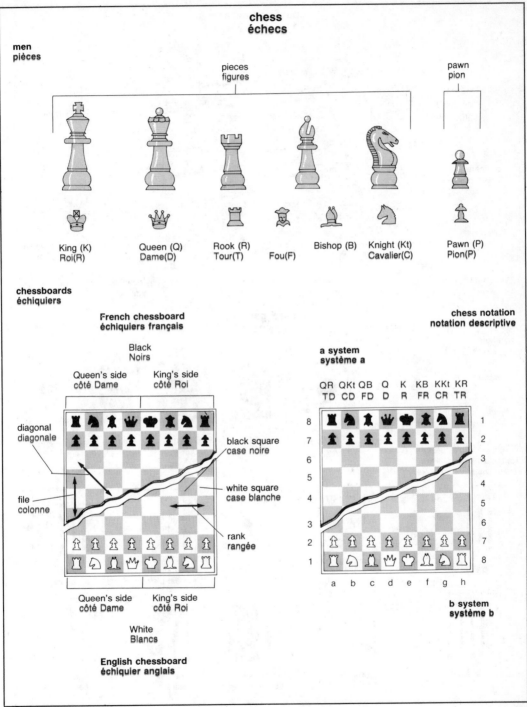

King (K)
Roi(R)

Queen (Q)
Dame(D)

Rook (R)
Tour(T)

Fou(F)

Bishop (B)

Knight (Kt)
Cavalier(C)

Pawn (P)
Pion(P)

chessboards
échiquiers

French chessboard
échiquiers français

Black
Noirs

Queen's side
côté Dame

King's side
côté Roi

diagonal
diagonale

black square
case noire

white square
case blanche

file
colonne

rank
rangée

Queen's side
côté Dame

King's side
côté Roi

White
Blancs

English chessboard
échiquier anglais

chess notation
notation descriptive

a system
système a

| QR | QKt | QB | Q | K | KB | KKt | KR |
| TD | CD | FD | D | R | FR | CR | TR |

8 7 6 5 4 3 2 1

a b c d e f g h

b system
système b

INDOOR GAMES
JEUX DE SOCIÉTÉ

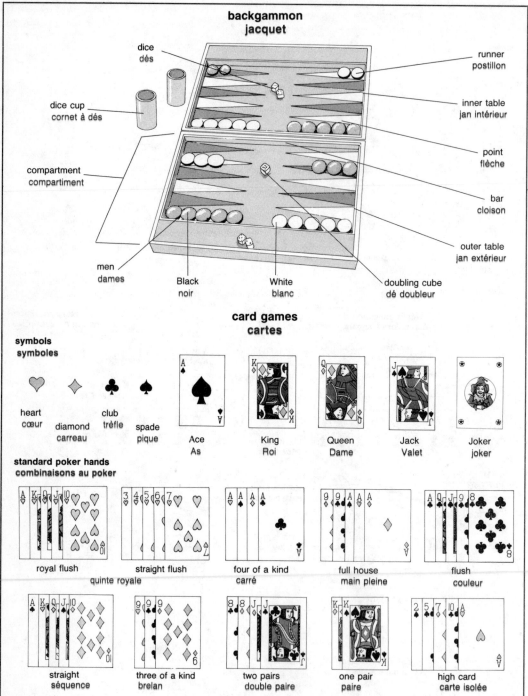

backgammon
jacquet

dice
dés

dice cup
cornet à dés

compartment
compartiment

runner
postillon

inner table
jan intérieur

point
flèche

bar
cloison

outer table
jan extérieur

men
dames

Black
noir

White
blanc

doubling cube
dé doubleur

card games
cartes

symbols
symboles

heart
cœur

diamond
carreau

club
trèfle

spade
pique

Ace
As

King
Roi

Queen
Dame

Jack
Valet

Joker
joker

standard poker hands
combinaisons au poker

royal flush
quinte royale

straight flush

four of a kind
carré

full house
main pleine

flush
couleur

straight
séquence

three of a kind
brelan

two pairs
double paire

one pair
paire

high card
carte isolée

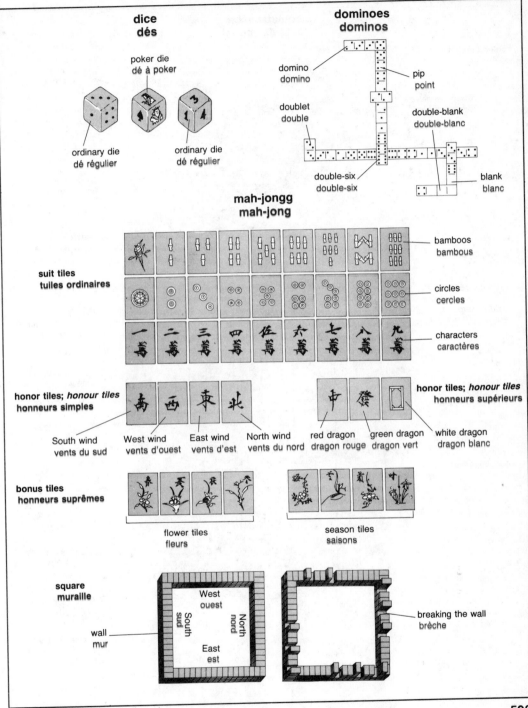

dice
dés

poker die
dé à poker

ordinary die
dé régulier

ordinary die
dé régulier

dominoes
dominos

domino
domino

pip
point

doublet
double

double-blank
double-blanc

double-six
double-six

blank
blanc

mah-jongg
mah-jong

suit tiles
tuiles ordinaires

bamboos
bambous

circles
cercles

characters
caractères

honor tiles; *honour tiles*
honneurs simples

South wind
vents du sud

West wind
vents d'ouest

East wind
vents d'est

North wind
vents du nord

red dragon
dragon rouge

green dragon
dragon vert

honor tiles; *honour tiles*
honneurs supérieurs

white dragon
dragon blanc

bonus tiles
honneurs suprêmes

flower tiles
fleurs

season tiles
saisons

square
muraille

West
ouest

South
sud

North
nord

East
est

wall
mur

breaking the wall
brèche

roulette table
table de roulette

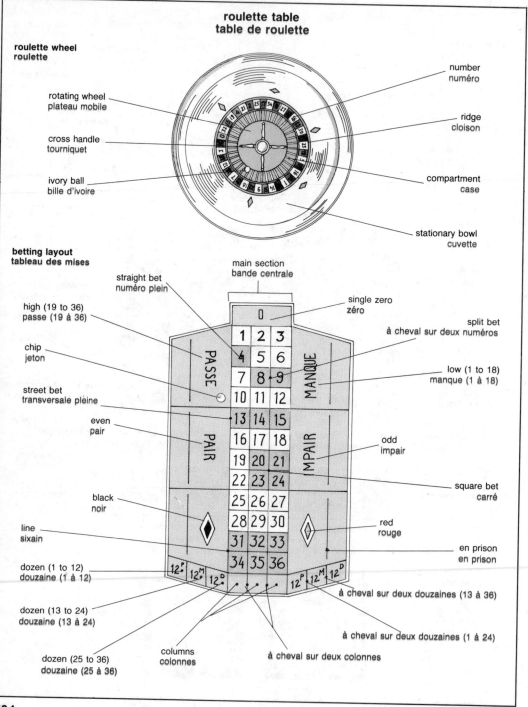

roulette wheel
roulette

rotating wheel
plateau mobile

cross handle
tourniquet

ivory ball
bille d'ivoire

number
numéro

ridge
cloison

compartment
case

stationary bowl
cuvette

betting layout
tableau des mises

main section
bande centrale

straight bet
numéro plein

single zero
zéro

high (19 to 36)
passe (19 à 36)

split bet
à cheval sur deux numéros

chip
jeton

low (1 to 18)
manque (1 à 18)

street bet
transversale pleine

even
pair

odd
impair

square bet
carré

black
noir

line
sixain

red
rouge

en prison
en prison

dozen (1 to 12)
douzaine (1 à 12)

à cheval sur deux douzaines (13 à 36)

dozen (13 to 24)
douzaine (13 à 24)

à cheval sur deux douzaines (1 à 24)

dozen (25 to 36)
douzaine (25 à 36)

columns
colonnes

à cheval sur deux colonnes

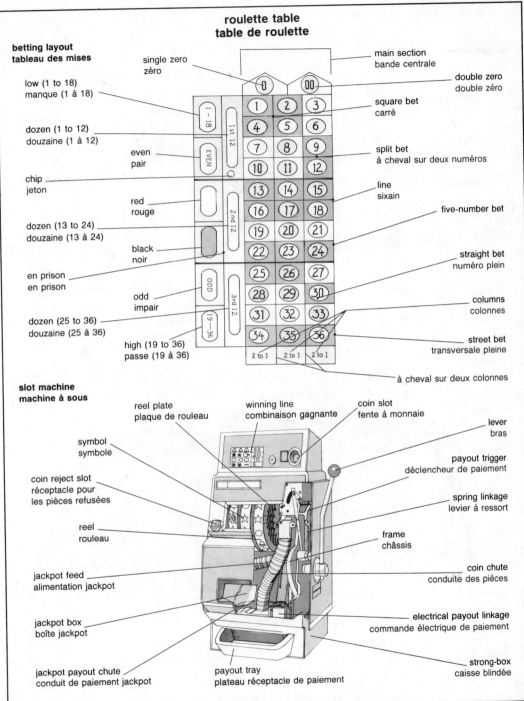

roulette table
table de roulette

betting layout
tableau des mises

single zero
zéro

low (1 to 18)
manque (1 à 18)

dozen (1 to 12)
douzaine (1 à 12)

even
pair

chip
jeton

red
rouge

dozen (13 to 24)
douzaine (13 à 24)

black
noir

en prison
en prison

odd
impair

dozen (25 to 36)
douzaine (25 à 36)

high (19 to 36)
passe (19 à 36)

main section
bande centrale

double zero
double zéro

square bet
carré

split bet
à cheval sur deux numéros

line
sixain

five-number bet

straight bet
numéro plein

columns
colonnes

street bet
transversale pleine

à cheval sur deux colonnes

slot machine
machine à sous

reel plate
plaque de rouleau

winning line
combinaison gagnante

coin slot
fente à monnaie

lever
bras

symbol
symbole

payout trigger
déclencheur de paiement

coin reject slot
réceptacle pour
les pièces refusées

spring linkage
levier à ressort

reel
rouleau

frame
châssis

jackpot feed
alimentation jackpot

coin chute
conduite des pièces

jackpot box
boîte jackpot

electrical payout linkage
commande électrique de paiement

jackpot payout chute
conduit de paiement jackpot

payout tray
plateau réceptacle de paiement

strong-box
caisse blindée

tents
tentes

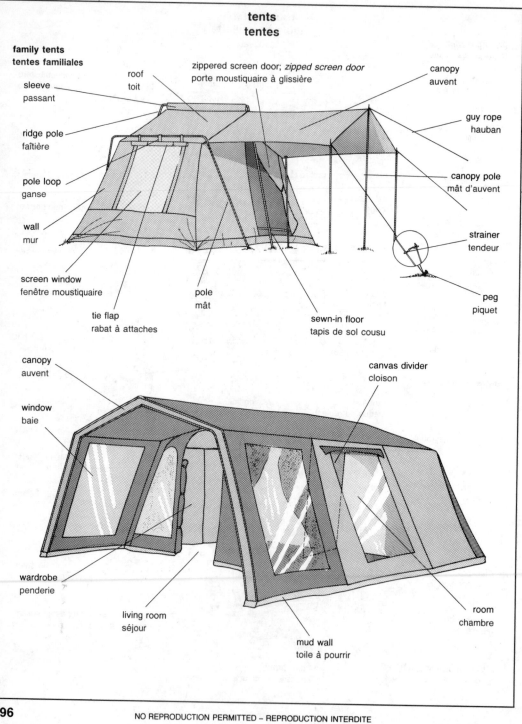

family tents
tentes familiales

sleeve
passant

roof
toit

zippered screen door; *zipped screen door*
porte moustiquaire à glissière

canopy
auvent

ridge pole
faîtière

guy rope
hauban

pole loop
ganse

canopy pole
mât d'auvent

wall
mur

strainer
tendeur

screen window
fenêtre moustiquaire

pole
mât

peg
piquet

tie flap
rabat à attaches

sewn-in floor
tapis de sol cousu

canopy
auvent

canvas divider
cloison

window
baie

wardrobe
penderie

living room
séjour

mud wall
toile à pourrir

room
chambre

tents
tentes

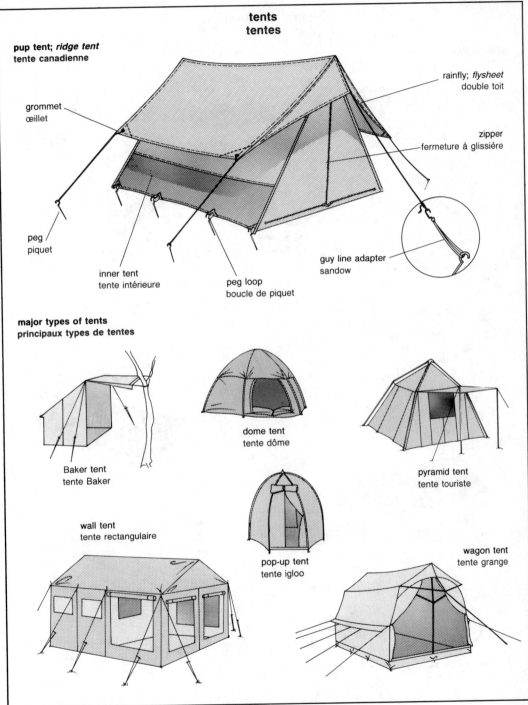

pup tent; *ridge tent*
tente canadienne

grommet
œillet

peg
piquet

inner tent
tente intérieure

peg loop
boucle de piquet

rainfly; *flysheet*
double toit

zipper
fermeture à glissière

guy line adapter
sandow

major types of tents
principaux types de tentes

Baker tent
tente Baker

dome tent
tente dôme

pyramid tent
tente touriste

wall tent
tente rectangulaire

pop-up tent
tente igloo

wagon tent
tente grange

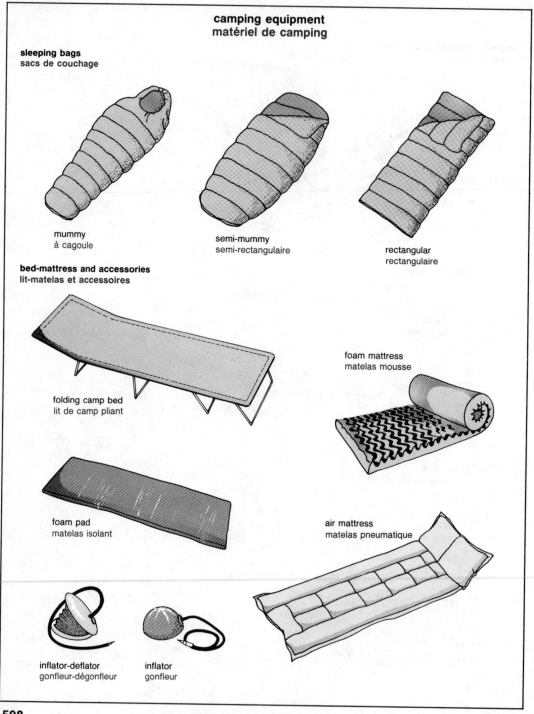

camping equipment
matériel de camping

sleeping bags
sacs de couchage

mummy
à cagoule

semi-mummy
semi-rectangulaire

rectangular
rectangulaire

bed-mattress and accessories
lit-matelas et accessoires

folding camp bed
lit de camp pliant

foam mattress
matelas mousse

foam pad
matelas isolant

air mattress
matelas pneumatique

inflator-deflator
gonfleur-dégonfleur

inflator
gonfleur

camping equipment
matériel de camping

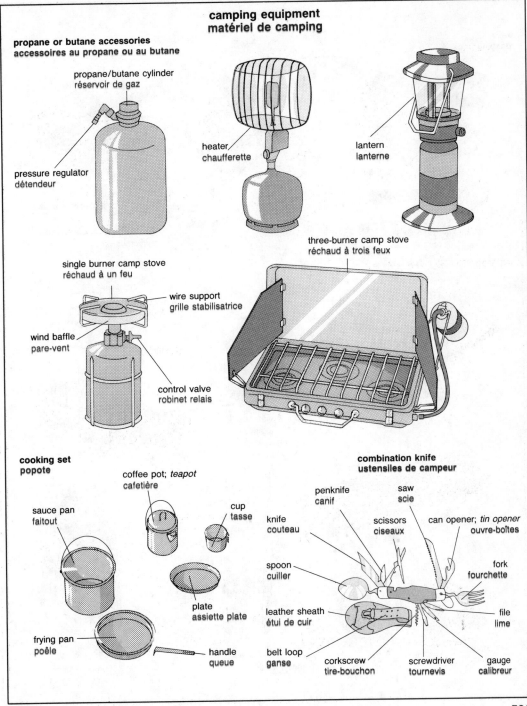

propane or butane accessories
accessoires au propane ou au butane

propane/butane cylinder
réservoir de gaz

pressure regulator
détendeur

heater
chaufferette

lantern
lanterne

three-burner camp stove
réchaud à trois feux

single burner camp stove
réchaud à un feu

wire support
grille stabilisatrice

wind baffle
pare-vent

control valve
robinet relais

cooking set
popote

coffee pot; *teapot*
cafetière

cup
tasse

sauce pan
faitout

plate
assiette plate

frying pan
poêle

handle
queue

combination knife
ustensiles de campeur

penknife
canif

saw
scie

knife
couteau

scissors
ciseaux

can opener; *tin opener*
ouvre-boîtes

fork
fourchette

spoon
cuiller

file
lime

leather sheath
étui de cuir

belt loop
ganse

corkscrew
tire-bouchon

screwdriver
tournevis

gauge
calibreur

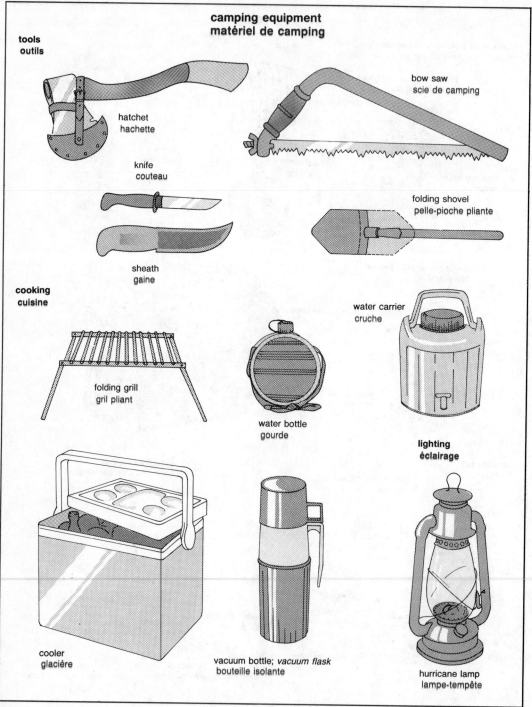

camping equipment
matériel de camping

tools
outils

hatchet
hachette

bow saw
scie de camping

knife
couteau

folding shovel
pelle-pioche pliante

sheath
gaine

cooking
cuisine

water carrier
cruche

folding grill
gril pliant

water bottle
gourde

lighting
éclairage

cooler
glacière

vacuum bottle; *vacuum flask*
bouteille isolante

hurricane lamp
lampe-tempête

knots
nœuds

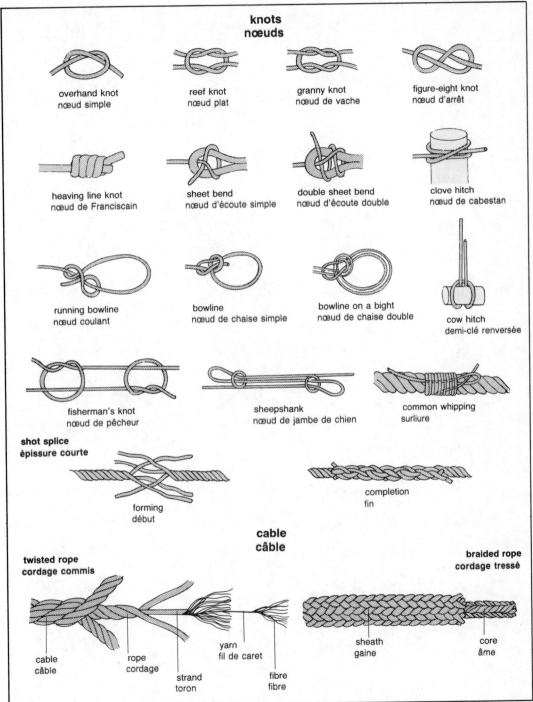

overhand knot
nœud simple

reef knot
nœud plat

granny knot
nœud de vache

figure-eight knot
nœud d'arrêt

heaving line knot
nœud de Franciscain

sheet bend
nœud d'écoute simple

double sheet bend
nœud d'écoute double

clove hitch
nœud de cabestan

running bowline
nœud coulant

bowline
nœud de chaise simple

bowline on a bight
nœud de chaise double

cow hitch
demi-clé renversée

fisherman's knot
nœud de pêcheur

sheepshank
nœud de jambe de chien

common whipping
surliure

shot splice
épissure courte

forming
début

completion
fin

cable
câble

twisted rope
cordage commis

braided rope
cordage tressé

cable
câble

rope
cordage

strand
toron

yarn
fil de caret

fibre
fibre

sheath
gaine

core
âme

MEASURING DEVICES

APPAREILS DE MESURE

measure of time
mesure du temps

mechanical watch
montre mécanique

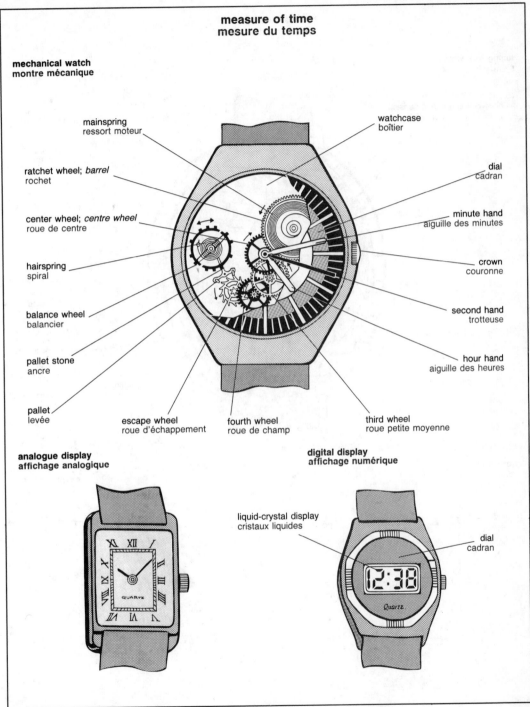

mainspring
ressort moteur

watchcase
boîtier

ratchet wheel; *barrel*
rochet

dial
cadran

center wheel; *centre wheel*
roue de centre

minute hand
aiguille des minutes

hairspring
spiral

crown
couronne

balance wheel
balancier

second hand
trotteuse

pallet stone
ancre

hour hand
aiguille des heures

pallet
levée

escape wheel
roue d'échappement

fourth wheel
roue de champ

third wheel
roue petite moyenne

analogue display
affichage analogique

digital display
affichage numérique

liquid-crystal display
cristaux liquides

dial
cadran

QUARTZ

Quartz

measure of time
mesure du temps

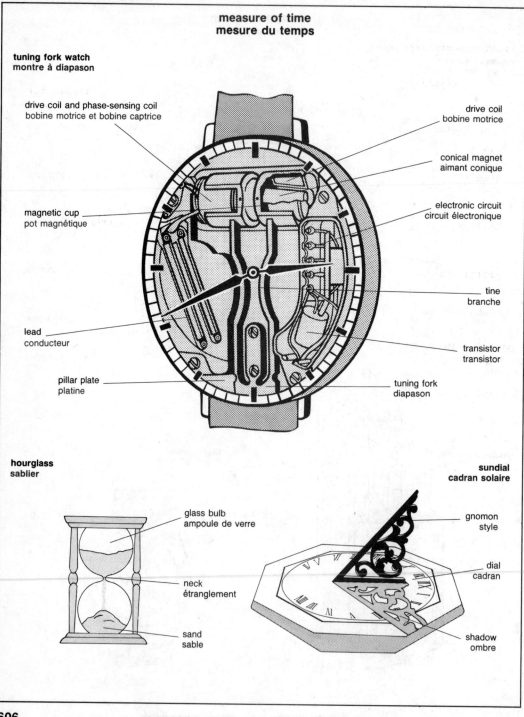

tuning fork watch
montre à diapason

drive coil and phase-sensing coil
bobine motrice et bobine captrice

drive coil
bobine motrice

conical magnet
aimant conique

electronic circuit
circuit électronique

magnetic cup
pot magnétique

tine
branche

lead
conducteur

transistor
transistor

pillar plate
platine

tuning fork
diapason

hourglass
sablier

sundial
cadran solaire

glass bulb
ampoule de verre

gnomon
style

dial
cadran

neck
étranglement

sand
sable

shadow
ombre

measure of time
mesure du temps

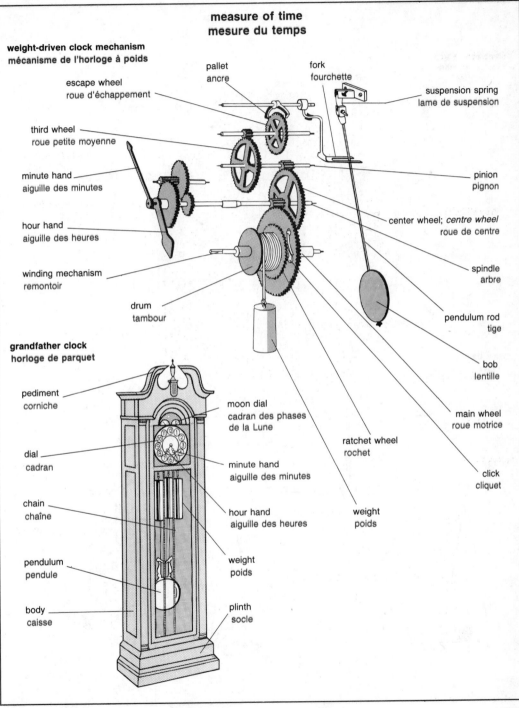

weight-driven clock mechanism
mécanisme de l'horloge à poids

pallet
ancre

fork
fourchette

escape wheel
roue d'échappement

suspension spring
lame de suspension

third wheel
roue petite moyenne

minute hand
aiguille des minutes

pinion
pignon

hour hand
aiguille des heures

center wheel; *centre wheel*
roue de centre

winding mechanism
remontoir

spindle
arbre

drum
tambour

pendulum rod
tige

bob
lentille

grandfather clock
horloge de parquet

pediment
corniche

moon dial
cadran des phases
de la Lune

main wheel
roue motrice

dial
cadran

minute hand
aiguille des minutes

ratchet wheel
rochet

click
cliquet

chain
chaîne

hour hand
aiguille des heures

weight
poids

pendulum
pendule

weight
poids

body
caisse

plinth
socle

measure of weight
mesure de la masse

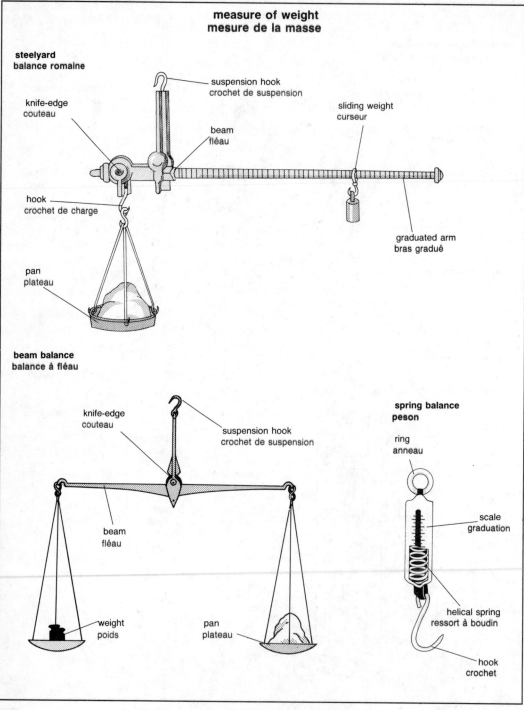

steelyard
balance romaine

suspension hook
crochet de suspension

sliding weight
curseur

knife-edge
couteau

beam
fléau

hook
crochet de charge

graduated arm
bras gradué

pan
plateau

beam balance
balance à fléau

knife-edge
couteau

suspension hook
crochet de suspension

spring balance
peson

ring
anneau

scale
graduation

beam
fléau

helical spring
ressort à boudin

weight
poids

pan
plateau

hook
crochet

measure of weight
mesure de la masse

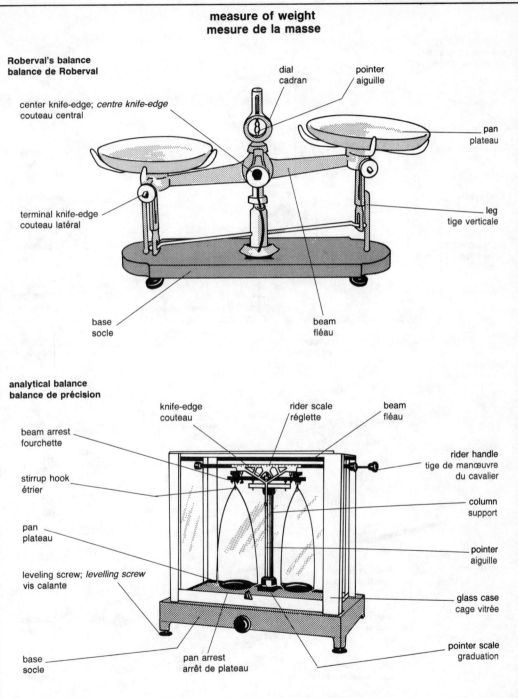

Roberval's balance
balance de Roberval

dial
cadran

pointer
aiguille

center knife-edge; *centre knife-edge*
couteau central

pan
plateau

terminal knife-edge
couteau latéral

leg
tige verticale

base
socle

beam
fléau

analytical balance
balance de précision

knife-edge
couteau

rider scale
réglette

beam
fléau

beam arrest
fourchette

rider handle
tige de manœuvre
du cavalier

stirrup hook
étrier

column
support

pan
plateau

pointer
aiguille

leveling screw; *levelling screw*
vis calante

glass case
cage vitrée

base
socle

pan arrest
arrêt de plateau

pointer scale
graduation

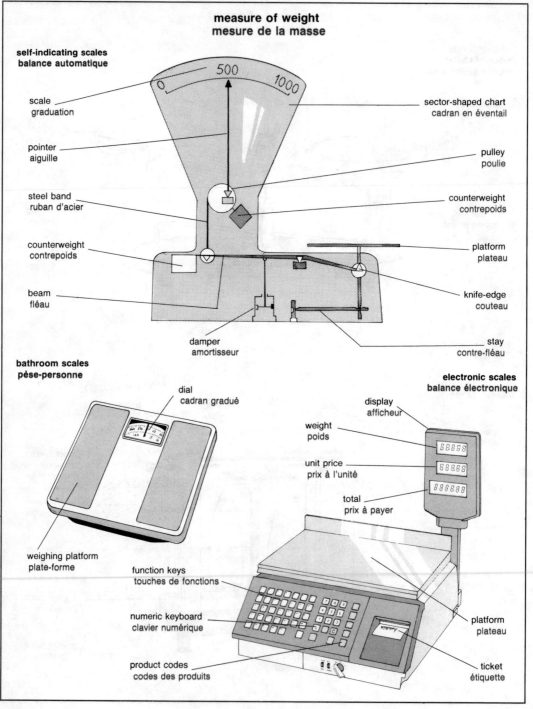

measure of weight
mesure de la masse

self-indicating scales
balance automatique

scale
graduation

sector-shaped chart
cadran en éventail

pointer
aiguille

pulley
poulie

steel band
ruban d'acier

counterweight
contrepoids

counterweight
contrepoids

platform
plateau

beam
fléau

knife-edge
couteau

damper
amortisseur

stay
contre-fléau

bathroom scales
pèse-personne

dial
cadran gradué

electronic scales
balance électronique

display
afficheur

weight
poids

unit price
prix à l'unité

total
prix à payer

weighing platform
plate-forme

function keys
touches de fonctions

numeric keyboard
clavier numérique

platform
plateau

product codes
codes des produits

ticket
étiquette

measure of temperature
mesure de la température

bimetallic thermometer
thermomètre bimétallique

pointer
aiguille

dial
cadran

bearing
coussinet

case
boîtier

shaft
arbre

stem
tige

bimetallic helix
élément bimétallique hélicoïdal

clinical thermometer
thermomètre médical

expansion chamber
chambre d'expansion

stem
tige

capillary bore
tube capillaire

scale
graduation

column of mercury
colonne de mercure

constriction
étranglement

bulb
réservoir

room thermostat
thermostat d'ambiance

mounting screw
vis de montage

mounting post
patte de guidage

mercury switch
interrupteur à mercure

anticipator
résistance anticipatrice

anticipator indicator
indicateur de résistance anticipatrice

cover
couvercle

pointer
aiguille

temperature set point lever
curseur de réglage de la température

bimetal element
bilame

temperature scale
échelle de température

backplate
socle

contact
contact

bimetal element
bilame

60 70 80 90

measure of pressure
mesure de la pression

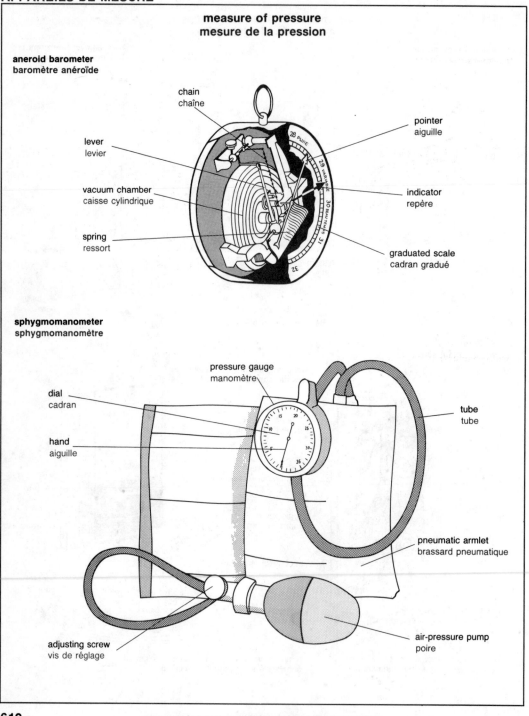

aneroid barometer
baromètre anéroïde

chain
chaîne

pointer
aiguille

lever
levier

vacuum chamber
caisse cylindrique

indicator
repère

spring
ressort

graduated scale
cadran gradué

sphygmomanometer
sphygmomanomètre

pressure gauge
manomètre

dial
cadran

tube
tube

hand
aiguille

pneumatic armlet
brassard pneumatique

adjusting screw
vis de réglage

air-pressure pump
poire

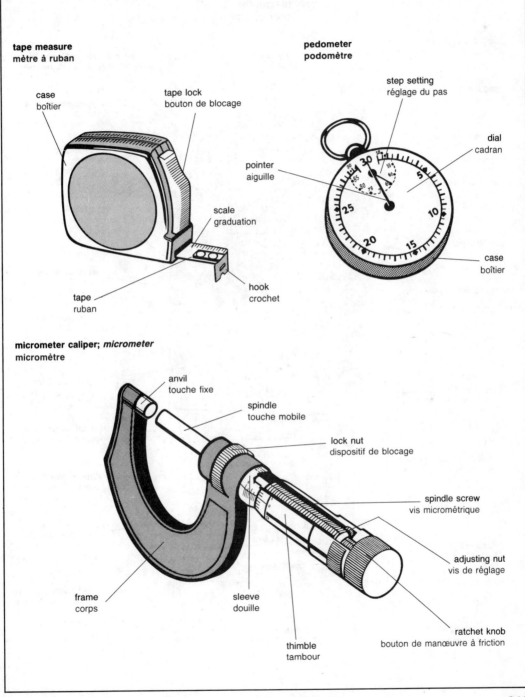

tape measure
mètre à ruban

case
boîtier

tape lock
bouton de blocage

scale
graduation

hook
crochet

tape
ruban

pedometer
podomètre

step setting
réglage du pas

dial
cadran

pointer
aiguille

case
boîtier

micrometer caliper; _micrometer_
micromètre

anvil
touche fixe

spindle
touche mobile

lock nut
dispositif de blocage

spindle screw
vis micrométrique

adjusting nut
vis de réglage

frame
corps

sleeve
douille

thimble
tambour

ratchet knob
bouton de manœuvre à friction

theodolite
théodolite

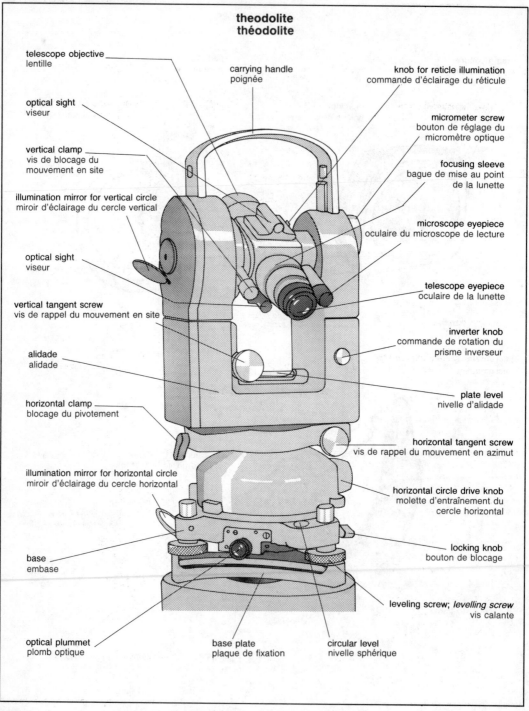

telescope objective
lentille

carrying handle
poignée

knob for reticle illumination
commande d'éclairage du réticule

optical sight
viseur

micrometer screw
bouton de réglage du
micromètre optique

vertical clamp
vis de blocage du
mouvement en site

focusing sleeve
bague de mise au point
de la lunette

illumination mirror for vertical circle
miroir d'éclairage du cercle vertical

microscope eyepiece
oculaire du microscope de lecture

optical sight
viseur

telescope eyepiece
oculaire de la lunette

vertical tangent screw
vis de rappel du mouvement en site

inverter knob
commande de rotation du
prisme inverseur

alidade
alidade

plate level
nivelle d'alidade

horizontal clamp
blocage du pivotement

horizontal tangent screw
vis de rappel du mouvement en azimut

illumination mirror for horizontal circle
miroir d'éclairage du cercle horizontal

horizontal circle drive knob
molette d'entraînement du
cercle horizontal

base
embase

locking knob
bouton de blocage

leveling screw; *levelling screw*
vis calante

optical plummet
plomb optique

base plate
plaque de fixation

circular level
nivelle sphérique

watt-hour meter
wattheuremètre

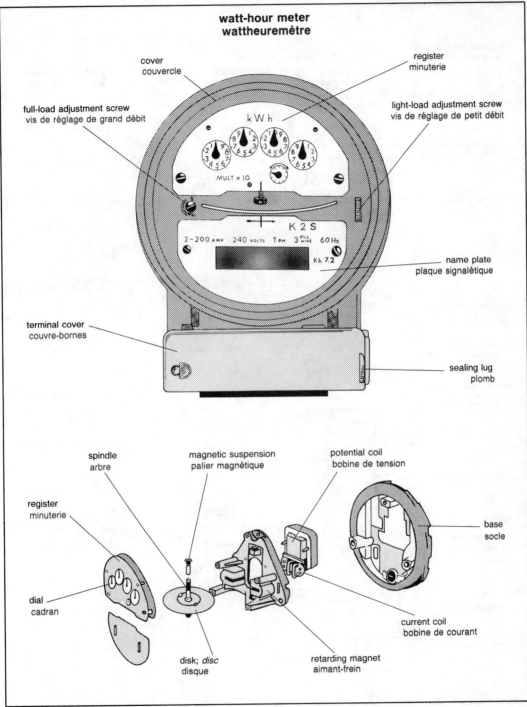

cover
couvercle

register
minuterie

full-load adjustment screw
vis de réglage de grand débit

light-load adjustment screw
vis de réglage de petit débit

kWh

MULT × 10

K 2 S

2–200 AMP   240 VOLTS   1 PM   3 FILS WIRE   60 Hz

Kh 7.2

name plate
plaque signalétique

terminal cover
couvre-bornes

sealing lug
plomb

spindle
arbre

magnetic suspension
palier magnétique

potential coil
bobine de tension

register
minuterie

base
socle

dial
cadran

disk; *disc*
disque

retarding magnet
aimant-frein

current coil
bobine de courant

horizontal seismograph
sismographe horizontal

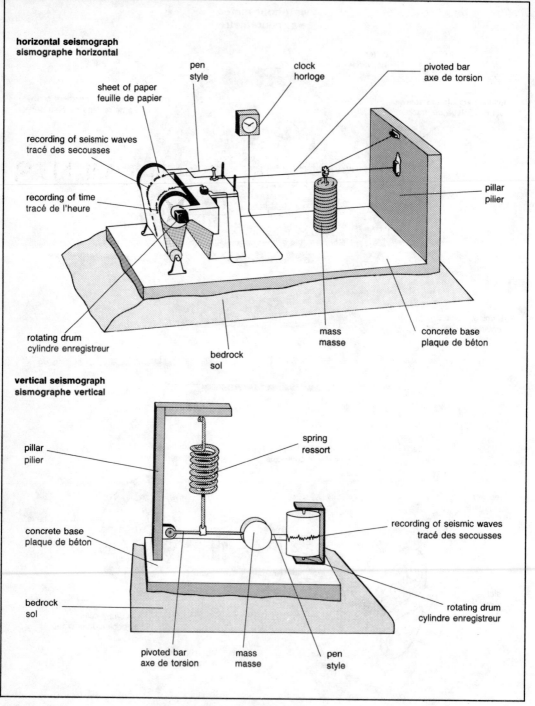

pen
style

clock
horloge

pivoted bar
axe de torsion

sheet of paper
feuille de papier

recording of seismic waves
tracé des secousses

pillar
pilier

recording of time
tracé de l'heure

rotating drum
cylindre enregistreur

mass
masse

concrete base
plaque de béton

bedrock
sol

vertical seismograph
sismographe vertical

pillar
pilier

spring
ressort

concrete base
plaque de béton

recording of seismic waves
tracé des secousses

bedrock
sol

rotating drum
cylindre enregistreur

pivoted bar
axe de torsion

mass
masse

pen
style

OPTICAL INSTRUMENTS
APPAREILS DE VISION

binocular microscope
microscope binoculaire

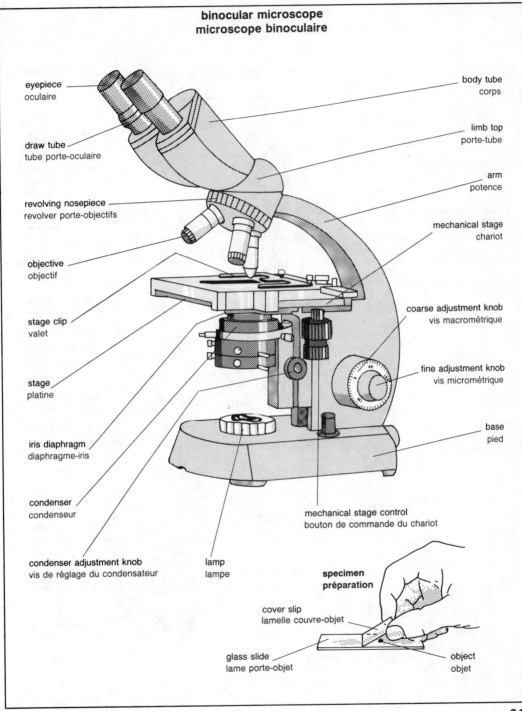

eyepiece
oculaire

draw tube
tube porte-oculaire

revolving nosepiece
revolver porte-objectifs

objective
objectif

stage clip
valet

stage
platine

iris diaphragm
diaphragme-iris

condenser
condenseur

condenser adjustment knob
vis de réglage du condensateur

lamp
lampe

body tube
corps

limb top
porte-tube

arm
potence

mechanical stage
chariot

coarse adjustment knob
vis macrométrique

fine adjustment knob
vis micrométrique

base
pied

mechanical stage control
bouton de commande du chariot

specimen
préparation

cover slip
lamelle couvre-objet

glass slide
lame porte-objet

object
objet

619

electron microscope
microscope électronique

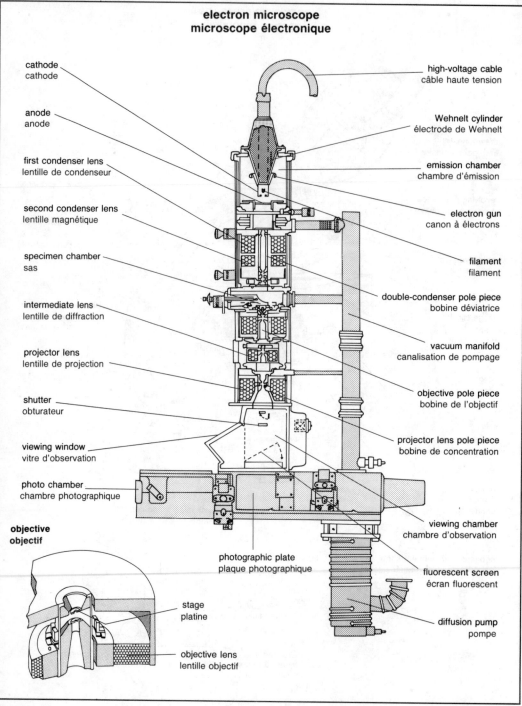

cathode
cathode

anode
anode

first condenser lens
lentille de condenseur

second condenser lens
lentille magnétique

specimen chamber
sas

intermediate lens
lentille de diffraction

projector lens
lentille de projection

shutter
obturateur

viewing window
vitre d'observation

photo chamber
chambre photographique

objective
objectif

high-voltage cable
câble haute tension

Wehnelt cylinder
électrode de Wehnelt

emission chamber
chambre d'émission

electron gun
canon à électrons

filament
filament

double-condenser pole piece
bobine déviatrice

vacuum manifold
canalisation de pompage

objective pole piece
bobine de l'objectif

projector lens pole piece
bobine de concentration

viewing chamber
chambre d'observation

photographic plate
plaque photographique

stage
platine

objective lens
lentille objectif

fluorescent screen
écran fluorescent

diffusion pump
pompe

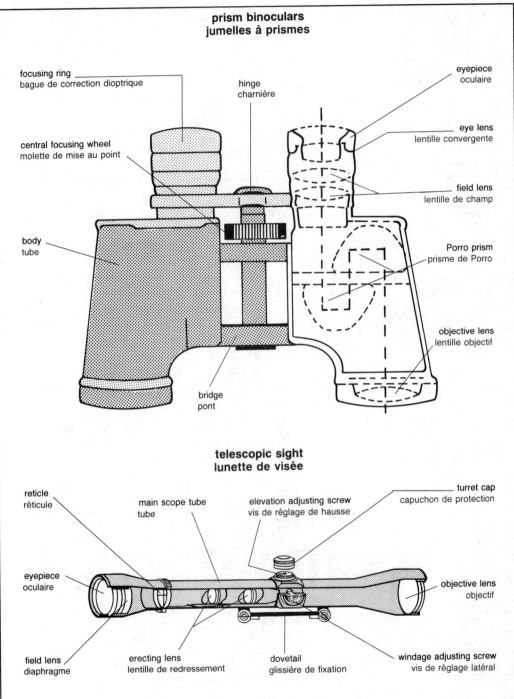

prism binoculars
jumelles à prismes

focusing ring
bague de correction dioptrique

hinge
charnière

eyepiece
oculaire

central focusing wheel
molette de mise au point

eye lens
lentille convergente

field lens
lentille de champ

body
tube

Porro prism
prisme de Porro

objective lens
lentille objectif

bridge
pont

telescopic sight
lunette de visée

reticle
réticule

main scope tube
tube

elevation adjusting screw
vis de réglage de hausse

turret cap
capuchon de protection

eyepiece
oculaire

objective lens
objectif

field lens
diaphragme

erecting lens
lentille de redressement

dovetail
glissière de fixation

windage adjusting screw
vis de réglage latéral

reflecting telescope
télescope

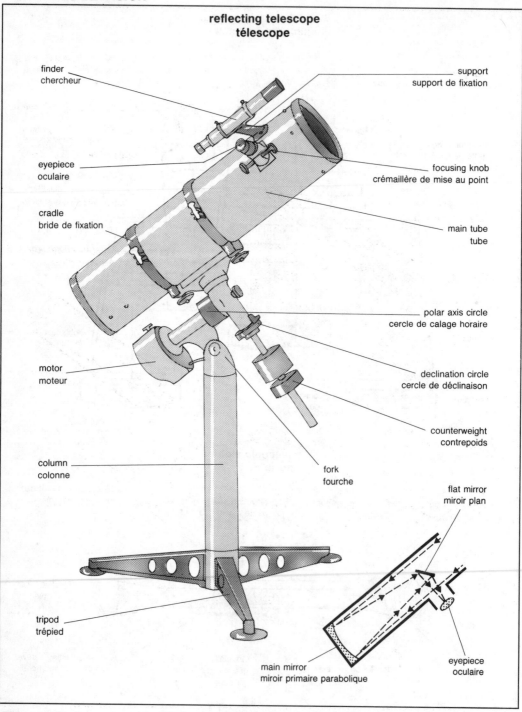

finder
chercheur

support
support de fixation

eyepiece
oculaire

focusing knob
crémaillère de mise au point

cradle
bride de fixation

main tube
tube

polar axis circle
cercle de calage horaire

motor
moteur

declination circle
cercle de déclinaison

counterweight
contrepoids

column
colonne

fork
fourche

flat mirror
miroir plan

tripod
trépied

main mirror
miroir primaire parabolique

eyepiece
oculaire

refracting telescope
lunette astronomique

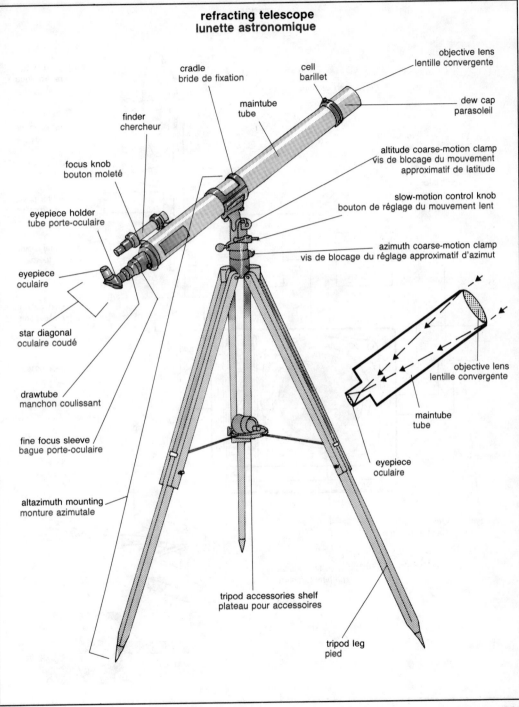

objective lens
lentille convergente

cell
barillet

cradle
bride de fixation

maintube
tube

dew cap
parasoleil

finder
chercheur

altitude coarse-motion clamp
vis de blocage du mouvement
approximatif de latitude

focus knob
bouton moleté

slow-motion control knob
bouton de réglage du mouvement lent

eyepiece holder
tube porte-oculaire

azimuth coarse-motion clamp
vis de blocage du réglage approximatif d'azimut

eyepiece
oculaire

objective lens
lentille convergente

star diagonal
oculaire coudé

maintube
tube

drawtube
manchon coulissant

eyepiece
oculaire

fine focus sleeve
bague porte-oculaire

altazimuth mounting
monture azimutale

tripod accessories shelf
plateau pour accessoires

tripod leg
pied

radar
radar

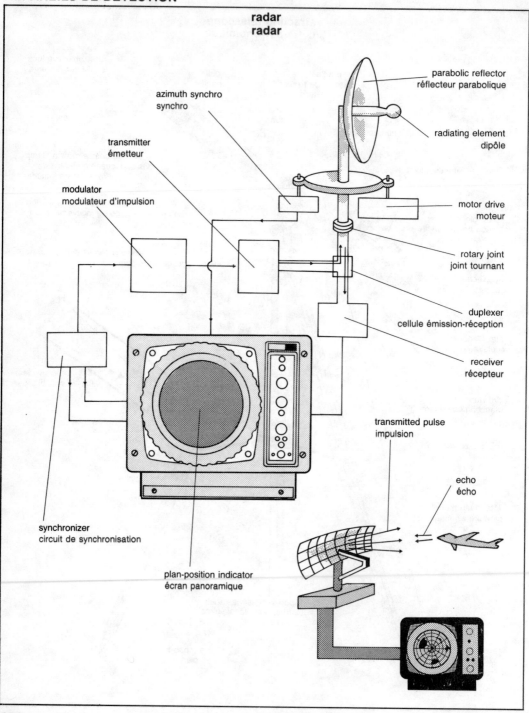

parabolic reflector
réflecteur parabolique

azimuth synchro
synchro

radiating element
dipôle

transmitter
émetteur

modulator
modulateur d'impulsion

motor drive
moteur

rotary joint
joint tournant

duplexer
cellule émission-réception

receiver
récepteur

transmitted pulse
impulsion

echo
écho

synchronizer
circuit de synchronisation

plan-position indicator
écran panoramique

lens
lentilles

converging lens
lentilles convergentes

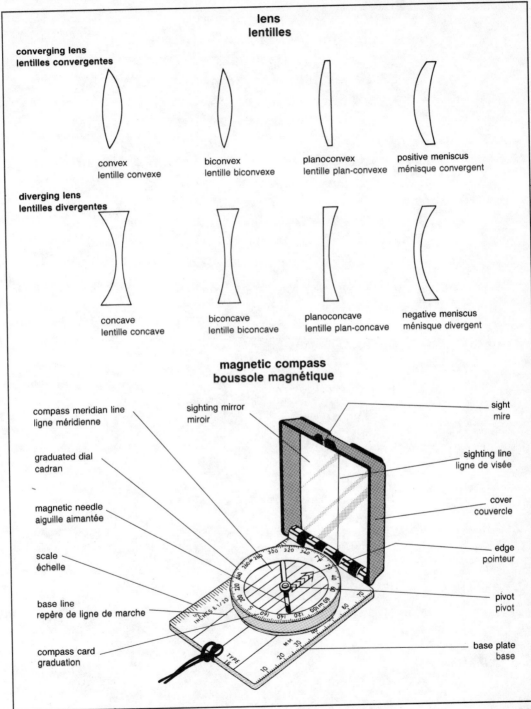

convex
lentille convexe

biconvex
lentille biconvexe

planoconvex
lentille plan-convexe

positive meniscus
ménisque convergent

diverging lens
lentilles divergentes

concave
lentille concave

biconcave
lentille biconcave

planoconcave
lentille plan-concave

negative meniscus
ménisque divergent

magnetic compass
boussole magnétique

compass meridian line
ligne méridienne

sighting mirror
miroir

sight
mire

graduated dial
cadran

sighting line
ligne de visée

magnetic needle
aiguille aimantée

cover
couvercle

scale
échelle

edge
pointeur

base line
repère de ligne de marche

pivot
pivot

compass card
graduation

base plate
base

HEALTH

SANTÉ

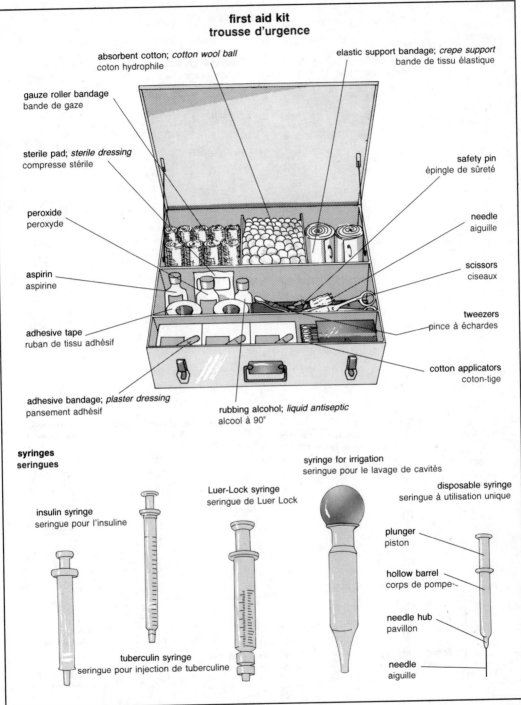

first aid kit
trousse d'urgence

absorbent cotton; *cotton wool ball*
coton hydrophile

elastic support bandage; *crepe support*
bande de tissu élastique

gauze roller bandage
bande de gaze

sterile pad; *sterile dressing*
compresse stérile

safety pin
épingle de sûreté

peroxide
peroxyde

needle
aiguille

aspirin
aspirine

scissors
ciseaux

tweezers
pince à échardes

adhesive tape
ruban de tissu adhésif

cotton applicators
coton-tige

adhesive bandage; *plaster dressing*
pansement adhésif

rubbing alcohol; *liquid antiseptic*
alcool à 90°

syringes
seringues

syringe for irrigation
seringue pour le lavage de cavités

Luer-Lock syringe
seringue de Luer Lock

disposable syringe
seringue à utilisation unique

insulin syringe
seringue pour l'insuline

plunger
piston

hollow barrel
corps de pompe

needle hub
pavillon

tuberculin syringe
seringue pour injection de tuberculine

needle
aiguille

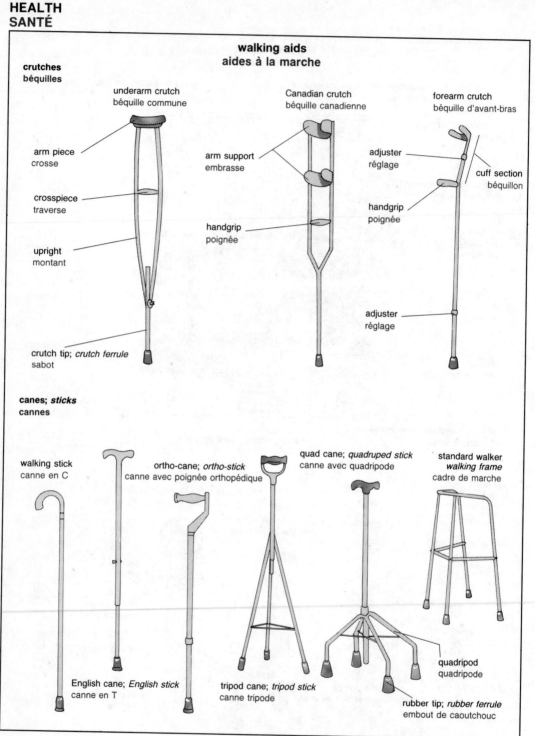

walking aids
aides à la marche

crutches
béquilles

underarm crutch
béquille commune

Canadian crutch
béquille canadienne

forearm crutch
béquille d'avant-bras

arm piece
crosse

arm support
embrasse

adjuster
réglage

cuff section
béquillon

crosspiece
traverse

handgrip
poignée

handgrip
poignée

upright
montant

adjuster
réglage

crutch tip; *crutch ferrule*
sabot

canes; *sticks*
cannes

walking stick
canne en C

ortho-cane; *ortho-stick*
canne avec poignée orthopédique

quad cane; *quadruped stick*
canne avec quadripode

standard walker
walking frame
cadre de marche

quadripod
quadripode

English cane; *English stick*
canne en T

tripod cane; *tripod stick*
canne tripode

rubber tip; *rubber ferrule*
embout de caoutchouc

wheelchair
fauteuil roulant

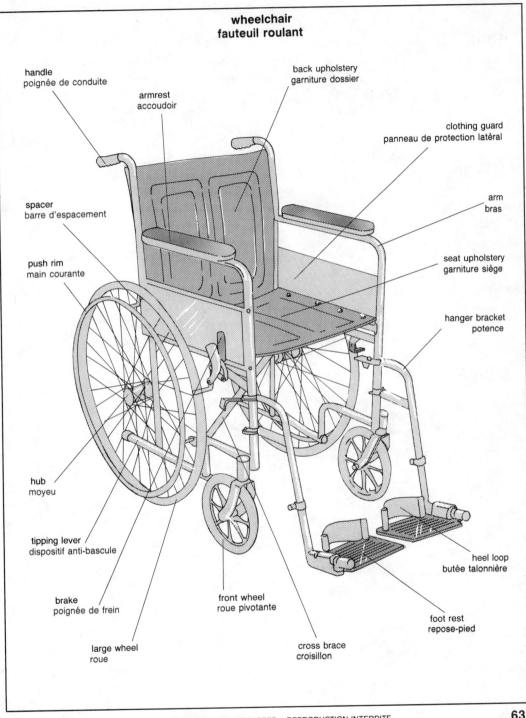

handle
poignée de conduite

armrest
accoudoir

back upholstery
garniture dossier

clothing guard
panneau de protection latéral

arm
bras

spacer
barre d'espacement

push rim
main courante

seat upholstery
garniture siège

hanger bracket
potence

hub
moyeu

tipping lever
dispositif anti-bascule

heel loop
butée talonnière

brake
poignée de frein

front wheel
roue pivotante

foot rest
repose-pied

large wheel
roue

cross brace
croisillon

631

ENERGY

ÉNERGIES

coal mine
mine de charbon

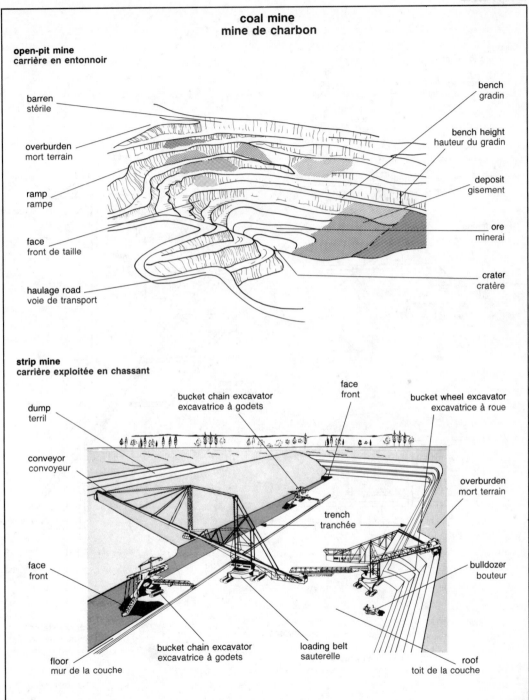

**open-pit mine
carrière en entonnoir**

barren
stérile

overburden
mort terrain

ramp
rampe

face
front de taille

haulage road
voie de transport

bench
gradin

bench height
hauteur du gradin

deposit
gisement

ore
minerai

crater
cratère

**strip mine
carrière exploitée en chassant**

dump
terril

conveyor
convoyeur

bucket chain excavator
excavatrice à godets

face
front

bucket wheel excavator
excavatrice à roue

overburden
mort terrain

trench
tranchée

bulldozer
bouteur

face
front

floor
mur de la couche

bucket chain excavator
excavatrice à godets

loading belt
sauterelle

roof
toit de la couche

coal mine
mine de charbon

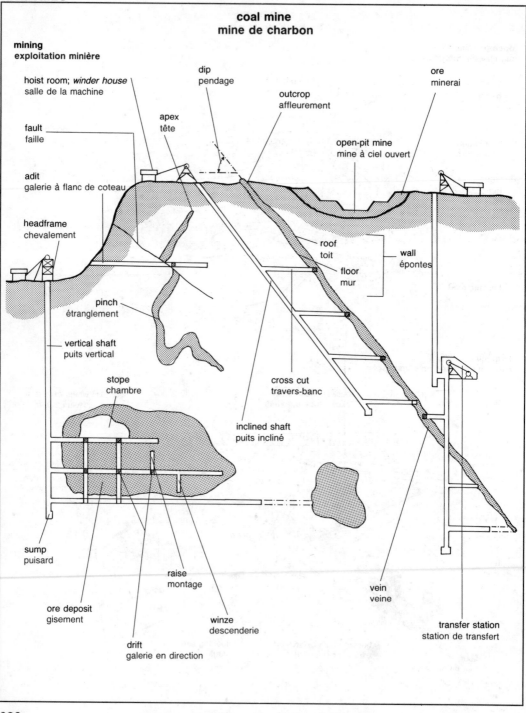

mining
exploitation minière

hoist room; *winder house*
salle de la machine

dip
pendage

ore
minerai

apex
tête

fault
faille

outcrop
affleurement

open-pit mine
mine à ciel ouvert

adit
galerie à flanc de coteau

headframe
chevalement

roof
toit

wall
épontes

floor
mur

pinch
étranglement

vertical shaft
puits vertical

stope
chambre

cross cut
travers-banc

inclined shaft
puits incliné

sump
puisard

raise
montage

winze
descenderie

vein
veine

ore deposit
gisement

drift
galerie en direction

transfer station
station de transfert

coal mine
mine de charbon

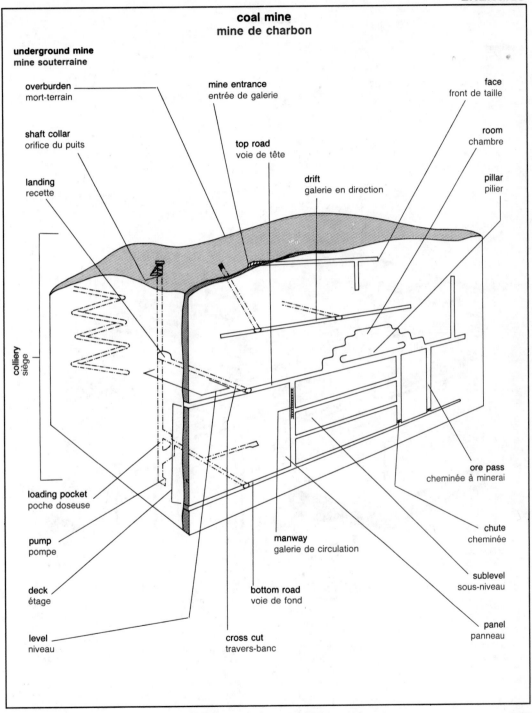

underground mine
mine souterraine

overburden
mort-terrain

mine entrance
entrée de galerie

face
front de taille

shaft collar
orifice du puits

top road
voie de tête

room
chambre

landing
recette

drift
galerie en direction

pillar
pilier

colliery
siège

ore pass
cheminée à minerai

loading pocket
poche doseuse

chute
cheminée

pump
pompe

manway
galerie de circulation

sublevel
sous-niveau

deck
étage

bottom road
voie de fond

panel
panneau

level
niveau

cross cut
travers-banc

coal mine
mine de charbon

pithead
carreau de mine

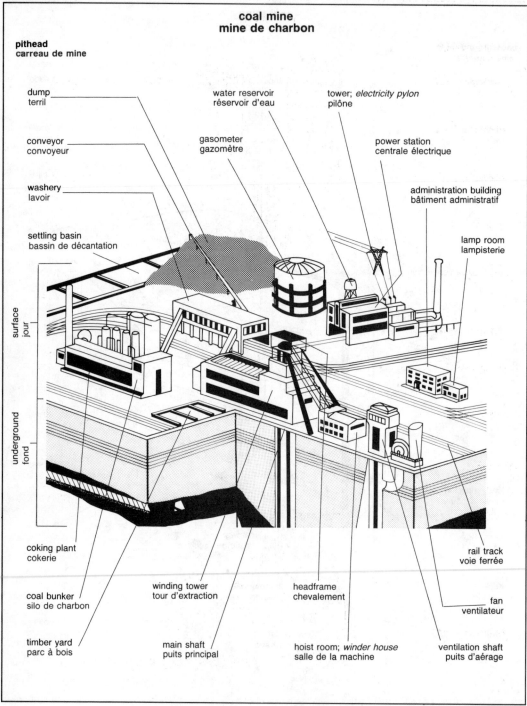

dump
terril

water reservoir
réservoir d'eau

tower; *electricity pylon*
pilône

conveyor
convoyeur

gasometer
gazomètre

power station
centrale électrique

washery
lavoir

administration building
bâtiment administratif

settling basin
bassin de décantation

lamp room
lampisterie

surface
jour

underground
fond

coking plant
cokerie

rail track
voie ferrée

coal bunker
silo de charbon

winding tower
tour d'extraction

headframe
chevalement

fan
ventilateur

timber yard
parc à bois

main shaft
puits principal

hoist room; *winder house*
salle de la machine

ventilation shaft
puits d'aérage

coal mine
mine de charbon

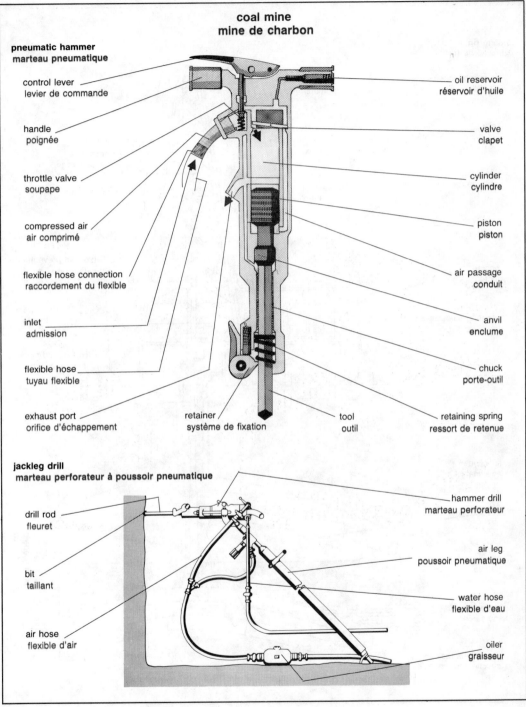

pneumatic hammer
marteau pneumatique

control lever
levier de commande

handle
poignée

throttle valve
soupape

compressed air
air comprimé

flexible hose connection
raccordement du flexible

inlet
admission

flexible hose
tuyau flexible

exhaust port
orifice d'échappement

retainer
système de fixation

oil reservoir
réservoir d'huile

valve
clapet

cylinder
cylindre

piston
piston

air passage
conduit

anvil
enclume

chuck
porte-outil

tool
outil

retaining spring
ressort de retenue

jackleg drill
marteau perforateur à poussoir pneumatique

drill rod
fleuret

bit
taillant

air hose
flexible d'air

hammer drill
marteau perforateur

air leg
poussoir pneumatique

water hose
flexible d'eau

oiler
graisseur

639

oil
pétrole

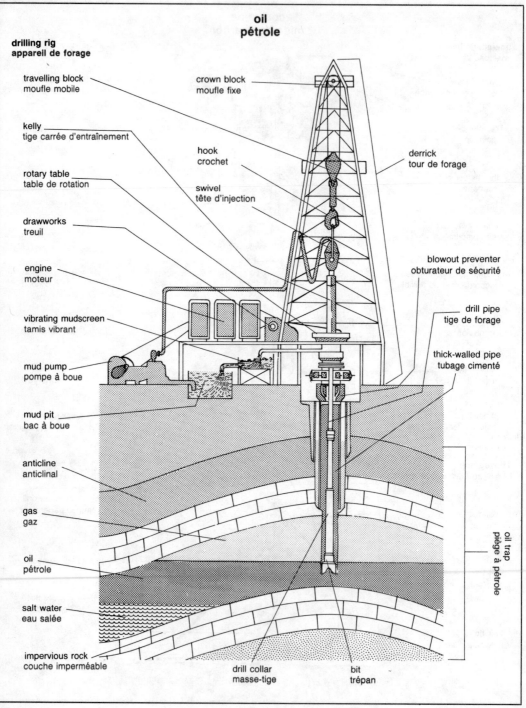

**drilling rig
appareil de forage**

travelling block
moufle mobile

crown block
moufle fixe

kelly
tige carrée d'entraînement

hook
crochet

derrick
tour de forage

rotary table
table de rotation

swivel
tête d'injection

drawworks
treuil

blowout preventer
obturateur de sécurité

engine
moteur

drill pipe
tige de forage

vibrating mudscreen
tamis vibrant

thick-walled pipe
tubage cimenté

mud pump
pompe à boue

mud pit
bac à boue

anticline
anticlinal

gas
gaz

oil trap
piège à pétrole

oil
pétrole

salt water
eau salée

impervious rock
couche imperméable

drill collar
masse-tige

bit
trépan

oil
pétrole

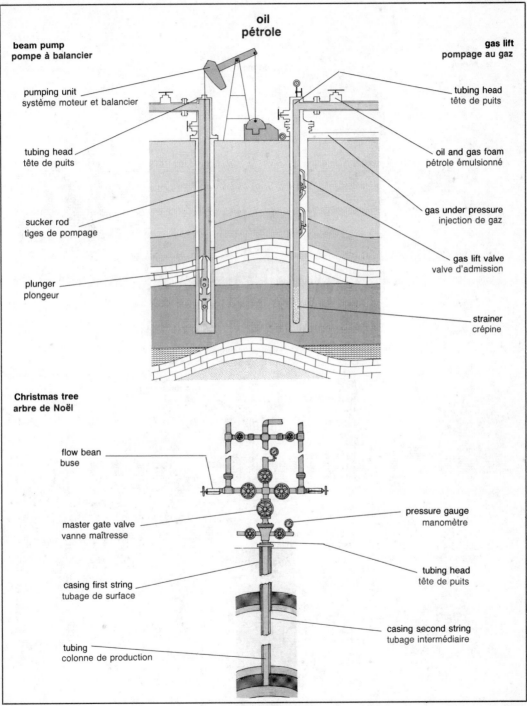

beam pump
pompe à balancier

pumping unit
système moteur et balancier

tubing head
tête de puits

sucker rod
tiges de pompage

plunger
plongeur

gas lift
pompage au gaz

tubing head
tête de puits

oil and gas foam
pétrole émulsionné

gas under pressure
injection de gaz

gas lift valve
valve d'admission

strainer
crépine

Christmas tree
arbre de Noël

flow bean
buse

master gate valve
vanne maîtresse

casing first string
tubage de surface

tubing
colonne de production

pressure gauge
manomètre

tubing head
tête de puits

casing second string
tubage intermédiaire

641

oil
pétrole

**offshore drilling
forage en mer**

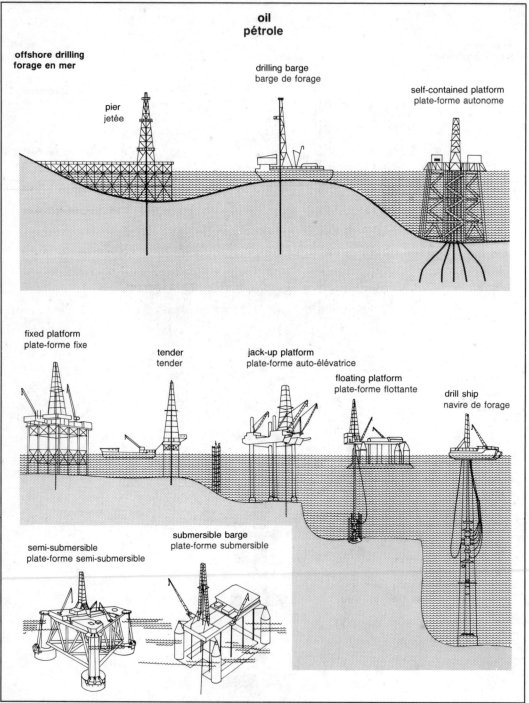

pier
jetée

drilling barge
barge de forage

self-contained platform
plate-forme autonome

fixed platform
plate-forme fixe

tender
tender

jack-up platform
plate-forme auto-élévatrice

floating platform
plate-forme flottante

drill ship
navire de forage

semi-submersible
plate-forme semi-submersible

submersible barge
plate-forme submersible

oil
pétrole

production platform
plate-forme de production

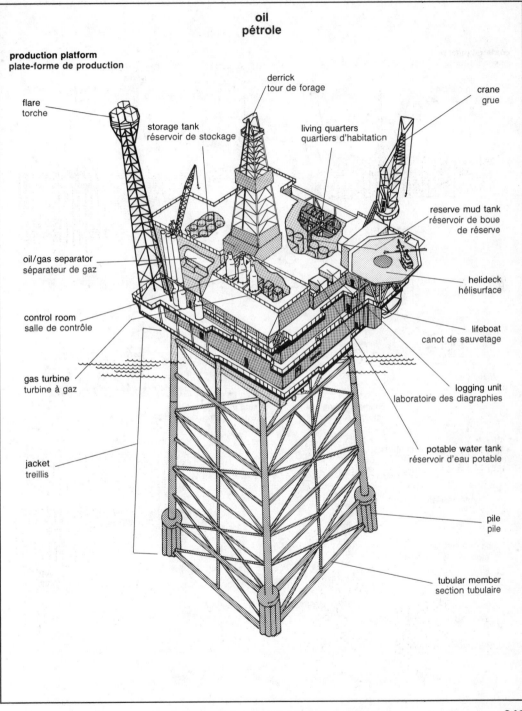

derrick
tour de forage

crane
grue

flare
torche

storage tank
réservoir de stockage

living quarters
quartiers d'habitation

reserve mud tank
réservoir de boue
de réserve

oil/gas separator
séparateur de gaz

helideck
hélisurface

control room
salle de contrôle

lifeboat
canot de sauvetage

gas turbine
turbine à gaz

logging unit
laboratoire des diagraphies

potable water tank
réservoir d'eau potable

jacket
treillis

pile
pile

tubular member
section tubulaire

643

oil
pétrole

crude oil pipeline
pipeline pour le transport du pétrole brut

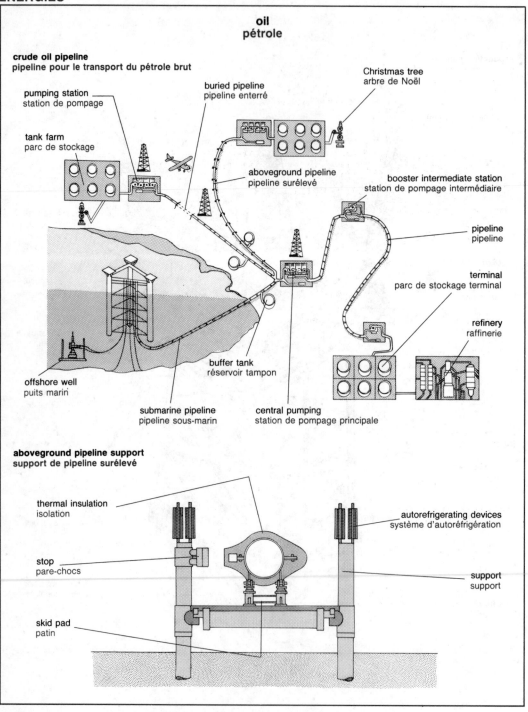

pumping station
station de pompage

buried pipeline
pipeline enterré

Christmas tree
arbre de Noël

tank farm
parc de stockage

aboveground pipeline
pipeline surélevé

booster intermediate station
station de pompage intermédiaire

pipeline
pipeline

terminal
parc de stockage terminal

refinery
raffinerie

offshore well
puits marin

buffer tank
réservoir tampon

submarine pipeline
pipeline sous-marin

central pumping
station de pompage principale

aboveground pipeline support
support de pipeline surélevé

thermal insulation
isolation

autorefrigerating devices
système d'autoréfrigération

stop
pare-chocs

support
support

skid pad
patin

oil
pétrole

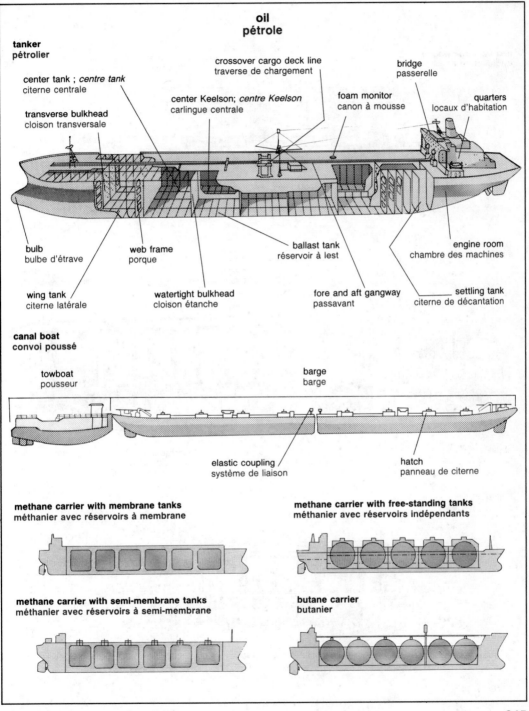

tanker
pétrolier

crossover cargo deck line
traverse de chargement

bridge
passerelle

center tank ; *centre tank*
citerne centrale

center Keelson; *centre Keelson*
carlingue centrale

foam monitor
canon à mousse

quarters
locaux d'habitation

transverse bulkhead
cloison transversale

bulb
bulbe d'étrave

web frame
porque

ballast tank
réservoir à lest

engine room
chambre des machines

wing tank
citerne latérale

watertight bulkhead
cloison étanche

fore and aft gangway
passavant

settling tank
citerne de décantation

canal boat
convoi poussé

towboat
pousseur

barge
barge

elastic coupling
système de liaison

hatch
panneau de citerne

methane carrier with membrane tanks
méthanier avec réservoirs à membrane

methane carrier with free-standing tanks
méthanier avec réservoirs indépendants

methane carrier with semi-membrane tanks
méthanier avec réservoirs à semi-membrane

butane carrier
butanier

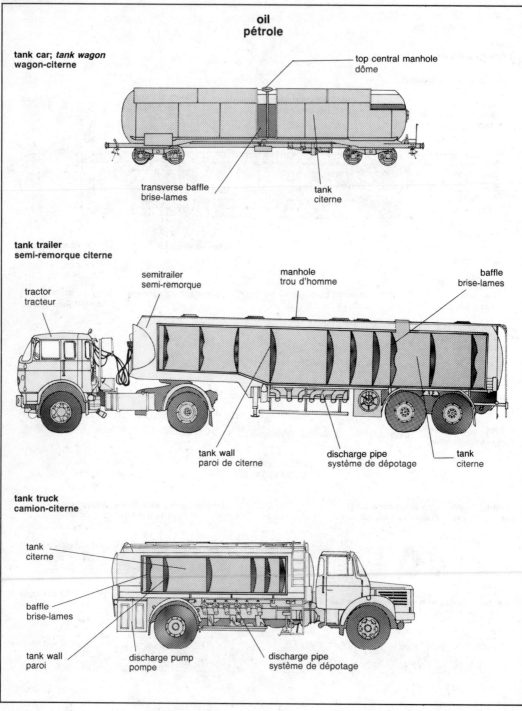

oil
pétrole

tank car; *tank wagon*
wagon-citerne

top central manhole
dôme

transverse baffle
brise-lames

tank
citerne

tank trailer
semi-remorque citerne

semitrailer
semi-remorque

manhole
trou d'homme

baffle
brise-lames

tractor
tracteur

tank wall
paroi de citerne

discharge pipe
système de dépotage

tank
citerne

tank truck
camion-citerne

tank
citerne

baffle
brise-lames

tank wall
paroi

discharge pump
pompe

discharge pipe
système de dépotage

oil
pétrole

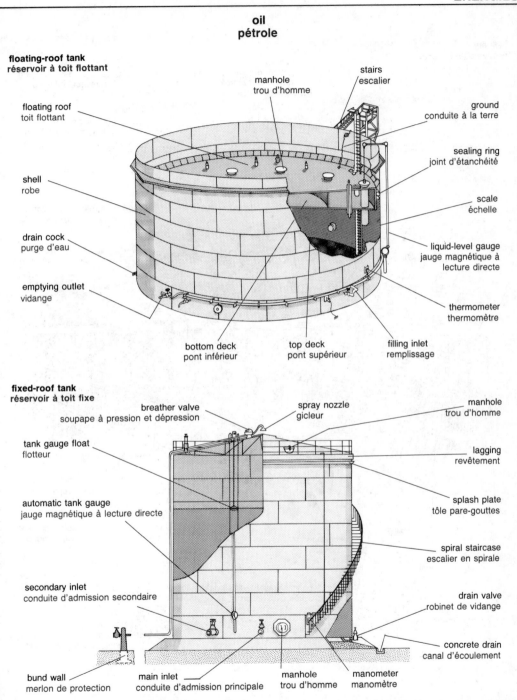

floating-roof tank
réservoir à toit flottant

floating roof
toit flottant

shell
robe

drain cock
purge d'eau

emptying outlet
vidange

manhole
trou d'homme

stairs
escalier

ground
conduite à la terre

sealing ring
joint d'étanchéité

scale
échelle

liquid-level gauge
jauge magnétique à
lecture directe

thermometer
thermomètre

bottom deck
pont inférieur

top deck
pont supérieur

filling inlet
remplissage

fixed-roof tank
réservoir à toit fixe

breather valve
soupape à pression et dépression

spray nozzle
gicleur

manhole
trou d'homme

tank gauge float
flotteur

lagging
revêtement

automatic tank gauge
jauge magnétique à lecture directe

splash plate
tôle pare-gouttes

spiral staircase
escalier en spirale

secondary inlet
conduite d'admission secondaire

drain valve
robinet de vidange

concrete drain
canal d'écoulement

bund wall
merlon de protection

main inlet
conduite d'admission principale

manhole
trou d'homme

manometer
manomètre

oil
pétrole

refinery
raffinerie

straight run gasoline treatment
straight run petroleum treatment
traitement des essences

desasphalting
désasphaltage des huiles

fire station
service de sécurité et d'incendie

dewaxing
déparaffinage des huiles

finished product storage
stockage des produits finis

settling pond
bassin de décantation
et de traitement
des eaux usées

asphalt process
unité de soufflage
des bitumes

flare
torche

rerunning
redistillation
des huiles

liquefied petroleum gas storage
stockage des gaz liquéfiés

hydrofiner
hydroraffineur

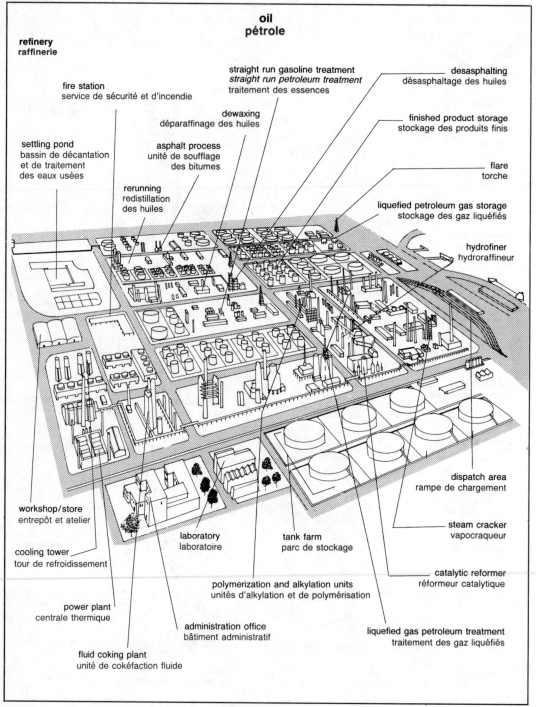

workshop/store
entrepôt et atelier

cooling tower
tour de refroidissement

laboratory
laboratoire

tank farm
parc de stockage

dispatch area
rampe de chargement

steam cracker
vapocraqueur

power plant
centrale thermique

polymerization and alkylation units
unités d'alkylation et de polymérisation

catalytic reformer
réformeur catalytique

administration office
bâtiment administratif

liquefied gas petroleum treatment
traitement des gaz liquéfiés

fluid coking plant
unité de cokéfaction fluide

oil
pétrole

refinery products
produits de la raffinerie

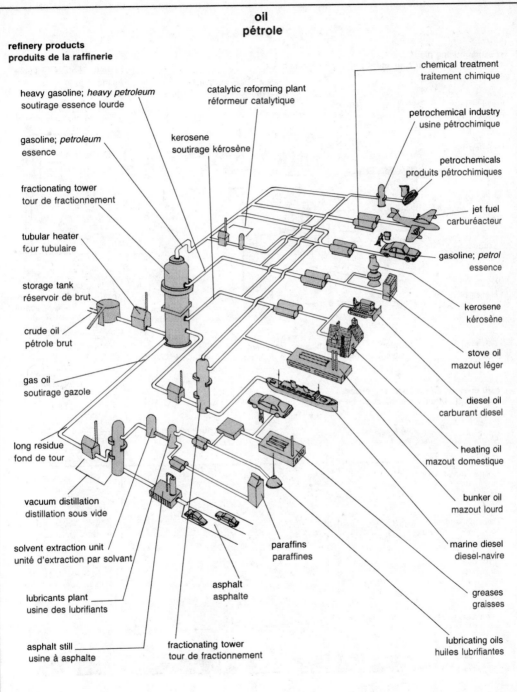

heavy gasoline; *heavy petroleum*
soutirage essence lourde

catalytic reforming plant
réformeur catalytique

chemical treatment
traitement chimique

petrochemical industry
usine pétrochimique

gasoline; *petroleum*
essence

kerosene
soutirage kérosène

petrochemicals
produits pétrochimiques

fractionating tower
tour de fractionnement

jet fuel
carburéacteur

tubular heater
four tubulaire

gasoline; *petrol*
essence

storage tank
réservoir de brut

kerosene
kérosène

crude oil
pétrole brut

stove oil
mazout léger

gas oil
soutirage gazole

diesel oil
carburant diesel

long residue
fond de tour

heating oil
mazout domestique

vacuum distillation
distillation sous vide

bunker oil
mazout lourd

solvent extraction unit
unité d'extraction par solvant

marine diesel
diesel-navire

lubricants plant
usine des lubrifiants

paraffins
paraffines

greases
graisses

asphalt still
usine à asphalte

asphalt
asphalte

fractionating tower
tour de fractionnement

lubricating oils
huiles lubrifiantes

oil
pétrole

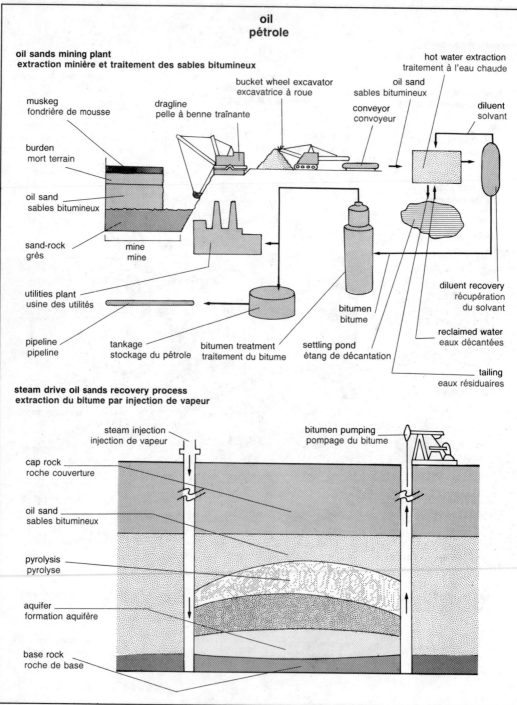

**oil sands mining plant
extraction minière et traitement des sables bitumineux**

muskeg
fondrière de mousse

burden
mort terrain

oil sand
sables bitumineux

sand-rock
grès

mine
mine

utilities plant
usine des utilités

pipeline
pipeline

tankage
stockage du pétrole

bitumen treatment
traitement du bitume

dragline
pelle à benne traînante

bucket wheel excavator
excavatrice à roue

conveyor
convoyeur

oil sand
sables bitumineux

hot water extraction
traitement à l'eau chaude

diluent
solvant

diluent recovery
récupération
du solvant

reclaimed water
eaux décantées

bitumen
bitume

settling pond
étang de décantation

tailing
eaux résiduaires

**steam drive oil sands recovery process
extraction du bitume par injection de vapeur**

steam injection
injection de vapeur

bitumen pumping
pompage du bitume

cap rock
roche couverture

oil sand
sables bitumineux

pyrolysis
pyrolyse

aquifer
formation aquifère

base rock
roche de base

**electricity
électricité**

**hydroelectric complex
complexe hydroélectrique**

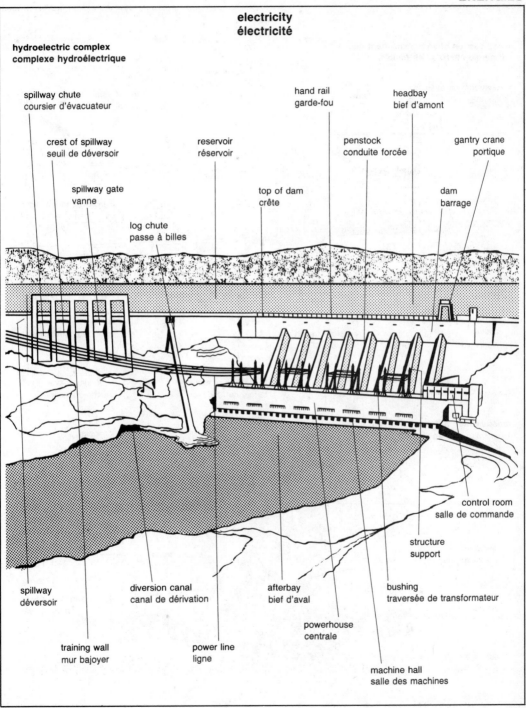

spillway chute
coursier d'évacuateur

hand rail
garde-fou

headbay
bief d'amont

crest of spillway
seuil de déversoir

reservoir
réservoir

penstock
conduite forcée

gantry crane
portique

spillway gate
vanne

top of dam
crête

dam
barrage

log chute
passe à billes

control room
salle de commande

structure
support

spillway
déversoir

diversion canal
canal de dérivation

afterbay
bief d'aval

bushing
traversée de transformateur

training wall
mur bajoyer

power line
ligne

powerhouse
centrale

machine hall
salle des machines

651

electricity
électricité

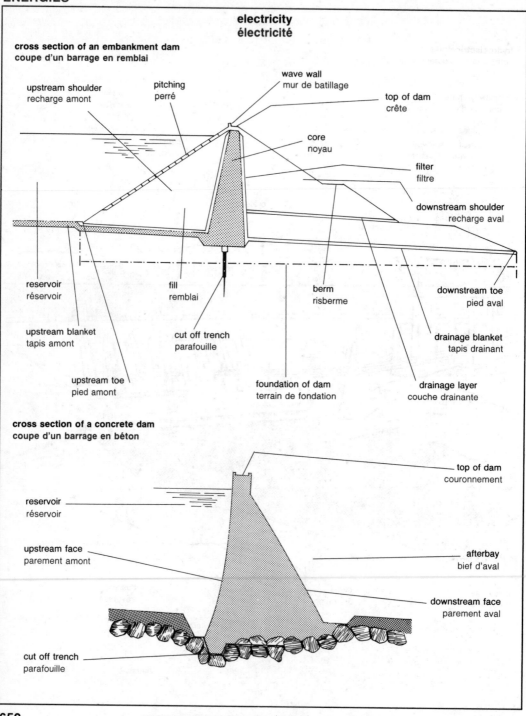

cross section of an embankment dam
coupe d'un barrage en remblai

upstream shoulder
recharge amont

pitching
perré

wave wall
mur de batillage

top of dam
crête

core
noyau

filter
filtre

downstream shoulder
recharge aval

reservoir
réservoir

fill
remblai

berm
risberme

downstream toe
pied aval

upstream blanket
tapis amont

cut off trench
parafouille

drainage blanket
tapis drainant

upstream toe
pied amont

foundation of dam
terrain de fondation

drainage layer
couche drainante

cross section of a concrete dam
coupe d'un barrage en béton

top of dam
couronnement

reservoir
réservoir

upstream face
parement amont

afterbay
bief d'aval

downstream face
parement aval

cut off trench
parafouille

electricity
électricité

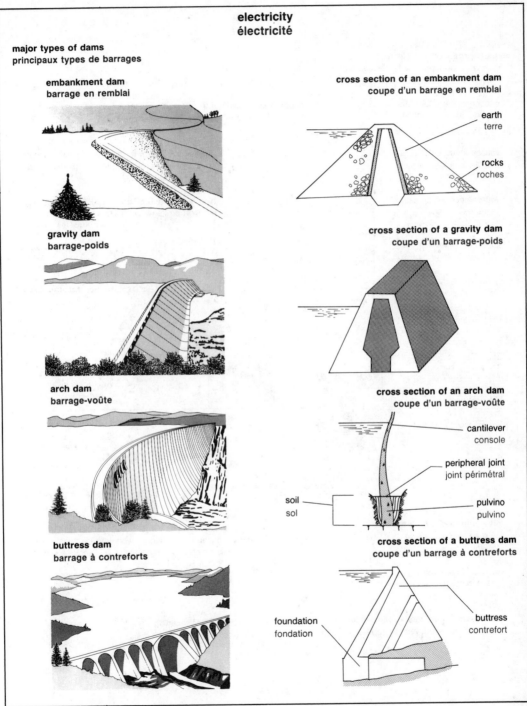

major types of dams
principaux types de barrages

embankment dam
barrage en remblai

cross section of an embankment dam
coupe d'un barrage en remblai

earth
terre

rocks
roches

gravity dam
barrage-poids

cross section of a gravity dam
coupe d'un barrage-poids

arch dam
barrage-voûte

cross section of an arch dam
coupe d'un barrage-voûte

cantilever
console

peripheral joint
joint périmétral

soil
sol

pulvino
pulvino

buttress dam
barrage à contreforts

cross section of a buttress dam
coupe d'un barrage à contreforts

foundation
fondation

buttress
contrefort

653

electricity
électricité

steps in production of electricity
étapes de production de l'énergie électrique

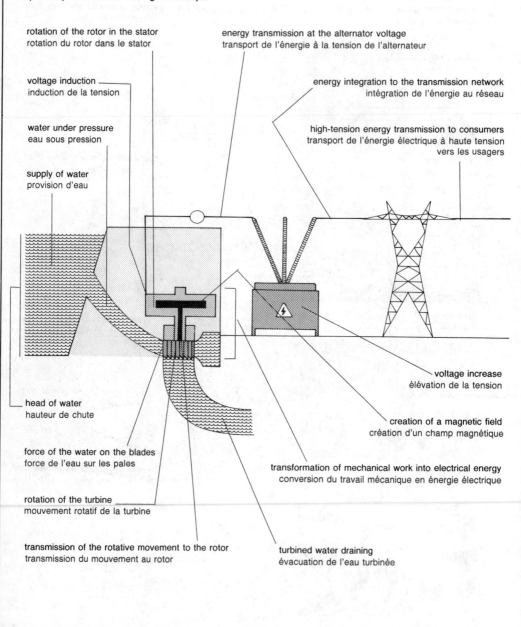

rotation of the rotor in the stator
rotation du rotor dans le stator

voltage induction
induction de la tension

water under pressure
eau sous pression

supply of water
provision d'eau

energy transmission at the alternator voltage
transport de l'énergie à la tension de l'alternateur

energy integration to the transmission network
intégration de l'énergie au réseau

high-tension energy transmission to consumers
transport de l'énergie électrique à haute tension
vers les usagers

voltage increase
élévation de la tension

creation of a magnetic field
création d'un champ magnétique

head of water
hauteur de chute

force of the water on the blades
force de l'eau sur les pales

rotation of the turbine
mouvement rotatif de la turbine

transformation of mechanical work into electrical energy
conversion du travail mécanique en énergie électrique

transmission of the rotative movement to the rotor
transmission du mouvement au rotor

turbined water draining
évacuation de l'eau turbinée

electricity
électricité

cross section of hydroelectric power station
coupe d'une centrale hydroélectrique

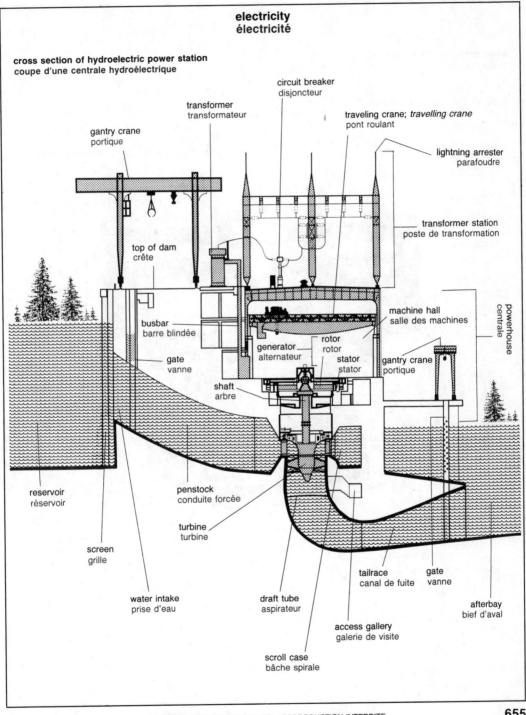

circuit breaker
disjoncteur

transformer
transformateur

traveling crane; *travelling crane*
pont roulant

gantry crane
portique

lightning arrester
parafoudre

transformer station
poste de transformation

top of dam
crête

machine hall
salle des machines

powerhouse
centrale

busbar
barre blindée

generator
alternateur

rotor
rotor

stator
stator

gantry crane
portique

gate
vanne

shaft
arbre

reservoir
réservoir

penstock
conduite forcée

turbine
turbine

tailrace
canal de fuite

gate
vanne

screen
grille

afterbay
bief d'aval

water intake
prise d'eau

draft tube
aspirateur

access gallery
galerie de visite

scroll case
bâche spirale

electricity
électricité

generator
turbo-alternateur

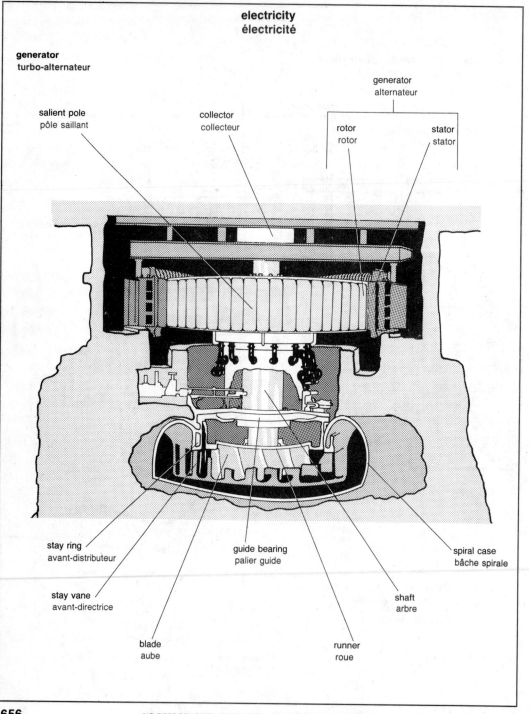

generator
alternateur

salient pole
pôle saillant

collector
collecteur

rotor
rotor

stator
stator

stay ring
avant-distributeur

guide bearing
palier guide

spiral case
bâche spirale

stay vane
avant-directrice

shaft
arbre

blade
aube

runner
roue

electricity
électricité

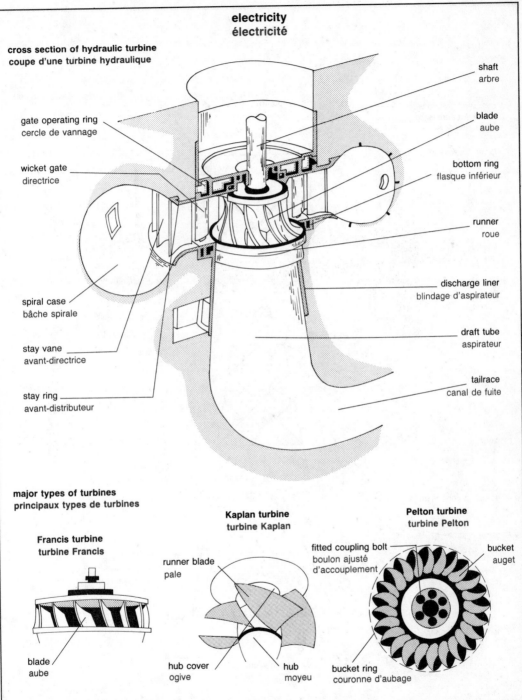

cross section of hydraulic turbine
coupe d'une turbine hydraulique

shaft
arbre

gate operating ring
cercle de vannage

blade
aube

wicket gate
directrice

bottom ring
flasque inférieur

runner
roue

discharge liner
blindage d'aspirateur

spiral case
bâche spirale

draft tube
aspirateur

stay vane
avant-directrice

tailrace
canal de fuite

stay ring
avant-distributeur

major types of turbines
principaux types de turbines

Kaplan turbine
turbine Kaplan

Pelton turbine
turbine Pelton

Francis turbine
turbine Francis

runner blade
pale

fitted coupling bolt
boulon ajusté
d'accouplement

bucket
auget

blade
aube

hub cover
ogive

hub
moyeu

bucket ring
couronne d'aubage

electricity
électricité

tower
pylône

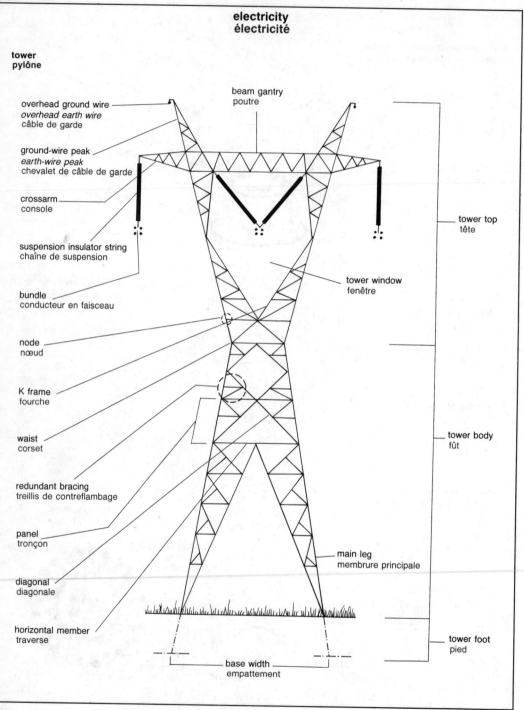

overhead ground wire
overhead earth wire
câble de garde

beam gantry
poutre

ground-wire peak
earth-wire peak
chevalet de câble de garde

crossarm
console

suspension insulator string
chaîne de suspension

bundle
conducteur en faisceau

tower window
fenêtre

node
nœud

K frame
fourche

waist
corset

redundant bracing
treillis de contreflambage

panel
tronçon

main leg
membrure principale

diagonal
diagonale

horizontal member
traverse

tower top
tête

tower body
fût

tower foot
pied

base width
empattement

electricity
électricité

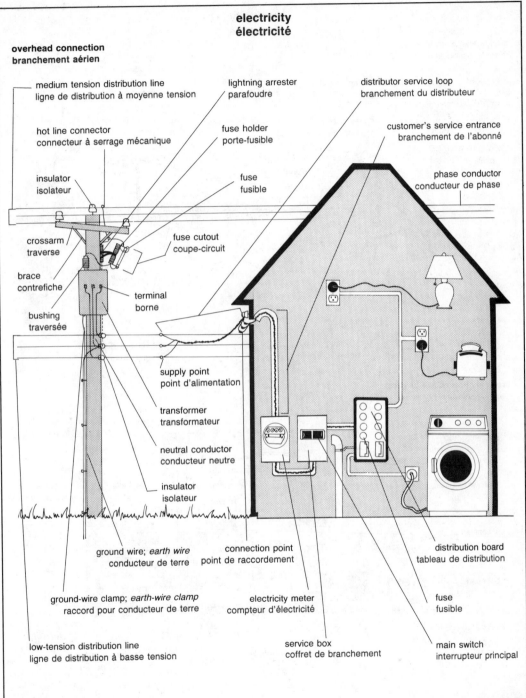

overhead connection
branchement aérien

medium tension distribution line
ligne de distribution à moyenne tension

lightning arrester
parafoudre

distributor service loop
branchement du distributeur

hot line connector
connecteur à serrage mécanique

fuse holder
porte-fusible

customer's service entrance
branchement de l'abonné

insulator
isolateur

fuse
fusible

phase conductor
conducteur de phase

crossarm
traverse

fuse cutout
coupe-circuit

brace
contrefiche

terminal
borne

bushing
traversée

supply point
point d'alimentation

transformer
transformateur

neutral conductor
conducteur neutre

insulator
isolateur

ground wire; *earth wire*
conducteur de terre

connection point
point de raccordement

distribution board
tableau de distribution

ground-wire clamp; *earth-wire clamp*
raccord pour conducteur de terre

electricity meter
compteur d'électricité

fuse
fusible

low-tension distribution line
ligne de distribution à basse tension

service box
coffret de branchement

main switch
interrupteur principal

electricity
électricité

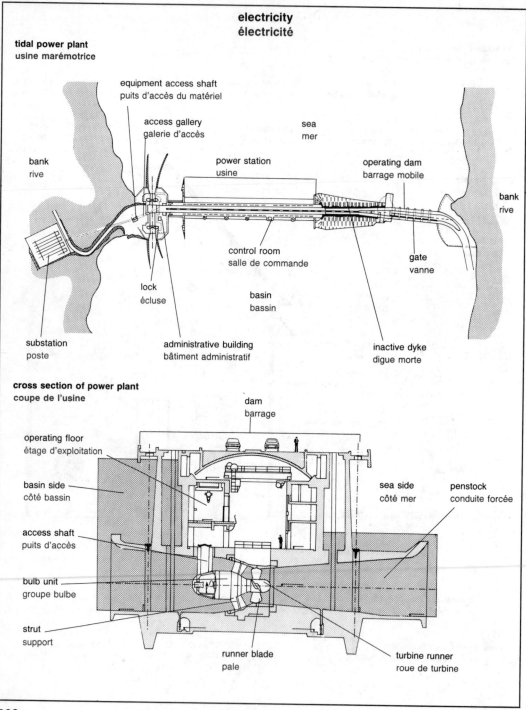

tidal power plant
usine marémotrice

equipment access shaft
puits d'accès du matériel

access gallery
galerie d'accès

sea
mer

bank
rive

power station
usine

operating dam
barrage mobile

bank
rive

control room
salle de commande

gate
vanne

lock
écluse

basin
bassin

substation
poste

administrative building
bâtiment administratif

inactive dyke
digue morte

cross section of power plant
coupe de l'usine

dam
barrage

operating floor
étage d'exploitation

basin side
côté bassin

sea side
côté mer

penstock
conduite forcée

access shaft
puits d'accès

bulb unit
groupe bulbe

strut
support

runner blade
pale

turbine runner
roue de turbine

nuclear energy
énergie nucléaire

CANDU nuclear generating station
centrale nucléaire CANDU

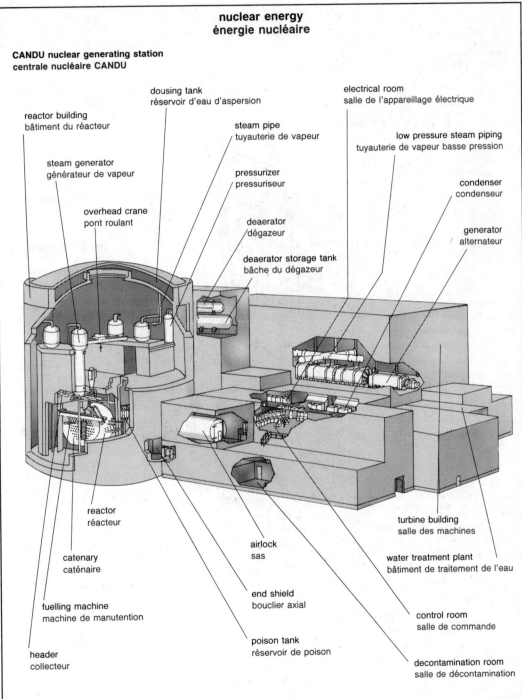

dousing tank
réservoir d'eau d'aspersion

electrical room
salle de l'appareillage électrique

reactor building
bâtiment du réacteur

steam pipe
tuyauterie de vapeur

low pressure steam piping
tuyauterie de vapeur basse pression

steam generator
générateur de vapeur

pressurizer
pressuriseur

condenser
condenseur

overhead crane
pont roulant

deaerator
dégazeur

generator
alternateur

deaerator storage tank
bâche du dégazeur

reactor
réacteur

turbine building
salle des machines

airlock
sas

water treatment plant
bâtiment de traitement de l'eau

catenary
caténaire

fuelling machine
machine de manutention

end shield
bouclier axial

control room
salle de commande

header
collecteur

poison tank
réservoir de poison

decontamination room
salle de décontamination

nuclear energy
énergie nucléaire

CANDU reactor
réacteur CANDU

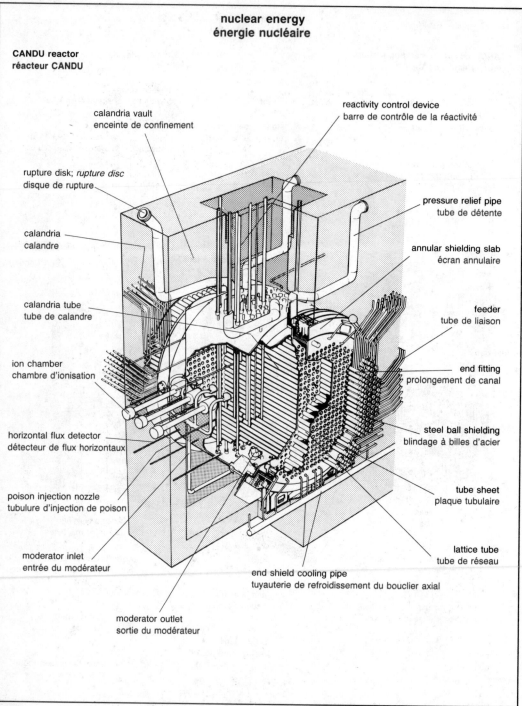

calandria vault
enceinte de confinement

reactivity control device
barre de contrôle de la réactivité

rupture disk; *rupture disc*
disque de rupture

pressure relief pipe
tube de détente

calandria
calandre

annular shielding slab
écran annulaire

calandria tube
tube de calandre

feeder
tube de liaison

ion chamber
chambre d'ionisation

end fitting
prolongement de canal

horizontal flux detector
détecteur de flux horizontaux

steel ball shielding
blindage à billes d'acier

poison injection nozzle
tubulure d'injection de poison

tube sheet
plaque tubulaire

moderator inlet
entrée du modérateur

lattice tube
tube de réseau

end shield cooling pipe
tuyauterie de refroidissement du bouclier axial

moderator outlet
sortie du modérateur

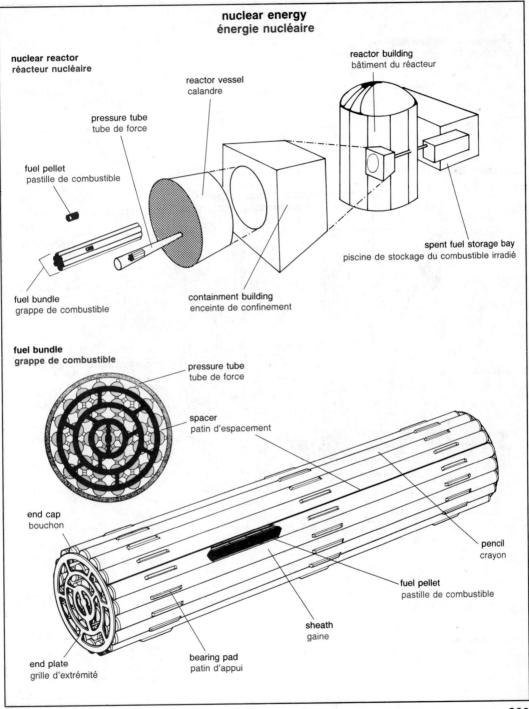

nuclear energy
énergie nucléaire

nuclear reactor
réacteur nucléaire

reactor vessel
calandre

reactor building
bâtiment du réacteur

pressure tube
tube de force

fuel pellet
pastille de combustible

spent fuel storage bay
piscine de stockage du combustible irradié

fuel bundle
grappe de combustible

containment building
enceinte de confinement

fuel bundle
grappe de combustible

pressure tube
tube de force

spacer
patin d'espacement

end cap
bouchon

pencil
crayon

fuel pellet
pastille de combustible

sheath
gaine

end plate
grille d'extrémité

bearing pad
patin d'appui

nuclear energy
énergie nucléaire

generating station flow diagram
schéma de fonctionnement d'une centrale nucléaire

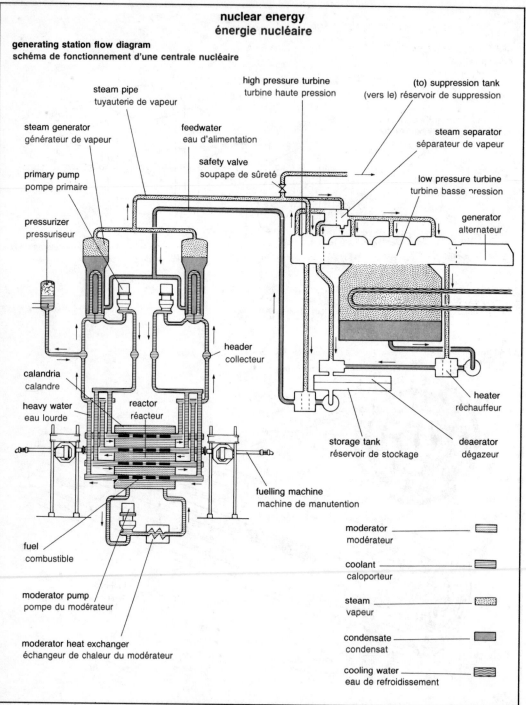

steam pipe
tuyauterie de vapeur

high pressure turbine
turbine haute pression

(to) suppression tank
(vers le) réservoir de suppression

steam generator
générateur de vapeur

feedwater
eau d'alimentation

steam separator
séparateur de vapeur

safety valve
soupape de sûreté

primary pump
pompe primaire

low pressure turbine
turbine basse pression

pressurizer
pressuriseur

generator
alternateur

header
collecteur

calandria
calandre

heavy water
eau lourde

reactor
réacteur

heater
réchauffeur

storage tank
réservoir de stockage

deaerator
dégazeur

fuelling machine
machine de manutention

fuel
combustible

moderator
modérateur

moderator pump
pompe du modérateur

coolant
caloporteur

steam
vapeur

moderator heat exchanger
échangeur de chaleur du modérateur

condensate
condensat

cooling water
eau de refroidissement

nuclear energy
énergie nucléaire

fuel handling sequence
séquence de manipulation du combustible

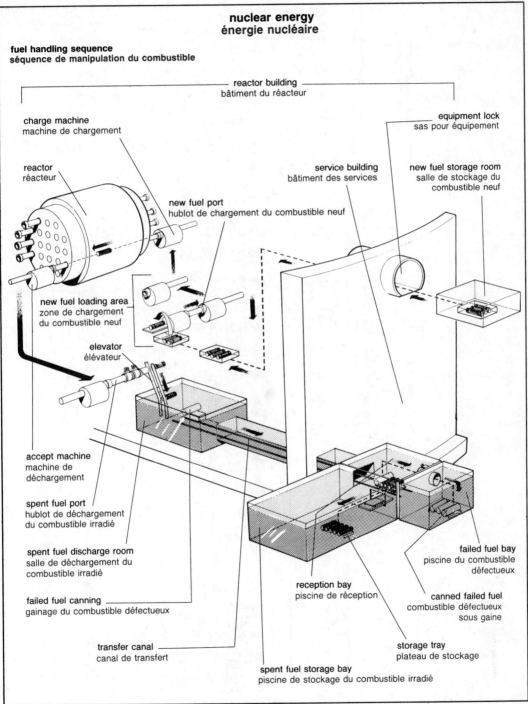

reactor building
bâtiment du réacteur

charge machine
machine de chargement

equipment lock
sas pour équipement

reactor
réacteur

service building
bâtiment des services

new fuel storage room
salle de stockage du
combustible neuf

new fuel port
hublot de chargement du combustible neuf

new fuel loading area
zone de chargement
du combustible neuf

elevator
élévateur

accept machine
machine de
déchargement

spent fuel port
hublot de déchargement
du combustible irradié

failed fuel bay
piscine du combustible
défectueux

spent fuel discharge room
salle de déchargement du
combustible irradié

canned failed fuel
combustible défectueux
sous gaine

reception bay
piscine de réception

failed fuel canning
gainage du combustible défectueux

transfer canal
canal de transfert

storage tray
plateau de stockage

spent fuel storage bay
piscine de stockage du combustible irradié

665

nuclear energy
énergie nucléaire

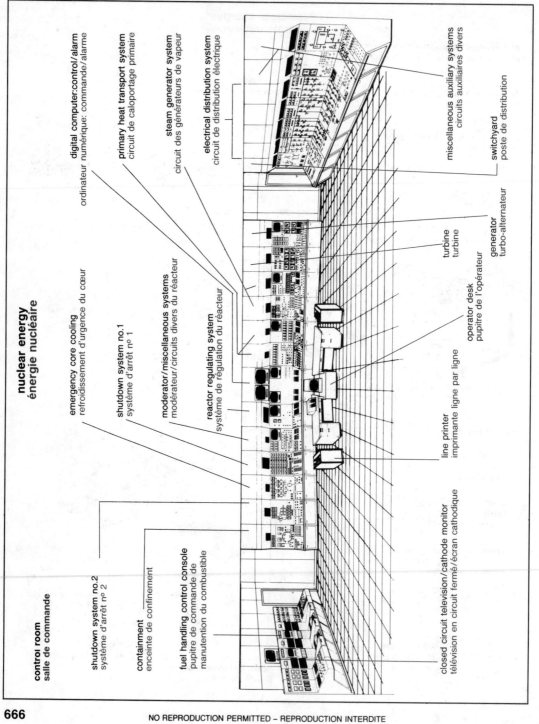

control room
salle de commande

shutdown system no.2
système d'arrêt n° 2

containment
enceinte de confinement

fuel handling control console
pupitre de commande de
manutention du combustible

emergency core cooling
refroidissement d'urgence du cœur

shutdown system no.1
système d'arrêt n° 1

moderator/miscellaneous systems
modérateur/circuits divers du réacteur

reactor regulating system
système de régulation du réacteur

digital computer:control/alarm
ordinateur numérique: commande/alarme

primary heat transport system
circuit de caloportage primaire

steam generator system
circuit des générateurs de vapeur

electrical distribution system
circuit de distribution électrique

miscellaneous auxiliary systems
circuits auxiliaires divers

switchyard
poste de distribution

turbine
turbine

generator
turbo-alternateur

operator desk
pupitre de l'opérateur

line printer
imprimante ligne par ligne

closed circuit television/cathode monitor
télévision en circuit fermé/écran cathodique

nuclear energy
énergie nucléaire

production of electricity from nuclear energy
production d'électricité par énergie nucléaire

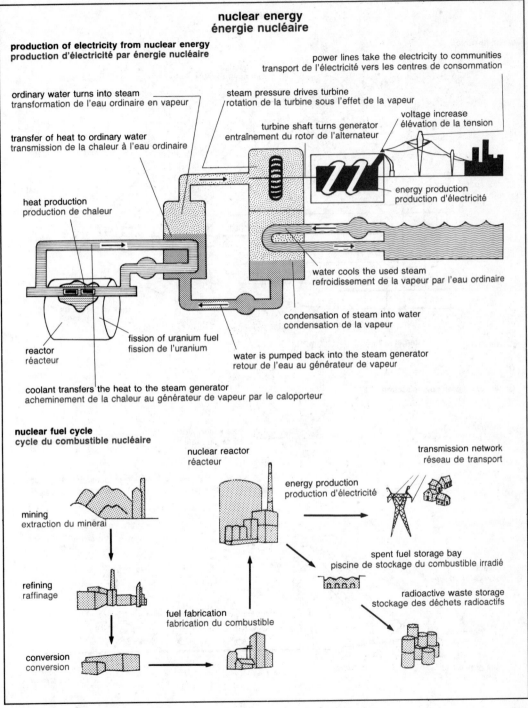

power lines take the electricity to communities
transport de l'électricité vers les centres de consommation

ordinary water turns into steam
transformation de l'eau ordinaire en vapeur

steam pressure drives turbine
rotation de la turbine sous l'effet de la vapeur

voltage increase
élévation de la tension

transfer of heat to ordinary water
transmission de la chaleur à l'eau ordinaire

turbine shaft turns generator
entraînement du rotor de l'alternateur

heat production
production de chaleur

energy production
production d'électricité

water cools the used steam
refroidissement de la vapeur par l'eau ordinaire

fission of uranium fuel
fission de l'uranium

condensation of steam into water
condensation de la vapeur

reactor
réacteur

water is pumped back into the steam generator
retour de l'eau au générateur de vapeur

coolant transfers the heat to the steam generator
acheminement de la chaleur au générateur de vapeur par le caloporteur

nuclear fuel cycle
cycle du combustible nucléaire

nuclear reactor
réacteur

transmission network
réseau de transport

energy production
production d'électricité

mining
extraction du minerai

spent fuel storage bay
piscine de stockage du combustible irradié

refining
raffinage

radioactive waste storage
stockage des déchets radioactifs

fuel fabrication
fabrication du combustible

conversion
conversion

667

solar energy
énergie solaire

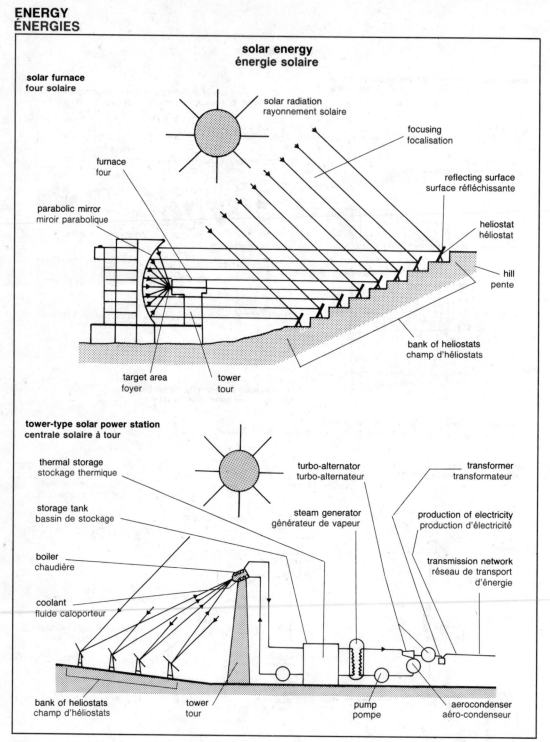

solar furnace
four solaire

solar radiation
rayonnement solaire

focusing
focalisation

reflecting surface
surface réfléchissante

furnace
four

heliostat
héliostat

parabolic mirror
miroir parabolique

hill
pente

bank of heliostats
champ d'héliostats

target area
foyer

tower
tour

tower-type solar power station
centrale solaire à tour

thermal storage
stockage thermique

turbo-alternator
turbo-alternateur

transformer
transformateur

storage tank
bassin de stockage

steam generator
générateur de vapeur

production of electricity
production d'électricité

boiler
chaudière

transmission network
réseau de transport
d'énergie

coolant
fluide caloporteur

bank of heliostats
champ d'héliostats

tower
tour

pump
pompe

aerocondenser
aéro-condenseur

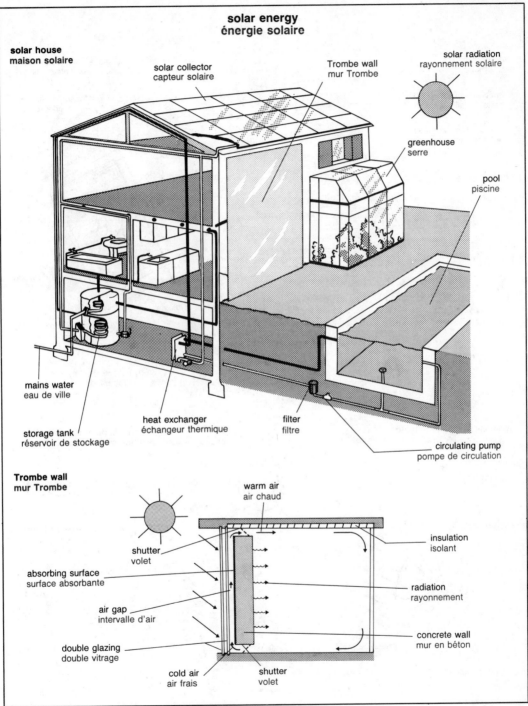

solar energy
énergie solaire

solar house
maison solaire

solar collector
capteur solaire

Trombe wall
mur Trombe

solar radiation
rayonnement solaire

greenhouse
serre

pool
piscine

mains water
eau de ville

storage tank
réservoir de stockage

heat exchanger
échangeur thermique

filter
filtre

circulating pump
pompe de circulation

Trombe wall
mur Trombe

warm air
air chaud

shutter
volet

absorbing surface
surface absorbante

air gap
intervalle d'air

double glazing
double vitrage

cold air
air frais

shutter
volet

insulation
isolant

radiation
rayonnement

concrete wall
mur en béton

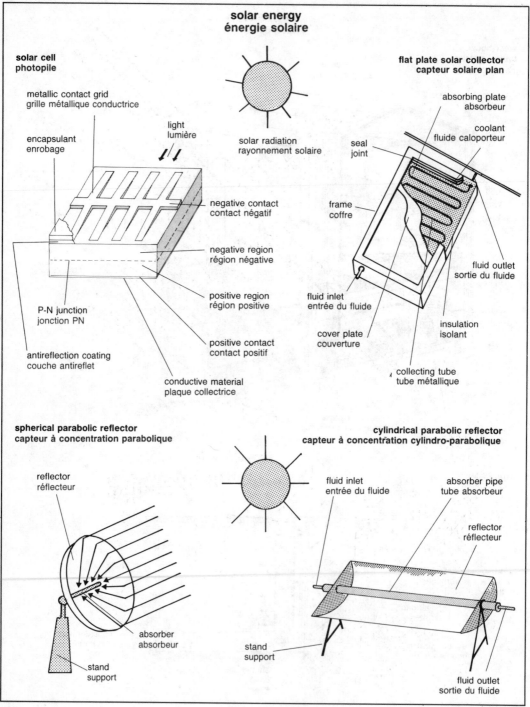

solar energy
énergie solaire

solar cell
photopile

metallic contact grid
grille métallique conductrice

encapsulant
enrobage

light
lumière

solar radiation
rayonnement solaire

negative contact
contact négatif

negative region
région négative

positive region
région positive

P-N junction
jonction PN

positive contact
contact positif

antireflection coating
couche antireflet

conductive material
plaque collectrice

flat plate solar collector
capteur solaire plan

absorbing plate
absorbeur

coolant
fluide caloporteur

seal
joint

frame
coffre

fluid outlet
sortie du fluide

fluid inlet
entrée du fluide

cover plate
couverture

insulation
isolant

collecting tube
tube métallique

spherical parabolic reflector
capteur à concentration parabolique

reflector
réflecteur

absorber
absorbeur

stand
support

cylindrical parabolic reflector
capteur à concentration cylindro-parabolique

fluid inlet
entrée du fluide

absorber pipe
tube absorbeur

reflector
réflecteur

stand
support

fluid outlet
sortie du fluide

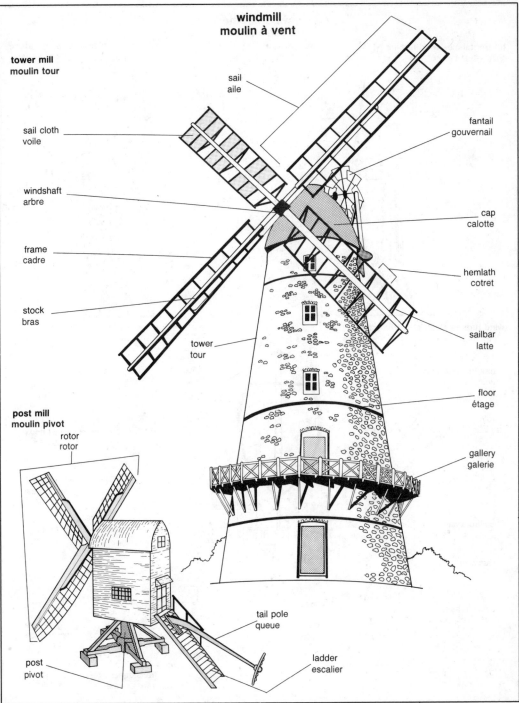

windmill
moulin à vent

tower mill
moulin tour

sail
aile

sail cloth
voile

windshaft
arbre

frame
cadre

stock
bras

tower
tour

fantail
gouvernail

cap
calotte

hemlath
cotret

sailbar
latte

floor
étage

gallery
galerie

post mill
moulin pivot

rotor
rotor

tail pole
queue

post
pivot

ladder
escalier

671

wind turbine
éolienne

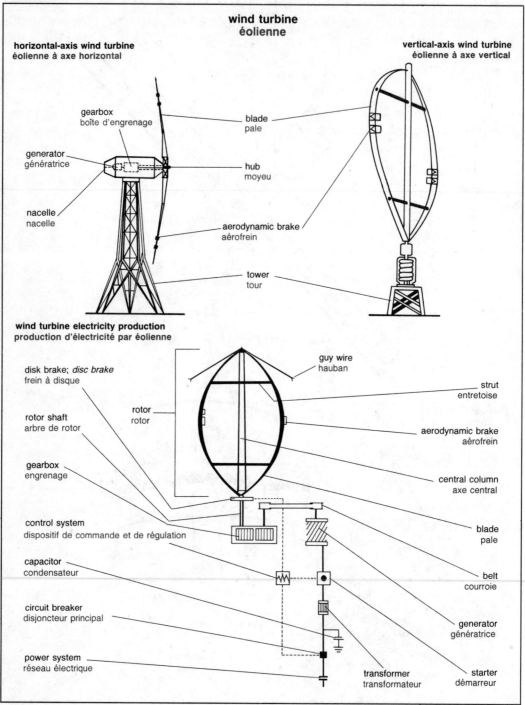

horizontal-axis wind turbine
éolienne à axe horizontal

vertical-axis wind turbine
éolienne à axe vertical

gearbox
boîte d'engrenage

generator
génératrice

nacelle
nacelle

blade
pale

hub
moyeu

aerodynamic brake
aérofrein

tower
tour

wind turbine electricity production
production d'électricité par éolienne

disk brake; *disc brake*
frein à disque

rotor shaft
arbre de rotor

gearbox
engrenage

control system
dispositif de commande et de régulation

capacitor
condensateur

circuit breaker
disjoncteur principal

power system
réseau électrique

rotor
rotor

guy wire
hauban

strut
entretoise

aerodynamic brake
aérofrein

central column
axe central

blade
pale

belt
courroie

generator
génératrice

transformer
transformateur

starter
démarreur

HEAVY MACHINERY
MACHINERIE LOURDE

dragline
pelle à benne traînante

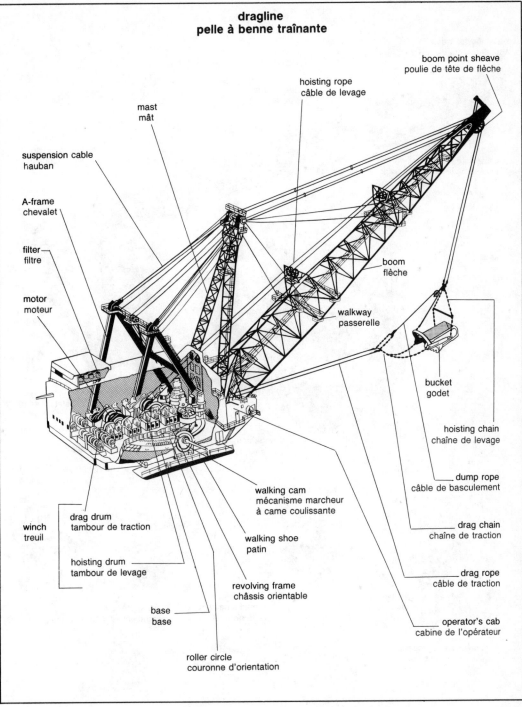

boom point sheave
poulie de tête de flèche

hoisting rope
câble de levage

mast
mât

suspension cable
hauban

A-frame
chevalet

filter
filtre

motor
moteur

boom
flèche

walkway
passerelle

bucket
godet

hoisting chain
chaîne de levage

dump rope
câble de basculement

drag chain
chaîne de traction

drag rope
câble de traction

operator's cab
cabine de l'opérateur

walking cam
mécanisme marcheur
à came coulissante

walking shoe
patin

revolving frame
châssis orientable

drag drum
tambour de traction

winch
treuil

hoisting drum
tambour de levage

base
base

roller circle
couronne d'orientation

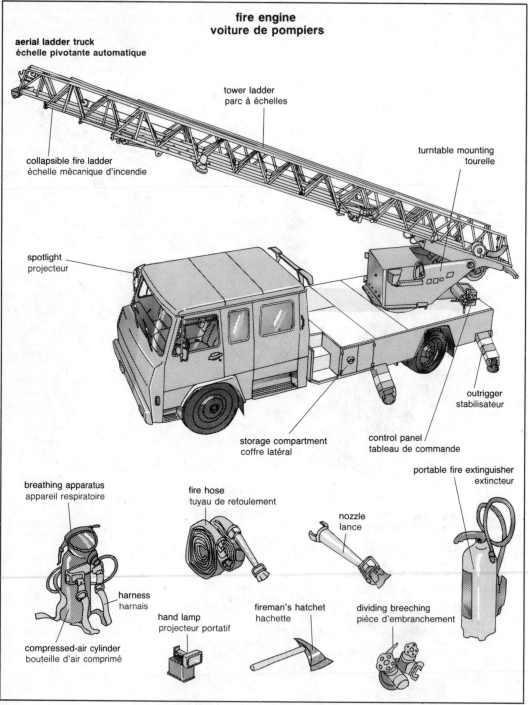

fire engine
voiture de pompiers

aerial ladder truck
échelle pivotante automatique

tower ladder
parc à échelles

collapsible fire ladder
échelle mécanique d'incendie

turntable mounting
tourelle

spotlight
projecteur

outrigger
stabilisateur

storage compartment
coffre latéral

control panel
tableau de commande

portable fire extinguisher
extincteur

breathing apparatus
appareil respiratoire

fire hose
tuyau de refoulement

nozzle
lance

harness
harnais

hand lamp
projecteur portatif

fireman's hatchet
hachette

dividing breeching
pièce d'embranchement

compressed-air cylinder
bouteille d'air comprimé

fire engine
voiture de pompiers

**pumper
fourgon-pompe**

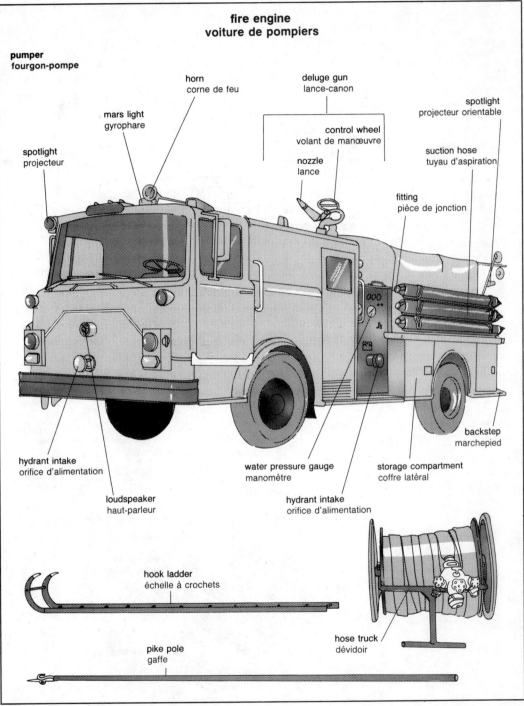

horn
corne de feu

deluge gun
lance-canon

spotlight
projecteur orientable

mars light
gyrophare

control wheel
volant de manœuvre

suction hose
tuyau d'aspiration

spotlight
projecteur

nozzle
lance

fitting
pièce de jonction

hydrant intake
orifice d'alimentation

backstep
marchepied

loudspeaker
haut-parleur

water pressure gauge
manomètre

hydrant intake
orifice d'alimentation

storage compartment
coffre latéral

hook ladder
échelle à crochets

pike pole
gaffe

hose truck
dévidoir

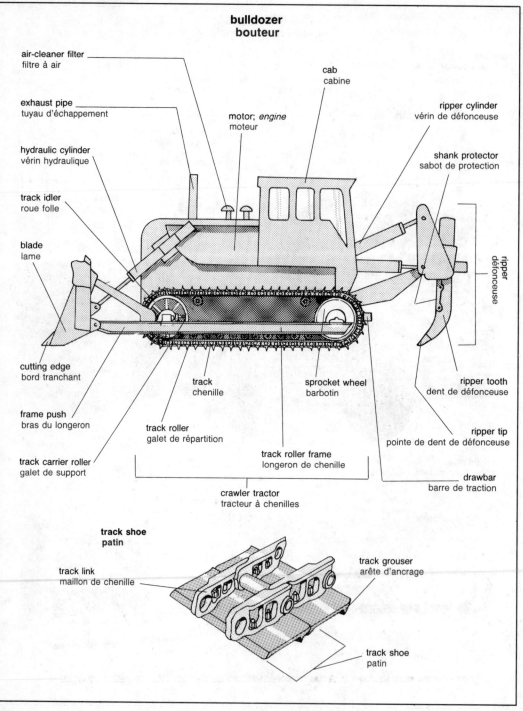

bulldozer
bouteur

air-cleaner filter
filtre à air

exhaust pipe
tuyau d'échappement

hydraulic cylinder
vérin hydraulique

track idler
roue folle

blade
lame

cutting edge
bord tranchant

frame push
bras du longeron

track carrier roller
galet de support

track roller
galet de répartition

track
chenille

track roller frame
longeron de chenille

crawler tractor
tracteur à chenilles

sprocket wheel
barbotin

motor; *engine*
moteur

cab
cabine

ripper cylinder
vérin de défonceuse

shank protector
sabot de protection

ripper
défonceuse

ripper tooth
dent de défonceuse

ripper tip
pointe de dent de défonceuse

drawbar
barre de traction

track shoe
patin

track link
maillon de chenille

track grouser
arête d'ancrage

track shoe
patin

wheel loader
chargeuse-pelleteuse

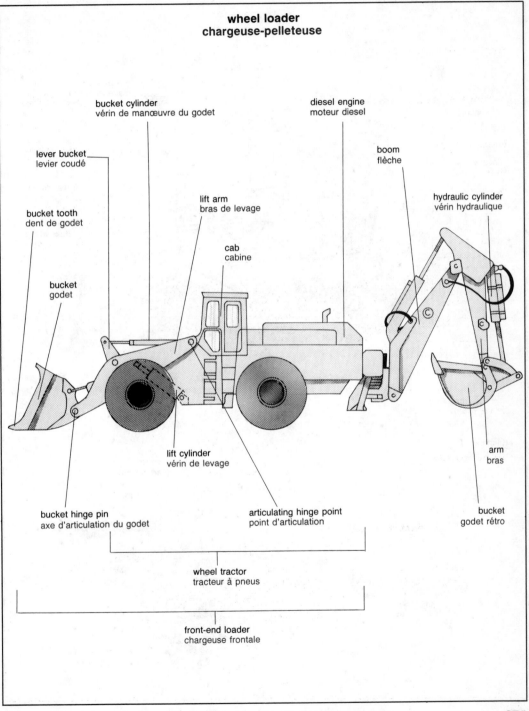

bucket cylinder
vérin de manœuvre du godet

diesel engine
moteur diesel

lever bucket
levier coudé

boom
flèche

lift arm
bras de levage

hydraulic cylinder
vérin hydraulique

bucket tooth
dent de godet

cab
cabine

bucket
godet

lift cylinder
vérin de levage

arm
bras

bucket hinge pin
axe d'articulation du godet

articulating hinge point
point d'articulation

bucket
godet rétro

wheel tractor
tracteur à pneus

front-end loader
chargeuse frontale

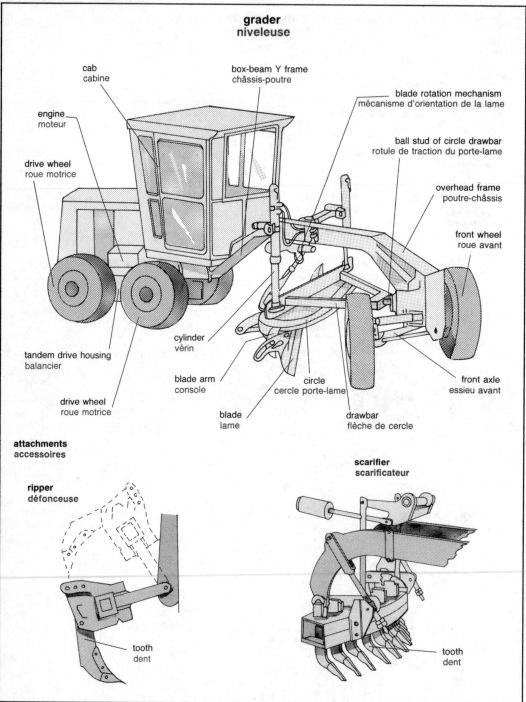

grader
niveleuse

cab
cabine

box-beam Y frame
châssis-poutre

blade rotation mechanism
mécanisme d'orientation de la lame

engine
moteur

ball stud of circle drawbar
rotule de traction du porte-lame

drive wheel
roue motrice

overhead frame
poutre-châssis

front wheel
roue avant

cylinder
vérin

tandem drive housing
balancier

blade arm
console

circle
cercle porte-lame

front axle
essieu avant

drive wheel
roue motrice

blade
lame

drawbar
flèche de cercle

attachments
accessoires

scarifier
scarificateur

ripper
défonceuse

tooth
dent

tooth
dent

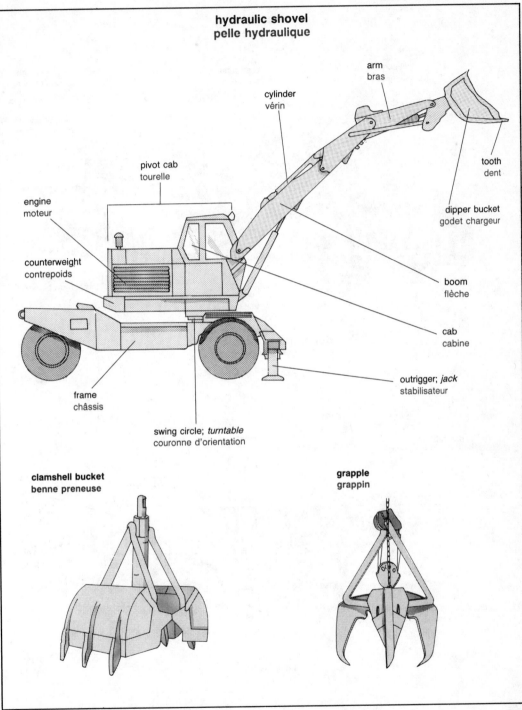

hydraulic shovel
pelle hydraulique

arm
bras

cylinder
vérin

tooth
dent

pivot cab
tourelle

dipper bucket
godet chargeur

engine
moteur

counterweight
contrepoids

boom
flèche

cab
cabine

outrigger; *jack*
stabilisateur

frame
châssis

swing circle; *turntable*
couronne d'orientation

clamshell bucket
benne preneuse

grapple
grappin

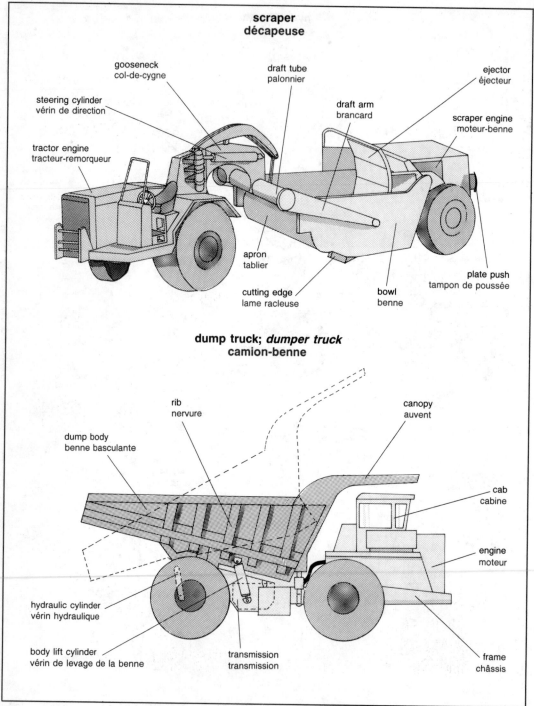

scraper
décapeuse

gooseneck
col-de-cygne

draft tube
palonnier

ejector
éjecteur

steering cylinder
vérin de direction

draft arm
brancard

scraper engine
moteur-benne

tractor engine
tracteur-remorqueur

apron
tablier

plate push
tampon de poussée

cutting edge
lame racleuse

bowl
benne

dump truck; *dumper truck*
camion-benne

rib
nervure

canopy
auvent

dump body
benne basculante

cab
cabine

engine
moteur

hydraulic cylinder
vérin hydraulique

body lift cylinder
vérin de levage de la benne

transmission
transmission

frame
châssis

crane
grue

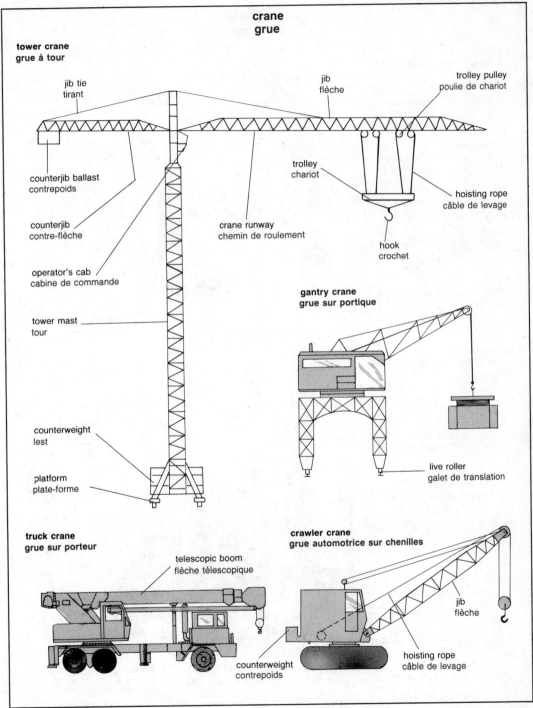

tower crane
grue à tour

jib tie
tirant

jib
flèche

trolley pulley
poulie de chariot

counterjib ballast
contrepoids

trolley
chariot

hoisting rope
câble de levage

counterjib
contre-flèche

crane runway
chemin de roulement

hook
crochet

operator's cab
cabine de commande

gantry crane
grue sur portique

tower mast
tour

counterweight
lest

live roller
galet de translation

platform
plate-forme

truck crane
grue sur porteur

telescopic boom
flèche télescopique

crawler crane
grue automotrice sur chenilles

jib
flèche

hoisting rope
câble de levage

counterweight
contrepoids

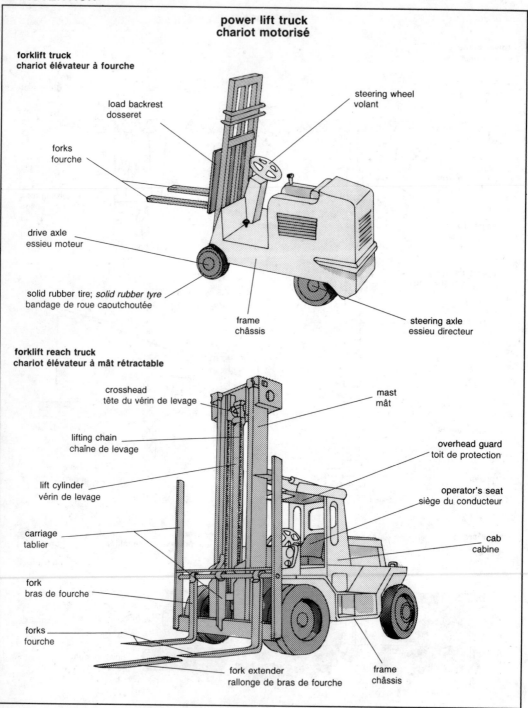

power lift truck
chariot motorisé

forklift truck
chariot élévateur à fourche

load backrest
dosseret

steering wheel
volant

forks
fourche

drive axle
essieu moteur

solid rubber tire; *solid rubber tyre*
bandage de roue caoutchoutée

frame
châssis

steering axle
essieu directeur

forklift reach truck
chariot élévateur à mât rétractable

crosshead
tête du vérin de levage

mast
mât

lifting chain
chaîne de levage

overhead guard
toit de protection

lift cylinder
vérin de levage

operator's seat
siège du conducteur

carriage
tablier

cab
cabine

fork
bras de fourche

forks
fourche

fork extender
rallonge de bras de fourche

frame
châssis

684

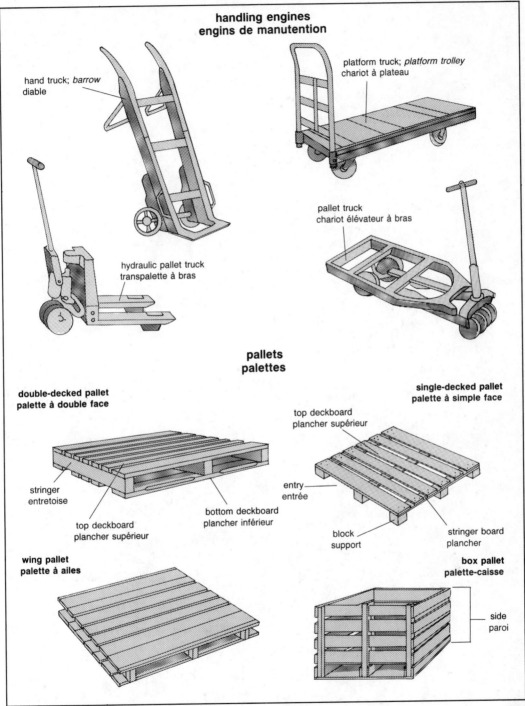

handling engines
engins de manutention

hand truck; *barrow*
diable

platform truck; *platform trolley*
chariot à plateau

hydraulic pallet truck
transpalette à bras

pallet truck
chariot élévateur à bras

pallets
palettes

double-decked pallet
palette à double face

single-decked pallet
palette à simple face

top deckboard
plancher supérieur

stringer
entretoise

top deckboard
plancher supérieur

bottom deckboard
plancher inférieur

entry
entrée

block
support

stringer board
plancher

wing pallet
palette à ailes

box pallet
palette-caisse

side
paroi

WEAPONS
ARMES

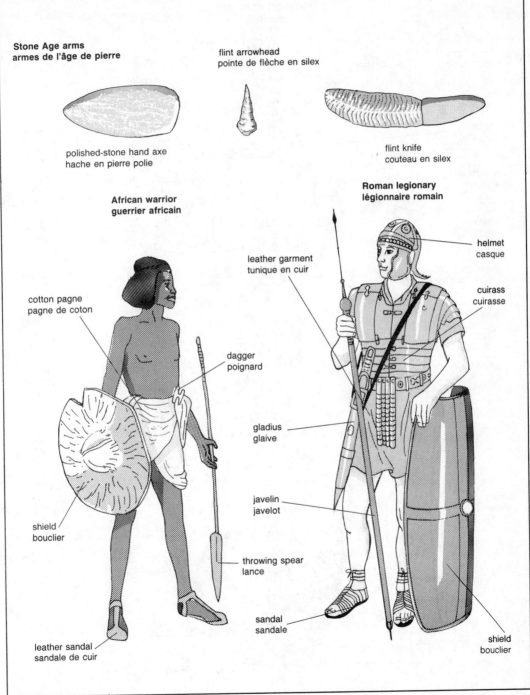

Stone Age arms
armes de l'âge de pierre

polished-stone hand axe
hache en pierre polie

flint arrowhead
pointe de flèche en silex

flint knife
couteau en silex

Roman legionary
légionnaire romain

African warrior
guerrier africain

leather garment
tunique en cuir

helmet
casque

cuirass
cuirasse

cotton pagne
pagne de coton

dagger
poignard

gladius
glaive

shield
bouclier

javelin
javelot

throwing spear
lance

sandal
sandale

shield
bouclier

leather sandal
sandale de cuir

armor; *armour*
armure

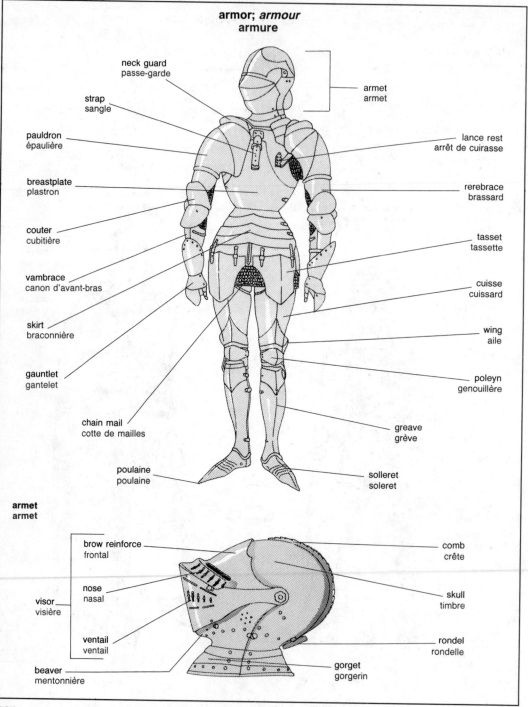

neck guard
passe-garde

strap
sangle

pauldron
épaulière

breastplate
plastron

couter
cubitière

vambrace
canon d'avant-bras

skirt
braconnière

gauntlet
gantelet

chain mail
cotte de mailles

poulaine
poulaine

armet
armet

lance rest
arrêt de cuirasse

rerebrace
brassard

tasset
tassette

cuisse
cuissard

wing
aile

poleyn
genouillère

greave
grève

solleret
soleret

armet
armet

brow reinforce
frontal

nose
nasal

visor
visière

ventail
ventail

beaver
mentonnière

comb
crête

skull
timbre

rondel
rondelle

gorget
gorgerin

bows and crossbow
arcs et arbalète

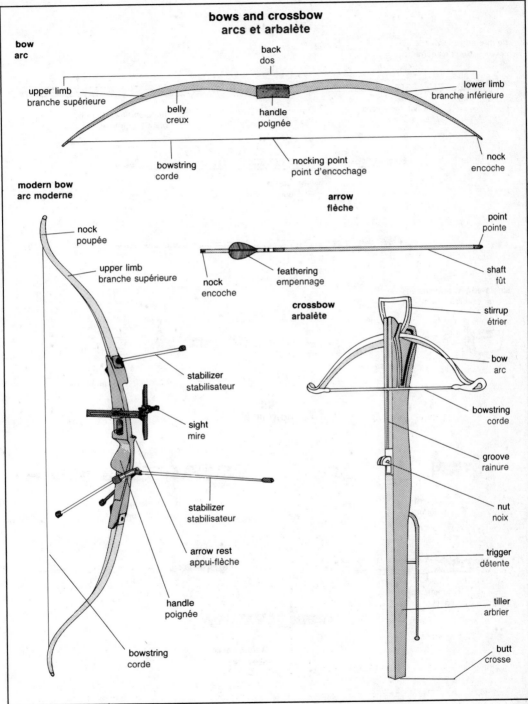

bow
arc

back
dos

upper limb
branche supérieure

lower limb
branche inférieure

belly
creux

handle
poignée

nock
encoche

bowstring
corde

nocking point
point d'encochage

modern bow
arc moderne

arrow
flèche

point
pointe

nock
poupée

upper limb
branche supérieure

feathering
empennage

shaft
fût

nock
encoche

crossbow
arbalète

stabilizer
stabilisateur

stirrup
étrier

sight
mire

bow
arc

bowstring
corde

stabilizer
stabilisateur

groove
rainure

arrow rest
appui-flèche

nut
noix

handle
poignée

trigger
détente

tiller
arbrier

bowstring
corde

butt
crosse

691

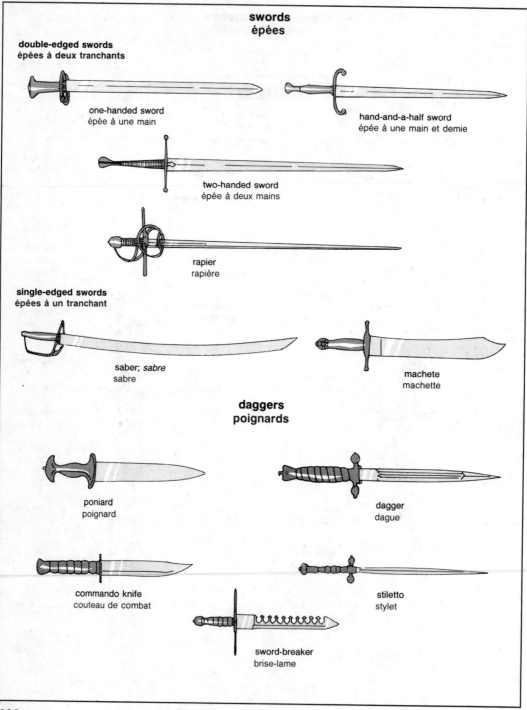

swords
épées

double-edged swords
épées à deux tranchants

one-handed sword
épée à une main

hand-and-a-half sword
épée à une main et demie

two-handed sword
épée à deux mains

rapier
rapière

single-edged swords
épées à un tranchant

saber; *sabre*
sabre

machete
machette

daggers
poignards

poniard
poignard

dagger
dague

commando knife
couteau de combat

stiletto
stylet

sword-breaker
brise-lame

bayonets
baïonnettes

major types of bayonets
principaux types de baïonnettes

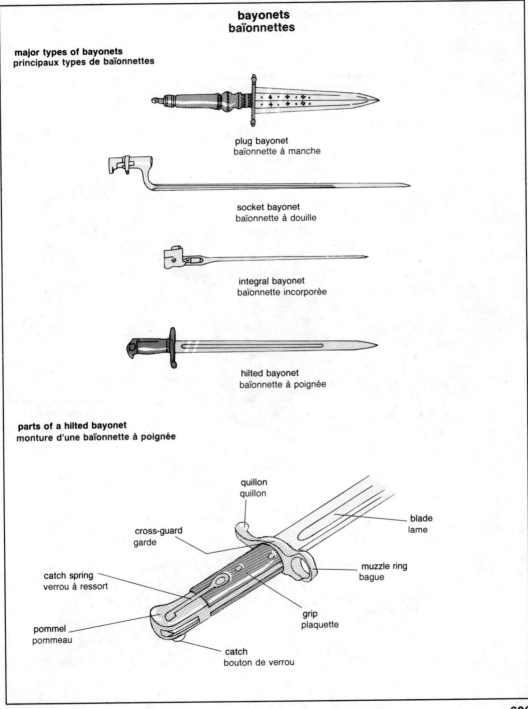

plug bayonet
baïonnette à manche

socket bayonet
baïonnette à douille

integral bayonet
baïonnette incorporée

hilted bayonet
baïonnette à poignée

parts of a hilted bayonet
monture d'une baïonnette à poignée

quillon
quillon

blade
lame

cross-guard
garde

muzzle ring
bague

catch spring
verrou à ressort

grip
plaquette

pommel
pommeau

catch
bouton de verrou

seventeenth century cannon
canon du XVIIᵉ siècle

muzzle loading
bouche à feu

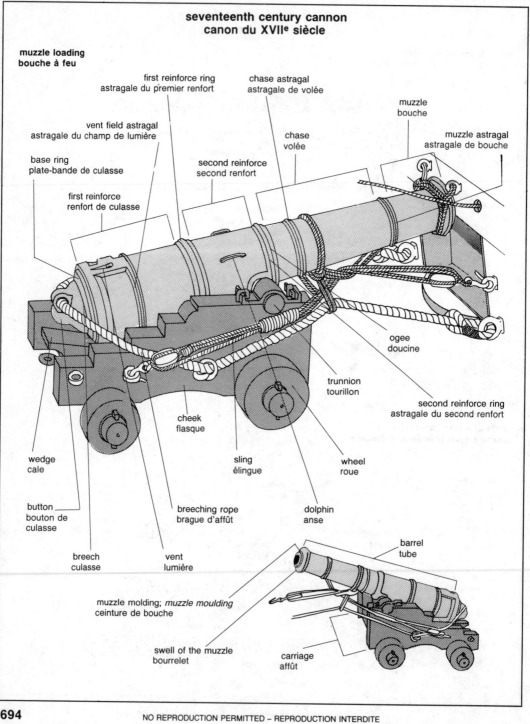

first reinforce ring
astragale du premier renfort

chase astragal
astragale de volée

muzzle
bouche

muzzle astragal
astragale de bouche

vent field astragal
astragale du champ de lumière

chase
volée

base ring
plate-bande de culasse

second reinforce
second renfort

first reinforce
renfort de culasse

ogee
doucine

trunnion
tourillon

second reinforce ring
astragale du second renfort

cheek
flasque

wedge
cale

sling
élingue

wheel
roue

button
bouton de
culasse

breeching rope
brague d'affût

dolphin
anse

barrel
tube

breech
culasse

vent
lumière

muzzle molding; *muzzle moulding*
ceinture de bouche

swell of the muzzle
bourrelet

carriage
affût

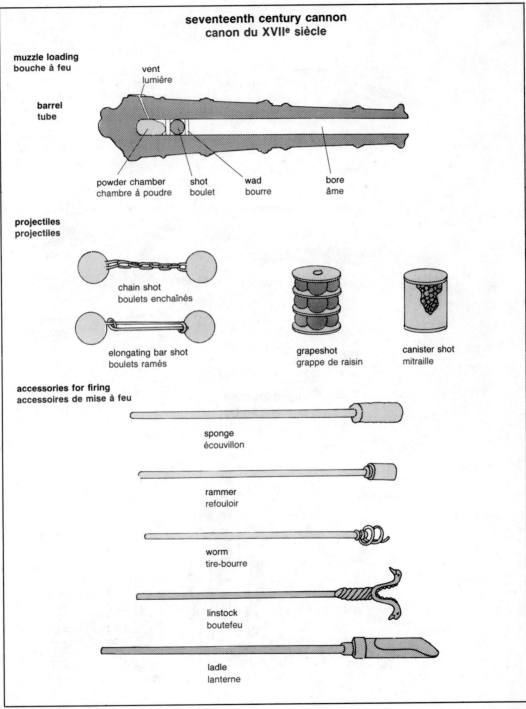

seventeenth century cannon
canon du XVIIᵉ siècle

muzzle loading
bouche à feu

vent
lumière

barrel
tube

powder chamber
chambre à poudre

shot
boulet

wad
bourre

bore
âme

projectiles
projectiles

chain shot
boulets enchaînés

elongating bar shot
boulets ramés

grapeshot
grappe de raisin

canister shot
mitraille

accessories for firing
accessoires de mise à feu

sponge
écouvillon

rammer
refouloir

worm
tire-bourre

linstock
boutefeu

ladle
lanterne

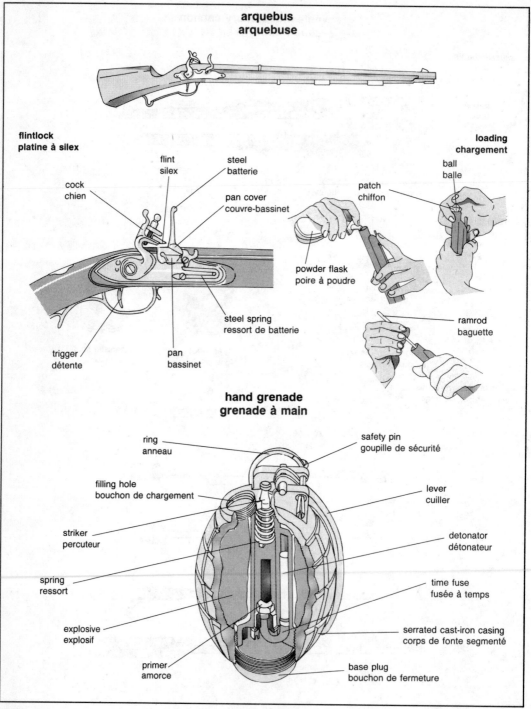

arquebus
arquebuse

**flintlock
platine à silex**

flint
silex

steel
batterie

pan cover
couvre-bassinet

**loading
chargement**

ball
balle

patch
chiffon

cock
chien

powder flask
poire à poudre

ramrod
baguette

steel spring
ressort de batterie

trigger
détente

pan
bassinet

hand grenade
grenade à main

ring
anneau

safety pin
goupille de sécurité

filling hole
bouchon de chargement

lever
cuiller

striker
percuteur

detonator
détonateur

spring
ressort

time fuse
fusée à temps

explosive
explosif

serrated cast-iron casing
corps de fonte segmenté

primer
amorce

base plug
bouchon de fermeture

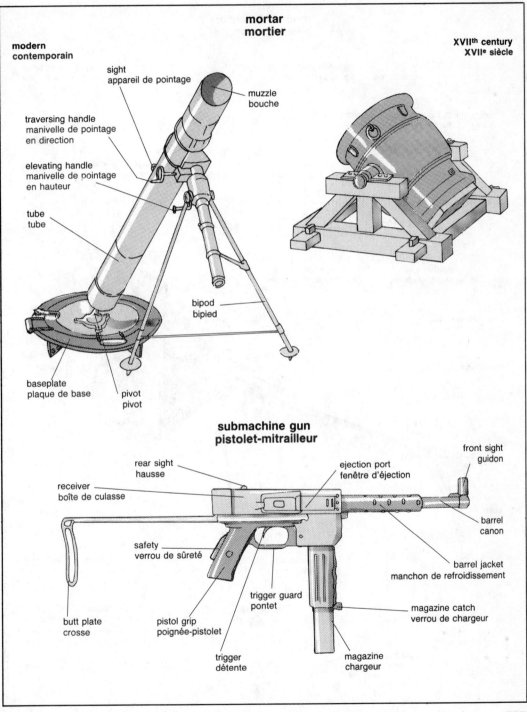

mortar
mortier

modern
contemporain

XVIIth century
XVIIe siècle

sight
appareil de pointage

muzzle
bouche

traversing handle
manivelle de pointage
en direction

elevating handle
manivelle de pointage
en hauteur

tube
tube

bipod
bipied

baseplate
plaque de base

pivot
pivot

submachine gun
pistolet-mitrailleur

rear sight
hausse

ejection port
fenêtre d'éjection

front sight
guidon

receiver
boîte de culasse

barrel
canon

safety
verrou de sûreté

barrel jacket
manchon de refroidissement

trigger guard
pontet

magazine catch
verrou de chargeur

butt plate
crosse

pistol grip
poignée-pistolet

trigger
détente

magazine
chargeur

modern howitzer
obusier moderne

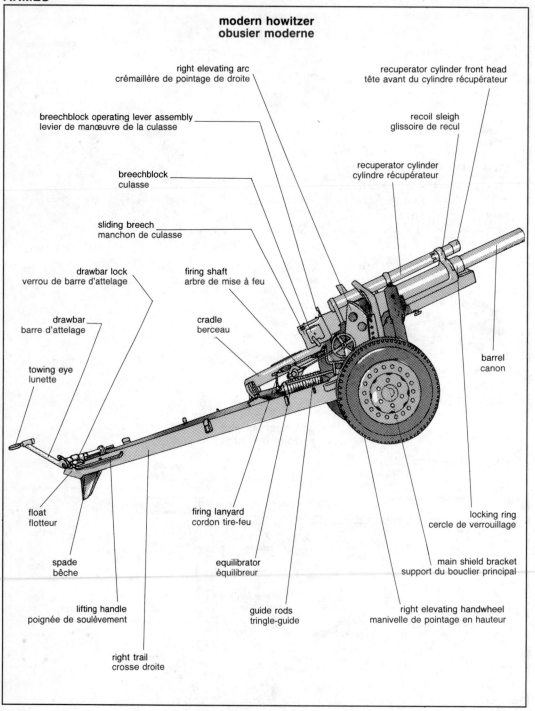

right elevating arc
crémaillère de pointage de droite

recuperator cylinder front head
tête avant du cylindre récupérateur

breechblock operating lever assembly
levier de manœuvre de la culasse

recoil sleigh
glissoire de recul

breechblock
culasse

recuperator cylinder
cylindre récupérateur

sliding breech
manchon de culasse

drawbar lock
verrou de barre d'attelage

firing shaft
arbre de mise à feu

drawbar
barre d'attelage

cradle
berceau

barrel
canon

towing eye
lunette

float
flotteur

firing lanyard
cordon tire-feu

locking ring
cercle de verrouillage

spade
bêche

equilibrator
équilibreur

main shield bracket
support du bouclier principal

lifting handle
poignée de soulèvement

guide rods
tringle-guide

right elevating handwheel
manivelle de pointage en hauteur

right trail
crosse droite

automatic rifle
fusil automatique

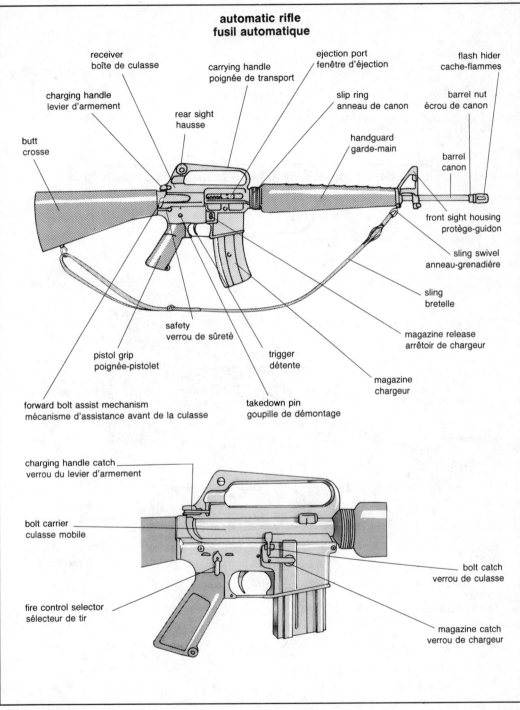

receiver
boîte de culasse

carrying handle
poignée de transport

ejection port
fenêtre d'éjection

flash hider
cache-flammes

charging handle
levier d'armement

rear sight
hausse

slip ring
anneau de canon

barrel nut
écrou de canon

butt
crosse

handguard
garde-main

barrel
canon

front sight housing
protège-guidon

sling swivel
anneau-grenadière

sling
bretelle

magazine release
arrêtoir de chargeur

safety
verrou de sûreté

pistol grip
poignée-pistolet

trigger
détente

magazine
chargeur

forward bolt assist mechanism
mécanisme d'assistance avant de la culasse

takedown pin
goupille de démontage

charging handle catch
verrou du levier d'armement

bolt carrier
culasse mobile

bolt catch
verrou de culasse

fire control selector
sélecteur de tir

magazine catch
verrou de chargeur

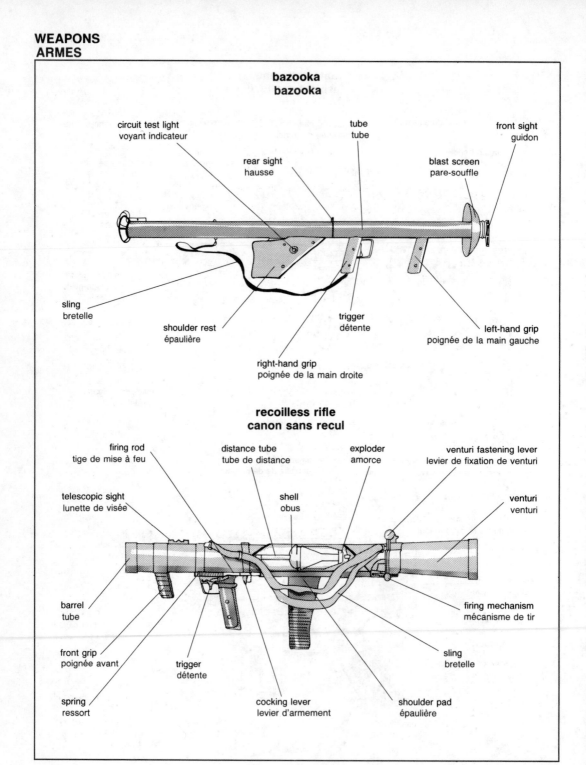

bazooka
bazooka

circuit test light
voyant indicateur

tube
tube

front sight
guidon

rear sight
hausse

blast screen
pare-souffle

sling
bretelle

trigger
détente

left-hand grip
poignée de la main gauche

shoulder rest
épaulière

right-hand grip
poignée de la main droite

recoilless rifle
canon sans recul

firing rod
tige de mise à feu

distance tube
tube de distance

exploder
amorce

venturi fastening lever
levier de fixation de venturi

telescopic sight
lunette de visée

shell
obus

venturi
venturi

barrel
tube

firing mechanism
mécanisme de tir

front grip
poignée avant

trigger
détente

sling
bretelle

spring
ressort

cocking lever
levier d'armement

shoulder pad
épaulière

heavy machine gun
mitrailleuse

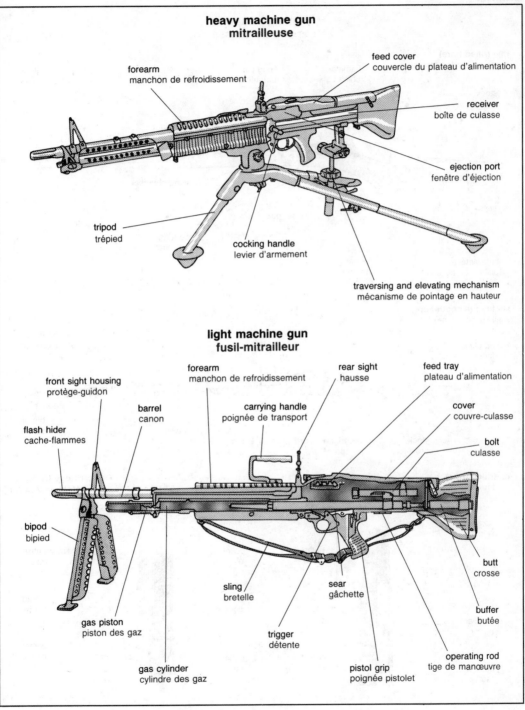

forearm
manchon de refroidissement

feed cover
couvercle du plateau d'alimentation

receiver
boîte de culasse

ejection port
fenêtre d'éjection

tripod
trépied

cocking handle
levier d'armement

traversing and elevating mechanism
mécanisme de pointage en hauteur

light machine gun
fusil-mitrailleur

front sight housing
protège-guidon

forearm
manchon de refroidissement

rear sight
hausse

feed tray
plateau d'alimentation

barrel
canon

carrying handle
poignée de transport

cover
couvre-culasse

flash hider
cache-flammes

bolt
culasse

bipod
bipied

butt
crosse

sling
bretelle

sear
gâchette

buffer
butée

gas piston
piston des gaz

trigger
détente

operating rod
tige de manœuvre

gas cylinder
cylindre des gaz

pistol grip
poignée pistolet

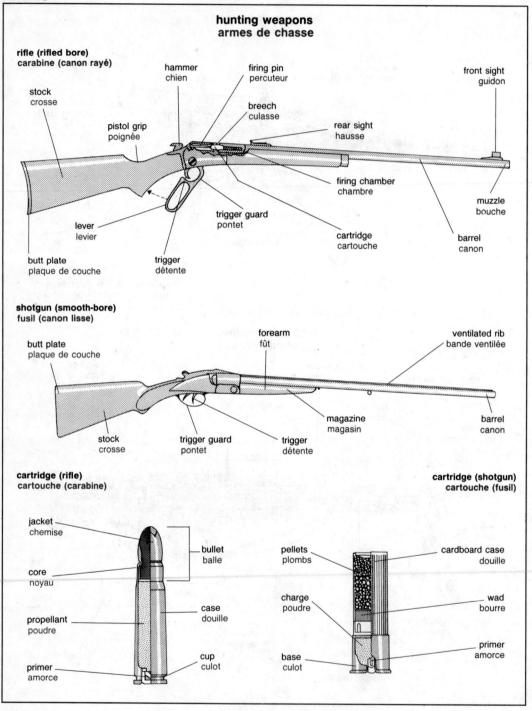

hunting weapons
armes de chasse

rifle (rifled bore)
carabine (canon rayé)

hammer
chien

firing pin
percuteur

front sight
guidon

stock
crosse

breech
culasse

rear sight
hausse

pistol grip
poignée

firing chamber
chambre

lever
levier

muzzle
bouche

trigger guard
pontet

cartridge
cartouche

barrel
canon

butt plate
plaque de couche

trigger
détente

shotgun (smooth-bore)
fusil (canon lisse)

forearm
fût

ventilated rib
bande ventilée

butt plate
plaque de couche

stock
crosse

trigger guard
pontet

magazine
magasin

trigger
détente

barrel
canon

cartridge (rifle)
cartouche (carabine)

cartridge (shotgun)
cartouche (fusil)

jacket
chemise

bullet
balle

pellets
plombs

cardboard case
douille

core
noyau

propellant
poudre

case
douille

charge
poudre

wad
bourre

primer
amorce

cup
culot

base
culot

primer
amorce

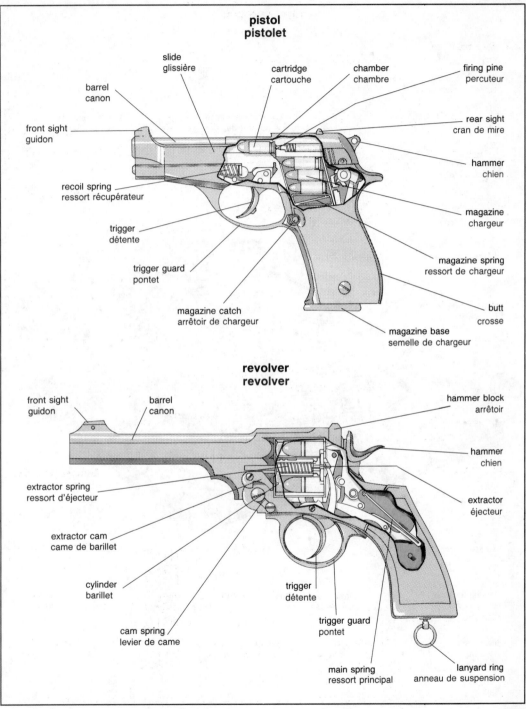

pistol
pistolet

slide
glissière

cartridge
cartouche

chamber
chambre

firing pine
percuteur

barrel
canon

rear sight
cran de mire

front sight
guidon

hammer
chien

recoil spring
ressort récupérateur

magazine
chargeur

trigger
détente

magazine spring
ressort de chargeur

trigger guard
pontet

butt
crosse

magazine catch
arrêtoir de chargeur

magazine base
semelle de chargeur

revolver
revolver

front sight
guidon

barrel
canon

hammer block
arrêtoir

extractor spring
ressort d'éjecteur

hammer
chien

extractor cam
came de barillet

extractor
éjecteur

cylinder
barillet

trigger
détente

cam spring
levier de came

trigger guard
pontet

main spring
ressort principal

lanyard ring
anneau de suspension

tank
char d'assaut

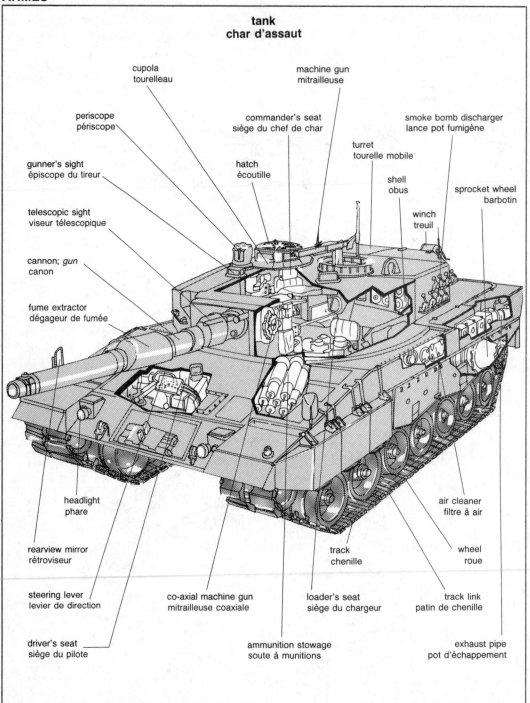

cupola
tourelleau

machine gun
mitrailleuse

smoke bomb discharger
lance pot fumigène

periscope
périscope

commander's seat
siège du chef de char

turret
tourelle mobile

gunner's sight
épiscope du tireur

hatch
écoutille

shell
obus

sprocket wheel
barbotin

telescopic sight
viseur télescopique

winch
treuil

cannon; *gun*
canon

fume extractor
dégageur de fumée

air cleaner
filtre à air

headlight
phare

wheel
roue

rearview mirror
rétroviseur

track
chenille

steering lever
levier de direction

co-axial machine gun
mitrailleuse coaxiale

loader's seat
siège du chargeur

track link
patin de chenille

driver's seat
siège du pilote

ammunition stowage
soute à munitions

exhaust pipe
pot d'échappement

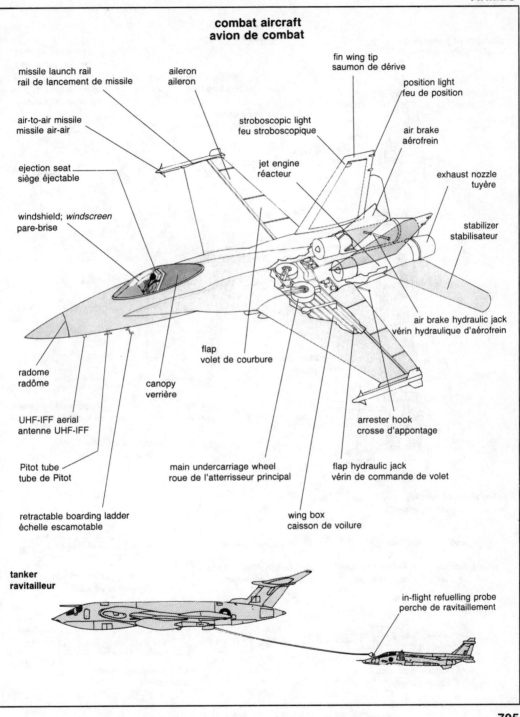

combat aircraft
avion de combat

fin wing tip
saumon de dérive

missile launch rail
rail de lancement de missile

aileron
aileron

position light
feu de position

air-to-air missile
missile air-air

stroboscopic light
feu stroboscopique

air brake
aérofrein

ejection seat
siège éjectable

jet engine
réacteur

exhaust nozzle
tuyère

windshield; *windscreen*
pare-brise

stabilizer
stabilisateur

air brake hydraulic jack
vérin hydraulique d'aérofrein

flap
volet de courbure

radome
radôme

canopy
verrière

arrester hook
crosse d'appontage

UHF-IFF aerial
antenne UHF-IFF

main undercarriage wheel
roue de l'atterrisseur principal

flap hydraulic jack
vérin de commande de volet

Pitot tube
tube de Pitot

retractable boarding ladder
échelle escamotable

wing box
caisson de voilure

tanker
ravitailleur

in-flight refuelling probe
perche de ravitaillement

705

missiles
missiles

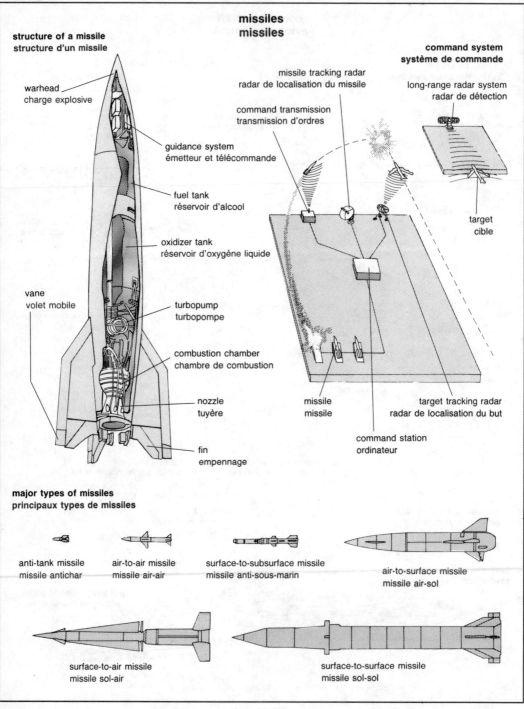

structure of a missile
structure d'un missile

warhead
charge explosive

guidance system
émetteur et télécommande

fuel tank
réservoir d'alcool

oxidizer tank
réservoir d'oxygène liquide

vane
volet mobile

turbopump
turbopompe

combustion chamber
chambre de combustion

nozzle
tuyère

fin
empennage

missile tracking radar
radar de localisation du missile

command transmission
transmission d'ordres

command system
système de commande

long-range radar system
radar de détection

target
cible

missile
missile

target tracking radar
radar de localisation du but

command station
ordinateur

major types of missiles
principaux types de missiles

anti-tank missile
missile antichar

air-to-air missile
missile air-air

surface-to-subsurface missile
missile anti-sous-marin

air-to-surface missile
missile air-sol

surface-to-air missile
missile sol-air

surface-to-surface missile
missile sol-sol

SYMBOLS
SYMBOLES

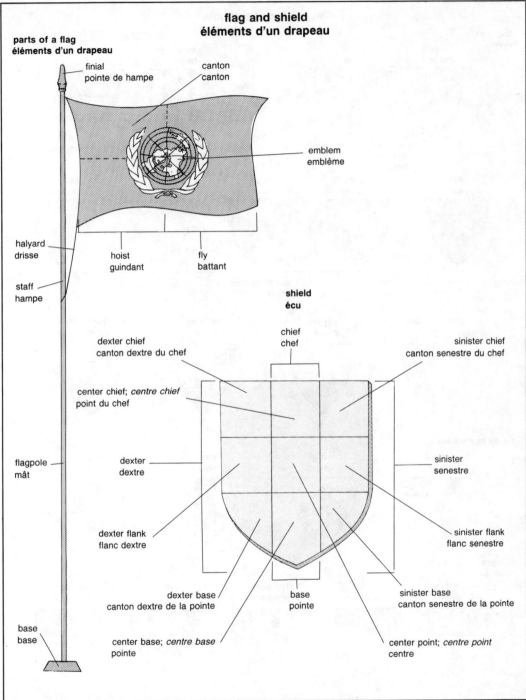

flag and shield
éléments d'un drapeau

parts of a flag
éléments d'un drapeau

finial
pointe de hampe

canton
canton

emblem
emblème

halyard
drisse

staff
hampe

hoist
guindant

fly
battant

flagpole
mât

base
base

shield
écu

chief
chef

dexter chief
canton dextre du chef

sinister chief
canton senestre du chef

center chief; *centre chief*
point du chef

dexter
dextre

sinister
senestre

dexter flank
flanc dextre

sinister flank
flanc senestre

dexter base
canton dextre de la pointe

base
pointe

sinister base
canton senestre de la pointe

center base; *centre base*
pointe

center point; *centre point*
centre

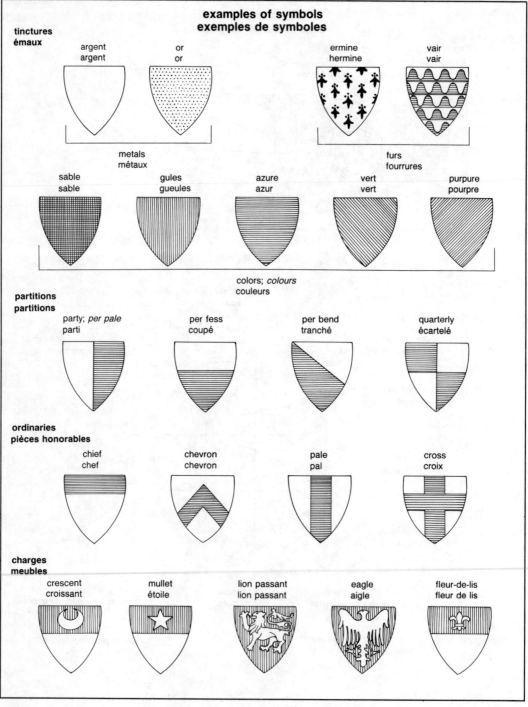

examples of symbols
exemples de symboles

tinctures
émaux

argent
argent

or
or

ermine
hermine

vair
vair

metals
métaux

furs
fourrures

sable
sable

gules
gueules

azure
azur

vert
vert

purpure
pourpre

colors; *colours*
couleurs

partitions
partitions

party; *per pale*
parti

per fess
coupé

per bend
tranché

quarterly
écartelé

ordinaries
pièces honorables

chief
chef

chevron
chevron

pale
pal

cross
croix

charges
meubles

crescent
croissant

mullet
étoile

lion passant
lion passant

eagle
aigle

fleur-de-lis
fleur de lis

flag shapes
formes de drapeau

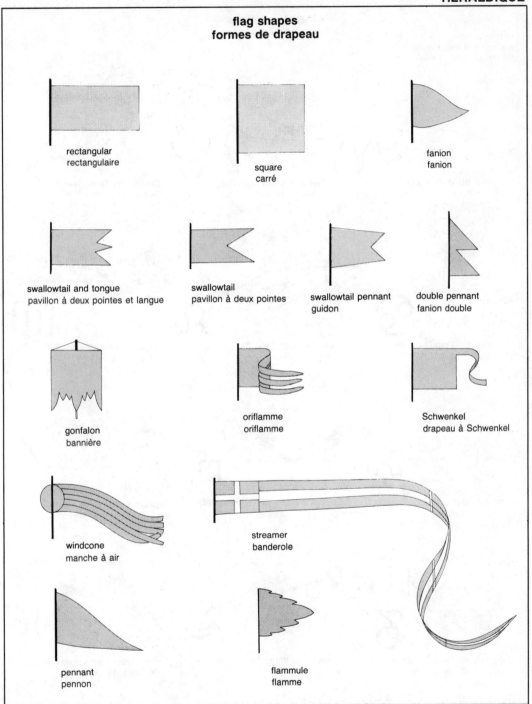

rectangular
rectangulaire

square
carré

fanion
fanion

swallowtail and tongue
pavillon à deux pointes et langue

swallowtail
pavillon à deux pointes

swallowtail pennant
guidon

double pennant
fanion double

gonfalon
bannière

oriflamme
oriflamme

Schwenkel
drapeau à Schwenkel

windcone
manche à air

streamer
banderole

pennant
pennon

flammule
flamme

SIGNS OF THE ZODIAC
SIGNES DU ZODIAQUE

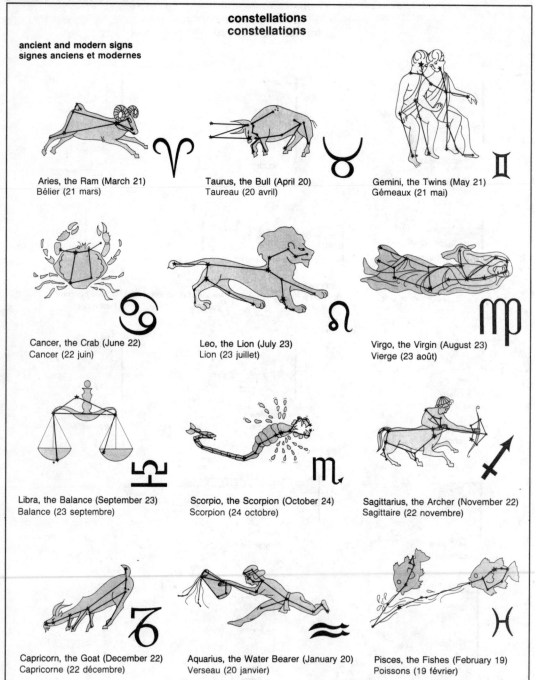

constellations
constellations

ancient and modern signs
signes anciens et modernes

Aries, the Ram (March 21)
Bélier (21 mars)

Taurus, the Bull (April 20)
Taureau (20 avril)

Gemini, the Twins (May 21)
Gémeaux (21 mai)

Cancer, the Crab (June 22)
Cancer (22 juin)

Leo, the Lion (July 23)
Lion (23 juillet)

Virgo, the Virgin (August 23)
Vierge (23 août)

Libra, the Balance (September 23)
Balance (23 septembre)

Scorpio, the Scorpion (October 24)
Scorpion (24 octobre)

Sagittarius, the Archer (November 22)
Sagittaire (22 novembre)

Capricorn, the Goat (December 22)
Capricorne (22 décembre)

Aquarius, the Water Bearer (January 20)
Verseau (20 janvier)

Pisces, the Fishes (February 19)
Poissons (19 février)

graphic elements for symbols
éléments visuels des symboles

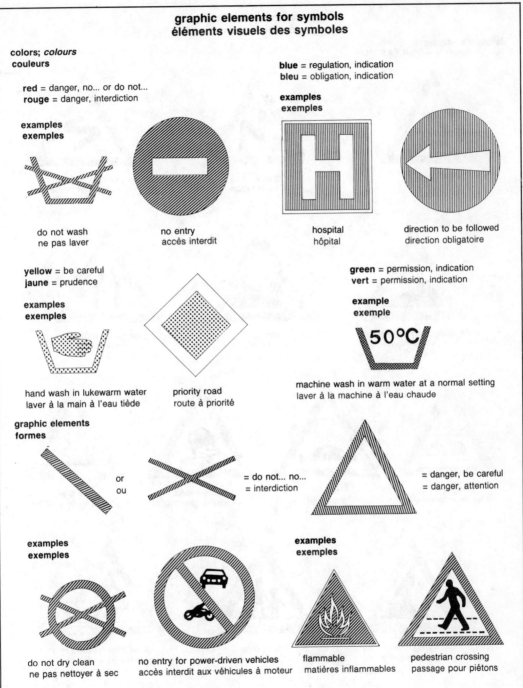

colors; *colours*
couleurs

red = danger, no... or do not...
rouge = danger, interdiction

examples
exemples

do not wash
ne pas laver

no entry
accès interdit

blue = regulation, indication
bleu = obligation, indication

examples
exemples

hospital
hôpital

direction to be followed
direction obligatoire

yellow = be careful
jaune = prudence

examples
exemples

hand wash in lukewarm water
laver à la main à l'eau tiède

priority road
route à priorité

green = permission, indication
vert = permission, indication

example
exemple

50°C

machine wash in warm water at a normal setting
laver à la machine à l'eau chaude

graphic elements
formes

or
ou

= do not... no...
= interdiction

= danger, be careful
= danger, attention

examples
exemples

do not dry clean
ne pas nettoyer à sec

no entry for power-driven vehicles
accès interdit aux véhicules à moteur

examples
exemples

flammable
matières inflammables

pedestrian crossing
passage pour piétons

international road signs
signaux routiers internationaux

danger warning signs
signaux d'avertissement de danger

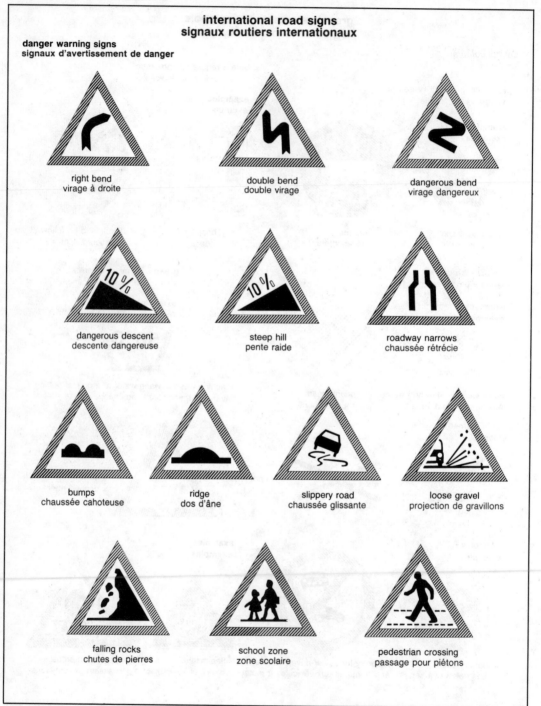

right bend
virage à droite

double bend
double virage

dangerous bend
virage dangereux

dangerous descent
descente dangereuse

steep hill
pente raide

roadway narrows
chaussée rétrécie

bumps
chaussée cahoteuse

ridge
dos d'âne

slippery road
chaussée glissante

loose gravel
projection de gravillons

falling rocks
chutes de pierres

school zone
zone scolaire

pedestrian crossing
passage pour piétons

international road signs
signaux routiers internationaux

danger warning signs (cont.)
signaux d'avertissement de danger (suite)

cyclists entering or crossing
débouché de cyclistes

cattle crossing
passage de bétail

wild animals crossing
passage d'animaux sauvages

road works
travaux

light signals
signalisation lumineuse

two-way traffic
circulation dans les deux sens

other dangers
autres dangers

traffic circle
intersection à sens giratoire

priority intersection
intersection avec priorité

grade crossing
passage à niveau

signs regulating priority at intersections
signaux réglementant la priorité aux intersections

«give way» sign
cédez le passage

stop at intersection
arrêt à l'intersection

«priority road» sign
signal «route à priorité»

«end of priority» sign
signal «fin de priorité»

international road signs
signaux routiers internationaux

prohibitory or regulatory signs
signaux d'interdiction ou de réglementation

no entry
accès interdit

no entry for mopeds
accès interdit aux cyclomoteurs

no entry for bicycles
accès interdit aux bicyclettes

no entry for motorcycles
accès interdit aux motocycles

no entry for goods vehicles
accès interdit aux camions

no entry for pedestrians
accès interdit aux piétons

no entry for power-driven vehicles
accès interdit aux véhicules à moteur

width clearance
limitation de largeur

overhead clearance
limitation de hauteur

weight limitation
limitation de poids

no left turn
interdiction de tourner à gauche

no U-turn
interdiction de faire demi-tour

passing prohibited
interdiction de dépasser

end of prohibition of passing
fin de l'interdiction de dépasser

maximum speed limit
vitesse maximale limitée

use of audible warning
devices prohibited
interdiction de faire usage
d'avertisseurs sonores

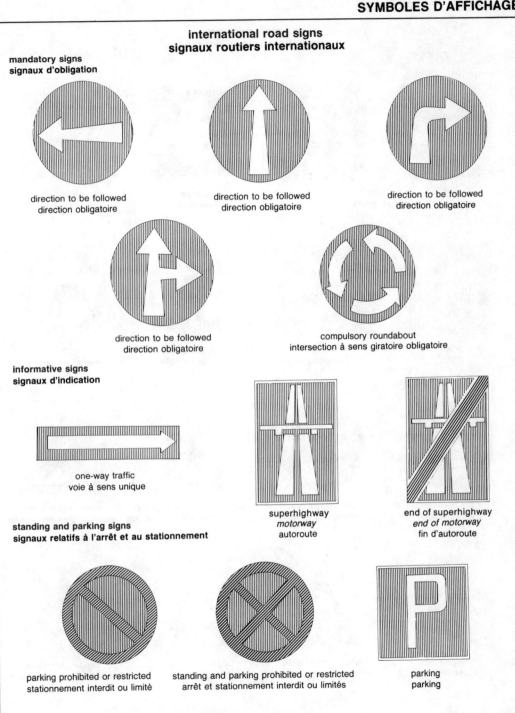

international road signs
signaux routiers internationaux

mandatory signs
signaux d'obligation

direction to be followed
direction obligatoire

direction to be followed
direction obligatoire

direction to be followed
direction obligatoire

direction to be followed
direction obligatoire

compulsory roundabout
intersection à sens giratoire obligatoire

informative signs
signaux d'indication

one-way traffic
voie à sens unique

superhighway
motorway
autoroute

end of superhighway
end of motorway
fin d'autoroute

standing and parking signs
signaux relatifs à l'arrêt et au stationnement

parking prohibited or restricted
stationnement interdit ou limité

standing and parking prohibited or restricted
arrêt et stationnement interdit ou limités

parking
parking

common symbols
symboles d'usage courant

information
renseignements

first aid
premiers soins

hospital
hôpital

police
police

telephone
téléphone

do not enter
entrée interdite

no dogs
interdit aux chiens

fire hose
tuyau d'incendie

fire extinguisher
extincteur d'incendie

caution, pedestrian crossing
attention, passage pour piétons

caution, slippery floor
attention, plancher glissant

caution
attention

danger, electrical hazard
danger, ligne sous tension

danger, poison
danger, poison

danger, flammable
danger, matières inflammables

common symbols
symboles d'usage courant

access for physically handicapped
accès pour handicapés physiques

do not use for wheelchairs
ne pas utiliser avec une
chaise roulante

smoking permitted
permission de fumer

smoking prohibited
défense de fumer

toilet for men
toilettes pour hommes

toilet for women
toilettes pour dames

toilet for men and women
toilettes pour hommes et dames

elevator for people; *passenger lift*
ascenseur

freight elevator; *goods lift*
monte-charge

escalator, up
escalier mécanique montant

escalator, down
escalier mécanique descendant

stairs
escalier

restaurant
restaurant

coffee shop; *buffet*
casse-croûte

common symbols
symboles d'usage courant

lost and found articles
articles perdus et retrouvés

bar
bar

duty-free
boutique hors taxe

post office
bureau de poste

currency exchange
change

telegrams
télégramme

drug store
pharmacie

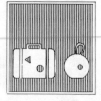

hairdresser
coiffeur

baggage carts; *luggage trolleys*
chariots à bagages

do not use baggage carts
do not use luggage trolleys
ne pas utiliser avec
un chariot à bagages

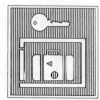

lockers
casiers à bagages

baggage claim; *luggage claim*
livraison des bagages

check-in; *luggage registration*
enregistrement

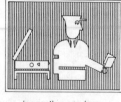

inspection services
services d'inspection

common symbols
symboles d'usage courant

hotel information
réservation d'hôtel

car rental
location de voitures

taxi transportation
transport par taxi

bus transportation
transport par autobus

ground transportation
transport par autobus
et par taxi

air transportation
transport par avion

helicopter transportation
transport par hélicoptère

rail transportation
transport ferroviaire

breakdown service
poste de dépannage

service station
poste d'essence

camping and caravan site
terrain de camping et
de caravaning

picnic area
terrain de pique-nique

picnics prohibited
pique-nique interdit

camping area
terrain de camping

camping prohibited
camping interdit

fabric care
entretien des tissus

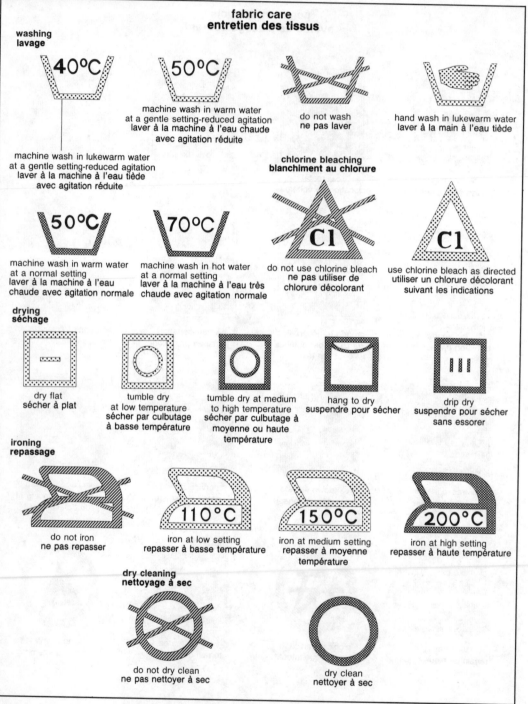

washing
lavage

40°C

machine wash in lukewarm water
at a gentle setting-reduced agitation
laver à la machine à l'eau tiède
avec agitation réduite

50°C

machine wash in warm water
at a gentle setting-reduced agitation
laver à la machine à l'eau chaude
avec agitation réduite

do not wash
ne pas laver

hand wash in lukewarm water
laver à la main à l'eau tiède

50°C

machine wash in warm water
at a normal setting
laver à la machine à l'eau
chaude avec agitation normale

70°C

machine wash in hot water
at a normal setting
laver à la machine à l'eau très
chaude avec agitation normale

chlorine bleaching
blanchiment au chlorure

C1

do not use chlorine bleach
ne pas utiliser de
chlorure décolorant

C1

use chlorine bleach as directed
utiliser un chlorure décolorant
suivant les indications

drying
séchage

dry flat
sécher à plat

tumble dry
at low temperature
sécher par culbutage
à basse température

tumble dry at medium
to high temperature
sécher par culbutage à
moyenne ou haute
température

hang to dry
suspendre pour sécher

drip dry
suspendre pour sécher
sans essorer

ironing
repassage

do not iron
ne pas repasser

110°C

iron at low setting
repasser à basse température

150°C

iron at medium setting
repasser à moyenne
température

200°C

iron at high setting
repasser à haute température

dry cleaning
nettoyage à sec

do not dry clean
ne pas nettoyer à sec

dry clean
nettoyer à sec

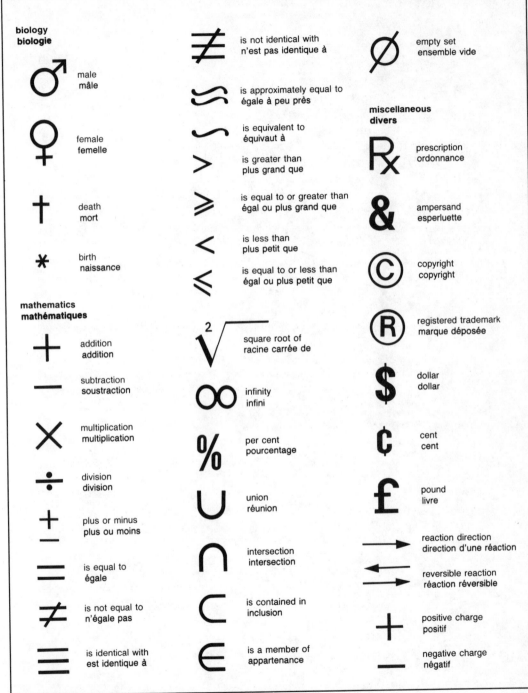

biology
biologie

☿ male / mâle

♀ female / femelle

† death / mort

✱ birth / naissance

mathematics
mathématiques

+ addition / addition

− subtraction / soustraction

× multiplication / multiplication

÷ division / division

± plus or minus / plus ou moins

= is equal to / égale

≠ is not equal to / n'égale pas

≡ is identical with / est identique à

≢ is not identical with / n'est pas identique à

≋ is approximately equal to / égale à peu près

≷ is equivalent to / équivaut à

> is greater than / plus grand que

≧ is equal to or greater than / égal ou plus grand que

< is less than / plus petit que

≦ is equal to or less than / égal ou plus petit que

√ square root of / racine carrée de

∞ infinity / infini

% per cent / pourcentage

∪ union / réunion

∩ intersection / intersection

⊂ is contained in / inclusion

∈ is a member of / appartenance

∅ empty set / ensemble vide

miscellaneous
divers

℞ prescription / ordonnance

& ampersand / esperluette

© copyright / copyright

® registered trademark / marque déposée

$ dollar / dollar

¢ cent / cent

£ pound / livre

→ reaction direction / direction d'une réaction

⇄ reversible reaction / réaction réversible

+ positive charge / positif

− negative charge / négatif

GENERAL INDEX

1

1-2 knots. 61.
10 knots. 61.
120-volt circuit. 288.
1st below-stage. 180.
1st valve slide. 484.

2

240-volt circuit. 288.
240-volt feeder cable. 288.
2nd below-stage. 180.
2nd metacarpal. 108.
2nd valve slide. 484.

3

3rd below-stage. 180.
3rd metacarpal. 108.
3rd valve slide. 484.

4

4th below-stage. 180.
4th metacarpal. 108.

5

5 knots. 61.
50 knots. 61.
5th metacarpal. 108.

6

6-point box end wrench. 258.

A

a. 475.
A-frame. 675.
a system. 591.
abacus. 170.
abdomen. 100, 103, 106, 114.
abdominal aorta. 125, 128.
abdominal rectus. 118.
abdominal segment. 100.
aboveground pipeline. 644.
aboveground pipeline support. 644.
abruptly pinnate. 70.
absorbent cotton. 629.
absorber. 670.
absorber pipe. 670.
absorbing plate. 670.
absorbing surface. 669.
abutment. 175, 414, 415, 416.
abyssal hill. 50.
abyssal plain. 50.
acanthus leaf. 170, 210.
accelerator control. 253.
accelerator pedal. 400.
accent mark. 476.

accept machine. 665.
access for physically handicapped. 719.
access gallery. 655, 660.
access panel. 205, 273.
access ramp. 187.
access shaft. 660.
accessories. 309, 320, 333, 412, 501, 509, 582.
accessories for firing. 695.
accidentals. 476.
accommodation ladder. 434.
accordion. 489.
accordion bag. 348.
accordion pleat. 304.
accordion windows. 351.
account book. 464.
Ace. 592.
acetylene cylinder. 281.
acetylene valve. 282.
achene. 74, 78.
acorn nut. 264.
acoustic baffle. 435.
acoustic ceiling. 179.
acoustic coupler. 471.
acoustic coupler. 469.
acoustic echo. 442.
acoustic resistance. 387.
acromion. 121.
acroterion. 171.
action. 479.
action of wind. 58.
acute accent. 357.
Adam's apple. 114.
addition. 723.
adductor muscle. 102.
adhesive bandage. 629.
adhesive tape. 629.
adipose tissue. 117, 136.
adit. 636.
adjustable channel. 259.
adjustable foot. 383.
adjustable frame. 262.
adjustable lamp. 221.
adjustable pedestal. 205.
adjustable seat. 421.
adjustable spanner. 258.
adjustable spud wrench. 276.
adjustable waist tab. 293.
adjustable waistband. 317.
adjustable wrench. 258.
adjuster. 630.
adjusting knob. 257.
adjusting lever. 492.
adjusting nut. 613.
adjusting ring. 260.
adjusting screw. 259, 282, 612.
adjustment slide. 294.
adjustment wheel. 287.
administration building. 638.
administration office. 648.
administrative building. 660.
adrenal gland. 128.
adresee. 361.
advertising sign. 428.
adze. 588.

aerated filter. 277.
aerator. 271.
aerial. 397.
aerial ladder truck. 676.
aerocondenser. 668.
aerodynamic brake. 672.
affricate consonants. 358.
Africa. 49.
African warrior. 689.
Afro. 331.
Afro comb. 338.
aft stabilizer fin. 433.
afterbay. 651, 652, 655.
afterfeather. 96.
aftermast. 430.
agitation. 722.
agitator. 240.
agnolotti. 145.
agricultural machinery. 162, 163, 164.
aiguillette de gîte à la noix. 149.
aiguillette de romsteck. 149.
aileron. 448, 556, 705.
air bladder. 99.
air brake. 556, 705.
air brake handle. 556.
air brake hydraulic jack. 705.
air bulb release. 374.
air cap. 280.
air chamber. 267, 272.
air-circulating fan. 206.
air cleaner. 704.
air-cleaner filter. 678.
air concentrator. 340.
air conditioning. 206.
air conditioning. 421.
air diffuser. 429.
air fan. 165.
air filter. 253, 405.
air gap. 669.
air hole. 107, 345, 367.
air hose. 550, 639.
air inlet. 450, 455.
air inlet control. 201.
air inlet grille. 340.
air intake. 42, 418, 436.
air leg. 639.
air lock. 437, 438.
air lock entrance hatch. 437.
air mattress. 598.
air outlet grille. 340.
air passage. 639.
air pressure adjusting screw. 280.
air-pressure pump. 612.
air scoop. 408.
air sealing gland. 482.
air space. 42, 97.
air tank. 437.
air temperature. 62, 63.
air-tight diaphragm. 405.
air-to-air missile. 705, 706.
air-to-surface missile. 706.
air transportation. 721.
air tube. 205.
air valve. 280.
air vent. 242.

air warning radar. 439.
aircraft gate. 452.
airframe. 557.
airlock. 42, 661.
airport. 452, 453.
airspeed indicator. 556.
aisle. 174.
ala. 133.
Alaskan snowshoe. 563.
albumen. 97.
alidade. 614.
alighting board. 107.
align horizontally. 362.
align vertically. 362.
all-in-one vest. 315.
alley. 537, 542.
almond. 75, 78.
alphabet. 386.
alphabet. 145.
alphanumeric keyboard. 470.
alpine skier. 559.
alpine skiing. 559, 560.
Alsace glass. 222.
Altar. 41.
altazimuth mounting. 623.
alteration line. 503.
alternator. 405, 418.
alternator indicator. 399.
altimeter. 555, 556.
altitude coarse-motion clamp. 623.
altitude control system. 65.
altitude scales. 47.
altocumulus. 52.
altostratus. 52.
alula. 96.
alveolar bone. 123.
amanita virosa. 73.
ambulatory. 174.
American bread. 146.
American Cheddar. 154.
American corn bread. 146.
American model. 359.
American proofreading model. 365.
American white bread. 146.
ammeter. 410.
ammunition stowage. 704.
ampersand. 723.
amplifier. 389.
amplifier-tuner. 379.
ampulla. 136.
ampulla of fallopian tube. 117.
anal canal. 127.
anal fin. 98.
anal proleg. 100.
analogue display. 605.
analogue frequency meter. 379.
analytical balance. 609.
anatomy. 99.
anchor. 447.
anchor cable. 447.
anchor-windlass room. 433.
anchorage block. 416.
ancient. 367.
ancient and modern signs. 712.
anconeus. 119.

The terms in **bold type** indicate the title of an illustration; those in *italic* correspond to the British terminology.

andiron. 201.
Andromeda. 40.
anemometer. 63.
aneroid barometer. 612.
Anfrom. 154.
angle brace. 190.
angle scale. 263.
angle valve. 203.
Anik. 393.
animal cell. 113.
animal kingdom. 87.
ankle. 114.
ankle length. 297.
ankle sock. 311.
ankle-strap. 319.
anklet. 311.
annular combustion chamber. 450.
annular eclipse. 37.
annular shielding slab. 662.
annulet. 170.
anode. 273, 620.
Antarctic Circle. 35.
Antarctic Ocean. 49.
Antarctica. 49.
antefix. 171.
antenna. 100, 103, 106, 397, 448, 581.
antennule. 103.
anterior chamber. 131.
anterior commissure. 130.
anterior end. 101.
anterior notch. 132.
anterior pulmonary plexus. 126.
anterior root. 130.
anterior tibial. 118.
anterior view. 114, 117, 118, 120, 122.
anther. 72.
anti-aircraft gun. 439.
anti-collision light. 448.
anti-friction pad. 560.
anti-reverse lock. 580.
anti-skating device. 380.
anti-slip shoe. 278.
anti-submarine mortar. 439.
anti-tank missile. 706.
anti-torque tail rotor. 455.
anticipator. 611.
anticipator indicator. 611.
anticline. 640.
antihelix. 132.
antireflection coating. 670.
antitragus. 132.
antivibration handle. 253.
anus. 99, 102, 116, 117, 127.
anvil. 613, 639.
aorta. 126.
aperture. 101.
aperture scale. 372.
apex. 101, 104, 123, 134, 636.
apical foramen. 123.
apocrine sweat gland. 136.
apostrophe. 357, 363.
apple. 76.
apple. 76.
appoggiatura. 476.
appointment book. 464.
approach. 570, 571, 590.
approach ramp. 416.
apricot. 75.
apron. 209, 210, 213, 452, 579, 585, 682.
apse. 174.
apsidiole. 174.
Aquarius, the Water Bearer. 712.
aquastat. 204.
aquatic bird. 97.
aquatic bird. 97.
aqueous humor. 131.
aqueous humour. 131.
aquifer. 650.
Arabic. 355.
arbor. 247.
arc tube. 284.
arc tube mount structure. 284.
arc welding. 281.

arc welding machine. 281.
arcade. 174.
arch. 42, 175, 415.
arch bridge. 415.
arch dam. 653.
arch of the aorta. 124.
archboard. 464.
Archer. 41.
arches. 172.
architectural styles. 170.
architecture. 167.
architrave. 170.
archivolt. 175.
Arctic. 49.
Arctic Circle. 35.
arctic continental. 62.
arctic maritime. 62.
Arctic Ocean. 49.
area of ice. 544.
arena. 570, 571.
Arenberg parquet. 196.
areola. 117.
argent. 710.
Aries, the Ram. 712.
arm. 91, 115, 210, 221, 447, 487, 499, 505, 506, 619, 631, 679, 681.
arm elevator. 380.
arm guard. 530.
arm nut. 506.
arm pad. 534.
arm piece. 630.
arm position. 549.
arm rest. 380, 400.
arm slit. 301.
arm stump. 210.
arm support. 630.
armchair. 210.
armchairs. 211.
Armenian. 355.
armet. 690.
armet. 690.
armhole. 297, 306.
armoire. 215.
armor. 690.
armored cord. 388.
armour. 690.
armpit. 114.
armrest. 631.
armstand. 548.
armstand dive. 549.
arpeggio. 476.
arquebus. 696.
array elevation and tensioning mechanism. 393.
arrester hook. 705.
arrivals concourse. 454.
arrivals schedule. 426.
arrivals timetable. 426.
arrow. 691.
Arrow. 40.
arrow rest. 691.
artichoke. 81.
articulated road train. 403.
articulated vehicule. 403.
articulating hinge point. 679.
articulation. 398.
artificial fly. 581.
artificial satellite. 47.
ASA/DIN exposure index. 372.
asbestos shingle. 195.
ascending aorta. 124.
ascending colon. 127.
ascot tiee. 295.
ash. 344.
ash layer. 53.
ash lid. 201.
ashtray. 344.
Asia. 49.
asparagus. 85.
asphalt. 649.
asphalt process. 648.
asphalt shingle. 195.
asphalt still. 649.
aspirin. 629.
assembly process. 521.

assistant timer. 545.
asterisk. 357.
asteroids. 36.
asthenosphere. 47.
astragal. 170, 445.
astronomical observatory. 42.
astronomy. 33.
asymmetrical bars. 574.
atenna. 536.
athletic shirt. 297.
Atlantic Ocean. 49.
atlas. 121.
atmosphere. 47.
atrium. 173.
attaché case. 350.
attached curtain. 217.
attachments. 680.
attack knob. 495.
attack line. 536.
attack zone. 536.
attacker. 578.
attacking zone. 533.
attic. 187.
attitude acquisition. 394.
aubergine. 81.
audio console. 389.
audio control room. 389.
audio input. 382.
audio operator. 389.
audio output. 382.
auditorium. 43.
auditory ossicles. 132.
auger bit. 260.
aunt by marriage. 138.
aunt-in-law. 138.
auricle. 106, 132.
auricular. 95.
Australia. 49.
auto answer indicator. 388.
auto/manual aperture (iris) control. 384.
auto-manual focusing switch. 384.
automatic air vent. 204.
automatic cable pulley. 558.
automatic circulating pump. 204.
automatic control system computer. 436.
automatic cord reel. 244.
automatic drip coffee maker. 234.
automatic fade control. 384.
automatic flex reel. 244.
automatic frequency control. 379.
automatic relief valve. 204.
automatic rifle. 699.
automatic shut-off. 206.
automatic tank gauge. 647.
automatic tweezers. 342.
automatically-controlled door. 454.
automobile. 397, 398, 399, 400.
automobile car. 420.
autopilot control. 451.
autorefrigerating devices. 644.
autumn. 35.
autumn squash. 81.
autumnal equinox. 35.
auxiliary handle. 261.
auxiliary projector. 43.
auxiliary tank. 402.
avocado. 80.
axial-flow compressor. 450.
axial rib. 101.
axillary artery. 125.
axillary bud. 69, 70.
axillary nerve. 129.
axillary vein. 125.
axis. 121.
axle. 418, 562.
axon. 135.
azimuth coarse-motion clamp. 623.
azimuth synchro. 624.
azure. 710.

B

b. 475.
b system. 591.
baby doll. 311.
baby shells. 145.
babygro. 315.
back. 91, 95, 115, 213, 224, 225, 226, 227, 262, 265, 293, 304, 477, 691.
back beam. 508.
back belt. 300.
back binding. 554.
back board. 512.
back boundary line. 542.
back cornering. 512.
back court. 537, 541.
back crossbar. 563.
back judge. 528.
back of a station wagon. 398.
back pack. 322.
back pad. 534, 568.
back pocket. 294.
back score line. 544.
back stop. 480.
back straight. 569.
back strap. 568.
back upholstery. 631.
back wall. 540, 541.
back zone. 536.
backboard. 535.
backboard support. 535.
backdrop. 180.
backgammon. 592.
background. 374.
backguard. 238, 240, 241.
backing. 514.
backing board. 514.
backing hammer. 514.
backing light. 162.
backing press. 514.
backplate. 611.
backrest. 400, 408.
backspace key. 467, 470.
backstay. 430, 562.
backstep. 677.
backstop. 525.
backstretch. 569.
backstroke. 547.
backstroke start. 547.
backstroke swimmer. 547.
backstroke turn indicator. 546.
backup light. 397.
backward. 548.
backward dive. 549.
badminton. 542.
badminton racket. 542.
badminton racquet. 542.
badminton shoe. 542.
baffle. 201, 646.
bag. 488, 525.
bag well. 587.
baggage cart. 454.
baggage carts. 720.
baggage check. 426.
baggage check-in counter. 454.
baggage claim. 720.
baggage claim area. 454.
baggage compartment. 455.
baggage conveyor. 453.
baggage lockers. 426.
baggage racks. 435.
baggage room. 426.
baggage trailer. 453.
baggage trolley. 454.
bagpipes. 488.
baguette cut. 327.
bail arm. 580.
bailey. 177.
Bailey bridge. 417.
baize. 583, 584.
bake element. 238.
Baker tent. 597.
baking utensils. 230.
balaclava. 314.
balalaika. 487.

The terms in **bold type** indicate the title of an illustration; those in *italic* correspond to the British terminology.

Balance. 41.
balance beam. 574.
balance control. 379.
balance rail. 480.
balance wheel. 605.
balcony. 188.
balk area. 584.
balk line. 584.
balk line spot. 584.
ball. 526, 531, 587.
ball. 502, 510, 543, 545, 696.
ball assembly. 271.
ball bearing. 367, 562.
ball boy. 537.
ball-cock supply valve. 268.
ball cross-section. 587.
ball-end. 521.
ball of clay. 519.
ball peen. 257.
ball peen hammer. 257.
ball rack. 590.
ball return track. 590.
ball stud of circle drawbar. 680.
ball winder. 510.
ballast. 422.
ballast tank. 645.
ballerina. 321.
ballerina. 319.
ballet slippers. 321.
balloon pants. 322.
ballpoint pen. 367.
baluster. 197.
balustrade. 182, 188.
bamboos. 593.
banana. 80.
band. 380.
band ring. 325.
band selectors. 379.
bandage. 579.
banding wheel. 519.
bands. 444.
bangs. 331.
banjo. 487.
bank. 660.
bank of heliostats. 668.
Banon. 155.
banquette. 212.
bar. 93, 485, 492, 575, 592, 720.
bar frame. 221.
bar line. 476.
bar nose. 253.
barb. 61, 96, 581.
barber comb. 338.
barbette. 176.
barbican. 177.
baren. 515.
barge. 645.
bark. 71.
barn. 161.
barn doors. 373.
barograph. 63, 556.
barometric pressure. 62.
barometric tendency. 62.
barred spiral galaxy. 39.
barrel. 605.
barrel. 340, 341, 367, 489, 694,
  697, 698, 699, 700, 701, 702,
  703.
barrel bag. 348.
barrel cuff. 306.
barrel jacket. 697.
barrel nut. 699.
barrel organ. 489.
barren. 635.
barrette. 343.
barrow. 427, 685.
bartizan. 177.
basaltic layer. 48.
base. 170, 200, 220, 242, 243,
  260, 261, 284, 340, 380, 392,
  422, 423, 514, 573, 609, 614,
  615, 619, 675, 702, 709.
base course. 413.
base elbow. 275.
base line. 625.
base of lamp. 372.

base of splat. 210.
base plate. 64, 263, 380, 560, 614,
  625.
base plug. 696.
base ring. 694.
base rock. 650.
base width. 658.
baseball. 525, 526.
baseboard. 376.
baseboard radiator. 203.
baseboard register. 202.
baseline. 537.
basement. 189.
basement membrane. 135.
basement window. 187.
baseplate. 697.
**basic plan of the Greek temple.
  171.**
basic weaves. 511.
basil. 143.
basilic vein. 125.
basin. 660.
basin side. 660.
basin wrench. 276.
basket. 535.
basket. 233, 234, 240, 535, 559,
  561.
basket-handle. 172.
basket weave pattern. 196.
basketball. 535.
basketball. 535.
basketball shoe. 535.
bass bridge. 479.
bass drum. 486.
bass drum. 491, 493.
bass keyboard. 489.
bass pick-up. 494.
bass register. 489.
bass tone control. 379.
bassoon. 483, 490, 491.
bassoons. 493.
baster. 108.
bastion. 176.
bat. 108, 526.
bat. 543.
bat. 526.
bateau neck. 309.
bath. 269.
bathing trunks. 545.
bathing wrap. 315.
bathrobe. 311.
bathroom. 269.
bathroom. 189.
bathroom scales. 610.
bathtub. 269.
bathyscaphe. 437.
batrachian. 105.
batt insulation. 195.
batten. 180, 551, 552, 557.
batten pocket. 551, 552.
batter. 525.
batter head. 486.
batter's box. 525.
batter's helmet. 526.
battery. 372, 406.
battery. 65, 371, 437.
battery box. 402.
battery case. 406.
battery check meter. 383.
battery cover. 406.
batting glove. 526.
battlement. 177.
batwing sleeve. 306.
bavette. 149.
bay. 38.
bay antler. 89.
bayonet mount. 368, 370.
bayonets. 693.
bazooka. 700.
beach. 48, 51.
beach bag. 348.
Beacon antenna. 65.
bead wire. 407.
beam. 89, 163, 574, 608, 609, 610.
beam arrest. 609.
beam balance. 608.

beam bridge. 414.
beam gantry. 658.
beam pump. 641.
beam reach. 553.
bean bag (chair). 212.
bean sprouts. 85.
bear away (to). 551.
bear paw. 563.
bearer. 482.
bearing. 611.
bearing pad. 663.
beater. 165, 235, 508.
beater ejector. 235.
beater handtree. 508.
beater sley. 508.
beaters. 235.
Beatle cut. 331.
Beaumont. 155.
beaver. 90.
beaver. 690.
beaver tail. 563.
bed. 214.
bed. 513, 518, 574.
bed handle. 517.
bed lamp. 220.
**bed-mattress and accessories.
  598.**
bedrock. 616.
bedroom. 189, 445.
bedside lamp. 220.
beef. 148, 149, 152.
beehive. 161.
beer mug. 222.
beet. 84.
beetroot. 84.
begin a new paragraph. 362.
belfry. 174.
bell. 483, 484.
bell bottoms. 310.
bell brace. 483.
bell buoy. 444.
bell roof. 191.
bell tower. 175.
bellows. 376, 489.
bellows strap. 489.
bellowslike joint. 458.
belly. 91, 95, 150, 153, 691.
belt. 294.
belt. 261, 291, 407, 575, 578, 672.
belt buckle. 291.
belt carrier. 291, 294, 316.
belt loop. 291, 294, 316, 599.
beltbag. 559.
belted radial tire. 407.
belted radial tyre. 407.
bench. 212, 428, 635.
bench height. 635.
bench saw. 262.
bend. 328, 581.
Berenice's Hair. 40.
beret. 314.
bergère. 210.
bergschrund. 56.
Bering Sea. 49.
berm. 652.
Bermuda shorts. 310.
bertha collar. 308.
best-end. 153.
betting layout. 594, 595.
between-the-lens shutter. 371.
bevel. 538.
bezel. 325.
bezel facet (8). 327.
bias. 502.
bias-ply tire. 407.
bias-ply tyre. 407.
bib. 315.
bib. 310, 316, 576.
bib necklace. 326.
bib tap. 271.
biceps of arm. 118.
biceps of thigh. 119.
biconcave. 625.
biconvex. 625.
bicycle. 411, 412.
bicycle horn. 412.

bifocal. 328.
big bowtie. 322.
Big Dog. 41.
bikini. 313.
bikini briefs. 297.
bill. 447.
bill compartment. 351.
bill-file. 461.
billboard. 178.
billfold. 351.
billhook. 252.
billiard spot. 584.
billiards cue. 582.
billiards equipment. 582.
bimetal element. 611.
bimetallic helix. 611.
bimetallic thermometer. 611.
binding. 298, 554.
binocular microscope. 619.
biology. 723.
bipod. 697, 701.
bird. 95, 96, 97.
Bird of Paradise. 41.
bird of prey. 97.
bird of prey. 97.
birth. 723.
biscuit. 157.
biscuit cutters. 230.
biscuit press. 230.
biscuit sheet. 230.
Bishop (B). 591.
bishop sleeve. 306.
bit. 260, 345, 568, 639, 640.
bitumen. 650.
bitumen pumping. 650.
bitumen treatment. 650.
bivalve shell. 101.
Black. 591, 592, 594, 595.
black ball. 584.
black currant. 74.
black rye bread. 146.
black salsify. 84.
Black Sea. 49.
black square. 591.
blackhead remover. 343.
blade. 70, 148, 206, 224, 227, 234,
  236, 252, 257, 258, 262, 263,
  285, 287, 337, 338, 500, 501,
  534, 543, 550, 562, 577, 581,
  588, 656, 657, 672, 678, 680,
  693.
blade arm. 680.
blade close stop. 338.
blade guard. 262, 280.
blade height adjustment. 262.
blade injector. 337.
blade lever. 513.
blade lift fan. 435.
blade-locking bolt. 263.
blade rotation mechanism. 680.
blade tilt lock. 263.
blade tilting mechanism. 262.
blank. 593.
blanket. 516.
blanket. 214.
blanket insulation. 195.
blanket sleepers. 315.
blast screen. 700.
blastodisc. 97.
blazer. 307.
bleeder valve. 203.
blender. 235.
blending attachment. 235.
bleu de Bresse. 154.
blind cloth. 219.
block. 482, 553, 685.
block bracket. 218.
blockboard. 265.
blood circulation. 124, 125.
blood vessel. 123, 136, 137.
blood vessels. 108.
bloomers. 317.
blouse. 538.
blouses. 305.
blow pipe. 488.
blower. 204, 205, 206, 481.

blower motor. 205.
blowing snow. 60.
blowlamp. 281.
blowout preventer. 640.
blucher oxford. 320.
blue ball. 584.
blue beam. 392.
blue cap. 545.
blue flag. 545.
blue line. 533.
blue mussel. 102.
blue outer circle. 544.
blueberry. 74.
blusher brush. 332.
boa. 309.
board. 265.
board. 551.
board cutter. 513.
boarding joist. 196.
boarding step. 455.
boarding walkway. 452.
boards. 533.
boater. 314.
bob. 331, 607.
bobbin. 506.
bobbin. 500, 509, 510.
bobbin case. 500.
bobbin lace. 506.
bobbin winder. 510.
bobbin winder. 499.
bobby pin. 343.
bobeche. 220.
bobsleigh. 564.
bobstay. 430.
body. 134, 243, 260, 271, 359,
  361, 401, 421, 444, 482, 483,
  563, 572, 574, 581, 607, 621.
body lacing. 563.
body lift cylinder. 682.
body of nail. 137.
body pad. 534.
body shirt. 305.
body side molding. 397.
body stocking. 317.
body suit. 312.
body tube. 619.
body whorl. 101.
body wire. 576.
bogie. 418, 421.
bogie and track. 429.
bogie car-carrying wagon. 420.
bogie flat wagon. 420.
bogie frame. 418.
bogie open wagon. 420.
bogie tank wagon. 420.
bogie van. 420.
bogie wagon. 419.
bogie well wagon. 420.
boiler. 204.
boiler. 203, 438, 668.
boiler room. 439.
boilers. 433.
bold. 365.
bold capitals. 365.
boldface. 365.
boldface capitals. 365.
bole. 71.
bolero. 307.
bollard. 440.
bolster. 214, 224, 227.
bolt. 264.
bolt. 259, 544, 701.
bolt carrier. 699.
bolt catch. 699.
bolt follower. 266.
bonding jumper. 288.
bone folder. 512.
boning knife. 227.
bonnet. 397, 403.
bonnet. 271, 315.
bonus tiles. 593.
book end. 462.
bookbinding leather. 514.
booking hall. 426.
boom. 374, 552, 675, 679, 681.
boom operator. 390.

boom point sheave. 675.
boom truck. 453.
boom vang. 552.
booster intermediate station. 644.
booster parachute. 457.
boot. 397.
boot. 482, 550, 555, 562, 565,
  575.
boot jack. 320.
borage. 143.
bordeaux. 222.
bore. 695.
bottle cart. 281.
bottle opener. 229, 243.
bottom. 163, 554, 559.
bottom bracket axle. 412.
bottom cylinder. 516, 518.
bottom deck. 647.
bottom deckboard. 685.
bottom-end transverse member.
  425.
bottom face. 327.
bottom of collar. 305.
bottom of the pool. 545, 548.
bottom pocket. 584.
bottom rail. 198, 215.
bottom retainer. 419.
bottom ring. 657.
bottom road. 637.
bottom side rail. 425.
bottom surface. 556.
bottomboard. 482.
bouffant. 330.
bound book. 512.
Boursault. 154.
bow. 478, 691.
bow. 298, 551, 691.
bow collar. 308.
bow door ramp. 435.
bow rudder. 434.
bow saw. 600.
bow tie. 295.
bowl. 226, 236, 345, 443, 682.
bowl lid. 345.
bowl with serving spout. 236.
bowler. 590.
bowline. 601.
bowline on a bight. 601.
bowling. 590.
bowling ball. 590.
bowling shoe. 590.
bows. 145.
bows and crossbow. 691.
bowsprit. 430.
bowstring. 691.
box. 179.
box bag. 348.
box-beam Y frame. 680.
box car. 419.
box end wrench. 258.
box front lights. 179.
box pallet. 685.
box pleat. 217, 304.
box spring. 214.
boxer. 579.
boxer shorts. 297.
boxing. 579.
boxing boot. 579.
boxing glove. 579.
boxing shoe. 579.
bra. 313.
brace. 260.
brace. 192, 279, 431, 659.
brace clip. 294.
bracelet with curb chain. 325.
bracelets. 325.
braces. 294.
brachial. 118.
brachial artery. 125.
brachial plexus. 129.
brachioradial. 118, 119.
brachioradialis. 119.
bracket. 218, 219, 339, 442.
bracket base. 215.
bracket slot. 219.
brackets. 357.

bract. 78.
braided rope. 601.
braids. 330.
brail. 431.
Braille. 356.
brain. 99.
brake. 631.
brake cable. 411.
brake handle. 408.
brake lever. 411.
brake line. 407.
brake lining. 407.
brake pad. 407.
brake pedal. 400, 410.
brake shoe. 407.
brake van. 420.
brakeman. 564.
brakes. 407.
branch. 71, 85, 93, 267, 567.
branch duct. 202.
branch return pipe. 203.
branch supply pipe. 203.
branches. 71.
brandy. 222.
brass ball faucet. 271.
brass family. 484.
brass floor frange. 268.
brassie; no. 2 wood. 586.
brassiere cup. 313.
brattice. 177.
brayer. 516.
Brazil nut. 78.
bread. 146.
bread and butter plate. 223.
bread guide. 237.
bread knife. 227.
break line. 308.
breakdown service. 721.
breaker. 51.
breaking pliers. 521.
breaking the wall. 593.
breast. 117.
breast. 95, 114, 147, 151, 153.
breast beam. 508.
breast collar. 568.
breast dart. 292.
breast pocket. 292, 295, 305.
breast welt pocket. 293.
breastplate. 690.
breaststroke. 547.
breaststroke kick. 547.
breaststroke swimmer. 547.
breaststroke turn. 547.
breather valve. 647.
breathing apparatus. 676.
breathing in. 547.
breathing out. 547.
breech. 694, 702.
breechblock. 698.
breechblock operating lever
  assembly. 698.
breeches. 576.
breeching rope. 694.
Brick. 154, 193.
bridge. 582.
bridge. 218, 328, 438, 477, 489,
  621, 645.
bridge and chart room. 434.
bridge of nose. 133.
bridge unit. 494.
bridging. 192.
bridle. 567.
bridle. 568.
bridle tape. 480.
Brie. 155.
briefcase. 350.
briefs. 297.
briefs. 313.
brig. 432.
brigantine. 432.
bright star projector. 43.
brightness control. 392.
brilliant cut facets. 327.
brilliant full cut. 327.
brim. 298, 314.
brioche. 156.

briolette cut. 327.
brisket. 148, 152.
bristle. 337, 338, 339, 341.
bristles. 280.
British cut. 152, 153.
British model. 361.
British proofreading model. 366.
broad beans. 85.
broad-leaved endive. 82.
broad ligament of uterus. 117.
broad reach. 553.
broad welt. 300.
broad welt side pocket. 291, 304.
broadest of back. 119.
broccoli. 81.
broil element. 238.
brooch. 325.
brood cell. 107.
brood chamber. 107.
broom. 201.
broom point downward. 446.
broom point upward. 446.
brother. 138.
brother/sister. 138.
brow brush and lash comb. 333.
brow reinforce. 690.
brow tine. 89.
browband. 567.
brown ball. 584.
Brunn's membrane. 133.
brush. 280.
brush. 79, 339, 515.
brush and rails. 565, 566.
Brussels sprouts. 82.
buck shots. 145.
bucket. 657, 675, 679.
bucket chain excavator. 635.
bucket cylinder. 679.
bucket hinge pin. 679.
bucket ring. 657.
bucket seat. 400.
bucket tooth. 679.
bucket wheel excavator. 635, 650.
buckle. 502.
buckle. 294, 349, 400, 560.
bud. 83.
buffer. 418.
buffer. 701.
buffer tank. 644.
bufferstop. 424.
buffet. 719.
buffet. 216.
bugle. 484.
building. 178.
building materials. 193, 194, 195.
building sewer. 267.
buildings. 161.
built-in microphone. 384.
bulb. 85, 93, 284, 322, 611, 645.
bulb dibber. 249.
bulb dibble. 249.
bulb unit. 660.
bulb vegetables. 83.
bulbil. 83.
bulk carrier. 441.
bulkhead. 402.
bulkhead deck. 434.
bulkhead flat car. 420.
bulkhead flat wagon. 420.
Bull. 40.
bull's eye. 187.
bulldozer. 678.
bulldozer. 635.
bullet. 702.
bullfighter. 321.
bullion stitch. 507.
bullseye. 446.
bulwark. 430.
bumper. 244, 397, 402, 403, 418,
  424.
bumper guard. 397, 541.
bumps. 714.
bun. 330, 331.
bun tin. 230.
bunch. 344.
bund wall. 647.

The terms in **bold type** indicate the title of an illustration; those in *italic* correspond to the British terminology.

bundle. 85, 658.
bungalow. 183.
bunk. 438.
bunker. 585.
bunker oil. 649.
bunker silo. 161.
bunting bag. 316.
buoyancy compensator. 550.
buoys. 444.
burden. 650.
bureau. 216.
burgundy. 222.
buried pipeline. 644.
burin. 516.
burner. 233.
burner ring. 233.
burnisher. 515.
burr. 89.
bus stop. 178.
bus transportation. 721.
busbar. 655.
bush. 247.
bushing. 651, 659.
butane carrier. 645.
butane tank. 344.
butt. 344, 506, 538, 581, 582, 691, 699, 703.
butt cap. 580.
butt end. 534.
butt grip. 580.
butt guide. 580.
butt hinge. 209.
butt plate. 697, 702.
butt portion. 150, 151.
butt section. 580.
butt-strap. 328.
butt welding. 282.
butte. 55.
butter compartment. 239.
butter curler. 227.
butter dish. 223.
butter knife. 224.
butterfly. 100.
butterfly kick. 547.
butterfly stroke. 547.
butterfly swimmer. 547.
butterfly turn. 547.
buttock. 115.
button. 284, 295, 489, 577, 694.
button loop. 294.
button notch. 243.
button strap. 316.
button-through smock. 305.
buttondown collar. 295.
buttoned placket. 295, 301, 305.
buttonhole. 291, 295, 296.
buttress. 174, 175, 653.
buttress dam. 653.
buttstock. 701.
by-pass taxiway. 452.
bypass contact. 385.

C

c. 475.
C-clamp. 259.
c clef. 475.
cab. 408, 678, 679, 680, 681, 682, 684.
cabbage lettuce. 82.
cabin. 434, 455, 558.
cabinet. 206, 240, 241, 242, 269, 378, 392.
cable. 601.
cable. 261, 322, 384, 442, 573, 601.
cable binding. 561.
cable car. 558.
cable release. 374.
cable ripper. 287.
cable sleeve. 261.
cable stay anchorage. 416.
cable-stayed bridge. 416.
cable stitch. 504.
cabochon cut. 327.

caboose. 420.
cabriole leg. 210.
cabriolet. 210.
cactus. 55.
caddie. 585.
caecum. 127.
café curtain. 217.
cage. 444.
cagoule. 589.
caisson. 441.
cake. 156.
cake mascara. 333.
cake pan. 230.
cake tin. 230.
calamus. 96.
calandria. 662, 664.
calandria tube. 662.
calandria vault. 662.
calcaneus. 92, 121.
calcar. 108.
calculator. 351, 372.
calculator/cheque book holder. 351.
calculator dial. 372.
calendar pad. 464.
calf. 115.
caliper. 407.
calipers. 517.
call director telephone. 388.
Callisto. 36.
calls indicator. 388.
callus. 101.
calm. 61.
calyx. 72, 74, 76, 79, 128.
cam. 506.
cam lever. 506.
cam ring. 260.
cam spring. 703.
camber. 561.
cambium. 71.
Camembert. 155.
camera 1. 391.
camera 2. 391.
camera 3. 391.
camera battery. 383.
camera body. 368.
camera crane. 390.
camera mount. 390.
camera platform. 374.
camera screw. 374.
cameraman. 390.
camisole. 312.
camping and caravan site. 721.
camping area. 721.
camping equipment. 598, 599, 600.
camping prohibited. 721.
camshaft. 405, 517.
can. 446.
cen buoy. 444.
can opener. 243.
can opener. 229, 599.
Canadian Cheddar. 154.
Canadian crutch. 630.
Canadian elk. 89.
Canadian model. 360.
canal bed. 440.
canal boat. 645.
canal lock. 440.
canal lock. 441.
Cancer, the Crab. 712.
CANDU nuclear generating station. 661.
CANDU reactor. 662.
cane pen. 367.
canes. 630.
canine. 90, 123.
canister shot. 695.
canister vacuum cleaner. 244.
canned failed fuel. 665.
cannelloni. 145.
cannon. 91, 704.
canopy. 346, 448, 555, 587, 596, 682, 705.
canopy pole. 596.
Cantal. 155.

cantaloupe. 81.
cantilever. 653.
cantilever bridge. 414.
cantilever span. 414.
cantle. 567.
canton. 709.
canvas. 579.
canvas divider. 596.
cap. 73, 197, 275, 281, 285, 298, 314, 586, 671.
cap iron. 257.
cap rock. 650.
cap sleeve. 306.
capacitor. 672.
cape. 301.
cape. 321.
capillary bore. 611.
capital. 170.
capitals. 365.
capitals for initials, small capitals for the rest. 365.
capitulum. 72.
capless wig. 331.
caponiere. 176.
capped column. 57.
capped tee. 202.
cappelletti. 145.
Caprice des Dieux. 154.
Capricorn, the Goat. 712.
capstan. 516.
capstan. 439.
capsule. 79.
captain. 564.
captain's quarters. 433.
captain's seat. 451.
car. 397, 398, 399, 400.
car. 181, 425.
car anchor. 447.
car buffer. 181.
car coat. 300.
car deck. 435.
car guide rail. 181.
car parking. 188.
car rental. 721.
car safety device. 181.
car wash. 401.
carabiner. 588.
carafe. 234.
carapace. 103, 109.
caraway seeded rye bread. 146.
carbon. 521.
carbon copy. 359, 361.
carbon granules. 387.
carburetor. 404, 405, 409.
carburettor. 404, 405, 409.
card and photo case. 351.
card case. 351.
card games. 592.
card holder. 466.
card index cabinet. 464.
card punch. 472.
card reader. 472.
card support. 64.
cardan shaft. 162.
cardboard case. 702.
cardiac plexus. 126.
cardigan. 296, 307.
cardinal system of marking. 445.
cardoon. 85.
cards. 464.
cargo-bay access hatch. 457.
cargo-bay door. 457.
cargo boom. 434.
cargo hatch. 433.
cargo terminal. 452.
Caribbean Sea. 49.
caribou. 89.
carnassial. 90.
carnivore's jaw. 90.
carom billiards. 583.
carousel. 454.
carpal pad. 94.
carpentry. 265.
carpentry: fasteners. 264.
carpentry: tools. 257, 258, 259, 260, 261, 262, 263.

carpus. 92, 120.
carré. 150.
carré raccourci. 147.
carriage. 506.
carriage. 467, 505, 506, 684, 694.
carriage release lever. 467.
carriage return. 467.
carriageway. 413.
carrier. 291, 294, 295.
carrier. 218, 411.
carrier bag. 348.
carrot. 84.
carry handle. 341, 347.
carry-on bag. 347.
carrying handle. 614, 699, 701.
cart path. 585.
carton. 344.
cartoon. 521.
cartridge. 367, 371, 702, 703.
cartridge (rifle). 702.
cartridge (shotgun). 702.
cartridge fuse. 285.
cartridge stem. 271.
cartwheel hat. 314.
carving fork. 227.
carving knife. 227.
case. 337, 341, 342, 479, 489, 492, 611, 613, 702.
casement. 199.
casement window. 199.
cash readout. 401.
cashew. 79.
casing. 203, 206.
casing first string. 641.
casing second string. 641.
Caspian Sea. 49.
cassette. 371, 469.
cassette holder. 381.
cassette loading slot. 382.
cassette recorder. 469.
Cassiopeia. 40.
cast-on stitches. 504.
castanets. 485.
caster. 206, 244, 486.
castle. 177.
casual water. 585.
cat. 94.
catadioptric ring. 446.
catalytic reformer. 648.
catalytic reforming plant. 649.
catch. 693.
catch glove. 534.
catch spring. 693.
catcher. 526.
catcher. 525.
catcher's box. 525.
catcher's glove. 526.
catenary. 661.
catering vehicle. 453.
caterpillar. 100.
cathedral. 174.
cathode. 620.
cattle crossing. 715.
catwalk. 390.
caudal fin. 98.
caudal vertebrae. 92.
cauliflower. 81.
caution. 718.
caution, pedestrian crossing. 718.
caution, slippery floor. 718.
cave. 54.
cave. 51.
cavernous body. 116.
cecum. 127.
cedilla. 357.
ceiling. 540, 541.
ceiling collar. 202.
ceiling fan. 206.
ceiling fitting. 220.
ceiling grille. 202.
ceiling joist. 192.
ceiling register. 202.
celeriac. 84.
celery. 85.
celesta. 493.
celestial co-ordinate system. 35.

The terms in **bold type** indicate the title of an illustration; those in *italic* correspond to the British terminology.

celestial equator. 35.
celestial meridian. 35.
celestial sphere. 35.
celiac trunk. 124, 128.
cell. 100, 555, 623.
cell body. 135.
cell connector. 406.
cell membrane. 113.
cell wall. 113.
cellophane wrapped packet. 344.
cement. 194.
cement screed. 196.
cementum. 123.
cent. 723.
Centaur. 41.
center. 362, 528, 529, 533, 535.
center-aisle. 421.
center back. 532, 536, 539.
center back vent. 293.
center base. 709.
center bearing. 450.
center chief. 709.
center circle. 532, 535.
center console. 399.
center court. 541.
center cut. 150.
center electrode. 406.
center face-off circle. 533.
center field. 525.
center fielder. 525.
center flag. 532.
center forward. 532, 536, 539.
center hole. 380.
center Keelson. 645.
center knife-edge. 609.
center line. 527, 533, 535, 536,
    539, 542, 543, 544, 576.
center mark. 537.
center pocket. 584.
center point. 709.
center post. 215, 397.
center service line. 537.
center span. 416.
center spot. 532, 583, 584.
center strap. 537.
center string. 583.
center tank. 645.
center wheel. 605, 607.
centerboard. 552.
Central America. 49.
central column. 672.
central compartment. 349.
central console. 451.
central focusing wheel. 621.
central incisor. 123.
central instrument panel. 451.
central nervous system. 130.
central ply. 265.
central processing unit. 468, 469,
    472.
central pumping. 644.
central screw. 514.
centre. 362, 528, 533, 535.
centre-back. 532, 536, 539.
centre back vent. 293.
centre base. 709.
centre bearing. 450.
centre chief. 709.
centre circle. 532, 535.
centre console. 399.
centre court. 541.
centre electrode. 406.
centre face-off circle. 533.
centre field. 525.
centre fielder. 525.
centre flag. 532.
centre forward. 532, 536, 539.
centre hole. 380.
centre Keelson. 645.
centre knife-edge. 609.
centre line. 527, 533, 535, 536,
    539, 542, 543, 576.
centre mark. 537.
centre midfield. 532.
centre pocket. 584.
centre point. 709.

centre post. 215.
centre service line. 537.
centre span. 416.
centre spot. 532, 583, 584.
centre strap. 537.
centre string. 583.
centre tank. 645.
centre wheel. 605, 607.
centreboard. 552.
centriole. 113.
cep. 73.
cephalic vein. 125.
cephalothorax. 103.
Cepheus. 40.
cerebellum. 130.
**cerebrospinal axis (sagittal
    section). 130.**
cerebrum. 130.
cervical plexus. 129.
cervical vertebra (7). 121.
cervical vertebrae. 92.
chad container bin. 386.
chaffer sieve. 165.
chain. 220, 412, 607, 612.
chain brake. 253.
chain guide. 412.
chain mail. 690.
chain of dunes. 55.
chain pipe wrench. 276.
chain shot. 695.
chain stay. 411.
chain stitch. 507.
chain wheel. 412.
chainsaw. 253.
chainsaw chain. 253.
chaise longue. 213.
chalaza. 97.
chalet. 558.
chalk. 582.
chamber. 703.
Chameleon. 41.
champagne flute. 222.
champagne glass. 222.
chandelier. 220.
change dial. 505.
change machine. 426.
channel. 423, 521.
channel selector control. 382.
chanter. 488.
chanterelle. 73.
Chantilly parquet. 196.
chapel. 433.
character. 466.
characters. 593.
chard. 82.
charge. 702.
charge machine. 665.
charger. 337.
charges. 710.
charging handle. 699.
charging handle catch. 699.
charging light. 337.
Charioteer. 40.
charlotte. 156.
charm bracelet. 325.
charms. 325.
chase. 694.
chase astragal. 694.
chassis. 403.
check. 480.
check-in. 720.
check nut. 64.
check-rail. 422.
check valve. 277, 282.
checkbook holder. 351.
**checkbook/secretary clutch.
    351.**
checkers. 444.
checkmate. 351.
cheek. 91, 114, 257, 581, 694.
cheek strap. 567.
cheese knife. 224.
chela. 103.
chemical treatment. 649.
chemise. 177.
cheque book cover. 351.

cheque book holder. 351.
cherimoya. 80.
cherry. 75.
chervil. 143.
chess. 591.
chess notation. 591.
chessboards. 591.
chest. 91, 114.
chest of drawers. 216.
chest protector. 526, 530.
chesterfield. 211.
chestnut. 78, 91.
chevron. 710.
chevron stitch. 507.
chick peas. 85.
chicory. 82.
chief. 709, 710.
chief timekeeper. 546.
chiffonier. 216.
children. 138, 139.
**children's clothing. 315, 316,
    317.**
chilli. 81.
chimney. 202.
chimney. 187, 200.
chimney connection. 201.
chimney flue. 200.
chimney pot. 187.
chimney stack. 187.
chin. 95, 114.
chin strap. 530.
China Sea. 49.
Chinese. 355.
Chinese cabbage. 82.
chip. 594, 595.
chipboard. 265.
chisel. 516.
chive. 83.
chlorine bleaching. 722.
chloroplast. 113.
chock. 588.
choir. 174.
choir organ manual. 481.
choker. 326.
chopsticks. 233.
chord. 476.
choroid. 131.
christening set. 315.
Christmas tree. 641.
Christmas tree. 644.
chromatin. 113.
chromosphere. 37.
chrysalis. 100.
chuck. 148, 258, 260, 261, 639.
chuck key. 261.
chuck rib. 152.
chuck short rib. 148.
chukka. 320.
chump end. 153.
chute. 637.
cigar. 344.
cigar band. 344.
cigar box. 344.
cigarette. 344.
cigarette holder. 344.
ciliary process. 131.
ciliate. 70.
cine scale. 372.
cinema. 178.
cinematography. 383.
circle. 680.
circles. 593.
circuit breaker. 285.
circuit breaker. 655, 672.
circuit test light. 700.
circuit vent. 267.
circular level. 614.
circular needle. 504.
circular saw. 263.
circular saw blade. 263.
circulating pump. 203, 669.
circumflex accent. 357.
cirque. 38.
cirrocumulus. 52.
cirrostratus. 52.
cirrus. 52.

cistern lid. 269.
citrus juicer. 236.
citrus juicer. 228.
city houses. 183.
clafoutis. 157.
clam. 102.
clam-cleat. 551, 553.
clamp. 221, 277, 285, 341, 505,
    510, 513, 561.
clamp binder. 463.
clamp lever. 341.
clamping handle. 236.
clamping nut. 236.
clamshell bucket. 681.
clapper. 387.
clarinet. 483, 490, 491.
clarinets. 493.
clasp. 349, 350.
class ring. 325.
classic. 305.
classic bag. 349.
**classification of snow crystals.
    57.**
classification yard. 425.
clavicle. 120.
claw. 94, 95, 97, 100, 103, 106,
    108, 257, 325, 514.
claw hammer. 257.
claw weight. 505.
cleaning brush. 337.
cleaning tools. 244.
cleaning tools. 244.
cleanout. 270.
cleansing sponge. 333.
clear sky. 61.
clear space. 536.
clearance light. 402.
cleared ground. 63.
cleat. 552, 553.
cleated shoe. 530.
cleaver. 227.
clefs. 475.
clew. 551.
clew line. 431.
click. 607.
cliff. 38, 48, 51.
climates of the world. 59.
climbing harness. 589.
climbing iron. 320.
climbing plant. 247.
clinical thermometer. 611.
clip. 218, 294, 341, 367, 461.
clip earring. 325.
clipboard. 464.
clippers. 338.
clitoris. 117.
cloche. 314.
clock. 391, 399, 616.
clock operator. 535.
clock timer. 237, 238.
clog. 319.
close hauled. 553.
close reach. 553.
close up. 362.
close-up lens. 370.
closed circuit television/cathode
    monitor. 666.
closed expansion tank. 204.
closed stringer. 197.
closeness setting. 337.
closet. 188, 189, 216.
closet bend. 267.
closing odds. 569.
closing salutation. 361.
closure rail. 422.
cloth roller. 508.
clothing. 289.
clothing guard. 631.
cloud amount. 61, 62.
cloud of volcanic ash. 53.
**clouds and meteorological
    symbols. 52.**
**clouds of vertical development.
    52.**
cloudy sky. 61.
clove hitch. 601.

The terms in **bold type** indicate the title of an illustration; those in *italic* correspond to the British terminology.

clown. 322.
clown shoe. 322.
club. 592.
club chair. 211.
club divider. 587.
club house. 569.
club house turn. 569.
clubhouse. 585.
clump of flowers. 247.
clutch bag. 348.
clutch lever. 410.
clutch pedal. 400.
co-axial machine gun. 704.
coach car. 421.
coach's box. 525.
coal bunker. 638.
coal mine. 635, 636, 637, 638, 639.
coarse adjustment knob. 619.
coast. 48.
coat dress. 302.
coat hook. 465.
coat rack. 465.
coat tree. 465.
coats. 300, 301.
cob. 85.
coccygeal nerve. 129.
coccyx. 120.
cochlea. 132.
cochlear nerve. 132.
cock. 696.
cocking handle. 701.
cocking lever. 700.
cockle. 102.
cockleshell. 210.
cockpit. 556.
cockpit. 552.
cockpit canopy. 556.
cocktail. 222.
cocktail cabinet. 216.
coconut. 78.
coeliac trunk. 124, 128.
coffee makers. 234.
coffee mill. 234.
coffee mug. 223.
coffee pot. 599.
coffee shop. 719.
coffee spoon. 226.
coil. 387.
coil spring. 219.
coiling. 519.
coin chute. 595.
coin purse. 351.
coin reject slot. 595.
coin return bucket. 388.
coin return knob. 388.
coin slot. 388, 595.
coinbox telephone. 388.
coking plant. 638.
colander. 228.
Colby. 154.
cold air. 669.
cold room. 189.
cold-water line. 268, 273.
cold-water riser. 267.
cold-water shutoff valve. 273.
cold-water supply line. 272.
collagenous fiber. 136.
collagenous fibre. 136.
collapsible fire ladder. 676.
collar. 308.
collar. 43, 69, 291, 293, 295, 337, 575.
collar bar. 326.
collar point. 295, 308.
collar stay. 295.
collaret. 308.
collateral. 135.
collecting funnel. 64.
collecting tube. 670.
collector. 656.
collet. 147, 151, 260, 374.
collet nut. 260.
colliery. 637.
colon. 357, 364, 386.
color analyzer. 375.

color filter. 370.
color filter set. 373.
color temperature switch. 384.
colors. 710.
colour analyser. 375.
colour filter. 370.
colour filter set. 373.
colour temperature switch. 384.
colours. 710.
columella. 101.
columella fold. 101.
column. 54, 57, 203, 220, 261, 374, 376, 415, 499, 609, 622.
column base. 170.
column crank. 374.
column lock. 374.
column of mercury. 611.
column radiator. 203.
columns. 594, 595.
coma. 39.
comb. 509.
comb. 690.
comb foundation. 107.
comb plate. 182.
combat aircraft. 705.
combination. 297.
combination box and open end wrench. 258.
combination knife. 599.
combination lock. 350.
combination pliers. 287.
combination spanner. 258.
combine harvester. 165.
combs. 338.
combustion chamber. 404, 450, 706.
comet. 39.
comfort contoured handle. 341.
comforter. 214.
comma. 357, 363, 386.
command antenna. 65, 393.
command module. 456.
command station. 706.
command system. 706.
command transmission. 706.
commander's seat. 704.
commando knife. 692.
commissure of lips of mouth. 134.
common coastal features. 51.
common extensor of fingers. 119.
common carotid artery. 125.
common hepatic artery. 125.
common iliac artery. 125, 128.
common iliac vein. 128.
common periwinkle. 104.
common peroneal nerve. 129.
common symbols. 718, 719, 720, 721.
common whipping. 601.
communicating rami. 130.
communication device. 468.
communications. 353.
company number. 361.
compartment. 350, 592, 594.
Compass. 41, 437, 550, 556.
compass card. 443, 625.
compass meridian line. 625.
compensating cables. 181.
competition ring. 566.
competitive course. 546.
competitor. 546.
completion. 601.
complex dune. 55.
complexus. 119.
complimentary close. 359.
compluvium. 173.
components of hair styles. 330, 331.
composite topmark. 446.
compound eye. 100, 106.
compound fleshy fruits. 74.
compound leaves. 70.
compressed air. 639.
compressed-air cylinder. 550, 676.
compression coupling. 270.
compression fitting. 274.

compressor. 204, 239, 404, 464.
compressor turbine. 404.
compulsory roundabout. 717.
computer room. 472.
Comté. 155.
concave. 165, 625.
concha. 132.
Concorde. 47.
concrete base. 616.
concrete block. 193.
concrete drain. 647.
concrete wall. 669.
condensate. 664.
condensation. 58.
condensation in water. 667.
condenser. 206, 376, 377, 619, 661.
condenser adjustment knob. 619.
condenser coil. 206, 239.
condensor. 204.
condominium. 183.
conductive material. 670.
conductor. 221.
conductor's podium. 493.
cone. 53, 378, 446.
configuration keys. 470.
configuration of a system. 469.
configuration of the continents. 49.
conical broach roof. 191.
conical buoy. 444.
conical magnet. 606.
conical snoot. 373.
conical washer. 268.
conjunctiva. 131.
connecting cable. 378.
connecting wire. 576.
connection and concentration equipment network. 394.
connection cable. 471.
connection point. 659.
connective tissue. 135, 136.
connector. 288.
connector link. 555.
conning tower. 437, 438.
console. 481.
constellations. 712.
constellations of the northern hemisphere. 40.
constellations of the southern hemisphere. 41.
constriction. 611.
contact. 611.
contact printer. 375.
container. 425.
container. 64, 235, 280, 434.
container car. 420.
container flat wagon. 420.
container hold. 434.
container-loading bridge. 441.
container ship. 434.
container ship. 441.
container terminal. 441.
containment. 666.
containment building. 663.
contest area. 578.
contestant. 578.
continental climates. 59.
continental margin. 50.
continental mass. 50.
continental rise. 50.
continental shelf. 48, 50.
continental slope. 48, 50.
continuity tester. 286.
continuous beam. 414.
continuous drizzle. 60.
continuous rain. 60.
continuous snow. 60.
contour feather. 96.
contrabassoon. 493.
contrast control. 392.
contre-filet. 149.
control bar. 557.
control cable. 412.
control column. 451.
control console. 43, 472.

control deck. 435, 438.
control key. 470.
control knob. 238, 471, 520.
control lever. 639.
control levers. 451.
control panel. 206, 237, 238, 240, 241, 242, 389, 390, 471, 676.
control room. 666.
control room. 43, 445, 643, 651, 660, 661.
control stand. 418.
control stick. 455, 556.
control system. 672.
control tower. 452.
control tower cab. 452.
control valve. 599.
control wheel. 677.
controller. 181, 182.
controls. 386.
convection zone. 37.
convector. 203.
converging lens. 625.
conversion. 667.
converter. 373.
convertible. 398.
convex. 625.
conveyor. 635, 638, 650.
cook's knife. 227.
cookie cutters. 230.
cookie press. 230.
cookie sheet. 230.
cooking. 600.
cooking set. 599.
cooking surface. 237.
cooking utensils. 232, 233.
cooktop. 238.
cool tip. 341.
coolant. 664, 668, 670.
coolant transfers the heat to the steam generator. 667.
cooler. 600.
cooling air. 458.
cooling fan. 377, 404, 405, 406.
cooling/heating coils. 204.
cooling liquid pump. 458.
cooling tower. 648.
cooling water. 664.
copper foil. 521.
copper pipe. 274.
copper plate. 515.
copper to plastic. 275.
copper to steel. 275.
copperplate. 515.
copy holder. 386.
copyright. 723.
cor anglais. 483.
corbel. 177.
corbel piece. 200.
cord. 243, 387, 513, 588.
cord grip. 572.
cord tieback. 217.
cordate. 70.
cordless shoe care kit. 320.
cordless telephone. 388.
core. 37, 76, 587, 601, 652, 702.
core plywood. 265.
corer. 231.
corinthian order. 170.
cork tip. 542.
corkscrew. 599.
corkscrew curls. 330.
corn. 85.
corn cutter. 342.
corn salad. 82.
cornea. 131.
corner. 512, 579.
corner arc. 532.
corner cap. 419.
corner cupboard. 216.
corner display cabinet. 216.
corner fitting. 425.
corner flag. 532.
corner lighting. 220.
corner pad. 579.
corner-stool. 579.
corner structure. 425.

The terms in **bold type** indicate the title of an illustration; those in *italic* correspond to the British terminology.

731

corner stud. 192.
corner tower. 177.
cornet. 484, 491.
cornets. 493.
cornice. 171, 187, 198, 215, 217.
corolla. 72.
corona. 37.
coronal suture. 122.
coronet. 91, 93.
corpus callosum. 130.
corpus cavernosum. 116.
correct a letter. 362.
correct a word. 362.
correcting tape. 466.
correction fluid. 461.
correction paper. 461.
corrections of diacritic symbols. 364.
corrections of errors. 362, 363.
corrections of punctuation marks. 363, 364.
corrections of type. 364.
corridor. 421.
corridor connection. 421.
corrugation. 378.
corsage. 317.
corselette. 312.
corset. 313.
corssbar. 487.
cortex. 128, 137.
corymb. 72.
cos lettuce. 82.
cosmetic sponge. 333.
cosmetic tray. 347.
costal shield. 109.
costumes. 321, 322.
côtelettes découvertes. 151.
côtelettes premières et secondes. 151.
côtes. 150.
côtes découvertes. 147.
cottage. 183.
cottage curtain. 217.
cotton applicators. 629.
cotton pagne. 689.
cotton wool ball. 629.
cotyledon. 69, 75, 79.
couched stitches. 507.
Coulommiers. 155.
coulter. 163.
counter. 318, 562.
counter memory button. 382.
counter reset button. 381.
counterguard. 176.
counterjib. 683.
counterjib ballast. 683.
counterscarp. 176.
countersink. 260.
countersunk. 264.
counterweight. 181, 380, 417, 422, 423, 610, 622, 681, 683.
counterweight guide rail. 181.
coupé. 398.
coupler head. 419.
coupler knuckle. 419.
coupler knuckle pin. 419.
courgette. 81.
course. 585.
court. 535, 536, 537, 539, 542.
court. 319.
court referee. 539.
couscous kettle. 232.
cousins. 138.
couter. 690.
cover. 346.
cover. 271.
cover. 236, 269, 345, 526, 587, 611, 615, 625, 701.
cover plate. 670.
cover slip. 619.
covered parapet walk. 177.
covered postern. 176.
covered way. 176.
covering. 514.
covering. 543.
covering disc. 164.

covering disk. 164.
cow hitch. 601.
cowl. 397.
cowl collar. 308.
Cowper's gland. 116.
cowshed. 161.
coxa. 100, 106.
Crab. 40, 103.
cradle. 219, 387, 622, 623, 698.
crak rye bread. 146.
crampon strap. 589.
crampons. 589.
cranberry. 74.
crane. 683.
Crane. 41, 42, 643.
crane runway. 683.
cranial nerves. 129.
crank. 260, 412, 440, 580.
crank handle. 517.
crash helmet. 559, 564.
crater. 38, 53, 635.
cravat. 295.
crawl swimmer. 547.
crawler crane. 683.
crawler tractor. 678.
crayfish. 103.
cream blush. 332.
cream jug. 223.
cream lipstick. 332.
creamer. 223.
crease. 294.
creation of a magnetic field. 654.
credenza. 465.
credit card wallet. 351.
Cree snowshoe. 563.
creel. 582.
cremaster. 100.
crème de Gruyère. 155.
crenate. 70.
crenel. 177.
crenulate margin. 101.
crepe support. 629.
crepidoma. 171.
crescent. 710.
crescentic dune. 55.
crest. 51, 54, 187.
crest of spillway. 651.
crevasse. 56.
crevice tool. 244.
crew cut. 331.
crew neck. 315.
crew neck sweater. 296.
crew quarters. 433.
crew sweater. 307.
cribriform plate of ethmoid. 133.
crimper. 287.
crinoline stretcher. 213.
crisper. 239.
crisscross curtains. 217.
crochet hook. 504.
croissant. 146.
crook. 483, 488.
crop elevator. 165.
cross. 710.
cross brace. 631.
cross-country ski. 561.
cross-country ski. 561.
cross-country skier. 561.
cross-country skiing. 561.
cross cut. 636, 637.
cross-guard. 693.
cross handle. 594.
cross head (Phillips). 264.
cross rail. 213.
cross rib. 148.
cross section of a buttress dam. 653.
cross section of a concrete dam. 652.
cross section of a gravity dam. 653.
cross section of a molar. 123.
cross section of a road. 413.
cross section of a stage. 180.
cross section of a street. 413.
cross section of a trunk. 71.

cross section of an arch dam. 653.
cross section of an embankment dam. 652, 653.
cross section of hydraulic turbine. 657.
cross section of hydroelectric power station. 655.
cross section of power plant. 660.
cross stitches group. 507.
cross stretcher. 213.
crossarm. 658, 659.
crossbar. 162, 411, 509, 513, 531, 545, 557, 558, 570, 571.
crossbeam. 508.
crossbow. 691.
crossbuck sign. 423.
crosse. 147, 149, 150.
crosshead. 684.
crossing. 174, 427.
crossing gate mechanism. 423.
crossover. 424.
crossover back straps dungarees. 316.
crossover cargo deck line. 645.
crosspiece. 209, 508, 630.
crosstree. 552.
crosswise grain. 502.
crotch. 297.
crotch piece. 305.
crotchet. 475.
crotchet rest. 475.
croup. 91, 573.
Crow. 41.
crown. 71, 95, 123, 298, 314, 327, 447, 520, 605.
crown block. 640.
crown tine. 89.
crownpiece. 567.
crude oil. 649.
crude oil pipeline. 644.
crus of helix. 132.
crustacean. 103.
crutch ferrule. 630.
crutch tip. 630.
crutches. 630.
crystal button. 220.
crystal drop. 220.
cubiculum. 173.
cubital vein. 125.
cucumber. 81.
cue ball. 583, 584.
cue screen. 391.
cuff. 294, 295, 310, 318, 534.
cuff section. 630.
cuirass. 689.
cuisse. 690.
cuisseau. 147.
culet. 327.
culotte. 149, 303.
cultivated mushroom. 73.
cultivator. 163.
cumulonimbus. 52.
cumulus. 52.
Cup. 41, 223, 387, 585, 599, 702.
cup conveyor. 164.
cupboard. 216.
cupola. 445, 704.
cupule. 78.
curb. 413.
curb bit. 567.
curb chain. 567.
curb rein. 567.
curled endive. 82.
curled kale. 82.
curler. 544.
curling. 544.
curling broom. 544.
curling brush. 341.
curling iron. 341.
curling rink. 544.
curling stone. 544.
curly hair. 330.
curly lasagna. 144.
currant. 74.

currency exchange. 720.
currency exchange counter. 454.
currency exchange office. 426.
current coil. 615.
cursor. 471.
cursor movement keys. 470.
curtain. 217.
curtain. 176, 347.
curtain pole. 218.
curtain track. 218.
curve. 534.
curved jaw. 259.
cushion. 562, 584, 590.
custard pie. 157.
custard tart. 157.
customer's service entrance. 659.
customs control. 454.
customs house. 441.
cut. 180.
cut off trench. 652.
cut-out button. 410.
cut ribbed macaroni. 145.
cut-throat razor. 337.
cutaway armhole. 306.
cuticle. 137.
cuticle knife. 342.
cuticle nippers. 342.
cuticle pusher. 342.
cuticle scissors. 342.
cutlery basket. 242.
cuts for gemstones. 327.
cutter. 287.
cutter bar. 165.
cutter link. 253.
cutting blade. 235, 513.
cutting cylinder. 252.
cutting edge. 224, 227, 338, 678, 682.
cutting guide. 513.
cutting line. 503.
cutting nozzle. 282.
cutting oxygen handle. 282.
cutting tip. 282.
cutting torch. 282.
cutting wheel. 243.
cutting wire. 519.
cyclists entering or crossing. 715.
cyclorama. 390.
cylinder. 266, 404, 409, 518, 639, 680, 681, 703.
cylinder-head. 409.
cylinder head cover. 405.
cylinder hole. 266.
cylinder lock. 266.
cylinder pressure gauge. 282.
cylindrical parabolic reflector. 670.
cymbals. 485.
cymbals. 491.
cymbals, triangle, castanets. 493.
cytoplasm. 113.

D

d. 475, 584.
dabber. 516.
dagger. 689, 692.
daggerboard. 551.
daggerboard well. 551.
daggers. 692.
dairy. 161.
dairy compartment. 239.
dam. 651, 660.
damper. 200, 202, 480, 520, 610.
damper lever. 480.
damper rail. 480.
dandelion. 82.
danger, electrical hazard. 718.
danger, flammable. 718.
danger, poison. 718.
danger area. 578.
danger warning signs. 714.
danger warning signs (cont.). 715.
dangerous bend. 714.

The terms in **bold type** indicate the title of an illustration; those in *italic* correspond to the British terminology.

dangerous descent. 714.
Danish. 355.
Danish rye bread. 146.
darkroom. 375.
dart. 503.
dash. 357, 386.
dashboard. 399.
dasher. 236.
data acquisition. 468.
data display. 468.
data processing. 468.
data processing devices. 468.
data recording on RAM* memory.
    468.
data storage. 468.
date. 75, 569.
date line. 359.
dateline. 361.
dater. 462.
dating nail. 422.
daughter. 138.
daughter-in-law. 139.
davit. 430.
daylight filter control. 383.
dead ball line. 531.
dead bolt. 266.
deadly mushroom. 73.
deaerator. 661, 664.
deaerator storage tank. 661.
deaf-mute alphabet. 357.
death. 723.
decanter. 222.
deck. 402, 414, 415, 416, 637.
deck arch bridge. 415.
declination. 35.
declination axis. 42.
declination circle. 622.
décolleté bra. 313.
decontamination room. 661.
decorative sheet. 265.
deep fryer. 233.
deep peroneal nerve. 129.
deep-sea floor. 48.
deer antlers. 89.
deer family. 89.
defending zone. 533.
defensive. 528, 529.
deferent duct. 116.
deflexor. 557.
defrost heater. 239.
defrost timer. 239.
dehumidifier. 206.
dehumidifier. 458.
Deimos. 36.
delay indicator. 427.
delete. 363.
delicious lactarius. 73.
delta wing. 449.
deltoid. 118.
deluge gun. 677.
deluxe suite. 433.
demi-semi-quaver. 475.
demi-semi-quaver rest. 475.
demilune. 176.
demitasse. 223.
dendrite. 135.
denominations. 57.
dental alveolus. 123.
dental floss. 339.
dentate. 70.
dentil. 170.
dentin. 123.
department store. 178.
departure time indicator. 427.
departures concourse. 454.
departures room. 454.
departures schedule. 426.
departures timetable. 426.
deposit. 635.
depressed-center flat car. 420.
depth gauge. 550.
depth-of-field scale. 370.
depth of focus. 53.
depth stop. 261.
deputy sound supervisor. 389.
dermal papilla. 135, 136.

dermis. 135.
dermis. 136, 137.
derrick. 640, 643.
desasphalting. 648.
descendeur. 588.
descending aorta. 124.
descending colon. 127.
desert. 55.
desert. 59.
desk lamp. 221.
desk pad. 464.
desk tray. 462.
despin. 394.
dessert fork. 225.
dessert knife. 224.
dessert spoon. 226.
desserts. 156, 157.
dessus de côtes. 147, 149.
destination indicator. 427.
detachable control. 237.
detachable handle. 201.
detachable petrol tank. 437.
detergent dispenser. 242.
detonator. 696.
developer bath. 375.
developing film. 371.
developing tank. 375.
dew cap. 623.
dew claw. 94.
dew pad. 94.
dewaxing. 648.
dexter. 709.
dexter base. 709.
dexter chief. 709.
dexter flank. 709.
diacritic symbols. 357.
diagonal. 591, 658.
diagonal buttress. 175.
diagram of a circuit. 385.
diagram of intaglio printing. 518.
**diagram of letterpress printing.
    518.**
**diagram of planographic
    printing. 518.**
**diagram of weaving principle.
    511.**
dial. 386, 387, 605, 606, 607, 609,
    610, 611, 612, 613, 615.
dial-type display. 442.
diamond. 446, 583, 592.
diamond head. 521.
diamond mesh metal lath. 194.
diamond point. 215.
diaper. 315.
diaphragm. 126, 127, 368, 378,
    384, 387.
diaphram. 387.
diastema. 90.
dibber. 249.
dibble. 249.
dice. 593.
dice. 592.
dice cup. 592.
diesel-electric locomotive. 418.
diesel engine. 404.
diesel engine. 418, 436, 679.
diesel oil. 649.
diesel shop. 424.
diffuser. 373.
diffuser filter set. 373.
diffusion pump. 620.
digestive gland. 102.
digestive system. 127.
digging fork. 248.
digit. 94, 105.
digital clock. 382.
digital computer:control/alarm.
    666.
digital display. 605.
digital frequency display. 379.
digital nerve. 129.
digital pad. 94.
digital pulp. 137.
dike. 53.
dill. 143.
diluent. 650.

diluent recovery. 650.
dimmer control. 389.
dimmer switch. 285.
dimmer switch. 400.
dimple. 587.
dining car. 421.
dining room. 189, 433, 434.
dining section. 421.
dinner fork. 225.
dinner knife. 224.
dinner plate. 223.
dinnerware. 223.
dioptric ring. 446.
dip. 636.
dip switch. 400.
dip switch. 410.
diphthongs. 358.
dipper bucket. 681.
dipstick. 405.
direct-reading rain gauge. 64.
direction in orbit. 65.
direction to be followed. 717.
directional sign. 428.
director's chair. 211.
disc. 407, 472, 517, 575, 615.
disc. 371, 558.
disc brake. 407, 409, 672.
disc camera. 369.
disc control unit. 472.
disc drive. 472.
disc seat. 271.
disc seat ring. 271.
disc storage. 472.
discharge line. 277.
discharge liner. 657.
discharge pipe. 646.
discharge pump. 646.
discharge spout. 162, 163.
discs. 236.
discus. 572.
discus throw. 570.
disgorger. 582.
dishwasher. 242, 272.
disk. 407, 517, 575, 615.
disk brake. 407.
disk brake. 409, 672.
disk camera. 369.
disk control unit. 472.
disk drive. 472.
disk storage. 472.
diskette. 469.
diskette drive. 469.
disks. 236.
dispatch area. 648.
display. 610.
display cabinet. 465.
disposable fuel cylinder. 281.
disposable razor. 337.
disposable syringe. 629.
distal phalanx. 94, 120, 121, 137.
distal sesamoid. 92.
distance. 328.
distance covered. 569.
distance scale. 370.
distance tube. 700.
distribution board. 288.
distribution board. 659.
distribution field. 277.
distributor. 405.
distributor service loop. 659.
ditali. 145.
ditch. 413.
diver. 549.
diverging lens. 625.
diversion canal. 651.
diversity of jewellery. 325.
diversity of jewelry. 325.
diverter valve. 269.
divider. 165, 350, 463.
dividing breeching. 676.
diving. 548.
diving installations. 548.
diving suit. 322.
diving well. 548.
division. 723.

divot. 585.
do-it-yourself. 255.
do not dry clean. 722.
do not enter. 718.
do not iron. 722.
do not use baggage carts. 720.
do not use chlorine bleach. 722.
do not use for wheelchairs. 719.
do not use luggage trolleys. 720.
do not wash. 722.
document folder. 463.
dog ear collar. 308.
dog tag. 325.
Dolby noise reduction switch. 381.
dollar. 723.
dolly. 544.
Dolphin. 40, 694.
dome roof. 191.
dome shutter. 42.
dome tent. 597.
**domestic appliances. 235, 236,
    237, 238, 239, 240, 241, 242,
    243, 244.**
domino. 593.
dominoes. 593.
door. 198, 400.
door. 187, 215, 237, 241, 397,
    540.
door handle. 397.
door hasp. 419.
door hasp fastener. 419.
door lock. 397.
door mirror. 397, 403.
door operator. 181.
door panel. 215, 429.
door pillar. 397.
door shelf. 239.
door stop. 239, 419.
door switch. 241.
doorknob. 198.
doric order. 170.
dormant volcano. 53.
dormer. 187.
dorsal aorta. 99.
dorsal view. 101.
dorsum of nose. 133.
dorsum of tongue. 134.
dot. 386.
dot matrix printer. 471.
double: box and brush, box and
    gate. 566.
double bass. 477, 491.
double basses. 493.
double bend. 714.
double-blank. 593.
double boiler. 232.
double-breasted buttoning. 291,
    301.
double-breasted jacket. 293.
double chair lift. 558.
double-condenser pole piece. 620.
double cuff. 306.
double curtain rod. 218.
double-decked pallet. 685.
double-edge blade. 337.
double-edge razor. 337.
double-edged swords. 692.
double flat. 476.
double fluked anchor. 447.
double glazing. 669.
double handles. 554.
double kitchen sink. 267.
double-leaf bascule bridge. 417.
double oxer. 565, 566.
double pennant. 711.
double plate. 192.
double pole breaker. 288.
double reed. 483, 488.
double seat. 429.
double sharp. 476.
double sheet bend. 601.
double-six. 593.
double-twist auger bit. 260.
double zero. 595.
doubles pole. 537.
doubles service court. 542.

The terms in **bold type** indicate the title of an illustration; those in *italic* correspond to the British terminology.

733

doubles sideline. 537, 542.
doublet. 593.
doubling cube. 592.
doubly dentate. 70.
dough hook. 235.
doughnut. 156.
dousing tank. 661.
Doux de Montagne. 154.
Dove. 41.
dovetail. 621.
dowel hole. 328.
down. 188.
down tube. 411.
down wind. 553.
downhaul. 551.
downspout. 187.
downstream face. 652.
downstream shoulder. 652.
downstream toe. 652.
downtown. 178.
dozens. 594.
draft arm. 682.
draft tube. 655, 657, 682.
drag. 580.
drag drum. 675.
drag rope. 675.
dragline. 675.
dragline. 650.
Dragon. 40.
drain. 267.
drain cock. 647.
drain hose. 240, 242, 272.
drain line. 204.
drain pan. 239.
drain tile. 192.
drain trap. 270.
drain valve. 204, 273, 647.
drainage blanket. 652.
drainage layer. 652.
draining spoon. 229.
draped neck. 309.
draped neckline. 309.
draw curtain. 217.
draw drapery. 217.
draw hoe. 248.
draw tube. 619.
drawbar. 678, 680, 698.
drawbar lock. 698.
drawbridge. 177.
drawer. 209, 216, 464.
drawers. 297.
drawstring. 292, 321, 349.
drawstring hood. 317.
drawtube. 623.
drawworks. 640.
dredger. 231.
dress. 315.
dress and equipment. 565.
dresser. 216.
dresses. 302.
dressmaker's model. 501.
drift. 636, 637.
drifting snow. 60.
drill. 260.
drill collar. 640.
drill pipe. 640.
drill press. 261.
drill rod. 639.
drill ship. 642.
drilling barge. 642.
drilling rig. 640.
drip bowl. 238.
drip dry. 722.
drip molding. 397.
drip moulding. 397.
drip stone. 187.
drive axle. 684.
drive belt. 240, 241, 380.
drive chain. 411.
drive coil. 606.
drive coil and phase-sensing coil. 606.
drive mechanism. 446.
drive shaft. 162.
drive shaft. 455.

drive sheave. 181.
drive wheel. 243, 260, 680.
driver. 568, 569.
driver; no. 1 wood. 586.
driver's cab. 418.
driver's colors. 569.
driver's seat. 704.
driveway. 188.
driving glove. 299.
driving iron; no. 1 iron. 586.
driving turbine. 404.
driving wheel. 510.
drone. 106.
drone. 488.
drop earring. 325.
drop-leaf. 209.
drop light. 221.
drop waist dress. 302.
drug store. 720.
drum. 170, 219, 236, 241, 407, 607.
drum brake. 407.
drum kit. 491.
drupelet. 74.
dry clean. 722.
dry cleaning. 722.
dry continental - arid. 59.
dry continental - semiarid. 59.
dry dock. 441.
dry flat. 722.
dry fruits: nuts. 78.
dry gallery. 54.
dry mounting press. 375.
dry-point. 517.
dry point. 515.
dry snow. 57.
dry subtropical. 59.
dryer. 241.
drying. 722.
drypoint. 517.
dual seat. 409.
dual swivel mirror. 340.
dual voltage selector switch. 337, 340.
duct. 136.
duct deferens. 116.
duffel bag. 349.
duffle coat. 292.
dump. 635, 638.
dump body. 682.
dump rope. 675.
dump truck. 682.
dumper truck. 682.
dune. 51.
dungarees. 310.
duo. 490.
duodenum. 127.
duplex. 183.
duplexer. 624.
dura mater of spinal cord. 130.
dural cul-de-sac. 130.
dust cover. 380.
dust tail. 39.
dusting brush. 244.
Dutch. 355.
Dutch oven. 232.
duty-free. 720.
duty-free shop. 454.
dynamic microphone. 384.
dynamics propeller. 435.
dynamo. 411.

E

e. 475.
Eagle. 40, 41, 710.
ear. 108, 114, 115, 213, 482.
ear cushion. 378.
ear drum. 132.
ear flap. 298.
ear loaf. 146.
earphone jack. 392.
earpiece. 328, 387.
earth. 385.
Earth. 36, 37, 38, 393, 653.

earth clamp. 281.
Earth co-ordinate system. 35.
earth lead. 380.
Earth's crust. 47, 53.
earth sensor. 393.
earth wire. 288, 659.
earth-wire clamp. 659.
earthquake. 53.
easel. 376.
easel. 375.
east. 445, 593.
east-west axis. 43.
East wind. 593.
eccrine sweat gland. 136.
échine. 150.
echinus. 170.
echo. 624.
echo sounder. 442.
edge. 265, 501, 559, 561, 562, 564, 625.
edger. 252.
edging. 247.
edible gyromitra. 73.
edible mushrooms. 73.
egg. 97.
egg. 107.
egg beater. 230.
egg poacher. 233.
egg slicer. 231.
egg timer. 229.
egg tray. 239.
eggplant. 81.
eggs. 99, 105.
eiderdown. 214.
eight cut. 327.
eighth note. 475.
eighth rest. 475.
ejaculatory duct. 116.
eject. 382.
eject button. 381.
ejection port. 697, 699, 701.
ejection seat. 705.
ejector. 682.
elastic. 214.
elastic ankle. 317.
elastic coupling. 645.
elastic leg opening. 315, 317.
elastic ligament. 94, 102.
elastic support bandage. 629.
elastic waistband. 315.
elastic webbing. 294.
elastic wristband. 317.
elasticized leg opening. 297.
elbow. 91, 108, 115, 201, 202, 203, 275.
elbow macaroni. 145.
elbow pad. 530, 534, 564.
elbow protector. 576.
electric and electronic instruments. 494, 495.
electric arc. 281.
electric cooker. 238.
electric current source. 385.
electric drill. 261.
electric foil. 576.
electric furnace. 205.
electric golf cart. 587.
electric grill. 237.
electric guitar. 494.
electric kiln. 520.
electric motor. 182, 205, 371, 437.
electric range. 238.
electric razor. 337.
electric supply. 204, 273.
electric switch. 285.
electric toothbrush. 339.
electric water-heater tank. 273.
electrical box. 281.
electrical connection. 402.
electrical distribution system. 666.
electrical payout linkage. 595.
electrical pointe d'arrêt. 576.
electrical power unit. 453.
electrical room. 661.
electrical scoring apparatus. 576.

electrically illuminated point signal. 423.
electrically illuminated switch signal. 423.
electrician's tools. 286, 287.
electricity. 284, 285, 286, 287, 288, 651, 652, 653, 654, 655, 656, 657, 658, 659, 660.
electricity cable. 413.
electricity meter. 659.
electricity pylon. 638.
electrified fence. 161.
electrode. 281, 284, 387.
electrode assembly. 205.
electrode holder. 281.
electrode lead. 281.
electromagnet. 385.
electron beam. 392.
electron gun. 392, 620.
electron microscope. 620.
electronic circuit. 606.
electronic flash. 372.
electronic scales. 610.
electronic viewfinder. 384.
electronic viewfinder display control. 384.
element. 406.
element release lever. 466.
elevating handle. 697.
elevation adjusting screw. 621.
elevator. 181.
elevator. 162, 448, 556, 665.
elevator for people. 719.
elevon. 457.
elk. 89.
ellipses. 357.
ellipsis. 357.
elliptical galaxy. 39.
elongating bar shot. 695.
embankment. 413.
embankment dam. 653.
emblem. 397, 709.
embrasure. 176.
embroidery. 507.
emerald cut. 327.
emergency brake lever. 429.
emergency core cooling. 666.
emergency niche. 428.
emergency oxygen supply. 458.
emery board. 343.
emission chamber. 620.
empty set. 723.
emptying outlet. 647.
en prison. 594, 595.
enamel. 123.
enameled hardboard. 194.
enamelled hardboard. 194.
encapsulant. 670.
enclosure line. 359.
end bracket. 218.
end button. 477.
end cap. 218, 663.
end door. 425.
end fitting. 662.
end grain. 265.
end joist. 192.
end ladder. 419.
end line. 527, 535, 536, 543.
end of motorway. 717.
[end of priority] sign. 715.
end of prohibition of passing. 716.
end of superhighway. 717.
end of the lap. 547.
end panel. 237.
end piece. 116, 582.
end plate. 663.
end shield. 661.
end shield cooling pipe. 662.
end stop. 218.
end wall. 546.
end zone. 527.
endocarp. 75, 76.
endoplasmic reticulum. 113.
endpaper. 512.
endpiece. 328.
energy. 633.

The terms in **bold type** indicate the title of an illustration; those in *italic* correspond to the British terminology.

energy integration to the
  transmission network. 654.
energy production. 667.
energy transmission at the
  alternator voltage. 654.
engagement ring. 325.
engine. 405.
engine. 165.
engine. 587, 640, 678, 680, 681,
  682.
engine air intake. 435.
engine block. 405.
engine housing. 253.
engine instruments. 451.
engine mounting pylon. 449.
engine room. 438, 439, 645.
engines. 404.
engines. 457.
English. 355.
English billiards. 584.
**English billiards and snooker.
  584.**
English cane. 630.
English chessboard. 591.
English horn. 483.
English horn; cor anglais. 493.
English loaf. 146.
English sitck. 630.
enlarger. 376.
enlarger. 376.
enlarger timer. 375.
enlarging lens. 376.
entablature. 170, 198.
entame de romsteck. 149.
enter key. 470.
entire. 70.
entrance. 107.
entrance slide. 107.
entrance turnstile. 428.
entrecôtes couvertes. 149.
entrecôtes découvertes. 149.
entries. 548.
entry. 549, 685.
envelope shaper. 495.
EP adaptor. 380.
épaule. 147, 151.
epaulet. 291, 321.
epaulet sleeve. 306.
épée. 577.
épéeist. 577.
epicalyx. 74.
epicenter. 53.
epicentre. 53.
epicondyle. 121.
epidermicula. 137.
epidermis. 135, 136, 137.
epiglottis. 126, 134.
opitrochlea. 121.
eponychium. 137.
equalizer. 378.
equalizing buckle. 219.
equator. 35.
equilateral. 172.
equilibrator. 698.
equipment. 515, 516, 517, 588.
equipment access shaft. 660.
equipment lock. 665.
erase button. 388.
eraser. 461.
erecting lenses. 621.
ermine. 710.
escalator. 182.
escalator. 428.
escalator, down. 719.
escalator, up. 719.
escape key. 470.
escape wheel. 605, 607.
escapement mechanism. 492.
escutcheon. 101, 266, 270.
esophagus. 99, 102, 127.
espadrille. 319.
espresso coffee maker. 234.
estate car. 398.
etching press. 516.
Eton jacket. 317.
Eton suit. 317.

étrier. 588.
Eurasia. 49.
Europa. 36.
Europe. 49.
European plug. 285.
Eustachian tube. 132, 133.
euthynteria. 171.
evaporation. 58.
evaporator. 206.
evaporator coil. 239.
evaporator coils. 206.
even. 594, 595.
evening glove. 299.
examples of branching. 272.
**examples of instrumental
  groups. 490, 491.**
examples of satellites. 393.
examples of symbols. 710.
exclamation mark. 357.
exclamation point. 357.
excretory pore. 104.
executive desk. 465.
executive length. 297.
exhaust cone. 450.
exhaust duct. 241, 450.
exhaust gas admission. 404.
exhaust gas outflow. 404.
exhaust hose. 241.
exhaust manifold. 404, 405, 406.
exhaust nozzle. 450, 705.
exhaust pipe. 404, 406, 409, 450,
  455, 678, 704.
exhaust port. 639.
exhaust stack. 403.
exhaust system. 406.
exhaust tube. 284.
exhaust valve. 404.
exit turnstile. 428.
exocarp. 74, 75, 76.
exosphere. 47.
expandable file pouch. 350.
expanding file. 463.
expansion bolt. 264.
expansion chamber. 443, 611.
expansion space. 422.
expansion tank. 203.
exploder. 700.
explosive. 696.
exposure control. 371.
exposure meter. 372.
exposure-time scale. 372.
exposure value. 372.
exposure value scale. 372.
extendable solar array. 393.
extended character. 470.
extended claw. 94.
extension ladder. 278.
extension pipe. 244.
extension table. 209.
exterior dome shell. 42.
exterior door. 198.
exterior of a house. 187.
exterior pocket. 347, 350.
exterior sign. 428.
external acoustic meatus. 132.
external auditory meatus. 122.
external conductive coating. 392.
external ear. 132.
external ear. 132.
external gills. 105.
external iliac artery. 125.
external nose. 133.
external oblique. 118, 119.
external tank. 457.
external tooth lock washer. 264.
extractor. 703.
extractor cam. 703.
extractor fan. 375.
extractor spring. 703.
extrados. 172.
eye. 131.
eye. 104, 109, 114, 257, 500, 501,
  509, 567, 581, 588.
eye lens. 621.
eye ring. 95.
eye shield protector. 521.

eye-socket. 91.
eyeball. 131.
eyeball. 105.
eyebrow. 131.
eyebrow pencil. 333.
eyebrow stripe. 95.
eyebrow tweezers. 342.
eyecup. 383, 384.
eyecups. 370.
eyelash. 131.
eyelash curler. 333.
eyelashes. 94.
eyelet. 318, 505, 562.
eyelet tab. 318.
eyelid. 109.
eyeliner. 332.
eyepiece. 371, 372, 619, 621, 622,
  623.
eyepiece holder. 623.
eyepiece magnifier. 370.
eyeshadow. 332.
eyestalk. 104.

F

f. 475.
F-1 engine. 456.
f clef. 475.
fabric care. 722.
fabric guide. 243.
fabric structure. 502.
façade. 175.
face. 114, 176, 257, 351, 514, 521,
  543, 586, 635, 637.
face mask. 530, 534.
face-off circle. 533.
face-off spot. 533.
face pipes. 481.
face ply. 265.
face shield. 283.
face side. 265.
faceplate. 266, 392.
facial nerve. 132.
facing. 293.
faculae. 37.
failed fuel bay. 665.
failed fuel canning. 665.
fairlead. 553.
fairway. 585.
fall. 308.
falling. 578.
falling rocks. 714.
fallopian tube. 117.
fallow. 161.
false rib (3). 121.
false start rope. 546.
false tuck. 315.
family relationships. 138, 139.
family tents. 596.
fan. 204, 205, 206, 239, 241, 429,
  450, 638.
fan belt. 405, 406.
fan blade. 450.
fan brush. 333.
fan cable stays. 416.
fan control. 206.
fan housing. 340.
fan motor. 206.
fan trellis. 247.
fang. 109.
fanion. 711.
fanny pack. 559.
fantail. 671.
far side. 38.
far turn. 569.
farmhouse. 161.
farming. 159.
farmyard. 161.
fascia. 170.
fast forward. 382.
fast-forward button. 381, 388.
fastener binder. 463.
fasteners. 502.
fastening screw. 372.

father. 138, 139.
father-in-law. 139.
faucet body. 271.
fault. 48, 53, 636.
feather crown. 542.
feather stitch. 507.
feathering. 691.
fedelini. 144.
feed cover. 701.
feed dog. 500.
feed lever. 261.
feed pin. 471.
feed tray. 701.
feed tube. 236, 367.
feeder. 662.
feeding dial. 505.
feedwater. 664.
feet. 478, 514.
feet-first entry. 548.
felt. 516, 518.
felt hat. 298.
felt hat. 314.
female. 723.
female ferrule. 580.
female genital organs. 117.
femoral artery. 125.
femoral nerve. 129.
femoral vein. 125.
femur. 92, 100, 105, 106, 108,
  120.
fencer. 576.
fencing. 576, 577.
fencing shoe. 576.
fencing weapons. 577.
fender. 397, 403, 411.
fennel. 85.
ferrule. 224, 280, 338, 346, 582,
  586.
ferry. 434.
ferryboat. 441.
fertilizer distributor. 164.
fetlock. 91.
fetlock joint. 91.
fettling knife. 519.
fibre. 601.
fibula. 120.
field. 525, 531.
field heap spreader. 164.
field lens. 621.
field lenses. 621.
fiffi hook. 588.
fifth. 476.
fifth wheel. 403.
figure-eight knot. 601.
figure skate. 562.
figure ski. 554.
figure skiing handle. 554.
filament. 37, 72, 284, 620.
file. 591, 599.
file guides. 463.
filet. 150, 151.
filing box. 462.
fill. 652.
fill opening. 243.
filler. 344.
filler hole. 403, 405.
filler neck. 403.
filler plug. 443.
filler rod. 282.
filler tube. 268.
fillet. 152, 170, 187.
filleting knife. 227.
filling hole. 696.
filling inlet. 647.
film advance lever. 368.
film drying cabinet. 375.
film footage counter. 383.
film leader. 371.
film-pack. 371.
film path. 383.
film speed indicator. 368.
film transport sprocket. 368.
filming trigger. 384.
films. 371.
filter. 204, 205, 233, 345, 652, 669,
  675.

The terms in **bold type** indicate the title of an illustration; those in *italic* correspond to the British terminology.

filter basket. 234.
filter drawer. 376.
filter-oscillator. 495.
filter tip. 344.
fin. 435, 448, 455, 550, 554, 706.
fin-mounted tail unit. 449.
fin wing tip. 705.
final limit cam. 181.
final limit switch. 181.
finder. 622, 623.
fine adjustment knob. 619.
fine bookbinding. 512, 513, 514.
fine focus sleeve. 623.
fine tuning knob. 392.
finger. 162, 526.
finger button. 484.
finger hole. 590.
finger stop. 387.
fingerboard. 477, 487, 494.
fingerless mitt. 299.
fingerwaves. 330.
fingerwheel. 164.
finial. 423.
finial. 709.
finish. 566.
finish line. 571.
finished product storage. 648.
finishing line. 569.
finishing post. 571.
finned tube. 203.
Finnish. 355.
fire control selector. 699.
fire engine. 676, 677.
fire extinguisher. 718.
fire hose. 676, 718.
fire irons. 201.
fire station. 648.
firebox. 201.
firebrick. 205.
firebrick back. 200.
fireman's hatchet. 676.
fireplace. 200.
fireplace. 188.
firestopping. 192.
firing. 520.
firing chamber. 702.
firing lanyard. 698.
firing mechanism. 700.
firing pin. 702.
firing pine. 703.
firing rod. 700.
firing shaft. 698.
firn. 56.
first aid. 718.
first aid kit. 629.
first base. 525.
first baseman. 525.
first condenser lens. 620.
first dorsal fin. 98.
first floor. 188, 189.
first molar. 123.
first officer's seat. 451.
first premolar. 123.
first quarter. 38.
first reinforce. 694.
first reinforce ring. 694.
first space. 535.
first stage. 456.
first violins. 493.
fish. 98, 99.
fish-eye lens. 43, 370.
fish fork. 225.
fish kettle. 232.
fish knife. 224.
fish platter. 223.
fish poacher. 232.
fish wire. 287.
fishbone stitch. 507.
fisherman's knot. 601.
Fishes. 40.
fishhook. 581.
fishing. 580, 581, 582.
fishing vest. 582.
fishnet tights. 311.
fishplate. 422.
fishplate bolt. 422.

fission of uranium fuel. 667.
fitted coupling bolt. 657.
fitted sheet. 214.
fitting. 274, 349, 677.
fittings. 275.
fittings. 347.
five-number bet. 595.
fixed arch. 415.
fixed blade. 513.
fixed bridges. 414, 415, 416.
fixed distance marking. 452.
fixed jaw. 258, 259.
fixed platform. 642.
fixed-roof tank. 647.
fixed stairs. 428.
fixed weight. 492.
fixing bath. 375.
fixture drain. 267.
flag. 531, 536, 558.
flag and shield. 709.
flag shapes. 711.
flagpole. 709.
flagstick. 585.
flagstone. 247.
flame adjustment wheel. 344.
flame spreader tip. 281.
flammule. 711.
flan pan. 230.
flan tin. 230.
flanchet. 149.
flange bolt. 268.
flange nut. 274.
flank. 91, 95, 147, 148, 151, 176, 514.
flank forward. 531.
flanker. 529.
flanking tower. 177.
flap. 298, 349, 351, 567, 705.
flap guide rail. 449.
flap hydraulic jack. 705.
flap pocket. 292, 293, 304.
flap side pocket. 293.
flare. 37, 643, 648.
flare joint. 274.
flare nut. 274.
flare nut spanner. 258.
flare nut wrench. 258.
flash. 373.
flash bracket. 372.
flash hider. 699, 701.
flash lamp. 372.
flash meter. 373.
flash outlet. 372.
flash socket. 383.
flash synchronization terminal. 368.
flash umbrella. 373.
flash unit. 372.
flashbar socket. 371.
flashcube. 372.
flashing. 202.
flashing light. 423.
flashlight. 221.
flat. 476.
flat-back brush. 338.
flat-bed. 499.
flat cake. 156.
flat car. 420.
flat end pin. 219.
flat head. 264.
flat mirror. 42, 622.
flat part. 504.
flat pleat. 217.
flat roof. 190.
flat sheet. 214.
flat shuttle. 509.
flat side of the grip. 538.
flat spike. 588.
flat stitches group. 507.
flat tip. 258.
flat view. 116.
flat washer. 264.
flesh. 74, 75, 76.
fleshy fruits: berry fruits. 74.
fleshy fruits: citrus fruits. 77.
fleur-de-lis. 710.

flex. 220, 221, 243.
flex support. 243.
flexible hose. 244, 269, 639.
flexible hose connection. 639.
flexible rubber hose. 272.
flexible skirt. 435.
flies. 180.
flight. 175, 549, 574.
flight bag. 347.
flight deck. 451.
flight deck. 448, 455, 457.
flight engineer's panel. 451.
flight engineer's seat. 451.
flight information board. 454.
flight instruments. 557.
flight of stairs. 197.
flights. 548.
flint. 283, 696.
flint arrowhead. 689.
flint knife. 689.
flintlock. 696.
flip-flop. 319.
flip turn. 547.
float. 581.
float. 277, 443, 698.
float ball. 268.
float clamp. 277.
floating bridge. 417.
floating crane. 441.
floating dock. 441.
floating head. 337.
floating platform. 642.
floating rib. 120.
floating roof. 647.
floating-roof tank. 647.
floodlight. 390.
floor. 192, 540, 541, 635, 636, 671.
floor board. 196.
floor brush. 244.
floor crew. 390.
floor joist. 192.
floor lamp. 220.
floor manager. 390.
floor selector. 181.
floor tile. 195.
floorboard. 196.
flow bean. 641.
flower. 69.
flower bed. 247.
flower bud. 69.
flower tiles. 593.
flue. 482.
flue collar. 201.
flue damper. 201.
flue pipe. 201.
flue pipe. 201.
fluff trap. 241.
fluid adjustment screw. 280.
fluid coking plant. 648.
fluid inlet. 670.
fluid outlet. 670.
fluke. 447.
fluorescent lamp. 284.
fluorescent screen. 620.
flush. 592.
flush bushing. 275.
flush handle. 269.
flute. 260, 483, 490.
fluted land. 260.
fluted pole. 218.
fluted shaft. 398.
flutes. 493.
fluting. 170.
flux. 521.
flux brush. 521.
Fly. 41, 294, 297, 709.
fly agaric. 73.
fly box. 582.
fly front closing. 300, 317.
fly half. 531.
fly line. 580.
fly reel. 580.
fly rod. 580.
flying buttress. 174, 175.
Flying Fish. 41.

flying instruments. 451.
flying jib. 431.
flyleaf. 512.
flysheet. 597.
flywheel. 404, 405, 516, 519.
FM mode selector. 379.
FM stereo indicator. 379.
foam. 51.
foam insulation. 195.
foam mattress. 598.
foam monitor. 645.
foam pad. 598.
foam rubber insulation. 195.
foam windscreen. 384.
focus. 53.
focus knob. 623.
focus magnifier. 376.
focus setting ring. 384.
focusing. 668.
focusing control. 383.
focusing knob. 376, 377, 622.
focusing magnifier. 375.
focusing ring. 383, 621.
focusing sleeve. 614.
fodder corn. 161.
fog. 60.
fog light. 403.
foible. 577.
foil. 577.
foil warning line. 576.
foilist. 577.
fold line. 304, 503.
fold-out table. 421.
foldaway ladder. 278.
folder. 463.
folding. 198.
folding camera. 369.
folding camp bed. 598.
folding chair. 213.
folding door. 188.
folding grill. 600.
folding nail file. 343.
folding shovel. 600.
foliage. 71.
follicle. 79.
fondue fork. 225.
fondue pot. 233.
fondue set. 233.
food. 141.
food processor. 236.
foot. 95, 104, 108, 115, 150, 215, 315, 316, 482, 551, 580.
foot control. 499.
foot cushion. 583.
foot fault judge. 537.
foot hole. 482.
foot of table. 583.
foot pocket. 550.
foot rest. 519, 631.
foot rope. 430.
foot score line. 544.
foot spot. 583.
foot string. 583.
football. 527, 528, 529, 530.
footboard. 214, 408.
footbridge. 424, 428.
footing. 192.
footlights. 180.
footrest. 410, 558.
footstrap. 310.
footway. 413.
for grinding and grating. 228.
for measuring. 229.
for opening. 229.
for straining and draining. 228.
foramen caecum. 134.
foramen cecum. 134.
foramen ovale. 122.
force of the water on the blades. 654.
forced hot-water system. 203.
forced warm-air system. 202.
fore and aft gangway. 645.
fore court. 537.
fore edge. 512.
fore leg. 100, 106.

The terms in **bold type** indicate the title of an illustration; those in *italic* correspond to the British terminology.

fore rib. 152.
fore royal sail. 431.
fore wing. 100, 106.
forearm. 115, 701, 702.
forearm crutch. 630.
forecourt. 401.
foregrip. 580.
forehead. 95, 114.
foreleg. 94.
forelimb. 105.
forelock. 91.
foremast. 430.
foresail. 431.
forestay. 552.
fork. 225.
fork. 89, 411, 599, 607, 622, 684.
fork extender. 684.
fork pocket. 425.
forked tongue. 109.
forklift reach truck. 684.
forklift truck. 684.
forks. 684.
formeret. 175.
forming. 601.
forms. 57.
forte. 577.
forward. 548.
forward bolt assist mechanism. 699.
forward dive. 549.
forward/reverse switch. 383.
foul line. 525, 590.
foundation. 192, 653.
foundation of dam. 652.
foundation of tower. 416.
foundation slip. 312.
foundations. 192.
fountain pen. 367.
four blade beater. 235.
four-door saloon. 398.
four-door sedan. 398.
four-four time. 476.
four-masted bark. 430, 431.
four of a kind. 592.
four-wall court. 541.
fourchette. 299.
fourth. 476.
fourth wheel. 605.
fovea. 131.
fractionating tower. 649.
frame. 192, 507.
frame. 107, 163, 259, 279, 294, 346, 347, 350, 409, 443, 485, 488, 508, 517, 538, 540, 563, 573, 574, 595, 613, 670, 671, 681, 682, 684.
frame counter. 368.
frame push. 678.
frame rail. 403.
frame stile. 215.
framework. 446.
framing control. 383.
Francis turbine. 657.
franzipan. 156.
free fall. 555.
free margin. 137.
free throw lane. 535.
free throw line. 535, 539.
freezer bucket. 236.
freezer compartment. 239.
freezer door. 239.
freezing rain. 60.
freight elevator. 719.
freight hold. 433, 448.
freight station. 424.
French. 355.
French bread. 146.
French cheeses. 154, 155.
French chessboard. 591.
French cut. 327.
French horn. 484, 490, 491.
French horns. 493.
French knot stitch. 507.
French language signs. 356.
French loaf. 146.
French proofreading model. 366.

French twist. 331.
French window. 199.
fresh air inlet. 200.
fret. 487, 494.
fricative consonants. 358.
friction strip. 345.
frieze. 170, 215.
frigate. 439.
frilly pants. 315.
fringe trimming. 217.
frog. 105.
frog. 93, 163, 292, 308, 321, 422, 478.
front. 328.
front. 147, 151, 293, 295.
front apron. 295.
front axle. 680.
front bearing. 450.
front binding. 554.
front board. 512.
front brake. 411.
front brake lever. 410.
front court. 541.
front crawl stroke. 547.
front crossbar. 563.
front derailleur. 411, 412.
front-end loader. 679.
front fender. 409.
front flap. 345.
front foil. 436.
front foil control actuator. 436.
front footrest. 409.
front grip. 700.
front knob. 257.
front leg. 213.
front mudgard. 409.
front pipe. 406.
front point. 589.
front quarter. 148.
front runner. 564.
front sight. 697, 700, 702, 703.
front sight housing. 699, 701.
front spar. 449.
front tip. 243.
front top pocket. 310.
front view. 397, 482.
front wall. 540, 541.
front wheel. 631, 680.
frontal. 118, 120.
frontal bone. 122.
frontal sinus. 133.
fronts. 61.
frontwall. 402.
frost-free refrigerator. 239.
fruit cake. 157.
fruit-picking ladder. 279.
fruit vegetables. 81.
frying pan. 233.
frying pan. 599.
fuel bundle. 663.
fuel bundle. 663.
fuel fabrication. 667.
fuel handling control console. 666.
fuel handling sequence. 665.
fuel indicator. 399.
fuel injector pump. 404.
fuel pellet. 663.
fuel pump. 404.
fuel pump belt. 404.
fuel spray manifold. 450.
fuel tank. 253, 403, 409, 436, 445, 455, 706.
fuel transfer pipe. 456.
fuelling machine. 661, 664.
fulcrum. 548.
full and by. 553.
full back. 531.
full brisket. 148.
full house. 592.
full-load adjustment screw. 615.
full Moon. 38.
full stop. 357, 363, 386.
fullback. 532.
fullback. 528, 529.
fumarole. 53.

fume extractor. 704.
function keys. 470, 610.
function lever. 380.
function selector. 206.
functions in a system. 468.
funiculus. 74, 79.
funnel. 434.
funnel. 228, 392.
funnel aileron. 433.
fur hood. 314.
furlong chute. 569.
Furnace. 41, 202, 204, 668.
furs. 710.
fuse. 659.
fuse block. 205.
fuse cutout. 659.
fuse holder. 659.
fuse pullers. 286.
fuselage. 448, 556.
fuselage mounted tail unit. 449.
fuses. 285.

G

g. 475.
g clef. 475.
G-meter. 556.
G-gable. 175.
gable roof. 190.
gaff. 430.
gaff sail. 432.
gaff sail boom. 430.
gaff topsail. 431.
gaiter. 559.
gaiting strap. 568.
galaxy. 39.
gall-bladder. 127.
gall bladder. 99.
gallbladder. 127.
gallery. 175, 179, 445, 671.
galley. 448.
galosh. 320.
game timekeeper. 533.
gantry crane. 683.
gantry crane. 651, 655.
Ganymede. 36.
gap. 581.
garage. 187, 189, 433, 434.
garbage disposal sink. 270.
garbage disposal unit. 270.
garden. 173, 188.
garden hose. 250.
garden line. 249.
garden sorrel. 82.
gardening. 245.
garlic. 83.
garlic press. 228.
garment bag. 347.
garment fabric. 502.
garment strap. 347.
garrison cap. 298.
garter. 312, 313.
garter belt. 313.
garter stitch. 504.
gas. 284, 640.
gas cylinder. 701.
gas inlet. 458.
gas lift. 641.
gas lift valve. 641.
gas lighter. 344.
gas main. 413.
gas oil. 649.
gas-oil line. 404.
gas outlet. 458.
gas pedal. 400.
gas piston. 701.
gas tail. 39.
gas tank cap. 410.
gas tank door. 397.
gas turbine. 435, 643.
gas under pressure. 641.
gasket. 238, 240, 242, 271, 274.
gaskin. 91.
gasoline. 649.
gasoline engine. 405.

gasoline pump. 401.
gasoline pump. 401, 405.
gasoline pump hose. 401.
gasometer. 638.
gastrocnemius. 118, 119.
gastropod. 104.
gate. 558, 565, 566, 588, 655, 660.
gate arm. 423.
gate arm lamp. 423.
gate arm support. 423.
gate-leg. 209.
gate-leg table. 209.
gate operating ring. 657.
gateau. 156.
gather. 305.
gather skirt. 303.
gathering. 512.
gauchos. 310.
gauge. 513, 599.
gauntlet. 283, 299, 690.
gauze bandage. 575.
gauze roller bandage. 629.
gear. 510.
gear housing. 580.
gear selector. 411, 412.
gear shift. 410.
gear train. 371.
gearbox. 436, 517, 672.
gearchange lever. 399.
gearchange pedal. 409, 410.
gearshift lever. 399, 409.
gemelli. 145.
Gemini, the Twins. 712.
generating station flow diagram. 664.
generator. 656.
generator. 411, 655, 656, 661, 664, 666, 672.
genital pore. 104.
geography. 45.
geostationary orbit. 394.
geostationary orbit injection. 394.
germ. 79.
German. 355.
German rye bread. 146.
geyser. 53.
gigot. 151.
gill. 73.
gill cover. 98.
gill filament. 98.
gill raker. 98.
gills. 98.
gills. 99, 102.
gimbal ring. 443.
Giraffe. 40.
girder. 42, 192.
girdle. 313, 327.
girth. 567.
girth strap. 567.
gîte à la noix. 149.
gîte de derrière. 149.
gîte de devant. 149.
[give way] sign. 715.
glacial cirque. 56.
glacier. 56.
glacier tongue. 56.
glacis. 176.
gladius. 689.
glans penis. 116.
glass. 533, 540.
glass bulb. 372, 606.
glass case. 609.
glass cover. 239.
glass curtain. 217.
glass cutter. 521.
glass cutting. 521.
glass dome. 443.
glass-fiber cloth. 458.
glass-fibre cloth. 458.
glass filter. 443.
glass-fronted display cabinet. 216.
glass grinder. 521.
glass port. 322.
glass slide. 619.
glass sphere. 64.

The terms in **bold type** indicate the title of an illustration; those in *italic* correspond to the British terminology.

737

glassware. 222.
glaze. 57.
glazed frost. 57.
glider. 556.
glides. 358.
gliding. 556.
globe. 220.
glove. 299, 526.
glove. 458, 534, 550, 555, 561, 564, 572, 576.
glove compartment. 399.
glove finger. 299.
glue. 196.
glue stick. 461.
gluteal nerve. 129.
gluteus maximus. 119.
gnomon. 606.
goal. 545.
goal. 527, 531, 532, 533, 539, 545.
goal area. 532, 539.
goal area line. 539.
goal crease. 533.
goal judge. 545.
goal judge's box. 533.
goal line. 527, 531, 532, 533, 539, 545.
goal line referee. 539.
goal post. 527, 531.
goalkeeper. 534.
goalkeeper. 532, 533, 539, 545.
goalkeeper's pad. 534.
goalkeeper's stick. 534.
gob hat. 314.
goggles. 283, 555, 564.
golf. 585, 586, 587.
golf bag. 587.
golf cart. 587.
golf clubs. 586.
golf hose. 311.
golf shoe. 587.
golf trolley. 587.
golfer. 585.
Golgi apparatus. 113.
gondola car. 420.
gonfalon. 711.
gong. 485.
gong. 387, 493.
goods lift. 719.
goose-neck. 197.
gooseberry. 74.
gooseneck. 682.
gored skirt. 303.
gorge. 54, 150, 176.
gorget. 690.
gothic cathedral. 174, 175.
gouge. 342.
gouged section. 518.
gour. 54.
Gournay. 155.
governor. 181.
grab handle. 403.
gracile. 119.
grade crossing. 715.
grade slope. 188.
grader. 680.
graduated arc. 443.
graduated arm. 608.
graduated dial. 625.
graduated scale. 612.
graduation. 613.
grafting knife. 252.
grain. 265.
grain auger. 165.
grain pan. 165.
grain sieve. 165.
grain tank. 165.
grain unloading auger. 165.
granddaughter. 139.
grandfather. 139.
grandfather clock. 607.
grandmother. 139.
grandson. 139.
grandstand. 569.
granitic layer. 48.
granivorous bird. 97.
granny knot. 601.

granulation. 37.
grape. 74.
grape. 74.
grapefruit. 77.
grapefruit knife. 227.
grapeshot. 695.
graphic elements for symbols. 713.
graphic symbols. 57.
grapnel. 447.
grapple. 681.
grass catcher. 252.
grass ley. 161.
grater. 228.
grater disc. 236.
grave accent. 357.
gravel. 192, 277.
gravity band. 447.
gravity dam. 653.
gravy boat and stand. 223.
grease trap. 277.
grease well. 237.
greases. 649.
great adductor. 119.
Great Bear. 40.
great foramen. 122.
great-granddaughter. 139.
great-grandfather. 139.
great-grandmother. 139.
great-grandson. 139.
great organ manual. 481.
great saphenous vein. 125.
great scallop. 102.
greater alar cartilage. 133.
greater covert. 96.
greater lip. 117.
greater pectoral. 118.
greater trochanter. 121.
greatest gluteal. 119.
greave. 690.
Greek. 355.
Greek temple. 171.
green ball. 584.
green beam. 392.
green bean. 81.
green cabbage. 82.
green dragon. 593.
green peas. 85.
green russula. 73.
green walnut. 78.
greenhouse. 161, 669.
Greenland Sea. 49.
grid. 180.
griddle. 237.
griff-fiffi hook. 588.
grill. 171.
grill and waffle baker. 237.
grill element. 238.
grille. 206, 378, 397, 489.
grip. 372, 540, 586, 693.
groin. 114.
grommet. 597.
groove. 237, 380, 500, 513, 559, 561, 586, 691.
grooved sleeve. 271.
gros bout de poitrine. 149.
ground. 385, 647.
ground airport equipment. 453.
ground bond. 288.
ground clamp. 281.
ground electrode. 406.
ground fault circuit interrupter. 288.
ground floor. 188, 189.
ground lead. 380.
ground moraine. 56.
ground/neutral bus bar. 288.
ground sill. 176.
ground transportation. 721.
ground wire. 288, 659.
ground-wire clamp. 659.
ground-wire peak. 658.
grounded receptacle. 277.
grounding prong. 285.
group retarders. 425.
groups of dives. 549.
groups of stitches. 507.

grow sleepers. 315.
growth line. 101, 104.
grozzing teeth. 521.
guard. 197, 221, 227, 577.
guard rail. 187, 239.
guardhouse. 177.
guava. 80.
guidance system. 706.
guide. 580.
guide bar. 253.
guide bearing. 656.
guide chain. 437.
guide post. 466.
guide rods. 698.
guiding and current bar. 429.
guiding tower. 417.
guillotine trimmer. 375.
gules. 710.
gully grate. 413.
gum. 123.
gun. 704.
gun body. 280.
gun director. 439.
gun flap. 291.
gunner's sight. 704.
gusset. 348.
gusset pocket. 304, 307.
gusseted pocket. 351.
Gutenberg discontinuity. 47.
guttae. 170.
gutter. 89, 187, 413, 590.
guy cable. 573.
guy line adapter. 597.
guy rope. 596.
guy wire. 672.
guyot. 50.
gym rompers. 317.
gymnast. 574.
gymnastics. 573, 574.
gypsum block. 193.

H

H stretcher. 213.
hack. 544.
hackle. 581.
hacksaw. 262.
hacksaw. 276.
hail. 57.
hail shower. 60.
hair. 137.
hair. 115, 136, 478.
hair bulb. 137.
hair clip. 343.
hair dryer. 340.
hair follicle. 137.
hair grip. 343.
hair roller. 343.
hair shaft. 137.
hair slide. 343.
hair styles. 330, 331.
hairbrushes. 338.
haircutting scissors. 338.
hairdresser. 720.
hairpieces. 331.
hairpin. 343.
hairsetter. 341.
hairspring. 605.
hairstyling implements. 343.
half barb. 61.
half court line. 540.
half-distance line. 545.
half-glasses. 329.
half handle. 227.
half hoe. 297.
half note. 475.
half rest. 475.
half-slip. 313.
half-through arch bridge. 415.
half way line. 532.
halfback. 529.
halfway line. 531.
hall. 179.
hall. 189, 433.
hallway. 189.

halyard. 431, 709.
ham knife. 227.
hammer. 572.
hammer. 287, 479, 480, 589, 702, 703.
hammer axe. 588.
hammer beam. 190.
hammer block. 703.
hammer butt. 480.
hammer drill. 639.
hammer head. 480, 588.
hammer rail. 480.
hammer shank. 480.
hammer throw. 570.
hampe. 149.
hand. 115, 612.
hand-and-a-half sword. 692.
hand blender. 235.
hand brake gear housing. 419.
hand brake wheel. 419.
hand brake winding chain. 419.
hand drill. 260.
hand fork. 249.
hand grenade. 696.
hand grip. 580.
hand guard. 530.
hand lamp. 676.
hand mixer. 235.
hand mower. 252.
hand rail. 651.
hand shield. 283.
hand truck. 427, 685.
hand vice. 515.
hand warmer pocket. 301.
hand warmer pouch. 304.
hand wash in lukewarm water. 722.
hand wheel. 499, 514.
handbags. 348, 349.
handball. 539.
handbrake lever. 399.
handgrip. 383, 384, 630.
handguard. 699.
handhold. 568.
handle. 554.
handle. 214, 221, 224, 225, 226, 235, 236, 237, 238, 239, 243, 244, 253, 257, 258, 259, 260, 262, 263, 271, 280, 282, 337, 339, 340, 341, 346, 347, 349, 350, 385, 478, 489, 501, 506, 508, 514, 517, 521, 526, 538, 543, 544, 559, 564, 572, 577, 580, 587, 588, 599, 631, 639, 691.
handle post. 350.
handlebars. 408, 411.
handling engines. 685.
handrail. 182, 197, 429.
handrail drive. 182.
handsaw. 262.
handset. 387, 388, 471.
handset cord. 387.
handsfree telephone. 388.
hang glider. 557.
hang gliding. 557.
hang point. 557.
hang to dry. 722.
hang-up ring. 340.
hanger. 377.
hanger bracket. 631.
hanger loop. 296.
hanging basket. 247.
hanging glacier. 56.
hanging hook. 347.
hanging pendant. 220.
hanging stile. 198, 199, 215.
hank. 552, 553.
harbor. 441.
harbor station. 441.
harbour. 441.
harbour station. 441.
hard palate. 122, 134.
hard shell clam. 102.
hardboard. 265.
hardboards. 194.

The terms in **bold type** indicate the title of an illustration; those in *italic* correspond to the British terminology.

hardtop. 398.
Hare. 41.
harmonica. 488.
harness. 508, 550, 555, 557, 563, 676.
harness racing. 568, 569.
harnesses. 508.
harp. 478.
Harp. 40, 493.
harp cable stays. 416.
harpsichord. 490.
harrow. 162.
hasp. 347.
hastate. 70.
hat. 321.
hat stand. 465.
hat veil. 314.
hatband. 298.
hatch. 645, 704.
hatchet. 600.
hatching. 511.
haulage cable. 558.
haulage road. 635.
haut de côtelettes. 151.
haut de côtes. 147.
hay turner. 164.
hazelnut. 78.
head. 94.
head. 39, 85, 100, 104, 106, 115, 116, 124, 153, 260, 264, 337, 339, 344, 345, 422, 478, 486, 487, 494, 499, 504, 506, 514, 538, 572, 581, 586, 588.
head band. 314.
head cover. 587.
head cushion. 583.
head-first entry. 548.
head linesman. 528.
head number. 568.
head of femur. 121.
head of frame. 199.
head of humerus. 121.
head of sail. 551.
head of table. 583.
head of water. 654.
head pole. 568.
head roller. 508.
head rotation lock. 376.
head spot. 583.
head string. 583.
head tube. 282, 411.
headband. 378, 512, 538, 561.
headbay. 651.
headboard. 214.
headcap. 512.
header. 198, 200, 661, 664.
headframe. 636, 638.
headgear. 298, 314.
headlamp bezel. 398.
headland. 51.
headlight. 398.
headlight. 397, 403, 408, 409, 427, 704.
headlight housing shell. 398.
headphone. 378.
headphone. 378.
headphone jack. 379, 381.
headpin. 590.
headrail. 219.
headrest. 400, 421.
heads. 257.
headwind. 553.
health. 627.
heart. 124.
heart. 99, 102, 521, 592.
hearth. 520.
heartwood. 71.
heat comfort control. 341.
heat deflecting disc. 284.
heat exchanger. 669.
heat pipe radiator. 393.
heat production. 667.
heat ready indicator dot. 341.
heat shield. 457.
heat/speed selector switch. 340.
heater. 599, 664.

heater control. 399.
heating. 200, 201, 202, 203, 204, 205.
heating duct. 241.
heating element. 204, 205, 241, 242, 520.
heating elements indicator. 204.
heating oil. 649.
heating room. 189.
heating unit. 203.
heaving line knot. 601.
heavy duty boot. 320.
heavy gasoline. 649.
heavy machine gun. 701.
heavy machinery. 673.
heavy petroleum. 649.
heavy thunderstorm. 60.
heavy water. 664.
Hebrew. 355.
heddle. 508, 509.
heddle rod. 509.
heddles. 509.
hedge. 247.
hedge shears. 249.
hedge trimmer. 252.
heel. 93, 115, 163, 227, 257, 262, 297, 318, 478, 526, 534, 562, 586.
heel calk. 93.
heel flange. 560.
heel grip. 318.
heel lacing. 563.
heel loop. 631.
heel of round. 148.
heel piece. 554, 559, 560.
heel release setting indicator. 560.
heel rest. 235, 243.
heelplate. 561.
height. 548.
height adjustment screw. 560.
height control. 376.
height of the dive. 549.
height scale. 376.
height sensor. 436.
helical spring. 608.
helicopter. 455.
helicopter hangar. 439.
helicopter transportation. 721.
helideck. 643.
heliostat. 668.
helium sphere. 456.
helix. 132.
helm roof. 191.
helmet. 322, 458, 530, 534, 555, 557, 589, 689.
helmet lamp. 589.
hem. 219.
hemi-demi-semi-quaver. 475.
hemi-demi-semi-quaver rest. 475.
hemibranch. 98.
hemispherical dome. 43.
hemlath. 671.
hemline. 503.
hepatic vein. 124, 125.
herbivore's jaw. 90.
herbs. 143.
Hercules. 40.
Herdsman. 40.
Hermes satellite. 393.
herringbone parquet. 196.
herringbone pattern. 196.
herringbone stitch. 507.
hex nut. 406.
hexagon bushing. 275.
hexagonal ring spanner. 258.
hidden pocket. 351.
high-back dungarees. 316.
high beam warning light. 410.
high card. 592.
high clouds. 52.
high focal plane buoy. 444.
high jump. 571.
high line. 577.
high-power light bulb. 43.
high pressure center. 62.
high pressure centre. 62.

high pressure turbine. 664.
high-rise apartment. 183.
high-rise block. 183.
high-rise office. 178.
high-speed exit taxiway. 452.
high street. 178.
high-temperature cutoff. 273.
high-tension energy transmission to consumers. 654.
high-voltage cable. 620.
high-voltage tester. 286.
high warp loom. 509.
highball. 222.
highland climates. 59.
highway crossing. 423.
highway crossing bell. 423.
hill. 54, 668.
hilted bayonet. 693.
hilus of kidney. 128.
hind leg. 100, 106, 108.
hind legs of the worker. 106.
hind limb. 105.
hind quarter. 148.
hind toe. 95, 97.
hind wing. 100, 106.
Hindi. 355.
hinge. 198, 199, 215, 237, 238, 242, 347, 349, 380, 560, 621.
hinge tooth. 101.
hinged door. 188.
hinged presser foot. 499, 500.
hip. 115, 148.
hip-and-valley roof. 191.
hip pad. 530.
hip pad; girdle. 534.
hip roof. 190.
hitch pin. 479.
hitting area. 526.
hive. 107.
hive body. 107.
hoarding. 178.
hoarding. 177.
hobble. 568.
hobble hanger. 568.
hock. 91, 150, 153.
hockey skate. 562.
hoe. 248.
hoe-fork. 248.
hog score line. 544.
hoist. 180, 390, 709.
hoist room. 636, 638.
hoist ropes. 181.
hoisting chain. 675.
hoisting drum. 675.
hoisting rail. 447.
hoisting rope. 278, 675, 683.
hold yard. 425.
holdall. 347.
holdback. 217.
holder. 521.
holding area marking. 452.
holds. 578.
hole. 585.
hole. 517, 585, 588.
hollow barrel. 629.
hollow-wood construction. 265.
holster. 589.
home key. 470.
home plate. 525.
home straight. 569.
homestretch. 569.
honey cell. 107.
honeybee. 106, 107.
honeycomb diffuser. 373.
honeycomb section. 107.
honor tiles. 593.
honour tiles. 593.
hood. 200, 244, 292, 397, 403, 550.
hood cover. 340.
hooded towelling robe. 315.
hoof. 91.
hoof. 91.
hook. 199, 218, 221, 248, 351, 500, 502, 504, 506, 558, 562, 581, 608, 613, 640, 683.

hook and eyes. 502.
hook ladder. 278, 677.
hooker. 531.
hoop. 507.
hoop earring. 325.
hopper. 164.
hopper car. 420.
hopper ore car. 420.
hopper ore wagon. 420.
hopper wagon. 420.
horizon mirror. 443.
horizon scanner. 65.
horizontal-axis wind turbine. 672.
horizontal bar. 573.
horizontal circle drive knob. 614.
horizontal clamp. 614.
horizontal end handhold. 419.
horizontal flux detector. 662.
horizontal member. 658.
horizontal pivoting. 199.
horizontal seismograph. 616.
horizontal stabilizer. 448, 455, 556.
horizontal tangent screw. 614.
horn. 325, 399, 418, 677.
horn button. 410.
horns. 104.
horny beak. 109.
hors d'oeuvre dish. 223.
horse. 90, 91, 92, 93.
horse's name. 569.
horse's number. 569.
horse's pedigree. 569.
horseradish. 84.
horseshoe. 93.
horseshoe. 172, 325.
horseshoe mount. 42.
hose. 311.
hose. 281, 311.
hose nozzle. 250.
hose reel. 250.
hose truck. 677.
hospital. 718.
host. 390.
hot-air register. 202.
hot bus bar. 288.
hot line connector. 659.
hot pepper. 81.
hot shoe. 372.
hot water extraction. 650.
hot-water heater. 267.
hot-water main. 204.
hot-water riser. 267.
hot-water supply. 272.
hot-water supply line. 272, 273.
hotel information. 721.
hotel reservation desk. 454.
hour angle gear. 42.
hour hand. 605, 607.
hourglass. 606.
house. 185, 188, 544.
house drain. 272.
house furniture. 207.
housing. 261, 337, 339, 340, 384, 387, 409, 442.
hovercraft. 435.
hub. 411, 631, 657, 672.
hub cover. 657.
Hubble's classification. 39.
hubcap. 397.
huckleberry. 74.
hull. 79.
human being. 111.
human body. 114, 115.
human denture. 123.
humerus. 92, 108, 120.
humid subtropical. 59.
humid temperate - long summer. 59.
humid temperate - short summer. 59.
humidifier. 204.
humidistat. 206.
humidity. 63.
hump. 425.
hump area. 425.

The terms in **bold type** indicate the title of an illustration; those in *italic* correspond to the British terminology.

739

Hungarian. 355.
Hunting Dogs. 40.
hunting weapons. 702.
hurdle. 570.
hurricane. 60.
hurricane deck. 434.
hurricane lamp. 600.
husband. 138.
husband and wife. 139.
husk. 78, 85.
hut. 169.
hydrant intake. 677.
hydraulic cylinder. 678, 679, 682.
hydraulic shovel. 681.
hydroelectric complex. 651.
hydrofiner. 648.
hydrofoil boat. 436.
hydrolic pallet truck. 685.
hydrologic cycle. 58.
hydrostatic pad. 42.
hygrograph. 63.
hypha. 73.
hyphen. 357, 364, 386.
hypogastric artery. 128.
hyssop. 143.

I

ice. 58.
ice axe. 588.
ice axe. 589.
ice-cream can. 236.
ice-cream freezer. 236.
ice cream spoon. 231.
ice cube tray. 239.
ice hockey. 533, 534.
ice hockey player. 534.
ice piton. 589.
ice pudding. 157.
ice screw. 589.
icing syringe. 230.
identification of the track. 569.
identification tag. 347.
idler pulley. 241.
idler wheel. 408.
igloo. 169.
igneous rocks. 48.
ignition switch. 410.
ignition transformer. 205.
ileum. 127.
iliohypogastric nerve. 129.
ilioinguinal nerve. 129.
ilium. 120.
illumination mirror for horizontal
    circle. 614.
illumination mirror for vertical
    circle. 614.
image dissector camera. 65.
immigration control. 454.
impeller. 242.
imperial roof. 191.
impervious rock. 640.
implement bar. 162.
impluvium. 173.
impost. 172.
impression control. 466.
in-flight refuelling probe. 705.
in goal. 531.
in km. 47.
in thousands of feet. 47.
inactive dyke. 660.
inbound line. 527.
incandescent lamp. 284.
incandescent lamp. 446.
incident-light measuring diffuser.
    372.
incisor. 90.
inclined shaft. 636.
incoming message cassette. 388.
index arm. 443.
index mirror. 443.
Indian. 41.
Indian chapati bread. 146.
Indian fig. 80.
Indian naan bread. 146.

Indian Ocean. 49.
indication of types. 365.
indicator. 402.
indicator. 612.
indicator board. 427.
indicator lamp. 409.
indicator light. 397.
indicator light. 471.
indicator needle. 372.
indicator switch. 400.
indifferent cells. 137.
indoor/outdoor position. 384.
inert gas. 284.
inferior dental arch. 134.
inferior mesenteric artery. 128.
inferior nasal concha. 133.
inferior umbilicus. 96.
inferior vena cava. 124, 125, 128.
inferior view. 122.
infield. 525.
infiltration. 58.
infinity. 723.
inflated carrying tire. 429.
inflated carrying tyre. 429.
inflated guiding tire. 429.
inflated guiding tyre. 429.
inflator. 598.
inflator-deflator. 598.
inflorescent vegetables. 81.
information. 718.
information counter. 454.
information office. 426.
informative signs. 717.
infraorbital foramen. 122.
infrared spectrometer. 65.
infrared transmitter. 373.
infraspiatus. 119.
infraspinous. 119.
infundibulum of fallopian tube. 117.
inhaul. 551.
injector. 404.
injector pipe. 404.
ink. 367, 516.
ink roller. 516.
inked roller. 385.
inked surface. 518.
inking slab. 516.
inlaid parquet. 196.
inlet. 639.
inlet guide vanes. 450.
inlet hose. 240, 242.
inlet nozzle. 240.
inlet valve. 404, 405.
inner boot. 560.
inner core. 47.
inner edge. 93.
inner hearth. 200.
inner jib. 431.
inner lining. 407.
inner lip. 101.
inner ply. 265.
inner rail. 182.
inner root sheath. 137.
inner table. 592.
inner tent. 597.
inner toe. 95.
input devices. 468.
input level control. 495.
input selectors. 379.
insectivorous bird. 97.
insert a letter. 362.
insert a word. 362.
insert here. 362.
insert space. 362.
inset pocket. 304.
inside. 226.
inside address. 359.
inside knob. 266.
inside left. 532.
inside-leg snap-fastening. 316.
inside line. 577.
inside linebacker. 528.
inside right. 532.
insole. 318, 320.
inspection chamber. 277.
inspection cover. 277.

inspection plug. 277.
inspection services. 720.
instep. 297.
instrument board. 399.
instrument board. 399.
instrument panel. 399.
instrument panel. 556.
instrument shelter. 63.
instrument unit. 456.
insulated blade. 286.
insulated handle. 286, 287.
insulating material. 196.
insulating sleeve. 285.
insulation. 273, 669, 670.
insulator. 406, 659.
insulin syringe. 629.
intaglio printing process. 515.
integral bayonet. 693.
Intelsat. 393.
interchangeable end assembly. 42.
interchangeable lens. 368.
interchangeable lenses. 370.
interconnecting truss. 65.
intercostal nerve. 129.
interface. 495.
interfacing. 295, 502.
interfemoral membrane. 108.
interior dome shell. 42.
interior door handle. 400.
interior door lock button. 400.
interior pocket. 347, 351.
interlining. 502.
interlock. 511.
intermediate lens. 620.
intermittent drizzle. 60.
intermittent rain. 60.
intermittent snow. 60.
internal and middle ear. 132.
internal ear. 132.
internal iliac artery. 124, 125.
internal iliac vein. 124.
internal jugular vein. 125.
internal tooth lock washer. 264.
**international phonetic alphabet.
358.**
**international road signs. 714,
715, 716, 717.**
international singles court. 540.
**international weather symbols.
60, 61.**
internode. 69.
interplanetary space. 47.
interrogation recording and
    location system antenna. 65.
intersection. 723.
intertragic notch. 132.
intervals. 476.
intervertebral foramen. 130.
intestine. 99, 102, 124.
intrados. 172.
intrusive rocks. 48.
Inuktitut. 355.
inverness cape. 292.
invert. 429.
inverted pleat. 217, 304.
inverter knob. 614.
inward dive. 549.
Io. 36.
ion chamber. 662.
ionic order. 170.
ionosphere. 47.
Iranian. 355.
iris. 131.
iris diaphragm. 619.
Irish bread. 146.
iron. 586.
iron at high setting. 722.
iron at low setting. 722.
iron at medium setting. 722.
iron curtain. 180.
iron shot silo. 437.
ironing. 722.
irregular crystal. 57.
irregular galaxy. 39.
is a member of. 723.
is approximately equal to. 723.

is contained in. 723.
is equal to. 723.
is equal to or greater than. 723.
is equal to or less than. 723.
is equivalent to. 723.
is greater than. 723.
is identical with. 723.
is less than. 723.
is not equal to. 723.
is not identical with. 723.
isba. 169.
ischium. 121.
isobar. 62.
isoseismal line. 53.
isthmus of fallopian tube. 117.
isthmus of fauces. 134.
Italian. 355.
italic. 365.
italic boldface capitals. 365.
italic capitals. 365.
ivory ball. 594.

J

J-2 engine. 456.
jabot. 308.
jack. 681.
jack. 378, 480, 592.
jack spring. 480.
jack staff. 439.
jack-up platform. 642.
jacket. 321, 576, 578, 643, 702.
jackleg drill. 639.
jackpot box. 595.
jackpot feed. 595.
jackpot payout chute. 595.
jalousie. 199.
jamb. 198, 199, 200.
jambon. 150.
jambonneau arrière. 150.
jambonneau avant. 150.
Japan plum. 76.
Japanese. 355.
Japanese persimmon. 80.
japonaise fancy. 156.
jar. 345.
jarret arrière. 147.
jarret avant. 147.
javelin. 689.
javelin throw. 571.
javelins. 572.
jaw. 258, 260, 261, 287, 343.
jazz band. 491.
jeans. 310.
jejunum. 127.
jersey. 530.
Jerusalem artichoke. 84.
jet deflector. 252.
jet engine. 705.
jet fuel. 649.
jet refueler. 453.
jet tip. 339.
Jew's harp. 488.
jewel cap. 443.
jewellery. 325, 326, 327.
jewelry. 325, 326, 327.
Jewish hallah. 146.
jib. 552, 683.
jib halyard. 552.
jib tie. 683.
jibsheet. 552.
jingle. 486.
job title. 361.
jockey roller. 412.
jodhpurs. 565.
joint. 367, 512, 581, 582.
joist. 196.
Joker. 592.
journal box. 418.
jowl. 150.
joystick. 471.
joystick. 469, 495.
judge. 576, 578, 579.
judge's stand. 569.
judo. 578.

The terms in **bold type** indicate the title of an illustration; those in *italic* correspond to the British terminology.

judo suit. 578.
juice extractor. 236.
juice sac. 77.
juicer. 236.
jumeaux. 149.
jump ski. 554.
jumper. 317.
jumper. 302, 555.
jumpsuit. 316.
jumpsuit. 310.
junction box. 423.
Jupiter. 36.

K

K frame. 658.
Kaplan turbine. 657.
keel. 557.
keep. 177.
keeper. 291, 294.
keeper ring. 580.
kelly. 640.
kerb. 413.
kerb weir. 413.
kerchief. 314.
kernel. 78, 85.
kerosene. 456, 649.
ketch. 432.
kettle. 243.
kettledrum. 486.
key. 266, 385, 467, 479, 480, 483,
  489, 492.
key case. 351.
key finger button. 483.
key lock. 350.
key signature. 476.
keybed. 479.
keyboard. 470.
keyboard. 386, 467, 469, 479, 495.
keyboard control. 495.
keyboard instruments. 479, 480.
keystone. 172, 175.
keyway. 266.
kick. 547.
kick pleat. 304.
kickplate. 239.
kidney. 99, 124.
kill button. 410.
kilt. 303.
kimono. 311.
kimono sleeve. 306.
kinds of deer. 89.
kinds of hair. 330.
kinds of precipitation. 57.
King. 592.
King (K). 591.
king pin. 418.
king post. 557.
King's side. 591.
kingpin. 402, 562.
kiosk. 428.
kitchen. 173, 189, 421.
kitchen knife. 227.
kitchen scales. 229.
kitchen timer. 229.
kitchen utensils. 227, 228, 229,
  230, 231.
kiwi. 80.
knee. 91, 108, 114.
knee boot. 568.
knee boot suspender. 568.
knee brace. 190.
knee pad. 526, 530, 534, 564, 575.
knee roll. 567.
knee sock. 561.
knickers. 310, 561.
knife. 224.
knife. 165, 516, 550, 599.
knife-blade cartridge fuse. 285.
knife-edge. 608, 609, 610.
knife pleat. 304.
knife sharpener. 231.
Knight (Kt). 591.
knit shirt. 296.
knitting. 504.

knitting machine. 505, 506.
knitting measure. 504.
knitting needles. 504.
knob. 209, 266, 526.
knob closure. 349, 351.
knob for reticle illumination. 614.
knob handle. 263.
knockout. 288.
knot. 511.
knot stitches group. 507.
knots. 601.
knuckle. 153.
knurled bolt. 280.
knurled button. 442.
kohl pencil. 332.
kohlrabi. 84.
kraft paper. 265.
kumquat. 77.

L

label. 344, 380.
label maker. 461.
labial palp. 100, 102.
labium majus. 117.
labium minus. 117.
laboratory. 648.
laccolith. 53.
lace. 526, 562, 579.
lace-up. 320.
lacrimal duct. 131.
lactiferous duct. 117.
ladder. 671.
ladder scaffold. 279.
ladders and stepladders. 278,
  279.
ladle. 229, 695.
Lady chapel. 174.
lagging. 647.
lagoon. 51.
lake. 38.
lam. 508.
lamb. 151, 153.
lambdoid suture. 122.
lamina cribrosa. 133.
laminate board. 265.
laminboard. 265.
lamp. 376, 383, 619.
lamp changer. 446.
lamp-post. 178.
lamp room. 638.
lamp socket. 285.
lamphouse. 376.
lance rest. 690.
lanceolate. 70.
lancet. 172.
land. 260.
landing. 189, 197, 574, 637.
landing area. 570, 571.
landing light. 455.
landing mat. 574.
landing net. 582.
landside. 163.
lane. 590.
lane. 546, 571.
lane number. 546.
lane rope. 546.
lane timekeeper. 546.
languid. 482.
lantern. 247, 445, 599.
lantern of lighthouse. 446.
lantern pane. 445.
lanyard ring. 703.
lapel. 293, 308.
lapiaz. 54.
large intestine. 127.
large wheel. 631.
larger round. 119.
larva. 107.
larynx. 126.
lasagna. 144.
lasagna verde. 144.
LASH ship. 441.
last quarter. 38.
latch. 237, 238, 242, 506, 588.

latch bolt. 266.
latch follower. 266.
latch lever. 266, 500.
latch needle. 506.
lateen sail. 432.
lateral adjusting lever. 257.
lateral condyle of femur. 121.
lateral cutaneous nerve of thigh.
  129.
lateral filing cabinet. 465.
lateral great. 118, 119.
lateral groove. 93.
lateral incisor. 123.
lateral line. 98, 544.
lateral moraine. 56.
lateral semicircular canal. 132.
lateral system of marking. 446.
lateral view. 122.
latissimus dorsi. 119.
latitude. 35.
latitude scale. 64.
lattice tube. 662.
launch escape system. 456.
launching orbit. 394.
laundry room. 189.
lava flow. 53.
lava layer. 53.
lava plateau. 53.
lavaliere. 326.
lavatory. 189.
lavatory truck. 453.
lawn. 188, 247.
lawn aerator. 251.
lawn edger. 248.
lawn mowers. 252.
lawn rake. 248.
layout. 521.
lead. 544, 606.
lead came. 521.
lead-in wire. 284, 372.
lead knife. 521.
lead pencil. 367.
lead screw. 260.
lead shot ballast. 437.
lead stretcher. 521.
leader. 581.
leading edge. 308, 448, 556, 557.
leading edge tube. 557.
leaf. 70.
leaf. 69, 85, 209, 440.
leaf axil. 69, 70.
leaf margin. 70.
leaf spring. 408.
leaf vegetables. 82.
lean-to roof. 190.
leash rod. 508, 509.
leather end. 294.
leather garment. 689.
leather goods. 350, 351.
leather sandal. 689.
leather sheath. 599.
LED peak level meter. 381.
ledger. 192.
ledger line. 475.
leech. 551.
leek. 83.
left atrium. 124.
left back. 532, 536, 539.
left center. 531.
left centre. 531.
left cornerback. 528, 529.
left defence. 533.
left defense. 533.
left defensive end. 528, 529.
left defensive tackle. 528, 529.
left field. 525.
left fielder. 525.
left forward. 535, 536.
left guard. 528, 529, 535.
left half. 532.
left halfback. 528.
left-hand grip. 700.
left kidney. 128.
left-luggage office. 426.
left lung. 124, 126.

left outside linebacker. 529.
left safety. 528.
left safety back. 529.
left service court. 537, 540.
left tackle. 528, 529.
left valve. 101.
left ventricle. 124.
left wing. 532.
left wing. 531, 533.
left winger. 539.
leg. 109, 115, 147, 150, 151, 153,
  163, 209, 214, 297, 486, 543,
  574, 580, 609.
leg, butt portion. 147.
leg, shank portion. 147.
leg-of-mutton sleeve. 306.
leg position. 549.
legging. 589.
lemon. 77.
lemon squeezer. 228, 236.
lenghtwise grain. 503.
length. 548.
lengthwise grain. 502.
lens. 625.
lens. 131, 371, 372, 377.
lens and accessories. 370.
lens aperture scale. 370.
lens cap. 370.
lens carriage. 446.
lens clock. 446.
lens hood. 370.
lens mount. 368.
lenticular galaxy. 39.
lentils. 85.
Leo, the Lion. 712.
leopard. 90.
lesser covert. 96.
lesser lip. 117.
let is stand. 363.
letter opener. 461.
letter scales. 461.
letterhead. 359, 361.
letters. 356, 357.
leucoplast. 113.
level. 637.
level controls. 378.
level crossing. 423.
level crossing sign. 423.
level crossing with automatic
  gates. 424.
leveling foot. 377.
leveling screw. 64, 609, 614.
levelling foot. 377.
levelling screw. 64, 609, 614.
lever. 237, 259, 270, 271, 343,
  385, 401, 471, 517, 595, 612,
  696, 702.
lever bucket. 679.
lever corkscrew. 229.
lever cover. 271.
lever tap. 271.
levigator. 517.
Libra, the Balance. 712.
lid. 232, 233, 234, 236, 237, 240,
  341.
lid latch. 341.
Liederkranz. 154.
life buoy. 436.
life cycle of the frog. 105.
life raft. 435, 439.
lifeboat. 430, 643.
lift. 181.
lift. 430.
lift arm. 679.
lift bridge. 417.
lift buffer. 181.
lift cord. 219.
lift cord lock. 219.
lift cylinder. 679, 684.
lift-fan air intake. 435.
lift gate. 398.
lift guide rail. 181.
lift safety device. 181.
lift span. 417.
lifting chain. 684.
lifting handle. 698.

The terms in **bold type** indicate the title of an illustration; those in *italic* correspond to the British terminology.

lifting lever. 419.
ligature. 483.
light. 429, 444, 550, 670.
light bar. 340.
light from Sun. 38.
light-load adjustment screw. 615.
light machine gun. 701.
light pen. 469.
light-reading scale. 372.
light sensor. 372.
light signals. 715.
lightbox. 375.
lighted mirror. 340.
lighthouse. 445.
lighting. 600.
lighting and vision control room. 389.
lighting control panel. 389.
lighting director. 389.
lighting switch. 410.
lightning arrester. 655, 659.
lightning rod. 187.
lights. 220, 221.
lighttight box. 368.
limb. 71.
limb top. 619.
limousine. 398.
limpet. 104.
line. 385, 475, 580, 581, 594, 595.
line guide. 386, 580.
line judge. 528.
line map. 428.
line of scrimmage. 528, 529.
line printer. 666.
line space regulator. 467.
linear. 70.
lineman's pliers. 287.
linen. 214.
linen chest. 216.
lines. 385.
linesman. 531, 532, 533, 536, 537, 542.
lingual papillae. 134.
lingual tonsil. 134.
lining. 293, 318, 348, 350, 502, 562.
linstock. 695.
lint filter. 240.
lint trap. 241.
lintel. 175, 200.
Lion. 40.
lion passant. 710.
lip. 94, 266, 521.
lipbrush. 333.
lipid droplet. 113.
lipliner. 333.
lipstick. 333.
liquefied gas petroleum treatment. 648.
liquefied petroleum gas storage. 648.
liqueur. 222.
liquid compass. 443.
liquid consonants. 358.
liquid-cooled garment. 458.
liquid-crystal display. 605.
liquid foundation. 332.
liquid hydrogen (fuel). 456.
liquid-level gauge. 647.
liquid oxygen (lox). 456.
liquid oxygen (lox) transfer pipe. 456.
listen button. 388.
litchi. 80.
litho crayon. 517.
litho pencil. 517.
lithographic press. 517.
lithographic stone. 517, 518.
lithographic tusche. 517.
lithography. 517.
lithosphere. 47.
litter basket. 178.
litter bin. 178.
Little Bear. 40.
Little Dog. 40.
little finger hook. 484.

Little Horse. 40.
Little Lion. 40.
live roller. 683.
liver. 99, 124, 127.
livestock car. 420.
livestock van. 420.
living quarters. 445, 457, 643.
living room. 189, 596.
Lizard. 40.
load backrest. 684.
loader's seat. 704.
loading. 696.
loading belt. 635.
loading door. 201.
loading pocket. 637.
loafer. 320.
loam. 162.
lobate. 70.
lobate web. 97.
lobby. 454.
lobe. 97, 117.
lobster. 103.
lobule. 132.
lock. 266.
lock. 198, 215, 347, 412, 660.
lock-chamber. 440.
lock forward. 531.
lock keeper's building. 441.
lock nut. 64, 562, 613.
lock rail. 198.
lock ring. 377.
lock washer. 264.
locked groove. 380.
locker. 465.
lockers. 720.
locket. 326.
locking device. 278.
locking knob. 614.
locking nut. 268.
locking pliers. 259.
locking ring. 258, 698.
locknut. 270.
loculus. 76.
log carrier. 201.
log chute. 651.
log tongs. 201.
logging unit. 643.
loin. 91, 115, 147, 148, 150, 151, 153.
long adductor. 118.
long and short stitch. 507.
long cardigan. 307.
long extensor of toes. 118.
long johns. 297.
long jump. 570.
long-nose pliers. 287.
long palmar. 118.
long peroneal. 118.
long radial extensor of wrist. 119.
long-range jet. 448.
long-range radar system. 706.
long residue. 649.
long service line. 542.
longe. 147.
longitude. 35.
longitudinal dunes. 55.
lookout tower. 177.
loop. 295.
loop stitches group. 507.
loophole. 177.
loose curtain. 217.
loose fill insulation. 195.
loose gravel. 714.
loose powder. 332.
loose powder brush. 332.
loosely tied bow. 309.
lopping shears. 249.
lore. 95.
lorgnette. 329.
lost and found articles. 720.
loud pedal. 479.
loudness switch. 379.
loudspeaker. 378, 390, 471, 677.
lounge. 433.
louver. 206, 221.
louver-board. 175.

louvered window. 199.
louvre. 206, 221.
louvre-board. 175.
lovage. 143.
love seat. 211.
low bar. 574.
low clouds. 52.
low line. 577.
low pressure center. 62.
low pressure centre. 62.
low pressure steam piping. 661.
low pressure turbine. 664.
low-rise apartments. 183.
low-tension distribution line. 659.
low warp loom. 508.
lower berth. 421.
lower blade guard. 263.
lower bowl. 234.
lower chord. 415.
lower eyelid. 94, 105, 131.
lower fore topgallant sail. 431.
lower fore topsail. 431.
lower gill arch. 98.
lower girdle facet (16). 327.
lower guard retracting lever. 263.
lower heating element. 273.
lower landing plate. 182.
lower level. 440.
lower limb. 691.
lower lip. 134, 482.
lower lobe. 126.
lower mandible. 95.
lower mantle. 47.
lower mast. 430.
lower pan-head mounting screw. 374.
lower rudder. 438.
lower shell. 560.
lower side-rail. 402.
lower sphere clamp. 64.
lower support screw. 64.
lower thermostat. 273.
lox tank baffles. 456.
lubber's line. 443.
lubber's-line disk. 443.
lubricants plant. 649.
lubricating oils. 649.
Luer-Lock syringe. 629.
luff. 551.
luff (to). 551.
lug. 486.
luggage. 347.
luggage carrier. 347.
luggage claim. 720.
luggage label. 347.
luggage rack. 398.
luggage registration. 720.
luggage trolley. 347.
luggage trolleys. 720.
lumache. 145.
lumbar plexus. 129.
lumbar vertebra (5). 121.
lumbar vertebrae. 92.
lunar boot. 458.
lunar eclipse. 38.
lunar features. 38.
lunar module. 456.
lungs. 126.
lunula. 137.
lunule. 101.
lures. 581.
Lynx. 40.
lyre. 487.
lysosome. 113.

M

machete. 692.
machicolation. 177.
machine gun. 704.
machine hall. 651, 655.
machine wash in hot water at a normal setting. 722.
machine wash in lukewarm water at a gentle. 722.

machine wash in warm water at a gentle setting-reduced. 722.
machine wash in warm water at a normal setting. 722.
machinery. 165.
machinery store. 161.
macreuse. 149.
macro focusing knob. 383.
mafalde. 144.
mafaldine. 144.
magazine. 697, 699, 702, 703.
magazine base. 703.
magazine catch. 697, 699, 703.
magazine release. 699.
magazine spring. 703.
magma. 53.
magma chamber. 53.
magnesium alloy. 322.
magnesium wire. 372.
magnet. 501.
magnet. 443.
magnetic compass. 625.
magnetic cup. 606.
magnetic gasket. 239.
magnetic lid holder. 243.
magnetic needle. 625.
magnetic suspension. 615.
magnetic tape controller. 472.
magnetic tape drive. 472.
magnetic tape storage. 472.
magnifying mirror. 340.
mah-jongg. 593.
main beam warning light. 410.
main bevel drive gearbox. 435.
main breaker. 288.
main cable. 373.
main cleanout. 267.
main cord. 377.
main drive chain. 182.
main drive shaft. 182.
main duct. 202.
main electrode. 284.
main engines. 457.
main entrance. 188.
main gas tap. 410.
main generator. 418.
main halyard. 552.
main handle. 260.
main inlet. 647.
main landing gear. 448.
main leg. 658.
main line. 424.
main lower topgallant sail. 431.
main lower topsail. 431.
main mirror. 622.
main parachute. 555.
main petrol tap. 410.
main power cable. 288.
main return pipe. 203.
main royal sail. 431.
main running track. 425.
main sail. 431.
main scope tube. 621.
main section. 594, 595.
main sewer. 413.
main shaft. 638.
main shield bracket. 698.
main spar. 449.
main spring. 703.
main stand. 409.
main street. 178.
main supply pipe. 203.
main switch. 659.
main tube. 622.
main undercarriage mounting beam. 449.
main undercarriage wheel. 705.
main upper topgallant sail. 431.
main upper topsail. 431.
main wheel. 607.
mainmast. 430.
mains lead. 377.
mains water. 669.
mainsail. 552.
mainsheet. 552.
mainspring. 605.

The terms in **bold type** indicate the title of an illustration; those in *italic* correspond to the British terminology.

maintenance hangar. 452.
maintube. 623.
major inner reaping throw. 578.
major outer reaping throw. 578.
major types of bayonets. 693.
major types of berries. 74.
major types of citrus fruits. 77.
major types of dams. 653.
major types of forks. 225.
major types of knives. 224.
major types of missiles. 706.
major types of nuts. 78.
major types of spoons. 226.
major types of stone fruits. 75.
major types of tables. 209.
major types of tents. 597.
major types of tropical fruits. 80.
major types of turbines. 657.
make-up. 332, 333.
make-up kit. 332.
make-up products. 332.
make-up sponges. 333.
makeup. 332, 333.
makeup kit. 332.
makeup products. 332.
makeup sponges. 333.
malar bone. 120.
malar region. 95.
male. 723.
male ferrule. 580.
male genital organs. 116.
male urethra. 116.
mallet. 257.
mallet. 486, 516.
mallets. 485.
Malpighi's pyramid. 128.
mammary gland. 117.
mandarin. 77.
mandarin collar. 308.
mandatory signs. 717.
mandible. 92, 98, 100, 103, 106,
    120, 122, 123.
mandolin. 487.
mane. 91.
maneuvering engine. 457.
mange-tout peas. 85.
mango. 75.
manhole. 413, 646, 647.
manicotti. 145.
manicure set. 342.
manicure stick. 342.
manicuring instruments. 343.
manoeuvring engine. 457.
manometer. 204, 647.
mansard roof. 191.
mantel. 200.
mantel shelf. 200.
mantle. 104.
mantle edge. 102.
manual. 482.
manual aperture control. 383.
manual release. 560.
manual zoom ring. 383, 384.
manually-operated points. 422.
manually-operated switch. 422.
manuals. 481.
manure spreader. 163.
manure spreader box. 163.
manway. 637.
Marconi cutter. 432.
margin. 70.
margin stop. 467.
marginal shield. 109.
marine diesel. 649.
maritime signals. 444, 445, 446.
marjoram. 143.
marker. 367, 590.
marker light. 403.
marking dot. 503.
marrow. 81.
Mars. 36.
mars light. 677.
martingale. 577.
mascara. 333.
mascara brush. 333.
mashie; no. 5 iron. 586.

mashie iron; no. 4 iron. 586.
mashie niblick; no. 7 iron. 586.
mask. 322, 526, 550, 576.
mass. 616.
masseter. 118.
mast. 423, 424, 455, 551, 552,
    675, 684.
mast foot. 551.
mast sleeve. 551.
master bedroom. 189.
master carrier. 218.
master cord. 563.
master gate valve. 641.
master retarders. 425.
masthead. 430, 551.
masthead light. 434.
masting and rigging. 430.
mastoid process. 122.
mat. 578.
matchbook. 345.
matchbox. 345.
matchstick. 345.
maternal aunt. 138.
maternal uncle. 138.
maternity dress. 302.
mathematical symbols. 356.
mathematics. 723.
matinee length necklace (22 in.).
    326.
matrix. 495.
mattress. 214.
mattress cover. 214.
maxilla. 98, 103, 120, 122, 123,
    133.
maxilliped. 103.
maximum and minimum
    thermometers. 63.
maximum speed limit. 716.
measure of pressure. 612.
measure of temperature. 611.
measure of time. 605, 606, 607.
**measure of weight. 608, 609,
    610.**
measuring cap. 235.
measuring cup. 341.
measuring cups. 229.
measuring devices. 603.
measuring spoons. 229.
measuring tube. 64.
meat grinder. 228.
meat keeper. 239.
meat thermometer. 229.
mechanical connectors. 274.
mechanical pencil. 367.
mechanical stage. 619.
mechanical stage control. 619.
mechanical watch. 605.
mechanism of the organ. 482.
medial condyle of femur. 121.
medial great. 118.
medial moraine. 56.
median groove. 93.
median lingual sulcus. 134.
median nerve. 129.
median vein of forearm. 125.
medical injection disc. 458.
medical injection disk. 458.
Mediterranean Sea. 49.
Mediterranean subtropical. 59.
medium format SLR (6 x 6). 369.
medium tension distribution line.
    659.
medulla. 128, 137.
medulla oblongata. 130.
**medullar axis of lumbar
    vertebra. 130.**
Meissner's corpuscle. 136.
melanocyte. 136.
melody string. 487.
melting snow. 57.
meltwater. 56.
memo pad. 464.
memory button. 379.
men. 591.
men. 592.
men's apparatus. 573.

men's bag. 349.
**men's clothing. 291, 292, 293,
    294, 295, 296, 297, 298.**
men's pompadour. 331.
mental foramen. 122.
Mercury. 36, 284.
mercury bath. 446.
Mercury capsule (USA). 47.
mercury switch. 611.
mercury-vapor lamp. 284.
mercury-vapour lamp. 284.
meridian. 35.
méridienne. 211.
meringue. 156.
meringue gateau. 156.
merlon. 177.
mesa. 55.
mesh. 543.
mesocarp. 74, 75, 76, 77.
mesosphere. 47.
mesothorax. 100.
metacarpus. 92, 94, 120.
metal A. 282.
metal B. 282.
metal counterhoop. 486.
metal frame. 479.
metal head. 572.
metal heat reflector. 200.
metal plate. 328, 518.
metal rod. 485.
metal washer. 270.
metal water pipe. 288.
metallic contact grid. 670.
metallic plastron. 576.
metals. 710.
metamorphic rocks. 48.
metatarsus. 92, 105, 120.
metathorax. 100.
meteorological ground. 63.
**meteorological measuring
    instruments. 64.**
meteorology. 62, 63.
meteors. 60.
**methane carrier with free-
    standing tanks. 645.**
**methane carrier with membrane
    tanks. 645.**
**methane carrier with semi-
    membrane tanks. 645.**
metope. 170.
metopic suture. 122.
metronome. 492.
mezzani. 144.
mezzanine. 179, 428.
Michigan snowshoe. 563.
micrometer caliper. 613.
micrometer screw. 443, 614.
microphone. 378, 388, 471.
microphone boom. 390.
microphone jack. 381.
microprocessor. 469.
microscope eyepiece. 614.
microwave oven. 237.
mid-calf length. 297.
mid range pick-up. 494.
middle clouds. 52.
middle covert. 96.
middle ear. 132.
middle jib. 431.
middle leg. 100, 106.
middle linebacker. 528, 529.
middle lobe. 126.
middle nasal concha. 133.
middle neck. 153.
middle panel. 198.
middle phalanx. 94, 120, 121.
middle piece. 116.
middle primary covert. 96.
middle rail. 215.
middle rib. 152.
middle sole. 318.
middle toe. 95.
middy. 305.
midfield. 532.
midiron; no. 2 iron. 586.
midmashie; no. 3 iron. 586.

midrange. 378.
midrib. 70, 79.
midriff band. 313.
milieu de poitrine. 149.
milieu de sous-noix. 147.
milk bread. 146.
Milky Way. 40.
Milky Way projector. 43.
Mimolette. 155.
minaudiere. 349.
mincer. 228.
mine. 650.
mine entrance. 637.
mini shirtdress. 305.
minim. 475.
minim rest. 475.
mining. 636.
mining. 667.
minor inner reaping throw. 578.
mint. 143.
minute hand. 605, 607.
mirror. 332, 347, 368, 409.
miscellaneous. 326, 723.
miscellaneous auxiliary systems.
    666.
miscellaneous utensils. 231.
missile. 438, 706.
missile director. 439.
missile launch rail. 705.
missile launcher. 439.
missile tracking radar. 706.
missile tube. 438.
missiles. 706.
mist. 60.
miter gate. 440.
miter gauge. 262.
miter gauge slot. 262.
mitochondrion. 113.
mitral valve. 124.
mitre gauge. 262.
mitre gauge slot. 262.
mitt. 299.
mitten. 283, 299, 317, 559, 589.
mixing bowl. 235.
mixing bowls. 230.
mixing chamber. 282.
mizzen sail. 431.
mizzenmast. 430.
moat. 176, 177.
mob-cap. 314.
mobile passenger stairs. 453.
mobile septum of nose. 133.
moccasin. 563.
moccasin. 319.
mock pocket. 301.
moderator. 664.
moderator heat exchanger. 664.
moderator inlet. 662.
moderator/miscellaneous systems.
    666.
moderator outlet. 662.
moderator pump. 664.
modern. 367, 697.
modern bow. 691.
modern howitzer. 698.
modesty. 308.
modillion. 170.
modulator. 624.
mogul base. 284.
Mohorovicic discontinuity. 47, 48.
moistener. 462.
molar. 90.
moldboard. 163.
mollusk. 102.
money clip. 351.
monitor. 391.
monitor bank. 391.
monitor indicator. 379.
monitor pusher. 390.
monitor roof. 191.
monitor speaker. 391.
monkey wrench. 276.
mono-ski. 554.
monocle. 329.
mons pubis. 117.
monster. 529.

The terms in **bold type** indicate the title of an illustration; those in *italic* correspond to the British terminology.

Monterey Jack. 154.
Moon. 38.
Moon. 36, 37, 38.
moon dial. 607.
Moon's orbit. 38.
moose. 89.
mordent. 476.
morel. 73.
morning line. 569.
morphology. 91, 95, 98.
Morse code. 386.
mortar. 697.
mortar. 193, 228.
mortise. 345, 507.
mortise lock. 266.
mother. 138, 139.
mother-in-law. 139.
motor. 165, 206, 240, 241, 244, 260, 261, 263, 377, 499, 622, 675.
motor car. 429.
motor cell. 135.
motor-compressor unit. 206.
motor drive. 624.
motor end plate. 135.
motor generator. 181.
motor generator set. 181.
motor mower. 252.
motor neuron. 135.
motor pulley. 380.
motor unit. 234, 235, 236.
motorcycle. 409, 410.
motorway. 717.
moulded insulation. 195.
moulded plywood. 265.
mound. 525.
mount frame blinder. 377.
mountain. 54.
mountain range. 38, 48.
mountain slope. 54.
mountain torrent. 54.
mountaineer. 589.
mountaineering. 588, 589.
mountaineering boot. 589.
mounting. 577.
mounting post. 611.
mounting screw. 611.
mouse. 469.
mousse. 157.
mouth. 134.
mouth. 102, 104, 105, 114, 482.
mouthparts. 106.
mouthpiece. 579.
mouthpiece. 387, 483, 484, 550.
mouthpiece receiver. 484.
mouthpipe. 484.
movable bridges. 417.
movable condenser. 376.
movable jaw. 258, 259.
movable maxillary. 109.
move to left. 363.
move to right. 363.
moving coil. 384.
Mt Everest. 47.
mud flap. 397, 402, 403.
mud pit. 640.
mud pump. 640.
mud wall. 596.
mudgard. 411.
muff. 349.
muffin pan. 230.
muffle. 520.
muffler. 253, 406.
mullet. 710.
multi-ply plywood. 265.
multimeter. 286.
multiple access station. 394.
multiple copy control. 467.
multiple-span beam bridge. 414.
multiplexing equipment. 394.
multiplication. 723.
multipurpose ladder. 278.
multipurpose tool. 287.
mummy. 598.
Munster. 155.
muntin. 198, 199.

murette. 445.
muscle arrector pili. 136, 137.
muscle fiber. 135.
muscle fibre. 135.
muscle scar. 101.
muscle segment. 99.
muscles. 118, 119.
musculocutaneous nerve. 129.
mushroom anchor. 447.
mushrooms. 73.
music. 473.
music rest. 492.
music stand. 492.
music stand. 479.
musical accessories. 492.
musical notation. 475, 476.
muskeg. 650.
muskmelon. 81.
muslin. 515.
mustard. 79.
mute. 484.
mutule. 170.
muzzle. 94, 694, 697, 702.
muzzle astragal. 694.
muzzle loading. 694, 695.
muzzle molding. 694.
muzzle moulding. 694.
muzzle ring. 693.
mycelium. 73.
myelin sheath. 135.

N

nacelle. 672.
nacreous cloud. 47.
nail. 137, 264.
nail. 109.
nail bed. 137.
nail brush. 342.
nail buffer. 342.
nail cleaner. 343.
nail clippers. 343.
nail file. 342.
nail hole. 93.
nail matrix. 137.
nail nippers. 342.
nail scissors. 342.
nail shaper. 342.
nail whitener pencil. 343.
nails. 509.
name of sender. 361.
name plate. 261, 615.
naos. 171.
nape. 95, 115.
nappy. 315.
naris. 133.
narrow cuff. 306.
narthex. 174.
nasal bone. 122, 133.
nasal cavity. 126.
nasal fossa. 122.
nasal fossae. 133.
nasal vowels. 358.
nasopharynx. 133.
natural. 476.
natural arch. 51.
natural sponge. 333.
nave. 174.
navel. 114.
navette cut. 327.
navigating bridge. 434.
navigation devices. 442, 443.
navigation light. 448.
navigational radar. 439.
Neapolitan coffee maker. 234.
near side. 38.
neck. 91, 109, 114, 116, 123, 147, 148, 151, 152, 153, 225, 226, 392, 477, 478, 487, 494, 514, 573, 586, 606.
neck end. 153, 295.
neck guard. 690.
neck of femur. 121.
neck of uterus. 117.
neck ring. 458.

neck-scrag end. 153.
neckhole. 297.
necklaces. 326.
necklines and necks. 309.
neckroll. 214.
necks. 309.
neckstrap lug. 368, 384.
necktie. 295.
nectarine. 75.
needle. 500.
needle. 57, 499, 500, 501, 629.
needle bar. 500.
needle bed. 505.
needle bed. 505.
needle bed groove. 505.
needle clamp. 500.
needle clamp screw. 500.
needle hub. 629.
needle plate. 499.
needle threader. 501.
needle threader. 500.
needle tool. 519.
negative carrier. 376.
negative charge. 723.
negative contact. 670.
negative meniscus. 625.
negative plate. 406.
negative plate group. 406.
negative region. 670.
negative terminal. 406.
negligee. 311.
neon lamp. 286.
neon screwdriver. 286.
neon sign. 178.
neon tester. 286.
nephew. 138.
Neptune. 36.
nerve. 137.
nerve fiber. 135.
nerve fibre. 135.
nerve termination. 135.
nerveux de gîte à la noix. 149.
nerveux de sous-noix. 147.
nervous system. 129, 130.
nest of tables. 209.
Net. 41, 533, 535, 536, 537, 539, 542, 543.
net band. 537.
net judge. 537.
net stocking. 311.
net support. 543.
network. 387.
network management center. 394.
network management centre. 394.
neural spine. 121.
neural spine. 99.
neuron. 135.
neutral conductor. 659.
neutral service wire. 288.
neutral wire. 288.
neutral zone. 528, 529, 533.
new fuel loading area. 665.
new fuel port. 665.
new fuel storage room. 665.
new Moon. 38.
newel post. 197.
news dealer. 178.
newspaper vendor. 178.
nib. 367.
niblick; no. 9 iron. 586.
nictitating membrane. 94.
niece. 138.
nightdress. 311.
nightwear. 311.
nimbostratus. 52.
NIMBUS III meteorological satellite. 65.
nipple. 114, 117, 275.
Nissl bodies. 135.
nitrogen. 284.
no. 4 wood. 586.
no. 8 forward. 531.
no dogs. 718.
no entry. 716.
no entry for bicycles. 716.
no entry for goods vehicles. 716.

no entry for mopeds. 716.
no entry for motorcycles. 716.
no entry for pedestrians. 716.
no entry for power-driven vehicles. 716.
no left turn. 716.
no U-turn. 716.
nock. 691.
nocking point. 691.
noctilucent cloud. 47.
node. 69, 658.
node of Ranvier. 135.
noise generator control. 495.
noix. 147.
noix de hachage. 150.
noix pâtissière. 147.
non-skid spaghetti. 144.
noodles. 144.
normal mode acquisition. 394.
normal mode satellite. 394.
north. 445, 593.
North America. 49.
North American cheeses. 154.
North American cut. 147, 148, 150, 151.
North celestial pole. 35.
North pole. 35.
North Sea. 49.
North wind. 593.
Northern Crown. 40.
northern hemisphere. 35.
Norwegian. 355.
nose. 91, 114, 448, 556, 557, 690.
nose cone. 450.
nose landing gear. 448.
nose leaf. 108.
nose leather. 94.
nose of the quarter. 318.
nose pad. 328.
noseband. 567.
nosepad. 328.
nosing. 197.
nostril. 91, 95, 98, 105, 109.
notch. 293, 503, 582.
notched double-edged thinning scissors. 338.
notched lapel. 291, 301, 308.
notched single-edged thinning scissors. 338.
note symbols. 475.
notepad. 351.
nozzle. 282.
nozzle. 205, 280, 456, 676, 677, 706.
nuchal shield. 109.
nuclear energy. 661, 662, 663, 664, 665, 666, 667.
nuclear envelope. 113.
nuclear fuel cycle. 667.
nuclear reactor. 663.
nuclear reactor. 667.
nuclear whorl. 101.
nucleolus. 113.
nucleus. 39, 113, 135.
number. 594.
number of tracks sign. 423.
number three. 544.
number two. 544.
numbering machine. 462.
numbers. 357.
numerals. 356, 386.
numeric keyboard. 610.
numeric keypad. 470.
nut. 264, 422, 442, 477, 494, 691.
nut and bolt. 259.
nutcracker. 228.
nylon frilly tights. 315.
nylon rumba tights. 315.

O

o-ring. 271.
oasis. 55.
object. 619.
object balls. 583.

The terms in **bold type** indicate the title of an illustration; those in *italic* correspond to the British terminology.

objective. 620.
objective. 619.
objective lens. 372, 620, 621, 623.
objective pole piece. 620.
oboe. 483, 490.
oboes. 493.
obscured sky. 61.
observation deck. 454.
observation light. 437.
observation window. 457.
observer's seat. 451.
obstacles. 565.
obturator nerve. 129.
occipital. 119, 121.
occipital bone. 122.
occipital condyle. 122.
occluded front. 61.
ocean. 58.
ocean. 38.
ocean floor. 50.
Oceania. 49.
ocelli. 100.
Octant. 41.
octave. 476, 577.
octave mechanism. 483.
odd. 594, 595.
odd pinnate. 70.
odometer. 399.
oesophagus. 99, 102, 127.
off-on knob. 392.
offensive. 528, 529.
office furniture. 465.
office supplies and equipment.
459.
offset. 275.
offshore drilling. 642.
offshore well. 644.
ogee. 172, 694.
ogee roof. 191.
**oil. 640, 641, 642, 643, 644, 645,
646, 647, 648, 649, 650.**
oil. 640.
oil and gas foam. 641.
oil burner. 205.
oil drain plug. 405.
oil filter. 405.
oil/gas separator. 643.
oil indicator. 399.
oil pan. 253, 405.
oil pressure. 410.
oil pump. 205.
oil reservoir. 639.
oil sand. 650.
oil sands mining plant. 650.
oil supply line. 205.
oil tank cap. 410.
oil trap. 640.
oiler. 639.
oilstone. 515.
okra. 81.
old-fashioned. 222.
olecranon. 121.
olfactory bulb. 99, 133.
olfactory centre. 133.
olfactory membrane. 133.
olfactory nerve. 99, 133.
olive. 75.
on-deck circle. 525.
on guard line. 576.
on light. 341.
on-off switch. 277.
on-off switch. 221, 337, 339, 340,
341, 383, 384, 442.
on/play button. 388.
on the wind. 553.
one-arm shoulder throw. 578.
one-bar shoe. 319.
one-design sailboat. 552.
one-handed sword. 692.
one pair. 592.
one-piece coverall. 555.
one-piece sleepsuit. 317.
one way head. 264.
one-way traffic. 717.
onglet. 147, 149.
open-air terrace. 433.

open compartment. 349.
open end spanner. 258.
open end wrench. 258.
open-face spinning reel. 580.
open housing. 161.
open-pit mine. 635.
open-pit mine. 636.
open string. 487.
open stringer. 197.
opening. 299.
opening salutation. 361.
opera glasses. 329.
opera length necklace (30 in.).
326.
operating cord. 218.
operating dam. 660.
operating floor. 660.
operating rod. 701.
operator. 472.
operator desk. 666.
operator's cab. 675, 683.
operator's seat. 684.
operculum. 98, 105.
opisthodomos. 171.
opposite prompt side. 179.
optic chiasm. 130.
optic nerve. 131.
optical axis. 43.
optical instruments. 617.
optical plummet. 614.
optical sight. 614.
or. 710.
oral cavity. 126, 127.
oral hygiene center. 339.
orange. 77.
orange. 77.
orbicular of eye. 118.
orbicularis oculi. 118.
orbiculate. 70.
orbital cavity. 122.
orbiter. 457.
orchard. 161.
orchestra pit. 180.
orchestra seat. 179.
order. 175.
order of finish. 569.
ordinaries. 710.
ordinary die. 593.
ordinary water turns into steam.
667.
ore. 635, 636.
ore deposit. 636.
ore pass. 637.
oregano. 143.
organ. 481, 482.
organ pipes. 482.
Oriental couching stitch. 507.
oriflamme. 711.
Orion. 40, 41.
ornamental stitching. 349.
ornaments. 476.
ortho-cane. 630.
ortho-stick. 630.
oscillating sprinkler. 250.
oscillators. 495.
osteology of skull. 122.
ostium. 137.
other dangers. 715.
other signs. 476.
other techniques. 511.
other types. 367.
otolith. 99.
otter paw. 563.
ottoman. 212.
out of bounds. 585.
outbound. 425.
outcrop. 636.
outdoor condensing unit. 204.
outdoor sill cock. 267.
outer boundary line. 540.
outer core. 47.
outer edge. 93.
outer hearth. 200.
outer jib. 431.
outer lip. 101.
outer rail. 182.

outer root sheath. 137.
outer shell. 285.
outer table. 592.
outer toe. 95.
outfield. 525.
outgoing announcement cassette.
388.
outhaul. 551.
outlet. 285.
outlet grille. 203.
output controls. 495.
output devices. 468.
output filter. 495.
output jack. 494.
output lead. 380.
output monitor. 391.
outrigger. 676, 681.
outside counter. 318.
outside knob. 266.
outside left. 532.
outside line. 577.
outside linebacker. 528.
outside mirror. 397.
outside right. 532.
outside ticket pocket. 293.
outsole. 318.
outwash plain. 56.
oval cut. 327.
oval head. 264.
ovary. 72, 99, 117.
ovate. 70.
oven. 238.
oven lamp. 237, 238.
over-blouse. 305.
over curtain. 217.
overbridge. 414.
overburden. 635, 637.
overcast sky. 61.
overcheck. 568.
overcoat. 292.
overdrapery. 217.
overflow. 269.
overflow bend. 267.
overflow pipe. 273.
overflow protection switch. 242.
overflow tube. 268.
overhand knot. 601.
overhead clearance. 716.
overhead connection. 659.
overhead crane. 661.
overhead earth wire. 658.
overhead frame. 680.
overhead ground wire. 658.
overhead guard. 684.
overhead switch panel. 451.
overlap carrier. 218.
overlay flooring. 196.
overpass. 414.
overrider. 397.
overshirt. 305.
overshoe. 320.
ovule. 72.
owner. 569.
oxer and cross poles. 566.
oxer wall. 566.
oxidizer tank. 706.
oxyacetylene welding. 281.
oxygen cylinder. 281.
oxygen supply pressure gauge.
458.
oxygen valve. 282.
oyster. 102.
oyster fork. 225.
oyster knife. 227.
oyster mushroom. 73.
ozone. 47.

P

[P] trap. 267.
P-N junction. 670.
Pacific Ocean. 49.
Pacinian corpuscle. 136.
pack. 555.
packet of cigarette papers. 344.

packing. 271.
packing nut. 271.
packing retainer ring. 271.
pad. 328.
pad arm. 328.
padded jacket. 589.
paddle valve. 440.
paddock. 569.
padlock. 347.
page boy. 330.
pagoda sleeve. 306.
paint roller. 280.
painting upkeep. 278, 279, 280.
pajamas. 311.
palate. 133.
palatine tonsil. 134.
palatoglossal arch. 134.
palatopharyngeal arch. 134.
pale. 710.
paleron. 149.
palette. 150.
paling fence. 247.
pallet. 482, 489, 605, 607.
pallet and container transporter.
453.
pallet spring. 482.
pallet stone. 605.
pallet truck. 685.
pallets. 685.
pallial line. 101.
pallial sinus. 101.
palm. 89, 299, 447, 526.
palm grove. 55.
palmar pad. 94.
palmate. 70.
palmette. 210.
pan. 206, 608, 609, 696.
pan arrest. 609.
pan cover. 696.
pan handle. 374.
pancake. 157.
pancake pan. 233.
pancreas. 127.
pane. 199.
panel. 198, 217, 294, 313, 555,
567, 637, 658.
panoramic and tilting head. 374.
panoramic window. 421.
panpipe. 488.
pantee corselette. 312.
pantograph. 427.
pantry. 189.
pants. 294, 310.
pants. 321, 526, 530, 534, 589.
panty girdle. 313.
panty hose. 311.
papaya. 80.
paper. 344, 518.
paper bail. 467.
paper centering scale. 467.
paper centring scale. 467.
paper clips. 461.
paper fasteners. 461.
paper guide. 467.
paper guide roller. 471.
paper punch. 462.
paper release lever. 467.
paper safe. 375.
paper tape. 385, 386.
paper tape start button. 386.
papilla. 131, 137.
papillary muscle. 124.
parabolic antenna. 394.
parabolic dune. 55.
parabolic mirror. 668.
parabolic reflector. 373, 624.
parachute. 555.
parachute. 557.
parachuting. 555.
parachutist. 555.
parade ground. 176.
paraffins. 649.
parallel bars. 573.
parapet. 414.
parapet walk. 177.
parcels office. 426.

The terms in **bold type** indicate the title of an illustration; those in *italic* correspond to the British terminology.

745

parentheses. 357, 364.
parents. 139.
parents/children. 138.
parents-in-law. 139.
parfait. 156.
parietal. 121.
parietal bone. 122.
parietal foramen. 122.
parietal pleura. 126.
paring knife. 227.
Parisian cut. 147, 149, 150, 151.
parka. 292.
parka. 561.
parking. 717.
parking area. 452.
parking brake lever. 399.
parking meter. 178.
parking prohibited or restricted. 717.
parsley. 143.
parsnip. 84.
parterre. 179.
partial eclipse. 37, 38.
particle board. 265.
particle board. 194.
partition. 78, 465.
partitions. 710.
partlow chart. 402.
parts. 210, 213, 214.
parts of a flag. 709.
parts of a hilted bayonet. 693.
parts of a shoe. 318.
parts of the weapon. 577.
party. 710.
pass. 54.
passenger cabin. 435, 448.
passenger car. 429.
passenger car interior. 429.
passenger lift. 719.
passenger liner. 433.
passenger platform. 427.
passenger seating. 436.
passenger station. 424.
passenger terminal. 454.
passenger terminal. 452.
passenger transfer vehicle. 453, 454.
passengers-conductor communications. 429.
passing prohibited. 716.
passport case. 351.
passport control. 454.
pasta. 144, 145.
pasta maker. 228.
pastern. 91.
pastry bag and nozzles. 230.
pastry brush. 230.
pastry cutting wheel. 230.
patch. 696.
patch pocket. 300, 304, 316.
patch pocket with turn-down flap. 300.
patella. 92, 120.
patera. 210.
paternal aunt. 138.
paternal uncle. 138.
path. 247.
patio. 188, 247.
patio door. 188.
pattern. 503.
pattern. 506, 521.
pattern reader. 505.
pattern scissors. 521.
pauldron. 690.
pause. 476.
pause button. 381.
pause/still. 382.
pavement. 413.
pavilion. 327.
pavilion facet (8). 327.
pavilion roof. 190.
pawl. 219, 260.
pawn. 591.
Pawn (P). 591.
payload. 456.
payout tray. 595.

payout trigger. 595.
pea. 79.
pea. 79.
pea jacket. 301.
peach. 75.
peach. 75.
Peacock. 41.
peak. 54, 298.
peaked lapel. 292, 293.
peanut. 78.
pear. 76.
pear-shaped cut. 327.
pearl. 89.
pearl screen. 377.
pecan nut. 78.
pecten. 106.
pectoral fin. 98.
pectoral limb. 124.
pedal. 411, 412, 478, 486.
pedal key. 481.
pedal keyboard. 481.
pedal pusher. 310.
pedal rod. 479.
pedestal. 401, 478.
pedestal type sump pump. 277.
pedestrian crossing. 178, 714.
pedicel. 72, 74, 76.
pedicle. 89.
pediment. 171, 607.
pedometer. 613.
peeled veneer. 265.
peeler. 227.
peep hole. 423.
peephole. 520.
peg. 215, 345, 477, 507, 510, 596, 597.
peg box. 477.
peg loop. 597.
Pegasus. 40.
pelerine. 300.
pelerine. 300.
pellets. 702.
peltate. 70.
Pelton turbine. 657.
pelvic fin. 98.
pelvic girdle. 105.
pelvic limb. 124.
pelvis. 92, 128.
pen. 385, 616.
pen holder. 351.
penalty arc. 532.
penalty area. 532.
penalty bench. 533.
penalty line. 539.
penalty spot. 532.
penalty timekeeper. 533.
pencil. 663.
pencil point tip. 281.
pencil sharpeners. 462.
pendant. 326.
pendulum. 607.
pendulum rod. 607.
penholder grip. 543.
penis. 114, 116.
penknife. 599.
pennant. 61, 711.
pennine. 145.
pens. 145.
penstock. 651, 655, 660.
pentaprism. 368.
penumbra. 38.
penumbra shadow. 37.
pepper shaker. 223.
pepperpot. 223.
per bend. 710.
per cent. 723.
per fess. 710.
per pale. 710.
perching bird. 97.
percolator. 234.
percussion instruments. 485, 486.
perforated gypsum lath. 194.
perforated hardboard. 194.
perforated pipe. 277.
perforated toe cap. 318.

perforation. 299, 371.
perforator. 386.
performance. 569.
pergola. 247.
pericardium. 126.
pericarp. 77, 78.
period. 357, 363, 386.
periodontal ligament. 123.
periople. 93.
peripheral equipment. 471.
peripheral joint. 653.
peripheral nervous system. 129.
periscope. 438, 704.
peristyle. 171, 173.
peritoneum. 116.
permanent magnet. 387.
permanent pasture. 161.
peroxide. 629.
perron. 187.
Perseus. 40.
personal adornment. 323.
personal articles. 335.
pestle. 228.
petals. 72.
Peter Pan collar. 308.
petiole. 70.
Petit-Suisse. 155.
petits fours. 156.
petrochemical industry. 649.
petrochemicals. 649.
petrol. 649.
petrol engine. 405.
petrol flap. 397.
petrol pump. 401, 405.
petrol pump hose. 401.
petrol tank cap. 410.
petroleum. 649.
phalange. 92.
phalanges. 105.
pharynx. 126, 127.
phase conductor. 659.
phases of the Moon. 38.
Phillips tip. 258.
philtrum. 133.
phloem. 71.
Phobos. 36.
Phoenix. 41.
phosphor coating. 284.
phosphor dot. 392.
photo chamber. 620.
photoelectric cell. 371.
photographic accessories. 374.
photographic picture. 377.
photographic plate. 620.
photography. 368, 369, 370, 371, 372, 373, 374, 375, 376, 377.
photosphere. 37.
phrenic nerve. 126.
piano. 490, 491, 493.
piccolo. 483, 493.
pick. 248, 345, 588.
pick-up. 162.
pick-up automatic baler. 162.
pick-up loader. 162.
pick-up selector. 494.
pickguard. 494.
pickling onion. 83.
pickup automatic baler. 162.
pickup loader. 162.
pickup reel. 165.
picnic area. 721.
picnic shoulder. 150.
picnics prohibited. 721.
picture tube. 392.
pie. 156.
pie pan. 230.
pie tin. 230.
pieces. 591.
pied. 150.
piedmont glacier. 56.
pier. 172, 414, 415, 642.
pier foundation. 414.
pierce lever. 243.
pierced earring. 325.
piers. 175.
piggyback car. 420.

piggyback flat wagon. 420.
pigsty. 161.
pigtail. 321.
pigtails. 330.
pike pole. 677.
pike position. 548.
pile. 643.
pillar. 175, 478, 616, 637.
pillar plate. 606.
pillbox hat. 314.
pillion footrest. 409.
pillow. 506.
pillow. 214.
pillow protector. 214.
pillowcase. 214.
pilot. 480, 556, 557.
pilot light. 341.
pilot parachute. 555.
pilothouse. 436.
pin. 209, 266, 284, 489, 501, 590.
pin base. 284.
pin block. 479.
pin cushion. 501.
pinafore. 302, 317.
pinafore. 302.
pince-nez. 329.
pinch. 284, 636.
pinch pleat. 217.
pine seed. 78.
pineal body. 130.
pineapple. 80.
pinion. 260, 607.
pink ball. 584.
pink stocking. 321.
pinking shears. 501.
pinnacle. 174, 175, 423.
pinnatifid. 70.
pinocytotic vesicle. 113.
pip. 76, 77, 593.
pipe. 345.
pipe. 244, 274, 482, 489.
pipe cleaner. 345.
pipe coupling. 275.
pipe cross section. 345.
pipe rack. 345.
pipe section. 202.
pipe threader. 276.
pipe tools. 345.
pipe-wrapping insulation. 195.
pipe wrench. 276.
pipeline. 644, 650.
pipework. 481.
Pisces, the Fishes. 712.
pistachio nut. 78.
piste. 576.
pistil. 72.
pistol. 703.
pistol grip. 697, 699, 701, 702.
pistol grip handle. 261, 262.
pistol nozzle. 250.
piston. 404.
piston. 405, 407, 639.
pit. 590.
pita bread. 146.
pitch axis. 393.
pitch link. 455.
pitch nozzle. 65.
pitched roof. 190.
pitcher. 525.
pitcher's plate. 525.
pitchfork comb. 338.
pitching. 652.
pitching niblick; no. 8 iron. 586.
pitching wedge. 586.
pith. 71.
pithead. 638.
piton-carrier. 589.
piton hammer. 588.
pitons. 588.
Pitot tube. 705.
pituitary gland. 130.
pivot. 287, 337, 338, 443, 492, 501, 562, 625, 697.
pivot cab. 681.
pivot spindle. 398.
pivoted bar. 616.

The terms in **bold type** indicate the title of an illustration; those in *italic* correspond to the British terminology.

placard board. 419.
placing judge. 546.
placket. 308.
plain gypsum lath. 194.
plain pole. 218.
plain weave. 511.
plan. 174.
plan-position indicator. 624.
plan reading. 188.
plan symbols. 198.
plane. 257.
planet projection system. 43.
planetarium. 43.
planetarium projector. 43.
planetarium projector. 43.
planets of the solar system. 36.
planoconcave. 625.
planoconvex. 625.
plant cell. 113.
plantar. 119.
plantar interosseous. 118.
plantar pad. 94.
plantar surface of the hoof. 93.
planting box. 570.
plantlet. 75.
plasmodesma. 113.
plaster. 194.
plaster bat. 519.
plaster dressing. 629.
plasterboard. 194.
plastic insulator. 288.
plastic-laminated hardboard. 194.
plastic pants. 315.
plasticine board. 570.
plastron. 109.
plat de côte couvert. 149.
plat de côte découvert. 149.
plate. 148, 152, 237, 599.
plate crystal. 57.
plate grid. 406.
plate level. 614.
plate push. 682.
plate strap. 406.
plateau. 54.
platen. 467, 514.
platen knob. 467, 471.
platform. 402.
platform. 279, 417, 548, 575, 610, 683.
platform diver. 548.
platform edge. 427, 428.
platform entrance. 426.
platform ladder. 279.
platform number. 427.
platform roofing. 427.
platform shelter. 424.
platform trolley. 427, 685.
platform truck. 427, 685.
platter. 223, 380.
play. 382.
play button. 381.
player. 526.
player. 545.
player's number. 530.
player's stick. 534.
players' bench. 525, 533, 535, 536.
players' rotation. 536.
playing area. 545.
playing field. 532.
playing field for American football. 527.
playing field for Canadian football. 527.
playing surface. 543.
playroom. 189, 433.
pleasure garden. 247.
pleat skirts. 304.
pleated heading. 217.
plectrum. 487.
plenum. 202.
pleural cavity. 126.
plinth. 607.
plotter. 469.
plow anchor. 447.
plug. 285.

plug. 261, 384.
plug adapter. 341.
plug bayonet. 693.
plug fuse. 285.
plum. 75.
plumbing. 267, 268, 269, 270, 271, 272, 273, 274, 275, 276, 277.
plumbing system. 267.
plumbing tools. 276.
plumbing wrench. 276.
plunger. 234.
plunger. 276, 387, 629, 641.
plunging neckline. 309.
plus or minus. 723.
Pluto. 36.
plywood. 194.
pneumatic armlet. 612.
pneumatic hammer. 639.
pneumostome. 104.
pocket. 351, 583, 587, 590.
pocket handkerchief. 293.
pocket instamatic camera. 369.
pocket sliding door. 188.
pockets. 304.
pogo stick. 403.
point. 225, 227, 367, 478, 500, 504, 562, 581, 592, 691.
point lever. 422.
point lock. 423.
point motor. 423.
point signal. 422.
point wire. 423.
pointed hat. 322.
pointed tab end. 295, 306.
pointer. 609, 610, 611, 612, 613.
pointer scale. 609.
points. 424.
points of sailing. 553.
poison injection nozzle. 662.
poison tank. 661.
poisonous mushroom. 73.
poitrine. 147, 150, 151.
poker. 201.
poker die. 593.
polar axis. 42.
polar axis circle. 622.
polar climates. 59.
polar ice cap. 59.
polar lights. 47.
polar tundra. 59.
polarizing filter. 370.
Polaroid Land camera. 371.
pole. 218, 430, 558, 569, 570, 596.
pole beacon. 444.
pole grip. 561.
pole loop. 596.
pole over a bank. 566.
pole piece. 387.
pole shaft. 561.
Pole Star. 40.
pole tip. 561.
pole vault. 570.
poleyn. 690.
police. 718.
Polish. 85.
polished-stone hand axe. 689.
pollen basket. 106.
pollen brush. 106.
pollen cell. 107.
pollen packer. 106.
pollen press. 106.
polo collar. 308.
polo shirt. 305.
polojama. 317.
polymerization and alkylation units. 648.
poma lift. 558.
pome fleshy fruits. 76.
pomegranate. 80.
pommel. 567, 573, 577, 693.
pommel horse. 573.
pompom. 314.
poncho. 301.
poniard. 692.
pons Varolii. 130.

Pont-l'évêque. 155.
pontoon. 417.
pony tail. 330.
poodle cut. 331.
pool. 583.
pool. 247, 669.
pool and carom billiards. 583.
poop. 430.
pop-up tent. 597.
poppy. 79.
porch. 174, 187.
pore. 79, 113, 136.
pork. 150, 153.
Porro prism. 621.
port. 222.
port sail plane. 438.
Port-Salut. 155.
port tack. 553.
portable fire extinguisher. 676.
portable life support system. 458.
portable life support system control unit. 458.
portable shower head. 269.
portal. 175.
portal bridge. 415.
portal frame. 415.
portal vein. 124, 125.
porter. 427.
porterhouse. 148.
portfolios. 350.
Portuguese. 355.
position. 569.
position light. 705.
position marker. 494.
position of the ligament. 101.
positions. 577.
positive charge. 723.
positive contact. 670.
positive meniscus. 625.
positive plate. 406.
positive plate group. 406.
positive region. 670.
positive terminal. 406.
post. 178, 508, 520, 536, 542, 545, 671.
post and plank. 565.
post and rail. 565.
post binder. 463.
post-hole digger. 248.
post lantern. 221.
post mill. 671.
post office. 720.
posterior chamber. 131.
posterior commissure. 130.
posterior cutaneous nerve of thigh. 129.
posterior end. 101.
posterior root. 130.
posterior rugae. 115.
posterior semicircular canal. 132.
posterior view. 115, 119, 121.
postern. 177.
postscript. 359, 361.
potable water tank. 643.
potable water truck. 453.
potato. 84.
potato masher. 229.
potato planter. 164.
potential coil. 615.
pothole lid. 201.
pottery. 519, 520.
pouch. 349.
pouch of Douglas. 117.
pouf. 212.
poulaine. 690.
poultry house. 161.
poultry shears. 231.
pound. 723.
powder chamber. 695.
powder flask. 696.
powder puff. 332.
power cord. 337, 378, 380.
power generators. 445.
power indicator. 495.
power lift truck. 684.
power line. 651.

power lines take the electricity to communities. 667.
power plant. 648.
power relay. 205.
power station. 638, 660.
power supply cord. 220, 221, 340.
power switch. 379, 381, 382, 495.
power system. 672.
power take off. 162.
power/timer off switch. 382.
power train. 412.
power zoom control. 384.
powerhouse. 651, 655.
practice fairway. 585.
pre-tuning control. 382.
preamplifier-amplifier. 378.
precipice. 54.
precipitation. 58.
precipitation area. 62.
premaxilla. 98.
premolar. 90.
prepuce. 116.
prescription. 723.
present state of weather. 62.
presenter. 390.
preset tuning button. 379.
president. 576.
press. 538.
press bed. 516, 517.
press camera. 369.
press-stud. 348, 351.
pressed powder compact. 332.
presser bar. 500.
presser foot. 500.
presser foot lifter. 499.
pressing. 514.
pressing board. 514.
pressure. 63.
pressure bar. 479.
pressure change. 62.
pressure cooker. 232.
pressure gauge. 458, 612, 641.
pressure regulator. 282.
pressure regulator. 232, 281, 599.
pressure relief pipe. 662.
pressure relief valve. 273, 458.
pressure screw. 516, 517.
pressure suit. 458.
pressure tube. 663.
pressurizer. 661, 664.
prestressed concrete. 193.
preview monitor. 391.
price per litre/gallon. 401.
pricker. 506.
primaries. 96.
primary covert. 96.
primary heat transport system. 666.
primary mirror. 42.
primary pump. 664.
primary root. 69.
prime. 577.
prime focus. 42.
prime focus observing capsule. 42.
primer. 696, 702.
princess dress. 302.
princess seaming. 312.
principal edible crustaceans. 103.
principal edible gastropods. 104.
principal edible mollusks. 102.
principal rafter. 190.
principal types of armchairs. 210, 211.
principal types of bills. 97.
principal types of eyeglasses. 329.
principal types of feet. 97.
principal types of pome fruits. 76.
principal types of shoes. 319, 320.
principal veins and arteries. 125.
print drying rack. 375.
print head. 471.
print washer. 375.

The terms in **bold type** indicate the title of an illustration; those in *italic* correspond to the British terminology.

747

printed circuit. 371.
printed image. 518.
printer. 469, 472.
printing. 518.
priority intersection. 715.
[priority road] sign. 715.
prism binoculars. 621.
prismatic section. 446.
probe receptacle. 237.
proboscis. 100.
processing rollers. 371.
producer. 391.
product codes. 610.
production control room. 391.
production control room. 389.
production of electricity. 668.
production of electricity from nuclear energy. 667.
production of sound. 481.
production platform. 643.
products for make-up. 333.
products for makeup. 333.
profile of the Earth's atmosphere. 47.
profiterole. 156.
programmable timer. 382.
programmer. 238, 240, 241, 242.
progressive wave. 51.
prohibitory or regulatory signs. 716.
projectiles. 695.
projection gallery. 43.
projection lamp. 377.
projection room. 43.
projection screen. 377.
projector lens. 620.
projector lens pole piece. 620.
projector zoom lens. 383.
proleg. 100.
prominence. 37.
prompt box. 180.
prompt side. 179.
pronaos. 171.
prong. 225.
proofreading. 362, 363, 364, 365, 366.
prop forward. 531.
prop stand. 409.
propane/butane cylinder. 599.
propane or butane accessories. 599.
propellant. 702.
propeller. 433, 436, 437, 438.
propeller gearbox. 435.
propeller shaft. 433, 434, 436.
property line. 188.
propman. 390.
proscenium. 180.
prostate. 116.
protective clothing. 283.
protective cup. 530, 534.
protective equipment. 530.
protective relay. 205.
protective sheet. 265.
protective window. 392.
prothorax. 100.
protoneuron. 135.
proximal phalanx. 94, 120, 121.
proximal sesamoid. 92.
pruning hook. 249.
pruning knife. 252.
pruning saw. 252.
pruning shears. 249.
psychrometer. 63.
pubis. 114.
public water main. 267.
puck. 534.
puff. 157.
puff pastry. 157.
puff sleeve. 306.
pull bail. 377.
pull rod. 422.
pull strap. 347.
pulley. 261, 278, 405, 610.
pulley safety guard. 261.
pullman case. 347.

pullover. 307.
pullover sweater. 561.
pullovers. 296.
pulmonary artery. 125, 126.
pulmonary trunk. 124.
pulmonary vein. 124, 125.
pulp. 77, 123.
pulp canal. 123.
pulp chamber. 123.
pulse button. 235.
pulse of sound. 442.
pulvino. 653.
pumice correcting pencil. 517.
pump. 319.
pump. 240, 242, 319, 637, 668.
pump attendant. 401.
pump island. 401.
pump motor. 277.
pump nozzle. 401.
pump suction head. 277.
pumper. 677.
pumpernickel bread. 146.
pumping station. 644.
pumping unit. 641.
pumpkin. 81.
punch card. 472.
punch card. 505.
punch card feeding dial. 505.
punch card feeding mechanism. 505.
punch card reader. 505.
punch hole. 294, 318.
punched paper tape reader. 386.
punctuation. 386.
punctuation marks. 356, 357.
pup tent. 597.
pupil. 94, 131.
purfling. 477.
purge valve. 550.
purlin. 190.
purlin cleat. 190.
purpure. 710.
purse. 351.
push-button. 266, 346, 367, 377, 471.
push-button control board. 242.
push-button release. 337.
push-button telephone. 388.
push buttons. 388.
push rim. 631.
push up bra. 313.
pusher. 236.
putter. 586.
putter. 586.
putting green. 585.
pyjamas. 311.
pylon. 435, 558.
pygal shield. 109.
pyloric caecum. 99.
pyloric cecum. 99.
pylorus. 127.
pyramid spot. 584.
pyramid tent. 597.
pyrolysis. 650.
pyrometer. 520.
pyrometric cone. 520.

quad cane. 630.
quadriplex. 183.
quadripod. 630.
quadruped stick. 630.
quarte. 577.
quarter. 93, 318.
quarter note. 475.
quarter rest. 475.
quarter window. 397.
quarterback. 528, 529.
quarterly. 710.
quarters. 645.
quartet. 490.
quasi. 147.
quaver. 475.
quaver rest. 475.

quay ramp. 441.
quayside crane. 441.
quayside railway. 441.
queen. 106.
Queen. 592.
Queen (Q). 591.
queen cell. 107.
queen excluder. 107.
Queen's side. 591.
question mark. 357, 386.
quiche plate. 230.
quiche tin. 230.
quill. 260, 261, 367.
quill brush. 338.
quill lock. 261.
quillon. 693.
quince. 76.
quinte. 577.
quintet. 490.
quizzing glass. 329.
quotation marks. 357, 364.
quotation marks ((*csp*)). 386.

R

raceme. 72.
rachis. 96.
racing car. 398.
racing programm. 569.
rack. 582.
rack. 232, 238, 242, 446.
rackboard. 482.
racket. 543.
racks. 233.
racquetball. 541.
racquetball racket. 541.
racquetball racquet. 541.
racquetballer. 541.
radar. 624.
radar antenna. 438.
radar scanner. 435.
radial artery. 125.
radial nerve. 129.
radial passenger loading area. 452.
radial ply. 407.
radial tire. 407.
radial tyre. 407.
radial vein. 125.
radiating element. 624.
radiation. 669.
radiation zone. 37.
radiator. 406.
radiator. 406, 418.
radiator hose. 406.
radiator pressure cap. 406.
radicle. 69, 71.
radio antenna. 438, 458.
radioactive waste storage. 667.
radish. 84.
radius. 92, 108, 120.
radome. 705.
rafter. 190, 192.
raglan. 300.
raglan sleeve. 291, 300, 306, 316.
rail. 187, 422, 505, 550, 583, 584.
rail anchor. 422.
rail joint. 422.
rail track. 638.
rail transportation. 721.
railroad station. 424.
railroad track. 422, 423.
railway map. 426.
railway station. 424.
railway track. 422, 423.
rain. 57.
rain cap. 202.
rain gauge. 63.
rain shower. 60.
raincoat. 291.
rainfall. 63.
rainfly. 597.
raise. 636.
raised band. 512.
raised head. 264.
rake. 248.

rake comb. 338.
Ram. 40.
RAM: Random Access Memory. 468.
ramekin. 223.
rammer. 695.
ramp. 171, 424, 635.
rampart. 176, 177.
ramrod. 696.
rangefinder. 369.
rank. 591.
rapier. 692.
ratchet. 219, 258, 260, 508.
ratchet knob. 613.
ratchet wheel. 508, 605, 607.
ravioli. 145.
razor clam. 102.
razors. 337.
reaction control thruster. 393.
reaction direction. 723.
reactivity control device. 662.
reactor. 438, 661, 664, 665, 667.
reactor building. 661, 663, 665.
reactor deck. 438.
reactor regulating system. 666.
reactor vessel. 663.
reading. 328.
reamer. 236.
rear apron. 295.
rear brake. 411.
rear bumper. 408.
rear derailleur. 411.
rear foil. 436.
rear foil control actuator. 436.
rear leg. 213.
rear light. 397, 402, 409.
rear light. 411.
rear limit line. 576.
rear load area. 398.
rear of estate car. 398.
rear runner. 564.
rear seat. 400.
rear shock absorber. 409.
rear sight. 697, 699, 700, 701, 702, 703.
rear view. 397.
rear window. 397.
rear window frame. 397.
rearview mirror. 399, 704.
Reblochon. 154.
récamier. 211.
receiver. 385, 387.
receiver. 387, 537, 540, 542, 543, 624, 697, 699, 701.
receiver-indicator. 442.
receiving line. 541.
receiving station. 385.
receiving yard. 425.
receptacle. 72, 74.
receptacle analyzer. 286.
reception bay. 665.
receptor. 135.
recessed cooktop. 238.
reciprocating knife mower. 162.
reclaimed water. 650.
recoil sleigh. 698.
recoil spring. 703.
recoilless rifle. 700.
record. 380.
record. 382.
record announcement button. 388.
record button. 381.
record muting button. 381.
recorder. 546.
recording level button. 381.
recording of seismic waves. 616.
recording of time. 616.
recording reproducing head. 383.
recording switch. 383.
rectangular. 598, 711.
rectum. 116, 127, 128.
rectus femoris. 118.
recuperator cylinder. 698.
recuperator cylinder front head. 698.
red. 594, 595.

The terms in **bold type** indicate the title of an illustration; those in *italic* correspond to the British terminology.

red ball. 583, 584.
red balls. 584.
red beam. 392.
red cap. 545.
red dragon. 593.
red flag. 545, 578.
red inner circle. 544.
red marker light. 402.
red ocher pencil. 517.
red ochre pencil. 517.
red safelight filter. 376.
Red Sea. 49.
redan. 176.
redcap. 427.
redoubt. 176.
reduce space. 363.
reducing coupling. 275.
redundant bracing. 658.
reed. 508.
reed hooks. 510.
reed panicle. 367.
reed pipe. 482.
reeds. 483.
reef band. 431.
reef knot. 601.
reef point. 431.
reel. 164, 375, 576, 595.
reel plate. 595.
reel seat. 580.
referee. 528, 531, 532, 533, 535, 536, 543, 545, 546, 578, 579.
referee's stand. 542.
reference initials. 359.
reference station. 394.
refill. 367.
refill tube. 268.
refinery. 648.
refinery. 644.
refinery products. 649.
refining. 667.
reflecting screen. 373.
reflecting surface. 668.
reflecting telescope. 622.
reflector. 221, 284, 374, 402, 408, 670.
refracting telescope. 623.
refractory brick. 520.
refractory fire pot. 205.
refrigerant tubing. 204.
refrigeration unit. 402.
refrigerator car. 420.
refrigerator compartment. 239.
refrigerator van. 420.
register. 615.
registered office address. 361.
registered trademark. 723.
regulating button. 480.
rein. 568.
reindeer. 89.
reinforced concrete. 193.
relay. 206.
release bar. 403.
release button. 368.
release handle. 400.
release lever. 259.
release setting screw. 560.
release treadle. 508.
relief printing process. 516.
remote control. 377.
remote-control arm. 457.
remote control socket. 383.
remote-controlled points. 423.
remote-controlled switch. 423.
removable blade. 280.
removable lid. 277.
renal artery. 125, 128.
renal papilla. 128.
renal vein. 125, 128.
reniform. 70.
repair shop. 401.
repeat mark. 476.
reptile. 109.
rerebrace. 690.
rerunning. 667.
reserve gas tap. 410.
reserve mud tank. 643.

reserve parachute. 555.
reserve petrol tap. 410.
reservoir. 234, 481, 651, 652, 655.
reset button. 382.
reset key. 470.
resin-coated paper dryer. 375.
resonator. 406, 482, 485.
respiratory system. 126.
rest symbols. 475.
restaurant. 719.
restricted area. 535.
restricting circle. 535.
resurgence. 54.
retainer. 639.
retainer nut. 271.
retaining ring. 398.
retaining spring. 639.
retarding magnet. 615.
reticle. 621.
retina. 131.
retractable boarding ladder. 705.
retractable cord. 244.
retractable flex. 244.
retractable handle. 350.
retracted claw. 94.
retrenchment. 176.
retriever. 536.
return. 465.
return air. 205.
return duct. 204.
return elevator. 165.
return key. 470.
return main. 204.
return spring. 385, 407.
reverb unit. 495.
reverse dive. 549.
reversible reaction. 723.
reversing light. 162, 397.
revolution counter. 399.
revolver. 703.
revolving cylinder. 506.
revolving frame. 675.
revolving nosepiece. 619.
revolving sprinkler. 250.
rewind. 382.
rewind button. 381, 388.
rewind crank. 368.
rhinencephalon. 133.
rhomboid. 119.
rhomboideus. 119.
rhubarb. 85.
rib. 85, 147, 148, 151, 346, 477, 682.
rib eye. 148.
rib joint pliers. 259.
rib pad. 530.
rib portion. 150.
rib stitch. 504.
ribbing. 296, 301, 315, 316, 317, 581.
ribbing plough. 163.
ribbing plow. 163.
ribbon. 321, 466, 467.
ribbon cartridge. 466.
ribbon end indicator. 466.
ribbon guide. 466.
ribbon load lever. 466.
ribosome. 113.
ribs. 92, 120, 519.
rider. 564.
rider handle. 609.
rider scale. 609.
ridge. 50, 304, 594, 714.
ridge beam. 190.
ridge pole. 596.
ridge tent. 597.
riding. 565, 566, 567.
riding crop. 565.
riding glove. 565.
riding helmet. 565.
riding jacket. 565.
rifle (rifled bore). 702.
rift. 50.
rigging wire. 557.
right angle finder. 370.
right ascension. 35.

right atrium. 124.
right back. 532, 536, 539.
right bend. 714.
right bronchus. 126.
right center. 531.
right centre. 531.
right cornerback. 528, 529.
right defence. 533.
right defense. 533.
right defensive end. 528, 529.
right defensive tackle. 528, 529.
right elevating arc. 698.
right elevating handwheel. 698.
right field. 525.
right fielder. 525.
right forward. 535, 536.
right guard. 528, 529, 535.
right half. 532.
right halfback. 528.
right-hand grip. 700.
right kidney (sagittal section). 128.
right lung. 124, 126.
right outside linebacker. 529.
right safety. 528.
right safety back. 529.
right service court. 537, 540.
right side. 304.
right tackle. 528, 529.
right trail. 698.
right ventricle. 124.
right wing. 532.
right wing. 531, 533.
right winger. 539.
rigid board insulation. 195.
rigid frame. 43.
rim. 328, 407, 409, 411, 535, 572.
rim flange. 407.
rim soup bowl. 223.
rinceau. 210.
rind. 77.
ring. 579.
ring. 71, 73, 218, 346, 447, 484, 502, 573, 588, 608, 696.
ring binder. 463.
ring floor. 579.
ring modulator. 495.
ring nut. 274.
ring post. 579.
ring spanner. 258.
ring step. 579.
ringer coil. 387.
rings. 325, 573.
rings. 145.
ringside. 579.
rink. 533.
rink. 544.
rink corner. 533.
rinse-aid dispenser. 242.
rip fence. 262, 263.
rip fence adjustment. 262.
rip fence guide. 262.
rip fence lock. 262.
ripcord. 555.
ripper. 680.
ripper. 678.
ripper cylinder. 678.
ripper tip. 678.
ripper tooth. 678.
rise. 197.
riser. 43, 197, 555.
River Eridanus. 41.
rivet. 227, 259, 328.
road works. 715.
roadway narrows. 714.
roast sensor probe. 238.
roasting pans. 232.
Robertson tip. 258.
Roberval's balance. 609.
rock basin. 56.
rock garden. 247.
rock sample pocket. 458.
rock step. 56.
rocket. 456.
rocket. 47.
rocking chair. 211, 213.
rocking tool. 515.

rocks. 653.
rocky desert. 55.
rod. 206, 492, 509.
rodent's jaw. 90.
roe deer. 89.
roll. 308.
roll axis. 393.
roll bag. 347.
roll line. 308.
roll nozzle. 65.
roll of paper. 386.
roll-up blind. 219.
roller. 218, 219, 242, 251, 341, 446, 466.
roller blind. 219.
roller board and arms. 482.
roller circle. 675.
roller cover. 280.
roller frame. 280.
roller guides. 181.
roller pins. 343.
roller shade. 219.
roller skate. 562.
rolling ladder. 279.
rolling pin. 230.
ROM* memory. 468.
ROM: Read Only Memory. 468.
Roman house. 173.
Roman legionary. 689.
Roman metal pen. 367.
romsteck. 149.
rond de gîte à la noix. 149.
rondel. 690.
Rondelé. 154.
roof. 107, 397, 402, 425, 596, 635, 636.
roof flashing. 267.
roof structure. 190.
roof vent. 187, 275.
Rook (R). 591.
room. 596, 637.
room air conditioner. 206.
room thermostat. 611.
rooms of the house. 189.
root. 69.
root. 69, 83, 123, 134, 225.
root cap. 69.
root-hair zone. 71.
root hairs. 69.
root of hair. 137.
root of nail. 137.
root of nose. 133.
root rib. 449.
root vegetables. 84.
rope. 579, 589, 601.
rope (45 in.). 326.
rope belt. 316.
rope ladder. 278.
Roquefort. 154.
rose. 250, 266.
rose cut. 327.
rose window. 175.
rosemary. 143.
rosette. 170.
rostrum. 103.
rotary file. 464.
rotary hoe. 163.
rotary joint. 624.
rotary table. 643.
rotating auger. 165.
rotating dome. 42.
rotating dome truck. 42.
rotating drum. 616.
rotating wheel. 594.
rotation of the rotor in the stator. 654.
rotation of the turbine. 654.
rotisserie. 238.
rotor. 266, 655, 656, 671, 672.
rotor blade. 450, 455.
rotor head. 455.
rotor hub. 455.
rotor shaft. 672.
rotunda roof. 191.
rouelle. 147.
rough. 585.

The terms in **bold type** indicate the title of an illustration; those in *italic* correspond to the British terminology.

749

roulette. 515.
roulette table. 594, 595.
roulette wheel. 594.
Roumanian couching stitch. 507.
round. 148.
round brush. 338.
round end pin. 219.
round eye. 502.
round head. 264.
round ligament of uterus. 117.
round loaf. 146.
round neck. 309.
round pronator. 118.
router. 260.
routing cardboard. 419.
row. 339.
row indicator. 505.
royal antler. 89.
royal flush. 592.
royal mast. 430.
rub rail. 402.
rubber. 320.
rubber base. 338.
rubber ferrule. 630.
rubber gasket. 270.
rubber mat. 380.
rubber stamp. 462.
rubber thread. 587.
rubber tip. 630.
rubber wall. 407.
rubber washer. 270.
rubbing alcohol. 629.
rubbing strip. 407.
ruching. 315.
rucksack. 561, 589.
rudder. 433, 435, 448, 457, 552, 556.
rudder pedal. 451, 556.
ruffle. 217.
ruffled rumba pants. 315.
ruffled skirt. 303.
rug and floor nozzle. 244.
rugby. 531.
ruler. 513.
Rumanian. 355.
rump. 95, 148, 152, 153.
run. 197, 574.
run in. 362.
run on. 362.
rung. 278, 588.
runner. 209, 564, 592, 656, 657.
runner blade. 657, 660.
running. 570.
running bowline. 601.
running rail. 429.
running surface. 561.
running track. 425.
runway. 429, 452.
runway center line markings. 452.
runway centre line markings. 452.
runway designation marking. 452.
runway end lights. 452.
runway side stripe markings. 452.
runway threshold markings. 452.
runway touchdown zone marking. 452.
rupture disc. 662.
rupture disk. 662.
Russian. 355.
Russian pumpernickel. 146.
rutabaga. 84.

S

s-band antenna. 65.
S-scroll. 210.
saber. 577, 692.
saber and épée warning line. 576.
sable. 710.
sabre. 577, 692.
sabre and épée warning line. 576.
sabreur. 577.
sacral plexus. 129.
sacral vertebrae. 92.
sacrum. 120.

saddle. 567.
saddle. 153, 345, 377, 411, 573.
saddlecloth. 568.
safari jacket. 307.
safe and arm device. 393.
safelight. 375.
safety. 697, 699.
safety area. 578.
safety bar. 558.
safety binding. 560.
safety binding. 559.
safety cage. 570.
safety glasses. 329.
safety goggles. 329.
safety line. 428.
safety match. 345.
safety pad. 574.
safety pin. 629, 696.
safety pins. 501.
safety rail. 279.
safety scissors. 343.
safety strap. 560.
safety thermostat. 241.
safety thong. 541.
safety valve. 232, 664.
sage. 143.
saggar. 520.
sagittal section. 116, 117.
sagittal suture. 122.
Sagittarius, the Archer. 712.
sail. 551, 557, 671.
sail cloth. 671.
sail panel. 552.
sailbar. 671.
sailboard. 551.
sailor collar. 308.
sailor tunic. 305.
sails. 431.
Saint-Marcelin. 155.
Saint-Nectaire. 155.
Sainte-maure. 154.
salad bowl. 223.
salad fork. 225.
salad plate. 223.
salad shaker. 228.
salad spinner. 228.
salient angle. 176.
salient pole. 656.
saline lake. 55.
salivary glands. 127.
salon-style hair dryer. 340.
salsify. 84.
salt marsh. 51.
salt shaker. 223.
salt water. 640.
saltcellar. 223.
salutation. 359.
sample. 504.
sand. 606.
sand bar. 51.
sand island. 51.
sand-rock. 650.
sand shoe. 402.
sand wedge. 586.
sandal. 319, 689.
sandstorm or dust storm. 60.
sandy desert. 55.
saphenous nerve. 129.
sapwood. 71.
sarong. 303.
sartorius. 118.
sash. 321.
sash-frame. 199.
sash window. 199.
satellite launcher separation. 394.
satin weave. 511.
Saturn. 36.
sauce pan. 599.
saucepan. 232.
saucer. 223.
sauté pan. 233.
savarin. 156.
savory. 143.
saw. 599.
sawing-in and sewing. 513.
sawtooth roof. 191.

saxhorn. 484.
saxophone. 483.
saxophone. 483, 491.
scale. 475.
scale. 73, 97, 98, 109, 608, 610, 611, 625, 647.
scale leaf. 83.
scale of speeds. 492.
scallion. 83.
scallop. 102.
scalper. 568.
scampi. 103.
Scandinavian crak bread. 146.
scapula. 92, 120.
scapular. 96.
scarf. 559.
scarifier. 680.
scarp. 176, 177.
scatter cushion. 214.
scattered sky. 61.
schapska. 298.
schedules. 426.
schema of circulation. 124.
school zone. 714.
schooner. 432.
Schwenkel. 711.
sciatic nerve. 129.
scissors. 501.
scissors. 599, 629.
scissors crossing. 424.
scissors cut. 327.
scissors-glasses. 329.
sclera. 131.
sconce. 220.
scoop. 345.
score sheet. 590.
scorer. 533, 535, 536, 576, 590.
scoring light. 576.
scoring table. 590.
Scorpio, the Scorpion. 712.
Scorpion. 41.
scottia. 170.
scraper. 280, 682.
scraper. 515, 517.
scraper bar. 518.
scraper bar holder. 517.
scraper angle. 682.
screen. 271, 337, 384, 392, 655.
screen case. 377.
screen front. 315.
screen print. 316.
screen window. 596.
screw. 264.
screw. 266, 478, 562.
screw earring. 325.
screw eye. 508.
screw locking nut. 580.
screwdriver. 258.
screwdriver. 599.
screwsleeve. 588.
scrimmage in American football. 528.
scrimmage in Canadian football. 529.
script assistant. 391.
scroll. 477.
scroll case. 655.
scrotum. 114, 116.
scrum. 531.
scrum half. 531.
scuba diver. 550.
scuffle hoe. 248.
Sculptor. 41.
scum. 277.
scuttle panel. 397.
scythe. 252.
sea. 38, 660.
sea anchor. 447.
Sea Goat. 41.
sea level. 48, 50.
sea-level pressure. 62.
Sea Serpent. 41.
sea side. 660.
seal. 273, 670.
sealed-beam mounting ring. 398.
sealed cell. 107.

sealing lug. 615.
sealing ring. 647.
seam. 299, 344.
seam allowance. 503.
seam line. 503.
seam pocket. 300, 304.
seaming. 300.
seamount. 50.
sear. 701.
season tiles. 593.
seasons of the year. 35.
seat. 179, 210, 213, 269, 408, 519, 556, 558, 564, 567.
seat belt. 400.
seat post. 411.
seat stay. 411.
seat tube. 411.
seat upholstery. 631.
seats. 212, 400.
sebaceous gland. 136, 137.
secateurs. 249.
second. 476, 579.
second balcony. 179.
second base. 525.
second baseman. 525.
second condenser lens. 620.
second dorsal fin. 98.
second flight. 574.
second hand. 605.
second linesman. 536.
second molar. 123.
second premolar. 123.
second reinforce. 694.
second reinforce ring. 694.
second space. 535.
second stage. 456.
second violins. 493.
secondaries. 96.
secondary inlet. 647.
secondary root. 69.
secondary sheave. 181.
seconde. 577.
secretarial desk. 465.
secretary. 216, 539, 545.
section. 298.
section of a berry. 74.
section of a bulb. 83.
section of a capsule. 79.
section of a citrus fruit. 77.
section of a follicle. 79.
section of a grain of wheat. 79.
section of a hazelnut. 78.
section of a legume. 79.
section of a pome fruit. 76.
section of a silique. 79.
section of a stone fruit. 75.
section of a strawberry. 74.
section of a walnut. 78.
section of a wild blackberry or raspberry. 74.
section of the Earth's crust. 48.
sector. 472.
sector flag. 570.
sector-shaped chart. 610.
security check. 454.
sediment chamber. 406.
sedimentary rocks. 48.
seed. 74, 75, 76, 77, 78, 79.
seed coat. 75, 79.
seed drill. 164.
seed vegetables. 85.
seeder. 249, 251.
seeds. 145.
segment. 77.
seismic wave. 53.
self-adhesive labels. 462.
self-contained platform. 642.
self-indicating scale. 610.
self timer. 368.
selle. 151.
selvage. 502.
semaphore. 424.
semi-breve. 475.
semi-breve rest. 475.
semi-circle. 535.
semi-detached cottage. 183.

The terms in **bold type** indicate the title of an illustration; those in *italic* correspond to the British terminology.

semi-detached triplex. 183.
semi-fish-eye lens. 370.
semi-mummy. 598.
semi-quaver. 475.
semi-quaver rest. 475.
semi-submersible. 642.
semicircular arch. 172.
semicolon. 357, 364, 386.
semimembranosus. 119.
semimembranous. 119.
semitendinosus. 119.
semitendinous. 119.
semitrailer. 402.
semitrailer. 403, 646.
sender's reference. 361.
sending station. 385.
sense organs: hearing. 132.
sense organs: sight. 131.
sense organs: smell. 133.
sense organs: taste. 134.
sense organs: touch. 135.
sense receptor. 135.
senses of smell and taste. 133.
sensor probe. 237.
sensory impulse. 135.
sensory neuron. 135.
sepal. 74.
sepals. 72.
separator. 406.
separator wire. 466.
separators. 505.
septal cartilage of nose. 133.
septic tank. 277.
septic tank first compartment. 277.
septic tank second compartment. 277.
septime. 577.
septum. 79.
septum lucidum. 130.
septum of scrotum. 116.
septum pellucidum. 130.
sequencer control. 495.
serac. 56.
Serpent. 40, 41.
Serpent Bearer. 40, 41.
serrated cast-iron casing. 696.
server. 536, 537, 540, 542, 543.
service area. 536.
service box. 540, 541, 659.
service box line. 541.
service building. 665.
service judge. 542.
service line. 537, 540, 541.
service main. 413.
service module. 456.
service room. 445.
service station. 401.
service station. 721.
service zone. 541.
serving bowl. 223.
serving table. 209.
serving trolley. 209.
sesame seeded pita. 146.
set in boldface. 364.
set in capitals. 364.
set in italic. 364.
set in lightface. 364.
set in lower case. 364.
set in roman. 364.
set-in-sleeve. 291, 295, 296, 306.
set in small capitals. 364.
set of utensils. 229.
set-up. 590.
setting. 325.
setting-reduced agitation. 722.
setting ring. 370.
settling basin. 638.
settling pond. 648, 650.
settling tank. 645.
setup. 590.
seventeenth century cannon. 694, 695.
seventh. 476.
sew-through buttons. 502.
sewing. 499, 500, 501, 502, 503.

sewing frame. 513.
sewing machine. 499, 500.
sewing spool. 499.
sewn-in floor. 596.
sextant. 443.
sextet. 491.
shackle. 553.
shade. 220, 221.
shade cloth. 219.
shadow. 606.
shadow mask. 392.
shadow roll. 568.
shaft. 61, 170, 328, 510, 519, 534, 538, 540, 568, 572, 582, 586, 588, 611, 655, 656, 657, 691.
shaft collar. 637.
shaft holder. 568.
shag. 331.
shag-vac-rake. 244.
shake-hands grip. 543.
shallot. 83, 482.
shallow root. 71.
sham. 214.
shank. 147, 148, 150, 151, 152, 258, 260, 264, 318, 338, 345, 346, 447, 500, 501, 504, 506, 581.
shank button. 502.
shank portion. 150, 151.
shank protector. 678.
share. 163.
sharp. 476.
sharpening steel. 227.
shaving brush. 337.
shaving mug. 337.
shawl collar. 308.
shawm. 488.
sheath. 70, 91, 601, 663.
sheath dress. 302.
sheath knife. 600.
sheath of Schwann. 135.
sheath skirt. 303.
shed. 247.
shed stick. 509.
sheep shelter. 161.
sheepshank. 601.
sheepskin jacket. 292.
sheer curtain. 217.
sheet. 431, 512.
sheet bend. 601.
sheet lead. 553.
sheet of paper. 616.
shelf. 216, 239, 279, 520.
shelf channel. 239.
shell. 78, 97, 102, 104, 109, 243, 347, 486, 647, 700, 704.
shell membrane. 97.
shells. 145.
sherbet. 157.
SHF antenna. 393.
SHF beacon antenna. 393.
shield. 709.
Shield. 41, 328, 397, 689.
shift key. 467.
shift keys. 470.
shift lock key. 467, 470.
shifter. 411, 412.
shin. 152.
shin boot. 568.
shin guard. 526, 530.
shin pad. 534.
shingle. 195.
ship's anchor. 447.
Ship's Keel. 41.
ship's motor boat. 439.
Ship's Sails. 41.
Ship's Stern. 41.
shirred heading. 217.
shirt. 295.
shirt. 321, 538.
shirt collar. 305, 308.
shirt sleeve. 305.
shirttail. 295, 305.
shirtwaist dress. 302.
shirtwaist sleeve. 306.
shock absorber. 408.

shoe. 377.
shoe horn. 320.
shoe rack. 320.
shoe tree. 320.
shoelace. 318.
shoes. 318, 319, 320.
shoeshine kit. 320.
shoot. 69, 71.
shooting star. 47.
shop. 173.
shop sign. 178.
shop window. 178.
shopping bag. 348.
shore. 51.
short. 297.
short extensor of toes. 118.
short glove. 299.
short line. 540, 541.
short palmar. 118.
short peroneal. 119.
short radial extensor of wrist. 119.
short ribs. 148.
short service line. 542.
short-sleeved shirt. 575.
short sock. 311.
shortbread. 156.
shorts. 310, 538.
shortstop. 525.
shot. 695.
shot put. 571.
shot splice. 601.
shotgun (smooth-bore). 702.
shots. 572.
shoulder. 54, 91, 114, 147, 148, 150, 151, 153, 264, 413, 538, 581.
shoulder bag. 349.
shoulder blade. 115.
shoulder bolt. 264.
shoulder butt. 150.
shoulder pad. 530, 534, 700.
shoulder rest. 700.
shoulder-strap. 313, 346, 347, 349, 587.
shovel. 201, 248, 559, 561.
shower and tub fixture. 267.
shower head. 269.
shrimp. 103.
shroud. 430, 552.
shutdown system no. 1. 666.
shutdown system no. 2. 666.
shutoff switch. 277.
shutoff valve. 267, 268, 270, 272.
shutter. 199, 368, 620, 669.
shutter button. 371.
shutter release. 368.
shutter speed selector. 368.
shutters. 219.
shutting stile. 198.
shuttle. 509.
shuttle. 500.
shuttlecock. 542.
sickle. 252.
side. 150, 224, 430, 685.
side back vent. 293.
side chair. 213.
side chapel. 174.
side door. 425.
side entrance. 188.
side face. 327.
side handle. 260.
side handrail. 429.
side ladder. 419.
side ladder tread. 419.
side lever. 506.
side line. 543.
side-marker light. 397.
side mirror. 340.
side panel. 397.
side platform. 428.
side pocket. 291.
side post. 190.
side rail. 278.
side rib. 150.
side span. 416.
side-tilt lock. 374.

side view. 116, 482.
side wall. 93, 425, 440, 540, 541, 546.
side wall line. 540.
side window. 403.
sideboard. 216.
sidelight. 427.
sideline. 527, 535, 536, 539.
sidestroke. 547.
sidewalk. 413.
sidewall. 402.
sieve. 228.
sifter. 230.
sight. 625, 691, 697.
sight-glass tube. 243.
sighting line. 625.
sighting mirror. 625.
sigmoid colon. 127.
signal background plate. 423.
signal box. 424, 425.
signal gantry. 424.
signal lamp. 238, 242, 520.
signal light. 409.
signals. 423.
signature. 359, 512.
signature of sender. 361.
signet ring. 325.
signs regulating priority at intersections. 715.
silage harvester. 163.
silencer. 253, 406.
silk. 85.
sill. 53, 192.
sill of frame. 199.
sill plate. 192.
sill step. 419.
silverside. 152.
silverware. 224, 225, 226.
sima. 170.
simple leaves. 70.
simple-span beam bridge. 414.
simple topmarks. 446.
single-breasted coat. 293.
single burner camp stove. 599.
single curtain rod. 218.
single-decked pallet. 685.
single-edged swords. 692.
single-handle kitchen faucet. 271.
single-handle kitchen faucet. 270.
single-handle kitchen tap. 270, 271.
single-leaf bascule bridge. 417.
single-lens reflex camera. 368.
single pole breaker. 288.
single quotation marks. 357.
single reed. 483.
single seat. 429.
single twist. 260.
single zero. 594, 595.
singles pole. 537.
singles service court. 542.
singles sideline. 537, 542.
Sinhalese. 355.
sinister. 709.
sinister base. 709.
sinister chief. 709.
sinister flank. 709.
sink. 270.
sink. 269, 375.
sink hole. 54.
sink strainer. 270.
sinker. 581.
sinus of kidney. 128.
siphon. 54.
siphonal canal. 101.
siren. 436.
sirloin. 148, 152.
sirloin tip. 148.
sister. 138.
site plan. 188.
sixte. 577.
sixteenth note. 475.
sixteenth rest. 475.
sixth. 476.
sixty-fourth note. 475.

The terms in **bold type** indicate the title of an illustration; those in *italic* correspond to the British terminology.

sixty-fourth rest. 475.
skate. 534.
skate guard. 562.
skating. 562.
skeg. 551.
skeleton. 92, 120, 121.
skeleton of the hindlimb. 105.
sketch. 521.
ski. 408, 559.
ski boot. 560.
ski boot. 559.
ski cap. 298.
ski goggles. 329, 559, 561.
ski hat. 561.
ski instructor. 558.
ski jumper. 558.
ski jumping hill. 558.
ski pants. 310.
ski pole. 559, 561.
ski resort. 558.
ski stop. 559, 560.
ski suit. 559.
ski tip. 561.
skid. 455.
skid pad. 644.
skid ramp. 403.
skiing. 558.
skimmer. 163, 229.
skin. 135, 136.
skin. 74, 75, 76, 105, 135.
skin diving. 550.
skin surface. 135, 136.
skip. 544.
skirt. 538, 567, 690.
skirt finger. 435.
skirt marker. 501.
skirting board. 197.
skirting convector. 203.
skirting grille. 202.
skirts. 303.
skull. 92, 99, 114, 690.
skullcap. 298.
sky coverage. 61.
sky coverage. 62.
skylight. 187.
slab building. 519.
slalom course. 558.
slalomist. 558.
slash. 357, 386.
slash pocket. 294.
slat. 219, 507.
sleeper. 316.
sleeper. 422.
sleeping bags. 598.
sleeping car. 421.
sleeping-suit. 316.
sleepsuit. 315.
sleet. 57, 60.
sleeve. 293, 575, 576, 596, 613.
sleeve protector. 487.
sleeve strap. 291.
sleeve strap loop. 291.
sleeves. 306.
slender. 119.
slide. 377.
slide. 242, 502, 703.
slide-bar. 505.
slide chair. 422.
slide changer. 377.
slide mount. 377.
slide plate. 499.
slide projector. 377.
slide selector. 237, 243.
slide tray. 377.
slider. 482.
sliding. 198, 199.
sliding breech. 698.
sliding folding. 198, 199.
sliding roof. 397.
sliding weight. 492, 608.
sliding window. 421.
slightly covered sky. 61.
sling. 694, 699, 700, 701.
sling swivel. 699.
slip. 180, 312.
slip joint. 259.

slip joint pliers. 259.
slip-on. 320.
slip ring. 699.
slip-stitched seam. 295.
slipover. 296.
slipover. 307.
slippers. 321.
slippery road. 714.
slit. 511.
slit pocket. 294.
slope. 413.
sloped turret. 191.
sloping cornice. 171.
slot. 180, 225, 237, 264, 351, 513.
slot machine. 595.
slotback. 529.
slotted bracket. 219.
slotted wall bracket. 269.
slow-motion control knob. 623.
sludge. 277.
sluice hole. 440.
small bows. 145.
small capitals. 365.
small hand cultivator. 249.
small intestine. 127.
smaller round. 119.
smock. 302, 305.
smock. 305.
smoke. 60.
smoke bomb discharger. 704.
smoke dome. 200.
smoke filter. 433.
smoking accessories. 344, 345.
smoking candle. 515.
smoking permitted. 719.
smoking prohibited. 719.
snaffle bit. 567.
snaffle rein. 567.
snail. 104.
snail dish. 231.
snail tongs. 231.
snap. 502.
snap fastener. 299.
snap-fastening adjustable strap. 316.
snap-fastening front. 316.
snap-fastening shoulder strap. 316.
snap-fastening side. 315.
snap-fastening waist. 315.
snap shackle. 553.
snare. 486.
snare drum. 486.
snare drum. 491, 493.
snare head. 486.
snare strainer. 486.
sneaker. 319.
snooker. 584.
snorkel. 550.
snorkel exhaust. 438.
snorkel intake. 438.
snout. 105.
snow. 58.
snow goggles. 589.
snow guard. 408.
snow pellet. 57.
snow shower. 60.
snow tire. 407.
snow tyre. 407.
snowmobile. 408.
snowshoe types. 563.
snowshoer. 563.
snowshoes. 563.
snowsuit. 317.
soap dish. 269.
soccer. 532.
soccer ball. 532.
sock. 297.
sock. 311, 530, 538.
sock lining. 318.
socket. 285, 502.
socket bayonet. 693.
socket head (Robertson). 264.
sofa. 211.
soft-drink dispenser. 401.
soft keys. 470.
soft palate. 134.

soft pedal. 479.
soft ray. 98.
soft shell clam. 102.
softlight reflector. 373.
soil. 653.
soil-or-waste stack. 267.
solar cell. 670.
solar cell. 393.
solar collector. 669.
solar eclipse. 37.
solar energy. 668, 669, 670.
solar furnace. 668.
solar house. 669.
solar panel. 65.
solar panel deployment. 394.
solar radiation. 668, 669, 670.
solder. 283, 521.
soldering and welding. 281, 282, 283.
soldering gun. 281.
soldering iron. 281.
soldering iron. 521.
soldering process. 521.
soldering torch. 281.
sole. 93, 137, 297, 321, 560, 562, 586.
sole plate. 562.
soleplate. 422.
soleplate. 243.
soleus. 118.
solid body. 494.
solid-rocket booster. 457.
solid rubber tire. 684.
solid rubber tyre. 684.
solitaire ring. 325.
solleret. 690.
solvent extraction unit. 649.
something omitted. 363.
son. 138.
son-in-law. 139.
sorbet. 157.
soufflé. 157.
sound-board. 477, 478, 479, 487.
sound box. 478.
sound camera. 383.
sound control room. 389.
sound desk. 389.
sound engineer. 389.
sound-hole. 477.
sound-on-sound control. 383.
sound-post. 478.
sound projector. 383.
sound reproducing system. 378, 379, 380, 381.
sound supervisor. 389.
sounding balloon. 47, 63.
sounding gauge. 437.
soup bowl. 223.
soup spoon. 226.
soup tureen. 223.
south. 445, 593.
South America. 49.
South celestial pole. 35.
South pole. 35.
South wind. 593.
Southern Cross. 41.
Southern Crown. 41.
Southern Fish. 41.
southern hemisphere. 35.
Southern Triangle. 41.
southwester. 314.
soybeans. 85.
space. 475.
space achievements. 47.
space bar. 467, 470.
space probe. 47.
space shuttle. 457.
space shuttle at takeoff. 457.
space shuttle in orbit. 457.
space suit. 458.
spacelab. 457.
spacer. 631, 663.
spade. 248, 592, 698.
spade mashie; no. 6 iron. 586.
spading fork. 248.
spadix. 72.

spaghetti. 144.
spaghetti tongs. 231.
spandrel. 172.
Spanish. 355.
Spanish onion. 83.
spanker. 431.
spanners. 258.
spark plug. 406.
spark plug. 253.
spark plug body. 406.
spark plug cable. 405.
spark plug gap. 406.
spark plug gasket. 406.
spark plug terminal. 406.
spatial dendrite. 57.
spatula. 229, 516.
spatulate. 70.
speaker. 378.
speaker. 43, 383, 392.
speaker selector. 379.
speaking window membrane. 426.
spear. 85.
speargun. 550.
special effects. 391.
specific data processing program. 468.
specimen. 619.
specimen chamber. 620.
spectacles. 329.
speed control. 235.
speed selector. 236.
speed selector lever. 380.
speed skate. 562.
speedometer. 399, 410.
spencer. 307.
spent fuel discharge room. 665.
spent fuel port. 665.
spent fuel storage bay. 663, 665, 667.
spermatic cord. 116.
spermatozoon. 116.
sphenoid bone. 122.
sphenoidal sinus. 133.
sphere. 437, 446.
sphere support. 64.
spherical parabolic reflector. 670.
sphincter muscle of anus. 127.
sphygmomanometer. 612.
spicule. 37.
spider. 163.
spike. 72, 422, 587, 588, 589.
spike file. 461.
spike-tooth. 162.
spiked shoe. 526.
spillway. 651.
spillway chute. 651.
spillway gate. 651.
spinach. 82.
spinach lasagna. 144.
spinach noodles. 144.
spinal column. 120.
spinal cord. 99, 130, 135.
spinal ganglion. 135.
spinal nerve. 130, 135.
spindle. 213, 236, 266, 271, 380, 607, 613, 615.
spindle hole. 266.
spindle screw. 613.
spine. 101, 512, 514.
spine of scapula. 121.
spine of the book. 514.
spinnaker boom. 552.
spinnaker sheet lead. 552.
spinner. 581.
spinning rod. 580.
spinous process of vertebra. 121.
spiny lobster. 103.
spiny ray. 98.
spiracle. 100.
spiral. 258, 380.
spiral arms. 39.
spiral beater. 235.
spiral binding. 463.
spiral case. 656, 657.
spiral galaxy. 39.

The terms in **bold type** indicate the title of an illustration; those in *italic* correspond to the British terminology.

spiral-in groove. 380.
spiral ratchet screwdriver. 258.
spiral rib. 101.
spiral staircase. 647.
spire. 101, 104, 174.
spit. 51.
splash plate. 647.
splat. 210.
splay. 175.
splayed leg. 209.
splaying. 200.
spleen. 99, 124.
spleeping compartment. 421.
splenic artery. 125.
splenic vein. 125.
splenius muscle of head. 119.
spline. 406.
split bet. 594, 595.
split end. 528, 529.
split link. 581.
split system heating pump. 204.
spoiler. 448.
spoke. 411.
spoke wheel. 403.
spoked wheel. 568.
sponge. 695.
sponge-tipped applicator. 332.
spongy body. 116.
spool. 506, 580.
spool pin. 499.
spool rack. 510.
spoon. 226.
spoon. 599.
spoon; no. 3 wood. 586.
spores. 73.
sports. 523.
spot. 221.
spot projector attachment. 373.
spot white ball. 584.
spotlight. 390, 436, 676, 677.
spotmeter. 372.
spouse. 138.
spout. 234, 243, 271.
spout assembly. 270.
spray. 243.
spray arm. 242.
spray button. 243.
spray head. 270.
spray hose. 270.
spray nozzle. 647.
spray paint gun. 280.
sprayer. 250.
spread collar. 295.
spreader. 251, 346.
spreader adjustment valve. 280.
spreading rotor. 163.
spring. 35, 221, 259, 266, 271,
  367, 418, 574, 612, 616, 696,
  700.
spring balance. 608.
spring binder. 463.
spring hip throw. 578.
spring linkage. 55.
spring onion. 83.
spring washer. 264.
spring washer. 422.
spring wing. 264.
springboard. 548, 573, 574.
springboard diver. 548.
springer. 172.
sprinkler hose. 250.
sprocket. 190, 408.
sprocket cluster. 412.
sprocket wheel. 678, 704.
spur. 54, 260, 486, 565.
squab. 400.
squall. 60.
squamous suture. 122.
square. 593.
square. 512, 711.
square bet. 594, 595.
square head plug. 275.
square neck. 309.
square root of. 723.
square sail. 432.
squash. 540.

squash ball. 540.
squash racket. 540.
squash racquet. 540.
St-George's cross. 446.
stabilizer. 434, 555, 691, 705.
stabilizer foot. 242.
stabilizing fin. 456.
stabilizing keel. 437.
stable. 569.
stack. 51, 434.
stack vent. 267.
stacking chairs. 213.
staff. 475.
staff. 709.
stage. 43, 180, 619, 620.
stage clip. 619.
stage curtain. 180.
stage-house. 180.
stained glass. 521.
stairs. 197.
stairs. 188, 647, 719.
stairwell. 189.
stake. 247.
stake pocket. 402.
stalactite. 54.
stalagmite. 54.
stalk. 74, 76, 85.
stalk vegetables. 85.
stalked eye. 103.
stamen. 72, 76.
stamp pad. 462.
stamp pocket. 351.
stamp rack. 462.
stanchion. 562.
stand. 220, 233, 235, 308, 341,
  347, 373, 374, 670.
stand and track. 569.
stand off half. 531.
stand-up collar. 308.
standard hardboard. 194.
standard lens. 370.
standard poker hands. 592.
standard walker. 630.
standardbred pacer. 568.
standing and parking prohibited or
  restricted. 717.
standing and parking signs. 717.
standing press. 514.
standpipe. 272.
staple remover. 461.
stapler. 461.
staples. 461.
star anise. 79.
star diagonal. 623.
star facet (8). 327.
star projection condenser. 43.
star projection lens. 43.
star sphere. 43.
starboard diving plane. 438.
starch. 79.
starch granule. 113.
stars. 145.
start. 566.
start line. 570.
start switch. 241.
start wall. 546.
startboard tack. 553.
starter. 405, 546, 672.
starter handle. 253.
starter pedal. 410.
starting block. 546.
starting dive. 546.
starting electrode. 284.
starting grip. 546.
starting position. 549.
**starting position (crawl,
  breaststroke, butterfly). 546.**
starting positions. 548.
starting resistor. 284.
starting signal. 427.
state of ground. 63.
station circle. 61, 62.
station concourse. 426.
station hall. 426.
station model. 62.
station name. 428.

station platform. 427.
station platform. 424.
station sign. 427.
station wagon. 398.
stationary bowl. 594.
stationary front. 61.
stationery. 461, 462, 463, 464.
stationery cabinet. 465.
stator. 266, 655, 656.
stator vane. 450.
statue. 171.
stay. 430, 610.
stay ring. 656, 657.
stay sail. 431.
stay vane. 656, 657.
staysail-stay. 430.
steak knife. 224.
steam. 664.
steam button. 243.
steam cracker. 648.
**steam drive oil sands recovery
  process. 650.**
steam generator. 661, 664, 668.
steam generator system. 666.
steam injection. 650.
steam iron. 243.
steam pipe. 661, 664.
steam pressure drives turbine. 667.
steam separator. 664.
steam turbine. 434.
steel. 193, 313, 696.
steel ball shielding. 662.
steel band. 610.
steel bar. 573.
steel hook. 322.
steel pen. 367.
steel safety wheel. 429.
steel spring. 696.
steel to plastic. 275.
steelyard. 608.
steep hill. 714.
steeplechase. 570.
steering. 400.
steering axle. 684.
steering column. 400.
steering cylinder. 682.
steering damper. 410.
steering lever. 704.
steering line. 555.
steering lock. 410.
steering track rod. 162.
steering wheel. 165, 399, 400,
  684.
stellar crystal. 57.
stem. 69.
stem. 69, 73, 83, 234, 284, 345,
  411, 430, 552, 611.
stem faucet. 271.
step. 182, 279, 403.
step chain. 182.
step chair. 212.
step cut. 327.
step groove. 197.
step setting. 613.
step stool. 279.
stepladder. 279.
steppe. 59.
**steps in production of
  electricity. 654.**
stereo camera. 369.
sterile dressing. 629.
sterile pad. 629.
stern. 551.
stern loading door. 434.
sternocleidomastoid. 118.
sternomastoid. 118.
sternum. 92, 120.
stick. 478.
stick glove. 534.
stick umbrella. 346.
sticker. 489.
stickpin. 325.
sticks. 485.
sticks. 630.
stiffening girder. 416.
stifle. 91.

stigma. 72, 78.
stile. 213.
stile groove of sash. 199.
stile tongue of sash. 199.
stiletto. 692.
still cameras. 369.
still water level. 51.
stilt. 520.
stilted. 172.
stimulator tip. 339.
sting. 106.
stipule. 70.
stirrup. 691.
stirrup hook. 609.
stirrup iron. 567.
stirrup leather. 567.
stirrup sock. 526.
stitch. 318.
stitch length regulator. 499.
stitch patterns. 504.
stitch selector. 499.
stitched pleat. 304.
stitches. 526.
stitching. 299.
stock. 447, 488, 671, 702.
stock pot. 232.
stockade. 177.
stocked anchor. 447.
stocking. 311.
stocking. 576.
stocking cap. 314.
stocking stitch. 504.
stockless anchor. 447.
stomach. 99, 102, 124, 127.
Stone Age arms. 689.
stone fleshy fruits. 75.
stoner. 231.
stool. 212.
stop. 382, 502, 644.
stop at intersection. 715.
stop bath. 375.
stop button. 253, 381, 388, 492.
stop consonants. 358.
stop knob. 481, 482.
stop motion knob. 499.
stop rod. 482.
stopboard. 571.
stope. 636.
storage compartment. 676, 677.
storage door. 239.
storage furniture. 215, 216.
storage space. 189.
storage tank. 643, 649, 664, 668,
  669.
storage tray. 665.
storm collar. 202.
storm sewer. 413.
stove oil. 649.
straight. 592.
straight: plank and pole. 566.
straight bet. 594, 595.
straight eye. 502.
straight flush. 592.
straight hair. 330.
straight jaw. 259.
straight ladder. 278.
straight muscle of thigh. 118.
straight position. 548.
straight razor. 337.
straight run gasoline treatment.
  648.
*straight run petroleum treatment.
  648.*
straight skirt. 303.
straight-up ribbed top. 297.
straight wing. 449.
strainer. 236, 271, 596, 641.
strainer body. 270.
strainer coupling. 270.
strainer plug. 271.
strainer sleeve. 270.
strand. 601.
strap. 347, 351, 526, 564, 573,
  690.
strap handle. 346.

The terms in **bold type** indicate the title of an illustration; those in *italic* correspond to the British terminology.

strap wrench. 276.
strapless brassiere. 313.
stratocumulus. 52.
stratosphere. 47.
stratum basale. 136.
stratum corneum. 136.
stratum granular. 136.
stratum granulosum. 136.
stratum lucidum. 136.
stratum spinosum. 136.
stratus. 52.
straw walker. 165.
streamer. 711.
street bet. 594, 595.
street café. 178.
street light. 178.
street sign. 178.
stretcher. 209.
stretcher bar. 423.
stretchers. 213.
strike plate. 266.
striker. 283, 696.
striker wheel. 344.
string. 85, 314, 477, 478, 479, 480.
stringed instruments. 477, 478.
stringer. 449, 685.
stringer board. 685.
stringing. 538.
strings. 540.
strip flooring with alternate joints. 196.
strip light. 221.
strip light. 390.
strip loin. 148, 152.
strip mine. 635.
striped trousers. 317.
stripes. 444.
stripper beater. 165.
strirrer cover. 237.
stroboscopic light. 705.
stroke judge. 546.
strong-box. 595.
structure. 190, 192, 199.
structure. 651.
structure of a flower. 72.
structure of a missile. 706.
structure of a mushroom. 73.
structure of a plant. 69, 70.
structure of a tree. 71.
structure of the Earth. 47.
structure of the Sun. 37.
strut. 190, 436, 564, 660, 672.
stub out. 268.
stud. 192, 407, 442.
studio. 389.
studio accessories. 374.
studio and control rooms. 389.
studio floor. 390.
studio lighting. 373.
study. 189.
stummel. 345.
stump. 71.
style. 72, 74, 75, 76, 79.
stylobate. 171.
stylus. 367.
stylus cartridge. 380.
sub-base. 64.
subarctic climates. 59.
subbase. 413.
subclavian artery. 125.
subclavian vein. 125.
subcutaneous tissue. 136.
subfloor. 192.
subgrade. 413.
subject. 361.
subject line. 359.
sublevel. 637.
sublimation. 58.
sublimation. 58.
submachine gun. 697.
submarine. 438.
submarine canyon. 50.
submarine pipeline. 644.
submerged foils. 436.
submersible barge. 642.
submersible watch. 550.
subminiature camera. 369.

subpapillary network. 136.
subscript. 364.
subsidiary track. 424.
subsoil plough. 164.
subsoil plow. 164.
substation. 660.
substitute. 535, 536, 539, 545.
substitutes' bench. 539.
subterranean stream. 54.
subtraction. 723.
subtropical climates. 59.
suburban commuter railroad. 424.
suburban commuter railway. 424.
subway entrance. 178.
subway map. 428, 429.
subway station. 428.
subway to platforms. 426.
subway train. 429.
sucker rod. 641.
suction hose. 677.
suction regulator. 244.
sugar bowl. 223.
sugar spoon. 226.
suit tiles. 593.
suitcase. 347.
sulcus terminalis. 134.
sulky. 568.
summer. 35.
summer solstice. 35.
summer squash. 81.
summit. 54.
sump. 253, 405.
sump. 277, 636.
Sun. 37.
Sun. 35, 36, 37, 38, 65.
sun direction. 394.
sun roof. 397.
sun sensor. 65, 393.
sun visor. 399.
sundae spoon. 226.
sundeck. 433.
sundial. 606.
sundress. 302.
sunshine. 63.
sunshine recorder. 64.
sunshine recorder. 63.
sunspot. 37.
super. 107.
superciliary arch. 122.
superficial peroneal nerve. 129.
superhighway. 717.
superior dental arch. 134.
superior longitudinal sinus. 130.
superior mesenteric artery. 125, 128.
superior nasal concha. 133.
superior semicircular canal. 132.
superior umbilicus. 96.
superior vena cava. 124, 125.
superior view. 122.
superscript. 364.
supertweeter. 378.
supplies. 285.
supply duct. 204.
supply line. 267.
supply of water. 654.
supply point. 659.
supply reel. 383.
supply spool. 466.
supply tube. 270.
support. 64, 213, 218, 284, 509, 574, 622, 644.
support leg. 402.
support leg crank. 402.
support wheel. 241.
supraorbital foramen. 122.
suprarenal gland. 128.
suprascapular nerve. 129.
sural nerve. 129.
surcingle. 568.
surface. 638.
surface cold front. 61.
surface course. 413.
surface element. 238.
surface of the water. 548.
surface-piercing foils. 436.

surface runoff. 58.
surface-to-air missile. 706.
surface-to-subsurface missile. 706.
surface-to-surface missile. 706.
surface warm front. 61.
surface water drain. 413.
surlonge. 149.
surroyal antler. 89.
suspended span. 414.
suspender. 313.
suspender. 416.
suspender belt. 313.
suspender clip. 294.
suspenders. 294.
suspension bridge. 416.
suspension cable. 416, 675.
suspension file. 463.
suspension hook. 608.
suspension insulator string. 658.
suspension line. 555.
suspension spring. 607.
suspensory ligament. 131.
sustaining pedal. 479.
suture. 79, 101.
swagger bag. 349.
swagger stick. 346.
swallow-hole. 54.
swallowtail. 711.
swallowtail and tongue. 711.
swallowtail pennant. 711.
Swan. 40.
swede. 84.
Swedish. 355.
sweeper. 544.
sweeper. 532.
sweeping loin throw. 578.
sweeping score line. 544.
sweet bay. 143.
sweet corn. 85.
sweet pepper. 81.
sweet potato. 84.
sweetheart neckline. 309.
swell of the muzzle. 694.
swell organ manual. 481.
swell pedal. 481.
swept-back wing. 449.
swift. 510.
swimmer. 546.
swimmeret. 103.
swimming. 546.
swimming competition. 546.
swimming pool. 433, 545.
swing. 198.
swing bridge. 417.
swing circle. 681.
Swiss chard. 85.
Swiss roll. 157.
switch. 238, 239, 244, 260, 261, 285, 372, 424, 467, 471.
switch engine. 425.
switch plate. 285.
switch point. 422.
switch point lock. 423.
switch signal. 422.
switch stand. 422.
switch tower. 424, 425.
switchboard. 394.
switcher. 391.
switchhook. 387.
switchyard. 666.
swivel. 572, 581, 640.
swivel base. 259.
swivel head. 259.
swivel lock. 259.
swivel-tilter armchair. 465.
swivel wall lamp. 220.
swiveling power supply cord. 341.
swivelling power supply cord. 341.
sword-breaker. 692.
Swordfish. 41.
swords. 692.
symbol. 595.
symbols. 592.
symbols. 707.
symbols of the planets. 36.
Symphony. 393.

symphony orchestra. 493.
symphysis pubis. 116, 117.
synapse. 135.
sync cable. 373.
synchro cord. 372.
synchronizer. 624.
synthesizer. 495.
synthetic sponge. 333.
syringe for irrigation. 629.
syringes. 629.
system elements. 378.

T

T. 446.
T-bar lift. 558.
T-bone. 148.
T-shirt. 305.
T-shirt dress. 302.
T-strap shoe. 319.
T-tail unit. 449.
tab. 346, 349, 350, 351, 463, 502, 567.
tab-key. 470.
table. 209, 543, 583, 584.
table. 261, 262, 327, 482, 513, 576.
table cut. 327.
table extension. 262.
table lamp. 220.
table-locking clamp. 261.
table mixer. 235.
table tennis. 543.
table tennis player. 543.
table tennis shoe. 543.
tablespoon. 226.
tablinum. 173.
tabulator. 467.
tabulator clear key. 467.
tabulator set key. 467.
tachometer. 410.
tack. 551.
tag. 318.
tail. 103, 108, 109, 116, 448, 514, 554, 556, 557, 559, 561, 563, 581.
tail assembly. 448.
tail boom. 556.
tail comb. 338.
tail edge. 512.
tail feather. 95.
tail of helix. 132.
tail-out groove. 380.
tail parachute. 556.
tail pipe. 406.
tail pipe extension. 406.
tail pole. 671.
tail shape. 449.
tailgate. 398.
tailing. 650.
taillight. 397, 402, 409.
tailored collar. 301, 308.
tailored sleeve. 306.
tailpiece. 270, 477.
tailrace. 655, 657.
take back to previous line. 363.
take-off board. 570, 571.
take-off line. 570.
take over to next line. 362.
take-up handle. 508.
take-up knob. 466.
take-up reel. 383.
take-up spool. 368, 466.
takedown pin. 699.
taking mirror. 371.
tall tumbler. 222.
talus. 121.
tam- o'-shanter. 314.
tambourine. 486.
tamper. 345.
tandem disc harrow. 164.
tandem disk harrow. 164.
tandem drive housing. 680.
tang. 224, 227.
tank. 704.

The terms in **bold type** indicate the title of an illustration; those in *italic* correspond to the British terminology.

tank. 646.
tank ball. 268.
tank car. 646.
tank car. 420.
tank farm. 644, 648.
tank gauge float. 647.
tank lid. 269.
tank sprayer. 250.
tank trailer. 646.
tank truck. 646.
tank wagon. 646.
tank wall. 646.
tankage. 650.
tanker. 645, 705.
tanks. 457.
tap body. 271.
tape. 219, 461, 502, 507, 526, 536, 613.
tape counter. 381, 382.
tape deck. 381.
tape deck. 378.
tape dispenser. 461.
tape load lever. 466.
tape lock. 613.
tape measure. 501, 613.
tape monitor switch. 379.
tape selector. 381.
tape speed selector. 382.
tape-type indicator. 381.
taper. 515.
tapered wing. 449.
tapestry bobbin. 509.
taproot. 71.
target. 706.
target area. 668.
target areas (dark). 577.
target tracking radar. 706.
tarlatan. 515.
tarpaulin covered gondola. 420.
tarpaulin covered open wagon. 420.
tarragon. 143.
tarsus. 92, 95, 100, 105, 106, 120.
tart. 156.
tassel. 217, 321.
tasset. 690.
Taurus, the Bull. 712.
taxi rank. 178.
taxi stand. 178.
taxi telephone. 178.
taxi transportation. 721.
taxiway. 452.
tea ball. 231.
tea infuser. 231.
team. 531.
team bench. 545.
team shirt. 526.
teapot. 599.
teapot. 223.
tear-off calendar. 464.
tear tape. 344.
teaser comb. 338.
teaspoon. 226.
technical director. 391.
technical terms. 74, 75, 76, 77, 78.
tee. 587.
tee. 272, 275, 544.
teeing ground. 585.
teeth. 123.
teeth. 262, 502, 588.
tele-converter. 370.
Telecom 1 satellite. 394.
telecommunication satellites. 393, 394.
telecommunications network. 394.
telecomputer. 394.
teleconference. 394.
telecopy. 394.
telegrams. 720.
telegraph. 385, 386.
Teleme. 154.
telemetry antenna. 393.
telephone. 718.
telephone answering machine. 388.

telephone booth. 178.
telephone box. 178.
telephone cable. 413.
telephone cord. 388.
telephone index. 464.
telephone line. 322.
telephone set. 387.
telephoto lens. 370.
teleprompter. 390.
Telescope. 41, 443.
telescope base. 42.
telescope control room. 42.
telescope eyepiece. 614.
telescope objective. 614.
telescopic antenna. 392.
telescopic boom. 683.
telescopic corridor. 452.
telescopic front fork. 409.
telescopic sight. 621.
telescopic sight. 700, 704.
telescopic umbrella. 346.
telescoping leg. 374.
telescoping uncoupling rod. 419.
teletex. 394.
television. 389, 390, 391, 392.
television set. 392.
telex: teleprinter. 386.
telltale. 540, 552.
telson. 103.
temperate climates. 59.
temperate marine. 59.
temperature. 569.
temperature control. 237, 341.
temperature dial. 243.
temperature indicator. 399.
temperature of dew point. 62.
temperature of the soil surface. 63.
temperature scale. 611.
temperature selector. 240, 241.
temperature sensing bulb. 238.
temperature set point lever. 611.
temperature. 471.
temple. 328, 510.
temple. 114, 513.
temporal. 120.
temporal bone. 122.
temporal fossa. 122.
tenaille. 176.
tender. 642.
tenderloin. 148, 152.
tenderloin portion. 150.
tendon. 94.
tendon guard. 562.
tendron. 147, 149.
tennis. 537, 538.
tennis ball. 538.
tennis players. 538.
tennis racket. 538.
tennis racquet. 538.
tennis shoe. 319, 538.
tenon saw. 513.
tenor drum. 486.
tenor drum. 491.
tension block. 500, 505.
tension block. 499.
tension controller. 505.
tension dial. 500, 505, 506.
tension disc. 505.
tension disc. 500.
tension disk. 505.
tension guide. 505.
tension pulley set. 218.
tension pulley wheel. 218.
tension rod. 486.
tension roller. 412.
tension screw. 486.
tension spring. 398, 500, 505.
tensor of fascia lata. 118.
tentacle. 104.
tents. 596, 597.
tepee. 169.
teres major. 119.
teres minor. 119.
terminal. 238, 285, 472, 644, 659.
terminal arborization. 135.
terminal bronchiole. 126.

terminal bud. 69.
terminal connections. 204.
terminal cover. 615.
terminal filament. 130.
terminal knife-edge. 609.
terminal moraine. 56.
terminal stopping switch. 181.
terminal stopping switch cam. 181.
terrace. 178, 187.
terreplein. 176.
terrestrial sphere. 35.
tertial. 96.
test-lamp. 286.
test pattern. 391.
tester probe. 286.
testicle. 116.
theater. 179, 180.
theater. 178, 433.
theatre. 179, 180, 433.
theodolite. 614.
theodolite. 63.
thermal control shutter. 65.
thermal insulation. 644.
thermal storage. 668.
thermometer. 647.
thermosphere. 47.
thermostat. 204, 205, 206.
thermostat control. 239.
thick flank. 152.
thick-walled pipe. 640.
thigh. 91, 95, 115.
thigh-high stocking. 311.
thigh pad. 530.
thimble. 501.
thimble. 613.
thin flank. 152.
thin macaroni. 144.
thin spaghetti. 144.
thin spring-metal insulation. 195.
thinning razor. 338.
third. 476.
third base. 525.
third baseman. 525.
third molar. 123.
third stage. 456.
third wheel. 605, 607.
thirty-second note. 475.
thirty-second rest. 475.
thong. 319.
thoracic leg. 100.
thoracic vertebra (12). 121.
thoracic vertebrae. 92.
thorax. 100, 106, 114.
thread. 264, 271.
thread guide. 499, 500, 510.
thread take-up lever. 499.
thread trimmer. 500.
threaded cap. 275.
threaded rod. 264.
three-branched air tube. 322.
three-burner camp stove. 599.
three-four time. 476.
three-hinged arch. 415.
three of a kind. 592.
three-quarter coat. 292.
three-quarter sleeve. 306.
threequarter backs. 531.
threshold. 187, 198.
throat. 95, 200, 259, 447, 538, 581.
throat lash. 567.
throat latch. 567.
throat protector. 526, 534.
throttle valve. 639.
through arch bridge. 415.
throwing arc. 571.
throwing circle. 570, 571.
throwing in a circle. 578.
throwing spear. 689.
throwings. 572.
thrust. 415.
thrust device. 367.
thrust tube. 367.
thumb. 108, 299, 526.
thumb hook. 484.
thumb piston. 481.

thumb rest. 243, 483.
thumb string. 487.
thumb string peg. 487.
thumbscrew. 258.
thunderstorm. 60.
thyme. 143.
tibia. 92, 100, 106, 108, 120.
tibial nerve. 129.
tibiofibula. 105.
ticket. 610.
ticket collector's booth. 428.
ticket counter. 426, 454.
ticket office. 426.
ticket pocket. 351.
tidal basin. 441.
tidal power plant. 660.
tie. 321, 346, 422, 476.
tie bar. 326.
tie beam. 190.
tie closure. 346.
tie flap. 596.
tie plate. 422.
tie tack. 326.
tieback. 217.
tieback hook. 217.
tierce. 577.
tight end. 528, 529.
tightening band. 64.
tights. 311.
tights. 321.
tile. 171, 195.
tiller. 251, 552, 691.
tilt-back head. 235.
tilt cord. 219.
tilt tube. 219.
timber. 171.
timber yard. 638.
time fuse. 696.
time signatures. 476.
timed outlet. 238.
timekeeper. 535, 539, 545, 576, 579.
timer. 375.
timer on switch. 382.
timetables. 426.
timing. 569.
timpani. 493.
tin opener. 229, 243, 599.
tinctures. 710.
tine. 606.
tip. 70, 85, 224, 226, 258, 263, 264, 281, 282, 294, 343, 346, 521, 554, 557, 559, 563, 572, 581, 582.
tip cleaner. 521.
tip cleaners. 283.
tip guard. 562.
tip of nose. 133.
tip-ring. 580.
tip section. 580.
tipping lever. 631.
tipping valve faucet. 271.
tipping valve tap. 271.
tire. 403, 411.
tire dolly. 401.
tire inflator. 401.
tire pump. 411.
tire valve. 412.
tires. 407.
tissue holder. 269.
Titan. 36.
title. 359.
(to) suppression tank. 664.
toaster. 237.
tobacco. 344.
tobacco hole. 345.
tobacco pouch. 345.
toboggan. 564.
toe. 93, 97, 114, 257, 262, 297, 321, 586.
toe binding. 561.
toe box. 562.
toe clip. 93, 411.
toe hole. 563.
toe lacing. 563.
toe pick. 562.

toe piece. 554, 559, 560.
toe-piece release setting indicator. 560.
toe piston. 481.
toe rubber. 319.
toe stop. 562.
toe-strap. 319.
toe strap. 554.
toenail scissors. 343.
toeplate. 561.
toggle bolt. 264.
toggle fastening. 292.
toilet. 268.
toilet. 189.
toilet. 269, 421.
toilet bowl. 268, 269.
toilet cistern. 269.
toilet for men. 719.
toilet for men and women. 719.
toilet for women. 719.
toilet tank. 269.
toilet truck. 453.
tomato. 81.
tombolo. 51.
Tomme aux raisins. 154.
tone arm. 380.
tone control. 383, 494.
tongs. 231.
tongue. 99, 127, 133, 134, 294, 318, 349, 482, 488, 502, 560, 562.
tongue sheath. 109.
tool. 639.
tool tray. 279.
tools. 519, 600.
tools and equipment. 248, 249, 250, 251, 252.
tooth. 109, 164, 263, 338, 680, 681.
toothbrush. 339.
toothbrush shaft. 339.
toothbrush well. 339.
toothed jaw. 259.
toothed rotor. 164.
toothing stone. 187.
toothpaste. 339.
top. 71, 430, 538.
top bar. 574.
top central manhole. 646.
top coat. 300.
top collar. 293.
top cylinder. 516, 518.
top deck. 647.
top deckboard. 685.
top edge. 512.
top-end transverse member. 425.
top face. 327.
top hat. 298.
top lift. 318.
top of dam. 651, 652, 655.
top plate. 190, 467.
top pocket. 584.
top rail. 198, 213, 215.
top rail of sash. 199.
top road. 637.
top stitched pleat. 304.
top stitching. 294, 316.
top surface. 556.
topgallant mast. 430.
topmark. 444.
topmast. 430.
topping. 581.
topping lift. 430.
topside. 152.
toque. 314.
torch. 221.
torch. 276.
torpedo. 438.
torpedo room. 438.
tortellini. 145.
torus. 170.
total. 610.
total eclipse. 37, 38.
tote bag. 347, 348.
tote board. 569.
Toucan. 41.

touch in goal line. 531.
touch line. 531, 532.
toupee. 331.
touring boot. 561.
tourist-class cabin. 433.
tow bar. 554.
tow hook. 556.
tow release knob. 556.
tow tractor. 453.
towboat. 645.
towel bar. 269.
towel set. 269.
tower. 658.
tower. 174, 416, 638, 668, 671, 672.
tower crane. 683.
tower crane. 441.
tower foot. 658.
tower ladder. 676.
tower mast. 683.
tower mill. 671.
tower silo. 161.
tower top. 658.
tower-type solar power station. 668.
tower window. 658.
towing eye. 698.
towing fairlead. 437.
towing hook. 162.
towing truck. 401.
town house. 183.
towrope. 554.
tracery. 175.
trachea. 126.
tracing wheel. 501.
track. 218, 408, 427, 428, 472, 558, 571, 678, 704.
track and field athletics. 570, 571, 572.
track carrier roller. 678.
track grouser. 678.
track idler. 678.
track lighting. 221.
track link. 678, 704.
track roller. 678.
track roller frame. 678.
track shoe. 678.
track shoe. 678.
tracker. 482.
tracking control. 382.
traction motor. 418.
traction motor ventilator. 418.
tractor. 162.
tractor. 646.
tractor engine. 682.
tractor unit. 403.
trade sign. 178.
traditional houses. 169.
traditional musical instruments. 487, 488, 489.
traffic circle. 715.
traffic island. 178.
traffic light. 178.
tragus. 108, 132.
trailing edge. 448, 556, 557.
trailing edge flap. 448.
train delays notice board. 426.
train set. 424.
trainer. 569, 579.
training shoe. 319.
training wall. 651.
trajectory of a satellite. 394.
trampoline. 574.
tranche grasse. 149.
transceiver. 458.
transducer. 442.
transept. 174.
transfer. 394.
transfer canal. 665.
transfer dispensing machine. 428.
transfer of heat to ordinary water. 667.
transfer orbit satellite. 394.
transfer orbit solar cell. 393.
transfer scale. 372.

transfer station. 636.
transform fault. 50.
transformation of mechanical work into electrical energy. 654.
transformer. 373.
transformer. 205, 655, 659, 668, 672.
transformer station. 655.
transistor. 606.
transit shed. 441.
transition fittings. 275.
translation wave. 51.
transmission. 240, 682.
transmission-line contact. 385.
transmission network. 667, 668.
transmission of telegraph signals. 385.
transmission of the rotative movement to the rotor. 654.
transmitted pulse. 624.
transmitter. 385, 387.
transmitter. 387, 624.
transmitter-receiver. 394.
transmitter-receiver terminal. 394.
transparency slide. 377.
transparent line indicator. 467.
transpiration. 58.
transportation. 395.
transporter bridge. 417.
transpose lines. 363.
transpose two letters. 363.
transpose two words. 363.
transverse baffle. 646.
transverse bulkhead. 645.
transverse colon. 127.
transverse dunes. 55.
transverse process of vertebra. 121.
trap. 270, 275.
trap and drain auger. 276.
trap coupling. 270.
trapezius. 118.
traveler. 553.
traveling cables. 181.
traveling crane. 655.
traveller. 553.
travelling block. 640.
travelling cables. 181.
travelling crane. 655.
traverse arch. 175.
traverse rod. 218.
traversing and elevating mechanism. 701.
traversing handle. 697.
tray. 280.
tray. 233, 347.
tread. 197, 567.
tread design. 407.
treadle. 508.
treadle cord. 508.
treble: wall, triple bars, oxer. 566.
treble bridge. 479.
treble keyboard. 489.
treble pick-up. 494.
treble register. 489.
treble tone control. 379.
tree. 71.
tree. 567.
tree pruner. 249.
trefoil. 172, 175.
trench. 50, 635.
trench coat. 291.
triangle. 485.
Triangle. 40.
triangular body. 487.
triangular fossa. 132.
triceps of arm. 119.
triclinium. 173.
tricuspid valve. 124.
trifoliolate. 70.
triforium. 174, 175.
trigger. 253, 280, 383, 691, 696, 697, 699, 700, 701, 702, 703.
trigger guard. 697, 702, 703.
trigger switch. 263.
triglyph. 170.

trilby. 314.
trill. 476.
trim. 347.
trim collar. 201.
trim ring. 238.
trimmer. 337.
trimming. 513.
trimming. 351.
trimming tool. 519.
trio. 490.
trip lever. 268.
triple bars. 565.
triple jump. 571.
triple tail unit. 449.
triplex. 183.
tripod. 374.
tripod. 377, 492, 622, 701.
tripod accessories shelf. 623.
tripod cane. 630.
tripod leg. 623.
tripod stand. 486.
tripod stick. 630.
Triton. 36.
trochanter. 100, 106.
trolley. 417, 683.
trolley pulley. 683.
trolley wire. 427.
Trombe wall. 669.
Trombe wall. 669.
trombone. 484, 491.
trombones. 493.
tropic of Cancer. 35.
tropic of Capricorn. 35.
tropical climates. 59.
tropical fruits. 80.
tropical maritime. 62.
tropical rain forest. 59.
tropical savanna. 59.
tropical storm. 60.
troposphere. 47.
trotter. 153.
trough. 51, 62, 423.
trousers. 294, 310, 589.
trousers. 578.
trowel. 249.
truck. 418, 421, 562.
truck and track. 429.
truck crane. 683.
truck frame. 418.
truck level floor. 453.
truck tractor. 403.
truck trailer. 403.
truck trailer. 403.
true skin. 135.
truffle. 73.
trumpet. 484.
trumpet. 484, 491.
trumpets. 493.
trunk. 347.
trunk. 71, 115, 397.
trunk floor. 398.
trunks. 575, 579.
trunnion. 694.
truss. 182, 190.
truss rod adjustment. 494.
trussed arch. 415.
TT & C belt antenna. 393.
tub. 240, 242, 247.
tuba. 484, 493.
tube. 695.
tube. 377, 612, 697, 700.
tube bangle. 325.
tube cutter. 276.
tube end. 274.
tube flaring tool. 276.
tube sheet. 662.
tuber vegetables. 84.
tubercles. 101.
tuberculin syringe. 629.
tubing. 641.
tubing head. 641.
tubular bells. 485.
tubular bells. 493.
tubular element. 238.
tubular heater. 649.
tubular ice screw. 588.

The terms in **bold type** indicate the title of an illustration; those in *italic* correspond to the British terminology.

tubular lock. 266.
tubular member. 643.
tuck. 344.
tuck brush. 506.
tuck position. 548.
Tudor. 172.
tumble dry at low temperature. 722.
tumble dry at medium to high temperature. 722.
tumble dryer. 241.
tumbler. 222.
tumbler holder. 269.
tuner. 378.
tunic. 305.
tunic. 302, 305.
tuning buttons. 379.
tuning control. 442.
tuning fork. 492.
tuning fork. 606.
tuning fork watch. 606.
tuning hammer. 492.
tuning machine. 494.
tuning peg. 478.
tuning pin. 479.
tuning screw. 486.
tuning slide. 484.
tuning wire. 482.
turban. 314.
turbine. 438, 450, 655, 666.
turbine blade. 450.
turbine building. 661.
turbine-compressor shaft. 450.
turbine guide vane. 450.
turbine runner. 660.
turbine shaft turns generator. 667.
turbined water draining. 654.
turbo-alternator. 668.
turbo-charged engine. 404.
turbo-compressor engine. 404.
turbo-jet engine. 450.
turbo-jet engine. 448.
turbocharger. 418.
turbofan engine. 450.
turbopump. 706.
turn. 476.
turn and bank indicator. 556.
turn and slip indicator. 556.
turn signal. 402.
turn signal lever. 400.
turn-up. 294, 310.
turnbuckle. 423, 553, 579.
turner. 229.
turning handle. 260.
turning judge. 546.
turning wheel. 519.
turnip. 84.
turntable. 380.
turntable. 681.
turntable. 235, 378, 417.
turntable mounting. 676.
turret. 177, 704.
turret cap. 621.
turrets. 145.
turtle. 109.
turtleneck. 296, 307, 308, 559.
tutu. 321.
tweeter. 378.
tweezers. 343, 629.
twig. 69, 71.
twill weave. 511.
twin-lens reflex camera. 369.
twin-set. 307.
twin skis. 554.
twin turret. 439.
Twins. 40.
twist dive. 549.
twist drill. 260.
twist grip throttle. 410.
twisted macaroni. 144.
twisted rope. 601.
two-door saloon. 398.
two-door sedan. 398.
two-hand clean and jerk. 575.
two-hand snatch. 575.
two-handed sword. 692.

two-hinged arch. 415.
two pairs. 592.
two-seater settee. 211.
two-two time. 476.
two-way collar. 291.
two-way traffic. 715.
tympan. 517, 518.
tympanum. 105, 109, 171, 175.
type of fuel. 401.
type of high cloud. 62.
type of low cloud. 62.
type of middle cloud. 62.
type of the air mass. 62.
typed name. 359.
types of anchors. 447.
types of arch bridges. 415.
types of arches. 172, 415.
types of beam bridges. 414.
types of bodies. 398.
types of cars. 420.
types of chairs. 213.
types of collars. 308.
types of doors. 198.
types of freight wagons. 420.
types of gloves. 299.
types of golf clubs. 586.
types of grips. 543.
types of handles. 554.
types of headgears. 298.
types of inflorescences. 72.
types of jaws. 90.
types of kitchen knives. 227.
types of leaves. 70.
types of passenger cars. 421.
types of passenger coaches. 421.
types of rigs. 432.
types of roofs. 190, 191.
types of sails. 432.
types of skates. 562.
types of skis. 554.
types of strokes. 547.
types of telephones. 388.
types of windows. 199.
typestyle. 466.
typewriter. 466, 467.
typical letter. 359, 360, 361.
typing element. 466.
typist's chair. 465.
tyre. 411.
tyre inflator. 401.
tyre pump. 411.
tyre rack. 401.
tyre valve. 412.
tyres. 407.

U

U-bend. 275.
U-shaped gouge. 516.
UHF channel selector. 392.
UHF-IFF aerial. 705.
Ukrainian. 355.
ulna. 120.
ulnar artery. 125.
ulnar extensor of wrist. 119.
ulnar flexor of wrist. 118, 119.
ulnar nerve. 129.
umbel. 72.
umbilicus. 101.
umbo. 101.
umbra. 38.
umbra shadow. 37.
umbrella. 346.
umbrella diffuser. 373.
umbrella sheath. 587.
umbrella stand. 346.
umlaut. 357.
umpire. 528, 536, 537, 542, 543.
umpire-in-chief. 525.
umpire's stand. 542.
uncle by marriage. 138.
uncle-in-law. 138.
under tail covert. 95.
underarm crutch. 630.
underground. 638.

underground flow. 58.
underground map. 428, 429.
underground mine. 637.
underground railway. 429.
underground station. 428.
underground train. 429.
underlining. 502.
underlying fabrics. 502.
underpass. 414.
undershirt. 526, 579.
underwear. 297, 312, 313.
underwiring. 313.
Unicorn. 41.
uniform. 530.
union. 274.
union. 274, 723.
union nut. 274.
unison. 476.
unit price. 610.
univalve shell. 101.
universal step. 453.
unleavened bread. 146.
unmounted sleeve. 306.
uphaul. 551.
upholstery nozzle. 244.
upper. 560.
upper berth. 421.
upper blade guard. 263.
upper bowl. 234.
upper chord. 415.
upper cold front. 61.
upper cuff. 560.
upper deck. 434.
upper edge. 543.
upper eyelid. 94, 105, 131.
upper floor. 188, 189.
upper fore topgallant sail. 431.
upper fore topsail. 431.
upper gill arch. 98.
upper girdle facet (16). 327.
upper heating element. 273.
upper level. 440.
upper limb. 691.
upper lip. 134, 482.
upper lobe. 126.
upper mandible. 95.
upper mantle. 47.
upper rudder. 438.
upper shell. 560.
upper side-rail. 402.
upper sphere clamp. 64.
upper support screw. 64.
upper tail covert. 95.
upper thermostat. 273.
upper warm front. 61.
upperboard. 482.
upperworks. 553.
upright. 508, 509, 513, 514, 570, 571, 573, 574, 630.
upright piano. 479.
upright piano action. 480.
upstage. 179, 180.
upstream blanket. 652.
upstream face. 652.
upstream gate. 440.
upstream level. 440.
upstream shoulder. 652.
upstream toe. 652.
Uranus. 36.
ureter. 128.
urethra. 117, 128.
urinary bladder. 99, 116, 117, 128.
urinary meatus. 116.
urinary system. 128.
urine transfer fitting. 458.
urogenital aperture. 99.
uropod. 103.
urostyle. 105.
use chlorine bleach as directed. 722.
use of audible warning devices prohibited. 716.
user station. 394.
usual terms. 74, 75, 76, 77.
uterovesical pouch. 117.
uterus. 117.

utilities plant. 650.
utility case. 347.
utility speaker. 391.
uvula. 133, 134.

V

V-neck. 293, 296.
V-neck cardigan. 296.
V-shaped gouge. 516.
V-shaped neck. 309.
V-shaped row. 134.
vacherin. 156.
vacuole. 113.
vacuum bottle. 600.
vacuum chamber. 612.
vacuum coffee maker. 234.
vacuum distillation. 649.
vacuum flask. 600.
vacuum manifold. 620.
vagina. 117.
vagus nerve. 126.
vair. 710.
valance. 214, 217.
valance lighting. 220.
Valençay. 154.
valley. 54, 187.
valley gutter. 187.
valve. 79, 101, 344, 484, 639.
valve casing. 484.
valve seat. 271.
valve seat shaft. 268.
valve seat wrench. 276.
valve spring. 404, 405.
valve stem. 271.
vambrace. 690.
vamp. 318.
vane. 96, 187, 241, 706.
vanity case. 347.
vanity mirror. 399.
variable depth sonar. 439.
variable geometry wing. 449.
variable spacer. 467.
variometer. 556.
various dry fruits. 79.
varistor. 387.
varnish-roller. 515.
vas deferens. 116.
vastus lateralis. 118.
vastus medialis. 118.
Vauban fortification. 176.
vault. 175.
vaulting horse. 573, 574.
VCR pause switch. 384.
veal. 147, 153.
vegetable bowl. 223.
vegetable brush. 231.
vegetable garden. 161, 188.
vegetable kingdom. 67.
vegetable steamer. 232.
vegetables. 81, 82, 83, 84, 85.
veil. 581.
vein. 70, 636.
velum. 106.
velvet band chocker. 326.
Venetian blind. 219.
venom canal. 109.
venom-conducting tube. 109.
venom gland. 109.
venomous snake's head. 109.
vent. 53, 206, 399, 694, 695.
vent brush. 338.
vent cap. 406.
vent door. 402.
vent field astragal. 694.
vent hole. 280, 555.
vent line. 275.
ventail. 690.
ventilated rib. 702.
ventilating fan. 418.
ventilation shaft. 638.
ventral aorta. 99.
ventricular septum. 124.
venturi. 700.
venturi fastening lever. 700.

The terms in **bold type** indicate the title of an illustration; those in *italic* correspond to the British terminology.

Venus. 36.
vermicelli. 144.
vermiform appendix. 127.
vernal equinox. 35.
Versailles parquet. 196.
vert. 710.
vertebral column. 99, 105, 120.
vertebral shield. 109.
vertical-axis wind turbine. 672.
vertical clamp. 614.
vertical cord lift. 243.
vertical frame. 509.
vertical pivoting. 199.
vertical pupil. 109.
vertical seismograph. 616.
vertical shaft. 636.
vertical side band. 536.
vertical speed indicator. 437.
vertical stabilizer. 556.
vertical tangent screw. 614.
very cloudy sky. 61.
very large elbows. 145.
vest. 293, 315.
vest. 297, 579.
vest. 296, 307, 316, 317, 321.
vest pocket. 307.
vestibular nerve. 132.
vestibule. 132, 173, 421.
vestibule door. 421.
vests and pullovers. 307.
VHF aerial. 449.
VHF channel selector. 392.
viaduct. 414.
vibrating mudscreen. 640.
vibrato arm. 494.
vice. 259.
video camera. 384.
video input. 382.
video operator. 389.
video output. 382.
video tape recorder. 382.
video technician. 389.
video/TV selector. 382.
videotape recorder. 389.
Vienna bread. 146.
Vietnamese. 355.
view camera. 369.
viewfinder. 368, 383.
viewing chamber. 620.
viewing window. 620.
vine leaf. 82.
vinyl grip sole. 315, 316.
vinyl insulation. 195.
viola. 477, 490.
violas. 493.
violin. 477, 478.
violin. 477, 490.
violin family. 477.
violoncello. 477, 490.
violoncellos. 493.
Virgin. 40, 41.
Virgo, the Virgin. 712.
vise. 259.
visor. 423, 458, 690.
visual display unit. 469.
vitelline membrane. 97.
vitreous body. 131.
vocal cord. 126.
volcanic island. 50.
volcano. 53.
volcano. 48.
volcano during eruption. 53.
volleyball. 536.
volleyball. 536.
voltage increase. 654, 667.
voltage induction. 654.
voltage stabilizer. 376.
voltage tester. 286.
voltmeter. 286.
volume control. 378, 379, 383, 388, 494.
volume readout. 401.
volute. 170, 210.
volva. 73.
voussoir. 172.
vowels. 358.

voyager bag. 349.
VU meter. 495.
VU meter switch. 495.
vulva. 117.

W

wad. 695, 702.
waders. 582.
wading bird. 97.
waffle. 157.
wagon. 425.
wagon tent. 597.
waist. 115, 477, 658.
waistband. 294, 297, 301.
waistband extension. 294.
waistcoat. 293, 307.
waistcoat pocket. 307.
waistcoats and pullovers. 307.
waiting room. 426.
walking aids. 630.
walking cam. 675.
walking frame. 630.
walking leg. 103.
walking shoe. 675.
walking stick. 346.
walking stick. 630.
walkway. 675.
wall. 38, 77, 93, 565, 566, 593, 596, 636.
wall and rails. 565, 566.
wall fitting. 220.
wall grille. 202.
wall lantern. 221.
wall register. 202.
wall stack section. 202.
wall stud. 192.
wall tent. 597.
wallet. 351.
wallet. 351.
wallet section. 351.
walnut. 78.
waning crescent. 38.
waning gibbous. 38.
wapiti. 89.
wardrobe. 216, 596.
warhead. 706.
warm air. 669.
warm-air comb. 338.
warming plate. 234.
warning light. 410.
warning plate. 261.
warp. 508, 509.
warp roller. 508.
warp thread. 511.
warping frame. 510.
wash tower. 242.
washer. 240, 272.
washer. 271.
washery. 638.
washing. 722.
washing machine. 240, 272.
WASP helicopter. 439.
Wassily chair. 210.
waste pipe. 268.
waste stack. 267.
waste tee. 272.
watch pocket. 293.
watchcase. 605.
Water Bearer. 41.
water bottle. 411, 600.
water bottle clip. 411.
water carrier. 600.
water cools the used steam. 667.
water cress. 82.
water ditch. 570.
water forms. 57.
water goblet. 222.
water hazard. 585.
water hose. 639.
water intake. 655.
water is pumped back into the steam generator. 667.
water jug. 223.
water jump. 565, 566.

water key. 484.
water level selector. 240.
water main. 413.
water meter. 267.
Water Monster. 40, 41.
water pitcher. 223.
water polo. 545.
water pressure gauge. 677.
water pump. 406.
water reservoir. 638.
water service pipe. 267.
water skiing. 554.
water table. 54.
water tank. 418, 421.
water treatment plant. 661.
water under pressure. 654.
waterfall. 54.
watering can. 250.
waterline. 439.
watermelon. 81.
waterproof pants. 315.
waterproofed electrical supply. 277.
watertight bulkhead. 645.
watt-hour meter. 615.
wave. 51.
wave base. 51.
wave clip. 343.
wave height. 51.
wave length. 51.
wave wall. 652.
wavy hair. 330.
wax plate. 106.
wax seal. 268.
waxing crescent. 38.
waxing gibbous. 38.
weapons. 687.
wearing course. 413.
weather map. 62.
weather radar. 448.
weatherboard. 198, 199.
weaving. 508, 509, 510, 511.
weaving brush. 506.
web. 97, 422, 526.
web frame. 645.
web member. 190.
webbed foot. 105.
webbing. 507.
wedding ring. 325.
wedge. 482, 694.
wedge iron. 257.
wedge lever. 257.
weeder. 249.
weeding hoe. 248.
weekender. 347.
weft. 508.
weft thread. 511.
Wehnelt cylinder. 620.
weighing platform. 610.
weight. 572, 575, 607, 608, 610.
weight belt. 550.
weight-driven clock mechanism. 607.
weight limitation. 716.
weightlifter. 575.
weightlifting. 575.
weld bead. 281, 282.
welding curtain. 283.
welding torch. 282.
welding torch. 281, 282.
well. 161.
Welsh. 355.
welt. 318.
welt pocket. 296, 304.
west. 445, 593.
West Coast mirror. 403.
West wind. 593.
wet dock. 441.
wet snow. 57.
wet suit. 550.
Whale. 40, 41.
whale boat. 432.
wheel. 407.
wheel. 347, 397, 501, 521, 562, 694, 704.
wheel chock. 453.

wheel cylinder. 407.
wheel head. 519.
wheel loader. 679.
wheel tractor. 679.
wheelbarrow. 251.
wheelchair. 631.
wheelhouse. 436.
wheels. 145.
whelk. 104.
whipping. 586.
whisk. 230.
whiskers. 94.
whistle buoy. 444.
White. 591, 592.
white balance control. 384.
white cabbage. 82.
white cap. 545.
white cue ball. 584.
white dragon. 593.
white flag. 545, 578.
white line. 93.
white spot ball. 583.
white square. 591.
white-tailed deer. 89.
white tape. 542, 543.
white wine. 222.
whiteface. 322.
whole loin. 147, 151.
whole note. 475.
whole rest. 475.
whole wheat bread. 146.
wholemeal bread. 146.
whorl. 101.
wicket gate. 657.
wide angle adapter. 372.
wide-angle lens. 370.
width. 548.
width clearance. 716.
wife. 138.
wigs and hairpieces. 331.
wigwam. 169.
wild animals crossing. 715.
winch. 434, 439, 553, 675, 704.
wind. 61.
wind. 55, 553.
wind abeam. 553.
wind arrow. 61.
wind baffle. 599.
wind chest. 481.
wind deflector. 403.
wind direction. 62.
wind direction and speed. 62.
wind duct. 481.
wind indicator. 552.
wind instruments. 483, 484.
wind scale. 61.
wind speed. 62, 63.
wind speed in knots. 61.
wind trunk. 481, 482.
wind turbine. 672.
wind turbine electricity production. 672.
wind vane. 63.
windage adjusting screw. 621.
windbreaker. 301.
windcheater. 301.
windcone. 711.
winder house. 636.
winding mechanism. 219.
winding mechanism. 607.
winding tower. 638.
windlass. 436.
windmill. 671.
window. 199.
window. 187, 188, 237, 238, 351, 397, 429, 448, 551, 596.
window accessories. 217, 218, 219.
window regulator handle. 400.
window tab. 463.
window winder handle. 400.
windscreen. 397, 403, 408, 705.
windscreen. 42.
windscreen wiper. 398.
windscreen wiper blade. 398.
windshaft. 671.

The terms in **bold type** indicate the title of an illustration; those in *italic* correspond to the British terminology.

windshield. 397, 403, 408, 451, 705.
windshield wiper. 398.
windshield wiper blade. 398.
wine cellar. 433.
wine waiter corkscrew. 229.
wing. 96.
wing. 397, 403, 535.
wing. 95, 100, 108, 148, 448, 457, 556, 557, 581, 690.
wing box. 705.
wing covert. 95.
wing forward. 531.
wing membrane. 108.
wing nut. 264.
wing nut. 262.
wing pallet. 685.
wing rib. 152, 449.
wing shape. 449.
wing slat. 448.
wing structure. 449.
wing tank. 645.
wing tip. 449, 556.
wing vein. 100.
wing wire. 557.
wings. 179.
winning line. 595.
winter. 35.
winter solstice. 35.
winze. 636.
wiper. 398.
wiper arm. 398.
wiper blade rubber. 398.
wiper switch. 400.
wippen. 480.
wire. 560, 572.
wire beater. 235.
wire brushes. 485.
wire cutter. 259, 287.
wire sling. 588.
wire stripper. 287.
wire support. 599.
wishbone boom. 551.
withers. 91.
wok. 233.
wok set. 233.
Wolf. 41.
women's apparatus. 574.
women's clothing. 300, 301, 302, 303, 304, 305, 306, 307, 308, 309, 310, 311, 312, 313, 314.
women's pompadour. 331.
wood. 586.
wood. 194.
wood-based panel. 265.
wood block. 518.
wood chip car. 420.
wood engraving. 516.
wood flooring. 196.
wood flooring. 196.
wood flooring arrangements. 196.
wood flooring on cement screed. 196.
wood flooring on wooden structure. 196.
wood ray. 71.
wood stove. 201.
woodcut. 516.
wooden bar. 573.
wooden modeling tools. 519.
wooden modelling tools. 519.
woodwind family. 483.
woofer. 378.
word processing keys. 470.
work drawing. 521.
work lead. 281.
worker. 106.
working area. 43.
working pressure gauge. 282.
workshop. 189.
workshop/store. 648.
worktop surface. 242.
worm. 489, 510, 695.
worm gear. 219.
wrap-over dress. 302.

wrap-over skirt. 303.
wrap-over top. 305.
wrap over top. 305.
wraparound diaper shirt. 315.
wraparound dress. 302.
wraparound skirt. 303.
wrapper. 344.
wrenches. 258.
wrist. 108, 115.
wrist-length glove. 299.
wrist pad. 530.
wrist sling. 588.
wrist strap. 349, 350, 384, 561.
wristband. 538.
writing brush. 367.
writing case. 350.
writing instruments. 367.
writing systems of the world. 355.

X

X-15 (USA). 47.
XVIIth century. 697.
xylophone. 485.
xylophone. 493.

Y

Y-branch. 275.
yard. 425.
yard. 430.
yard line. 527.
yarn. 601.
yarn clip. 505.
yarn feeder. 506.
yarn rod. 505.
yaw axis. 393.
yaw nozzle. 65.
yellow ball. 584.
yoke. 218, 295, 305.
yoke skirt. 303.
yolk. 97.
yurt. 169.

Z

zenith. 43.
zest. 77.
zester. 227.
zipped screen door. 596.
zipper. 502.
zipper. 315, 316, 317, 342, 346, 347, 348, 597.
zipper line. 503.
zipper pocket. 350.
zippered screen door. 596.
zither. 487.
ziti. 144.
zoom lens. 370, 384.
zoom-speed selector. 384.
zucchini. 81.
zygomatic arch. 122.
zygomatic bone. 122.
zygomaticofacial foramen. 122.

The terms in **bold type** indicate the title of an illustration; those in *italic* correspond to the British terminology.

THEMATIC INDEXES

ANIMAL KINGDOM

2nd metacarpal. 108.
3rd metacarpal. 108.
4th metacarpal. 108.
5th metacarpal. 108.
abdomen. 100, 103, 106.
abdominal segment. 100.
adductor muscle. 102.
afterfeather. 96.
air bladder. 99.
air hole. 107.
air space. 97.
albumen. 97.
alighting board. 107.
alula. 96.
anal fin. 98.
anal proleg. 100.
anatomy. 99.
animal kingdom. 87.
antenna. 100, 103, 106.
antennule. 103.
anterior end. 101.
anus. 99, 102.
aperture. 101.
apex. 101, 104.
aquatic bird. 97.
aquatic bird. 97.
arm. 91.
auricle. 106.
auricular. 95.
axial rib. 101.
back. 91, 95.
bar. 93.
barb. 96.
bat. 108.
batrachian. 105.
bay antler. 89.
beam. 89.
beaver. 90.
belly. 91, 95.
bird. 95, 96, 97.
bird of prey. 97.
bird of prey. 97.
bivalve shell. 101.
blastodisc. 97.
blood vessels. 108.
blue mussel. 102.
body whorl. 101.
brain. 99.
branch. 93.
breast. 95.
brood cell. 107.
brood chamber. 107.
brow tine. 89.
bulb. 93.
burr. 89.
butterfly. 100.
calamus. 96.
calcaneus. 92.
calcar. 108.
callus. 101.
Canadian elk. 89.
canine. 90.
cannon. 91.
carapace. 103, 109.

caribou. 89.
carnassial. 90.
carnivore's jaw. 90.
carpal pad. 94.
carpus. 92.
cat. 94.
caterpillar. 100.
caudal fin. 98.
caudal vertebrae. 92.
cell. 100.
cephalothorax. 103.
cervical vertebrae. 92.
chalaza. 97.
cheek. 91.
chela. 103.
chest. 91.
chestnut. 91.
chin. 95.
chrysalis. 100.
clam. 102.
claw. 94, 95, 97, 100, 103, 106, 108.
cockle. 102.
columella. 101.
columella fold. 101.
comb foundation. 107.
common periwinkle. 104.
compound eye. 100, 106.
contour feather. 96.
coronet. 91, 93.
costal shield. 109.
coxa. 100, 106.
crab. 103.
crayfish. 103.
cremaster. 100.
crenulate margin. 101.
croup. 91.
crown. 95.
crown tine. 89.
crustacean. 103.
deer antlers. 89.
deer family. 89.
dew claw. 94.
dew pad. 94.
diastema. 90.
digit. 94, 105.
digital pad. 94.
distal phalanx. 94.
distal sesamoid. 92.
dorsal view. 101.
drone. 106.
ear. 108.
egg. 97.
egg. 107.
eggs. 99, 105.
elastic ligament. 94, 102.
elbow. 91, 108.
elk. 89.
entrance. 107.
entrance slide. 107.
escutcheon. 101.
esophagus. 99, 102.
excretory pore. 104.
extended claw. 94.

external gills. 105.
eye. 104, 109.
eye ring. 95.
eye-socket. 91.
eyeball. 105.
eyebrow stripe. 95.
eyelashes. 94.
eyelid. 109.
eyestalk. 104.
fang. 109.
femur. 92, 100, 105, 106, 108.
fetlock. 91.
fetlock joint. 91.
first dorsal fin. 98.
fish. 98, 99.
flank. 91, 95.
foot. 95, 104, 108.
fore leg. 100, 106.
fore wing. 100, 106.
forehead. 95.
foreleg. 94.
forelimb. 105.
forelock. 91.
fork. 89.
forked tongue. 109.
frame. 107.
frog. 105.
frog. 93.
gall bladder. 99.
gaskin. 91.
gastropod. 104.
genital pore. 104.
gill cover. 98.
gill filament. 98.
gill raker. 98.
gills. 98.
gills. 99, 102.
granivorous bird. 97.
great scallop. 102.
greater covert. 96.
growth line. 101, 104.
gutter. 89.
hard shell clam. 102.
head. 94.
head. 100, 104, 106.
heart. 99, 102.
heel. 93.
heel calk. 93.
hemibranch. 98.
herbivore's jaw. 90.
hind leg. 100, 106, 108.
hind legs of the worker. 106.
hind limb. 105.
hind toe. 95, 97.
hind wing. 100, 106.
hinge tooth. 101.
hive. 107.
hive body. 107.
hock. 91.
honey cell. 107.
honeybee. 106, 107.
honeycomb section. 107.
hoof. 93.
hoof. 91.
horns. 104.
horny beak. 109.

horse. 90, 91, 92, 93.
horseshoe. 93.
humerus. 92, 108.
incisor. 90.
inferior umbilicus. 96.
inner edge. 93.
inner lip. 101.
inner toe. 95.
insectivorous bird. 97.
interfemoral membrane. 108.
intestine. 99, 102.
kidney. 99.
kinds of deer. 89.
knee. 91, 108.
labial palp. 100, 102.
larva. 107.
lateral groove. 93.
lateral line. 98.
left valve. 101.
leg. 109.
leopard. 90.
lesser covert. 96.
life cycle of the frog. 105.
limpet. 104.
lip. 94.
liver. 99.
lobate web. 97.
lobe. 97.
lobster. 103.
loin. 91.
lore. 95.
lower eyelid. 94, 105.
lower gill arch. 98.
lower mandible. 95.
lumbar vertebrae. 92.
lunule. 101.
malar region. 95.
mandible. 92, 98, 100, 103, 106.
mane. 91.
mantle. 104.
mantle edge. 102.
marginal shield. 109.
maxilla. 98, 103.
maxilliped. 103.
median groove. 93.
mesothorax. 100.
metacarpus. 92, 94.
metatarsus. 92, 105.
metathorax. 100.
middle covert. 96.
middle leg. 100, 106.
middle phalanx. 94.
middle primary covert. 96.
middle toe. 95.
molar. 90.
mollusk. 102.
moose. 89.
morphology. 91, 95, 98.
mouth. 102, 104, 105.
mouthparts. 106.
movable maxillary. 109.
muscle scar. 101.
muscle segment. 99.
muzzle. 94.
nail. 109.
nail hole. 93.

The terms in **bold type** indicate the title of an illustration; those in *italic* correspond to the British terminology.

nape. 95.
neck. 91, 109.
neural spine. 99.
nictitating membrane. 94.
nose. 91.
nose leaf. 108.
nose leather. 94.
nostril. 91, 95, 98, 105, 109.
nuchal shield. 109.
nuclear whorl. 101.
ocelli. 100.
oesophagus. 99, 102.
olfactory bulb. 99.
olfactory nerve. 106.
operculum. 98, 105.
otolith. 99.
outer edge. 93.
outer lip. 101.
outer toe. 95.
ovary. 99.
oyster. 102.
pallial line. 101.
pallial sinus. 101.
palm. 89.
palmar pad. 94.
pastern. 91.
patella. 92.
pearl. 89.
pecten. 106.
pectoral fin. 98.
pedicle. 89.
pelvic fin. 98.
pelvic girdle. 105.
pelvis. 92.
perching bird. 97.
periople. 93.
phalange. 92.
phalanges. 105.
plantar pad. 94.
plantar surface of the hoof. 93.
plastron. 109.
pneumostome. 104.
pollen basket. 106.
pollen brush. 106.
pollen cell. 107.
pollen packer. 106.
pollen press. 106.
position of the ligament. 101.
posterior end. 101.
premaxilla. 98.
premolar. 90.
primaries. 96.
primary covert. 96.
principal edible crustaceans. 103.
principal edible gastropods. 104.
principal edible mollusks. 102.
principal types of bills. 97.
principal types of feet. 97.
proboscis. 100.
proleg. 100.
prothorax. 100.
proximal phalanx. 94.
proximal sesamoid. 92.
pupil. 94.
pygal shield. 109.
pyloric caecum. 99.
pyloric cecum. 99.
quarter. 93.
queen. 106.
queen cell. 107.
queen excluder. 107.
rachis. 96.
radius. 92, 108.
razor clam. 102.
reindeer. 89.
reptile. 109.
retracted claw. 94.
ribs. 92.
rodent's jaw. 90.
roe deer . 89.
roof. 107.
rostrum. 103.
royal antler. 89.
rump. 95.
sacral vertebrae. 92.

scale. 97, 98, 109.
scallop. 102.
scampi. 103.
scapula. 92.
scapular. 96.
sealed cell. 107.
second dorsal fin. 98.
secondaries. 96.
sheath. 91.
shell. 97, 102, 104, 109.
shell membrane. 97.
shoulder. 91.
shrimp. 103.
side wall. 93.
siphonal canal. 101.
skeleton. 92.
skeleton of the hindlimb. 105.
skin. 105.
skull. 92, 99.
snail. 104.
snout. 105.
soft ray. 98.
soft shell clam. 102.
sole. 93.
spinal cord. 99.
spine. 101.
spiny lobster. 103.
spiny ray. 98.
spiracle. 100.
spiral rib. 101.
spire. 101, 104.
spleen. 99.
stalked eye. 103.
sternum. 92.
stifle. 91.
sting. 106.
stomach. 99, 102.
super. 107.
superior umbilicus. 96.
surroyal antler. 89.
suture. 101.
swimmeret. 103.
tail. 103, 108, 109.
tail feather. 95.
tarsus. 92, 95, 100, 105, 106.
telson. 103.
tendon. 94.
tentacle. 104.
tertial. 96.
thigh. 91, 95.
thoracic leg. 100.
thoracic vertebrae. 92.
thorax. 100, 106.
throat. 95.
thumb. 108.
tibia. 92, 100, 106, 108.
tibiofibula. 108.
toe. 93, 97.
toe clip. 93.
tongue. 99.
tongue sheath. 109.
tooth. 109.
tragus. 108.
trochanter. 100, 106.
tubercles. 101.
turtle. 109.
tympanum. 105, 109.
types of jaws. 90.
umbilicus. 101.
umbo. 101.
under tail covert. 95.
univalve shell. 101.
upper eyelid. 94, 105.
upper gill arch. 98.
upper mandible. 95.
upper tail covert. 95.
urinary bladder. 99.
urogenital aperture. 99.
uropod. 103.
urostyle. 105.
valve. 101.
vane. 96.
velum. 106.
venom canal. 109.
venom-conducting tube. 109.
venom gland. 109.

venomous snake's head. 109.
ventral aorta. 99.
vertebral column. 99, 105.
vertebral shield. 109.
vertical pupil. 109.
vitelline membrane. 97.
wading bird. 97.
walking leg. 103.
wall. 93.
wapiti. 89.
wax plate. 106.
web. 97.
webbed foot. 105.
whelk. 104.
whiskers. 94.
white line. 93.
white-tailed deer. 89.
whorl. 101.
wing. 96.
wing. 95, 100, 108.
wing covert. 95.
wing membrane. 108.
wing vein. 100.
withers. 91.
worker. 106.
wrist. 108.
yolk. 97.

ARCHITECTURE

1st below-stage. 180.
2nd below-stage. 180.
3rd below-stage. 180.
4th below-stage. 180.
abacus. 170.
abutment. 175.
acanthus leaf. 170.
acoustic ceiling. 179.
acroterion. 171.
aisle. 174.
ambulatory. 174.
annulet. 170.
antefix. 171.
apse. 174.
apsidiole. 174.
arcade. 174.
arch. 175.
arches. 172.
architectural styles. 170.
architecture. 167.
architrave. 170.
archivolt. 175.
astragal. 170.
atrium. 173.
backdrop. 180.
bailey. 177.
balustrade. 182.
barbette. 176.
barbican. 177.
bartizan. 177.
base. 170.
basic plan of the Greek temple. 171.
basket-handle. 172.
bastion. 176.
batten. 180.
battlement. 177.
belfry. 174.
bell tower. 175.
billboard. 178.
box. 179.
box front lights. 179.
brattice. 177.
building. 178.
bungalow. 183.
bus stop. 178.
buttress. 174, 175.
capital. 170.
caponiere. 176.
car. 181.
car buffer. 181.
car guide rail. 181.
car safety device. 181.
castle. 177.
cathedral. 174.

chemise. 177.
choir. 174.
cinema. 178.
city houses. 183.
column base. 170.
comb plate. 182.
compensating cables. 181.
compluvium. 173.
condominium. 183.
controller. 181, 182.
corbel. 177.
corinthian order. 170.
corner tower. 177.
cornice. 171.
cottage. 183.
counterguard. 176.
counterscarp. 176.
counterweight. 181.
counterweight guide rail. 181.
covered parapet walk. 177.
covered postern. 176.
covered way. 176.
crenel. 177.
crepidoma. 171.
cross section of a stage. 180.
crossing. 174.
cubiculum. 173.
curtain. 176.
cut. 180.
demilune. 176.
dentil. 170.
department store. 178.
diagonal buttress. 175.
doric order. 170.
downtown. 178.
drawbridge. 177.
drive sheave. 181.
drum. 170.
duplex. 183.
echinus. 170.
electric motor. 182.
elevator. 181.
embrasure. 176.
entablature. 170.
escalator. 182.
euthynteria. 171.
extrados. 172.
façade. 175.
face. 176.
fascia. 170.
fillet. 170.
final limit cam. 181.
final limit switch. 181.
flank. 176.
flanking tower. 177.
flies. 180.
flight. 175.
floor selector. 181.
fluting. 170.
flying buttress. 174, 175.
footlights. 180.
formeret. 175.
frieze. 170.
gable. 175.
gallery. 175, 179.
garden. 173.
glacis. 176.
gorge. 176.
gothic cathedral. 174, 175.
governor. 181.
Greek temple. 171.
grid. 180.
grill. 171.
ground sill. 176.
guardhouse. 177.
guttae. 170.
hall. 179.
handrail. 182.
handrail drive. 182.
high-rise apartment. 183.
high-rise block. 183.
high-rise office. 178.
high street. 178.
hoarding. 178.

The terms in **bold type** indicate the title of an illustration; those in *italic* correspond to the British terminology.

hoarding. 177.
hoist. 180.
hoist ropes. 181.
horseshoe. 172.
hut. 169.
igloo. 169.
impluvium. 173.
impost. 172.
inner rail. 182.
intrados. 172.
ionic order. 170.
iron curtain. 180.
isba. 169.
keep. 177.
keystone. 172, 175.
kitchen. 173.
Lady chapel. 174.
lamp-post. 178.
lancet. 172.
lift. 181.
lift buffer. 181.
lift guide rail. 181.
lift safety device. 181.
lintel. 175.
litter basket. 178.
litter bin. 178.
lookout tower. 177.
loophole. 177.
louver-board. 175.
louvre-board. 175.
low-rise apartments. 183.
lower landing plate. 182.
machicolation. 177.
main drive chain. 182.
main drive shaft. 182.
main street. 178.
merlon. 177.
metope. 170.
mezzanine. 179.
moat. 176, 177.
modillion. 170.
motor generator. 181.
motor generator set. 181.
mutule. 170.
naos. 171.
narthex. 174.
nave. 174.
neon sign. 178.
news dealer. 178.
newspaper vendor. 178.
ogee. 172.
opisthodomos. 171.
opposite prompt side. 179.
orchestra pit. 180.
orchestra seat. 179.
order. 175.
outer rail. 182.
parade ground. 176.
parapet walk. 177.
parking meter. 178.
parterre. 179.
pedestrian crossing. 178.
pediment. 171.
peristyle. 171, 173.
pier. 172.
piers. 175.
pillar. 175.
pinnacle. 174, 175.
plan. 174.
porch. 174.
portal. 175.
post. 178.
postern. 177.
prompt box. 180.
prompt side. 179.
pronaos. 171.
proscenium. 180.
quadriplex. 183.
ramp. 171.
rampart. 176, 177.
redan. 176.
redoubt. 176.
retrenchment. 176.
roller guides. 181.
Roman house. 173.
rose window. 175.

rosette. 170.
salient angle. 176.
scarp. 176, 177.
scottia. 170.
seat. 179.
second balcony. 179.
secondary sheave. 181.
semi-detached cottage. 183.
semi-detached triplex. 183.
semicircular arch. 172.
shaft. 170.
shop. 173.
shop sign. 178.
shop window. 178.
side chapel. 174.
sima. 170.
slip. 180.
sloping cornice. 171.
slot. 180.
spandrel. 172.
spire. 174.
splay. 175.
springer. 172.
stage. 180.
stage curtain. 180.
stage-house. 180.
statue. 171.
step. 182.
step chain. 182.
stilted. 172.
stockade. 177.
street café. 178.
street light. 178.
street sign. 178.
stylobate. 171.
subway entrance. 178.
tablinum. 173.
taxi rank. 178.
taxi stand. 178.
taxi telephone. 178.
telephone booth. 178.
telephone box. 178.
tenaille. 176.
tepee. 169.
terminal stopping switch. 181.
terminal stopping switch cam. 181.
terrace. 178.
terreplein. 176.
theater. 179, 180.
theater. 178.
theatre. 179, 180.
tile. 171.
timber. 171.
torus. 170.
tower. 174.
town house. 183.
tracery. 175.
trade sign. 178.
traditional houses. 169.
traffic island. 178.
traffic light. 178.
transept. 171.
traveling cables. 181.
travelling cables. 181.
traverse arch. 175.
trefoil. 172, 175.
triclinium. 173.
triforium. 174, 175.
triglyph. 170.
triplex. 183.
truss. 182.
Tudor. 172.
turret. 177.
tympanum. 171, 175.
types of arches. 172.
upstage. 179, 180.
Vauban fortification. 176.
vault. 175.
vestibule. 173.
volute. 170.
voussoir. 172.
wigwam. 169.
wings. 179.
yurt. 169.

ASTRONOMY

air intake. 42.
air space. 42.
airlock. 42.
Altar. 41.
Andromeda. 40.
annular eclipse. 37.
Antarctic Circle. 35.
arch. 42.
Archer. 41.
Arctic Circle. 35.
Arrow. 40.
asteroids. 36.
astronomical observatory. 42.
astronomy. 33.
auditorium. 43.
autumn. 35.
autumnal equinox. 35.
auxiliary projector. 43.
Balance. 41.
barred spiral galaxy. 39.
bay. 38.
Berenice's Hair. 40.
Big Dog. 41.
Bird of Paradise. 41.
bright star projector. 43.
Bull. 40.
Callisto. 36.
Cassiopeia. 40.
celestial co-ordinate system. 35.
celestial equator. 35.
celestial meridian. 35.
celestial sphere. 35.
Centaur. 41.
Cepheus. 40.
Chameleon. 41.
Charioteer. 40.
chromosphere. 37.
cirque. 38.
cliff. 38.
collar. 43.
coma. 39.
comet. 39.
Compass. 41.
constellations of the northern hemisphere. 40.
constellations of the southern hemisphere. 41.
control console. 43.
control room. 43.
convection zone. 37.
core. 37.
corona. 37.
Crab. 40.
Crane. 41, 42.
crater. 38.
Crow. 41.
Cup. 41.
declination. 35.
declination axis. 42.
Deimos. 36.
Dolphin. 40.
dome shutter. 42.
Dove. 41.
Dragon. 40.
dust tail. 39.
Eagle. 40, 41.
Earth. 36, 37, 38.
Earth co-ordinate system. 35.
east-west axis. 43.
elliptical galaxy. 39.
equator. 35.
Europa. 36.
exterior dome shell. 42.
faculae. 37.
far side. 38.
filament. 37.
first quarter. 38.
fish-eye lens. 43.
Fishes. 40.
flare. 37.
flat mirror. 42.
Fly. 41.
Flying Fish. 41.
full Moon. 38.

Furnace. 41.
galaxy. 39.
Ganymede. 36.
gas tail. 39.
Giraffe. 40.
girder. 42.
granulation. 37.
Great Bear. 40.
Hare. 41.
Harp. 40.
head. 39.
hemispherical dome. 43.
Hercules. 40.
Herdsman. 40.
high-power light bulb. 43.
horseshoe mount. 42.
hour angle gear. 42.
Hubble's classification. 39.
Hunting Dogs. 40.
hydrostatic pad. 42.
Indian. 41.
interchangeable end assembly. 42.
interior dome shell. 42.
Io. 36.
irregular galaxy. 39.
Jupiter. 36.
lake. 38.
last quarter. 38.
latitude. 35.
lenticular galaxy. 39.
light from Sun. 38.
Lion. 40.
Little Bear. 40.
Little Dog. 40.
Little Horse. 40.
Little Lion. 40.
Lizard. 40.
longitude. 35.
lunar eclipse. 38.
lunar features. 38.
Lynx. 40.
Mars. 36.
Mercury. 36.
meridian. 35.
Milky Way. 40.
Milky Way projector. 43.
Moon. 38.
Moon. 36, 37, 38.
Moon's orbit. 38.
mountain range. 38.
near side. 38.
Neptune. 36.
Net. 41.
new Moon. 38.
North celestial pole. 35.
North pole. 35.
Northern Crown. 40.
northern hemisphere. 35.
nucleus. 39.
ocean. 38.
Octant. 41.
optical axis. 43.
Orion. 40, 41.
partial eclipse. 37, 38.
Peacock. 41.
Pegasus. 40.
penumbra. 38.
penumbra shadow. 37.
Perseus. 40.
phases of the Moon. 38.
Phobos. 36.
Phoenix. 41.
photosphere. 37.
planet projection system. 43.
planetarium. 43.
planetarium projector. 43.
planetarium projector. 43.
planets of the solar system. 36.
Pluto. 36.
polar axis. 42.
Pole Star. 40.
primary mirror. 42.
prime focus. 42.
prime focus observing capsule. 42.
projection gallery. 43.
projection room. 43.

The terms in **bold type** indicate the title of an illustration; those in *italic* correspond to the British terminology.

prominence. 37.
radiation zone. 37.
Ram. 40.
right ascension. 35.
rigid frame. 43.
riser. 43.
River Eridanus. 41.
rotating dome. 42.
rotating dome truck. 42.
Saturn. 36.
Scorpion. 41.
Sculptor. 41.
sea. 38.
Sea Goat. 41.
Sea Serpent. 41.
seasons of the year. 35.
Serpent. 40, 41.
Serpent Bearer. 40, 41.
Shield. 41.
Ship's Keel. 41.
Ship's Sails. 41.
Ship's Stern. 41.
solar eclipse. 37.
South celestial pole. 35.
South pole. 35.
Southern Cross. 41.
Southern Crown. 41.
Southern Fish. 41.
southern hemisphere. 35.
Southern Triangle. 41.
speaker. 43.
spicule. 37.
spiral arms. 39.
spiral galaxy. 39.
spring. 35.
stage. 43.
star projection condenser. 43.
star projection lens. 43.
star sphere. 43.
structure of the Sun. 37.
summer. 35.
summer solstice. 35.
Sun. 37.
Sun. 35, 36, 37, 38.
sunspot. 37.
Swan. 40.
Swordfish. 41.
symbols of the planets. 36.
Telescope. 43.
telescope base. 42.
telescope control room. 42.
terrestrial sphere. 35.
Titan. 36.
total eclipse. 37, 38.
Toucan. 41.
Triangle. 40.
Triton. 36.
tropic of Cancer. 35.
tropic of Capricorn. 35.
Twins. 40.
umbra. 38.
umbra shadow. 37.
Unicorn. 41.
Uranus. 36.
Venus. 36.
vernal equinox. 35.
Virgin. 40, 41.
wall. 38.
waning crescent. 38.
waning gibbous. 38.
Water Bearer. 41.
Water Monster. 40, 41.
waxing crescent. 38.
waxing gibbous. 38.
Whale. 40, 41.
windscreen. 42.
winter. 35.
winter solstice. 35.
Wolf. 41.
working area. 43.
zenith. 43.

CLOTHING

accessories. 309, 320.

accordion pleat. 304.
adjustable waist tab. 293.
adjustable waistband. 317.
adjustment slide. 294.
all-in-one vest. 315.
ankle length. 297.
ankle sock. 311.
ankle-strap. 319.
anklet. 311.
arm slit. 301.
armhole. 297, 306.
ascot tiee. 295.
athletic shirt. 297.
baby doll. 311.
babygro. 315.
back. 293, 304.
back belt. 300.
back pack. 322.
back pocket. 294.
balaclava. 314.
ballerina. 321.
ballerina. 319.
ballet slippers. 321.
balloon pants. 322.
barrel cuff. 306.
bateau neck. 309.
bathing wrap. 315.
bathrobe. 311.
batwing sleeve. 306.
bell bottoms. 310.
belt. 294.
belt. 291.
belt buckle. 291.
belt carrier. 291, 294, 316.
belt loop. 291, 294, 316.
beret. 314.
Bermuda shorts. 310.
bertha collar. 308.
bib. 315.
bib. 310, 316.
big bowtie. 322.
bikini. 313.
bikini briefs. 297.
binding. 298.
bishop sleeve. 306.
blanket sleepers. 315.
blazer. 321.
bloomers. 317.
blouses. 305.
blucher oxford. 320.
boa. 309.
boater. 314.
body shirt. 305.
body stocking. 317.
body suit. 312.
bolero. 307.
bonnet. 315.
boot jack. 320.
bottom of collar. 305.
bow. 298.
bow collar. 308.
bow tie. 295.
box pleat. 304.
boxer shorts. 297.
bra. 313.
brace clip. 294.
braces. 294.
brassiere cup. 313.
break line. 308.
breast dart. 292.
breast pocket. 292, 295, 305.
breast welt pocket. 293.
briefs. 297.
briefs. 313.
brim. 298, 314.
broad welt. 300.
broad welt side pocket. 291, 304.
buckle. 294.
bulb. 322.
bullfighter. 321.
bunting bag. 316.
button. 291.
button loop. 294.
button strap. 316.
button-through smock. 305.
buttondown collar. 295.

buttoned placket. 295, 301, 305.
buttonhole. 291, 295, 296.
cable. 322.
camisole. 312.
cap. 298, 314.
cap sleeve. 306.
cape. 301.
cape. 321.
car coat. 300.
cardigan. 296, 307.
carrier. 291, 294, 295.
cartwheel hat. 314.
center back vent. 293.
centre back vent. 293.
children's clothing. 315, 316, 317.
christening set. 315.
chukka. 320.
classic. 305.
climbing iron. 320.
clip. 294.
cloche. 314.
clog. 319.
clothing. 289.
clown. 322.
clown shoe. 322.
coat dress. 302.
coats. 300, 301.
collar. 308.
collar. 291, 293, 295.
collar point. 295, 308.
collar stay. 295.
collaret. 308.
combination. 297.
cordless shoe care kit. 320.
corsage. 317.
corselette. 312.
corset. 313.
costumes. 321, 322.
counter. 318.
court. 319.
cowl collar. 308.
cravat. 295.
crease. 294.
crew neck. 315.
crew neck sweater. 296.
crew sweater. 307.
crossover back straps dungarees. 316.
crotch. 297.
crotch piece. 305.
crown. 298, 314.
cuff. 294, 295, 310, 318.
culotte. 302.
cutaway armhole. 306.
décolleté bra. 313.
diaper. 315.
diving suit. 322.
dog ear collar. 308.
double-breasted buttoning. 291, 301.
double-breasted jacket. 293.
double cuff. 306.
draped neck. 309.
draped neckline. 309.
drawers. 297.
drawstring. 292, 321.
drawstring hood. 317.
dress. 315.
dresses. 302.
driving glove. 299.
drop waist dress. 302.
duffle coat. 292.
dungarees. 310.
ear flap. 298.
elastic ankle. 317.
elastic leg opening. 315, 317.
elastic waistband. 315.
elastic webbing. 294.
elastic wristband. 317.
elasticized leg opening. 297.
epaulet. 291, 321.
epaulet sleeve. 306.
espadrille. 319.
Eton jacket. 317.
Eton suit. 317.

evening glove. 299.
executive length. 297.
eyelet. 318.
eyelet tab. 318.
facing. 293.
fall. 308.
false tuck. 315.
felt hat. 298.
felt hat. 314.
fingerless mitt. 299.
fishnet tights. 311.
flap. 298.
flap pocket. 292, 293, 304.
flap side pocket. 293.
flip-flop. 319.
fly. 294, 297.
fly front closing. 300, 317.
fold line. 304.
foot. 315, 316.
footstrap. 310.
foundation slip. 312.
fourchette. 299.
frame. 294.
frilly pants. 315.
frog. 292, 308, 321.
front. 293, 295.
front apron. 295.
front top pocket. 310.
fur hood. 314.
galosh. 320.
garrison cap. 298.
garter. 312, 313.
garter belt. 313.
gather. 305.
gather skirt. 303.
gauchos. 310.
gauntlet. 299.
girdle. 313.
glass port. 322.
glove. 299.
glove finger. 299.
gob hat. 314.
golf hose. 311.
gored skirt. 303.
grow sleepers. 315.
gun flap. 291.
gusset pocket. 304, 307.
gym rompers. 317.
half hoe. 297.
half-slip. 313.
hand warmer pocket. 301.
hand warmer pouch. 304.
hanger loop. 296.
hat. 321.
hat veil. 314.
hatband. 298.
head band. 314.
headgear. 298, 314.
heavy duty boot. 320.
heel. 297, 318.
heel grip. 318.
helmet. 322.
high-back dungarees. 316.
hood. 292.
hooded towelling robe. 315.
hose. 311.
hose. 311.
inset pocket. 304.
inside-leg snap-fastening. 316.
insole. 318, 320.
instep. 297.
interfacing. 295.
inverness cape. 292.
inverted pleat. 304.
jabot. 308.
jacket. 321.
jeans. 310.
jumper. 317.
jumper. 302.
jumpsuit. 316.
jumpsuit. 310.
keeper. 291, 294.
kerchief. 314.
kick pleat. 304.
kilt. 303.
kimono. 311.

The terms in **bold type** indicate the title of an illustration; those in *italic* correspond to the British terminology.

kimono sleeve. 306.
knickers. 310.
knife pleat. 304.
knit shirt. 296.
lace-up. 320.
lapel. 293, 308.
leading edge. 308.
leather end. 294.
leg. 297.
leg-of-mutton sleeve. 306.
lining. 293, 318.
loafer. 320.
long cardigan. 307.
long johns. 297.
loop. 295.
loosely tied bow. 309.
magnesium alloy. 322.
mandarin collar. 308.
mask. 322.
maternity dress. 302.
men's clothing. 291, 292, 293, 294, 295, 296, 297, 298.
mid-calf length. 297.
middle sole. 318.
middy. 305.
midriff band. 313.
mini shirtdress. 305.
mitt. 299.
mitten. 299, 317.
mob-cap. 314.
moccasin. 319.
mock pocket. 301.
modesty. 308.
nappy. 315.
narrow cuff. 306.
neck end. 295.
neckhole. 297.
necklines and necks. 309.
necks. 309.
necktie. 295.
negligee. 311.
net stocking. 311.
nightdress. 311.
nightwear. 311.
nose of the quarter. 318.
notch. 293.
notched lapel. 291, 301, 308.
nylon frilly tights. 315.
nylon rumba tights. 315.
one-bar shoe. 319.
one-piece sleepsuit. 317.
opening. 299.
outside counter. 318.
outside ticket pocket. 293.
outsole. 318.
over-blouse. 305.
overcoat. 292.
overshirt. 305.
overshoe. 320.
pagoda sleeve. 306.
pajamas. 311.
palm. 299.
panel. 294, 313.
pantee corselette. 312.
pants. 294, 310.
pants. 321.
panty girdle. 313.
panty hose. 311.
parka. 292.
parts of a shoe. 318.
patch pocket. 300, 304, 316.
patch pocket with turn-down flap. 300.
pea jacket. 301.
peak. 298.
peaked lapel. 292, 293.
pedal pusher. 310.
pelerine. 300.
pelerine. 300.
perforated toe cap. 318.
perforation. 299.
Peter Pan collar. 308.
pigtail. 321.
pillbox hat. 314.
pinafore. 302, 317.
pinafore. 302.

pink stocking. 321.
placket. 308.
plastic pants. 315.
pleat skirts. 304.
plunging neckline. 309.
pocket handkerchief. 293.
pockets. 304.
pointed hat. 322.
pointed tab end. 295, 306.
polo collar. 308.
polo shirt. 305.
polojama. 317.
pompom. 314.
poncho. 301.
princess dress. 302.
princess seaming. 312.
principal types of shoes. 319, 320.
puff sleeve. 306.
pullover. 307.
pullovers. 296.
pump. 319.
pump. 319.
punch hole. 294, 318.
push up bra. 313.
pyjamas. 311.
quarter. 318.
raglan. 300.
raglan sleeve. 291, 300, 306, 316.
raincoat. 291.
rear apron. 295.
ribbing. 296, 301, 315, 316, 317.
ribbon. 321.
ridge. 304.
right side. 304.
roll. 308.
roll line. 308.
rope belt. 316.
round neck. 309.
rubber. 320.
ruching. 315.
ruffled rumba pants. 315.
ruffled skirt. 303.
safari jacket. 307.
sailor collar. 308.
sailor tunic. 305.
sandal. 319.
sarong. 303.
sash. 321.
schapska. 298.
screen front. 315.
screen print. 316.
seam. 299.
seam pocket. 300, 304.
seaming. 300.
section. 298.
set-in-sleeve. 291, 295, 296, 306.
shank. 318.
shawl collar. 308.
sheath dress. 302.
sheath skirt. 303.
sheepskin jacket. 292.
shirt. 295.
shirt. 321.
shirt collar. 305, 308.
shirt sleeve. 305.
shirttail. 295, 305.
shirtwaist dress. 302.
shirtwaist sleeve. 306.
shoe horn. 320.
shoe rack. 320.
shoe tree. 320.
shoelace. 318.
shoes. 318, 319, 320.
shoeshine kit. 320.
short. 297.
short glove. 299.
short sock. 311.
shorts. 310.
shoulder-strap. 313.
side back vent. 293.
side pocket. 291.
single-breasted coat. 293.
ski cap. 298.
ski pants. 310.
skirts. 303.

skullcap. 298.
slash pocket. 294.
sleeper. 316.
sleeping-suit. 316.
sleepsuit. 315.
sleeve. 293.
sleeve strap. 291.
sleeve strap loop. 291.
sleeves. 306.
slip. 312.
slip-on. 320.
slip-stitched seam. 295.
slipover. 296.
slipover. 307.
slippers. 321.
slit pocket. 294.
smock. 302, 305.
smock. 305.
snap fastener. 299.
snap-fastening adjustable strap. 316.
snap-fastening front. 316.
snap-fastening shoulder strap. 316.
snap-fastening side. 315.
snap-fastening waist. 315.
sneaker. 319.
snowsuit. 317.
sock. 297.
sock. 311.
sock lining. 318.
sole. 297, 321.
southwester. 314.
spencer. 307.
spread collar. 295.
square neck. 309.
stand. 308.
stand-up collar. 308.
steel. 313.
steel hook. 322.
stitch. 318.
stitched pleat. 304.
stitching. 299.
stocking. 311.
stocking cap. 314.
straight skirt. 303.
straight-up ribbed top. 297.
strapless brassiere. 313.
string. 314.
striped trousers. 317.
sundress. 302.
suspender. 313.
suspender belt. 313.
suspender clip. 294.
suspenders. 294.
sweetheart neckline. 309.
T-shirt. 305.
T-shirt dress. 302.
T-strap shoe. 319.
tag. 318.
tailored collar. 301, 308.
tailored sleeve. 306.
tam- o'-shanter. 314.
tassel. 321.
telephone line. 322.
tennis shoe. 319.
thigh-high stocking. 311.
thong. 319.
three-branched air tube. 322.
three-quarter coat. 292.
three-quarter sleeve. 306.
thumb. 299.
tie. 321.
tights. 311.
tights. 321.
tip. 294.
toe. 297, 321.
toe rubber. 319.
toe-strap. 319.
toggle fastening. 292.
tongue. 294, 318.
top coat. 300.
top collar. 293.
top hat. 298.
top lift. 318.
top stitched pleat. 304.
top stitching. 294, 316.

toque. 314.
training shoe. 319.
trench coat. 291.
trilby. 314.
trousers. 294, 310.
tunic. 305.
tunic. 302, 305.
turban. 314.
turn-up. 294, 310.
turtleneck. 296, 307, 308.
tutu. 321.
twin-set. 307.
two-way collar. 291.
types of collars. 308.
types of gloves. 299.
types of headgears. 298.
underwear. 297, 312, 313.
underwiring. 313.
unmounted sleeve. 306.
V-neck. 293, 296.
V-neck cardigan. 296.
V-shaped neck. 309.
vamp. 318.
vest. 293, 315.
vest. 297.
vest. 296, 307, 316, 317, 321.
vest pocket. 307.
vests and pullovers. 307.
vinyl grip sole. 315, 316.
waistband. 294, 297, 301.
waistband extension. 294.
waistcoat. 293, 307.
waistcoat pocket. 307.
waistcoats and pullovers. 307.
watch pocket. 293.
waterproof pants. 315.
welt. 318.
welt pocket. 296, 304.
whiteface. 322.
windbreaker. 301.
windcheater. 301.
women's clothing. 300, 301, 302, 303, 304, 305, 306, 307, 308, 309, 310, 311, 312, 313, 314.
wrap-over dress. 302.
wrap-over skirt. 303.
wrap-over top. 305.
wrap over top. 305.
wraparound diaper shirt. 315.
wraparound dress. 302.
wraparound skirt. 303.
wrist-length glove. 299.
yoke. 295, 305.
yoke skirt. 303.
zipper. 315, 316, 317.

COMMUNICATIONS

acoustic resistance. 387.
acute accent. 357.
adjustable foot. 383.
adressee. 361.
affricate consonants. 358.
air bulb release. 374.
air hole. 367.
align horizontally. 362.
align vertically. 362.
alphabet. 386.
American model. 359.
American proofreading model. 365.
amplifier. 389.
amplifier-tuner. 379.
analogue frequency meter. 379.
ancient. 367.
Anik. 393.
anti-skating device. 380.
aperture scale. 372.
apostrophe. 357, 363.
Arabic. 355.
arm elevator. 380.
arm rest. 380.
Armenian. 355.
armored cord. 388.

The terms in **bold type** indicate the title of an illustration; those in *italic* correspond to the British terminology.

array elevation and tensioning mechanism. 393.
ASA/DIN exposure index. 372.
asterisk. 357.
attitude acquisition. 394.
audio console. 389.
audio control room. 389.
audio input. 382.
audio operator. 389.
audio output. 382.
auto answer indicator. 388.
auto/manual aperture (iris) control. 384.
auto-manual focusing switch. 384.
automatic fade control. 384.
automatic frequency control. 379.
background. 374.
balance control. 379.
ball bearing. 367.
ballpoint pen. 367.
band. 380.
band selectors. 379.
barn doors. 373.
barrel. 367.
base. 380, 392.
base of lamp. 372.
base plate. 380.
baseboard. 376.
bass tone control. 379.
battery. 372.
battery. 371.
battery check meter. 383.
bayonet mount. 368, 370.
begin a new paragraph. 362.
bellows. 376.
between-the-lens shutter. 371.
blue beam. 392.
body. 359, 361.
bold. 365.
bold capitals. 365.
boldface. 365.
boldface capitals. 365.
boom. 374.
boom operator. 390.
brackets. 357.
Braille. 356.
brightness control. 392.
British model. 361.
British proofreading model. 366.
built-in microphone. 384.
bypass contact. 385.
cabinet. 378, 392.
cable. 384.
cable release. 374.
calculator. 372.
calculator dial. 372.
call director telephone. 388.
calls indicator. 388.
camera 1. 391.
camera 2. 391.
camera 3. 391.
camera battery. 383.
camera body. 368.
camera crane. 390.
camera mount. 390.
camera platform. 374.
camera screw. 374.
cameraman. 390.
Canadian model. 360.
cane pen. 367.
capitals. 365.
capitals for initials, small capitals for the rest. 365.
carbon copy. 359, 361.
carbon granules. 387.
cartridge. 367, 371.
cassette. 371.
cassette holder. 381.
cassette loading slot. 382.
catwalk. 390.
cedilla. 357.
center. 362.
center hole. 380.
centre. 362.
centre hole. 380.
chad container bin. 386.

channel selector control. 382.
Chinese. 355.
cine scale. 372.
cinematography. 383.
circumflex accent. 357.
clapper. 387.
clip. 367.
clock. 391.
close up. 362.
close-up lens. 370.
closing salutation. 361.
coil. 387.
coin return bucket. 388.
coin return knob. 388.
coin slot. 388.
coinbox telephone. 388.
collet. 374.
colon. 357, 364, 386.
color analyzer. 375.
color filter. 370.
color filter set. 373.
color temperature switch. 384.
colour analyser. 375.
colour filter. 370.
colour filter set. 373.
colour temperature switch. 384.
column. 374, 376.
column crank. 374.
column lock. 374.
comma. 357, 363, 386.
command antenna. 393.
communications. 353.
company number. 361.
complimentary close. 359.
condenser. 376, 377.
cone. 378.
conical snoot. 373.
connecting cable. 378.
connection and concentration equipment network. 394.
contact printer. 375.
contrast control. 392.
control panel. 389, 390.
controls. 386.
converter. 373.
cooling fan. 377.
copy holder. 386.
cord. 387.
cordless telephone. 388.
correct a letter. 362.
correct a word. 362.
corrections of diacritic symbols. 364.
corrections of errors. 362, 363.
corrections of punctuation marks. 363, 364.
corrections of type. 364.
corrugation. 378.
counter memory button. 382.
counter reset button. 381.
counterweight. 380.
cradle. 387.
cue screen. 391.
cup. 387.
cyclorama. 390.
Danish. 355.
darkroom. 375.
dash. 357, 386.
date line. 359.
dateline. 361.
daylight filter control. 383.
deaf-mute alphabet. 357.
delete. 363.
depth-of-field scale. 370.
deputy sound supervisor. 389.
despin. 394.
developer bath. 375.
developing film. 371.
developing tank. 375.
diacritic symbols. 357.
diagram of a circuit. 385.
dial. 386, 387.
diaphragm. 368, 378, 384, 387.
diaphram. 387.
diffuser. 373.
diffuser filter set. 373.

digital clock. 382.
digital frequency display. 379.
dimmer control. 389.
diphthongs. 358.
disc. 371.
disc camera. 369.
disk camera. 369.
distance scale. 370.
Dolby noise reduction switch. 381.
dot. 386.
drive belt. 380.
dry mounting press. 375.
dust cover. 380.
Dutch. 355.
dynamic microphone. 384.
ear cushion. 378.
earphone jack. 392.
earpiece. 387.
earth. 385.
earth. 393.
earth lead. 380.
earth sensor. 393.
easel. 376.
easel. 375.
eject. 382.
eject button. 381.
electric current source. 385.
electric motor. 371.
electrode. 387.
electromagnet. 385.
electron beam. 392.
electron gun. 392.
electronic flash. 372.
electronic viewfinder. 384.
electronic viewfinder display control. 384.
ellipses. 357.
ellipsis. 357.
enclosure line. 359.
English. 355.
enlarger. 376.
enlarger. 375.
enlarger timer. 375.
enlarging lens. 376.
EP adaptor. 380.
equalizer. 378.
erase button. 388.
examples of satellites. 393.
exclamation mark. 357.
exclamation point. 357.
exposure control. 371.
exposure meter. 372.
exposure value. 372.
exposure-time scale. 372.
exposure value scale. 372.
extendable solar array. 393.
external conductive coating. 392.
extractor fan. 375.
eyecup. 383, 384.
eyecups. 370.
eyepiece. 371, 372.
eyepiece magnifier. 370.
faceplate. 392.
fast forward. 382.
fast-forward button. 381, 388.
fastening screw. 372.
feed tube. 367.
film advance lever. 368.
film drying cabinet. 375.
film footage counter. 383.
film leader. 371.
film-pack. 371.
film path. 385.
film speed indicator. 368.
film transport sprocket. 368.
filming trigger. 384.
films. 371.
filter drawer. 376.
fine tuning knob. 392.
finger stop. 387.
Finnish. 355.
fish-eye lens. 370.
fixing bath. 375.
flash. 373.
flash bracket. 372.
flash lamp. 372.

flash meter. 373.
flash outlet. 372.
flash socket. 383.
flash synchronization terminal. 368.
flash umbrella. 373.
flash unit. 372.
flashbar socket. 371.
flashcube. 372.
floodlight. 390.
floor crew. 390.
floor manager. 390.
FM mode selector. 379.
FM stereo indicator. 379.
foam windscreen. 384.
focus magnifier. 376.
focus setting ring. 384.
focusing control. 383.
focusing knob. 376, 377.
focusing magnifier. 375.
focusing ring. 383.
folding camera. 369.
forward/reverse switch. 383.
fountain pen. 367.
frame counter. 368.
framing control. 383.
French. 355.
French language signs. 356.
French proofreading model. 366.
fricative consonants. 358.
full stop. 357, 363, 386.
function lever. 380.
funnel. 392.
gear train. 371.
geostationary orbit. 394.
geostationary orbit injection. 394.
German. 355.
glass bulb. 372.
glides. 358.
gong. 387.
grave accent. 357.
Greek. 355.
green beam. 392.
grille. 378.
grip. 372.
groove. 380.
ground. 385.
ground lead. 380.
guillotine trimmer. 375.
handgrip. 383, 384.
handle. 385.
handset. 387, 388.
handset cord. 387.
handsfree telephone. 388.
hanger. 377.
head rotation lock. 376.
headband. 378.
headphone. 378.
headphone. 378.
headphone jack. 379, 381.
heat pipe radiator. 393.
height control. 376.
height scale. 376.
Hermes satellite. 393.
Hindi. 355.
hinge. 380.
hoist. 390.
honeycomb diffuser. 373.
host. 390.
hot shoe. 372.
housing. 384, 387.
Hungarian. 355.
hyphen. 357, 364, 386.
incident-light measuring diffuser. 372.
incoming message cassette. 388.
indication of types. 365.
indicator needle. 372.
indoor/outdoor position. 384.
infrared transmitter. 373.
ink. 367.
inked roller. 385.
input selectors. 379.
insert a letter. 362.
insert a word. 362.
insert here. 362.

The terms in **bold type** indicate the title of an illustration; those in *italic* correspond to the British terminology.

insert space. 362.
inside address. 359.
Intelsat. 393.
interchangeable lens. 368.
interchangeable lenses. 370.
international phonetic alphabet. 358.
Inuktitut. 355.
Iranian. 355.
Italian. 355.
italic. 365.
italic boldface capitals. 365.
italic capitals. 365.
jack. 378.
Japanese. 355.
job title. 361.
joint. 367.
key. 385.
keyboard. 386.
label. 380.
lamp. 376, 383.
lamphouse. 376.
launching orbit. 394.
lead-in wire. 372.
lead pencil. 367.
LED peak level meter. 381.
lens. 371, 372, 377.
lens and accessories. 370.
lens aperture scale. 370.
lens cap. 370.
lens hood. 374.
lens mount. 368.
let is stand. 363.
letterhead. 359, 361.
letters. 356, 357.
level controls. 378.
leveling foot. 377.
levelling foot. 377.
lever. 385.
light-reading scale. 372.
light sensor. 372.
lightbox. 375.
lighting and vision control room. 389.
lighting control panel. 389.
lighting director. 389.
lighttight box. 368.
line. 385.
line guide. 386.
lines. 385.
liquid consonants. 358.
listen button. 388.
lock ring. 377.
locked groove. 380.
loudness switch. 379.
loudspeaker. 378, 390.
lower pan-head mounting screw. 374.
macro focusing knob. 383.
magnesium wire. 372.
main cable. 373.
main cord. 377.
mains lead. 377.
manual aperture control. 383.
manual zoom ring. 383, 384.
marker. 367.
mathematical symbols. 356.
mechanical pencil. 367.
medium format SLR (6 x 6). 369.
memory button. 379.
microphone. 378, 388.
microphone boom. 390.
microphone jack. 381.
midrange. 378.
mirror. 368.
modern. 367.
monitor. 391.
monitor bank. 391.
monitor indicator. 379.
monitor pusher. 390.
monitor speaker. 391.
Morse code. 386.
motor. 377.
motor pulley. 380.
mount frame blinder. 377.
mouthpiece. 387.

movable condenser. 376.
move to left. 363.
move to right. 363.
moving coil. 384.
multiple access station. 394.
multiplexing equipment. 394.
name of sender. 361.
nasal vowels. 358.
neck. 392.
neckstrap lug. 368, 384.
negative carrier. 376.
network. 387.
network management center. 394.
network management centre. 394.
nib. 367.
normal mode acquisition. 394.
normal mode satellite. 394.
Norwegian. 355.
numbers. 357.
numerals. 356, 386.
objective lens. 372.
off-on knob. 392.
on/off switch. 383, 384.
on/play button. 388.
opening salutation. 361.
other types. 367.
outgoing announcement cassette. 388.
output lead. 380.
output monitor. 391.
pan handle. 374.
panoramic and tilting head. 374.
paper safe. 375.
paper tape. 385, 386.
paper tape start button. 386.
parabolic antenna. 394.
parabolic reflector. 373.
parentheses. 357, 364.
pause button. 381.
pause/still. 382.
pearl screen. 377.
pen. 385.
pentaprism. 368.
perforation. 371.
perforator. 386.
period. 357, 363, 386.
permanent magnet. 387.
phosphor dot. 392.
photoelectric cell. 371.
photographic accessories. 374.
photographic picture. 377.
photography. 368, 369, 370, 371, 372, 373, 374, 375, 376, 377.
picture tube. 392.
pitch axis. 393.
platter. 380.
play. 382.
play button. 381.
plug. 384.
plunger. 387.
pocket instamatic camera. 369.
point. 367.
polarizing filter. 370.
Polaroid Land camera. 371.
pole piece. 387.
Polish. 355.
Portuguese. 355.
postscript. 359, 361.
power cord. 378, 380.
power switch. 379, 381, 382.
power/timer off switch. 382.
power zoom control. 384.
pre-tuning control. 382.
preamplifier-amplifier. 378.
presenter. 390.
press camera. 369.
preset tuning button. 379.
preview monitor. 391.
print drying rack. 375.
print washer. 375.
printed circuit. 371.
processing rollers. 371.
producer. 391.
production control room. 391.
production control room. 389.
programmable timer. 382.

projection lamp. 377.
projection screen. 377.
projector zoom lens. 383.
proofreading. 362, 363, 364, 365, 366.
propman. 390.
protective window. 392.
pull bail. 377.
punched paper tape reader. 386.
punctuation. 386.
punctuation marks. 356, 357.
push-button. 367, 377.
push-button telephone. 388.
push buttons. 388.
question mark. 357, 386.
quill. 367.
quotation marks. 357, 364.
quotation marks (("csp")). 386.
rangefinder. 369.
reaction control thruster. 393.
receiver. 385, 387.
receiver. 387.
receiving station. 385.
record. 380.
record. 382.
record announcement button. 388.
record button. 381.
record muting button. 381.
recording level button. 381.
recording reproducing head. 383.
recording switch. 383.
red beam. 392.
red safelight filter. 376.
reduce space. 363.
reed panicle. 367.
reel. 375.
reference initials. 359.
reference station. 394.
refill. 367.
reflecting screen. 373.
reflector. 374.
registered office address. 361.
release button. 368.
remote control. 377.
remote control socket. 383.
reset button. 382.
resin-coated paper dryer. 375.
return spring. 385.
rewind. 382.
rewind button. 381, 388.
rewind crank. 368.
right angle finder. 370.
ringer coil. 387.
roll axis. 393.
roll of paper. 386.
Roman metal pen. 367.
rubber mat. 380.
Rumanian. 355.
run in. 362.
run on. 362.
Russian. 355.
saddle. 377.
safe and arm device. 393.
safelight. 375.
salutation. 359.
satellite launcher separation. 394.
screen. 384, 392.
screen case. 377.
script assistant. 391.
self timer. 368.
semi-fish-eye lens. 370.
semicolon. 357, 364, 386.
sender's reference. 361.
sending station. 385.
set in boldface. 364.
set in capitals. 364.
set in italic. 364.
set in lightface. 364.
set in lower case. 364.
set in roman. 364.
set in small capitals. 364.
setting line. 370.
shadow mask. 392.
SHF antenna. 393.
SHF beacon antenna. 393.
shoe. 377.

shutter. 368.
shutter button. 371.
shutter release. 368.
shutter speed selector. 368.
side-tilt lock. 374.
signature. 359.
signature of sender. 361.
single-lens reflex camera. 368.
single quotation marks. 357.
Sinhalese. 355.
sink. 375.
slash. 357, 386.
slide. 377.
slide changer. 377.
slide mount. 377.
slide projector. 377.
slide tray. 377.
small capitals. 365.
softlight reflector. 373.
solar cell. 393.
solar panel deployment. 394.
something omitted. 363.
sound camera. 383.
sound control room. 389.
sound desk. 389.
sound engineer. 389.
sound-on-sound control. 383.
sound projector. 383.
sound reproducing system. 378, 379, 380, 381.
sound supervisor. 389.
Spanish. 355.
speaker. 378.
speaker. 383, 392.
speaker selector. 379.
special effects. 391.
speed selector lever. 380.
spindle. 380.
spiral. 380.
spiral-in groove. 380.
spot projector attachment. 373.
spotlight. 390.
spotmeter. 372.
spring. 367.
stand. 373, 374.
standard lens. 370.
steel pen. 367.
stereo camera. 369.
still cameras. 369.
stop. 382.
stop bath. 375.
stop button. 381, 388.
stop consonants. 358.
strip light. 390.
studio. 389.
studio accessories. 374.
studio and control rooms. 389.
studio floor. 390.
studio lighting. 373.
stylus. 367.
stylus cartridge. 380.
subject. 361.
subject line. 359.
subminiature camera. 369.
subscript. 364.
sun direction. 394.
sun sensor. 393.
superscript. 364.
supertweeter. 378.
supply reel. 383.
Swedish. 355.
switch. 372.
switchboard. 394.
switcher. 391.
switchhook. 387.
Symphony. 393.
sync cable. 373.
synchro cord. 372.
system elements. 378.
tail-out groove. 380.
take back to previous line. 363.
take over to next line. 362.
take-up reel. 383.
take-up spool. 368.
taking mirror. 371.
tape counter. 381, 382.

The terms in **bold type** indicate the title of an illustration; those in *italic* correspond to the British terminology.

tape deck. 381.
tape deck. 378.
tape monitor switch. 379.
tape selector. 381.
tape speed selector. 382.
tape-type indicator. 381.
technical director. 391.
tele-converter. 370.
Telecom 1 satellite. 394.
telecommunication satellites. 393, 394.
telecommunications network. 394.
telecomputer. 394.
teleconference. 394.
telecopy. 394.
telegraph. 385, 386.
telemetry antenna. 393.
telephone answering machine. 388.
telephone cord. 388.
telephone set. 387.
telephoto lens. 370.
teleprompter. 390.
telescopic antenna. 392.
telescoping leg. 374.
teletex. 394.
television. 389, 390, 391, 392.
television set. 392.
telex: teleprinter. 386.
test pattern. 391.
thrust device. 367.
thrust tube. 367.
timer. 375.
timer on switch. 382.
title. 359.
tone arm. 380.
tone control. 383.
tracking control. 382.
trajectory of a satellite. 394.
transfer. 394.
transfer orbit satellite. 394.
transfer orbit solar cell. 393.
transfer scale. 372.
transformer. 373.
transmission-line contact. 385.
transmission of telegraph signals. 385.
transmitter. 385, 387.
transmitter. 387.
transmitter-receiver. 394.
transmitter-receiver terminal. 394.
transparency slide. 377.
transpose lines. 363.
transpose two letters. 363.
transpose two words. 363.
treble tone control. 379.
trigger. 383.
tripod. 374.
tripod. 377.
TT & C belt antenna. 393.
tube. 377.
tuner. 378.
tuning buttons. 379.
turntable. 380.
turntable. 378.
tweeter. 378.
twin-lens reflex camera. 369.
typed name. 359.
types of telephones. 388.
typical letter. 359, 360, 361.
UHF channel selector. 392.
Ukrainian. 355.
umbrella diffuser. 373.
umlaut. 357.
user station. 394.
utility speaker. 391.
varistor. 387.
VCR pause switch. 384.
VHF channel selector. 392.
video camera. 384.
video input. 382.
video operator. 389.
video output. 382.
video tape recorder. 382.
video technician. 389.

video/TV selector. 382.
videotape recorder. 389.
Vietnamese. 355.
view camera. 369.
viewfinder. 368, 383.
voltage stabilizer. 376.
volume control. 378, 379, 383, 388.
vowels. 358.
Welsh. 355.
white balance control. 384.
wide angle adapter. 372.
wide-angle lens. 370.
woofer. 378.
wrist strap. 384.
writing brush. 367.
writing instruments. 367.
writing systems of the world. 355.
yaw axis. 393.
zoom lens. 370, 384.
zoom-speed selector. 384.

CREATIVE LEISURE ACTIVITIES

accessories. 501, 509.
alteration line. 503.
arm. 499, 505, 506.
arm nut. 506.
assembly process. 521.
back beam. 508.
back board. 512.
back cornering. 512.
backing. 514.
backing board. 514.
backing hammer. 514.
backing press. 514.
ball. 502, 510.
ball-end. 521.
ball of clay. 519.
ball winder. 510.
banding wheel. 519.
baren. 515.
base. 514.
basic weaves. 511.
beater. 508.
beater handtree. 508.
beater sley. 508.
bed. 513, 518.
bed handle. 517.
bias. 502.
blade. 500, 501.
blade lever. 513.
blanket. 516.
board cutter. 513.
bobbin. 506.
bobbin. 500, 509, 510.
bobbin case. 500.
bobbin lace. 506.
bobbin winder. 510.
bobbin winder. 499.
bone folder. 512.
bookbinding leather. 514.
bottom cylinder. 516, 518.
bound book. 512.
brayer. 516.
breaking pliers. 521.
breast beam. 508.
brush. 515.
buckle. 502.
bullion stitch. 507.
burin. 516.
burnisher. 515.
butt. 506.
cable stitch. 504.
calipers. 517.
cam. 506.
cam lever. 506.
camshaft. 517.
capstan. 516.
carbon. 521.
carriage. 506.
carriage. 505, 506.
cartoon. 521.

cast-on stitches. 504.
central screw. 514.
chain stitch. 507.
change dial. 505.
channel. 521.
chevron stitch. 507.
chisel. 516.
circular needle. 504.
clamp. 505, 510, 513.
claw. 514.
claw weight. 505.
cloth roller. 508.
coiling. 519.
column. 499.
comb. 509.
control knob. 520.
copper foil. 521.
copper plate. 515.
copperplate. 515.
cord. 513.
corner. 512.
couched stitches. 507.
covering. 514.
crank handle. 517.
crochet hook. 504.
cross stitches group. 507.
crossbar. 509, 513.
crossbeam. 508.
crosspiece. 508.
crosswise grain. 502.
crown. 520.
cutting blade. 513.
cutting guide. 513.
cutting line. 503.
cutting wire. 519.
cylinder. 518.
dabber. 516.
damper. 520.
dart. 503.
diagram of intaglio printing. 518.
diagram of letterpress printing. 518.
diagram of planographic printing. 518.
diagram of weaving principle. 511.
diamond head. 521.
disc. 517.
disk. 517.
dressmaker's model. 501.
driving wheel. 510.
dry-point. 517.
dry point. 515.
drypoint. 517.
edge. 501.
electric kiln. 520.
embroidery. 507.
endpaper. 512.
equipment. 515, 516, 517.
etching press. 516.
eye. 500, 501, 509.
eye shield protector. 521.
eyelet. 505.
fabric structure. 502.
face. 514, 521.
fasteners. 502.
feather stitch. 507.
feed dog. 500.
feeding dial. 505.
feet. 514.
felt. 516, 518.
fettling knife. 519.
fine bookbinding. 512, 513, 514.
firing. 520.
fishbone stitch. 507.
fixed blade. 513.
flank. 514.
flat-bed. 499.
flat part. 504.
flat shuttle. 509.
flat stitches group. 507.
flux. 521.
flux brush. 521.
flyleaf. 512.
flywheel. 516, 519.
fold line. 503.

foot control. 499.
foot rest. 519.
fore edge. 512.
frame. 507.
frame. 508, 517.
French knot stitch. 507.
front board. 512.
garment fabric. 502.
garter stitch. 504.
gathering. 512.
gauge. 513.
gear. 510.
gearbox. 517.
glass cutter. 521.
glass cutting. 521.
glass grinder. 521.
gouged section. 518.
groove. 500, 513.
groups of stitches. 507.
grozzing teeth. 521.
hand vice. 515.
hand wheel. 499, 514.
handle. 501, 506, 508, 514, 517, 521.
harness. 508.
harnesses. 508.
hatching. 511.
head. 499, 504, 506, 514.
head roller. 508.
headband. 512.
headcap. 512.
heart. 521.
hearth. 514.
heating element. 520.
heddle. 508, 509.
heddle rod. 509.
heddles. 509.
hemline. 503.
herringbone stitch. 507.
high warp loom. 509.
hinged presser foot. 499, 500.
holder. 521.
hole. 517.
hook. 500, 502, 504, 506.
hook and eyes. 502.
hoop. 507.
ink. 516.
ink roller. 516.
inked surface. 518.
inking slab. 516.
intaglio printing process. 515.
interfacing. 502.
interlining. 502.
interlock. 511.
joint. 512.
knife. 516.
knitting. 504.
knitting machine. 505, 506.
knitting measure. 504.
knitting needles. 504.
knot. 511.
knot stitches group. 507.
lam. 508.
latch. 506.
latch lever. 500.
latch needle. 506.
layout. 521.
lead came. 521.
lead knife. 521.
lead stretcher. 521.
leash rod. 508, 509.
lengthwise grain. 503.
lengthwise grain. 502.
lever. 517.
levigator. 517.
lining. 502.
lip. 521.
litho crayon. 517.
litho pencil. 517.
lithographic press. 517.
lithographic stone. 517, 518.
lithographic tusche. 517.
lithography. 517.
long and short stitch. 507.
loop stitches group. 507.
low warp loom. 508.

The terms in **bold type** indicate the title of an illustration; those in *italic* correspond to the British terminology.

magnet. 501.
mallet. 516.
marking dot. 503.
metal plate. 518.
mortise. 507.
motor. 499.
muffle. 520.
muslin. 515.
nails. 509.
neck. 514.
needle. 500.
needle. 499, 500, 501.
needle bar. 500.
needle bed. 505.
needle bed. 505.
needle bed groove. 505.
needle clamp. 500.
needle clamp screw. 500.
needle plate. 499.
needle threader. 501.
needle threader. 500.
needle tool. 519.
notch. 503.
oilstone. 515.
Oriental couching stitch. 507.
other techniques. 511.
paper. 518.
pattern. 503.
pattern. 506, 521.
pattern reader. 505.
pattern scissors. 521.
peephole. 520.
peg. 507, 510.
pillow. 506.
pin. 501.
pin cushion. 501.
pinking shears. 501.
pivot. 501.
plain weave. 511.
plaster bat. 519.
platen. 514.
point. 500, 504.
post. 508, 520.
pottery. 519, 520.
press bed. 516, 517.
presser bar. 500.
presser foot. 500.
presser foot lifter. 499.
pressing. 514.
pressing board. 514.
pressure screw. 516, 517.
pricker. 506.
printed image. 518.
printing. 518.
pumice correcting pencil. 517.
punch card. 505.
punch card feeding dial. 505.
punch card feeding mechanism. 505.
punch card reader. 505.
pyrometer. 520.
pyrometric cone. 520.
rail. 505.
raised band. 512.
ratchet. 508.
ratchet wheel. 508.
red ocher pencil. 517.
red ochre pencil. 517.
reed. 508.
reed hooks. 510.
refractory brick. 520.
release treadle. 508.
relief printing process. 516.
revolving cylinder. 506.
rib stitch. 504.
ribs. 519.
ring. 502.
rocking tool. 515.
rod. 509.
roulette. 515.
Roumanian couching stitch. 507.
round eye. 502.
row indicator. 505.
ruler. 513.
safety pins. 501.
saggar. 520.

sample. 504.
satin weave. 511.
sawing-in and sewing. 513.
scissors. 501.
scraper. 515, 517.
scraper bar. 518.
scraper bar holder. 517.
screw eye. 508.
seam allowance. 503.
seam line. 503.
seat. 519.
selvage. 502.
separators. 505.
sew-through buttons. 502.
sewing. 499, 500, 501, 502, 503.
sewing frame. 513.
sewing machine. 499, 500.
sewing spool. 499.
shaft. 510, 519.
shank. 500, 501, 504, 506.
shank button. 502.
shed stick. 509.
sheet. 512.
shelf. 520.
shuttle. 509.
shuttle. 500.
side lever. 506.
signal lamp. 520.
signature. 512.
sketch. 521.
skirt marker. 501.
slab building. 519.
slat. 507.
slide. 502.
slide-bar. 505.
slide plate. 499.
slit. 511.
slot. 513.
smoking candle. 515.
snap. 502.
socket. 502.
solder. 521.
soldering iron. 521.
soldering process. 521.
spatula. 516.
spine. 512, 514.
spine of the book. 514.
spool. 506.
spool pin. 499.
spool rack. 510.
square. 512.
stained glass. 521.
standing press. 514.
stilt. 520.
stitch length regulator. 499.
stitch patterns. 504.
stitch selector. 499.
stocking stitch. 504.
stop. 502.
stop motion knob. 499.
straight eye. 502.
support. 509.
swift. 510.
tab. 502.
table. 513.
tail. 514.
tail edge. 512.
take-up handle. 508.
tape. 502, 507.
tape measure. 501.
taper. 515.
tapestry bobbin. 509.
tarlatan. 515.
teeth. 502.
temple. 510.
temple. 513.
tenon saw. 513.
tension block. 500, 505.
tension block. 499.
tension controller. 505.
tension dial. 500, 505, 506.
tension disc. 505.
tension disc. 500.
tension disk. 505.
tension guide. 505.
tension spring. 500, 505.

thimble. 501.
thread guide. 499, 500, 510.
thread take-up lever. 499.
thread trimmer. 500.
tip. 521.
tip cleaner. 521.
tongue. 502.
tools. 519.
top cylinder. 516, 518.
top edge. 512.
tracing wheel. 501.
treadle. 508.
treadle cord. 508.
trimming. 513.
trimming tool. 519.
tuck brush. 506.
turning wheel. 519.
twill weave. 511.
tympan. 517, 518.
U-shaped gouge. 516.
underlining. 502.
underlying fabrics. 502.
upright. 508, 509, 513, 514.
V-shaped gouge. 516.
varnish-roller. 515.
vertical frame. 509.
warp. 508, 509.
warp roller. 508.
warp thread. 511.
warping frame. 510.
weaving. 508, 509, 510, 511.
weaving brush. 506.
webbing. 507.
weft. 508.
weft thread. 511.
wheel. 501, 521.
wheel head. 519.
wood block. 518.
wood engraving. 516.
woodcut. 516.
wooden modeling tools. 519.
wooden modelling tools. 519.
work drawing. 521.
worm. 510.
yarn clip. 505.
yarn feeder. 506.
yarn rod. 505.
zipper. 502.
zipper line. 503.

DO-IT-YOURSELF

120-volt circuit. 288.
240-volt circuit. 288.
240-volt feeder cable. 288.
6-point box end wrench. 258.
access panel. 273.
acetylene cylinder. 281.
acetylene valve. 282.
acorn nut. 264.
adjustable channel. 259.
adjustable frame. 262.
adjustable spanner. 258.
adjustable spud wrench. 276.
adjustable wrench. 258.
adjusting knob. 257.
adjusting ring. 260.
adjusting screw. 259, 282.
adjustment wheel. 287.
aerated filter. 277.
aerator. 271.
air cap. 280.
air chamber. 267, 272.
air pressure adjusting screw. 280.
air valve. 280.
angle scale. 263.
anode. 273.
anti-slip shoe. 278.
arc tube. 284.
arc tube mount structure. 284.
arc welding. 281.
arc welding machine. 281.
auger bit. 260.
auxiliary handle. 261.
back. 262, 265.

ball assembly. 271.
ball-cock supply valve. 268.
ball peen. 257.
ball peen hammer. 257.
base. 260, 261, 284.
base elbow. 275.
base plate. 263.
basin wrench. 276.
bath. 269.
bathroom. 269.
bathtub. 269.
belt. 261.
bench saw. 262.
bib tap. 271.
bit. 260.
blade. 257, 258, 262, 263, 285, 287.
blade guard. 262, 280.
blade height adjustment. 262.
blade-locking bolt. 263.
blade tilt lock. 263.
blade tilting mechanism. 262.
blockboard. 265.
blowlamp. 281.
board. 265.
body. 260, 271.
bolt. 264.
bolt. 259.
bolt follower. 266.
bonding jumper. 288.
bonnet. 271.
bottle cart. 281.
box end wrench. 258.
brace. 260.
brace. 279.
branch. 267.
brass ball faucet. 271.
brass floor frange. 268.
bristles. 280.
brush. 280.
building sewer. 267.
bulb. 284.
butt welding. 282.
button. 284.
C-clamp. 259.
cabinet. 269.
cable. 261.
cable ripper. 287.
cable sleeve. 261.
cam ring. 260.
cap. 275, 281, 285.
cap iron. 257.
carpentry. 265.
carpentry: fasteners. 264.
carpentry: tools. 257, 258, 259, 260, 261, 262, 263.
cartridge fuse. 285.
cartridge stem. 271.
central ply. 265.
chain pipe wrench. 276.
check valve. 277, 282.
cheek. 257.
chipboard. 265.
chuck. 258, 260, 261.
chuck key. 261.
circuit breaker. 285.
circuit vent. 267.
circular saw. 263.
circular saw blade. 263.
cistern lid. 269.
clamp. 277, 285.
claw. 257.
claw hammer. 257.
cleanout. 270.
closet bend. 267.
cold-water line. 268, 273.
cold-water riser. 267.
cold-water shutoff valve. 273.
cold-water supply line. 272.
collet. 260.
collet nut. 260.
column. 261.
combination box and open end wrench. 258.
combination pliers. 287.
combination spanner. 258.

The terms in **bold type** indicate the title of an illustration; those in *italic* correspond to the British terminology.

769

compression coupling. 270.
compression fitting. 274.
conical washer. 268.
connector. 288.
container. 280.
continuity tester. 286.
copper pipe. 274.
copper to plastic. 275.
copper to steel. 275.
core plywood. 265.
countersink. 260.
countersunk. 264.
cover. 271.
cover. 269.
crank. 260.
crimper. 287.
cross head (Phillips). 264.
curved jaw. 259.
cutter. 287.
cutting nozzle. 282.
cutting oxygen handle. 282.
cutting tip. 282.
cutting torch. 282.
cylinder. 266.
cylinder hole. 266.
cylinder lock. 266.
cylinder pressure gauge. 282.
dead bolt. 266.
decorative sheet. 265.
depth stop. 260.
dimmer switch. 285.
disc seat. 271.
disc seat ring. 271.
discharge line. 277.
dishwasher. 272.
disposable fuel cylinder. 281.
distribution board. 288.
distribution field. 277.
diverter valve. 269.
do-it-yourself. 255.
double kitchen sink. 267.
double pole breaker. 288.
double-twist auger bit. 260.
drain. 267.
drain hose. 272.
drain trap. 270.
drain valve. 273.
drill. 260.
drill press. 261.
drive wheel. 260.
earth clamp. 281.
earth wire. 288.
edge. 265.
elbow. 275.
electric arc. 281.
electric drill. 261.
electric supply. 273.
electric switch. 285.
electric water-heater tank. 273.
electrical box. 285.
electrician's tools. 286, 287.
electricity. 284, 285, 286, 287, 288.
electrode. 281, 284.
electrode holder. 281.
electrode lead. 281.
end grain. 265.
escutcheon. 266, 270.
European plug. 285.
examples of branching. 272.
exhaust tube. 284.
expansion bolt. 264.
extension ladder. 278.
external tooth lock washer. 264.
eye. 257.
face. 257.
face ply. 265.
face shield. 283.
face side. 265.
faceplate. 266.
faucet body. 271.
feed lever. 261.
ferrule. 280.
filament. 284.
filler rod. 282.
filler tube. 268.

fish wire. 287.
fitting. 274.
fittings. 275.
fixed jaw. 258, 259.
fixture drain. 267.
flame spreader tip. 281.
flange bolt. 268.
flange nut. 274.
flare joint. 274.
flare nut. 274.
flare nut spanner. 258.
flare nut wrench. 258.
flat head. 264.
flat tip. 258.
flat washer. 264.
flexible hose. 269.
flexible rubber hose. 272.
flint. 283.
float. 277.
float ball. 268.
float clamp. 277.
fluid adjustment screw. 280.
fluorescent lamp. 284.
flush bushing. 275.
flush handle. 269.
flute. 260.
fluted land. 260.
foldaway ladder. 278.
frame. 259, 279.
front knob. 257.
fruit-picking ladder. 279.
fuse pullers. 286.
fuses. 285.
garbage disposal sink. 270.
garbage disposal unit. 270.
gas. 284.
gasket. 271, 274.
gauntlet. 283.
goggles. 283.
grain. 265.
gravel. 277.
grease trap. 277.
grooved sleeve. 271.
ground bond. 288.
ground clamp. 281.
ground fault circuit interrupter. 288.
ground/neutral bus bar. 288.
ground wire. 288.
grounded receptacle. 277.
grounding prong. 285.
gun body. 280.
hacksaw. 262.
hacksaw. 276.
hammer. 287.
hand drill. 260.
hand shield. 283.
handle. 257, 258, 259, 260, 262, 263, 271, 280, 282.
handsaw. 262.
hardboard. 265.
head. 260, 264.
head tube. 282.
heads. 257.
heat deflecting disc. 284.
heel. 257, 262.
hexagon bushing. 275.
hexagonal ring spanner. 258.
high-temperature cutoff. 273.
high-voltage tester. 286.
hoisting rope. 278.
hollow-wood construction. 265.
hook ladder. 278.
hose. 281.
hot bus bar. 288.
hot-water heater. 267.
hot-water riser. 267.
hot-water supply. 272.
hot-water supply line. 272, 273.
house drain. 272.
housing. 261.
incandescent lamp. 284.
inert gas. 284.
inner ply. 265.
inside knob. 266.
inspection chamber. 277.
inspection cover. 277.

inspection plug. 277.
insulated blade. 286.
insulated handle. 286, 287.
insulating sleeve. 285.
insulation. 273.
internal tooth lock washer. 264.
jaw. 258, 260, 261, 287.
key. 266.
keyway. 266.
knife-blade cartridge fuse. 285.
knob. 266.
knob handle. 263.
knockout. 288.
knurled bolt. 280.
kraft paper. 265.
ladder scaffold. 279.
ladders and stepladders. 278, 279.
laminate board. 265.
laminboard. 265.
lamp socket. 285.
land. 260.
latch bolt. 266.
latch follower. 266.
latch lever. 266.
lateral adjusting lever. 257.
lead-in wire. 284.
lead screw. 260.
lever. 259, 270, 271.
lever cover. 271.
lever tap. 271.
lineman's pliers. 287.
lip. 260.
lock. 266.
lock washer. 264.
locking device. 278.
locking nut. 268.
locking pliers. 259.
locking ring. 258.
locknut. 270.
long-nose pliers. 287.
lower blade guard. 263.
lower guard retracting lever. 263.
lower heating element. 273.
lower thermostat. 273.
main breaker. 288.
main cleanout. 267.
main electrode. 284.
main handle. 262.
main power cable. 288.
mallet. 257.
mechanical connectors. 274.
mercury. 284.
mercury-vapor lamp. 284.
mercury-vapour lamp. 284.
metal A. 282.
metal B. 282.
metal washer. 270.
metal water pipe. 288.
miter gauge. 262.
miter gauge slot. 262.
mitre gauge. 262.
mitre gauge slot. 262.
mitten. 283.
mixing chamber. 282.
mogul base. 284.
monkey wrench. 276.
mortise lock. 266.
motor. 260, 261, 263.
moulded plywood. 265.
movable jaw. 258, 259.
multi-ply plywood. 265.
multimeter. 286.
multipurpose ladder. 278.
multipurpose tool. 287.
nail. 264.
name plate. 261.
neon lamp. 286.
neon screwdriver. 286.
neon tester. 286.
neutral service wire. 288.
neutral wire. 288.
nipple. 275.
nitrogen. 284.
nozzle. 282.
nozzle. 280.

nut. 264.
nut and bolt. 259.
o-ring. 271.
offset. 275.
on-off switch. 277.
one way head. 264.
open end spanner. 258.
open end wrench. 258.
outdoor sill cock. 267.
outer shell. 285.
outlet. 285.
outside knob. 266.
oval head. 264.
overflow. 269.
overflow bend. 267.
overflow pipe. 273.
overflow tube. 268.
oxyacetylene welding. 281.
oxygen cylinder. 281.
oxygen valve. 282.
[P] trap. 267.
packing. 271.
packing nut. 271.
packing retainer ring. 271.
paint roller. 280.
painting upkeep. 278, 279, 280.
particle board. 265.
pawl. 260.
pedestal type sump pump. 277.
peeled veneer. 265.
pencil point tip. 281.
perforated pipe. 277.
Phillips tip. 258.
phosphor coating. 284.
pin. 266, 284.
pin base. 284.
pinch. 284.
pinion. 260.
pipe. 274.
pipe coupling. 275.
pipe threader. 276.
pipe wrench. 276.
pistol grip handle. 261, 262.
pivot. 287.
plane. 257.
plastic insulator. 288.
platform. 279.
platform ladder. 279.
plug. 285.
plug. 261.
plug fuse. 285.
plumbing. 267, 268, 269, 270, 271, 272, 273, 274, 275, 276, 277.
plumbing system. 267.
plumbing tools. 276.
plumbing wrench. 276.
plunger. 276.
portable shower head. 269.
pressure regulator. 282.
pressure regulator. 281.
pressure relief valve. 273.
protective clothing. 283.
protective sheet. 265.
public water main. 267.
pulley. 261, 278.
pulley safety guard. 261.
pump motor. 277.
pump suction head. 277.
push-button. 266.
quill. 260, 261.
quill lock. 261.
raised head. 264.
ratchet. 258, 260.
receptacle analyzer. 286.
reducing coupling. 275.
refill tube. 268.
reflector. 284.
release lever. 259.
removable blade. 280.
removable lid. 277.
retainer nut. 271.
rib joint pliers. 259.
ring nut. 274.
ring spanner. 258.
rip fence. 262, 263.

The terms in **bold type** indicate the title of an illustration; those in *italic* correspond to the British terminology.

rip fence adjustment. 262.
rip fence guide. 262.
rip fence lock. 262.
rivet. 259.
Robertson tip. 258.
roller cover. 280.
roller frame. 280.
rolling ladder. 279.
roof flashing. 267.
roof vent. 275.
rope ladder. 278.
rose. 266.
rotor. 266.
round head. 264.
router. 260.
rubber gasket. 270.
rubber washer. 270.
rung. 278.
safety rail. 279.
scraper. 280.
screen. 271.
screw. 264.
screw. 266.
screwdriver. 258.
scum. 277.
seal. 273.
seat. 269.
septic tank. 277.
septic tank first compartment. 277.
septic tank second compartment. 277.
shank. 258, 260, 264.
shelf. 279.
shoulder. 264.
shoulder bolt. 264.
shower and tub fixture. 267.
shower head. 269.
shutoff switch. 277.
shutoff valve. 267, 268, 270, 272.
side handle. 260.
side rail. 278.
single-handle kitchen faucet. 271.
single-handle kitchen faucet. 270.
single-handle kitchen tap. 270, 271.
single pole breaker. 288.
single twist. 260.
sink. 270.
sink. 269.
sink strainer. 270.
slip joint. 259.
slip joint pliers. 259.
slot. 264.
slotted wall bracket. 269.
sludge. 277.
soap dish. 269.
socket. 285.
socket head (Robertson). 264.
soil-or-waste stack. 267.
solder. 283.
soldering and welding. 281, 282, 283.
soldering gun. 281.
soldering iron. 281.
soldering torch. 281.
spanners. 258.
spindle. 266, 271.
spindle hole. 266.
spiral. 258.
spiral ratchet screwdriver. 258.
spout. 271.
spout assembly. 270.
spray head. 270.
spray hose. 270.
spray paint gun. 280.
spreader adjustment valve. 280.
spring. 259, 266, 271.
spring washer. 264.
spring wing. 264.
spur. 260.
square head plug. 275.
stack vent. 267.
standpipe. 267.
starting electrode. 284.
starting resistor. 284.

stator. 266.
steel to plastic. 275.
stem. 284.
stem faucet. 271.
step. 279.
step stool. 279.
stepladder. 279.
straight jaw. 259.
straight ladder. 278.
strainer. 271.
strainer body. 270.
strainer coupling. 270.
strainer plug. 271.
strainer sleeve. 270.
strap wrench. 276.
strike plate. 266.
striker. 283.
stub out. 268.
sump. 277.
supplies. 285.
supply line. 267.
supply tube. 270.
support. 284.
switch. 260, 261, 285.
switch plate. 285.
swivel base. 259.
swivel head. 259.
swivel lock. 259.
table. 261, 262.
table extension. 262.
table-locking clamp. 261.
tailpiece. 270.
tank ball. 268.
tank lid. 269.
tap body. 271.
tee. 272, 275.
teeth. 262.
terminal. 285.
test-lamp. 286.
tester probe. 286.
thread. 264, 271.
threaded cap. 275.
threaded rod. 264.
throat. 259.
thumbscrew. 258.
tip. 258, 263, 264, 281, 282.
tip cleaners. 283.
tipping valve faucet. 271.
tipping valve tap. 271.
tissue holder. 269.
toe. 257, 262.
toggle bolt. 264.
toilet. 268.
toilet. 269.
toilet bowl. 268, 269.
toilet cistern. 269.
toilet tank. 269.
tool tray. 279.
tooth. 263.
toothed jaw. 259.
torch. 276.
towel bar. 269.
towel set. 269.
transition fittings. 275.
trap. 270, 275.
trap and drain auger. 276.
trap coupling. 270.
tray. 280.
trigger. 280.
trigger switch. 263.
trip lever. 268.
tube cutter. 276.
tube end. 274.
tube flaring tool. 276.
tubular lock. 266.
tumbler holder. 269.
turning handle. 260.
twist drill. 260.
U-bend. 275.
union. 274.
union. 274.
union nut. 274.
upper blade guard. 263.
upper heating element. 273.
upper thermostat. 273.
valve seat. 271.

valve seat shaft. 268.
valve seat wrench. 276.
valve stem. 271.
vent hole. 280.
vent line. 275.
vice. 259.
vise. 259.
voltage tester. 286.
voltmeter. 286.
warning plate. 261.
washer. 272.
washer. 271.
washing machine. 272.
waste pipe. 268.
waste stack. 267.
waste tee. 272.
water meter. 267.
water service pipe. 267.
waterproofed electrical supply. 277.
wax seal. 268.
wedge iron. 257.
wedge lever. 257.
weld bead. 281, 282.
welding curtain. 283.
welding torch. 282.
welding torch. 281, 282.
wing nut. 264.
wing nut. 262.
wire cutter. 259, 287.
wire stripper. 287.
wood-based panel. 265.
work lead. 281.
working pressure gauge. 282.
wrenches. 258.
Y-branch. 275.

ENERGY

aboveground pipeline. 644.
aboveground pipeline support. 644.
absorber. 670.
absorber pipe. 670.
absorbing plate. 670.
absorbing surface. 669.
accept machine. 665.
access gallery. 655, 660.
access shaft. 660.
adit. 636.
administration building. 638.
administration office. 648.
administrative building. 660.
aerocondenser. 668.
aerodynamic brake. 672.
afterbay. 651, 652, 655.
air gap. 669.
air hose. 639.
air leg. 639.
air passage. 639.
airlock. 661.
annular shielding slab. 662.
anticline. 640.
antireflection coating. 670.
anvil. 639.
apex. 636.
aquifer. 650.
arch dam. 653.
asphalt. 649.
asphalt process. 648.
asphalt still. 649.
automatic tank gauge. 647.
autorefrigerating devices. 644.
baffle. 646.
ballast tank. 645.
bank. 660.
bank of heliostats. 668.
barge. 645.
barren. 635.
base rock. 650.
base width. 658.
basin. 660.
basin side. 660.
beam gantry. 658.
beam pump. 641.

bearing pad. 663.
belt. 672.
bench. 635.
bench height. 635.
berm. 652.
bit. 639, 640.
bitumen. 650.
bitumen pumping. 650.
bitumen treatment. 650.
blade. 656, 657, 672.
blowout preventer. 640.
boiler. 668.
booster intermediate station. 644.
bottom deck. 647.
bottom ring. 657.
bottom road. 637.
brace. 659.
breather valve. 647.
bridge. 645.
bucket. 657.
bucket chain excavator. 635.
bucket ring. 657.
bucket wheel excavator. 635, 650.
buffer tank. 644.
bulb. 645.
bulb unit. 660.
bulldozer. 635.
bund wall. 647.
bundle. 658.
bunker oil. 649.
burden. 650.
buried pipeline. 644.
busbar. 655.
bushing. 651, 659.
butane carrier. 645.
buttress. 653.
buttress dam. 653.
calandria. 662, 664.
calandria tube. 662.
calandria vault. 662.
canal boat. 645.
CANDU nuclear generating station. 661.
CANDU reactor. 662.
canned failed fuel. 665.
cantilever. 653.
cap. 671.
cap rock. 650.
capacitor. 672.
casing first string. 641.
casing second string. 641.
catalytic reformer. 648.
catalytic reforming plant. 649.
catenary. 661.
center Keelson. 645.
center tank. 645.
central column. 672.
central pumping. 644.
centre Keelson. 645.
centre tank. 645.
charge machine. 665.
chemical treatment. 649.
Christmas tree. 641.
Christmas tree. 644.
chuck. 639.
chute. 637.
circuit breaker. 655, 672.
circulating pump. 669.
closed circuit television/cathode monitor. 666.
coal bunker. 638.
coal mine. 635, 636, 637, 638, 639.
coking plant. 638.
cold air. 669.
collecting tube. 670.
collector. 656.
colliery. 637.
compressed air. 639.
concrete drain. 647.
concrete wall. 669.
condensate. 664.
condensation in water. 667.
condenser. 661.
conductive material. 670.
connection point. 659.

The terms in **bold type** indicate the title of an illustration; those in *italic* correspond to the British terminology.

containment. 666.
containment building. 663.
control lever. 639.
control room. 666.
control room. 643, 651, 660, 661.
control system. 672.
conversion. 667.
conveyor. 635, 638, 650.
coolant. 664, 668, 670.
coolant transfers the heat to the
   steam generator. 667.
cooling tower. 648.
cooling water. 664.
core. 652.
cover plate. 670.
crane. 643.
crater. 635.
creation of a magnetic field. 654.
crest of spillway. 651.
cross cut. 636, 637.
**cross section of a buttress dam.
653.**
**cross section of a concrete
dam. 652.**
**cross section of a gravity dam.
653.**
**cross section of an arch dam.
653.**
**cross section of an
embankment dam. 652, 653.**
**cross section of hydraulic
turbine. 657.**
**cross section of hydroelectric
power station. 655.**
**cross section of power plant.
660.**
crossarm. 658, 659.
crossover cargo deck line. 645.
crown block. 640.
crude oil. 649.
crude oil pipeline. 644.
customer's service entrance. 659.
cut off trench. 652.
cylinder. 639.
**cylindrical parabolic reflector.
670.**
dam. 651, 660.
deaerator. 661, 664.
deaerator storage tank. 661.
deck. 637.
decontamination room. 661.
deposit. 635.
derrick. 640, 643.
desasphalting. 648.
dewaxing. 648.
diagonal. 658.
diesel oil. 649.
digital computer:control/alarm.
   666.
diluent. 650.
diluent recovery. 650.
dip. 636.
disc brake. 672.
discharge liner. 657.
discharge pipe. 646.
discharge pump. 646.
disk brake. 672.
dispatch area. 648.
distribution board. 659.
distributor service loop. 659.
diversion canal. 651.
double glazing. 669.
dousing tank. 661.
downstream face. 652.
downstream shoulder. 652.
downstream toe. 652.
draft tube. 655, 657.
dragline. 650.
drain cock. 647.
drain valve. 647.
drainage blanket. 652.
drainage layer. 652.
drawworks. 640.
drift. 636, 637.
drill collar. 640.
drill pipe. 640.

drill rod. 639.
drill ship. 642.
drilling barge. 642.
drilling rig. 640.
dump. 635, 638.
earth. 653.
earth wire. 659.
earth-wire clamp. 659.
elastic coupling. 645.
electrical distribution system. 666.
electrical room. 661.
**electricity. 651, 652, 653, 654,
   655, 656, 657, 658, 659, 660.**
electricity meter. 659.
electricity pylon. 638.
elevator. 665.
embankment dam. 653.
emergency core cooling. 666.
emptying outlet. 647.
encapsulant. 670.
end cap. 663.
end fitting. 662.
end plate. 663.
end shield. 661.
end shield cooling pipe. 662.
energy integration to the
   transmission network. 654.
energy production. 667.
energy transmission at the
   alternator voltage. 654.
engine. 640.
engine room. 645.
equipment access shaft. 660.
equipment lock. 665.
exhaust port. 639.
face. 635, 637.
failed fuel bay. 665.
failed fuel canning. 665.
fan. 638.
fantail. 671.
fault. 636.
feeder. 662.
feedwater. 664.
fill. 652.
filling inlet. 647.
filter. 652, 669.
finished product storage. 648.
fire station. 648.
fission of uranium fuel. 667.
fitted coupling bolt. 657.
fixed platform. 642.
fixed-roof tank. 647.
flare. 643, 648.
flat plate solar collector. 670.
flexible hose. 639.
flexible hose connection. 639.
floating platform. 642.
floating roof. 647.
floating-roof tank. 647.
floor. 635, 636, 671.
flow bean. 641.
fluid coking plant. 648.
fluid inlet. 670.
fluid outlet. 670.
foam monitor. 645.
focusing. 668.
force of the water on the blades.
   654.
fore and aft gangway. 645.
foundation. 653.
foundation of dam. 652.
fractionating tower. 649.
frame. 670, 672.
Francis turbine. 657.
fuel. 664.
fuel bundle. 663.
fuel bundle. 663.
fuel fabrication. 667.
fuel handling control console. 666.
fuel handling sequence. 665.
fuel pellet. 663.
fuelling machine. 661, 664.
furnace. 668.
fuse. 659.
fuse cutout. 659.
fuse holder. 659.

gallery. 671.
gantry crane. 651, 655.
gas. 640.
gas lift. 641.
gas lift valve. 641.
gas oil. 649.
gas turbine. 643.
gas under pressure. 641.
gasoline. 649.
gasometer. 638.
gate. 655, 660.
gate operating ring. 657.
gearbox. 672.
**generating station flow diagram.
664.**
generator. 656.
generator. 655, 656, 661, 664,
   666, 672.
gravity dam. 653.
greases. 649.
greenhouse. 669.
ground. 647.
ground wire. 659.
ground-wire clamp. 659.
ground-wire peak. 658.
guide bearing. 656.
guy wire. 672.
hammer drill. 639.
hand rail. 651.
handle. 639.
hatch. 645.
haulage road. 635.
head of water. 654.
headbay. 651.
header. 661, 664.
headframe. 636, 638.
heat exchanger. 669.
heat production. 667.
heater. 664.
heating oil. 649.
heavy gasoline. 649.
heavy petroleum. 649.
heavy water. 664.
helideck. 643.
heliostat. 668.
hemlath. 671.
high pressure turbine. 664.
high-tension energy transmission
   to consumers. 654.
hill. 668.
hoist room. 636, 638.
hook. 640.
**horizontal-axis wind turbine.
672.**
horizontal flux detector. 662.
horizontal member. 658.
hot line connector. 659.
hot water extraction. 650.
hub. 657, 672.
hub cover. 657.
hydroelectric complex. 651.
hydrofiner. 648.
impervious rock. 640.
inactive dyke. 660.
inclined shaft. 636.
inlet. 639.
insulation. 669, 670.
insulator. 659.
ion chamber. 662.
jack-up platform. 642.
jacket. 643.
jackleg drill. 639.
jet fuel. 649.
K frame. 658.
Kaplan turbine. 657.
kelly. 640.
kerosene. 649.
laboratory. 648.
ladder. 671.
lagging. 647.
lamp room. 638.
landing. 637.
lattice tube. 662.
level. 637.
lifeboat. 643.
light. 670.

lightning arrester. 655, 659.
line printer. 666.
liquefied gas petroleum treatment.
   648.
liquefied petroleum gas storage.
   648.
liquid-level gauge. 647.
living quarters. 643.
loading belt. 635.
loading pocket. 637.
lock. 660.
log chute. 651.
logging unit. 643.
long residue. 649.
low pressure steam piping. 661.
low pressure turbine. 664.
low-tension distribution line. 659.
lubricants plant. 649.
lubricating oils. 649.
machine hall. 651, 655.
main inlet. 647.
main leg. 658.
main shaft. 638.
main switch. 659.
mains water. 669.
major types of dams. 653.
major types of turbines. 657.
manhole. 646, 647.
manometer. 647.
manway. 637.
marine diesel. 649.
master gate valve. 641.
medium tension distribution line.
   659.
metallic contact grid. 670.
**methane carrier with free-
standing tanks. 645.**
**methane carrier with membrane
tanks. 645.**
**methane carrier with semi-
membrane tanks. 645.**
mine. 650.
mine entrance. 637.
mining. 636.
mining. 666.
miscellaneous auxiliary systems.
   666.
moderator. 664.
moderator heat exchanger. 664.
moderator inlet. 662.
moderator/miscellaneous systems.
   666.
moderator outlet. 662.
moderator pump. 664.
mud pit. 640.
mud pump. 640.
muskeg. 650.
nacelle. 672.
negative contact. 670.
negative region. 670.
neutral conductor. 659.
new fuel loading area. 665.
new fuel port. 665.
new fuel storage room. 665.
node. 658.
**nuclear energy. 661, 662, 663,
   664, 665, 666, 667.**
nuclear fuel cycle. 667.
nuclear reactor. 663.
nuclear reactor. 667.
offshore drilling. 642.
offshore well. 644.
**oil. 640, 641, 642, 643, 644, 645,
   646, 647, 648, 649, 650.**
oil. 640.
oil and gas foam. 641.
oil/gas separator. 643.
oil reservoir. 639.
oil sand. 650.
oil sands mining plant. 650.
oil trap. 640.
oiler. 639.
open-pit mine. 635.
open-pit mine. 636.
operating dam. 660.
operating floor. 660.

The terms in **bold type** indicate the title of an illustration; those in *italic* correspond to the British terminology.

operator desk. 666.
ordinary water turns into steam. 667.
ore. 635, 636.
ore deposit. 636.
ore pass. 637.
outcrop. 636.
overburden. 635, 637.
overhead connection. 659.
overhead crane. 661.
overhead earth wire. 658.
overhead ground wire. 658.
P-N junction. 670.
panel. 637, 658.
parabolic mirror. 668.
paraffins. 649.
Pelton turbine. 657.
pencil. 663.
penstock. 651, 655, 660.
peripheral joint. 653.
petrochemical industry. 649.
petrochemicals. 649.
petrol. 649.
petroleum. 649.
phase conductor. 659.
pier. 642.
pile. 643.
pillar. 637.
pinch. 636.
pipeline. 644, 650.
piston. 639.
pitching. 652.
pithead. 638.
plunger. 641.
pneumatic hammer. 639.
poison injection nozzle. 662.
poison tank. 661.
polymerization and alkylation units. 648.
pool. 669.
positive contact. 670.
positive region. 670.
post. 671.
post mill. 671.
potable water tank. 643.
power line. 651.
power lines take the electricity to communities. 667.
power plant. 648.
power station. 638, 660.
power system. 672.
powerhouse. 651, 655.
pressure gauge. 641.
pressure relief pipe. 662.
pressure tube. 663.
pressurizer. 661, 664.
primary heat transport system. 666.
primary pump. 664.
production of electricity from nuclear energy. 667.
production platform. 643.
pulvino. 653.
pump. 637, 668.
pumping station. 644.
pumping unit. 641.
pyrolysis. 650.
quarters. 645.
radiation. 669.
radioactive waste storage. 667.
rail track. 638.
raise. 636.
ramp. 635.
reactivity control device. 662.
reactor. 661, 664, 665, 667.
reactor building. 661, 663, 665.
reactor regulating system. 666.
reactor vessel. 663.
reception bay. 665.
reclaimed water. 650.
redundant bracing. 658.
refinery. 648.
refinery. 644.
refinery products. 649.
refining. 667.

reflecting surface. 668.
reflector. 670.
rerunning. 648.
reserve mud tank. 643.
reservoir. 651, 652, 655.
retainer. 639.
retaining spring. 639.
rocks. 653.
roof. 635, 636.
room. 637.
rotary table. 640.
rotation of the rotor in the stator. 654.
rotation of the turbine. 654.
rotor. 655, 656, 671, 672.
rotor shaft. 672.
runner. 656, 657.
runner blade. 657, 660.
rupture disc. 662.
rupture disk. 662.
safety valve. 664.
sail. 671.
sail cloth. 671.
sailbar. 671.
salient pole. 656.
salt water. 640.
sand-rock. 650.
scale. 647.
screen. 655.
scroll case. 655.
sea. 660.
sea side. 660.
seal. 670.
sealing ring. 647.
secondary inlet. 647.
self-contained platform. 642.
semi-submersible. 642.
semitrailer. 646.
service box. 659.
service building. 665.
settling basin. 638.
settling pond. 648, 650.
settling tank. 645.
shaft. 655, 656, 657.
shaft collar. 637.
sheath. 663.
shell. 647.
shutdown system no. 1. 666.
shutdown system no. 2. 666.
shutter. 669.
skid pad. 644.
soil. 653.
solar cell. 670.
solar collector. 669.
solar energy. 668, 669, 670.
solar furnace. 668.
solar house. 669.
solar radiation. 668, 669, 670.
solvent extraction unit. 649.
spacer. 663.
spent fuel discharge room. 665.
spent fuel port. 665.
spent fuel storage bay. 663, 665, 667.
spherical parabolic reflector. 670.
spillway. 651.
spillway chute. 651.
spillway gate. 651.
spiral case. 656, 657.
spiral staircase. 647.
splash plate. 647.
spray nozzle. 647.
stairs. 646.
stand. 670.
starter. 672.
stator. 655, 656.
stay ring. 656, 657.
stay vane. 656, 657.
steam. 664.
steam cracker. 648.
steam drive oil sands recovery process. 650.
steam generator. 661, 664, 668.
steam generator system. 666.
steam injection. 650.

steam pipe. 661, 664.
steam pressure drives turbine. 667.
steam separator. 664.
steel ball shielding. 662.
steps in production of electricity. 654.
stock. 671.
stop. 644.
stope. 636.
storage tank. 643, 649, 664, 668, 669.
storage tray. 665.
stove oil. 649.
straight run gasoline treatment. 648.
straight run petroleum treatment. 648.
strainer. 641.
strip mine. 635.
structure. 651.
strut. 660, 672.
sublevel. 637.
submarine pipeline. 644.
submersible barge. 642.
substation. 660.
sucker rod. 641.
sump. 636.
supply of water. 654.
supply point. 659.
support. 644.
surface. 638.
suspension insulator string. 658.
switchyard. 666.
swivel. 640.
tail pole. 671.
tailing. 650.
tailrace. 655, 657.
tank. 646.
tank car. 646.
tank farm. 644, 648.
tank gauge float. 647.
tank trailer. 646.
tank truck. 646.
tank wagon. 646.
tank wall. 646.
tankage. 650.
tanker. 645.
target area. 668.
tender. 642.
terminal. 644, 659.
thermal insulation. 644.
thermal storage. 668.
thermometer. 647.
thick-walled pipe. 640.
throttle valve. 639.
tidal power plant. 660.
timber yard. 638.
(to) suppression tank. 664.
tool. 639.
top central manhole. 646.
top deck. 647.
top of dam. 651, 652, 655.
top road. 637.
towboat. 645.
tower. 658.
tower. 638, 668, 671, 672.
tower body. 658.
tower foot. 658.
tower mill. 671.
tower top. 658.
tower-type solar power station. 668.
tower window. 658.
tractor. 646.
training wall. 651.
transfer canal. 665.
transfer of heat to ordinary water. 667.
transfer station. 636.
transformation of mechanical work into electrical energy. 654.
transformer. 655, 659, 668, 672.
transformer station. 655.
transmission network. 667, 668.
transmission of the rotative movement to the rotor. 654.

transverse baffle. 646.
transverse bulkhead. 645.
traveling crane. 655.
travelling block. 640.
travelling crane. 655.
trench. 635.
Trombe wall. 669.
Trombe wall. 669.
tube sheet. 662.
tubing. 641.
tubing head. 641.
tubular heater. 649.
tubular member. 643.
turbine. 655, 666.
turbine building. 661.
turbine runner. 660.
turbine shaft turns generator. 667.
turbined water draining. 654.
turbo-alternator. 668.
underground. 638.
underground mine. 637.
upstream blanket. 652.
upstream face. 652.
upstream shoulder. 652.
upstream toe. 652.
utilities plant. 650.
vacuum distillation. 649.
valve. 639.
vein. 636.
ventilation shaft. 638.
vertical-axis wind turbine. 672.
vertical shaft. 636.
vibrating mudscreen. 640.
voltage increase. 654, 667.
voltage induction. 654.
waist. 658.
wall. 636.
warm air. 669.
washery. 638.
water cools the used steam. 667.
water hose. 639.
water intake. 655.
water is pumped back into the steam generator. 667.
water reservoir. 638.
water treatment plant. 661.
water under pressure. 654.
watertight bulkhead. 645.
wave wall. 652.
web frame. 645.
wicket gate. 657.
wind turbine. 672.
wind turbine electricity production. 672.
winder house. 636.
winding tower. 638.
windmill. 671.
windshaft. 671.
wing tank. 645.
winze. 636.
workshop/store. 648.

FARMING

agricultural machinery. 162, 163, 164.
air fan. 165.
backing light. 162.
barn. 161.
beam. 163.
beater. 165.
beehive. 161.
bottom. 163.
buildings. 161.
bunker silo. 161.
cardan shaft. 162.
chaffer sieve. 165.
combine harvester. 165.
concave. 165.
coulter. 163.
covering disc. 164.
covering disk. 164.
cowshed. 161.
crop elevator. 165.
crossbar. 162.

The terms in **bold type** indicate the title of an illustration; those in *italic* correspond to the British terminology.

773

cultivator. 163.
cup conveyor. 164.
cutter bar. 165.
dairy. 161.
discharge spout. 162, 163.
divider. 165.
drive shaft. 162.
electrified fence. 161.
elevator. 162.
engine. 165.
fallow. 161.
farmhouse. 161.
farmyard. 161.
fertilizer distributor. 164.
field heap spreader. 164.
finger. 162.
fingerwheel. 164.
fodder corn. 161.
frame. 163.
frog. 163.
grain auger. 165.
grain pan. 165.
grain sieve. 165.
grain tank. 165.
grain unloading auger. 165.
grass ley. 161.
greenhouse. 161.
harrow. 162.
hay turner. 164.
heel. 163.
hopper. 164.
implement bar. 162.
knife. 165.
landside. 163.
leg. 163.
loam. 162.
machinery. 165.
machinery store. 161.
manure spreader. 163.
manure spreader box. 163.
moldboard. 163.
motor. 165.
open housing. 161.
orchard. 161.
permanent pasture. 161.
pick-up. 162.
pick-up automatic baler. 162.
pick-up loader. 162.
pickup automatic baler. 162.
pickup loader. 162.
pickup reel. 165.
pigsty. 161.
potato planter. 164.
poultry house. 161.
power take off. 162.
reciprocating knife mower. 162.
reel. 164.
return elevator. 165.
reversing light. 162.
ribbing plough. 163.
ribbing plow. 163.
rotary hoe. 163.
rotating auger. 165.
seed drill. 164.
share. 163.
sheep shelter. 161.
silage harvester. 163.
skimmer. 163.
spider. 163.
spike-tooth. 162.
spreading rotor. 163.
steering track rod. 162.
steering wheel. 165.
straw walker. 165.
stripper beater. 165.
subsoil plough. 164.
subsoil plow. 164.
tandem disc harrow. 164.
tandem disk harrow. 164.
tooth. 164.
toothed rotor. 164.
tower silo. 161.
towing hook. 162.
tractor. 162.
vegetable garden. 161.
well. 161.

FOOD

agnolotti. 145.
aiguillette de gîte à la noix. 149.
aiguillette de romsteck. 149.
alphabet. 145.
American bread. 146.
American Cheddar. 154.
American corn bread. 146.
American white bread. 146.
Anfrom. 154.
baby shells. 145.
Banon. 155.
basil. 143.
bavette. 149.
Beaumont. 155.
beef. 148, 149, 152.
belly. 150, 153.
best-end. 153.
biscuit. 157.
black rye bread. 146.
blade. 148.
bleu de Bresse. 154.
borage. 143.
Boursault. 154.
bows. 145.
bread. 146.
breast. 147, 151, 153.
Brick. 154.
Brie. 155.
brioche. 156.
brisket. 148, 152.
British cut. 152, 153.
buck shots. 145.
butt portion. 150, 151.
cake. 156.
Camembert. 155.
Canadian Cheddar. 154.
cannelloni. 145.
Cantal. 155.
cappelletti. 145.
Caprice des Dieux. 154.
caraway seeded rye bread. 146.
carré. 150.
carré raccourci. 147.
center cut. 150.
charlotte. 156.
chervil. 143.
chuck. 148.
chuck rib. 152.
chuck short rib. 148.
chump end. 153.
clafoutis. 157.
Colby. 154.
collet. 147, 151.
Comté. 155.
contre-filet. 149.
côtelettes découvertes. 151.
côtelettes premières et secondes.
  151.
côtes. 150.
côtes découvertes. 147.
Coulommiers. 155.
crak rye bread. 146.
crème de Gruyère. 155.
croissant. 146.
cross rib. 148.
crosse. 147, 149, 150.
cuisseau. 147.
culotte. 149.
curly lasagna. 144.
custard pie. 157.
custard tart. 157.
cut ribbed macaroni. 145.
Danish rye bread. 146.
desserts. 156, 157.
dessus de côtes. 147, 149.
dill. 143.
ditali. 145.
doughnut. 156.
Doux de Montagne. 154.
ear loaf. 146.
échine. 150.
elbow macaroni. 145.
English loaf. 146.
entame de romsteck. 149.

entrecôtes couvertes. 149.
entrecôtes découvertes. 149.
épaule. 147, 151.
fedelini. 144.
filet. 150, 151.
fillet. 152.
flanchet. 149.
flank. 147, 148, 151.
flat cake. 156.
food. 141.
foot. 150.
fore rib. 152.
franzipan. 156.
French bread. 146.
French cheeses. 154, 155.
French loaf. 146.
front. 147, 151.
front quarter. 148.
fruit cake. 157.
full brisket. 148.
gateau. 156.
gemelli. 145.
German rye bread. 146.
gigot. 151.
gîte à la noix. 149.
gîte de derrière. 149.
gîte de devant. 149.
gorge. 150.
Gournay. 155.
gros bout de poitrine. 149.
hampe. 149.
haut de côtelettes. 151.
haut de côtes. 147.
head. 153.
heel of round. 148.
herbs. 143.
hind quarter. 148.
hip. 148.
hock. 150, 153.
hyssop. 143.
ice pudding. 157.
Indian chapati bread. 146.
Indian naan bread. 146.
Irish bread. 146.
jambon. 150.
jambonneau arrière. 150.
jambonneau avant. 150.
japonaise fancy. 156.
jarret arrière. 147.
jarret avant. 147.
Jewish hallah. 146.
jowl. 150.
jumeaux. 149.
knuckle. 153.
lamb. 151, 153.
lasagna. 144.
lasagna verde. 144.
leg. 147, 150, 151, 153.
leg, butt portion. 147.
leg, shank portion. 147.
Liederkranz. 154.
loin. 147, 148, 150, 151, 153.
longe. 147.
lovage. 143.
lumache. 145.
macreuse. 149.
mafalde. 144.
mafaldine. 144.
manicotti. 144.
marjoram. 143.
meringue. 156.
meringue gateau. 156.
mezzani. 144.
middle neck. 153.
middle rib. 152.
milieu de poitrine. 149.
milieu de sous-noix. 147.
milk bread. 146.
Mimolette. 155.
mint. 143.
Monterey Jack. 154.
mousse. 157.
Munster. 155.
neck. 147, 148, 151, 152, 153.
neck end. 153.
neck-scrag end. 153.

nerveux de gîte à la noix. 149.
nerveux de sous-noix. 147.
noix. 147.
noix de hachage. 150.
noix pâtissière. 147.
non-skid spaghetti. 144.
noodles. 144.
North American cheeses. 154.
**North American cut. 147, 148,
  150, 151.**
onglet. 147, 149.
oregano. 143.
paleron. 149.
palette. 150.
pancake. 157.
parfait. 156.
Parisian cut. 147, 149, 150, 151.
parsley. 143.
pasta. 144, 145.
pennine. 145.
pens. 145.
Petit-Suisse. 155.
petits fours. 156.
picnic shoulder. 150.
pie. 156.
pied. 150.
pita bread. 146.
plat de côte couvert. 149.
plat de côte découvert. 149.
plate. 148, 152.
poitrine. 147, 150, 151.
Pont-l'évêque. 155.
pork. 150, 153.
Port-Salut. 155.
porterhouse. 148.
profiterole. 156.
puff. 157.
puff pastry. 157.
pumpernickel bread. 146.
quasi. 147.
ravioli. 145.
Reblochon. 154.
rib. 147, 148, 151.
rib eye. 148.
rib portion. 150.
rings. 145.
romsteck. 149.
rond de gîte à la noix. 149.
Rondelé. 154.
Roquefort. 154.
rosemary. 143.
rouelle. 147.
round. 148.
round loaf. 146.
rump. 148, 152, 153.
Russian pumpernickel. 146.
saddle. 153.
sage. 143.
Saint-Marcelin. 155.
Saint-Nectaire. 155.
Sainte-maure. 154.
savarin. 156.
savory. 143.
Scandinavian crak bread. 146.
seeds. 145.
selle. 151.
sesame seeded pita. 146.
shank. 147, 148, 150, 151, 152.
shank portion. 150, 151.
shells. 145.
sherbet. 157.
shin. 152.
short ribs. 148.
shortbread. 156.
shoulder. 147, 148, 150, 151, 153.
shoulder butt. 150.
side. 150.
side rib. 150.
silverside. 152.
sirloin. 148, 152.
sirloin tip. 148.
small bows. 145.
sorbet. 157.
soufflé. 157.
spaghetti. 144.
spinach lasagna. 144.

The terms in **bold type** indicate the title of an illustration; those in *italic* correspond to the British terminology.

spinach noodles. 144.
stars. 145.
strip loin. 148, 152.
surlonge. 149.
sweet bay. 143.
Swiss roll. 157.
T-bone. 148.
tarragon. 143.
tart. 156.
Teleme. 154.
tenderloin. 148, 152.
tenderloin portion. 150.
tendron. 147, 149.
thick flank. 152.
thin flank. 152.
thin macaroni. 144.
thin spaghetti. 144.
thyme. 143.
Tomme aux raisins. 154.
topside. 152.
tortellini. 145.
tranche grasse. 149.
trotter. 153.
turrets. 145.
twisted macaroni. 144.
unleavened bread. 146.
vacherin. 156.
Valençay. 154.
veal. 147, 153.
vermicelli. 144.
very large elbows. 145.
Vienna bread. 146.
waffle. 157.
wheels. 145.
whole loin. 147, 151.
whole wheat bread. 146.
wholemeal bread. 146.
wing. 148.
wing rib. 152.
ziti. 144.

GARDENING

accelerator control. 253.
air filter. 253.
antivibration handle. 253.
arbor. 247.
bar nose. 253.
billhook. 252.
blade. 252.
bulb dibber. 249.
bulb dibble. 249.
bush. 247.
chain brake. 253.
chainsaw. 253.
chainsaw chain. 253.
climbing plant. 247.
clump of flowers. 247.
cutter link. 253.
cutting cylinder. 252.
dibber. 249.
dibble. 249.
digging fork. 248.
draw hoe. 248.
edger. 252.
edging. 247.
engine housing. 253.
fan trellis. 247.
flagstone. 247.
flower bed. 247.
fuel tank. 253.
garden hose. 250.
garden line. 249.
gardening. 245.
grafting knife. 252.
grass catcher. 252.
guide bar. 253.
hand fork. 249.
hand mower. 252.
handle. 253.
hanging basket. 247.
hedge. 247.
hedge shears. 249.
hedge trimmer. 252.
hoe. 248.

hoe-fork. 248.
hook. 248.
hose nozzle. 250.
hose reel. 250.
jet deflector. 252.
lantern. 247.
lawn. 247.
lawn aerator. 251.
lawn edger. 248.
lawn mowers. 252.
lawn rake. 248.
lopping shears. 249.
motor mower. 252.
muffler. 253.
oil pan. 253.
oscillating sprinkler. 250.
paling fence. 247.
path. 247.
patio. 247.
pergola. 247.
pick. 248.
pistol nozzle. 250.
pleasure garden. 247.
pool. 247.
post-hole digger. 248.
pruning hook. 249.
pruning knife. 252.
pruning saw. 252.
pruning shears. 249.
rake. 248.
revolving sprinkler. 250.
rock garden. 247.
roller. 251.
rose. 250.
scuffle hoe. 248.
scythe. 252.
secateurs. 249.
seeder. 249, 251.
shed. 247.
shovel. 248.
sickle. 252.
silencer. 253.
small hand cultivator. 249.
spade. 248.
spading fork. 248.
spark plug. 253.
sprayer. 250.
spreader. 251.
sprinkler hose. 250.
stake. 247.
starter handle. 253.
stop button. 253.
sump. 253.
tank sprayer. 250.
tiller. 251.
tools and equipment. 248, 249, 250, 251, 252.
tree pruner. 249.
trigger. 253.
trowel. 249.
tub. 247.
watering can. 250.
weeder. 249.
weeding hoe. 248.
wheelbarrow. 251.

GEOGRAPHY

1-2 knots. 61.
10 knots. 61.
5 knots. 61.
50 knots. 61.
abyssal hill. 50.
abyssal plain. 50.
action of wind. 58.
Africa. 49.
air temperature. 62, 63.
altitude control system. 65.
altitude scales. 47.
altocumulus. 52.
altostratus. 52.
anemometer. 63.
Antarctic Ocean. 49.
Antarctica. 49.
Arctic. 49.

arctic continental. 62.
arctic maritime. 62.
Arctic Ocean. 49.
artificial satellite. 47.
ash layer. 53.
Asia. 49.
asthenosphere. 47.
Atlantic Ocean. 49.
atmosphere. 47.
Australia. 49.
barb. 61.
barograph. 63.
barometric pressure. 62.
barometric tendency. 62.
basaltic layer. 48.
base plate. 64.
battery. 65.
beach. 48, 51.
Beacon antenna. 65.
bergschrund. 56.
Bering Sea. 49.
Black Sea. 49.
blowing snow. 60.
breaker. 51.
butte. 55.
cactus. 55.
calm. 61.
capped column. 57.
card support. 64.
Caribbean Sea. 49.
Caspian Sea. 49.
cave. 54.
cave. 51.
Central America. 49.
chain of dunes. 55.
check nut. 64.
China Sea. 49.
cirrocumulus. 52.
cirrostratus. 52.
cirrus. 52.
classification of snow crystals. 57.
clear sky. 61.
cleared ground. 63.
cliff. 48, 51.
climates of the world. 59.
cloud amount. 61, 62.
cloud of volcanic ash. 53.
clouds and meteorological symbols. 52.
clouds of vertical development. 52.
cloudy sky. 61.
coast. 48.
collecting funnel. 64.
column. 54, 57.
command antenna. 65.
common coastal features. 51.
complex dune. 55.
Concorde. 47.
condensation. 58.
cone. 53.
configuration of the continents. 49.
container. 64.
continental climates. 59.
continental margin. 50.
continental mass. 50.
continental rise. 50.
continental shelf. 48, 50.
continental slope. 48, 50.
continuous drizzle. 60.
continuous rain. 60.
continuous snow. 60.
crater. 53.
crescentic dune. 55.
crest. 51, 54.
crevasse. 56.
cumulonimbus. 52.
cumulus. 52.
deep-sea floor. 48.
denominations. 57.
depth of focus. 53.
desert. 55.
desert. 59.
dike. 53.

direct-reading rain gauge. 64.
direction in orbit. 65.
dormant volcano. 53.
drifting snow. 60.
dry continental - arid. 59.
dry continental - semiarid. 59.
dry gallery. 54.
dry snow. 57.
dry subtropical. 59.
dune. 51.
Earth's crust. 47, 53.
earthquake. 53.
epicenter. 53.
epicentre. 53.
Eurasia. 49.
Europe. 49.
evaporation. 58.
exosphere. 47.
fault. 48, 53.
firn. 56.
foam. 51.
focus. 53.
fog. 60.
forms. 57.
freezing rain. 60.
fronts. 61.
fumarole. 53.
geography. 45.
geyser. 53.
glacial cirque. 56.
glacier. 56.
glacier tongue. 56.
glass sphere. 64.
glaze. 57.
glazed frost. 57.
gorge. 54.
gour. 54.
granitic layer. 48.
graphic symbols. 57.
Greenland Sea. 49.
ground moraine. 56.
Gutenberg discontinuity. 47.
guyot. 50.
hail. 57.
hail shower. 60.
half barb. 61.
hanging glacier. 56.
headland. 51.
heavy thunderstorm. 60.
high clouds. 52.
high pressure center. 62.
high pressure centre. 62.
highland climates. 59.
hill. 54.
horizon scanner. 65.
humid subtropical. 59.
humid temperate - long summer. 59.
humid temperate - short summer. 59.
humidity. 63.
hurricane. 60.
hydrologic cycle. 58.
hygrograph. 63.
ice. 58.
igneous rocks. 48.
image dissector camera. 65.
in km. 47.
in thousands of feet. 47.
Indian Ocean. 49.
infiltration. 58.
infrared spectrometer. 65.
inner core. 47.
instrument shelter. 63.
interconnecting truss. 65.
intermittent drizzle. 60.
intermittent rain. 60.
intermittent snow. 60.
international weather symbols. 60, 61.
interplanetary space. 47.
interrogation recording and location system antenna. 65.
intrusive rocks. 48.
ionosphere. 47.
irregular crystal. 57.

The terms in **bold type** indicate the title of an illustration; those in *italic* correspond to the British terminology.

isobar. 62.
isoseismal line. 53.
kinds of precipitation. 57.
laccolith. 53.
lagoon. 51.
lapiaz. 54.
lateral moraine. 56.
latitude scale. 64.
lava flow. 53.
lava layer. 53.
lava plateau. 53.
leveling screw. 64.
levelling screw. 64.
lithosphere. 47.
lock nut. 64.
longitudinal dunes. 55.
low clouds. 52.
low pressure center. 62.
low pressure centre. 62.
lower mantle. 47.
lower sphere clamp. 64.
lower support screw. 64.
magma. 53.
magma chamber. 53.
maximum and minimum
    thermometers. 63.
measuring tube. 64.
medial moraine. 56.
Mediterranean Sea. 49.
Mediterranean subtropical. 59.
melting snow. 57.
meltwater. 56.
Mercury capsule (USA). 47.
mesa. 55.
mesosphere. 47.
metamorphic rocks. 48.
meteorological ground. 63.
**meteorological measuring
    instruments. 64.**
meteorology. 62, 63.
meteors. 60.
middle clouds. 52.
mist. 60.
Mohorovicic discontinuity. 47, 48.
mountain. 54.
mountain range. 48.
mountain slope. 54.
mountain torrent. 54.
Mt Everest. 47.
nacreous cloud. 47.
natural arch. 51.
needle. 57.
nimbostratus. 52.
**NIMBUS III meteorological
    satellite. 65.**
noctilucent cloud. 47.
North America. 49.
North Sea. 49.
oasis. 55.
obscured sky. 61.
occluded front. 61.
ocean. 58.
ocean floor. 50.
Oceania. 49.
outer core. 47.
outwash plain. 56.
overcast sky. 61.
ozone. 47.
Pacific Ocean. 49.
palm grove. 59.
parabolic dune. 55.
pass. 54.
peak. 54.
pennant. 61.
piedmont glacier. 56.
pitch nozzle. 65.
plate crystal. 57.
plateau. 54.
polar climates. 59.
polar ice cap. 59.
polar lights. 47.
polar tundra. 59.
precipice. 54.
precipitation. 58.
precipitation area. 62.
present state of weather. 62.

pressure. 63.
pressure change. 62.
**profile of the Earth's
    atmosphere. 47.**
progressive wave. 51.
psychrometer. 63.
rain. 57.
rain gauge. 63.
rain shower. 60.
rainfall. 63.
Red Sea. 49.
resurgence. 54.
ridge. 50.
rift. 50.
rock basin. 56.
rock step. 56.
rocket. 47.
rocky desert. 55.
roll nozzle. 65.
s-band antenna. 65.
saline lake. 55.
salt marsh. 51.
sand bar. 51.
sand island. 51.
sandstorm or dust storm. 60.
sandy desert. 55.
scattered sky. 61.
sea level. 48, 50.
sea-level pressure. 62.
seamount. 50.
section of the Earth's crust. 48.
sedimentary rocks. 48.
seismic wave. 53.
serac. 56.
shaft. 61.
shooting star. 47.
shore. 51.
shoulder. 54.
sill. 53.
sink hole. 54.
siphon. 54.
sky coverage. 61.
sky coverage. 62.
sleet. 57, 60.
slightly covered sky. 61.
smoke. 60.
snow. 58.
snow pellet. 57.
snow shower. 60.
solar panel. 65.
sounding balloon. 47, 63.
South America. 49.
space achievements. 47.
space probe. 47.
spatial dendrite. 57.
sphere support. 64.
spit. 51.
spur. 54.
squall. 60.
stack. 51.
stalactite. 54.
stalagmite. 54.
state of ground. 63.
station circle. 61, 62.
station model. 62.
stationary front. 61.
stellar crystal. 57.
steppe. 59.
still water level. 51.
stratocumulus. 52.
stratosphere. 47.
stratus. 52.
structure of the Earth. 47.
sub-base. 64.
subarctic climates. 59.
sublimation. 58.
submarine canyon. 50.
subterranean stream. 54.
subtropical climates. 59.
summit. 54.
sun. 65.
sun sensor. 65.
sunshine. 63.
sunshine recorder. 64.
sunshine recorder. 63.
support. 64.

surface cold front. 61.
surface runoff. 58.
surface warm front. 61.
swallow-hole. 54.
temperate climates. 59.
temperate marine. 59.
temperature of dew point. 62.
temperature of the soil surface. 63.
terminal moraine. 56.
theodolite. 63.
thermal control shutter. 65.
thermosphere. 47.
thunderstorm. 60.
tightening band. 64.
tombolo. 51.
transform fault. 50.
translation wave. 51.
transpiration. 58.
transverse dunes. 55.
trench. 50.
tropical climates. 59.
tropical maritime. 62.
tropical rain forest. 59.
tropical savanna. 59.
tropical storm. 60.
troposphere. 47.
trough. 51, 62.
type of high cloud. 62.
type of low cloud. 62.
type of middle cloud. 62.
type of the air mass. 62.
underground flow. 58.
upper cold front. 61.
upper mantle. 47.
upper sphere clamp. 64.
upper support screw. 64.
upper warm front. 61.
valley. 54.
vent. 53.
very cloudy sky. 61.
volcanic island. 50.
volcano. 53.
volcano. 48.
volcano during eruption. 53.
water forms. 57.
water table. 54.
waterfall. 54.
wave. 51.
wave base. 51.
wave height. 51.
wave length. 51.
weather map. 62.
wet snow. 57.
wind. 61.
wind. 55.
wind arrow. 61.
wind direction. 61.
wind direction and speed. 62.
wind scale. 61.
wind speed. 62, 63.
wind speed in knots. 61.
wind vane. 63.
X-15 (USA). 47.
yaw nozzle. 65.

HEALTH

absorbent cotton. 629.
adhesive bandage. 629.
adhesive tape. 629.
adjuster. 630.
arm. 631.
arm piece. 630.
arm support. 630.
armrest. 631.
aspirin. 629.
back upholstery. 631.
brake. 631.
Canadian crutch. 630.
canes. 630.
clothing guard. 631.
cotton applicators. 629.
cotton wool ball. 629.
crepe support. 629.
cross brace. 631.

crosspiece. 630.
crutch ferrule. 630.
crutch tip. 630.
crutches. 630.
cuff section. 630.
disposable syringe. 629.
elastic support bandage. 629.
English cane. 630.
English stick. 630.
first aid kit. 629.
foot rest. 631.
forearm crutch. 630.
front wheel. 631.
gauze roller bandage. 629.
handgrip. 630.
handle. 631.
hanger bracket. 631.
health. 627.
heel loop. 631.
hollow barrel. 629.
hub. 631.
insulin syringe. 629.
large wheel. 631.
Luer-Lock syringe. 629.
needle. 629.
needle hub. 629.
ortho-cane. 630.
ortho-stick. 630.
peroxide. 629.
plaster dressing. 629.
plunger. 629.
push rim. 631.
quad cane. 630.
quadripod. 630.
quadruped stick. 630.
rubber ferrule. 630.
rubber tip. 630.
rubbing alcohol. 629.
safety pin. 629.
scissors. 629.
seat upholstery. 631.
spacer. 631.
standard walker. 630.
sterile dressing. 629.
sterile pad. 629.
sticks. 630.
syringe for irrigation. 629.
syringes. 629.
tipping lever. 631.
tripod cane. 630.
tripod stick. 630.
tuberculin syringe. 629.
tweezers. 629.
underarm crutch. 630.
upright. 630.
walking aids. 630.
walking frame. 630.
walking stick. 630.
wheelchair. 631.

HEAVY MACHINERY

A-frame. 675.
aerial ladder truck. 676.
air-cleaner filter. 678.
apron. 682.
arm. 679, 681.
articulating hinge point. 679.
attachments. 680.
backstep. 677.
ball stud of circle drawbar. 680.
barrow. 685.
base. 675.
blade. 678, 680.
blade arm. 680.
blade rotation mechanism. 680.
block. 685.
body lift cylinder. 682.
boom. 675, 679, 681.
boom point sheave. 675.
bottom deckboard. 685.
bowl. 682.
box-beam Y frame. 680.
box pallet. 685.
breathing apparatus. 676.

The terms in **bold type** indicate the title of an illustration; those in *italic* correspond to the British terminology.

bucket. 675, 679.
bucket cylinder. 679.
bucket hinge pin. 679.
bucket tooth. 679.
bulldozer. 678.
cab. 678, 679, 680, 681, 682, 684.
canopy. 682.
carriage. 684.
circle. 680.
clamshell bucket. 681.
collapsible fire ladder. 676.
compressed-air cylinder. 676.
control panel. 676.
control wheel. 677.
counterjib. 683.
counterjib ballast. 683.
counterweight. 681, 683.
crane. 683.
crane runway. 683.
crawler crane. 683.
crawler tractor. 678.
crosshead. 684.
cutting edge. 678, 682.
cylinder. 680, 681.
deluge gun. 677.
diesel engine. 679.
dipper bucket. 681.
dividing breeching. 676.
double-decked pallet. 685.
draft arm. 682.
draft tube. 682.
drag chain. 675.
drag drum. 675.
drag rope. 675.
dragline. 675.
drawbar. 678, 680.
drive axle. 684.
drive wheel. 680.
dump body. 682.
dump rope. 675.
dump truck. 682.
dumper truck. 682.
ejector. 682.
engine. 678, 680, 681, 682.
entry. 685.
exhaust pipe. 678.
filter. 675.
fire engine. 676, 677.
fire hose. 676.
fireman's hatchet. 676.
fitting. 677.
fork. 684.
fork extender. 684.
forklift reach truck. 684.
forklift truck. 684.
forks. 684.
frame. 681, 682, 684.
frame push. 678.
front axle. 680.
front-end loader. 679.
front wheel. 680.
gantry crane. 683.
gooseneck. 682.
grader. 680.
grapple. 681.
hand lamp. 676.
hand truck. 685.
handling engines. 685.
harness. 676.
heavy machinery. 673.
hoisting chain. 675.
hoisting drum. 675.
hoisting rope. 675, 683.
hook. 683.
hook ladder. 677.
horn. 677.
hose truck. 677.
hydrant intake. 677.
hydraulic cylinder. 678, 679, 682.
hydraulic shovel. 681.
hydrolic pallet truck. 685.
jack. 681.
jib. 683.
jib tie. 683.
lever bucket. 679.
lift arm. 679.

lift cylinder. 679, 684.
lifting chain. 684.
live roller. 683.
load backrest. 684.
loudspeaker. 677.
mars light. 677.
mast. 675, 684.
motor. 675.
nozzle. 676, 677.
operator's cab. 675, 683.
operator's seat. 684.
outrigger. 676, 681.
overhead frame. 680.
overhead guard. 684.
pallet truck. 685.
pallets. 685.
pike pole. 677.
pivot cab. 681.
plate push. 682.
platform. 683.
platform trolley. 685.
platform truck. 685.
portable fire extinguisher. 676.
power lift truck. 684.
pumper. 677.
revolving frame. 675.
rib. 682.
ripper. 680.
ripper. 678.
ripper cylinder. 678.
ripper tip. 678.
ripper tooth. 678.
roller circle. 675.
scarifier. 680.
scraper. 682.
scraper engine. 682.
shank protector. 678.
side. 685.
single-decked pallet. 685.
solid rubber tire. 684.
solid rubber tyre. 684.
spotlight. 676, 677.
sprocket wheel. 678.
steering axle. 684.
steering cylinder. 682.
steering wheel. 684.
storage compartment. 676, 677.
stringer. 685.
stringer board. 685.
suction hose. 677.
suspension cable. 675.
swing circle. 675.
tandem drive housing. 680.
telescopic boom. 683.
tooth. 680, 681.
top deckboard. 685.
tower crane. 683.
tower ladder. 676.
tower mast. 683.
track. 678.
track carrier roller. 678.
track grouser. 678.
track idler. 678.
track link. 678.
track roller. 678.
track roller frame. 678.
track shoe. 678.
track shoe. 678.
tractor engine. 682.
transmission. 682.
trolley. 683.
trolley pulley. 683.
truck crane. 683.
turntable. 681.
turntable mounting. 676.
walking cam. 675.
walking shoe. 675.
walkway. 675.
water pressure gauge. 677.
wheel loader. 679.
wheel tractor. 679.
winch. 675.
wing pallet. 685.

HOUSE

access panel. 205.
access ramp. 187.
adjustable pedestal. 205.
air-circulating fan. 206.
air conditioning. 206.
air inlet control. 201.
air tube. 205.
andiron. 201.
angle brace. 190.
angle valve. 203.
aquastat. 204.
Arenberg parquet. 196.
asbestos shingle. 195.
ash lid. 201.
asphalt shingle. 195.
attic. 187.
automatic air vent. 204.
automatic circulating pump. 204.
automatic relief valve. 204.
automatic shut-off. 206.
baffle. 201.
balcony. 188.
baluster. 197.
balustrade. 188.
base. 200.
baseboard radiator. 203.
baseboard register. 202.
basement. 189.
basement window. 187.
basket weave pattern. 196.
bathroom. 189.
batt insulation. 195.
bedroom. 189.
bell roof. 191.
blade. 206.
blanket insulation. 195.
bleeder valve. 203.
blower. 204, 205, 206.
blower motor. 205.
boarding joist. 196.
boiler. 204.
boiler. 203.
bottom rail. 198.
brace. 192.
branch duct. 202.
branch return pipe. 203.
branch supply pipe. 203.
brick. 193.
bridging. 192.
broom. 201.
building materials. 193, 194, 195.
bull's eye. 187.
cabinet. 206.
cap. 197.
capped tee. 202.
car parking. 188.
casement. 199.
casement window. 199.
casing. 203, 206.
caster. 206.
ceiling collar. 202.
ceiling fan. 206.
ceiling grille. 202.
ceiling joist. 192.
ceiling register. 202.
cement. 194.
cement screed. 196.
Chantilly parquet. 196.
chimney. 202.
chimney. 187, 200.
chimney connection. 201.
chimney flue. 200.
chimney pot. 187.
chimney stack. 187.
circulating pump. 203.
closed expansion tank. 204.
closed stringer. 197.
closet. 188, 189.
cold room. 189.
column. 203.
column radiator. 203.
compressor. 204.
concrete block. 193.
condenser. 206.

condenser coil. 206.
condensor. 204.
conical broach roof. 191.
control panel. 206.
convector. 203.
cooling/heating coils. 204.
corbel piece. 200.
corner stud. 192.
cornice. 187, 198.
crest. 187.
damper. 200, 202.
dehumidifier. 206.
detachable handle. 201.
diamond mesh metal lath. 194.
dining room. 189.
dome roof. 191.
door. 198.
door. 187.
doorknob. 198.
dormer. 187.
double plate. 192.
down. 188.
downspout. 187.
drain line. 204.
drain tile. 192.
drain valve. 204.
drip stone. 187.
driveway. 188.
elbow. 201, 202, 203.
electric furnace. 205.
electric motor. 205.
electric supply. 204.
electrode assembly. 205.
enameled hardboard. 194.
enamelled hardboard. 194.
end joist. 192.
entablature. 198.
evaporator. 206.
evaporator coils. 206.
expansion tank. 203.
exterior door. 198.
exterior of a house. 187.
fan. 204, 205, 206.
fan control. 206.
fan motor. 206.
fillet. 187.
filter. 204, 205.
finned tube. 203.
fire irons. 201.
firebox. 201.
firebrick. 205.
firebrick back. 200.
fireplace. 200.
fireplace. 188.
firestopping. 192.
first floor. 188, 189.
flashing. 202.
flat roof. 190.
flight of stairs. 197.
floor. 192.
floor board. 196.
floor joist. 192.
floor tile. 195.
floorboard. 196.
flue collar. 201.
flue damper. 201.
flue pipe. 201.
foam insulation. 195.
foam rubber insulation. 195.
folding. 198.
folding door. 188.
footing. 192.
forced hot-water system. 203.
forced warm-air system. 202.
foundation. 192.
foundations. 192.
frame. 192.
French window. 199.
fresh air inlet. 200.
function selector. 206.
furnace. 202, 204.
fuse block. 205.
gable roof. 190.
garage. 187, 189.
garden. 188.
girder. 192.

The terms in **bold type** indicate the title of an illustration; those in *italic* correspond to the British terminology.

glue. 196.
goose-neck. 197.
grade slope. 188.
gravel. 192.
grille. 206.
ground floor. 188, 189.
guard. 197.
guard rail. 187.
gutter. 187.
gypsum block. 193.
hall. 189.
hallway. 189.
hammer beam. 190.
handrail. 197.
hanging stile. 198, 199.
hardboards. 194.
head of frame. 199.
header. 198, 200.
heating. 200, 201, 202, 203, 204, 205.
heating element. 204, 205.
heating elements indicator. 204.
heating room. 189.
heating unit. 203.
helm roof. 191.
herringbone parquet. 196.
herringbone pattern. 196.
hinge. 198, 199.
hinged door. 188.
hip-and-valley roof. 191.
hip roof. 190.
hood. 200.
hook. 199.
horizontal pivoting. 199.
hot-air register. 202.
hot-water main. 204.
house. 185, 188.
humidifier. 204.
humidistat. 206.
ignition transformer. 205.
imperial roof. 191.
inlaid parquet. 196.
inner hearth. 200.
insulating material. 196.
jalousie. 199.
jamb. 198, 199, 200.
joist. 196.
kitchen. 189.
knee brace. 190.
landing. 189, 197.
laundry room. 189.
lavatory. 189.
lawn. 188.
lean-to roof. 190.
ledger. 192.
lightning rod. 187.
lintel. 200.
living room. 189.
loading door. 201.
lock. 198.
lock rail. 198.
log carrier. 201.
log tongs. 201.
loose fill insulation. 195.
louver. 206.
louvered window. 199.
louvre. 206.
main duct. 202.
main entrance. 188.
main return pipe. 203.
main supply pipe. 203.
manometer. 204.
mansard roof. 191.
mantel. 200.
mantel shelf. 200.
master bedroom. 189.
metal heat reflector. 200.
middle panel. 198.
monitor roof. 191.
mortar. 193.
motor. 206.
motor-compressor unit. 206.
moulded insulation. 195.
muntin. 198, 199.
newel post. 197.
nosing. 197.

nozzle. 205.
ogee roof. 191.
oil burner. 205.
oil pump. 205.
oil supply line. 205.
open stringer. 197.
outdoor condensing unit. 204.
outer hearth. 200.
outlet grille. 203.
overlay flooring. 196.
pan. 206.
pane. 199.
panel. 198.
pantry. 189.
particle board. 194.
patio. 188.
patio door. 188.
pavilion roof. 190.
perforated gypsum lath. 194.
perforated hardboard. 194.
perron. 187.
pipe section. 202.
pipe-wrapping insulation. 195.
pitched roof. 190.
plain gypsum lath. 194.
plan reading. 188.
plan symbols. 198.
plaster. 194.
plasterboard. 194.
plastic-laminated hardboard. 194.
playroom. 189.
plenum. 202.
plywood. 194.
pocket sliding door. 188.
poker. 201.
porch. 187.
pothole lid. 201.
power relay. 205.
prestressed concrete. 193.
principal rafter. 190.
property line. 188.
protective relay. 205.
purlin. 190.
purlin cleat. 190.
rafter. 190, 192.
rail. 187.
rain cap. 202.
refractory fire pot. 205.
refrigerant tubing. 204.
reinforced concrete. 193.
relay. 206.
return air. 205.
return duct. 204.
return main. 204.
ridge beam. 190.
rigid board insulation. 195.
rise. 197.
riser. 197.
rod. 206.
roof structure. 190.
roof vent. 187.
room air conditioner. 206.
rooms of the house. 189.
rotunda roof. 191.
run. 197.
sash-frame. 199.
sash window. 199.
sawtooth roof. 191.
shingle. 195.
shovel. 201.
shutter. 199.
shutting stile. 198.
side entrance. 188.
side post. 190.
sill. 192.
sill of frame. 199.
sill plate. 192.
site plan. 188.
skirting board. 197.
skirting convector. 203.
skirting grille. 202.
skylight. 187.
sliding. 198, 199.
sliding folding. 198, 199.
sloped turret. 191.
smoke dome. 200.

splaying. 200.
split system heating pump. 204.
sprocket. 190.
stairs. 197.
stairs. 188.
stairwell. 189.
standard hardboard. 194.
steel. 193.
step groove. 197.
stile groove of sash. 199.
stile tongue of sash. 199.
stone. 193.
storage space. 189.
storm collar. 202.
strip flooring with alternate joints. 196.
structure. 190, 192, 199.
strut. 190.
stud. 192.
study. 189.
subfloor. 192.
supply duct. 204.
swing. 198.
terminal connections. 204.
terrace. 187.
thermostat. 204, 205, 206.
thin spring-metal insulation. 195.
threshold. 187, 198.
throat. 200.
tie beam. 190.
tile. 195.
toilet. 189.
toothing stone. 187.
top plate. 190.
top rail. 198.
top rail of sash. 199.
transformer. 205.
tread. 197.
trim collar. 201.
truss. 190.
types of doors. 198.
types of roofs. 190, 191.
types of windows. 199.
upper floor. 188, 189.
valley. 187.
valley gutter. 187.
vane. 187.
vegetable garden. 188.
vent. 206.
Versailles parquet. 196.
vertical pivoting. 199.
vinyl insulation. 195.
wall grille. 202.
wall register. 202.
wall stack section. 202.
wall stud. 192.
weatherboard. 198, 199.
web member. 190.
window. 199.
window. 187, 188.
wood. 194.
wood flooring. 196.
wood flooring. 196.
wood flooring arrangements. 196.
wood flooring on cement screed. 196.
wood flooring on wooden structure. 196.
wood stove. 201.
workshop. 189.

HOUSE FURNITURE

acanthus leaf. 210.
adjustable lamp. 221.
agitator. 240.
air vent. 242.
Alsace glass. 222.
apron. 209, 210, 213.
arm. 210, 221.
arm stump. 210.
armchair. 210.
armchairs. 211.
armoire. 215.

attached curtain. 217.
automatic cord reel. 244.
automatic drip coffee maker. 234.
automatic flex reel. 244.
back. 213, 224, 225, 226, 227.
backguard. 238, 240, 241.
bake element. 238.
baking utensils. 230.
banquette. 212.
bar frame. 221.
base. 220, 242, 243.
base of splat. 210.
basket. 233, 234, 240.
baster. 231.
bean bag (chair). 212.
beater. 235.
beater ejector. 235.
beaters. 235.
bed. 214.
bed lamp. 220.
bedside lamp. 220.
beer mug. 222.
bench. 212.
bergère. 210.
biscuit cutters. 230.
biscuit press. 230.
biscuit sheet. 230.
blade. 224, 227, 234, 236.
blanket. 214.
blender. 235.
blending attachment. 235.
blind cloth. 219.
block bracket. 218.
bobeche. 220.
body. 243.
bolster. 214, 224, 227.
boning knife. 227.
bordeaux. 222.
bottle opener. 229, 243.
bottom rail. 215.
bowl. 226, 236.
bowl with serving spout. 236.
box pleat. 217.
box spring. 214.
bracket. 218, 219.
bracket base. 215.
bracket slot. 219.
brandy. 222.
bread and butter plate. 223.
bread guide. 237.
bread knife. 227.
bridge. 218.
broil element. 238.
buffet. 216.
bumper. 244.
bun tin. 230.
bureau. 216.
burgundy. 222.
burner. 233.
burner ring. 233.
butt hinge. 209.
butter compartment. 239.
butter curler. 227.
butter dish. 223.
butter knife. 224.
button notch. 243.
cabinet. 240, 241, 242.
cabriole leg. 210.
cabriolet. 210.
café curtain. 217.
cake pan. 230.
cake tin. 230.
can opener. 243.
can opener. 229.
canister vacuum cleaner. 244.
carafe. 234.
carrier. 218.
carving fork. 227.
carving knife. 227.
caster. 244.
ceiling fitting. 220.
center post. 215.
centre post. 215.
chain. 220.
chaise longue. 213.

The terms in **bold type** indicate the title of an illustration; those in *italic* correspond to the British terminology.

champagne flute. 222.
champagne glass. 222.
chandelier. 220.
cheese knife. 224.
chest of drawers. 216.
chesterfield. 211.
chiffonier. 216.
chopsticks. 233.
citrus juicer. 236.
citrus juicer. 228.
clamp. 221.
clamping handle. 236.
clamping nut. 236.
cleaning tools. 244.
cleaning tools. 244.
cleaver. 227.
clip. 218.
clock timer. 237, 238.
closet. 216.
club chair. 211.
cockleshell. 210.
cocktail. 222.
cocktail cabinet. 216.
coffee makers. 234.
coffee mill. 234.
coffee mug. 223.
coffee spoon. 226.
coil spring. 219.
colander. 228.
column. 220.
comforter. 214.
compressor. 239.
condenser coil. 239.
conductor. 221.
container. 235.
control knob. 238.
control panel. 237, 238, 240, 241, 242.
cook's knife. 227.
cookie cutters. 230.
cookie press. 230.
cookie sheet. 230.
cooking surface. 237.
cooking utensils. 232, 233.
cooktop. 238.
cord. 243.
cord tieback. 217.
corer. 231.
corner cupboard. 216.
corner display cabinet. 216.
corner lighting. 220.
cornice. 215, 217.
cottage curtain. 217.
couscous kettle. 232.
cover. 236.
cradle. 219.
cream jug. 223.
creamer. 223.
crevice tool. 244.
crinoline stretcher. 213.
crisper. 239.
crisscross curtains. 217.
cross rail. 213.
cross stretcher. 213.
crosspiece. 209.
crystal button. 220.
crystal drop. 220.
cup. 223.
cupboard. 216.
curtain. 217.
curtain pole. 218.
curtain track. 218.
cutlery basket. 242.
cutting blade. 235.
cutting edge. 224, 227.
cutting wheel. 243.
dairy compartment. 239.
dasher. 236.
decanter. 222.
deep fryer. 233.
defrost heater. 239.
defrost timer. 239.
demitasse. 223.
desk lamp. 221.
dessert fork. 225.
dessert knife. 224.

dessert spoon. 226.
detachable control. 237.
detergent dispenser. 242.
diamond point. 215.
dinner fork. 225.
dinner knife. 224.
dinner plate. 223.
dinnerware. 223.
director's chair. 211.
discs. 236.
dishwasher. 242.
disks. 236.
domestic appliances. 235, 236, 237, 238, 239, 240, 241, 242, 243, 244.
door. 215, 237, 241.
door panel. 215.
door shelf. 239.
door stop. 239.
door switch. 241.
double boiler. 232.
double curtain rod. 218.
dough hook. 235.
drain hose. 240, 242.
drain pan. 239.
draining spoon. 229.
draw curtain. 217.
draw drapery. 217.
drawer. 209, 216.
dredger. 231.
dresser. 216.
drip bowl. 238.
drive belt. 240, 241.
drive wheel. 243.
drop-leaf. 209.
drop light. 221.
drum. 219, 236, 241.
dryer. 241.
dusting brush. 244.
Dutch oven. 232.
ear. 213.
egg beater. 235.
egg poacher. 233.
egg slicer. 231.
egg timer. 229.
egg tray. 239.
eiderdown. 214.
elastic. 214.
electric cooker. 238.
electric grill. 237.
electric range. 238.
end bracket. 218.
end cap. 218.
end panel. 237.
end stop. 218.
equalizing buckle. 219.
espresso coffee maker. 234.
evaporator coil. 239.
exhaust duct. 241.
exhaust hose. 241.
extension pipe. 244.
extension table. 209.
fabric guide. 243.
fan. 239, 241.
feed tube. 236.
ferrule. 224.
fill opening. 243.
filleting knife. 227.
filter. 233.
filter basket. 234.
fish fork. 225.
fish kettle. 232.
fish knife. 224.
fish platter. 223.
fish poacher. 232.
fitted sheet. 214.
flan pan. 230.
flan tin. 230.
flashlight. 221.
flat end pin. 219.
flat pleat. 217.
flat sheet. 214.
flex. 220, 221, 243.
flex support. 243.
flexible hose. 244.
floor brush. 244.

floor lamp. 220.
fluff trap. 241.
fluted pole. 218.
folding chair. 213.
fondue fork. 225.
fondue pot. 233.
fondue set. 233.
food processor. 236.
foot. 215.
footboard. 214.
for grinding and grating. 228.
for measuring. 229.
for opening. 229.
for straining and draining. 228.
fork. 225.
four blade beater. 235.
frame stile. 215.
freezer bucket. 236.
freezer compartment. 239.
freezer door. 239.
frieze. 215.
fringe trimming. 217.
front leg. 213.
front tip. 243.
frost-free refrigerator. 239.
frying pan. 233.
funnel. 228.
garlic press. 228.
gasket. 238, 240, 242.
gate-leg. 209.
gate-leg table. 209.
glass cover. 239.
glass curtain. 217.
glass-fronted display cabinet. 216.
glassware. 222.
globe. 220.
grapefruit knife. 227.
grater. 228.
grater disc. 236.
gravy boat and stand. 223.
grease well. 237.
griddle. 237.
grill and waffle baker. 237.
grill element. 238.
groove. 237.
guard. 221, 227.
guard rail. 239.
H stretcher. 213.
half handle. 227.
ham knife. 227.
hand blender. 235.
hand mixer. 235.
handle. 214, 221, 224, 225, 226, 235, 236, 237, 238, 239, 243, 244.
hanging pendant. 220.
hanging stile. 215.
headboard. 214.
headrail. 219.
heating duct. 241.
heating element. 241, 242.
heel. 227.
heel rest. 235, 243.
hem. 219.
highball. 222.
hinge. 215, 237, 238, 242.
holdback. 217.
hood. 244.
hook. 218, 221.
hors d'oeuvre dish. 223.
house furniture. 207.
ice-cream can. 236.
ice-cream freezer. 236.
ice cream spoon. 231.
ice cube tray. 239.
icing syringe. 230.
idler pulley. 241.
impeller. 242.
inlet hose. 240, 242.
inlet nozzle. 240.
inside. 226.
inverted pleat. 217.
juice extractor. 236.
juicer. 236.
kettle. 243.
kickplate. 239.

kitchen knife. 227.
kitchen scales. 229.
kitchen timer. 229.
kitchen utensils. 227, 228, 229, 230, 231.
knife. 224.
knife sharpener. 231.
knob. 209.
ladle. 229.
latch. 237, 238, 242.
leaf. 209.
leg. 209, 214.
lemon squeezer. 228, 236.
lever. 237.
lever corkscrew. 229.
lid. 232, 233, 234, 236, 237, 240.
lift cord. 219.
lift cord lock. 219.
lights. 220, 221.
linen. 214.
linen chest. 216.
lint filter. 240.
lint trap. 241.
liqueur. 222.
lock. 215.
loose curtain. 217.
louver. 221.
louvre. 221.
love seat. 211.
lower bowl. 234.
magnetic gasket. 239.
magnetic lid holder. 243.
major types of forks. 225.
major types of knives. 224.
major types of spoons. 226.
major types of tables. 209.
master carrier. 218.
mattress. 214.
mattress cover. 214.
measuring cap. 235.
measuring cups. 229.
measuring spoons. 229.
meat grinder. 228.
meat keeper. 239.
meat thermometer. 229.
méridienne. 211.
microwave oven. 237.
middle rail. 215.
mincer. 228.
miscellaneous utensils. 231.
mixing bowl. 235.
mixing bowls. 230.
mortar. 228.
motor. 240, 241, 244.
motor unit. 234, 235, 236.
muffin pan. 230.
Neapolitan coffee maker. 234.
neck. 225, 226.
neckroll. 214.
nest of tables. 209.
nutcracker. 228.
old-fashioned. 222.
on-off switch. 221.
operating cord. 218.
ottoman. 212.
oven. 238.
oven lamp. 237, 238.
over curtain. 217.
overdrapery. 217.
overflow protection switch. 242.
overlap carrier. 218.
oyster fork. 225.
oyster knife. 227.
palmette. 210.
pancake pan. 233.
panel. 217.
paring knife. 227.
parts. 210, 213, 214.
pasta maker. 228.
pastry bag and nozzles. 230.
pastry brush. 230.
pastry cutting wheel. 230.
patera. 210.
pawl. 219.
peeler. 227.
peg. 215.

pepper shaker. 223.
pepperpot. 223.
percolator. 234.
pestle. 228.
pie pan. 230.
pie tin. 230.
pierce lever. 243.
pillow. 214.
pillow protector. 214.
pillowcase. 214.
pin. 209.
pinch pleat. 217.
pipe. 244.
plain pole. 218.
plate. 237.
platter. 223.
pleated heading. 217.
plunger. 234.
point. 225, 227.
pole. 218.
port. 222.
post lantern. 221.
potato masher. 229.
pouf. 212.
poultry shears. 231.
power supply cord. 220, 221.
pressure cooker. 232.
pressure regulator. 232.
principal types of armchairs. 210, 211.
probe receptacle. 237.
programmer. 238, 240, 241, 242.
prong. 225.
pulse button. 235.
pump. 240, 242.
push-button control board. 242.
pusher. 236.
quiche plate. 230.
quiche tin. 230.
rack. 232, 238, 242.
racks. 233.
ramekin. 223.
ratchet. 219.
reamer. 236.
rear leg. 213.
récamier. 211.
recessed cooktop. 238.
reflector. 221.
refrigerator compartment. 239.
reservoir. 234.
retractable cord. 244.
retractable flex. 244.
rim soup bowl. 223.
rinceau. 210.
ring. 218.
rinse-aid dispenser. 242.
rivet. 227.
roast sensor probe. 238.
roasting pans. 232.
rocking chair. 211, 213.
roll-up blind. 219.
roller. 218, 219, 242.
roller blind. 219.
roller shade. 219.
rolling pin. 230.
root. 225.
rotisserie. 238.
round end pin. 219.
ruffle. 217.
rug and floor nozzle. 244.
runner. 209.
S-scroll. 210.
safety thermostat. 241.
safety valve. 232.
salad bowl. 223.
salad fork. 225.
salad plate. 223.
salad shaker. 228.
salad spinner. 228.
salt shaker. 223.
saltcellar. 223.
saucepan. 232.
saucer. 223.
sauté pan. 233.
scatter cushion. 214.
sconce. 220.

seat. 210, 213.
seats. 212.
secretary. 216.
sensor probe. 237.
serving bowl. 223.
serving table. 209.
serving trolley. 209.
set of utensils. 229.
shade. 220, 221.
shade cloth. 219.
shag-vac-rake. 244.
sham. 214.
sharpening steel. 227.
sheer curtain. 217.
shelf. 216, 239.
shelf channel. 239.
shell. 243.
shirred heading. 217.
shutters. 219.
side. 224.
side chair. 213.
sideboard. 216.
sieve. 228.
sifter. 230.
sight-glass tube. 243.
signal lamp. 238, 242.
silverware. 224, 225, 226.
single curtain rod. 218.
skimmer. 229.
slat. 219.
slide. 242.
slide selector. 237, 243.
slot. 225, 237.
slotted bracket. 219.
snail dish. 231.
snail tongs. 231.
soleplate. 243.
soup bowl. 223.
soup spoon. 226.
soup tureen. 223.
spaghetti tongs. 231.
spatula. 229.
speed control. 235.
speed selector. 236.
spindle. 213, 236.
spiral beater. 235.
splat. 210.
splayed leg. 209.
spoon. 226.
spot. 221.
spout. 234, 243.
spray. 243.
spray arm. 242.
spray button. 243.
spring. 221.
stabilizer foot. 242.
stacking chairs. 213.
stand. 220, 233, 235.
start switch. 241.
steak knife. 224.
steam button. 243.
steam iron. 243.
stem. 234.
step chair. 212.
stile. 213.
stock pot. 232.
stoner. 231.
stool. 212.
storage door. 239.
storage furniture. 215, 216.
strainer. 236.
stretcher. 209.
stretchers. 213.
strip light. 221.
stirrer cover. 237.
suction regulator. 244.
sugar bowl. 223.
sugar spoon. 226.
sundae spoon. 226.
support. 213, 218.
support wheel. 241.
surface element. 238.
switch. 238, 239, 244.
swivel wall lamp. 220.
table. 209.

table lamp. 220.
table mixer. 235.
tablespoon. 226.
tall tumbler. 222.
tang. 224, 227.
tape. 219.
tassel. 217.
tea ball. 231.
tea infuser. 231.
teapot. 223.
teaspoon. 226.
temperature control. 237.
temperature dial. 243.
temperature selector. 240, 241.
temperature sensing bulb. 238.
tension pulley set. 218.
tension pulley wheel. 218.
terminal. 238.
thermostat control. 239.
thumb rest. 243.
tieback. 217.
tieback hook. 217.
tilt-back head. 235.
tilt cord. 219.
tilt tube. 219.
timed outlet. 238.
tin opener. 229, 243.
tip. 224, 226.
toaster. 237.
tongs. 231.
top rail. 213, 215.
torch. 221.
track. 218.
track lighting. 221.
transmission. 240.
traverse rod. 218.
tray. 233.
trim ring. 238.
tub. 240, 242.
tubular element. 238.
tumble dryer. 241.
tumbler. 222.
turner. 229.
turntable. 235.
two-seater settee. 211.
types of chairs. 213.
types of kitchen knives. 227.
upholstery nozzle. 244.
upper bowl. 234.
vacuum coffee maker. 234.
valance. 214, 217.
valance lighting. 220.
vane. 241.
vegetable bowl. 223.
vegetable brush. 231.
vegetable steamer. 232.
Venetian blind. 219.
vertical cord lift. 243.
volute. 210.
wall fitting. 220.
wall lantern. 221.
wardrobe. 216.
warming plate. 234.
wash tower. 242.
washer. 240.
washing machine. 240.
Wassily chair. 210.
water goblet. 222.
water jug. 223.
water level selector. 240.
water pitcher. 223.
whisk. 230.
white wine. 222.
winding mechanism. 219.
window. 237, 238.
window accessories. 217, 218, 219.
wine waiter corkscrew. 229.
wire beater. 235.
wok. 233.
wok set. 233.
worktop surface. 242.
worm gear. 219.
yoke. 218.
zester. 227.

HUMAN BEING

abdomen. 114.
abdominal aorta. 125, 128.
abdominal rectus. 118.
acromion. 121.
Adam's apple. 114.
adipose tissue. 117, 136.
adrenal gland. 128.
ala. 133.
alveolar bone. 123.
ampulla. 136.
ampulla of fallopian tube. 117.
anal canal. 127.
anconeus. 119.
animal cell. 113.
ankle. 114.
anterior chamber. 131.
anterior commissure. 130.
anterior notch. 132.
anterior pulmonary plexus. 126.
anterior root. 130.
anterior tibial. 118.
anterior view. 114, 117, 118, 120, 122.
antihelix. 132.
antitragus. 132.
anus. 116, 117, 127.
aorta. 126.
apex. 123, 134.
apical foramen. 123.
apocrine sweat gland. 136.
aqueous humor. 131.
aqueous humour. 131.
arch of the aorta. 124.
areola. 117.
arm. 115.
armpit. 114.
ascending aorta. 124.
ascending colon. 127.
atlas. 121.
auditory ossicles. 132.
aunt by marriage. 138.
aunt-in-law. 138.
auricle. 132.
axillary artery. 125.
axillary nerve. 129.
axillary vein. 125.
axis. 121.
axon. 135.
back. 115.
basement membrane. 135.
basilic vein. 125.
biceps of arm. 118.
biceps of thigh. 119.
blood circulation. 124, 125.
blood vessel. 123, 136, 137.
body. 134.
body of nail. 137.
brachial. 118.
brachial artery. 125.
brachial plexus. 129.
brachioradial. 118, 119.
brachioradialis. 119.
breast. 117.
breast. 114.
bridge of nose. 133.
broad ligament of uterus. 117.
broadest of back. 119.
brother. 138.
brother/sister. 138.
Brunn's membrane. 133.
buttock. 115.
caecum. 127.
calcaneus. 121.
calf. 115.
calyx. 128.
canine. 123.
cardiac plexus. 126.
carpus. 120.
cavernous body. 116.
cecum. 127.
celiac trunk. 124, 128.
cell body. 135.
cell membrane. 113.
cell wall. 113.

The terms in **bold type** indicate the title of an illustration; those in *italic* correspond to the British terminology.

cementum. 123.
central incisor. 123.
central nervous system. 130.
centriole. 113.
cephalic vein. 125.
cerebellum. 130.
cerebrospinal axis (sagittal section). 130.
cerebrum. 130.
cervical plexus. 129.
cervical vertebra (7). 121.
cheek. 114.
chest. 114.
children. 138, 139.
chin. 114.
chloroplast. 113.
choroid. 131.
chromatin. 113.
ciliary process. 131.
clavicle. 120.
clitoris. 117.
coccygeal nerve. 129.
coccyx. 120.
cochlea. 132.
cochlear nerve. 132.
coeliac trunk. 124, 128.
collagenous fiber. 136.
collagenous fibre. 136.
collateral. 135.
commissure of lips of mouth. 134.
common carotid artery. 125.
common extensor of fingers. 119.
common hepatic artery. 125.
common iliac artery. 125, 128.
common iliac vein. 128.
common peroneal nerve. 129.
communicating rami. 130.
complexus. 119.
concha. 132.
conjunctiva. 131.
connective tissue. 135, 136.
cornea. 131.
coronal suture. 122.
corpus callosum. 130.
corpus cavernosum. 116.
cortex. 128, 137.
cousins. 138.
Cowper's gland. 116.
cranial nerves. 129.
cribriform plate of ethmoid. 133.
cross section of a molar. 123.
crown. 123.
crus of helix. 132.
cubital vein. 125.
cuticle. 137.
cytoplasm. 113.
daughter. 138.
daughter-in-law. 139.
deep peroneal nerve. 129.
deferent duct. 116.
deltoid. 118.
dendrite. 135.
dental alveolus. 123.
dentin. 123.
dermal papilla. 135, 136.
dermis. 135.
dermis. 136, 137.
descending aorta. 124.
descending colon. 127.
diaphragm. 126, 127.
digestive system. 127.
digital nerve. 129.
digital pulp. 137.
distal phalanx. 120, 121, 137.
dorsum of nose. 133.
dorsum of tongue. 134.
duct. 136.
duct deferens. 116.
duodenum. 127.
dura mater of spinal cord. 130.
dural cul-de-sac. 130.
ear. 114, 115.
ear drum. 132.
eccrine sweat gland. 136.
ejaculatory duct. 116.
elbow. 115.

enamel. 123.
end piece. 116.
endoplasmic reticulum. 113.
epicondyle. 121.
epidermicula. 137.
epidermis. 135, 136, 137.
epiglottis. 126, 134.
epitrochlea. 121.
eponychium. 137.
esophagus. 127.
Eustachian tube. 132, 133.
external acoustic meatus. 132.
external auditory meatus. 122.
external ear. 132.
external ear. 132.
external iliac artery. 125.
external nose. 133.
external oblique. 118, 119.
eye. 131.
eye. 114.
eyeball. 131.
eyebrow. 131.
eyelash. 131.
face. 114.
facial nerve. 132.
fallopian tube. 117.
false rib (3). 121.
family relationships. 138, 139.
father. 138, 139.
father-in-law. 139.
female genital organs. 117.
femoral artery. 125.
femoral nerve. 129.
femoral vein. 125.
femur. 120.
fibula. 120.
first molar. 123.
first premolar. 123.
flat view. 116.
floating rib. 120.
foot. 115.
foramen caecum. 134.
foramen cecum. 134.
foramen ovale. 122.
forearm. 115.
forehead. 114.
fovea. 131.
free margin. 137.
frontal. 118, 120.
frontal bone. 122.
frontal sinus. 133.
gall-bladder. 127.
gallbladder. 127.
gastrocnemius. 118, 119.
glans penis. 116.
gluteal nerve. 129.
gluteus maximus. 119.
Golgi apparatus. 113.
gracile. 119.
granddaughter. 139.
grandfather. 139.
grandmother. 139.
grandson. 139.
great adductor. 119.
great foramen. 122.
great-granddaughter. 139.
great-grandfather. 139.
great-grandmother. 139.
great-grandson. 139.
great saphenous vein. 125.
greater alar cartilage. 133.
greater lip. 117.
greater pectoral. 118.
greater trochanter. 121.
greatest gluteal. 119.
groin. 114.
gum. 123.
hair. 137.
hair. 115, 136.
hair bulb. 137.
hair follicle. 136.
hair shaft. 137.
hand. 115.
hard palate. 122, 134.
head. 115, 116, 124.
head of femur. 121.

head of humerus. 121.
heart. 124.
heel. 115.
helix. 132.
hepatic vein. 124, 125.
hilus of kidney. 128.
hip. 115.
human being. 111.
human body. 114, 115.
human denture. 123.
humerus. 120.
husband. 138.
husband and wife. 139.
hypogastric artery. 128.
ileum. 127.
iliohypogastric nerve. 129.
ilioinguinal nerve. 129.
ilium. 120.
indifferent cells. 137.
inferior dental arch. 134.
inferior mesenteric artery. 128.
inferior nasal concha. 133.
inferior vena cava. 124, 125, 128.
inferior view. 122.
infraorbital foramen. 122.
infraspiatus. 119.
infraspinous. 119.
infundibulum of fallopian tube. 117.
inner root sheath. 137.
intercostal nerve. 129.
internal and middle ear. 132.
internal ear. 132.
internal iliac artery. 124, 125.
internal iliac vein. 124.
internal jugular vein. 125.
intertragic notch. 132.
intervertebral foramen. 130.
intestine. 124.
iris. 131.
ischium. 121.
isthmus of fallopian tube. 117.
isthmus of fauces. 134.
jejunum. 127.
kidney. 124.
knee. 114.
labium majus. 117.
labium minus. 117.
lacrimal duct. 131.
lactiferous duct. 117.
lambdoid suture. 122.
lamina cribrosa. 133.
large intestine. 127.
larger round. 119.
larynx. 126.
lateral condyle of femur. 121.
lateral cutaneous nerve of thigh. 129.
lateral great. 118, 119.
lateral incisor. 123.
lateral semicircular canal. 132.
lateral view. 122.
latissimus dorsi. 119.
left atrium. 124.
left bronchus. 126.
left kidney. 128.
left lung. 124, 126.
left ventricle. 124.
leg. 115.
lens. 131.
lesser lip. 117.
leucoplast. 113.
lingual papillae. 134.
lingual tonsil. 134.
lipid droplet. 113.
liver. 124, 127.
lobe. 117.
lobule. 132.
loin. 115.
long adductor. 118.
long extensor of toes. 118.
long palmar. 118.
long peroneal. 118.
long radial extensor of wrist. 119.
lower eyelid. 131.
lower lip. 134.
lower lobe. 126.

lumbar plexus. 129.
lumbar vertebra (5). 121.
lungs. 126.
lunula. 137.
lysosome. 113.
malar bone. 120.
male genital organs. 116.
male urethra. 116.
Malpighi's pyramid. 128.
mammary gland. 117.
mandible. 120, 122, 123.
masseter. 118.
mastoid process. 122.
maternal aunt. 138.
maternal uncle. 138.
maxilla. 120, 122, 123, 133.
medial condyle of femur. 121.
medial great. 118.
median lingual sulcus. 134.
median nerve. 129.
median vein of forearm. 125.
medulla. 128, 137.
medulla oblongata. 130.
medullar axis of lumbar vertebra. 130.
Meissner's corpuscle. 136.
melanocyte. 136.
mental foramen. 122.
metacarpus. 120.
metatarsus. 120.
metopic suture. 122.
middle ear. 132.
middle lobe. 126.
middle nasal concha. 133.
middle phalanx. 120, 121.
middle piece. 116.
mitochondrion. 113.
mitral valve. 124.
mobile septum of nose. 133.
mons pubis. 117.
mother. 138, 139.
mother-in-law. 139.
motor cell. 135.
motor end plate. 135.
motor neuron. 135.
mouth. 134.
mouth. 114.
muscle arrector pili. 136, 137.
muscle fiber. 135.
muscle fibre. 135.
muscles. 118, 119.
musculocutaneous nerve. 129.
myelin sheath. 135.
nail. 137.
nail bed. 137.
nail matrix. 137.
nape. 115.
naris. 133.
nasal bone. 122, 133.
nasal cavity. 126.
nasal fossa. 122.
nasal fossae. 133.
nasopharynx. 133.
navel. 114.
neck. 114, 116, 123.
neck of femur. 121.
neck of uterus. 117.
nephew. 138.
nerve. 137.
nerve fiber. 135.
nerve fibre. 135.
nerve termination. 135.
nervous system. 129, 130.
neural spine. 121.
neuron. 135.
niece. 138.
nipple. 114, 117.
Nissl bodies. 135.
node of Ranvier. 135.
nose. 114.
nuclear envelope. 113.
nucleolus. 113.
nucleus. 113, 135.
obturator nerve. 129.
occipital. 119, 121.
occipital bone. 122.

The terms in **bold type** indicate the title of an illustration; those in *italic* correspond to the British terminology.

occipital condyle. 122.
oesophagus. 127.
olecranon. 121.
olfactory bulb. 133.
olfactory centre. 133.
olfactory membrane. 133.
olfactory nerve. 133.
optic chiasm. 130.
optic nerve. 131.
oral cavity. 126, 127.
orbicular of eye. 118.
orbicularis oculi. 118.
orbital cavity. 122.
osteology of skull. 122.
ostium. 137.
outer root sheath. 137.
ovary. 117.
Pacinian corpuscle. 136.
palate. 133.
palatine tonsil. 134.
palatoglossal arch. 134.
palatopharyngeal arch. 134.
pancreas. 127.
papilla. 131, 137.
papillary muscle. 124.
parents. 139.
parents/children. 138.
parents-in-law. 139.
parietal. 121.
parietal bone. 122.
parietal foramen. 122.
parietal pleura. 126.
patella. 120.
paternal aunt. 138.
paternal uncle. 138.
pectoral limb. 124.
pelvic limb. 124.
pelvis. 128.
penis. 114, 116.
pericardium. 126.
periodontal ligament. 123.
peripheral nervous system. 129.
peritoneum. 116.
pharynx. 126, 127.
philtrum. 133.
phrenic nerve. 126.
pineal body. 130.
pinocytotic vesicle. 113.
pituitary gland. 130.
plant cell. 113.
plantar. 119.
plantar interosseous. 118.
plasmodesma. 113.
pleural cavity. 126.
pons Varolii. 130.
pore. 113, 136.
portal vein. 124, 125.
posterior chamber. 131.
posterior commissure. 130.
posterior cutaneous nerve of thigh. 129.
posterior root. 130.
posterior rugae. 115.
posterior semicircular canal. 132.
posterior view. 115, 119, 121.
pouch of Douglas. 117.
prepuce. 116.
principal veins and arteries. 125.
prostate. 116.
protoneuron. 135.
proximal phalanx. 120, 121.
pubis. 114.
pulmonary artery. 125, 126.
pulmonary trunk. 124.
pulmonary vein. 124, 125.
pulp. 123.
pulp canal. 123.
pulp chamber. 123.
pupil. 131.
pylorus. 127.
radial artery. 125.
radial nerve. 129.
radial vein. 125.
radius. 120.
receptor. 135.
rectum. 116, 127, 128.

rectus femoris. 118.
renal artery. 125, 128.
renal papilla. 128.
renal vein. 125, 128.
respiratory system. 126.
retina. 131.
rhinencephalon. 133.
rhomboid. 119.
rhomboideus. 119.
ribosome. 113.
ribs. 120.
right atrium. 124.
right bronchus. 126.
right kidney (sagittal section). 128.
right lung. 124, 126.
right ventricle. 124.
root. 123, 134.
root of hair. 137.
root of nail. 137.
root of nose. 133.
round ligament of uterus. 117.
round pronator. 118.
sacral plexus. 129.
sacrum. 120.
sagittal section. 116, 117.
sagittal suture. 122.
salivary glands. 127.
saphenous nerve. 129.
sartorius. 118.
scapula. 120.
schema of circulation. 124.
sciatic nerve. 129.
sclera. 131.
scrotum. 114, 116.
sebaceous gland. 136, 137.
second molar. 123.
second premolar. 123.
semimembranosus. 119.
semimembranous. 119.
seminal vesicle. 116.
semitendinosus. 119.
semitendinous. 119.
sense organs: hearing. 132.
sense organs: sight. 131.
sense organs: smell. 133.
sense organs: taste. 134.
sense organs: touch. 135.
sense receptor. 135.
senses of smell and taste. 133.
sensory impulse. 135.
sensory neuron. 135.
septal cartilage of nose. 133.
septum lucidum. 130.
septum of scrotum. 116.
septum pellucidum. 130.
sheath of Schwann. 135.
short extensor of toes. 118.
short palmar. 118.
short peroneal. 119.
short radial extensor of wrist. 119.
shoulder. 114.
shoulder blade. 115.
side view. 116.
sigmoid colon. 127.
sinus of kidney. 128.
sister. 138.
skeleton. 120, 121.
skin. 135, 136.
skin. 135.
skin surface. 135, 136.
skull. 114.
slender. 119.
small intestine. 127.
smaller round. 119.
soft palate. 134.
sole. 137.
soleus. 118.
son. 138.
son-in-law. 139.
spermatic cord. 116.
spermatozoon. 116.
sphenoid bone. 122.
sphenoidal sinus. 133.
sphincter muscle of anus. 127.
spinal column. 120.
spinal cord. 130, 135.

spinal ganglion. 135.
spinal nerve. 130, 135.
spine of scapula. 121.
spinous process of vertebra. 121.
spleen. 124.
splenic artery. 125.
splenic vein. 125.
splenius muscle of head. 119.
spongy body. 116.
spouse. 138.
squamous suture. 122.
starch granule. 113.
sternocleidomastoid. 118.
sternomastoid. 118.
sternum. 120.
stomach. 124, 127.
straight muscle of thigh. 118.
stratum basale. 136.
stratum corneum. 136.
stratum granular. 136.
stratum granulosum. 136.
stratum lucidum. 136.
stratum spinosum. 136.
subclavian artery. 125.
subclavian vein. 125.
subcutaneous tissue. 136.
subpapillary network. 136.
sulcus terminalis. 134.
superciliary arch. 122.
superficial peroneal nerve. 129.
superior dental arch. 134.
superior longitudinal sinus. 130.
superior mesenteric artery. 125, 128.
superior nasal concha. 133.
superior semicircular canal. 132.
superior vena cava. 124, 125.
superior view. 122.
supraorbital foramen. 122.
suprarenal gland. 128.
suprascapular nerve. 129.
sural nerve. 129.
suspensory ligament. 131.
symphysis pubis. 116, 117.
synapse. 135.
tail. 116.
tail of helix. 132.
talus. 121.
tarsus. 120.
teeth. 123.
temple. 114.
temporal. 120.
temporal bone. 122.
temporal fossa. 122.
tensor of fascia lata. 118.
teres major. 119.
teres minor. 119.
terminal arborization. 135.
terminal bronchiole. 126.
terminal filament. 130.
testicle. 116.
thigh. 115.
third molar. 123.
thoracic vertebra (12). 121.
thorax. 114.
tibia. 120.
tibial nerve. 129.
tip of nose. 133.
toe. 114.
tongue. 127, 133, 134.
trachea. 126.
tragus. 132.
transverse colon. 127.
transverse process of vertebra. 121.
trapezius. 118.
triangular fossa. 132.
triceps of arm. 119.
tricuspid valve. 124.
true skin. 135.
trunk. 115.
ulna. 120.
ulnar artery. 125.
ulnar extensor of wrist. 119.
ulnar flexor of wrist. 118, 119.
ulnar nerve. 129.

uncle by marriage. 138.
uncle-in-law. 138.
upper eyelid. 131.
upper lip. 134.
upper lobe. 126.
ureter. 128.
urethra. 117, 128.
urinary bladder. 116, 117, 128.
urinary meatus. 116.
urinary system. 128.
uterovesical pouch. 117.
uterus. 117.
uvula. 133, 134.
V-shaped row. 134.
vacuole. 113.
vagina. 117.
vagus nerve. 126.
vas deferens. 116.
vastus lateralis. 118.
vastus medialis. 118.
ventricular septum. 124.
vermiform appendix. 127.
vertebral column. 120.
vestibular nerve. 132.
vestibule. 132.
vitreous body. 131.
vocal cord. 126.
vulva. 117.
waist. 115.
wife. 138.
wrist. 115.
zygomatic arch. 122.
zygomatic bone. 122.
zygomaticofacial foramen. 122.

MEASURING DEVICES

adjusting nut. 613.
adjusting screw. 612.
air-pressure pump. 612.
alidade. 614.
analogue display. 605.
analytical balance. 609.
aneroid barometer. 612.
anticipator. 611.
anticipator indicator. 611.
anvil. 613.
backplate. 611.
balance wheel. 605.
barrel. 605.
base. 609, 614, 615.
base plate. 614.
bathroom scales. 610.
beam. 608, 609, 610.
beam arrest. 609.
beam balance. 608.
bearing. 611.
bedrock. 616.
bimetal element. 611.
bimetallic helix. 611.
bimetallic thermometer. 611.
bob. 607.
body. 607.
bulb. 611.
capillary bore. 611.
carrying handle. 614.
case. 611, 613.
center knife-edge. 609.
center wheel. 605, 607.
centre knife-edge. 609.
centre wheel. 605, 607.
chain. 607, 612.
circular level. 614.
click. 607.
clinical thermometer. 611.
clock. 616.
column. 609.
column of mercury. 611.
concrete base. 616.
conical magnet. 606.
constriction. 611.
contact. 611.
counterweight. 610.
cover. 611, 615.
crown. 605.

The terms in **bold type** indicate the title of an illustration; those in *italic* correspond to the British terminology.

current coil. 615.
damper. 610.
dial. 605, 606, 607, 609, 610, 611, 612, 613, 615.
digital display. 605.
disc. 615.
disk. 615.
display. 610.
drive coil. 606.
drive coil and phase-sensing coil. 606.
drum. 607.
electronic circuit. 606.
electronic scales. 610.
escape wheel. 605, 607.
expansion chamber. 611.
focusing sleeve. 614.
fork. 607.
fourth wheel. 605.
frame. 613.
full-load adjustment screw. 615.
function keys. 610.
glass bulb. 606.
glass case. 609.
gnomon. 606.
graduated arm. 608.
graduated scale. 612.
graduation. 612.
grandfather clock. 607.
hairspring. 605.
hand. 612.
helical spring. 608.
hook. 608, 613.
horizontal circle drive knob. 614.
horizontal clamp. 614.
horizontal seismograph. 616.
horizontal tangent screw. 614.
hour hand. 605, 607.
hourglass. 606.
illumination mirror for horizontal circle. 614.
illumination mirror for vertical circle. 614.
indicator. 612.
inverter knob. 614.
knife-edge. 608, 609, 610.
knob for reticle illumination. 614.
lead. 606.
leg. 609.
leveling screw. 609, 614.
levelling screw. 609, 614.
lever. 612.
light-load adjustment screw. 615.
liquid-crystal display. 605.
lock nut. 613.
locking knob. 614.
magnetic cup. 606.
magnetic suspension. 615.
main wheel. 607.
mainspring. 605.
mass. 616.
measure of pressure. 612.
measure of temperature. 611.
measure of time. 605, 606, 607.
measure of weight. 608, 609, 610.
measuring devices. 603.
mechanical watch. 605.
mercury switch. 611.
micrometer caliper. 613.
micrometer screw. 614.
microscope eyepiece. 614.
minute hand. 605, 607.
moon dial. 607.
mounting post. 611.
mounting screw. 611.
name plate. 615.
neck. 606.
numeric keyboard. 610.
optical plummet. 614.
optical sight. 614.
pallet. 605, 607.
pallet stone. 605.
pan. 608, 609.
pan arrest. 609.
pediment. 607.

pedometer. 613.
pen. 616.
pendulum. 607.
pendulum rod. 607.
pillar. 616.
pillar plate. 606.
pinion. 607.
pivoted bar. 616.
plate level. 614.
platform. 610.
plinth. 607.
pneumatic armlet. 612.
pointer. 609, 610, 611, 612, 613.
pointer scale. 609.
potential coil. 615.
pressure gauge. 612.
product codes. 610.
pulley. 610.
ratchet knob. 613.
ratchet wheel. 605, 607.
recording of seismic waves. 616.
recording of time. 616.
register. 615.
retarding magnet. 615.
rider handle. 609.
rider scale. 609.
ring. 608.
Roberval's balance. 609.
room thermostat. 611.
rotating drum. 616.
sand. 606.
scale. 608, 610, 611.
sealing lug. 615.
second hand. 605.
sector-shaped chart. 610.
self-indicating scale. 610.
shadow. 606.
shaft. 611.
sheet of paper. 616.
sleeve. 613.
sliding weight. 608.
sphygmomanometer. 612.
spindle. 607, 613, 615.
spindle screw. 613.
spring. 612, 616.
spring balance. 608.
stay. 610.
steel band. 610.
steelyard. 608.
stem. 611.
step setting. 613.
stirrup hook. 609.
sundial. 606.
suspension hook. 608.
suspension spring. 607.
tape. 613.
tape lock. 613.
tape measure. 613.
telescope eyepiece. 614.
telescope objective. 614.
temperature scale. 611.
temperature set point lever. 611.
terminal cover. 615.
terminal knife-edge. 609.
theodolite. 614.
thimble. 613.
third wheel. 605, 607.
ticket. 610.
tine. 606.
total. 610.
transistor. 606.
tube. 612.
tuning fork. 606.
tuning fork watch. 606.
unit price. 610.
vacuum chamber. 612.
vertical clamp. 614.
vertical seismograph. 616.
vertical tangent screw. 614.
watchcase. 605.
watt-hour meter. 615.
weighing platform. 610.
weight. 607, 608, 610.
weight-driven clock mechanism. 607.
winding mechanism. 607.

MUSIC

1st valve slide. 484.
2nd valve slide. 484.
3rd valve slide. 484.
a. 475.
accent mark. 476.
accidentals. 476.
accordion. 489.
action. 479.
adjusting lever. 492.
air sealing gland. 482.
appoggiatura. 476.
arm. 487.
arpeggio. 476.
attack knob. 495.
b. 475.
back. 477.
back stop. 480.
bag. 488.
bagpipes. 488.
balalaika. 487.
balance rail. 480.
banjo. 487.
bar. 485, 492.
bar line. 476.
barrel. 489.
barrel organ. 489.
bass bridge. 479.
bass drum. 486.
bass drum. 491, 493.
bass keyboard. 489.
bass pick-up. 494.
bass register. 489.
bassoon. 483, 490, 491.
bassoons. 493.
batter head. 486.
bearer. 482.
bell. 483, 484.
bell brace. 483.
bellows. 489.
bellows strap. 489.
block. 482.
blow pipe. 488.
blower. 481.
body. 482, 483.
boot. 482.
bottomboard. 482.
bow. 478.
brass family. 484.
bridge. 477, 489.
bridge unit. 494.
bridle tape. 480.
bugle. 484.
button. 489.
c. 475.
c clef. 475.
case. 479, 489, 492.
castanets. 485.
caster. 486.
celesta. 493.
chanter. 488.
check. 480.
choir organ manual. 481.
chord. 476.
clarinet. 483, 490, 491.
clarinets. 493.
clefs. 475.
conductor's podium. 493.
console. 481.
contrabassoon. 493.
cor anglais. 483.
cornet. 484, 491.
cornets. 493.
corssbar. 487.
crook. 483, 488.
crotchet. 475.
crotchet rest. 475.
cymbals. 485.
cymbals. 491.
cymbals, triangle, castanets. 493.
d. 475.
damper. 480.
damper lever. 480.
damper rail. 480.
demi-semi-quaver. 475.

demi-semi-quaver rest. 475.
double bass. 477, 491.
double basses. 493.
double flat. 476.
double reed. 483, 488.
double sharp. 476.
drone. 488.
drum kit. 491.
duo. 490.
e. 475.
ear. 482.
eighth note. 475.
eighth rest. 475.
electric and electronic instruments. 494, 495.
electric guitar. 494.
end button. 477.
English horn. 483.
English horn; cor anglais. 493.
envelope shaper. 495.
escapement mechanism. 492.
examples of instrumental groups. 490, 491.
f. 475.
f clef. 475.
face pipes. 481.
feet. 478.
fifth. 476.
filter-oscillator. 495.
finger button. 484.
fingerboard. 477, 487, 494.
first violins. 493.
fixed weight. 492.
flat. 476.
flue. 482.
flue pipe. 482.
flute. 483, 490.
flutes. 493.
foot. 482.
foot hole. 482.
four-four time. 476.
fourth. 476.
frame. 485, 488.
French horn. 484, 490, 491.
French horns. 493.
fret. 487, 494.
frog. 478.
front view. 482.
g. 475.
g clef. 475.
gong. 485.
gong. 493.
great organ manual. 481.
grille. 489.
hair. 478.
half note. 475.
half rest. 475.
hammer. 479, 480.
hammer butt. 480.
hammer head. 480.
hammer rail. 480.
hammer shank. 480.
handle. 478, 489.
harmonica. 488.
harp. 478.
harp. 493.
harpsichord. 490.
head. 478, 486, 487, 494.
heel. 478.
hemi-demi-semi-quaver. 475.
hemi-demi-semi-quaver rest. 475.
hitch pin. 479.
input level control. 495.
interface. 495.
intervals. 476.
jack. 480.
jack spring. 480.
jazz band. 491.
Jew's harp. 488.
jingle. 486.
joystick. 495.
kettledrum. 486.
key. 479, 480, 483, 489, 492.
key finger button. 483.
key signature. 476.
keybed. 479.

783

keyboard. 479, 495.
keyboard control. 495.
keyboard instruments. 479, 480.
languid. 482.
ledger line. 475.
leg. 486.
ligature. 483.
line. 475.
little finger hook. 484.
loud pedal. 479.
lower lip. 482.
lug. 486.
lyre. 487.
mallet. 486.
mallets. 485.
mandolin. 487.
manual. 482.
manuals. 481.
matrix. 495.
mechanism of the organ. 482.
melody string. 487.
metal counterhoop. 486.
metal frame. 479.
metal rod. 485.
metronome. 492.
mid range pick-up. 494.
minim. 475.
minim rest. 475.
mordent. 476.
mouth. 482.
mouthpiece. 483, 484.
mouthpiece receiver. 484.
mouthpipe. 484.
music. 473.
music rest. 492.
music stand. 492.
music stand. 479.
musical accessories. 492.
musical notation. 475, 476.
mute. 484.
natural. 476.
neck. 477, 478, 487, 494.
noise generator control. 495.
note symbols. 475.
nut. 477, 494.
oboe. 483, 490.
oboes. 493.
octave. 476.
octave mechanism. 483.
open string. 487.
organ. 481, 482.
organ pipes. 482.
ornaments. 476.
oscillators. 495.
other signs. 476.
output controls. 495.
output filter. 495.
output jack. 494.
pallet. 482, 489.
pallet spring. 482.
panpipe. 488.
pause. 476.
pedal. 478, 486.
pedal key. 481.
pedal keyboard. 481.
pedal rod. 479.
pedestal. 478.
peg. 477.
peg box. 477.
percussion instruments. 485, 486.
piano. 490, 491, 493.
piccolo. 483, 493.
pick-up selector. 494.
pickguard. 494.
pillar. 478.
pilot. 480.
pin. 489.
pin block. 479.
pipe. 482, 489.
pipework. 481.
pivot. 492.
plectrum. 487.
point. 478.
position marker. 494.
power indicator. 495.

power switch. 495.
pressure bar. 479.
production of sound. 481.
purfling. 477.
quarter note. 475.
quarter rest. 475.
quartet. 490.
quaver. 475.
quaver rest. 475.
quintet. 490.
rackboard. 482.
reed pipe. 482.
reeds. 483.
regulating button. 480.
repeat mark. 476.
reservoir. 481.
resonator. 482, 485.
rest symbols. 475.
reverb unit. 495.
rib. 477.
ring. 484.
ring modulator. 495.
rod. 492.
roller board and arms. 482.
saxhorn. 484.
saxophone. 483.
saxophone. 483, 491.
scale. 475.
scale of speeds. 492.
screw. 478.
scroll. 477.
second. 476.
second violins. 493.
semi-breve. 475.
semi-breve rest. 475.
semi-quaver. 475.
semi-quaver rest. 475.
sequencer control. 495.
seventh. 476.
sextet. 491.
shallot. 482.
sharp. 476.
shawm. 488.
shell. 486.
side view. 482.
single reed. 483.
sixteenth note. 475.
sixteenth rest. 475.
sixth. 476.
sixty-fourth note. 475.
sixty-fourth rest. 475.
sleeve protector. 487.
slider. 482.
sliding weight. 492.
snare. 486.
snare drum. 486.
snare drum. 491, 493.
snare head. 486.
snare strainer. 486.
soft pedal. 479.
solid body. 494.
sound-board. 477, 478, 479, 487.
sound box. 478.
sound-hole. 477.
sound-post. 478.
space. 475.
spur. 486.
staff. 475.
stick. 486.
sticker. 489.
sticks. 485.
stock. 488.
stop button. 492.
stop knob. 481, 482.
stop rod. 482.
string. 477, 478, 479, 480.
stringed instruments. 477, 478.
sustaining pedal. 479.
swell organ manual. 481.
swell pedal. 481.
symphony orchestra. 493.
synthesizer. 495.
table. 482.
tailpiece. 477.
tambourine. 486.
tenor drum. 486.

tenor drum. 491.
tension rod. 486.
tension screw. 486.
third. 476.
thirty-second note. 475.
thirty-second rest. 475.
three-four time. 476.
thumb hook. 484.
thumb piston. 481.
thumb rest. 483.
thumb string. 487.
thumb string peg. 487.
tie. 476.
time signatures. 476.
timpani. 493.
toe piston. 481.
tone control. 494.
tongue. 482, 488.
tracker. 482.
traditional musical instruments. 487, 488, 489.
treble bridge. 479.
treble keyboard. 489.
treble pick-up. 494.
treble register. 489.
triangle. 485.
triangular body. 487.
trill. 476.
trio. 490.
tripod. 492.
tripod stand. 486.
trombone. 484, 491.
trombones. 493.
trumpet. 484.
trumpet. 484, 491.
trumpets. 493.
truss rod adjustment. 494.
tuba. 484, 493.
tubular bells. 485.
tubular bells. 493.
tuning fork. 492.
tuning hammer. 492.
tuning machine. 494.
tuning peg. 478.
tuning pin. 479.
tuning screw. 486.
tuning slide. 484.
tuning wire. 482.
turn. 476.
two-two time. 476.
unison. 476.
upper lip. 482.
upperboard. 482.
upright piano. 479.
upright piano action. 480.
valve. 484.
valve casing. 484.
vibrato arm. 494.
viola. 477, 490.
violas. 493.
violin. 477, 478.
violin. 477, 490.
violin family. 477.
violoncello. 477, 490.
violoncellos. 493.
volume control. 494.
VU meter. 495.
VU meter switch. 495.
waist. 477.
water key. 484.
wedge. 482.
whole note. 475.
whole rest. 475.
wind chest. 481.
wind duct. 481.
wind instruments. 483, 484.
wind trunk. 481, 482.
wippen. 480.
woodwind family. 483.
worm. 489.
xylophone. 485.
xylophone. 493.
zither. 487.

OFFICE SUPPLIES AND EQUIPMENT

account book. 464.
acoustic coupler. 471.
acoustic coupler. 469.
alphanumeric keyboard. 470.
appointment book. 464.
archboard. 464.
backspace key. 467, 470.
bill-file. 461.
book end. 462.
calendar pad. 464.
card holder. 466.
card index cabinet. 464.
card punch. 472.
card reader. 472.
cards. 464.
carriage. 467.
carriage release lever. 467.
carriage return. 467.
cassette. 469.
cassette recorder. 469.
central processing unit. 468, 469, 472.
character. 466.
clamp binder. 463.
clip. 461.
clipboard. 464.
coat hook. 465.
coat rack. 465.
coat tree. 465.
communication device. 468.
compressor. 464.
computer room. 472.
configuration keys. 470.
configuration of a system. 469.
connection cable. 471.
control console. 472.
control key. 470.
control knob. 471.
control panel. 471.
correcting tape. 466.
correction fluid. 461.
correction paper. 461.
credenza. 465.
cursor. 471.
cursor movement keys. 470.
data acquisition. 468.
data display. 468.
data processing. 468.
data processing devices. 468.
data recording on RAM* memory. 468.
data storage. 468.
dater. 462.
desk pad. 464.
desk tray. 462.
disc. 472.
disc control unit. 472.
disc drive. 472.
disc storage. 472.
disk. 472.
disk control unit. 472.
disk drive. 472.
disk storage. 472.
diskette. 469.
diskette drive. 469.
display cabinet. 465.
divider. 463.
document folder. 463.
dot matrix printer. 471.
drawer. 464.
element release lever. 466.
enter key. 470.
eraser. 461.
escape key. 470.
executive desk. 465.
expanding file. 462.
extended character. 470.
fastener binder. 463.
feed pin. 471.
file guides. 462.
filing box. 462.
folder. 463.

The terms in **bold type** indicate the title of an illustration; those in *italic* correspond to the British terminology.

function keys. 470.
functions in a system. 468.
glue stick. 461.
guide post. 466.
handset. 471.
hat stand. 465.
home key. 470.
impression control. 466.
indicator light. 471.
input devices. 468.
joystick. 471.
joystick. 469.
key. 467.
keyboard. 470.
keyboard. 467, 469.
label maker. 461.
lateral filing cabinet. 465.
letter opener. 461.
letter scales. 461.
lever. 471.
light pen. 469.
line space regulator. 467.
locker. 465.
loudspeaker. 471.
magnetic tape controller. 472.
magnetic tape drive. 472.
magnetic tape storage. 472.
margin stop. 467.
memo pad. 464.
microphone. 471.
microprocessor. 469.
moistener. 462.
mouse. 469.
multiple copy control. 467.
numbering machine. 462.
numeric keypad. 470.
office furniture. 465.
office supplies and equipment.
459.
operator. 472.
output devices. 468.
paper bail. 467.
paper centering scale. 467.
paper centring scale. 467.
paper clips. 461.
paper fasteners. 461.
paper guide. 467.
paper guide roller. 471.
paper punch. 462.
paper release lever. 467.
partition. 465.
pencil sharpeners. 462.
peripheral equipment. 471.
platen. 467.
platen knob. 467, 471.
plotter. 469.
post binder. 463.
print head. 471.
printer. 469, 472.
punch card. 472.
push button. 471.
RAM: Random Access Memory.
468.
reset key. 470.
return. 465.
return key. 470.
ribbon. 466, 467.
ribbon cartridge. 466.
ribbon end indicator. 466.
ribbon guide. 466.
ribbon load lever. 466.
ring binder. 463.
roller. 466.
ROM* memory. 468.
ROM: Read Only Memory. 468.
rotary file. 464.
rubber stamp. 462.
secretarial desk. 465.
sector. 472.
self-adhesive labels. 462.
separator wire. 466.
shift key. 470.
shift keys. 470.
shift lock key. 467, 470.
soft keys. 470.
space bar. 467, 470.

specific data processing program.
468.
spike file. 461.
spiral binding. 463.
spring binder. 463.
stamp pad. 462.
stamp rack. 462.
staple remover. 461.
stapler. 461.
staples. 461.
stationery. 461, 462, 463, 464.
stationery cabinet. 465.
supply spool. 466.
suspension file. 463.
switch. 467, 471.
swivel-tilter armchair. 465.
tab. 463.
tab-key. 470.
tabulator. 467.
tabulator clear key. 467.
tabulator set key. 467.
take-up knob. 466.
take-up spool. 466.
tape. 461.
tape dispenser. 461.
tape load lever. 466.
tear-off calendar. 464.
telephone index. 464.
template. 471.
terminal. 472.
top plate. 467.
track. 472.
transparent line indicator. 467.
typestyle. 466.
typewriter. 466, 467.
typing element. 466.
typist's chair. 465.
variable spacer. 467.
visual display unit. 469.
window tab. 463.
word processing keys. 470.

OPTICAL INSTRUMENTS

altazimuth mounting. 623.
altitude coarse-motion clamp. 623.
anode. 620.
arm. 619.
azimuth coarse-motion clamp. 623.
azimuth synchro. 624.
base. 619.
base line. 625.
base plate. 625.
biconcave. 625.
biconvex. 625.
binocular microscope. 619.
body. 621.
body tube. 619.
bridge. 621.
cathode. 620.
cell. 623.
central focusing wheel. 621.
coarse adjustment knob. 619.
column. 622.
compass card. 625.
compass meridian line. 625.
concave. 625.
condenser. 619.
condenser adjustment knob. 619.
converging lens. 625.
convex. 625.
counterweight. 622.
cover. 625.
cover slip. 619.
cradle. 622, 623.
declination circle. 622.
dew cap. 623.
diffusion pump. 620.
diverging lens. 625.
double-condenser pole piece. 620.
dovetail. 621.
draw tube. 619.
drawtube. 623.
duplexer. 624.
echo. 624.

edge. 625.
electron gun. 620.
electron microscope. 620.
elevation adjusting screw. 621.
emission chamber. 620.
erecting lenses. 621.
eye lens. 621.
eyepiece. 619, 621, 622, 623.
eyepiece holder. 623.
field lens. 621.
field lenses. 621.
filament. 620.
fine adjustment knob. 619.
fine focus sleeve. 623.
first condenser lens. 620.
flat mirror. 622.
fluorescent screen. 620.
focus knob. 620.
focusing knob. 622.
focusing ring. 621.
fork. 622.
glass slide. 619.
graduated dial. 625.
high-voltage cable. 620.
hinge. 621.
intermediate lens. 620.
iris diaphragm. 619.
lamp. 619.
lens. 625.
limb top. 619.
magnetic compass. 625.
magnetic needle. 625.
main mirror. 622.
main scope tube. 621.
main tube. 622.
maintube. 623.
mechanical stage. 619.
mechanical stage control. 619.
modulator. 624.
motor. 622.
motor drive. 624.
negative meniscus. 625.
object. 619.
objective. 620.
objective. 619.
objective lens. 620, 621, 623.
objective pole piece. 620.
optical instruments. 617.
parabolic reflector. 624.
photo chamber. 620.
photographic plate. 620.
pivot. 625.
plan-position indicator. 624.
planoconcave. 625.
planoconvex. 625.
polar axis circle. 622.
Porro prism. 621.
positive meniscus. 625.
prism binoculars. 621.
projector lens. 620.
projector lens pole piece. 620.
radar. 624.
radiating element. 624.
receiver. 624.
reflecting telescope. 622.
refracting telescope. 623.
reticle. 621.
revolving nosepiece. 619.
rotary joint. 624.
scale. 625.
second condenser lens. 620.
shutter. 620.
sight. 625.
sighting line. 625.
sighting mirror. 622.
slow-motion control knob. 623.
specimen. 619.
specimen chamber. 620.
stage. 619, 620.
stage clip. 619.
star diagonal. 623.
support. 622.
synchronizer. 624.
telescopic sight. 621.
transmitted pulse. 624.

transmitter. 624.
tripod. 622.
tripod accessories shelf. 623.
tripod leg. 623.
turret cap. 621.
vacuum manifold. 620.
viewing chamber. 620.
viewing window. 620.
Wehnelt cylinder. 620.
windage adjusting screw. 621.

PERSONAL ADORNMENT

accessories. 333.
Afro. 331.
baguette cut. 327.
band ring. 325.
bangs. 331.
Beatle cut. 331.
bend. 328.
bezel. 325.
bezel facet (8). 327.
bib necklace. 326.
bifocal. 328.
blusher brush. 332.
bob. 331.
bottom face. 327.
bouffant. 330.
bracelet with curb chain. 325.
bracelets. 325.
braids. 330.
bridge. 328.
brilliant cut facets. 327.
brilliant full cut. 327.
briolette cut. 327.
brooch. 325.
brow brush and lash comb. 333.
bun. 330, 331.
butt-strap. 328.
cabochon cut. 327.
cake mascara. 333.
capless wig. 331.
charm bracelet. 325.
charms. 325.
choker. 326.
class ring. 325.
claw. 325.
cleansing sponge. 333.
clip earring. 325.
collar bar. 326.
components of hair styles. 330, 331.
corkscrew curls. 330.
cosmetic sponge. 333.
cream blush. 332.
cream lipstick. 332.
crew cut. 331.
crown. 327.
culet. 327.
curly hair. 330.
cuts for gemstones. 327.
distance. 328.
diversity of jewellery. 325.
diversity of jewelry. 325.
dog tag. 325.
dowel hole. 328.
drop earring. 325.
earpiece. 328.
eight cut. 327.
emerald cut. 327.
endpiece. 328.
engagement ring. 325.
eyebrow pencil. 333.
eyeglasses. 328, 329.
eyelash curler. 333.
eyeliner. 332.
eyeshadow. 332.
fan brush. 333.
fingerwaves. 330.
French cut. 327.
French twist. 331.
front. 328.
girdle. 327.
hair styles. 330, 331.

The terms in **bold type** indicate the title of an illustration; those in *italic* correspond to the British terminology.

hairpieces. 331.
half-glasses. 329.
hoop earring. 325.
horn. 325.
horseshoe. 325.
jewellery. 325, 326, 327.
jewelry. 325, 326, 327.
kinds of hair. 330.
kohl pencil. 332.
lavaliere. 326.
lipbrush. 333.
lipliner. 333.
lipstick. 333.
liquid foundation. 332.
locket. 326.
loose powder. 332.
loose powder brush. 332.
lorgnette. 329.
lower girdle facet (16). 327.
make-up. 332, 333.
make-up kit. 332.
make-up products. 332.
make-up sponges. 333.
makeup. 332, 333.
makeup kit. 332.
makeup products. 332.
makeup sponges. 333.
mascara. 332.
mascara brush. 333.
matinee length necklace (22 in.). 326.
men's pompadour. 331.
metal plate. 328.
mirror. 332.
miscellaneous. 326.
monocle. 329.
natural sponge. 333.
navette cut. 327.
necklaces. 326.
nose pad. 328.
nosepad. 328.
opera glasses. 329.
opera length necklace (30 in.). 326.
oval cut. 327.
pad. 328.
pad arm. 328.
page boy. 330.
pavilion. 327.
pavilion facet (8). 327.
pear-shaped cut. 327.
pendant. 326.
personal adornment. 323.
pierced earring. 325.
pigtails. 330.
pince-nez. 329.
pony tail. 330.
poodle cut. 331.
powder puff. 332.
pressed powder compact. 332.
principal types of eyeglasses. 329.
products for make-up. 333.
products for makeup. 333.
quizzing glass. 329.
reading. 328.
rim. 328.
rings. 325.
rivet. 328.
rope (45 in.). 326.
rose cut. 327.
safety glasses. 329.
safety goggles. 329.
scissors cut. 327.
scissors-glasses. 329.
screw earring. 325.
setting. 328.
shaft. 328.
shag. 331.
shield. 328.
side face. 327.
signet ring. 325.
ski goggles. 329.
solitaire ring. 325.
spectacles. 329.
sponge-tipped applicator. 332.

star facet (8). 327.
step cut. 327.
stickpin. 325.
straight hair. 330.
synthetic sponge. 333.
table. 327.
table cut. 327.
temple. 328.
tie bar. 326.
tie tack. 326.
top face. 327.
toupee. 331.
tube bangle. 325.
upper girdle facet (16). 327.
velvet band chocker. 326.
wavy hair. 330.
wedding ring. 325.
wigs and hairpieces. 331.
women's pompadour. 331.

PERSONAL ARTICLES

accordion bag. 348.
accordion windows. 351.
Afro comb. 338.
air concentrator. 340.
air hole. 345.
air inlet grille. 340.
air outlet grille. 340.
ash. 344.
ashtray. 344.
attache case. 350.
automatic tweezers. 342.
barber comb. 338.
barrel. 340, 341.
barrel bag. 348.
barrette. 343.
base. 340.
beach bag. 348.
bill compartment. 351.
billfold. 351.
bit. 345.
blackhead remover. 343.
blade. 337, 338.
blade close stop. 338.
blade injector. 337.
bobby pin. 343.
bowl. 345.
bowl lid. 345.
box bag. 348.
bracket. 339.
briefcase. 350.
bristle. 337, 338, 339, 341.
brush. 339.
buckle. 349.
bunch. 344.
butane tank. 344.
butt. 344.
calculator. 351.
calculator/cheque book holder. 351.
canopy. 346.
card and photo case. 351.
card case. 351.
carrier bag. 348.
carry handle. 341, 347.
carry-on bag. 347.
carton. 344.
case. 337, 341, 342.
cellophane wrapped packet. 344.
central compartment. 349.
charger. 337.
charging light. 337.
checkbook holder. 351.
checkbook/secretary clutch. 351.
checkmate. 351.
cheque book cover. 351.
cheque book holder. 351.
cigar. 344.
cigar band. 344.
cigar box. 344.
cigarette. 344.
cigarette holder. 344.
clamp. 341.

clamp lever. 341.
clasp. 349, 350.
classic bag. 349.
cleaning brush. 337.
clip. 341.
clippers. 338.
closeness setting. 337.
clutch bag. 348.
coin purse. 351.
collar. 337.
combination lock. 350.
combs. 338.
comfort contoured handle. 341.
compartment. 350.
cool tip. 341.
corn cutter. 342.
cosmetic tray. 347.
cover. 346.
cover. 345.
credit card wallet. 351.
curling brush. 341.
curling iron. 341.
curtain. 347.
cut-throat razor. 337.
cuticle knife. 342.
cuticle nippers. 342.
cuticle pusher. 342.
cuticle scissors. 342.
cutting edge. 338.
dental floss. 339.
disposable razor. 337.
divider. 350.
double-edge blade. 337.
double-edge razor. 337.
drawstring. 349.
duffel bag. 349.
electric razor. 337.
electric toothbrush. 339.
emery board. 343.
expandable file pouch. 350.
exterior pocket. 347, 350.
eyebrow tweezers. 342.
face. 351.
fan housing. 340.
ferrule. 338, 346.
filler. 344.
filter. 345.
filter tip. 344.
fitting. 349.
fittings. 347.
flame adjustment wheel. 344.
flap. 349, 351.
flat-back brush. 338.
flight bag. 347.
floating head. 337.
folding nail file. 343.
frame. 346, 347, 350.
friction strip. 345.
front flap. 345.
garment bag. 347.
garment strap. 347.
gas lighter. 344.
gouge. 342.
gusset. 348.
gusseted pocket. 351.
hair clip. 343.
hair dryer. 340.
hair grip. 343.
hair roller. 343.
hair slide. 343.
hairbrushes. 338.
haircutting scissors. 338.
hairpin. 343.
hairsetter. 341.
hairstyling implements. 343.
handbags. 348, 349.
handle. 337, 339, 340, 341, 346, 347, 349, 350.
handle post. 350.
hang-up ring. 340.
hanging hook. 347.
hasp. 347.
head. 337, 339, 344, 345.

heat comfort control. 341.
heat ready indicator dot. 341.
heat/speed selector switch. 340.
hidden pocket. 351.
hinge. 347, 349.
holdall. 347.
hood cover. 340.
hook. 351.
housing. 337, 339, 340.
identification tag. 347.
interior pocket. 347, 351.
jar. 345.
jaw. 343.
jet tip. 339.
key case. 351.
key lock. 350.
knob closure. 349, 351.
label. 344.
leather goods. 350, 351.
lever. 343.
lid. 341.
lid latch. 341.
light bar. 340.
lighted mirror. 340.
lining. 348, 350.
lock. 347.
luggage. 347.
luggage carrier. 347.
luggage label. 347.
luggage trolley. 347.
magnifying mirror. 340.
manicure set. 342.
manicure stick. 342.
manicuring instruments. 343.
matchbook. 345.
matchbox. 345.
matchstick. 345.
measuring cup. 341.
men's bag. 349.
minaudiere. 349.
mirror. 347.
money clip. 351.
mortise. 345.
muff. 349.
nail brush. 342.
nail buffer. 342.
nail cleaner. 343.
nail clippers. 343.
nail file. 342.
nail nippers. 342.
nail scissors. 342.
nail shaper. 342.
nail whitener pencil. 343.
notched double-edged thinning scissors. 338.
notched single-edged thinning scissors. 338.
notepad. 351.
on light. 341.
on-off switch. 337, 339, 340, 341.
open compartment. 349.
oral hygiene center. 339.
ornamental stitching. 349.
packet of cigarette papers. 344.
padlock. 347.
paper. 344.
passport case. 351.
peg. 345.
pen holder. 351.
personal articles. 335.
pick. 345.
pilot light. 341.
pipe. 345.
pipe cleaner. 345.
pipe cross section. 345.
pipe rack. 345.
pipe tools. 345.
pitchfork comb. 338.
pivot. 337, 338.
plug adapter. 341.
pocket. 351.
portfolios. 350.
pouch. 349.
power cord. 337.
power supply cord. 340.
press-stud. 348, 351.

The terms in **bold type** indicate the title of an illustration; those in *italic* correspond to the British terminology.

pull strap. 347.
pullman case. 347.
purse. 351.
push button. 346.
push-button release. 337.
quill brush. 338.
rake comb. 338.
razors. 337.
retractable handle. 350.
rib. 346.
ring. 346.
roll bag. 347.
roller. 341.
roller pins. 343.
round brush. 338.
row. 339.
rubber base. 338.
saddle. 345.
safety match. 345.
safety scissors. 343.
salon-style hair dryer. 340.
scoop. 345.
screen. 337.
seam. 344.
shank. 338, 345, 346.
shaving brush. 337.
shaving mug. 337.
shell. 347.
shopping bag. 348.
shoulder bag. 349.
shoulder strap. 346, 347, 349.
side mirror. 340.
slot. 351.
smoking accessories. 344, 345.
spreader. 346.
stamp pocket. 351.
stand. 341, 347.
stem. 345.
stick umbrella. 346.
stimulator tip. 339.
straight razor. 337.
strap. 347, 351.
strap handle. 346.
striker wheel. 344.
stummel. 345.
suitcase. 347.
swagger bag. 349.
swagger stick. 346.
swiveling power supply cord. 341.
swivelling power supply cord. 341.
tab. 346, 349, 350, 351.
tail comb. 338.
tamper. 345.
tear tape. 344.
teaser comb. 338.
telescopic umbrella. 346.
temperature control. 341.
thinning razor. 338.
ticket pocket. 351.
tie. 346.
tie closure. 346.
tip. 343, 346.
tobacco. 344.
tobacco hole. 345.
tobacco pouch. 345.
toenail scissors. 343.
tongue. 349.
tooth. 338.
toothbrush. 339.
toothbrush shaft. 339.
toothbrush well. 339.
toothpaste. 339.
tote bag. 347, 348.
tray. 347.
trim. 347.
trimmer. 337.
trimming. 351.
trunk. 347.
tuck. 344.
tweezers. 343.
umbrella. 346.
umbrella stand. 346.
utility case. 347.
valve. 344.
vanity case. 347.
vent brush. 338.

voyager bag. 349.
walking stick. 346.
wallet. 351.
wallet. 351.
wallet section. 351.
warm-air comb. 338.
wave clip. 343.
weekender. 347.
wheel. 347.
window. 351.
wrapper. 344.
wrist strap. 349, 350.
writing case. 350.
zipper. 342, 346, 347, 348.
zipper pocket. 350.

SPORTS

a system. 591.
accessories. 582.
Ace. 592.
adze. 588.
aileron. 556.
air brake. 556.
air brake handle. 556.
air hose. 550.
air mattress. 598.
airframe. 557.
airspeed indicator. 556.
Alaskan snowshoe. 563.
alley. 537, 542.
alpine skier. 559.
alpine skiing. 559, 560.
altimeter. 555, 556.
antenna. 581.
anti-friction pad. 560.
anti-reverse lock. 580.
approach. 570, 571, 590.
apron. 579, 585.
area of ice. 544.
arena. 570, 571.
arm guard. 530.
arm pad. 534.
arm position. 549.
armstand. 548.
armstand dive. 549.
artificial fly. 581.
assistant timer. 545.
asymmetrical bars. 574.
atenna. 536.
attack line. 536.
attack zone. 536.
attacker. 578.
attacking zone. 533.
automatic cable pulley. 558.
axle. 562.
b system. 591.
back binding. 554.
back boundary line. 542.
back court. 537, 541.
back crossbar. 563.
back judge. 528.
back pad. 534, 568.
back score line. 544.
back straight. 569.
back strap. 568.
back wall. 540, 541.
back zone. 536.
backboard. 535.
backboard support. 535.
backgammon. 592.
backstay. 562.
backstop. 525.
backstretch. 569.
backstroke. 547.
backstroke start. 547.
backstroke swimmer. 547.
backstroke turn indicator. 546.
backward. 548.
backward dive. 549.
badminton. 542.
badminton racket. 542.
badminton racquet. 542.
badminton shoe. 542.
bag. 525.

bag well. 587.
bail arm. 580.
baize. 583, 584.
Baker tent. 597.
balance beam. 574.
balk area. 584.
balk line. 584.
balk line spot. 584.
ball. 526, 531, 587.
ball. 543, 545.
ball bearing. 562.
ball boy. 537.
ball cross-section. 587.
ball rack. 590.
ball return track. 590.
bamboos. 593.
bandage. 579.
bar. 575, 592.
barb. 581.
barograph. 556.
base. 573.
base plate. 560.
baseball. 525, 526.
baseline. 537.
basket. 535.
basket. 535, 559, 561.
basketball. 535.
basketball. 535.
basketball shoe. 535.
bat. 526.
bat. 543.
bat. 526.
bathing trunks. 545.
batten. 551, 552, 557.
batten pocket. 551, 552.
batter. 525.
batter's box. 525.
batter's helmet. 526.
batting glove. 526.
beam. 574.
beam reach. 553.
bear away (to). 551.
bear paw. 563.
beaver tail. 563.
bed. 574.
bed-mattress and accessories. 598.
belt. 575, 578.
belt loop. 599.
beltbag. 559.
bend. 581.
betting layout. 594, 595.
bevel. 538.
bib. 576.
billiard spot. 584.
billiards cue. 582.
billiards equipment. 582.
binding. 554.
Bishop (B). 591.
bit. 568.
Black. 591, 592, 594, 595.
black ball. 584.
black square. 591.
blade. 534, 543, 550, 562, 577, 581, 588.
blank. 593.
block. 553.
blouse. 538.
blue ball. 584.
blue cap. 545.
blue flag. 545.
blue line. 533.
blue outer circle. 544.
board. 551.
boards. 533.
bobsleigh. 564.
body. 563, 572, 574, 581.
body lacing. 563.
body pad. 534.
body wire. 576.
bolt. 544.
bonus tiles. 593.
boom. 552.
boom vang. 552.
boot. 550, 555, 562, 565, 575.
bottom. 554, 559.

bottom of the pool. 545, 548.
bottom pocket. 584.
bottom surface. 556.
bow. 551.
bow saw. 600.
bowler. 590.
bowline. 601.
bowline on a bight. 601.
bowling. 590.
bowling ball. 590.
bowling shoe. 590.
boxer. 579.
boxing. 579.
boxing boot. 579.
boxing glove. 579.
boxing shoe. 579.
braided rope. 601.
brakeman. 564.
branch. 567.
brassie; no. 2 wood. 586.
breaking the wall. 593.
breast collar. 568.
breaststroke. 547.
breaststroke kick. 547.
breaststroke swimmer. 547.
breaststroke turn. 547.
breathing in. 547.
breathing out. 547.
breeches. 576.
bridge. 582.
bridle. 567.
bridle. 568.
broad reach. 553.
browband. 567.
brown ball. 584.
brush and rails. 565, 566.
buckle. 560.
bumper guard. 541.
bunker. 585.
buoyancy compensator. 550.
butt. 538, 581, 582.
butt cap. 580.
butt end. 534.
butt grip. 580.
butt guide. 580.
butt section. 580.
butterfly kick. 547.
butterfly stroke. 547.
butterfly swimmer. 547.
butterfly turn. 547.
button. 577.
cabin. 558.
cable. 601.
cable. 573, 601.
cable binding. 561.
cable car. 558.
caddie. 585.
cagoule. 589.
camber. 561.
camping equipment. 598, 599, 600.
can opener. 598.
canopy. 555, 587, 596.
canopy pole. 596.
cantle. 567.
canvas. 579.
canvas divider. 596.
cap. 586.
captain. 564.
carabiner. 588.
card games. 592.
carom billiards. 583.
cart path. 585.
casual water. 585.
catch glove. 534.
catcher. 526.
catcher. 526.
catcher's box. 525.
catcher's glove. 526.
ceiling. 540, 541.
cell. 576.
center. 528, 529, 533, 535.
center back. 532, 536, 539.
center circle. 532, 535.
center court. 541.
center face-off circle. 533.

center field. 525.
center fielder. 525.
center flag. 532.
center forward. 532, 536, 539.
center line. 527, 533, 535, 536, 539, 542, 543, 544, 576.
center mark. 537.
center pocket. 584.
center service line. 537.
center spot. 532, 583, 584.
center strap. 537.
center string. 583.
centerboard. 552.
centre. 528, 533, 535.
centre-back. 532, 536, 539.
centre circle. 532, 535.
centre court. 541.
centre face-off circle. 533.
centre field. 525.
centre fielder. 525.
centre flag. 532.
centre forward. 532, 536, 539.
centre line. 527, 533, 535, 536, 539, 542, 543, 576.
centre mark. 537.
centre midfield. 532.
centre pocket. 584.
centre service line. 537.
centre spot. 532, 583, 584.
centre strap. 537.
centre string. 583.
centreboard. 552.
chalet. 558.
chalk. 582.
characters. 593.
cheek. 581.
cheek strap. 567.
chess. 591.
chess notation. 591.
chessboards. 591.
chest protector. 526, 530.
chief timekeeper. 546.
chin strap. 530.
chip. 594, 595.
chock. 588.
circles. 593.
clam-cleat. 551, 553.
clamp. 561.
clear space. 536.
cleat. 552, 553.
cleated shoe. 530.
clew. 551.
climbing harness. 589.
clock operator. 535.
close hauled. 553.
close reach. 553.
closing odds. 569.
clove hitch. 601.
club. 592.
club divider. 587.
club house. 569.
club house turn. 569.
clubhouse. 585.
coach's box. 525.
cockpit. 556.
cockpit. 552.
cockpit canopy. 556.
coffee pot. 599.
coin chute. 595.
coin reject slot. 595.
coin slot. 595.
collar. 575.
columns. 594, 595.
combination knife. 599.
common whipping. 601.
compartment. 592, 594.
compass. 550, 556.
competition ring. 566.
competitive course. 546.
competitor. 546.
completion. 601.
compressed-air cylinder. 550.
connecting wire. 576.
connector link. 555.
contest area. 578.
contestant. 578.

control bar. 557.
control stick. 556.
control valve. 599.
cooking. 600.
cooking set. 599.
cooler. 600.
cord. 588.
cord grip. 572.
core. 587, 601.
cork tip. 542.
corkscrew. 599.
corner. 579.
corner arc. 532.
corner flag. 532.
corner pad. 579.
corner-stool. 579.
counter. 562.
course. 585.
court. 535, 536, 537, 539, 542.
court referee. 539.
cover. 526, 587.
covering. 543.
cow hitch. 601.
crampon strap. 589.
crampons. 589.
crank. 592.
crash helmet. 559, 564.
crawl swimmer. 547.
Cree snowshoe. 563.
creel. 582.
cross-country ski. 561.
cross-country ski. 561.
cross-country skier. 561.
cross-country skiing. 561.
cross handle. 594.
crossbar. 531, 545, 557, 558, 570, 571.
crosstree. 552.
croup. 573.
crownpiece. 567.
cue ball. 583, 584.
cuff. 534.
cup. 585, 599.
curb bit. 567.
curb chain. 567.
curb rein. 567.
curler. 544.
curling. 544.
curling broom. 544.
curling rink. 544.
curling stone. 544.
curve. 534.
cushion. 562, 584, 590.
[D]. 584.
daggerboard. 551.
daggerboard well. 551.
danger area. 578.
date. 569.
dead ball line. 531.
defending zone. 533.
defensive. 528, 529.
deflexor. 557.
depth gauge. 550.
descendeur. 588.
diagonal. 591.
diamond. 583, 592.
dice. 593.
dice. 592.
dice cup. 592.
dimple. 587.
disc. 575.
disc. 558.
discus. 572.
discus throw. 570.
disgorger. 582.
disk. 575.
distance covered. 569.
diver. 549.
diving. 548.
diving installations. 548.
diving well. 548.
divot. 585.
dolly. 544.
dome tent. 597.
domino. 593.
dominoes. 593.

door. 540.
double: box and brush, box and gate. 566.
double-blank. 593.
double chair lift. 558.
double handles. 554.
double oxer. 565, 566.
double sheet bend. 601.
double-six. 593.
double zero. 595.
doubles pole. 537.
doubles service court. 542.
doubles sideline. 537, 542.
doublet. 593.
doubling cube. 592.
down wind. 553.
downhaul. 551.
dozens. 594.
drag. 580.
dress and equipment. 565.
driver. 568, 569.
driver; no. 1 wood. 586.
driver's colors. 569.
driving iron; no. 1 iron. 586.
East. 593.
East wind. 593.
edge. 559, 561, 562, 564.
elbow pad. 530, 534, 564.
elbow protector. 576.
electric foil. 576.
electric golf cart. 587.
electrical payout linkage. 595.
electrical pointe d'arrêt. 576.
electrical scoring apparatus. 576.
elevator. 556.
en prison. 594, 595.
end line. 527, 535, 536, 543.
end of the lap. 547.
end-piece. 582.
end wall. 546.
end zone. 527.
engine. 587.
English billiards. 584.
English billiards and snooker. 584.
English chessboard. 591.
entries. 548.
entry. 549.
épée. 577.
épéeist. 577.
equipment. 588.
étrier. 588.
even. 594, 595.
eye. 567, 581, 588.
eyelet. 562.
face. 543, 586.
face mask. 530, 534.
face-off circle. 533.
face-off spot. 533.
fairlead. 553.
fairway. 585.
falling. 578.
false start rope. 546.
family tents. 596.
fanny pack. 559.
far turn. 569.
feather crown. 542.
feet-first entry. 548.
female ferrule. 580.
fencer. 576.
fencing. 576, 577.
fencing shoe. 576.
fencing weapons. 577.
ferrule. 582, 586.
fibre. 601.
field. 525, 531.
fiffi hook. 588.
figure-eight knot. 601.
figure skate. 562.
figure ski. 554.
figure skiing handle. 554.
file. 591, 599.
fin. 550, 554.
finger. 526.
finger hole. 590.
finish. 566.

finish line. 571.
finishing line. 569.
finishing post. 571.
first base. 525.
first baseman. 525.
first space. 535.
fisherman's knot. 601.
fishhook. 581.
fishing. 580, 581, 582.
fishing vest. 582.
five-number bet. 595.
flag. 531, 536, 558.
flagstick. 585.
flank forward. 531.
flanker. 529.
flap. 567.
flat side of the grip. 538.
flat spike. 588.
flight. 549, 574.
flight instruments. 557.
flights. 548.
flip turn. 547.
float. 581.
floor. 540, 541.
flower tiles. 593.
flush. 592.
fly box. 582.
fly half. 531.
fly line. 580.
fly reel. 580.
fly rod. 580.
flysheet. 597.
foam mattress. 598.
foam pad. 598.
foible. 577.
foil. 577.
foil warning line. 576.
foilist. 577.
folding camp bed. 598.
folding grill. 600.
folding shovel. 600.
foot. 551, 580.
foot cushion. 583.
foot fault judge. 537.
foot of table. 583.
foot pocket. 550.
foot score line. 544.
foot spot. 583.
foot string. 583.
football. 527, 528, 529, 530.
footrest. 558.
fore court. 537.
foregrip. 580.
forestay. 552.
fork. 599.
forming. 601.
forte. 577.
forward. 548.
forward dive. 549.
foul line. 525, 590.
four of a kind. 592.
four-wall court. 541.
frame. 538, 540, 563, 573, 574, 595.
free fall. 555.
free throw lane. 535.
free throw line. 535, 539.
French chessboard. 591.
front binding. 554.
front court. 541.
front crawl stroke. 547.
front crossbar. 563.
front point. 589.
front runner. 564.
front wall. 540, 541.
frying pan. 599.
fulcrum. 542.
full and by. 553.
full back. 531.
full house. 592.
fullback. 532.
fullback. 528, 529.
furlong chute. 569.
fuselage. 556.
G-meter. 556.
gaiter. 559.

The terms in **bold type** indicate the title of an illustration; those in *italic* correspond to the British terminology.

gaiting strap. 568.
game timekeeper. 533.
gap. 581.
gate. 558, 565, 566, 588.
gauge. 599.
gauze bandage. 575.
gear housing. 580.
girth. 567.
girth strap. 567.
glass. 533, 540.
glider. 556.
gliding. 556.
glove. 526.
glove. 534, 550, 555, 561, 564, 572, 576.
goal. 545.
goal. 527, 531, 532, 533, 539, 545.
goal area. 532, 539.
goal area line. 539.
goal crease. 533.
goal judge. 545.
goal judge's box. 533.
goal line. 527, 531, 532, 533, 539, 545.
goal line referee. 539.
goal post. 527, 531.
goalkeeper. 534.
goalkeeper. 532, 533, 539, 545.
goalkeeper's pad. 534.
goalkeeper's stick. 534.
goggles. 555, 564.
golf. 585, 586, 587.
golf bag. 587.
golf cart. 587.
golf clubs. 586.
golf shoe. 587.
golf trolley. 587.
golfer. 585.
grandstand. 569.
granny knot. 601.
green ball. 584.
green dragon. 593.
griff-fiffi hook. 588.
grip. 540, 586.
grommet. 597.
groove. 559, 561, 586.
groups of dives. 549.
guard. 577.
guide. 580.
gutter. 590.
guy cable. 573.
guy line adapter. 597.
guy rope. 596.
gymnast. 574.
gymnastics. 573, 574.
hack. 544.
hackle. 581.
half court line. 540.
half-distance line. 545.
half way line. 532.
halfback. 529.
halfway line. 531.
hammer. 572.
hammer. 589.
hammer axe. 588.
hammer head. 588.
hammer throw. 570.
hand grip. 580.
hand guard. 530.
handball. 539.
handhold. 568.
handle. 554.
handle. 526, 538, 543, 544, 559, 564, 572, 577, 580, 587, 588, 599.
hang glider. 557.
hang gliding. 557.
hang point. 557.
hank. 552, 553.
harness. 550, 555, 557, 563.
harness racing. 568, 569.
hatchet. 600.
haulage cable. 558.
head. 538, 572, 581, 586, 588.
head cover. 587.
head cushion. 583.

head-first entry. 548.
head linesman. 528.
head number. 568.
head of sail. 551.
head of table. 583.
head pole. 568.
head spot. 583.
head string. 583.
headband. 538, 561.
headpin. 590.
headwind. 553.
heart. 592.
heater. 599.
heaving line knot. 601.
heel. 526, 534, 562, 586.
heel flange. 560.
heel lacing. 563.
heel piece. 554, 559, 560.
heel release setting indicator. 560.
heelplate. 561.
height. 548.
height adjustment screw. 560.
height of the dive. 549.
helmet. 530, 534, 555, 557, 589.
helmet lamp. 589.
high card. 592.
high jump. 571.
high line. 577.
hinge. 560.
hip pad. 530.
hip pad; girdle. 534.
hitting area. 526.
hobble. 568.
hobble hanger. 568.
hockey skate. 562.
hog score line. 544.
holds. 578.
hole. 585.
hole. 585, 588.
holster. 589.
home plate. 525.
home straight. 569.
homestretch. 569.
honor tiles. 593.
honour tiles. 593.
hood. 550.
hook. 558, 562, 581.
hooker. 531.
horizontal bar. 573.
horizontal stabilizer. 556.
horse's name. 569.
horse's number. 569.
horse's pedigree. 569.
house. 544.
hurdle. 570.
hurricane lamp. 600.
ice axe. 588.
ice axe. 589.
ice hockey. 533, 534.
ice hockey player. 534.
ice piton. 589.
ice screw. 589.
identification of the track. 569.
in goal. 531.
inbound line. 527.
infield. 525.
inflator. 598.
inflator-deflator. 598.
inhaul. 551.
inner boot. 560.
inner table. 592.
inner tent. 597.
inside left. 532.
inside line. 577.
inside linebacker. 528.
inside right. 532.
instrument panel. 556.
international singles court. 540.
inward dive. 549.
iron. 586.
ivory ball. 594.
Jack. 592.
jacket. 576, 578.
jackpot box. 595.
jackpot feed. 595.
jackpot payout chute. 595.

javelin throw. 571.
javelins. 572.
jersey. 530.
jib. 552.
jib halyard. 552.
jibsheet. 552.
jodhpurs. 565.
joint. 581, 582.
Joker. 592.
judge. 576, 578, 579.
judge's stand. 569.
judo. 578.
judo suit. 578.
jump ski. 554.
jumper. 555.
keel. 557.
keeper ring. 580.
kick. 547.
King. 592.
King (K). 591.
king post. 557.
King's side. 591.
kingpin. 562.
knee boot. 568.
knee boot suspender. 568.
knee pad. 526, 530, 534, 564, 575.
knee roll. 567.
knee sock. 561.
knickers. 561.
knife. 550, 599.
Knight (Kt). 591.
knob. 526.
knots. 601.
lace. 526, 562, 579.
landing. 574.
landing area. 570, 571.
landing mat. 574.
landing net. 582.
lane. 590.
lane. 546, 571.
lane number. 546.
lane rope. 546.
lane timekeeper. 546.
lantern. 599.
latch. 588.
lateral line. 544.
lead. 544.
leader. 581.
leading edge. 556, 557.
leading edge tube. 557.
leather sheath. 599.
leech. 551.
left back. 532, 536, 539.
left center. 531.
left centre. 531.
left cornerback. 528, 529.
left defence. 533.
left defense. 533.
left defensive end. 528, 529.
left defensive tackle. 528, 529.
left field. 525.
left fielder. 525.
left forward. 535, 536.
left guard. 528, 529, 535.
left half. 532.
left halfback. 528.
left outside linebacker. 529.
left safety. 528.
left safety back. 529.
left service court. 537, 540.
left tackle. 528, 529.
left wing. 532.
left wing. 531, 533.
left winger. 539.
leg. 543, 574, 580.
leg position. 549.
legging. 589.
length. 548.
lever. 595.
light. 550.
lighting. 600.
line. 580, 581, 594, 595.
line guide. 580.
line judge. 528.
line of scrimmage. 528, 529.

linesman. 531, 532, 533, 536, 537, 542.
lining. 562.
living room. 596.
lock forward. 531.
lock nut. 562.
long jump. 570.
long service line. 542.
low bar. 574.
low line. 577.
lower shell. 560.
luff. 551.
luff (to). 551.
lures. 581.
mah-jongg. 593.
main halyard. 552.
main parachute. 555.
main section. 594, 595.
mainsail. 552.
mainsheet. 552.
major inner reaping throw. 578.
major outer reaping throw. 578.
major types of tents. 597.
male ferrule. 580.
manual release. 560.
marker. 590.
martingale. 577.
mashie; no. 5 iron. 586.
mashie iron; no. 4 iron. 586.
mashie niblick; no. 7 iron. 586.
mask. 526, 550, 576.
mast. 551, 552.
mast foot. 551.
mast sleeve. 551.
master cord. 563.
masthead. 551.
mat. 578.
men. 591.
men. 592.
men's apparatus. 573.
mesh. 543.
metal head. 572.
metallic plastron. 576.
Michigan snowshoe. 563.
middle linebacker. 528, 529.
midfield. 532.
midiron; no. 2 iron. 586.
midmashie; no. 3 iron. 586.
minor inner reaping throw. 578.
mitten. 559, 589.
mocassin. 563.
mono-ski. 554.
monster. 529.
morning line. 569.
mound. 525.
mountaineer. 589.
mountaineering. 588, 589.
mountaineering boot. 589.
mounting. 577.
mouthpiece. 579.
mouthpiece. 550.
mud wall. 596.
mummy. 598.
neck. 573, 586.
net. 533, 535, 536, 537, 539, 542, 543.
net band. 537.
net judge. 537.
net support. 543.
neutral zone. 528, 529, 533.
niblick; no. 9 iron. 586.
no. 4 wood. 586.
no. 8 forward. 531.
North. 593.
North wind. 593.
nose. 556, 557.
noseband. 567.
notch. 582.
number. 594.
number three. 544.
number two. 544.
object balls. 583.
obstacles. 565.
octave. 579.
odd. 594, 595.
offensive. 528, 529.

The terms in **bold type** indicate the title of an illustration; those in *italic* correspond to the British terminology.

on-deck circle. 525.
on guard line. 576.
on the wind. 553.
one-arm shoulder throw. 578.
one-design sailboat. 552.
one pair. 592.
one-piece coverall. 555.
open-face spinning reel. 580.
order of finish. 569.
ordinary die. 593.
otter paw. 563.
out of bounds. 585.
outer boundary line. 540.
outer table. 592.
outfield. 525.
outhaul. 551.
outside left. 532.
outside line. 577.
outside linebacker. 528.
outside right. 532.
overcheck. 568.
overhand knot. 601.
owner. 569.
oxer and cross poles. 566.
oxer wall. 566.
pack. 555.
padded jacket. 589.
paddock. 569.
palm. 526.
panel. 555, 567.
pants. 526, 530, 534, 589.
parachute. 555.
parachute. 557.
parachuting. 555.
parachutist. 555.
parallel bars. 573.
parka. 561.
parts of the weapon. 577.
pawn. 591.
Pawn (P). 591.
payout tray. 595.
payout trigger. 595.
peg. 596, 597.
peg loop. 597.
penalty arc. 532.
penalty area. 532.
penalty bench. 533.
penalty line. 539.
penalty spot. 532.
penalty timekeeper. 533.
penholder grip. 543.
penknife. 599.
performance. 569.
pick. 588.
pieces. 591.
pike position. 548.
pilot. 556, 557.
pilot parachute. 555.
pin. 590.
pink ball. 584.
pip. 593.
piste. 576.
pit. 590.
pitcher. 525.
pitcher's plate. 525.
pitching niblick; no. 8 iron. 586.
pitching wedge. 586.
piton-carrier. 589.
piton hammer. 588.
pitons. 588.
pivot. 562.
placing judge. 546.
planting box. 570.
plasticine board. 570.
plate. 599.
platform. 548, 575.
platform diver. 548.
player. 526.
player. 545.
player's number. 530.
player's stick. 534.
players' bench. 525, 533, 535,
536.
players' rotation. 536.
playing area. 545.
playing field. 532.

**playing field for American
football. 527.**
**playing field for Canadian
football. 527.**
playing surface. 543.
pocket. 583, 587, 590.
point. 562, 581, 592.
points of sailing. 553.
poker die. 593.
pole. 558, 569, 570, 596.
pole grip. 561.
pole loop. 596.
pole over a bank. 566.
pole shaft. 561.
pole tip. 561.
pole vault. 570.
poma lift. 558.
pommel. 567, 573, 577.
pommel horse. 573.
pool. 583.
pool and carom billiards. 583.
pop-up tent. 597.
port tack. 553.
position. 569.
positions. 577.
post. 536, 542, 545.
post and plank. 565.
post and rail. 565.
practice fairway. 585.
president. 576.
press. 538.
pressure regulator. 599.
prime. 577.
prop forward. 531.
propane/butane cylinder. 599.
**propane or butane accessories.
599.**
protective cup. 530, 534.
protective equipment. 530.
puck. 534.
pullover sweater. 561.
pup tent. 597.
purge valve. 550.
putter. 586.
putter. 586.
putting green. 585.
pylon. 558.
pyramid spot. 584.
pyramid tent. 597.
quarte. 577.
quarterback. 528, 529.
Queen. 592.
Queen (Q). 591.
Queen's side. 591.
quinte. 577.
racing programm. 569.
rack. 582.
racket. 543.
racquetball. 541.
racquetball racket. 541.
racquetball racquet. 541.
racquetballer. 541.
rail. 550, 583, 584.
rainfly. 597.
rank. 591.
rear limit line. 576.
rear runner. 564.
receiver. 537, 540, 542, 543.
receiving line. 541.
recorder. 546.
rectangular. 598.
red. 594, 595.
red ball. 583, 584.
red balls. 584.
red cap. 545.
red dragon. 593.
red flag. 545, 578.
red inner circle. 544.
reef knot. 601.
reel. 576, 595.
reel plate. 595.
reel seat. 580.
referee. 528, 531, 532, 533, 535,
536, 543, 545, 546, 578, 579.
referee's stand. 542.
rein. 568.

release setting screw. 560.
reserve parachute. 555.
restricted area. 535.
restricting circle. 535.
retriever. 536.
reverse dive. 549.
rib pad. 530.
ribbing. 581.
rider. 564.
ridge. 594.
ridge pole. 596.
ridge tent. 597.
riding. 565, 566, 567.
riding crop. 565.
riding glove. 565.
riding helmet. 565.
riding jacket. 565.
rigging wire. 557.
right back. 532, 536, 539.
right center. 531.
right centre. 531.
right cornerback. 528, 529.
right defence. 533.
right defense. 533.
right defensive end. 528, 529.
right defensive tackle. 528, 529.
right field. 525.
right fielder. 525.
right forward. 535, 536.
right guard. 528, 529, 535.
right half. 532.
right halfback. 528.
right outside linebacker. 529.
right safety. 528.
right safety back. 529.
right service court. 537, 540.
right tackle. 528, 529.
right wing. 532.
right wing. 531, 533.
right winger. 539.
rim. 535, 572.
ring. 579.
ring. 573, 588.
ring floor. 579.
ring post. 579.
ring step. 579.
rings. 573.
ringside. 579.
rink. 533.
rink. 544.
rink corner. 533.
ripcord. 555.
riser. 555.
roller skate. 562.
roof. 596.
Rook (R). 591.
room. 596.
rope. 579, 589, 601.
rotating wheel. 594.
rough. 585.
roulette table. 594, 595.
roulette wheel. 594.
royal flush. 592.
rubber thread. 587.
rucksack. 561, 589.
rudder. 552, 556.
rudder pedal. 556.
rugby. 531.
run. 574.
rung. 588.
runner. 564, 592.
running. 570.
running bowline. 601.
running surface. 561.
saber. 577.
saber and épée warning line. 576.
sabre. 577.
sabre and épée warning line. 576.
sabreur. 577.
saddle. 567.
saddle. 573.
saddlecloth. 568.
safety area. 578.
safety bar. 558.
safety binding. 560.
safety binding. 559.

safety cage. 570.
safety pad. 574.
safety strap. 560.
safety thong. 541.
sail. 551, 557.
sail panel. 552.
sailboard. 551.
sand wedge. 586.
sauce pan. 599.
saw. 599.
scalper. 568.
scarf. 559.
scissors. 599.
score sheet. 590.
scorer. 533, 535, 536, 576, 590.
scoring light. 576.
scoring table. 590.
screen window. 596.
screw. 562.
screw locking nut. 580.
screwdriver. 599.
screwsleeve. 588.
**scrimmage in American football.
528.**
**scrimmage in Canadian football.
529.**
scrum. 531.
scrum half. 531.
scuba diver. 550.
season tiles. 593.
seat. 556, 558, 564, 567.
second. 579.
second base. 525.
second baseman. 525.
second flight. 574.
second linesman. 536.
second space. 535.
seconde. 577.
secretary. 539, 545.
sector flag. 570.
semi-circle. 535.
semi-mummy. 598.
septime. 577.
server. 536, 537, 540, 542, 543.
service area. 536.
service box. 540, 541.
service box line. 541.
service judge. 542.
service line. 537, 540, 541.
service zone. 541.
set-up. 590.
setup. 590.
sewn-in floor. 596.
shackle. 553.
shadow roll. 568.
shaft. 534, 538, 540, 568, 572,
582, 586, 588.
shaft holder. 568.
shake-hands grip. 543.
shank. 581.
sheath. 601.
sheath knife. 600.
sheepshank. 601.
sheet bend. 601.
sheet lead. 553.
shin boot. 568.
shin guard. 526, 530.
shin pad. 534.
shirt. 538.
short line. 540, 541.
short service line. 542.
short-sleeved shirt. 575.
shorts. 538.
shortstop. 525.
shot put. 571.
shot splice. 601.
shots. 572.
shoulder. 538, 581.
shoulder pad. 530, 534.
shoulder strap. 587.
shovel. 559, 561.
shroud. 552.
shuttlecock. 542.
side line. 543.
side wall. 540, 541, 546.
side wall line. 540.

The terms in **bold type** indicate the title of an illustration; those in *italic* correspond to the British terminology.

sideline. 527, 535, 536, 539.
sidestroke. 547.
single burner camp stove. 599.
single zero. 594, 595.
singles pole. 537.
singles service court. 542.
singles sideline. 537, 542.
sinker. 581.
sixte. 577.
skate. 534.
skate guard. 562.
skating. 562.
skeg. 551.
ski. 559.
ski boot. 560.
ski boot. 559.
ski goggles. 559, 561.
ski hat. 561.
ski instructor. 558.
ski jumper. 558.
ski jumping hill. 558.
ski pole. 559, 561.
ski resort. 558.
ski stop. 559, 560.
ski suit. 559.
ski tip. 561.
skiing. 558.
skin diving. 550.
skip. 544.
skirt. 538, 567.
slalom course. 558.
slalomist. 558.
sleeping bags. 598.
sleeve. 575, 576, 596.
slot machine. 595.
slotback. 529.
snaffle bit. 567.
snaffle rein. 567.
snap shackle. 553.
snooker. 584.
snorkel. 550.
snow goggles. 589.
snowshoe types. 563.
snowshoer. 563.
snowshoes. 563.
soccer. 532.
soccer ball. 532.
sock. 530, 538.
sole. 560, 562, 586.
sole plate. 562.
South. 593.
South wind. 593.
spade. 592.
spade mashie; no. 6 iron. 586.
speargun. 550.
speed skate. 562.
spike. 587, 588, 589.
spiked shoe. 526.
spinnaker boom. 552.
spinnaker sheet lead. 552.
spinner. 581.
spinning rod. 580.
split bet. 594, 595.
split end. 528, 529.
split link. 581.
spoked wheel. 568.
spool. 580.
spoon. 599.
spoon; no. 3 wood. 586.
sports. 523.
spot white ball. 584.
spring. 574.
spring hip throw. 578.
spring linkage. 595.
springboard. 548, 573, 574.
springboard diver. 548.
spur. 565.
square. 593.
square bet. 594, 595.
squash. 540.
squash ball. 540.
squash racket. 540.
squash racquet. 540.
stabilizer. 555.
stable. 569.
stanchion. 562.

stand and track. 569.
stand off half. 531.
standard poker hands. 592.
standardbred pacer. 568.
start. 566.
start line. 570.
start wall. 546.
startboard tack. 553.
starter. 546.
starting block. 546.
starting dive. 546.
starting grip. 546.
starting position. 549.
starting position (crawl, breaststroke, butterfly). 546.
starting positions. 548.
stationary bowl. 594.
steel bar. 573.
steeplechase. 570.
steering line. 555.
stem. 552.
stern. 551.
stick glove. 534.
stirrup iron. 567.
stirrup leather. 567.
stirrup sock. 526.
stitches. 526.
stocking. 576.
stopboard. 571.
straight. 592.
straight: plank and pole. 566.
straight bet. 594, 595.
straight flush. 592.
straight position. 548.
strainer. 596.
strand. 601.
strap. 526, 564, 573.
street bet. 594, 595.
stringing. 538.
strings. 540.
stroke judge. 546.
strong-box. 595.
strut. 564.
submersible watch. 550.
substitute. 535, 536, 539, 545.
substitutes' bench. 539.
suit tiles. 593.
sulky. 568.
support. 574.
surcingle. 568.
surface of the water. 548.
suspension line. 555.
sweeper. 544.
sweeper. 532.
sweeping loin throw. 578.
sweeping score line. 544.
swimmer. 546.
swimming. 546.
swimming competition. 546.
swimming pool. 545.
swivel. 572, 581.
symbol. 595.
symbols. 592.
T-bar lift. 558.
tab. 567.
table. 543, 583, 584.
table. 576.
table tennis. 543.
table tennis player. 543.
table tennis shoe. 543.
tack. 551.
tail. 554, 556, 557, 559, 561, 563, 581.
tail parachute. 556.
take-off board. 570, 571.
take-off line. 570.
tape. 526, 536.
target areas (dark). 577.
team. 531.
team bench. 545.
team shirt. 526.
teapot. 599.
tee. 587.
tee. 544.
teeing ground. 585.
teeth. 588.

telltale. 540, 552.
temperature. 569.
tendon guard. 562.
tennis. 537, 538.
tennis ball. 538.
tennis players. 538.
tennis racket. 538.
tennis racquet. 538.
tennis shoe. 538.
tents. 596, 597.
thigh pad. 530.
third base. 525.
third baseman. 525.
three-burner camp stove. 599.
three of a kind. 592.
threequarter backs. 531.
throat. 538, 581.
throat lash. 567.
throat latch. 567.
throat protector. 526, 534.
throwing arc. 571.
throwing circle. 570, 571.
throwing in a circle. 578.
throwings. 572.
thumb. 526.
tie flap. 596.
tierce. 577.
tight end. 528, 529.
tiller. 552.
timekeeper. 535, 539, 545, 576, 579.
timing. 569.
tin opener. 599.
tip. 554, 557, 559, 563, 572, 581, 582.
tip guard. 562.
tip-ring. 580.
tip section. 580.
toboggan. 564.
toe. 586.
toe binding. 561.
toe box. 562.
toe hole. 563.
toe lacing. 563.
toe pick. 562.
toe piece. 554, 559, 560.
toe-piece release setting indicator. 560.
toe stop. 562.
toe strap. 554.
toeplate. 561.
tongue. 560, 562.
tools. 600.
top. 538.
top bar. 574.
top pocket. 584.
top surface. 556.
topping. 581.
tote board. 569.
touch in goal line. 531.
touch line. 531, 532.
touring boot. 561.
tow bar. 554.
tow hook. 556.
tow release knob. 556.
towrope. 554.
track. 558, 571.
track and field athletics. 570, 571, 572.
trailing edge. 556, 557.
trainer. 569, 579.
trampoline. 574.
traveler. 553.
traveller. 553.
tread. 567.
treble: wall, triple bars, oxer. 566.
tree. 567.
triple bars. 565.
triple jump. 571.
trousers. 589.
trousers. 578.
truck. 562.
trunks. 575, 579.
tubular ice screw. 588.
tuck position. 548.
turn and bank indicator. 556.

turn and slip indicator. 556.
turnbuckle. 553, 579.
turning judge. 546.
turtleneck. 559.
twin skis. 554.
twist dive. 549.
twisted rope. 601.
two-hand clean and jerk. 575.
two-hand snatch. 575.
two pairs. 592.
types of golf clubs. 586.
types of grips. 543.
types of handles. 554.
types of skates. 562.
types of skis. 554.
types of strokes. 547.
umbrella sheath. 587.
umpire. 528, 536, 537, 542, 543.
umpire-in-chief. 525.
umpire's stand. 542.
undershirt. 526, 579.
uniform. 530.
uphaul. 551.
upper. 560.
upper cuff. 560.
upper edge. 543.
upper shell. 560.
upperworks. 553.
upright. 570, 571, 573, 574.
vacuum bottle. 600.
vacuum flask. 600.
variometer. 556.
vaulting horse. 573, 574.
veil. 581.
vent hole. 555.
vertical side band. 536.
vertical stabilizer. 556.
vest. 579.
volleyball. 536.
volleyball. 536.
waders. 582.
wagon tent. 597.
wall. 565, 566, 593, 596.
wall and rails. 565, 566.
wall tent. 597.
wardrobe. 596.
water bottle. 600.
water carrier. 600.
water ditch. 570.
water hazard. 585.
water jump. 565, 566.
water polo. 545.
water skiing. 554.
web. 526.
weight. 572, 575.
weight belt. 550.
weightlifter. 575.
weightlifting. 575.
West. 593.
West wind. 593.
wet suit. 550.
wheel. 562.
whipping. 586.
White. 591, 592.
white cap. 545.
white cue ball. 584.
white dragon. 593.
white flag. 545, 578.
white spot ball. 583.
white square. 591.
white tape. 542, 543.
width. 548.
winch. 553.
wind. 553.
wind abeam. 553.
wind baffle. 599.
wind indicator. 552.
window. 551, 596.
wing. 535.
wing. 556, 557, 581.
wing forward. 531.
wing tip. 556.
wing wire. 557.
winning line. 595.
wire. 560, 572.
wire sling. 588.

The terms in **bold type** indicate the title of an illustration; those in *italic* correspond to the British terminology.

wire support. 599.
wishbone boom. 551.
women's apparatus. 574.
wood. 586.
wooden bar. 573.
wrist pad. 530.
wrist sling. 588.
wrist strap. 561.
wristband. 538.
yard line. 527.
yarn. 601.
yellow ball. 584.
zipped screen door. 596.
zipper. 597.
zippered screen door. 596.

SYMBOLS

access for physically handicapped. 719.
addition. 723.
agitation. 722.
air transportation. 721.
ampersand. 723.
ancient and modern signs. 712.
Aquarius, the Water Bearer. 712.
argent. 710.
Aries, the Ram. 712.
azure. 710.
baggage carts. 720.
baggage claim. 720.
bar. 720.
base. 709.
biology. 723.
birth. 723.
breakdown service. 721.
buffet. 719.
bumps. 714.
bus transportation. 721.
camping and caravan site. 721.
camping area. 721.
camping prohibited. 721.
Cancer, the Crab. 712.
canton. 709.
Capricorn, the Goat. 712.
car rental. 721.
cattle crossing. 715.
caution. 718.
caution, pedestrian crossing. 718.
caution, slippery floor. 718.
cent. 723.
center base. 709.
center chief. 709.
center point. 709.
centre base. 709.
centre chief. 709.
centre point. 709.
charges. 710.
check-in. 720.
chevron. 710.
chief. 709, 710.
chlorine bleaching. 722.
coffee shop. 719.
colors. 710.
colours. 710.
common symbols. 718, 719, 720, 721.
compulsory roundabout. 717.
constellations. 712.
copyright. 723.
crescent. 710.
cross. 710.
currency exchange. 720.
cyclists entering or crossing. 715.
danger, electrical hazard. 718.
danger, flammable. 718.
danger, poison. 718.
danger warning signs. 714.
danger warning signs (cont.). 715.
dangerous bend. 714.
dangerous descent. 714.
death. 723.
dexter. 709.
dexter base. 709.

dexter chief. 709.
dexter flank. 709.
direction to be followed. 717.
division. 723.
do not dry clean. 722.
do not enter. 718.
do not iron. 722.
do not use baggage carts. 720.
do not use chlorine bleach. 722.
do not use for wheelchairs. 719.
do not use luggage trolleys. 720.
do not wash. 722.
dollar. 723.
double bend. 714.
double pennant. 711.
drip dry. 722.
drug store. 720.
dry clean. 722.
dry cleaning. 722.
dry flat. 722.
drying. 722.
duty-free. 720.
eagle. 710.
elevator for people. 719.
emblem. 709.
empty set. 723.
end of motorway. 717.
[end of priority] sign. 715.
end of prohibition of passing. 716.
end of superhighway. 717.
ermine. 710.
escalator, down. 719.
escalator, up. 719.
examples of symbols. 710.
fabric care. 722.
falling rocks. 714.
fanion. 711.
female. 723.
finial. 709.
fire extinguisher. 718.
fire hose. 718.
first aid. 718.
flag and shield. 709.
flag shapes. 711.
flagpole. 709.
flammule. 711.
fleur-de-lis. 710.
fly. 709.
freight elevator. 719.
furs. 710.
Gemini, the Twins. 712.
[give way] sign. 715.
gonfalon. 711.
goods lift. 719.
grade crossing. 715.
graphic elements for symbols. 713.
ground transportation. 721.
gules. 710.
hairdresser. 720.
halyard. 709.
hand wash in lukewarm water. 722.
hang to dry. 722.
helicopter transportation. 721.
hoist. 709.
hospital. 718.
hotel information. 721.
infinity. 723.
information. 718.
informative signs. 717.
inspection services. 720.
international road signs. 714, 715, 716, 717.
intersection. 723.
iron at high setting. 722.
iron at low setting. 722.
iron at medium setting. 722.
ironing. 722.
is a member of. 723.
is approximately equal to. 723.
is contained in. 723.
is equal to. 723.
is equal to or greater than. 723.
is equal to or less than. 723.
is equivalent to. 723.

is greater than. 723.
is identical with. 723.
is less than. 723.
is not equal to. 723.
is not identical with. 723.
Leo, the Lion. 712.
Libra, the Balance. 712.
light signals. 715.
lion passant. 710.
lockers. 720.
loose gravel. 714.
lost and found articles. 720.
luggage claim. 720.
luggage registration. 720.
luggage trolleys. 720.
machine wash in hot water at a normal setting. 722.
machine wash in lukewarm water at a gentle. 722.
machine wash in warm water at a gentle setting-reduced. 722.
machine wash in warm water at a normal setting. 722.
male. 723.
mandatory signs. 717.
mathematics. 723.
maximum speed limit. 716.
metals. 710.
miscellaneous. 723.
motorway. 717.
mullet. 710.
multiplication. 723.
negative charge. 723.
no dogs. 718.
no entry. 716.
no entry for bicycles. 716.
no entry for goods vehicles. 716.
no entry for mopeds. 716.
no entry for motorcycles. 716.
no entry for pedestrians. 716.
no entry for power-driven vehicles. 716.
no left turn. 716.
no U-turn. 716.
one-way traffic. 717.
or. 710.
ordinaries. 710.
oriflamme. 711.
other dangers. 715.
overhead clearance. 716.
pale. 710.
parking. 717.
parking prohibited or restricted. 717.
partitions. 710.
parts of a flag. 709.
party. 710.
passenger lift. 719.
passing prohibited. 716.
pedestrian crossing. 714.
pennant. 711.
per bend. 710.
per cent. 723.
per fess. 710.
per pale. 710.
picnic area. 721.
picnics prohibited. 721.
Pisces, the Fishes. 712.
plus or minus. 723.
police. 718.
positive charge. 723.
post office. 720.
pound. 723.
prescription. 723.
priority intersection. 715.
[priority road] sign. 715.
prohibitory or regulatory signs. 716.
purpure. 710.
quarterly. 710.
rail transportation. 721.
reaction direction. 723.
rectangular. 711.
registered trademark. 723.
restaurant. 719.
reversible reaction. 723.

ridge. 714.
right bend. 714.
road works. 715.
roadway narrows. 714.
sable. 710.
Sagittarius, the Archer. 712.
school zone. 714.
Schwenkel. 711.
Scorpio, the Scorpion. 712.
service station. 721.
setting-reduced agitation. 722.
shield. 709.
signs regulating priority at intersections. 715.
sinister. 709.
sinister base. 709.
sinister chief. 709.
sinister flank. 709.
slippery road. 714.
smoking permitted. 719.
smoking prohibited. 719.
square. 711.
square root of. 723.
staff. 709.
stairs. 719.
standing and parking prohibited or restricted. 717.
standing and parking signs. 717.
steep hill. 714.
stop at intersection. 715.
streamer. 711.
subtraction. 723.
superhighway. 717.
swallowtail. 711.
swallowtail and tongue. 711.
swallowtail pennant. 711.
symbols. 707.
Taurus, the Bull. 712.
taxi transportation. 721.
telegrams. 720.
telephone. 718.
tinctures. 710.
toilet for men. 719.
toilet for men and women. 719.
toilet for women. 719.
traffic circle. 715.
tumble dry at low temperature. 722.
tumble dry at medium to high temperature. 722.
two-way traffic. 715.
union. 723.
use chlorine bleach as directed. 722.
use of audible warning devices prohibited. 716.
vair. 710.
vert. 710.
Virgo, the Virgin. 712.
washing. 722.
weight limitation. 716.
width clearance. 716.
wild animals crossing. 715.
windcone. 711.

TRANSPORTATION

abutment. 414, 415, 416.
accelerator pedal. 400.
accessories. 412.
accommodation ladder. 434.
acoustic baffle. 435.
acoustic echo. 442.
adjustable seat. 421.
advertising sign. 428.
aerial. 397.
aft stabilizer fin. 433.
aftermast. 430.
aileron. 448.
air conditioning. 421.
air diffuser. 429.
air filter. 405.
air inlet. 450, 455.
air intake. 418, 436.
air lock. 437, 438.

The terms in **bold type** indicate the title of an illustration; those in *italic* correspond to the British terminology.

air lock entrance hatch. 437.
air scoop. 408.
air tank. 437.
air-tight diaphragm. 405.
air warning radar. 439.
aircraft gate. 452.
airport. 452, 453.
alternator. 405, 418.
alternator indicator. 399.
ammeter. 410.
anchor. 447.
anchor cable. 447.
anchor-windlass room. 433.
anchorage block. 416.
annular combustion chamber. 450.
antenna. 397, 448.
anti-aircraft gun. 439.
anti-collision light. 448.
anti-submarine mortar. 439.
anti-torque tail rotor. 455.
approach ramp. 416.
apron. 452.
arch. 415.
arch bridge. 415.
arm. 447.
arm rest. 400.
arrivals concourse. 454.
arrivals schedule. 426.
arrivals timetable. 426.
articulated road train. 403.
articulated vehicule. 403.
articulation. 398.
astragal. 445.
automatic control system
    computer. 436.
automatically-controlled door. 454.
automobile. 397, 398, 399, 400.
automobile car. 420.
autopilot control. 451.
auxiliary tank. 402.
axial-flow compressor. 450.
axle. 418.
back of a station wagon. 398.
backrest. 400, 408.
backstay. 430.
backup light. 397.
baggage cart. 454.
baggage check. 426.
baggage check-in counter. 454.
baggage claim area. 454.
baggage compartment. 455.
baggage conveyor. 453.
baggage lockers. 426.
baggage racks. 435.
baggage room. 426.
baggage trailer. 453.
baggage trolley. 454.
Bailey bridge. 417.
ballast. 422.
bands. 444.
barrow. 427.
base. 422, 423.
base course. 413.
bathyscaphe. 437.
battery. 406.
battery. 437.
battery box. 402.
battery case. 406.
battery cover. 406.
bead wire. 407.
beam bridge. 414.
bedroom. 445.
bell buoy. 444.
bellowslike joint. 458.
belt. 407.
belted radial tire. 407.
belted radial tyre. 407.
bench. 428.
bias-ply tire. 407.
bias-ply tyre. 407.
bicycle. 411, 412.
bicycle horn. 412.
bill. 447.
blade lift fan. 435.
boarding step. 455.
boarding walkway. 452.

bobstay. 430.
body. 401, 421, 444.
body side molding. 397.
bogie. 418, 421.
bogie and track. 429.
bogie car-carrying wagon. 420.
bogie flat wagon. 420.
bogie frame. 418.
bogie open wagon. 420.
bogie tank wagon. 420.
bogie van. 420.
bogie wagon. 419.
bogie well wagon. 420.
boiler. 438.
boiler room. 439.
boilers. 433.
bollard. 440.
bonnet. 397, 403.
booking hall. 426.
boom truck. 453.
booster parachute. 457.
boot. 397.
bottom bracket axle. 412.
bottom-end transverse member.
    425.
bottom retainer. 419.
bottom side rail. 425.
bow door ramp. 435.
bow rudder. 434.
bowl. 443.
bowsprit. 430.
box car. 419.
brace. 431.
bracket. 442.
brail. 431.
brake cable. 411.
brake handle. 408.
brake lever. 411.
brake line. 407.
brake lining. 407.
brake pad. 407.
brake pedal. 400, 410.
brake shoe. 407.
brake van. 420.
brakes. 407.
bridge. 438.
bridge and chart room. 434.
brig. 432.
brigantine. 432.
broom point downward. 446.
broom point upward. 446.
bucket seat. 400.
buckle. 400.
buffer. 418.
bufferstop. 424.
bulk carrier. 441.
bulkhead. 402.
bulkhead deck. 434.
bulkhead flat car. 420.
bulkhead flat wagon. 420.
bullseye. 446.
bulwark. 430.
bumper. 397, 402, 403, 418, 424.
bumper guard. 397.
bunk. 438.
buoys. 444.
by-pass taxiway. 452.
cab. 408.
cabin. 434, 455.
cable. 442.
cable stay anchorage. 416.
cable-stayed bridge. 416.
caboose. 420.
cage. 444.
caisson. 441.
caliper. 407.
camshaft. 405.
can. 446.
can buoy. 444.
canal bed. 440.
canal lock. 440.
canal lock. 441.
canopy. 448.
cantilever bridge. 414.
cantilever span. 414.
capstan. 439.

captain's quarters. 433.
captain's seat. 451.
car. 397, 398, 399, 400.
car. 425.
car anchor. 447.
car deck. 435.
car wash. 401.
carburetor. 404, 405, 409.
carburettor. 404, 405, 409.
cardinal system of marking. 445.
cargo-bay access hatch. 457.
cargo-bay door. 457.
cargo boom. 434.
cargo hatch. 433.
cargo terminal. 452.
carousel. 454.
carriageway. 413.
carrier. 411.
cash readout. 401.
catadioptric ring. 446.
catering vehicle. 453.
cell connector. 406.
center-aisle. 421.
center bearing. 450.
center console. 399.
center electrode. 406.
center post. 397.
center span. 416.
central console. 451.
central instrument panel. 451.
centre bearing. 450.
centre console. 399.
centre electrode. 406.
centre span. 416.
chain. 411.
chain guide. 412.
chain stay. 411.
chain wheel. 412.
change machine. 426.
channel. 423.
chapel. 433.
chassis. 403.
check-rail. 422.
checkers. 444.
classification yard. 425.
clearance light. 402.
clew line. 431.
clock. 399.
closure rail. 422.
clutch lever. 410.
clutch pedal. 400.
coach car. 421.
column. 415.
combustion chamber. 404, 450.
command module. 456.
compass. 437.
compass card. 443.
composite topmark. 446.
compressor. 404.
compressor turbine. 404.
cone. 446.
conical buoy. 444.
conning tower. 437, 438.
container. 425.
container. 434.
container car. 420.
container flat wagon. 420.
container hold. 434.
container-loading bridge. 441.
container ship. 434.
container ship. 441.
container terminal. 441.
continuous beam. 414.
control cable. 412.
control column. 451.
control deck. 435, 438.
control levers. 451.
control room. 445.
control stand. 418.
control stick. 455.
control tower. 452.
control tower cab. 452.
convertible. 398.
cooling air. 458.
cooling fan. 404, 405, 406.
cooling liquid pump. 458.

corner cap. 419.
corner fitting. 425.
corner structure. 425.
corridor. 421.
corridor connection. 421.
counterweight. 417, 422, 423.
coupé. 398.
coupler head. 419.
coupler knuckle. 419.
coupler knuckle pin. 419.
cowl. 397.
crank. 412, 440.
crew quarters. 433.
cross section of a road. 413.
cross section of a street. 413.
crossbar. 411.
crossbuck sign. 423.
crossing. 427.
crossing gate mechanism. 423.
crossover. 424.
crown. 447.
cupola. 445.
curb. 413.
currency exchange counter. 454.
currency exchange office. 426.
customs control. 454.
customs house. 441.
cut-out button. 410.
cylinder. 404, 409.
cylinder-head. 409.
cylinder head cover. 405.
dashboard. 399.
dating nail. 422.
davit. 430.
deck. 402, 414, 415, 416.
deck arch bridge. 415.
dehumidifier. 458.
delay indicator. 427.
delta wing. 449.
deluxe suite. 433.
departure time indicator. 427.
departures concourse. 454.
departures room. 454.
departures schedule. 426.
departures timetable. 426.
depressed-center flat car. 420.
destination indicator. 427.
detachable petrol tank. 437.
dial-type display. 442.
diamond. 446.
diesel-electric locomotive. 418.
diesel engine. 404.
diesel engine. 418, 436.
diesel shop. 424.
dimmer switch. 400.
dining car. 421.
dining room. 433, 434.
dining section. 421.
dioptric ring. 446.
dip switch. 400.
dip switch. 410.
dipstick. 405.
directional sign. 428.
disc. 407.
disc brake. 407, 409.
disk. 407.
disk brake. 407.
disk brake. 409.
distributor. 405.
ditch. 413.
door. 400.
door. 397.
door handle. 397.
door hasp. 419.
door hasp fastener. 419.
door lock. 397.
door mirror. 397, 403.
door panel. 429.
door pillar. 397.
door stop. 419.
double fluked anchor. 447.
double-leaf bascule bridge. 417.
double seat. 429.
down tube. 411.
drip molding. 397.
drip moulding. 397.

The terms in **bold type** indicate the title of an illustration; those in *italic* correspond to the British terminology.

drive chain. 411.
drive mechanism. 446.
drive shaft. 455.
driver's cab. 418.
driving turbine. 404.
drum. 407.
drum brake. 407.
dry dock. 441.
dual seat. 409.
duty-free shop. 454.
dynamics propeller. 435.
dynamo. 411.
east. 445.
echo sounder. 442.
electric motor. 437.
electrical connection. 402.
electrical power unit. 453.
electrically illuminated point signal.
423.
electrically illuminated switch
signal. 423.
electricity cable. 413.
element. 406.
elevator. 448.
elevon. 457.
embankment. 413.
emblem. 397.
emergency brake lever. 429.
emergency niche. 437.
emergency oxygen supply. 458.
end door. 421.
end ladder. 419.
engine. 405.
engine air intake. 435.
engine block. 405.
engine instruments. 451.
engine mounting pylon. 449.
engine room. 438, 439.
engines. 404.
engines. 457.
entrance turnstile. 428.
escalator. 428.
estate car. 398.
exhaust cone. 450.
exhaust duct. 446.
exhaust gas admission. 404.
exhaust gas outflow. 404.
exhaust manifold. 404, 405, 406.
exhaust nozzle. 450.
exhaust pipe. 404, 406, 409, 450,
455.
exhaust stack. 403.
exhaust system. 406.
exhaust valve. 404.
exit turnstile. 428.
expansion chamber. 443.
expansion space. 422.
exterior sign. 428.
external tank. 457.
F-1 engine. 456.
fan. 429, 450.
fan belt. 405, 406.
fan blade. 450.
fan cable stays. 416.
fender. 397, 403, 411.
ferry. 434.
ferryboat. 441.
fifth wheel. 403.
filler hole. 403, 405.
filler neck. 403.
filler plug. 443.
fin. 435, 448, 455.
fin-mounted tail unit. 449.
finial. 423.
first officer's seat. 451.
first stage. 456.
fishplate. 422.
fishplate bolt. 422.
fixed arch. 415.
fixed bridges. 414, 415, 416.
fixed distance marking. 452.
fixed stairs. 428.
flap guide rail. 449.
flashing light. 423.
flat car. 420.
flexible skirt. 435.

flight deck. 451.
flight deck. 448, 455, 457.
flight engineer's panel. 451.
flight engineer's seat. 451.
flight information board. 454.
float. 443.
floating bridge. 417.
floating crane. 441.
floating dock. 441.
fluke. 447.
fluted shaft. 398.
flying instruments. 451.
flying jib. 431.
flywheel. 404, 405.
fog light. 403.
fold-out table. 421.
foot rope. 430.
footboard. 408.
footbridge. 424, 428.
footrest. 410.
footway. 413.
fore royal sail. 431.
forecourt. 401.
foremast. 430.
foresail. 431.
fork. 411.
fork pocket. 425.
foundation of tower. 416.
four-door saloon. 398.
four-door sedan. 398.
four-masted bark. 430, 431.
frame. 409, 443.
frame rail. 403.
framework. 446.
freight hold. 433, 448.
freight station. 424.
frigate. 439.
frog. 422.
front bearing. 450.
front brake. 411.
front brake lever. 410.
front derailleur. 411, 412.
front fender. 409.
front foil. 436.
front foil control actuator. 436.
front footrest. 409.
front mudgard. 409.
front pipe. 406.
front spar. 449.
front view. 397.
frontwall. 402.
fuel indicator. 399.
fuel injector pump. 404.
fuel pump. 404.
fuel pump belt. 404.
fuel spray manifold. 450.
fuel tank. 403, 409, 436, 445, 455.
fuel transfer pipe. 456.
funnel. 434.
funnel aileron. 433.
fuselage. 448.
fuselage mounted tail unit. 449.
gaff. 430.
gaff sail. 432.
gaff sail boom. 430.
gaff topsail. 431.
gallery. 445.
galley. 448.
garage. 433, 434.
gas inlet. 458.
gas main. 413.
gas-oil line. 404.
gas outlet. 458.
gas pedal. 400.
gas tank cap. 410.
gas tank door. 397.
gas turbine. 435.
gasoline engine. 405.
gasoline pump. 401.
gasoline pump. 401, 405.
gasoline pump hose. 401.
gate arm. 423.
gate arm lamp. 423.
gate arm support. 423.
gear selector. 411, 412.
gear shift. 410.

gearbox. 436.
gearchange lever. 399.
gearchange pedal. 409, 410.
gearshift lever. 399, 409.
generator. 411.
gimbal ring. 443.
glass dome. 443.
glass-fiber cloth. 458.
glass-fibre cloth. 458.
glass filter. 443.
glove. 458.
glove compartment. 399.
gondola car. 420.
grab handle. 403.
graduated arc. 443.
grapnel. 447.
gravity band. 447.
grille. 397.
ground airport equipment. 453.
ground electrode. 406.
group retarders. 425.
guide chain. 437.
guiding and current bar. 429.
guiding tower. 417.
gully grate. 413.
gun director. 439.
gutter. 413.
half-through arch bridge. 415.
hall. 433.
halyard. 431.
hand brake gear housing. 419.
hand brake wheel. 419.
hand brake winding chain. 419.
hand truck. 427.
handbrake lever. 399.
handlebars. 408, 411.
handrail. 429.
harbor. 441.
harbor station. 441.
harbour. 441.
harbour station. 441.
hardtop. 398.
harp cable stays. 416.
head. 422.
head tube. 411.
headlamp bezel. 398.
headlight. 398.
headlight. 397, 403, 408, 409, 427.
headlight housing shell. 398.
headrest. 400, 421.
heat shield. 457.
heater control. 399.
height sensor. 436.
helicopter. 455.
helicopter hangar. 439.
helium sphere. 456.
helmet. 458.
hex nut. 406.
high beam warning light. 410.
high focal plane buoy. 444.
high-speed exit taxiway. 452.
highway crossing. 423.
highway crossing bell. 423.
hoisting ring. 447.
hold yard. 425.
holding area marking. 452.
hood. 397, 403.
hopper car. 420.
hopper ore car. 420.
hopper ore wagon. 420.
hopper wagon. 420.
horizon mirror. 443.
horizontal end handhold. 419.
horizontal stabilizer. 448, 455.
horn. 399, 418.
horn button. 410.
hotel reservation desk. 454.
housing. 409, 442.
hovercraft. 435.
hub. 411.
hubcap. 397.
hump. 425.
hump area. 425.
hurricane deck. 434.
hydrofoil boat. 436.
idler wheel. 408.

ignition switch. 410.
immigration control. 454.
incandescent lamp. 446.
index arm. 443.
index mirror. 443.
indicator. 402.
indicator board. 427.
indicator lamp. 409.
indicator light. 397.
indicator switch. 400.
injector. 404.
injector pipe. 404.
inlet guide vanes. 450.
inlet valve. 404, 405.
inner jib. 431.
inner lining. 407.
instrument board. 399.
instrument board. 399.
instrument panel. 399.
instrument unit. 456.
insulator. 406.
interior door handle. 400.
interior door lock button. 400.
invert. 429.
iron shot silo. 437.
J-2 engine. 456.
jack staff. 439.
jet refueler. 453.
jewel cap. 443.
jockey roller. 412.
journal box. 418.
junction box. 423.
kerb. 413.
kerb weir. 413.
kerosene. 456.
ketch. 432.
kill button. 410.
king pin. 418.
kingpin. 402.
kiosk. 428.
kitchen. 421.
knurled button. 442.
lamp changer. 446.
landing light. 455.
lantern. 445.
lantern of lighthouse. 446.
lantern pane. 445.
LASH ship. 441.
lateen sail. 432.
lateral system of marking. 446.
launch escape system. 456.
lavatory truck. 453.
lead shot ballast. 437.
leading edge. 448.
leaf. 440.
leaf spring. 408.
left-luggage office. 426.
lens carriage. 446.
lens clock. 446.
level crossing. 423.
level crossing sign. 423.
level crossing with automatic
gates. 424.
lever. 401.
life buoy. 436.
life raft. 435, 439.
lifeboat. 439.
lift. 430.
lift bridge. 417.
lift-fan air intake. 435.
lift gate. 398.
lift span. 417.
lifting lever. 419.
light. 429, 444.
lighthouse. 445.
lighting switch. 410.
limousine. 398.
line map. 428.
liquid compass. 443.
liquid-cooled garment. 458.

The terms in **bold type** indicate the title of an illustration; those in *italic* correspond to the British terminology.

liquid hydrogen (fuel). 456.
liquid oxygen (lox). 456.
liquid oxygen (lox) transfer pipe. 456.
livestock car. 420.
livestock van. 420.
living quarters. 445, 457.
lobby. 454.
lock. 412.
lock-chamber. 440.
lock keeper's building. 441.
long-range jet. 448.
lounge. 433.
lower berth. 421.
lower chord. 415.
lower fore topgallant sail. 431.
lower fore topsail. 431.
lower level. 440.
lower mast. 430.
lower rudder. 438.
lower side-rail. 402.
lox tank baffles. 456.
lubber's line. 443.
lubber's-line disk. 443.
luggage rack. 398.
lunar boot. 458.
lunar module. 456.
magnet. 443.
main beam warning light. 410.
main bevel drive gearbox. 435.
main engines. 457.
main gas tap. 410.
main generator. 418.
main landing gear. 448.
main line. 424.
main lower topgallant sail. 431.
main lower topsail. 431.
main petrol tap. 410.
main royal sail. 431.
main running track. 425.
main sail. 431.
main sewer. 413.
main spar. 449.
main stand. 409.
main undercarriage mounting beam. 449.
main upper topgallant sail. 431.
main upper topsail. 431.
mainmast. 430.
maintenance hangar. 452.
maneuvering engine. 457.
manhole. 413.
manoeuvring engine. 457.
manually-operated points. 422.
manually-operated switch. 422.
Marconi cutter. 432.
maritime signals. 444, 445, 446.
marker light. 403.
mast. 423, 424, 455.
master retarders. 425.
masthead. 430.
masthead light. 434.
masting and rigging. 430.
medical injection disc. 458.
medical injection disk. 458.
mercury bath. 446.
mezzanine. 428.
micrometer screw. 443.
middle jib. 431.
mirror. 409.
missile. 438.
missile director. 439.
missile launcher. 439.
missile tube. 438.
miter gate. 440.
mizzen sail. 431.
mizzenmast. 430.
mobile passenger stairs. 453.
motor car. 420.
motorcycle. 409, 410.
movable bridges. 417.
mud flap. 397, 402, 403.
mudguard. 411.
muffler. 406.
multiple-span beam bridge. 414.
murette. 445.

mushroom anchor. 447.
navigating bridge. 434.
navigation devices. 442, 443.
navigation light. 448.
navigational radar. 439.
neck ring. 458.
negative plate. 406.
negative plate group. 406.
negative terminal. 406.
north. 445.
nose. 448.
nose cone. 450.
nose landing gear. 448.
nozzle. 456.
number of tracks sign. 423.
nut. 422, 442.
observation deck. 454.
observation light. 437.
observation window. 457.
observer's seat. 451.
odometer. 399.
oil drain plug. 405.
oil filter. 405.
oil indicator. 399.
oil pan. 405.
oil pressure. 410.
oil tank cap. 410.
on-off switch. 442.
open-air terrace. 433.
orbiter. 457.
outbound. 425.
outer jib. 431.
outside mirror. 397.
overbridge. 414.
overhead switch panel. 451.
overpass. 414.
overrider. 397.
oxygen supply pressure gauge. 458.
paddle valve. 440.
pallet and container transporter. 453.
palm. 447.
panoramic window. 421.
pantograph. 427.
parapet. 414.
parcels office. 426.
parking area. 452.
parking brake lever. 399.
partlow chart. 402.
passenger cabin. 435, 448.
passenger car. 429.
passenger car interior. 429.
passenger liner. 433.
passenger platform. 427.
passenger seating. 436.
passenger station. 424.
passenger terminal. 454.
passenger terminal. 452.
passenger transfer vehicle. 453, 454.
passengers-conductor communications. 429.
passport control. 454.
pavement. 413.
payload. 456.
pedal. 411, 412.
pedestal. 401.
peep hole. 423.
periscope. 438.
petrol engine. 405.
petrol flap. 397.
petrol pump. 401, 405.
petrol pump hose. 401.
petrol tank cap. 410.
pier. 414, 415.
pier foundation. 414.
piggyback car. 420.
piggyback flat wagon. 420.
pillion footrest. 409.
pilothouse. 436.
pinnacle. 423.
piston. 404.
piston. 405, 407.
pitch link. 455.
pivot. 443.

pivot spindle. 398.
placard board. 419.
plate grid. 406.
plate strap. 406.
platform. 402.
platform. 417.
platform edge. 427, 428.
platform entrance. 426.
platform number. 427.
platform roofing. 427.
platform shelter. 424.
platform trolley. 427.
platform truck. 427.
playroom. 433.
plow anchor. 447.
pogo stick. 403.
point lever. 422.
point lock. 423.
point motor. 423.
point signal. 422.
point wire. 423.
points. 424.
pole. 430.
pole beacon. 444.
pontoon. 417.
poop. 430.
port sail plane. 438.
portable life support system. 458.
portable life support system control unit. 458.
portal bridge. 415.
portal frame. 415.
porter. 427.
positive plate. 406.
positive plate group. 406.
positive terminal. 406.
potable water truck. 453.
power generators. 445.
power train. 412.
pressure gauge. 458.
pressure relief valve. 458.
pressure suit. 458.
price per litre/gallon. 401.
prismatic section. 446.
prop stand. 409.
propeller. 433, 436, 437, 438.
propeller gearbox. 435.
propeller shaft. 433, 434, 436.
pull rod. 422.
pulley. 405.
pulse of sound. 442.
pump attendant. 401.
pump island. 401.
pump nozzle. 401.
pylon. 435.
quarter window. 397.
quay ramp. 441.
quayside crane. 441.
quayside railway. 441.
racing car. 398.
rack. 446.
radar antenna. 438.
radar scanner. 435.
radial passenger loading area. 452.
radial ply. 407.
radial tire. 407.
radial tyre. 407.
radiator. 406.
radiator. 406, 418.
radiator hose. 406.
radiator pressure cap. 406.
radio antenna. 438, 458.
rail. 422.
rail anchor. 422.
rail joint. 422.
railroad station. 424.
railroad track. 422, 423.
railway map. 426.
railway station. 424.
railway track. 422, 423.
ramp. 424.
reactor. 438.
reactor deck. 438.
rear brake. 411.
rear bumper. 408.
rear derailleur. 411.

rear foil. 436.
rear foil control actuator. 436.
rear light. 397, 402, 409.
rear light. 411.
rear load area. 398.
rear of estate car. 398.
rear seat. 400.
rear shock absorber. 409.
rear view. 397.
rear window. 397.
rear window frame. 397.
rearview mirror. 399.
receiver-indicator. 442.
receiving yard. 425.
redcap. 427.
red marker light. 402.
reef band. 431.
reef point. 431.
reflector. 402, 408.
refrigeration unit. 402.
refrigerator car. 420.
refrigerator van. 420.
release bar. 403.
release handle. 400.
remote-control arm. 457.
remote-controlled points. 423.
remote-controlled switch. 423.
repair shop. 401.
reserve gas tap. 410.
reserve petrol tap. 410.
resonator. 406.
retaining ring. 398.
return spring. 407.
reversing light. 397.
revolution counter. 399.
rim. 407, 409, 411.
rim flange. 407.
ring. 447.
rock sample pocket. 458.
rocket. 456.
roller. 446.
roof. 397, 402, 425.
root rib. 449.
rotor blade. 450, 455.
rotor head. 455.
rotor hub. 455.
routing cardboard. 419.
royal mast. 430.
rub rail. 402.
rubber wall. 407.
rubbing strip. 407.
rudder. 433, 435, 448, 457.
rudder pedal. 451.
running rail. 429.
running track. 425.
runway. 429, 452.
runway center line markings. 452.
runway centre line markings. 452.
runway designation marking. 452.
runway end lights. 452.
runway side stripe markings. 452.
runway threshold markings. 452.
runway touchdown zone marking. 452.
saddle. 411.
safety line. 428.
sails. 431.
sand shoe. 402.
schedules. 426.
schooner. 432.
scissors crossing. 424.
scuttle panel. 397.
sea anchor. 447.
sealed-beam mounting ring. 398.
seat. 408.
seat belt. 400.
seat post. 411.
seat stay. 411.
seat tube. 411.
seats. 400.
second stage. 456.
security check. 454.
sediment chamber. 406.
semaphore. 432.
semitrailer. 402.
semitrailer. 403.

The terms in **bold type** indicate the title of an illustration; those in *italic* correspond to the British terminology.

795

separator. 406.
service main. 413.
service module. 456.
service room. 445.
service station. 401.
sextant. 443.
shank. 447.
sheet. 431.
shield. 397.
shifter. 411, 412.
ship's anchor. 447.
ship's motor boat. 439.
shock absorber. 408.
shoulder. 413.
shroud. 430.
side. 430.
side door. 425.
side handrail. 429.
side ladder. 419.
side ladder tread. 419.
side-marker light. 397.
side panel. 397.
side platform. 428.
side span. 416.
side wall. 425, 440.
side window. 403.
sidelight. 427.
sidewalk. 419.
sidewall. 402.
signal background plate. 423.
signal box. 424, 425.
signal gantry. 424.
signal light. 409.
signals. 423.
silencer. 406.
sill step. 419.
simple-span beam bridge. 414.
simple topmarks. 446.
single-leaf bascule bridge. 417.
single seat. 429.
siren. 436.
ski. 408.
skid. 455.
skid ramp. 403.
skirt finger. 435.
sleeper. 422.
sleeping car. 421.
slide chair. 422.
sliding roof. 397.
sliding window. 421.
slope. 413.
sluice hole. 440.
smoke filter. 433.
snorkel exhaust. 438.
snorkel intake. 438.
snow guard. 408.
snow tire. 407.
snow tyre. 407.
snowmobile. 408.
soft-drink dispenser. 401.
soleplate. 422.
solid-rocket booster. 457.
sounding gauge. 437.
south. 445.
space shuttle. 457.
space shuttle at takeoff. 457.
space shuttle in orbit. 457.
space suit. 458.
spacelab. 457.
spanker. 431.
spark plug. 406.
spark plug body. 406.
spark plug cable. 405.
spark plug gap. 406.
spark plug gasket. 406.
spark plug terminal. 406.
speaking window membrane. 426.
speedometer. 399, 410.
sphere. 437, 446.
spike. 422.
spleeping compartment. 421.
spline. 406.
spoiler. 448.
spoke. 411.
spoke wheel. 403.
spotlight. 436.

spring. 418.
spring washer. 422.
sprocket. 408.
sprocket cluster. 412.
squab. 400.
square sail. 432.
St-George's cross. 446.
stabilizer. 434.
stabilizing fin. 456.
stabilizing keel. 437.
stack. 434.
stake pocket. 402.
starboard diving plane. 438.
starter. 405.
starter pedal. 410.
starting signal. 427.
station concourse. 426.
station hall. 426.
station name. 428.
station platform. 427.
station platform. 424.
station sign. 427.
station wagon. 398.
stator vane. 450.
stay. 430.
stay sail. 431.
staysail-stay. 430.
steam turbine. 434.
steel safety wheel. 429.
steering. 400.
steering column. 400.
steering damper. 410.
steering lock. 410.
steering wheel. 399, 400.
stem. 411, 430.
step. 403.
stern loading door. 434.
stiffening girder. 416.
stock. 447.
stocked anchor. 447.
stockless anchor. 447.
storm sewer. 413.
straight wing. 449.
stretcher bar. 423.
stringer. 449.
stripes. 444.
strut. 436.
stud. 407, 442.
subbase. 413.
subgrade. 413.
submarine. 438.
submerged foils. 436.
subsidiary track. 424.
suburban commuter railroad. 424.
suburban commuter railway. 424.
subway map. 428, 429.
subway station. 428.
subway to platforms. 426.
subway train. 429.
sump. 405.
sun roof. 397.
sun visor. 399.
sundeck. 433.
support leg. 402.
support leg crank. 402.
surface course. 413.
surface-piercing foils. 436.
surface water drain. 413.
suspended span. 414.
suspender. 416.
suspension bridge. 416.
suspension cable. 416.
swept-back wing. 449.
swimming pool. 433.
swing bridge. 417.
switch. 424.
switch engine. 425.
switch point. 422.
switch point lock. 423.
switch signal. 422.
switch stand. 422.
switch tower. 424, 425.
T. 446.
T-tail unit. 449.
tachometer. 410.
tail. 448.

tail assembly. 448.
tail boom. 455.
tail pipe. 406.
tail pipe extension. 406.
tail shape. 449.
tailgate. 398.
taillight. 397, 402, 409.
tank car. 420.
tanks. 457.
tapered wing. 449.
tarpaulin covered gondola. 420.
tarpaulin covered open wagon.
420.
taxiway. 452.
telephone cable. 413.
telescope. 443.
telescopic corridor. 452.
telescopic front fork. 409.
telescoping uncoupling rod. 419.
temperature indicator. 399.
tension roller. 412.
tension spring. 398.
theater. 433.
theatre. 433.
third stage. 456.
three-hinged arch. 415.
throat. 447.
through arch bridge. 415.
thrust. 415.
ticket collector's booth. 428.
ticket counter. 426, 454.
ticket office. 426.
tidal basin. 441.
tie. 422.
tie plate. 422.
timetables. 426.
tire. 403, 411.
tire dolly. 401.
tire inflator. 401.
tire pump. 411.
tire valve. 412.
tires. 407.
toe clip. 411.
toilet. 421.
toilet truck. 453.
top. 430.
top-end transverse member. 425.
topgallant mast. 430.
topmark. 444.
topmast. 430.
topping lift. 430.
torpedo. 438.
torpedo room. 438.
tourist-class cabin. 433.
tow tractor. 453.
tower. 441.
tower crane. 441.
towing fairlead. 437.
towing truck. 401.
track. 408, 427, 428.
traction motor. 418.
traction motor ventilator. 418.
tractor unit. 403.
trailing edge. 448.
trailing edge flap. 448.
train delays notice board. 426.
train set. 424.
transceiver. 458.
transducer. 442.
transfer dispensing machine. 428.
transit shed. 441.
transportation. 395.
transporter bridge. 417.
tread design. 407.
triple tail unit. 449.
trolley. 417.
trolley wire. 427.
trough. 423.
truck. 418, 421.
truck and track. 429.
truck frame. 418.
truck level floor. 453.
truck tractor. 403.
truck trailer. 403.
truck trailer. 403.
trunk. 397.

trunk floor. 398.
trussed arch. 415.
tuning control. 442.
turbine. 438, 450.
turbine blade. 450.
turbine-compressor shaft. 450.
turbine guide vane. 450.
turbo-charged engine. 404.
turbo-compressor engine. 404.
turbo-jet engine. 450.
turbo-jet engine. 448.
turbocharger. 418.
turbofan engine. 450.
turn signal. 402.
turn signal lever. 400.
turnbuckle. 423.
turntable. 417.
twin turret. 439.
twist grip throttle. 410.
two-door saloon. 398.
two-door sedan. 398.
two-hinged arch. 415.
type of fuel. 401.
types of anchors. 447.
types of arch bridges. 415.
types of arches. 415.
types of beam bridges. 414.
types of bodies. 398.
types of cars. 420.
types of freight wagons. 420.
types of passenger cars. 421.
types of passenger coaches. 421.
types of rigs. 432.
types of sails. 432.
tyre. 411.
tyre inflator. 401.
tyre pump. 411.
tyre rack. 401.
tyre valve. 412.
tyres. 407.
underground map. 428, 429.
underground railway. 429.
underground station. 428.
underground train. 429.
underpass. 414.
universal step. 453.
upper berth. 421.
upper chord. 415.
upper deck. 434.
upper fore topgallant sail. 431.
upper fore topsail. 431.
upper level. 440.
upper rudder. 438.
upper side-rail. 402.
upstream gate. 440.
upstream level. 440.
urine transfer fitting. 458.
valve spring. 404, 405.
vanity mirror. 399.
variable depth sonar. 439.
variable geometry wing. 449.
vent. 399.
vent cap. 406.
vent door. 402.
ventilating fan. 418.
vertical speed indicator. 437.
vestibule. 421.
vestibule door. 421.
VHF aerial. 449.
viaduct. 414.
visor. 423, 458.
volume readout. 401.
wagon. 425.
waiting room. 426.
warning light. 410.
WASP helicopter. 439.
water bottle. 411.
water bottle clip. 411.
water main. 413.
water pump. 406.
water tank. 418, 421.
waterline. 439.
wearing course. 413.
weather radar. 448.
web. 422.
west. 445.

The terms in **bold type** indicate the title of an illustration; those in *italic* correspond to the British terminology.

West Coast mirror. 403.
wet dock. 441.
whale boat. 432.
wheel. 407.
wheel. 397.
wheel chock. 453.
wheel cylinder. 407.
wheelhouse. 436.
whistle buoy. 444.
winch. 434, 439.
wind deflector. 403.
windlass. 436.
window. 397, 429, 448.
window regulator handle. 400.
window winder handle. 400.
windscreen. 397, 403, 408.
windscreen wiper. 398.
windscreen wiper blade. 398.
windshield. 397, 403, 408, 451.
windshield wiper. 398.
windshield wiper blade. 398.
wine cellar. 433.
wing. 397, 403.
wing. 448, 457.
wing rib. 449.
wing shape. 449.
wing slat. 448.
wing structure. 449.
wing tip. 449.
wiper. 398.
wiper arm. 398.
wiper blade rubber. 398.
wiper switch. 400.
wood chip car. 420.
yard. 425.
yard. 430.

VEGETABLE KINGDOM

abruptly pinnate. 70.
achene. 74, 78.
almond. 75, 78.
amanita virosa. 73.
anther. 72.
apple. 76.
apple. 76.
apricot. 75.
artichoke. 81.
asparagus. 85.
aubergine. 81.
autumn squash. 81.
avocado. 80.
axillary bud. 69, 70.
banana. 80.
bark. 71.
bean sprouts. 85.
beet. 84.
beetroot. 84.
black currant. 74.
black salsify. 84.
blade. 70.
blueberry. 74.
bole. 71.
bract. 78.
branch. 71, 85.
branches. 71.
Brazil nut. 78.
broad beans. 85.
broad-leaved endive. 82.
broccoli. 81.
brush. 79.
Brussels sprouts. 82.
bud. 83.
bulb. 85.
bulb vegetables. 83.
bulbil. 83.
bundle. 85.
cabbage lettuce. 82.
calyx. 72, 74, 76, 79.
cambium. 71.
cantaloupe. 81.
cap. 73.
capitulum. 72.
capsule. 79.
cardoon. 85.

carrot. 84.
cashew. 78.
cauliflower. 81.
celeriac. 84.
celery. 85.
cep. 73.
chanterelle. 73.
chard. 82.
cherimoya. 80.
cherry. 75.
chestnut. 78.
chick peas. 85.
chicory. 82.
chilli. 81.
Chinese cabbage. 82.
chive. 83.
ciliate. 70.
cob. 85.
coconut. 78.
collar. 69.
compound fleshy fruits. 74.
compound leaves. 70.
cordate. 70.
core. 76.
corn. 85.
corn salad. 82.
corolla. 72.
corymb. 72.
cos lettuce. 82.
cotyledon. 69, 75, 79.
courgette. 81.
cranberry. 74.
crenate. 70.
cross section of a trunk. 71.
crown. 71.
cucumber. 81.
cultivated mushroom. 73.
cupule. 78.
curled endive. 82.
curled kale. 82.
currant. 74.
dandelion. 82.
date. 75.
deadly mushroom. 73.
delicious lactarius. 73.
dentate. 70.
doubly dentate. 70.
drupelet. 74.
dry fruits: nuts. 78.
edible gyromitra. 73.
edible mushrooms. 73.
eggplant. 81.
endocarp. 75, 76.
entire. 70.
epicalyx. 74.
exocarp. 74, 75, 76.
fennel. 85.
filament. 72.
flesh. 74, 75, 76.
fleshy fruits: berry fruits. 74.
fleshy fruits: citrus fruits. 77.
flower. 69.
flower bud. 69.
fly agaric. 73.
foliage. 71.
follicle. 79.
fruit vegetables. 81.
funiculus. 74, 79.
garden sorrel. 82.
garlic. 83.
germ. 79.
gill. 73.
gooseberry. 74.
grape. 74.
grape. 74.
grapefruit. 77.
green bean. 81.
green cabbage. 82.
green peas. 85.
green russula. 73.
green walnut. 78.
guava. 80.
hastate. 70.
hazelnut. 78.
head. 85.
heartwood. 71.

horseradish. 84.
hot pepper. 81.
huckleberry. 74.
hull. 79.
husk. 78, 85.
hypha. 73.
Indian fig. 80.
inflorescent vegetables. 81.
internode. 69.
Japan plum. 76.
Japanese persimmon. 80.
Jerusalem artichoke. 84.
juice sac. 77.
kernel. 78, 85.
kiwi. 80.
kohlrabi. 84.
kumquat. 77.
lanceolate. 70.
leaf. 70.
leaf. 69, 85.
leaf axil. 69, 70.
leaf margin. 70.
leaf vegetables. 82.
leek. 83.
lemon. 77.
lentils. 85.
limb. 71.
linear. 70.
litchi. 80.
lobate. 70.
loculus. 76.
major types of berries. 74.
major types of citrus fruits. 77.
major types of nuts. 78.
major types of stone fruits. 75.
major types of tropical fruits. 80.
mandarin. 77.
mange-tout peas. 85.
mango. 75.
margin. 70.
marrow. 81.
mesocarp. 74, 75, 76, 77.
midrib. 70, 79.
morel. 73.
mushrooms. 73.
muskmelon. 81.
mustard. 79.
mycelium. 73.
nectarine. 75.
node. 69.
odd pinnate. 70.
okra. 81.
olive. 75.
orange. 77.
orange. 77.
orbiculate. 70.
ovary. 72.
ovate. 70.
ovule. 72.
oyster mushroom. 73.
palmate. 70.
papaya. 80.
parsnip. 84.
partition. 78.
pea. 79.
pea. 79.
peach. 75.
peach. 75.
peanut. 78.
pear. 76.
pecan nut. 78.
pedicel. 72, 74, 76.
peltate. 70.
pericarp. 77, 78.
petals. 72.
petiole. 70.
phloem. 71.
pickling onion. 83.
pine seed. 78.
pineapple. 80.
pinnatifid. 70.
pip. 76, 77.
pistachio nut. 78.
pistil. 72.
pith. 71.
plantlet. 75.

plum. 75.
poisonous mushroom. 73.
pome fleshy fruits. 76.
pomegranate. 80.
poppy. 79.
pore. 79.
potato. 84.
primary root. 69.
principal types of pome fruits. 76.
pulp. 77.
pumpkin. 81.
quince. 76.
raceme. 72.
radicle. 69, 71.
radish. 84.
receptacle. 72, 74.
reniform. 70.
rhubarb. 85.
rib. 85.
rind. 77.
ring. 71, 73.
root. 69.
root. 69, 83.
root cap. 69.
root-hair zone. 71.
root hairs. 69.
root vegetables. 84.
rutabaga. 84.
salsify. 84.
sapwood. 71.
scale. 73.
scale leaf. 83.
scallion. 83.
section of a berry. 74.
section of a bulb. 83.
section of a capsule. 79.
section of a citrus fruit. 77.
section of a follicle. 79.
section of a grain of wheat. 79.
section of a hazelnut. 78.
section of a legume. 79.
section of a pome fruit. 76.
section of a silique. 79.
section of a stone fruit. 75.
section of a strawberry. 74.
section of a walnut. 78.
section of a wild blackberry or raspberry. 74.
seed. 74, 75, 76, 77, 78, 79.
seed coat. 75, 79.
seed vegetables. 85.
segment. 77.
sepal. 74.
sepals. 72.
septum. 79.
shallot. 83.
shallow root. 71.
sheath. 70.
shell. 78.
shoot. 69, 71.
silk. 85.
simple leaves. 70.
skin. 74, 75, 76.
soybeans. 85.
spadix. 72.
Spanish onion. 83.
spatulate. 70.
spear. 85.
spike. 72.
spinach. 82.
spores. 73.
spring onion. 83.
stalk. 74, 76, 85.
stalk vegetables. 85.
stamen. 72, 76.
star anise. 79.
starch. 79.
stem. 69.
stem. 69, 73, 83.
stigma. 72, 78.
stipule. 70.
stone. 74, 75.
stone fleshy fruits. 75.
string. 85.

The terms in **bold type** indicate the title of an illustration; those in *italic* correspond to the British terminology.

structure of a flower. 72.
structure of a mushroom. 73.
structure of a plant. 69, 70.
structure of a tree. 71.
stump. 71.
style. 72, 74, 75, 76, 79.
summer squash. 81.
suture. 79.
swede. 84.
sweet corn. 85.
sweet pepper. 81.
sweet potato. 84.
Swiss chard. 85.
taproot. 71.
technical terms. 74, 75, 76, 77, 78.
terminal bud. 69.
tip. 70, 85.
tomato. 81.
top. 71.
tree. 71.
trifoliolate. 70.
tropical fruits. 80.
truffle. 73.
trunk. 71.
tuber vegetables. 84.
turnip. 84.
twig. 69, 71.
types of inflorescences. 72.
types of leaves. 70.
umbel. 72.
usual terms. 74, 75, 76, 77.
various dry fruits. 79.
vegetable kingdom. 67.
vegetables. 81, 82, 83, 84, 85.
vein. 70.
vine leaf. 82.
volva. 73.
wall. 77.
walnut. 78.
water cress. 82.
watermelon. 81.
white cabbage. 82.
wood ray. 71.
zest. 77.
zucchini. 81.

WEAPONS

accessories for firing. 695.
African warrior. 689.
aileron. 705.
air brake. 705.
air brake hydraulic jack. 705.
air cleaner. 704.
air-to-air missile. 705, 706.
air-to-surface missile. 706.
ammunition stowage. 704.
anti-tank missile. 706.
armet. 690.
armet. 690.
armor. 690.
armour. 690.
arquebus. 696.
arrester hook. 705.
arrow. 691.
arrow rest. 691.
automatic rifle. 699.
back. 691.
ball. 696.
barrel. 694, 697, 698, 699, 700, 701, 702, 703.
barrel jacket. 697.
barrel nut. 699.
base. 702.
base plug. 696.
base ring. 694.
baseplate. 697.
bayonets. 693.
bazooka. 700.
beaver. 690.
belly. 691.
bipod. 697, 701.
blade. 693.
blast screen. 700.

bolt. 701.
bolt carrier. 699.
bolt catch. 699.
bore. 695.
bow. 691.
bow. 691.
bows and crossbow. 691.
bowstring. 691.
breastplate. 690.
breech. 694, 702.
breechblock. 698.
breechblock operating lever
  assembly. 698.
breeching rope. 694.
brow reinforce. 690.
buffer. 701.
bullet. 702.
butt. 691, 699, 703.
butt plate. 697, 702.
button. 694.
buttstock. 701.
cam spring. 703.
canister shot. 695.
cannon. 704.
canopy. 705.
cardboard case. 702.
carriage. 694.
carrying handle. 699, 701.
cartridge. 702, 703.
cartridge (rifle). 702.
cartridge (shotgun). 702.
case. 702.
catch. 693.
catch spring. 693.
chain mail. 690.
chain shot. 695.
chamber. 703.
charge. 702.
charging handle. 699.
charging handle catch. 699.
chase. 694.
chase astragal. 694.
cheek. 694.
circuit test light. 700.
co-axial machine gun. 704.
cock. 696.
cocking handle. 701.
cocking lever. 700.
comb. 690.
combat aircraft. 705.
combustion chamber. 706.
command station. 706.
command system. 706.
command transmission. 706.
commander's seat. 704.
commando knife. 692.
core. 702.
cotton pagne. 689.
couter. 690.
cover. 701.
cradle. 698.
cross-guard. 693.
crossbow. 691.
cuirass. 689.
cuisse. 690.
cup. 702.
cupola. 704.
cylinder. 703.
dagger. 689, 692.
daggers. 692.
detonator. 696.
distance tube. 700.
dolphin. 694.
double-edged swords. 692.
drawbar. 698.
drawbar lock. 698.
driver's seat. 704.
ejection port. 697, 699, 701.
ejection seat. 705.
elevating handle. 697.
elongating bar shot. 695.
equilibrator. 698.
exhaust nozzle. 705.
exhaust pipe. 704.
exploder. 696.
explosive. 696.

extractor. 703.
extractor cam. 703.
extractor spring. 703.
feathering. 691.
feed cover. 701.
feed tray. 701.
filling hole. 696.
fin. 706.
fin wing tip. 705.
fire control selector. 699.
firing chamber. 702.
firing lanyard. 698.
firing mechanism. 700.
firing pin. 702.
firing pine. 703.
firing rod. 700.
firing shaft. 698.
first reinforce. 694.
first reinforce ring. 694.
flap. 705.
flap hydraulic jack. 705.
flash hider. 699, 701.
flint. 696.
flint arrowhead. 689.
flint knife. 689.
flintlock. 696.
float. 698.
forearm. 701, 702.
forward bolt assist mechanism.
  699.
front grip. 700.
front sight. 697, 700, 702, 703.
front sight housing. 699, 701.
fuel tank. 706.
fume extractor. 704.
gas cylinder. 701.
gas piston. 701.
gauntlet. 690.
gladius. 689.
gorget. 690.
grapeshot. 695.
greave. 690.
grip. 693.
groove. 691.
guidance system. 706.
guide rods. 698.
gun. 704.
gunner's sight. 704.
hammer. 702, 703.
hammer block. 703.
hand-and-a-half sword. 692.
hand grenade. 696.
handguard. 699.
handle. 691.
hatch. 704.
headlight. 704.
heavy machine gun. 701.
helmet. 689.
hilted bayonet. 693.
hunting weapons. 702.
in-flight refuelling probe. 705.
integral bayonet. 693.
jacket. 702.
javelin. 689.
jet engine. 705.
ladle. 695.
lance rest. 690.
lanyard ring. 703.
leather garment. 689.
leather sandal. 689.
left-hand grip. 700.
lever. 696, 702.
lifting handle. 698.
light machine gun. 701.
linstock. 695.
loader's seat. 704.
loading. 696.
locking ring. 698.
long-range radar system. 706.
lower limb. 691.
machete. 692.
machine gun. 704.
magazine. 697, 699, 702, 703.
magazine base. 703.
magazine catch. 697, 699, 703.
magazine release. 699.

magazine spring. 703.
main shield bracket. 698.
main spring. 703.
main undercarriage wheel. 705.
major types of bayonets. 693.
major types of missiles. 706.
missile. 706.
missile launch rail. 705.
missile tracking radar. 706.
missiles. 706.
modern. 697.
modern bow. 691.
modern howitzer. 698.
mortar. 697.
muzzle. 694, 697, 702.
muzzle astragal. 694.
muzzle loading. 694, 695.
muzzle molding. 694.
muzzle moulding. 694.
muzzle ring. 693.
neck guard. 690.
nock. 691.
nocking point. 691.
nose. 690.
nozzle. 706.
nut. 691.
ogee. 694.
one-handed sword. 692.
operating rod. 701.
oxidizer tank. 706.
pan. 696.
pan cover. 696.
parts of a hilted bayonet. 693.
patch. 696.
pauldron. 690.
pellets. 702.
periscope. 704.
pistol. 703.
pistol grip. 697, 699, 701, 702.
Pitot tube. 705.
pivot. 697.
plug bayonet. 693.
point. 691.
poleyn. 690.
polished-stone hand axe. 689.
pommel. 693.
poniard. 692.
position light. 705.
poulaine. 690.
powder chamber. 695.
powder flask. 696.
primer. 696, 702.
projectiles. 695.
propellant. 702.
quillon. 693.
radome. 705.
rammer. 695.
ramrod. 696.
rapier. 692.
rear sight. 697, 699, 700, 701, 702, 703.
rearview mirror. 704.
receiver. 697, 699, 701.
recoil sleigh. 698.
recoil spring. 703.
recoilless rifle. 700.
recuperator cylinder. 698.
recuperator cylinder front head. 698.
rerebrace. 690.
retractable boarding ladder. 705.
revolver. 703.
rifle (rifled bore). 702.
right elevating arc. 698.
right elevating handwheel. 698.
right-hand grip. 700.
right trail. 698.
ring. 696.
Roman legionary. 689.
rondel. 690.
saber. 692.
sabre. 692.
safety. 697, 699.
safety pin. 696.
sandal. 689.
sear. 701.

The terms in **bold type** indicate the title of an illustration; those in *italic* correspond to the British terminology.

second reinforce. 694.
second reinforce ring. 694.
serrated cast-iron casing. 696.
seventeenth century cannon. 694, 695.
shaft. 691.
shell. 700, 704.
shield. 689.
shot. 695.
shotgun (smooth-bore). 702.
shoulder pad. 700.
shoulder rest. 700.
sight. 691, 697.
single-edged swords. 692.
skirt. 690.
skull. 690.
slide. 703.
sliding breech. 698.
sling. 694, 699, 700, 701.
sling swivel. 699.
slip ring. 699.
smoke bomb discharger. 704.
socket bayonet. 693.
solleret. 690.
spade. 698.
sponge. 695.
spring. 696, 700.
sprocket wheel. 704.
stabilizer. 691, 705.
steel. 696.
steel spring. 696.
steering lever. 704.
stiletto. 692.
stirrup. 691.
stock. 702.
Stone Age arms. 689.
strap. 690.
striker. 696.
stroboscopic light. 705.
structure of a missile. 706.
submachine gun. 697.
surface-to-air missile. 706.
surface-to-subsurface missile. 706.
surface-to-surface missile. 706.
swell of the muzzle. 694.
sword-breaker. 692.
swords. 692.
takedown pin. 699.
tank. 704.
tanker. 705.
target. 706.
target tracking radar. 706.
tasset. 690.
telescopic sight. 700, 704.
throwing spear. 689.
tiller. 691.
time fuse. 696.
towing eye. 698.
track. 704.
track link. 704.
traversing and elevating
    mechanism. 701.
traversing handle. 697.
trigger. 691, 696, 697, 699, 700,
    701, 702, 703.
trigger guard. 697, 702, 703.
tripod. 701.
trunnion. 694.
tube. 695.
tube. 697, 700.
turbopump. 706.
turret. 704.
two-handed sword. 692.
UHF-IFF aerial. 705.
upper limb. 691.
vambrace. 690.
vane. 706.
vent. 694, 695.
vent field astragal. 694.
ventail. 690.
ventilated rib. 702.
venturi. 700.
venturi fastening lever. 700.
visor. 690.
wad. 695, 702.
warhead. 706.

weapons. 687.
wedge. 694.
wheel. 694, 704.
winch. 704.
windscreen. 705.
windshield. 705.
wing. 690.
wing box. 705.
worm. 695.
XVIIth century. 697.

The terms in **bold type** indicate the title of an illustration; those in *italic* correspond to the British terminology.

799

SPECIALIZED INDEXES

ATHLETICS

approach. 570, 571.
arena. 570, 571.
asymmetrical bars. 574.
balance beam. 574.
bar. 575.
base. 573.
beam. 574.
bed. 574.
belt. 575.
body. 572, 574.
boot. 575.
cable. 573.
collar. 575.
cord grip. 572.
crossbar. 570, 571.
croup. 573.
disc. 575.
discus. 572.
discus throw. 570.
disk. 575.
finish line. 571.
finishing post. 571.
flight. 574.
frame. 573, 574.
gauze bandage. 575.
glove. 572.
guy cable. 573.
gymnast. 574.
gymnastics. 573, 574.
hammer. 572.
hammer throw. 570.
handle. 572.
head. 572.
high jump. 571.
horizontal bar. 573.
hurdle. 570.
javelin throw. 571.
javelins. 572.
knee pad. 575.
landing. 574.
landing area. 570, 571.
landing mat. 574.
lane. 571.
leg. 574.
long jump. 570.
low bar. 574.
men's apparatus. 573.
metal head. 572.
neck. 573.
parallel bars. 573.
planting box. 570.
plasticine board. 570.
platform. 570.
pole. 570.
pole vault. 570.
pommel. 573.
pommel horse. 573.
rim. 572.
ring. 573.
rings. 573.
run. 574.
running. 570.
saddle. 573.
safety cage. 570.

safety pad. 574.
second flight. 574.
sector flag. 570.
shaft. 572.
short-sleeved shirt. 575.
shot put. 571.
shots. 572.
sleeve. 575.
spring. 574.
springboard. 573, 574.
start line. 570.
steel bar. 573.
steeplechase. 570.
stopboard. 571.
strap. 573.
support. 574.
swivel. 572.
take-off board. 570, 571.
take-off line. 570.
throwing arc. 571.
throwing circle. 570, 571.
throwings. 572.
tip. 572.
top bar. 574.
track. 571.
**track and field athletics. 570,
571, 572.**
trampoline. 574.
triple jump. 571.
trunks. 575.
two-hand clean and jerk. 575.
two-hand snatch. 575.
upright. 570, 571, 573, 574.
vaulting horse. 573, 574.
water ditch. 570.
weight. 572, 575.
weightlifter. 575.
weightlifting. 575.
wire. 572.
women's apparatus. 574.
wooden bar. 573.

AUTOMOBILE

accelerator pedal. 400.
aerial. 397.
air filter. 405.
air-tight diaphragm. 405.
alternator. 405.
alternator indicator. 399.
antenna. 397.
arm rest. 400.
articulation. 398.
automobile. 397, 398, 399, 400.
back of a station wagon. 398.
backrest. 400.
backup light. 397.
battery. 406.
battery case. 406.
battery cover. 406.
bead wire. 407.
belt. 407.
belted radial tire. 407.
belted radial tyre. 407.
bias-ply tire. 407.

bias-ply tyre. 407.
body side molding. 397.
bonnet. 397.
boot. 397.
brake line. 407.
brake lining. 407.
brake pad. 407.
brake pedal. 400.
brake shoe. 407.
brakes. 407.
bucket seat. 400.
buckle. 400.
bumper. 397.
bumper guard. 397.
caliper. 407.
camshaft. 405.
car. 397, 398, 399, 400.
carburetor. 404, 405.
carburettor. 404, 405.
cell connector. 406.
center console. 399.
center electrode. 406.
center post. 397.
centre console. 399.
centre electrode. 406.
clock. 399.
clutch pedal. 400.
combustion chamber. 404.
compressor. 404.
compressor turbine. 404.
convertible. 398.
cooling fan. 404, 405, 406.
coupé. 398.
cowl. 398.
cylinder. 404.
cylinder head cover. 405.
dashboard. 399.
diesel engine. 404.
dimmer switch. 400.
dip switch. 400.
dipstick. 405.
disc. 407.
disc brake. 407.
disk. 407.
disk brake. 407.
distributor. 405.
door. 400.
door. 397.
door handle. 397.
door lock. 397.
door mirror. 397.
door pillar. 397.
drip molding. 397.
drip moulding. 397.
driving turbine. 404.
drum. 407.
drum brake. 407.
element. 406.
emblem. 397.
engine. 405.
engine block. 405.
engines. 404.
estate car. 398.
exhaust gas admission. 404.
exhaust gas outflow. 404.
exhaust manifold. 404, 405, 406.

exhaust pipe. 404, 406.
exhaust system. 406.
exhaust valve. 404.
fan belt. 405, 406.
fender. 397.
filler hole. 405.
fluted shaft. 398.
flywheel. 404, 405.
four-door saloon. 398.
four-door sedan. 398.
front view. 397.
fuel indicator. 399.
fuel injector pump. 404.
fuel pump. 404.
fuel pump belt. 404.
gas-oil line. 404.
gas pedal. 400.
gas tank door. 397.
gasoline engine. 405.
gasoline pump. 405.
gearchange lever. 399.
gearshift lever. 399.
glove compartment. 399.
grille. 397.
ground electrode. 406.
handbrake lever. 399.
hardtop. 398.
headlamp bezel. 398.
headlight. 398.
headlight. 398.
headlight housing shell. 398.
headrest. 400.
heater control. 399.
hex nut. 406.
hood. 397.
horn. 399.
hubcap. 397.
indicator light. 397.
indicator switch. 400.
injector. 404.
injector pipe. 404.
inlet valve. 404, 405.
inner lining. 407.
instrument board. 399.
instrument board. 399.
instrument panel. 399.
insulator. 406.
interior door handle. 400.
interior door lock button. 400.
lift gate. 398.
limousine. 398.
luggage rack. 398.
mud flap. 397.
muffler. 406.
negative plate. 406.
negative plate group. 406.
negative terminal. 406.
odometer. 399.
oil drain plug. 405.
oil filter. 405.
oil indicator. 399.
oil pan. 405.
outside mirror. 397.
overrider. 397.
parking brake lever. 399.

The terms in **bold type** indicate the title of an illustration; those in *italic* correspond to the British terminology.

petrol engine. 405.
petrol flap. 397.
petrol pump. 405.
piston. 404.
piston. 405, 407.
pivot spindle. 398.
plate grid. 406.
plate strap. 406.
positive plate. 406.
positive plate group. 406.
positive terminal. 406.
pulley. 405.
quarter window. 397.
racing car. 398.
radial ply. 407.
radial tire. 407.
radial tyre. 407.
radiator. 406.
radiator. 406.
radiator hose. 406.
radiator pressure cap. 406.
rear light. 397.
rear load area. 398.
rear of estate car. 398.
rear seat. 400.
rear view. 397.
rear window. 397.
rear window frame. 397.
rearview mirror. 399.
release handle. 400.
resonator. 406.
retaining ring. 398.
return spring. 405.
reversing light. 397.
revolution counter. 399.
rim. 407.
rim flange. 407.
roof. 397.
rubber wall. 407.
rubbing strip. 407.
scuttle panel. 397.
sealed-beam mounting ring. 398.
seat belt. 400.
seats. 400.
sediment chamber. 406.
separator. 406.
shield. 397.
side-marker light. 397.
side panel. 397.
silencer. 406.
sliding roof. 397.
snow tire. 407.
snow tyre. 407.
spark plug. 406.
spark plug body. 406.
spark plug cable. 405.
spark plug gap. 406.
spark plug gasket. 406.
spark plug terminal. 406.
speedometer. 399.
spline. 406.
squab. 400.
starter. 405.
station wagon. 398.
steering. 400.
steering column. 400.
steering wheel. 399, 400.
stud. 407.
sump. 405.
sun roof. 397.
sun visor. 399.
tail pipe. 406.
tail pipe extension. 406.
tailgate. 398.
taillight. 397.
temperature indicator. 399.
tension spring. 398.
tires. 407.
tread design. 407.
trunk. 397.
trunk floor. 398.
turbo-charged engine. 404.
turbo-compressor engine. 404.
turn signal lever. 400.
two-door saloon. 398.
two-door sedan. 398.

types of bodies. 398.
tyres. 407.
valve spring. 404, 405.
vanity mirror. 399.
vent. 399.
vent cap. 406.
water pump. 406.
wheel. 407.
wheel. 397.
wheel cylinder. 407.
window. 397.
window regulator handle. 400.
window winder handle. 400.
windscreen. 397.
windscreen wiper. 398.
windscreen wiper blade. 398.
windshield. 397.
windshield wiper. 398.
windshield wiper blade. 398.
wing. 397.
wiper. 398.
wiper arm. 398.
wiper blade rubber. 398.
wiper switch. 400.

BASEBALL

backstop. 525.
bag. 525.
ball. 526.
baseball. 525, 526.
bat. 526.
bat. 526.
batter. 525.
batter's box. 525.
batter's helmet. 526.
batting glove. 526.
catcher. 526.
catcher. 526.
catcher's box. 525.
catcher's glove. 526.
center field. 525.
center fielder. 525.
centre field. 525.
centre fielder. 525.
chest protector. 526.
coach's box. 525.
cover. 526.
field. 525.
finger. 526.
first base. 525.
first baseman. 525.
foul line. 525.
glove. 526.
handle. 526.
heel. 526.
hitting area. 526.
home plate. 525.
infield. 525.
knee pad. 526.
knob. 526.
lace. 526.
left field. 525.
left fielder. 525.
mask. 526.
mound. 525.
on-deck circle. 525.
outfield. 525.
palm. 526.
pants. 526.
pitcher. 525.
pitcher's plate. 525.
player. 526.
players' bench. 525.
right field. 525.
right fielder. 525.
second base. 525.
second baseman. 525.
shin guard. 526.
shortstop. 525.
spiked shoe. 526.
stirrup sock. 526.
stitches. 526.
strap. 526.
tape. 526.

team shirt. 526.
third base. 525.
third baseman. 525.
throat protector. 526.
thumb. 526.
umpire-in-chief. 525.
undershirt. 526.
web. 526.

BICYCLE

accessories. 412.
bicycle. 411, 412.
bicycle horn. 412.
bottom bracket axle. 412.
brake cable. 411.
brake lever. 411.
carrier. 411.
chain. 412.
chain guide. 412.
chain stay. 411.
chain wheel. 412.
control cable. 412.
crank. 412.
crossbar. 411.
down tube. 411.
drive chain. 411.
dynamo. 411.
fender. 411.
fork. 411.
front brake. 411.
front derailleur. 411, 412.
gear selector. 411, 412.
generator. 411.
handlebars. 411.
head tube. 411.
hub. 411.
jockey roller. 412.
lock. 412.
mudguard. 411.
pedal. 411, 412.
power train. 412.
rear brake. 411.
rear derailleur. 411.
rear light. 411.
rim. 411.
saddle. 411.
seat post. 411.
seat stay. 411.
seat tube. 411.
shifter. 411, 412.
spoke. 411.
sprocket cluster. 412.
stem. 411.
tension roller. 412.
tire. 411.
tire pump. 411.
tire valve. 412.
toe clip. 411.
tyre. 411.
tyre pump. 411.
tyre valve. 412.
water bottle. 411.
water bottle clip. 411.

CAMPING

air mattress. 598.
Baker tent. 597.
bed-mattress and accessories. 598.
belt loop. 599.
bow saw. 600.
camping equipment. 598, 599, 600.
can opener. 599.
canopy. 596.
canopy pole. 596.
canvas divider. 596.
coffee pot. 599.
combination knife. 599.
control valve. 599.
cooking. 600.
cooking set. 599.
cooler. 600.

corkscrew. 599.
cup. 599.
dome tent. 597.
family tents. 596.
file. 599.
flysheet. 597.
foam mattress. 598.
foam pad. 598.
folding camp bed. 598.
folding grill. 600.
folding shovel. 600.
fork. 599.
frying pan. 599.
gauge. 599.
grommet. 597.
guy line adapter. 597.
guy rope. 596.
handle. 599.
hatchet. 600.
heater. 599.
hurricane lamp. 600.
inflator. 598.
inflator-deflator. 598.
inner tent. 597.
knife. 599.
lantern. 599.
leather sheath. 599.
lighting. 600.
living room. 596.
major types of tents. 597.
mud wall. 596.
mummy. 598.
peg. 596, 597.
peg loop. 597.
penknife. 599.
plate. 599.
pole. 596.
pole loop. 596.
pop-up tent. 597.
pressure regulator. 599.
propane/butane cylinder. 599.
propane or butane accessories. 599.
pup tent. 597.
pyramid tent. 597.
rainfly. 597.
rectangular. 598.
ridge pole. 596.
ridge tent. 597.
roof. 596.
room. 596.
sauce pan. 599.
saw. 599.
scissors. 599.
screen window. 596.
screwdriver. 599.
semi-mummy. 598.
sewn-in floor. 596.
sheath knife. 600.
single burner camp stove. 599.
sleeping bags. 598.
sleeve. 596.
spoon. 599.
strainer. 596.
teapot. 599.
tents. 596, 597.
three-burner camp stove. 599.
tie flap. 596.
tin opener. 599.
tools. 600.
vacuum bottle. 600.
vacuum flask. 600.
wagon tent. 597.
wall. 596.
wall tent. 597.
wardrobe. 596.
water bottle. 600.
water carrier. 600.
wind baffle. 599.
window. 596.
wire support. 599.
zipped screen door. 596.
zipper. 597.
zippered screen door. 596.

The terms in **bold type** indicate the title of an illustration; those in *italic* correspond to the British terminology.

CARPENTRY

6-point box end wrench. 258.
acorn nut. 264.
adjustable channel. 259.
adjustable frame. 262.
adjustable spanner. 258.
adjustable wrench. 258.
adjusting knob. 257.
adjusting ring. 260.
adjusting screw. 259.
angle scale. 263.
auger bit. 260.
auxiliary handle. 261.
back. 262, 265.
ball peen. 257.
ball peen hammer. 257.
base. 260, 261.
base plate. 263.
belt. 261.
bench saw. 262.
bit. 260.
blade. 257, 258, 262, 263.
blade guard. 262.
blade height adjustment. 262.
blade-locking bolt. 263.
blade tilt lock. 263.
blade tilting mechanism. 262.
blockboard. 265.
board. 265.
body. 260.
bolt. 264.
bolt. 259.
box end wrench. 258.
brace. 260.
C-clamp. 259.
cable. 261.
cable sleeve. 261.
cam ring. 260.
cap iron. 257.
carpentry. 265.
carpentry: fasteners. 264.
carpentry: tools. 257, 258, 259, 260, 261, 262, 263.
central ply. 265.
cheek. 257.
chipboard. 265.
chuck. 258, 260, 261.
chuck key. 261.
circular saw. 263.
circular saw blade. 263.
claw. 257.
claw hammer. 257.
collet. 260.
collet nut. 260.
column. 261.
combination box and open end wrench. 258.
combination spanner. 258.
core plywood. 265.
countersink. 260.
countersunk. 264.
crank. 260.
cross head (Phillips). 264.
curved jaw. 259.
decorative sheet. 265.
depth stop. 261.
double-twist auger bit. 260.
drill. 260.
drill press. 260.
drive wheel. 260.
edge. 265.
electric drill. 261.
end grain. 265.
expansion bolt. 264.
external tooth lock washer. 264.
eye. 257.
face. 257.
face ply. 265.
face side. 265.
feed lever. 261.
fixed jaw. 258, 259.
flare nut spanner. 258.
flare nut wrench. 258.
flat head. 264.
flat tip. 258.

flat washer. 264.
flute. 260.
fluted land. 260.
frame. 259.
front knob. 257.
grain. 265.
hacksaw. 262.
hand drill. 260.
handle. 257, 258, 259, 260, 262, 263.
handsaw. 262.
hardboard. 265.
head. 260, 264.
heads. 257.
heel. 257, 262.
hexagonal ring spanner. 258.
hollow-wood construction. 265.
housing. 261.
inner ply. 265.
internal tooth lock washer. 264.
jaw. 258, 260, 261.
knob handle. 263.
kraft paper. 265.
laminate board. 265.
laminboard. 265.
land. 260.
lateral adjusting lever. 257.
lead screw. 260.
lever. 259.
lock washer. 264.
locking pliers. 259.
locking ring. 258.
lower blade guard. 263.
lower guard retracting lever. 263.
main handle. 260.
mallet. 257.
miter gauge. 262.
miter gauge slot. 262.
mitre gauge. 262.
mitre gauge slot. 262.
motor. 260, 261, 263.
moulded plywood. 265.
movable jaw. 258, 259.
multi-ply plywood. 265.
nail. 264.
name plate. 261.
nut. 264.
nut and bolt. 259.
one way head. 264.
open end spanner. 258.
open end wrench. 258.
oval head. 264.
particle board. 265.
pawl. 260.
peeled veneer. 265.
Phillips tip. 258.
pinion. 260.
pistol grip handle. 261, 262.
plane. 257.
plug. 261.
protective sheet. 265.
pulley. 261.
pulley safety guard. 261.
quill. 260, 261.
quill lock. 261.
raised head. 264.
ratchet. 258, 260.
release lever. 259.
rib joint pliers. 259.
ring spanner. 258.
rip fence. 262, 263.
rip fence adjustment. 262.
rip fence guide. 262.
rip fence lock. 262.
rivet. 259.
Robertson tip. 258.
round head. 264.
router. 260.
screw. 264.
screwdriver. 258.
shank. 258, 260, 264.
shoulder. 264.
shoulder bolt. 264.
side handle. 260.
single twist. 260.
slip joint. 259.

slip joint pliers. 259.
slot. 264.
socket head (Robertson). 264.
spanners. 258.
spiral. 258.
spiral ratchet screwdriver. 258.
spring. 259.
spring washer. 264.
spring wing. 264.
spur. 260.
straight jaw. 259.
switch. 260, 261.
swivel base. 259.
swivel head. 259.
swivel lock. 259.
table. 261, 262.
table extension. 262.
table-locking clamp. 261.
teeth. 262.
thread. 264.
threaded rod. 264.
throat. 259.
thumbscrew. 258.
tip. 258, 263, 264.
toe. 257, 262.
toggle bolt. 264.
tooth. 263.
toothed jaw. 259.
trigger switch. 263.
turning handle. 260.
twist drill. 260.
upper blade guard. 263.
vice. 259.
vise. 259.
warning plate. 261.
wedge iron. 257.
wedge lever. 257.
wing nut. 264.
wing nut. 262.
wire cutter. 259.
wood-based panel. 265.
wrenches. 258.

DOMESTIC APPLIANCES

agitator. 240.
air vent. 242.
automatic cord reel. 244.
automatic flex reel. 244.
backguard. 238, 240, 241.
bake element. 238.
base. 242, 243.
basket. 240.
beater. 235.
beater ejector. 235.
beaters. 235.
blade. 236.
blender. 235.
blending attachment. 235.
body. 243.
bottle opener. 243.
bowl. 236.
bowl with serving spout. 236.
bread guide. 237.
broil element. 238.
bumper. 244.
butter compartment. 239.
button notch. 243.
cabinet. 240, 241, 242.
can opener. 243.
canister vacuum cleaner. 244.
caster. 244.
citrus juicer. 236.
clamping handle. 236.
clamping nut. 236.
cleaning tools. 244.
cleaning tools. 244.
clock timer. 237, 238.
compressor. 239.
condenser coil. 239.
container. 235.
control knob. 238.
control panel. 237, 238, 240, 241, 242.
cooking surface. 237.

cooktop. 238.
cord. 243.
cover. 236.
crevice tool. 244.
crisper. 239.
cutlery basket. 242.
cutting blade. 235.
cutting wheel. 243.
dairy compartment. 239.
dasher. 236.
defrost heater. 239.
defrost timer. 239.
detachable control. 237.
detergent dispenser. 242.
discs. 236.
dishwasher. 242.
disks. 236.
domestic appliances. 235, 236, 237, 238, 239, 240, 241, 242, 243, 244.
door. 237, 241.
door shelf. 239.
door stop. 239.
door switch. 241.
dough hook. 235.
drain hose. 240, 242.
drain pan. 239.
drip bowl. 238.
drive belt. 240, 241.
drive wheel. 243.
drum. 236, 241.
dryer. 241.
dusting brush. 244.
egg tray. 239.
electric cooker. 238.
electric grill. 237.
electric range. 238.
end panel. 237.
evaporator coil. 239.
exhaust duct. 241.
exhaust hose. 241.
extension pipe. 244.
fabric guide. 243.
fan. 239, 241.
feed tube. 236.
fill opening. 243.
flex. 243.
flex support. 243.
flexible hose. 244.
floor brush. 244.
fluff trap. 241.
food processor. 236.
four blade beater. 235.
freezer bucket. 236.
freezer compartment. 239.
freezer door. 239.
front tip. 243.
frost-free refrigerator. 239.
gasket. 238, 240, 242.
glass cover. 239.
grater disc. 236.
grease well. 237.
griddle. 237.
grill and waffle baker. 237.
grill element. 238.
groove. 237.
guard rail. 239.
hand blender. 235.
hand mixer. 235.
handle. 235, 236, 237, 238, 239, 243, 244.
heating duct. 241.
heating element. 241, 242.
heel rest. 235, 243.
hinge. 237, 238, 242.
hood. 244.
ice-cream can. 236.
ice-cream freezer. 236.
ice cube tray. 239.
idler pulley. 241.
impeller. 242.
inlet hose. 240, 242.
inlet nozzle. 240.
juice extractor. 236.
juicer. 236.
kettle. 243.

The terms in **bold type** indicate the title of an illustration; those in *italic* correspond to the British terminology.

803

kickplate. 239.
latch. 237, 238, 242.
lemon squeezer. 236.
lever. 237.
lid. 236, 237, 240.
lint filter. 240.
lint trap. 241.
magnetic gasket. 239.
magnetic lid holder. 243.
measuring cap. 235.
meat keeper. 239.
microwave oven. 237.
mixing bowl. 235.
motor. 240, 241, 244.
motor unit. 235, 236.
oven. 238.
oven lamp. 237, 238.
overflow protection switch. 242.
pierce lever. 243.
pipe. 244.
plate. 237.
probe receptacle. 237.
programmer. 238, 240, 241, 242.
pulse button. 235.
pump. 240, 242.
push-button control board. 242.
pusher. 236.
rack. 238, 242.
reamer. 236.
recessed cooktop. 238.
refrigerator compartment. 239.
retractable cord. 244.
retractable flex. 244.
rinse-aid dispenser. 242.
roast sensor probe. 238.
roller. 242.
rotisserie. 238.
rug and floor nozzle. 244.
safety thermostat. 241.
sensor probe. 238.
shag-vac-rake. 244.
shelf. 239.
shelf channel. 239.
shell. 243.
sight-glass tube. 243.
signal lamp. 238, 242.
slide. 242.
slide selector. 237, 243.
slot. 237.
soleplate. 243.
speed control. 235.
speed selector. 236.
spindle. 236.
spiral beater. 235.
spout. 243.
spray. 243.
spray arm. 242.
spray button. 243.
stabilizer foot. 242.
stand. 235.
start switch. 241.
steam button. 243.
steam iron. 243.
storage door. 239.
strainer. 236.
stirrer cover. 237.
suction regulator. 244.
support wheel. 241.
surface element. 238.
switch. 238, 239, 244.
table mixer. 235.
temperature control. 237.
temperature dial. 243.
temperature selector. 240, 241.
temperature sensing bulb. 238.
terminal. 238.
thermostat control. 239.
thumb rest. 243.
tilt-back head. 235.
timed outlet. 238.
tin opener. 243.
toaster. 237.
transmission. 240.
trim ring. 238.
tub. 240, 242.
tubular element. 238.

tumble dryer. 241.
turntable. 235.
upholstery nozzle. 244.
vane. 241.
vertical cord lift. 243.
wash tower. 242.
washer. 240.
washing machine. 240.
water level selector. 240.
window. 237, 238.
wire beater. 235.
worktop surface. 242.

ELECTRICITY

access gallery. 655, 660.
access shaft. 660.
administrative building. 660.
afterbay. 651, 652, 655.
arch dam. 653.
bank. 660.
base width. 658.
basin. 660.
basin side. 660.
beam gantry. 658.
berm. 652.
blade. 656, 657.
bottom ring. 657.
brace. 659.
bucket. 657.
bucket ring. 657.
bulb unit. 660.
bundle. 658.
busbar. 655.
bushing. 651, 659.
buttress. 653.
buttress dam. 653.
cantilever. 653.
circuit breaker. 655.
collector. 656.
connection point. 659.
control room. 651, 660.
core. 652.
creation of a magnetic field. 654.
crest of spillway. 651.
cross section of a buttress dam. 653.
cross section of a concrete dam. 652.
cross section of a gravity dam. 653.
cross section of an arch dam. 653.
cross section of an embankment dam. 652, 653.
cross section of hydraulic turbine. 657.
cross section of hydroelectric power station. 655.
cross section of power plant. 660.
crossarm. 658, 659.
customer's service entrance. 659.
cut off trench. 652.
dam. 651, 660.
diagonal. 658.
discharge liner. 657.
distribution board. 659.
distributor service loop. 659.
diversion canal. 651.
downstream face. 652.
downstream shoulder. 652.
downstream toe. 652.
draft tube. 655, 657.
drainage blanket. 652.
drainage layer. 652.
earth. 653.
earth wire. 659.
earth-wire clamp. 659.
electricity. 651, 652, 653, 654, 655, 656, 657, 658, 659, 660.
electricity meter. 659.
embankment dam. 653.
energy integration to the transmission network. 654.

energy transmission at the alternator voltage. 654.
equipment access shaft. 660.
fill. 652.
filter. 652.
fitted coupling bolt. 657.
force of the water on the blades. 654.
foundation. 653.
foundation of dam. 652.
Francis turbine. 657.
fuse. 659.
fuse cutout. 659.
fuse holder. 659.
gantry crane. 651, 655.
gate. 655, 660.
gate operating ring. 657.
generator. 656.
generator. 655, 656.
gravity dam. 653.
ground wire. 659.
ground-wire clamp. 659.
ground-wire peak. 658.
guide bearing. 656.
hand rail. 651.
head of water. 654.
headbay. 651.
high-tension energy transmission to consumers. 654.
horizontal member. 658.
hot line connector. 659.
hub. 657.
hub cover. 657.
hydroelectric complex. 651.
inactive dyke. 660.
insulator. 659.
K frame. 658.
Kaplan turbine. 657.
lightning arrester. 655, 659.
lock. 660.
log chute. 651.
low-tension distribution line. 659.
machine hall. 651, 655.
main leg. 658.
main switch. 659.
major types of dams. 653.
major types of turbines. 657.
medium tension distribution line. 659.
neutral conductor. 659.
node. 658.
operating dam. 660.
operating floor. 660.
overhead connection. 659.
overhead earth wire. 658.
overhead ground wire. 658.
panel. 658.
Pelton turbine. 657.
penstock. 651, 655, 660.
peripheral joint. 653.
phase conductor. 659.
pitching. 652.
power line. 651.
power station. 660.
powerhouse. 651, 655.
pulvino. 653.
redundant bracing. 658.
reservoir. 651, 652, 655.
rocks. 653.
rotation of the rotor in the stator. 654.
rotation of the turbine. 654.
rotor. 655, 656.
runner. 656, 657.
runner blade. 657, 660.
salient pole. 656.
screen. 655.
scroll case. 655.
sea. 660.
sea side. 660.
service box. 659.
shaft. 655, 656, 657.
soil. 653.
spillway. 651.
spillway chute. 651.
spillway gate. 651.

spiral case. 656, 657.
stator. 655, 656.
stay ring. 656, 657.
stay vane. 656, 657.
steps in production of electricity. 654.
structure. 651.
strut. 660.
substation. 660.
supply of water. 654.
supply point. 659.
suspension insulator string. 658.
tailrace. 655, 657.
terminal. 659.
tidal power plant. 660.
top of dam. 651, 652, 655.
tower. 658.
tower body. 658.
tower foot. 658.
tower top. 658.
tower window. 658.
training wall. 651.
transformation of mechanical work into electrical energy. 654.
transformer. 655, 659.
transformer station. 655.
transmission of the rotative movement to the rotor. 654.
traveling crane. 655.
travelling crane. 655.
turbine. 655.
turbine runner. 660.
turbined water draining. 654.
upstream blanket. 652.
upstream face. 652.
upstream shoulder. 652.
upstream toe. 652.
voltage increase. 654.
voltage induction. 654.
waist. 658.
water intake. 655.
water under pressure. 654.
wave wall. 652.
wicket gate. 657.

ELECTRICITY (DO-IT-YOURSELF)

120-volt circuit. 288.
240-volt circuit. 288.
240-volt feeder cable. 288.
adjustment wheel. 287.
arc tube. 284.
arc tube mount structure. 284.
base. 284.
blade. 285, 287.
bonding jumper. 288.
bulb. 284.
button. 284.
cable ripper. 287.
cap. 285.
cartridge fuse. 285.
circuit breaker. 285.
clamp. 285.
combination pliers. 287.
connector. 288.
continuity tester. 286.
crimper. 287.
cutter. 287.
dimmer switch. 285.
distribution board. 288.
double pole breaker. 288.
earth wire. 288.
electric switch. 285.
electrical box. 285.
electrician's tools. 286, 287.
electricity. 284, 285, 286, 287, 288.
electrode. 284.
European plug. 285.
exhaust tube. 284.
filament. 284.
fish wire. 287.
fluorescent lamp. 284.
fuse pullers. 286.

The terms in **bold type** indicate the title of an illustration; those in *italic* correspond to the British terminology.

fuses. 285.
gas. 284.
ground bond. 288.
ground fault circuit interrupter. 288.
ground/neutral bus bar. 288.
ground wire. 288.
grounding prong. 285.
hammer. 287.
heat deflecting disc. 284.
high-voltage tester. 286.
hot bus bar. 288.
incandescent lamp. 284.
inert gas. 284.
insulated blade. 286.
insulated handle. 286, 287.
insulating sleeve. 285.
jaw. 287.
knife-blade cartridge fuse. 285.
knockout. 288.
lamp socket. 285.
lead-in wire. 284.
lineman's pliers. 287.
long-nose pliers. 287.
main breaker. 288.
main electrode. 284.
main power cable. 288.
mercury. 284.
mercury-vapor lamp. 284.
mercury-vapour lamp. 284.
metal water pipe. 288.
mogul base. 284.
multimeter. 286.
multipurpose tool. 287.
neon lamp. 286.
neon screwdriver. 286.
neon tester. 286.
neutral service wire. 288.
neutral wire. 288.
nitrogen. 284.
outer shell. 285.
outlet. 285.
phosphor coating. 284.
pin. 284.
pin base. 284.
pinch. 284.
pivot. 287.
plastic insulator. 288.
plug. 285.
plug fuse. 285.
receptacle analyzer. 286.
reflector. 284.
single pole breaker. 288.
socket. 285.
starting electrode. 284.
starting resistor. 284.
stem. 284.
supplies. 285.
support. 284.
switch. 285.
switch plate. 285.
terminal. 285.
test-lamp. 286.
tester probe. 286.
voltage tester. 286.
voltmeter. 286.
wire cutter. 287.
wire stripper. 287.

FISHING

accessories. 582.
antenna. 581.
anti-reverse lock. 580.
artificial fly. 581.
bail arm. 580.
barb. 581.
bend. 581.
billiards cue. 582.
billiards equipment. 582.
blade. 581.
body. 581.
bridge. 582.
butt. 581, 582.
butt cap. 580.
butt grip. 580.

butt guide. 580.
butt section. 580.
chalk. 582.
cheek. 581.
crank. 580.
creel. 582.
disgorger. 582.
drag. 580.
end-piece. 582.
eye. 581.
female ferrule. 580.
ferrule. 582.
fishhook. 581.
fishing. 580, 581, 582.
fishing vest. 582.
float. 581.
fly box. 582.
fly line. 580.
fly reel. 580.
fly rod. 580.
foot. 580.
foregrip. 580.
gap. 581.
gear housing. 580.
guide. 581.
hackle. 581.
hand grip. 580.
handle. 580.
head. 581.
hook. 581.
joint. 581, 582.
keeper ring. 580.
landing net. 582.
leader. 581.
leg. 580.
line. 580, 581.
line guide. 580.
lures. 581.
male ferrule. 580.
notch. 582.
open-face spinning reel. 580.
point. 581.
rack. 582.
reel seat. 580.
ribbing. 581.
screw locking nut. 580.
shaft. 582.
shank. 581.
shoulder. 581.
sinker. 581.
spinner. 581.
spinning rod. 580.
split line. 581.
spool. 580.
swivel. 581.
tail. 581.
throat. 581.
tip. 581, 582.
tip-ring. 580.
tip section. 580.
topping. 581.
veil. 581.
waders. 582.
wing. 581.

FOOTBALL

arm guard. 530.
back judge. 528.
ball. 531.
center. 528, 529.
center back. 532.
center circle. 532.
center flag. 532.
center forward. 532.
center line. 527.
center spot. 532.
centre. 528.
centre-back. 532.
centre circle. 532.
centre flag. 532.
centre forward. 532.
centre line. 527.
centre midfield. 532.
centre spot. 532.

chest protector. 530.
chin strap. 530.
cleated shoe. 530.
corner arc. 532.
corner flag. 532.
crossbar. 531.
dead ball line. 531.
defensive. 528, 529.
elbow pad. 530.
end line. 527.
end zone. 527.
face mask. 530.
field. 531.
flag. 531.
flank forward. 531.
flanker. 529.
fly half. 531.
football. 527, 528, 529, 530.
full back. 531.
fullback. 532.
fullback. 528, 529.
goal. 527, 531, 532.
goal area. 532.
goal line. 527, 531, 532.
goal post. 527, 531.
goalkeeper. 532.
half way line. 532.
halfback. 529.
halfway line. 531.
hand guard. 530.
head linesman. 528.
helmet. 530.
hip pad. 530.
hooker. 531.
in goal. 531.
inbound line. 527.
inside left. 532.
inside linebacker. 528.
inside right. 532.
jersey. 530.
knee pad. 530.
left back. 532.
left center. 531.
left centre. 531.
left cornerback. 528, 529.
left defensive end. 528, 529.
left defensive tackle. 528, 529.
left guard. 528, 529.
left half. 532.
left halfback. 528.
left outside linebacker. 529.
left safety. 528.
left safety back. 529.
left tackle. 528, 529.
left wing. 532.
left wing. 531.
line judge. 528.
line of scrimmage. 528, 529.
linesman. 531, 532.
lock forward. 531.
middle linebacker. 528, 529.
midfield. 532.
monster. 529.
neutral zone. 528, 529.
no. 8 forward. 531.
offensive. 528, 529.
outside left. 532.
outside linebacker. 528.
outside right. 532.
pants. 530.
penalty arc. 532.
penalty area. 532.
penalty spot. 532.
player's number. 530.
playing field. 532.
playing field for American football. 527.
playing field for Canadian football. 527.
prop forward. 531.
protective cup. 530.
protective equipment. 530.
quarterback. 528, 529.
referee. 528, 531, 532.
rib pad. 530.
right back. 532.

right center. 531.
right centre. 531.
right cornerback. 528, 529.
right defensive end. 528, 529.
right defensive tackle. 528, 529.
right guard. 528, 529.
right half. 532.
right halfback. 528.
right outside linebacker. 529.
right safety. 528.
right safety back. 529.
right tackle. 528, 529.
right wing. 532.
right wing. 531.
rugby. 531.
scrimmage in American football. 528.
scrimmage in Canadian football. 529.
scrum. 531.
scrum half. 531.
shin guard. 530.
shoulder pad. 530.
sideline. 527.
slotback. 529.
soccer. 532.
soccer ball. 532.
sock. 530.
split end. 528, 529.
stand off half. 531.
sweeper. 532.
team. 531.
thigh pad. 530.
threequarter backs. 531.
tight end. 528, 529.
touch in goal line. 531.
touch line. 531, 532.
umpire. 528.
uniform. 530.
wing forward. 531.
wrist pad. 530.
yard line. 527.

FRUITS

achene. 74, 78.
almond. 75, 78.
apple. 76.
apple. 76.
apricot. 75.
avocado. 80.
banana. 80.
black currant. 74.
blueberry. 74.
bract. 78.
Brazil nut. 78.
brush. 79.
calyx. 74, 76, 79.
capsule. 79.
cashew. 78.
cherimoya. 80.
cherry. 75.
chestnut. 78.
coconut. 78.
compound fleshy fruits. 74.
core. 76.
cotyledon. 75, 79.
cranberry. 74.
cupule. 78.
currant. 74.
date. 75.
drupelet. 74.
dry fruits: nuts. 78.
endocarp. 75, 76.
epicalyx. 74.
exocarp. 74, 75, 76.
flesh. 74, 75, 76.
fleshy fruits: berry fruits. 74.
fleshy fruits: citrus fruits. 77.
follicle. 79.
funiculus. 74, 79.
germ. 79.
gooseberry. 74.
grape. 74.
grape. 74.

The terms in **bold type** indicate the title of an illustration; those in *italic* correspond to the British terminology.

grapefruit. 77.
green walnut. 78.
guava. 80.
hazelnut. 78.
huckleberry. 74.
hull. 79.
husk. 78.
Indian fig. 80.
Japan plum. 76.
Japanese persimmon. 80.
juice sac. 77.
kernel. 78.
kiwi. 80.
kumquat. 77.
lemon. 77.
litchi. 80.
loculus. 76.
major types of berries. 74.
major types of citrus fruits. 77.
major types of nuts. 78.
major types of stone fruits. 75.
major types of tropical fruits. 80.
mandarin. 77.
mango. 75.
mesocarp. 74, 75, 76, 77.
midrib. 79.
mustard. 79.
nectarine. 75.
olive. 75.
orange. 77.
orange. 77.
papaya. 80.
partition. 78.
pea. 79.
pea. 79.
peach. 75.
peach. 75.
peanut. 78.
pear. 76.
pecan nut. 78.
pedicel. 74, 76.
pericarp. 77, 78.
pine seed. 78.
pineapple. 80.
pip. 76, 77.
pistachio nut. 78.
plantlet. 75.
plum. 75.
pome fleshy fruits. 76.
pomegranate. 80.
poppy. 79.
pore. 79.
**principal types of pome fruits.
76.**
pulp. 77.
quince. 76.
receptacle. 74.
rind. 77.
section of a berry. 74.
section of a capsule. 79.
section of a citrus fruit. 77.
section of a follicle. 79.
section of a grain of wheat. 79.
section of a hazelnut. 78.
section of a legume. 79.
section of a pome fruit. 76.
section of a silique. 79.
section of a stone fruit. 75.
section of a strawberry. 74.
section of a walnut. 78.
**section of a wild blackberry or
raspberry. 74.**
seed. 74, 75, 76, 77, 78, 79.
seed coat. 75, 79.
segment. 77.
sepal. 74.
septum. 79.
shell. 78.
skin. 74, 75, 76.
stalk. 74, 76.
stamen. 76.
star anise. 79.
starch. 79.
stigma. 78.
stone. 74, 75.
stone fleshy fruits. 75.

style. 74, 75, 76, 79.
suture. 79.
technical terms. 74, 75, 76, 77, 78.
tropical fruits. 80.
usual terms. 74, 75, 76, 77.
valve. 79.
various dry fruits. 79.
wall. 77.
walnut. 78.
zest. 77.

GOLF

apron. 585.
bag well. 587.
ball. 587.
ball cross-section. 587.
brassie; no. 2 wood. 586.
bunker. 585.
caddie. 585.
canopy. 587.
cap. 586.
cart path. 585.
casual water. 585.
club divider. 587.
clubhouse. 585.
core. 587.
course. 585.
cover. 587.
cup. 585.
dimple. 587.
divot. 585.
driver; no. 1 wood. 586.
driving iron; no. 1 iron. 586.
electric golf cart. 587.
engine. 587.
face. 586.
fairway. 585.
ferrule. 587.
flagstick. 585.
golf. 585, 586, 587.
golf bag. 587.
golf cart. 587.
golf clubs. 586.
golf shoe. 587.
golf trolley. 587.
golfer. 586.
grip. 586.
groove. 586.
handle. 587.
head. 586.
head cover. 587.
heel. 586.
hole. 585.
hole. 585.
iron. 586.
mashie; no. 5 iron. 586.
mashie iron; no. 4 iron. 586.
mashie niblick; no. 7 iron. 586.
midiron; no. 2 iron. 586.
midmashie; no. 3 iron. 586.
neck. 586.
niblick; no. 9 iron. 586.
no. 4 wood. 586.
out of bounds. 585.
pitching niblick; no. 8 iron. 586.
pitching wedge. 586.
pocket. 587.
practice fairway. 585.
putter. 586.
putter. 586.
putting green. 585.
rough. 585.
rubber thread. 587.
sand wedge. 586.
shaft. 586.
shoulder strap. 587.
sole. 586.
spade mashie; no. 6 iron. 586.
spike. 587.
spoon; no. 3 wood. 586.
tee. 587.
teeing ground. 585.
toe. 586.
types of golf clubs. 586.

umbrella sheath. 587.
water hazard. 585.
whipping. 586.
wood. 586.

HOCKEY

arm pad. 534.
attacking zone. 533.
back pad. 534.
blade. 534.
blue line. 533.
boards. 533.
body pad. 534.
butt end. 534.
catch glove. 534.
center. 533.
center face-off circle. 533.
center line. 533.
centre. 533.
centre face-off circle. 533.
centre line. 533.
cuff. 534.
curve. 534.
defending zone. 533.
elbow pad. 534.
face mask. 534.
face-off circle. 533.
face-off spot. 533.
game timekeeper. 533.
glass. 533.
glove. 534.
goal. 533.
goal crease. 533.
goal judge's box. 533.
goal line. 533.
goalkeeper. 534.
goalkeeper. 533.
goalkeeper's pad. 534.
goalkeeper's stick. 534.
heel. 534.
helmet. 534.
hip pad; girdle. 534.
ice hockey. 533, 534.
ice hockey player. 534.
knee pad. 534.
left defence. 533.
left defense. 533.
left wing. 533.
linesman. 533.
net. 533.
neutral zone. 533.
pants. 534.
penalty bench. 533.
penalty timekeeper. 533.
player's stick. 534.
players' bench. 534.
protective cup. 534.
puck. 534.
referee. 533.
right defence. 533.
right defense. 533.
right wing. 533.
rink. 533.
rink corner. 533.
scorer. 533.
shaft. 534.
shin pad. 534.
shoulder pad. 534.
skate. 534.
stick glove. 534.
throat protector. 534.

JET AND HELICOPTER

aileron. 448.
air inlet. 450, 455.
aircraft gate. 452.
airport. 452, 453.
annular combustion chamber. 450.
antenna. 448.
anti-collision light. 448.
anti-torque tail rotor. 455.
apron. 452.
arrivals concourse. 454.

automatically-controlled door. 454.
autopilot control. 451.
axial-flow compressor. 450.
baggage cart. 454.
baggage check-in counter. 454.
baggage claim area. 454.
baggage compartment. 455.
baggage conveyor. 453.
baggage trailer. 453.
baggage trolley. 454.
boarding step. 455.
boarding walkway. 452.
boom truck. 453.
by-pass taxiway. 452.
cabin. 455.
canopy. 448.
captain's seat. 451.
cargo terminal. 452.
carousel. 454.
catering vehicle. 453.
center bearing. 450.
central console. 451.
central instrument panel. 451.
centre bearing. 450.
combustion chamber. 450.
control column. 451.
control levers. 451.
control stick. 455.
control tower. 452.
control tower cab. 452.
currency exchange counter. 454.
customs control. 454.
delta wing. 449.
departures concourse. 454.
departures room. 454.
drive shaft. 455.
duty-free shop. 454.
electrical power unit. 453.
elevator. 448.
engine instruments. 451.
engine mounting pylon. 449.
exhaust cone. 450.
exhaust duct. 450.
exhaust nozzle. 450.
exhaust pipe. 450, 455.
fan. 450.
fan blade. 450.
fin. 448, 455.
fin-mounted tail unit. 449.
first officer's seat. 451.
fixed distance marking. 452.
flap guide rail. 449.
flight deck. 451.
flight deck. 448, 455.
flight engineer's panel. 451.
flight engineer's seat. 451.
flight information board. 454.
flying instruments. 451.
freight hold. 448.
front bearing. 450.
front spar. 449.
fuel spray manifold. 450.
fuel tank. 455.
fuselage. 448.
fuselage mounted tail unit. 449.
galley. 448.
ground airport equipment. 453.
helicopter. 455.
high-speed exit taxiway. 452.
holding area marking. 452.
horizontal stabilizer. 448, 455.
hotel reservation desk. 454.
immigration control. 454.
information counter. 454.
inlet guide vanes. 450.
jet refueler. 453.
landing light. 455.
lavatory truck. 453.
leading edge. 448.
lobby. 454.
long-range jet. 448.
main landing gear. 448.
main spar. 449.
main undercarriage mounting
beam. 449.
maintenance hangar. 452.

The terms in **bold type** indicate the title of an illustration; those in *italic* correspond to the British terminology.

mast. 455.
mobile passenger stairs. 453.
navigation light. 448.
nose. 448.
nose cone. 450.
nose landing gear. 448.
observation deck. 454.
observer's seat. 451.
overhead switch panel. 451.
pallet and container transporter. 453.
parking area. 452.
passenger cabin. 448.
passenger terminal. 454.
passenger terminal. 452.
passenger transfer vehicle. 453, 454.
passport control. 454.
pitch link. 455.
potable water truck. 453.
radial passenger loading area. 452.
root rib. 449.
rotor blade. 450, 455.
rotor head. 455.
rotor hub. 455.
rudder. 448.
rudder pedal. 451.
runway. 452.
runway center line markings. 452.
runway centre line markings. 452.
runway designation marking. 452.
runway end lights. 452.
runway side stripe markings. 452.
runway threshold markings. 452.
runway touchdown zone marking. 452.
security check. 454.
skid. 455.
spoiler. 448.
stator vane. 450.
straight wing. 449.
stringer. 449.
swept-back wing. 449.
T-tail unit. 449.
tail. 448.
tail assembly. 448.
tail boom. 455.
tail shape. 449.
tapered wing. 449.
taxiway. 452.
telescopic corridor. 452.
ticket counter. 454.
toilet truck. 453.
tow tractor. 453.
trailing edge. 448.
trailing edge flap. 448.
triple tail unit. 449.
truck level floor. 453.
turbine. 450.
turbine blade. 450.
turbine-compressor shaft. 450.
turbine guide vane. 450.
turbo-jet engine. 450.
turbo-jet engine. 448.
turbofan engine. 450.
universal step. 453.
variable geometry wing. 449.
VHF aerial. 449.
weather radar. 448.
wheel chock. 453.
window. 448.
windshield. 451.
wing. 448.
wing rib. 449.
wing shape. 449.
wing slat. 448.
wing structure. 449.
wing tip. 449.

KITCHEN UTENSILS

back. 227.
baking utensils. 230.
baster. 231.
biscuit cutters. 230.

biscuit press. 230.
biscuit sheet. 230.
blade. 227.
bolster. 227.
boning knife. 227.
bottle opener. 229.
bread knife. 227.
bun tin. 230.
butter curler. 227.
cake pan. 230.
cake tin. 230.
can opener. 229.
carving fork. 227.
carving knife. 227.
citrus juicer. 228.
cleaver. 227.
colander. 228.
cook's knife. 227.
cookie cutters. 230.
cookie press. 230.
cookie sheet. 230.
corer. 231.
cutting edge. 227.
draining spoon. 229.
dredger. 231.
egg beater. 230.
egg slicer. 231.
egg timer. 229.
filleting knife. 227.
flan pan. 230.
flan tin. 230.
for grinding and grating. 228.
for measuring. 229.
for opening. 229.
for straining and draining. 228.
funnel. 228.
garlic press. 228.
grapefruit knife. 227.
grater. 228.
guard. 227.
half handle. 227.
ham knife. 227.
heel. 227.
ice cream spoon. 231.
icing syringe. 230.
kitchen knife. 227.
kitchen scales. 229.
kitchen timer. 229.
kitchen utensils. 227, 228, 229, 230, 231.
knife sharpener. 231.
ladle. 229.
lemon squeezer. 228.
lever corkscrew. 229.
measuring cups. 229.
measuring spoons. 229.
meat grinder. 228.
meat thermometer. 229.
mincer. 228.
miscellaneous utensils. 231.
mixing bowls. 230.
mortar. 228.
muffin tin. 230.
nutcracker. 228.
oyster knife. 227.
paring knife. 227.
pasta maker. 228.
pastry bag and nozzles. 230.
pastry brush. 230.
pastry cutting wheel. 230.
peeler. 227.
pestle. 228.
pie pan. 230.
pie tin. 230.
point. 227.
potato masher. 229.
poultry shears. 231.
quiche plate. 230.
quiche tin. 230.
rivet. 227.
rolling pin. 230.
salad shaker. 228.
salad spinner. 228.
set of utensils. 229.
sharpening steel. 227.
sieve. 228.

sifter. 230.
skimmer. 229.
snail dish. 231.
snail tongs. 231.
spaghetti tongs. 231.
spatula. 229.
stoner. 231.
tang. 227.
tea ball. 231.
tea infuser. 231.
tin opener. 229.
tongs. 231.
turner. 229.
types of kitchen knives. 227.
vegetable brush. 231.
whisk. 230.
wine waiter corkscrew. 229.
zester. 227.

MEN'S CLOTHING

adjustable waist tab. 293.
adjustment slide. 294.
ankle length. 297.
armhole. 297.
ascot tiee. 295.
athletic shirt. 297.
back. 293.
back pocket. 294.
belt. 294.
belt. 291.
belt buckle. 291.
belt carrier. 291, 294.
belt loop. 291, 294.
bikini briefs. 297.
binding. 298.
bow. 298.
bow tie. 295.
boxer shorts. 297.
brace clip. 294.
braces. 294.
breast dart. 292.
breast pocket. 292, 295.
breast welt pocket. 293.
briefs. 297.
brim. 298.
broad welt side pocket. 291.
buckle. 294.
button. 295.
button loop. 294.
buttondown collar. 295.
buttoned placket. 295.
buttonhole. 291, 295, 296.
cap. 298.
cardigan. 296.
carrier. 291, 294, 295.
center back vent. 293.
centre back vent. 293.
clip. 294.
collar. 291, 293, 295.
collar point. 295.
collar stay. 295.
combination. 297.
cravat. 295.
crease. 294.
crew neck sweater. 296.
crotch. 297.
crown. 298.
cuff. 294, 295.
double-breasted buttoning. 291.
double-breasted jacket. 293.
drawers. 297.
drawstring. 292.
duffle coat. 292.
ear flap. 298.
elastic webbing. 294.
elasticized leg opening. 297.
epaulet. 292.
executive length. 297.
facing. 293.
felt hat. 298.
flap. 298.
flap pocket. 292, 293.
flap side pocket. 293.
fly. 294, 297.

frame. 294.
frog. 292.
front. 293, 295.
front apron. 295.
garrison cap. 298.
gun flap. 291.
half hoe. 297.
hanger loop. 296.
hatband. 298.
headgear. 298.
heel. 297.
hood. 292.
instep. 297.
interfacing. 295.
inverness cape. 292.
keeper. 291, 294.
knit shirt. 296.
lapel. 293.
leather end. 294.
leg. 297.
lining. 293.
long johns. 297.
loop. 295.
men's clothing. 291, 292, 293, 294, 295, 296, 297, 298.
mid-calf length. 297.
neck end. 295.
neckhole. 297.
necktie. 295.
notch. 293.
notched lapel. 291.
outside ticket pocket. 293.
overcoat. 292.
panel. 294.
pants. 294.
parka. 292.
peak. 298.
peaked lapel. 292, 293.
pocket handkerchief. 293.
pointed tab end. 295.
pullovers. 296.
punch hole. 294.
raglan sleeve. 291.
raincoat. 291.
rear apron. 295.
ribbing. 296.
schapska. 298.
section. 298.
set-in-sleeve. 291, 295, 296.
sheepskin jacket. 292.
shirt. 295.
shirttail. 295.
short. 297.
side back vent. 293.
side pocket. 291.
single-breasted coat. 293.
ski cap. 298.
skullcap. 298.
slash pocket. 294.
sleeve. 293.
sleeve strap. 291.
sleeve strap loop. 291.
slip-stitched seam. 295.
slipover. 296.
slit pocket. 294.
sock. 297.
sole. 297.
spread collar. 295.
straight-up ribbed top. 297.
suspender clip. 294.
suspenders. 294.
three-quarter coat. 292.
tip. 294.
toe. 297.
toggle fastening. 292.
tongue. 294.
top collar. 293.
top hat. 298.
top stitching. 294.
trench coat. 291.
trousers. 294.
turn-up. 294.
turtleneck. 296.
two-way collar. 291.
types of headgears. 298.
underwear. 297.

The terms in **bold type** indicate the title of an illustration; those in *italic* correspond to the British terminology.

V-neck. 293, 296.
V-neck cardigan. 296.
vest. 293.
vest. 297.
vest. 296.
waistband. 294, 297.
waistband extension. 294.
waistcoat. 293.
watch pocket. 293.
welt pocket. 296.
yoke. 295.

MICRO-COMPUTER

acoustic coupler. 471.
acoustic coupler. 469.
alphanumeric keyboard. 470.
backspace key. 470.
card punch. 472.
card reader. 472.
cassette. 469.
cassette recorder. 469.
central processing unit. 468, 469, 472.
communication device. 468.
computer room. 472.
configuration keys. 470.
configuration of a system. 469.
connection cable. 471.
control console. 470.
control key. 470.
control knob. 471.
control panel. 471.
cursor. 471.
cursor movement keys. 470.
data acquisition. 468.
data display. 468.
data processing. 468.
data processing devices. 468.
data recording on RAM* memory. 468.
data storage. 468.
disc. 472.
disc control unit. 472.
disc drive. 472.
disc storage. 472.
disk. 472.
disk control unit. 472.
disk drive. 472.
disk storage. 472.
diskette. 469.
diskette drive. 469.
dot matrix printer. 471.
enter key. 470.
escape key. 470.
extended character. 470.
feed pin. 471.
function keys. 470.
functions in a system. 468.
handset. 471.
home key. 470.
indicator light. 471.
input devices. 468.
joystick. 468.
joystick. 469.
keyboard. 470.
keyboard. 469.
lever. 471.
light pen. 469.
loudspeaker. 471.
magnetic tape controller. 472.
magnetic tape drive. 472.
magnetic tape storage. 472.
microphone. 471.
microprocessor. 469.
mouse. 469.
numeric keypad. 470.
operator. 471.
output devices. 468.
paper guide roller. 471.
peripheral equipment. 471.
platen knob. 471.
plotter. 469.
print head. 471.
printer. 469, 472.

punch card. 472.
push button. 471.
RAM: Random Access Memory. 468.
reset key. 470.
return key. 470.
ROM* memory. 468.
ROM: Read Only Memory. 468.
sector. 472.
shift keys. 470.
shift lock key. 470.
soft keys. 470.
space bar. 470.
specific data processing program. 468.
switch. 471.
tab-key. 470.
template. 471.
terminal. 472.
track. 472.
visual display unit. 469.
word processing keys. 470.

MOTORCYCLE

ammeter. 410.
brake pedal. 410.
carburetor. 409.
carburettor. 409.
clutch lever. 410.
cut-out button. 410.
cylinder. 409.
cylinder-head. 409.
dip switch. 410.
disc brake. 409.
disk brake. 409.
dual seat. 409.
exhaust pipe. 409.
footrest. 410.
frame. 409.
front brake lever. 410.
front fender. 409.
front footrest. 409.
front mudguard. 409.
fuel tank. 409.
gas tank cap. 410.
gear shift. 410.
gearchange pedal. 409, 410.
gearshift lever. 409.
headlight. 409.
high beam warning light. 410.
horn button. 410.
housing. 409.
ignition switch. 409.
indicator lamp. 409.
kill button. 410.
lighting switch. 410.
main beam warning light. 410.
main gas tap. 410.
main petrol tap. 410.
main stand. 409.
mirror. 409.
motorcycle. 409, 410.
oil pressure. 410.
oil tank cap. 410.
petrol tank cap. 410.
pillion footrest. 409.
prop stand. 409.
rear light. 409.
rear shock absorber. 409.
reserve gas tap. 410.
reserve petrol tap. 410.
rim. 409.
signal light. 409.
speedometer. 410.
starter pedal. 410.
steering damper. 410.
steering lock. 410.
tachometer. 410.
taillight. 409.
telescopic front fork. 409.
twist grip throttle. 410.
warning light. 410.

NUCLEAR ENERGY

accept machine. 665.
airlock. 661.
annular shielding slab. 662.
bearing pad. 663.
calandria. 662, 664.
calandria tube. 662.
calandria vault. 662.
CANDU nuclear generating station. 661.
CANDU reactor. 662.
canned failed fuel. 665.
catenary. 661.
charge machine. 665.
closed circuit television/cathode monitor. 666.
condensate. 664.
condensation in water. 667.
condenser. 661.
containment. 666.
containment building. 663.
control room. 666.
control room. 661.
conversion. 667.
coolant. 664.
coolant transfers the heat to the steam generator. 667.
cooling water. 664.
deaerator. 661, 664.
deaerator storage tank. 661.
decontamination room. 661.
digital computer:control/alarm. 666.
dousing tank. 661.
electrical distribution system. 666.
electrical room. 661.
elevator. 665.
emergency core cooling. 666.
end cap. 663.
end fitting. 662.
end plate. 663.
end shield. 661.
end shield cooling pipe. 662.
energy production. 667.
equipment lock. 665.
failed fuel bay. 665.
failed fuel canning. 665.
feeder. 662.
feedwater. 664.
fission of uranium fuel. 667.
fuel. 664.
fuel bundle. 663.
fuel bundle. 663.
fuel fabrication. 667.
fuel handling control console. 666.
fuel handling sequence. 665.
fuel pellet. 663.
fuelling machine. 661, 664.
generating station flow diagram. 664.
generator. 661, 664, 666.
header. 661, 664.
heat production. 667.
heater. 664.
heavy water. 664.
high pressure turbine. 664.
horizontal flux detector. 662.
ion chamber. 662.
lattice tube. 662.
line printer. 666.
low pressure steam piping. 661.
low pressure turbine. 664.
mining. 667.
miscellaneous auxiliary systems. 666.
moderator. 664.
moderator heat exchanger. 664.
moderator inlet. 662.
moderator/miscellaneous systems. 666.
moderator outlet. 662.
moderator pump. 664.
new fuel loading area. 665.
new fuel port. 665.
new fuel storage room. 665.

nuclear energy. 661, 662, 663, 664, 665, 666, 667.
nuclear fuel cycle. 667.
nuclear reactor. 663.
nuclear reactor. 667.
operator desk. 666.
ordinary water turns into steam. 667.
overhead crane. 661.
pencil. 663.
poison injection nozzle. 662.
poison tank. 661.
power lines take the electricity to communities. 667.
pressure relief pipe. 662.
pressure tube. 663.
pressurizer. 661, 664.
primary heat transport system. 666.
primary pump. 664.
production of electricity from nuclear energy. 667.
radioactive waste storage. 667.
reactivity control device. 662.
reactor. 661, 664, 665, 667.
reactor building. 661, 663, 665.
reactor regulating system. 666.
reactor vessel. 663.
reception bay. 665.
refining. 667.
rupture disc. 662.
rupture disk. 662.
safety valve. 664.
service building. 665.
sheath. 663.
shutdown system no. 1. 666.
shutdown system no. 2. 666.
spacer. 663.
spent fuel discharge room. 665.
spent fuel port. 665.
spent fuel storage bay. 663, 665, 667.
steam. 666.
steam generator. 661, 664.
steam generator system. 666.
steam pipe. 661, 664.
steam pressure drives turbine. 667.
steam separator. 664.
steel ball shielding. 662.
storage tank. 664.
storage tray. 665.
switchyard. 666.
(to) suppression tank. 664.
transfer canal. 665.
transfer of heat to ordinary water. 667.
transmission network. 667.
tube sheet. 662.
turbine. 666.
turbine building. 661.
turbine shaft turns generator. 667.
voltage increase. 667.
water cools the used steam. 667.
water is pumped back into the steam generator. 667.
water treatment plant. 661.

OIL

aboveground pipeline. 644.
aboveground pipeline support. 644.
administration office. 648.
anticline. 640.
aquifer. 650.
asphalt. 649.
asphalt process. 648.
asphalt still. 649.
automatic tank gauge. 647.
autorefrigerating devices. 644.
baffle. 645.
ballast tank. 645.
barge. 645.
base rock. 650.
beam pump. 641.

The terms in **bold type** indicate the title of an illustration; those in *italic* correspond to the British terminology.

bit. 640.
bitumen. 650.
bitumen pumping. 650.
bitumen treatment. 650.
blowout preventer. 640.
booster intermediate station. 644.
bottom deck. 647.
breather valve. 647.
bridge. 645.
bucket wheel excavator. 650.
buffer tank. 644.
bulb. 645.
bund wall. 647.
bunker oil. 649.
burden. 650.
buried pipeline. 644.
butane carrier. 645.
canal boat. 645.
cap rock. 650.
casing first string. 641.
casing second string. 641.
catalytic reformer. 648.
catalytic reforming plant. 649.
center Keelson. 645.
center tank. 645.
central pumping. 644.
centre Keelson. 645.
centre tank. 645.
chemical treatment. 649.
Christmas tree. 641.
Christmas tree. 644.
concrete drain. 647.
control room. 643.
conveyor. 650.
cooling tower. 648.
crane. 643.
crossover cargo deck line. 645.
crown block. 640.
crude oil. 649.
crude oil pipeline. 644.
derrick. 640, 643.
desasphalting. 648.
dewaxing. 648.
diesel oil. 649.
diluent. 650.
diluent recovery. 650.
discharge pipe. 646.
discharge pump. 646.
dispatch area. 648.
dragline. 650.
drain cock. 647.
drain valve. 647.
drawworks. 640.
drill collar. 640.
drill pipe. 640.
drill ship. 642.
drilling barge. 642.
drilling rig. 640.
elastic coupling. 645.
emptying outlet. 647.
engine. 640.
engine room. 645.
filling inlet. 647.
finished product storage. 648.
fire station. 648.
fixed platform. 642.
fixed-roof tank. 647.
flare. 643, 648.
floating platform. 642.
floating roof. 647.
floating-roof tank. 647.
flow bean. 641.
fluid coking plant. 648.
foam monitor. 645.
fore and aft gangway. 645.
fractionating tower. 649.
gas. 640.
gas lift. 641.
gas lift valve. 641.
gas oil. 649.
gas turbine. 643.
gas under pressure. 641.
gasoline. 649.
greases. 649.
ground. 647.
hatch. 645.

heating oil. 649.
heavy gasoline. 649.
heavy petroleum. 649.
helideck. 643.
hook. 640.
hot water extraction. 650.
hydrofiner. 648.
impervious rock. 640.
jack-up platform. 642.
jacket. 643.
jet fuel. 649.
kelly. 640.
kerosene. 649.
laboratory. 648.
lagging. 647.
lifeboat. 643.
liquefied gas petroleum treatment. 648.
liquefied petroleum gas storage. 648.
liquid-level gauge. 647.
living quarters. 643.
logging unit. 643.
long residue. 649.
lubricants plant. 649.
lubricating oils. 649.
main inlet. 647.
manhole. 646, 647.
manometer. 647.
marine diesel. 649.
master gate valve. 641.
methane carrier with free-standing tanks. 645.
methane carrier with membrane tanks. 645.
methane carrier with semi-membrane tanks. 645.
mine. 650.
mud pit. 640.
mud pump. 640.
muskeg. 650.
offshore drilling. 642.
offshore well. 644.
oil. 640, 641, 642, 643, 644, 645, 646, 647, 648, 649, 650.
oil. 640.
oil and gas foam. 641.
oil/gas separator. 643.
oil sand. 650.
oil sands mining plant. 650.
oil trap. 640.
paraffins. 649.
petrochemical industry. 649.
petrochemicals. 649.
petrol. 649.
petroleum. 649.
pier. 642.
pile. 643.
pipeline. 644, 650.
plunger. 641.
polymerization and alkylation units. 648.
potable water tank. 643.
power plant. 648.
pressure gauge. 641.
production platform. 643.
pumping station. 644.
pumping unit. 641.
pyrolysis. 650.
quarters. 645.
reclaimed water. 650.
refinery. 648.
refinery. 644.
refinery products. 649.
rerunning. 648.
reserve mud tank. 643.
rotary table. 640.
salt water. 640.
sand-rock. 650.
scale. 647.
sealing ring. 647.
secondary inlet. 647.
self-contained platform. 642.
semi-submersible. 642.
semitrailer. 646.
settling pond. 648, 650.

settling tank. 645.
shell. 647.
skid pad. 644.
solvent extraction unit. 649.
spiral staircase. 647.
splash plate. 647.
spray nozzle. 647.
stairs. 647.
steam cracker. 648.
steam drive oil sands recovery process. 650.
steam injection. 650.
stop. 644.
storage tank. 643, 649.
stove oil. 649.
straight run gasoline treatment. 648.
straight run petroleum treatment. 648.
strainer. 641.
submarine pipeline. 644.
submersible barge. 642.
sucker rod. 641.
support. 644.
swivel. 640.
tailing. 650.
tank. 646.
tank car. 646.
tank farm. 644, 648.
tank gauge float. 647.
tank trailer. 646.
tank truck. 646.
tank wagon. 646.
tank wall. 646.
tankage. 650.
tanker. 645.
tender. 642.
terminal. 644.
thermal insulation. 644.
thermometer. 647.
thick-walled pipe. 640.
top central manhole. 646.
top deck. 647.
towboat. 645.
tractor. 642.
transverse baffle. 646.
transverse bulkhead. 645.
travelling block. 640.
tubing. 641.
tubing head. 641.
tubular heater. 649.
tubular member. 643.
utilities plant. 650.
vacuum distillation. 649.
vibrating mudscreen. 640.
watertight bulkhead. 645.
web frame. 645.
wing tank. 645.
workshop/store. 648.

PAINTING UPKEEP

air cap. 280.
air pressure adjusting screw. 280.
air valve. 280.
anti-slip shoe. 278.
blade guard. 280.
brace. 279.
bristles. 280.
brush. 280.
container. 280.
extension ladder. 278.
ferrule. 280.
fluid adjustment screw. 280.
foldaway ladder. 278.
frame. 279.
fruit-picking ladder. 279.
gun body. 280.
handle. 280.
hoisting rope. 278.
hook ladder. 278.
knurled bolt. 280.
ladder scaffold. 279.
ladders and stepladders. 278, 279.

locking device. 278.
multipurpose ladder. 278.
nozzle. 280.
paint roller. 280.
painting upkeep. 278, 279, 280.
platform. 279.
platform ladder. 279.
pulley. 278.
removable blade. 280.
roller cover. 280.
roller frame. 280.
rolling ladder. 279.
rope ladder. 278.
rung. 278.
safety rail. 279.
scraper. 280.
shelf. 279.
side rail. 278.
spray paint gun. 280.
spreader adjustment valve. 280.
step. 279.
step stool. 279.
stepladder. 279.
straight ladder. 278.
tool tray. 279.
tray. 280.
trigger. 280.
vent hole. 280.

PHOTOGRAPHY

air bulb release. 374.
aperture scale. 372.
ASA/DIN exposure index. 372.
background. 374.
barn doors. 373.
base of lamp. 372.
baseboard. 376.
battery. 372.
battery. 371.
bayonet mount. 368, 370.
bellows. 376.
between-the-lens shutter. 371.
boom. 374.
cable release. 374.
calculator. 372.
calculator dial. 372.
camera body. 368.
camera platform. 374.
camera screw. 374.
cartridge. 371.
cassette. 371.
cine scale. 372.
close-up lens. 370.
collet. 374.
color analyzer. 375.
color filter. 373.
color filter set. 373.
colour analyser. 375.
colour filter. 370.
colour filter set. 373.
column. 374, 376.
column crank. 374.
column lock. 374.
condenser. 376, 377.
conical snoot. 373.
contact printer. 375.
converter. 373.
cooling fan. 377.
darkroom. 375.
depth-of-field scale. 370.
developer bath. 375.
developing film. 371.
developing tank. 375.
diaphragm. 368.
diffuser. 373.
diffuser filter set. 373.
disc. 371.
disc camera. 369.
disk camera. 369.
distance scale. 370.
dry mounting press. 375.
easel. 376.
easel. 375.
electric motor. 371.

The terms in **bold type** indicate the title of an illustration; those in *italic* correspond to the British terminology.

809

electronic flash. 372.
enlarger. 376.
enlarger. 375.
enlarger timer. 375.
enlarging lens. 376.
exposure control. 371.
exposure meter. 372.
exposure-time scale. 372.
exposure value. 372.
exposure value scale. 372.
extractor fan. 375.
eyecups. 370.
eyepiece. 371, 372.
eyepiece magnifier. 370.
fastening screw. 372.
film advance lever. 368.
film drying cabinet. 375.
film leader. 371.
film-pack. 371.
film speed indicator. 368.
film transport sprocket. 368.
films. 371.
filter drawer. 376.
fish-eye lens. 370.
fixing bath. 375.
flash. 373.
flash bracket. 372.
flash lamp. 372.
flash meter. 373.
flash outlet. 372.
flash synchronization terminal. 368.
flash umbrella. 373.
flash unit. 372.
flashbar socket. 371.
flashcube. 372.
focus magnifier. 376.
focusing knob. 376, 377.
focusing magnifier. 375.
folding camera. 369.
frame counter. 368.
gear train. 371.
glass bulb. 372.
grip. 372.
guillotine trimmer. 375.
hanger. 377.
head rotation lock. 376.
height control. 376.
height scale. 376.
honeycomb diffuser. 373.
hot shoe. 372.
incident-light measuring diffuser. 372.
indicator needle. 372.
infrared transmitter. 373.
interchangeable lens. 368.
interchangeable lenses. 370.
lamp. 376.
lamphouse. 376.
lead-in wire. 372.
lens. 371, 372, 377.
lens and accessories. 370.
lens aperture scale. 370.
lens cap. 370.
lens hood. 370.
lens mount. 368.
leveling foot. 377.
levelling foot. 377.
light-reading scale. 372.
light sensor. 372.
lightbox. 375.
lighttight box. 368.
lock ring. 377.
lower pan-head mounting screw. 374.
magnesium wire. 372.
main cable. 373.
main cord. 377.
mains lead. 377.
medium format SLR (6 x 6). 369.
mirror. 368.
motor. 377.
mount frame blinder. 377.
movable condenser. 376.
neckstrap lug. 368.
negative carrier. 376.
objective lens. 372.

pan handle. 374.
panoramic and tilting head. 374.
paper safe. 375.
parabolic reflector. 373.
pearl screen. 377.
pentaprism. 368.
perforation. 371.
photoelectric cell. 371.
photographic accessories. 374.
photographic picture. 377.
photography. 368, 369, 370, 371, 372, 373, 374, 375, 376, 377.
pocket instamatic camera. 369.
polarizing filter. 370.
Polaroid Land camera. 371.
press camera. 369.
print drying rack. 375.
print washer. 375.
printed circuit. 371.
processing rollers. 371.
projection lamp. 377.
projection screen. 377.
pull bail. 377.
push-button. 377.
rangefinder. 369.
red safelight filter. 376.
reel. 375.
reflecting screen. 373.
reflector. 374.
release button. 368.
remote control. 377.
resin-coated paper dryer. 375.
rewind crank. 368.
right angle finder. 370.
saddle. 377.
safelight. 375.
screen case. 377.
self timer. 368.
semi-fish-eye lens. 370.
setting ring. 370.
shoe. 377.
shutter. 368.
shutter button. 371.
shutter release. 368.
shutter speed selector. 368.
side-tilt lock. 374.
single-lens reflex camera. 368.
sink. 375.
slide. 377.
slide changer. 377.
slide mount. 377.
slide projector. 377.
slide tray. 377.
softlight reflector. 373.
spot projector attachment. 373.
spotmeter. 372.
stand. 373, 374.
standard lens. 370.
stereo camera. 369.
still cameras. 369.
stop bath. 375.
studio accessories. 374.
studio lighting. 373.
subminiature camera. 369.
switch. 372.
sync cable. 373.
synchro cord. 372.
take-up spool. 368.
taking mirror. 371.
tele-converter. 370.
telephoto lens. 370.
telescoping leg. 374.
timer. 375.
transfer scale. 372.
transformer. 373.
transparency slide. 377.
tripod. 374.
tripod. 377.
tube. 377.
twin-lens reflex camera. 369.
umbrella diffuser. 373.
view camera. 369.
viewfinder. 368.
voltage stabilizer. 368.
wide angle adapter. 372.
wide-angle lens. 370.

zoom lens. 370.

PLUMBING

access panel. 273.
adjustable spud wrench. 276.
aerated filter. 277.
aerator. 271.
air chamber. 267, 272.
anode. 273.
ball assembly. 271.
ball-cock supply valve. 268.
base elbow. 275.
basin wrench. 276.
bath. 269.
bathroom. 269.
bathtub. 269.
bib tap. 271.
body. 271.
bonnet. 271.
branch. 267.
brass ball faucet. 271.
brass floor frange. 268.
building sewer. 267.
cabinet. 269.
cap. 275.
cartridge stem. 271.
chain pipe wrench. 276.
check valve. 277.
circuit vent. 267.
cistern lid. 269.
clamp. 277.
cleanout. 270.
closet bend. 267.
cold-water line. 268, 273.
cold-water riser. 267.
cold-water shutoff valve. 273.
cold-water supply line. 272.
compression coupling. 270.
compression fitting. 274.
conical washer. 268.
copper pipe. 274.
copper to plastic. 275.
copper to steel. 275.
cover. 271.
cover. 269.
disc seat. 271.
disc seat ring. 271.
discharge line. 277.
dishwasher. 272.
distribution field. 277.
diverter valve. 269.
double kitchen sink. 267.
drain. 267.
drain hose. 272.
drain trap. 270.
drain valve. 273.
elbow. 275.
electric supply. 273.
electric water-heater tank. 273.
escutcheon. 270.
examples of branching. 272.
faucet body. 271.
filler tube. 268.
fitting. 274.
fittings. 275.
fixture body. 271.
flange bolt. 268.
flange nut. 274.
flare joint. 274.
flare nut. 274.
flexible hose. 269.
flexible rubber hose. 272.
float. 277.
float ball. 268.
float clamp. 277.
flush bushing. 275.
flush handle. 269.
garbage disposal sink. 270.
garbage disposal unit. 270.
gasket. 271, 274.
gravel. 277.
grease trap. 277.
grooved sleeve. 271.
grounded receptacle. 277.

hacksaw. 276.
handle. 271.
hexagon bushing. 275.
high-temperature cutoff. 273.
hot-water heater. 267.
hot-water riser. 267.
hot-water supply. 272.
hot-water supply line. 272, 273.
house drain. 272.
inspection chamber. 277.
inspection cover. 277.
inspection plug. 277.
insulation. 273.
lever. 270, 271.
lever cover. 271.
lever tap. 271.
locking nut. 268.
locknut. 270.
lower heating element. 273.
lower thermostat. 273.
main cleanout. 267.
mechanical connectors. 274.
metal washer. 270.
monkey wrench. 276.
nipple. 275.
o-ring. 271.
offset. 275.
on-off switch. 277.
outdoor sill cock. 267.
overflow. 269.
overflow bend. 267.
overflow pipe. 273.
overflow tube. 268.
[P] trap. 267.
packing. 271.
packing nut. 271.
packing retainer ring. 271.
pedestal type sump pump. 277.
perforated pipe. 277.
pipe. 274.
pipe coupling. 275.
pipe threader. 276.
pipe wrench. 276.
plumbing. 267, 268, 269, 270, 271, 272, 273, 274, 275, 276, 277.
plumbing system. 267.
plumbing tools. 276.
plumbing wrench. 276.
plunger. 276.
portable shower head. 269.
pressure relief valve. 273.
public water main. 267.
pump motor. 277.
pump suction head. 277.
reducing coupling. 275.
refill tube. 268.
removable lid. 277.
retainer nut. 271.
ring nut. 274.
roof flashing. 267.
roof vent. 275.
rubber gasket. 270.
rubber washer. 270.
screen. 271.
scum. 277.
seal. 273.
seat. 269.
septic tank. 277.
septic tank first compartment. 277.
septic tank second compartment. 277.
shower and tub fixture. 267.
shower head. 269.
shutoff switch. 277.
shutoff valve. 267, 268, 270, 272.
single-handle kitchen faucet. 271.
single-handle kitchen faucet. 270.
single-handle kitchen tap. 270, 271.
sink. 270.
sink. 269.
sink strainer. 270.
slotted wall bracket. 269.
sludge. 277.

The terms in **bold type** indicate the title of an illustration; those in *italic* correspond to the British terminology.

soap dish. 269.
soil-or-waste stack. 267.
spindle. 271.
spout. 271.
spout assembly. 270.
spray head. 270.
spray hose. 270.
spring. 271.
square head plug. 275.
stack vent. 267.
standpipe. 272.
steel to plastic. 275.
stem faucet. 271.
strainer. 271.
strainer body. 270.
strainer coupling. 270.
strainer plug. 271.
strainer sleeve. 270.
strap wrench. 276.
stub out. 268.
sump. 277.
supply line. 267.
supply tube. 270.
tailpiece. 270.
tank ball. 268.
tank lid. 269.
tap body. 271.
tee. 272, 275.
thread. 271.
threaded cap. 275.
tipping valve faucet. 271.
tipping valve tap. 271.
tissue holder. 269.
toilet. 268.
toilet. 269.
toilet bowl. 268, 269.
toilet cistern. 269.
toilet tank. 269.
torch. 276.
towel bar. 269.
towel set. 269.
transition fittings. 275.
trap. 270, 275.
trap and drain auger. 276.
trap coupling. 270.
trip lever. 268.
tube cutter. 276.
tube end. 274.
tube flaring tool. 276.
tumbler holder. 269.
U-bend. 275.
union. 274.
union. 274.
union nut. 274.
upper heating element. 273.
upper thermostat. 273.
valve seat. 271.
valve seat shaft. 268.
valve seat wrench. 276.
valve stem. 271.
vent line. 275.
washer. 272.
washer. 271.
washing machine. 272.
waste pipe. 268.
waste stack. 267.
waste tee. 272.
water meter. 267.
water service pipe. 267.
waterproofed electrical supply.
277.
wax seal. 268.
Y-branch. 275.

RAILROAD

adjustable seat. 421.
air conditioning. 421.
air intake. 418.
alternator. 418.
arrivals schedule. 426.
arrivals timetable. 426.
automobile car. 420.
axle. 418.
baggage check. 426.

baggage lockers. 426.
baggage room. 426.
ballast. 422.
barrow. 427.
base. 422, 423.
body. 421.
bogie. 418, 421.
bogie car-carrying wagon. 420.
bogie flat wagon. 420.
bogie frame. 418.
bogie open wagon. 420.
bogie tank wagon. 420.
bogie van. 420.
bogie wagon. 419.
bogie well wagon. 420.
booking hall. 426.
bottom-end transverse member.
425.
bottom retainer. 419.
bottom side rail. 425.
box car. 419.
brake van. 420.
buffer. 418.
bufferstop. 424.
bulkhead flat car. 420.
bulkhead flat wagon. 420.
bumper. 418, 424.
caboose. 420.
car. 425.
center-aisle. 421.
change machine. 426.
channel. 423.
check-rail. 422.
classification yard. 425.
closure rail. 422.
coach car. 421.
container. 425.
container car. 420.
container flat wagon. 420.
control stand. 418.
corner cap. 419.
corner fitting. 425.
corner structure. 425.
corridor. 421.
corridor connection. 421.
counterweight. 422, 423.
coupler head. 419.
coupler knuckle. 419.
coupler knuckle pin. 419.
crossbuck sign. 423.
crossing. 427.
crossing gate mechanism. 423.
crossover. 422.
currency exchange office. 426.
dating nail. 422.
delay indicator. 427.
departure time indicator. 427.
departures schedule. 426.
departures timetable. 426.
destination indicator. 427.
diesel-electric locomotive. 418.
diesel engine. 418.
diesel shop. 424.
dining car. 421.
dining section. 421.
door hasp. 419.
door hasp fastener. 419.
door stop. 419.
driver's cab. 418.
electrically illuminated point signal.
423.
electrically illuminated switch
signal. 423.
end door. 425.
end ladder. 419.
expansion space. 422.
finial. 423.
fishplate. 422.
fishplate bolt. 422.
flashing light. 423.
flat car. 420.
fold-out table. 421.
footbridge. 424.
fork pocket. 425.
freight station. 424.

frog. 422.
gate arm. 423.
gate arm lamp. 423.
gate arm support. 423.
gondola car. 420.
group retarders. 425.
hand brake gear housing. 419.
hand brake wheel. 419.
hand brake winding chain. 419.
hand truck. 427.
head. 422.
headlight. 427.
headrest. 421.
highway crossing. 423.
highway crossing bell. 423.
hold yard. 425.
hopper car. 420.
hopper ore car. 420.
hopper ore wagon. 420.
hopper wagon. 420.
horizontal end handhold. 419.
horn. 418.
hump. 425.
hump area. 425.
indicator board. 427.
information office. 426.
journal box. 418.
junction box. 423.
king pin. 418.
kitchen. 421.
left-luggage office. 426.
level crossing. 423.
level crossing sign. 423.
level crossing with automatic
gates. 424.
lifting lever. 419.
livestock car. 420.
livestock van. 420.
lower berth. 421.
main generator. 418.
main line. 424.
main running track. 425.
manually-operated points. 422.
manually-operated switch. 422.
mast. 423, 424.
master retarders. 425.
number of tracks sign. 423.
nut. 422.
outbound. 425.
panoramic window. 421.
pantograph. 421.
parcels office. 426.
passenger platform. 427.
passenger station. 424.
peep hole. 423.
piggyback car. 420.
piggyback flat wagon. 420.
pinnacle. 423.
placard board. 419.
platform edge. 427.
platform entrance. 426.
platform number. 427.
platform roofing. 427.
platform shelter. 427.
platform trolley. 427.
platform truck. 427.
point lever. 422.
point lock. 423.
point motor. 423.
point signal. 422.
point wire. 423.
points. 424.
porter. 427.
pull rod. 422.
radiator. 418.
rail. 422.
rail anchor. 422.
rail joint. 422.
railroad station. 424.
railroad track. 422, 423.
railway map. 426.
railway station. 424.
railway track. 422, 423.
ramp. 424.
receiving yard. 425.
redcap. 427.

refrigerator car. 420.
refrigerator van. 420.
remote-controlled points. 423.
remote-controlled switch. 423.
roof. 425.
routing cardboard. 419.
running track. 425.
schedules. 426.
scissors crossing. 424.
semaphore. 424.
side door. 425.
side ladder. 419.
side ladder tread. 419.
side wall. 425.
sidelight. 427.
signal background plate. 423.
signal box. 424, 425.
signal gantry. 424.
signals. 423.
sill step. 419.
sleeper. 422.
sleeping car. 421.
slide chair. 422.
sliding window. 421.
soleplate. 422.
speaking window membrane. 426.
spike. 422.
spleeping compartment. 421.
spring. 418.
spring washer. 422.
starting signal. 427.
station concourse. 426.
station hall. 426.
station platform. 427.
station platform. 424.
station sign. 427.
stretcher bar. 423.
subsidiary track. 424.
suburban commuter railroad. 424.
suburban commuter railway. 424.
subway to platforms. 426.
switch. 424.
switch engine. 425.
switch point. 422.
switch point lock. 423.
switch signal. 422.
switch stand. 422.
switch tower. 424, 425.
tank car. 420.
tarpaulin covered gondola. 420.
tarpaulin covered open wagon.
420.
telescoping uncoupling rod. 419.
ticket counter. 426.
ticket office. 426.
tie. 422.
tie plate. 422.
timetables. 426.
toilet. 421.
top-end transverse member. 425.
track. 427.
traction motor. 418.
traction motor ventilator. 418.
train delays notice board. 426.
train set. 424.
trolley wire. 427.
trough. 423.
truck. 418, 421.
truck frame. 418.
turbocharger. 418.
turnbuckle. 423.
types of cars. 420.
types of freight wagons. 420.
types of passenger cars. 421.
types of passenger coaches. 421.
upper berth. 421.
ventilating fan. 418.
vestibule. 421.
vestibule door. 421.
visor. 423.
wagon. 425.
waiting room. 426.
water tank. 418, 421.
web. 422.
wood chip car. 420.
yard. 425.

The terms in **bold type** indicate the title of an illustration; those in *italic* correspond to the British terminology.

SPECIALIZED INDEXES

SEWING

accessories. 501.
alteration line. 503.
arm. 499.
ball. 502.
bias. 502.
blade. 500, 501.
bobbin. 500.
bobbin case. 500.
bobbin winder. 499.
buckle. 502.
column. 499.
crosswise grain. 502.
cutting line. 503.
dart. 503.
dressmaker's model. 501.
edge. 501.
eye. 500, 501.
fabric structure. 502.
fasteners. 502.
feed dog. 500.
flat-bed. 499.
fold line. 503.
foot control. 499.
garment fabric. 502.
groove. 500.
hand wheel. 499.
handle. 501.
head. 499.
hemline. 503.
hinged presser foot. 499, 500.
hook. 500, 502.
hook and eyes. 502.
interfacing. 502.
interlining. 502.
latch lever. 500.
lenghtwise grain. 503.
lengthwise grain. 502.
lining. 502.
magnet. 501.
marking dot. 503.
motor. 499.
needle. 500.
needle. 499, 500, 501.
needle bar. 500.
needle clamp. 500.
needle clamp screw. 500.
needle plate. 499.
needle threader. 501.
needle threader. 500.
notch. 503.
pattern. 503.
pin. 501.
pin cushion. 501.
pinking shears. 501.
pivot. 501.
point. 500.
presser bar. 500.
presser foot. 500.
presser foot lifter. 499.
ring. 502.
round eye. 502.
safety pins. 501.
scissors. 501.
seam allowance. 503.
seam line. 503.
selvage. 502.
sew-through buttons. 502.
sewing. 499, 500, 501, 502, 503.
sewing machine. 499, 500.
sewing spool. 499.
shank. 500, 501.
shank button. 502.
shuttle. 500.
skirt marker. 501.
slide. 500.
slide plate. 499.
snap. 502.
socket. 502.
spool pin. 499.
stitch length regulator. 499.
stitch selector. 499.
stop. 502.
stop motion knob. 499.
straight eye. 502.

tab. 502.
tape. 502.
tape measure. 501.
teeth. 502.
tension block. 500.
tension block. 499.
tension dial. 500.
tension disc. 500.
tension spring. 500.
thimble. 501.
thread guide. 499, 500.
thread take-up lever. 499.
thread trimmer. 500.
tongue. 502.
tracing wheel. 501.
underlining. 502.
underlying fabrics. 502.
wheel. 501.
zipper. 502.
zipper line. 503.

SKIING

alpine skier. 559.
alpine skiing. 559, 560.
anti-friction pad. 560.
automatic cable pulley. 558.
base plate. 560.
basket. 559, 561.
beltbag. 559.
bottom. 559.
buckle. 560.
cabin. 558.
cable binding. 561.
cable car. 558.
camber. 561.
chalet. 558.
clamp. 561.
crash helmet. 559.
cross-country ski. 561.
cross-country ski. 561.
cross-country skier. 561.
cross-country skiing. 561.
crossbar. 558.
disc. 558.
double chair lift. 558.
edge. 559, 561.
fanny pack. 559.
flag. 558.
footrest. 558.
gaiter. 559.
gate. 558.
glove. 561.
groove. 559, 561.
handle. 559.
haulage cable. 558.
headband. 561.
heel flange. 560.
heel piece. 559, 560.
heel release setting indicator. 560.
heelplate. 561.
height adjustment screw. 560.
hinge. 560.
hook. 558.
inner boot. 560.
knee sock. 561.
knickers. 561.
lower shell. 560.
manual release. 560.
mitten. 559.
parka. 559.
pole. 558.
pole grip. 561.
pole shaft. 561.
pole tip. 561.
poma lift. 558.
pullover sweater. 561.
pylon. 558.
release setting screw. 560.
rucksack. 561.
running surface. 561.
safety bar. 558.
safety binding. 560.
safety binding. 559.
safety strap. 560.

scarf. 559.
seat. 558.
shovel. 559, 561.
ski. 559.
ski boot. 560.
ski boot. 559.
ski goggles. 559, 561.
ski hat. 561.
ski instructor. 558.
ski jumper. 558.
ski jumping hill. 558.
ski pole. 559, 561.
ski resort. 558.
ski stop. 559, 560.
ski suit. 559.
ski tip. 561.
skiing. 558.
slalom course. 558.
slalomist. 558.
sole. 560.
T-bar lift. 558.
tail. 559, 561.
tip. 559.
toe binding. 561.
toe piece. 559, 560.
toe-piece release setting indicator.
560.
toeplate. 561.
tongue. 560.
touring boot. 561.
track. 558.
turtleneck. 559.
upper. 560.
upper cuff. 560.
upper shell. 560.
wire. 560.
wrist strap. 561.

SOUND REPRODUCING SYSTEM

amplifier-tuner. 379.
analogue frequency meter. 379.
anti-skating device. 380.
arm elevator. 380.
arm rest. 380.
automatic frequency control. 379.
balance control. 379.
band. 380.
band selectors. 379.
base. 380.
base plate. 380.
bass tone control. 379.
cabinet. 378.
cassette holder. 381.
center hole. 380.
centre hole. 380.
cone. 378.
connecting cable. 378.
corrugation. 378.
counter reset button. 381.
counterweight. 380.
diaphragm. 378.
digital frequency display. 379.
Dolby noise reduction switch. 381.
drive belt. 380.
dust cover. 380.
ear cushion. 378.
earth lead. 380.
eject button. 381.
EP adaptor. 380.
equalizer. 378.
fast-forward button. 381.
FM mode selector. 379.
FM stereo indicator. 379.
function lever. 380.
grille. 378.
groove. 380.
ground lead. 380.
headband. 378.
headphone. 378.
headphone. 378.
headphone jack. 379, 381.
hinge. 380.
input selectors. 379.

jack. 378.
label. 380.
LED peak level meter. 381.
level controls. 378.
locked groove. 380.
loudness switch. 379.
loudspeaker. 378.
memory button. 379.
microphone. 378.
microphone jack. 381.
midrange. 378.
monitor indicator. 379.
motor pulley. 380.
output lead. 380.
pause button. 381.
platter. 380.
play button. 381.
power cord. 378, 380.
power switch. 379, 381.
preamplifier-amplifier. 378.
preset tuning button. 379.
record. 380.
record button. 381.
record muting button. 381.
recording level button. 381.
rewind button. 381.
rubber mat. 380.
sound reproducing system. 378, 379, 380, 381.
speaker. 378.
speaker selector. 379.
speed selector lever. 380.
spindle. 380.
spiral. 380.
spiral-in groove. 380.
stop button. 381.
stylus cartridge. 380.
supertweeter. 378.
system elements. 378.
tail-out groove. 380.
tape counter. 381.
tape deck. 381.
tape deck. 378.
tape monitor switch. 379.
tape selector. 380.
tape-type indicator. 381.
tone arm. 380.
treble tone control. 379.
tuner. 378.
tuning buttons. 379.
turntable. 380.
turntable. 380.
tweeter. 378.
volume control. 378, 379.
woofer. 378.

TELEPHONE

acoustic resistance. 387.
armored cord. 388.
auto answer indicator. 388.
call director telephone. 388.
calls indicator. 388.
carbon granules. 387.
clapper. 387.
coil. 387.
coin return bucket. 388.
coin return knob. 388.
coin slot. 388.
coinbox telephone. 388.
cord. 387.
cordless telephone. 388.
cradle. 387.
cup. 387.
dial. 387.
diaphragm. 387.
diaphram. 387.
earpiece. 387.
electrode. 387.
erase button. 388.
fast forward button. 388.
finger stop. 387.
gong. 387.
handset. 387, 388.
handset cord. 387.

The terms in **bold type** indicate the title of an illustration; those in *italic* correspond to the British terminology.

handsfree telephone. 388.
housing. 387.
incoming message cassette. 388.
listen button. 388.
microphone. 388.
mouthpiece. 387.
network. 387.
on/play button. 388.
outgoing announcement cassette. 388.
permanent magnet. 387.
plunger. 387.
pole piece. 387.
push-button telephone. 388.
push buttons. 388.
receiver. 387.
receiver. 387.
record announcement button. 388.
rewind button. 388.
ringer coil. 387.
stop button. 388.
switchhook. 387.
telephone answering machine. 388.
telephone cord. 388.
telephone set. 387.
transmitter. 387.
transmitter. 387.
types of telephones. 388.
varistor. 387.
volume control. 388.

TELEVISION
amplifier. 389.
audio console. 389.
audio control room. 389.
audio operator. 389.
base. 392.
blue beam. 392.
boom operator. 390.
brightness control. 392.
cabinet. 392.
camera 1. 391.
camera 2. 391.
camera 3. 391.
camera crane. 390.
camera mount. 390.
cameraman. 390.
catwalk. 390.
clock. 391.
contrast control. 392.
control panel. 389, 390.
cue screen. 391.
cyclorama. 390.
deputy sound supervisor. 389.
dimmer control. 389.
earphone jack. 392.
electron beam. 392.
electron gun. 392.
external conductive coating. 392.
faceplate. 392.
fine tuning knob. 392.
floodlight. 390.
floor crew. 390.
floor manager. 390.
funnel. 392.
green beam. 392.
hoist. 390.
host. 390.
lighting and vision control room. 389.
lighting control panel. 389.
lighting director. 389.
loudspeaker. 390.
microphone boom. 390.
monitor. 391.
monitor bank. 391.
monitor pusher. 390.
monitor speaker. 391.
neck. 392.
off-on knob. 392.
output monitor. 391.
phosphor dot. 392.
picture tube. 392.

presenter. 390.
preview monitor. 391.
producer. 391.
production control room. 391.
production control room. 389.
propman. 390.
protective window. 392.
red beam. 392.
screen. 392.
script assistant. 391.
shadow mask. 392.
sound control room. 389.
sound desk. 389.
sound engineer. 389.
sound supervisor. 389.
speaker. 392.
special effects. 391.
spotlight. 390.
strip light. 390.
studio. 389.
studio and control rooms. 389.
studio floor. 390.
switcher. 391.
technical director. 391.
teleprompter. 390.
telescopic antenna. 392.
television. 389, 390, 391, 392.
television set. 392.
test pattern. 391.
UHF channel selector. 392.
utility speaker. 391.
VHF channel selector. 392.
video operator. 389.
video technician. 389.
videotape recorder. 389.

VEGETABLES
artichoke. 81.
asparagus. 85.
aubergine. 81.
autumn squash. 81.
bean sprouts. 85.
beet. 84.
beetroot. 84.
black salsify. 84.
branch. 85.
broad beans. 85.
broad-leaved endive. 82.
broccoli. 81.
Brussels sprouts. 82.
bud. 83.
bulb. 85.
bulb vegetables. 83.
bulbil. 83.
bundle. 85.
cabbage lettuce. 82.
cantaloupe. 81.
cardoon. 85.
carrot. 84.
cauliflower. 81.
celeriac. 84.
celery. 85.
chard. 82.
chick peas. 85.
chicory. 82.
chilli. 81.
Chinese cabbage. 82.
chive. 83.
cob. 85.
corn. 85.
corn salad. 82.
cos lettuce. 82.
courgette. 81.
cucumber. 81.
curled endive. 82.
curled kale. 82.
dandelion. 82.
eggplant. 81.
fennel. 85.
fruit vegetables. 81.
garden sorrel. 82.
garlic. 83.
green bean. 81.
green cabbage. 82.

green peas. 85.
head. 85.
horseradish. 84.
hot pepper. 81.
husk. 85.
inflorescent vegetables. 81.
Jerusalem artichoke. 84.
kernel. 85.
kohlrabi. 84.
leaf. 85.
leaf vegetables. 82.
leek. 83.
lentils. 85.
mange-tout peas. 85.
marrow. 81.
muskmelon. 81.
okra. 81.
parsnip. 84.
pickling onion. 83.
potato. 84.
pumpkin. 81.
radish. 84.
rhubarb. 85.
rib. 85.
root. 83.
root vegetables. 84.
rutabaga. 84.
salsify. 84.
scale leaf. 83.
scallion. 83.
section of a bulb. 83.
seed vegetables. 85.
shallot. 83.
silk. 85.
soybeans. 85.
Spanish onion. 83.
spear. 85.
spinach. 82.
spring onion. 83.
stalk. 85.
stalk vegetables. 85.
stem. 83.
string. 85.
summer squash. 81.
swede. 84.
sweet corn. 85.
sweet pepper. 81.
sweet potato. 84.
Swiss chard. 85.
tip. 85.
tomato. 81.
tuber vegetables. 84.
turnip. 84.
vegetables. 81, 82, 83, 84, 85.
vine leaf. 82.
water cress. 82.
watermelon. 81.
white cabbage. 82.
zucchini. 81.

WATER SPORTS
back binding. 554.
batten. 551, 552.
batten pocket. 551, 552.
beam reach. 553.
bear away (to). 551.
binding. 554.
block. 553.
board. 551.
boom. 552.
boom vang. 552.
bottom. 554.
bow. 551.
broad reach. 553.
centerboard. 552.
centreboard. 552.
clam-cleat. 551, 553.
cleat. 552, 553.
clew. 551.
close hauled. 553.
close reach. 553.
cockpit. 552.
crosstree. 552.
daggerboard. 551.

daggerboard well. 551.
double handles. 554.
down wind. 553.
downhaul. 551.
fairlead. 553.
figure ski. 554.
figure skiing handle. 554.
fin. 554.
foot. 551.
forestay. 552.
front binding. 554.
full and by. 553.
handle. 554.
hank. 552, 553.
head of sail. 551.
headwind. 553.
heel piece. 554.
inhaul. 551.
jib. 552.
jib halyard. 552.
jibsheet. 552.
jump ski. 554.
leech. 551.
luff. 551.
luff (to). 551.
main halyard. 552.
mainsail. 552.
mainsheet. 552.
mast. 551, 552.
mast foot. 551.
mast sleeve. 551.
masthead. 551.
mono-ski. 554.
on the wind. 553.
one-design sailboat. 552.
outhaul. 551.
points of sailing. 553.
port tack. 553.
rudder. 552.
sail. 551.
sail panel. 552.
sailboard. 551.
shackle. 553.
sheet lead. 553.
shroud. 552.
skeg. 551.
snap shackle. 553.
spinnaker boom. 552.
spinnaker sheet lead. 552.
startboard tack. 553.
stem. 552.
stern. 551.
tack. 551.
tail. 554.
telltale. 552.
tiller. 552.
tip. 554.
toe piece. 554.
toe strap. 554.
tow bar. 554.
towrope. 554.
traveler. 553.
traveller. 553.
turnbuckle. 553.
twin skis. 554.
types of handles. 554.
types of skis. 554.
uphaul. 551.
upperworks. 553.
water skiing. 554.
winch. 553.
wind. 553.
wind abeam. 553.
wind indicator. 552.
window. 551.
wishbone boom. 551.

WEAVING
accessories. 509.
back beam. 508.
ball. 510.
ball winder. 510.
basic weaves. 511.
beater. 508.

The terms in **bold type** indicate the title of an illustration; those in *italic* correspond to the British terminology.

beater handtree. 508.
beater sley. 508.
bobbin. 509, 510.
bobbin winder. 510.
breast beam. 508.
clamp. 510.
cloth roller. 508.
comb. 509.
crossbar. 509.
crossbeam. 508.
crosspiece. 508.
diagram of weaving principle. 511.
driving wheel. 510.
eye. 509.
flat shuttle. 509.
frame. 508.
gear. 510.
handle. 508.
harness. 508.
harnesses. 508.
hatching. 511.
head roller. 508.
heddle. 508, 509.
heddle rod. 509.
heddles. 509.
high warp loom. 509.
interlock. 511.
knot. 511.
lam. 508.
leash rod. 508, 509.
low warp loom. 508.
nails. 509.
other techniques. 511.
peg. 510.
plain weave. 511.
post. 508.
ratchet. 508.
ratchet wheel. 508.
reed. 508.
reed hooks. 510.
release treadle. 508.
rod. 509.
satin weave. 511.
screw eye. 508.
shaft. 510.
shed stick. 509.
shuttle. 509.
slit. 511.
spool rack. 510.
support. 509.
swift. 510.
take-up handle. 508.
tapestry bobbin. 509.
temple. 510.
thread guide. 510.
treadle. 508.
treadle cord. 508.
twill weave. 511.
upright. 508, 509.
vertical frame. 509.
warp. 508, 509.
warp roller. 508.
warp thread. 511.
warping frame. 510.
weaving. 508, 509, 510, 511.
weft. 509.
weft thread. 511.
worm. 510.

WOMEN'S CLOTHING

accessories. 309.
accordion pleat. 304.
ankle sock. 311.
anklet. 311.
arm slit. 301.
armhole. 306.
baby doll. 311.
back. 304.
back belt. 300.
balaclava. 314.
barrel cuff. 306.
bateau neck. 309.
bathrobe. 311.

batwing sleeve. 306.
bell bottoms. 310.
beret. 314.
Bermuda shorts. 310.
bertha collar. 308.
bib. 310.
bikini. 313.
bishop sleeve. 306.
blazer. 307.
blouses. 305.
boa. 309.
boater. 314.
body shirt. 305.
body suit. 312.
bolero. 307.
bottom of collar. 305.
bow collar. 308.
box pleat. 304.
bra. 313.
brassiere cup. 313.
break line. 308.
breast pocket. 305.
briefs. 313.
brim. 314.
broad welt. 300.
broad welt side pocket. 304.
button-through smock. 305.
buttoned placket. 301, 305.
camisole. 312.
cap. 314.
cap sleeve. 306.
cape. 301.
car coat. 300.
cardigan. 307.
cartwheel hat. 314.
classic. 305.
cloche. 314.
coat dress. 302.
coats. 300, 301.
collar. 308.
collar point. 308.
collaret. 308.
corselette. 312.
corset. 313.
cowl collar. 308.
crew sweater. 307.
crotch piece. 305.
crown. 314.
cuff. 310.
culotte. 303.
cutaway armhole. 306.
décolleté bra. 313.
dog ear collar. 308.
double breasted buttoning. 301.
double cuff. 306.
draped neck. 309.
draped neckline. 309.
dresses. 302.
drop waist dress. 302.
dungarees. 310.
epaulet sleeve. 306.
fall. 308.
felt hat. 314.
fishnet tights. 311.
flap pocket. 304.
fly front closing. 300.
fold line. 304.
footstrap. 310.
foundation slip. 312.
frog. 308.
front top pocket. 310.
fur hood. 314.
garter. 312, 313.
garter belt. 313.
gather. 305.
gather skirt. 303.
gauchos. 310.
girdle. 313.
gob hat. 314.
golf hose. 311.
gored skirt. 303.
gusset pocket. 304, 307.
half-slip. 313.
hand warmer pocket. 301.
hand warmer pouch. 304.
hat veil. 314.

head band. 314.
headgear. 314.
hose. 311.
hose. 311.
inset pocket. 304.
inverted pleat. 304.
jabot. 308.
jeans. 310.
jumper. 302.
jumpsuit. 310.
kerchief. 314.
kick pleat. 304.
kilt. 303.
kimono. 311.
kimono sleeve. 306.
knickers. 310.
knife pleat. 304.
lapel. 308.
leading edge. 308.
leg-of-mutton sleeve. 306.
long cardigan. 307.
loosely tied bow. 309.
mandarin collar. 308.
maternity dress. 302.
middy. 305.
midriff band. 313.
mini shirtdress. 305.
mob-cap. 314.
mock pocket. 301.
modesty. 308.
narrow cuff. 306.
necklines and necks. 309.
necks. 309.
negligee. 311.
net stocking. 311.
nightdress. 311.
nightwear. 311.
notched lapel. 301, 308.
over-blouse. 305.
overshirt. 305.
pagoda sleeve. 306.
pajamas. 311.
panel. 313.
pantee corselette. 312.
pants. 310.
panty girdle. 313.
panty hose. 311.
patch pocket. 300, 304.
patch pocket with turn-down flap. 300.
pea jacket. 301.
pedal pusher. 310.
pelerine. 300.
pelerine. 300.
Peter Pan collar. 308.
pillbox hat. 314.
pinafore. 302.
pinafore. 302.
placket. 308.
pleat skirts. 304.
plunging neckline. 309.
pockets. 304.
pointed tab end. 306.
polo collar. 308.
polo shirt. 305.
pompom. 314.
poncho. 301.
princess dress. 302.
princess seaming. 312.
puff sleeve. 306.
pullover. 307.
push up bra. 313.
pyjamas. 311.
raglan. 300.
raglan sleeve. 300, 306.
ribbing. 301.
ridge. 304.
right side. 304.
roll. 308.
roll line. 308.
round neck. 309.
ruffled skirt. 303.
safari jacket. 307.
sailor collar. 308.
sailor tunic. 305.
sarong. 303.

seam pocket. 300, 304.
seaming. 300.
set-in sleeve. 306.
shawl collar. 308.
sheath dress. 302.
sheath skirt. 303.
shirt collar. 305, 308.
shirt sleeve. 305.
shirttail. 305.
shirtwaist dress. 302.
shirtwaist sleeve. 306.
short sock. 311.
shorts. 310.
shoulder-strap. 313.
ski pants. 310.
skirts. 303.
sleeves. 306.
slip. 312.
slipover. 307.
smock. 302, 305.
smock. 305.
sock. 311.
southwester. 314.
spencer. 307.
square neck. 309.
stand. 308.
stand-up collar. 308.
steel. 313.
stitched pleat. 304.
stocking. 311.
stocking cap. 314.
straight skirt. 303.
strapless brassiere. 313.
string. 314.
sundress. 302.
suspender. 313.
suspender belt. 313.
sweetheart neckline. 309.
T-shirt. 305.
T-shirt dress. 302.
tailored collar. 301, 308.
tailored sleeve. 306.
tam- o'-shanter. 314.
thigh-high stocking. 311.
three-quarter sleeve. 306.
tights. 311.
top coat. 300.
top stitched pleat. 304.
toque. 314.
trilby. 314.
trousers. 310.
tunic. 305.
tunic. 302, 305.
turban. 314.
turn-up. 310.
turtleneck. 307, 308.
twin-set. 307.
types of collars. 308.
underwear. 312, 313.
underwiring. 313.
unmounted sleeve. 306.
V-shaped neck. 309.
vest. 307.
vest pocket. 307.
vests and pullovers. 307.
waistband. 301.
waistcoat. 307.
waistcoat pocket. 307.
waistcoats and pullovers. 307.
welt pocket. 304.
windbreaker. 301.
windcheater. 301.
women's clothing. 300, 301, 302, 303, 304, 305, 306, 307, 308, 309, 310, 311, 312, 313, 314.
wrap-over dress. 302.
wrap-over skirt. 303.
wrap-over top. 305.
wrap over top. 305.
wraparound dress. 302.
wraparound skirt. 303.
yoke. 305.
yoke skirt. 303.

The terms in **bold type** indicate the title of an illustration; those in *italic* correspond to the British terminology.

INDEX GÉNÉRAL

A

à cheval sur deux colonnes. 594, 595.
à cheval sur deux douzaines. 594.
à cheval sur deux numéros. 594, 595.
abat-jour(m). 220, 221.
abat-son(m). 175.
abattant(m). 209, 269.
abattre. 551.
abdomen(m). 100, 103, 106.
abeille(f). 106, 107.
about(m). 270.
abrégé(m). 482.
abri(m). 424.
abri(m) météorologique. 63.
abricot(m). 75.
abside(f). 174.
absidiole(f). 174.
absorbeur(m). 670.
accastillage(m). 553.
accéléromètre(m). 556.
accent(m). 476.
accent(m) aigu. 357.
accent(m) circonflexe. 357.
accent(m) grave. 357.
accès(m) au réservoir d'essence. 397.
accès(m) aux quais. 426.
accès(m) étanche. 437.
accès(m) interdit. 716.
accès(m) interdit aux bicyclettes. 716.
accès(m) interdit aux camions. 716.
accès(m) interdit aux cyclomoteurs. 716.
accès(m) interdit aux motocycles. 716.
accès(m) interdit aux piétons. 716.
accès(m) interdit aux véhicules à moteur. 716.
accès(m) pour handicapés physiques. 719.
accessoires(m). 244.
accessoires(m) de coiffure. 343.
accessoires(m) de manucure. 343.
accessoiriste(m). 390.
accord(m). 476.
accord(m) précis. 392.
accordéon(m). 489.
accordoir(m). 492.
accotement(m). 413.
accotoir(m). 210.
accoudoir(m). 400, 631.
accroche-mouche(m). 580.
acier(m). 193.
acquisition(f) d'attitude. 394.
acquisition(f) du mode normal. 394.
acromion(m). 121.
acrotère(m). 171.
adaptateur(m). 380.
adaptateur(m) de fiche. 341.
adaptateur(m) grand angle. 372.

adapteurs(m). 275.
addition(f). 723.
admission(f). 639.
aérateur(m). 271.
aérateur(m) à gazon. 251.
aéro-condenseur(m). 668.
aérofrein(m). 556, 672, 705.
aérogare(f) de passagers. 452.
aérogare(f) des passagers. 454.
aérogare(f) satellite. 452.
aérogare(m) de fret. 452.
aéroglisseur(m). 435.
aéroport(m). 452, 453.
affichage(m) analogique. 605.
affichage(m) de la rapidité du film. 368.
affichage(m) des données. 468.
affichage(m) numérique. 605.
affichage(m) numérique des stations. 379.
affiche(f) publicitaire. 428.
afficheur(m). 610.
afficheur(m) prix. 401.
afficheur(m) totaliseur. 401.
afficheur(m) volume. 401.
affleurement(m). 636.
affût(m). 694.
Afrique. 49.
afro(m). 331.
age(m). 163.
agenda(f). 464.
agitateur(m). 240.
agneau(m). 151, 153.
agnolotti(m). 145.
agrafe(f). 218, 294, 367.
agrafes(f). 502.
agrafes(f). 461.
agrafeuse(f). 461.
agrandisseur(m). 376.
agrandisseur(m). 375.
agrume(m), coupe(f) d'un. 77.
agrumes(m). 77.
agrumes(m), principales variétés(f) d'. 77.
aide-arbitre(m). 535.
aides(f) à la marche. 630.
Aigle(m). 40, 41, 710.
aiguillage(m). 424.
aiguillage(m) manoeuvré à distance. 423.
aiguillage(m) manoeuvré à pied d'oeuvre. 422.
aiguille(f). 500.
aiguille(f). 51, 57, 372, 422, 499, 500, 501, 609, 610, 611, 612, 613, 629.
aiguille(f) à clapet. 506.
aiguille(f) aimantée. 625.
aiguille(f) circulaire. 504.
aiguille(f) des heures. 605, 607.
aiguille(f) des minutes. 605, 607.
aiguilles(f) à tricoter. 504.
aiguilles(f) de nettoyage. 283.
aiguillette(f) de gîte à la noix. 149.
aiguillette(f) de romsteck. 149.
aiguilleur(m). 391.

aiguillon(m). 106.
aiguisoir(m). 231.
ail(m). 83.
aile(f). 96, 449.
aile(f). 95, 100, 108, 397, 403, 448, 457, 521, 556, 557, 581, 671, 690.
aile(f) à géométrie variable. 449.
aile(f) à ressort. 264.
aile(f) antérieure. 100, 106.
aile(f) arrière. 436.
aile(f) avant. 436.
aile(f) de quartier. 318.
aile(f) du nez. 133.
aile(f) postérieure. 100, 106.
aile(f) volante. 557.
aileron(m). 433, 448, 551, 556, 705.
aileron(m) de stabilisateur. 433.
aileron(m) stabilisateur. 437.
ailes(f) en V. 436.
ailes(f) immergées. 436.
ailette(f). 241.
ailier(m) défensif droit. 528, 529.
ailier(m) défensif gauche. 528, 529.
ailier(m) droit. 531, 532, 533, 539.
ailier(m) éloigné. 528, 529.
ailier(m) gauche. 531, 532, 533, 539.
ailier(m) rapproché. 528, 529.
aimant-frein(m). 615.
aimant(m). 501.
aimant(m). 443.
aimant(m) conique. 606.
aimant(m) de retenue. 243.
aimant(m) permanent. 387.
aine(f). 114.
air(m) calme. 61.
air(m) chaud. 669.
air(m) comprimé. 639.
air(m) de refroidissement. 458.
air(m) frais. 669.
aire(f) de repos. 457.
aire(f) de stationnement. 452.
aire(f) de trafic. 452.
airelle(f). 74.
ais(m). 514.
ais(m) ferré. 514.
aisselier(m). 190.
aisselle(f). 114.
aisselle(f) de la feuille. 69.
akène(m). 74, 78.
albumen(m). 97.
albumen(m) farineux. 79.
alcool(m) à 90°. 629.
alidade(f). 443, 614.
aligner horizontalement. 362.
aligner verticalement. 362.
alimentation(f) jackpot. 595.
alinéa. 362.
allée(f). 188, 247, 585.
allée(f) d'entraînement. 585.
allemand(m). 355.
alliage(m) de magnésium. 322.
allumette(f) de sûreté. 345.
allumeur(m). 405.

allures(f). 553.
aloyau(m). 148.
alphabet(m). 386.
alphabet(m). 145.
alphabet(m) Braille. 356.
alphabet(m) des sourds-muets. 357.
alphabet(m) phonétique international. 358.
alpinisme(m). 588, 589.
alpiniste(m). 589.
altérations(f). 476.
alternateur(m). 405, 418, 655, 656, 661, 664.
altimètre(m). 555, 556.
alto-cumulus(m). 52.
alto(m). 477, 490.
alto-stratus(m). 52.
altos(m). 493.
alule(f). 96.
alvéole(f) de plaque. 406.
alvéole(m). 587.
alvéole(m) à couvain. 107.
alvéole(m) à miel. 107.
alvéole(m) à pollen. 107.
alvéole(m) operculé. 107.
amande(f). 75, 78.
amanite(f) tue-mouches. 73.
amanite(f) vireuse. 73.
ambleur(m) sous harnais. 568.
âme(f). 422, 478, 521, 601, 695.
Amérique centrale. 49.
Amérique du Nord. 49.
Amérique du Sud. 49.
ameublement(m) de la maison. 207.
amorce(f). 371, 696, 700, 702.
amortisseur(m). 181, 338, 408, 610.
amortisseur(m) arrière réglable. 409.
amortisseur(m) de direction. 410.
ampèremètre(m). 410.
amplificateur(m). 379.
amplificateur(m). 389.
ampoule(f). 284, 376.
ampoule(f) de la trompe utérine. 117.
ampoule(f) de verre. 606.
amygdale(f) linguale. 134.
amygdale(f) palatine. 134.
analyseur(m) couleur. 375.
ananas(m). 80.
anche(f). 482.
anche(f) double. 483, 488.
anche(f) simple. 483.
anches(f). 483.
anconé(m). 119.
ancrage(m) des haubans. 416.
ancre(f). 447.
ancre(f). 605, 607.
ancre(f) à champignon. 447.
ancre(f) à jas. 447.
ancre(f) à pattes articulées. 447.
ancre(f) charrue. 447.
ancre(f) de marine. 447.

Les termes en **caractères gras** renvoient à une illustration; les termes en *italique* indiquent l'usage français.

815

ancre(f) flottante. 447.
ancre(f) sans jas. 447.
ancres(f), types(m) d'. 447.
andouiller de massacre(m). 89.
Andromède. 40.
anémomètre(m). 63, 556.
aneth(m). 143.
Anfrom(m). 154.
anglais(m). 355.
Anik. 393.
anis(m) étoilé. 79.
anneau-grenadière(m). 699.
anneau(m). 73, 218, 238, 325, 337, 338, 535, 573, 580, 588, 608, 696.
anneau(m) brisé. 581.
anneau(m) catadioptrique. 446.
anneau(m) d'étanchéité en cire. 268.
anneau(m) de canon. 699.
anneau(m) de départ. 580.
anneau(m) de réglage. 260.
anneau(m) de retenue. 398.
anneau(m) de suspension. 340, 703.
anneau(m) de tête. 580.
anneau(m) de tête amovible. 42.
anneau(m) dioptrique. 446.
anneau(m) du cliquet. 260.
anneaux(m). 573.
anneaux(m). 145.
annelet(m). 170.
anode(f). 273, 620.
anorak(m). 561.
anse(f). 236, 580, 694.
anse(f) de panier. 172.
Antarctique. 49.
antéfixe(f). 171.
antenne(f). 100, 103, 106, 397, 448, 536, 581.
antenne(f) à bande TT-C. 393.
antenne(f) d'émission. 65.
antenne(f) d'enregistrement. 65.
antenne(f) d'interrogation. 65.
antenne(f) de codage. 65.
antenne(f) de commande. 65.
antenne(f) de localisation. 65.
antenne(f) de télécommande. 393.
antenne(f) de télémesure. 393.
antenne(f) parabolique. 394.
antenne(f) radar. 438.
antenne(f) radio. 438, 458.
antenne(f) SHF. 393.
antenne(f) SHF de la balise. 393.
antenne(f) télescopique. 392.
antenne(f) UHF-IFF. 705.
antenne(f) VHF. 449.
antennule(f). 103.
anthélix(m). 132.
anthère(f). 72.
anticheminant(m). 422.
anticlinal(m). 640.
anticyclone(m). 62.
antitragus(m). 132.
antivol(m). 410.
anus(m). 99, 102, 116, 117, 127.
aorte dorsale(f). 99.
aorte(f). 126.
aorte(f) abdominale. 125, 128.
aorte(f) ascendante. 124.
aorte(f) descendante. 124.
aorte(f) ventrale. 99.
apex(m). 101, 104, 123, 134.
apophyse(f) épineuse. 121.
apophyse(f) transverse. 121.
apostrophe(f). 357, 363.
appareil-éclair(m). 372.
appareil(m) à télémètre couplé. 369.
appareil(m) à visée reflex mono-objectif. 368.
appareil(m) de Golgi. 113.
appareil(m) de pointage. 697.
appareil(m) de presse. 369.
appareil(m) digestif. 127.
appareil(m) mini-format. 369.

appareil(m) petit-format. 369.
appareil(m) pliant. 369.
appareil(m) pour photodisque. 369.
appareil(m) reflex 6 X 6 mono-objectif. 369.
appareil(m) reflex à deux objectifs. 369.
appareil(m) respiratoire. 126.
appareil(m) respiratoire. 676.
appareil(m) respiratoire à oxygène. 322.
appareil(m) stéréoscopique. 369.
appareil(m) urinaire. 128.
appareils(m) de navigation. 442, 443.
appareils(m) de vision. 617.
appareils(m) électroménagers. 235, 236, 237, 238, 239, 240, 241, 242, 243, 244.
appareils(m) photographiques. 369.
appartement(m) de luxe. 433.
appartement(m) du commandant. 433.
appartenance(f). 723.
appel(m). 360.
appendice(m) nasal. 108.
appendice(m) vermiculaire. 127.
applicateur-mousse(m). 332.
applique(f). 220.
applique(f). 270.
applique(f) du robinet. 270.
applique(f) orientable. 220.
appoggiature(f). 476.
appui-feuilles(m). 386.
appui-flèche(m). 691.
appui(m). 574.
appui-pied(m). 519.
appui-pieds(m). 544.
appui-pouce(m). 243.
appui-tête(m). 400, 421.
aquastat(m). 204.
arabe(m). 355.
arachide(f). 78.
arbalète(f). 691.
arbalétrier(m). 190.
arbitre(m). 528, 531, 532, 533, 535, 536, 537, 542, 543, 545, 546, 578, 579.
arbitre(m) de champ. 539.
arbitre(m) de ligne de but. 539.
arbitre(m) en chef. 525, 528.
arborisation(f) terminale. 135.
arbre(m). 71.
arbre(m). 236, 433, 607, 611, 615, 655, 656, 657, 671.
arbre(m), structure(f) d'un. 71.
arbre(m) à cames. 405, 517.
arbre(m) à cardan. 162.
arbre(m) cannelé. 398.
arbre(m) de couche. 434.
arbre(m) de mise à feu. 698.
arbre(m) de Noël. 641.
arbre(m) de Noël. 644.
arbre(m) de rotor. 450.
arbre(m) de roue principal. 182.
arbre(m) de transmission. 455.
arbre(m) porte-hélice. 450.
arbre(m) turbine-compresseur. 450.
arbrier(m). 691.
arbuste(m). 247.
arc-boutant(m). 174, 175.
arc-doubleau(m). 175.
arc-formeret(m). 175.
arc(m). 175.
arc(m) à deux articulations. 415.
arc(m) à trois articulations. 415.
arc(m) branchial inférieur. 98.
arc(m) branchial supérieur. 98.
arc(m) de cercle. 532, 571.
arc(m) de l'aorte. 124.
arc(m) diagonal. 175.
arc(m) électrique. 281.
arc(m) en plein cintre. 172.
arc(m) encastré. 415.
arc(m) métallique à treillis. 415.

arc(m) moderne. 691.
arcade(f). 174, 567.
arcade(f) dentaire inférieure. 134.
arcade(f) dentaire supérieure. 134.
arcade(f) sourcilière. 122.
arcade(f) zygomatique. 122.
arceau(m). 247.
arche(f). 42, 415.
arche(f) naturelle. 51.
archet(m). 478.
architecture(f). 167.
architrave(f). 170.
archivolte(f). 175.
arçon(m). 573.
Arctique. 49.
ardillon(m). 294, 349, 502, 581.
aréole(f). 117.
arête(f). 170, 304, 564.
arête(f) d'ancrage. 678.
arête(f) neurale. 99.
arête(f) supérieure. 543.
argent(m). 710.
armature(f). 280, 313, 347, 446.
armature(f) d'interconnexion. 65.
armature(f) de la clé. 476.
arménien(m). 355.
armes(f). 687.
armes(f), escrime(f). 577.
armes(f) de chasse. 702.
armes(f) de l'âge de pierre. 689.
armet(m). 690.
armet(m). 690.
armoire(f). 215.
armoire(f) à papeterie. 465.
armoire(f) de contrôle. 181.
armoire(f) de séchage. 375.
armoire(f) de toilette. 269.
armoire(f) de traitement intérieur. 204.
armoire-penderie(f). 216.
armoire-vestiaire(f). 465.
armure(f). 690.
armures(f) de base. 511.
arpège(m). 476.
arquebuse(f). 696.
arrache-bottes(m). 320.
arraché(m) à deux bras. 575.
arrangements(m) des parquets. 196.
arrêt-court(m). 525.
arrêt(m). 381, 382, 388.
arrêt(m) à l'intersection. 715.
arrêt(m) d'autobus. 178.
arrêt(m) de cuirasse. 690.
arrêt(m) de plateau. 609.
arrêt(m) interdit. 717.
arrêt(m) limité. 717.
arrêtoir(m). 703.
arrêtoir(m) de chargeur. 699, 703.
arrière. 548.
arrière-champ(m). 525.
arrière-grand-mère(m). 139.
arrière-grand-père(m). 139.
arrière(m). 528, 529, 531.
arrière(m) central. 532.
arrière(m) centre. 536.
arrière(m) court. 537.
arrière(m) droit. 532, 535, 536, 539.
arrière(m) du court. 541.
arrière(m) gauche. 532, 535, 536, 539.
arrière-petit-fils(m). 139.
arrière-petite-fille(f). 139.
arrivée(f). 566.
arrivée(f) d'eau chaude. 272.
arrivée(f) d'oxygène. 458.
arrivée(f) du mazout. 205.
arrondie. 70.
arrondisseur(m). 501.
arroseur(m) oscillant. 250.
arroseur(m) rotatif. 250.
arrosoir(m). 250.
artère(f) axillaire. 125.

artère(f) brachiale. 125.
artère(f) carotide primitive. 125.
artère(f) cubitale. 125.
artère(f) fémorale. 125.
artère(f) hépatique commune. 125.
artère(f) iliaque. 124.
artère(f) iliaque commune. 125, 128.
artère(f) iliaque externe. 125.
artère(f) iliaque interne. 125, 128.
artère(f) mésentérique inférieure. 128.
artère(f) mésentérique supérieure. 125, 128.
artère(f) pulmonaire. 124, 125, 126.
artère(f) radiale. 125.
artère(f) rénale. 125, 128.
artère(f) sous-clavière. 125.
artère(f) splénique. 125.
artères(f), principales. 125.
artichaut(m). 81.
articles(m) de bureau. 461, 462, 463, 464.
articles(m) de maroquinerie. 350, 351.
articles(m) du fumeur. 344, 345.
articles(m) perdus et retrouvés. 720.
articulation(f). 398, 581.
As(m). 592.
ascenseur(m). 181.
ascenseur(m). 719.
ascension(f) droite. 35.
ascot(f). 295.
Asie. 49.
asperge(f). 85.
asphalte(m). 649.
aspirateur(m). 655, 657.
aspirateur-traîneau(m). 244.
aspirine(f). 629.
assiette(f) à pain/beurre. 223.
assiette(f) à salade. 223.
assiette(f) creuse. 223.
assiette(f) plate. 223, 599.
assistant(m) du chronométreur. 545.
astérisque(m). 357.
astéroïdes(m). 36.
asthénosphère(f). 47.
astragale(m) de base. 694.
astragale(m) de bouche. 694.
astragale(m) de volée. 694.
astragale(m) du champ de lumière. 694.
astragale(m) du premier renfort. 694.
astragale(m) du second renfort. 694.
astronomie(f). 33.
atelier(m). 189, 648.
atelier(m) de réparation. 401.
atelier(m) diesel. 424.
Atelier(m) du Sculpteur. 41.
athlétisme(m). 570, 571, 572.
atlas(m). 121.
atmosphère(f). 47.
atmosphère(f) terrestre, coupe(f) de l'. 47.
âtre(m). 200.
atrium(m). 173.
attache(f). 346, 486.
attache(f) de pavillon. 483.
attaches(f). 502.
attaches(f) parisiennes. 461.
attaquant(m). 578.
attaque(f). 528, 529.
attention, passage(m) pour piétons. 718.
attention, plancher(m) glissant. 718.
atterrisseur(m) principal. 705.
attrape(f). 480.
aubage(m) directeur d'entrée. 450.
aube(f). 450, 656, 657.
aube(f) fixe. 450.

Les termes en **caractères gras** renvoient à une illustration; les termes en *italique* indiquent l'usage français.

aube(f) mobile. 450.
aubergine(f). 81.
aubier(m). 71.
auget(m). 657.
augmenter le blanc. 362.
auriculaire(m). 95.
aurore(f) polaire. 47.
Australie. 49.
Autel. 41.
autocuiseur(m). 232.
automne(m). 35.
automobile(f). 397, 398, 399, 400.
autoréfrigération(f), système(m) d'. 644.
autoroute(f). 717.
auvent(m). 397, 587, 596, 682.
avaloir(m). 200.
avance(f) rapide. 381, 382, 388.
avançon(f). 581.
avant. 548.
avant-aile(m). 531.
avant-bras(m). 115.
avant-centre(f). 539.
avant-champ(m). 525.
avant-directrice(f). 656, 657.
avant-distributeur(m). 656, 657.
avant(m). 147, 151, 531.
avant(m) centre. 532, 536.
avant(m) court. 537.
avant(m) droit. 535, 536.
avant(m) du court. 541.
avant(m) gauche. 535, 536.
avant-scène(f). 180.
averse(f) de grêle. 60.
averse(f) de neige. 60.
averse(f) de pluie. 60.
avertisseur(f) sonore. 418.
avion(m) de combat. 705.
avion(m) long-courrier. 448.
avocat(m). 80.
axe(m). 266, 380, 501, 519.
axe(m) central. 672.
axe(m) d'articulation du godet. 679.
axe(m) d'attelage. 419.
axe(m) de déclinaison. 42.
axe(m) de lacet. 393.
axe(m) de roulis. 393.
axe(m) de tangage. 393.
axe(m) de torsion. 616.
axe(m) du moteur. 380.
axe(m) du pédalier. 412.
axe(m) est-ouest. 43.
axe(m) horaire. 42.
axe(m) optique. 43.
axis(m). 121.
axone(m). 135.
azote(m). 284.
azur(m). 710.

B

bœuf(m). 152.
bâbord(m) amures. 553.
bac(m). 280.
bac(m) à boue. 640.
bac(m) à légumes. 239.
bac(m) à plante. 247.
bac(m) à viande. 239.
bac(m) d'appel. 570.
bac(m) de dégivrage. 239.
bâche(f) du dégazeur. 661.
bâche(f) spirale. 655, 656, 657.
badine(f). 346.
badminton(m). 542.
bagages(m). 347.
bague(f). 344, 484, 586, 693.
bague(f) à treillis. 271.
bague(f) de blocage. 258.
bague(f) de correction dioptrique. 621.
bague(f) de fiançailles. 325.
bague(f) de finissant. 325.
bague(f) de fond. 271.
bague(f) de mise au point. 384.

bague(f) de mise au point de la lunette. 614.
bague(f) de réglage. 370.
bague(f) de réglage de mise au point. 383.
bague(f) de serrage. 374, 483.
bague(f) de serrage de la cartouche. 271.
bague(f) de siège d'obturateur. 271.
bague(f) filetée. 588.
bague(f) inférieure de blocage de la sphère. 64.
bague(f) métallique. 201.
bague(f) porte-oculaire. 623.
bague(f) supérieure de blocage de la sphère. 64.
bagues(f). 325.
bagues(f). 145.
baguette(f). 299, 478, 696.
baguette(f) d'apport. 282.
baguette(f) d'écartement. 509.
baguette(f) d'encroix. 508, 509.
baguette(f) de flanc. 397.
baguette(f) de plomb. 521.
baguette(f) épi. 146.
baguette(f) parisienne. 146.
baguettes(f). 485.
baguettes(f). 233.
bahut(m). 465.
baie(f). 38, 596.
baie(f), coupe(f) d'une. 74.
baie(f) de contrôle. 391.
baie(f) vitrée. 533.
bales(f), principales variétés(f) de. 74.
baignoire(f). 269, 437.
bain(m) d'arrêt. 375.
bain(m) de fixation. 375.
bain(m) de révélateur. 375.
bain-marie(m). 232.
baïonnette(f) à douille. 693.
baïonnette(f) à manche. 693.
baïonnette(f) à poignée. 693.
baïonnette(f) incorporée. 693.
baïonnettes(f). 693.
bajoue(f). 150.
bajoyer(m). 440.
baladeur(m) à roues dentées. 412.
baladeuse(f). 221.
balai(m). 201.
balai(m) à feuilles. 248.
balai(m) d'essuie-glace. 398.
balai(m) de curling. 544.
balai(m) pointe en bas. 446.
balai(m) pointe en haut. 446.
balais(m) métalliques. 485.
balalaïka(f). 487.
Balance(f). 41, 712.
balance(f) à fléau. 608.
balance(f) automatique. 610.
balance(f) de cuisine. 229.
balance(f) de précision. 609.
balance(f) de Roberval. 609.
balance(f) électronique. 610.
balance(f) romaine. 608.
balancier(m). 605, 680.
balancine(f). 430.
balayeur(m). 544.
balcon (m), second. 179.
balcon(m). 179, 188.
balcon(m) de veille. 445.
balconnet(m). 239.
Baleine(f). 40, 41, 313, 346.
baleine(f) de col. 295.
baleinière(f). 432.
balisage(m), système(m) cardinal. 445.
balisage(m), système(m) latéral de. 446.
ballast(m). 422.
balle(f). 526, 587.
balle(f). 543, 696, 702.
balle(f), coupe(f) d'une. 587.
balle(f) de racquetball. 541.
balle(f) de squash. 540.

balle(f) de tennis. 538.
ballerine(f). 321.
ballerine(f). 319.
ballon(m). 531.
ballon(m). 234, 545.
ballon(m) de basket. 535.
ballon(m) de football. 530, 532.
ballon(m) de hand-ball. 539.
ballon(m) de volley-ball. 536.
ballon-sonde(m). 47, 63.
baluchon(m). 349.
balustrade(f). 182, 188.
bambous(m). 593.
banane(f). 80.
banc(m). 212, 428.
banc(m) d'équipe. 545.
banc(m) de sable. 51.
banc(m) des joueurs. 525, 533, 535, 536.
banc(m) des pénalités. 533.
banc(m) des remplaçants. 539.
bandage(m). 579.
bandage(m). 586.
bandage(m) de gaze. 575.
bandage(m) de roue caoutchoutée. 684.
bande(f). 533, 583, 584.
bande(f) centrale. 594, 595.
bande(f) de filet. 537.
bande(f) de gaze. 629.
bande(f) de papier. 385.
bande(f) de ris. 431.
bande(f) de roulement. 407.
bande(f) de tissu élastique. 629.
bande(f) élastique. 294.
bande(f) horizontale. 536.
bande(f) télex. 386.
bande(f) ventilée. 702.
bande(f) verticale de côté. 536.
bandeau(m) lumineux. 220.
bandeau(m). 187, 200, 217.
bandelette(f) d'arrachage. 344.
banderole(f). 711.
bandes(f) horizontales. 444.
bandes(f) verticales. 444.
bandoulière(f). 346, 347, 349.
banjo(m). 487.
bannière(f). 711.
Banon(m). 155.
banquette(f). 212.
banquette(f) arrière. 400.
bar(m). 216, 433, 720.
barbacane(f). 177.
barbe(f). 85, 96.
barbette(f). 176.
barboteuse(f) de croissance. 315.
barbotin(m). 678, 704.
barbule(f). 61.
bardeau(m). 195.
bardeau(m) d'amiante. 195.
bardeau(m) d'asphalte. 195.
baren(m). 515.
barge(f). 645.
barge(f) de forage. 642.
barillet(m). 266.
barillet(m). 266, 623, 703.
barographe(m). 556.
baromètre(m) anéroïde. 612.
barrage(m). 651, 660.
barrage(m) à contreforts. 653.
barrage(m) en béton. 653.
barrage(m) en remblai. 652, 653.
barrage(m) mobile. 660.
barrage-poids(m). 653.
barrage-voûte(f). 653.
barrages(m), principaux types(m) de. 653.
barre(f). 90, 93, 218, 552, 554, 558, 566, 570, 575.
barre(f) à aiguille. 500.
barre(f) à lisse. 509.
barre(f) blindée. 655.
barre(f) cannelée. 218.
barre(f) collectrice neutre. 288.
barre(f) collectrice thermique. 288.

barre(f) d'acier. 573.
barre(f) d'attelage. 162, 698.
barre(f) d'écoute. 553.
barre(f) d'équilibre. 162.
barre(f) d'espacement. 467, 470, 631.
barre(f) d'étouffoir. 480.
barre(f) de bois. 573.
barre(f) de commande. 557.
barre(f) de contrôle de la réactivité. 662.
barre(f) de coupe. 165.
barre(f) de flèche. 552.
barre(f) de fraction. 386.
barre(f) de guidage. 429.
barre(f) de mesure. 476.
barre(f) de pied presseur. 500.
barre(f) de plongée. 547.
barre(f) de prise de courant. 429.
barre(f) de protection. 558.
barre(f) de repos des marteaux. 480.
barre(f) de reprise. 476.
barre(f) de retenue. 239.
barre(f) de saut. 571.
barre(f) de Spa. 566.
barre(f) de traction. 678.
barre(f) fixe. 573.
barre(f) horizontale. 531.
barre(f) inférieure. 574.
barre(f) lisse. 218.
barre(f) oblique. 357.
barre(f) supérieure. 574.
barre(f) transversale. 545.
barreau(m). 197, 213, 419.
barres(f) asymétriques. 574.
barres(f) de Spa. 565.
barres(f) parallèles. 573.
barres(f) sur l'eau. 566.
barrette(f). 343, 406.
barrette(f) de liaison. 372.
barrière(f). 565, 566.
bas-cuissarde(m). 311.
bas(m). 311.
bas(m) culotte. 311.
bas(m) d'épaule. 150.
bas(m) de cuisseau. 147.
bas(m) de gigot. 151.
bas(m) de table. 583.
bas(m) relevé. 294.
bas(m) résille. 311.
bas(m) rose. 321.
bas-mât(m). 430.
base(f). 42, 64, 134, 170, 260, 340, 411, 423, 573, 625, 675, 709.
base(f) d'une colonne. 170.
base(f) de dormant. 199.
base(f) de la vague. 51.
baseball(m). 525, 526.
basilic(m). 143.
basket-ball(m). 535.
basque(f). 313.
basse lisse. 508.
bassin(m). 92, 247, 545, 546, 660.
bassin(m) à flot. 441.
bassin(m) à marée. 441.
bassin(m) de décantation. 638, 648.
bassin(m) de plongeon. 548.
bassin(m) de radoub. 441.
bassin(m) de stockage. 668.
bassin(m) de traitement. 648.
bassinet(m). 128, 696.
basson(m). 483, 490, 491.
bassons(m). 493.
bastion(m). 176.
bateau-porte(m). 441.
bathyscaphe(m). 437.
bâti(m). 163, 508, 517.
bâtiment(m) administratif. 638, 648, 660.
bâtiment(m) de traitement de l'eau. 661.
bâtiment(m) du réacteur. 661, 663, 665.

Les termes en **caractères gras** renvoient à une illustration; les termes en *italique* indiquent l'usage français.

817

bâtiments(m). 161.
bâton(m). 526.
bâton(m). 526, 561.
bâton(m) de craie. 517.
bâton(m) de gardien de but. 534.
bâton(m) de joueur. 534.
bâton(m) de lumière. 340.
bâton(m) de manucure. 342.
bâton(m) de ski. 559.
bâtonnet(m) de colle. 461.
bâtons(m) de golf. 586.
bâtons(m) de golf, types(m) de. 586.
batraciens(m). 105.
battant(m). 199, 485, 508, 709.
batterie(f). 65, 491, 696.
batterie(f) d'accumulateurs. 406.
batterie(f) d'accumulateurs. 437.
batterie(f) de cuisine. 232, 233.
batteur(m). 165.
batteur(m) à main. 235.
batteur(m) sur socle. 235.
batteurs(m) à oeufs. 230.
baudrier(m). 589.
bavette(m). 149, 310, 316, 576.
bavette(f) garde-boue. 397, 402, 403.
bavoir(m). 315.
bavolet(m). 291.
bazooka(m). 700.
beau-fils(m). 139.
beau-père(m). 139.
Beaumont(m). 155.
beaux-parents(m). 139.
bec(m). 226, 270, 271, 447, 483, 504, 588.
bec(m) corné. 109.
bec(m) de bord d'attaque. 448.
bec(m) du robinet. 271.
bec(m) verseur. 243.
bec-verseur(m). 234.
bécarre(m). 476.
bêche(f). 248, 698.
bêche-tarière(f). 248.
becs(m), principaux types(m) de. 97.
beignet(m). 156.
Bélier(m). 40, 712.
belle-fille(f). 139.
belle-mère(f). 139.
bémol(m). 476.
bémol(m), double. 476.
benne(f). 682.
benne(f) basculante. 682.
benne(f) preneuse. 681.
béquille(f). 347, 402, 436.
béquille(f) canadienne. 630.
béquille(f) centrale. 409.
béquille(f) commune. 630.
béquille(f) d'avant-bras. 630.
béquille(f) latérale. 409.
béquilles(f). 630.
béquillon(m). 630.
berceau(m). 219, 387, 515, 698.
berceuse(f). 211.
béret(m). 314.
bergère(f). 210.
bergerie(f). 161.
berline(f). 398.
bermuda(m). 310.
berthe(f). 308.
bésicles(f) à pont élastique. 329.
béton(m) armé. 193.
béton(m) précontraint. 193.
bette(f). 82.
bette(f) à carde. 85.
betterave(f). 84.
beurrier(m). 223.
bezel(m). 327.
biais(m). 315, 502.
biceps(m) brachial. 118.
biceps(m) crural. 119.
bicyclette(f). 411, 412.
bidon(m). 411.
bief(m) amont. 440.
bief(m) d'amont. 651.

bief(m) d'aval. 651, 652, 655.
biellette(f) de commande de pas. 455.
bigorneau(m). 104.
bigoudi(m). 343.
bijouterie(f). 325, 326, 327.
bijoux(m). 325.
bilame(m). 611.
billard(m), matériel(m) de. 582.
billard(m), queue(f) de. 582.
billard(m) anglais. 584.
billard(m) français. 583.
billard(m) pool. 583.
bille(f). 367.
bille(f) blanche. 584.
bille(f) blanche mouchetée. 584.
bille(f) bleue. 584.
bille(f) brune. 584.
bille(f) creuse. 271.
bille(f) d'ivoire. 594.
bille(f) de choc. 583, 584.
bille(f) de visée blanche. 583.
bille(f) jaune. 584.
bille(f) noire. 584.
bille(f) rose. 584.
bille(f) rouge. 583, 584.
bille(f) verte. 584.
billes(f) numérotées. 583.
billetterie(f). 426.
binette(f). 248.
bineuse(f) rotative. 163.
binocle(m). 329.
biologie(f). 723.
bipied(m). 697, 701.
biscuit(m). 157.
biseau(m). 482.
bitte(f) d'amarrage. 440.
bitume(m). 650.
bitume(m), extraction. 650.
bitume(m) extraction. 650.
blague(f) à tabac. 345.
blaireau(m). 337.
blanc(m). 592, 593.
blanche(f). 475.
blanchiment(m). 722.
Blancs(m). 591.
blazer(m). 307.
bleu(m) de Bresse. 154.
bleuet(m). 74.
blindage(m) à billes d'acier. 662.
blindage(m) d'aspirateur. 657.
bloc-cylindres(m). 405.
bloc-éphéméride(m). 464.
bloc-essieu(m). 562.
bloc(m) chargeur. 337.
bloc(m) d'arrêt. 257.
bloc(m) d'épaule. 148.
bloc(m) d'équipement. 456.
bloc(m) de départ. 546.
bloc(m) en béton. 193.
bloc-moteur(m). 234, 235, 236.
bloc-notes(m). 351, 464.
bloc-tension(m). 500, 505.
bloc-tension(m). 499.
blocage(m) de l'inclinaison. 263.
blocage(m) de la colonne. 374.
blocage(m) de profondeur. 261.
blocage(m) du cordon de tirage. 219.
blocage(m) du fourreau. 261.
blocage(m) du guide. 262.
blocage(m) du pivot. 259.
blocage(m) du pivotement. 614.
blocage(m) vertical. 374.
blochet(m). 190.
bloqueur(m) droit. 528, 529.
bloqueur(m) gauche. 528, 529.
blouson(m) court. 301.
blouson(m) long. 301.
boa(m). 309.
bob(m). 314.
bobine(f). 387, 499, 506, 510.
bobine(f) captrice. 606.
bobine(f) de concentration. 620.
bobine(f) de courant. 615.

bobine(f) de l'électro-aimant de la sonnerie. 387.
bobine(f) de l'objectif. 620.
bobine(f) de tension. 615.
bobine(f) débitrice. 383, 466.
bobine(f) déviatrice. 620.
bobine(f) motrice. 606.
bobine(f) réceptrice. 368, 383, 466.
bobineur(m). 499.
bobinoir(m). 510.
bobsleigh(m). 564.
bocal(m). 483, 488.
boeuf(m). 148, 149.
boggie(m). 42.
bogie(m). 429.
bogie(m). 418, 421.
bois(m). 586.
bois(m). 194, 586.
bois(m), famille(f) des. 483.
bois(m) de bout. 265.
bois(m) de cerf. 89.
bois(m) de coeur. 71.
boisseau(m) d'embouchure. 484.
boîte-classeur(f). 462.
boîte(f) à canette. 500.
boîte(f) à confettis. 386.
boîte(f) à courrier. 462.
boîte(f) à gants. 399.
boîte(f) à lumière. 376.
boîte(f) à mouches. 582.
boîte(f) à rideaux lumineuse. 220.
boîte(f) d'allumettes. 345.
boîte(f) d'engrenage. 672.
boîte(f) d'essieu. 418.
boîte(f) de cigares. 344.
boîte(f) de culasse. 697, 699, 701.
boîte(f) de jonction. 423.
boîte(f) de nécessaire à chaussures. 320.
boîte(f) de service. 541.
boîte(f) de vitesses. 435, 436.
boîte(f) électrique. 285.
boîte(f) jackpot. 595.
boîtier(m). 206, 261, 337, 339, 340, 341, 368, 384, 387, 442, 492, 605, 611, 613.
boîtier(m) de batterie. 402, 406.
boîtier(m) de phare. 402.
boîtier(m) du moteur. 253.
boîtier(m) du ventilateur. 340.
bol(m). 235, 236.
bol(m) à raser. 337.
bol(m) à salade. 223.
bol(m) à soupe. 223.
bol(m) verseur. 236.
boléro(m). 307.
bols(m) à mélanger. 230.
bombarde(f). 488.
bombe(f). 565.
bombe(f) glacée. 157.
bôme(f). 552.
bonbout(m). 318.
bonde(f). 270.
bonnet(m). 561.
bonnet(m). 313, 314, 315.
bonnet(m) blanc. 545.
bonnet(m) bleu. 545.
bonnet(m) rouge. 545.
bonnette(f) anti-vent. 384.
bord-côte(m). 296, 297, 301, 315, 316, 317.
bord(m). 70, 298, 314, 430.
bord(m) antérieur. 101.
bord(m) crénelé. 109.
bord(m) d'attaque. 448, 556, 557.
bord(m) de fuite. 448, 556, 557.
bord(m) de pli. 304, 308.
bord(m) du manteau. 102.
bord(m) externe. 101.
bord(m) interne. 101.
bord(m) libre. 137.
bord(m) postérieur. 101.
bord(m) tranchant. 678.
bordure(f). 551.
bordure(f) blanche. 543.

bordure(f) d'allée. 247.
bordure(f) de quai. 427, 428.
bordure(f) de trottoir. 413.
borne(f). 544.
borne(f). 238, 285, 406, 659.
borne(f) d'appel. 178.
borne(f) de gonflage. 401.
borne(f) de terre. 277.
borne(f) négative. 406.
borne(f) positive. 406.
bossoir(m). 430.
botte(f). 85, 565.
botte(f) de couronne. 568.
botte(f) de genou. 568.
botte(f) de saut. 555.
botte(f) de tendon. 568.
botte(f) lunaire. 458.
bottillon(m). 550.
bottine(f). 575.
bouche(f). 134.
bouche(f). 102, 104, 105, 114, 482, 694, 697, 702.
bouche(f) à feu. 694, 695.
bouche(f) à induction. 202.
bouche(f) d'air. 399.
bouche(f) d'extraction. 202.
bouche(f) de métro. 178.
bouche(f) de soufflage. 202.
bouchon(m). 663.
bouchon(m) à évents. 406.
bouchon(m) d'air. 280.
bouchon(m) d'objectif. 370.
bouchon(m) de chargement. 696.
bouchon(m) de dégorgement. 270.
bouchon(m) de fermeture. 696.
bouchon(m) de filtre. 271.
bouchon(m) de radiateur. 406.
bouchon(m) de remplissage. 410.
bouchon(m) de remplissage d'huile. 405.
bouchon(m) de vidange. 267.
bouchon(m) de vidange d'huile. 405.
bouchon(m) du réservoir d'huile. 410.
bouchon(m) femelle. 275.
bouchon(m) femelle à visser. 275.
bouchon(m) fileté. 271.
bouchon(m) mâle sans bourrelet. 275.
bouchon-mesure(m). 235.
boucle(f). 502.
boucle(f). 291, 294, 349, 400, 502, 560.
boucle(f) d'oreille à pince. 325.
boucle(f) d'oreille à tige. 325.
boucle(f) d'oreille à vis. 325.
boucle(f) de ceinture. 294.
boucle(f) de piquet. 597.
boucle(f) de réglage. 219.
boucles(f). 145.
bouclettes(f). 145.
bouclier(m). 397, 534, 689.
bouclier(m) axial. 661, 662.
bouclier(m) principal. 698.
bouclier(m) thermique. 457.
boudin(m). 330.
bouée(f) à cloche. 444.
bouée(f) à plan focal élevé. 444.
bouée(f) à sifflet. 444.
bouée(f) conique. 444.
bouée(f) de sauvetage. 436.
bouée(f) de sécurité. 550.
bouée(f) Espar. 444.
bouée(f) tonne. 444.
bouées(f). 444.
boues(f). 277.
bougie(f) d'allumage. 406.
bougie(f) d'allumage. 253.
bouilloire(f). 243.
boule(f). 590.
boule(f) à thé. 231.
boulet(m). 91, 695.
boulets(m) enchaînés. 695.
boulets(m) ramés. 695.
bouler(m). 590.

Les termes en **caractères gras** renvoient à une illustration; les termes en *italique* indiquent l'usage français.

boulon(m). 264.
boulon(m). 259, 544.
boulon(m) à ailettes. 264.
boulon(m) à épaulement. 264.
boulon(m) à gaine d'expansion. 264.
boulon(m) ajusté d'accouplement. 657.
boulon(m) d'éclisse. 422.
bourdalou(m). 298.
bourdon(m). 488.
bourgeon(m). 83.
bourgeon(m) axillaire. 69, 70.
bourgeon(m) terminal. 69.
bourrache(f). 143.
bourre(f). 695, 702.
bourre-pipe(f). 345.
bourrelet(m). 93, 407, 694.
bourriquet(m). 517.
Boursault(m). 154.
bourse(f) à monnaie. 351.
boursette(f). 482.
Boussole(f). 41, 550.
boussole(f) magnétique. 625.
bout-filtre(m). 344.
bout(m). 224, 581.
bout(m) d'aile. 556, 557.
bout(m) de côtes. 148, 150.
bout(m) de poitrine. 149.
bout(m) du filet. 150.
bout(m) fleuri. 318.
boutefeu(m). 695.
bouteille(f) d'acétylène. 281.
bouteille(f) d'air comprimé. 550, 676.
bouteille(f) d'oxygène. 281.
bouteille(f) isolante. 600.
bouteur(m). 678.
bouteur(m). 635.
boutine(f). 319.
boutique(f). 173.
boutique(f) hors taxe. 454.
boutique(m) hors taxe. 720.
bouton-guide(m). 263.
bouton(m). 209, 266, 284, 295, 477, 478, 489, 577.
bouton(m) à tige. 502.
bouton(m) d'ajustage du guide. 262.
bouton(m) d'arrêt. 253, 492.
bouton(m) d'attaque. 495.
bouton(m) d'échappement. 480.
bouton(m) d'éjection. 381.
bouton(m) d'enregistrement. 383.
bouton(m) d'entraînement. 505.
bouton(m) d'interligne variable. 467.
bouton(m) de blocage. 613, 614.
bouton(m) de clé. 483.
bouton(m) de combinaisons. 481.
bouton(m) de commande. 238, 471, 520.
bouton(m) de commande de cadrage. 383.
bouton(m) de commande de la course verticale. 376.
bouton(m) de commande du chariot. 619.
bouton(m) de culasse. 694.
bouton(m) de la bobine réceptrice. 466.
bouton(m) de manoeuvre à friction. 613.
bouton(m) de mise au point. 376, 377, 383.
bouton(m) de nettoyage. 337.
bouton(m) de piston. 484.
bouton(m) de registre. 481, 482.
bouton(m) de réglage. 257, 442.
bouton(m) de réglage du micromètre optique. 614.
bouton(m) de réglage du mouvement lent. 623.
bouton(m) de remboursement. 388.
bouton(m) de remise à zéro. 381.

bouton(m) de sélection de vitesse. 505.
bouton(m) de tension. 505.
bouton(m) de vapeur. 243.
bouton(m) de vaporisation. 243.
bouton(m) de verrou. 693.
bouton(m) de verrouillage. 400.
bouton(m) déclencheur. 368, 371.
bouton(m) extérieur. 266.
bouton(m) floral. 69.
bouton(m) marche/arrêt. 392.
bouton(m) moleté. 280, 442, 506, 623.
bouton-poussoir(m). 367, 377, 471.
bouton-poussoir(m) à impulsion. 235.
bouton-pression(m). 502.
bouton-pression(m). 299, 348, 351.
boutonnage(m), double. 291, 301.
boutonnage(m) sous patte. 300.
boutonnière(f). 291, 294, 295, 296.
boutons(m) à trous. 502.
Bouvier(m). 40.
boxe(f). 579.
boxeur(m). 579.
bracelet(m). 306, 530.
bracelet(m) tubulaire. 325.
bracelets(m). 325.
brachial(m) antérieur. 118.
braconnière(f). 690.
bractée(f). 78.
brague(f) d'affût. 694.
braguette(f). 294, 297.
brancard(m). 568, 682.
branche(f). 328.
branche(f). 85, 93, 259, 338, 501, 567, 606.
branche(f) d'embouchure. 484.
branche(f) inférieure. 691.
branche(f) maîtresse. 71.
branche(f) supérieure. 691.
branche(f) télescopique. 374.
branchement(m). 272.
branchement(m) aérien. 659.
branchement(m) d'appareil. 268.
branchement(m) de l'abonné. 659.
branchement(m) du distributeur. 659.
branchement(m) pluvial. 413.
branchicténie(f). 98.
branchies(f). 98.
branchies(f). 99, 102.
branchies(f) externes. 105.
brandebourg(m). 292, 308, 321.
bras(m). 91, 115, 221, 431, 447, 499, 595, 631, 671, 679, 681.
bras(m) d'essuie-glace. 398.
bras(m) de fourche. 684.
bras(m) de lecture. 380.
bras(m) de levage. 679.
bras(m) de plaquette. 328.
bras(m) du longeron. 678.
bras(m) gicleur. 242.
bras(m) gradué. 608.
bras(m) spiraux. 9.
bras(m) télécommandé. 457.
brassard(m). 530, 534, 690.
brassard(m) pneumatique. 612.
brasse(f). 547.
brassière(f). 315.
brassière(f). 316.
break(m). 398.
brèche(f). 593.
brelan(m). 592.
breloques(f). 325.
bretèche(f). 177.
bretelle(f). 313, 424, 452, 699, 700, 701.
bretelle(f) boutonnée. 316.
bretelle(f) pour botte de genou. 568.
bretelle(f) réglable à pressions. 316.
bretelles(f). 294.
Brick(m). 154, 432.
bricolage(m). 255.

bride(f). 567.
bride(f). 218, 314, 351, 502, 568.
bride(f) de fixation. 622, 623.
bride(f) de raccord. 218.
bride(f) de suspension. 296.
bride(f) métallique. 268.
Brie(m). 155.
brigantin(m). 432.
brigantine(f). 431.
brioche(f). 156.
brique(f). 193.
brique(f) réfractaire. 205, 520.
briquet(m). 283.
briquet(m) à gaz. 344.
brise-chute(m). 578.
brise-lame(m). 692.
brise-lames(m). 646.
broche(f). 509.
broche(f). 284, 285, 325.
broche(f) à glace. 589.
broche(f) à vis. 588.
broche(f) porte-bobine. 499.
brocoli(m). 81.
brodequin(m). 320.
broderie(f). 507.
bronche(f) droite. 126.
bronche(f) gauche. 126.
bronchiole(f) terminale. 126.
brosse-araignée(f). 338.
brosse(f). 79, 339.
brosse(f) à dents. 339.
brosse(f) à épousseter. 244.
brosse(f) à fard-cils. 333.
brosse(f) à friser. 341.
brosse(f) à légumes. 231.
brosse(f) à ongles. 342.
brosse(f) à planchers. 244.
brosse(f) à pollen. 106.
brosse(f) anglaise. 338.
brosse(f) de nettoyage. 337.
brosse(f) de point ramassé. 506.
brosse(f) de tissage. 506.
brosse(f) pneumatique. 338.
brosse(f) ronde. 338.
brosse-peigne(f) pour cils et sourcils. 333.
brosses(f) à cheveux. 338.
brou(m). 78.
brouette(f). 251.
brouillard(m). 60.
broyeur(m) d'évier. 270.
brucelles(f). 343.
bruine(f) continue. 60.
bruine(f) intermittente. 60.
brûleur(m) à mazout. 205.
brûleur(m) bec plat. 281.
brûleur(m) flamme crayon. 281.
brume(f). 60.
brunissoir(m). 515.
buanderie(f). 189.
buccin(m). 104.
bûchette(f). 292.
buffet(m). 216.
buffet-vaisselier(m). 216.
bulbe(m), coupe(f) d'un. 83.
bulbe(m) d'étrave. 623.
bulbe(m) olfactif. 99, 133.
bulbe(m) rachidien. 130.
bulletin(m) de bagages. 426.
bureau(m) de change. 426.
bureau(m) de direction. 465.
bureau(m) de poste. 720.
bureau(m) de renseignements. 426.
bureau(m) de réservation de chambres d'hôtel. 454.
bureau(m) des douanes. 441.
bureau(m) du changeur. 428.
bureau(m) secrétaire. 465.
burin(m). 516.
buse(f). 201, 282, 339, 340, 641.
buse(f) à fluide. 280.
buse(f) d'arrivée d'eau. 240.
buse(f) d'éjection. 450.
bustier(m). 313.

but(m). 545.
but(m). 525, 527, 531, 532, 533, 539, 545.
butane(m), accessoires(m). 599.
butanier(m). 645.
butée(f). 387, 415, 502, 559, 560, 701.
butée(f) de porte. 239, 419.
butée(f) talonnière. 631.
butoir(m). 218, 397, 424, 571.
butte(f). 55, 425.

C

cæcum(m). 127.
cœur(m). 124.
cœur(m). 76, 99.
caban(m). 301.
cabestan(m). 439.
cabine(f). 181, 434, 448, 455, 558, 678, 679, 680, 681, 682, 684.
cabine(f) classe touriste. 433.
cabine(f) de commande. 683.
cabine(f) de conduite. 418.
cabine(f) de l'opérateur. 675.
cabine(f) de pilotage. 556.
cabine(f) de pilotage. 435.
cabine(f) de projection. 43.
cabine(f) des passagers. 435, 436.
cabine(f) sphérique. 437.
cabine(f) téléphonique. 178.
cabinet(m) de toilette. 421.
cabinet(m) de travail. 189.
câble de masse. 281.
câble(m). 601.
câble(m). 261, 322, 442, 560, 572, 573, 601.
câble(m) d'acier. 588.
câble(m) d'alimentation de 240 V. 288.
câble(m) d'alimentation de l'électrode. 281.
câble(m) d'amenée du courant. 204.
câble(m) de basculement. 675.
câble(m) de bougie. 405.
câble(m) de commande. 412, 555.
câble(m) de frein. 411.
câble(m) de garde. 658.
câble(m) de haubanage. 573.
câble(m) de levage. 675, 683.
câble(m) de mise à terre. 380.
câble(m) de raccordement. 378, 380, 471.
câble(m) de synchronisation. 372.
câble(m) de téléphone. 322.
câble(m) de traction. 287, 675.
câble(m) électrique. 273, 413.
câble(m) haute tension. 620.
câble(m) porteur. 416.
câble(m) synchro. 373.
câble(m) téléphonique. 413.
câble(m) tracteur. 558.
câbles(m) de compensation. 181.
câbles(m) de suspension. 181.
câbles(m) pendentifs. 181.
cabriolet(m). 398.
cabriolet(m). 210.
cacatois(m), petit. 431.
cacatois(m) avant, grand. 431.
cache-coeur(m). 305.
cache-flammes(m). 699, 701.
cache-oreilles(m) abattant. 298.
cactus(m). 55.
cadenas(m). 347, 412.
cadence(f) des images. 372.
cadet(m). 585.
cadran(m). 379, 387, 605, 606, 607, 609, 611, 612, 613, 615, 625.
cadran(m) d'appel. 386.
cadran(m) de densité. 506.
cadran(m) de sélection des températures. 243.

Les termes en **caractères gras** renvoient à une illustration; les termes en *italique* indiquent l'usage français.

819

cadran(m) des phases de la Lune. 607.
cadran(m) en éventail. 610.
cadran(m) gradué. 610, 612.
cadran(m) solaire. 606.
cadre-cache(m). 377.
cadre(m). 107, 347, 350, 409, 479, 488, 538, 540, 563, 574, 584, 671.
cadre(m) de marche. 630.
caecum pylorique(m). 99.
cafe(f) de scène. 180.
café(m). 178.
cafetière(f). 599.
cafetière(f) à infusion. 234.
cafetière(f) à piston. 234.
cafetière(f) espresso. 234.
cafetière(f) goutte-à-goutte. 234.
cafetière(f) napolitaine. 234.
cafetières(f). 234.
cage(f). 570.
cage(f) d'escalier. 189.
cage(f) vitrée. 609.
cagoule(f). 314, 550, 589.
cahier(m). 512.
caïeu(m). 83.
caisse(f). 486, 607.
caisse(f) blindée. 595.
caisse(f) claire. 486.
caisse(f) claire. 491, 493.
caisse(f) cylindrique. 612.
caisse(f) de résonance. 478, 487.
caisse(f) du piano. 479.
caisse(f) pleine. 494.
caisse(f) roulante. 486.
caisse(f) roulante. 491.
caisse(f) triangulaire. 487.
caisson(m). 219, 555.
caisson(m) de voilure. 705.
cake(m). 157.
cal(m). 101.
calame(m). 367.
calamus(m). 96.
calandre(m). 397, 662, 663, 664.
calandre(f), tube(m) de. 662.
calcanéum(m). 92, 121.
calculateur(m). 372.
calculatrice(f). 351.
cale(f). 453, 694.
cale(f) à conteneurs. 434.
cale-pied(m). 411.
caleçon(m). 297.
caleçon(m) de bain. 545.
caleçon(m) long. 297.
calendrier-mémorandum(m). 464.
calibreur(m). 599.
calice(m). 72, 74, 76, 79, 128.
calicule(m). 74.
Callisto. 36.
caloporteur(m). 664.
calot(m). 298.
calotte(f). 95, 298, 314, 671.
calotte(f) diffusante. 372.
calotte(f) glaciaire. 59.
cambium. 71.
cambre(f). 328.
cambrion(m). 318.
cambrure(f). 561.
came(f). 506.
came(f) d'arrêt de fin de course. 181.
came(f) de barillet. 703.
came(f) de contact d'arrêt extrême. 181.
Caméléon(m). 41.
Camembert(m). 155.
caméra(f). 391.
caméra(f) à découpage d'images. 65.
caméra(f) sonore. 383.
caméra(f) vidéo. 384.
caméraman(m). 390.
camion-benne(m). 682.
camion-citerne(m). 646.
camion(m) avitailleur. 453.
camion(m) commissariat. 453.

camion(m) élévateur. 453.
camion(m) vide-toilette. 453.
camisole(f). 297, 315.
camisole(f). 312.
camping(m), matériel(m) de. 598, 599, 600.
camping(m) interdit. 721.
canadienne(f). 292.
canal(m) à venin. 109.
canal(m) anal. 127.
canal(m) d'écoulement. 647.
canal(m) d'éjection. 450.
canal(m) d'entrée d'air. 450.
canal(m) de dérivation. 651.
canal(m) de fuite. 655, 657.
canal(m) de transfert. 665.
canal(m) déférent. 116.
canal(m) éjaculateur. 116.
canal(m) galactophore. 117.
canal(m) radiculaire. 123.
canal(m) semi-circulaire antérieur. 132.
canal(m) semi-circulaire externe. 132.
canal(m) semi-circulaire postérieur. 132.
canal(m) siphonal. 101.
canalisation (f) de retour. 203.
canalisation(f). 407.
canalisation(f) d'alimentation. 203.
canalisation(f) d'alimentation aux radiateurs. 204.
canalisation(f) de branchement d'eau général. 267.
canalisation(f) de carburant. 404.
canalisation(f) de pompage. 620.
canalisation(f) de refoulement. 277.
canalisation(f) de retour. 204.
canapé(m). 211.
canapé(m) capitonné. 211.
Cancer(m). 40, 712.
canetière(f). 510.
canette(f). 500, 509, 510.
canif(m). 516, 599.
canine(f). 90, 123.
caniveau(m). 413.
caniveau(m) de transmission. 423.
canne(f). 346.
canne(f) à lancer. 580.
canne(f) à mouche. 580.
canne(f) avec poignée orthopédique. 630.
canne(f) avec quadripode. 630.
canne(f) en C. 630.
canne(f) en T. 630.
canne(f) tripode. 630.
canneberge(f). 74.
cannelloni(m). 145.
cannelure(f). 170, 406.
cannes(f). 630.
canon(m). 91, 697, 698, 699, 701, 702, 703, 704.
canon(m) à électrons. 392, 620.
canon(m) à mousse. 645.
canon(m) anti-aérien. 433.
canon(m) d'avant-bras. 690.
canon(m) du XVIIe siècle. 694, 695.
canon(m) sans recul. 700.
canot(m) de sauvetage. 430, 643.
canot(m) pneumatique. 439.
canot(m) pneumatique de sauvetage. 435.
canotier(m). 314.
Cantal. 155.
cantaloup(m). 81.
canton(m). 709.
canton(m) dextre de la pointe. 709.
canton(m) dextre du chef. 709.
canton(m) senestre de la pointe. 709.
canton(m) senestre du chef. 709.
cantonnière(f). 217.
cantre(f). 510.
canyon(m) sous-marin. 50.
cape(f). 301.

cape(f). 321, 344.
cape(f) de bain. 315.
capeline(f). 314.
capitaine(m). 544, 564.
capitales en gras. 365.
capitales italiques. 365.
capitales italiques gras. 365.
capitule(m). 72.
caponnière(f). 176.
capot(m). 243, 244, 397, 403, 408, 467.
Caprice(m) des Dieux. 154.
Capricorne(m). 41, 712.
capsule(f). 79, 387.
capsule(f), coupe(f) d'une. 79.
capsule(f) à membrane. 405.
capsule(f) Mercury(USA). 47.
capteur(m) à concentration cylindro-parabolique. 670.
capteur(m) à concentration parabolique. 670.
capteur(m) solaire. 393, 669.
capteur(m) solaire plan. 670.
capteur(m) terrestre. 393.
capuche(f) coulissée. 317.
capuchon(m). 285, 292, 423, 587.
capuchon(f) de protection. 621.
capuchon(m) du levier. 271.
capucin(m). 294.
caquelon(m). 233.
carabine(f). 702.
caraco(m). 312.
caractère(m). 466.
caractères(m). 593.
carafe(f). 222.
carapace(f). 103, 109.
carburant(m). 401.
carburant(m) diesel. 649.
carburateur(m). 404, 405, 409.
carburéacteur(m). 649.
carde(f). 85.
cardigan(m). 307.
cardon(m). 85.
Carène(f). 41.
cargue(f). 431.
cargue-point(m). 431.
caribou(m). 89.
carillon(m) tubulaire. 485.
carillon(m) tubulaire. 493.
carlingue(f) centrale. 645.
carnassière(f). 90.
caroncule(f) lacrymale. 131.
carosserie(f). 397.
carotte(f). 84.
carpe(m). 92, 120.
carré(m). 559, 561, 562.
carré(m). 150, 592, 594, 595, 711.
carré(m) de service. 540.
carré(m) de terre. 63.
carré(m) raccourci. 147.
carreau(m). 506.
carreau(m). 195, 199, 592.
carreau(m) de mine. 638.
carreau(m) de plâtre. 193.
carrière(f) en entonnoir. 635.
carrière(f) exploitée en chassant. 635.
carrosserie(f). 240, 241, 242.
carrosseries(f), types(m) de. 398.
carrousel(m). 454.
carte(f) de ligne. 428.
carte(f) de réseau. 428, 429.
carte(f) du réseau. 426.
carte(f) isolée. 592.
carte(f) météorologique. 62.
carte(f) perforée. 472.
carte(f) perforée. 505.
carter(m). 203, 206, 377, 405, 409, 580.
carter(m) d'engrenage de frein à main. 419.
cartes(f). 592.
cartes(f), symboles(m) des. 592.
cartilage(m) de l'aile du nez. 133.
cartilage(m) de la cloison. 133.
carton(m). 521.

cartouche(f). 344, 702.
cartouche(f). 367, 703.
cartouche(f) de papier à cigarettes. 344.
cartouche(f) de pellicule. 371.
cartouche(f) de ruban. 466.
cartouche(f) jetable. 281.
casaque(f). 305.
case(f). 169, 594.
case(f) blanche. 591.
case(f) d'affichage de l'heure de départ. 427.
case(f) d'affichage de la destination. 427.
case(f) d'affichage des retards. 427.
case(f) noire. 591.
casier(m) laitier. 239.
casiers(m) à bagages. 720.
casque(m). 283, 322, 340, 458, 530, 534, 557, 559, 589, 689.
casque(m) d'écoute. 378.
casque(m) d'écoute. 378.
casque(m) de frappeur. 526.
casque(m) de saut. 555.
casque(m) protecteur. 564.
casque(m) sèche-cheveux. 340.
casquette(f). 298.
casquette(f) norvégienne. 298.
casse-croûte(m). 719.
casse-noix(m). 230.
casserole(f). 232.
cassette(f). 371, 469.
cassette(f) annonce. 388.
cassette(f) messages. 388.
Cassiopée. 40.
cassis(m). 74.
cassure(f). 308.
castagnettes(f). 485.
castagnettes(f). 493.
castor(m). 90.
caténaire(f). 661.
cathédrale(f). 174.
cathédrale(f) gothique. 174, 175.
cathode(f). 620.
causeuse(f). 211.
cavalier(m). 176, 591.
cavité du barillet(m). 266.
cavité(f) buccale. 126, 127.
cavité(f) nasale. 126.
cavité(f) pleurale. 126.
cazette(f). 520.
cédez le passage. 715.
cédille(f). 357.
ceinture(f). 294.
ceinture(f). 209, 210, 213, 291, 321, 407, 575, 578.
ceinture(f) de bouche. 694.
ceinture(f) de maintien. 530, 534.
ceinture(f) de plomb. 550.
ceinture(f) de sécurité. 400.
ceinture(f) élastique. 297.
ceinture(f) montée. 294, 301.
ceinture(f) pelvienne. 105.
ceinture(f) réglable. 317.
céleri(m). 85.
céleri-rave(m). 84.
cellule(f). 100.
cellule(f) à visée reflex. 372.
cellule(f) animale. 113.
cellule(f) émission-réception. 624.
cellule(f) motrice. 135.
cellule(f) photo-électrique. 371.
cellule(f) royale. 107.
cellule(f) solaire. 393.
cellule(f) solaire de l'orbite de transfert. 393.
cellule(f) végétale. 113.
cellules(f) indifférenciées. 137.
cément(m). 123.
cendre(f). 344.
cendrier(m). 344.
cent(m). 723.
Centaure(m). 41.
centrale(f). 651, 655.

centrale(f) électrique. 638.
centrale(f) hydroélectrique. 655.
centrale(f) nucléaire. 661, 664.
centrale(f) solaire à tour. 668.
centrale(f) thermique. 648.
centre(m). 528, 529, 532, 533, 535, 544, 709.
centre(m) de gestion du réseau. 394.
centre(m) de gravité. 447.
centre(m) droit. 531.
centre(m) du court. 541.
centre(m) gauche. 531.
centre-ville(m). 178.
centrer. 362.
centrifugeuse(f). 236.
centriole(m). 113.
cèpe(m). 73.
céphalothorax(m). 103.
Céphée. 40.
cercle(m). 328, 570, 571.
cercle(m) bleu extérieur. 544.
cercle(m) central. 532, 533, 535.
cercle(m) d'attente. 525.
cercle(m) de calage horaire. 622.
cercle(m) de déclinaison. 622.
cercle(m) de la station. 61, 62.
cercle(m) de mise au jeu. 533.
cercle(m) de serrage. 486.
cercle(m) de vannage. 657.
cercle(m) de verrouillage. 698.
cercle(m) polaire antarctique. 35.
cercle(m) polaire arctique. 35.
cercle(m) porte-lame. 680.
cercle(m) restrictif. 535.
cercle(m) rouge intérieur. 544.
cercles(m). 593.
cerf(m) de Virginie. 89.
cerf(m) du Canada. 89.
cerfeuil(m). 143.
cerise(f). 75.
cerne(m). 71.
cerneau(m). 78.
cerques(m). 581.
cerveau(m). 99, 130.
cervelet(m). 130.
cervidés(m). 89.
cervidés(m), principaux. 89.
chœur(m). 174.
chaîne(f). 220, 411, 412, 502, 508, 509, 607, 612.
chaîne(f) à godets. 164.
chaîne(f) coupante. 253.
chaîne(f) d'ancre. 447.
chaîne(f) d'entraînement des marches. 182.
chaîne(f) de frein à main. 419.
chaîne(f) de levage. 675, 684.
chaîne(f) de marche. 182.
chaîne(f) de montagnes. 38, 48.
chaîne(f) de suspension. 658.
chaîne(f) de traction. 675.
chaîne(f) stéréo. 378, 379, 380, 381.
chaise-escabeau(f). 212.
chaise(f). 213.
chaise(f) berçante. 213.
chaise(f) d'arbitre. 542.
chaise(f) dactylo. 465.
chaise(f) longue. 213.
chaise(f) pliante. 213.
chaises(f), types(m) de. 213.
chaises(f) empilables. 213.
chalaze(f). 97.
chalet(m). 558, 585.
chalumeau(m). 281, 488.
chalumeau(m) braseur. 281.
chalumeau(m) coupeur. 282.
chalumeau(m) soudeur. 282.
chambranle(m). 198, 199.
chambre(f). 189, 421, 596, 636, 637, 702, 703.
chambre(f) à air. 97.
chambre(f) à coucher. 445.
chambre(f) à poudre. 695.
chambre(f) antérieure. 131.

chambre(f) d'émission. 620.
chambre(f) d'expansion. 611.
chambre(f) d'ionisation. 662.
chambre(f) d'observation. 620.
chambre(f) de chauffe. 439.
chambre(f) de combustion. 201, 205, 404, 450, 706.
chambre(f) de combustion annulaire. 450.
chambre(f) de mélange. 282.
chambre(f) de sédimentation. 406.
chambre(f) des cartes. 434.
chambre(f) des machines. 438, 439, 645.
chambre(f) des torpilles. 438.
chambre(f) froide. 189.
chambre(f) noire. 368.
chambre(f) photographique. 369, 620.
chambre(f) postérieure. 131.
chambre(f) principale. 189.
chambre(f) pulpaire. 123.
champ(m) centre(m). 525.
champ(m) d'épandage. 277.
champ(m) d'héliostats. 668.
champ(m) droit. 525.
champ(m) gauche. 525.
champignon(m). 422.
champignon(m), structure(f) d'un. 73.
champignon(m) de couche. 73.
champignon(m) mortel. 73.
champignon(m) vénéneux. 73.
champignons(m). 73.
champignons(m) comestibles. 73.
chandail(m). 530, 561.
chandail(m) à col roulé. 559.
chandail(m) d'équipe. 526.
chandail(m) de dessous. 526.
chanfrein(m). 91, 538.
change(m). 720.
changer un mot. 362.
changer une lettre. 362.
changeur(m) de lampe. 446.
chanterelle(f). 487.
chanterelle(f) commune. 73.
chantignole(f). 190.
chape(f). 196, 218, 482.
chape(f) de rose. 443.
chapeau(m). 73, 277, 281.
chapeau(m) d'angle. 419.
chapeau(m) de feutre. 298.
chapeau(m) de tuyau de ventilation. 275.
chapeau(m) du battant. 508.
chapeau(m) pointu. 322.
chapelle(f). 433.
chapelle(f) axiale. 174.
chapelle(f) latérale. 174.
chapiteau(m). 170.
chapska(m). 298.
char(m) d'assaut. 704.
charbon(m). 635, 636, 637, 638.
charge(f) explosive. 706.
charge(f) utile. 456.
chargement(m). 696.
chargeur(m). 697, 699, 703.
chargeuse(f) frontale. 679.
chargeuse-pelleteuse(f). 679.
chariot(m). 506.
chariot(m). 218, 281, 467, 505, 587, 619, 683.
chariot(m) à bagages. 454.
chariot(m) à plateau. 427, 685.
chariot(m) avant. 505, 506.
chariot(m) d'entraînement. 218.
chariot(m) de croisement. 218.
chariot(m) élévateur à bras. 685.
chariot(m) élévateur à fourche. 684.
chariot(m) élévateur à mât rétractable. 684.
chariot(m) motorisé. 684.
chariot(m) porte-roues. 401.
chariot(m) transbordeur. 417.

chariots(m) à bagages. 720.
Charles IX(m). 319.
charlotte(f). 156, 314.
charnière(f). 209, 237, 238, 242, 347, 349, 380, 560, 621.
charnon(m). 328.
charpente(f). 192.
charpente(f). 171, 182.
charpente(f) du toit. 190.
charpente(f) verticale. 509.
charrue(f) à soc. 163.
chas(m). 500, 501.
chasse(f). 512.
chasse-neige(m) faible basse. 60.
chasse-neige(m) faible élevée. 60.
châssis(m). 401, 485, 595, 681, 682, 684.
châssis(m) d'aiguillage. 423.
châssis(m) de bogie. 418.
châssis(m) orientable. 675.
châssis-poutre(m). 680.
châssis-presse(m). 375.
chasuble(f). 317.
chasuble(f). 302.
chat(m). 94.
châtaigne(f). 91.
château(m) fort. 177.
chatière(f). 187.
chaton(m). 325.
chaudière(f). 204.
chaudière(f). 203, 433, 438, 668.
chauffe-eau(m). 267.
chauffage(m). 200, 201, 202, 203, 204, 205.
chauffe-eau(m) électrique. 273.
chaufferette(f). 599.
chaumard(m). 553.
chausse-pied(m). 320.
chaussée(f). 413.
chaussée(f) cahoteuse. 714.
chaussée(f) glissante. 714.
chaussée(f) rétrécie. 714.
chaussette(f). 297.
chaussette(f). 297, 311, 530, 538, 561, 576.
chaussette(f) avec étrier. 526.
chausson(m). 550.
chausson(m) de danse. 321.
chausson(m) intérieur. 560.
chaussure(f). 561, 562.
chaussure(f), parties(f) d'une. 318.
chaussure(f) à crampons. 530.
chaussure(f) d'alpinisme. 589.
chaussure(f) d'entraînement. 319.
chaussure(f) d'escrime. 576.
chaussure(f) de badminton. 542.
chaussure(f) de basket. 535.
chaussure(f) de boxe. 579.
chaussure(f) de clown. 322.
chaussure(f) de golf. 587.
chaussure(f) de ski. 560.
chaussure(f) de ski. 559.
chaussure(f) de tennis. 319, 538.
chaussures(f). 318, 319, 320.
chaussures(f), principaux types(m) de. 319, 320.
chauve-souris(f). 108.
Cheddar(m) américain. 154.
Cheddar(m) canadien. 154.
chef-électricien(m). 389.
chef. 709, 710.
chef(m) d'émission. 391.
chemin(m). 585.
chemin(m) couvert. 176.
chemin(m) de fer métropolitain. 429.
chemin(m) de ronde. 177.
chemin(m) de ronde couvert. 177.
chemin(m) de roulement. 683.
cheminée(f). 202.
cheminée(f). 53, 187, 434, 637.
cheminée(f) à foyer ouvert. 200.
cheminée(f) à minerai. 637.
cheminée(f) d'échappement. 403.
chemise(f). 295.

chemise(f). 321, 463, 538, 702.
chemise(f) de nuit. 311.
chemise(f) du donjon. 177.
chemisier(m) classique. 305.
chemisiers(m). 305.
chéneau(m). 187.
chenêts(m). 201.
chenille(f). 100.
chenille(f). 408, 678, 704.
chercheur(m). 622, 623.
chérimole(m). 80.
cheval. 92.
cheval(m). 90, 91, 93.
cheval(m), morphologie(f). 91.
cheval(m), squelette(m). 92.
cheval(m) d'arçons. 573.
cheval-sautoir(m). 573, 574.
chevalement(m). 636, 638.
chevalet(m). 477, 480, 675.
chevalet(m), ensemble(m) du. 494.
chevalet(m) de câble de garde. 658.
chevalet(m) des aigus. 479.
chevalet(m) des basses. 479.
chevalière(f). 325.
chevelu(m). 71.
chevelure(f). 39.
Chevelure(f) de Bérénice. 40.
chevêtre(m). 200.
cheveux(m). 115.
cheveux(m), types(m) de. 330.
cheveux(m) frisés. 330.
cheveux(m) ondulés. 330.
cheveux(m) raides. 330.
cheville(f). 114, 215, 477, 478, 507, 510, 562.
cheville(f) d'accord. 479.
cheville(f) de chanterelle. 487.
cheville(f) élastique. 317.
chevillier(m). 477.
chevillure(f). 89.
chevreuil(m). 89.
chevron(m). 190, 192, 710.
chiasma(m) optique. 130.
chicorée(f). 82.
chien(m). 696, 702, 703.
Chiens(m) de chasse. 40.
chiffon(m). 696.
chiffonnier(m). 216.
chiffres(m). 386.
chignole(f). 260.
chignon(m). 330, 331.
chinois(m). 355.
chloroplaste(m). 113.
choeur(m). 174.
chope(f) à bière. 222.
chope(f) à café. 223.
choroïde(f). 131.
chou-fleur(m). 81.
chou(m). 157.
chou(m) de Chine. 82.
chou(m) frisé. 82.
chou(m) pommé blanc. 82.
chou(m) pommé vert. 82.
chou-rave(m). 84.
choux(m) de Bruxelles. 82.
chromatine(f). 113.
chromosphère(f). 37.
chronométrage(m). 545.
chronométreur(m). 535, 539, 545, 576, 579.
chronométreur(m) de couloir. 546.
chronométreur(m) de jeu. 533.
chronométreur(m) des pénalités. 533.
chronométreur(m) principal. 546.
chrysalide(f). 100.
chukka(m). 300.
chute(f). 54, 308, 551.
chute(f) de départ. 551.
chute(f) libre. 555.
chutes(f) de pierres. 714.
cible(f). 706.
cibles(f), escrime(f). 577.
ciboulette(f). 83.
ciel(m) à nébulosité dispersée. 61.

Les termes en **caractères gras** renvoient à une illustration; les termes en *italique* indiquent l'usage français.

821

ciel(m) clair. 61.
ciel(m) couvert. 61.
ciel(m) noir. 61.
ciel(m) nuageux. 61.
ciel(m) peu nuageux. 61.
ciel(m) très nuageux. 61.
cigare(m). 344.
cigarette(f). 344.
cil(m). 131.
cilié. 70.
cils(m). 94.
cimaise(f). 170.
cime(f). 54, 71.
ciment(m). 194.
cimier(m) mobile. 42.
cinéma(m). 178.
cinématographie(f). 383.
cingalais(m). 355.
cintre(m). 180.
circuit(m). 288, 387.
circuit(m) d'oxygène. 322.
circuit(m) de caloportage primaire. 666.
circuit(m) de distribution électrique. 666.
circuit(m) de synchronisation. 624.
circuit(m) des générateurs de vapeur. 666.
circuit(m) électronique. 606.
circuit(m) imprimé. 371.
circulateur(m). 204.
circulation(f) dans les deux sens. 715.
circulation(f) sanguine. 124, 125.
cire(f) gaufrée. 107.
cireur(m). 320.
cirque(m). 38.
cirque(m) glaciaire. 56.
cirro-cumulus(m). 52.
cirro-stratus(m). 52.
cirrus(m). 52.
cisaille(f). 513.
cisaille(m). 375.
cisaille(f) à haies. 249.
cisaille(f) à volaille. 231.
ciseau(m). 516.
ciseaux(m). 501.
ciseaux(m). 599, 629.
ciseaux(m) à cuticules. 342.
ciseaux(m) à denteler. 501.
ciseaux(m) à effiler. 338.
ciseaux(m) à ongles. 342.
ciseaux(m) à trois lames. 521.
ciseaux(m) de coiffeur. 338.
ciseaux(m) de pédicure. 343.
ciseaux(m) de sûreté. 343.
ciseaux(m) sculpteurs. 338.
citerne(f). 646.
citerne(f) centrale. 645.
citerne(f) d'eau potable. 453.
citerne(f) de décantation. 645.
citerne(f) latérale. 645.
cithare(f). 487.
citron(m). 77.
citrouille(f). 81.
clafoutis(m). 157.
clairon(m). 484.
clapet(m). 268, 506, 639.
clapet(m) de non-retour. 282.
clapet(m) de retenue. 277.
claque(f). 318, 320.
clarinette(f). 483, 490, 491.
clarinettes(f). 493.
classeur(m) à clapets. 465.
classeur(m) à soufflets. 350.
clavecin(m). 490.
clavicule(f). 120.
clavier(m). 470.
clavier(m). 386, 388, 467, 469, 479, 495.
clavier(m) à boutons-poussoirs. 242.
clavier(m) à pédales. 481.
clavier(m) accompagnement. 489.
clavier(m) alphanumérique. 470.
clavier(m) chant. 489.

clavier(m) de grand orgue. 481.
clavier(m) de positif. 481.
clavier(m) de récit. 481.
clavier(m) manuel. 482.
clavier(m) numérique. 470.
clavier(m) numérique. 610.
claviers(m) manuels. 481.
clayette(f). 239.
clé anglaise. 276.
clé(f). 266, 483.
clé(f) à chaîne. 276.
clé(f) à crémaillère. 276.
clé(f) à fourches. 258.
clé(f) à molette. 258.
clé(f) à sangle. 276.
clé(f) à tuyau. 276.
clé(f) coudée à tuyau. 276.
clé(f) d'eau. 484.
clé(f) d'ut. 475.
clé(f) de fa. 475.
clé(f) de mandrin. 261.
clé(f) de serrage. 486.
clé(f) de sol. 475.
clé(f) de voûte. 172, 175.
clé(f) mixte. 258.
clé(f) polygonale. 258.
clé(f) polygonale 6 pans. 258.
clé(f) polygonale à têtes fendues. 258.
clés(f). 258, 475.
clignotant(m). 402.
clignotant(m) arrière. 409.
climatisation(f). 206.
climatiseur(m) de fenêtre. 206.
climats(m) continentaux. 59.
climats(m) de montagne. 59.
climats(m) du monde. 59.
climats(m) polaires. 59.
climats(m) subarctiques. 59.
climats(m) subtropicaux. 59.
climats(m) tempérés. 59.
climats(m) tropicaux. 59.
clin, foc(m). 431.
cliquet(m). 219, 258, 260, 508, 607.
cliquet(m) anti-retour. 580.
clitoris(m). 117.
cloche(f). 314.
clocher(m). 175.
clocheton(m). 174.
cloison(f). 77, 592, 594, 596.
cloison(f), fausse. 79.
cloison(f) amovible. 465.
cloison(f) étanche. 645.
cloison(f) inter-testiculaire. 116.
cloison(f) transversale. 645.
clôture(f) électrique. 161.
clôture(f) en lattis. 247.
clou(m). 264.
clou(m). 587.
clou(m) millésimé. 422.
clous(m). 509.
clown(m). 322.
club(m) house. 569.
coach(m). 398.
coccyx(m). 120.
Cocher(m). 40.
cocheur(m) d'allée. 586.
cocheur(m) de sable. 586.
cockpit(m). 552.
code(m) morse. 386.
codes(m) des produits. 610.
coeur(m). 102, 200, 538, 592.
coeur(m) de croisement. 422.
coffre(m). 216, 397, 489, 670.
coffre(m) latéral. 676, 677.
coffret(m). 378, 392.
coffret(m) de branchement. 659.
coffret(m) de rangement. 337.
coiffe(f). 69, 512, 581.
coiffeur(m). 720.
coiffure(f). 330, 331.
coiffure(f), éléments(m) de la. 330, 331.
coiffure(f) à la Ninon. 331.
coiffure(f) à la Pompadour. 331.

coiffure(f) bouffante. 330.
coiffures(f). 298, 314.
coiffures(f), types(m) de. 298.
coin(m). 482, 512, 579.
coin(m) de patinoire. 533.
coinceur(m). 588.
coing(m). 76.
cokerie(f). 638.
col-de-cygne(m). 197, 682.
col(m). 308.
col(m). 54, 291, 293, 295, 392, 586.
col(m) banane. 308.
col(m) cagoule. 308.
col(m) châle. 308.
col(m) chemisier. 305, 308.
col(m) chinois. 308.
col(m) Claudine. 308.
col(m) cravate. 308.
col(m) de l'utérus. 117.
col(m) du fémur. 121.
col(m) italien. 295.
col(m) marin. 308.
col(m) officier. 308.
col(m) pointes boutonnées. 295.
col(m) polo. 308.
col(m) roulé. 307, 308.
col(m) tailleur. 301, 308.
col(m) transformable. 291.
col roulé(m). 296.
Colby. 154.
collant(m). 311.
collant(m). 321.
collant(m) fantaisie. 315.
collatéral(m). 174.
collatérale(f). 135.
colle(f). 196.
collecteur(m). 656, 661, 664.
collecteur(m) d'appareil. 267.
collecteur(m) d'échappement. 404, 405, 406.
collecteur(m) d'évacuation. 267.
collecteur(m) de graisse. 237.
collecteur(m) principal. 267.
collerette(f). 308.
collet(m). 69, 123, 147, 151, 202, 225, 226, 447, 514.
collet(m) repoussé. 274.
collier-de-chien(m). 326.
collier(m). 148, 233, 560, 568.
collier(m) coupe-feu. 202.
collier(m) de perles. 326.
collier(m) de serrage. 64, 458, 575.
collier(m) de soirée. 326.
colliers(m). 326.
colline(f). 54.
colline(f) abyssale. 50.
Colombe(f). 41.
colombin(m). 519.
côlon(m) ascendant. 127.
côlon(m) descendant. 127.
côlon(m) pelvien. 127.
côlon(m) transverse. 127.
colonne(f). 54, 57, 261, 376, 429, 478, 499, 514, 591, 622.
colonne(f) ascendante. 203.
colonne(f) avec capuchon. 57.
colonne(f) centrale. 374.
colonne(f) d'air. 267, 272.
colonne(f) de direction. 400.
colonne(f) de mercure. 611.
colonne(f) de production. 641.
colonne(f) de radiateur. 203.
colonne(f) de ventilation secondaire. 267.
colonne(f) descendante. 203.
colonne(f) montante d'eau chaude. 267.
colonne(f) montante d'eau froide. 267.
colonne(f) vertébrale. 99, 105, 120.
colonnes(f). 594, 595.
colonnette(f). 520.
cols(m), types(m) de. 308.
columelle(f). 101.
combattant(m). 578.

combinaison(f). 297.
combinaison(f) de gymnastique. 317.
combinaison(f) de ski. 559.
combinaison(f) de vol. 555.
combinaison(f) gagnante. 595.
combinaison(f) pressurisée. 458.
combinaison-jupon(f). 312.
combinaison-pantalon(f). 310.
combiné-culotte(m). 312.
combiné(m). 312, 387, 388.
combiné(m) 2 dans 1. 338.
combiné(m) bucco-dentaire. 339.
combiné(m) téléphonique. 471.
combiné-slip(m). 312.
combles(m). 187.
combustible(m). 664.
combustible(m) défectueux sous gaine. 665.
combustible(m) nucléaire, cycle(m) du. 667.
comète(f). 39.
commande(f) à distance. 377.
commande(f) amovible. 237.
commande(f) au pied. 499.
commande(f) automatique de la porte. 181.
commande(f) d'accélération. 253.
commande(f) d'aérofrein. 556.
commande(f) d'éclairage du réticule. 614.
commande(f) d'essuie-glace. 400.
commande(f) d'unité de disques. 472.
commande(f) de bande magnétique. 472.
commande(f) de barrières. 423.
commande(f) de chauffage. 399.
commande(f) de compensation. 379.
commande(f) de dérive. 400.
commande(f) de l'affichage du viseur électronique. 384.
commande(f) de la bande. 386.
commande(f) de la dérive arrière. 436.
commande(f) de la dérive avant. 436.
commande(f) de largage de câble. 556.
commande(f) de lecture VCR. 384.
commande(f) de marche avant/arrière. 383.
commande(f) de réglage auto-manuelle du diaphragme. 384.
commande(f) de rotation du prisme inverseur. 614.
commande(f) de surimpression sonore. 383.
commande(f) de syntonisation préréglable. 382.
commande(f) de température. 239, 341.
commande(f) de tonalité. 383.
commande(f) de vitesse. 235.
commande(f) de volume. 383, 388.
commande(f) des gradateurs. 389.
commande(f) du ventilateur. 206.
commande(f) électrique de paiement. 595.
commande(f) manuelle du zoom. 383.
commande(f) motorisée du zoom. 384.
commandes(f) de transmission. 386.
commissure(f) blanche antérieure. 130.
commissure(f) blanche postérieure. 130.
commissure(f) labiale. 134.
commode(f). 216.
communications(f). 353.
commutateur(m) chaleur-vitesse. 340.

Les termes en **caractères gras** renvoient à une illustration; les termes en *italique* indiquent l'usage français.

commutateur(m) d'entrée pour magnétophone. 379.
commutateur(m) de frein de secours. 429.
commutateur(m) de mise au point automatique. 384.
commutateur(m) de vitesses du zoom. 384.
commutateur(m) du vumètre. 495.
commutateur(m) haut-parleur. 379.
commutateur(m) lumière artificielle/naturelle. 383, 384.
commutateur(m) marche/arrêt. 379, 495.
commutateur(m) mono-stéréo. 379.
commutateurs(m) d'entrées. 379.
compartiment(m). 350, 587, 592.
compartiment(m) central. 349.
compartiment(m) des voitures. 435.
compartiment(m) ouvert. 349.
compas(m). 437, 556.
compas(m) d'épaisseur. 517.
compas(m) magnétique liquide. 443.
compatibilisateur(m). 495.
compensateur(m) de poussée latérale. 380.
complexe(m) hydroélectrique. 651.
compluvium(m). 173.
composantes(f) d'un système. 378.
compresse(f) stérile. 629.
compresseur(m). 204, 206, 239, 404, 464.
compresseur(m) axial. 450.
compte-pose(m). 375.
compte-tours(m). 399.
compteur(m). 381, 382.
compteur(m) d'électricité. 659.
compteur(m) de film. 383.
compteur(m) de poses. 368.
compteur(m) général. 267.
compteur(m) kilométrique. 399.
comptoir(m) d'enregistrement. 454.
comptoir(m) de change. 454.
comptoir(m) de renseignements. 454.
comptoir(m) de vente des billets. 454.
Comté(m). 155.
concombre(m). 81.
Concorde(m). 47.
concurrent(m). 546.
condensat(m). 664.
condensateur(m). 376, 377, 672.
condensateur(m) de projecteur d'étoiles. 43.
condensateur(m) interchangeable. 376.
condensation(f). 58.
condenseur(m). 204, 206, 619, 661.
conditionnement(m) d'air. 421.
conducteur(m). 568, 569, 606.
conducteur(m) de phase. 659.
conducteur(m) de terre. 659.
conducteur(m) électrique. 659.
conducteur(m) en faisceau. 658.
conducteur(m) neutre. 659.
conduit(m). 481, 639.
conduit(m), section(f) de. 201.
conduit(m), section(f) du. 202.
conduit(m) auditif externe. 122, 132.
conduit(m) d'évacuation. 241.
conduit(m) de chauffage. 241.
conduit(m) de distribution vertical. 202.
conduit(m) de fumée. 200.
conduit(m) de la glande. 109.
conduit(m) de paiement jackpot. 595.
conduit(m) de raccordement. 201.
conduit(m) excréteur. 136.
conduite(f) à la terre. 647.

conduite(f) d'admission principale. 647.
conduite(f) d'admission secondaire. 647.
conduite(f) d'alimentation. 267.
conduite(f) d'eau chaude. 272.
conduite(f) d'eau en métal. 288.
conduite(f) d'eau froide. 272.
conduite(f) de distribution d'eau. 267.
conduite(f) de distribution d'eau potable. 413.
conduite(f) de transfert d'oxygène liquide. 456.
conduite(f) de transfert de carburant. 456.
conduite(f) des pièces. 595.
conduite(f) forcée. 651, 655, 660.
conduite(f) principale. 268.
conduite(f) principale de gaz. 413.
condyle(m) de l'occipital. 122.
condyle(m) externe. 121.
condyle(m) interne. 121.
cône(m). 53, 392, 446.
cône(m) d'échappement. 450.
cône(m) d'entrée. 450.
cône(m) d'ombre. 37, 38.
cône(m) de pénombre. 37, 38.
cônes(m) accolés. 446.
configuration(f) d'un système. 469.
congélateur(m). 239.
conjonctive(f). 131.
connecteur(m). 288.
connecteur(m) à serrage mécanique. 659.
connecteur(m) de liaison. 288.
connexions(f) du thermostat. 204.
conque(f). 132.
consigne(f) automatique. 426.
console(f). 481.
console(f). 478, 653, 658, 680.
console(f) centrale. 399.
console(f) d'accotoir. 210.
consonnes(f) affriquées. 358.
consonnes(f) fricatives. 358.
consonnes(f) liquides. 358.
consonnes(f) occlusives. 358.
constellations(f). 712.
constellations(f) de l'hémisphère austral. 41.
constellations(f) de l'hémisphère boréal. 40.
contact-dérivation(m). 385.
contact(m). 611.
contact(m) de trop-plein. 206.
contact(m) négatif. 670.
contact(m) positif. 670.
contact-transmission(m). 385.
contacteur(m). 277.
conteneur(m). 425.
conteneur(m). 434.
continental aride. 59.
continental semi-aride. 59.
continents(m), configuration(f) des. 49.
contre-attrape(f). 480.
contre-batteur(m). 165.
contre-écrou(m). 562.
contre-fer(m). 257.
contre-fiche(f). 190.
contre-filet(m). 148, 149.
contre-fléau(m). 610.
contre-flèche(f). 683.
contre-garde(f). 176.
contre-plaqué(m). 194.
contre-platine(f). 380.
contre-rail(m). 422.
contre-rotation(f). 394.
contre-sanglon(m). 567.
contre-sep(m). 163.
contrebasse(f). 477, 491.
contrebasses(f). 493.
contrebasson(m). 493.
contrecoeur(m). 200.
contrefiche(f). 659.

contrefort(m). 54, 174, 175, 318, 562, 653.
contremarche(f). 197, 508.
contreparement(m). 265.
contre-plaqué(m) à âme. 265.
contre-plaqué(m) moulé. 265.
contre-plaqué(m) multiplis. 265.
contrepoids(m). 181, 380, 417, 422, 423, 610, 622, 681, 683.
contrescarpe(f). 176.
contrevent(m). 199.
contrôle(m) automatique de fréquence. 379.
contrôle(m) d'exposition. 371.
contrôle(m) d'immigration. 454.
contrôle(m) d'usure des piles. 383.
contrôle(m) de niveau d'entrée. 495.
contrôle(m) de sécurité. 454.
contrôle(m) de tonalité des aigus. 379.
contrôle(m) de tonalité des graves. 379.
contrôle(m) des passeports. 454.
contrôle(m) douanier. 454.
contrôle(m) du générateur de bruit. 495.
contrôle(m) du séquenceur. 495.
contrôle(m) multicopies. 467.
contrôles(m) de niveau de sortie. 495.
contrôleur(m). 182.
convecteur(m). 203.
conversion(f). 667.
convertisseur(m). 373.
convoi(m) poussé. 645.
convoyeur(m). 165, 635, 638, 650.
convoyeur(m) à bagages. 453.
coordonnées(f) célestes. 35.
coordonnées(f) terrestres. 35.
copie(f) conforme. 360.
copyright(m). 723.
coque(f). 78, 102, 347.
coque(f) inférieure. 560.
coque(f) supérieure. 560.
coquille(f). 97, 102, 104, 210, 530, 534, 577.
coquille(f) bivalve. 101.
coquille(f) Saint-Jacques. 102.
coquille(f) univalve. 101.
coquilles(f). 145.
coquillettes(f). 145.
coquilleur(m) à beurre. 227.
cor(m) anglais. 483, 493.
cor(m) d'harmonie. 484, 490, 491.
Corbeau(m). 41, 177, 200.
corbeille(f). 179.
corbeille(f) à papier. 178.
corbeille(f) à pollen. 106.
corbeille(f) suspendue. 247.
cordage(m). 540, 601.
cordage(m) commis. 601.
cordage(m) tressé. 601.
corde(f). 477, 478, 479, 480, 579, 589, 691.
corde(f) arrière. 583.
corde(f) centrale. 583.
corde(f) d'accompagnement. 487.
corde(f) d'accrochage. 508.
corde(f) de couloir. 546.
corde(f) de faux départ. 546.
corde(f) de mélodie. 487.
corde(f) de prise. 572.
corde(f) de tête. 583.
corde(f) de timbre. 486.
corde(f) de tirage. 278.
corde(f) de traction. 554.
corde(f) vocale. 126.
cordeau(m). 249.
cordée. 70.
cordelette(f). 321, 588.
cordelière(f). 217, 316.
cordier(m). 477.
cordon(m). 243, 349, 384.
cordon(m) à gaine métallique flexible. 388.

cordon(m) d'alimentation. 220, 221, 337, 340, 373, 377, 378, 380.
cordon(m) d'alimentation articulé. 341.
cordon(m) d'orientation. 219.
cordon(m) de combiné. 387.
cordon(m) de dunes. 55.
cordon(m) de raccordement. 387.
cordon(m) de serrage. 292.
cordon(m) de soudure. 281, 282.
cordon(m) de tirage. 218, 219.
cordon(m) du téléphone. 388.
cordon(m) escamotable. 244.
cordon(m) spermatique. 116.
cordon(m) tire-feu. 698.
corne(f). 325, 430.
corne(f) de feu. 677.
cornée(f). 131.
cornemuse(f). 488.
cornes(f). 104.
cornet(m). 491.
cornet(m) à dés. 592.
cornet(m) à pistons. 484.
cornet(m) inférieur. 133.
cornet(m) moyen. 133.
cornet(m) supérieur. 133.
cornets(m). 493.
corniche(f). 171, 187, 198, 215, 607.
corolle(f). 72.
corps(m). 134, 163, 243, 260, 328, 340, 344, 360, 367, 444, 482, 483, 572, 574, 581, 613, 619.
corps(m) calleux. 130.
corps(m) caverneux. 116.
corps(m) cellulaire. 135.
corps(m) de chauffe. 203.
corps(m) de fonte segmenté. 696.
corps(m) de garde. 177.
corps(m) de l'ongle. 137.
corps(m) de Nissl. 135.
corps(m) de piston. 484.
corps(m) de pompe. 629.
corps(m) de ruche. 109.
corps(m) du pistolet. 280.
corps(m) du robinet. 271.
corps(m) humain, face(f) antérieure. 114.
corps(m) humain, face(f) postérieure. 115.
corps(m) spongieux de l'urètre. 116.
corps(m) vitré. 131.
corpuscule(m) de Meissner. 136.
corpuscule(m) de Pacini. 136.
correcteur(m). 378.
correcteur(m) liquide. 461.
corrections(f) d'erreurs. 362, 363.
corrections(f) de caractères. 364.
corrections(f) de la ponctuation(f). 363, 364.
corrections(f) de signes diacritiques. 364.
corrections(f) typographiques. 362, 363, 364, 365, 366.
cors(m) d'harmonie. 493.
corsage-culotte(m). 305.
corsage(m). 317.
corset(m). 313, 658.
corvette(f). 292.
corymbe(m). 72.
cosse(f). 79.
costière(f). 180.
costume(m) de judo. 578.
costumes(m). 321, 322.
côte(f). 48, 51, 85, 147, 148, 151, 298, 581.
côte(f) axiale. 101.
côte(f) d'aloyau(m). 148.
cote(f) d'ouverture. 569.
cote(f) de fermeture. 569.
côte(f) de flanc. 150.
côte(f) flottante. 120.

Les termes en **caractères gras** renvoient à une illustration; les termes en *italique* indiquent l'usage français.

823

côte(f) spiralée. 101.
côté(m) bassin. 660.
côté(m) cour. 179.
côté(m) Dame. 591.
côté(m) femelle. 502.
côté(m) jardin. 179.
côté(m) mâle. 502.
côté(m) mer. 660.
côté(m) Roi. 591.
côtelettes(f). 151.
côtelettes(f) découvertes. 151.
côtes(f). 92, 120, 150.
côtes(f) croisées. 148.
côtes(f) découvertes. 147.
coton(m) hydrophile. 629.
coton-tige(m). 629.
cotre(m) Marconi. 432.
cotret(m). 671.
cottage(m). 183.
cotte(f) de mailles. 690.
cotylédon(m). 69, 75, 79.
cou(m). 109, 114, 116, 573.
couche(f). 315.
couche(f), mur(m) de la. 635.
couche(f), toit(m) de la. 635.
couche(f) antireflet. 670.
couche(f) basale. 136.
couche(f) claire. 136.
couche(f) conductrice extérieure. 392.
couche(f) cornée. 136.
couche(f) de base. 413.
couche(f) de cendres. 53.
couche(f) de fondation. 413.
couche(f) de forme. 413.
couche(f) de laves. 53.
couche(f) de Malpighi. 136.
couche(f) de surface. 413.
couche(f) drainante. 652.
couche(f) fluorescente. 284.
couche(f) granuleuse. 136.
couche(f) imperméable. 640.
couchette(f). 438.
coude(m). 91, 108, 115, 201, 202, 203, 270, 275, 328.
coude(m) à 180°. 275.
coude(m) applique. 275.
coude(m) de renvoi. 267, 275.
coude(m) de trop-plein. 267.
coudes(m). 145.
coudière(f). 530.
coulant(m). 346.
coulée(f) de laves. 53.
couleur(f). 592.
couleurs(f). 710.
couleurs(f) du conducteur. 569.
coulisse(f). 294.
coulisse(f) d'accord. 484.
coulisse(f) du deuxième piston. 484.
coulisse(f) du premier piston. 484.
coulisse(f) du troisième piston. 484.
coulisseau(m) de cabine. 181.
coulisses(f). 179.
couloir(m). 189, 537, 542, 546, 571.
couloir(m) central. 421.
couloir(m) d'intercirculation. 421.
couloir(m) de lancer franc. 535.
couloir(m) de projection. 383.
couloir(m) latéral. 421.
Coulommiers(m). 155.
coup(m) de pied. 547.
coup(m) de pied de brasse. 547.
coup(m) de pied de papillon. 547.
coupe-bordures(m). 248.
coupe-circuit(m). 285.
coupe-circuit(m). 659.
coupe-circuit(m) limiteur de température. 273.
coupe-cors(m). 342.
coupe-cuticules(m). 342.
Coupe(f). 41.
coupe(f) à champagne. 222.
coupe(f) à la Beatle. 331.

coupe(f) britannique. 152, 153.
coupe(f) d'une molaire. 123.
coupe(f) en brosse. 331.
coupe(f) nord-américaine. 147, 148, 150, 151.
coupe(f) parisienne. 147, 149, 150, 151.
coupe(f) transversale de la scène. 180.
coupe-feu(m). 192.
coupe-fil(m). 259, 287, 500.
coupe-flux(m). 373.
coupé(m). 398, 710.
coupe-oeuf(m). 231.
coupe-ongles(m). 343.
coupe-papier(m). 461.
coupe-tubes(m). 276.
coupe-verre(m). 521.
coupelle(f). 220.
couperet(m). 227.
coupleur(m) acoustique. 471.
coupleur(m) acoustique. 469.
coupole(f). 445.
coupole(f) rotative. 42.
cour(f). 161, 177.
courbure(f). 534, 581.
courge(f). 81.
courgette(f). 81.
Couronne(f). 37, 91, 93, 123, 605.
Couronne(f) australe. 41.
Couronne(f) boréale. 41.
couronne(f) d'aubage. 657.
couronne(f) d'orientation. 675, 681.
couronne(f) de base. 42.
couronne(f) de table. 327.
couronnement(m). 197, 652.
courroie(f). 261, 380, 564, 672.
courroie(f) d'attache. 346.
courroie(f) d'entraînement. 240, 241.
courroie(f) de correction d'allure. 568.
courroie(f) de la pompe à huile. 404.
courroie(f) de rêne. 568.
courroie(f) de sécurité. 541.
courroie(f) de valise. 347.
courroie(f) de ventilateur. 405, 406.
course(f). 570.
course(f) sous harnais. 568, 569.
coursier(m) d'évacuateur. 651.
court(m) de service droit. 537.
court(m) de service gauche. 537.
court péronier latéral. 119.
courtine(f). 176.
couscoussier(m). 232.
cousin(m). 138.
cousine(f). 138.
cousoir(m). 513.
coussin(m). 525, 584.
coussin(m) arrière. 583.
coussin(m) carré. 214.
coussin(m) cylindrique. 214.
coussin(m) de protection. 574.
coussin(m) de rembourrage. 579.
coussin(m) de tête. 583.
coussin(m) en caoutchouc. 338.
coussinet(m). 172, 562, 611.
coussinet(m) carpien. 94.
coussinet(m) de glissement. 422.
coussinet(m) de l'ergot. 94.
coussinet(m) digité. 94.
coussinet(m) palmaire. 94.
coussinet(m) plantaire. 94.
coupe-éplucheur(m). 227.
couteau(m). 224.
couteau(m). 102, 234, 235, 236, 550, 599, 600, 608, 609, 610.
couteau(m) à beurre. 224.
couteau(m) à bifteck. 224.
couteau(m) à découper. 227.
couteau(m) à désosser. 227.
couteau(m) à dessert. 224.
couteau(m) à filets de sole. 227.
couteau(m) à fromage. 224.
couteau(m) à huîtres. 227.

couteau(m) à jambon. 227.
couteau(m) à pain. 227.
couteau(m) à pamplemousse. 227.
couteau(m) à plomb. 521.
couteau(m) à poisson. 224.
couteau(m) à zester. 227.
couteau(m) central. 609.
couteau(m) d'électricien. 287.
couteau(m) d'office. 227.
couteau(m) de chef cuisinier. 227.
couteau(m) de combat. 692.
couteau(m) de cuisine. 227.
couteau(m) de potier. 519.
couteau(m) de table. 224.
couteau(m) en silex. 689.
couteau(m) latéral. 609.
couteaux(m), principaux types(m) de. 224.
couteaux(m) de cuisine, types(m) de. 227.
coutisse(f). 507.
coutre(m). 163.
couture(f). 499, 500, 501, 502, 503, 513.
couture(f). 318, 344, 526.
couture(f) d'assemblage. 299.
couture(f) médiane. 295.
couturier(m). 118.
couvercle(m). 232, 233, 234, 236, 237, 240, 269, 341, 345, 380, 611, 615, 625.
couvercle(m) branchial. 98.
couvercle(m) de batterie. 406.
couvercle(m) de culasse. 405.
couvercle(m) de réservoir. 269.
couvercle(m) du chargeur. 237.
couvercle(m) du répartiteur. 237.
couvert(m). 224, 225, 226.
couverture(f). 214, 670.
couverture(f) sus-alaire. 95.
couvre-bassinet(m). 696.
couvre-bornes(m). 615.
couvre-chaussure(m). 320.
couvre-culasse(m). 701.
couvre-oreiller(m). 214.
couvre-plateau(m). 380.
couvrure(f). 514.
coyau(m). 190.
crabe(m). 103.
craie(f). 582.
[crak-pain](m) de seigle. 146.
[crak-pain](m) scandinave. 146.
crampon(m). 320, 422.
crampons(m). 589.
cran(m). 293, 294, 503, 588.
cran(m) de mire. 703.
cran(m) de réglage. 259.
crâne(m). 92, 99, 114.
cratère(m). 38, 53, 635.
cravache(f). 565.
cravate(f). 295.
cravate(f) étroite. 321.
crawl(m). 547.
crayon(m). 663.
crayon(m) à sourcils. 333.
crayon(m) blanchisseur d'ongles. 343.
crayon(m) contour des lèvres. 333.
crayon(m) de pierre ponce. 517.
crayon(m) en plomb. 367.
crayon(m) khôl. 332.
crayon(m) lithographique. 517.
crémaillère(f). 197, 239, 446, 698.
crémaillère(f) de mise au point. 622.
crémaster(m). 100.
crème(m) de Gruyère. 155.
crémier(m). 223.
créneau(m). 177.
crénelé. 70.
crêpe(f). 157.
crépine(f). 271, 641.
cresson(m) de fontaine. 82.
crête(f). 51, 54, 651, 652, 655, 690.
creux(m). 51, 226, 691.

creux(m) barométrique. 62.
crevasse(f). 56.
crevette(f). 103.
crinière(f). 91.
crispin(m). 576.
cristallin(m). 131.
cristaux(m) de neige, classification(f) des. 57.
cristaux(m) irréguliers. 57.
cristaux(m) liquides. 605.
croc(m) à défricher. 248.
croc(m) de remorque. 437.
croche(f). 475.
croche(f), double. 475.
croche(f), quadruple. 475.
croche(f), triple. 475.
crochet(m). 504.
crochet(m). 101, 221, 347, 351, 377, 500, 502, 506, 562, 608, 613, 640, 683.
crochet(m) à venin. 109.
crochet(m) commutateur. 387.
crochet(m) d'acier. 322.
crochet(m) de charge. 608.
crochet(m) de contrevent. 199.
crochet(m) de petit doigt. 484.
crochet(m) de pouce. 484.
crochet(m) de remorquage. 556.
crochet(m) de suspension. 608.
crochet(m) de traction. 162.
crochet(m) fiffi. 588.
crochet(m) griff-fiffi. 588.
crochet(m) pétrisseur. 235.
crochet(m) porte-embrasse. 217.
crochets(m). 357.
crocodile(m). 424.
croisée(f). 174.
croisée(f) du transept. 174.
croisement(m). 511.
croisillon(m). 174, 631.
croissant(m). 146, 710.
croissant(m) descendant. 38.
croissant(m) montant. 38.
croix(f). 710.
croix(f) de Saint-André. 192, 423.
Croix(f) du Sud. 41.
croix(m) de Saint-Georges. 446.
crosse(f). 147, 149, 150, 630, 691, 697, 699, 701, 702, 703.
crosse(f) d'appontage. 705.
crosse(f) droite. 698.
croupe(f). 91, 148, 150, 573.
croupion(m). 95.
croûte(f) basaltique. 48.
croûte(f) de cuir. 294.
croûte(f) granitique. 48.
croûte(f) terrestre. 47, 53.
croûte(f) terrestre, coupe(f) de la. 48.
cruche(f). 600.
crustacé(m). 103.
crustacés(m) comestibles. 103.
cube(m) avec barrière. 566.
cubiculum(m). 173.
cubital(m) antérieur. 118, 119.
cubital(m) postérieur. 119.
cubitière(f). 690.
cubitus(m). 120.
cuiller(f). 226, 581.
cuiller(f). 599, 696.
cuiller(f) à café. 226.
cuiller(f) à crème glacée. 231.
cuiller(f) à dessert. 226.
cuiller(f) à égoutter. 229.
cuiller(f) à glace. 231.
cuiller(f) à soda. 226.
cuiller(f) à soupe. 226.
cuiller(f) à sucre. 226.
cuiller(f) à thé. 226.
cuiller(f) de table. 226.
cuilleron(m). 226.
cuillers(f), principaux types(m) de. 226.
cuillers(f) doseuses. 229.
cuirasse(f). 689.
cuisine(f). 600.

Les termes en **caractères gras** renvoient à une illustration; les termes en *italique* indiquent l'usage français.

cuisine(f). 173, 189, 421.
cuisinière(f) électrique. 238.
cuissard(m). 530, 690.
cuissardes(f). 582.
cuisse(f). 91, 95, 115, 148, 150.
cuisseau(m). 147.
cuisson(f). 520.
cuivre(m) et acier(m). 275.
cuivres(m), famille(f) des. 484.
cul-de-sac(m) de Douglas. 117.
cul-de-sac(m) dural. 130.
cul-de-sac(m) vésico-utérin. 117.
culasse(f). 327, 409, 694, 697, 698, 701, 702.
culasse(f) mobile. 699.
culée(f). 175, 414, 415, 416.
culot(m). 284, 372, 392, 406, 702.
culot(m) à broches. 284.
culot(m) Goliath. 284.
culotte(f). 149, 275, 313, 321, 534, 565, 575, 576, 579.
culotte(f) à ruchés. 315.
culotte(f) bouffante. 317.
culotte(f) plastique. 315.
cultivateur(m). 163.
cumulo-nimbus(m). 52.
cumulus(m). 52.
cupule(f). 78.
cure-ongles(m). 343.
curette(f). 345.
curleur(m). 544.
curling(m). 544.
curseur(m). 502, 608.
curseur(m) de déplacement. 471.
curseur(m) de réglage de la température. 611.
cuticule(f). 137.
cuve(f). 240, 242.
cuve(f) à mercure. 446.
cuve(f) de développement. 375.
cuvette(f). 206, 236, 238, 268, 269, 443, 478, 594.
cyclorama(m). 390.
Cygne(m). 40.
cylindre(m). 404, 409, 446, 467, 489, 518, 639.
cylindre(m) de coupe. 252.
cylindre(m) de roue. 407.
cylindre(m) des gaz. 701.
cylindre(m) enregistreur. 616.
cylindre(m) inférieur. 516, 518.
cylindre(m) récupérateur. 698.
cylindre(m) rotatif. 506.
cylindre(m) supérieur. 516, 518.
cymbales(f). 485.
cymbales(f). 491, 493.
cymbalette(f). 486.
cytoplasme(m). 113.

D

dague(f). 692.
dalle(f). 247.
dalot(m). 590.
Dame(f). 591, 592.
dames(f). 592.
damier(m). 444.
dangers(m), autres. 715.
danois(m). 355.
date(f). 569.
datte(f). 75.
Dauphin(m). 40.
dé(m). 501.
dé(m) à poker. 593.
dé(m) doubleur. 592.
dé(m) régulier. 593.
déambulatoire(m). 174.
débardeur(m). 296, 307.
débouché(m) de cyclistes. 715.
débouchure(f). 288.
début(m). 601.
décapeuse(f). 682.
décapotable(f). 398.
décapsuleur(m). 229, 243.
déclencheur(m). 383.

déclencheur(m) à action différée. 368.
déclencheur(m) de paiement. 595.
déclencheur(m) pneumatique. 374.
déclencheur(m) souple. 374.
déclinaison(f). 35.
déclivité(f) du terrain. 188.
décolleté(m) carré. 309.
décolleté(m) drapé. 309.
décolleté(m) en coeur. 309.
décolleté(m) en V. 309.
décolleté(m) plongeant. 309.
décolletés(m). 309.
découpe(f) bretelle. 300.
découpe(f) princesse. 312.
défense(f). 528, 529.
défense(f) de fumer. 719.
défenseur(m) droit. 533.
défenseur(m) gauche. 533.
déflecteur(m). 206, 252, 403, 557.
déflecteur(m) acoustique. 435.
déflecteur(m) de chaleur. 284.
déflecteur(m) de fumée. 201.
déflecteur(m) de réservoir d'oxygène liquide. 456.
défonceuse(f). 680.
défonceuse(f). 678.
dégageur(m) de fumée. 704.
dégazeur(m). 661, 664.
dégorgeoir(m). 582.
dégrafeuse(f). 461.
Deimos. 36.
deltoïde(m). 118.
démarreur(m). 405, 672.
démarreur(m) électrique. 410.
démêloir(m). 338.
demi-barbule(f). 61.
demi-centre(m). 539.
demi-cercle(m). 535.
demi-clé(f) renversée. 601.
demi-court(m) de service en double. 542.
demi-court(m) de service en simple. 542.
demi-inséré(m). 529.
demi-lune(f). 176, 329.
demi(m). 529.
demi(m) d'ouverture. 531.
demi(m) de coin droit. 528, 529.
demi(m) de coin gauche. 528, 529.
demi(m) de mêlée. 531.
demi(m) de sûreté droit. 528, 529.
demi(m) de sûreté gauche. 528, 529.
demi(m) droit. 528, 532.
demi(m) en maraude. 529.
demi(m) gauche. 528, 532.
demi-manche(m). 227.
demi-membraneux(m). 119.
demi-pause(f). 475.
demi-soupir(m). 475.
demi-tasse(f). 223.
demi-tendineux(m). 119.
dendrite(f). 135.
dendrite(f) spatiale. 57.
dénoyauteur(m). 231.
dent(f). 109, 164, 225, 263, 521, 562, 582, 680, 681.
dent(f) de défonceuse. 678.
dent(f) de godet. 679.
dent(f) de la charnière. 101.
denté. 70.
dentelle(f) aux fuseaux. 506.
denticule(m). 170.
dents(f). 123.
dents(f). 262, 502.
denture(f) humaine. 123.
dénude-fil(m). 287.
dénudeur(m) de fil. 287.
dépanneuse(f). 401.
déparaffinage(f) des huiles. 648.
départ(m). 566, 585.
départ(m) de dos. 547.
déploiement(m) des panneaux. 394.

déporteur(m). 448.
dépoussiéreur(m). 433.
dépression(f). 62.
dérailleur(m) arrière. 411.
dérailleur(m) avant. 411, 412.
derby(m). 320.
dérive(f). 448, 455, 551, 552, 554, 556.
dérive(f) aérienne. 435.
dériveur(m). 552.
derme(m). 135, 136, 137.
dernier droit(m). 569.
dernier quartier(m). 38.
dérouleur(m) de bande magnétique. 472.
dés(m). 593.
dés(m). 592.
désasphaltage(m) des huiles. 648.
descenderie(f). 636.
descendeur(m). 588.
descente(f). 188.
descente(f) dangereuse. 714.
descente(f) de gouttière. 187.
désert(m). 55.
désert(m). 59.
désert(m) de pierres. 55.
désert(m) de sable. 55.
déshabillé(m). 311.
déshumidificateur(m). 206.
desserte(f). 209.
dessous(m). 538.
dessus(m). 147, 149.
dessus(m) de côtes. 147, 149.
détecteur(m) d'horizon. 65.
détecteur(m) de flux horizontaux. 662.
détendeur(m). 550, 599.
détente(f). 401, 691, 696, 697, 699, 700, 701, 702, 703.
détonateur(m). 696.
deux-points(m). 357, 364, 386.
deuxième-but(m). 525.
deuxième espace(m). 535.
deuxième joueur(m). 544.
deuxième radial(m) externe. 119.
devant(m). 293.
devant(m) de chemise. 295.
déverrouillage(m) de l'obturateur. 368.
déversoir(m). 651.
déversoir(m), seuil(m) de. 651.
dévidoir(m). 510.
dévidoir(m). 250, 677.
dévidoir(m) automatique. 244.
dévidoir(m) de ruban adhésif. 461.
dextre(m). 709.
diable(m). 427, 685.
diagonale(f). 591, 658.
diamant(m). 327, 447, 583.
diapason(m). 492.
diapason(m). 606.
diaphragme-iris(m). 619.
diaphragme(m). 126, 127, 368, 387, 621.
diapositive(f). 377.
dièse(m). 476.
dièse(m), double. 476.
diesel-navire(m). 649.
diffuseur(m). 373.
diffuseur(m) d'air. 429.
diffuseur(m) en nid d'abeilles. 373.
digue(f) morte. 660.
diphtongues(m). 358.
dipôle(m). 624.
directeur(m) technique. 391.
direction(f). 400.
direction(f) d'une réaction. 723.
direction(f) du vent. 62.
direction(f) obligatoire. 717.
directrice(f). 657.
discontinuité(f) de Gutenberg. 47.
discontinuité(f) de Mohorovicic. 47, 48.
disjoncteur(m). 655.
disjoncteur(m) bipolaire. 288.
disjoncteur(m) principal. 288, 672.

disjoncteur(m) unipolaire. 288.
disjoncteur(m) de fuite de terre. 288.
dispositif(m) anti-bascule. 631.
dispositif(m) antidébordement. 242.
dispositif(m) d'admission d'air. 201.
dispositif(m) de blocage. 278, 613.
dispositif(m) de commande. 672.
dispositif(m) de contrôle d'altitude. 65.
dispositif(m) de levage. 390.
dispositif(m) de poussée. 367.
dispositif(m) de régulation. 672.
disque(m). 380, 472.
disque(m). 407, 501, 517, 575, 615.
disque(m) butteur. 164.
disque(m) de papier-diagramme. 402.
disque(m) de rupture. 662.
disque(m) de tension. 500, 505.
disque(m) germinatif. 97.
disque(m) râpeur. 236.
disques(m). 572.
disques(m). 236.
disquette(f). 469.
distillation(f) sous vide. 649.
distributeur(m) d'engrais. 164.
distributeur(m) d'essence. 401.
distributeur(m) d'essence. 401.
distributeur(m) de boissons. 401.
distributeur(m) de correspondances. 428.
distributeur(m) de détergent. 242.
distributeur(m) de lames. 337.
distributeur(m) de monnaie. 426.
distributeur(m) de produit de rinçage. 242.
diviseur(m). 165.
division(f). 723.
do(m). 475.
dock(m) flottant. 441.
doigt(m). 94, 97, 105, 162, 299, 526, 528.
doigt(m) de jupe. 435.
doigt(m) externe. 95.
doigt(m) interne. 95.
doigt(m) médian. 95.
doigt(m) palmé. 105.
doigt(m) postérieur. 95.
doline(f). 54.
dollar(m). 723.
dôme(m). 646.
dôme(m) cache-poussière. 378.
dôme(m) d'avaloir. 200.
dominos(m). 593.
donjon(m). 177.
Dorade(f). 41.
dormant(m). 199, 215.
dormeuse-couverture(f). 315.
dormeuse(f). 316.
dormeuse(f) de croissance. 315.
dorsale(f). 50.
dos(m). 91, 95, 115, 224, 225, 226, 227, 262, 293, 345, 512, 691.
dos(m) d'âne. 714.
dos(m) du livre. 514.
dos(m) du nez. 133.
dosseret(m). 238, 240, 241, 684.
dossier(m). 213, 400, 408.
dossier(m) suspendu. 463.
dossière(f). 109, 568.
double-blanc(m). 593.
double(m). 593.
double(m) cube avec haie. 566.
double rideau(m). 217.
double-six(m). 593.
double toit. 198.
double vitrage(m). 669.
double zéro(m). 595.
doublement denté. 70.
doublure(f). 293, 318, 348, 350, 502, 562.
douchette(f). 269, 270.
doucine(f). 694.

Les termes en **caractères gras** renvoient à une illustration; les termes en *italique* indiquent l'usage français.

douille(f). 285, 613, 702.
douille(f) de lampe. 285.
Doux(m) de Montagne. 154.
douzaine(f). 594, 595.
Dragon(m). 40.
dragon(m) blanc. 593.
dragon(m) rouge. 593.
dragon(m) vert. 593.
dragonne(f). 346, 347, 349, 350, 384, 561, 588.
draille(f). 430.
drain(m). 192, 277.
drap-housse(m). 214.
drap(m). 214.
drapeau(m). 709.
drapeau(m). 531, 585.
drapeau(m), éléments(m) d'un. 709.
drapeau(m), formes(f) de. 711.
drapeau(m) à Schwenkel. 711.
drapeau(m) blanc. 545, 578.
drapeau(m) bleu. 545.
drapeau(m) de centre. 532.
drapeau(m) de coin. 532.
drapeau(m) de secteur. 570.
drapeau(m) rouge. 545, 578.
drisse(f). 431, 709.
drisse(f) de foc. 552.
drisse(f) de grand-voile. 552.
droit fil(m). 503.
droit(m) antérieur de la cuisse. 118.
droit(m) interne. 119.
droit(m) planche. 566.
drupéole(f). 74.
dune(f). 51.
dune(f) complexe. 55.
dune(f) en croissant. 55.
dune(f) parabolique. 55.
dunes(f) longitudinales. 55.
dunes(f) transversales. 55.
dunette(f). 430.
duo(m). 490.
duodénum(m). 127.
duplex(m). 183.
dure-mère(f) spinale. 130.
durite(f) de radiateur. 406.
dyke(m). 53.

E

eau(f), cycle de l'. 58.
eau(f), états(m) de. 57.
eau(f) d'alimentation. 664.
eau(f) de fonte. 56.
eau(f) de refroidissement. 664.
eau(f) de ville. 669.
eau(f) fortuite. 585.
eau(f) lourde. 664.
eau(f) salée. 640.
eaux(f) décantées. 650.
eaux(f) résiduaires. 650.
eaux(f) usées. 648.
ébarbage(m). 513.
ébarboir(m). 515.
ébauchoirs(m). 519.
ébrancheur(m). 249.
ébrasement(m). 175, 200.
écaille(f). 73, 83, 97, 98, 109.
écaille(f) cirière. 106.
écartelé(f). 710.
écartement(m) des électrodes. 406.
échalote(f) à maturité. 83.
échalote(f) nouvelle. 83.
échancrure(f). 477.
échancrure(f) de la conque. 132.
échangeur(m) de chaleur du modérateur. 664.
échangeur(m) extérieur. 204.
échangeur(m) intérieur à ailettes. 204.
échangeur(m) thermique. 669.
échantillon(m). 504.

échappement(m), orifice(m) d'. 639.
échappement(m), système(m) d'. 406.
échappement(m) diesel. 438.
échauguette(f). 177.
échecs(m). 591.
échelle(f). 625, 647.
échelle(f) à crochets. 278, 677.
échelle(f) anémométrique. 61.
échelle(f) coulissante. 278.
échelle(f) d'agrandissement. 376.
échelle(f) d'échafaudage. 279.
échelle(f) d'ouverture de diaphragme. 370.
échelle(f) d'ouverture relative. 372.
échelle(f) de bout. 419.
échelle(f) de centrage. 467.
échelle(f) de corde. 278.
échelle(f) de coupée. 434.
échelle(f) de durée d'exposition relative. 372.
échelle(f) de latitude. 64.
échelle(f) de lecture. 372.
échelle(f) de température. 611.
échelle(f) des distances. 372.
échelle(f) des indices d'exposition. 372.
échelle(f) des profondeurs de champ. 370.
échelle(f) des vitesses. 492.
échelle(f) droite. 278.
échelle(f) escamotable. 278, 705.
échelle(f) fruitière. 279.
échelle(f) latérale. 278.
échelle(f) mécanique d'incendie. 676.
échelle(f) pivotante automatique. 676.
échelle(f) roulante. 279.
échelle(f) transformable. 278.
échelles(f). 278, 279.
échelles(f) des altitudes. 47.
échelon(m). 278.
échenilloir-élagueur(m). 249.
échine(f). 150, 170, 514.
échiquier(m) anglais. 591.
échiquiers(m). 591.
échiquiers(m) français. 591.
écho(m). 442, 624.
éclairage(m). 600.
éclairage(m) de studio. 373.
éclairage(m) inactinique. 375.
éclairagiste(m). 389.
éclipse(f) annulaire. 37.
éclipse(f) partielle. 37, 38.
éclipse(f) totale. 37, 38.
éclisse(f). 422, 477.
écluse(f). 440.
écluse(f). 441, 660.
écoinçon(m). 172.
écorce(f). 71, 77, 137.
écoulement(m) souterrain. 58.
écoute(f). 388, 431.
écoute(f) de foc. 552.
écoute(f) de grand-voile. 552.
écoutille(f). 704.
écouvillon(m). 695.
écran(m). 392, 442, 469.
écran(m) à main. 283.
écran(m) annulaire. 662.
écran(m) de précontrôle. 391.
écran(m) de projection. 377.
écran(m) de repérage. 391.
écran(m) de soudeur. 283.
écran(m) de visibilité. 423.
écran(m) diffuseur. 373.
écran(m) fluorescent. 620.
écran(m) panoramique. 624.
écran(m) protecteur. 521.
écran(m) sortie. 391.
écran(m) témoin. 391.
écran-paralume(m). 221.
écrevisse(f). 103.
écritoire(f). 350.
écritures(f) des peuples. 355.

écrou(m). 259, 264, 274, 422, 442.
écrou(m) à cabestan. 64.
écrou(m) à collet. 270.
écrou(m) à oreilles. 264.
écrou(m) à oreilles. 262.
écrou(m) à six pans. 274.
écrou(m) borgne. 264.
écrou(m) de blocage. 268, 580.
écrou(m) de bonde. 270.
écrou(m) de canon. 699.
écrou(m) de collet. 260.
écrou(m) de contrôle. 64.
écrou(m) de fixation. 270.
écrou(m) de la lame. 263.
écrou(m) de serrage. 236, 274.
écrou(m) du presse-étoupe. 271.
écrou(m) hexagonal. 406.
écu(m). 709.
Écu(m) de Sobieski. 41.
écubier(m). 433.
écume(f). 51.
écumoire(f). 229.
écurie(f). 569.
écusson(m). 101, 266.
édicule(m). 428.
édredon(m). 214.
effacement(m). 388.
égal ou plus grand que. 723.
égal ou plus petit que. 723.
égale. 723.
égale à peu près. 723.
égout(m) collecteur. 413.
éjecteur(m). 682, 703.
éjecteur(m) de fouets. 235.
éjection(f). 382.
élan(m). 89.
élan(m), course d'. 574.
élastique(m). 214.
électricité(f). 284, 285, 286, 287, 288, 651, 652, 653, 654, 655, 656, 657, 658, 659, 660.
électro-aimant(m). 385.
électrode(f). 281, 284, 387.
électrode(f) centrale. 406.
électrode(f) d'amorçage. 284.
électrode(f) de masse. 406.
électrode(f) de Wehnelt. 620.
électrode(f) principale. 284.
électrodes(f) d'allumage. 205.
élément(m). 406, 520.
élément(m) bimétallique hélicoïdal. 611.
élément(m) chauffant. 241, 242.
élément(m) chauffant inférieur. 273.
élément(m) chauffant supérieur. 273.
élément(m) de chauffe. 205.
élément(m) de cuisson. 238.
élément(m) de dégivrage. 239.
élément(m) de grillage. 238.
élément(m) de surface. 238.
élément(m) tubulaire. 238.
éléments(m) de chauffe. 204.
élévateur(m). 43, 162, 555, 665.
élévation(f) du réseau. 393.
élevon(m). 457.
élingue(f). 694.
émail(m). 123.
émaux(m). 710.
embase(f). 43, 560, 614.
embase(f) de plat de dos. 210.
embauchoir(m). 320.
emblème(m). 397, 709.
embouchoir(f). 89.
embouchure(f) de microphone. 387.
embout(m). 218, 345, 346, 377, 406, 534, 550, 580, 586.
embout(m) d'arrosage. 250.
embout(m) de baleine. 346.
embout(m) de caoutchouc. 630.
embout(m) isolant. 341.
embrasse(f). 217, 630.
embrasure(f). 176.
émerillon(m). 581.

émetteur(m). 385.
émetteur(m). 442, 624, 706.
émetteur-récepteur(m). 394, 442, 458.
émetteur-récepteur(m) terminal. 394.
emmanchure(f). 297, 306.
emmanchure(f) américaine. 306.
emmarchement(m). 197.
émondoir(m). 249.
empattement(m). 658.
empaumure(f). 89.
empeigne(f). 318.
empennage(m). 449.
empennage(m). 448, 542, 691, 706.
empennage(m) bas. 449.
empennage(m) de stabilisation. 456.
empennage(m) en T. 449.
empennage(m) surélevé. 449.
empiècement(m). 295, 305.
emporte-pièces(m). 230.
empreinte(f) musculaire. 101.
empreinte(f) palléale. 101.
en accolade. 172.
en bas de casse. 364.
en-but(m). 531.
en capitales(f). 364.
en équilibre. 548.
en gras. 364.
en italique. 364.
en lancette. 172.
en léger. 364.
en ogive. 172.
en petites capitales(f). 364.
en prison. 594, 595.
en romain. 364.
en-tête(m). 360.
encadrement(m) de lunette. 397.
enceinte(f) acoustique. 378.
enceinte(f) acoustique. 378.
enceinte(f) de confinement. 662, 663, 666.
enclume(f). 639.
encoche(f). 243, 691.
encoche(f) de coiffe. 512.
encoignure(f). 216.
encolure(f). 91, 297.
encolure(f) bateau. 309.
encolure(f) drapée. 309.
encolure(f) en V. 293, 296.
encolure(f) ras du cou. 309, 315.
encolures(f). 309.
encre(f). 367, 516.
encre(f) lithographique. 517.
endive(f). 82.
endocarpe(m). 75, 76.
endossure(f). 514.
endroit(m). 304.
énergie(f) électrique. 654.
énergie(f) nucléaire. 661, 662, 663, 664, 665, 666, 667.
énergie(f) solaire. 668, 669, 670.
énergies(f). 633.
enfants(m). 138, 139.
enfile-aiguille(m). 501.
enfile-aiguille(m). 500.
enfourchure(f). 89, 297.
engins(m) de manutention. 685.
engins(m) féminins. 574.
engins(m) masculins. 573.
engrenage(m). 517, 672.
engrenage(m) à vis sans fin. 219.
engrenage(m) horaire. 42.
enjoliveur(m). 271, 328.
enjoliveur(m) de phare. 398.
enjoliveur(m) de roue. 397.
enregistrement(m). 381, 382, 388, 720.
enregistrement(m) de touches. 576.
enregistrement(m) des bagages. 426.
enregistrement(m) des données en mémoire vive. 468.

Les termes en **caractères gras** renvoient à une illustration; les termes en *italique* indiquent l'usage français.

enregistreur(m). 546.
enregistreur(m) de pression. 437.
enrobage(m). 670.
enrouleur(m). 576.
enrouleur(m) à ressort. 558.
enseigne(f) commerciale. 178.
enseigne(f) directionnelle. 428.
enseigne(f) extérieure. 428.
enseigne(f) lumineuse. 178.
ensemble(m) vide. 723.
ensoleillement(m). 63.
ensouple(f) de chaîne. 508.
ensouple(f) de tissu. 508.
entablement(m). 170, 198.
entablure(f). 501.
entame(f) de romsteck. 149.
entier. 70.
entoilage(m). 502.
entonnoir(m). 228, 236.
entonnoir(m) collecteur. 64.
entraînement(m) de la main
   courante. 182.
entraîneur(m). 569, 579.
entrait(m). 190.
entrave(f). 568.
entre-noeuds(m). 69.
entrecôtes(f) couvertes. 149.
entrecôtes(f) découvertes. 149.
entredent(m). 225.
entredoublure(f). 502.
entrée(f). 549, 685.
entrée(f) audio. 382.
entrée(f) d'air. 418, 435, 455.
entrée(f) d'air des moteurs. 435.
entrée(f) de clé. 266.
entrée(f) de courant. 284.
entrée(f) des gaz d'échappement.
   404.
entrée(f) du modérateur. 662.
entrée(f) interdite. 718.
entrée(f) latérale. 188.
entrée(f) pieds premiers. 548.
entrée(f) principale. 188.
entrée(f) tête première. 548.
entrée(f) vidéo. 382.
entrées(f) dans l'eau. 548.
entrejambe(m). 209.
entrejambe(m) en crinoline. 213.
entrejambe(m) en H. 213.
entrejambe(m) en X. 213.
entrejambes(m). 213.
entrepôt(m). 648.
entretien(m) des tissus. 722.
entretoise(f). 279, 508, 672, 685.
enveloppe(f). 285, 526, 587.
enveloppe(f) de verre. 372.
enveloppe(f) extérieure. 42.
enveloppe(f) intérieure. 42.
envers(m). 304.
envol(m). 574.
éolienne(f). 672.
éolienne(f) à axe horizontal. 672.
éolienne(f) à axe vertical. 672.
épandeur(m). 251.
épandeur(m) de fumier. 163.
éparpilleur(m) de fumier. 164.
épaule(f). 91, 114, 147, 148, 150,
   151, 538, 581.
épaulé-jeté(m) à deux bras. 575.
épaulement(m). 227, 264.
épaulette(f). 321.
épaulière(f). 530, 534, 690, 700.
épée(f). 577.
épée(f) à deux mains. 692.
épée(f) à une main. 692.
épée(f) à une main et demie. 692.
épées(f). 692.
épées(f) à deux tranchants. 692.
épées(f) à un tranchant. 692.
épéiste(m). 577.
éperon(m). 106, 486, 565.
éperon(m) calcanéen. 108.
épi(m). 72, 85.
épi(m) de faîtage. 187.
épicarpe(m). 74, 75, 76.
épicentre(m). 53.

épicondyle(m). 121.
épiderme(m). 135, 136, 137.
épidermicule(m). 137.
épiglotte(f). 126, 134.
épinard(m). 82.
épine(f). 101.
épine(f) de l'omoplate. 121.
épingle(f). 501.
épingle(f) à cheveux. 343.
épingle(f) à cravate. 326.
épingle(f) de sûreté. 629.
épingles(f) de sûreté. 501.
épinglette(f). 325.
épiphyse(f). 130.
épiscope(m) du tireur. 704.
épissure(f) courte. 601.
épithélium(m) olfactif. 133.
épitrochlée(f). 121.
épois(f). 89.
éponge(f). 93, 521.
éponge(f) à démaquiller. 333.
éponge(f) de mer. 333.
éponge(f) en latex. 333.
éponge(f) synthétique. 333.
éponges(f) à maquiller. 333.
épontes(f). 636.
éponychion(m). 137.
épouse(f). 138.
époux(m). 138, 139.
épreuve(f). 371.
éprouvette(f) graduée. 64.
épuisette(f). 582.
équateur(m). 35.
équateur(m) céleste. 35.
équilibrage(m). 379.
équilibreur(m). 698.
équinoxe(f) d'automne. 35.
équinoxe(f) de printemps. 35.
équipe(f). 544.
équipe(f) de rugby. 531.
équipement(m) d'alpinisme. 588.
équipement(m) d'équitation. 565.
équipement(m) de connexion. 394.
équipement(m) de contrôle
   biomédical. 458.
équipement(m) de multiplexage.
   394.
équipement(m) de protection.
   283, 530.
équipement(m) de vie. 458.
équipements(m) aéroportuaires.
   453.
équitation(f). 565, 566, 567.
équivaut à. 723.
ergot(m). 94.
ergot(m) d'entraînement. 471.
Éridan. 41.
éruption(f). 37.
escabeau(m) plate-forme. 279.
escabeaux(m). 278, 279.
escalier(m). 197.
escalier(m). 188, 579, 647, 671,
   719.
escalier(m) automoteur. 453.
escalier(m) d'accès. 453.
escalier(m) en spirale. 647.
escalier(m) fixe. 428.
escalier(m) mécanique. 182.
escalier(m) mécanique. 428.
escalier(m) mécanique
   descendant. 719.
escalier(m) mécanique montant.
   719.
escargot(m). 104.
escargots(m). 145.
escarpe(f). 176, 177.
escarpin(m). 319, 321.
escrime(f). 576, 577.
escrimeur(m). 576.
espace(m), conquête(f) de l'. 47.
espace(m) de rangement. 189.
espace(m) interplanétaire. 47.
espacer les mots. 362.
espadrille(f). 319.
espagnol(m). 355.
esperluette(f). 723.

esquimau(m). 317.
essence(f). 649.
essieu(m). 418, 562.
essieu(m) avant. 680.
essieu(m) directeur. 684.
essieu(m) moteur. 684.
essoreuse(f) à salade. 228.
est identique à. 723.
est(m). 445, 593.
estèques(f). 519.
estomac(m). 99, 102, 124, 127.
estrade(f). 569.
estrade(f). 43.
estragon(m). 143.
étable(f). 161.
étage(m). 188, 189.
étage(m). 456, 637, 671.
étage(m) d'exploitation. 660.
étai(m). 192, 430.
étai(m) avant. 552.
étamine(f). 72, 76.
étampure(f). 93.
étançon(m). 163.
étang(m) de décantation. 650.
étapes(f) de production. 654.
état(m) du sol. 63.
état(m) présent du temps. 62.
étau(m). 259.
étau(m). 515.
étau(m) à endosser. 514.
étau(m) à plomb. 521.
été(m). 35.
étiquette(f). 380, 610.
étiquette(f) extérieure du paquet.
   344.
étiquettes(f) autocollantes. 462.
étoile(f). 57, 327, 710.
étoile(f) filante. 47.
étoile(f) Polaire. 40.
étoiles(f). 145.
Eton(m). 317.
étouffoir(m). 480.
étranglement(m). 606, 611, 636.
étranglement(m) annulaire de
   Ranvier. 135.
étrave(f). 430, 552.
être(m) humain. 111.
étrier(m). 588.
étrier(m). 277, 285, 407, 561, 567,
   609, 691.
étrier(m) d'attache. 368, 384.
étrier(m) de fixation. 442.
étrier(m) de serrage. 236.
étrier(m) du flotteur. 277.
étrivière(f). 567.
étui(m). 342.
étui(m) de cuir. 599.
étuveuse(f). 232.
Eurasie. 49.
Europa. 36.
Europe. 49.
euthynterie(f). 171.
évacuation(f) du gaz carbonique.
   458.
évaporation(f). 58.
évaseur(m). 276.
évent(m). 367, 520.
évent(m) latéral. 206.
évier-broyeur(m). 270.
évier(m). 375.
évier(m) double. 267.
évolution(f) de la pression. 62.
excavatrice(f) à godets. 635.
excavatrice(f) à roue. 635, 650.
exosphère(f). 47.
expiration(f). 547.
exploitation(f) minière. 636.
explosif(m). 696.
exposant(m). 364.
extenseur(m) commun des doigts.
   119.
extenseur(m) commun des orteils.
   118.
extérieur(m) d'une maison. 187.

extincteur(m). 676.
extincteur(m) d'incendie. 718.
extracteur(m) de comédons. 343.
extraction(f) du minerai. 667.
extraction(f) minière. 650.
extrados(m). 172, 556.
eyeliner(m). 332.

F

fa(m). 475.
fabrication(f) du combustible. 667.
façade(f). 175.
face-à-main(m). 329.
face(f). 176, 224, 521, 543, 586.
face(f) cachée. 38.
face(f) visible. 38.
facules(f). 37.
faible(m). 577.
faille(f). 48, 53, 636.
faille(f) transformante. 50.
faire suivre. 362.
faisceau(m) bleu. 392.
faisceau(m) d'attente. 425.
faisceau(m) d'électrons. 392.
faisceau(m) de débranchement.
   425.
faisceau(m) de réception. 425.
faisceau(m) rouge. 392.
faisceau(m) vert. 392.
faîtage(m). 187.
faîtière(f). 596.
faitout(m). 232.
faitout(m). 599.
falaise(f). 38, 48, 51.
familiale(f). 398.
familiale(f), arrière(m) d'une. 398.
fanion(m). 61, 536, 558, 711.
fanion(m) double. 711.
fanon(m). 91.
fard-cils(m). 332.
fard-cils(m) en pain. 333.
fard(m) à joues en crème. 332.
fasce(f). 170.
fauchage(m) extérieur. 578.
fauchage(m) intérieur. 578.
faucheuse(f) alternative. 162.
faucille(f). 252.
fausse côte(f). 121.
fauteuil(m). 210.
fauteuil(m). 179.
fauteuil(m) club. 211.
fauteuil(m) d'orchestre. 179.
fauteuil(m) metteur en scène. 211.
fauteuil(m) pivotant à bascule. 465.
fauteuil(m) roulant. 631.
fauteuil(m) Wassily. 210.
fauteuil-sac(m). 212.
fauteuils(m). 211.
fauteuils(m), principaux types(m)
   de. 210, 211.
faux bourdon(m). 106.
faux(f). 252.
faux filet(m). 148.
faux quartier(m). 567.
faux registre(m). 482.
faux sommier(m). 482.
fedelini(m). 144.
femelle(f). 723.
femme(f). 138.
fémur(m). 92, 100, 105, 106, 108,
   120.
fenêtre(f). 199.
fenêtre(f). 187, 188, 299, 351, 392,
   429, 551, 658.
fenêtre(f) à guillotine. 199.
fenêtre(f) à jalousies. 199.
fenêtre(f) à la française. 199.
fenêtre(f) basculante. 199.
fenêtre(f) coulissante. 199, 421.
fenêtre(f) d'éjection. 697, 699, 701.
fenêtre(f) en accordéon. 199.
fenêtre(f) moustiquaire. 199.
fenêtre(f) ouvrant à l'anglaise. 199.
fenêtre(f) panoramique. 421.

Les termes en **caractères gras** renvoient à une illustration; les termes en *italique* indiquent l'usage français.

827

fenêtre(f) pivotante. 199.
fenouil(m). 85.
fente(f). 237, 264, 351, 511, 513.
fente(f) à monnaie. 388, 595.
fente(f) du support. 219.
fente(f) latérale. 293.
fente(f) médiane. 293.
fer(m). 586.
fer(m). 257, 586.
fer(m) à cheval. 93.
fer(m) à cheval. 172, 325.
fer(m) à friser. 341.
fer(m) à souder. 281.
fer(m) à souder. 521.
fer(m) à vapeur. 243.
fer(m) droit. 586.
fer(m) droit. 586.
ferme(f). 159, 190.
fermeture(f) à glissière. 502.
fermeture(f) à glissière. 315, 316,
    317, 342, 346, 347, 348, 597.
fermeture(f) du soufflet. 489.
fermeture(f) sous patte. 317.
fermoir(m). 349, 350.
fermoir(m) à boules. 349, 351.
ferret(m). 318, 346.
ferrule(f). 501.
ferrure(f). 347.
fesse(f). 115.
feu(f) de gabarit. 397.
feu(m). 444.
feu(m) anticollision. 448.
feu(m) arrière. 409, 411.
feu(m) clignotant. 423.
feu(m) de circulation. 178.
feu(m) de gabarit. 402, 403.
feu(m) de gabarit rouge. 402.
feu(m) de lisse. 423.
feu(m) de marche arrière. 397.
feu(m) de navigation. 448.
feu(m) de position. 705.
feu(m) de tête de mât. 434.
feu(m) rouge arrière. 397, 402.
feu(m) stroboscopique. 705.
feuillage(m). 71.
feuille(f). 70.
feuille(f). 69, 85.
feuille(f), bord(m) d'une. 70.
feuille(f) d'acanthe. 170, 210.
feuille(f) de papier. 616.
feuille(f) de vigne. 82.
feuille(f) protectrice. 265.
feuilles(f), types(m) de. 70.
feuilles(f) composées. 70.
feuilles(f) simples. 70.
feuillet(m). 351, 512.
feuillet(m) intercalaire. 463.
feuilleté(m). 157.
feutre(m). 314, 480.
feux(m) d'extrémité de piste. 452.
fèves(f). 85.
fibre(f). 601.
fibre(f) collagène. 136.
fibre(f) musculaire. 135.
fibre(f) nerveuse. 135.
ficelle(f). 513.
fiche(f). 285.
fiche(f). 261, 384.
fiche(f) européenne. 285.
fiche(f) pour jack. 378.
fiches(f). 464.
fichier(m). 464.
fichier(m) rotatif. 464.
figue(f) de Barbarie. 80.
figures(f). 591.
fil(m). 265, 580, 581.
fil(m) à couper la pâte. 519.
fil(m) de caret. 601.
fil(m) de chaîne. 511.
fil(m) de connexion. 576.
fil(m) de contact. 427.
fil(m) de corps. 576.
fil(m) de liaison. 288.
fil(m) de magnésium. 372.
fil(m) de service neutre. 288.
fil(m) de terre. 288.

fil(m) de trame. 511.
fil(m) neutre. 288.
fil(m) séparateur. 466.
fil(m) thermique. 288.
filament(m). 37, 284, 372, 620.
filament(m) branchial. 98.
filet(m). 72, 148, 150, 151, 264,
    477, 533, 535, 536, 537, 539,
    542, 543.
filet(m) d'arrêt. 525.
filetage(m). 271.
filière(f). 276.
fille(f). 138.
film-disque(m). 371.
film-pack(m). 371.
filoir(m) d'écoute. 553.
filoir(m) de spinnaker. 552.
fils(m). 138.
filtre(m). 204, 233, 652, 669, 675.
filtre(m) à air. 205, 253, 405, 678,
    704.
filtre(m) à charpie. 240, 241.
filtre(m) à huile. 405.
filtre(m) bactérien. 277.
filtre(m) de couleur. 370.
filtre(m) de polarisation. 370.
filtre(m) de sortie. 495.
filtre(m) rouge inactinique. 376.
filtre-oscillateur(m). 495.
filum(m) terminale. 130.
fin(f). 601.
fin(f) d'autoroute. 717.
fin(f) de l'interdiction de dépasser.
    716.
fines herbes(f). 143.
finlandais(m). 355.
fixation(f). 554.
fixation(f), système(m) de. 639.
fixation(f) à butée avant. 561.
fixation(f) à câble. 561.
fixation(f) arrière. 554.
fixation(f) avant. 554.
fixation(f) de loquet de porte. 419.
fixation(f) de sécurité. 560.
fixation(f) de sécurité. 559.
fixations(f). 264.
fixe-majuscules(m). 467, 470.
flamme(f). 711.
flan(m). 157.
flanc(m). 91, 95, 147, 148, 150,
    151, 176, 407, 514.
flanc(m) dextre. 709.
flanc(m) senestre. 709.
flanchet(m). 149.
flâneur(m). 320.
flanqueur(m). 529.
flash-cube(m). 372.
flash(m). 373.
flash(m) électronique. 372.
flashmètre(m). 373.
flasque(m). 694.
flasque(m) inférieur. 657.
fléau(m). 608, 609, 610.
flèche(f). 691.
Flèche(f). 40, 174, 582, 592, 675,
    679, 681, 683.
flèche(f) de cercle. 680.
flèche(f) du vent. 61.
flèche(f) en silex, pointe de. 689.
flèche(f) littorale. 51.
flèche(f) télescopique. 683.
fleur(f). 69.
fleur(f), structure(f) d'une. 72.
fleur(f) de lis. 710.
fleuret(m). 577, 639.
fleuret(m) électrique. 576.
fleurettiste(m). 577.
fleurs(f). 593.
flexible(m). 269, 270.
flexible(m) d'air. 639.
flexible(m) d'eau. 639.
flexible(m) de distribution. 401.
flotteur(m). 581.
flotteur(m). 268, 277, 443, 551,
    647, 698.
fluide(m), entrée(f) du. 670.

fluide(m), sortie(f) du. 670.
fluide(m) caloporteur. 668, 670.
flûte(f). 483, 490.
flûte(f) à champagne. 222.
flûte(f) de Pan. 488.
flûtes(f). 493.
flux(m). 521.
foc(m). 552.
foc(m), faux. 431.
foc(m), grand. 431.
foc(m), petit. 431.
focalisation(f). 668.
foie(m). 99, 124, 127.
follicule(f). 79.
follicule(m), coupe(f) d'un. 79.
follicule(m) pileux. 137.
fonctions(f) d'un système. 468.
fond(m). 374, 477, 538, 638.
fond(m) d'yeux. 225.
fond(m) de bassin. 545.
fond(m) de l'océan. 48.
fond(m) de robe. 312.
fond(m) de teint liquide. 332.
fond(m) de tour. 649.
fond(m) du bassin. 548.
fondation(f). 653.
fondation(f) de pile. 414.
fondation(f) de pylône. 416.
fondations(f). 192.
fondrière(f) de mousse. 650.
fonture(f). 505.
football(m). 527, 528, 529, 530.
football(m) américain. 527, 528.
football(m) canadien. 527, 529.
football(m) européen. 532.
forage(m), appareil(m) de. 640.
forage(m) en mer. 642.
foramen(m) apical. 123.
foramen(m) caecum. 134.
force(f) du vent. 62.
forêt(f) tropicale. 59.
foret(m). 260.
foret(m). 260.
formation(f) aquifère. 650.
fort(m). 577.
fortification(f) à la Vauban. 176.
fosse(f) abyssale. 50.
fosse(f) d'orchestre. 180.
fosse(f) de réception. 590.
fosse(f) de sable. 585.
fosse(f) nasale. 122.
fosse(f) septique. 277.
fosse(f) septique. 277.
fosse(f) temporale. 122.
fossé(m). 176, 177, 413.
fosses(f) nasales. 133.
fossette(f) de l'anthélix. 132.
Fou(m). 591.
fouet(m). 230, 235.
fouet(m) à fil. 235.
fouet(m) en spirale. 235.
fouet(m) quatre pales. 235.
fouets(m). 235.
fouillot(m). 266.
foulard(m). 559.
four(m). 238, 668.
four(m) à micro-ondes. 237.
four(m) électrique. 520.
four(m) solaire. 668.
four(m) tubulaire. 649.
fourche(f). 411, 622, 658, 684.
fourche(f) à bêcher. 248.
fourche(f) à fleurs. 249.
fourche(f) télescopique
    hydraulique. 409.
fourchette(f). 225.
fourchette(f). 93, 299, 561, 599,
    607, 609.
fourchette(f) à découper. 227.
fourchette(f) à dessert. 225.
fourchette(f) à fondue. 225.
fourchette(f) à huîtres. 225.
fourchette(f) à poisson. 225.
fourchette(f) à salade. 225.
fourchette(f) de table. 225.

**fourchettes(f), principaux
    types(m) de. 225.**
fourgon-pompe(m). 677.
Fourneau(m). 41, 345.
fournitures(f) de bureau. 459.
fourreau(m). 346.
fourreau(m). 91, 260, 261, 551.
fourreau(m) de la langue. 109.
fourrures(f). 710.
foyer(m). 188, 668.
foyer(m) primaire. 42.
foyère(f). 200.
fraise(f). 260.
fraise(f), coupe(f) d'une. 74.
framboise, coupe(f) d'une. 74.
français(m). 355.
frange(f). 331.
frange(f) de passementerie. 217.
frappeur(m). 525.
frégate(f). 439.
frein(m). 559, 560, 580.
frein(m) à disque. 407.
frein(m) à disque. 409, 672.
frein(m) à tambour. 407.
frein(m) arrière. 411.
frein(m) avant. 411.
frein(m) de chaîne. 253.
frein(m) de pointe. 562.
freineur(m). 564.
freins(m) de voie primaires. 425.
freins(m) de voie secondaires. 425.
frère(m). 138.
frette(f). 487, 494.
frise(f). 170, 198, 215.
friteuse(f). 233.
fromages(m) français. 154, 155.
**fromages(m) nord-américains.
    154.**
fronce(f). 305.
front(m). 95, 114, 635.
front(m) chaud en altitude. 61.
front(m) chaud en surface. 61.
front(m) de taille. 635, 637.
front(m) froid en altitude. 61.
front(m) froid en surface. 61.
front(m) occlus. 61.
front(m) stationnaire. 61.
frontal(m). 118, 120, 122, 567,
    690.
fronton(m). 171.
fronts(m). 61.
frottoir(m). 345.
**fruit(m) à noyau, coupe(f) d'un.
    75.**
**fruit(m) à pépins, coupe(f) d'un.
    76.**
**fruits(m) à noyau, principales
    variétés(f) de. 75.**
**fruits(m) à pépins, principales
    variétés(f) de. 76.**
fruits(m) charnus. 74, 77.
fruits(m) charnus à noyau. 75.
fruits(m) charnus à pépins. 76.
fruits(m) charnus complexes. 74.
fruits(m) secs. 78.
fruits(m) secs divers. 79.
fruits(m) tropicaux. 80.
fuide(m) des températures. 243.
fume-cigarettes(m). 344.
fumée(f). 60.
fumerolle(f). 53.
funicule(m). 74, 79.
furet(m) de dégorgement. 276.
fuseau(m). 506.
fuseau(m). 310, 510.
fusée(f). 456.
fusée(f). 47, 430.
fusée(f) à propergol solide. 457.
fusée(f) à temps. 696.
fuselage(m). 448, 556.
fusible-cartouche(m). 285.
fusible-cartouche(m) à lames. 285.
fusible(m). 659.
fusible(m) à culot. 285.
fusibles(m). 285.
fusil(m). 702.

Les termes en **caractères gras** renvoient à une illustration; les termes en *italique* indiquent l'usage français.

fusil(m). 227.
fusil(m) à air comprimé. 550.
fusil(m) automatique. 699.
fusil-mitrailleur(m). 701.
fût(m). 71, 170, 220, 264, 658, 691, 702.

G

gabarit(m). 521.
gâble(m). 175.
gâche(f). 266.
gâchette(f). 280, 701.
gâchette(f) de sécurité. 253.
gadelle(f). 74.
gaffe(f). 677.
gainage(m) du combustible défectueux. 665.
gaine-culotte(f). 313.
gaine(f). 70, 313, 600, 601, 663.
gaine(f) de dérivation. 202.
gaine(f) de distribution. 204.
gaine(f) de myéline. 135.
gaine(f) de rancher. 402.
gaine(f) de retour(d'air). 204.
gaine(f) de Schwann. 135.
gaine(f) épithéliale externe. 137.
gaine(f) épithéliale interne. 137.
gaine(f) isolante. 285.
gaine(f) principale. 202.
galaxie(f). 39.
galaxie(f) elliptique. 39.
galaxie(f) irrégulière. 39.
galaxie(f) lenticulaire. 39.
galaxie(f) spirale. 39.
galaxie(f) spirale barrée. 39.
galaxies(f), classification des. 39.
galerie(f). 179.
galerie(f). 175, 671.
galerie(f), entrée(f) de. 637.
galerie(f) à flanc de coteau. 636.
galerie(f) d'accès. 660.
galerie(f) de circulation. 637.
galerie(f) de visite. 655.
galerie(f) en direction. 636, 637.
galerie(f) sèche. 54.
galet(m). 218, 241, 242, 446.
galet(m) de guide-papier. 471.
galet(m) de répartition. 678.
galet(m) de support. 678.
galet(m) de translation. 683.
galet(m) tendeur. 412.
galettage(m). 519.
galette(f). 156.
galhauban(m). 430.
gallois(m). 355.
galon(m). 298.
gamme(f). 475.
ganache(f). 91.
ganglion(m) spinal. 135.
ganse(f). 596, 599.
gant(m). 299, 526.
gant(m). 458, 534, 550, 555, 561, 564, 565, 572, 576.
gant(m) à crispin. 283, 299.
gant(m) court. 299.
gant(m) de bâton. 534.
gant(m) de boxe. 579.
gant(m) de conduite. 299.
gant(m) de frappeur. 526.
gant(m) de receveur. 526.
gant(m) saxe. 299.
gantelet(m). 690.
gants(m), types(m) de. 299.
Ganymède. 36.
garage(m). 187, 189, 433, 434.
garant(m). 318.
garcette(f) de ris. 431.
garde-beurre(m). 239.
garde-boue(m) arrière. 411.
garde-boue(m) avant. 409.
garde-corps(m). 187, 279, 414.
garde(f). 512, 693.
garde(f) volante. 512.

garde-fou(m). 651.
garde(m) droit. 528, 529.
garde(m) gauche. 528, 529.
garde-main(m). 699.
garde-manger(m). 189.
garde-neige(m). 408.
garde-papier(m). 375.
garde-robe(f). 188, 189.
gardien(m) de but. 534.
gardien(m) de but. 532, 533, 539, 545.
gare(f). 424.
gare(f) de marchandises. 424.
gare(f) de triage. 425.
gare(f) de voyageurs. 424.
gare(f) maritime. 441.
garniture(f). 274, 347, 349.
garniture(f) de frein. 407.
garniture(f) dossier. 631.
garniture(f) siège. 631.
garrot(m). 91.
gastéropode(m). 104.
gastéropodes(m) comestibles. 104.
gastrocnémien(m). 119.
gâteau(m). 156.
gâteau(m) aux fruits. 157.
gaufre(f). 157.
gaufrier-gril(m). 237.
gaz(m). 284, 640.
gaz(m) inerte. 284.
gazomètre(m). 638.
gazon(m). 247.
Gémeaux(m). 40, 712.
gencive(f). 123.
générateur(m) d'air chaud électrique. 205.
générateur(m) d'air chaud. 202.
générateur(m) de vapeur. 661, 664, 668.
génératrice(f). 411, 672.
génératrice(f) principale. 418.
genou(m). 91, 108, 114.
genouillère(f). 526, 530, 534, 575, 690.
géographie(f). 45.
germe(m). 79.
germes(m). 85.
geyser(m). 53.
gibbeuse(f) croissante. 38.
gibbeuse(f) décroissante. 38.
gicleur(m). 205, 647.
gigot(m). 151.
gigoteuse(f). 316.
gilet(m). 293.
gilet(m). 307, 317, 321.
gilet(m) de laine. 296.
Girafe(f). 40, 374, 390.
girelle(f). 519.
giron(m). 197.
girouette(f). 63, 187, 552.
gisement(m). 635, 636.
gîte(m) à la noix. 149.
gîte(m) de derrière. 149.
gîte(m) de devant. 149.
glace(f). 58, 397, 443.
glace(f) de custode. 397.
glace(f) latérale. 403.
glaceuse(f) à plat. 375.
glacier(m). 56.
glacier(m) de piémont. 56.
glacier(m) suspendu. 56.
glacière(f). 600.
glacis(m). 176.
glaive(m). 689.
gland(m). 116, 217.
glande(f) à venin. 109.
glande(f) bulbo-urétrale. 116.
glande(f) digestive. 102.
glande(f) mammaire. 117.
glande(f) sébacée. 136, 137.
glande(f) sudoripare apocrine. 136.
glande(f) sudoripare eccrine. 136.
glande(f) surrénale. 128.
glandes(f) salivaires. 127.
glissière(f). 209, 242, 505, 703.

glissière(f) de fixation. 621.
glissière(f) du guide. 262.
glissoir(m). 318.
glissoire(f) de recul. 698.
globe(m). 220.
globe(m) oculaire. 131.
globe(m) oculaire. 105.
glome(m). 93.
glomérule(m). 136.
godet(m). 280, 675, 679.
godet(m) chargeur. 681.
godet(m) rétro. 679.
goélette(f) franche. 432.
golf(m). 585, 586, 587.
golfeur(m). 585.
gombo(m). 81.
gomme(f). 461.
gond(m). 198, 215.
gonfleur-dégonfleur(m). 598.
gonfleur(m). 598.
gong(m). 485.
gong(m). 493.
gorge(f). 54, 95, 150, 176, 259, 581.
gorgerin(m). 690.
gouffre(m). 54.
gouge(f). 342.
gouge(f) creuse. 516.
gouge(f) en V. 516.
goujon(m). 209, 407.
goulotte(f). 162, 163.
goupille(f). 266.
goupille(f) de démontage. 699.
goupille(f) de sécurité. 696.
gour(m). 54.
gourde(f). 600.
gourmette(f). 567.
gourmette(f) d'identité. 325.
Gournay(m). 155.
gousse(f), coupe(f) d'une. 79.
gousset(m) de latte. 551, 552.
goût(m). 133, 134.
goutte(f). 170.
gouttelette(f) lipidique. 113.
gouttière(f). 89, 187, 221, 397.
gouvernail(m). 433, 457, 552, 671.
gouvernail(m) avant. 434.
gouvernail(m) de direction. 438, 448, 556.
gouvernail(m) de plongée avant. 438.
gouvernail(m) de profondeur. 448, 556.
gouverne(f) de direction. 435.
goyave(f). 80.
gradin(m). 635.
gradin(m), hauteur(f) du. 635.
graduation(f). 608, 609, 610, 611, 613, 625.
grain(m). 60, 85.
grain(m) d'amidon. 113.
grain(m) de blé, coupe(f) d'un. 79.
graine(f). 74, 75, 76, 77, 78, 79.
graines(f) de soja. 85.
grains(m) de plomb. 145.
graisses(f). 649.
graisseur(m). 639.
grand adducteur(m). 119.
Grand Chien(m). 41.
grand complexus(m). 119.
grand dorsal(m). 119.
grand droit(m) de l'abdomen. 118.
grand fessier(m). 119.
grand largue(m). 553.
grand magasin(m). 178.
grand-mère(f). 139.
grand oblique(m) de l'abdomen. 118, 119.
grand palmaire(m). 118.
grand pectoral(m). 118.
grand-père(m). 139.
grand rond(m). 119.
grand tournant(m). 569.
grand trochanter(m). 121.

grand-voile(f). 552.
grand-voile(f) arrière. 431.
grand-voile(f) avant. 431.
Grande Ourse(f). 40.
grande sus-alaire(f). 96.
grandes capitales et petites capitales. 365.
grandes capitales(f). 365.
grange(f). 161.
granule(f). 37.
grappe(f). 72.
grappe(f) de combustible. 663.
grappe(f) de combustible. 663.
grappe(f) de raisin. 695.
grappin(m). 681.
grappin(m). 447.
gras. 365.
grasset(m). 91.
gratte-ongles(m). 342.
grattoir(m). 280.
gravier(m). 192, 277.
gravure(f) en creux. 515.
gravure(f) en relief. 516.
gravure(f) sur bois de bout. 516.
gravure(f) sur bois de fil. 516.
grébiche(f). 351.
grec(m). 355.
grecquage(m). 513.
grecque(f). 513.
gréement(m). 430.
gréement(m). 557.
gréements(m), types(m) de. 432.
greffoir(m). 252.
grêle(f). 57.
grêlon(m). 57.
grenade(f). 80.
grenade(f) à main. 696.
grenaille(f) de charbon. 387.
grenouille(f). 105.
grenouillère(f). 316.
grès(m). 650.
grésil(m). 57, 60.
grève(f). 690.
griffe(f). 94, 95, 100, 103, 106, 108, 109, 325.
griffe(f) à fleurs. 249.
griffe(f) abaissée. 94.
griffe(f) d'entraînement. 500.
griffe(f) rétractée. 94.
gril(m). 180.
gril(m) électrique. 237.
grill(m). 600.
grillage(m). 203, 206.
grillage(m) de protection. 221.
grille(f). 171, 232, 238, 337, 489, 655.
grille(f) à reine. 107.
grille(f) d'aération. 242.
grille(f) d'aspiration. 340.
grille(f) d'égout. 413.
grille(f) d'extrémité. 663.
grille(f) de sortie d'air. 340.
grille(f) inférieure. 165.
grille(f) métallique conductrice. 670.
grille(f) stabilisatrice. 599.
grille(f) supérieure. 165.
grille-pain(m). 237.
grilles(f). 233.
groseille(f) à grappes. 74.
groseille(f) à maquereau. 74.
grosse caisse(f). 486.
grosse caisse(f). 491, 493.
grotte(f). 54.
grotte(f). 51.
groupe(m) bulbe. 660.
groupe(m) de plaques négatives. 406.
groupe(m) de plaques positives. 406.
groupe(m) électrogène. 453.
groupe(m) frigorifique. 402.
groupes(m) instrumentaux. 490, 491.
grue(f). 683.
Grue(f). 41, 643.

grue(f) à flèche. 441.
grue(f) à tour. 683.
grue(f) à tour. 441.
grue(f) automotrice sur chenilles. 683.
grue(f) de prise de vues. 390.
grue(f) sur ponton. 441.
grue(f) sur porteur. 683.
grue(f) sur portique. 683.
gruppetto(m). 476.
guerrier(m) africain. 689.
guêtre(f) de ski. 559.
gueules(f). 710.
gui(m). 430.
guichet(m). 426.
guide-chaîne(m). 253, 412.
guide-fil(m). 499, 500, 505, 510.
guide-ligne(m). 580.
guide(m). 237, 386, 513.
guide(m) à onglet. 262.
guide(m) de la cabine. 181.
guide(m) de refend. 262, 263.
guide(m) du contrepoids. 181.
guide(m) papier. 467.
guide-ruban(m). 466.
guiderope(m). 437.
guides(m) de classement. 463.
guidon(m). 408, 411, 697, 700, 702, 703, 711.
guillemets(m). 357, 364, 386.
guimbarde(f). 488.
guindant(m). 551, 709.
guitare(f) électrique. 494.
guyot(m). 50.
gymnaste(m). 574.
gymnastique(f). 573, 574.
gyromitre(m) comestible. 73.
gyrophare(m). 677.

H

habitation(f). 161.
hache(f) en pierre polie. 689.
hachette(f). 600, 676.
hachoir(m). 228.
hachure(f). 511.
hackle(m). 581.
haie(f). 247, 570.
haie(f) barrée. 565, 566.
haie(f) rivière. 565, 566.
halebas(m). 552.
halefis(m) de culasse. 327.
halefis(m) de table. 327.
hall(m) de gare. 426.
hall(m) des arrivées. 454.
hall(m) des départs. 454.
hall(m) public. 454.
haltère(m). 575.
haltérophile(m). 575.
haltérophilie(f). 575.
hameçon(m). 581.
hampe(f). 61, 149, 581, 709.
hampe(f) de pavillon de beaupré. 439.
hanche(f). 100, 106, 115.
hanche(f) ailée. 578.
hanche(f) fauchée. 578.
hand-ball(m). 539.
hangar(m). 161, 452.
hangar(m) de transit. 441.
hangar(m) pour hélicoptère. 439.
haricot(m) vert. 81.
harmonica(m). 488.
harnais(m). 508, 550, 555, 557, 563, 676.
harpe(f). 478.
harpe(f). 187, 493.
hastée. 70.
hauban(m). 411, 430, 552, 557, 596, 672, 675.
haubans(m) en éventail. 416.
haubans(m) en harpe. 416.
hausse(f). 107, 478, 697, 699, 700, 701, 702.
haut-de-côtes(m). 148.

haut-de-forme(m). 298.
haut(m) de côtelettes. 151.
haut(m) de côtes. 147.
haut(m) de cuisseau. 147.
haut(m) de gigot. 151.
haut(m) de table. 583.
haut-parleur(m). 43, 383, 390, 392, 471, 677.
haut-parleur(m) d'aigus. 378.
haut-parleur(m) de contrôle. 391.
haut-parleur(m) de graves. 378.
haut-parleur(m) de médium. 378.
haut-parleur(m) de service. 391.
hautbois(m). 483, 490, 493.
haute lisse(f). 509.
hauteur(f). 548.
hauteur(f) de la vague. 51.
hauteur(f) de marche. 197.
hauteur(f) du plongeon. 549.
hayon(m). 398.
hébreu(m). 355.
hélice(f). 433, 436, 437, 438.
hélice(f) de propulsion. 435.
hélicoptère(m). 455.
hélicoptère(m) de lutte anti-sous-marine. 439.
héliographe(m). 64.
héliographe(m). 63.
héliostat(m). 668.
hélisurface(f). 643.
hélix(m). 132.
hémibranchie(f). 98.
hémisphère(m) austral. 35.
hémisphère(m) boréal. 35.
Hercule. 40.
hermine(f). 710.
herse(f). 162.
herse(f). 180.
hile(m) du rein. 128.
hindi(m). 355.
hiver(m). 35.
hockey(m) sur glace. 533, 534.
hockeyeur(m). 534.
hollandais(m). 355.
homard(m). 103.
hongrois(m). 355.
honneurs(m) simples. 593.
honneurs(m) supérieurs. 593.
honneurs(m) suprêmes. 593.
hôpital(m). 718.
horloge(f). 391, 616.
horloge(f) à poids. 607.
horloge(f) de parquet. 607.
horloge(f) numérique. 382.
horloge(f) programmatrice. 237, 238.
hors-limite(f). 585.
hotte(f). 200.
houe(f). 248.
houpette(f). 332.
houppier(m). 71.
hourd(m). 177.
housse(f) à vêtements. 347.
housse(f) d'oreiller. 214.
hublot(m). 237, 238, 322, 448.
hublot(m) d'observation. 457.
hublot(m) de chargement du combustible neuf. 665.
hublot(m) de déchargement du combustible irradié. 665.
huiles(f) lubrifiantes. 649.
huître(f). 102.
huméro-stylo-radial(m). 118.
humérus(m). 92, 108, 120.
humeur(f) aqueuse. 131.
humidificateur(m). 204.
humidité(f). 63.
hune(f). 430.
hunier(m) fixe, petit. 431.
hunier(m) fixe avant, grand. 431.
hunier(m) volant, petit. 431.
hunier(m) volant avant, grand. 431.
hutte(f). 169.
Hydre(f) femelle. 40, 41.
Hydre(f) mâle. 41.
hydroptère(m). 436.

hydroraffineur(m). 648.
hygiaphone(m). 426.
hygromètre(m) enregistreur. 63.
hygrostat(m). 206.
hypergone(m). 43, 370.
hyphe(m). 73.
hypocentre(m). 53.
hypoderme(m). 136.
hypophyse(f). 130.
hyporachis(m). 96.
hysope(f). 143.

I

identification(f) de la piste. 569.
igloo(m). 169.
île(f) de sable. 51.
île(f) volcanique. 50.
iléon(m). 127.
îlot(m) de ravitaillement. 401.
îlot(m) refuge. 178.
image(f) imprimée. 518.
immeuble(m). 178.
impair(m). 594, 595.
imparipennée. 70.
imperméable(m). 291.
impluvium(m). 173.
imposte(f). 172.
impression(f). 518.
impression(f) à plat. 518.
impression(f) en creux. 518.
impression(f) en relief. 518.
imprimante(f). 469, 472.
imprimante(f) ligne par ligne. 666.
imprimante(f) matricielle. 471.
impulsion(f). 624.
incisive(f). 90.
incisive(f) centrale. 123.
incisive(f) latérale. 123.
inclinaison(f) de la lame. 263.
inclusion(f). 723.
index(m). 443, 505.
indicateur(m). 442.
indicateur(m) d'inclinaison latérale. 556.
indicateur(m) de charge. 399.
indicateur(m) de fin de ruban. 466.
indicateur(m) de ligne transparent. 467.
indicateur(m) de niveau d'huile. 399.
indicateur(m) de niveau de carburant. 399.
indicateur(m) de niveau électroluminescent. 381.
indicateur(m) de rangs. 505.
indicateur(m) de réglage de libération du talon. 559.
indicateur(m) de résistance anticipatrice. 611.
indicateur(m) de température. 399.
indicateur(m) de tension. 500.
indicateur(m) de type de bande. 381.
indicateur(m) de virage. 399.
indicateur(m) de vitesse. 399, 410.
indicateur(m) lumineux. 341.
indication(f) de caractères. 365.
indice(m). 364.
indices(f) d'exposition. 372.
Indien(m). 41.
infiltration(f). 58.
infini(m). 723.
inflorescence(f), modes(m) d'. 72.
influx(m) nerveux. 135.
ingénieur(m) du son. 389.
initiales(f) d'identification. 360.
injecteur(m). 404.
injecteur(m) de carburant. 450.
injection(f) de gaz. 641.
injection(f) de vapeur. 650.
injection(f) sur orbite géostationnaire. 394.
insérer. 362.

insérer un mot. 362.
insérer une lettre. 362.
inspiration(f). 547.
installation(f) à air chaud pulsé. 202.
installation(f) à eau chaude. 203.
instrument(m) ancien. 367.
instrument(m) moderne. 367.
instruments(m). 557.
instruments(m) à clavier. 479, 480.
instruments(m) à cordes. 477, 478.
instruments(m) à percussion. 485, 486.
instruments(m) à vent. 483, 484.
instruments(m) d'écriture. 367.
instruments(m) de bord. 399.
instruments(m) de bord. 399.
instruments(m) de contrôle des moteurs. 451.
instruments(m) de mesure météorologique. 64.
instruments(m) de vol. 451.
instruments(m) électriques. 494.
instruments(m) électroniques. 495.
instruments(m) traditionnels. 487, 488, 489.
Intelsat. 393.
inter(m) droit. 532.
inter(m) gauche. 532.
interdiction(f) de dépasser. 716.
interdiction(f) de faire demi-tour. 716.
interdiction(f de tourner à gauche. 716.
interdit aux chiens. 718.
interligne(m). 475.
interosseux(m). 118.
interrupteur(m). 238, 239, 244, 260, 261, 285, 372, 383, 384, 442, 467, 471.
interrupteur(m) à gâchette. 263.
interrupteur(m) à mercure. 611.
interrupteur(m) d'accord silencieux. 381.
interrupteur(m) d'alimentation. 381, 382.
interrupteur(m) d'alimentation du magnétoscope. 382.
interrupteur(m) d'alimentation du programmeur. 382.
interrupteur(m) d'arrêt étage extrême haut. 181.
interrupteur(m) d'éclairage. 340, 410.
interrupteur(m) d'équilibre des blancs. 384.
interrupteur(m) d'urgence. 410.
interrupteur(m) de démarrage. 241.
interrupteur(m) de fin de course. 181.
interrupteur(m) de fondu. 384.
interrupteur(m) de la porte. 241.
interrupteur(m) électrique. 285.
interrupteur(m) marche-arrêt. 221, 337, 339, 340, 341.
interrupteur(m) principal. 659.
intersection(f). 723.
intersection(f) à sens giratoire. 715.
intersection(f) à sens giratoire obligatoire. 717.
intersection(f) avec priorité. 715.
intervalle(m) d'air. 669.
intervalles(m). 476.
intestin(m). 99, 102, 124.
intestin(m), gros. 127.
intestin(m) grêle. 127.
intrados(m). 172, 556.
inuktitut(m). 355.
inverseur(m). 269.
inverseur(m) route-croisement. 400, 410.
Io. 36.

Les termes en **caractères gras** renvoient à une illustration; les termes en *italique* indiquent l'usage français.

ionisation(f). 662.
ionosphère(f). 47.
iranien(m). 355.
iris(m). 131.
isba(f). 169.
ischion(m). 121.
isobare(f). 62.
isolant(m). 196, 273, 669, 670.
isolant(m) de ruban métallique. 195.
isolant(m) en caoutchouc-mousse. 195.
isolant(m) en coquille. 195.
isolant(m) en natte. 195.
isolant(m) en panneau rigide. 195.
isolant(m) en plastique. 288.
isolant(m) en rouleau. 195.
isolant(m) en ruban. 195.
isolant(m) en vinyle. 195.
isolant(m) en vrac. 195.
isolant(m) moussé. 195.
isolateur(m). 406, 659.
isolation(f). 644.
isthme(m) de la trompe utérine. 117.
isthme(m) du gosier. 134.
italien(m). 355.
italiques. 365.
ivoire(m). 123.

J

jabot(m). 308.
jachère(f). 161.
jack(m) de sortie. 494.
jacquet(m). 592.
jambage(m). 200.
jambe(f). 91, 115, 297.
jambe(f) de force. 190.
jambe(f) élastique. 297, 315, 317.
jambette(f). 190.
jambier(m) antérieur. 118.
jambière(f). 534, 589.
jambière(f) de gardien. 534.
jambon(m). 150.
jambonneau(m). 150.
jambonneau(m) arrière. 150.
jambonneau(m) avant. 150.
jan(m) extérieur. 592.
jan(m) intérieur. 592.
jante(f). 407, 409, 411, 572.
japonais(m). 355.
jaquette(f). 565.
jardin(m). 173, 188.
jardin(m) d'agrément. 247.
jardin(m) potager. 161, 188.
jardinage(m). 245.
jarret(m). 91, 147, 148, 150, 151.
jarret(m) arrière. 147.
jarret(m) avant. 147.
jarretelle(f). 313.
jarretière(f). 312.
jas(m). 447.
jauge(f) à aiguilles. 504.
jauge(f) d'huile. 405.
jauge(f) magnétique à lecture directe. 647.
jaune(m). 97.
javelot(m). 689.
javelots(m). 572.
jazz(m), formation(f) de. 491.
jean(m). 310.
jéjunum(m). 127.
jet(m) d'eau. 198, 199.
jetée(f). 642.
jeton(m). 594, 595.
jeu(m) d'ustensiles. 229.
jeu(m) de dilatation. 422.
jeu(m) de filtres colorés. 373.
jeu(m) de filtres diffusants. 373.
jeu(m) étendu de caractères. 470.
joindre. 362.
joint(m). 238, 240, 242, 367, 670.
joint(m) à coulisse. 259.

joint(m) d'étanchéité. 270, 271, 273, 647.
joint(m) de bougie. 406.
joint(m) de rail. 422.
joint(m) magnétique. 239.
joint(m) périmétral. 653.
joint(m) torique. 271.
joint(m) tournant. 624.
jointure(f) à soufflet. 458.
joker(m). 592.
jonc(m). 325.
jonction(f). 670.
joue(f). 114, 257, 581.
joue(f) de jante. 407.
joueur(m). 526.
joueur(m). 545.
joueurs(m) de tennis. 538.
jour(m). 638.
judo(m). 578.
juge-arbitre(m). 543.
juge(m). 576, 578, 579.
juge(m) de but. 545.
juge(m) de champ arrière. 528.
juge(m) de classement. 546.
juge(m) de départ. 546.
juge(m) de faute de pieds. 537.
juge(m) de filet. 537.
juge(m) de ligne. 528, 533, 536, 537, 542.
juge(m) de nages. 546.
juge(m) de service. 542.
juge(m) de touche. 531, 532.
juge(m) de virages. 546.
jugulaire(f). 530.
jumeau(m). 118.
jumeaux(m). 149.
jumelles(f) à prismes. 621.
jupe-culotte(f). 303.
jupe(f) à empiècement. 303.
jupe(f) à lés. 303.
jupe(f) à volants étagés. 303.
jupe(f) droite. 303.
jupe(f) fourreau. 303.
jupe(f) froncée. 303.
jupe(f) portefeuille. 303.
jupe(f) souple. 435.
jupes(f). 303.
jupes(f) à plis. 304.
jupette(f). 538.
Jupiter. 36.
jupon(m). 313.
justifier à droite. 362.
justifier à gauche. 362.

K

kaki(m). 80.
kérosène(m). 649.
ketch(m). 432.
kilt(m). 303.
kimono(m). 311.
kiosque(m). 438.
kiwi(m). 80.
klaxon(m). 399, 410, 412.
knicker(m). 561.
knickerbockers(m). 310.
krêpis(m). 171.
kumquat(m). 77.

L

la(m). 475.
laboratoire(m). 648.
laboratoire(m) des diagraphies. 643.
laboratoire(m) photographique. 375.
laboratoire(m) spatial. 457.
lac(m). 38.
lac(m) salé. 55.
laccolite(m). 53.
lacet(m). 318, 526, 562, 579.
lacis(m) de pied. 563.
lacis(m) de queue. 563.
lacis(m) de tête. 563.

lactaire(m) délicieux. 73.
lacune(f) latérale. 93.
lacune(f) médiane. 93.
lagune(f). 51.
laie(f). 482.
laiterie(f). 161.
laitue(f) pommée. 82.
laize(f). 552.
lambourde(f). 192, 196.
lame(f). 165, 196, 224, 227, 252, 258, 262, 263, 285, 287, 337, 338, 398, 485, 488, 501, 508, 534, 562, 577, 588, 678, 680, 693.
lame(f) à double tranchant. 337.
lame(f) amovible. 280.
lame(f) au néon. 286.
lame(f) criblée de l'ethmoïde. 133.
lame(f) d'étouffoir. 480.
lame(f) de scie circulaire. 263.
lame(f) de suspension. 607.
lame(f) fixe. 513.
lame(f) mobile. 513.
lame(f) porte-objet. 619.
lame(f) racleuse. 682.
lamelle(f). 73, 196, 219.
lamelle(f) couvre-objet. 619.
lampadaire(m). 220.
lampe-éclair(f). 372.
lampe(f). 383, 619.
lampe(f) à haute intensité lumineuse. 43.
lampe(f) à incandescence. 284.
lampe(f) à incandescence. 446.
lampe(f) à souder. 276.
lampe(f) à vapeur de mercure. 284.
lampe(f) d'architecte. 221.
lampe(f) de bureau. 221.
lampe(f) de chevet. 220.
lampe(f) de four. 237, 238.
lampe(f) de poche. 221.
lampe(f) de projection. 377.
lampe(f) de table. 220.
lampe(f) étanche. 550.
lampe(f) frontale. 589.
lampe(f) isolée. 286.
lampe(f) liseuse. 220.
lampe-témoin(f). 576.
lampe-témoin(f) de phare. 410.
lampe-témoin(f) de pression d'huile. 410.
lampe-témoin(f) stéréo. 379.
lampe-tempête(f). 600.
lampisterie(f). 638.
lance-canon(m). 677.
lance(f). 282, 676, 677, 689.
lance(m) pot fumigène. 704.
lance-missiles(m). 439.
lancéolée. 70.
lancer(m) du disque. 570.
lancer(m) du javelot. 570.
lancer(m) du marteau. 570.
lancer(m) du poids. 571.
lancers(m). 572.
lanceur(m). 410, 525.
lange(m). 516, 518.
langouste(f). 103.
langoustine(f). 103.
langue(f). 99, 127, 133, 134.
langue(f), dos de la. 134.
langue(f) bifide. 109.
langue(f) glaciaire. 56.
languette(f). 266, 318, 482, 560, 562.
lanière(f). 480, 554, 589.
lanière(f) de sécurité. 560.
lanterne(f). 247, 445, 599, 695.
lanterne(f) de phare. 446.
lanterne(f) de pied. 221.
lanterne(f) murale. 221.
lapié(m). 54.
largeur(f). 548.
largue(f). 553.
larmier(m). 187.
larve(f). 107.

larynx(m). 126.
lasagnes(f). 144.
lasagnes(f) aux épinards. 144.
lasagnes(f) frisées. 144.
latitude(f). 35.
latte(f). 219, 507, 551, 552, 557, 671.
lattis(m) de plâtre lisse. 194.
lattis(m) de plâtre perforé. 194.
lattis(m) métallique à losanges. 194.
laurier(m). 143.
lavabo(m). 269.
lavage(m). 722.
lavalière(f). 326.
lavallière(f). 309.
lave-auto(m). 401.
lave-linge(m). 240, 272.
lave-vaisselle. 242.
lave-vaisselle(m). 272.
laveuse(f) pour épreuves. 375.
lavoir(m). 638.
lecteur(m) de bande perforée. 386.
lecteur(m) de carte. 505.
lecteur(m) de cartes. 472.
lecteur(m) de patron. 505.
lecture(f). 381, 382.
lecture(f) de plans. 188.
légionnaire(m) romain. 689.
légumes-bulbes(m). 83.
légumes-feuilles(m). 82.
légumes-fleurs(m). 81.
légumes-fruits(m). 81.
légumes-graines(m). 85.
légumes(m). 81, 82, 83, 84, 85.
légumes-racines(m). 84.
légumes-tiges(m). 85.
légumes-tubercules(m). 84.
légumier(m). 223.
lentille(f). 345, 607, 614.
lentille(f) additionnelle. 370.
lentille(f) biconcave. 625.
lentille(f) biconvexe. 625.
lentille(f) centrale. 446.
lentille(f) concave. 625.
lentille(f) convergente. 621, 623.
lentille(f) convexe. 625.
lentille(f) de champ. 621.
lentille(f) de condenseur. 620.
lentille(f) de diffraction. 620.
lentille(f) de projecteur d'étoiles. 43.
lentille(f) de projection. 620.
lentille(f) de redressement. 621.
lentille(f) magnétique. 620.
lentille(f) objectif. 620, 621.
lentille(f) plan-concave. 625.
lentille(f) plan-convexe. 625.
lentilles(f). 625.
lentilles(f). 85.
lentilles(f) convergentes. 625.
lentilles(f) divergentes. 625.
léopard(m). 90.
lest(m). 683.
lest(m) de sécurité. 437.
lettre(f) type. 359, 360, 361.
leucoplaste(m). 113.
leurres(m). 581.
lève-fil(m). 243.
lève-soupape(m). 276.
levée(f). 605.
levier du pêne(m). 266.
levier(m). 259, 270, 271, 341, 343, 385, 471, 517, 612, 702.
levier(m) à ressort. 595.
levier(m) coudé. 679.
levier(m) d'armement. 368, 699, 700, 701.
levier(m) d'échappement. 480.
levier(m) d'interligne. 467.
levier(m) de came. 703.
levier(m) de chargement du ruban. 466.
levier(m) de chargement du ruban correcteur. 466.

Les termes en **caractères gras** renvoient à une illustration; les termes en *italique* indiquent l'usage français.

831

levier(m) de commande. 261, 374, 411, 412, 639.
levier(m) de commande à main. 422.
levier(m) de côté. 506.
levier(m) de débrayage du chariot. 467.
levier(m) de déclenchement. 268, 403.
levier(m) de dégagement. 259.
levier(m) de dégagement de la sphère. 466.
levier(m) de dégagement du papier. 467.
levier(m) de direction. 704.
levier(m) de fixation de venturi. 700.
levier(m) de frein à main. 399.
levier(m) de la lame. 513.
levier(m) de levage. 419.
levier(m) de manoeuvre de la culasse. 698.
levier(m) de perçage. 243.
levier(m) de point. 506.
levier(m) de réglage. 492.
levier(m) de réglage latéral. 257.
levier(m) de serrage. 259.
levier(m) de vibrato. 494.
levier(m) de vitesse. 399.
levier(m) du bloc. 257.
levier(m) du protège-lame inférieur. 263.
levier(m) d'appel. 266.
levier(m) télescopique de dételage. 419.
lèvre(f). 94, 260.
lèvre(f), grande. 117.
lèvre(f), petite. 117.
lèvre(f) inférieure. 134, 482.
lèvre(f) supérieure. 134, 482.
Lézard(m). 40.
liaison(f). 476.
liaisons(f) frigorifiques. 204.
liber(m). 71.
Licorne(f). 41.
Liederkranz(m). 154.
lien(m) de faîtage. 190.
liens(m) de parenté. 138, 139.
lieu(m) et date(f). 360.
Lièvre(m). 41.
ligament(m), position du. 101.
ligament(m) alvéolo-dentaire. 123.
ligament(m) élastique. 94, 102.
ligament(m) large de l'utérus. 117.
ligament(m) rond de l'utérus. 117.
ligament(m) suspenseur. 131.
ligne blanche(f). 93.
ligne(f). 385, 475, 651.
ligne(f) arrière. 544, 551.
ligne(f) avant. 541, 551.
ligne(f) basse. 577.
ligne(f) bleue. 533.
ligne(f) centrale. 533, 536, 543.
ligne(f) d'appel. 570.
ligne(f) d'arrivée. 569, 571.
ligne(f) d'attaque. 536.
ligne(f) d'avertissement. 576.
ligne(f) d'ourlet. 503.
ligne(f) de 2 m. 545.
ligne(f) de 4 m. 545.
ligne(f) de balayage. 544.
ligne(f) de ballon mort. 531.
ligne(f) de bâti. 503.
ligne(f) de boîte de service. 541.
ligne(f) de but. 527, 531, 532, 533, 539, 545.
ligne(f) de cadre. 584.
ligne(f) de centre. 537, 544.
ligne(f) de côté. 536.
ligne(f) de côté de double. 537.
ligne(f) de côté de simple. 537.
ligne(f) de coupe. 503.
ligne(f) de croissance. 101, 104.
ligne(f) de demi-court. 540.
ligne(f) de départ. 544, 570.

ligne(f) de distribution à basse tension. 659.
ligne(f) de distribution à moyenne tension. 659.
ligne(f) de flottaison. 439.
ligne(f) de foi. 443.
ligne(f) de fond. 527, 535, 536, 537, 542, 543.
ligne(f) de jet franc. 539.
ligne(f) de jeu. 525, 544, 590.
ligne(f) de lancer franc. 535.
ligne(f) de limite arrière. 576.
ligne(f) de mêlée. 528, 529.
ligne(f) de mise en garde. 576.
ligne(f) de modification. 503.
ligne(f) de pied de mât. 551.
ligne(f) de piqûre de la fermeture. 503.
ligne(f) de pliure. 308.
ligne(f) de réception de service. 541.
ligne(f) de sécurité. 428.
ligne(f) de sept mètres. 539.
ligne(f) de service. 537, 540, 541.
ligne(f) de service court. 542.
ligne(f) de service long. 542.
ligne(f) de surface de but. 539.
ligne(f) de suture. 101.
ligne(f) de touche. 527, 531, 532, 535, 539.
ligne(f) de touche de but. 531.
ligne(f) de visée. 625.
ligne(f) des 10 mètres. 531.
ligne(f) des 15 mètres. 531.
ligne(f) des 22 mètres. 531.
ligne(f) des 5 mètres. 531.
ligne(f) des 50 mètres. 531.
ligne(f) des courtes. 540.
ligne(f) des verges. 527.
ligne(f) externe. 577.
ligne(f) haute. 577.
ligne(f) interne. 577.
ligne(f) isosiste. 53.
ligne(f) latérale. 98, 540, 543, 544.
ligne(f) latérale de double. 542.
ligne(f) latérale de simple. 542.
ligne(f) médiane. 532, 535, 539, 542, 545, 576.
ligne(f) médiane de service. 537.
ligne(f) méridienne. 625.
ligne(f) sous tension. 718.
ligne(f) supplémentaire. 475.
lignée(f) du cheval. 569.
lignes(f), grandes. 424.
limaçon(m). 132.
limbe(m). 70, 443.
lime-émeri(f). 343.
lime(f). 343, 599.
lime(f) à ongles. 342.
limitation(f) de hauteur. 716.
limitation(f) de largeur. 716.
limitation(f) de poids. 716.
limite(f) du terrain. 540.
limite(f) hors-terrain. 540.
limiteur(m) de surchauffe. 241.
limon(m). 162, 197.
limousine(f). 398.
linéaire. 70.
linteau(m). 175, 198, 200.
Lion(m). 40, 712.
lion(m) passant. 710.
liquette(f). 305.
lisière(f). 502.
lisse(f). 187, 192, 423, 508.
lisse(f) d'aile. 449.
lisse(f) d'assise. 192.
lisses(f). 509.
listel(m). 260.
lit(m). 214.
lit(m) de camp pliant. 598.
lit(m) de l'ongle. 137.
lit(m) du bas. 421.
lit(m) du haut. 421.
lit-matelas(m). 598.
litchi(m). 80.
literie(f). 214.

lithographie(f). 517.
lithosphère(f). 47.
littoral(m), configuration(f) du. 51.
livèche(f). 143.
livraison(m) des bagages. 720.
livre(f). 723.
livre(m) relié. 512.
lobé. 70.
lobe(m). 97, 117.
lobe(m) du nez. 133.
lobe(m) inférieur. 126.
lobe(m) moyen. 126.
lobe(m) supérieur. 126.
lobule(m). 132.
local(m) de service. 445.
location(f) de voitures. 721.
locaux(m) d'habitation. 645.
locaux(m) du personnel. 433.
locaux(m) pour fret. 433.
loch(m) vertical. 437.
locomotive(f) de manoeuvre. 425.
locomotive(f) diesel-électrique. 418.
lofer. 551.
loge(f). 76, 77, 179.
loge(f) de juge de but. 533.
logement(m) de cassette. 381, 382.
lointain(m). 179, 180.
loisirs(m) de création. 497.
long péronier(m) latéral. 118.
long supinateur(m). 119.
longe(f). 147, 148, 150, 151.
longe(f) complète. 147, 151.
longeron(m). 402, 403.
longeron(m) avant. 449.
longeron(m) de chenille. 678.
longeron(m) latéral inférieur. 425.
longeron(m) principal. 449.
longitude(f). 35.
longueur(f). 548.
longueur(f) de la vague. 51.
loquet(m). 237, 238, 242.
loquet(m) de porte. 419.
lore(m). 95.
lorgnette(f). 329.
louche(f). 229.
Loup(m). 41.
loupe(f) de mise au point. 370, 376.
loupe(f) de mise au point. 375.
lucarne(f). 187.
luette(f). 133, 134.
luge(f). 564.
lugeur(m). 564.
lumière(f). 482, 670, 694, 695.
lumière(f) du Soleil. 38.
luminaires(m). 220, 221.
luminophore(m). 392.
Lune(f). 38.
Lune(f). 36, 37.
Lune(f), éclipse(f) de. 38.
Lune(f), phases(f) de la. 38.
lunette(f). 698.
lunette(f) arrière. 397.
lunette(f) astronomique. 623.
lunette(f) d'approche. 443.
lunette(f) de visée. 621.
lunette(f) de visée. 700.
lunettes(f). 328, 329.
lunettes(f). 283, 329, 564.
lunettes(f) de glacier. 589.
lunettes(f) de protection. 329.
lunettes(f) de sécurité. 329.
lunettes(f) de ski. 329, 559.
lunettes(f) de soleil. 561.
lunettes(f) de vol. 555.
lunule(f). 101, 137.
lustre(m). 220.
Lynx(m). 40.
lyre(f). 487.
Lyre(f). 40.
lysosome(m). 113.

M

macaroni(m). 144, 145.
macfarlane(f). 292.
mâche(f). 82.
machette(f). 692.
mâchicoulis(m). 177.
machine(f) à coudre. 499, 500.
machine(f) à écrire. 466, 467.
machine(f) à faire les pâtes. 228.
machine(f) à sous. 595.
machine(f) à tricoter. 505, 506.
machine(f) agricole. 165.
machine(f) de chargement. 665.
machine(f) de déchargement. 665.
machine(f) de manutention. 661, 664.
machine(f) de rotation à poids. 446.
machinerie(f) agricole. 162, 163, 164.
machinerie(f) lourde. 673.
mâchoire(f). 103, 287.
mâchoire(f) d'attelage. 419.
mâchoire(f) d'herbivore. 90.
mâchoire(f) de carnivore. 90.
mâchoire(f) de rongeur. 90.
mâchoire(f) dentée. 259.
mâchoire(f) droite. 259.
mâchoire(f) fixe. 258, 259.
mâchoire(f) invurvée. 259.
mâchoire(f) mobile. 258, 259.
mâchoires(f), types(m) de. 90.
macreuse(f). 149.
mafaldes(f). 144.
magasin(m). 702.
magma. 53.
magnétophone(m) à cassette. 469.
magnétoscope(m). 382.
magnétoscope(m). 389.
mah-jong(m). 593.
maille(f). 543.
mailles(f) de montage. 504.
maillet(m). 257.
maillet(m). 516.
mailloche(f). 486.
mailloches(f). 485.
maillon-gouge(m). 253.
maillon(m) de chenille. 678.
maillot(m). 538, 579.
maillot(m) de corps à manches courtes. 575.
main(f). 115.
main(f) courante. 182, 197, 419, 631.
main(f) pleine. 592.
maïs(m). 85.
maïs(m) fourrager. 161.
maison(f). 185, 188, 544.
maison(f) à cour ouverte. 161.
maison(f) éclusière. 441.
maison(f) en copropriété. 183.
maison(f) en rangée. 183.
maison(f) individuelle. 183.
maison(f) individuelle jumelée. 183.
maison(f) romaine. 173.
maison(f) solaire. 669.
maisons(f) de ville. 183.
maisons(f) traditionnelles. 169.
maître-brin(m). 563.
malaire(f). 120.
mâle(m). 723.
malle(f). 347.
mallette(f) de toilette. 347.
mallette(f) porte-documents. 350.
mamelle(f). 93.
mamelon(m). 114, 117.
mamelon(m) double. 275.
manche(f). 293.
manche(f) à même. 306.
manche(m) ballon. 306.
manche(f) bouffante. 306.
manche(f) chauve-souris. 306.
manche(f) chemisier. 305, 306.
manche(f) de commande. 451.

Les termes en **caractères gras** renvoient à une illustration; les termes en *italique* indiquent l'usage français.

manche(f) gigot. 306.
manche(f) kimono. 306.
manche(f) marteau. 306.
manche(f) montée. 291, 295, 296, 306.
manche(f) pagode. 306.
manche(f) raglan. 291, 306, 316.
manche(f) tailleur. 306.
manche(f) trois-quarts. 306.
manche(m). 221, 224, 225, 226, 257, 280, 282, 337, 339, 346, 477, 480, 487, 494, 501, 506, 514, 521, 526, 534, 538, 540, 543, 582, 586, 588.
manche(m) à air. 711.
manche(m) à balai. 471.
manche(m) à balai. 469, 556.
manche(m) isolant. 287.
manche(m) isolé. 286.
manche(m) pilote. 455.
manche raglan. 300.
mancheron(m). 306.
manches(f). 306.
manchette(f). 534.
manchon(m). 306.
manchon(m). 205, 270, 275, 280, 575.
manchon(m) cannelé. 271.
manchon(m) coudé. 623.
manchon(m) coulissant. 623.
manchon(m) de câble. 261.
manchon(m) de culasse. 698.
manchon(m) de refroidissement. 697, 701.
mandarine(f). 77.
mandibule(f). 103, 106.
mandibule(m). 98, 100.
mandibule(m) inférieure. 95.
mandibule(m) supérieure. 95.
mandoline(f). 487.
mandrin(m). 258, 260, 261.
manette(f). 237.
manette(f) de chasse. 269.
manette(f) de clignotant. 400.
manette(f) de commande. 380.
manette(f) de relèvement du plateau. 261.
manette(f) du frein. 408.
manettes(f) de commande. 451.
mangue(f). 75.
manicotti(m). 145.
manille(f). 553.
manille(f) de liaison. 555.
manipulateur(m). 385.
manipulation(f) du combustible. 665.
manivelle(f). 260, 374, 402, 412, 440, 489, 508, 580, 697.
manivelle(f) de lève-glace. 400.
manivelle(f) de relèvement de la lame. 262.
mannequin(m). 501.
manomètre(m). 204, 458, 612, 641, 647, 677.
manomètre(m) de bouteille. 282.
manomètre(m) de chalumeau. 282.
manque(m). 594, 595.
manteau(m). 104, 200.
manteau(m) inférieur. 47.
manteau(m) supérieur. 47.
manteaux(m). 300, 301.
maquette(f). 521.
maquillage(m). 332, 333.
maquillage(m), produits(m) de. 332, 333.
marais(m) salant. 51.
marbre(f). 525.
marbre(m). 516.
marchand(m) de journaux. 178.
marche(f). 182, 197, 279, 508.
marche(f) palière. 177.
marchepied(m). 403, 408, 430, 455, 677.
marchepied(m) en étrier. 419.
marge(f) continentale. 50.
margeur(m). 376.

margeur(m). 375, 467.
mari(m). 138.
marinière(f). 305.
marjolaine(f). 143.
marmite(f). 232.
marmotte(f). 314.
marquage(m), feuille(f) de. 590.
marquage(m), table(f) de. 590.
marquage(m) de la sensibilité. 372.
marque(f) centrale. 537.
marque(f) d'aire de prise de contact. 452.
marque(f) d'axe de piste. 452.
marque(f) de distance fixe. 452.
marque(f) de point d'attente. 452.
marque(f) déposée. 723.
marques(f) d'identification. 452.
marques(f) de seuil de piste. 452.
marques(f) latérales de piste. 452.
marqueur(m). 367, 533, 535, 536, 576, 590.
marquise(f). 427.
marron(m). 78.
Mars. 36.
marteau(m). 572.
marteau(m). 387, 479, 480, 589.
marteau(m) à endosser. 514.
marteau(m) à panne ronde. 257.
marteau(m) d'électricien. 287.
marteau(m) de menuisier. 257.
marteau(m) dépointeur. 588.
marteau(m) perforateur. 639.
marteau(m) perforateur à poussoir pneumatique. 639.
marteau(m) pneumatique. 639.
marteau-piolet(m). 588.
marteline(f). 521.
martinet(m). 430.
martingale(f). 300, 430, 577.
mascara(m). 332.
masque(m). 322, 526, 530, 534, 550, 576.
masque(m) perforé. 392.
masse(f). 616.
masse(f) continentale. 50.
masse(f) de réglage. 492.
masse(f) pendulaire. 492.
masse-tige(f). 640.
masséter(m). 118.
massif(m) d'ancrage des câbles. 416.
massif(m) de fleurs. 247.
mastoïde(f). 122.
mât(m). 423, 551, 552, 557, 596, 675, 684, 709.
mât(m) arrière, grand. 430.
mât(m) avant, grand. 430.
mât(m) d'artimont. 430.
mât(m) d'auvent. 596.
mât(m) de beaupré. 430.
mât(m) de cacatois. 430.
mât(m) de charge. 434.
mât(m) de hune. 430.
mât(m) de misaine. 430.
mât(m) de perroquet. 430.
mât(m) rotor. 455.
matelas(m). 214.
matelas(m) isolant. 598.
matelas(m) mousse. 598.
matelas(m) pneumatique. 598.
matelassure(f). 567.
matériaux(m) de construction. 193, 194, 195.
matériel(f). 515, 516, 517.
matériel(m) d'alpinisme. 588.
mathématiques(f). 723.
matières(f) inflammables. 718.
matrice(f). 495.
matrice(f) de l'ongle. 137.
mâture(f). 430.
maxillaire(m). 98, 133.
maxillaire(m) basculant. 109.
maxillaire(m) inférieur. 92, 120, 122, 123.
maxillaire(m) supérieur. 120, 122, 123.

mazout(m) domestique. 649.
mazout(m) léger. 649.
mazout(m) lourd. 649.
méat(m) de l'urètre. 116.
mécanique(f). 479.
mécanique(f) d'accordage. 494.
mécanique(f) du piano droit. 480.
mécanisme(m) à échappement. 492.
mécanisme(m) d'enclenchement de la carte. 505.
mécanisme(m) d'enroulement. 219.
mécanisme(m) d'inclinaison de la lame. 262.
mécanisme(m) d'octave. 483.
mécanisme(m) d'orientation de la lame. 680.
mécanisme(m) de l'orgue. 482.
mécanisme(m) de pointage en hauteur. 701.
mécanisme(m) de tension. 393.
mécanisme(m) de tir. 700.
mécanisme(m) du bras de sécurité. 393.
mécanisme(m) du pêne demi-tour. 266.
mécanisme(m) marcheur à came coulissante. 675.
mèche(f). 260.
mèche(f) de crins. 478.
mèche(f) double torsade. 260.
mèche(f) hélicoïdale. 260.
médaillon(m). 326.
médiator(m). 487.
méditerranéen. 59.
mégot(m). 344.
mélangeur(m). 235.
mélangeur(m) à main. 235.
mélangeur(m) bain-douche. 267.
mélanocyte(m). 136.
mêlée(f). 531.
mêlée(f), football(m) américain. 528.
mêlée(f), football(m) canadien. 529.
melon(m) brodé. 81.
membrane(f). 378, 384, 487.
membrane(f) alaire. 108.
membrane(f) basale. 113.
membrane(f) coquillière. 97.
membrane(f) cytoplasmique. 113.
membrane(f) du tympan. 132.
membrane(f) interfémorale. 108.
membrane(f) nucléaire. 113.
membrane(f) squelettique. 113.
membrane(f) vitelline. 97.
membre(m) inférieur. 124.
membre(m) supérieur. 124.
membrure(f) inférieure. 415.
membrure(f) principale. 658.
membrure(f) supérieure. 415.
mémoire(f) à bande magnétique. 472.
mémoire(f) à disques. 472.
mémoire(f) morte. 468.
meneur(m). 544.
ménisque(m) convergent. 625.
ménisque(m) divergent. 625.
menthe(f). 143.
menton(m). 95, 114.
mentonnière(f). 690.
menuiserie(f). 255, 258, 259, 260, 261, 262, 263, 264, 265.
méplat(m). 504, 538.
mer(f). 38.
mer(f) Caspienne. 49.
mer(f) de Béring. 49.
mer(f) de Chine. 49.
mer(f) des Antilles. 49.
mer(f) du Groenland. 49.
mer(f) du Nord. 49.
mer(f) Méditerranée. 49.
mer(f) Noire. 49.
mer(f) Rouge. 49.

Mercure. 36.
mercure(m). 284.
mère(f). 138, 139.
méridien(m). 35.
méridien(m) céleste. 35.
méridienne(f). 211.
meringue(f). 156.
merlon(m). 177.
merlon(m) de protection. 647.
merrain(m). 89.
mésa(f). 55.
mésocarpe(m). 74, 75, 76, 77.
mésosphère(f). 47.
mésothorax(m). 100.
mesure(f) à deux temps. 476.
mesure(f) à quatre temps. 476.
mesure(f) à trois temps. 476.
mesure(f) de la masse. 608, 609, 610.
mesure(f) de la pression. 612.
mesure(f) de la température. 611.
mesure(f) du temps. 605, 606, 607.
mesures(f). 476.
mesures(f). 229.
métacarpe(m). 92, 94, 120.
métacarpien(m). 108.
métal(m). 282.
métamorphose(f) de la grenouille. 105.
métatarse(m). 92, 105, 120.
métathorax(m). 100.
métaux(m). 710.
météores(m). 60.
météorologie(f). 62, 63.
méthanier(m). 645.
métier(m) à broder. 507.
métier(m) de basse lisse. 508.
métier(m) de haute lisse. 509.
métope(f). 170.
mètre(m) à ruban. 501, 613.
métronome(m). 492.
mettre sur la ligne précédente. 363.
mettre sur la ligne suivante. 362.
meubles(m). 710.
meubles(m) de rangement. 215, 216.
meule(f). 521.
meule(f). 89.
meule(f) diamantée. 521.
meurtrière(f). 177.
mezzanine(f). 179.
mezzanine(f). 179, 428.
mi-bas(m). 297, 311.
mi-chaussette(f). 297, 311.
mi(m). 475.
micro(m) de fréquences aiguës. 494.
micro(m) de fréquences graves. 494.
micro(m) de fréquences intermédiaires. 494.
micro-ordinateur(m). 468, 469, 470, 471.
micromètre(m). 613.
microphone(m). 387.
microphone(m). 378, 387, 388, 471.
microphone(m) dynamique. 384.
microphone(m) incorporé. 384.
microprocesseur(m). 469.
microscope(m) binoculaire. 619.
microscope(m) électronique. 620.
milieu(m) de cuisse. 150.
milieu(m) de longe. 150.
milieu(m) de poitrine. 149.
milieu(m) de sous-noix. 147.
Mimolette(m). 155.
minaudière(f). 349.
mine(f). 650.
mine(f) à ciel ouvert. 636.
mine(f) de charbon. 635, 636, 637, 638, 639.

Les termes en **caractères gras** renvoient à une illustration; les termes en *italique* indiquent l'usage français.

833

mine(f) souterraine. 637.
minerai(m). 635, 636.
mini-slip(m). 297.
minuterie(f). 238, 375, 615.
minuterie(f) de dégivrage. 239.
minuteur(m). 229.
mire(f). 625, 691, 703.
mire(f) de réglage. 391.
mirette(f). 519.
miroir(m). 332, 347, 368, 625.
miroir(m), grand. 443.
miroir(m), petit. 443.
miroir(m) d'éclairage du cercle
    horizontal. 614.
miroir(m) d'éclairage du cercle
    vertical. 614.
miroir(m) de courtoisie. 399.
miroir(m) de prise de vues. 371.
miroir(m) double pivotant. 340.
miroir(m) grossissant. 340.
miroir(m) latéral. 340.
miroir(m) lumineux. 340.
miroir(m) parabolique. 668.
miroir(m) plan. 622.
miroir(m) plan rétractable. 42.
miroir(m) primaire concave. 42.
miroir(m) primaire parabolique.
    622.
misaine(f). 431.
mise(f) à feu. 700.
**mise(f) à feu, accessoires(m) de.
    695.**
mise(f) à la terre. 385.
mise(f) en marche. 388.
mise(f) en presse. 514.
**mises(f), tableau(m) des. 594,
    595.**
missile(m). 438, 706.
missile(m), structure(f) d'un. 706.
missile(m) air-air. 705, 706.
missile(m) air-sol. 706.
missile(m) anti-sous-marin. 706.
missile(m) antichar. 706.
missile(m) sol-air. 706.
missile(m) sol-sol. 706.
missiles(m). 706.
mitaine(f). 283, 299, 317, 559, 589.
mitigeur(m). 271.
mitigeur(m) à bille creuse. 271.
mitigeur(m) d'évier. 271.
mitigeur(m) d'évier. 270.
mitochondrie(f). 113.
mitraille(f). 695.
mitrailleuse(f). 701.
mitrailleuse(f). 704.
mitrailleuse(f) coaxiale. 704.
mitre(f). 202, 224, 227.
mitron(m). 187.
mobilier(m) de bureau. 465.
mocassin(m). 319, 563.
modèle(m) américain. 359.
**modèle(m) américain de
    corrections typographiques.
    365.**
modèle(m) britannique. 361.
**modèle(m) britannique de
    corrections typographiques.
    366.**
modèle(m) canadien. 360.
**modèle(m) français de
    corrections typographiques.
    366.**
modérateur(m). 662, 664, 666.
modestie(f). 308.
modillon(m). 170.
modulaire(m) d'impulsion. 624.
modulateur(m) en anneau. 495.
module(m) de commande. 456.
module(m) de communication. 468.
module(m) de service. 456.
module(m) lunaire. 456.
moelle(f). 71, 137.
moelle(f) épinière. 99, 130, 135.
moissonneuse-batteuse(f). 165.
molaire(f). 90.
molette(f). 258, 344, 467, 471.

molette(f) d'entraînement. 243.
molette(f) d'entraînement de la
    carte. 505.
molette(f) d'entraînement du cercle
    horizontal. 614.
molette(f) de mise au point. 621.
molette(f) de rebobinage. 368.
molette(f) de réglage. 287.
molette(f) de réglage de la flamme.
    344.
mollet(m). 115.
mollusque(m). 102.
**mollusques(m) comestibles,
    principaux. 102.**
moniteur(m) de ski. 558.
monocle(m). 329.
mont(m) de Vénus. 117.
montage(m). 636.
montagne(f). 54.
montant(m). 213, 278, 308, 445,
    487, 508, 509, 513, 562, 570,
    571, 573, 574, 630.
montant(m) d'angle. 425.
montant(m) de bride. 567.
montant(m) de ferrage. 198, 215.
montant(m) de la serrure. 198.
montant(m) de rive. 199.
montant(m) du bâti. 215.
montant(m) embrevé. 199.
montant(m) latéral. 397.
montant(m) mouton. 199.
monte-charge(m). 180, 719.
montée(f) arrière. 569.
montera(f). 321.
Monterey Jack(m). 154.
monticule(m). 525.
montre(f). 399, 520.
montre(f) à diapason. 606.
montre(f) de plongée. 550.
montre(f) mécanique. 605.
monture(f). 259, 346, 488, 577.
monture(f) à pas de vis. 370.
monture(f) azimutale. 623.
monture(f) baïonnette. 368.
monture(f) d'objectif. 368.
monture(f) de tube à arc. 284.
monture(f) en fer à cheval. 42.
monture(f) réglable. 262.
moraillon(m). 347.
moraine(f) de fond. 56.
moraine(f) frontale. 56.
moraine(f) latérale. 56.
moraine(f) médiane. 56.
mordache(f). 513.
mordant(m). 476.
morille(f). 73.
mors(m). 258, 260, 261, 343, 512,
    568.
mors(m) de bride. 567.
mors(m) de filet. 567.
mort(f). 723.
mort(m) terrain. 635.
mort-terrain(m). 637, 650.
mortaise(f). 93, 345, 507.
mortier(m). 697.
mortier(m). 193, 228, 439.
moteur-benne(m). 682.
moteur(m). 405.
moteur(m). 165, 181, 206, 240,
    241, 244, 260, 261, 263, 377,
    456, 499, 587, 622, 624, 640,
    675, 678, 680, 681, 682.
moteur(m) à essence. 405.
**moteur(m) à turbocompression.
    404.**
moteur(m) d'aiguille. 423.
moteur(m) de manoeuvre. 457.
moteur(m) de traction. 418.
moteur(m) diesel. 404.
moteur(m) diesel. 418, 436, 679.
moteur(m) du ventilateur. 206.
moteur(m) électrique. 182, 205,
    277, 371, 437.
moteurs(m). 404.
moteurs(m). 457.
moteurs(m) principaux. 457.

motif(m). 316.
motif(m) au cadre. 315.
motoculteur(m). 251.
motocyclette(f). 409, 410.
motoneige(f). 408.
motrice(f). 429.
motte(f) de gazon. 585.
Mouche(f). 41, 584.
mouche(f) arrière. 583.
mouche(f) artificielle. 581.
mouche(f) centrale. 583, 584.
mouche(f) de ligne de cadre. 584.
mouche(f) de tête. 583.
mouche(f) supérieure. 584.
moufle(f). 283, 299, 317, 559, 589.
moufle(m). 520.
moufle(m) fixe. 640.
moufle(m) mobile. 640.
mouilleur(m). 462.
moule(f). 102.
moule(m) à flan. 230.
moule(m) à gâteau. 230.
moule(m) à glaçons. 239.
moule(m) à muffins. 230.
moule(m) à quiche. 230.
moule(m) à tarte. 230.
moulin(m) à café. 234.
moulin(m) à vent. 671.
moulin(m) pivot. 671.
moulin(m) tour. 671.
moulinet(m). 516.
moulinet(m) à lancer. 580.
moulinet(m) à tambour fixe. 580.
mousqueton(m). 588.
mousqueton(m). 552, 553.
mousqueton(m) à ressort. 553.
mousse(f). 157.
moustache(f). 95.
moustaches(f). 94.
moutarde(f). 79.
mouton(m). 568.
moyen adducteur(m). 118.
moyenne sus-alaire(f). 96.
moyeu(m). 411, 631, 657, 672.
moyeu(m) rotor. 455.
Mt Everest(m). 47.
multiplicateur(m) de focale. 370.
multiplication(f). 723.
Munster(m). 155.
muqueuse(f) olfactive. 133.
mur(m). 565, 566, 593, 596, 636.
mur(m) amortisseur. 590.
mur(m) arrière. 540, 541.
mur(m) avant. 540, 541.
mur(m) avec barre en oxer. 566.
mur(m) avec colonne. 566.
mur(m) bajoyer. 651.
mur(m) barré. 565, 566.
mur(m) d'extrémité. 546.
mur(m) de batillage. 652.
mur(m) de départ. 546.
mur(m) de fondation. 192.
mur(m) de retour. 547.
mur(m) en béton. 669.
mur(m) latéral. 540, 541, 546.
mur(m) Trombe. 669.
muraille(f). 593.
**mûre sauvage, coupe(f) d'une.
    74.**
murette(f). 445.
muscle(m) adducteur. 102.
muscle(m) arrecteur. 136, 137.
muscle(m) papillaire. 124.
**muscles(m), face(f) antérieure.
    118.**
**muscles(m), face(f) postérieure.
    119.**
museau(m). 94, 105.
muserolle(f). 567.
musique(f). 473.
mutule(f). 170.
mycélium(f). 73.
mye(f). 102.
myomère(m). 99.
myrtille(f). 74.

N

n'égale pas. 723.
n'est pas identique à. 723.
nœud(m). 69.
nacelle(f). 417, 672.
nacelle(f) d'observation. 42.
nacelle(f) élévatrice. 453.
nage(f) sur le côté. 547.
nage(f) sur le dos. 547.
nageoire(f) anale. 98.
nageoire(f) caudale. 98, 103.
nageoire(f) dorsale. 98.
nageoire(f) pectorale. 98.
nageoire(f) pelvienne. 98.
nages(f), types(m) de. 547.
nageur(m). 546.
nageur(m) de brasse. 547.
nageur(m) de crawl. 547.
nageur(m) de dos. 547.
nageur(m) de papillon. 547.
naissance(f). 723.
naos(m). 171.
nappe(f) de laves. 53.
nappe(f) phréatique. 54.
narine(f). 95, 98, 105, 109, 133.
narthex(m). 174.
nasal(m). 690.
natation(f). 546.
**natation(f), compétition(f) de.
    546.**
nattes(f). 330.
navet(m). 84.
navette(f). 509.
navette(f). 500.
navette(f) spatiale. 457.
**navette(f) spatiale au décollage.
    457.**
**navette(f) spatiale en orbite.
    457.**
navire(m) de forage. 642.
navire(m) porte-barges LASH. 441.
navire(m) porte-conteneurs. 441.
ne pas utiliser avec un chariot à
    bagages. 720.
ne pas utiliser avec une chaise
    roulante. 719.
ne rien changer. 363.
nébulosité(f). 61.
nébulosité(f). 62.
nectarine(f). 75.
nef(f). 174.
nèfle(f) du Japon. 76.
négatif(m). 723.
négatoscope(m). 375.
neige(f). 60.
neige(f) continue. 60.
neige(f) fondante. 57.
neige(f) intermittente. 60.
neige(f) mouillée. 57.
neige(f) roulée. 57.
neige(f) sèche. 57.
Neptune. 36.
nerf(m). 137, 512.
nerf(m) circonflexe. 129.
nerf(m) coccygien. 129.
nerf(m) cochléaire. 132.
nerf(m) crural. 129.
nerf(m) cubital. 129.
nerf(m) digital. 129.
nerf(m) facial. 132.
nerf(m) fémoro-cutané. 129.
nerf(m) fessier. 129.
nerf(m) grand abdomino-génital.
    129.
nerf(m) grand sciatique. 129.
nerf(m) intercostal. 129.
nerf(m) médian. 129.
nerf(m) musculo-cutané de la
    jambe. 129.
nerf(m) musculo-cutané du bras.
    129.
nerf(m) obturateur. 129.
nerf(m) olfactif. 99, 133.
nerf(m) optique. 131.

Les termes en **caractères gras** renvoient à une illustration; les termes en *italique* indiquent l'usage français.

nerf(m) petit abdomino-génital. 129.
nerf(m) petit sciatique. 129.
nerf(m) phrénique. 126.
nerf(m) pneumogastrique. 126.
nerf(m) rachidien. 130, 135.
nerf(m) radial. 129.
nerf(m) saphène externe. 129.
nerf(m) saphène interne. 129.
nerf(m) sciatique proplité externe. 129.
nerf(m) sciatique proplité interne. 129.
nerf(m) sus-scapulaire. 129.
nerf(m) tibial antérieur. 129.
nerf(m) vestibulaire. 132.
nerfs(m) crâniens. 129.
nerveux(m) de gîte à la noix. 149.
nerveux(m) de sous-noix. 147.
nervure(f). 100, 550, 682.
nervure(f) d'aile. 449.
nervure(f) d'emplanture. 449.
nervure(f) principale. 70, 79.
nervure(f) secondaire. 70.
nettoie-pipe(m). 345.
nettoyage(m) à sec. 722.
neurone(m). 135.
neurone(m) moteur. 135.
neurone(m) sensoriel. 135.
névé(m). 56.
neveu(m). 138.
nez-de-marche(m). 197.
nez(m). 114, 257, 448, 556, 557.
nez(m), faux. 322.
nez(m), partie externe du. 133.
nez(m) du guide. 253.
niche(f) d'urgence. 428.
niche(f) de projecteurs. 179.
nid(m) d'ange. 316.
nièce(f). 138.
nimbo-stratus(m). 52.
niveau(m). 637.
niveau(m) d'équilibre. 51.
niveau(m) de la mer. 48, 50.
niveleuse(f). 680.
nivelle(f) d'alidade. 614.
nivelle(f) sphérique. 614.
noeud(m). 61, 511, 668.
noeud(m) coulant. 601.
noeud(m) d'arrêt. 601.
noeud(m) d'écoute double. 601.
noeud(m) d'écoute simple. 601.
noeud(m) de cabestan. 601.
noeud(m) de chaise double. 601.
noeud(m) de chaise simple. 601.
noeud(m) de Franciscain. 601.
noeud(m) de jambe de chien. 601.
noeud(m) de pêcheur. 601.
noeud(m) de vache. 601.
noeud(m) papillon. 295.
noeud(m) papillon. 322.
noeud(m) plat. 298, 601.
noeud(m) simple. 601.
noeuds(m). 601.
noir(m). 592, 594, 595.
noire(f). 475.
Noirs(m). 591.
noisette(f). 78.
noisette(f), coupe(f) d'une. 78.
noix(f). 78.
noix(f). 78, 147, 480, 506, 691.
noix(f), coupe(f) d'une. 78.
noix(f), principales variétés(f) de. 78.
noix(f) de cajou. 78.
noix(f) de coco. 78.
noix(f) de hachage. 150.
noix(f) de pécan. 78.
noix(f) du Brésil. 78.
noix(f) pâtissière. 147.
nom(m) dactylographié. 360.
nom(m) de la station. 428.
nom(m) du cheval. 569.
nombril(m). 114.
nord(m). 445, 593.

norvégien(m). 355.
notation(f) musicale. 475, 476.
notes(f), valeur(f) des. 475.
noue(f). 187.
nouilles(f). 144.
nouilles(f) aux épinards. 144.
nourriture(f). 141.
nouvelle Lune(f). 38.
noyau(m). 37, 39, 75, 113, 135, 482, 587, 652, 702.
noyau(m) externe. 47.
noyau(m) galactique. 39.
noyau(m) interne. 47.
nu-pied(m). 319.
nuage(m) bas. 62.
nuage(m) élevé. 62.
nuage(m) moyen. 62.
nuage(m) nacré. 47.
nuage(m) nocturne lumineux. 47.
nuages(m). 52.
nuages(m) à développement vertical. 52.
nuages(m) de basse altitude. 52.
nuages(m) de haute altitude. 52.
nuages(m) de moyenne altitude. 52.
nucléole(m). 113.
nuée(f) de cendres. 53.
nuisette(f). 311.
numéro(m). 531, 594.
numéro(m) de quai. 427.
numéro(m) de tête. 568.
numéro(m) du cheval. 569.
numéro(m) du couloir. 546.
numéro(m) du joueur. 530.
numéro(m) plein. 594, 595.
numéroteur(m). 462.
nuque(f). 95, 115.

O

oasis(f). 55.
objectif(m). 370, 620.
objectif(m). 371, 372, 377, 619, 621.
objectif(m) à focale variable. 383.
objectif(m) d'agrandissement. 376.
objectif(m) grand-angulaire. 370.
objectif(m) interchangeable. 368.
objectif(m) normal. 370.
objectif(m) super-grand angle. 370.
objectif(m) zoom. 370, 384.
objectifs(m) interchangeables. 370.
objet(m). 360.
objets(m) personnels. 335.
observatoire(m) astronomique. 42.
obstacle(m) d'eau. 585.
obstacles(m), équitation(f). 565.
obturateur(m). 368, 620.
obturateur(m) central. 371.
obturateur(m) de sécurité. 640.
obus(m). 700, 704.
obusier(m) moderne. 698.
occipital(m). 119, 121, 122.
océan(m). 38, 58.
océan(m), fond(m) de l'. 50.
océan(m) Antarctique. 49.
océan(m) Arctique. 49.
océan(m) Atlantique. 49.
océan(m) Indien. 49.
océan(m) Pacifique. 49.
Océanie. 49.
ocelle(m). 100.
Octant(m). 41.
octave(f). 476, 577.
oculaire(m). 371, 372, 619, 621, 622, 623.
oculaire(m) coudé. 623.
oculaire(m) de la lunette. 614.
oculaire(m) du microscope de lecture. 614.
odorat(m). 133.
oeil-de-boeuf(m). 187.

oeil(m). 131.
oeil(m). 104, 109, 114, 257, 509, 567, 588.
oeil(m) composé. 100, 106.
oeil(m) pédonculé. 103.
oeil(m) témoin. 423.
oeillet(m). 318, 505, 508, 562, 581, 597.
oeilleton(m). 383, 384, 588.
oeilletons(m) du viseur. 370.
œsophage(m). 99, 102, 127.
œuf(m). 97.
œuf(m). 107.
oeufrier(m). 239.
œufs(m). 99, 105.
office(m). 448.
ogive(f). 657.
oignon(m) d'Espagne. 83.
oiseau(m). 95, 96, 97.
oiseau(m), morphologie(f). 95.
oiseau(m) aquatique. 97.
oiseau(m) aquatique. 97.
Oiseau(m) du Paradis. 41.
oiseau(m) échassier. 97.
oiseau(m) granivore. 97.
oiseau(m) insectivore. 97.
oiseau(m) percheur. 97.
oiseau(m) rapace. 97.
oiseau(m) rapace. 97.
olécrâne(m). 121.
olive(f). 75.
ombelle(f). 72.
ombilic(m). 56, 101.
ombilic(m) inférieur. 96.
ombilic(m) supérieur. 96.
ombre(f). 606.
ombre(f) à paupière. 332.
ombrelle(f). 373.
omoplate(f). 92, 115, 120.
oncle(m) maternel. 138.
oncle(m) paternel. 138.
onde(f) sismique. 53.
onde(f) sonore. 442.
ongle(m). 137.
onglet(m). 147, 149, 463.
onglet(m) à fenêtre. 463.
opérateur(m). 472.
opérateur(m) de l'appareil des trente secondes. 535.
opercule(m). 98, 105.
Ophiucus. 40, 41.
opisthodome(m). 171.
or(m). 710.
orage(m). 60.
orage(m) violent. 60.
orange(f). 77.
orange(f). 77.
orbiculaire(m) des paupières. 118.
orbite(f). 122.
orbite(f) de lancement. 394.
orbite(f) géostationnaire. 394.
orbite(f) lunaire. 38.
orbiteur(m). 457.
orchestre(m) symphonique. 493.
ordinateur(m). 472.
ordinateur(m). 706.
ordinateur(m) de contrôle. 436.
ordinateur(m) numérique. 666.
ordonnance(f). 723.
ordre(m) corinthien. 170.
ordre(m) d'arrivée. 569.
ordre(m) dorique. 170.
ordre(m) ionique. 170.
oreille(f). 108, 114, 115, 213, 447, 482.
oreille(f) externe. 132.
oreille(f) interne. 132.
oreille(f) moyenne. 132.
oreiller(m). 214.
oreillette(f). 378.
oreillette(f) droite. 124.
oreillette(f) gauche. 124.
organeau(m). 447.
organeau(m) de hissage. 447.
organes(m) des sens. 131, 132, 133, 134, 135.

organes(m) génitaux féminins. 117.
organes(m) génitaux masculins. 116.
orgue(m). 481, 482.
orgue(m) de Barbarie. 489.
orifice(m) d'aération. 280.
orifice(m) d'alimentation. 677.
orifice(m) de remplissage. 243, 403, 443.
orifice(m) du conduit auditif externe. 132.
orifice(m) du pied. 482.
orifice(m) génital. 104.
orifice(m) intestinal. 104.
orifice(m) respiratoire. 104.
orifice(m) uro-génital. 99.
oriflamme(f). 711.
origan(m). 143.
orignal(m). 89.
Orion. 40, 41.
ornements(m). 476.
orteil(m). 114.
os(m) alvéolaire. 123.
os(m) iliaque. 120.
os(m) malaire. 122.
os(m) propre du nez. 122, 133.
oscillateurs(m). 495.
oseille(f). 82.
ossature(f). 421.
osselets(m). 132.
ostéologie(f) du crâne. 122.
ostium(m). 137.
otolithe(f). 99.
ouest(m). 445, 593.
ouïe(f). 132.
ouïe(f). 477.
ouragan(m). 60.
ourdissoir(m). 510.
ourlet(m). 219.
outil(m). 639.
outillage(m). 248, 249, 250, 251, 252.
outils(m). 257, 258, 259, 260, 261, 262, 263, 600.
outils(m) d'électricien. 286, 287.
outils(m) pour plomberie. 276.
ouverture(f). 101, 555, 581.
ouvre-boîtes(m). 243.
ouvre-boîtes(m). 229, 599.
ouvrière(f). 106.
ovaire(m). 72, 99, 117.
ovoïde. 70.
ovule(m). 72.
oxer(m). 565, 566.
oxer(m) avec croix. 566.
oxygène(m) de coupe. 282.
ozone(m). 47.

P

paddock(m). 569.
page(m), petit. 330.
pagne(m) de coton. 689.
pain(m). 146.
pain(m) américain. 146.
pain(m) au lait. 146.
pain(m) azyme. 146.
pain(m) bâtard. 146.
pain(m) blanc. 146.
pain(m) chapati indien. 146.
pain(m) complet. 146.
pain(m) de blé entier. 146.
pain(m) de maïs américain. 146.
pain(m) de mie. 146.
pain(m) de seigle allemand. 146.
pain(m) de seigle avec graines de carvi. 146.
pain(m) de seigle danois. 146.
pain(m) de seigle noir. 146.
pain(m) irlandais. 146.
pain(m) naan indien. 146.
pain(m) noir russe. 146.
pain(m) parisien. 146.
pain(m) pita. 146.

Les termes en **caractères gras** renvoient à une illustration; les termes en *italique* indiquent l'usage français.

835

pain(m) pita avec graines de sésame. 146.
pain(m) pumpernickel. 146.
pain(m) rond. 146.
pain(m) tchallah juif. 146.
pair(m). 594, 595.
paire(f). 592.
pal(m). 710.
palais(m). 133.
palanque(f). 565.
pale(f). 206, 657, 660, 672.
pale(f) de rotor. 455.
paleron(m). 149.
paletot(m). 292, 300.
palette-caisse(f). 685.
palette(f). 148, 150, 236, 543, 581.
palette(f) à ailes. 685.
palette(f) à double face. 685.
palette(f) à simple face. 685.
palettes(f). 685.
palier(m). 189.
palier(m) avant. 450.
palier(m) central. 450.
palier(m) guide. 656.
palier(m) magnétique. 615.
palissade(f). 177.
palme(f). 550.
palmée. 70.
palmeraie(f). 55.
palmette(f). 210.
palmure(f). 97.
palmure(f) lobée. 97.
palonnier(m). 451, 682.
palonnier(m) de slalom. 554.
palourde(f). 102.
palpe(m) labial. 100, 102.
palpeur(m) solaire. 65.
pampille(f). 220.
pamplemousse(m). 77.
pan(m). 305.
panais(m). 84.
pancréas(m). 127.
panier-filtre(m). 234.
panier(m). 535.
panier(m). 233, 234, 240, 242, 526, 535, 582.
panier(m) à couverts. 242.
panier(m) à salade. 228.
panier(m) de projection. 377.
panne(f). 190, 281, 514, 588.
panne(f) fendue. 257.
panne(f) ronde. 257.
panneau(m). 198, 217, 535, 555, 637.
panneau(m) à âme creuse. 265.
panneau(m) à âme lamellée. 265.
panneau(m) à âme lattée. 265.
panneau(m) d'accès. 205, 273.
panneau(m) d'affichage. 178.
panneau(m) d'extrémité. 237.
panneau(m) de cale. 433.
panneau(m) de citerne. 645.
panneau(m) de commande. 471.
panneau(m) de commutation. 451.
panneau(m) de contrôle du pilotage automatique. 451.
panneau(m) de fibres dures. 194.
panneau(m) de fibres émaillées. 194.
panneau(m) de fibres lamifiées. 194.
panneau(m) de gare. 427.
panneau(m) de particules. 265.
panneau(m) de particules. 194.
panneau(m) de plâtre. 194.
panneau(m) de protection latéral. 631.
panneau(m) de séparation. 347.
panneau(m) dérivé du bois. 265.
panneau(m) du mécanicien. 451.
panneau(m) du vantail. 215.
panneau(m) dur. 265.
panneau(m) dur perforé. 194.
panneau(m) indicateur. 427.
panneau(m) inférieur. 239.
panneau(m) nombre de voies. 423.

panneau(m) solaire. 65.
panneau(m) solaire déployable. 393.
panneaux(m) de fibres. 194.
pansement(m) adhésif. 629.
pant(m) long. 299.
pantacourt(m). 310.
pantalon(m). 294.
pantalon(m). 526, 530, 561, 578, 589.
pantalon(m) à pattes d'éléphant. 310.
pantalon(m) bouffant. 322.
pantalon(m) corsaire. 310.
pantalon(m) rayé. 317.
pantalons(m). 310.
pantin(m). 316.
pantographe(m). 427.
Paon(m). 41.
papaye(f). 80.
papier(m). 344, 518.
papier(m) carbone. 521.
papier(m) décor. 265.
papier(m) kraft. 265.
papille(f). 131, 137.
papille(f) dermique. 135, 136.
papille(f) rénale. 128.
papilles(f) linguales. 134.
papillon(m). 100, 547.
paquebot(m). 433.
paquet(m) cellophané. 344.
par(m) arrière. 295.
par(m) avant. 295.
parachute-frein(m). 556.
parachute(m). 555.
parachute(m). 181, 457, 557.
parachute(m) de secours. 555.
parachute(m) dorsal. 556.
parachute(m) extracteur. 555.
parachutisme(m). 555.
parachutiste(m). 555.
paraffines(f). 649.
parafoudre(m). 655, 659.
parafouille(f). 652.
parapet(m). 177.
parapluie-canne(m). 346.
parapluie(m). 346.
parapluie(m) télescopique. 346.
parasoleil(m). 370, 623.
paratonnerre(m). 417.
parc(m) à bois. 638.
parc(m) à échelles. 676.
parc(m) de stockage. 644, 648.
parc(m) de stockage terminal. 644.
parc(m) météorologique. 63.
parcomètre(m). 178.
parcours(m). 585.
parcours(m). 569.
parcours(m) d'obstacles. 566.
pardessus(m). 292.
pare-brise(m). 397, 403, 408, 451, 705.
pare-chocs(m). 244, 397, 402, 403, 541, 644.
pare-chocs(m) arrière. 408.
pare-soleil(m). 399.
pare-souffle(m). 700.
pare-vent(m). 599.
parement(m). 293.
parement(m) amont. 652.
parement(m) aval. 652.
parementure(f). 293.
parenthèses(f). 357, 364.
parents(m). 138, 139.
paréo(m). 303.
parfait(m). 156.
pariétal(m). 121, 122.
paripennée. 70.
parka(m). 292.
parking(m). 717.
paroi(f). 93, 685.
paroi(f) avant. 402.
paroi(f) de bout. 402.
paroi(f) de citerne. 646.
paroi(f) latérale. 402, 425.
parquet(m). 196.

parquet(m). 192, 196.
parquet(m) à bâtons rompus. 196.
parquet(m) à l'anglaise à coupe de pierre. 196.
parquet(m) à l'anglaise à coupe perdue. 196.
parquet(m) Chantilly. 196.
parquet(m) d'Arenberg. 196.
parquet(m) en chevrons. 196.
parquet(m) en vannerie. 196.
parquet(m) mosaïque. 196.
parquet(m) sur chape de ciment. 196.
parquet(m) sur ossature de bois. 196.
parquet(m) Versailles. 196.
parti(m). 710.
partie(f) femelle du raccord union. 274.
partie(f) mâle du raccord union. 274.
partitions(f). 710.
parure(f). 323.
parures(f) de fenêtre. 217, 218, 219.
passage(m) à niveau. 423.
passage(m) à niveau. 715.
passage(m) à niveau à signalisation automatique. 424.
passage(m) à niveau de quai. 427.
passage(m) d'animaux sauvages. 715.
passage(m) de bétail. 715.
passage(m) de fourche. 425.
passage(m) inférieur. 414.
passage(m) pour piétons. 178, 714.
passage(m) supérieur. 414.
passant(m). 291, 294, 295, 316, 596.
passant(m) tunnel. 294.
passavant(m). 645.
passe-bras(m). 301.
passe(f). 594, 595.
passe(f) à billes. 651.
passe-garde(m). 690.
passe-montagne(m). 314.
passe-vues(m). 377.
passerelle(f). 390, 424, 428, 434, 438, 645, 675.
passerelle(f) de navigation. 434.
passerelle(f) télescopique. 452.
passettes(f). 510.
passoire(f). 228, 236.
pastèque(f). 81.
pastille(f) de combustible. 663.
patate(f). 84.
pâte(f) d'argile. 519.
pâte(f) dentifrice. 339.
patelle(f). 104.
patère(f). 210, 465.
patère(f) à embrasse. 217.
paterre(m). 179.
pâtes(f) alimentaires. 144, 145.
patin(m). 678.
patin(m). 422, 455, 534, 564, 644, 675.
patin(m) à roulettes. 562.
patin(m) antidérapant. 278.
patin(m) arrière. 564.
patin(m) avant. 564.
patin(m) d'appui. 663.
patin(m) d'espacement. 663.
patin(m) de chenille. 704.
patin(m) de course. 562.
patin(m) de figure. 562.
patin(m) de hockey. 562.
patin(m) hydrostatique. 42.
patinage(m). 562.
patinoire(f). 533.
patins(m), types(m) de. 562.
patron(m). 503.
patron(m). 506, 521.
patte(f). 109, 218, 294, 308, 349, 350, 351, 447, 514, 526.
patte(f) abdominale. 103.

patte(f) ambulatoire. 100.
patte(f) anale. 100.
patte(f) antérieure. 94.
patte(f) antérieure. 100, 105, 106.
patte(f) boutonnée. 294.
patte(f) capucin. 295, 306.
patte(f) d'entrejambe. 305.
patte(f) d'épaule. 291.
patte(f) d'ours. 563.
patte(f) de boutonnage. 295, 301.
patte(f) de coq. 520.
patte(f) de guidage. 611.
patte(f) de sécurité. 419.
patte(f) de serrage. 291.
patte(f) médiane. 100, 106.
patte(f) polo. 305.
patte(f) postérieure. 100, 105, 106, 108.
patte(f) thoracique. 103.
patte(f) ventouse. 100.
patte-mâchoire(f). 103.
pattes(f), principaux types(m) de. 97.
pâturage(m). 161.
paturon(m). 91.
paume(f). 299, 526.
paumelle(f). 199.
paupière(f). 109.
paupière(f) inférieure. 94, 105, 131.
paupière(f) interne. 94.
paupière(f) supérieure. 94, 105, 131.
pause(f). 381, 475.
pause(f)/arrêt sur l'image. 382.
pavillon(m). 132, 327, 397, 482, 483, 484, 629.
pavillon(m) à deux pointes. 711.
pavillon(m) à deux pointes et langue. 711.
pavillon(m) d'écouteur. 387.
pavillon(m) de la trompe utérine. 117.
pavois(m). 430.
pavot(m). 79.
peau(f). 135, 136, 514.
peau(f). 74, 75, 76, 105, 135, 486.
peau(f) de batterie. 486.
peau(f) de timbre. 486.
pêche(f). 75, 580, 581, 582.
pêche(f). 75.
pêcheur(m). 505.
pédale(f). 411, 412, 478, 486.
pédale(f) d'accélérateur. 400.
pédale(f) d'expression. 481.
pédale(f) de chaussage. 560.
pédale(f) de combinaisons. 481.
pédale(f) de débrayage. 400.
pédale(f) de déchaussage. 560.
pédale(f) de frein. 400, 410, 508.
pédale(f) de palonnier. 556.
pédale(f) de prolongement. 479.
pédale(f) douce. 479.
pédale(f) forte. 479.
pédieux(m). 100.
pédoncule(m). 72, 74, 76.
Pégase(m). 40.
peigne(m). 509.
peigne(m) à crêper. 338.
peigne(m) à pollen. 106.
peigne(m) à tige. 338.
peigne(m) afro. 338.
peigne(m) de coiffeur. 338.
peigne(m) soufflant. 338.
peignes(m). 338.
peignoir(m). 311.
peinture(f) d'entretien. 278, 279, 280.
pèlerine(f). 300.
pelle(f). 201, 229, 248.
pelle(f) à benne traînante. 675.
pelle(f) à benne traînante. 650.
pelle(f) hydraulique. 681.
pelle-pioche(f) pliante. 600.
pellicules(f). 371.
pelote(f). 501.
pelouse(f). 188.

Les termes en **caractères gras** renvoient à une illustration; les termes en *italique* indiquent l'usage français.

peltée. 70.
pendage(m). 636.
pendant(m) d'oreille. 325.
pendeloque(f). 220.
penderie(f). 216, 596.
pendule(m). 607.
pêne(m). 266.
pêne(m) demi-tour. 266.
pêne(m) dormant. 266.
pénis(m). 114.
penne(f). 96.
pennée. 70.
pennon(m). 552, 711.
pente(f). 668.
pente(f) raide. 714.
pépin(m). 74, 76, 77.
pépins(m). 145.
perceuse(f) à colonne. 261.
perceuse(f) à main. 260.
perceuse(f) électrique. 261.
perche(f). 570.
perche(f) de ravitaillement. 705.
perche(f) de tête. 568.
perchiste(m). 390.
percolateur(m). 234.
percuteur(m). 696, 702, 703.
père(m). 138, 139.
perforateur(m) de bande. 386.
perforateur(m) de cartes. 472.
perforation(f). 318, 371.
perforation(m). 299.
perforatrice (f). 462.
performance(f). 569.
pergola(f). 247.
péricarde(m). 126.
péricarpe(m). 77, 78.
périphériques(m). 471.
périphériques(m) d'entrée. 468.
périphériques(m) de sortie. 468.
périphériques(m) de traitement des données. 468.
périscope(m). 438, 704.
péristyle(m). 171, 173.
péritoine(m). 116.
perlure(f). 89.
permanente(f) bouclée. 331.
permanente(f) frisée. 331.
permission(f) de fumer. 719.
péroné(m). 120.
péronéo-tibia(m). 105.
peroxyde(m). 629.
perré(m). 652.
perron(m). 187.
perroquet(m) fixe, petit. 431.
perroquet(m) fixe avant, grand. 431.
perroquet(m) volant, petit. 431.
perroquet(m) volant avant, grand. 431.
perruque(f). 331.
Persée. 40.
persienne(f). 199.
persiennes(f). 219.
persil(m). 143.
personnel(m) de plateau. 390.
pèse-lettres(m). 461.
pèse-personne(m). 610.
peson(m). 608.
pétales(m). 72.
pétiole(m). 70.
petit bois(m). 199.
Petit Cheval(m). 40.
Petit Chien(m). 40.
petit-fils(m). 139.
petit largue(m). 553.
Petit Lion(m). 40.
petit montant(m). 198.
petit oignon(m). 83.
petit palmaire(m). 118.
petit quartier(m). 567.
petit rond(m). 119.
Petit-Suisse(m). 155.
petite-fille(f). 139.
Petite Ourse(f). 40.
petite sus-alaire(f). 96.
petites capitales(f). 365.

petits chapeaux(m). 145.
petits fours(m). 156.
petits pois(m). 85.
pétoncle(m). 102.
pétrole(m). 640, 641, 642, 643, 644, 645, 646, 647, 648, 649, 650.
pétrole(m). 640.
pétrole(m) brut. 649.
pétrole(m) émulsionné. 641.
pétrolier(m). 645.
phalange(f). 92, 94, 120, 121.
phalanges(f). 105.
phalangette(f). 94, 120, 121, 137.
phalangine(f). 94, 120, 121.
phare(m). 398, 445.
phare(m). 397, 403, 408, 409, 427, 704.
phare(m) antibrouillard. 403.
phare(m) d'atterrissage. 455.
phare(m) de recul. 162.
phare(m) latéral. 427.
pharmacie(f). 720.
pharynx(m). 126, 127.
Phénix(m). 41.
Phobos. 36.
photographie(f). 368, 369, 370, 371, 372, 373, 374, 375, 376, 377.
photopile(f). 670.
photosphère(f). 37.
photostyle(m). 469.
phototype(m). 377.
piano(m). 490, 491, 493.
piano(m) droit. 479.
pic(m). 54.
piccolo(m). 483, 493.
pichet(m). 223.
picot(m). 489.
pièce(f) d'embranchement. 676.
pièce(f) de coin. 425.
pièce(f) de jonction. 677.
pièce(f) intermédiaire. 116.
pièce(f) jointe. 360.
pièce(f) polaire. 387.
pièce(f) terminale. 116.
pièces(f). 591.
pièces(f) buccales. 106.
pièces(f) de la maison. 189.
pièces(f) honorables. 710.
pied-de-biche(m). 210, 499, 500.
pied(m). 73, 85, 95, 104, 108, 115, 150, 209, 214, 215, 220, 284, 297, 315, 316, 344, 478, 482, 486, 543, 563, 574, 580, 619, 623, 658.
pied(m) amont. 652.
pied(m) antibasculement. 242.
pied(m) arrière. 213.
pied(m) aval. 652.
pied(m) avant. 213.
pied(m) cambré en S. 210.
pied(m) de col. 305.
pied(m) de lit. 214.
pied(m) de mât. 551.
pied(m) de studio. 374.
pied(m) presseur. 500.
pied(m) réglable. 205, 383.
pied-mélangeur(m). 235.
pied-sabot(m). 372.
pied-support(m). 373.
piédroit(m). 172, 175.
piège(m) à pétrole. 640.
pierre(f). 193, 283.
pierre(f) à aiguiser. 515.
pierre(f) de curling. 544.
pierre(f) lithographique. 517, 518.
pierre(f) précieuse. 327.
piètement(m). 213, 279.
pige(f). 519.
pignon(m). 78, 260, 607.
pilastre(m) de départ. 197.
pile(f). 372.
pile(f). 371, 383, 414, 415, 643.
pilier(m). 175, 616, 637.
pilier(m) antérieur du voile. 134.

pilier(m) droit. 531.
pilier(m) gauche. 531.
pilier(m) postérieur du voile. 134.
pilon(m). 228, 229.
pilône(m). 638.
pilote(m). 480, 557.
pilote(m) d'écran-témoin. 390.
pilotes(m). 482.
piment(m). 81.
pinacle(m). 174, 175.
pince-aiguille(m). 500.
pince-étau(f). 259.
pince(f). 93, 103, 201, 218, 221, 231, 294, 341, 503.
pince(f) à billets. 351.
pince(f) à boucles de cheveux. 343.
pince(f) à cheveux. 343.
pince(f) à cravate. 326.
pince(f) à cuticules. 342.
pince(f) à dénuder. 287.
pince(f) à détacher. 521.
pince(f) à échardes. 629.
pince(f) à épiler. 342.
pince(f) à épiler automatique. 342.
pince(f) à escargots. 231.
pince(f) à étiqueter. 461.
pince(f) à long bec. 287.
pince(f) à ongles. 342.
pince(f) à spaghettis. 231.
pince(f) d'électricien. 287.
pince(f) de mise en plis. 343.
pince(f) de taille. 292.
pince(f) motoriste. 259.
pince(f) multiprise. 259.
pince(f) tibio-tarsienne. 106.
pince(f) universelle. 287.
pince-fil(m). 505.
pince-notes(m). 461.
pinceau(m). 280.
pinceau(m). 367, 515, 521.
pinceau(m) à lèvres. 333.
pinceau(m) à pâtisserie. 230.
pinceau(m) éventail. 333.
pinceau(m) pour fard à joues. 332.
pinceau(m) pour poudre libre. 332.
pinceau-traceur(m). 332.
pincement(m). 284.
pinces(f) à fusibel. 286.
pinces(f) à rouleaux. 343.
pinçon(m). 93.
pioche(m). 248.
piolet(m). 588.
piolet(m). 589.
Pion(m). 591.
pipe(f). 345.
pipe(f), coupe d'une. 345.
pipeline(m). 644.
pipeline(m). 650.
pipeline(m) enterré. 644.
pipeline(m) sous-marin. 644.
pipeline(m) surélevé. 644.
pipeline(m) surélevé, support(m) de. 644.
pique(f). 588.
pique(m). 592.
pique-nique(m) interdit. 721.
pique-notes(m). 461.
piquet(m). 558, 596, 597.
piquoir(m). 506.
piqûre(f) d'ornementation. 349.
piscine(f). 669.
piscine(f) de la première classe. 433.
piscine(f) de réception. 665.
piscine(f) de stockage du combustible irradié. 663, 665, 667.
piscine(f) du combustible défectueux. 665.
pissenlit(m). 82.
pistache(f). 78.
piste(f). 569, 576, 590.
piste(f). 371.
piste(f) d'élan. 570, 571, 590.
piste(f) d'envol. 452.

piste(f) de loutre. 563.
piste(f) de roulement. 429.
piste(f) de slalom. 558.
pistil(m). 72.
pistolet(m). 703.
pistolet(m) à peinture. 280.
pistolet(m) à souder. 281.
pistolet(m) d'arrosage. 250.
pistolet(m) de distribution. 401.
pistolet-mitrailleur(m). 697.
piston(m). 405, 407, 484, 629, 639.
piston(m) à décorer. 230.
piston(m) des gaz. 701.
piton(m) à aiguille. 589.
piton(m) sous-marin. 50.
pitons(m). 588.
pivot(m). 89, 209, 287, 337, 338, 443, 492, 548, 562, 572, 625, 671, 697.
pivot(m) central. 418.
pivot(m) d'accouplement. 402.
pivoteur(m). 495.
placage déroulé(m). 265.
place(f) d'armes. 176.
plaçure(f). 512.
plafond(m). 540, 541.
plafond(m) acoustique. 179.
plafonnier(m). 220.
plage(f). 48, 51.
plage(f) arrière. 433.
plage(f) de séparation. 380.
plaine(f) abyssale. 50.
plaine(f) fluvio-glaciaire. 56.
plan(m). 174.
plan(m) du temple. 174.
plan(m) du terrain. 188.
planche(f). 265.
planche(f) à voile. 551.
planche(f) d'appel. 570, 571.
planche(f) d'envol. 107.
planche(f) de bois. 518.
planche(f) de cuivre. 515.
planche(f) de plasticine. 570.
plancher(m). 540, 541, 567, 579, 685.
plancher(m) de coffre. 398.
plancher(m) inférieur. 685.
plancher(m) supérieur. 685.
planchette(f). 588.
planchette(f) à arches. 464.
planchette(f) à pinces. 464.
planétaire(m). 43.
planétaire(m). 43.
planétarium(m). 43.
planètes(f), symboles(m) des. 36.
planètes(f) du système solaire. 36.
planeur(m). 556.
plantaire(m) grêle. 119.
plante(f), structure d'une. 70.
plante(f), structure(f) d'une. 69.
plante(f) grimpante. 247.
planteuse(f) de pommes de terre. 164.
plantoir(m). 249.
plantoir(m) à bulbes. 249.
plantule(f). 75.
plaque(f). 237, 328.
plaque(f) à aiguille. 499.
plaque(f) à biscuits. 230.
plaque(f) antifriction. 560.
plaque(f) chauffante. 234.
plaque(f) collectrice. 670.
plaque(f) costale. 109.
plaque(f) d'enfournement. 520.
plaque(f) d'identité. 325.
plaque(f) d'instructions. 261.
plaque(f) de base. 697.
plaque(f) de béton. 616.
plaque(f) de commutateur. 285.
plaque(f) de couche. 702.
plaque(f) de fixation. 614.
plaque(f) de métal. 518.
plaque(f) de protection. 494.
plaque(f) de rouleau. 595.

Les termes en **caractères gras** renvoient à une illustration; les termes en *italique* indiquent l'usage français.

plaque(f) de rue. 178.
plaque(f) de sécurité. 182.
plaque(f) de tôle. 540.
plaque(f) du lanceur. 525.
plaque(f) marginale. 109.
plaque(f) motrice. 135.
plaque(f) négative. 406.
plaque(f) nucale. 109.
plaque(f) photographique. 620.
plaque(f) positive. 406.
plaque(f) signalétique. 261, 615.
plaque(f) supra-caudale. 109.
plaque(f) tournante. 417.
plaque(f) tubulaire. 662.
plaque(f) vertébrale. 109.
plaque-glissière(f). 499.
plaque-peigne(f). 182.
plaquette(f). 328.
plaquette(f). 57, 407, 693.
plaqueur(m) droit. 528, 529.
plaqueur(m) gauche. 528, 529.
plasmodesme(m). 113.
plastique(m) et acier(m). 275.
plastique(m) et cuivre(m). 275.
plastron(m). 109, 313, 530, 534, 690.
plastron(m) métallique. 576.
plat(m) à escargots. 231.
plat(m) à poisson. 223.
plat(m) de côte couvert. 149.
plat(m) de côte découvert. 149.
plat(m) de dos. 210.
plat(m) de service. 223.
plat(m) recto. 512.
plat(m) verso. 512.
plate-bande(f). 247.
plate-bande(f) de culasse. 694.
plate-forme(f). 279, 374, 402, 548, 562, 610, 683.
plate-forme(f) auto-élévatrice. 642.
plate-forme(f) autonome. 642.
plate-forme(f) de production. 643.
plate-forme(f) élévatrice automotrice. 453.
plate-forme(f) fixe. 642.
plate-forme(f) flottante. 642.
plate-forme(f) semi-submersible. 642.
plate-forme(f) submersible. 642.
plateau(m). 390.
plateau(m). 54, 209, 233, 261, 262, 347, 376, 380, 499, 513, 514, 575, 608, 609, 610.
plateau(m) à outils. 279.
plateau(m) continental. 48, 50.
plateau(m) d'alimentation. 701.
plateau(m) d'optique. 446.
plateau(m) de clavier. 479.
plateau(m) de sciage. 262.
plateau(m) de stockage. 665.
plateau(m) mobile. 594.
plateau(m) pour accessoires. 623.
plateau(m) réceptacle de paiement. 595.
plateau(m) tournant. 235.
platine(f). 514, 606, 619, 620.
platine(f) à silex. 696.
platine(f) de magnétophone. 381.
platine(f) de magnétophone. 378.
platine(f) tourne-disque. 380.
platine(f) tourne-disque. 378.
plâtre(m). 194.
pleine Lune(f). 38.
plénum(m). 202.
pleurote(m) en huître. 73.
plèvre(f) pariétale. 126.
plexus(m) brachial. 129.
plexus(m) cardiaque. 126.
plexus(m) cervical. 129.
plexus(m) lombaire. 129.
plexus(m) prébronchique. 126.
plexus(m) sacré. 129.
pli(m). 294, 407.
pli(m) central. 265.
pli(m) creux. 217, 304.

pli(m) d'aisance. 304.
pli(m) de la columelle. 101.
pli(m) extérieur. 265.
pli(m) intérieur. 265.
pli(m) pincé. 217.
pli(m) piqué. 304.
pli(m) plat. 217, 304.
pli(m) rond. 217, 304.
pli(m) surpiqué. 304.
plinthe(f). 197.
plinthe(f) chauffante. 203.
plioir(m). 512.
plissé(m) accordéon. 304.
pliure(f). 503.
plomb(m). 581, 615.
plomb(m) optique. 614.
plomberie(f). 267, 268, 269, 270, 271, 272, 273, 274, 275, 276, 277.
plomberie(f) sanitaire. 267.
plombs(m). 702.
plongée(f) sous-marine. 550.
plongeoir(m). 548.
plongeon(m). 548.
plongeon(m) de départ. 546.
plongeon(m) en arrière. 549.
plongeon(m) en avant. 549.
plongeon(m) en équilibre. 549.
plongeon(m) renversé. 549.
plongeon(m) retourné. 549.
plongeons(m), groupes(m) de. 549.
plongeur(m). 550.
plongeur(m). 387, 549, 641.
plongeur(m) au tremplin. 548.
plongeur(m) de haut-vol. 548.
pluie(f). 57.
pluie(f) continue. 60.
pluie(f) intermittente. 60.
pluie(f) verglaçante. 60.
plume(f). 367.
plume(f) creuse de roseau. 367.
plume(f) d'oie. 367.
plume(f) métallique. 367.
plume(f) métallique romaine. 367.
plumes(f). 145.
plus grand que. 723.
plus ou moins. 723.
plus petit que. 723.
Pluton. 36.
pluviomètre(m). 63.
pluviomètre(m) à lecture directe. 64.
pluviosité(f). 63.
pneu(m). 403, 411.
pneu(m) à carcasse diagonale. 407.
pneu(m) à carcasse radiale. 407.
pneu(m) à carcasse radiale ceinturée. 407.
pneu(m) à neige. 407.
pneumatique(m) de guidage. 429.
pneumatique(m) porteur. 429.
pneus(m). 407.
poche(f). 351, 583, 587, 590.
poche(f), fausse. 301.
poche(f) à douilles. 230.
poche(f) à fermeture à glissière. 350, 351.
poche(f) à rabat. 292, 293, 304.
poche(f) à soufflet. 351.
poche(f) à tickets. 351.
poche(f) à timbres. 351.
poche(f) américaine. 351.
poche(f) cavalière. 310.
poche(f) centrale. 584.
poche(f) côté. 291.
poche(f) coupée. 294.
poche(f) doseuse. 637.
poche(f) extérieure. 347, 350.
poche(f) gilet. 293, 307.
poche(f) inférieure. 584.
poche(f) intérieure. 347.
poche(f) intérieure isolante. 315.
poche(f) manchon. 304.
poche(f) ministre. 351.

poche(f) passepoilée. 296, 304.
poche(f) plaquée. 300, 304, 316.
poche(f) plaquée à revers. 300.
poche(f) poitrine. 292, 295, 305.
poche(f) pour échantillons lunaires. 458.
poche(f) prise dans une couture. 300, 304.
poche(f) prise dans une découpe. 304.
poche(f) raglan. 291, 300, 304.
poche(f) repose-bras. 301.
poche(f) secrète. 351.
poche(f) soufflet. 304, 307.
poche(f) supérieure. 584.
poche(f) tiroir. 293.
poche-montre(f). 267.
poche-revolver(f). 294.
poche-ticket(f). 293.
poches(f). 304.
pochette(f). 293.
pochette(f) d'allumettes. 345.
pochette(f) d'homme. 349.
pochette(f) d'information. 463.
pochette(f) de classement. 463.
pocheuse. 233.
podomètre(m). 613.
poêle(f). 599.
poêle(f) à crêpes. 233.
poêle(f) à frire. 233.
poêle(m) à bois. 201.
poids(m). 572.
poids(m). 572, 607, 608, 610.
poids(m) de lisière. 505.
poignard(m). 689.
poignards(m). 692.
poignée(f). 214, 235, 236, 237, 238, 239, 243, 244, 253, 257, 258, 260, 262, 263, 280, 282, 340, 341, 346, 347, 349, 372, 377, 383, 384, 385, 478, 506, 517, 538, 540, 544, 559, 561, 564, 572, 577, 580, 586, 587, 588, 614, 630, 639, 691, 702.
poignée(f) amovible. 201.
poignée(f) antivibrations. 253.
poignée(f) arrière. 580.
poignée(f) auxiliaire. 261.
poignée(f) avant. 580, 700.
poignée(f) d'embrayage. 410.
poignée(f) d'ouverture. 555.
poignée(f) de conduite. 631.
poignée(f) de départ. 546.
poignée(f) de frein. 411, 631.
poignée(f) de frein avant. 410.
poignée(f) de la main droite. 700.
poignée(f) de la main gauche. 700.
poignée(f) de la manivelle. 517.
poignée(f) de la table. 517.
poignée(f) de porte. 198, 397.
poignée(f) de soulèvement. 698.
poignée(f) de transport. 699, 701.
poignée(f) des gaz. 410.
poignée(f) du démarreur. 253.
poignée(f) escamotable. 350.
poignée(f) intérieure. 400.
poignée(f) latérale. 260.
poignée(f) montoir. 403, 429.
poignée(f) pistolet. 261, 262, 701.
poignée(f) profilée. 341.
poignée(f) supérieure. 260.
poignée-pistolet(f). 697, 699.
poignet(m). 108, 115, 295.
poignet(m) droit. 306.
poignet(m) élastique. 317.
poignet(m) mousquetaire. 306.
poil(m). 137.
poil(m). 136, 338, 339, 341.
poils(m) absorbants. 69.
point(m). 357, 363, 386, 593.
point(m) d'alimentation. 659.
point(m) d'amure. 557.
point(m) d'ancrage. 557.
point(m) d'arête. 507.
point(m) d'articulation. 679.
point(m) d'attache. 70.

point(m) d'écoute. 551.
point(m) d'encochage. 691.
point(m) d'épine. 507.
point(m) d'exclamation. 357.
point(m) d'interrogation. 357, 386.
point(m) d'orgue. 476.
point(m) d'Orient. 507.
point(m) de chaînette. 507.
point(m) de chausson. 507.
point(m) de chevron. 507.
point(m) de côtes. 504.
point(m) de jersey. 504.
point(m) de mise au jeu. 533.
point(m) de noeud. 507.
point(m) de poste. 507.
point(m) de raccordement. 659.
point(m) de réparation. 532.
point(m) de repère. 503.
point(m) de torsades. 504.
point(m) du chef. 709.
point(m) indicateur de température. 341.
point(m) mousse. 504.
point(m) passé empiétant. 507.
point(m) repère. 590.
point(m) roumain. 507.
point-virgule(m). 357, 364, 386.
pointage(m) de droite. 698.
pointage(m) en direction. 697.
pointage(m) en hauteur. 697, 698, 701.
pointe(f). 51, 70, 85, 162, 225, 227, 262, 263, 264, 297, 308, 321, 343, 345, 367, 478, 480, 500, 504, 521, 559, 562, 572, 581, 586, 588, 589, 691, 709.
pointe(f) antérieure. 589.
pointe(f) avant. 243.
pointe(f) carrée. 258.
pointe(f) cruciforme. 258.
pointe(f) d'arrêt électrique. 576.
pointe(f) d'attache. 479.
pointe(f) de bâton. 561.
pointe(f) de centrage. 260.
pointe(f) de col. 295.
pointe(f) de dent de défonceuse. 678.
pointe(f) de diamant. 215.
pointe(f) de hampe. 709.
pointe(f) de poitrine. 148.
pointe(f) de ski. 561.
pointe(f) de surlonge. 148.
pointe(f) plate. 258.
pointe(f) plate. 219.
pointe(f) ronde. 219.
pointe(f) sèche. 515, 517.
pointeau(m). 625.
points(m), catégories(f) de. 507.
points(m) couchés. 507.
points(m) croisés. 507.
points(m) de suspension. 357.
points(m) noués. 507.
points(m) plats. 507.
poire(f). 76, 612.
poire(f) à jus. 231.
poire(f) à poudre. 696.
poireau(m). 83.
pois(m). 79.
pois(m). 79.
pois(m) chiches. 85.
pois(m) mange-tout. 85.
poison(m). 718.
poisson(m). 98, 99.
poisson(m), anatomie(f). 99.
poisson(m), morphologie(f). 98.
Poisson(m) austral. 41.
Poisson(m) volant. 41.
poissonnière(f). 232.
Poissons(m). 40, 712.
poitrail(m). 91.
poitrine(f). 95, 114, 147, 148, 150, 151.
poitrine(f) complète. 148.
poitrinière(f). 508.
poivrière(f). 223.

Les termes en **caractères gras** renvoient à une illustration; les termes en *italique* indiquent l'usage français.

poivron(m). 81.
poker(m), combinaison(f) au. 592.
Polaroïd(m). 371.
pôle(m) Nord. 35.
pôle(m) Nord céleste. 35.
pôle(m) saillant. 656.
pôle(m) Sud. 35.
pôle(m) Sud céleste. 35.
police(f). 718.
polissoir(m) à ongles. 342.
polo(m). 296, 305.
polojama(m). 317.
polonais(m). 355.
pomme de terre(f). 84.
pomme(f). 76.
pomme(f). 76, 260.
pomme(f) d'Adam. 114.
pomme(f) d'arrosage. 250.
pomme(f) de douche. 269.
pommeau(m). 257, 526, 567, 577, 693.
pompage(m). 650.
pompage(m) au gaz. 641.
pompe(f). 205, 240, 242, 411, 620, 637, 646, 668.
pompe(f) à balancier. 641.
pompe(f) à boue. 640.
pompe(f) à chaleur. 204.
pompe(f) à eau. 406.
pompe(f) à essence. 405.
pompe(f) à huile. 404.
pompe(f) de circulation. 203, 669.
pompe(f) de puisard. 277.
pompe(f) du modérateur. 664.
pompe(f) primaire. 664.
pompiste(m). 401.
pompon(m). 314, 321.
poncho(m). 301.
pongiste(m). 543.
Pont l'évêque(m). 155.
pont-levis(m). 177.
pont(m). 328, 489, 621.
pont(m) à béquilles. 415.
pont(m) à poutre. 414.
pont(m) à poutre simple. 414.
pont(m) à poutres indépendantes. 414.
pont(m) à tablier inférieur. 415.
pont(m) à tablier intermédiaire. 415.
pont(m) à tablier supérieur. 415.
pont(m) Bailey. 417.
pont(m) basculant à double volée. 417.
pont(m) basculant à simple volée. 417.
pont(m) cantilever. 414.
pont(m) de décloisonnement. 434.
pont(m) de Varole. 130.
pont(m) du réacteur. 438.
pont(m) en arc. 415.
pont(m) flottant. 417.
pont(m) inférieur. 647.
pont(m) levant. 417.
pont(m) roulant. 655, 661.
pont(m) roulant de chargement de conteneurs. 441.
pont(m) supérieur. 434, 647.
pont(m) suspendu. 416.
pont(m) suspendu à haubans. 416.
pont(m) tournant. 417.
pont(m) transbordeur. 417.
pont-promenade(m). 434.
pontet(m). 697, 702, 703.
pontet(m) de connexion. 406.
ponton(m). 417.
ponts(m) à poutre, types(m) de. 414.
ponts(m) en arc, types(m) de. 415.
ponts(m) fixes. 414, 415, 416.
ponts(m) mobiles. 417.
popote(f). 599.
porc(m). 150, 153.

porche(m). 174, 187.
porcherie(f). 161.
pore(m). 79, 113.
pore(m) sudoripare. 136.
porque(f). 645.
port(m) maritime. 441.
Port-Salut(m). 155.
portail(m). 175.
porte-adresse(m). 347.
porte-bagages(m). 347.
porte-bagages(m). 398, 411.
porte-bidon(m). 411.
porte-bûches(m). 201.
porte-cartes(m). 351.
porte-cartes(m). 64.
porte-cendrier(m). 201.
porte-chaussures(m). 320.
porte-chéquier(m). 351.
porte-clés(m). 351.
porte-conteneurs(m). 434.
porte-coupures(m). 351.
porte-documents(m). 350.
porte-électrode(m). 281.
porte-étiquette(m). 419.
porte-étiquette(m) d'acheminement. 419.
porte(f). 198, 400.
porte(f). 187, 237, 239, 241, 397, 502, 540, 558, 563.
porte(f) à charnière. 188.
porte(f) accordéon. 188, 198.
porte(f) amont. 440.
porte(f) arrière. 434.
porte(f) automatique. 454.
porte(f) avant. 435.
porte(f) busquée. 440.
porte(f) coulissante. 198.
porte(f) coulissante escamotable. 188.
porte(f) d'accès de plate-forme. 421.
porte(f) d'extrémité. 425.
porte(f) de la soute. 457.
porte(f) étagère. 239.
porte(f) extérieure. 198.
porte(f) latérale. 425, 429.
porte(f) moustiquaire à glissière. 596.
porte(f) pliante. 198.
porte(f) tournante. 198.
porte-fenêtre(f) coulissante. 188.
porte-fils(m). 508.
porte-foyer(m). 201.
porte-fusible(m). 659.
porte-fusibles(m). 205.
porte-jarretelles(m). 313.
porte-manteau(m). 465.
porte-marteau(m). 589.
porte-mine(m). 367.
porte-monnaie(m). 351.
porte-moulinet(m). 580.
porte-négatif(m). 376.
porte-outil(m). 639.
porte-parapluie(m). 587.
porte-parapluies(m). 346.
porte-passeport(m). 351.
porte-photos(m). 351.
porte-pipes(m). 345.
porte-pitons(m). 589.
porte-râteau(m). 517.
porte-rouleau(m). 269.
porte-sac(m). 587.
porte-savon(m). 269.
porte-serviettes(m). 269.
porte-stylo(m). 351.
porte-timbres(m). 462.
porte-tube(m). 619.
porte-vent(m). 481, 482.
porte-verre(m). 269.
portée(f). 475.
portefeuille(m). 351.
portefeuille(m) chéquier. 351.
porteur(m) de bagages. 347.
portique(m). 415, 573, 651, 655.
portique(m) de signalisation. 424.

portugais(m). 355.
posemètre(m) photo-électrique. 372.
positif(m). 723.
position(f). 569.
position(f) carpée. 548.
position(f) de départ. 546.
position(f) de départ. 549.
position(f) des bras. 549.
position(f) des jambes. 549.
position(f) droite. 548.
position(f) groupée. 548.
position(f) macro du zoom. 383.
positions(f), escrime(f). 577.
positions(f) de départ. 548.
post-scriptum(m). 360.
poste(m). 660.
poste(m) à clavier. 388.
poste(m) à conteneurs. 441.
poste(m) d'aiguillage. 424, 425.
poste(m) d'essence. 405.
poste(m) de communication voyageur-opérateur. 429.
poste(m) de contrôle. 438.
poste(m) de dépannage. 721.
poste(m) de distribution. 666.
poste(m) de pilotage. 451.
poste(m) de pilotage. 448, 455, 457.
poste(m) de soudage. 281.
poste(m) de trafic. 452.
poste(m) de transformation. 655.
poste(m) émetteur. 385.
poste(m) mains libres. 388.
poste(m) récepteur. 385.
poste(m) sans cordon. 388.
poste(m) téléphonique. 387.
postes(m) téléphoniques, types(m) de. 388.
postiches(f). 331.
postillon(m). 592.
pot(m) à tabac. 345.
pot(m) d'échappement. 406, 409, 704.
pot(m) magnétique. 606.
poteau(m). 178, 192, 415, 531, 536, 542, 545, 569.
poteau(m) cornier. 192.
poteau(m) d'arrivée. 571.
poteau(m) de but. 527.
poteau(m) de double. 537.
poteau(m) de simple. 537.
poteau(m) du ring. 579.
poteau(m) mural. 192.
potence(f). 377, 411, 619, 631.
poterie(f). 519, 520.
poterne(f). 177.
poterne(f) couverte. 176.
potiron(m). 81.
pouce(m). 97, 108, 299, 526.
poudre(f). 702.
poudre(f) comprimée. 332.
poudre(f) libre. 332.
poudrerie(f) basse. 60.
poudrerie(f) élevée. 60.
pouf(m). 212.
poulailler(m). 161.
poulaine(f). 690.
poulie(f). 261, 278, 405, 553, 610.
poulie(f) d'entraînement. 181.
poulie(f) de chariot. 683.
poulie(f) de déflexion. 181.
poulie(f) de tension de cordon. 218.
poulie(f) de tête de flèche. 675.
poulie(f) du ressort-tendeur. 241.
poumon(m) droit. 124, 126.
poumon(m) gauche. 124, 126.
poumons(m). 126.
Poupe(f). 41, 551.
poupée(f). 691.
pour broyer et râper. 228.
pour passer et égoutter. 228.
pourcentage(m). 723.
pourpre(m). 710.
pourtour(m) de l'oeil. 95.

pousse(f). 69.
pousser à droite. 363.
pousser à gauche. 363.
pousseur(m). 645.
poussoir(m). 236, 266.
poussoir(m) à pollen. 106.
poussoir(m) d'ouverture. 346.
poussoir(m) pneumatique. 639.
poutre-châssis(f). 680.
poutre(f). 192, 574, 658.
poutre(f) cantilever. 414.
poutre(f) continue. 414.
poutre(f) d'équilibre. 574.
poutre(f) de bord de fuite. 449.
poutre(f) de queue. 455.
poutre(f) de rigidité. 416.
poutre(f) suspendue. 414.
prairie(f). 102.
prairie(f). 161.
préamplificateur-amplificateur(m). 378.
précipice(m). 54.
précipitation(f). 58.
précipitations(f), types(m) de. 57.
prémaxillaire(m). 98.
premier-but(m). 525.
premier espace(m). 535.
premier quartier(m). 38.
premier radial(m) externe. 119.
première(f). 318.
première(f) de propreté. 318.
première(f) prémolaire. 123.
premiers soins(m). 718.
prémolaire(f). 90, 123.
preneur(m) de son. 389.
prépuce(m). 116.
près(f). 553.
près(m) bon plein. 553.
près(m) serré. 553.
présentateur(m). 390.
présentoir(m) à revues. 465.
président(m). 576.
presse-agrumes(m). 236.
presse-agrumes(m). 228.
presse-ail(m). 228.
presse-carte(m). 466.
presse-étoupe(m). 271.
presse(f) à biscuits. 230.
presse(f) à percussion. 514.
presse(f) à taille-douce. 516.
presse(f) lithographique. 517.
presse-papier(m) gradué. 467.
presse-raquette(m). 538.
pression(f). 63.
pression(f) à l'entrejambe. 316.
pression(f) à la taille. 315.
pression(f) au niveau de la mer. 62.
pression(f) barométrique. 62.
pression(f) devant. 316.
pression(f) épaule. 316.
pression(f) sur les côtés. 315.
pressuriseur(m). 661, 664.
prime(f). 577.
printemps(m). 35.
priorité(f) aux intersections. 715.
prise(f). 372.
prise(f) bipolaire. 277.
prise(f) casque. 379, 381.
prise(f) chronométrée. 238.
prise(f) classique. 543.
prise(f) d'air. 200, 408, 436.
prise(f) d'air de ventilation. 42.
prise(f) d'eau. 655.
prise(f) de courant. 285.
prise(f) de force. 162.
prise(f) de la sonde thermique. 237.
prise(f) de masse. 281.
prise(f) de terre. 285.
prise(f) micro. 381.
prise(f) porte-plume. 543.
prise(f) pour écouteur. 392.
prise(f) pour flash. 368, 383.
prise(f) pour flash-bar. 371.

Les termes en **caractères gras** renvoient à une illustration; les termes en *italique* indiquent l'usage français.

839

prise(f) pour télécommande. 383.
prises(f). 578.
prises(f), types(m) de. 543.
prisme(m). 368.
prisme(m) de Porro. 621.
prix(m) à l'unité. 610.
prix(m) à payer. 610.
procédé(m). 582.
procès(m) ciliaire. 131.
production(f) d'électricité. 667, 668.
produits(m) pétrochimiques. 649.
profileur(m) dynamique. 495.
profiterole(f). 156.
profondeur(f) du foyer. 53.
profondimètre(m). 550.
programmateur(m). 240, 241, 242, 382.
programme(m) de courses. 569.
projecteur(m). 436, 437, 676, 677.
projecteur(m) à faisceau concentré. 390.
projecteur(m) auxiliaire. 43.
projecteur(m) d'ambiance. 390.
projecteur(m) d'étoile brillante. 43.
projecteur(m) de la Voie lactée. 43.
projecteur(m) diascope. 377.
projecteur(m) orientable. 677.
projecteur(m) portatif. 676.
projecteur(m) sonore. 383.
projectiles(m). 695.
projection(f) d'épaule par un côté. 578.
projection(f) de gravillons. 714.
projection(f) en cercle. 578.
prolongement(m) de canal. 662.
pronaos(m). 171.
propane(m), accessoires(m) au. 599.
propriétaire(m). 569.
propulseur(m) de commande d'orientation. 393.
propulsion(f), mécanisme(m) de. 412.
prostate(f). 116.
protecteur(m). 562.
protecteur(m) de poitrine. 526.
protège-côtes(m). 530.
protège-coude(m). 534, 576.
protège-coudes(m). 564.
protège-dents(m). 579.
protège-genoux(m). 564.
protège-gorge(m). 526, 534.
protège-guidon(m). 699, 701.
protège-lame(m). 562.
protège-lame(m). 262, 280.
protège-lame(m) inférieur. 263.
protège-lame(m) supérieur. 263.
protège-main(m). 530.
protège-matelas(m). 214.
protège-poulie(m). 261.
protège-tendon(m). 562.
protège-tibia(m). 526, 530.
prothorax(m). 100.
protoneurone(m) sensitif. 135.
protubérance(f). 37.
proue(f). 551.
prune(f). 75.
psychromètre(m). 63.
pubis(m). 114.
puisard(m). 277, 636.
puits(m). 161.
puits(m), orifice(m) du. 637.
puits(m) d'accès. 660.
puits(m) d'accès au matériel. 660.
puits(m) d'aérage. 638.
puits(m) de dérive. 551.
puits(m) incliné. 636.
puits(m) marin. 644.
puits(m) principal. 638.
puits(m) vertical. 636.
pull(m). 307.
pull-over(m). 561.
pulls(m). 296, 307.
pulpe(f). 74, 75, 76, 77, 123, 137.
pulvérisateur(m). 250.

pulvériseur(m) tandem. 164.
pulvino(m). 653.
pupille(f). 94, 131.
pupille(f) verticale. 109.
pupitre(m). 479, 492.
pupitre(m) à musique. 492.
pupitre(m) central. 451.
pupitre(m) de commande. 43, 472.
pupitre(m) de commande de manutention du combustible. 666.
pupitre(m) de conduite. 418.
pupitre(m) de l'opérateur. 666.
pupitre(m) de son. 389.
pupitre(m) dirigeur. 388.
pupitre(m) du chef d'orchestre. 493.
purge(f) d'eau. 647.
purgeur(m). 203.
purgeur(m) d'air automatique. 204.
pyjama(m). 311.
pylône(m). 658.
pylône(m). 416, 424, 435, 558.
pylône(m) du moteur. 449.
pylore(m). 127.
pyramide(f) de Malpighi. 128.
pyrolyse(f). 650.
pyromètre(m). 520.

Q

quadriplex(m). 183.
quadripode(m). 630.
quai(m). 424.
quai(m) d'embarquement. 452.
quai(m) de gare. 427.
quai(m) de gare. 427.
quai(m) latéral. 428.
quart-arrière(m). 528, 529.
quarte(f). 476, 577.
quartier(m). 77, 93, 123, 567.
quartier(m) arrière. 148.
quartier(m) avant. 148.
quartiers(m) d'habitation. 643.
quasi(m). 147.
quatre-mâts(m) barque. 430, 431.
quatuor(m). 490.
queue(f). 74, 76, 108, 109, 116, 260, 448, 514, 554, 556, 557, 563, 599, 671.
queue(f), petite. 321.
queue(f) de castor. 563.
queue(f) de cheval. 563.
queue(f) de l'hélix. 132.
queue(f) de plasma. 39.
queue(f) de poussières. 39.
queusot(m). 284.
quille(f). 557, 590.
quille-reine(f). 590.
quilles(f), jeu(m) de. 590.
quilles(f), soulier(m) de. 590.
quilleur(m). 590.
quillier(m). 590.
quillon(m). 693.
quinte(f). 476, 577.
quinte(f) royale. 592.
quintette(m). 490.

R

rabat(m). 298, 349, 351.
rabat(m), grand. 345.
rabat(m), petit. 345.
rabat(m) à attaches. 596.
rabatteur(m). 165.
rabot(m). 257.
raccord(m). 275.
raccord(m) à collet repoussé. 274.
raccord(m) à compression. 274.
raccord(m) à compression. 270.
raccord(m) d'arrivée d'air. 280.
raccord(m) d'égout. 272.
raccord(m) de réduction. 275.

raccord(m) pour conducteur de terre. 659.
raccord(m) té d'égout. 272.
raccord(m) union. 274.
raccordement(m) du flexible. 639.
raccords(m). 275.
raccords(m) mécaniques. 274.
rachis(m). 96.
racine(f). 69.
racine(f). 69, 83, 123, 137.
racine(f) antérieure. 130.
racine(f) carrée de. 723.
racine(f) de l'hélix. 132.
racine(f) de l'ongle. 137.
racine(f) du nez. 133.
racine(f) pivotante. 71.
racine(f) postérieure. 130.
racine(f) principale. 69.
racine(f) secondaire. 69.
racine(f) traçante. 71.
racquetball(m). 541.
racquetballeur(m). 541.
radar(m). 624.
radar(m). 435.
radar(m) de détection. 706.
radar(m) de localisation du but. 706.
radar(m) de localisation du missile. 706.
radar(m) de navigation. 439.
radar(m) de veille. 439.
radar(m) météorologique. 448.
radiateur(m). 406.
radiateur(m). 418.
radiateur(m) à colonnes. 203.
radiateur(m) du caloduc. 393.
radicelle(f). 69, 71.
radier(m). 429, 440.
radis(m). 84.
radius(m). 92, 108, 120.
radôme(m). 705.
raffinage(m). 667.
raffinerie(f). 648.
raffinerie(f). 644.
raffinerie(f), produits(m) de la. 649.
raglan(m). 300.
raie des fesses(f). 115.
raie(f) sourcilière. 95.
raifort(m). 84.
rail(m). 218, 422, 505.
rail(m) d'éclairage. 221.
rail(m) de guidage. 402.
rail(m) de guidage de volet. 449.
rail(m) de lancement de missile. 705.
rail(m) de raccord. 422.
rail(m) de renvoi. 590.
rail(m) extérieur. 182.
rail(m) intérieur. 182.
rainure(f). 237, 500, 505, 521, 559, 561, 586, 691.
rainure(f) du guide à onglet. 262.
raisin(m). 74.
raisin(m). 74.
rallonge(f). 244.
rallonge(f) de bras de fourche. 684.
rallonge(f) du plateau. 262.
ramasseur(m). 162, 536, 537.
ramasseuse-chargeuse(f). 162.
ramasseuse-presse(f). 162.
rame(f). 424.
rame(f) de métro. 429.
rameau(m). 69, 71.
rameau(m) communicant. 130.
ramequin(m). 223.
ramille(f). 71.
rampant(m). 171.
rampe(f). 171, 180, 197, 635.
rampe(f) d'accès. 187, 416.
rampe(f) d'attelage. 403.
rampe(f) d'éclairage. 221.
rampe(f) de chargement. 648.
rampe(f) de quai. 441.
rampe(f) du cyclorama. 390.

ramure(f). 71.
rang(m). 339.
rangée(f). 591.
râpe(f). 228.
rapière(f). 692.
rappel(m) arrière. 467.
rapprocher sans joindre. 363.
raquette(f) Alaska. 563.
raquette(f) algonquine. 563.
raquette(f) de badminton. 542.
raquette(f) de racquetball. 541.
raquette(f) de squash. 540.
raquette(f) de tennis. 538.
raquette(f) Ojibwa. 563.
raquettes(f). 543, 563.
raquettes(f), types(m) de. 563.
raquetteur(m). 563.
ras-de-cou(m). 296.
ras-le-cou(m). 326.
ras(m) du cou. 307.
rasette(f). 163, 482.
rasoir(m) à double tranchant. 337.
rasoir(m) à manche. 337.
rasoir(m) effileur. 338.
rasoir(m) électrique. 337.
rasoir(m) jetable. 337.
rasoirs(m). 337.
rat(m) de cave. 515.
rate(f). 99, 124.
râteau-faneur-adaineur(m) à tambour. 164.
râteau(m). 582.
rateau(m). 244, 248, 517, 518.
ratissoire(f). 248.
ravier(m). 223.
ravioli(m). 145.
ravitailleur(m). 705.
rayon(m). 346, 411.
rayon(m) de miel, coupe(f) d'un. 107.
rayon(m) épineux. 98.
rayon(m) médullaire. 71.
rayon(m) mou. 98.
rayonnement(m). 669.
rayonnement(m) solaire. 668, 669, 670.
ré(m). 475.
réacteur(m). 662.
réacteur(m). 438, 661, 664, 665, 666, 667, 705.
réacteur(m) nucléaire. 663.
réaction(f) réversible. 723.
réalisateur(m). 391.
Reblochon(m). 154.
rebobinage(m). 381, 382, 388.
rebras(m). 299.
récamier(m). 211.
réceptacle(m). 72, 74, 595.
réceptacle(m) de la brosse. 339.
récepteur(m). 385, 387.
récepteur(m). 135, 165, 387, 624.
récepteur(m) sensoriel. 135.
réception(f). 574.
recette(f). 637.
receveur(m). 526.
receveur(m). 525, 540, 542, 543.
recharge(f). 367.
recharge(f) amont. 652.
recharge(f) aval. 652.
réchaud(m). 233.
réchaud(m) à trois feux. 599.
réchaud(m) à un feu. 599.
réchauffeur(m). 664.
récipient(m). 64, 235.
récipient(m) à crème. 236.
récolteuse-hacheuse-chargeuse(f). 163.
recourbe-cils(m). 333.
rectangle(m) des instructeurs. 525.
rectangle(m) du frappeur. 525.
rectangle(m) du receveur. 525.
rectangulaire(m). 711.
rectrice(f). 95.
rectum(m). 116, 127, 128.
récupération(f) du solvant. 650.

Les termes en **caractères gras** renvoient à une illustration; les termes en *italique* indiquent l'usage français.

redan(m). 176.
redingote(f). 300.
redistillation(f) des huiles. 648.
redoute(f). 176.
réducteur(m) d'entrée. 107.
réduction(f) mâle-femelle. 275.
réduction(f) mâle-femelle à visser. 275.
réduire le blanc. 363.
références(f). 360.
réflecteur(m). 221, 284, 372, 374, 402, 408, 670.
réflecteur(m) diffusant. 373.
réflecteur(m) parabolique. 373, 624.
réformeur(m) catalytique. 648, 649.
refouloir(m). 695.
réfrigérateur(m). 239.
réfrigérateur(m) sans givre. 239.
refroidissement(m) d'urgence du coeur. 666.
regard(m). 520.
regard(m) de prélèvement. 277.
regard(m) de visite. 413.
régie(f) de production. 391.
régie(f) de production. 389.
régie(f) du son. 389.
régie(f) image-éclairage. 389.
régies(f). 389.
région(f) négative. 670.
région(f) positive. 670.
régisseur(m). 390.
registre(m) aigu. 489.
registre(m) basse. 489.
registre(m) coulissant. 482.
registre(m) de comptabilité. 464.
registre(m) de réglage. 202.
registre(m) de tirage. 201.
réglage(m). 630.
réglage(m) d'asservissement. 382.
réglage(m) de l'impression. 466.
réglage(m) de la barre de tension. 494.
réglage(m) de la luminosité. 392.
réglage(m) de la tonalité. 494.
réglage(m) de niveau. 378.
réglage(m) de niveau d'enregistrement. 381.
réglage(m) des couleurs. 384.
réglage(m) du clavier. 495.
réglage(m) du contraste. 392.
réglage(m) du pas. 613.
réglage(m) du pointeau du fluide. 280.
réglage(m) du volume. 379, 494.
réglage(m) en hauteur. 377.
réglage(m) manuel de l'ouverture du diaphragme. 383.
réglage(m) manuel du zoom. 384.
règle(f). 513.
règle(f) d'équerrage. 513.
règle-point(m). 499.
réglette(f). 509.
réglette(f). 471, 609.
règne(m) animal. 87.
règne(m) végétal. 67.
régulateur(m). 181.
régulateur(m) d'aspiration. 244.
régulateur(m) de pression. 282.
régulateur(m) de pression. 232, 281.
rein(m). 91, 99, 115, 124.
rein(m) droit. 128.
rein(m) gauche. 128.
reine(f). 106.
rejet(m). 71.
relais(m). 206.
relais(m) de protection. 205.
relais(m) de puissance. 205.
relanceur(m). 537.
relève-bras(m). 380.
relève-presseur(m). 499.
releveur(m) de fil. 499.
relief(m) lunaire. 38.
reliure(f) à anneaux. 463.
reliure(f) à glissière. 463.

reliure(f) à pince. 463.
reliure(f) à ressort. 463.
reliure(f) à vis. 463.
reliure(f) d'art. 512, 513, 514.
reliure(f) spirale. 463.
remblai(m). 413, 652.
rémige(f) primaire. 96.
rémige(f) secondaire. 96.
rémige(f) tertiaire. 96.
remise(f). 247.
remontée(f) continentale. 50.
remontoir(m). 492, 607.
remorque-épandeuse(f). 163.
remorque(f). 403, 429, 453.
rempart(m). 38, 176, 177.
remplaçant(m). 535, 536, 539, 545.
remplage(m). 175.
remplissage(m). 647.
rêne(f). 568.
rêne(f) de bride. 567.
rêne(f) de filet. 567.
renfort(m), second. 694.
renfort(m) de culasse. 694.
renfort(m) de pointe. 562.
réniforme. 70.
renne(m). 89.
renseignements(m). 718.
rentré(m). 503.
renvoi(m). 267, 272.
rep'ère(m) de virage de dos. 546.
repassage(m). 722.
repère(m). 612.
repère(m) de ligne de marche. 625.
repère(m) de touche. 494.
repère(m) transparent. 243.
répertoire(m) téléphonique. 464.
répondeur(m) téléphonique. 388.
report(m) de lecture. 372.
repose-bras(m). 380.
repose-pied(m). 410, 631.
repose-pied(m) du passager. 409.
repose-pied(m) du pilote. 409.
repose-pieds(m). 558.
repousse-chair(m). 342.
représentation(f) sur un plan. 198.
reprise(f) d'air. 205.
reptile(m). 109.
réseau(m) de transport. 667.
réseau(m) de transport d'énergie. 668.
réseau(m) électrique. 672.
réseau(m) sous-papillaire. 136.
réservation(f) d'hôtel. 721.
réservoir(m). 234, 344, 409, 481, 611, 651, 652, 655.
réservoir(m) à grain. 165.
réservoir(m) à lest. 645.
réservoir(m) à toit fixe. 647.
réservoir(m) à toit flottant. 647.
réservoir(m) auxiliaire. 402.
réservoir(m) d'air. 437.
réservoir(m) d'alcool. 706.
réservoir(m) d'eau. 421, 638.
réservoir(m) d'eau d'aspersion. 661.
réservoir(m) d'eau potable. 643.
réservoir(m) d'essence. 253.
réservoir(m) d'essence de flottabilité. 437.
réservoir(m) d'huile. 253, 639.
réservoir(m) d'hydrogène liquide (carburant). 456.
réservoir(m) d'oxygène de secours. 458.
réservoir(m) d'oxygène liquide. 706.
réservoir(m) d'oxygène liquide (comburant). 706.
réservoir(m) de boue de réserve. 643.
réservoir(m) de brut. 649.
réservoir(m) de carburant. 403, 455.
réservoir(m) de chasse. 269.

réservoir(m) de fuel. 436.
réservoir(m) de gaz. 599.
réservoir(m) de kérosène. 456.
réservoir(m) de pétrole. 445.
réservoir(m) de poison. 661.
réservoir(m) de stockage. 643, 664, 669.
réservoir(m) de suppression. 664.
réservoir(m) externe. 457.
réservoir(m) magmatique. 53.
réservoir(m) tampon. 644.
réservoirs à membrane. 645.
réservoirs(m). 457.
réservoirs(m) à semi-membrane. 645.
réservoirs(m) indépendants. 645.
résistance(f) acoustique. 387.
résistance(f) anticipatrice. 611.
résistance(f) d'amorçage. 284.
ressort(m). 221, 259, 266, 271, 367, 574, 612, 616, 696, 700.
ressort(m) à boudin. 608.
ressort(m) à lames. 408.
ressort(m) compensateur de fil. 500.
ressort(m) d'échappement. 480.
ressort(m) d'éjecteur. 703.
ressort(m) de batterie. 696.
ressort(m) de chargeur. 703.
ressort(m) de rappel. 385, 407.
ressort(m) de retenue. 639.
ressort(m) de soupape. 404, 405, 482.
ressort(m) de suspension. 418.
ressort(m) de tension. 398.
ressort(m) en spirale. 219.
ressort(m) moteur. 605.
ressort(m) principal. 703.
ressort(m) récupérateur. 703.
restaurant(m). 719.
résurgence(f). 54.
rétenteur(m). 568.
Réticule(f). 41.
réticule(m). 621.
réticulum(m) endoplasmique. 113.
rétine(f). 131.
retour(m). 465.
retour(m) de chariot. 467.
rétroviseur(m). 399, 403, 409, 704.
rétroviseur(m) extérieur. 397.
réunion(f). 723.
réverbérateur. 495.
réverbère(m). 178.
revers(m). 293, 308, 310, 318.
revers(m) à cran aigu. 292, 293.
revers(m) cranté. 291, 301, 308.
revêtement(m). 543, 647.
revêtement(m) en fibre de verre. 458.
revêtement(m) intérieur. 407.
revolver(m). 703.
revolver(m) porte-objectifs. 619.
rez-de-chaussée(m). 188, 189.
rhéostat(m). 285.
rhinencéphale(m). 133.
rhino-pharynx(m). 133.
rhomboïde(m). 119.
rhubarbe(f). 85.
ribosome(m). 113.
rideau(m). 217.
rideau(m). 217.
rideau(m) bonne femme. 217.
rideau(m) brise-bise. 217.
rideau(m) coulissé. 217.
rideau(m) de fer. 180.
rideau(m) de scène. 180.
rideau(m) de vitrage. 217.
rideau(m) flottant. 217.
rideau(m) pare-vent. 42.
rideaux(m) croisés. 217.
ridoir(m). 553.
rift(f). 50.
rimaye(f). 56.
rinceau(m). 210.
ring(m). 579.
risberme(f). 652.

rive(f). 265, 660.
rive(f) externe. 93.
rive(f) interne. 93.
rivet(m). 227, 259, 328.
rivière(f) de steeple. 570.
rivière(f) souterraine. 54.
robe(f). 315, 647.
robe(f) bain-de-soleil. 302.
robe(f) chemisier. 302.
robe(f) de maternité. 302.
robe(f) enveloppe. 302.
robe(f) fourreau. 302.
robe(f) princesse. 302.
robe(f) T-shirt. 302.
robe(f) taille basse. 302.
robe-manteau(f). 302.
robe-tablier(f). 302.
robes(f). 302.
robinet(m). 271.
robinet(m) d'acétylène. 282.
robinet(m) d'arrêt. 268, 270, 272, 273.
robinet(m) d'arrêt général. 267.
robinet(m) d'équilibrage. 203.
robinet(m) d'essence. 410.
robinet(m) d'oxygène. 282.
robinet(m) de puisage. 267.
robinet(m) de vidange. 204, 273, 647.
robinet(m) flotteur à clapet. 268.
robinet(m) relais. 599.
robot(m) de cuisine. 236.
rocaille(f). 263.
roche(f) couverture. 650.
roche(f) de base. 650.
roches(f). 653.
roches(f) d'intrusion. 48.
roches(f) ignées. 48.
roches(f) métamorphiques. 48.
roches(f) sédimentaires. 48.
rochet(m). 219, 260, 605, 607.
Roi(m). 591, 592.
romaine(f). 82.
romarin(m). 143.
romsteck(m). 149.
rond(m) de gîte à la noix. 149.
rond pronateur(m). 118.
ronde(f). 148, 475.
rondeau(m). 159.
Rondelé(m). 154.
rondelle(f). 534.
rondelle(f). 271, 558, 559, 561, 690.
rondelle(f) à denture extérieure. 264.
rondelle(f) à denture intérieure. 264.
rondelle(f) à ressort. 264.
rondelle(f) à ressort. 422.
rondelle(f) conique. 268.
rondelle(f) de fibre. 274.
rondelle(f) de poêle. 201.
rondelle(f) métallique. 270.
rondelle(f) plate. 264.
rondiste(m). 327.
Roquefort(m). 154.
ros(m). 508.
rose(f). 175.
rose(f) des vents. 443.
rosette(f). 170, 266.
rostre(m). 103.
rotation(f) des joueurs. 536.
rôtissoires(f). 232.
rotor(m). 266, 655, 656, 671, 672.
rotor(m) anticouple. 455.
rotule(f). 92, 120, 259.
rotule(f) de traction du porte-lame. 680.
roue(f). 407.
roue(f). 397, 631, 656, 657, 694, 704.
roue(f) à jante amovible. 403.
roue(f) à rayons. 568.
roue(f) avant. 680.
roue(f) d'échappement. 605, 607.
roue(f) d'engrenage. 260, 510.

Les termes en **caractères gras** renvoient à une illustration; les termes en *italique* indiquent l'usage français.

roue(f) d'entraînement. 510.
roue(f) de centre. 605, 607.
roue(f) de champ. 605.
roue(f) de golf. 587.
roue(f) de l'atterrisseur principal. 705.
roue(f) de poulie. 218.
roue(f) de sécurité. 429.
roue(f) de support. 408.
roue(f) de turbine. 660.
roue(f) dentée. 408, 412, 508.
roue(f) folle. 678.
roue(f) motrice. 607, 680.
roue(f) petite moyenne. 605, 607.
roue(f) pivotante. 631.
rouelle(f). 147.
roues(f). 145.
rouge(m). 594, 595.
rouge(m) à lèvres. 333.
rouge(m) à lèvres en crème. 332.
rough(m). 585.
roulé(f). 157.
rouleau(m). 280.
rouleau(m). 219, 251, 341, 466, 516, 595.
rouleau(m) à pâtisserie. 230.
rouleau(m) à vernir. 515.
rouleau(m) de papier. 386.
rouleau(m) encreur. 385.
rouleau(m) principal. 508.
rouleaux(m) presseurs. 371.
roulement(m) à billes. 562.
roulette(f). 501, 594.
roulette(f). 206, 244, 347, 486, 515, 521, 562.
roulette(f), table(f) de. 595.
roulette(f) de coupe. 243.
roulette(f) de pâtissier. 230.
roumain(m). 355.
route(f), coupe(f) d'une. 413.
ruban(m). 219, 321, 384, 461, 466, 467, 502, 613.
ruban(m) adhésif. 526.
ruban(m) blanc. 542.
ruban(m) correcteur. 461, 466.
ruban(m) d'acier. 610.
ruban(m) de caoutchouc. 587.
ruban(m) de cuivre. 521.
ruban(m) de tissu adhésif. 629.
ruche(f). 107.
ruche(f). 161.
ruché(m). 315.
rue(f). 180.
rue(f), coupe(f) d'une. 413.
rue(f) principale. 178.
rugby(m). 531.
ruissellement(m). 58.
russe(m). 355.
russule(f) verdoyante. 73.
rutabaga(m). 84.

S

sable(m). 606, 710.
sables(m) bitumineux. 650.
sablier(m). 606.
sablier(m). 229.
sablière(f). 190.
sablière(f) double. 192.
sabot(m). 93.
sabot(m). 91, 402, 554, 630.
sabot(m), face(f) plantaire du. 93.
sabot(m) de protection. 678.
sabre(m). 577, 692.
sabreur(m). 577.
sac(m). 488, 555.
sac(m) à bandoulière. 349.
sac(m) à cagoule. 598.
sac(m) à dos. 581, 589.
sac(m) à herbe. 252.
sac(m) à provisions. 348.
sac(m) accordéon. 348.
sac(m) banane. 559.
sac(m) bavolet. 349.
sac(m) besace. 349.

sac(m) boîte. 348.
sac(m) cabas. 348.
sac(m) de golf. 587.
sac(m) de plage. 348.
sac(m) de vol. 347.
sac(m) fourre-tout. 347, 348.
sac(m) pochette. 348.
sac(m) polochon. 348.
sac(m) rectangulaire. 598.
sac(m) rond. 347.
sac(m) semi-rectangulaire. 598.
sacoche(f). 349.
sacrum(m). 120.
sacs(m) à main. 348, 349.
sacs(m) de couchage. 598.
Sagittaire(m). 41, 712.
saharienne(f). 307.
saillant(m). 176.
Saint-Marcelin(m). 155.
Saint-Nectaire(m). 155.
Sainte-maure(m). 154.
saisie(f) des données. 468.
saisons(f). 593.
saisons(f), cycle(m) des. 35.
saladier(m). 223.
salière(f). 91, 223.
salle de toilette(f). 189.
salle(f). 179.
salle(f) à manger. 189, 421, 433, 434.
salle(f) d'attente. 426.
salle(f) d'embarquement. 454.
salle(f) de bains. 269.
salle(f) de bains. 189.
salle(f) de chauffage. 189.
salle(f) de commande. 666.
salle(f) de commande. 651, 660, 661.
salle(f) de commande du télescope. 42.
salle(f) de contrôle. 43, 445, 643.
salle(f) de déchargement du combustible irradié. 665.
salle(f) de décontamination. 661.
salle(f) de jeux. 189, 433.
salle(f) de l'appareillage électrique. 661.
salle(f) de la machine. 636, 638.
salle(f) de projection. 43.
salle(f) de séjour. 189, 445.
salle(f) de spectacle. 179, 180.
salle(f) de stockage du combustible neuf. 665.
salle(f) des machines. 445, 651, 655, 661.
salle(f) des pas perdus. 426.
salomé(m). 319.
salon(m). 433.
salopette(f). 310.
salopette(f) à bretelles croisées au dos. 316.
salopette(f) à dos montant. 316.
salsifis(m). 84.
salutation(f). 360.
sandale(f). 319, 689.
sandalette(f). 319.
sandow(m). 597.
sangle(f). 537, 567, 573, 587, 690.
sangle(f) de bandage. 568.
sangle(f) serre-vêtements. 347.
sangle(f) sous-ventrière. 568.
sanglon(m). 567.
sanguine(f). 517.
santé(f). 627.
sarcloir(m). 248.
sarriette(f). 143.
sas(m). 42, 440, 457, 620, 661.
sas(m) d'accès à la cabine. 437.
sas(m) d'accès arrière. 438.
sas(m) pour équipement. 665.
satellite(m), trajectoire(f) d'un. 394.
satellite(m) artificiel. 47.
satellite(m) en mode normal. 394.
satellite(m) en orbite de transfert. 394.

satellite(m) Hermès. 393.
satellite(m) météorologique. 65.
satellite(m) Télécom 1. 394.
satellites(m), exemples(m) de. 393.
satellites(m) de télécommunications. 393, 394.
satin(m). 511.
Saturne. 36.
saucière(f) avec soucoupe. 223.
sauge(f). 143.
saumon(m) d'aile. 449.
saumon(m) de dérive. 705.
saupoudreuse(f). 231.
saut(m) à la perche. 570.
saut(m) en hauteur. 571.
saut(m) en longueur. 570.
sauterelle(f). 635.
sauteur(m). 555, 558.
sauteuse(f). 233.
sautoir(m). 326.
savane(f). 59.
savarin(m). 156.
saxhorn(m). 484.
saxophone(m). 483.
saxophone(m). 491.
scaphandre(m) moderne. 322.
scaphandre(m) spatial. 458.
scapulaire(f). 96.
scarificateur(m). 680.
scarole(f). 82.
scène(f). 180.
schéma(m) de fonctionnement. 385.
schnorchel(m) hissable. 438.
scie(f). 599.
scie(f) à chaîne. 253.
scie(f) à grecquer. 513.
scie(f) à métaux. 276.
scie(f) à métaux. 276.
scie(f) circulaire. 263.
scie(f) d'élagage. 252.
scie(f) de camping. 600.
scie(f) égoïne. 262.
scion(m). 580.
sclérotique(f). 131.
Scorpion(m). 41, 712.
scorsonère(f). 84.
scotie(f). 170.
scripte(f). 391.
scrotum(m). 114, 116.
sculptures(f). 101, 407.
seau(m) isotherme. 236.
sébile(f) de remboursement. 388.
sécateur(m). 249.
séchage(m). 722.
sèche-cheveux(m). 340.
sécheuse(f). 241.
sécheuse(f) pour papier RC. 375.
séchoir(m) d'épreuves RC. 375.
seconde(f). 476, 577.
secondeur(m) au centre. 528, 529.
secondeur(m) extérieur droit. 528, 529.
secondeur(m) extérieur gauche. 528, 529.
secoueur(m). 165.
secrétaire(m). 216, 539, 545.
secteur(m). 443, 472.
section(f) prismatique. 446.
section(f) tubulaire. 643.
segment(m). 407.
segment(m) abdominal. 100.
segment(m) de loin. 328.
segment(m) de près. 328.
sein(m). 117.
sein(m). 114.
séisme(m). 53.
séjour(m). 596.
sélecteur(m). 206.
sélecteur(m) à curseur. 237, 243.
sélecteur(m) d'étage. 181.
sélecteur(m) de bandes. 381.
sélecteur(m) de canaux. 382.
sélecteur(m) de canaux UHF. 392.
sélecteur(m) de canaux VHF. 392.

sélecteur(m) de coupe. 337.
sélecteur(m) de micro. 494.
sélecteur(m) de points. 499.
sélecteur(m) de température. 240, 241, 341.
sélecteur(m) de tension. 337, 340.
sélecteur(m) de tir. 699.
sélecteur(m) de vitesse. 236.
sélecteur(m) de vitesses. 380, 409, 410.
sélecteur(m) de vitesses d'obturation. 368.
sélecteur(m) de vitesses de défilement. 382.
sélecteur(m) du degré de grillage. 237.
sélecteur(m) du niveau d'eau. 240.
sélecteur(m) vidéo/TV. 382.
selle(f). 567.
selle(f). 151, 408, 411, 573.
selle(f) biplace. 409.
selle(f) de rail. 422.
sellette(f). 568.
sellette(f) d'attelage. 403.
sémaphore(m). 424.
semelle(f). 192, 243, 257, 263, 297, 320, 321, 554, 559, 560, 561, 562, 586.
semelle(f) antidérapante. 315, 316.
semelle(f) d'usure. 318.
semelle(f) de chargeur. 703.
semelle(f) du battant. 508.
semelle(f) intercalaire. 318.
semelle(f) pivotante. 259.
semi-remorque(f). 402.
semi-remorque(f). 403, 646.
semi-remorque(f) citerne. 646.
semi-remorque(f) plate-forme. 402.
semi-voyelles(f). 358.
semoir(m) à bras. 251.
semoir(m) à main. 249.
semoir(m) en lignes. 164.
senestre(m). 709.
sep(m). 163.
sépale(m). 74.
sépales(m). 72.
séparateur(m). 406.
séparateur(m) à graisse. 277.
séparateur(m) de gaz. 643.
séparateur(m) de vapeur. 664.
séparation-classeur(f). 350.
séparation(f) du lanceur-satellite. 394.
septième(f). 476.
septime(f). 577.
septum interventriculaire. 124.
septum(m) lucidum. 130.
séquence(f). 592.
sérac(m). 56.
serfouette(f). 248.
sergé(m). 511.
seringue(f) de Luer Lock. 629.
seringues(f). 629.
serpe(f). 252.
Serpent(m). 40, 41.
serpentin(m) assécheur. 206.
serpentin(m) de l'évaporateur. 206, 239.
serpentin(m) du condenseur. 206, 239.
serpette(f). 252.
serre(f). 97, 161, 669.
serre-joint(m). 259.
serre-joint(m). 505, 510.
serre-livres(m). 462.
serre-poignet(m). 538.
serre-tête(m). 378, 538, 561.
serrure(f). 266.
serrure(f). 198, 215, 347.
serrure(f) à clés. 350.
serrure(f) à combinaison. 350.
serrure(f) à mortaiser. 266.
serrure(f) de porte. 397.
serrure(f) tubulaire. 266.
sertissage(m). 521.

Les termes en **caractères gras** renvoient à une illustration; les termes en *italique* indiquent l'usage français.

sertisseur(m). 287.
sertissure(f). 325.
serveur(m). 536, 537, 540, 542, 543.
service(m) à fondue. 233.
service(m) d'incendie. 648.
service(m) de colis. 426.
service(m) de sécurité. 648.
services(m) d'inspection. 720.
serviette(f). 350.
serviteurs(m). 201.
sésamoïde(m), grand. 92.
sésamoïde(m), petit. 92.
seuil(m). 187, 198.
sextant(m). 443.
sextuor(m). 491.
short(m). 310, 538.
si(m). 475.
siège-baquet(m). 400.
siège(m). 210, 213, 268, 269, 271, 519, 556, 558, 564, 567, 637.
siège(m) d'obturateur. 271.
siège(m) de l'observateur. 451.
siège(m) double. 429.
siège(m) du chargeur. 704.
siège(m) du chef de char. 704.
siège(m) du commandant de bord. 451.
siège(m) du conducteur. 684.
siège(m) du copilote. 451.
siège(m) du mécanicien navigant. 451.
siège(m) du pilote. 704.
siège(m) éjectable. 705.
siège(m) réglable. 421.
siège(m) simple. 429.
sièges(m). 212, 400.
signal(m) de départ. 427.
signal(m) de position d'aiguille. 422.
signal(m)[fin de priorité]. 715.
signal(m) lumineux d'aiguille. 423.
signal(m)[route à priorité]. 715.
signalisation(f). 423.
signalisation(f) lumineuse. 715.
signalisation(f) maritime. 444, 445, 446.
signature(f). 360.
signaux(m) d'avertissement de danger. 714, 715.
signaux(m) d'indication. 717.
signaux(m) d'interdiction. 716.
signaux(m) d'obligation. 717.
signaux(m) de réglementation. 716.
signaux(m) relatifs à l'arrêt. 717.
signaux(m) relatifs au stationnement. 717.
signaux(m) routiers internationaux. 714, 715, 716, 717.
signes(m) de ponctuation. 357, 386.
signes(m) diacritiques. 357.
signes(m) du zodiaque. 712.
silences(m), valeur(f) des. 475.
silencieux(m). 253.
silencieux(m) auxiliaire. 406.
silex(m). 696.
silique(f), coupe(f) d'une. 79.
sill(m). 53.
sillet(m). 477, 479, 494.
sillon(m). 380.
sillon(m) antérieur de l'oreille. 132.
sillon(m) concentrique. 380.
sillon(m) de départ. 380.
sillon(m) de sortie. 380.
sillon(m) médian. 134.
sillon(m) naso-labial. 133.
sillon(m) terminal. 134.
silo-couloir(m). 161.
silo(m) à lest. 161.
silo(m) de charbon. 638.
silo-tour(m). 161.
sinus(m) du rein. 128.
sinus(m) frontal. 133.

sinus(m) longitudinal supérieur. 130.
sinus(m) palléal. 101.
sinus(m) sphénoïdal. 133.
siphon(m). 54, 267, 270, 275.
sirène(f). 436.
sismographe(m) horizontal. 616.
sismographe(m) vertical. 616.
sixain(m). 594, 595.
sixte(f). 476, 577.
ski(m). 558.
ski(m). 408, 559.
ski(m) alpin. 559, 560.
ski(m) de figure. 554.
ski(m) de fond. 561.
ski(m) de saut. 554.
ski(m) de slalom. 554.
ski(m) de tourisme. 554.
ski(m) nautique. 554.
skieur(m) alpin. 559.
skieur(m) de fond. 561.
skieur(m) de slalom. 558.
skis(m), types(m) de. 554.
slip(m). 313.
slip(m) ouvert. 297.
snooker(m). 584.
soc(m). 150, 163.
socle. 220.
socle(m). 64, 235, 242, 243, 261, 380, 401, 514, 607, 609, 611, 615.
socle(m) de caméra. 390.
socque(m). 319.
socquette(f). 311.
soeur(f). 138.
soie(f). 224, 227, 337, 580.
soie(f) dentaire. 339.
soies(f). 280.
soigneur(m). 579.
sol(m). 475, 616, 653.
sol(f). 93, 137, 520.
soléaire(m). 118.
Soleil(m). 37.
Soleil(m). 35, 36, 37, 163.
Soleil(m), éclipse(f) de. 37.
Soleil(m), structure(f) interne du. 37.
soleret(m). 690.
solin(m). 202, 267.
solitaire(f). 325.
solive(f). 196.
solive(f) de plafond. 192.
solive(f) de plancher. 192.
solive(f) de rive. 192.
solstice(f) d'été. 35.
solstice(f) d'hiver. 35.
solvant(f). 650.
sommellerie(f). 433.
sommet(m). 54.
sommier(m). 479, 481.
sommier(m) tapissier. 214.
son(m), production(f) du. 481.
sonar(m) à immersion variable. 439.
sonde(f). 286.
sonde(f) de détection de hauteur des vagues. 436.
sonde(f) du thermostat. 238.
sonde(f) spatiale. 47.
sonde(f) thermique. 237, 238.
sondeur(m) à éclats. 442.
sonnerie(f) de passage à niveau. 423.
sorbet(m). 157.
sorbetière(f). 236.
sortie(f). 425.
sortie(f) audio. 382.
sortie(f) de piste à grande vitesse. 452.
sortie(f) des gaz d'échappement. 404.
sortie(f) du modérateur. 662.
sortie(f) vidéo. 382.
soubassement(m). 215.
souche(f). 71.
souche(f). 187.

souche(f) de cheminée. 200.
soucoupe(f). 223.
soudage(m). 281, 282, 283, 521.
soudage(m) à l'arc. 281.
soudage(m) bout à bout. 282.
soudage(m) oxyacétylénique. 281.
soudure(f). 283, 521.
soufflante(f). 450.
soufflé(m). 157.
soufflerie(f). 481.
soufflet (m). 348.
soufflet (m). 376, 489.
soulier(m) à crampons. 526.
soulier(m) de tennis de table. 543.
soupape(f). 232, 482, 489, 639.
soupape(f) à air. 280.
soupape(f) à pression et dépression. 647.
soupape(f) d'admission. 404, 405.
soupape(f) d'échappement. 404.
soupape(f) de détente. 344.
soupape(f) de pression d'eau. 204.
soupape(f) de réglage du fluide. 280.
soupape(f) de sûreté. 273, 664.
soupape(f) de surpression. 458.
soupière(f). 223.
soupir(f). 475.
soupir(m), huitième de. 475.
soupir(m), quart de. 475.
soupir(m), seizième de. 475.
soupirail(m). 187.
source(f) d'énergie électrique. 385.
sourcil(m). 131.
sourdine(f). 484.
souris(f). 469.
sous-marin(m). 438.
sous-cloison(f). 133.
sous-épineux(m). 119.
sous-gorge(m). 567.
sous-main(m). 464.
sous-niveau(m). 637.
sous-pied(m). 310.
sous-plancher(m). 192.
sous-sol(m). 189.
sous-soleuse(f). 164.
sous-vêtement(m) refroidi par circulation liquide. 458.
sous-vêtements(m). 297, 312, 313.
soustraction(f). 723.
soute(f). 448.
soute(f) à bagages. 435, 455.
soute(f) à eau. 418.
soute(f) à munitions. 704.
soutien-gorge(m). 313.
soutien-gorge(m) balconnet. 313.
soutien-gorge(m) pigeonnant. 313.
soutirage(m) essence lourde. 649.
soutirage(m) gazole. 649.
soutirage(m) kérosène. 649.
spadice(m). 72.
spaghetti(m). 144.
spaghettini(m). 144.
spatule(f). 229, 516, 554, 559, 561.
spatulée. 70.
spectromètre(f) à infrarouge. 65.
spencer(m). 307, 317.
spermatozoïde(m). 116.
sphénoïde(m). 122.
sphère(f). 446.
sphère(f) céleste. 35.
sphère(f) d'hélium. 456.
sphère(f) d'impression. 466.
sphère(f) de projection d'étoiles. 43.
sphère(f) de verre. 64.
sphère(f) terrestre. 35.
sphincter(m) anal. 127.
sphygmomanomètre(m). 612.
spicule(f). 37.
spiral(m). 605.
spirale(f). 258, 375.
spirales(f). 144.
spirales(f), grosses. 145.

spire(f). 101, 104.
splénius(m) de la tête. 119.
spores(f). 73.
sports(m). 523.
spot(m). 221.
squash(m). 540.
squelette(m), vue(f) antérieure. 120.
squelette(m), vue(f) postérieure. 121.
stabilisateur(m). 443, 448, 455, 555, 556, 676, 681, 691, 705.
stabilisateur(m) à triple plan vertical. 449.
stabilisateur(m) de roulis à ailerons. 434.
stabilisateur(m) de tension. 376.
stade(m). 570, 571.
stalactite(f). 54.
stalagmite(f). 54.
standard(m) téléphonique. 394.
station(f) d'accès multiple. 394.
station(f) d'utilisateur. 394.
station(f) de métro. 428.
station(f) de pompage. 644.
station(f) de pompage intermédiaire. 644.
station(f) de pompage principale. 644.
station(f) de référence. 394.
station(f) de ski. 558.
station(f) de taxis. 178.
station(f) de transfert. 636.
station-service(f). 401.
stationata(f). 565.
stationnement(m) de l'auto. 188.
stationnement(m) interdit. 717.
stationnement(m) limité. 717.
stator(m). 266, 655, 656.
statue(f). 171.
steeple(m). 570.
steppe(f). 59.
stérile(m). 635.
sterno-cléido-mastoïdien(m). 118.
sternum(m). 92, 120.
stigmate(m). 72, 78, 100.
stimulateur(m) de gencives. 339.
stipule(f). 70.
stockage(m) des déchets radioactifs. 667.
stockage(m) des données. 468.
stockage(m) des gaz liquéfiés. 648.
stockage(m) des produits finis. 648.
stockage(m) du pétrole. 650.
stockage(m) thermique. 668.
store(m) à enroulement automatique. 219.
store(m) à enroulement manuel. 219.
store(m) vénitien. 219.
stratifié(m). 265.
strato-cumulus(m). 52.
stratosphère(f). 47.
stratus(m). 52.
strie(f). 70.
structure(f) d'une fenêtre. 199.
structure(f) d'une maison. 192.
structure(f) du toit. 190.
studio(m). 389.
studio(m). 389.
studio(m), accessoires(m) de. 374.
style(m). 72, 74, 75, 76, 79, 385, 606, 616.
styles(m) d'architecture. 170.
stylet(m). 367, 692.
stylo(m) à bille. 367.
stylo(m) à plume. 367.
stylobate(m). 171.
sublimation(f). 58.
substance(f) corticale. 128.
substance(f) médullaire. 128.
subtropical humide. 59.
subtropical sec. 59.

Les termes en **caractères gras** renvoient à une illustration; les termes en *italique* indiquent l'usage français.

suceur(m) à tapis et planchers. 244.
suceur(m) plat. 244.
suceur(m) triangulaire à tissus et meubles rembourrés. 244.
sucrier(m). 223.
sud(m). 445, 593.
suédois(m). 355.
sulky(m). 568.
super tweeter(m). 378.
superstructure(f). 413, 444.
support(m). 64, 218, 219, 233, 284, 328, 339, 341, 377, 509, 521, 543, 564, 609, 644, 651, 660, 670, 685.
support(m) d'entrave. 568.
support(m) d'extrémité. 218.
support(m) de fixation. 218, 622.
support(m) de lisse. 423.
support(m) de panneau. 535.
support(m) de phare. 398.
support(m) de pouce. 483.
support(m) de sphère. 64.
support(m) de tension. 505.
support(m) douchette. 269.
support(m) du bouclier principal. 698.
support(m) du rouleau. 508.
support(m) rigide. 43.
supprimer. 363.
surandouiller(m). 89.
surface) de frappe. 526.
surface(f). 136.
surface(f) à rebord. 238.
surface(f) absorbante. 238.
surface(f) de but. 532, 539.
surface(f) de coin. 532.
surface(f) de combat. 578.
surface(f) de cuisson. 237, 238.
surface(f) de glace. 544.
surface(f) de jeu. 543.
surface(f) de l'eau. 548.
surface(f) de la peau. 135.
surface(f) de réparation. 532.
surface(f) de sécurité. 578.
surface(f) de travail. 242.
surface(f) encrée. 518.
surface(f) gravée. 380.
surface(f) réfléchissante. 668.
surhaussé. 172.
surliure(f). 601.
surlonge(f). 148, 149.
suroît(m). 314.
surpiqûre(f). 294, 316.
suspension(f). 220.
suspension(f) à la Cardan. 443.
suspente(f). 416, 555, 558.
suture(f). 79.
suture(f) coronale. 122.
suture(f) lambdoïde. 122.
suture(f) métopique. 122.
suture(f) sagittale. 122.
suture(f) temporo-pariétale. 122.
symbole(m). 595.
symboles(m). 707.
symboles(m), éléments(m) visuels des. 713.
symboles(m), exemples(m) de. 710.
symboles(m) d'usage courant. 718, 719, 720, 721.
symboles(m) météorologiques des nuages. 52.
symboles(m) météorologiques internationaux. 60, 61.
Symphonie. 393.
symphyse(f) pubienne. 116, 117.
synapse(f). 135.
synchro(m). 624.
synthétiseur(m). 495.
syntonisateur(m). 378.
système(m) d'arrêt. 666.
système(m) d'élimination de l'humidité. 458.
système(m) d'élimination de l'urine. 458.

système(m) de commande. 706.
système(m) de dépotage. 646.
système(m) de liaison. 645.
système(m) de maintien de la pression. 458.
système(m) de projection de planètes. 43.
système(m) de refroidissement de l'eau. 458.
système(m) de régulation du réacteur. 666.
système(m) filtre. 345.
système(m) nerveux. 129, 130.
système(m) nerveux central. 130.
système(m) nerveux périphérique. 129.

T

tabac(m). 344.
tabatière(f). 187.
table(f). 209, 543.
table(f). 327, 482, 513, 516, 517, 518, 576.
table(f) à abattants. 209.
table(f) à rallonges. 209.
table(f) d'harmonie. 477, 478, 479.
table(f) de billard. 583, 584.
table(f) de rotation. 640.
table(f) de roulette. 594.
table(f) gigogne. 209.
table(f) repliable. 421.
tableau(m) d'affichage des vols. 454.
tableau(m) de bord. 399.
tableau(m) de bord. 451, 556.
tableau(m) de commande. 206, 237, 238, 240, 241, 242, 389, 390, 676.
tableau(m) de distribution. 288.
tableau(m) de distribution. 659.
tableau(m) des arrivées. 426.
tableau(m) des départs. 426.
tableau(m) horaire. 426.
tableau(m) indicateur. 569.
tableau(m) indicateur des retards. 426.
tables(f), principaux types(m) de. 209.
tablette(f). 200, 216, 279.
tablette(f) de verre. 239.
tablier-blouse(m). 305.
tablier(m). 414, 415, 416, 579, 585, 682, 684.
tablinum(m). 173.
tabouret-bar(m). 212.
tabouret-escabeau(m). 279.
tabouret(m). 212, 579.
tabulateur(m). 467.
tache. 37.
tache(f) jaune. 131.
tachymètre(m). 410.
taie(f) d'oreiller. 214.
taillant(m). 639.
taille-bordures(m). 252.
taille-crayons(m). 462.
taille(f). 115, 518.
taille(f) baguette. 327.
taille(f) brillant. 327.
taille(f) cabochon. 327.
taille(f) d'un diamant(m). 327.
taille(f) élastique. 315.
taille(f) émeraude. 327.
taille(f) en ciseaux. 327.
taille(f) en escalier. 327.
taille(f) en goutte. 327.
taille(f) en poire. 327.
taille(f) en rose. 327.
taille(f) en table. 327.
taille(f) française. 327.
taille(f) huit facettes. 327.
taille(f) marquise. 327.
taille(f) ovale. 327.
taille-haies(m). 252.

tailles(f) des pierres. 327.
tailloir(m). 170.
talon(m). 93, 115, 163, 227, 257, 262, 297, 318, 328, 345, 478, 500, 506, 526, 534, 538, 559, 561, 562, 580, 581, 582, 586.
talon(m) d'appui. 235, 243.
talon(m) de ronde. 148.
talonnette(f) du dessus. 318.
talonneur(m). 531.
talonnière(f). 554, 559, 560, 561.
talus(m). 413.
talus(m) continental. 48, 50.
tambour(m). 507.
tambour(m). 164, 170, 219, 236, 241, 407, 443, 580, 607, 613.
tambour(m) à dents. 164.
tambour(m) d'entraînement. 368.
tambour(m) de basque. 486.
tambour(m) de dispersion. 163.
tambour(m) de levage. 675.
tambour(m) de traction. 675.
tambourin(m). 314.
tamis(m) à farine. 230.
tamis(m) vibrant. 640.
tampon(m). 516.
tampon(m) de choc latéral. 418.
tampon(m) de poussée. 682.
tampon(m) encreur. 462.
tandem(m). 307.
tangon(m) de spinnaker. 552.
tante(f) maternelle. 138.
tante(f) paternelle. 138.
tapinois(m). 319.
tapis(m). 579, 583, 584.
tapis(m), judo(m). 578.
tapis(m) amont. 652.
tapis(m) de chute. 574.
tapis(m) de selle. 568.
tapis(m) de sol cousu. 596.
tapis(m) drainant. 652.
taquet(m). 552, 553.
taquet(m) coinceur. 551, 553.
taquet(m) de couvercle. 341.
tarlatane(f). 515.
tarse(m). 92, 95, 100, 105, 106, 120.
tarte(f). 156.
tartelette(f). 156.
tasse(f). 223, 599.
tasse(f) graduée. 341.
tassette(f). 690.
Taureau(m). 40, 712.
té(m). 587.
té(m). 275, 446.
té(m) de base. 202.
technicien(m) de l'image. 389.
technicien(m) du son. 389.
techniques(f) de tissage. 511.
tectrice(f) primaire. 96.
tectrice(f) primaire, moyenne. 96.
tectrice(f) sous-caudale. 95.
tectrice(f) sus-caudale. 95.
tégument(m) de la graine. 75, 79.
télécommande(f). 706.
télécommunications(f), réseau(m) de. 394.
téléconférence(f). 394.
télécopie(f). 394.
télégramme(m). 394.
télégraphe(m). 385, 386.
téléinformatique(f). 394.
Teleme(m). 154.
téléobjectif(m). 370.
téléphérique(m). 558.
téléphone(m). 718.
téléphone(m) public. 388.
télépointeur(m). 439.
télépointeur(m) de missiles. 439.
télescope(m). 622.
Télescope(m). 41.
télésenseur(m). 372.
télésiège(m) biplace. 558.
téléski(m) à archets. 558.
téléski(m) à perches. 558.
télésouffleur(m). 390.

télétex(m). 394.
téléviseur(m). 392.
télévision(f). 389, 390, 391, 392.
télévision(f) en circuit fermé. 666.
télex(m) téléimprimeur(m). 386.
telson(m). 103.
tempe(f). 114.
température(f). 569.
température(f) à la surface du sol. 63.
température(f) de l'air. 62, 63.
température(f) du point de rosée. 62.
tempéré humide, à été court. 59.
tempéré humide, à été long. 59.
tempéré océanique. 59.
tempête(f) de poussière. 60.
tempête(f) de sable. 60.
tempête(f) tropicale. 60.
temple(m) grec. 171.
templet(m). 510.
templet(m). 513.
temporal(m). 120, 122.
tenaille(f). 176.
tendance(f) barométrique. 62.
tender(m). 642.
tendeur(m). 423, 596.
tendeur(m) de timbre. 486.
tendon(m). 94.
tendron(m). 147, 149.
tennis(m). 537, 538.
tennis(m) de table. 543.
tenon(m). 345.
tenon(m) haut. 328.
tenseur(m) du fascia lata. 118.
tentacule(m) oculaire. 104.
tentacule(m) tactile. 104.
tente(f) Baker. 597.
tente(f) canadienne. 597.
tente(f) dôme. 597.
tente(f) grange. 597.
tente(f) igloo. 597.
tente(f) intérieure. 597.
tente(f) rectangulaire. 597.
tente(f) touriste. 597.
tentes(f). 596, 597.
tentes(f), principaux types(m) de. 597.
tentes(f) familiales. 596.
tentoir(m). 508.
tenue(f) de baptême. 315.
terminaison(f) nerveuse. 135.
terminal(m). 472.
terrain(m), badminton(m). 542.
terrain(m), baseball(m). 525.
terrain(m), basket-ball(m). 535.
terrain(m), curling(m). 544.
terrain(m), football(m) américain. 527.
terrain(m), football(m) canadien. 527.
terrain(m), hand-ball(m). 539.
terrain(m), rugby(m). 531.
terrain(m), tennis(m). 537.
terrain(m), volley-ball(m). 536.
terrain(m) de camping. 721.
terrain(m) de caravaning. 721.
terrain(m) de fondation. 652.
terrain(m) de jeu, football(m) européen. 532.
terrain(m) de pique-nique. 721.
terrasse(f). 178, 187, 188, 247, 454.
terrasse(f) extérieure. 433.
Terre(f). 36, 37, 38, 653.
Terre(f), structure(f) de la. 47.
terre-plein(m). 186.
terril(m). 635, 638.
testicule(m). 116.
tête(f). 94.
tête(f). 39, 100, 104, 106, 115, 116, 124, 264, 337, 339, 344, 345, 478, 494, 499, 504, 506, 514, 538, 542, 563, 572, 581, 582, 586, 588, 636, 658.
tête(f) à bascule. 374.

Les termes en **caractères gras** renvoient à une illustration; les termes en *italique* indiquent l'usage français.

tête(f) à sens unique. 264.
tête(f) amont. 440.
tête(f) aval. 440.
tête(f) basculante. 235.
tête(f) bombée. 264.
tête(f) creuse. 264.
tête(f) cruciforme. 264.
tête(f) d'accouplement. 402.
tête(f) d'aspiration. 277.
tête(f) d'attelage. 419.
tête(f) d'enregistrement et de production. 383.
tête(f) d'impression. 471.
tête(f) d'injection. 640.
tête(f) de coupe. 282.
tête(f) de dormant. 199.
tête(f) de l'humérus. 121.
tête(f) de lecture. 380.
tête(f) de lit. 214.
tête(f) de marteau. 588.
tête(f) de mât. 551.
tête(f) de métal. 572.
tête(f) de puits. 641.
tête(f) de rotor. 455.
tête(f) de scion. 580.
tête(f) de serpent venimeux. 109.
tête(f) de trappe. 257.
tête(f) du fémur. 121.
tête(f) du vérin de levage. 684.
tête(f) flottante. 337.
tête(f) froncée. 217.
tête(f) panoramique. 374.
tête(f) plate. 264.
tête(f) plissée. 217.
tête(f) ronde. 264.
têtes(f). 257.
têtière(f). 266, 551, 567.
théâtre(m). 433.
théière(f). 223.
théodolite(m). 614.
théodolite(m). 63.
thermomètre(m). 647.
thermomètre(m) à viande. 229.
thermomètre(m) bimétallique. 611.
thermomètre(m) enregistreur. 63.
thermomètre(m) médical. 611.
thermomètres(m) à minima et à maxima. 63.
thermosphère(f). 47.
thermostat(m). 204, 205, 206.
thermostat(m) d'ambiance. 611.
thermostat(m) inférieur. 273.
thermostat(m) supérieur. 273.
thorax(m). 100, 106, 114.
thym(m). 143.
tibia(m). 92, 100, 106, 108, 120.
tierce(f). 476, 577.
tige-brosse(f). 339.
tige(f). 69.
tige(f). 69, 83, 85, 137, 206, 234, 258, 264, 271, 345, 492, 500, 504, 506, 509, 560, 561, 562, 607, 611.
tige(f) à ressort. 403.
tige(f) carrée d'entraînement. 640.
tige(f) de forage. 640.
tige(f) de manoeuvre. 271, 701.
tige(f) de manoeuvre du cavalier. 609.
tige(f) de mise à feu. 700.
tige(f) de poignée. 350.
tige(f) de selle. 411.
tige(f) du robinet. 271.
tige(f) filetée. 264, 442.
tige(f) guide. 466.
tige(f) pour col. 326.
tige(f) verticale. 609.
tiges(f) de pompage. 641.
timbale(f). 486.
timbales(m). 493.
timbre(m). 387, 690.
timbre(m) caoutchouc. 462.
timbre(m) dateur. 462.
timonerie(f). 436.

tipi(f). 169.
tir(m). 700.
tirant(m). 683.
tirant(m) de registre. 482.
tirant(m) de réglage. 293.
tirant(m) des cordes. 579.
tire-bouchon(m). 549.
tire-bouchon(m). 599.
tire-bouchon(m) à levier. 229.
tire-bouchon(m) de sommelier. 229.
tire-bourre(m). 695.
tire-paille(m). 165.
tire-racines(m). 249.
tire-veille(m). 551.
tiret(m). 357.
tirette(f). 502, 507.
tiroir(m). 209, 216, 464.
tiroir(m) à filtres. 376.
tisonnier(m). 201.
tissage(m). 508, 509, 510, 511.
tissage(m), schéma(m) de principe du. 511.
tissu(m), structure(f) du. 502.
tissu(m) adipeux. 117, 136.
tissu(m) conjonctif. 135, 136.
tissu(m) du vêtement. 502.
tissus(m) de soutien. 502.
Titan. 36.
titre(m). 360.
toile(f). 219, 346, 511.
toile(f) à pourrir. 596.
toile(f) de fond. 180.
toile(f) de saut. 574.
toile(f) perlée. 377.
toilette(f). 268.
toilette(f). 269.
toilettes(f) pour dames. 719.
toilettes(f) pour hommes. 719.
toit(m). 402, 425, 596, 636.
toit(m) à deux croupes. 190.
toit(m) à l'impériale. 191.
toit(m) à la Mansard. 191.
toit(m) à pignon. 190.
toit(m) à quatre versants. 191.
toit(m) à tourelle à pans. 191.
toit(m) avec lanterneau. 191.
toit(m) de protection. 684.
toit(m) en appentis. 190.
toit(m) en carène. 191.
toit(m) en coupole. 191.
toit(m) en dôme. 191.
toit(m) en flèche. 191.
toit(m) en pavillon. 190.
toit(m) en pente. 190.
toit(m) en poivrière. 191.
toit(m) en rotonde. 191.
toit(m) en Shed. 191.
toit(m) flottant. 647.
toit(m) ouvrant. 397.
toit(m) plat. 190.
toiture(f). 107.
tôle(f) pare-gouttes. 647.
tomate(f). 81.
tombant(m). 308.
tombolo(m). 51.
Tomme(m) aux raisins. 154.
ton(m) de mât. 430.
tondeuse(f). 338.
tondeuse(f). 337.
tondeuse(f) à moteur. 252.
tondeuse(f) mécanique. 252.
tondeuses(f) à gazon. 252.
tong(m). 319.
topinambour(m). 84.
toque(f). 314.
torche(f). 643, 648.
torero(m). 321.
tores(m). 170.
toron(m). 601.
torpille(f). 438.
torrent(m). 54.
torsade(f). 331.
torsade(f), simple. 260.
torsades(f). 145.
tortellini(m). 145.

tortue(f). 109.
Toucan(m). 41.
touche(f). 467, 477, 479, 480, 487, 489, 494.
touche(f) d'échappement. 470.
touche(f) d'envoi. 470.
touche(f) de déblocage du tabulateur. 467.
touche(f) de pédalier. 481.
touche(f) de position initiale. 470.
touche(f) de présélection. 379.
touche(f) de rappel arrière. 470.
touche(f) de remise à zéro. 382, 470.
touche(f) de retour. 470.
touche(f) de service. 470.
touche(f) de tabulateur. 470.
touche(f) de verrouillage du tabulateur. 467.
touche(f) Dolby. 381.
touche(f) fixe. 613.
touche(f) mémoire. 379, 382.
touche(f) mobile. 613.
touche-majuscules(f). 467.
toucher(m). 135.
touches(f) de configuration. 470.
touches(f) de directivité. 470.
touches(f) de fonction. 470.
touches(f) de fonctions. 610.
touches(f) de modulation. 379.
touches(f) de réglage d'accord. 379.
touches(f) de traitement de texte. 470.
touches(f) majuscules. 470.
touches(f) programmables. 470.
toundra(f). 59.
toupet(m). 91, 331.
toupie(f). 260.
toupie(f). 236.
tour(f). 174, 591, 668, 671, 672, 683.
tour(f) d'angle. 177.
tour(f) d'extraction. 638.
tour(f) d'habitation. 183.
tour(f) de contrôle. 452.
tour(f) de flanquement. 177.
tour(f) de forage. 640, 643.
tour(f) de fractionnement. 649.
tour(f) de guet. 177.
tour(f) de guidage. 417.
tour(f) de refroidissement. 648.
tour(f) de sauvetage. 456.
tour(m) dernier. 101.
tour(m) à pied. 519.
tour(m) de cou. 295.
tour(m) de spire. 101.
tour(m) de tête. 314.
tour(m) embryonnaire. 101.
tourelle(f). 177, 242, 676, 681.
tourelle(f) double. 439.
tourelle(f) mobile. 704.
tourelleau(m). 704.
tourillon(m). 582, 694.
tourmaline(f). 314.
tournant(m) de club house. 569.
tournebroche(m). 238.
tournette(f). 519.
tournevis(m). 599.
tournevis(m) à spirale et à rochet. 258.
tourniquet(m). 594.
tourniquet(m) de contrôle d'accès. 428.
tourniquet(m) de sortie. 428.
tout-en-un(m). 317.
tracé(m). 558.
tracé(m) de l'heure. 616.
tracé(m) des secousses. 616.
traceur(m). 469.
trachée(f). 126.
traçoir(m). 260.
tracteur(m). 162, 403.
tracteur(m). 453, 646.
tracteur(m) à chenilles. 678.
tracteur(m) à pneus. 679.

tracteur(m) de piste. 453.
tracteur-remorqueur(m). 682.
tragus(m). 108, 132.
train(m) d'atterrissage avant. 448.
train(m) d'atterrissage principal. 448.
train(m) d'engrenages. 371.
train(m) routier. 403.
trait(m). 386.
trait(m) d'union. 357, 364, 386.
trait(m) de mise en jeu. 527.
traitement(m) à l'eau chaude. 650.
traitement(m) chimique. 649.
traitement(m) des données. 468.
traitement(m) des essences. 648.
traitement(m) des gaz liquéfiés. 648.
traitement(m) des sables bitumineux. 650.
traitement(m) du bitume. 650.
traitement(m) spécifique des données. 468.
trame(f). 502, 508.
trampoline(f). 574.
tranchant(m). 224, 227, 338, 501.
tranche(f) de gouttière. 512.
tranche(f) de queue. 512.
tranche(f) de tête. 512.
tranche(f) grasse. 149.
tranche(m). 710.
tranchée(f). 635.
tranchefile(f). 512.
transbordeur(m). 434.
transbordeur(m). 441, 453, 454.
transfert(m). 394.
transformateur(m). 205, 655, 659, 668, 672.
transistor(m). 606.
transmetteur(m) infrarouge. 373.
transmission(f). 240, 682.
transmission(f) d'ordres. 706.
transmission(f) des signaux télégraphiques. 385.
transmission(f) funiculaire. 423.
transpalette(f) à bras. 685.
transpiration(f). 58.
transplantoir(m). 249.
transport(m). 395.
transport(m) ferroviaire. 721.
transport(m) par autobus. 721.
transport(m) par avion. 721.
transport(m) par hélicoptère. 721.
transport(m) par taxi. 721.
transposer deux lettres. 363.
transposer deux lignes. 363.
transposer deux mots. 363.
transversale(f) pleine. 594, 595.
trapèze(m). 554.
trapèze(f). 118, 557.
trapèze(m) de figure. 554.
trapèzes(m), types(m) de. 554.
trapillon(m). 180.
trappe(f) de fumée. 200.
trappe(f) de visite. 277.
travaux(m). 714.
travée(f) centrale. 416.
travée(f) latérale. 416.
travée(f) levante. 417.
travers-banc(m). 636, 637.
traverse(f). 162, 176, 209, 422, 487, 508, 509, 513, 630, 658, 659.
traverse(f) arrière. 563.
traverse(f) avant. 563.
traverse(f) d'extrémité inférieure. 425.
traverse(f) d'extrémité supérieure. 425.
traverse(f) de chargement. 645.
traverse(f) inférieure. 198, 215.
traverse(f) intermédiaire. 198, 215.
traverse(f) médiane. 213.
traverse(f) supérieure. 198, 213, 215.
traverse(f) supérieure d'ouvrant. 199.

Les termes en **caractères gras** renvoient à une illustration; les termes en *italique* indiquent l'usage français.

traversée(f). 659.
traversée(f) de transformateur. 651.
traversin(m). 214.
trèfle(m). 175, 592.
treillis(m). 247, 378, 643.
treillis(m) de contreflambage. 658.
treillis(m) de protection. 384.
tréma(f). 357.
tremie(f). 164.
tremplin(m). 548, 558, 573, 574.
trench-coat(m). 291.
trépan(m). 640.
trépied(m). 374.
trépied(m). 377, 486, 492, 622, 701.
trépointe(f). 318.
tresses(f). 330.
tréteau(m). 209.
treuil(f). 42, 181, 434, 436, 439, 640, 675, 704.
triangle(m). 485, 582.
Triangle(m). 40, 493.
Triangle(m) austral. 41.
tribord(m) amures. 553.
tribune(f) des juges. 569.
tribune(f) populaire. 569.
triceps(m) brachial. 119.
triclinium(m). 173.
tricot(m). 504.
tricot(m), points(m) de. 504.
trifoliée. 70.
triforium(m). 174, 175.
triglyphe(m). 170.
trille(m). 476.
trilobé. 172.
tringle-barre(f). 218.
tringle(f). 407.
tringle(f) à coulisse. 218.
tringle(f) chemin de fer. 218.
tringle(f) de commande. 422.
tringle(f) de connexion. 423.
tringle(f) de pédale. 479.
tringle(f) de tension. 486.
tringle(f) double. 218.
tringle(f) simple. 218.
tringle-guide(f). 698.
tringle-rail(f). 218.
trio(m). 490.
tripe(f). 344.
triple(m) mur(m). 566.
triple(m) saut. 571.
triplex(m). 183.
triplex(m) jumelé. 183.
triplure(f). 295, 502.
Triton. 36.
trochanter(m). 100, 106.
trochure(f). 89.
trois-quarts(m). 531.
troisième-but(m). 525.
troisième joueur(m). 544.
trombone(m). 484, 491.
trombones(f). 461.
trombones(f). 493.
trompe(f). 100.
trompe(f) d'Eustache. 132, 133.
trompe(f) de Fallope. 117.
trompette(f). 484.
trompette(f). 484, 491.
trompettes(f). 493.
tronc(m). 71, 115.
tronc(m), coupe(f) transversale du. 71.
tronc(m) cœliaque. 124.
tronc(m) coeliaque. 128.
tronçon(m). 658.
trop-plein(m). 268, 269, 273.
tropique(m) du Cancer. 35.
tropique(m) du Capricorne. 35.
troposphère(f). 47.
trotteuse(f). 605.
trottoir(m). 413.
trou(m). 585.
trou(m). 517, 590.
trou(m) central. 380.
trou(m) d'aération. 107.

trou(m) d'homme. 646, 647.
trou(m) de conjugaison. 130.
trou(m) de vol. 107.
trou(m) du souffleur. 180.
trou(m) malaire. 122.
trou(m) mentonnier. 122.
trou(m) occipital. 122.
trou(m) ovale. 122.
trou(m) pariétal. 122.
trou(m) sous-orbitaire. 122.
trou(m) sus-orbitaire. 122.
trousse(f) à maquillage. 332.
trousse(f) d'urgence. 629.
trousse(f) de manucure. 342.
trousse(f) de mise en plis. 341.
trousse(f) de toilette. 347.
troussequin(m). 567.
trucages(m). 391.
truffe(f). 73, 94.
trumeau(m). 175.
tuba(m). 484, 493, 550.
tubage(m) cimenté. 640.
tubage(m) de surface. 641.
tubage(m) intermédiaire. 641.
tube à arc(m). 284.
tube-image(m). 392.
tube(m). 695.
tube(m). 274, 284, 341, 612, 621, 622, 623, 694, 697, 700.
tube(m) à ailettes. 203.
tube(m) absorbeur. 670.
tube(m) capillaire. 611.
tube(m) d'alimentation. 367.
tube(m) d'arrivée. 270.
tube(m) d'eau chaude. 273.
tube(m) d'eau froide. 273.
tube(m) d'orientation des lames. 219.
tube(m) de bord d'attaque. 557.
tube(m) de cuivre. 274.
tube(m) de détente. 662.
tube(m) de direction. 411.
tube(m) de distance. 700.
tube(m) de force. 663.
tube(m) de liaison. 662.
tube(m) de Pitot. 705.
tube(m) de poussée. 367.
tube(m) de remplissage de la cuvette. 268.
tube(m) de remplissage du réservoir. 268.
tube(m) de réseau. 662.
tube(m) de résonance. 485.
tube(m) de selle. 411.
tube(m) droit. 244.
tube(m) fluorescent. 284.
tube(m) focaliseur conique. 373.
tube(m) focaliseur cylindrique. 373.
tube(m) horizontal. 411.
tube(m) lance-missiles. 438.
tube(m) métallique. 670.
tube(m) oblique. 411.
tube(m) porte-oculaire. 619, 623.
tube(m) transversal. 706.
tubulure(f) d'injection de poison. 662.
Tudor. 172.
tufoli(m). 145.
tuile(m). 171, 195.
tuiles(f) ordinaires. 593.
tulipe(f). 234.
tunique(f). 302, 305.
tunique(f) en cuir. 689.
tuque(f). 314, 561.
turban(m). 314.
turbine(f). 242, 438, 450, 655, 666.
turbine(f) à gaz. 435, 643.
turbine(f) basse pression. 664.
turbine(f) d'entraînement. 404.
turbine(f) du compresseur. 404.
turbine(f) Francis. 657.
turbine(f) haute pression. 664.
turbine(f) hydraulique. 657.
turbine(f) Kaplan. 657.
turbine(f) Pelton. 657.

turbines(f), principaux types(m) de. 657.
turbines(f) à vapeur. 434.
turbo-alternateur(m). 656.
turbo-alternateur(m). 666, 668.
turbo-soufflante(f). 418.
turbopompe(f). 706.
turboréacteur(m). 450.
turboréacteur(m). 448.
turboréacteur(m) à double flux. 450.
turion(m). 85.
tuteur(m). 247.
tutu(m). 321.
tuyau(m). 281, 345, 482, 489.
tuyau(m) à anche. 482.
tuyau(m) à bouche. 482.
tuyau(m) arrière. 406.
tuyau(m) avant. 406.
tuyau(m) d'air. 550.
tuyau(m) d'arrivée d'eau. 240, 242.
tuyau(m) d'arrosage. 250.
tuyau(m) d'aspiration. 677.
tuyau(m) d'échappement. 404, 406, 678.
tuyau(m) d'évacuation. 240, 241, 272.
tuyau(m) d'incendie. 718.
tuyau(m) d'insufflation. 488.
tuyau(m) de chute. 268, 272.
tuyau(m) de chute unique. 267.
tuyau(m) de montre. 481.
tuyau(m) de refoulement. 676.
tuyau(m) de vidange. 242, 272.
tuyau(m) flexible. 244, 639.
tuyau(m) perforé. 250.
tuyau(m) souple d'arrivée. 272.
tuyauterie(f). 481.
tuyauterie(f) de refroidissement. 662.
tuyauterie(f) de vapeur. 661, 664.
tuyauterie(f) de vapeur basse pression. 661.
tuyauterie(f) de vidange. 204.
tuyaux(m) d'orgue. 482.
tuyère(f). 450, 455, 456, 705, 706.
tuyère(f) de contrôle de roulis. 65.
tuyère(f) de contrôle de tangage. 65.
tuyère(f) de contrôle du mouvement en lacet. 65.
tympan(m). 105, 109, 171, 175, 517, 518.
type(m) de la masse d'air. 62.
types(m) d'arcs. 172.
types(m) de fenêtres. 199.
types(m) de lunettes. 329.
types(m) de portes. 198.
types(m) de toits. 190, 191.

U

ukrainien(m). 355.
uniforme(m), football(m). 530.
union(f). 274.
unisson(m). 476.
unité(f) centrale. 468, 469, 472.
unité(f) d'extraction par solvant. 649.
unité(f) de contrôle de l'équipement de vie. 458.
unité(f) de disques. 472.
unité(f) de disquette. 469.
unité(f) de polymérisation. 648.
unité(f) de soufflage des bitumes. 648.
unités(f) d'alkylation. 648.
unités(f) de cokéfaction fluide. 648.
Uranus. 36.
urètère(m). 128.
urètre(m). 117, 128.
urètre(m) pénien. 116.
uropode(m). 103.
urostyle(m). 105.

usine(f) à asphalte. 649.
usine(f) des lubrifiants. 649.
usine(f) des utilités. 650.
usine(f) marémotrice. 660.
usine(f) pétrochimique. 649.
ustensiles(m) de campeur. 599.
ustensiles(m) de cuisine. 227, 228, 229, 230, 231.
ustensiles(m) divers. 231.
ustensiles(m) pour la pâtisserie. 230.
ustensiles(m) pour mesurer. 229.
ustensiles(m) pour ouvrir. 229.
utérus(m). 117.

V

V lingual(m). 134.
vacherin(m). 156.
vacuole(f). 113.
vagin(m). 117.
vague(f). 51.
vague(f) d'oscillation. 51.
vague(f) de translation. 51.
vague(f) déferlante. 51.
vagues(f). 330.
vair(m). 710.
vaisseau(m) sanguin. 123, 136, 137.
vaisseaux(m) sanguins. 108.
vaisselle(f). 223.
Valençay(m). 154.
Valet(m). 592, 619.
valise(f) fin de semaine. 347.
valise(f) pullman. 347.
vallée(f). 54.
valve(f). 79, 101, 411.
valve(f) d'admission. 641.
valvule(f) mitrale. 124.
valvule(f) tricuspide. 124.
vanne(f). 651, 655, 660.
vanne(f) amont. 440.
vanne(f) de sortie. 440.
vanne(f) maîtresse. 641.
vannelle(f). 440.
vantail(m). 215.
vantail(m) de porte. 440.
vapocraqueur(m). 648.
vaporisateur(m). 243, 250.
variomètre(m). 556.
varistance(f). 387.
vase(m) d'expansion. 203, 204.
vasque(f). 429.
vaste externe(m) du membre inférieur. 118, 119.
vaste interne(m) du membre inférieur. 118.
veau(m). 147, 153.
vedette(f). 360, 439.
veine(f). 636.
veine(f) axillaire. 125.
veine(f) basilique. 125.
veine(f) cave inférieure. 124, 125, 128.
veine(f) cave supérieure. 124, 125.
veine(f) céphalique. 125.
veine(f) cubitale superficielle. 125.
veine(f) fémorale. 125.
veine(f) iliaque. 124.
veine(f) iliaque commune. 128.
veine(f) jugulaire interne. 125.
veine(f) médiane de l'avant-bras. 125.
veine(f) porte. 124, 125.
veine(f) pulmonaire. 124, 125.
veine(f) radiale. 125.
veine(f) rénale. 125, 128.
veine(f) saphène interne. 125.
veine(f) sous-clavière. 125.
veine(f) splénique. 125.
veine(f) sus-hépatique. 124, 125.
veines(f), principales. 125.
vélivole(f). 556.
vent(m). 61.

Les termes en **caractères gras** renvoient à une illustration; les termes en *italique* indiquent l'usage français.

vent(m). 55, 553.
vent(m) arrière. 553.
vent(m) de travers. 553.
vent(m) debout. 553.
ventail(m). 690.
ventcuse(f). 276.
ventilateur(m). 165, 205, 206, 239, 241, 404, 405, 406, 638.
ventilateur(m) centrifuge. 204.
ventilateur(m) d'extraction. 429.
ventilateur(m) de l'évaporateur. 206.
ventilateur(m) de plafond. 206.
ventilateur(m) de refroidissement. 377.
ventilateur(m) de sustentation. 435.
ventilateur(m) des radiateurs. 418.
ventilateur(m) du condenseur. 206.
ventilateur(m) extérieur. 375.
ventilateur(m) hélicoïde. 204.
ventilation(f) primaire. 267.
ventilation(f) secondaire. 267.
ventre(m). 91, 95, 114.
ventricule(m) droit. 124.
ventricule(m) gauche. 124.
vents(m) d'est. 593.
vents(m) du nord. 593.
vents(m) du sud. 593.
vents(m) ouest. 593.
venturi(m). 700.
Vénus. 36.
verge(f). 116, 447.
verger(m). 161.
vergette(f). 482, 489.
verglas(m). 57.
vergue(f). 430.
vérificateur(m) de circuit. 286.
vérificateur(m) de continuité. 286.
vérificateur(m) de haure tension. 286.
vérificateur(m) de prise de courant. 286.
vérificateur(m) de tension. 286.
vérin(m). 680, 681.
vérin(m) de commande de volet. 705.
vérin(m) de défonceuse. 678.
vérin(m) de direction. 682.
vérin(m) de levage. 679, 684.
vérin(m) de levage de la benne. 682.
vérin(m) de manoeuvre du godet. 679.
vérin(m) hydraulique. 678, 679, 682.
vérin(m) hydraulique d'aérofrein. 705.
vermicelles(m). 144.
vermicelles(m) flottés. 144.
verre(f), coupe(f) du. 521.
verre(m) à bordeaux. 222.
verre(m) à bourgogne. 222.
verre(m) à cocktail. 222.
verre(m) à cognac. 222.
verre(m) à eau. 222.
verre(m) à gin. 222.
verre(m) à liqueur. 222.
verre(m) à porto. 222.
verre(m) à vin blanc. 222.
verre(m) à vin d'Alsace. 222.
verre(m) à whisky. 222.
verre(m) bifocal. 328.
verre(m) coloré. 443.
verres(f). 222.
verrière(f). 448, 556, 705.
verrou(m). 500.
verrou(m) à ressort. 693.
verrou(m) d'aiguille. 423.
verrou(m) de barre d'attelage. 698.
verrou(m) de chargeur. 697, 699.
verrou(m) de culasse. 699.
verrou(m) de sûreté. 697, 699.
verrou(m) du levier d'armement. 699.

verrou(m) glaciaire. 56.
verrouillage(m) de rotation de tête d'agrandisseur. 376.
versant(m). 54.
Verseau(m). 41, 712.
verseuse(f). 234.
versoir(m). 163.
vert(m). 585, 710.
vertèbre(f) cervicale. 121.
vertèbre(f) dorsale. 121.
vertèbre(f) lombaire. 130.
vertèbre(f) lombaire. 121.
vertèbres(f) cervicales. 92.
vertèbres(f) coccygiennes. 92.
vertèbres(f) dorsales. 92.
vertèbres(f) lombaires. 92.
vertèbres(f) sacrées. 92.
vésicule biliaire(f). 99.
vésicule(f) biliaire. 127.
vésicule(f) de pinocytose. 113.
vésicule(f) séminale. 116.
vessie(f). 99, 116, 117, 128.
vessie(f) natatoire. 99.
veste(f). 321, 576, 578.
veste(f) cardigan. 296.
veste(f) de laine. 307.
veste(f) de pêche. 582.
veste(f) droite. 293.
veste(f) en duvet. 589.
vestes(f). 307.
vestiaire(m). 465.
vestibule(m). 132, 173, 189, 421.
veston(m) croisé. 307.
vêtement(m) isothermique. 550.
vêtements(m). 289.
vêtements(m) d'enfants. 315, 316, 317.
vêtements(m) d'équitation. 565.
vêtements(m) d'hommes. 291, 292, 293, 294, 295, 296, 297, 298.
vêtements(m) de femmes. 300, 301, 302, 303, 304, 305, 306, 307, 308, 309, 310, 311, 312, 313, 314.
vêtements(m) de nuit. 311.
vexille(m). 96.
viaduc(m). 414.
vidange(f). 647.
vide(m). 42.
vide-pomme(m). 231.
Vierge(f). 40, 41, 712.
vietnamien(m). 355.
vigie(f). 452.
vilebrequin(m). 260.
villa(f). 183.
violon(m). 477, 478.
violon(m). 477, 490.
violon(m) famille(f) du. 477.
violoncelle(m). 477, 490.
violoncelles(m). 493.
violons(m), premiers. 493.
violons(m), seconds. 493.
virage-culbute(m). 547.
virage(m). 547.
virage(m), double. 714.
virage(m) à droite. 714.
virage(m) dangereux. 714.
virage(m) de brasse. 547.
virgule(f). 357, 363, 386.
virole(f). 224, 582.
virole(f) femelle. 580.
virole(f) mâle. 580.
virole(m). 280.
vis(f). 264.
vis(f). 266, 562.
vis(f) à grain. 165.
vis(f) à otons. 165.
vis(f) calante. 609, 614.
vis(f) centrale. 514.
vis(f) d'accouplement. 499.
vis(f) d'alimentation. 165.
vis(f) de blocage du mouvement approximatif de latitude. 623.
vis(f) de blocage du mouvement en site. 614.

vis(f) de blocage du réglage approximatif d'azimut. 623.
vis(f) de fixation. 268, 372, 374.
vis(f) de montage. 611.
vis(f) de nivellement. 64.
vis(f) de pince-aiguille. 500.
vis(f) de pression. 516, 517.
vis(f) de rappel du mouvement en azimut. 614.
vis(f) de rappel du mouvement en site. 614.
vis(f) de réglage. 259, 282, 612, 613.
vis(f) de réglage de grand débit. 615.
vis(f) de réglage de hausse. 621.
vis(f) de réglage de hauteur. 560.
vis(f) de réglage de libération. 560.
vis(f) de réglage de petit débit. 615.
vis(f) de réglage du condensateur. 619.
vis(f) de réglage du niveau. 64.
vis(f) de réglage latéral. 622.
vis(f) de serrage. 259.
vis(f) de support inférieure. 64.
vis(f) de support supérieure. 64.
vis(f) de tension. 486.
vis(f) macrométrique. 619.
vis(f) micrométrique. 443, 613, 619.
vis(f) sans fin. 489, 510.
vis(f) sans fin de déchargement. 165.
visage(m). 114.
visage(m) blanc. 322.
visère(f). 298.
viseur(m). 368, 383, 614.
viseur(m) d'angle. 370.
viseur(m) électronique. 384.
viseur(m) téléscopique. 704.
visière(f). 423, 458, 690.
vitesse(f) du vent. 63.
vitesse(f) maximale limitée. 716.
vitrage(m). 445.
vitrail(m). 521.
vitre(f). 540.
vitre(f) d'observation. 620.
vitre(f) protectrice. 392.
vitrine(f). 178, 216.
voie(f). 429.
voie(f). 428.
voie(f) à sens unique. 717.
voie(f) de banlieue. 425.
voie(f) de circulation. 425, 452.
voie(f) de circulation principale. 425.
voie(f) de fond. 637.
voie(f) de retour de courant. 429.
voie(f) de service. 424.
voie(f) de tête. 637.
voie(f) de transport. 635.
voie(f) ferrée. 422, 423.
voie(f) ferrée. 427, 638.
voie(f) ferrée bord à quai. 441.
voie(f) normale. 429.
Voie lactée(f). 40.
voilage(m). 217.
voile(f). 551, 671.
voile(f) aurique. 432.
voile(f) carrée. 432.
voile(f) d'étai. 431.
voile(f) de flèche. 431.
voile(f) latine. 432.
voile(m). 407, 581.
voile(m) du palais. 134.
Voiles(f). 41.
voiles(f), types(m) de. 432.
voilette(f). 314.
voilure(f). 431, 449.
voilure(f). 550, 555, 557.
voilure(f) delta. 449.
voilure(f) droite. 449.
voilure(f) en flèche. 449.
voilure(f) trapézoïdale. 449.
voir copie. 363.

voiture-coach(f). 421.
voiture(f), intérieur(m) d'une. 429.
voiture(f) de course. 398.
voiture(f) de pompiers. 676, 677.
voiture-lit(f). 421.
voiture-restaurant(f). 421.
voitures(f), types(m) de. 421.
voiturette(f) de golf. 587.
vol(m). 549.
vol(m) à voile. 556.
vol(m) libre. 557.
volant(m). 542.
volant(m). 214, 217, 399, 400, 404, 405, 499, 514, 519, 684.
volant(m) de direction. 165.
volant(m) de frein à main. 419.
volant(m) de manoeuvre. 677.
volcan(m). 53.
volcan(m). 48.
volcan(m) en éruption. 53.
volcan(m) en repos. 53.
volée(f). 175, 197, 694.
volet(m). 669.
volet(m) d'air. 402.
volet(m) de bord de fuite. 448.
volet(m) de contrôle thermique. 65.
volet(m) de courbure. 705.
volet(m) mobile. 706.
volley-ball(m). 536.
vols(m). 548.
voltigeur(m) de centre. 525.
voltigeur(m) droit. 525.
voltigeur(m) gauche. 525.
voltmètre(m). 286.
volute(f). 170, 210, 477.
volve(f). 73.
voussoir(m). 172.
voussure(f). 175.
voûte(f). 175.
voûte(f). 520.
voûte(f) du palais. 134.
voûte(f) hémisphérique de projection. 43.
voûte(f) palatine. 122.
voyant(m). 238, 242, 444, 471, 495, 520.
voyant(m) composé. 446.
voyant(m) de charge. 337.
voyant(m) de contrôle. 379.
voyant(m) de marche. 341.
voyant(m) de réception de messages. 388.
voyant(m) de réponse automatique. 388.
voyant(m) des éléments de chauffe. 204.
voyant(m) indicateur. 700.
voyant(m) lumineux. 341.
voyants(m) simples. 446.
voyelles(f) nasales. 358.
voyelles(f) orales. 358.
vraquier(m). 441.
vue(f). 131.
vue(f). 351.
vulve(f). 117.
vumètre(m). 495.

W

w.c.(m). 268.
w.c.(m). 189, 269.
wagon-citerne(m). 646.
wagon-citerne(m). 420.
wagon(m). 425.
wagon(m) à bestiaux. 420.
wagon(m) à copeaux. 420.
wagon(m) couvert. 419.
wagon(m) de queue. 420.
wagon(m) plat. 420.
wagon(m) plat à parois de bout. 420.
wagon(m) plat surbaissé. 420.
wagon(m) porte-automobiles. 420.
wagon(m) porte-conteneurs. 420.

Les termes en **caractères gras** renvoient à une illustration; les termes en *italique* indiquent l'usage français.

wagon(m) rail-route. 420.
wagon(m) réfrigérant. 420.
wagon-tombereau(m). 420.
wagon-tombereau(m) bâché. 420.
wagon-trémie(m). 420.
wagon-trémie(m) à minerai. 420.
wagons(m), types(m) de. 420.
wapiti(m). 89.
water-polo(m). 545.
wattheuremètre(m). 615.
wigwam(m). 169.
winch(m). 553.
wishbone(m). 551.
wok(m). 233.

X

X-15 (USA)(m). 47.
xylophone(m). 485.
xylophone(m). 493.

Y

yourte(f). 169.

Z

zénith(m). 43.
zéro(m). 594, 595.
zeste(m). 77, 78.
zone(f) d'attaque. 533, 536.
zone(f) de but. 527, 533.
zone(f) de chargement du
    combustible neuf. 665.
zone(f) de chute. 570, 571.
zone(f) de convection. 37.
zone(f) de danger. 578.
zone(f) de défense. 533, 536.
zone(f) de formation. 425.
zone(f) de manoeuvre. 43.
zone(f) de précipitation. 62.
zone(f) de retrait des bagages.
    454.
zone(f) de service. 536, 541.
zone(f) de service droite. 540.
zone(f) de service gauche. 540.
zone(f) libre. 536.
zone(f) neutre. 528, 529, 533.
zone(f) radiative. 37.
zone(f) réservée. 535.
zone(f) scolaire. 714.

Les termes en **caractères gras** renvoient à une illustration; les termes en *italique* indiquent l'usage français.

INDEX THÉMATIQUES

AMEUBLEMENT DE LA MAISON

abat-jour(m). 220, 221.
abattant(m). 209.
accessoires(m). 244.
accotoir(m). 210.
agitateur(m). 240.
agrafe(f). 218.
aiguisoir(m). 231.
ailette(f). 241.
aimant(m) de retenue. 243.
ameublement(m) de la maison. 207.
anneau(m). 218, 238.
anse(f). 236.
appareils(m) électroménagers. 235, 236, 237, 238, 239, 240, 241, 242, 243, 244.
applique(f). 220.
applique(f) orientable. 220.
appui-pouce(m). 243.
arbre(m). 236.
armoire(f). 215.
armoire-penderie(f). 216.
aspirateur-traîneau(m). 244.
assiette(f) à pain/beurre. 223.
assiette(f) à salade. 223.
assiette(f) creuse. 223.
assiette(f) plate. 223.
autocuiseur(m). 232.
bac(m) à légumes. 239.
bac(m) à viande. 239.
bac(m) de dégivrage. 239.
baguettes(f). 233.
bain-marie(m). 232.
baladeuse(f). 221.
balance(f) de cuisine. 229.
balconnet(m). 239.
ballon(m). 234.
banc(m). 212.
bandeau(m). 217.
bandeau(m) lumineux. 220.
banquette(f). 212.
bar(m). 216.
barre(f). 218.
barre(f) cannelée. 218.
barre(f) de retenue. 239.
barre(f) lisse. 218.
barreau(m). 213.
batterie(f) de cuisine. 232, 233.
batteur(m) à main. 235.
batteur(m) sur socle. 235.
batteurs(m) à oeufs. 230.
bec(m). 226.
bec(m) verseur. 243.
bec-verseur(m). 234.
berceau(m). 219.
berceuse(f). 211.
bergère(f). 210.
beurrier(m). 223.
bloc-moteur(m). 234, 235, 236.
blocage(m) du cordon de tirage. 219.

boîte(f) à rideaux lumineuse. 220.
bol(m). 235, 236.
bol(m) à salade. 223.
bol(m) à soupe. 223.
bol(m) verseur. 236.
bols(m) à mélanger. 230.
borne(f). 238.
bouchon-mesure(m). 235.
boucle(f) de réglage. 219.
bouilloire(f). 243.
boule(f) à thé. 231.
bout(m). 224.
bouton(m). 209.
bouton(m) de commande. 238.
bouton(m) de vapeur. 243.
bouton(m) de vaporisation. 243.
bouton-poussoir(m) à impulsion. 235.
bras(m). 221.
bras(m) gicleur. 242.
bride(f). 218.
bride(f) de raccord. 218.
brosse(f) à épousseter. 244.
brosse(f) à légumes. 231.
brosse(f) à planchers. 244.
buffet(m). 216.
buffet-vaisselier(m). 216.
buse(f) d'arrivée d'eau. 240.
butée(f) de porte. 239.
butoir(m). 218.
cabriolet(m). 210.
cadran(m) de sélection des températures. 243.
cafetière(f) à infusion. 234.
cafetière(f) à piston. 234.
cafetière(f) espresso. 234.
cafetière(f) goutte-à-goutte. 234.
cafetière(f) napolitaine. 234.
cafetières(f). 234.
caisson(m). 219.
canapé(m). 211.
canapé(m) capitonné. 211.
cantonnière(f). 217.
capot(m). 243, 244.
caquelon(m). 233.
carafe(f). 222.
carrosserie(f). 240, 241, 242.
casier(m) laitier. 239.
casse-noix(m). 228.
casserole(f). 232.
causeuse(f). 211.
ceinture(f). 209, 210, 213.
centrifugeuse(f). 236.
chaîne(f). 220.
chaise-escabeau(f). 212.
chaise(f). 213.
chaise(f) berçante. 213.
chaise(f) longue. 213.
chaise(f) pliante. 213.
chaises(f), types(m) de. 213.
chaises(f) empilables. 213.
chape(f). 218.
chariot(m). 216.
chariot(m) d'entraînement. 218.
chariot(m) de croisement. 218.

charnière(f). 209, 237, 238, 242.
cheville(f). 215.
chiffonnier(m). 216.
chope(f) à bière. 222.
chope(f) à café. 223.
cisaille(f) à volaille. 231.
clavier(m) à boutons-poussoirs. 242.
clayette(f). 239.
cliquet(m). 219.
coffre(m). 216.
collecteur(m) de graisse. 237.
collet(m). 225, 226.
collier(m). 233.
commande(f) amovible. 237.
commande(f) de température. 239.
commande(f) de vitesse. 235.
commode(f). 216.
compresseur(m). 239.
conducteur(m) électrique. 221.
conduit(m) d'évacuation. 241.
conduit(m) de chauffage. 241.
congélateur(m). 239.
console(f) d'accotoir. 210.
coquille(f). 210.
coquilleur(m) à beurre. 227.
cordelière(f). 217.
cordon(m). 243.
cordon(m) d'alimentation. 220, 221.
cordon(m) d'orientation. 219.
cordon(m) de tirage. 218, 219.
cordon(m) escamotable. 244.
corniche(f). 215.
corps(m). 243.
coupe(f) à champagne. 222.
coupe-oeuf(m). 231.
coupelle(f). 220.
couperet(m). 227.
courroie(f) d'entraînement. 240, 241.
couscoussier(m). 232.
coussin(m) carré. 214.
coussin(m) cylindrique. 214.
couteau-éplucheur(m). 227.
couteau(m). 224.
couteau(m). 234, 235, 236.
couteau(m) à beurre. 224.
couteau(m) à bifteck. 224.
couteau(m) à découper. 227.
couteau(m) à désosser. 227.
couteau(m) à dessert. 224.
couteau(m) à filets de sole. 227.
couteau(m) à fromage. 224.
couteau(m) à huîtres. 227.
couteau(m) à jambon. 227.
couteau(m) à pain. 227.
couteau(m) à pamplemousse. 227.
couteau(m) à poisson. 224.
couteau(m) à zester. 227.
couteau(m) d'office. 227.
couteau(m) de chef cuisinier. 227.
couteau(m) de cuisine. 227.
couteau(m) de table. 224.
couteaux(m), principaux types(m) de. 224.

charnière charnière

couteaux(m) de cuisine, types(m) de. 227.
couvercle(m). 232, 233, 234, 236, 237, 240.
couvercle(m) du répartiteur. 237.
couvert(m). 224, 225, 226.
couverture(f). 214.
couvre-oreiller(m). 214.
crémaillère(f). 239.
crémier(m). 223.
creux(m). 226.
crochet(m). 221.
crochet(m) pétrisseur. 235.
crochet(m) porte-embrasse. 217.
cuiller(f). 226.
cuiller(f) à café. 226.
cuiller(f) à crème glacée. 231.
cuiller(f) à dessert. 226.
cuiller(f) à égoutter. 229.
cuiller(f) à glace. 231.
cuiller(f) à soda. 226.
cuiller(f) à soupe. 226.
cuiller(f) à sucre. 226.
cuiller(f) à thé. 226.
cuiller(f) de table. 226.
cuilleron(m). 226.
cuillers(f), principaux types(m) de. 226.
cuillers(f) doseuses. 229.
cuisinière(f) électrique. 238.
cuve(f). 240, 242.
cuvette(f). 236, 238.
décapsuleur(m). 229, 243.
demi-manche(m). 227.
demi-tasse(f). 223.
dénoyauteur(m). 231.
dent(f). 225.
desserte(f). 209.
dévidoir(m) automatique. 244.
dispositif(m) antidébordement. 242.
disque(m) râpeur. 236.
disques(m). 213.
distributeur(m) de détergent. 242.
distributeur(m) de produit de rinçage. 242.
dormant(m). 215.
dos(m). 224, 225, 226, 227.
dosseret(m). 238, 240, 241.
dossier(m). 213.
double rideau(m). 217.
drap-housse(m). 214.
drap(m). 214.
écran-paralume(m). 221.
écrou(m) de serrage. 236.
écumoire(f). 229.
édredon(m). 214.
éjecteur(m) de fouets. 235.
élastique(m). 214.
élément(m) chauffant. 241, 242.
élément(m) de cuisson. 238.
élément(m) de dégivrage. 239.
élément(m) de grillage. 238.
élément(m) de surface. 238.
élément(m) tubulaire. 238.
embase(f) de plat de dos. 210.
embout(m). 218.

INDEX THÉMATIQUES

embrasse(f). 217.
emporte-pièces(m). 230.
encoche(f). 243.
encoignure(f). 216.
engrenage(m) à vis sans fin. 219.
entonnoir(m). 228, 236.
entredent(m). 225.
entrejambe(m). 209.
entrejambe(m) en crinoline. 213.
entrejambe(m) en H. 213.
entrejambe(m) en X. 213.
entrejambes(m). 213.
épaulement(m). 227.
essoreuse(f) à salade. 228.
étrier(m) de serrage. 236.
étuveuse(f). 232.
face(f). 224.
faitout(m). 232.
fauteuil(m). 210.
fauteuil(m) club. 211.
fauteuil(m) metteur en scène. 211.
fauteuil(m) Wassily. 210.
fauteuil-sac(m). 212.
fauteuils(m). 211.
fauteuils(m), principaux types(m)
de. 210, 211.
fente(f). 237.
fente(f) du support. 219.
fer(m) à vapeur. 243.
feuille(f) d'acanthe. 210.
filtre(m). 233.
filtre(m) à charpie. 240, 241.
flûte(f) à champagne. 222.
fond(m) d'yeux. 225.
fouet(m). 230, 235.
fouet(m) à fil. 235.
fouet(m) en spirale. 235.
fouet(m) quatre pales. 235.
fouets(m). 235.
four(m). 238.
four(m) à micro-ondes. 237.
fourchette(f). 225.
fourchette(f) à découper. 227.
fourchette(f) à dessert. 225.
fourchette(f) à fondue. 225.
fourchette(f) à huîtres. 225.
fourchette(f) à poisson. 225.
fourchette(f) à salade. 225.
fourchette(f) de table. 225.
fourchettes(f), principaux
types(m) de. 225.
frange(f) de passementerie. 217.
frise(f). 215.
friteuse(f). 233.
fuide(m) des températures. 243.
fusil(m). 227.
fût(m). 220.
galet(m). 218, 241, 242.
garde-beurre(m). 239.
gaufrier-gril(m). 237.
gland(m). 217.
glissière(f). 209, 242.
globe(m). 220.
gond(m). 215.
goujon(m). 209.
gouttière(f). 221.
gril(m) électrique. 237.
grillage(m) de protection. 221.
grille(f). 232, 238.
grille(f) d'aération. 242.
grille-pain(m). 237.
grilles(f). 233.
guide(m). 237.
hachoir(m). 228.
horloge(f) programmatrice. 237,
238.
housse(f) d'oreiller. 214.
hublot(m). 237, 238.
interrupteur(m). 238, 239, 244.
interrupteur(m) de démarrage. 241.
interrupteur(m) de la porte. 241.
interrupteur(m) marche-arrêt. 221.
jeu(m) d'ustensiles. 229.
joint(m). 238, 240, 242.
joint(m) magnétique. 239.
lame(f). 224, 227.

lamelle(f). 219.
lampadaire(m). 220.
lampe(f) d'architecte. 221.
lampe(f) de bureau. 221.
lampe(f) de chevet. 220.
lampe(f) de four. 237, 238.
lampe(f) de poche. 221.
lampe(f) de table. 220.
lampe(f) liseuse. 220.
lanterne(f) de pied. 221.
lanterne(f) murale. 221.
latte(f). 219.
lave-linge(m). 240.
lave-vaisselle. 242.
légumier(m). 223.
lève-fil(m). 243.
levier(m) de perçage. 243.
limiteur(m) de surchauffe. 241.
lit(m). 214.
literie(f). 214.
loquet(m). 237, 238, 242.
louche(f). 229.
luminaires(m). 220, 221.
lustre(m). 220.
machine(f) à faire les pâtes. 228.
manche(m). 221, 224, 225, 226.
manette(f). 237.
marmite(f). 232.
matelas(m). 214.
mécanisme(m) d'enroulement.
219.
mélangeur(m). 235.
mélangeur(m) à main. 235.
méridienne(f). 211.
mesures(f). 229.
meubles(m) de rangement. 215,
216.
minuterie(f). 238.
minuterie(f) de dégivrage. 239.
minuteur(m). 229.
mitre(f). 224, 227.
molette(f) d'entraînement. 243.
montant(m). 213.
montant(m) de ferrage. 215.
montant(m) du bâti. 215.
mortier(m). 228.
moteur(m). 240, 241, 244.
moule(m) à flan. 230.
moule(m) à gâteau. 230.
moule(m) à glaçons. 239.
moule(m) à muffins. 230.
moule(m) à quiche. 230.
moule(m) à tarte. 230.
moulin(m) à café. 234.
oeufrier(m). 239.
oreille(f). 213.
oreiller(m). 214.
orifice(m) de remplissage. 243.
ourlet(m). 219.
ouvre-boîtes(m). 243.
ouvre-boîtes(m). 229.
palette(f). 236.
palmette(f). 210.
pampille(f). 220.
panier-filtre(m). 234.
panier(m). 233, 234, 240, 242.
panier(m) à couverts. 242.
panier(m) à salade. 228.
panneau(m). 217.
panneau(m) d'extrémité. 237.
panneau(m) du vantail. 215.
panneau(m) inférieur. 239.
pare-chocs(m). 244.
parures(f) de fenêtre. 217, 218,
219.
passoire(f). 228, 236.
patère(f). 210.
patère(f) à embrasse. 217.
patte(f). 218.
pelle(f). 229.
pendeloque(f). 220.
penderie(f). 216.
percolateur(m). 234.
persiennes(f). 219.
pichet(m). 223.
pied-de-biche). 210.

pied(m). 209, 214, 215, 220.
pied(m) antibasculement. 242.
pied(m) arrière. 213.
pied(m) avant. 213.
pied(m) cambré en S. 210.
pied(m) de lit. 214.
pied-mélangeur(m). 235.
piètement(m). 211.
pilon(m). 228, 229.
pince(f). 218, 221, 231.
pince(f) à escargots. 231.
pince(f) à spaghettis. 231.
pinceau(m) à pâtisserie. 230.
piston(m) à décorer. 230.
pivot(m). 209.
plafonnier(m). 220.
plaque(f). 237.
plaque(f) à biscuits. 230.
plaque(f) chauffante. 234.
plat(m) à escargots. 231.
plat(m) à poisson. 223.
plat(m) de dos. 210.
plat(m) de service. 223.
plateau(m). 209, 233.
plateau(m) tournant. 235.
pli(m) creux. 217.
pli(m) pincé. 217.
pli(m) plat. 217.
pli(m) rond. 217.
poche(f) à douilles. 230.
pocheuse. 233.
poêle(f) à crêpes. 233.
poêle(f) à frire. 233.
poignée(f). 214, 235, 236, 237,
238, 239, 243, 244.
pointe(f). 225, 227.
pointe(f) avant. 243.
pointe(f) de diamant. 215.
pointe(f) plate. 219.
pointe(f) ronde. 219.
poire(f) à jus. 231.
poissonnière(f). 232.
poivrière(f). 223.
pompe(f). 240, 242.
porte(f). 237, 239, 241.
porte(f) étagère. 239.
pouf(m). 212.
poulie(f) de tension de cordon.
218.
poulie(f) du ressort-tendeur. 241.
pour broyer et râper. 228.
pour passer et égoutter. 228.
poussoir(m). 236.
presse-agrumes(m). 236.
presse-agrumes(m). 228.
presse-ail(m). 228.
presse(f) à biscuits. 230.
prise(f) chronométrée. 238.
prise(f) de la sonde thermique.
237.
programmateur(m). 240, 241, 242.
protège-matelas(m). 214.
rail(m). 218.
rail(m) d'éclairage. 221.
rainure(f). 237.
rallonge(f). 244.
ramequin(m). 223.
rampe(f) d'éclairage. 221.
râpe(f). 228.
rateau(m). 244.
ravier(m). 223.
récamier(m). 211.
réchaud(m). 233.
récipient(m). 235.
récipient(m) à crème. 236.
réflecteur(m). 221.
réfrigérateur(m). 239.
réfrigérateur(m) sans givre. 239.
régulateur(m) d'aspiration. 244.
régulateur(m) de pression. 244.
repère(m) transparent. 243.
réservoir(m). 235.
ressort(m). 221.
ressort(m) en spirale. 219.
rideau(m). 217.
rideau(m). 217.

rideau(m) bonne femme. 217.
rideau(m) brise-bise. 217.
rideau(m) coulissé. 217.
rideau(m) de vitrage. 217.
rideau(m) flottant. 217.
rideaux(m) croisés. 217.
rinceau(m). 210.
rivet(m). 227.
robot(m) de cuisine. 236.
rochet(m). 219.
rôtissoires(f). 232.
roue(f) de poulie. 218.
rouleau(m). 219.
rouleau(m) à pâtisserie. 230.
roulette(f). 244.
roulette(f) de coupe. 243.
roulette(f) de pâtissier. 230.
ruban(m). 219.
sablier(m). 229.
saladier(m). 223.
salière(f). 223.
saucière(f) avec soucoupe. 223.
saupoudreuse(f). 231.
sauteuse(f). 233.
seau(m) isotherme. 236.
sécheuse(f). 241.
secrétaire(m). 216.
sélecteur(m) à curseur. 237, 243.
sélecteur(m) de température. 240,
241.
sélecteur(m) de vitesse. 235.
sélecteur(m) du degré de grillage.
237.
sélecteur(m) du niveau d'eau. 240.
semelle(f). 243.
serpentin(m) de l'évaporateur. 239.
serpentin(m) du condenseur. 239.
serrure(f). 215.
service(m) à fondue. 233.
siège(m). 210, 213.
sièges(m). 212.
socle. 220.
socle(m). 235, 242, 243.
soie(f). 224, 227.
sommier(m) tapissier. 214.
sonde(f) du thermostat. 238.
sonde(f) thermique. 237, 238.
sorbetière(f). 236.
soubassement(m). 215.
soucoupe(f). 223.
soupape(f). 232.
soupière(f). 223.
spatule(f). 229.
spot(m). 221.
store(m) à enroulement
automatique. 219.
store(m) à enroulement manuel.
219.
suceur(m) à tapis et planchers.
244.
suceur(m) plat. 244.
suceur(m) triangulaire à tissus et
meubles rembourrés. 244.
sucrier(m). 223.
support(m). 218, 219, 233.
support(m) d'extrémité. 218.
support(m) de fixation. 218.
surface(f) à rebord. 238.
surface(f) de cuisson. 237, 238.
surface(f) de travail. 242.
suspension(f). 220.
table(f). 209.
table(f) à abattants. 209.
table(f) à rallonges. 209.
table(f) gigogne. 209.
tableau(m) de commande. 237,
238, 240, 241, 242.
tables(f), principaux types(m) de.
209.
tablette(f). 216.
tablette(f) de verre. 239.
tabouret-bar(m). 212.
tabouret(m). 212.
taie(f) d'oreiller. 214.
talon(m). 227.

Les termes en **caractères gras** renvoient à une illustration; les termes en *italique* indiquent l'usage français.

talon(m) d'appui. 235, 243.
tambour(m). 219, 236, 241.
tamis(m) à farine. 230.
tasse(f). 223.
tête(f) basculante. 235.
tête(f) de lit. 214.
tête(f) froncée. 217.
tête(f) plissée. 217.
théière(f). 223.
thermomètre(m) à viande. 229.
tige(f). 234.
tire-bouchon(m) à levier. 229.
tire-bouchon(m) de sommelier.
  229.
tiroir(m). 209, 216.
toile(f). 219.
toupie(f). 236.
tourelle(f). 242.
tournebroche(m). 238.
tranchant(m). 224, 227.
transmission(f). 240.
traverse(f). 209.
traverse(f) inférieure. 215.
traverse(f) intermédiaire. 215.
traverse(f) médiane. 213.
traverse(f) supérieure. 213, 215.
traversin(m). 214.
tréteau(m). 209.
tringle-barre(f). 218.
tringle(f) à coulisse. 218.
tringle(f) chemin de fer. 218.
tringle(f) double. 218.
tringle(f) simple. 218.
tringle-rail(f). 218.
tube(m) d'orientation des lames.
  244.
tube(m) droit. 244.
tulipe(f). 234.
turbine(f). 242.
tuyau(m) d'arrivée d'eau. 240, 242.
tuyau(m) d'évacuation. 240, 241.
tuyau(m) de vidange. 242.
tuyau(m) flexible. 244.
ustensiles(m) de cuisine. 227,
  228, 229, 230, 231.
ustensiles(m) divers. 231.
ustensiles(m) pour la pâtisserie.
  230.
ustensiles(m) pour mesurer. 229.
ustensiles(m) pour ouvrir. 229.
vaisselle(f). 223.
vantail(m). 215.
vaporisateur(m). 243.
ventilateur(m). 239, 241.
verre(m) à bordeaux. 222.
verre(m) à bourgogne. 222.
verre(m) à cocktail. 222.
verre(m) à cognac. 222.
verre(m) à eau. 222.
verre(m) à gin. 222.
verre(m) à liqueur. 222.
verre(m) à porto. 222.
verre(m) à vin blanc. 222.
verre(m) à vin d'Alsace. 222.
verre(m) à whisky. 222.
verres(m). 222.
verseuse(f). 234.
vide-pomme(m). 231.
virole(f). 224.
vitrine(f). 216.
voilage(m). 217.
volant(m). 214, 217.
volute(f). 210.
voyant(m). 238, 242.
wok(m). 233.

APPAREILS DE MESURE

affichage(m) analogique. 605.
affichage(m) numérique. 605.
afficheur(m). 610.
aiguille(f). 609, 610, 611, 612, 613.
aiguille(f) des heures. 605, 607.
aiguille(f) des minutes. 605, 607.
aimant-frein(m). 615.

aimant(m) conique. 606.
alidade(f). 614.
amortisseur(m). 610.
ampoule(f) de verre. 606.
ancre(f). 605, 607.
anneau(m). 608.
arbre(m). 607, 611, 615.
arrêt(m) de plateau. 609.
axe(m) de torsion. 616.
bague(f) de mise au point de la
  lunette. 614.
balance(f) à fléau. 608.
balance(f) automatique. 610.
balance(f) de précision. 609.
balance(f) de Roberval. 609.
balance(f) électronique. 610.
balance(f) romaine. 608.
balancier(m). 605.
baromètre(m) anéroïde. 612.
bilame(m). 611.
blocage(m) du pivotement. 614.
bobine(f) captrice. 606.
bobine(f) de courant. 615.
bobine(f) de tension. 615.
bobine(f) motrice. 606.
boîtier(m). 605, 611, 613.
bouton(m) de blocage. 613, 614.
bouton(m) de manoeuvre à friction.
  613.
bouton(m) de réglage du
  micromètre optique. 614.
branche(f). 614.
bras(m) gradué. 608.
brassard(m) pneumatique. 612.
cadran(m). 605, 606, 607, 609,
  611, 612, 613, 615.
cadran(m) des phases de la Lune.
  607.
cadran(m) en éventail. 610.
cadran(m) gradué. 610, 612.
cadran(m) solaire. 606.
cage(f) vitrée. 609.
caisse(f). 607.
caisse(f) cylindrique. 612.
chaîne(f). 607, 612.
chambre(f) d'expansion. 611.
circuit(m) électronique. 606.
clavier(m) numérique. 610.
cliquet(m). 607.
codes(m) des produits. 610.
colonne(f) de mercure. 611.
commande(f) d'éclairage du
  réticule. 614.
commande(f) de rotation du prisme
  inverseur. 614.
conducteur(m). 606.
contact(m). 611.
contre-fléau(m). 610.
contrepoids(m). 610.
corniche(f). 607.
corps(m). 613.
couronne(f). 605.
coussinet(m). 611.
couteau(m). 608, 609, 610.
couteau(m) central. 609.
couteau(m) latéral. 609.
couvercle(m). 611, 615.
couvre-bornes(m). 615.
cristaux(m) liquides. 605.
crochet(m). 608, 613.
crochet(m) de charge. 608.
crochet(m) de suspension. 608.
curseur(m). 608.
curseur(m) de réglage de la
  température. 611.
cylindre(m) enregistreur. 616.
diapason(m). 606.
dispositif(m) de blocage. 613.
disque(m). 615.
douille(f). 613.
échelle(f) de température. 611.
élément(m) bimétallique hélicoïdal.
  611.
embase(f). 614.
étiquette(f). 610.
étranglement(m). 606, 611.

étrier(m). 609.
feuille(f) de papier. 616.
fléau(m). 608, 609, 610.
fourchette(f). 607, 609.
graduation(f). 608, 609, 610, 611,
  613.
horloge(f). 616.
horloge(f) à poids. 607.
horloge(f) de parquet. 607.
indicateur(m) de résistance
  anticipatrice. 611.
interrupteur(m) à mercure. 611.
lame(f) de suspension. 607.
lentille(f). 607, 614.
levée(f). 605.
levier(m). 612.
manomètre(m). 612.
masse(f). 616.
mesure(f) de la masse. 608, 609,
  610.
mesure(f) de la pression. 612.
mesure(f) de la température.
  611.
mesure(f) du temps. 605, 606,
  607.
mètre(m) à ruban. 613.
micromètre(m). 613.
minuterie(f). 615.
miroir(m) d'éclairage du cercle
  horizontal. 614.
miroir(m) d'éclairage du cercle
  vertical. 614.
molette(f) d'entraînement du cercle
  horizontal. 614.
montre(f) à diapason. 606.
montre(f) mécanique. 605.
nivelle(f) d'alidade. 614.
nivelle(f) sphérique. 614.
oculaire(m) de lunette. 614.
oculaire(m) du microscope de
  lecture. 614.
ombre(f). 606.
palier(m) magnétique. 615.
patte(f) de guidage. 611.
pendule(m). 607.
pèse-personne(m). 610.
peson(m). 608.
pignon(m). 607.
pilier(m). 616.
plaque(f) de béton. 616.
plaque(f) de fixation. 614.
plaque(f) signalétique. 615.
plate-forme(f). 610.
plateau(m). 608, 609, 610.
platine(f). 606.
plomb(m). 615.
plomb(m) optique. 614.
podomètre(m). 613.
poids(m). 607, 608, 610.
poignée(f). 614.
poire(f). 612.
pot(m) magnétique. 606.
poulie(f). 610.
prix(m) à l'unité. 610.
prix(m) à payer. 610.
réglage(m) du pas. 613.
réglette(f). 609.
remontoir(m). 607.
repère(m). 612.
réservoir(m). 611.
résistance(f) anticipatrice. 611.
ressort(m). 612, 616.
ressort(m) à boudin. 608.
ressort(m) moteur. 605.
rochet(m). 605, 607.
roue(f) d'échappement. 605, 607.
roue(f) de centre. 605, 607.
roue(f) de champ. 605.
roue(f) motrice. 605.
roue(f) petite moyenne. 605, 607.
ruban(m). 613.
ruban(m) d'acier. 610.
sable(m). 606.
sablier(m). 606.
sismographe(m) horizontal. 616.
sismographe(m) vertical. 616.

socle(m). 607, 609, 611, 615.
sol(m). 616.
sphygmomanomètre(m). 612.
spiral(m). 605.
style(m). 606, 616.
support(m). 609.
tambour(m). 607, 613.
théodolite(m). 614.
thermomètre(m) bimétallique.
  611.
thermomètre(m) médical. 611.
thermostat(m) d'ambiance. 611.
tige(f). 607, 611.
tige(f) de manoeuvre du cavalier.
  609.
tige(f) verticale. 609.
touche(f) fixe. 613.
touche(f) mobile. 613.
touches(f) de fonctions. 610.
tracé(m) de l'heure. 616.
tracé(m) des secousses. 616.
transistor(m). 606.
trotteuse(f). 605.
tube(m). 612.
tube(m) capillaire. 611.
vis(f) calante. 609, 614.
vis(f) de blocage du mouvement
  en site. 614.
vis(f) de montage. 611.
vis(f) de rappel du mouvement en
  azimut. 614.
vis(f) de rappel du mouvement en
  site. 614.
vis(f) de réglage. 612, 613.
vis(f) de réglage de grand débit.
  615.
vis(f) de réglage de petit débit.
  615.
vis(f) micrométrique. 613.
viseur(m). 614.
wattheuremètre(m). 615.

APPAREILS DE VISION

aiguille(f) aimantée. 625.
anode(f). 620.
appareils(m) de vision. 617.
bague(f) de correction dioptrique.
  621.
bague(f) porte-oculaire. 623.
barillet(m). 623.
base(f). 625.
bobine(f) de concentration. 620.
bobine(f) de l'objectif. 620.
bobine(f) déviatrice. 620.
boussole(f) magnétique. 625.
bouton(m) de commande du
  chariot. 619.
bouton(m) de réglage du
  mouvement lent. 623.
bouton(m) moleté. 623.
bride(f) de fixation. 622, 623.
câble(m) haute tension. 620.
cadran(m). 625.
canalisation(f) de pompage. 620.
canon(m) à électrons. 620.
capuchon(m) de protection. 621.
cathode(f). 620.
cellule(f) émission-réception. 624.
cercle(m) de calage horaire. 622.
cercle(m) de déclinaison. 622.
chambre(f) d'émission. 620.
chambre(f) d'observation. 620.
chambre(f) photographique. 620.
chariot(m). 619.
charnière(f). 621.
chercheur(m). 622, 623.
circuit(m) de synchronisation. 624.
colonne(f). 622.
condenseur(m). 619.
contrepoids(m). 622.
corps(m). 619.
couvercle(m). 625.
crémaillère(f) de mise au point.
  622.

Les termes en **caractères gras** renvoient à une illustration; les termes en *italique* indiquent l'usage français.

diaphragme-iris(m). 619.
diaphragme(m). 621.
dipôle(m). 624.
échelle(f). 625.
écho(m). 624.
écran(m) fluorescent. 620.
écran(m) panoramique. 624.
électrode(f) de Wehnelt. 620.
émetteur(m). 624.
filament(m). 620.
fourche(f). 622.
glissière(f) de fixation. 621.
graduation(f). 625.
impulsion(f). 624.
joint(m) tournant. 624.
jumelles(f) à prismes. 621.
lame(f) porte-objet. 619.
lamelle(f) couvre-objet. 619.
lampe(f). 619.
lentille(f) biconcave. 625.
lentille(f) biconvexe. 625.
lentille(f) concave. 625.
lentille(f) convergente. 621, 623.
lentille(f) convexe. 625.
lentille(f) de champ. 621.
lentille(f) de condenseur. 620.
lentille(f) de diffraction. 620.
lentille(f) de projection. 620.
lentille(f) de redressement. 621.
lentille(f) magnétique. 620.
lentille(f) objectif. 620, 621.
lentille(f) plan-concave. 625.
lentille(f) plan-convexe. 625.
lentilles(f). 625.
lentilles(f) convergentes. 625.
lentilles(f) divergentes. 625.
ligne(f) de visée. 625.
ligne(f) méridienne. 625.
lunette(f) astronomique. 623.
lunette(f) de visée. 621.
manchon(m) coudé. 623.
manchon(m) coulissant. 623.
ménisque(m) convergent. 625.
ménisque(m) divergent. 625.
microscope(m) binoculaire. 619.
**microscope(m) électronique.
620.**
mire(f). 625.
miroir(f). 625.
miroir(m) plan. 622.
miroir(m) primaire parabolique.
622.
modulaire(m) d'impulsion. 624.
molette(f) de mise au point. 621.
monture(f) azimutale. 623.
moteur(m). 622, 624.
objectif(m). 620.
objectif(m). 619, 621.
obturateur(m). 620.
oculaire(m). 619, 621, 622, 623.
oculaire(m) coudé. 623.
parasoleil(m). 623.
pied(m). 619, 623.
pivot(m). 625.
plaque(f) photographique. 620.
plateau(m) pour accessoires. 623.
platine(f). 619, 620.
pointeur(m). 625.
pompe(f). 620.
pont(m). 621.
porte-tube(m). 619.
potence(f). 619.
prisme(m) de Porro. 621.
radar(m). 624.
récepteur(m). 624.
réflecteur(m) parabolique. 624.
repère(m) de ligne de marche.
625.
réticule(m). 621.
revolver(m) porte-objectifs. 619.
sas(m). 620.
support(m) de fixation. 622.
synchro(m). 624.
télescope(m). 622.
trépied(m). 622.
tube(m). 621, 622, 623.

tube(m) porte-oculaire. 619, 623.
valet(m). 619.
vis(f) de blocage du mouvement
approximatif de latitude. 623.
vis(f) de blocage du réglage
approximatif d'azimut. 623.
vis(f) de réglage de hausse. 621.
vis(f) de réglage du condensateur.
619.
vis(f) de réglage latéral. 621.
vis(f) macrométrique. 619.
vis(f) micrométrique. 619.
vitre(f) d'observation. 620.

ARCHITECTURE

abat-son(m). 175.
abside(f). 174.
absidiole(f). 174.
acrotère(m). 171.
amortisseur(m). 181.
annelet(m). 170.
anse(f) de panier. 172.
antéfixe(f). 171.
arbre(m) de roue principal. 182.
arc-boutant(m). 174, 175.
arc-doubleau(m). 175.
arc-formeret(m). 175.
arc(m). 175.
arc(m) diagonal. 175.
arc(m) en plein cintre. 172.
arcade(f). 174.
architecture(f). 167.
architrave(f). 170.
archivolte(f). 175.
arcs(m). 172.
arête(f). 170.
armoire(f) de contrôle. 181.
arrêt(m) d'autobus. 178.
ascenseur(m). 181.
astragale(m). 170.
atrium(m). 173.
avant-scène(f). 180.
balcon (m), second. 179.
balcon(m). 179.
balustrade(f). 182.
barbacane(f). 177.
barbette(f). 176.
base(f). 170.
base(f) d'une colonne. 170.
bastion(f). 176.
borne(f) d'appel. 178.
bouche(f) de métro. 178.
boutique(f). 173.
bretèche(f). 177.
cabine(f). 181.
cabine(f) téléphonique. 178.
câbles(m) de compensation. 181.
câbles(m) de suspension. 181.
câbles(m) pendentifs. 181.
cafe(m) de scène. 180.
café(m). 178.
came(f) d'arrêt de fin de course.
181.
came(f) de contact d'arrêt
extrême. 181.
cannelure(f). 170.
caponnière(f). 176.
case(f). 169.
cathédrale(f). 174.
cathédrale(f) gothique. 174, 175.
cavalier(m). 176.
centre-ville(f). 178.
chœur(m). 174.
chaîne(f) d'entraînement des
marches. 182.
chaîne(f) de marche. 182.
chapelle(f) axiale. 174.
chapelle(f) latérale. 174.
chapiteau(m). 170.
charpente(f). 171, 182.
château(m) fort. 177.
chemin(m) couvert. 176.
chemin(m) de ronde. 177.
chemin(m) de ronde couvert. 177.

chemise(f) du donjon. 177.
choeur(m). 174.
cimaise(f). 170.
cinéma(m). 178.
cintre(m). 180.
clé(f) de voûte. 172, 175.
clocher(m). 175.
clocheton(m). 174.
collatéral(m). 174.
commande(f) automatique de la
porte. 181.
compluvium(m). 173.
contre-garde(f). 176.
contrefort(m). 174, 175.
contrepoids(m). 181.
contrescarpe(f). 176.
contrôleur(m). 182.
corbeau(m). 177.
corbeille(f). 170.
corbeille(f) à papier. 178.
corniche(f). 171.
corps(m) de garde. 177.
costière(f). 180.
côté(m) cour. 179.
côté(m) jardin. 179.
cottage(m). 183.
coulisseau(m) de cabine. 181.
coulisses(f). 179.
**coupe(f) transversale de la
scène. 180.**
cour(f). 177.
courtine(f). 176.
coussinet(f). 172.
créneau(m). 177.
croisée(f). 174.
croisée(f) du transept. 174.
croisillon(m). 174.
cubiculum(m). 173.
cuisine(f). 173.
culée(f). 175.
déambulatoire(f). 174.
demi-lune(f). 176.
denticule(m). 170.
donjon(m). 177.
duplex(m). 183.
ébrasement(m). 175.
échauguette(f). 177.
échine(f). 170.
écoinçon(m). 172.
embrasure(f). 176.
en accolade. 172.
en lancette. 172.
en ogive. 172.
enseigne(f) commerciale. 178.
enseigne(f) lumineuse. 178.
entablement(m). 170.
entraînement(m) de la main
courante. 182.
escalier(m) mécanique. 182.
escarpe(f). 176, 177.
euthynterie(f). 171.
extrados(m). 172.
façade(f). 175.
face(f). 176.
fasce(f). 170.
fauteuil(m). 179.
fauteuil(m) d'orchestre. 179.
fer(m) à cheval. 172.
feu(m) de circulation. 178.
feuille(f) d'acanthe. 170.
flanc(m). 176.
flèche(f). 174.
fortification(f) à la Vauban. 176.
fosse(f) d'orchestre. 180.
fossé(m). 176, 177.
frise(f). 170.
fronton(m). 171.
fût(m). 170.
gâble(m). 175.
galerie(f). 179.
galerie(f). 175.
glacis(m). 176.
gorge(f). 176.
goutte(f). 170.
grand magasin(m). 178.
gril(m). 180.

grille(f). 171.
guide(m) de la cabine. 181.
guide(m) du contrepoids. 181.
herse(f). 180.
hourd(m). 177.
hutte(f). 169.
igloo(m). 169.
îlot(m) refuge. 178.
immeuble(m). 178.
impluvium(m). 173.
imposte(f). 172.
interrupteur(m) d'arrêt étage
extrême haut. 181.
interrupteur(m) de fin de course.
181.
intrados(m). 172.
isba(f). 169.
jardin(m). 173.
krépis(f). 171.
linteau(m). 175.
loge(f). 179.
lointain(m). 179, 180.
mâchicoulis(m). 177.
main(f) courante. 182.
maison(f) en copropriété. 183.
maison(f) en rangée. 183.
maison(f) individuelle. 183.
maison(f) individuelle jumelée. 183.
maison(f) romaine. 173.
maisons(f) de ville. 183.
maisons(f) traditionnelles. 169.
marchand(m) de journaux. 178.
marche(f). 182.
merlon(m). 177.
métope(f). 170.
meurtrière(f). 177.
mezzanine(f). 179.
mezzanine(f). 179.
modillon(m). 170.
monte-charge(m). 180.
moteur(m). 181.
moteur(m) électrique. 182.
mutule(f). 170.
naos(m). 171.
narthex(m). 174.
nef(f). 174.
niche(f) de projecteurs. 179.
opisthodome(m). 171.
ordre(m) corinthien. 170.
ordre(m) dorique. 170.
ordre(m) ionique. 170.
palissade(f). 177.
panneau(m) d'affichage. 178.
parachute(m). 181.
parapet(m). 177.
parcomètre(m). 178.
passage(m) pour piétons. 178.
paterre(m). 179.
péristyle(m). 171, 173.
piédroit(m). 172, 175.
pilier(m). 175.
pinacle(m). 174, 175.
place(f) d'armes. 176.
plafond(m) acoustique. 179.
plan(m). 170.
plan(m) du temple. 171.
plaque(f) de rue. 178.
plaque(f) de sécurité. 182.
plaque-peigne(f). 182.
pont-levis(m). 177.
porche(m). 174.
portail(m). 175.
poteau(m). 178.
poterne(f). 177.
poterne(f) couverte. 176.
poulie(f) d'entraînement. 181.
poulie(f) de déflexion. 181.
pronaos(m). 171.
quadriplex(m). 183.
rail(m) extérieur. 182.
rail(m) intérieur. 182.
rampant(m). 171.
rampe(f). 171, 180.
redan(m). 176.
redoute(f). 176.
régulateur(m). 181.

Les termes en **caractères gras** renvoient à une illustration; les termes en *italique* indiquent l'usage français.

rempart(m). 176, 177.
remplage(m). 175.
réverbère(m). 178.
rideau(m) de fer. 180.
rideau(m) de scène. 180.
rose(f). 175.
rosette(f). 170.
rue(f). 180.
rue(f) principale. 178.
saillant(m). 176.
salle(f). 179.
salle(f) de spectacle. 179, 180.
scène(f). 180.
scotie(f). 170.
sélecteur(m) d'étage. 181.
station(f) de taxis. 178.
statue(f). 171.
styles(m) d'architecture. 170.
stylobate(m). 171.
surhaussé. 172.
tablinum(m). 173.
tailloir(m). 170.
tambour(m). 170.
temple(m) grec. 171.
tenaille(f). 176.
terrasse(f). 178.
terre-plein(m). 176.
tipi(f). 169.
toile(f) de fond. 180.
tores(m). 170.
tour(f). 174.
tour(f) d'angle. 177.
tour(f) d'habitation. 183.
tour(f) de flanquement. 177.
tour(f) de guet. 177.
tourelle(f). 177.
trapillon(m). 180.
traverse(f). 176.
trèfle(f). 175.
treuil(m). 181.
triclinium(m). 173.
triforium(m). 174, 175.
triglyphe(m). 170.
trilobé. 172.
triplex(m). 183.
triplex(m) jumelé. 183.
trou(m) du souffleur. 180.
trumeau(m). 175.
Tudor. 172.
tuile(f). 171.
tympan(m). 171, 175.
types(m) d'arcs. 172.
vestibule(m). 173.
villa(f). 183.
vitrine(f). 178.
volée(f). 175.
volute(f). 170.
voussoir(m). 172.
voussure(f). 175.
voûte(f). 175.
wigwam(m). 169.
yourte(f). 169.

ARMES

aérofrein(m). 705.
affût(m). 694.
aile(f). 690.
aileron(m). 705.
âme(f). 695.
amorce(f). 696, 700, 702.
anneau-grenadière(m). 699.
anneau(m). 696.
anneau(m) de canon. 699.
anneau(m) de suspension. 703.
anse(f). 694.
antenne(f) UHF-IFF. 705.
appareil(m) de pointage. 697.
appui-flèche(m). 691.
arbalète(f). 691.
arbre(m) de mise à feu. 698.
arbrier(m). 691.
arc(m) moderne. 691.
arcs(m). 691.
armes(f). 687.

armes(f) de chasse. 702.
armes(f) de l'âge de pierre. 689.
armet(m). 690.
armet(m). 690.
armure(f). 690.
arquebuse(f). 696.
arrêt(m) de cuirasse. 690.
arrêtoir(m). 703.
arrêtoir(m) de chargeur. 699, 703.
astragale(f) de bouche. 694.
astragale(f) de volée. 694.
astragale(m) du champ de lumière. 694.
astragale(m) du premier renfort. 694.
astragale(m) du second renfort. 694.
atterrisseur(m) principal. 705.
avion(m) de combat. 705.
bague(f). 693.
baguette(f). 696.
baïonnette(f) à douille. 693.
baïonnette(f) à manche. 693.
baïonnette(f) à poignée. 693.
baïonnette(f) incorporée. 693.
baïonnettes(f). 693.
balle(f). 696, 702.
bande(f) ventilée. 702.
barbotin(m). 704.
barillet(m). 703.
barre(f) d'attelage. 698.
bassinet(m). 696.
batterie(f). 696.
bazooka(m). 700.
bêche(f). 698.
berceau(m). 698.
bipied(m). 697, 701.
boîte(f) de culasse. 697, 699, 701.
bouche(f) à feu. 694, 695.
bouchon(m) de chargement. 696.
bouchon(m) de fermeture. 696.
bouclier(m). 689.
bouclier(m) principal. 698.
boulet(m). 695.
boulets(m) enchaînés. 695.
boulets(m) ramés. 695.
bourre(f). 695, 702.
bourrelet(m). 694.
boutefeu(m). 695.
bouton(m) de culasse. 694.
bouton(m) de verrou. 693.
braconnière(f). 690.
brague(f) d'affût. 694.
branche(f) inférieure. 691.
branche(f) supérieure. 691.
brassard(m). 690.
bretelle(f). 699, 700, 701.
brise-lame(m). 692.
butée(f). 701.
cache-flammes(m). 699, 701.
caisson(m) de voiture. 705.
cale(f). 694.
came(f) de barillet. 703.
canon(m). 697, 698, 699, 701, 702, 703, 704.
canon(m) d'avant-bras. 690.
canon(m) du XVIIe siècle. 694, 695.
canon(m) sans recul. 700.
carabine(f). 702.
cartouche(f). 702.
cartouche(f). 703.
casque(m). 689.
ceinture(f) de bouche. 694.
cercle(m) de verrouillage. 698.
chambre(f). 702, 703.
chambre(f) à poudre. 695.
chambre(f) de combustion. 706.
char(m) d'assaut. 704.
charge(f) explosive. 706.
chargement(m). 696.
chargeur(m). 697, 699, 703.
chemise(f). 702.
chenille(f). 704.
chien(m). 696, 702, 703.

chiffon(m). 696.
cible(f). 706.
corde(f). 691.
cordon(m) tire-feu. 698.
corps(m) de fonte segmenté. 696.
cotte(f) de mailles. 690.
couteau(m) de combat. 692.
couteau(m) en silex. 689.
couvre-bassinet(m). 696.
couvre-culasse(m). 701.
cran(m) de mire. 703.
crémaillère(f). 698.
crête(f). 690.
creux(m). 691.
crosse(f). 691, 697, 699, 701, 702, 703.
crosse(f) d'appontage. 705.
crosse(f) droite. 698.
cubitière(f). 690.
cuiller(f). 696.
cuirasse(f). 690.
cuissard(m). 690.
culasse(f). 694, 697, 698, 701, 702.
culasse(f) mobile. 699.
culot(m). 702.
cylindre(m) des gaz. 701.
cylindre(m) récupérateur. 698.
dague(f). 692.
dégageur(m) de fumée. 704.
détente(f). 691, 696, 697, 699, 700, 701, 702, 703.
détonateur(m). 696.
dos(m). 691.
doucine(f). 694.
douille(f). 702.
échelle(f) escamotable. 705.
écoutille(f). 704.
écouvillon(m). 696.
écrou(m) de canon. 699.
éjecteur(m). 703.
élingue(f). 694.
émetteur(m). 706.
empennage(m). 691, 706.
encoche(f). 691.
épaulière(f). 690, 700.
épée(f) à deux mains. 692.
épée(f) à une main. 692.
épée(f) à une main et demie. 692.
épées(f). 692.
épées(f) à deux tranchants. 692.
épées(f) à un tranchant. 692.
épiscope(m) du tireur. 704.
équilibreur(m). 698.
étrier(m). 691.
explosif(m). 696.
fenêtre(f) d'éjection. 697, 699, 701.
feu(m) de position. 705.
feu(m) stroboscopique. 705.
filtre(m) à air. 704.
flasque(m). 694.
flèche(f). 691.
flèche(f) en silex, pointe de. 689.
flotteur(m). 698.
frontal(m). 690.
fusée(f) à temps. 696.
fusil(m). 702.
fusil(m) automatique. 699.
fusil-mitrailleur(m). 701.
fût(m). 691, 702.
gâchette(f). 701.
gantelet(m). 690.
garde(f). 693.
garde-main(m). 699.
genouillère(f). 690.
glaive(m). 689.
glissière(f). 703.
glissoire(f) de recul. 698.
gorgerin(m). 690.
goupille(f) de démontage. 699.
goupille(f) de sécurité. 696.
grappe(f) de raisin. 695.
grenade(f) à main. 696.
grève(f). 690.
guerrier(m) africain. 689.
guidon(m). 697, 700, 702, 703.

hache(f) en pierre polie. 689.
hausse(f). 697, 699, 700, 701, 702.
javelot(m). 689.
lame(f). 693.
lance(f). 689.
lance(m) pot fumigène. 704.
lanterne(f). 695.
légionnaire(m) romain. 689.
levier(m). 695.
levier(m) d'armement. 699, 700, 701.
levier(m) de came. 703.
levier(m) de direction. 704.
levier(m) de fixation de venturi. 700.
levier(m) de manoeuvre de la culasse. 698.
lumière(f). 694, 695.
lunette(f). 698.
lunette(f) de visée. 700.
machette(f). 692.
magasin(m). 702.
manchon(m) de culasse. 698.
manchon(m) de refroidissement. 697, 701.
manivelle(f). 697.
mécanisme(m) de pointage en hauteur. 701.
mécanisme(m) de tir. 700.
mentonnière(f). 690.
mire(f). 691, 703.
mise(f) à feu. 700.
mise(f) à feu, accessoires(m) de. 695.
missile(m). 706.
missile(m), structure(f) d'un. 706.
missile(m) air-air. 705, 706.
missile(m) air-sol. 706.
missile(m) anti-sous-marin. 706.
missile(m) antichar. 706.
missile(m) sol-air. 706.
missile(m) sol-sol. 706.
missiles(m). 706.
mitraille(f). 695.
mitrailleuse(f). 701.
mitrailleuse(f). 704.
mitrailleuse(f) coaxiale. 704.
mortier(m). 697.
nasal(m). 690.
noix(f). 691.
obus(m). 700, 704.
obusier(m) moderne. 698.
ordinateur(m). 706.
pagne(m) de coton. 689.
pare-brise(m). 705.
pare-souffle(m). 700.
passe-garde(m). 690.
patin(m) de chenille. 704.
perche(f) de ravitaillement. 705.
percuteur(m). 696, 702, 703.
périscope(m). 704.
phare(m). 704.
pistolet(m). 703.
pistolet-mitrailleur(m). 697.
piston(m) des gaz. 701.
pivot(m). 697.
plaque(f) de base. 697.
plaque(f) de couche. 702.
plaquette(f). 693.
plastron(m). 690.
plate-bande(f) de culasse. 694.
plateau(m) d'alimentation. 701.
platine(f) à silex. 696.
plombs(m). 702.
poignard(m). 689.
poignards(m). 692.
poignée(f). 691, 702.
poignée(f) avant. 700.
poignée(f) de la main droite. 700.
poignée(f) de la main gauche. 700.
poignée(f) de soulèvement. 698.
poignée(f) de transport. 699, 701.
poignée(f) pistolet. 701.
poignée-pistolet(f). 697, 699.
point(m) d'encochage. 691.

Les termes en **caractères gras** renvoient à une illustration; les termes en *italique* indiquent l'usage français.

pointage(m) de droite. 698.
pointage(m) en direction. 697.
pointage(m) en hauteur. 697, 698, 701.
pointe(f). 691.
poire(f) à poudre. 696.
pommeau(m). 693.
pontet(m). 697, 702, 703.
pot(m) d'échappement. 704.
poudre(f). 702.
poulaine(f). 690.
poupée(f). 691.
projectiles(m). 695.
protège-guidon(m). 699, 701.
quillon(m). 693.
radar(m) de détection. 706.
radar(m) de localisation du but. 706.
radar(m) de localisation du missile. 706.
radôme(m). 705.
rail(m) de lancement de missile. 705.
rainure(f). 691.
rapière(f). 692.
ravitailleur(m). 705.
réacteur(m). 705.
refouloir(m). 699.
renfort(m), second. 694.
renfort(m) de culasse. 694.
réservoir(m) d'alcool. 706.
réservoir(m) d'oxygène liquide. 706.
ressort(m). 696, 700.
ressort(m) d'éjecteur. 703.
ressort(m) de batterie. 696.
ressort(m) de chargeur. 703.
ressort(m) principal. 703.
ressort(m) récupérateur. 703.
rétroviseur(m). 704.
revolver(m). 703.
rondelle(f). 690.
roue(f). 694, 704.
roue(f) de l'atterrisseur principal. 705.
sabre(m). 692.
sandale(f). 689.
sangle(f). 690.
saumon(m) de dérive. 705.
sélecteur(m) de tir. 699.
semelle(f) de chargeur. 703.
siège(m) du chargeur. 704.
siège(m) du chef de char. 704.
siège(m) du pilote. 704.
siège(m) éjectable. 705.
silex(m). 696.
soleret(m). 690.
soute(f) à munitions. 704.
stabilisateur(m). 691, 705.
stylet(m). 692.
support(m) du bouclier principal. 698.
système(m) de commande. 706.
tassette(f). 690.
télécommande(f). 706.
tige(f) de manoeuvre. 701.
tige(f) de mise à feu. 700.
timbre(m). 690.
tir(m). 700.
tire-bourre(m). 695.
tourelle(f) mobile. 704.
tourelleau(m). 704.
tourillon(m). 694.
transmission(f) d'ordres. 706.
trépied(m). 701.
treuil(m). 704.
tringle-guide(f). 698.
tube(m). 695.
tube(m). 694, 697, 700.
tube(m) de distance. 700.
tube(m) de Pitot. 705.
tunique(f) en cuir. 689.
turbopompe(f). 706.
tuyère(f). 705, 706.
ventail(m). 690.
venturi(m). 700.

vérin(m) de commande de volet. 705.
vérin(m) hydraulique d'aérofrein. 705.
verrière(f). 705.
verrou(m) à ressort. 693.
verrou(m) de barre d'attelage. 698.
verrou(m) de chargeur. 697, 699.
verrou(m) de culasse. 699.
verrou(m) de sûreté. 697, 699.
verrou(m) du levier d'armement. 699.
viseur(m) télescopique. 704.
visière(f). 690.
volée(f). 694.
volet(m) de courbure. 705.
volet(m) mobile. 706.
voyant(m) indicateur. 700.

ASTRONOMIE

Aigle(m). 40, 41.
Andromède. 40.
anneau(m) de tête amovible. 42.
arche(f). 42.
ascension(f) droite. 35.
astéroïdes(m). 36.
astronomie(f). 33.
Atelier(m) du Sculpteur. 41.
Autel. 41.
automne(m). 35.
axe(m) de déclinaison. 42.
axe(m) est-ouest. 43.
axe(m) horaire. 42.
axe(m) optique. 43.
baie(f). 38.
Balance. 41.
Baleine(f). 40, 41.
base(f). 42.
Bélier(m). 40.
boggie(m). 42.
Boussole(f). 41.
Bouvier(m). 40.
bras(m) spiraux. 39.
cabine(f) de projection. 43.
Caméléon(m). 41.
Cancer(m). 41.
Capricorne(m). 41.
Carène(f). 41.
Cassiopée. 40.
Centaure(m). 41.
Céphée. 40.
cercle(m) polaire antarctique. 35.
cercle(m) polaire arctique. 35.
chaîne(f) de montagnes. 38.
chevelure(f). 39.
Chevelure(f) de Bérénice. 40.
Chiens(m) de chasse. 40.
chromosphère(f). 37.
cimier(m) mobile. 42.
cirque(m). 38.
Cocher(m). 40.
Colombe(f). 41.
comète(f). 39.
condensateur(m) de projecteur d'étoiles. 43.
cône(m) d'ombre. 37, 38.
cône(m) de pénombre. 37, 38.
constellations(f) de l'hémisphère austral. 41.
constellations(f) de l'hémisphère boréal. 40.
coordonnées(f) célestes. 35.
coordonnées(f) terrestres. 35.
Corbeau(m). 41.
Coupe(f). 41.
coupole(f) rotative. 42.
couronne(f). 37.
Couronne(f) australe. 41.
Couronne(f) boréale. 40.
couronne(f) de base. 42.
cratère(m). 38.
croissant(m) descendant. 38.
croissant(m) montant. 38.

Croix(f) du Sud. 41.
Cygne(m). 40.
Dauphin(m). 40.
déclinaison(f). 35.
Deimos. 36.
dernier quartier(m). 38.
Dorade(f). 41.
Dragon(m). 40.
éclipse(f) annulaire. 37.
éclipse(f) partielle. 37, 38.
éclipse(f) totale. 37, 38.
Écu(m) de Sobieski. 41.
élévateur(m). 43.
embase(f). 42.
engrenage(m) horaire. 42.
enveloppe(f) extérieure. 42.
enveloppe(f) intérieure. 42.
équateur(m). 35.
équateur(m) céleste. 35.
équinoxe(m) d'automne. 35.
équinoxe(m) de printemps. 35.
Éridan. 41.
éruption(f). 37.
estrade(f). 43.
été(m). 35.
étoile(f) Polaire. 40.
Europa. 36.
face(f) cachée. 38.
face(f) visible. 38.
facules(f). 37.
falaise(f). 38.
filament(m). 37.
Flèche(f). 40.
Fourneau(m). 41.
foyer(m) primaire. 42.
galaxie(f). 39.
galaxie(f) elliptique. 39.
galaxie(f) irrégulière. 39.
galaxie(f) lenticulaire. 39.
galaxie(f) spirale. 39.
galaxie(f) spirale barrée. 39.
galaxies(f), classification des. 39.
Ganymède. 36.
Gémeaux(m). 40.
gibbeuse(f) croissante. 38.
gibbeuse(f) décroissante. 38.
Girafe(f). 40.
Grand Chien(m). 41.
Grande Ourse(f). 40.
granule(f). 37.
Grue(f). 41.
haut-parleur(m). 43.
hémisphère(m) austral. 35.
hémisphère(m) boréal. 35.
Hercule. 40.
hiver(m). 35.
Hydre(f) femelle. 40, 41.
Hydre(f) mâle. 41.
hypergone(m). 43.
Indien(m). 41.
Io. 36.
Jupiter. 36.
lac(m). 38.
lampe(f) à haute intensité lumineuse. 43.
latitude(f). 35.
lentille(f) de projecteur d'étoiles. 43.
Lézard(m). 41.
Licorne(f). 41.
Lièvre(m). 41.
Lion(m). 40.
longitude(f). 35.
Loup(m). 41.
lumière(f) du Soleil. 38.
Lune(f). 38.
Lune(f). 36, 37.
Lune(f), éclipse(f) de. 38.
Lune(f), phases(f) de la. 38.
Lynx(m). 40.
Lyre(f). 40.
Mars. 36.
mer(f). 38.
Mercure. 36.
méridien(m). 35.

méridien(m) céleste. 35.
miroir(m) plan rétractable. 42.
miroir(m) primaire concave. 42.
monture(f) en fer à cheval. 42.
Mouche(f). 41.
nacelle(f) d'observation. 42.
Neptune. 36.
nouvelle Lune(f). 38.
noyau(m). 37, 39.
noyau(m) galactique. 39.
observatoire(m) astronomique. 42.
océan(m). 38.
Octant(m). 41.
Oiseau(m) du Paradis. 41.
Ophiucus. 40, 41.
orbite(f) lunaire. 38.
Orion. 40, 41.
Paon(m). 41.
patin(m) hydrostatique. 42.
Pégase(m). 40.
Persée. 40.
Petit Cheval(m). 40.
Petit Chien(m). 40.
Petit Lion(m). 40.
Petite Ourse(f). 40.
Phénix(m). 41.
Phobos. 36.
photosphère(f). 37.
planétaire(m). 43.
planétaire(m). 43.
planétarium(m). 43.
planètes(f), symboles(m) des. 36.
planètes(f) du système solaire. 36.
pleine Lune(f). 38.
Pluton. 36.
Poisson(m) austral. 41.
Poisson(m) volant. 41.
Poissons(m). 40.
pôle(m) Nord. 35.
pôle(m) Nord céleste. 35.
pôle(m) Sud. 35.
pôle(m) Sud céleste. 35.
Poupe(f). 41.
premier quartier(m). 38.
printemps(m). 35.
prise(f) d'air de ventilation. 42.
projecteur(m) auxiliaire. 43.
projecteur(m) d'étoile brillante. 43.
projecteur(m) de la Voie lactée. 43.
protubérance(f). 37.
pupitre(m) de commande. 43.
queue(f) de plasma. 39.
queue(f) de poussières. 39.
relief(m) lunaire. 38.
rempart(m). 38.
Réticule(f). 41.
rideau(m) pare-vent. 43.
Sagittaire(m). 41.
saisons(f), cycle(m) des. 35.
salle(f) de commande du télescope. 42.
salle(f) de contrôle. 43.
salle(f) de projection. 43.
sas(m). 42.
Saturne. 36.
Scorpion(m). 41.
Serpent(m). 40, 41.
Soleil(m). 37.
Soleil(m). 35, 36, 37.
Soleil(m), éclipse(f) de. 37.
Soleil(m), structure(f) interne du. 37.
solstice(m) d'été. 35.
solstice(m) d'hiver. 35.
sphère(f) céleste. 35.
sphère(f) de projection d'étoiles. 43.
sphère(f) terrestre. 35.
spicule(m). 37.
support(m) rigide. 43.
système(m) de projection de planètes. 43.

Les termes en **caractères gras** renvoient à une illustration; les termes en *italique* indiquent l'usage français.

tache(f). 37.
Taureau(m). 40.
Télescope(m). 41.
Terre(f). 36, 37, 38.
tête(f). 39.
Titan. 36.
Toucan(m). 41.
treuil(m). 42.
Triangle(m). 40.
Triangle(m) austral. 41.
Triton. 36.
tropique(m) du Cancer. 35.
tropique(m) du Capricorne. 35.
Uranus. 36.
Vénus. 36.
Verseau(m). 41.
vide(f). 37.
Vierge(m). 40, 41.
Voie lactée(f). 40.
Voiles(f). 41.
voûte(f) hémisphérique de
  projection. 43.
zénith(m). 43.
zone(f) de convection. 37.
zone(f) de manoeuvre. 43.
zone(f) radiative. 37.

BRICOLAGE

abattant(m). 269.
about(m). 270.
adapteurs(m). 275.
aérateur(m). 271.
aiguilles(f) de nettoyage. 283.
aile(f) à ressort. 264.
ampoule(f). 284.
anneau(m) d'étanchéité en cire.
  268.
anneau(m) de réglage. 260.
anneau(m) du cliquet. 260.
anode(f). 273.
applique(f). 270.
applique(f) du robinet. 270.
arc(m) électrique. 281.
armature(f). 280.
armoire(f) de toilette. 269.
arrivée(f) d'eau chaude. 272.
axe(m). 266.
azote(m). 284.
bac(m). 280.
bague(f) à treillis. 271.
bague(f) de blocage. 258.
bague(f) de fond. 271.
bague(f) de serrage de la
  cartouche. 271.
bague(f) de siège d'obturateur.
  271.
baguette(f) d'apport. 282.
baignoire(f). 269.
barillet(m). 266.
barillet(m). 266.
barre(f) collectrice neutre. 288.
barre(f) collectrice thermique. 288.
base(f). 260.
bec(m). 270, 271.
bec(m) du robinet. 271.
bille(f) creuse. 271.
bloc(m) d'arrêt. 257.
blocage(m) de l'inclinaison. 263.
blocage(m) de profondeur. 261.
blocage(m) du fourreau. 261.
blocage(m) du guide. 262.
blocage(m) du pivot. 259.
bois(m) de bout. 265.
boîte(f) électrique. 285.
boîtier(m). 261.
bonde(f). 270.
borne(f). 285.
borne(f) de terre. 277.
bouchon(m) d'air. 280.
bouchon(m) de dégorgement. 270.
bouchon(m) de filtre. 271.
bouchon(m) de vidange. 267.
bouchon(m) femelle. 275.
bouchon(m) femelle à visser. 275.

bouchon(m) fileté. 271.
bouchon(m) mâle sans bourrelet.
  275.
boues(f). 277.
boulon(m). 264.
boulon(m). 259.
boulon(m) à ailettes. 264.
boulon(m) à épaulement. 264.
**boulon(m) à gaine d'expansion.
  264.**
bouteille(f) d'acétylène. 281.
bouteille(f) d'oxygène. 281.
bouton-guide(m). 263.
bouton(m). 266, 284.
bouton(m) d'ajustage du guide.
  262.
bouton(m) de réglage. 257.
bouton(m) extérieur. 266.
bouton(m) moleté. 280.
branche(f). 259.
branchement(m). 272.
branchement(m) d'appareil. 268.
bricolage(m). 255.
bride(f) métallique. 268.
briquet(m). 283.
broche(f). 284, 285.
broyeur(m) d'évier. 270.
brûleur(m) bec plat. 281.
brûleur(m) flamme crayon. 281.
buse(f). 282.
buse(f) à fluide. 280.
câble de masse. 281.
câble(m). 261.
câble(m) d'alimentation de 240 V.
  288.
câble(m) d'alimentation de
  l'électrode. 281.
câble(m) de traction. 287.
câble(m) électrique. 273.
canalisation(f) de branchement
  d'eau général. 267.
canalisation(f) de refoulement. 277.
capuchon(m). 285.
capuchon(m) du levier. 271.
cartouche(f) jetable. 281.
casque(m). 283.
cavité du barillet(m). 266.
chalumeau(m). 281.
chalumeau(m) braseur. 281.
chalumeau(m) coupeur. 282.
chalumeau(m) soudeur. 282.
chambre(f) de mélange. 282.
champ(m) d'épandage. 277.
chapeau(m). 277, 281.
chapeau(m) de tuyau de
  ventilation. 275.
chariot(m). 281.
chauffe-eau(m). 267.
chauffe-eau(m) électrique. 273.
chignole(f). 260.
circuit(m). 288.
clapet(m). 268.
clapet(m) de non-retour. 282.
clapet(m) de retenue. 277.
clé anglaise. 276.
clé(f). 266.
clé(f) à chaîne. 276.
clé(f) à crémaillère. 276.
clé(f) à fourches. 258.
clé(f) à molette. 258.
clé(f) à sangle. 276.
clé(f) à tuyau. 276.
clé(f) coudée à tuyau. 276.
clé(f) de mandrin. 261.
clé(f) mixte. 258.
clé(f) polygonale. 258.
clé(f) polygonale 6 pans. 258.
**clé(f) polygonale à têtes
  fendues. 258.**
clés(f). 258.
cliquet(m). 258, 260.
clou(m). 264.
collecteur(m) d'appareil. 267.
collecteur(m) d'évacuation. 267.
collecteur(m) principal. 267.
collet(m) repoussé. 274.

colonne(f). 261.
colonne(f) d'air. 267, 272.
colonne(f) de ventilation
  secondaire. 267.
colonne(f) montante d'eau chaude.
  267.
colonne(f) montante d'eau froide.
  267.
compteur(m) général. 267.
conduite(f) d'alimentation. 267.
conduite(f) d'eau chaude. 272.
conduite(f) d'eau en métal. 288.
conduite(f) d'eau froide. 272.
conduite(f) de distribution d'eau.
  267.
conduite(f) principale. 268.
connecteur(m). 288.
connecteur(m) de liaison. 288.
contacteur(m). 277.
contre-fer(m). 257.
contreparement(m). 265.
contre-plaqué(m) à âme. 265.
contre-plaqué(m) moulé. 265.
contre-plaqué(m) multiplis. 265.
corde(f) de tirage. 278.
cordon(m) de soudure. 281, 282.
corps(m). 260.
corps(m) du pistolet. 280.
corps(m) du robinet. 271.
couche(f) fluorescente. 284.
coude(m). 270, 275.
coude(m) à 180°. 275.
coude(m) applique. 275.
coude(m) de renvoi. 267, 275.
coude(m) de trop-plein. 267.
coupe-circuit(m). 285.
coupe-circuit(m) limiteur de
  température. 273.
coupe-fil(m). 259, 287.
coupe-tubes(m). 276.
courroie(f). 261.
couteau(m) d'électricien. 287.
couvercle(m). 269.
couvercle(m) de réservoir. 269.
cran(m) de réglage. 259.
crépine(f). 271.
cuivre(m) et acier(m). 275.
culot(m). 284.
culot(m) à broches. 284.
culot(m) Goliath. 284.
culotte(f). 275.
cuvette(f). 268, 269.
débouchure(f). 288.
déflecteur(m) de chaleur. 284.
dent(f). 263.
dents(f). 262.
dénude-fil(m). 287.
dénudeur(m) de fil. 287.
disjoncteur(m) bipolaire. 288.
disjoncteur(m) principal. 288.
disjoncteur(m) unipolaire. 288.
disjonteur(m) de fuite de terre.
  288.
dispositif(m) de blocage. 278.
dos(m). 262.
douchette(f). 269, 270.
douille(f). 285.
douille(f) de lampe. 285.
drain(m). 277.
échelle(f) à crochets. 278.
échelle(f) coulissante. 278.
échelle(f) d'échafaudage. 279.
échelle(f) de corde. 278.
échelle(f) droite. 278.
échelle(f) escamotable. 278.
échelle(f) fruitière. 279.
échelle(f) roulante. 279.
échelle(f) transformable. 278.
échelles(f). 278, 279.
échelon(m). 278.
écran(m) à main. 283.
écran(m) de soudeur. 283.
écrou(m). 259, 264, 274.
écrou(m) à collet. 274.
écrou(m) à oreilles. 264.
écrou(m) à oreilles. 262.

écrou(m) à six pans. 274.
écrou(m) borgne. 264.
écrou(m) de blocage. 268.
écrou(m) de bonde. 270.
écrou(m) de collet. 260.
écrou(m) de fixation. 270.
écrou(m) de la lame. 263.
écrou(m) de serrage. 274.
écrou(m) du presse-étoupe. 271.
écusson(m). 266.
**électricité(f). 284, 285, 286, 287,
  288.**
électrode(f). 281, 284.
électrode(f) d'amorçage. 284.
électrode(f) principale. 284.
élément(m) chauffant inférieur.
  273.
élément(m) chauffant supérieur.
  273.
enjoliveur(m). 271.
entrée(f) de clé. 266.
entrée(f) de courant. 284.
entretoise(f). 279.
enveloppe(f). 285.
épaulement(m). 264.
**équipement(m) de protection.
  283.**
escabeau(m) plate-forme. 279.
escabeaux(m). 278, 279.
étau(m). 259.
étrier(m). 277, 285.
étrier(m) du flotteur. 277.
évaseur(m). 276.
évier-broyeur(m). 270.
évier(m). 270.
évier(m) double. 267.
fente(f). 264.
fer(m) à souder. 281.
feuille(f) protectrice. 265.
fiche(f). 285.
fiche(f). 285.
fiche(f) européenne. 285.
fil(m). 265.
fil(m) de liaison. 288.
fil(m) de service neutre. 288.
fil(m) de terre. 288.
fil(m) neutre. 288.
fil(m) thermique. 288.
filament(m). 284.
filet(m). 264.
filetage(m). 271.
filière(f). 276.
filtre(m) bactérien. 277.
fixations(f). 264.
flexible(m). 269, 270.
flotteur(m). 268, 277.
foret(m). 260.
foret(m). 260.
fosse(f) septique. 277.
fosse(f) septique. 277.
fouillot(m). 266.
fourreau(m). 260, 261.
fraise(f). 260.
furet(m) de dégorgement. 270.
fusible-cartouche(m). 285.
fusible-cartouche(m) à lames. 285.
fusible(m) à culot. 285.
fusibles(m). 285.
fût(m). 264.
gâche(f). 266.
gâchette(f). 280.
gaine(f) isolante. 285.
gant(m) à crispin. 283.
garde-corps(m). 279.
garniture(f). 274.
gaz(m). 284.
gaz(m) inerte. 284.
glissière(f) du guide. 262.
godet(m). 280.
gorge(f). 259.
goujure(f). 260.
goupille(f). 266.
grattoir(m). 280.
gravier(m). 277.
guide(m) à onglet. 262.

Les termes en **caractères gras** renvoient à une illustration; les termes en *italique* indiquent l'usage français.

855

guide(m) de refend. 262, 263.
inclinaison(f) de la lame. 263.
interrupteur(m). 260, 261, 285.
interrupteur(m) à gâchette. 263.
interrupteur(m) électrique. 285.
inverseur(m). 269.
isolant(m). 273.
isolant(m) en plastique. 288.
joint(m) à coulisse. 259.
joint(m) d'étanchéité. 270, 271, 273.
joint(m) torique. 271.
joue(f). 257.
lame(f). 258, 262, 263, 285, 287.
lame(f) amovible. 263.
lame(f) au néon. 286.
lame(f) de scie circulaire. 263.
lampe(f) à incandescence. 284.
lampe(f) à souder. 276.
lampe(f) à vapeur de mercure. 284.
lampe(f) isolée. 286.
lance(f). 282.
languette(f). 266.
lavabo(m). 269.
lave-linge(m). 272.
lave-vaisselle(m). 272.
lève-soupape(m). 276.
levier du pêne(m). 266.
levier(m). 259, 270, 271.
levier(m) de commande. 261.
levier(m) de déclenchement. 268.
levier(m) de dégagement. 259.
levier(m) de réglage latéral. 257.
levier(m) de serrage. 259.
levier(m) du bloc. 257.
levier(m) du protège-lame inférieur. 263.
levier(m) long. 266.
lèvre(f). 260.
listel(m). 260.
lunettes(f). 283.
mâchoire(f). 287.
mâchoire(f) dentée. 259.
mâchoire(f) droite. 259.
mâchoire(f) fixe. 258, 259.
mâchoire(f) incurvée. 259.
mâchoire(f) mobile. 258, 259.
maillet(m). 257.
mamelon(m) double. 275.
manche(m). 257, 280, 282.
manche(m) isolant. 287.
manche(m) isolé. 286.
manchon(m). 270, 275, 280.
manchon(m) cannelé. 271.
manchon(m) de câble. 261.
mandrin(m). 258, 260, 261.
manette(f) de chasse. 269.
manette(f) de relèvement du plateau. 261.
manivelle(f). 262.
manivelle(f) de relèvement de la lame. 263.
manomètre(m) de bouteille. 282.
manomètre(m) bain-douche. 282.
marche(f). 279.
marteau(m) à panne ronde. 257.
marteau(m) d'électricien. 287.
marteau(m) de menuisier. 257.
mécanisme(m) d'inclinaison de la lame. 262.
mécanisme(m) du pêne demi-tour. 266.
mèche(f). 260.
mèche(f) double torsade. 260.
mèche(f) hélicoïdale. 260.
mélangeur(m) bain-douche. 272.
menuiserie(f). 257, 258, 259, 260, 261, 262, 263, 264, 265.
mercure(m). 284.
métal(m). 282.
mitaine(f). 283.
mitigeur(m). 271.
mitigeur(m) à bille creuse. 271.
mitigeur(m) d'évier. 271.
mitigeur(m) d'évier. 270.

molette(f). 258.
molette(f) de réglage. 287.
montant(m). 278.
monture(f). 259.
monture(f) de tube à arc. 284.
monture(f) réglable. 262.
mors(m). 258, 260, 261.
moteur(m). 260, 261, 263.
moteur(m) électrique. 277.
moufle(f). 283.
nez(m). 257.
oeil(m). 257.
orifice(m) d'aération. 280.
outils(m). 257, 258, 259, 260, 261, 262, 263.
outils(m) d'électricien. 286, 287.
outils(m) pour plomberie. 276.
oxygène(m) de coupe. 282.
panne(f). 281.
panne(f) fendue. 257.
panne(f) ronde. 257.
panneau(m) à âme creuse. 265.
panneau(m) à âme lamellée. 265.
panneau(m) à âme lattée. 265.
panneau(m) d'accès. 273.
panneau(m) de particules. 265.
panneau(m) dérivé du bois. 265.
panneau(m) dur. 265.
papier(m) décor. 265.
papier(m) kraft. 265.
parement(m). 265.
partie(f) femelle du raccord union. 274.
partie(f) mâle du raccord union. 274.
patin(m) antidérapant. 278.
peinture(f) d'entretien. 278, 279, 280.
pêne(m). 266.
pêne(m) demi-tour. 266.
pêne(m) dormant. 266.
perceuse(f) à colonne. 261.
perceuse(f) à main. 260.
perceuse(f) électrique. 261.
pied(m). 284.
pierre(f). 283.
piètement(m). 279.
pignon(m). 260.
pince-étau(f). 259.
pince(f) à dénuder. 287.
pince(f) à long bec. 287.
pince(f) d'électricien. 287.
pince(f) motoriste. 259.
pince(f) multiprise. 259.
pince(f) universelle. 287.
pinceau(m). 280.
pincement(m). 284.
pinces(f) à fusibel. 286.
pistolet(m) à peinture. 280.
pistolet(m) à souder. 281.
pivot(m). 287.
placage déroulé(m). 265.
planche(f). 265.
plaque(f) d'instructions. 261.
plaque(f) de commutateur. 285.
plaque(f) signalétique. 261.
plastique(m) et acier. 275.
plastique(m) et cuivre(m). 275.
plate-forme(f). 279.
plateau(m). 261, 262.
plateau(m) à outils. 279.
plateau(m) de sciage. 262.
pli(m) central. 265.
pli(m) extérieur. 265.
pli(m) intérieur. 265.
plomberie(f). 267, 268, 269, 270, 271, 272, 273, 274, 275, 276, 277.
plomberie(f) sanitaire. 267.
poignée(f). 257, 258, 260, 262, 263, 280, 282.
poignée(f) auxiliaire. 261.
poignée(f) latérale. 260.
poignée(f) pistolet. 261, 262.
poignée(f) supérieure. 260.
pointe(f). 262, 263, 264.

pointe(f) carrée. 258.
pointe(f) cruciforme. 258.
pointe(f) de centrage. 260.
pointe(f) plate. 258.
pomme(f). 260.
pomme(f) de douche. 269.
pommeau(m). 257.
pompe(f) de puisard. 277.
porte-électrode(m). 281.
porte-rouleau(m). 269.
porte-savon(m). 269.
porte-serviettes(m). 269.
porte-verre(m). 269.
poste(f) de soudage. 281.
poulie(f). 261, 278.
poussoir(m). 266.
presse-étoupe(m). 271.
prise(f) bipolaire. 277.
prise(f) de courant. 285.
prise(f) de masse. 281.
prise(f) de terre. 285.
protège-lame(m). 262, 280.
protège-lame(m) inférieur. 263.
protège-lame(m) supérieur. 263.
protège-poulie(m). 261.
puisard(m). 277.
queue(f). 260.
queusot(m). 284.
rabot(m). 257.
raccord(m). 274.
raccord(m) à collet repoussé. 274.
raccord(m) à compression. 274.
raccord(m) à compression. 270.
raccord(m) d'arrivée d'air. 280.
raccord(m) d'égout. 272.
raccord(m) de réduction. 275.
raccord(m) té d'égout. 272.
raccord(m) union. 274.
raccords(m). 275.
raccords(m) mécaniques. 274.
rainure(f) du guide à onglet. 262.
rallonge(f) du plateau. 262.
réduction(f) mâle-femelle. 275.
réduction(f) mâle-femelle à visser. 275.
réflecteur(m). 284.
regard(m) de prélèvement. 277.
réglage(m) du pointeau du fluide. 280.
régulateur(m) de pression. 282.
régulateur(m) de pression. 281.
renvoi(m). 267, 272.
réservoir(m) de chasse. 269.
résistance(f) d'amorçage. 284.
ressort(m). 259, 266, 271.
rhéostat(m). 285.
rive(f). 265.
rivet(m). 259.
robinet(m). 271.
robinet(m) d'acétylène. 282.
robinet(m) d'arrêt. 268, 270, 272, 273.
robinet(m) d'arrêt général. 267.
robinet(m) d'oxygène. 282.
robinet(m) de puisage. 267.
robinet(m) de vidange. 273.
robinet(m) flotteur à clapet. 268.
rochet(m). 260.
rondelle(f). 271.
rondelle(f) à denture extérieure. 264.
rondelle(f) à denture intérieure. 264.
rondelle(f) à ressort. 264.
rondelle(f) conique. 268.
rondelle(f) de fibre. 274.
rondelle(f) métallique. 270.
rondelle(f) plate. 264.
rosette(f). 266.
rotor(m). 266.
rotule(f). 271.
roue(f) d'engrenage. 260.
rouleau(m). 280.
salle(f) de bains. 269.
scie(f) à métaux. 262.

scie(f) à métaux. 276.
scie(f) circulaire. 263.
scie(f) égoïne. 262.
semelle(f). 257, 263.
semelle(f) pivotante. 259.
séparateur(m) à graisse. 277.
serre-joint(m). 259.
serrure(f). 266.
serrure(f) à mortaiser. 266.
serrure(f) tubulaire. 266.
sertisseur(m). 287.
siège(m). 268, 269, 271.
siège(m) d'obturateur. 271.
siphon(m). 267, 270, 275.
socle(m). 261.
soies(f). 280.
solin(m). 267.
sonde(f). 286.
soudage(m). 281, 282, 283.
soudage(m) à l'arc. 281.
soudage(m) bout à bout. 282.
soudage(m) oxyacétylénique. 281.
soudure(f). 283.
soupape(f) à air. 280.
soupape(f) de réglage du fluide. 280.
soupape(f) de sûreté. 273.
spirale(f). 258.
stator(m). 266.
stratifié(m). 265.
support(m). 284.
support(m) douchette. 269.
tableau(m) de distribution. 288.
tablette(f). 279.
tabouret-escabeau(m). 279.
talon(m). 257, 262.
té(m). 275.
tête(f). 264.
tête(f) à sens unique. 264.
tête(f) bombée. 264.
tête(f) creuse. 264.
tête(f) cruciforme. 264.
tête(f) d'aspiration. 277.
tête(f) de coupe. 282.
tête(f) de trappe. 257.
tête(f) plate. 264.
tête(f) ronde. 264.
têtes(f). 257.
têtière(f). 266.
thermostat(m) inférieur. 273.
thermostat(m) supérieur. 273.
tige(f). 258, 264, 271.
tige(f) de manoeuvre. 271.
tige(f) du robinet. 271.
tige(f) filetée. 264.
toilette(f). 268.
toilette(f). 269.
torsade(f), simple. 260.
toupie(f). 260.
tournevis(m) à spirale et à rochet. 258.
traçoir(m). 260.
trappe(f) de visite. 277.
trop-plein(m). 268, 269, 273.
tube à arc(m). 284.
tube(m). 274, 284.
tube(m) d'arrivée. 270.
tube(m) d'eau chaude. 273.
tube(m) d'eau froide. 273.
tube(m) de cuivre. 275.
tube(m) de remplissage de la cuvette. 268.
tube(m) de remplissage du réservoir. 268.
tube(m) fluorescent. 284.
tuyau(m). 281.
tuyau(m) d'évacuation. 272.
tuyau(m) de chute. 268, 272.
tuyau(m) de chute unique. 267.
tuyau(m) de ventilation. 275.
tuyau(m) de vidange. 272.
tuyau(m) souple d'arrivée. 272.
union(f). 274.
ventouse(f). 276.
ventilation(f) primaire. 267.

Les termes en **caractères gras** renvoient à une illustration; les termes en *italique* indiquent l'usage français.

ventilation(f) secondaire. 267.
vérificateur(m) de circuit. 286.
vérificateur(m) de continuité. 286.
vérificateur(m) de haure tension.
  286.
vérificateur(m) de prise de courant.
  286.
vérificateur(m) de tension. 286.
vilebrequin(m). 260.
virole(f). 280.
vis(f). 264.
vis(f). 266.
vis(f) de fixation. 268.
vis(f) de réglage. 259, 282.
vis(f) de serrage. 259.
voltmètre(m). 286.
w.c.(m). 268.
w.c.(m). 269.

COMMUNICATIONS

accent(m) aigu. 357.
accent(m) circonflexe. 357.
accent(m) grave. 357.
accessoiriste(m). 390.
accord(m) précis. 392.
acquisition(f) d'attitude. 394.
acquisition(f) du mode normal. 394.
adaptateur(m). 380.
adapteur(m) grand angle. 372.
affichage(m) de la rapidité du film.
  368.
affichage(m) numérique des
  stations. 379.
agrafe(f). 367.
agrandisseur(m). 376.
agrandisseur(m). 375.
aiguille(f). 372.
aiguilleur(m). 391.
aimant(m) permanent. 387.
aligner horizontalement. 362.
aligner verticalement. 362.
alinéa. 362.
allemand(m). 355.
alphabet(m). 386.
alphabet(m) Braille. 356.
**alphabet(m) des sourds-muets.
  357.**
**alphabet(m) phonétique
  international. 358.**
amorce(f). 371.
amplificateur(m). 379.
amplificateur(m). 389.
ampoule(f). 376.
analyseur(m) couleur. 375.
anglais(m). 355.
Anik. 393.
antenne(f) à bande TT-C. 393.
antenne(f) de télécommande. 393.
antenne(f) de télémesure. 393.
antenne(f) parabolique. 394.
antenne(f) SHF. 393.
antenne(f) SHF de la balise. 393.
antenne(f) télescopique. 392.
apostrophe(f). 357, 363.
appareil-éclair(m). 372.
appareil(m) à télémètre couplé.
  369.
**appareil(m) à visée reflex mono-
  objectif. 368.**
appareil(m) de presse. 369.
appareil(m) mini-format. 369.
appareil(m) petit-format. 369.
appareil(m) pliant. 369.
appareil(m) pour photodisque. 369.
appareil(m) reflex 6 X 6 mono-
  objectif. 369.
appareil(m) reflex à deux objectifs.
  369.
appareil(m) stéréoscopique. 369.
**appareils(m) photographiques.
  369.**
appel(m). 360.
appui-feuilles(m). 386.
arabe(m). 355.

arménien(m). 355.
armoire(f) de séchage. 375.
arrêt(m). 381, 382, 388.
astérisque(m). 357.
augmenter le blanc. 362.
avance(f) rapide. 381, 382, 388.
axe(m). 380.
axe(m) de lacet. 393.
axe(m) de roulis. 393.
axe(m) de tangage. 393.
axe(m) du moteur. 380.
bague(f) de mise au point. 384.
bague(f) de réglage. 370.
bague(f) de réglage de mise au
  point. 383.
bague(f) de serrage. 380.
baie(f) de contrôle. 391.
bain(m) d'arrêt. 375.
bain(m) de fixation. 375.
bain(m) de révélateur. 375.
bande(f) de papier. 385.
bande(f) télex. 386.
barre(f) de fraction. 386.
barre(f) oblique. 357.
barrette(f) de liaison. 372.
berceau(m). 387.
bille(f). 367.
blocage(m) de la colonne. 374.
blocage(m) vertical. 374.
bobine(f). 387.
bobine(f) de l'électro-aimant de la
  sonnerie. 387.
bobine(f) débitrice. 383.
bobine(f) réceptrice. 368, 383.
boîte(f) à confettis. 386.
boîte(f) à lumière. 376.
boîtier(m). 368, 384, 387.
bonnette(f) anti-vent. 384.
bouchon(m) d'objectif. 370.
bouton(m) d'éjection. 381.
bouton(m) d'enregistrement. 383.
bouton(m) de commande de
  cadrage. 383.
bouton(m) de commande de la
  course verticale. 376.
bouton(m) de mise au point. 376,
  377, 383.
bouton(m) de remboursement. 386.
bouton(m) de remise à zéro. 381.
bouton(m) déclencheur. 368, 371.
bouton(m) marche/arrêt. 392.
bouton-poussoir(m). 367, 377.
branche(f) télescopique. 374.
bras(m) de lecture. 380.
butée(f). 387.
câble(m) de mise à terre. 380.
câble(m) de raccordement. 378,
  380.
câble(m) de synchronisation. 372.
câble(m) synchro. 373.
cadence(f) des images. 372.
cadran(m). 379, 387.
cadran(m) d'appel. 386.
cadre-cache(m). 377.
calame(m). 367.
calculateur(m). 372.
calotte(f) diffusante. 372.
caméra(f). 391.
caméra(f) sonore. 383.
caméra(f) vidéo. 384.
caméraman(m). 390.
canon(m) à électrons. 392.
capitales en gras. 365.
capitales italiques. 365.
capitales italiques gras. 365.
capsule(f). 387.
capteur(m) solaire. 393.
capteur(m) terrestre. 393.
carter(m). 377.
cartouche(f). 367.
cartouche(f) de pellicule. 371.
casque(m) d'écoute. 378.
casque(m) d'écoute. 378.
cassette(f). 371.
cassette(f) annonce. 388.
cassette(f) messages. 388.

cédille(f). 357.
cellule(f) à visée reflex. 372.
cellule(f) photo-électrique. 371.
cellule(f) solaire. 393.
cellule(f) solaire de l'orbite de
  transfert. 393.
centre(m) de gestion du réseau.
  394.
centrer. 362.
**chaîne(f) stéréo. 378, 379, 380,
  381.**
chambre(f) noire. 368.
chambre(f) photographique. 369.
changer un mot. 362.
changer une lettre. 362.
charnière(f). 380.
châssis-presse(m). 375.
chef-électricien(m). 389.
chef(m) d'émission. 391.
chiffres(m). 386.
chinois(m). 355.
cinématographie(f). 383.
cingalais(m). 355.
circuit(m). 387.
circuit(m) imprimé. 371.
cisaille(f). 386.
clavier(m). 386, 388.
code(m) morse. 386.
coffret(m). 378, 392.
col(m). 392.
colonne(f). 376.
colonne(f) centrale. 374.
combiné(m). 387, 388.
commande(f) à distance. 377.
commande(f) de compensation.
  379.
commande(f) de l'affichage du
  viseur électronique. 384.
commande(f) de la bande. 386.
commande(f) de lecture VCR. 384.
commande(f) de marche avant/
  arrière. 383.
commande(f) de réglage auto-
  manuelle du diaphragme. 384.
commande(f) de surimpression
  sonore. 383.
commande(f) de syntonisation
  préréglable. 382.
commande(f) de tonalité. 383.
commande(f) de volume. 383, 388.
commande(f) des gradateurs. 389.
commande(f) manuelle du zoom.
  383.
commande(f) motorisée du zoom.
  384.
commandes(f) de transmission.
  386.
communications(f). 353.
commutateur(m) d'entrée pour
  magnétophone. 388.
commutateur(m) de mise au point
  automatique. 386.
commutateur(m) de vitesses du
  zoom. 384.
commutateur(m) haut-parleur. 379.
commutateur(m) lumière
  artificielle/naturelle. 383, 384.
commutateur(m) marche/arrêt.
  379.
commutateur(m) mono-stéréo. 379.
commutateurs(m) d'entrées. 379.
compensateur(m) de poussée
  latérale. 380.
**composantes(f) d'un système.
  378.**
compte-pose(m). 375.
compteur(m). 381, 382.
compteur(m) de film. 383.
compteur(m) de poses. 368.
condensateur(m). 376, 377.
condensateur(m) interchangeable.
  376.
cône(m). 392.
consonnes(f) affriquées. 358.
consonnes(f) fricatives. 358.
consonnes(f) liquides. 358.

consonnes(f) occlusives. 358.
contact-dérivation(m). 385.
contact-transmission(m). 385.
contre-platine(f). 380.
contre-rotation(f). 394.
contrepoids(m). 380.
contrôle(m) automatique de
  fréquence. 379.
contrôle(m) d'exposition. 371.
contrôle(m) d'usure des piles. 383.
contrôle(m) de tonalité des aigus.
  379.
contrôle(m) de tonalité des graves.
  379.
convertisseur(m). 373.
copie(f) conforme. 360.
cordon(m). 384.
cordon(m) à gaine métallique
  flexible. 388.
cordon(m) d'alimentation. 373,
  377, 378, 380.
cordon(m) de combiné. 387.
cordon(m) de raccordement. 387.
cordon(m) du téléphone. 388.
corps(m). 360, 367.
correcteur(m). 378.
**corrections(f) d'erreurs. 362,
  363.**
**corrections(f) de caractères.
  364.**
**corrections(f) de la
  ponctuation(f). 363, 364.**
**corrections(f) de signes
  diacritiques. 364.**
**corrections(f) typographiques.
  362, 363, 364, 365, 366.**
couche(f) conductrice extérieure.
  392.
couloir(m) de projection. 383.
coupe-flux(m). 373.
courroie(f). 380.
couvercle(m). 380.
couvercle(m) du chargeur. 377.
couvre-plateau(m). 380.
crayon(m) en plomb. 367.
crochet(m). 387.
crochet(m) commutateur. 387.
crochets(m). 357.
culot(m). 372, 392.
cuve(f) de développement. 375.
cyclorama(m). 390.
danois(m). 355.
déclencheur(m). 383.
déclencheur(m) à action différée.
  368.
**déclencheur(m) pneumatique.
  374.**
déclencheur(m) souple. 374.
déploiement(m) des panneaux.
  394.
deux-points(m). 357, 364, 386.
déverrouillage(m) de l'obturateur.
  368.
diaphragme(m). 368, 387.
diapositive(f). 377.
diffuseur(m). 373.
diffuseur(m) en nid d'abeilles. 373.
diphtongues(f). 358.
directeur(m) technique. 391.
dispositif(m) de levage. 390.
dispositif(m) de poussée. 367.
disque(m). 380.
dôme(m) cache-poussière. 378.
dragonne(f). 384.
échelle(f) d'agrandissement. 376.
échelle(f) d'ouverture de
  diaphragme. 370.
échelle(f) d'ouverture relative. 372.
échelle(f) de durée d'exposition
  relative. 372.
échelle(f) de lecture. 372.
échelle(f) des distances. 370.
échelle(f) des indices d'exposition.
  372.
échelle(f) des profondeurs de
  champ. 370.

Les termes en **caractères gras** renvoient à une illustration; les termes en *italique* indiquent l'usage français.

857

éclairage(m) de studio. **373.**
éclairage(m) inactinique. 375.
éclairagiste(m). 389.
écoute(f). 388.
écran(m). 392.
écran(m) de précontrôle. 391.
écran(m) de projection. 377.
écran(m) de repérage. 391.
écran(m) diffuseur. 373.
écran(m) sortie. 391.
écran(m) témoin. 391.
écritures(f) des peuples. 355.
effacement(m). 388.
éjection(f). 382.
électro-aimant(m). 385.
électrode(f). 385.
élévation(f) du réseau. 393.
embouchure(f) de microphone. 387.
embout(m). 377.
émetteur(m). 385.
émetteur-récepteur(m). 394.
émetteur-récepteur(m) terminal. 394.
en bas de casse. 364.
en capitales(f). 364.
en gras. 364.
en italique. 364.
en léger. 364.
en petites capitales(f). 364.
en romain. 364.
en-tête(m). 360.
enceinte(f) acoustique. 378.
enceinte(f) acoustique. 378.
encre(f). 367.
enregistrement(m). 381, 382, 388.
entrée(f) audio. 382.
entrée(f) vidéo. 382.
enveloppe(f) de verre. 372.
épreuve(f). 371.
équilibrage(f). 379.
équipement(m) de connexion. 394.
équipement(m) de multiplexage. 394.
espacer les mots. 362.
espagnol(m). 355.
étiquette(f). 380.
étrier(m) d'attache. 368, 384.
évent(m). 367.
évier(m). 375.
exposant(m). 364.
faire suivre. 362.
faisceau(m) bleu. 392.
faisceau(m) d'électrons. 392.
faisceau(m) rouge. 392.
faisceau(m) vert. 392.
fenêtre(f). 392.
fente(f) à monnaie. 388.
fiche(f). 384.
fiche(f) pour jack. 378.
fil(m) de magnésium. 372.
filament(m). 372.
film-disque(m). 371.
film-pack(m). 371.
filtre(m) de couleur. 370.
filtre(m) de polarisation. 370.
filtre(m) rouge inactinique. 376.
finlandais(m). 355.
flash-cube(m). 372.
flash(m). 392.
flash(m) électronique. 372.
flashmètre(m). 373.
fond(m). 374.
français(m). 355.
gallois(m). 355.
garde-papier(m). 375.
girafe(f). 374, 390.
glaceuse(f) à plat. 375.
grandes capitales et petites capitales. 365.
grandes capitales(f). 365.
gras. 365.
grec(m). 355.
grenaille(f) de charbon. 387.
grue(f) de prise de vues. 390.
guide(m). 386.

guillemets(m). 357, 364, 386.
haut-parleur(m). 383, 390, 392.
haut-parleur(m) d'aigus. 378.
haut-parleur(m) de contrôle. 391.
haut-parleur(m) de graves. 378.
haut-parleur(m) de médium. 378.
haut-parleur(m) de service. 391.
hébreu(m). 355.
hindi(m). 355.
hollandais(m). 355.
hongrois(m). 355.
horloge(f). 391.
horloge(f) numérique. 382.
hypergone(m). 370.
indicateur(m) de niveau électroluminescent. 381.
indicateur(m) de type de bande. 381.
indication(f) de caractères. 365.
indice(m). 364.
indices(f) d'exposition. 372.
ingénieur(m) du son. **389.**
initiales(f) d'identification. 360.
injection(f) sur orbite géostationnaire. 394.
insérer. 362.
insérer un mot. 362.
insérer une lettre. 362.
instrument(m) ancien. 367.
instrument(m) moderne. 367.
instruments(m) d'écriture. 367.
Intelsat. 393.
interrupteur(m). 372, 383, 384.
interrupteur(m) d'accord silencieux. 381.
interrupteur(m) d'alimentation. 381, 382.
interrupteur(m) d'alimentation du magnétoscope. 382.
interrupteur(m) d'alimentation du programmeur. 382.
interrupteur(m) d'équilibre des blancs. 384.
interrupteur(m) de fondu. 384.
inuktitut(m). 355.
iranien(m). 355.
italien(m). 355.
italiques(m). 365.
japonais(m). 355.
jeu(m) de filtres colorés. 373.
jeu(m) de filtres diffusants. 373.
joindre. 362.
joint(m). 367.
justifier à droite. 362.
justifier à gauche. 362.
laboratoire(m) photographique. 375.
lampe-éclair(f). 372.
lampe(f). 383.
lampe(f) de projection. 377.
lampe-témoin(f) stéréo. 379.
laveuse(f) pour épreuves. 375.
lecteur(m) de bande perforée. 386.
lecture(f). 381, 382.
lentille(f) additionnelle. 370.
lettre(f) type. 359, 360, 361.
levier(m). 385.
levier(m) d'armement. 368.
levier(m) de commande. 374.
lieu(m) et date(f). 360.
ligne(f). 385.
logement(m) de cassette. 381, 382.
loupe(f) de mise au point. 370, 376.
loupe(f) de mise au point. 375.
luminophore(m). 392.
magnétoscope(m). 382.
magnétoscope(m). 389.
manette(f) de commande. 380.
manipulateur(m). 385.
manivelle(f). 374.
margeur(m). 376.
margeur(m). 375.
marquage(m) de la sensibilité. 372.
marqueur(m). 367.

marteau(m). 387.
masque(m) perforé. 392.
mécanisme(m) de tension. 393.
mécanisme(m) du bras de sécurité. 393.
membrane(f). 378, 384.
mettre sur la ligne précédente. 363.
mettre sur la ligne suivante. 362.
microphone(m). 387.
microphone(m). 378, 387, 388.
microphone(m) dynamique. 384.
microphone(m) incorporé. 384.
minuterie(f). 375.
mire(f) de réglage. 391.
miroir(m). 368.
miroir(m) de prise de vues. 371.
mise(f) à la terre. 385.
mise(f) en marche. 388.
modèle(m) américain. 359.
modèle(m) américain de corrections typographiques. 365.
modèle(m) britannique. 361.
modèle(m) britannique de corrections typographiques. 366.
modèle(m) canadien. 360.
modèle(m) français de corrections typographiques. 366.
molette(f) de rebobinage. 368.
monture(f) à pas de vis. 370.
monture(f) baïonnette. 368.
monture(f) d'objectif. 368.
moteur(m). 377.
moteur(m) électrique. 371.
multiplicateur(m) de focale. 370.
ne rien changer. 363.
négatoscope(m). 375.
nom(m) dactylographié. 360.
norvégien(m). 355.
objectif(m). 370.
objectif(m). 371, 372, 377.
objectif(m) à focale variable. 383.
objectif(m) d'agrandissement. 376.
objectif(m) grand-angulaire. 370.
objectif(m) interchangeable. 368.
objectif(m) normal. 370.
objectif(m) super-grand angle. 370.
objectif(m) zoom. 370, 384.
objectifs(m) interchangeables. 370.
objet(m). 360.
obturateur(m). 368.
obturateur(m) central. 371.
oculaire(m). 371, 372.
oeilleton(m). 383, 384.
oeilletons(m) du viseur. 379.
ombrelle(f). 373.
orbite(f) de lancement. 394.
orbite(f) géostationnaire. 394.
oreillette(f). 378.
panier(m) de projection. 377.
panneau(m) solaire déployable. 393.
parasoleil(m). 370.
parenthèses(f). 357, 364.
passe-vues(m). 377.
passerelle(f). 390.
pause(f). 381.
pause(f)/arrêt sur l'image. 382.
pavillon(m) d'écouteur. 387.
pellicules(f). 371.
perchiste(m). 390.
perforateur(m) de bande. 386.
perforation(f). 371.
personnel(m) de plateau. 390.
petites capitales(f). 365.
photographie(f). 368, 369, 370, 371, 372, 373, 374, 375, 376, 377.
phototype(m). 377.
pièce(f) jointe. 360.
pièce(f) polaire. 387.
pied(m) de studio. 374.

pied(m) réglable. 383.
pied-sabot(m). 372.
pied-support(m). 373.
pile(f). 372.
pile(f). 371, 383.
pilote(m) d'écran-témoin. 390.
pinceau(m). 367.
plage(f) de séparation. 380.
plate-forme(f). 374.
plateau(m). 390.
plateau(m). 376, 380.
platine(f) de magnétophone. 381.
platine(f) de magnétophone. 378.
platine(f) tourne-disque. 380.
platine(f) tourne-disque. 378.
plongeur(m). 387.
plume(f). 367.
plume(f) creuse de roseau. 367.
plume(f) d'oie. 367.
plume(f) métallique. 367.
plume(f) métallique romaine. 367.
poignée(f). 372, 377, 383, 384, 385.
point(m). 357, 363, 386.
point(m) d'exclamation. 357.
point(m) d'interrogation. 357, 386.
point-virgule(m). 357, 364, 386.
pointe(f). 367.
points(m) de suspension. 357.
Polaroïd(m). 371.
polonais(m). 355.
porte-mine(m). 367.
porte-négatif(m). 376.
portugais(m). 355.
posemètre(m) photo-électrique. 372.
position(f) macro du zoom. 383.
post-scriptum(m). 360.
poste(m) à clavier. 388.
poste(m) émetteur. 385.
poste(m) mains libres. 388.
poste(m) récepteur. 385.
poste(m) sans cordon. 388.
poste(m) téléphonique. 387.
postes(m) téléphoniques, types(m) de. 388.
potence(f). 377.
pousser à droite. 363.
pousser à gauche. 363.
préamplificateur-amplificateur(m). 378.
preneur(m) de son. 389.
présentateur(m). 390.
prise(f). 377.
prise(f) casque. 379, 381.
prise(f) micro. 381.
prise(f) pour écouteur. 392.
prise(f) pour flash. 368, 383.
prise(f) pour flash-bar. 371.
prise(f) pour télécommande. 383.
prisme(m). 392.
programmateur(m). 382.
projecteur(m) à faisceau concentré. 390.
projecteur(m) d'ambiance. 390.
projecteur(m) diascope. 377.
projecteur(m) sonore. 383.
propulseur(m) de commande d'orientation. 393.
pupitre(m) de son. 389.
pupitre(m) dirigeur. 388.
radiateur(m) du caloduc. 393.
rampe(f) du cyclorama. 390.
rapprocher sans joindre. 363.
réalisateur(m). 391.
rebobinage(m). 381, 382, 388.
récepteur(m). 385, 387.
récepteur(m). 385.
recharge(f). 367.
réduire le blanc. 363.
références(f). 360.
réflecteur(m). 372, 374.
réflecteur(m) diffusant. 373.
réflecteur(m) parabolique. 373.
régie(f) de production. 391.
régie(f) de production. 389.

Les termes en **caractères gras** renvoient à une illustration; les termes en *italique* indiquent l'usage français.

régie(f) du son. 389.
régie(f) image-éclairage. 389.
régies(f). 389.
régisseur(m). 390.
réglage(m) d'asservissement. 382.
réglage(m) de la luminosité. 392.
réglage(m) de niveau. 378.
réglage(m) de niveau
d'enregistrement. 381.
réglage(m) des couleurs. 384.
réglage(m) du contraste. 392.
réglage(m) du volume. 379.
réglage(m) en hauteur. 377.
réglage(m) manuel de l'ouverture
du diaphragme. 383.
réglage(m) manuel du zoom. 384.
relève-bras(m). 380.
répondeur(m) téléphonique. 388.
report(m) de lecture. 372.
repose-bras(m). 380.
résistance(f) acoustique. 387.
ressort(m). 367.
ressort(m) de rappel. 385.
rouleau(m) de papier. 386.
rouleau(m) encreur. 385.
rouleaux(m) presseurs. 371.
roumain(m). 355.
ruban(m). 384.
russe(m). 355.
salutation(f). 360.
**satellite(m), trajectoire(f) d'un.
394.**
satellite(m) en mode normal. 394.
satellite(m) en orbite de transfert.
394.
satellite(m) Hermès. 393.
satellite(m) Télécom 1. 394.
**satellites(m), exemples(m) de.
393.**
**satellites(m) de
télécommunications. 393, 394.**
**schéma(m) de fonctionnement.
385.**
scripte(f). 391.
sébile(f) de remboursement. 388.
sécheuse(f) pour papier RC. 375.
séchoir(m) d'épreuves RC. 375.
sélecteur(m) de bandes. 381.
sélecteur(m) de canaux. 382.
sélecteur(m) de canaux UHF. 392.
sélecteur(m) de canaux VHF. 392.
sélecteur(m) de vitesses. 380.
sélecteur(m) de vitesses
d'obturation. 368.
sélecteur(m) de vitesses de
défilement. 382.
sélecteur(m) vidéo/TV. 382.
semi-voyelles(f). 358.
séparation(f) du lanceur-satellite.
394.
serre-tête(m). 378.
signature(f). 360.
**signes(m) de ponctuation. 357,
386.**
signes(m) diacritiques. 357.
sillon(m). 380.
sillon(m) concentrique. 380.
sillon(m) de départ. 380.
sillon(m) de sortie. 380.
socle(m). 380.
socle(m) de caméra. 390.
sortie(f) audio. 382.
sortie(f) vidéo. 382.
soufflet(m). 376.
source(f) d'énergie électrique. 385.
spirale(f). 375.
stabilisateur(m) de tension. 376.
standard(m) téléphonique. 394.
station(f) d'accès multiple. 394.
station(f) d'utilisateur. 394.
station(f) de référence. 394.
strie(f). 378.
studio(m). 389.
studio(m). 389.
**studio(m), accessoires(m) de.
374.**

style(m). 385.
stylet(m). 367.
stylo(m) à bille. 367.
stylo(m) à plume. 367.
suédois(m). 355.
super tweeter(m). 378.
support(m). 377.
supprimer. 363.
surface(f) gravée. 380.
Symphonie. 393.
syntoniseur(m). 378.
tableau(m) de commande. 389,
390.
tambour(m) d'entraînement. 368.
technicien(m) de l'image. 389.
technicien(m) du son. 389.
**télécommunications(f),
réseau(m) de. 394.**
téléconférence(f). 394.
télécopie(f). 394.
télégraphe(m). 385, 386.
téléinformatique(f). 394.
téléobjectif(m). 370.
téléphone(m) public. 388.
télésenseur(m). 372.
télésouffleur(m). 390.
télétex(m). 394.
téléviseur(m). 392.
télévision(f). 389, 390, 391, 392.
télex(m) téléimprimeur(m). 386.
tête(f) à bascule. 374.
tête(f) d'enregistrement et de
production. 383.
tête(f) de lecture. 380.
tête(f) panoramique. 374.
timbre(m). 387.
tiret(m). 357.
tiroir(m) à filtres. 376.
titre(m). 360.
toile(f) perlée. 377.
touche(f) de présélection. 379.
touche(f) de remise à zéro. 382.
touche(f) Dolby. 381.
touche(f) mémoire. 379, 382.
touches(f) de modulation. 379.
touches(f) de réglage d'accord.
379.
train(m) d'engrenages. 371.
trait(m). 386.
trait(m) d'union. 357, 364, 386.
transfert(m). 394.
transmetteur(m) infrarouge. 373.
transmission(f) des signaux
télégraphiques. 385.
transposer deux lettres. 363.
transposer deux lignes. 363.
transposer deux mots. 363.
treillis(m). 378.
treillis(m) de protection. 384.
tréma(m). 357.
trépied(m). 374.
trépied(m). 377.
trou(m) central. 380.
trucages(m). 391.
tube-image(m). 392.
tube(m) d'alimentation. 367.
tube(m) de poussée. 367.
tube(m) focaliseur conique. 373.
tube(m) focaliseur cylindrique. 373.
ukrainien(m). 355.
varistance(f). 387.
vedette(f). 360.
ventilateur(m) de refroidissement.
377.
ventilateur(m) extérieur. 375.
verrouillage(m) de rotation de tête
d'agrandisseur. 376.
vietnamien(m). 355.
virgule(f). 357, 363, 386.
vis(f) de fixation. 372, 374.
viseur(m). 368, 383.
viseur(m) d'angle. 370.
viseur(m) électronique. 384.
vitre(f) protectrice. 392.
voir copie. 363.
voyant(m) de contrôle. 379.

voyant(m) de réception de
messages. 388.
voyant(m) de réponse
automatique. 388.
voyelles(f) nasales. 358.
voyelles(f) orales. 358.

ÉNERGIES

absorbeur(m). 670.
admission(f). 639.
aéro-condenseur(m). 668.
aérofrein(m). 672.
affleurement(m). 636.
aile(f). 671.
air(m) chaud. 669.
air(m) comprimé. 639.
air(m) frais. 669.
alternateur(m). 655, 656, 661, 664.
anticlinal(m). 640.
arbre(m). 655, 656, 657, 671.
arbre(m) de Noël. 641.
arbre(m) de Noël. 644.
arbre(m) de rotor. 672.
asphalte(m). 649.
aspirateur(m). 655, 657.
atelier(m). 648.
aube(f). 656, 657.
auget(m). 657.
autoréfrigération(f), système(m) d'.
644.
avant-directrice(f). 656, 657.
avant-distributeur(m). 656, 657.
axe(m) central. 672.
bac(m) à boue. 640.
bâche(f) du dégazeur. 661.
bâche(f) spirale. 655, 656, 657.
barge(f). 645.
barge(f) de forage. 642.
barrage(m). 651, 660.
barrage(m) à contreforts. 653.
barrage(m) en béton. 652.
barrage(m) en remblai. 652, 653.
barrage(m) mobile. 660.
barrage-poids(m). 653.
barrage-voûte(m). 653.
**barrages(m), principaux
types(m) de. 653.**
barre(f) blindée. 655.
barre(f) de contrôle de la
réactivité. 662.
bassin(m). 660.
bassin(m) de décantation. 638,
648.
bassin(m) de stockage. 668.
bassin(m) de traitement. 648.
bâtiment(m) administratif. 638, 648,
660.
bâtiment(m) de traitement de l'eau.
661.
bâtiment(m) du réacteur. 661, 663,
665.
bief(m) d'amont. 651.
bief(m) d'aval. 651, 652, 655.
bitume(m). 650.
bitume(m), extraction. 650.
bitume(m) extraction. 650.
blindage(m) à billes d'acier. 662.
blindage(m) d'aspirateur. 657.
boîte(f) d'engrenage. 672.
borne(f). 659.
bouchon(m). 663.
bouclier(m) axial. 661, 662.
boulon(m) ajusté d'accouplement.
657.
bouteur(m). 635.
branchement(m) aérien. 659.
branchement(m) de l'abonné. 659.
branchement(m) du distributeur.
659.
bras(m). 671.
brise-lames(m). 646.
bulbe(m) d'étrave. 645.
buse(f). 641.
butanier(m). 645.

câble(m) de garde. 658.
cadre(m). 671.
calandre(f). 662, 663, 664.
calandre(f), tube(m) de. 662.
caloporteur(m). 664.
calotte(f). 671.
camion-citerne(m). 646.
canal(m) d'écoulement. 647.
canal(m) de dérivation. 651.
canal(m) de fuite. 655, 657.
canal(m) de transfert. 665.
canon(m) à mousse. 645.
canot(m) de sauvetage. 643.
**capteur(m) à concentration
cylindro-parabolique. 670.**
**capteur(m) à concentration
parabolique. 670.**
capteur(m) solaire. 669.
capteur(m) solaire plan. 670.
carburant(m) diesel. 649.
carburéacteur(m). 649.
carlingue(f) centrale. 645.
carreau(m) de mine. 638.
carrière(f) en entonnoir. 635.
**carrière(f) exploitée en
chassant. 635.**
caténaire(f). 661.
centrale(f). 651, 655.
centrale(f) électrique. 638.
centrale(f) hydroélectrique. 655.
centrale(f) nucléaire. 661, 664.
centrale(f) solaire à tour. 668.
centrale(f) thermique. 648.
cercle(m) de vannage. 657.
chaîne(f) de suspension. 658.
chambre(f). 636, 637.
chambre(f) d'ionisation. 662.
chambre(f) des machines. 645.
champ(m) d'héliostats. 668.
charbon(m). 635, 636, 637, 638.
chaudière(f). 668.
cheminée(f). 637.
cheminée(f) à minerai. 637.
chevalement(m). 636, 638.
chevalet(m) de câble de garde.
658.
circuit(m) de caloportage primaire.
666.
circuit(m) de distribution électrique.
666.
circuit(m) des générateurs de
vapeur. 666.
citerne(f). 646.
citerne(f) centrale. 645.
citerne(f) de décantation. 645.
citerne(f) latérale. 645.
clapet(m). 639.
cloison(f) étanche. 645.
cloison(f) transversale. 645.
coffre(m). 670.
coffret(m) de branchement. 659.
cokerie(f). 638.
collecteur(m). 656, 661, 664.
colonne(f) de production. 641.
combustible(m). 664.
combustible(m) défectueux sous
gaine. 665.
**combustible(m) nucléaire,
cycle(m) du. 667.**
**complexe(m) hydroélectrique.
651.**
compteur(m) d'électricité. 659.
condensat(m). 664.
condensateur(m). 672.
condenseur(m). 661.
conducteur(m) de phase. 659.
conducteur(m) de terre. 659.
conducteur(m) en faisceau. 658.
conducteur(m) neutre. 659.
conduit(m). 639.
conduite(f) à la terre. 647.
conduite(f) d'admission principale.
647.
conduite(f) d'admission secondaire.
647.
conduite(f) forcée. 651, 655, 660.

Les termes en **caractères gras** renvoient à une illustration; les termes en *italique* indiquent l'usage français.

859

connecteur(m) à serrage mécanique. 659.
console(f). 653, 658.
contact(m) négatif. 670.
contact(m) positif. 670.
contrefiche(f). 659.
contrefort(m). 653.
conversion(f). 667.
convoi(m) poussé. 645.
convoyeur(m). 635, 638, 650.
corset(m). 658.
côté(m) bassin. 660.
côté(m) mer. 660.
cotret(m). 671.
couche(f), mur(m) de la. 635.
couche(f), toit(m) de la. 635.
couche(f) antireflet. 670.
couche(f) drainante. 652.
couche(f) imperméable. 640.
coupe-circuit(m). 659.
couronne(f) d'aubage. 657.
couronnement(m). 652.
courroie(f). 672.
coursier(m) d'évacuateur. 651.
couverture(f). 670.
cratère(m). 635.
crayon(m). 663.
crépine(f). 641.
crête(f). 651, 652, 655.
crochet(m). 640.
cylindre(m). 639.
dégazeur(m). 661, 664.
démarreur(m). 672.
déparaffinage(m) des huiles. 648.
désasphaltage(m) des huiles. 648.
descenderie(f). 636.
détecteur(m) de flux horizontaux. 662.
déversoir(m). 651.
déversoir(m), seuil(m) de. 651.
diagonale(f). 658.
diesel-navire(m). 649.
digue(f) morte. 660.
directrice(f). 657.
disjoncteur(m). 655.
disjoncteur(m) principal. 672.
dispositif(m) de commande. 672.
dispositif(m) de régulation. 672.
disque(m) de rupture. 662.
distillation(f) sous vide. 649.
dôme(m). 646.
double vitrage(m). 669.
eau(f) d'alimentation. 664.
eau(f) de refroidissement. 664.
eau(f) de ville. 669.
eau(f) lourde. 664.
eau(f) salée. 640.
eaux(f) décantées. 650.
eaux(f) résiduaires. 650.
eaux(f) usées. 648.
échangeur(m) de chaleur du modérateur. 664.
échangeur(m) thermique. 669.
échappement(m), orifice(m) d'. 639.
échelle(f). 647.
écluse(f). 660.
écran(m) annulaire. 662.
électricité(f). 651, 652, 653, 654, 655, 656, 657, 658, 659, 660.
élévateur(m). 665.
empattement(m). 658.
enceinte(f) de confinement. 662, 663, 666.
enclume(f). 639.
énergie(f) électrique. 654.
énergie(f) nucléaire. 661, 662, 663, 664, 665, 666, 667.
énergie(f) solaire. 668, 669, 670.
engrenage(m). 672.
enrobage(m). 670.
entrée(f) du modérateur. 662.
entrepôt(m). 648.
entretoise(f). 658.
éolienne(f). 672.
éolienne(f) à axe horizontal. 672.

éolienne(f) à axe vertical. 672.
épontes(f). 636.
escalier(m). 647, 671.
escalier(m) en spirale. 647.
essence(f). 649.
étage(m). 637, 671.
étage(m) d'exploitation. 660.
étang(m) de décantation. 650.
étapes(f) de production. 654.
étranglement(m). 636.
excavatrice(f) à godets. 635.
excavatrice(f) à roue. 635, 650.
exploitation(f) minière. 636.
extraction(f) du minerai. 636.
extraction(f) minière. 650.
fabrication(f) du combustible. 667.
faille(f). 636.
fenêtre(f). 658.
filtre(m). 652, 669.
fixation(f), système(m) de. 639.
flasque(m) inférieur. 657.
fleuret(m). 639.
flexible(m) d'air. 639.
flexible(m) d'eau. 639.
flotteur(m). 647.
fluide(m), entrée(f) du. 670.
fluide(m), sortie(f) du. 670.
fluide(m) caloporteur. 668, 670.
focalisation(f). 668.
fond(m). 638.
fond(m) de tour. 649.
fondation(f). 653.
fondrière(f) de mousse. 650.
forage(m), appareil(m) de. 640.
forage(m) en mer. 642.
formation(f) aquifère. 650.
four(m). 668.
four(m) solaire. 668.
four(m) tubulaire. 649.
fourche(f). 658.
foyer(m). 668.
frein(m) à disque. 672.
front(m). 635.
front(m) de taille. 635, 637.
fusible(m). 659.
fût(m). 658.
gainage(m) du combustible défectueux. 665.
gaine(f). 665.
galerie(f). 671.
galerie(f), entrée(f) de. 637.
galerie(f) à flanc de coteau. 636.
galerie(f) d'accès. 660.
galerie(f) de circulation. 637.
galerie(f) de visite. 655.
galerie(f) en direction. 636, 637.
garde-fou(m). 651.
gaz(m). 640.
gazomètre(m). 638.
générateur(m) de vapeur. 661, 664, 668.
génératrice(f). 672.
gicleur(m). 647.
gisement(m). 635, 636.
gouvernail(m). 671.
gradin(m). 635.
gradin(m), hauteur(f) du. 635.
graisses(f). 649.
graisseur(m). 639.
grappe(f) de combustible. 663.
grappe(f) de combustible. 663.
grès(m). 650.
grille(f). 655.
grille(f) d'extrémité. 663.
grille(f) métallique conductrice. 670.
groupe(m) bulbe. 660.
grue(f). 643.
hauban(m). 672.
héliostat(m). 668.
hélisurface(f). 643.
hublot(m) de chargement du combustible neuf. 665.
hublot(m) de déchargement du combustible irradié. 665.
huiles(f) lubrifiantes. 649.

hydroraffineur(m). 648.
imprimante(f) ligne par ligne. 666.
injection(f) de gaz. 641.
injection(f) de vapeur. 650.
interrupteur(m) principal. 659.
intervalle(m) d'air. 669.
ionisation(f). 662.
isolant(m). 669, 670.
isolateur(m). 659.
isolation(f). 644.
jauge(f) magnétique à lecture directe. 647.
jetée(f). 642.
joint(m). 670.
joint(m) d'étanchéité. 647.
joint(m) périmétral. 653.
jonction(f). 670.
jour(m). 638.
kérosène(m). 649.
laboratoire(m). 648.
laboratoire(m) des diagraphies. 643.
lampisterie(f). 638.
latte(f). 671.
lavoir(m). 638.
levier(m) de commande. 639.
ligne(f). 651.
ligne(f) de distribution à basse tension. 659.
ligne(f) de distribution à moyenne tension. 659.
locaux(m) d'habitation. 645.
lumière(f). 670.
machine(f) de chargement. 665.
machine(f) de déchargement. 665.
machine(f) de manutention. 661, 664.
maison(f) solaire. 669.
manipulation(f) du combustible. 665.
manomètre(m). 641, 647.
marteau(m) perforateur. 639.
marteau(m) perforateur à poussoir pneumatique. 639.
marteau(m) pneumatique. 639.
masse-tige(f). 640.
mazout(m) domestique. 649.
mazout(m) léger. 649.
mazout(m) lourd. 649.
membrure(f) principale. 658.
merlon(m) de protection. 647.
méthanier(m). 645.
mine(f). 650.
mine(f) à ciel ouvert. 636.
mine(f) de charbon. 635, 636, 637, 638, 639.
mine(f) souterraine. 637.
minerai(m). 635, 636.
miroir(m) parabolique. 668.
modérateur(m). 662, 664, 666.
montage(m). 659.
mort(m) terrain. 635.
mort-terrain(m). 637, 650.
moteur(m). 640.
moufle(m) fixe. 640.
moufle(m) mobile. 640.
moulin(m) à vent. 671.
moulin(m) pivot. 671.
moulin(m) tour. 671.
moyeu(m). 657, 672.
mur(m). 636.
mur(m) bajoyer. 651.
mur(m) de batillage. 652.
mur(m) en béton. 669.
mur(m) Trombe. 669.
nacelle(f). 672.
navire(m) de forage. 642.
niveau(m). 637.
noeud(m). 658.
noyau(m). 652.
obturateur(m) de sécurité. 640.
ogive(f). 657.
ordinateur(m) numérique. 666.
outil(m). 639.
pale(m). 657, 660, 672.
palier(m) guide. 656.

panneau(m). 637.
panneau(m) de citerne. 645.
paraffines(f). 649.
parafoudre(m). 655, 659.
parafouille(m). 652.
parc(m) à bois. 638.
parc(m) de stockage. 644, 648.
parc(m) de stockage terminal. 644.
pare-chocs(m). 644.
parement(m) amont. 652.
parement(m) aval. 652.
paroi(f) de citerne. 646.
passavant(m). 645.
passe(f) à billes. 651.
passerelle(f). 645.
pastille(f) de combustible. 663.
patin(m). 644.
patin(m) d'appui. 663.
patin(m) d'espacement. 663.
pelle(f) à benne traînante. 650.
pendage(m). 636.
pente(f). 668.
perré(m). 652.
pétrole(m). 640, 641, 642, 643, 644, 645, 646, 647, 648, 649, 650.
pétrole(m). 640.
pétrole(m) brut. 649.
pétrole(m) émulsionné. 641.
pétrolier(m). 645.
photopile(f). 670.
pied(m). 658.
pied(m) amont. 652.
pied(m) aval. 652.
piège(m) à pétrole. 640.
pile(f). 668.
pilier(m). 637.
pilône(m). 638.
pipeline(m). 644.
pipeline(m). 650.
pipeline(m) enterré. 644.
pipeline(m) sous-marin. 644.
pipeline(m) surélevé. 644.
pipeline(m) surélevé, support(m) de. 644.
piscine(f). 669.
piscine(f) de réception. 665.
piscine(f) de stockage du combustible irradié. 663, 665, 667.
piscine(f) du combustible défectueux. 665.
piston(m). 639.
pivot(m). 671.
plaque(f) collectrice. 670.
plaque(f) tubulaire. 662.
plate-forme(f) auto-élévatrice. 642.
plate-forme(f) autonome. 642.
plate-forme(f) de production. 643.
plate-forme(f) fixe. 642.
plate-forme(f) flottante. 642.
plate-forme(f) semi-submersible. 642.
plate-forme(f) submersible. 642.
plateau(m) de stockage. 665.
plongeur(m). 641.
poche(f) doseuse. 637.
poignée(f). 668.
point(m) d'alimentation. 659.
point(m) de raccordement. 659.
pôle(m) saillant. 656.
pompage(m). 641.
pompage(m) au gaz. 641.
pompe(f). 637, 646, 668.
pompe(f) à balancier. 641.
pompe(f) à boue. 640.
pompe(f) de circulation. 669.
pompe(f) du modérateur. 664.
pompe(f) primaire. 664.
pont(m) inférieur. 647.
pont(m) roulant. 655, 661.
pont(m) supérieur. 647.
porque(f). 645.
porte-fusible(m). 659.
porte-outil(m). 639.

Les termes en **caractères gras** renvoient à une illustration; les termes en *italique* indiquent l'usage français.

portique(m). 651, 655.
poste(m). 660.
poste(m) de distribution. 666.
poste(m) de transformation. 655.
pousseur(m). 645.
poussoir(m) pneumatique. 639.
poutre(f). 658.
pressuriseur(m). 661, 664.
prise(f) d'eau. 655.
production(f) d'électricité. 667, 668.
produits(m) pétrochimiques. 649.
prolongement(m) de canal. 662.
puisard(m). 636.
puits(m), orifice(m) du. 637.
puits(m) d'accès. 660.
puits(m) d'accès du matériel. 660.
puits(m) d'aérage. 638.
puits(m) incliné. 636.
puits(m) marin. 644.
puits(m) principal. 638.
puits(m) vertical. 636.
pulvino(f). 653.
pupitre(m) de commande de
  manutention du combustible.
  666.
pupitre(m) de l'opérateur. 666.
purge(f) d'eau. 647.
pylône(m). 658.
pyrolyse(f). 650.
quartiers(m) d'habitation. 643.
queue(f). 671.
raccord(m) pour conducteur de
  terre. 659.
raccordement(m) du flexible. 639.
raffinage(m). 667.
raffinerie(f). 648.
raffinerie(f). 644.
**raffinerie(f), produits(m) de la.
  649.**
rampe(f). 635.
rampe(f) de chargement. 648.
rayonnement(m). 669.
rayonnement(m) solaire. 668, 669,
  670.
réacteur(m). 662.
réacteur(m). 661, 664, 665, 666,
  667.
réacteur(m) nucléaire. 663.
recette(f). 637.
recharge(f) amont. 652.
recharge(f) aval. 652.
réchauffeur(m). 664.
récupération(f) du solvant. 650.
redistillation(f) des huiles. 648.
réflecteur(m). 670.
réformateur(m) catalytique. 648, 649.
refroidissement(m) d'urgence du
  coeur. 666.
région(f) négative. 670.
région(f) positive. 670.
remblai(m). 652.
remplissage(m). 647.
réseau(m) de transport. 667.
réseau(m) de transport d'énergie.
  668.
réseau(m) électrique. 672.
réservoir(m). 651, 652, 655.
réservoir(m) à lest. 645.
réservoir(m) à toit fixe. 647.
réservoir(m) à toit flottant. 647.
réservoir(m) d'eau. 638.
réservoir(m) d'eau d'aspersion.
  661.
réservoir(m) d'eau potable. 643.
réservoir(m) d'huile. 639.
réservoir(m) de boue de réserve.
  643.
réservoir(m) de brut. 649.
réservoir(m) de poison. 661.
réservoir(m) de stockage. 643,
  664, 669.
réservoir(m) de suppression. 664.
réservoir(m) tampon. 644.
réservoirs à membrane. 645.
**réservoirs(m) à semi-membrane.
  645.**

réservoirs(m) indépendants. 645.
ressort(m) de retenue. 639.
revêtement(m). 647.
risberme(f). 652.
rive(f). 660.
robe(f). 647.
robinet(m) de vidange. 647.
roche(f) couverture. 650.
roche(f) de base. 650.
roches(f). 653.
rotor(m). 655, 656, 671, 672.
roue(f). 656, 671.
roue(f) de turbine. 660.
sables(m) bitumineux. 650.
salle(f) de commande. 666.
salle(f) de commande. 651, 660,
  661.
salle(f) de contrôle. 643.
salle(f) de déchargement du
  combustible irradié. 665.
salle(f) de décontamination. 661.
salle(f) de l'appareillage électrique.
  661.
salle(f) de la machine. 636, 638.
salle(f) de stockage du
  combustible neuf. 665.
salle(f) des machines. 651, 655,
  661.
sas(m). 661.
sas(m) pour équipement. 665.
sauterelle(f). 635.
section(f) tubulaire. 643.
semi-remorque(f). 646.
semi-remorque(f) citerne. 646.
séparateur(m) de gaz. 643.
séparateur(m) de vapeur. 664.
serre(f). 669.
service(m) d'incendie. 648.
service(m) de sécurité. 648.
siège(m). 637.
silo(m) de charbon. 638.
sol(m). 653.
solvant(m). 650.
sortie(f) du modérateur. 662.
soupape(f). 639.
soupape(f) à pression et
  dépression. 647.
soupape(f) de sûreté. 664.
sous-niveau(m). 636.
soutirage(m) essence lourde. 649.
soutirage(m) gazole. 649.
soutirage(m) kérosène. 649.
station(f) de pompage. 644.
station(f) de pompage
  intermédiaire. 644.
station(f) de pompage principale.
  644.
station(f) de transfert. 636.
stator(m). 655, 656.
stérile(m). 635.
stockage(m) des déchets
  radioactifs. 667.
stockage(m) des gaz liquéfiés.
  648.
stockage(m) des produits finis.
  648.
stockage(m) du pétrole. 650.
stockage(m) thermique. 668.
support(m). 644, 651, 660, 670.
surface(f) d'arrêt. 669.
surface(f) réfléchissante. 668.
système(m) d'arrêt. 666.
système(m) de dépotage. 646.
système(m) de liaison. 645.
système(m) de régulation du
  réacteur. 666.
table(f) de rotation. 640.
tableau(m) de distribution. 659.
taillant(m). 639.
tamis(m) vibrant. 640.
tapis(m) amont. 652.
tapis(m) drainant. 652.
télévision(f) en circuit fermé. 666.
tender(m). 642.
terrain(m) de fondation. 652.
terre(f). 653.

terril(m). 635, 638.
tête(f). 636, 658.
tête(f) d'injection. 640.
tête(f) de puits. 641.
thermomètre(m). 647.
tige(f) carrée d'entraînement. 640.
tige(f) de forage. 640.
tiges(f) de pompage. 641.
toit(f). 636.
toit(m) flottant. 647.
tôle(f) pare-gouttes. 647.
torche(f). 643, 648.
tour(f). 668, 671, 672.
tour(f) de forage. 640, 643.
tour(f) de fractionnement. 649.
tour(f) de refroidissement. 648.
tracteur(m). 646.
traitement(m) à l'eau chaude. 650.
traitement(m) chimique. 649.
traitement(m) des essences. 648.
traitement(m) des gaz liquéfiés.
  648.
**traitement(m) des sables
  bitumineux. 650.**
traitement(m) du bitume. 650.
tranchée(f). 635.
transformateur(m). 655, 659, 668,
  672.
travers-banc(m). 636, 637.
traverse(f). 658, 659.
traverse(f) de chargement. 645.
traversée(f). 659.
traversée(f) de transformateur.
  651.
treillis(m). 643.
treillis(m) de contreflambage. 658.
trépan(m). 640.
treuil(m). 640.
tronçon(m). 658.
trou(m) d'homme. 646, 647.
tubage(m) cimenté. 640.
tubage(m) de surface. 641.
tubage(m) intermédiaire. 641.
tube(m) absorbeur. 670.
tube(m) de détente. 662.
tube(m) de force. 663.
tube(m) de liaison. 662.
tube(m) de réseau. 662.
tube(m) métallique. 670.
tubulure(f) d'injection de poison.
  662.
turbine(f). 655, 666.
turbine(f) à gaz. 643.
turbine(f) basse pression. 664.
turbine(f) Francis. 657.
turbine(f) haute pression. 664.
turbine(f) hydraulique. 657.
turbine(f) Kaplan. 657.
turbine(f) Pelton. 657.
**turbines(f), principaux types(m)
  de. 657.**
turbo-alternateur. 656.
turbo-alternateur(m). 666, 668.
tuyau(m) flexible. 639.
tuyauterie(f) de refroidissement.
  662.
tuyauterie(f) de vapeur. 661, 664.
tuyauterie(f) de vapeur basse
  pression. 661.
unité(f) d'extraction par solvant.
  649.
unité(f) de polymérisation. 648.
unité(f) de soufflage des bitumes.
  648.
unités(f) d'alkylation. 648.
unités(f) de cokéfaction fluide. 648.
usine(f) à asphalte. 649.
usine(f) des lubrifiants. 649.
usine(f) des utilités. 650.
usine(f) marémotrice. 660.
usine(f) pétrochimique. 649.
valve(f) d'admission. 641.
vanne(f). 651, 655, 660.
vanne(f) maîtresse. 641.
vapeur(f). 664.

vapocraqueur(m). 648.
veine(f). 636.
ventilateur(m). 638.
vidange(f). 647.
voie(f) de fond. 637.
voie(f) de tête. 637.
voie(f) de transport. 635.
voie(f) ferrée. 638.
voile(f). 671.
volet(m). 669.
wagon-citerne(m). 646.
zone(f) de chargement du
  combustible neuf. 665.

ÊTRE HUMAIN

acromion(m). 121.
aile(f) du nez. 133.
aine(f). 114.
aisselle(f). 114.
ampoule(f) de la trompe utérine.
  117.
amygdale(f) linguale. 134.
amygdale(f) palatine. 134.
anconé(m). 119.
anthélix(m). 132.
antitragus(m). 132.
anus(m). 116, 117, 127.
aorte(f). 126.
aorte(f) abdominale. 125, 128.
aorte(f) ascendante. 124.
aorte(f) descendante. 124.
apex(m). 123, 134.
apophyse(f) épineuse. 121.
apophyse(f) transverse. 121.
appareil(m) de Golgi. 113.
appareil(m) digestif. 127.
appareil(m) respiratoire. 126.
appareil(m) urinaire. 128.
appendice(m) vermiculaire. 127.
arborisation(f) terminale. 135.
arc(m) de l'aorte. 124.
arcade(f) dentaire inférieure. 134.
arcade(f) dentaire supérieure. 134.
arcade(f) sourcilière. 122.
arcade(f) zygomatique. 122.
aréole(f). 117.
arrière-grand-mère(f). 139.
arrière-grand-père(m). 139.
arrière-petit-fils(m). 139.
arrière-petite-fille(f). 139.
artère(f) axillaire. 125.
artère(f) brachiale. 125.
artère(f) carotide primitive. 125.
artère(f) cubitale. 125.
artère(f) fémorale. 125.
artère(f) hépatique commune. 125.
artère(f) iliaque. 124.
artère(f) iliaque commune. 125,
  128.
artère(f) iliaque externe. 125.
artère(f) iliaque interne. 125, 128.
artère(f) mésentérique inférieure.
  128.
artère(f) mésentérique supérieure.
  125, 128.
artère(f) pulmonaire. 124, 125,
  126.
artère(f) radiale. 125.
artère(f) rénale. 125, 128.
artère(f) sous-clavière. 125.
artère(f) splénique. 125.
artères(f), principales. 125.
astragale(m). 121.
atlas(m). 121.
avant-bras(m). 115.
axis(m). 121.
axone(m). 135.
base(f). 134.
bassinet(m). 128.
beau-fils(m). 139.
beau-père(m). 139.
beaux-parents(m). 139.
belle-fille(f). 139.
belle-mère(f). 139.

Les termes en **caractères gras** renvoient à une illustration; les termes en *italique* indiquent l'usage français.

biceps(m) brachial. 118.
biceps(m) crural. 119.
bord(m) libre. 137.
bouche(f). 134.
bouche(f). 134.
brachial(m) antérieur. 118.
bras(m). 115.
bronche(f) droite. 126.
bronche(f) gauche. 126.
bronchiole(f) terminale. 126.
bulbe(m). 137.
bulbe(m) olfactif. 133.
bulbe(m) rachidien. 130.
cæcum(m). 127.
cœur(m). 124.
calcanéum(m). 121.
calice(m). 128.
canal(m) anal. 127.
canal(m) déférent. 116.
canal(m) éjaculateur. 116.
canal(m) galactophore. 117.
canal(m) radiculaire. 123.
canal(m) semi-circulaire antérieur. 132.
canal(m) semi-circulaire externe. 132.
canal(m) semi-circulaire postérieur. 132.
canine(f). 123.
caroncule(f) lacrymale. 131.
carpe(m). 120.
cartilage(m) de l'aile du nez. 133.
cartilage(m) de la cloison. 133.
cavité(f) buccale. 126, 127.
cavité(f) nasale. 126.
cavité(f) pleurale. 126.
cellule(f) animale. 113.
cellule(f) motrice. 135.
cellule(f) végétale. 113.
cellules(f) indifférenciées. 137.
cément(m). 123.
centriole(m). 113.
cerveau(m). 130.
cervelet(m). 130.
chambre(f) antérieure. 131.
chambre(f) postérieure. 131.
chambre(f) pulpaire. 123.
cheveux(m). 115.
cheville(f). 115.
chiasma(m) optique. 130.
chloroplaste(m). 113.
choroïde(f). 131.
chromatine(f). 113.
cil(m). 131.
circulation(f) sanguine. 124, 125.
clavicule(f). 120.
clitoris(m). 117.
cloison(f) inter-testiculaire. 116.
coccyx(m). 120.
col(m) de l'utérus. 117.
col(m) du fémur. 121.
collatérale(f). 135.
collet(m). 123.
côlon(m) ascendant. 127.
côlon(m) descendant. 127.
côlon(m) pelvien. 127.
côlon(m) transverse. 127.
colonne(f) vertébrale. 120.
commissure(f) blanche antérieure. 130.
commissure(f) blanche postérieure. 130.
commissure(f) labiale. 134.
conduit(m) auditif externe. 122, 132.
conduit(m) excréteur. 136.
condyle(m) de l'occipital. 122.
condyle(m) externe. 121.
condyle(m) interne. 121.
conjonctive(f). 131.
conque(f). 132.
corde(f) vocale. 126.
cordon(m) spermatique. 116.
cornée(f). 131.
cornet(m) inférieur. 133.
cornet(m) moyen. 133.

cornet(m) supérieur. 133.
corps(m). 134.
corps(m) calleux. 130.
corps(m) caverneux. 116.
corps(m) cellulaire. 135.
corps(m) de l'ongle. 137.
corps(m) de Nissl. 135.
corps(m) humain, face(f) antérieure. 114.
corps(m) humain, face(f) postérieure. 115.
corps(m) spongieux de l'urètre. 116.
corps(m) vitré. 131.
corpuscule(m) de Meissner. 136.
corpuscule(m) de Pacini. 136.
côte(f) flottante. 120.
côtes(f). 120.
cou(m). 114, 116.
couche(f) basale. 136.
couche(f) claire. 136.
couche(f) cornée. 136.
couche(f) de Malpighi. 136.
couche(f) granuleuse. 136.
coude(m). 115.
coupe(f) d'une molaire. 123.
couronne(f). 123.
court péronier(m) latéral. 119.
cousin(m). 138.
cousine(f). 138.
couturier(m). 118.
crâne(m). 114.
cristallin(m). 131.
cubital(m) antérieur. 118, 119.
cubital(m) postérieur. 119.
cubitus(m). 120.
cuisse(f). 115.
cul-de-sac(m) de Douglas. 117.
cul-de-sac(m) dural. 130.
cul-de-sac(m) vésico-utérin. 117.
cuticule(f). 137.
cytoplasme(m). 113.
deltoïde(m). 118.
demi-membraneux(m). 119.
demi-tendineux(m). 119.
dendrite(f). 135.
dents(f). 123.
denture(f) humaine. 123.
derme(m). 135, 136, 137.
deuxième radial(m) externe. 119.
diaphragme(m). 126, 127.
dos(m). 115.
dos(m) du nez. 133.
droit(m) antérieur de la cuisse. 118.
droit(m) interne. 119.
duodénum(m). 127.
dure-mère(f) spinale. 130.
échancrure(f) de la conque. 132.
écorce(f). 137.
émail(m). 123.
enfants(m). 138, 139.
épaule(f). 114.
épicondyle(m). 121.
épiderme(m). 135, 136, 137.
épidermicule(m). 137.
épiglotte(f). 126, 134.
épine(f) de l'omoplate. 121.
épiphyse(f). 130.
épithélium(m) olfactif. 133.
épitrochlée(f). 121.
éponychion(m). 137.
épouse(f). 138.
époux(m). 138, 139.
estomac(m). 124, 127.
étranglement(m) annulaire de Ranvier. 135.
être(m) humain. 111.
extenseur(m) commun des doigts. 119.
extenseur(m) commun des orteils. 118.
fausse côte(f). 121.
femme(f). 138.
fémur(m). 120.
fesse(f). 115.

fibre(f) collagène. 136.
fibre(f) musculaire. 135.
fibre(f) nerveuse. 135.
fille(f). 138.
fils(m). 138.
filum(m) terminale. 130.
foie(m). 124, 127.
follicule(m) pileux. 137.
foramen(m) apical. 123.
foramen(m) caecum. 134.
fosse(f) nasale. 122.
fosse(f) temporale. 122.
fosses(f) nasales. 133.
fossette(f) de l'anthélix. 132.
frère(m). 138.
front(m). 114.
frontal(m). 118, 120, 122.
gaine(f) de myéline. 135.
gaine(f) de Schwann. 135.
gaine(f) épithéliale externe. 137.
gaine(f) épithéliale interne. 137.
ganglion(m) spinal. 135.
gastrocnémien(m). 119.
gencive(f). 123.
genou(m). 114.
gland(m). 116.
glande(f) bulbo-urétrale. 116.
glande(f) mammaire. 117.
glande(f) sébacée. 136, 137.
glande(f) sudoripare apocrine. 136.
glande(f) sudoripare eccrine. 136.
glande(f) surrénale. 128.
glandes(f) salivaires. 127.
globe(m) oculaire. 131.
glomérule(m). 136.
goût(m). 133, 134.
gouttelette(f) lipidique. 113.
grain(m) d'amidon. 113.
grand adducteur(m). 119.
grand complexus(m). 119.
grand dorsal(m). 119.
grand droit(m) de l'abdomen. 118.
grand fessier(m). 119.
grand-mère(f). 139.
grand oblique(m) de l'abdomen. 118, 119.
grand palmaire(m). 118.
grand pectoral(m). 118.
grand-père(m). 139.
grand rond(m). 119.
grand trochanter(m). 121.
hanche(f). 115.
hélix(m). 132.
hile(m) du rein. 128.
huméro-stylo-radial(m). 118.
humérus(m). 120.
humeur(f) aqueuse. 131.
hypoderme(m). 136.
hypophyse(f). 130.
iléon(m). 127.
incisive(f) centrale. 123.
incisive(f) latérale. 123.
influx(m) nerveux. 135.
interosseux(m). 118.
intestin(m). 124.
intestin(m), gros. 127.
intestin(m) grêle. 127.
iris(m). 131.
ischion(m). 121.
isthme(m) de la trompe utérine. 117.
isthme(m) du gosier. 134.
ivoire(m). 123.
jambe(f). 115.
jambier(m) antérieur. 118.
jéjunum(m). 127.
joue(f). 114.
jumeau(m). 118.
jumeau(m). 118.
lame(f) criblée de l'ethmoïde. 133.
langue(f). 127, 133, 134.
langue(f), dos de la. 134.
larynx(m). 126.
leucoplaste(m). 113.
lèvre(f), grande. 117.
lèvre(f), petite. 117.
lèvre(f) inférieure. 134.

lèvre(f) supérieure. 134.
liens(m) de parenté. 138, 139.
ligament(m) alvéolo-dentaire. 123.
ligament(m) large de l'utérus. 117.
ligament(m) rond de l'utérus. 117.
ligament(m) suspenseur. 131.
limaçon(m). 132.
lit(m) de l'ongle. 137.
lobe(m). 117.
lobe(m) du nez. 133.
lobe(m) inférieur. 126.
lobe(m) moyen. 126.
lobe(m) supérieur. 126.
lobule(m). 132.
long péronier(m) latéral. 118.
long supinateur(m). 119.
luette(f). 133, 134.
lunule(f). 137.
lysosome(m). 113.
main(f). 115.
malaire(m). 120.
mamelon(m). 114, 117.
mari(m). 138.
masséter(m). 118.
mastoïde(f). 122.
matrice(f) de l'ongle. 137.
maxillaire(m). 133.
maxillaire(m) inférieur. 120, 122, 123.
maxillaire(m) supérieur. 120, 122, 123.
méat(m) de l'urètre. 116.
mélanocyte(m). 136.
membrane(f) basale. 135.
membrane(f) cytoplasmique. 113.
membrane(f) du tympan. 132.
membrane(f) nucléaire. 113.
membrane(f) squelettique. 113.
membre(m) inférieur. 124.
membre(m) supérieur. 124.
menton(m). 114.
mère(f). 138, 139.
métacarpe(m). 120.
métatarse(m). 120.
mitochondrie(f). 113.
moelle(f). 137.
moelle(f) épinière. 130, 135.
mollet(m). 115.
mont(m) de Vénus. 117.
moyen adducteur(m). 118.
muqueuse(f) olfactive. 133.
muscle(m) arrecteur. 136, 137.
muscle(m) papillaire. 124.
muscles(m), face(f) antérieure. 118.
muscles(m), face(f) postérieure. 119.
narine(f). 133.
nerf(m). 137.
nerf(m) circonflexe. 129.
nerf(m) coccygien. 129.
nerf(m) cochléaire. 132.
nerf(m) crural. 129.
nerf(m) cubital. 129.
nerf(m) digital. 129.
nerf(m) facial. 132.
nerf(m) fémoro-cutané. 129.
nerf(m) fessier. 129.
nerf(m) grand abdomino-génital. 129.
nerf(m) grand sciatique. 129.
nerf(m) intercostal. 129.
nerf(m) médian. 129.
nerf(m) musculo-cutané de la jambe. 129.
nerf(m) musculo-cutané du bras. 129.
nerf(m) obturateur. 129.
nerf(m) olfactif. 133.
nerf(m) optique. 131.
nerf(m) petit abdomino-génital. 129.
nerf(m) petit sciatique. 129.
nerf(m) phrénique. 126.
nerf(m) pneumogastrique. 126.
nerf(m) rachidien. 130, 135.

Les termes en **caractères gras** renvoient à une illustration; les termes en *italique* indiquent l'usage français.

nerf(m) radial. 129.
nerf(m) saphène externe. 129.
nerf(m) saphène interne. 129.
nerf(m) sciatique proplité externe. 129.
nerf(m) sciatique proplité interne. 129.
nerf(m) sus-scapulaire. 129.
nerf(m) tibial antérieur. 129.
nerf(m) vestibulaire. 132.
nerfs(m) crâniens. 129.
neurone(m). 135.
neurone(m) moteur. 135.
neurone(m) sensoriel. 135.
neveu(m). 138.
nez(m). 114.
nez(m), partie externe du. 133.
nièce(f). 138.
nombril(m). 114.
noyau(m). 113, 135.
nucléole(m). 113.
nuque(f). 115.
occipital(m). 119, 121, 122.
odorat(m). 133.
oeil(m). 131.
œil(m). 114.
œsophage(m). 127.
olécrâne(m). 121.
omoplate(f). 115, 120.
oncle(m) maternel. 138.
oncle(m) paternel. 138.
ongle(m). 137.
orbiculaire(m) des paupières. 118.
orbite(f). 122.
oreille(f). 114, 115.
oreille(f) externe. 132.
oreille(f) interne. 132.
oreille(f) moyenne. 132.
oreillette(f) droite. 124.
oreillette(f) gauche. 124.
organes(m) des sens. 131, 132, 133, 134, 135.
organes(m) génitaux féminins. 117.
organes(m) génitaux masculins. 116.
orifice(m) du conduit auditif externe. 132.
orteil(m). 114.
os(m) alvéolaire. 123.
os(m) iliaque. 120.
os(m) malaire. 122.
os(m) propre du nez. 122, 133.
osselets(m). 132.
ostéologie(f) du crâne. 122.
ostium(m). 137.
ouïe(f). 132.
ovaire(f). 117.
palais(m). 133.
pancréas(m). 127.
papille(f). 131, 137.
papille(f) dermique. 135, 136.
papille(f) rénale. 128.
papilles(f) linguales. 134.
parents(m). 138, 139.
pariétal(m). 121, 122.
paupière(f) inférieure. 131.
paupière(f) supérieure. 131.
pavillon(m). 132.
pavillon(m) de la trompe utérine. 117.
peau(f). 135, 136.
peau(f). 135.
pédieux(m). 118.
pénis(m). 114.
père(m). 138, 139.
péricarde(m). 126.
péritoine(m). 116.
péroné(m). 120.
petit-fils(m). 139.
petit palmaire(m). 118.
petit rond(m). 119.
petite-fille(f). 139.
phalange(f). 120, 121.
phalangette(f). 120, 121, 137.
phalangine(f). 120, 121.

pharynx(m). 126, 127.
pièce(f) intermédiaire. 116.
pièce(f) terminale. 116.
pied(m). 115.
pilier(m) antérieur du voile. 134.
pilier(m) postérieur du voile. 134.
plantaire(m) grêle. 119.
plaque(f) motrice. 135.
plasmodesme(m). 113.
plèvre(f) pariétale. 126.
plexus(m) brachial. 129.
plexus(m) cardiaque. 126.
plexus(m) cervical. 129.
plexus(m) lombaire. 129.
plexus(m) prébronchique. 126.
plexus(m) sacré. 129.
poignet(m). 115.
poil(m). 137.
poil(m). 136.
poitrine(f). 114.
pomme(f) d'Adam. 114.
pont(m) de Varole. 130.
pore(m). 113.
pore(m) sudoripare. 136.
poumon(m) droit. 124, 126.
poumon(m) gauche. 124, 126.
poumons(m). 126.
premier radial(m) externe. 119.
première(f) prémolaire. 123.
prémolaire(f). 123.
prépuce(m). 116.
procès(m) ciliaire. 131.
prostate(f). 116.
protoneurone(m) sensitif. 135.
pubis(m). 114.
pulpe(f). 123, 137.
pupille(f). 131.
pylore(m). 127.
pyramide(f) de Malpighi. 128.
queue(f). 116.
queue(f) de l'hélix. 132.
racine(f). 123, 137.
racine(f) antérieure. 130.
racine(f) de l'hélix. 132.
racine(f) de l'ongle. 137.
racine(f) du nez. 133.
racine(f) postérieure. 130.
radius(m). 120.
raie des fesses(f). 115.
rameau(m) communicant. 130.
rate(f). 124.
récepteur(m). 135.
récepteur(m) sensoriel. 135.
rectum(m). 116, 127, 128.
rein(m). 115, 124.
rein(m) droit. 128.
rein(m) gauche. 128.
réseau(m) sous-papillaire. 136.
réticulum(m) endoplasmique. 113.
rétine(f). 131.
rhinencéphale(m). 133.
rhino-pharynx(m). 133.
rhomboïde(m). 119.
ribosome(m). 113.
rond pronateur(m). 118.
rotule(f). 120.
sacrum(m). 120.
sclérotique(f). 131.
scrotum(m). 114, 116.
sein(m). 117.
sein(m). 114.
septum interventriculaire. 124.
septum(m) lucidum. 130.
sillon(m) antérieur de l'oreille. 132.
sillon(m) médian. 134.
sillon(m) naso-labial. 133.
sillon(m) terminal. 134.
sinus(m) du rein. 128.
sinus(m) frontal. 133.
sinus(m) longitudinal supérieur. 130.
sinus(m) sphénoïdal. 133.
soeur(f). 138.
sole(f). 137.
soléaire(m). 118.
sourcil(m). 131.

sous-cloison(f). 133.
sous-épineux(m). 119.
spermatozoïde(m). 116.
sphénoïde(m). 122.
sphincter(m) anal. 127.
splénius(m) de la tête. 119.
squelette(m), vue(f) antérieure. 120.
squelette(m), vue(f) postérieure. 121.
sterno-cléido-mastoïdien(m). 118.
sternum(m). 120.
substance(f) corticale. 128.
substance(f) médullaire. 128.
surface(f). 136.
surface(f) de la peau. 135.
suture(f) coronale. 122.
suture(f) lambdoïde. 122.
suture(f) métopique. 122.
suture(f) sagittale. 122.
suture(f) temporo-pariétale. 122.
symphyse(f) pubienne. 116, 117.
synapse(f). 135.
système(m) nerveux. 129, 130.
système(m) nerveux central. 130.
système(m) nerveux périphérique. 129.
tache(f) jaune. 131.
taille(f). 115.
talon(m). 115.
tante(f) maternelle. 138.
tante(f) paternelle. 138.
tarse(m). 120.
tempe(f). 114.
temporal(m). 120, 122.
tenseur(m) du fascia lata. 118.
terminaison(f) nerveuse. 135.
testicule(m). 116.
tête(f). 115, 116, 124.
tête(f) de l'humérus. 121.
tête(f) du fémur. 121.
thorax(m). 114.
tibia(m). 120.
tige(f). 137.
tissu(m) adipeux. 117, 136.
tissu(m) conjonctif. 135, 136.
toucher(m). 135.
trachée(f). 126.
tragus(m). 132.
trapèze(m). 119.
triceps(m) brachial. 119.
trompe(f) d'Eustache. 132, 133.
trompe(f) de Fallope. 117.
tronc(m). 115.
tronc(m) cœliaque. 124.
tronc(m) coeliaque. 128.
trou(m) de conjugaison. 130.
trou(m) malaire. 122.
trou(m) mentonnier. 122.
trou(m) occipital. 122.
trou(m) ovale. 122.
trou(m) pariétal. 122.
trou(m) sous-orbitaire. 122.
trou(m) sus-orbitaire. 122.
uretère(m). 128.
urètre(m). 117, 128.
urètre(m) pénien. 116.
utérus(m). 117.
V lingual(m). 134.
vacuole(f). 113.
vagin(m). 117.
vaisseau(m) sanguin. 123, 136, 137.
valvule(f) mitrale. 124.
valvule(f) tricuspide. 124.
vaste externe(m) du membre inférieur. 118, 119.
vaste interne(m) du membre inférieur. 118.
veine(f) axillaire. 125.
veine(f) basilique. 125.
veine(f) cave inférieure. 124, 125, 128.
veine(f) cave supérieure. 124, 125.
veine(f) céphalique. 125.

veine(f) cubitale superficielle. 125.
veine(f) fémorale. 125.
veine(f) iliaque. 124.
veine(f) iliaque commune. 128.
veine(f) jugulaire interne. 125.
veine(f) médiane de l'avant-bras. 125.
veine(f) porte. 124, 125.
veine(f) pulmonaire. 124, 125.
veine(f) radiale. 125.
veine(f) rénale. 125, 128.
veine(f) saphène interne. 125.
veine(f) sous-clavière. 125.
veine(f) splénique. 125.
veine(f) sus-hépatique. 124, 125.
veines(f), principales. 125.
ventre(m). 114.
ventricule(m) droit. 124.
ventricule(m) gauche. 124.
verge(f). 116.
vertèbre(f) cervicale. 121.
vertèbre(f) dorsale. 121.
vertèbre(f) lombaire. 130.
vertèbre(f) lombaire. 121.
vésicule(f) biliaire. 127.
vésicule(f) de pinocytose. 113.
vésicule(f) séminale. 116.
vessie(f). 116, 117, 128.
vestibule(m). 132.
visage(m). 114.
voile(m) du palais. 134.
voûte(f) du palais. 134.
voûte(f) palatine. 122.
vue(f). 131.
vulve(f). 117.

FERME

age(m). 163.
arbre(m) à cardan. 162.
barre(f) d'attelage. 162.
barre(f) d'équilibre. 162.
barre(f) de coupe. 165.
bâti(m). 163.
bâtiments(m). 161.
batteur(m). 165.
bergerie(f). 161.
bineuse(f) rotative. 163.
chaîne(f) à godets. 164.
charrue(f) à soc. 163.
clôture(f) électrique. 161.
contre-batteur(m). 165.
contre-sep(m). 163.
convoyeur(m). 165.
corps(m). 163.
cour(f). 161.
coutre(m). 163.
crochet(m) de traction. 162.
cultivateur(m). 163.
dent(f). 164.
disque(m) butteur. 164.
distributeur(m) d'engrais. 164.
diviseur(m). 165.
doigt(m). 162.
élévateur(m). 162.
épandeur(m) de fumier. 163.
éparpilleur(m) de fumier. 164.
étable(f). 161.
étançon(m). 163.
faucheuse(f) alternative. 162.
goulotte(f). 162, 163.
grange(f). 161.
grille(f) inférieure. 165.
grille(f) supérieure. 165.
habitation(f). 161.
hangar(m). 161.
herse(f). 162.
jachère(f). 161.
jardin(m) potager. 161.
laiterie(f). 161.
lame(f). 165.
limon(m). 162.
machine(f) agricole. 165.
machinerie(f) agricole. 162, 163, 164.

Les termes en **caractères gras** renvoient à une illustration; les termes en *italique* indiquent l'usage français.

maïs(m) fourrager. 161.
maison(f) à cour ouverte. 161.
moissonneuse-batteuse(f). 165.
moteur(m). 165.
pâturage(m). 161.
phare(m) de recul. 162.
planteuse(f) de pommes de terre. 164.
pointe(f). 162.
porcherie(f). 161.
poulailler(m). 161.
prairie(f). 161.
prise(f) de force. 162.
puits(m). 161.
pulvériseur(m) tandem. 164.
rabatteur(m). 165.
ramasseur(m). 162.
ramasseuse-chargeuse(f). 162.
ramasseuse-presse(f). 162.
rasette(f). 163.
râteau-faneur-adaineur(m) à tambour. 164.
récepteur(m). 165.
récolteuse-hacheuse-chargeuse(f). 163.
remorque-épandeuse(f). 163.
réservoir(m) à grain. 165.
ruche(f). 161.
secoueur(m). 165.
semoir(m) en lignes. 164.
sep(m). 163.
serre(f). 161.
silo-couloir(m). 161.
silo-tour(m). 161.
soc(m). 163.
soleil(m). 163.
sous-soleuse(f). 164.
talon(m). 163.
tambour(m). 164.
tambour(m) à dents. 164.
tambour(m) de dispersion. 163.
tire-paille(m). 165.
tracteur(m). 162.
traverse(f). 162.
tremie(f). 164.
ventilateur(m). 165.
verger(m). 161.
versoir(m). 163.
vis(f) à grain. 165.
vis(f) à otons. 165.
vis(f) d'alimentation. 165.
vis(f) sans fin de déchargement. 165.
volant(m) de direction. 165.

FOURNITURES DE BUREAU

affichage(m) des données. 468.
agenda(m). 464.
agrafes(f). 461.
agrafeuse(f). 461.
armoire(f) à papeterie. 465.
armoire-vestiaire(f). 465.
articles(m) de bureau. 461, 462, 463, 464.
attaches(f) parisiennes. 461.
bahut(m). 465.
barre(f) d'espacement. 467, 470.
bâtonnet(m) de colle. 461.
bloc-éphéméride(m). 464.
bloc-notes(m). 464.
bobine(f) débitrice. 466.
bobine(f) réceptrice. 466.
boîte-classeur(f). 462.
boîte(f) à courrier. 462.
bouton(m) d'interligne variable. 467.
bouton(m) de commande. 471.
bouton(m) de la bobine réceptrice. 466.
bouton-poussoir(m). 471.
bureau(m) de direction. 465.
bureau(m) secrétaire. 465.
câble(m) de raccordement. 471.

calendrier-mémorandum(m). 464.
capot(m). 467.
caractère(m). 466.
carte(f) perforée. 472.
cartouche(f) de ruban. 466.
cassette(f). 469.
chaise(f) dactylo. 465.
chariot(m). 467.
chemise(f). 465.
classeur(m) à clapets. 465.
clavier(m). 470.
clavier(m). 467, 469.
clavier(m) alphanumérique. 470.
clavier(m) numérique. 470.
cloison(f) amovible. 465.
combiné(m) téléphonique. 471.
commande(f) d'unité de disques. 472.
commande(f) de bande magnétique. 472.
compresseur(m). 464.
configuration(f) d'un système. 469.
contrôle(m) multicopies. 467.
correcteur(m) liquide. 461.
coupe-papier(m). 461.
coupleur(m) acoustique. 471.
coupleur(m) acoustique. 469.
curseur(m) de déplacement. 471.
cylindre(m). 467.
dégrafeuse(f). 461.
dérouleur(m) de bande magnétique. 472.
dévidoir(m) de ruban adhésif. 461.
disque(m). 472.
disquette(f). 469.
dossier(m) suspendu. 463.
échelle(f) de centrage. 467.
écran(m). 469.
enregistrement(m) des données en mémoire vive. 468.
ergot(m) d'entraînement. 471.
étiquettes(f) autocollantes. 462.
fauteuil(m) pivotant à bascule. 465.
feuillet(m) intercalaire. 463.
fiches(f). 464.
fichier(m). 464.
fichier(m) rotatif. 464.
fil(m) séparateur. 466.
fixe-majuscules(m). 467, 470.
fonctions(f) d'un système. 468.
fournitures(f) de bureau. 459.
galet(m) de guide-papier. 471.
gomme(f). 461.
guide-ruban(m). 466.
guide(m) papier. 467.
guides(m) de classement. 463.
haut-parleur(m). 471.
imprimante(f) matricielle. 471.
indicateur(m) de fin de ruban. 466.
indicateur(m) de ligne transparent. 467.
interrupteur(m). 467, 471.
jeu(m) étendu de caractères. 470.
lecteur(m) de cartes. 472.
levier(m). 471.
levier(m) d'interligne. 467.
levier(m) de chargement du ruban. 466.
levier(m) de chargement du ruban correcteur. 466.
levier(m) de débrayage du chariot. 467.
levier(m) de dégagement de la sphère. 466.
levier(m) de dégagement du papier. 467.
machine(f) à écrire. 466, 467.
magnétophone(m) à cassette. 469.
manche(f) à balai. 471.
manche(m) à balai. 469.
margeur(m). 467.
mémoire(f) à bande magnétique. 472.
mémoire(f) à disques. 472.

mémoire(f) morte. 468.
micro-ordinateur(m). 468, 469, 470, 471.
microphone(m). 471.
microprocesseur(m). 469.
mobilier(m) de bureau. 465.
module(m) de communication. 468.
molette(f). 467, 471.
mouilleur(m). 462.
numéroteur(m). 462.
onglet(m). 463.
onglet(m) à fenêtre. 463.
opérateur(m). 472.
ordinateur(m). 472.
panneau(m) de commande. 471.
patère(f). 465.
perforateur(m) de cartes. 472.
perforatrice (f). 462.
périphériques(m). 471.
périphériques(m) d'entrée. 468.
périphériques(m) de sortie. 468.
périphériques(m) de traitement des données. 468.
pèse-lettres(m). 461.
photostyle(m). 469.
pince(f) à étiqueter. 461.
pince-notes(m). 461.
pique-notes(m). 461.
piste(f). 472.
planchette(f) à arches. 464.
planchette(f) à pinces. 464.
pochette(f) d'information. 463.
pochette(f) de classement. 463.
porte-manteau(m). 465.
porte-timbres(m). 462.
présentoir(m) à revues. 465.
presse-carte(m). 472.
presse-papier(m) gradué. 467.
pupitre(m) de commande. 472.
rappel(m) arrière. 467.
registre(m) de comptabilité. 464.
réglage(m) de l'impression. 466.
réglette(f). 471.
reliure(f) à anneaux. 463.
reliure(f) à glissière. 463.
reliure(f) à pince. 463.
reliure(f) à ressort. 463.
reliure(f) à vis. 463.
reliure(f) spirale. 463.
répertoire(m) téléphonique. 464.
retour(m). 466.
retour(m) de chariot. 467.
rouleau(m). 466.
ruban(m). 461, 466, 467.
ruban(m) correcteur. 461, 466.
saisie(f) des données. 468.
secteur(m). 472.
serre-livres(m). 462.
souris(f). 469.
sous-main(f). 464.
sphère(f) d'impression. 466.
stockage(m) des données. 468.
tabulateur(m). 467.
taille-crayons(m). 462.
tampon(m) encreur. 462.
terminal(m). 472.
tête(f) d'impression. 471.
tige(f) guide. 466.
timbre(m) caoutchouc. 462.
timbre(m) dateur. 462.
tiroir(m). 464.
touche(f). 467.
touche(f) d'échappement. 470.
touche(f) d'envoi. 470.
touche(f) de déblocage du tabulateur. 467.
touche(f) de position initiale. 470.
touche(f) de rappel arrière. 470.
touche(f) de remise à zéro. 470.
touche(f) de retour. 470.
touche(f) de service. 470.
touche(f) de tabulateur. 470.
touche(f) de verrouillage du tabulateur. 467.
touche-majuscules(f). 467.
touches(f) de configuration. 470.

touches(f) de directivité. 470.
touches(f) de fonction. 470.
touches(f) de traitement de texte. 470.
touches(f) majuscules. 470.
touches(f) programmables. 470.
traceur(m). 469.
traitement(m) des données. 468.
traitement(m) spécifique des données. 468.
trombones(f). 461.
unité(f) centrale. 468, 469, 472.
unité(f) de disques. 472.
unité(f) de disquette. 469.
vestiaire(m). 465.
voyant(m). 471.

GÉOGRAPHIE

abri(m) météorologique. 63.
Afrique. 49.
aiguille(f). 51, 57.
air(m) calme. 61.
alto-cumulus(m). 52.
alto-stratus(m). 52.
Amérique centrale. 49.
Amérique du Nord. 49.
Amérique du Sud. 49.
anémomètre(m). 63.
Antarctique. 49.
antenne(f) d'émission. 65.
antenne(f) d'enregistrement. 65.
antenne(f) d'interrogation. 65.
antenne(f) de codage. 65.
antenne(f) de commande. 65.
antenne(f) de localisation. 65.
anticyclone(m). 62.
arche(f) naturelle. 51.
Arctique. 49.
armature(f) d'interconnexion. 65.
Asie. 49.
asthénosphère(f). 47.
atmosphère(f). 47.
atmosphère(f) terrestre, coupe(f) de l'. 47.
aurore(f) polaire. 47.
Australie. 49.
averse(f) de grêle. 60.
averse(f) de neige. 60.
averse(f) de pluie. 60.
bague(f) inférieure de blocage de la sphère. 64.
bague(f) supérieure de blocage de la sphère. 64.
ballon-sonde(m). 47, 63.
banc(m) de sable. 51.
barbule(f). 61.
base(f). 64.
base(f) de la vague. 51.
batterie(f). 65.
brouillard(m). 60.
bruine(f) continue. 60.
bruine(f) intermittente. 60.
brume(f). 60.
butte(f). 55.
cactus(m). 55.
calotte(f) glaciaire. 59.
caméra(f) à découpage d'images. 65.
canyon(m) sous-marin. 50.
capsule(f) Mercury(USA). 47.
carré(m) de terre. 55.
carte(f) météorologique. 62.
cercle(m) de la station. 61, 62.
chaîne(f) de montagnes. 48.
chasse-neige(m) faible basse. 60.
chasse-neige(m) faible élevée. 60.
cheminée(f). 53.
chute(f). 54.
ciel(m) à nébulosité dispersée. 61.
ciel(m) clair. 61.
ciel(m) couvert. 61.
ciel(m) noir. 61.
ciel(m) nuageux. 61.
ciel(m) peu nuageux. 61.

Les termes en **caractères gras** renvoient à une illustration; les termes en *italique* indiquent l'usage français.

ciel(m) très nuageux. 61.
cime(f). 54.
cirque(m) glaciaire. 56.
cirro-cumulus(m). 52.
cirro-stratus(m). 52.
cirrus(m). 52.
climats(m) continentaux. 59.
climats(m) de montagne. 59.
climats(m) du monde. 59.
climats(m) polaires. 59.
climats(m) subarctiques. 59.
climats(m) subtropicaux. 59.
climats(m) tempérés. 59.
climats(m) tropicaux. 59.
col(m). 54.
collier(m) de serrage. 64.
colline(f). 54.
colline(f) abyssale. 50.
colonne(f). 54, 57.
colonne(f) avec capuchon. 57.
Concorde(m). 47.
condensation(f). 58.
cône(m). 53.
continental aride. 59.
continental semi-aride. 59.
continents(m), configuration(f) des. 49.
contrefort(m). 54.
cordon(m) de dunes. 55.
côte(f). 48, 51.
couche(f) de cendres. 53.
couche(f) de laves. 53.
coulée(f) de laves. 53.
cratère(m). 53.
crête(f). 51, 54.
creux(m). 51.
creux(m) barométrique. 62.
crevasse(f). 56.
cristaux(m) de neige, classification(f) des. 57.
cristaux(m) irréguliers. 57.
croûte(f) basaltique. 48.
croûte(f) granitique. 48.
croûte(f) terrestre. 47, 53.
croûte(f) terrestre, coupe(f) de la. 48.
cumulo-nimbus(m). 52.
cumulus(m). 52.
demi-barbule(f). 61.
dendrite(f) spatiale. 57.
dépression(f). 62.
désert(m). 55.
désert(m). 59.
désert(m) de pierres. 55.
désert(m) de sable. 55.
détecteur(m) d'horizon. 65.
direction(f) du vent. 62.
discontinuité(f) de Gutenberg. 47.
discontinuité(f) de Mohorovicic. 47, 48.
dispositif(m) de contrôle d'altitude. 65.
doline(f). 54.
dorsale(f). 50.
dune(f). 51.
dune(f) complexe. 55.
dune(f) en croissant. 55.
dune(f) parabolique. 55.
dunes(f) longitudinales. 55.
dunes(f) transversales. 55.
dyke(m). 53.
eau(f), cycle de l'. 58.
eau(f), états(m) de. 57.
eau(f) de fonte. 56.
échelle(f) anémométrique. 61.
échelle(f) de latitude. 47.
échelles(f) des altitudes. 47.
écoulement(m) souterrain. 58.
écrou(m) à cabestan. 64.
écrou(m) de contrôle. 64.
écume(f). 51.
ensoleillement(m). 63.
entonnoir(m) collecteur. 64.
épicentre(m). 53.
éprouvette(f) graduée. 64.
espace(m), conquête(f) de l'. 47.

espace(m) interplanétaire. 47.
état(m) du sol. 63.
état(m) présent du temps. 62.
étoile(f). 57.
étoile(f) filante. 47.
Eurasie. 49.
Europe. 49.
évaporation(f). 58.
évolution(f) de la pression. 62.
exosphère(f). 47.
faille(f). 48, 53.
faille(f) transformante. 50.
falaise(f). 48, 51.
fanion(m). 61.
flèche(f) du vent. 61.
flèche(f) littorale. 51.
fond(m) de l'océan. 48.
force(f) du vent. 62.
forêt(f) tropicale. 59.
fosse(f) abyssale. 50.
front(m) chaud en altitude. 61.
front(m) chaud en surface. 61.
front(m) froid en altitude. 61.
front(m) froid en surface. 61.
front(m) occlus. 61.
front(m) stationnaire. 61.
fronts(m). 61.
fumée(f). 60.
fumerolle(f). 53.
fusée(f). 47.
galerie(f) sèche. 54.
géographie(f). 45.
geyser(m). 53.
girouette(f). 63.
glace(f). 58.
glacier(m). 56.
glacier(m) de piémont. 56.
glacier(m) suspendu. 56.
gorge(f). 54.
gouffre(m). 54.
gour(m). 54.
grain(m). 60.
grêle(f). 57.
grêlon(m). 57.
grésil(m). 57, 60.
grotte(f). 54.
grotte(f). 51.
guyot(m). 50.
hampe(f). 61.
hauteur(f) de la vague. 51.
héliographe(m). 64.
héliographe(m). 63.
humidité(f). 63.
hygromètre(m) enregistreur. 63.
hypocentre(m). 53.
île(f) de sable. 51.
île(f) volcanique. 50.
infiltration(f). 58.
instruments(m) de mesure météorologique. 64.
ionosphère(f). 47.
isobare(f). 62.
lac(m) salé. 55.
laccolite(f). 53.
lagune(f). 51.
langue(f) glaciaire. 56.
lapié(m). 54.
ligne(f) isosiste. 53.
lithosphère(f). 47.
littoral(m), configuration(f) du. 51.
longueur(f) de la vague. 51.
magma. 53.
manteau(m) inférieur. 47.
manteau(m) supérieur. 47.
marais(m) salant. 51.
marge(f) continentale. 50.
masse(f) continentale. 50.
méditerranéen. 59.
mer(f) Caspienne. 49.
mer(f) de Béring. 49.
mer(f) de Chine. 49.
mer(f) des Antilles. 49.
mer(f) du Groenland. 49.
mer(f) du Nord. 49.
mer(f) Méditerranée. 49.

mer(f) Noire. 49.
mer(f) Rouge. 49.
mésa(f). 55.
mésosphère(f). 47.
météores(m). 60.
météorologie(f). 62, 63.
montagne(f). 54.
moraine(f) de fond. 56.
moraine(f) frontale. 56.
moraine(f) latérale. 56.
moraine(f) médiane. 56.
Mt Everest(m). 47.
nappe(f) de laves. 53.
nappe(f) phréatique. 54.
nébulosité(f). 61.
nébulosité(f). 62.
neige(f). 58.
neige(f) continue. 60.
neige(f) fondante. 57.
neige(f) intermittente. 60.
neige(f) mouillée. 57.
neige(f) roulée. 57.
neige(f) sèche. 57.
névé(m). 56.
nimbo-stratus(m). 52.
niveau(m) d'équilibre. 51.
niveau(m) de la mer. 48, 50.
noeud(m). 61.
noyau(m) externe. 47.
noyau(m) interne. 47.
nuage(m) bas. 62.
nuage(m) élevé. 62.
nuage(m) moyen. 62.
nuage(m) nacré. 47.
nuage(m) nocturne lumineux. 47.
nuages(m). 52.
nuages(m) à développement vertical. 52.
nuages(m) de basse altitude. 52.
nuages(m) de haute altitude. 52.
nuages(m) de moyenne altitude. 52.
nuée(f) de cendres. 53.
oasis(f). 55.
océan(m). 58.
océan(m), fond(m) de l'. 50.
océan(m) Antarctique. 49.
océan(m) Arctique. 49.
océan(m) Atlantique. 49.
océan(m) Indien. 49.
océan(m) Pacifique. 49.
Océanie. 49.
ombilic(m). 56.
onde(f) sismique. 53.
orage(m). 60.
orage(m) violent. 60.
ouragan(m). 60.
ozone(m). 47.
palmeraie(f). 55.
palpeur(m) solaire. 65.
panneau(m) solaire. 65.
parc(m) météorologique. 63.
pic(m). 54.
piton(m) sous-marin. 50.
plage(f). 48, 51.
plaine(f) abyssale. 50.
plaine(f) fluvio-glaciaire. 56.
plaquette(f). 57.
plateau(m). 54.
plateau(m) continental. 48, 50.
pluie(f). 57.
pluie(f) continue. 60.
pluie(f) intermittente. 60.
pluie(f) verglaçante. 60.
pluviomètre(m). 63.
pluviomètre(m) à lecture directe. 64.
pluviosité(f). 63.
pointe(f). 51.
porte-cartes(m). 64.
poudrerie(f) basse. 60.
poudrerie(f) élevée. 60.
précipice(m). 54.
précipitation(f). 58.
précipitations(f), types(m) de. 57.

pression(f). 63.
pression(f) au niveau de la mer. 62.
pression(f) barométrique. 62.
profondeur(f) du foyer. 53.
psychromètre(m). 63.
récipient(m). 64.
remontée(f) continentale. 50.
réservoir(m) magmatique. 53.
résurgence(f). 54.
rift(f). 50.
rimaye(f). 56.
rivière(f) souterraine. 54.
roches(f) d'intrusion. 48.
roches(f) ignées. 48.
roches(f) métamorphiques. 48.
roches(f) sédimentaires. 48.
ruissellement(m). 58.
satellite(m) artificiel. 47.
satellite(m) météorologique. 65.
savane(f). 59.
séisme(m). 53.
sérac(m). 56.
sill(m). 53.
siphon(m). 54.
socle(m). 64.
sommet(m). 54.
sonde(f) spatiale. 47.
spectromètre(m) à infrarouge. 65.
sphère(f) de verre. 64.
stalactite(f). 54.
stalagmite(f). 54.
steppe(f). 59.
strato-cumulus(m). 52.
stratosphère(f). 47.
stratus(m). 52.
sublimation(f). 58.
subtropical humide. 59.
subtropical sec. 59.
support(m). 64.
support(m) de sphère. 64.
symboles(m) météorologiques des nuages(m). 52.
symboles(m) météorologiques internationaux. 60, 61.
talus(m) continental. 48, 50.
température(f) à la surface du sol. 63.
température(f) de l'air. 62, 63.
température(f) du point de rosée. 62.
tempéré humide, à été court. 59.
tempéré humide, à été long. 59.
tempéré océanique. 59.
tempête(f) de poussière. 60.
tempête(f) de sable. 60.
tempête(f) tropicale. 60.
tendance(f) barométrique. 62.
Terre(f), structure(f) de la. 47.
théodolite(m). 64.
thermomètre(m) enregistreur. 63.
thermomètres(m) à minima et à maxima. 63.
thermosphère(f). 47.
tombolo(m). 51.
torrent(m). 54.
toundra(f). 59.
transpiration(f). 58.
troposphère(f). 47.
tuyère(f) de contrôle de roulis. 65.
tuyère(f) de contrôle de tangage. 65.
tuyère(f) de contrôle du mouvement en lacet. 65.
type(m) de la masse d'air. 62.
vague(f). 51.
vague(f) d'oscillation. 51.
vague(f) de translation. 51.
vague(f) déferlante. 51.
vallée(f). 54.
vent(m). 61.
vent(m). 55.
verglas(m). 60.
verrou(m) glaciaire. 56.
versant(m). 54.
vis(f) de nivellement. 64.

Les termes en **caractères gras** renvoient à une illustration; les termes en *italique* indiquent l'usage français.

vis(f) de réglage du niveau. 64.
vis(f) de support inférieure. 64.
vis(f) de support supérieure. 64.
vitesse(f) du vent. 63.
volcan(m). 53.
volcan(m). 48.
volcan(m) en éruption. 53.
volcan(m) en repos. 53.
volet(m) de contrôle thermique. 65.
X-15 (USA)(m). 47.
zone(f) de précipitation. 62.

JARDINAGE

aérateur(m) à gazon. 251.
allée(f). 247.
arbuste(f). 247.
arceau(m). 247.
arroseur(m) oscillant. 250.
arroseur(m) rotatif. 250.
arrosoir(m). 250.
bac(m) à plante. 247.
balai(m) à feuilles. 248.
bassin(m). 247.
bêche(f). 248.
bêche-tarière(f). 248.
binette(f). 248.
boîtier(m) du moteur. 253.
bordure(f) d'allée. 247.
bougie(f) d'allumage. 253.
bouton(m) d'arrêt. 253.
brouette(f). 251.
chaîne(f) coupante. 253.
cisaille(f) à haies. 249.
clôture(f) en lattis. 247.
commande(f) d'accélération. 253.
corbeille(f) suspendue. 247.
cordeau(m). 249.
coupe-bordures(m). 248.
croc(m) à défricher. 248.
cylindre(m) de coupe. 252.
dalle(f). 247.
déflecteur(m). 252.
dévidoir(m). 250.
ébrancheur(m). 249.
échenilloir-élagueur(m). 249.
embout(m) d'arrosage. 250.
émondoir(m). 249.
épandeur(m). 251.
faucille(f). 252.
faux(f). 252.
filtre(m) à air. 253.
fourche(f) à bêcher. 248.
fourche(f) à fleurs. 249.
frein(m) de chaîne. 253.
gâchette(f) de sécurité. 253.
gazon(m). 247.
greffoir(m). 252.
griffe(f) à fleurs. 249.
guide-chaîne(m). 253.
haie(f). 247.
houe(f). 248.
jardin(m) d'agrément. 247.
jardinage(m). 245.
lame(f). 252.
lanterne(f). 247.
maillon-gouge(m). 253.
massif(m) de fleurs. 247.
motoculteur(m). 251.
nez(m) du guide. 253.
outillage(m). 248, 249, 250, 251, 252.
pelle(f). 248.
pergola(f). 247.
pioche(f). 248.
pistolet(m) d'arrosage. 250.
plante(f) grimpante. 247.
plantoir(m). 249.
plantoir(m) à bulbes. 249.
plate-bande(f). 247.
poignée(f). 253.
poignée(f) antivibrations. 253.
poignée(f) du démarreur. 253.
pomme(f) d'arrosage. 250.
pulvérisateur(m). 250.

râteau(m). 248.
ratissoire(f). 248.
remise(f). 247.
réservoir(m) d'essence. 253.
réservoir(m) d'huile. 253.
rocaille(f). 247.
rouleau(m). 251.
sac(m) à herbe. 252.
sarcloir(m). 248.
scie(f) à chaîne. 253.
scie(f) d'élagage. 252.
sécateur(m). 249.
semoir(m) à bras. 251.
semoir(m) à main. 249.
serfouette(f). 248.
serpe(f). 252.
serpette(f). 252.
silencieux(m). 253.
taille-bordures(m). 252.
taille-haies(m). 252.
terrasse(f). 247.
tire-racines(m). 249.
tondeuse(f) à moteur. 252.
tondeuse(f) mécanique. 252.
tondeuses(f) à gazon. 252.
transplantoir(m). 249.
treillis(m). 247.
tuteur(m). 247.
tuyau(m) d'arrosage. 250.
tuyau(m) perforé. 250.
vaporisateur(m). 250.

LOISIRS DE CRÉATION

agrafes(f). 502.
aiguille(f). 500.
aiguille(f). 499, 500, 501.
aiguille(f) à clapet. 506.
aiguille(f) circulaire. 504.
aiguilles(f) à tricoter. 504.
aile(f). 514.
aimant(m). 501.
ais(m). 514.
ais(m) ferré. 514.
âme(f). 521.
appui-pied(m). 519.
arbre(m) à cames. 517.
ardillon(m). 502.
armures(f) de base. 511.
arrondisseur(m). 501.
attaches(f). 502.
axe(m). 501, 519.
baguette(f) d'écartement. 509.
baguette(f) d'encroix. 508, 509.
baguette(f) de plomb. 521.
baren(m). 515.
barre(f) à aiguille. 500.
barre(f) à lisse. 509.
barre(f) de pied presseur. 500.
basse lisse(f). 508.
bâti(m). 508, 517.
bâton(m) de craie. 517.
battant(m). 508.
bec(m). 504.
berceau(m). 515.
biais(m). 502.
bloc-tension(m). 500, 505.
bloc-tension(m). 499.
bobine(f). 499, 506, 510.
bobineur(m). 499.
bobinoir(m). 500.
boîte(f) à canette. 500.
boucle(f). 502.
boucle(f). 502.
bourriquet(m). 517.
bouton(m) à tige. 502.
bouton(m) d'entraînement. 505.
bouton(m) de commande. 501.
bouton(m) de sélection de vitesse. 505.
bouton(m) de tension. 505.
bouton(m) moleté. 506.
bouton-pression(m). 502.
boutons(m) à trous. 502.
branche(f). 501.

bras(m). 499.
bride(f). 502.
brique(f) réfractaire. 520.
broche(f). 509.
broche(f) porte-bobine. 499.
broderie(f). 507.
brosse(f) de point ramassé. 506.
brosse(f) de tissage. 506.
brunissoir(m). 515.
burin(m). 516.
butée(f). 502.
cadran(m) de densité. 506.
cahier(m). 512.
came(f). 506.
canetière(f). 510.
canette(f). 500, 509, 510.
canif(m). 516.
cantre(f). 510.
carreau(m). 506.
carte(f) perforée. 505.
carton(m). 512.
cazette(f). 520.
chaîne(f). 502, 508, 509.
chapeau(f) du battant. 508.
chariot(m). 506.
chariot(m). 506.
chariot(m) avant. 505, 506.
charpente(f) verticale. 509.
chas(m). 500, 501.
chasse(f). 512.
cheville(f). 507, 510.
cisaille(f). 513.
ciseau(m). 516.
ciseaux(m). 501.
ciseaux(m) à denteler. 501.
ciseaux(m) à trois lames. 521.
clapet(m). 506.
cliquet(m). 508.
clous(m). 509.
coiffe(f). 512.
coin(m). 512.
collet(m). 514.
colombin(m). 519.
colonne(f). 499, 514.
colonnette(f). 520.
commande(f) au pied. 499.
compas(m) d'épaisseur. 517.
contremarche(f). 508.
corde(f) d'accrochage. 508.
côté(m) femelle. 502.
côté(m) mâle. 502.
coupe-fil(m). 500.
coupe-verre(m). 521.
cousoir(m). 513.
couteau(m) à plomb. 521.
couteau(m) de potier. 519.
coutisse(f). 507.
couture(f). 499, 500, 501, 502, 503, 513.
couvrure(f). 514.
cran(m). 503.
crayon(m) de pierre ponce. 517.
crayon(m) lithographique. 517.
crochet(m). 504.
crochet(m). 500, 502, 506.
croisement(m). 511.
cuisson(f). 520.
curseur(m). 502.
cylindre(m). 518.
cylindre(m) inférieur. 516, 518.
cylindre(m) rotatif. 506.
cylindre(m) supérieur. 516, 518.
dé(m). 501.
dent(f). 521.
dentelle(f) aux fuseaux. 506.
dents(f). 502.
dévidoir(m). 510.
disque(m). 501, 517.
disque(m) de tension. 500, 505.
dos(m). 512.
dos(m) du livre. 514.
doublure(f). 502.
droit fil(m). 503.
ébarbage(m). 513.
ébarboir(m). 515.
ébauchoirs(m). 519.

échantillon(m). 504.
échine(f). 514.
écran(m) protecteur. 521.
élément(m). 520.
encoche(f) de coiffe. 512.
encre(f). 516.
encre(f) lithographique. 517.
endossure(f). 514.
enfile-aiguille(m). 501.
enfile-aiguille(m). 500.
engrenage(m). 517.
ensouple(f) de chaîne. 508.
ensouple(f) de tissu. 508.
entablure(f). 501.
entoilage(f). 502.
entredoublure(f). 502.
entretoise(f). 508.
épingle(f). 501.
épingles(f) de sûreté. 501.
éponge(f). 521.
estèques(f). 519.
étau(m). 515.
étau(m) à endosser. 514.
étau(m) à plomb. 521.
évent(m). 520.
face(f). 521.
fente(f). 511, 513.
fer(m) à souder. 521.
fermeture(f) à glissière. 502.
ferrule(f). 501.
feuillet(m). 512.
ficelle(f). 513.
fil(m) à couper la pâte. 519.
fil(m) de chaîne. 511.
fil(m) de trame. 511.
flanc(m). 514.
flux(m). 521.
fonture(f). 505.
four(m) électrique. 520.
fuseau(m). 506.
fuseau(m). 510.
gabarit(m). 521.
galettage(m). 519.
garde(f). 512.
garde(f) volante. 512.
girelle(f). 519.
glissière(f). 505.
gouge(f) creuse. 516.
gouge(f) en V. 516.
gravure(f) en creux. 515.
gravure(f) en relief. 516.
gravure(f) sur bois de bout. 516.
gravure(f) sur bois de fil. 516.
grecquage(m). 513.
grecque(f). 513.
griffe(f) d'entraînement. 500.
guide-fil(m). 499, 500, 505, 510.
guide(m). 513.
hachure(f). 511.
harnais(m). 508.
haute lisse(f). 509.
image(f) imprimée. 518.
impression(f). 518.
impression(f) à plat. 518.
impression(f) en creux. 518.
impression(f) en relief. 518.
index(m). 505.
indicateur(m) de rangs. 505.
indicateur(m) de tension. 500.
jauge(f) à aiguilles. 504.
lame(f). 501, 508.
lame(f) fixe. 513.
lame(f) mobile. 513.
lange(f). 516, 518.
latte(f). 507.
lecteur(m) de carte. 505.
lecteur(m) de patron. 505.
levier(m). 517.
levier(m) de côté. 506.
levier(m) de la lame. 513.
levier(m) de point. 506.
ligne(f) d'ourlet. 503.
ligne(f) de bâti. 503.
ligne(f) de coupe. 503.
ligne(f) de modification. 503.

Les termes en **caractères gras** renvoient à une illustration; les termes en *italique* indiquent l'usage français.

ligne(f) de piqûre de la fermeture. 503.
lisière(f). 502.
lisse(f). 508.
lisses(f). 509.
lithographie(f). 517.
livre(m) relié. 512.
loisirs(m) de création. 497.
machine(f) à coudre. 499, 500.
machine(f) à tricoter. 505, 506.
mailles(f) de montage. 504.
maillet(m). 516.
manche(m). 501, 506, 514, 521.
manivelle(f). 508.
mannequin(m). 501.
maquette(f). 521.
marbre(m). 516.
marche(f). 508.
marteau(m) à endosser. 514.
marteline(f). 521.
matériel(m). 515, 516, 517.
mécanisme(m) d'enclenchement de la carte. 505.
méplat(m). 504.
métier(m) à broder. 507.
métier(m) de basse lisse. 508.
métier(m) de haute lisse. 509.
mètre(m) à ruban. 501.
meule(f). 521.
meule(f) diamantée. 521.
mirette(f). 519.
mise(f) en presse. 514.
molette(f) d'entraînement de la carte. 505.
montant(m). 508, 509, 513.
montre(f). 520.
mordache(f). 513.
mors(m). 512.
mortaise(f). 507.
moteur(m). 499.
moufle(f). 520.
moulinet(m). 516.
navette(f). 509.
navette(f). 500.
nerf(m). 512.
noeud(m). 511.
noix(f). 506.
oeil(m). 509.
oeillet(m). 505, 508.
ourdissoir(m). 510.
panne(f). 514.
papier(m). 518.
papier(m) carbone. 521.
passettes(f). 510.
pâte(f) d'argile. 519.
patron(m). 503.
patron(m). 506, 521.
patte(f). 514.
patte(f) de coq. 520.
peau(f). 514.
pêcheur(m). 505.
pédale(f) de frein. 508.
peigne(m). 509.
pelote(f). 501.
pied-de-biche(m). 499, 500.
pied(m) presseur. 500.
pierre(f) à aiguiser. 515.
pierre(f) lithographique. 517, 518.
pige(f). 519.
pince-aiguille(m). 500.
pince(f). 503.
pince(f) à détacher. 521.
pince-fil(m). 505.
pinceau(m). 515, 521.
piquoir(m). 506.
plaçure(f). 512.
planche(f) de bois. 518.
planche(f) de cuivre. 515.
plaque(f) à aiguille. 499.
plaque(f) d'enfournement. 520.
plaque(f) de métal. 518.
plaque-glissière(f). 499.
plat(m) recto. 512.
plat(m) verso. 512.
plateau(m). 499, 513, 514.
platine(f). 514.

plioir(m). 512.
pliure(f). 503.
poids(m) de lisière. 505.
poignée(f). 506, 517.
poignée(f) de la manivelle. 517.
poignée(f) de la table. 517.
point(m) d'arête. 507.
point(m) d'épine. 507.
point(m) d'Orient. 507.
point(m) de chaînette. 507.
point(m) de chausson. 507.
point(m) de chevron. 507.
point(m) de côtes. 504.
point(m) de jersey. 504.
point(m) de noeud. 507.
point(m) de poste. 507.
point(m) de repère. 503.
point(m) de torsades. 504.
point(m) mousse. 504.
point(m) passé empiétant. 507.
point(m) roumain. 507.
pointe(f). 500, 504, 521.
pointe(f) sèche. 515, 517.
points(m), catégories(f) de. 507.
points(m) bouclés. 507.
points(m) couchés. 507.
points(m) croisés. 507.
points(m) noués. 507.
points(m) plats. 507.
poitrinière(f). 508.
porte(f). 502.
porte-fils(m). 508.
porte(m) tension. 505.
porte-râteau(m). 517.
poterie(f). 519, 520.
presse(f) à percussion. 514.
presse(f) à taille-douce. 516.
presse(f) lithographique. 517.
pyromètre(m). 520.
queue(f). 514.
rail(m). 505.
rainure(f). 500, 505, 521.
rat(m) de cave. 515.
râteau(m). 517, 518.
regard(m). 520.
règle(f). 513.
règle(f) d'équerrage. 513.
règle-point(m). 499.
réglette(f). 509.
relève-presseur(m). 499.
releveur(m) de fil. 499.
reliure(f) d'art. 512, 513, 514.
rentré(m). 503.
ressort(m) compensateur de fil. 500.
rondeau(m). 519.
ros(m). 508.
roue(f) d'engrenage. 510.
roue(f) d'entraînement. 510.
roue(f) dentée. 508.
rouleau(m). 516.
rouleau(m) à vernir. 515.
rouleau(m) principal. 508.
roulette(f). 501.
roulette(f). 515, 521.
ruban(m). 502.
ruban(m) de cuivre. 521.
sanguine(f). 517.
satin(m). 511.
scie(f) à grecquer. 513.
sélecteur(m) de points. 499.
semelle(f) du battant. 508.
sergé(m). 511.
serre-joint(m). 505, 510.
sertissage(m). 521.
siège(m). 519.
socle(m). 514.
sole(f). 520.
soudage(m). 521.
soudure(f). 521.
spatule(f). 516.
support(m). 509, 521.
support(m) de tension. 505.
support(m) du rouleau. 508.
surface(f) encrée. 518.
table(f). 513, 516, 517, 518.

taille(f). 518.
talon(m). 500, 506.
tambour(m). 507.
tampon(m). 516.
tarlatane(f). 515.
techniques(f) de tissage. 511.
templet(m). 510.
templet(m). 513.
tentoir(m). 508.
tête(f). 499, 504, 506, 514.
tige(f). 500, 504, 506, 509.
tirette(f). 502, 507.
tissage(m). 508, 509, 510, 511.
tissage(m), schéma(m) de principe du. 511.
tissu(m), structure(f) du. 502.
tissu(m) du vêtement. 502.
tissus(m) de soutien. 502.
toile(f). 511.
tour(m) à pied. 519.
tournette(f). 519.
trame(f). 502, 508.
tranchant(m). 501.
tranche(f) de gouttière. 512.
tranche(f) de queue. 512.
tranche(f) de tête. 512.
tranchefile(f). 512.
traverse(f). 508, 509, 513.
tricot(m). 504.
tricot(m), points(m) de. 504.
triplure(f). 502.
trou(m). 517.
tympan(m). 517, 518.
verre(f), coupe(f) du. 521.
verrou(m). 500.
vis(f) centrale. 514.
vis(f) d'accouplement. 499.
vis(f) de pince-aiguille. 500.
vis(f) de pression. 516, 517.
vis(f) sans fin. 510.
vitrail(m). 521.
volant(m). 499, 514, 519.
voûte(f). 520.
voyant(m). 520.

MACHINERIE LOURDE

appareil(m) respiratoire. 676.
arête(f) d'ancrage. 678.
auvent(m). 682.
axe(m) d'articulation du godet. 679.
balancier(m). 680.
bandage(m) de roue caoutchoutée. 684.
barbotin(m). 678.
barre(f) de traction. 678.
base(f). 675.
benne(f). 682.
benne(f) basculante. 682.
benne(f) preneuse. 681.
bord(m) tranchant. 678.
bouteille(f) d'air comprimé. 676.
bouteur(m). 678.
brancard(m). 682.
bras(m). 679, 681.
bras(m) de fourche. 684.
bras(m) de levage. 679.
bras(m) du longeron. 678.
cabine(f). 678, 679, 680, 681, 682, 684.
cabine(f) de commande. 683.
cabine(f) de l'opérateur. 675.
câble(m) de basculement. 675.
câble(m) de levage. 675, 683.
câble(m) de traction. 675.
camion-benne(m). 682.
cercle(m) porte-lame. 680.
chaîne(f) de levage. 675, 684.
chaîne(f) de traction. 675.
chargeuse(f) frontale. 679.
chargeuse-pelleteuse(f). 679.
chariot(m). 678.
chariot(m) à plateau. 685.
chariot(m) élévateur à bras. 685.

chariot(m) élévateur à fourche. 684.
chariot(m) élévateur à mât rétractable. 684.
chariot(m) motorisé. 684.
châssis(m). 681, 682, 684.
châssis(m) orientable. 675.
châssis-poutre(m). 680.
chemin(m) de roulement. 683.
chenille(f). 678.
chevalet(m). 675.
coffre(m) latéral. 676, 677.
col-de-cygne(m). 682.
console(f). 680.
contre-flèche(f). 683.
contrepoids(m). 681, 683.
corne(f) de feu. 677.
couronne(f) d'orientation. 675, 681.
crochet(m). 683.
décapeuse(f). 682.
défonceuse(f). 680.
défonceuse(f). 678.
dent(f). 680, 681.
dent(f) de défonceuse. 678.
dent(f) de godet. 679.
dévidoir(m). 677.
diable(m). 685.
dosseret(m). 684.
échelle(f) à crochets. 677.
échelle(f) mécanique d'incendie. 676.
échelle(f) pivotante automatique. 676.
éjecteur(m). 682.
engins(m) de manutention. 685.
entrée(f). 685.
entretoise(f). 685.
essieu(m) avant. 680.
essieu(m) directeur. 684.
essieu(m) moteur. 684.
extincteur(m). 676.
filtre(m). 675.
filtre(m) à air. 676.
flèche(f). 675, 679, 681, 683.
flèche(f) de cercle. 680.
flèche(f) télescopique. 683.
fourche(f). 684.
fourgon-pompe(m). 677.
gaffe(f). 677.
galet(m) de répartition. 678.
galet(m) de support. 678.
galet(m) de translation. 683.
godet(m). 675, 679.
godet(m) chargeur. 681.
godet(m) rétro. 679.
grappin(m). 681.
grue(f). 683.
grue(f) à tour. 683.
grue(f) automotrice sur chenilles. 683.
grue(f) sur porteur. 683.
grue(f) sur portique. 683.
gyrophare(m). 677.
hachette(f). 676.
harnais(m). 676.
haut-parleur(m). 677.
hauban(m). 675.
lame(f). 678, 680.
lame(f) racleuse. 682.
lance-canon(m). 677.
lance(f). 676, 677.
lest(m). 681.
levier(m) coudé. 679.
longeron(m) de chenille. 678.
machinerie(f) lourde. 673.
maillon(m) de chenille. 678.
manomètre(m). 677.
marchepied(m). 677.
mât(m). 675, 684.
mécanisme(m) d'orientation de la lame. 680.
mécanisme(m) marcheur à came coulissante. 675.
moteur-benne(m). 682.
moteur(m). 675, 678, 680, 681, 682.

Les termes en **caractères gras** renvoient à une illustration; les termes en *italique* indiquent l'usage français.

867

moteur(m) diesel. 679.
nervure(f). 682.
niveleuse(f). 680.
orifice(m) d'alimentation. 677.
palette-caisse(f). 685.
palette(f) à ailes. 685.
palette(f) à double face. 685.
palette(f) à simple face. 685.
palettes(f). 685.
palonnier(m). 682.
parc(m) à échelles. 676.
paroi(f). 685.
passerelle(f). 675.
patin(m). 678.
patin(m). 675.
pelle(f) à benne traînante. 675.
pelle(f) hydraulique. 681.
pièce(f) d'embranchement. 676.
pièce(f) de jonction. 677.
plancher(m). 685.
plancher(m) inférieur. 685.
plancher(m) supérieur. 685.
plate-forme(f). 683.
point(m) d'articulation. 679.
pointe(f) de dent de défonceuse. 678.
poulie(f) de chariot. 683.
poulie(f) de tête de flèche. 675.
poutre-châssis(f). 680.
projecteur(m). 676, 677.
projecteur(m) orientable. 677.
projecteur(m) portatif. 676.
rallonge(f) de bras de fourche. 684.
rotule(f) de traction du porte-lame. 680.
roue(f) avant. 680.
roue(f) folle. 678.
roue(f) motrice. 680.
sabot(m) de protection. 678.
scarificateur(m). 680.
siège(m) du conducteur. 684.
stabilisateur(m). 676, 681.
support(m). 685.
tableau(m) de commande. 676.
tablier(m). 682, 684.
tambour(m) de levage. 675.
tambour(m) de traction. 675.
tampon(m) de poussée. 682.
tête(f) du vérin de levage. 684.
tirant(m). 683.
toit(m) de protection. 684.
tour(f). 683.
tourelle(f). 676, 681.
tracteur(m) à chenilles. 678.
tracteur(m) à pneus. 679.
tracteur-remorqueur(m). 682.
transmission(f). 682.
transpalette(f) à bras. 685.
treuil(m). 675.
tuyau(m) d'aspiration. 677.
tuyau(m) d'échappement. 678.
tuyau(m) de refoulement. 676.
vérin(m). 680, 681.
vérin(m) de défonceuse. 678.
vérin(m) de direction. 682.
vérin(m) de levage. 679, 684.
vérin(m) de levage de la benne. 682.
vérin(m) de manoeuvre du godet. 679.
vérin(m) hydraulique. 678, 679, 682.
voiture(f) de pompiers. 676, 677.
volant(m). 684.
volant(m) de manoeuvre. 677.

MAISON

acier(m). 193.
aisselier(m). 190.
allée(f). 188.
aquastat(m). 204.
arbalétrier(m). 190.

armoire(f) de traitement intérieur. 204.
arrangements(m) des parquets. 196.
arrivée(f) du mazout. 205.
atelier(m). 189.
âtre(m). 200.
avaloir(m). 200.
bague(f) métallique. 201.
balai(m). 201.
balcon(m). 188.
balustrade(f). 188.
bandeau(m). 187, 200.
bardeau(m). 195.
bardeau(m) d'amiante. 195.
bardeau(m) d'asphalte. 195.
barreau(m). 197.
base(f) de dormant. 199.
battant(m). 199.
béton(m) armé. 193.
béton(m) précontraint. 193.
bloc(m) en béton. 193.
blochet(m). 190.
bois(m). 194.
boîtier(m). 206.
bouche(f) d'induction. 202.
bouche(f) d'extraction. 202.
bouche(f) de soufflage. 202.
brique(f). 193.
brique(f) réfractaire. 205.
brûleur(m) à mazout. 205.
buanderie(f). 189.
buse(f). 201.
cabinet(m) de travail. 189.
câble(m) d'amenée du courant. 204.
cage(f) d'escalier. 189.
canalisation (f) de retour. 203.
canalisation(f) d'alimentation. 203.
canalisation(f) d'alimentation aux radiateurs. 204.
canalisation(f) de retour. 204.
carreau(m). 195, 199.
carreau(m) de plâtre. 193.
carter(m). 203, 206.
chambranle(m). 198, 199.
chambre(f). 189.
chambre(f) de combustion. 201, 205.
chambre(f) froide. 189.
chambre(f) principale. 189.
chantignole(f). 190.
chape(f). 196.
charpente(f). 192.
charpente(f) du toit. 190.
chatière(f). 187.
chaudière(f). 204.
chaudière(f). 203.
chauffage(m). 200, 201, 202, 203, 204, 205.
cheminée(f). 202.
cheminée(f). 187.
cheminée(f) à foyer ouvert. 200.
chéneau(m). 187.
chenêts(m). 201.
chevêtre(m). 200.
chevron(m). 190, 192.
ciment(m). 194.
circulateur(m). 204.
climatisation(f). 206.
climatiseur(m) de fenêtre. 206.
coeur(m). 200.
col-de-cygne(m). 197.
colle(f). 196.
collet(m). 202.
collier(m) coupe-feu. 202.
colonne(f) ascendante. 203.
colonne(f) de radiateur. 203.
colonne(f) descendante. 203.
combles(m). 187.
commande(f) du ventilateur. 206.
compresseur(m). 204, 206.
condenseur(m). 204.
conduit(m), section(f) de. 201.
conduit(m), section(f) du. 202.

conduit(m) de distribution vertical. 202.
conduit(m) de fumée. 200.
conduit(m) de raccordement. 201.
connexions(f) du thermostat. 204.
contact(m) de trop-plein. 206.
contre-fiche(f). 190.
contre-plaqué(m). 194.
contrecoeur(m). 200.
contremarche(f). 197.
contrevent(m). 199.
convecteur(m). 203.
corbeau(m). 200.
corniche(f). 187, 198.
corps(m) de chauffe. 203.
coude(m). 201, 202, 203.
couloir(m). 189.
coupe-feu. 192.
couronnement(m). 197.
coyau(m). 190.
crémaillère(f). 197.
crochet(m) de contrevent. 199.
croix(f) de Saint-André. 192.
cuisine(f). 189.
cuvette(f). 206.
déclivité(f) du terrain. 188.
déflecteur(m). 206.
déflecteur(m) de fumée. 201.
descente(f). 188.
descente(f) de gouttière. 187.
déshumidificateur(m). 206.
dispositif(m) d'admission d'air. 201.
dôme(m) d'avaloir. 200.
dormant(m). 199.
drain(m). 192.
ébrasement(m). 200.
échangeur(m) extérieur. 204.
échangeur(m) intérieur à ailettes. 204.
électrodes(f) d'allumage. 205.
élément(m) de chauffe. 205.
éléments(m) de chauffe. 204.
emmarchement(m). 197.
entablement(m). 198.
entrait(m). 190.
entrée(f) latérale. 188.
entrée(f) principale. 188.
épi(m) de faîtage. 187.
escalier(m). 197.
escalier(m). 188.
espace(m) de rangement. 189.
étage(m). 188, 189.
étai(m). 192.
évent(m) latéral. 206.
extérieur(m) d'une maison. 187.
faîtage(m). 190.
fenêtre(f). 199.
fenêtre(f). 187, 188.
fenêtre(f) à guillotine. 199.
fenêtre(f) à jalousies. 199.
fenêtre(f) à la française. 199.
fenêtre(f) basculante. 199.
fenêtre(f) coulissante. 199.
fenêtre(f) en accordéon. 199.
fenêtre(f) ouvrant à l'anglaise. 199.
fenêtre(f) pivotante. 199.
ferme(f). 190.
filtre(m). 204.
filtre(m) à air. 205.
fondations(f). 192.
foyer(m). 188.
foyère(f). 200.
frise(f). 198.
gaine(f) de dérivation. 202.
gaine(f) de distribution. 206.
gaine(f) de retour(d'air). 204.
gaine(f) principale. 202.
garage(m). 187, 189.
garde-corps(m). 187.
garde-manger(m). 189.
garde-robe(f). 188, 189.
générateur(m) d'air chaud. 202.
générateur(m) d'air chaud électrique. 205.
gicleur(m). 205.
giron(m). 197.

girouette(f). 187.
gond(m). 198.
gouttière(f). 187.
gravier(m). 192.
grillage(m). 203, 206.
harpe(f). 187.
hauteur(f) de marche. 197.
hotte(f). 200.
humidificateur(m). 204.
hygrostat(m). 206.
installation(f) à air chaud pulsé. 202.
installation(f) à eau chaude. 203.
isolant(m). 196.
isolant(m) de ruban métallique. 195.
isolant(m) en caoutchouc-mousse. 195.
isolant(m) en coquille. 195.
isolant(m) en natte. 195.
isolant(m) en panneau rigide. 195.
isolant(m) en rouleau. 195.
isolant(m) en ruban. 195.
isolant(m) en vinyle. 195.
isolant(m) en vrac. 195.
isolant(m) moussé. 195.
jambage(m). 200.
jambe(f) de force. 190.
jambette(f). 190.
jardin(m). 188.
jardin(m) potager. 188.
jet(m) d'eau. 198, 199.
lambourde(f). 192, 196.
lame(f). 196.
lamelle(f). 196.
larmier(m). 187.
lattis(m) de plâtre lisse. 194.
lattis(m) de plâtre perforé. 194.
lattis(m) métallique à losanges. 194.
lecture(f) de plans. 188.
liaisons(f) frigorifiques. 204.
lien(m) de faîtage. 190.
limite(f) du terrain. 188.
limon(m). 197.
linteau(m). 198, 200.
lisse(f). 187, 192.
lisse(f) d'assise. 192.
lucarne(f). 187.
main(f) courante. 197.
maison(f). 185, 188.
manchon(m). 205.
manomètre(m). 204.
manteau(m). 200.
marche(f). 197.
marche(f) palière. 197.
matériaux(m) de construction. 193, 194, 195.
mitre(f). 202.
mitron(m). 187.
montant(m) de ferrage. 198.
montant(m) de la serrure. 198.
montant(m) de rive. 199.
montant(m) embrevé. 199.
montant(m) mouton. 199.
mortier(m). 193.
moteur(m). 206.
moteur(m) du ventilateur. 206.
moteur(m) électrique. 205.
mur(m) de fondation. 192.
nez-de-marche(m). 197.
noue(f). 187.
oeil-de-boeuf(m). 187.
pale(f). 206.
palier(m). 191.
panne(f). 190.
panneau(m). 198.
panneau(m) d'accès. 205.
panneau(m) de fibres dures. 194.
panneau(m) de fibres émaillées. 194.
panneau(m) de fibres lamifiées. 194.
panneau(m) de particules. 194.
panneau(m) de plâtre. 194.
panneau(m) dur perforé. 194.

Les termes en **caractères gras** renvoient à une illustration; les termes en *italique* indiquent l'usage français.

panneaux(m) de fibres. 194.
paratonnerre(m). 187.
parquet(m). 196.
parquet(m). 192, 196.
parquet(m) à bâtons rompus. 196.
parquet(m) à l'anglaise à coupe de
pierre. 196.
parquet(m) à l'anglaise à coupe
perdue. 196.
parquet(m) Chantilly. 196.
parquet(m) d'Arenberg. 196.
parquet(m) en chevrons. 196.
parquet(m) en vannerie. 196.
parquet(m) mosaïque. 196.
**parquet(m) sur chape de ciment.
196.**
**parquet(m) sur ossature de bois.
196.**
parquet(m) Versailles. 196.
paumelle(f). 199.
pelle(f). 201.
pelouse(f). 188.
perron(m). 187.
persienne(f). 199.
petit bois(m). 199.
petit montant(m). 198.
plèces(f) de la maison. 189.
pied(m) réglable. 205.
pierre(f). 193.
pilastre(m) de départ. 197.
pince(f). 201.
plan(m) du terrain. 188.
plâtre(m). 194.
plénum(m). 202.
plinthe(f). 197.
plinthe(f) chauffante. 203.
poêle(m) à bois. 201.
poignée(f) amovible. 201.
poignée(f) de porte. 198.
pompe(f). 205.
pompe(f) à chaleur. 204.
pompe(f) de circulation. 203.
porche(m). 187.
porte-bûches(m). 201.
porte-cendrier(m). 201.
porte(f). 198.
porte(f). 187.
porte(f) à charnière. 188.
porte(f) accordéon. 188, 198.
porte(f) coulissante. 198.
porte(f) coulissante escamotable.
188.
porte(f) extérieure. 198.
porte(f) pliante. 198.
porte(f) tournante. 198.
porte-fenêtre(f) coulissante. 188.
porte-foyer(m). 201.
porte-fusibles(m). 205.
poteau(m). 192.
poteau(m) cornier. 192.
poteau(m) mural. 192.
poutre(f). 192.
prise(f) d'air. 200.
purgeur(m). 203.
purgeur(m) d'air automatique. 204.
radiateur(m) à colonnes. 203.
rampe(f). 197.
rampe(f) d'accès. 187.
registre(m) de réglage. 202.
registre(m) de tirage. 201.
relais(m). 206.
relais(m) de protection. 205.
relais(m) de puissance. 205.
**représentation(f) sur un plan.
198.**
reprise(f) d'air. 205.
rez-de-chaussée(m). 188, 189.
robinet(m) d'équilibrage. 203.
robinet(m) de vidange. 204.
rondelle(f) de poêle. 201.
roulette(f). 206.
sablière(f). 190.
sablière(f) double. 192.
salle de toilette(f). 189.
salle(f) à manger. 189.
salle(f) de bains. 189.

salle(f) de chauffage. 189.
salle(f) de jeux. 189.
salle(f) de séjour. 189.
sélecteur(m). 206.
semelle(f). 192.
serpentin(m) assécheur. 206.
serpentin(m) de l'évaporateur. 206.
serpentin(m) du condenseur. 206.
serrure(f). 198.
serviteurs(m). 201.
seuil(m). 187, 198.
solin(m). 202.
solive(f). 196.
solive(f) de plafond. 192.
solive(f) de plancher. 192.
solive(f) de rive. 192.
souche(f). 187.
souche(f) de cheminée. 200.
soupape(f) de pression d'eau. 204.
soupirail(m). 187.
sous-plancher(m). 192.
sous-sol(m). 189.
stationnement(m) de l'auto. 188.
structure(f) d'une fenêtre. 199.
structure(f) d'une maison. 192.
structure(f) du toit. 190.
tabatière(f). 187.
tableau(m) de commande. 206.
tablette(f). 200.
té(m) de base. 202.
terrasse(f). 187, 188.
tête(f) de dormant. 199.
thermostat(m). 204, 205, 206.
tige(f). 206.
tisonnier(m). 201.
toit(m) à deux croupes. 190.
toit(m) à l'impériale. 191.
toit(m) à la Mansard. 191.
toit(m) à pignon. 190.
toit(m) à quatre versants. 191.
toit(m) à tourelle à pans. 191.
toit(m) avec lanterneau. 191.
toit(m) en appentis. 190.
toit(m) en carène. 191.
toit(m) en coupole. 191.
toit(m) en dôme. 191.
toit(m) en flèche. 191.
toit(m) en pavillon. 190.
toit(m) en pente. 190.
toit(m) en poivrière. 191.
toit(m) en rotonde. 191.
toit(m) en Shed. 191.
toit(m) plat. 190.
transformateur(m). 205.
trappe(f) de fumée. 200.
traverse(f) inférieure. 198.
traverse(f) intermédiaire. 198.
traverse(f) supérieure. 198.
traverse(f) supérieure d'ouvrant.
199.
tube(m) à ailettes. 203.
tuile(f). 195.
tuyauterie(f) de vidange. 204.
types(m) de fenêtres. 199.
types(m) de portes. 198.
types(m) de toits. 190, 191.
vase(m) d'expansion. 203, 204.
ventilateur(m). 204.
ventilateur(m) centrifuge. 204.
ventilateur(m) de l'évaporateur.
206.
ventilateur(m) de plafond. 206.
ventilateur(m) du condenseur. 206.
ventilateur(m) hélicoïde. 204.
vestibule(m). 189.
volée(f). 197.
voyant(m) des éléments de
chauffe. 204.
w.c.(m). 189.

MUSIQUE

abrégé(m). 482.
accent(m). 476.
accord(m). 476.

accordéon(m). 489.
accordoir(m). 492.
altérations(f). 476.
alto(m). 477, 490.
altos(m). 493.
âme(f). 478.
anche(f). 482.
anche(f) double. 483, 488.
anche(f) simple. 483.
anches(f). 483.
appoggiature(f). 476.
archet(m). 478.
armature(f) de la clé. 476.
arpège(m). 476.
attache(f). 486.
attache(f) de pavillon. 483.
attrape(f). 480.
bague(f). 484.
bague(f) de serrage. 483.
baguette(f). 478.
baguettes(f). 485.
balais(m) métalliques. 485.
balalaïka(f). 487.
banjo(m). 487.
barre(f) d'étouffoir. 480.
barre(f) de mesure. 476.
barre(f) de repos des marteaux.
480.
barre(f) de reprise. 476.
basson(m). 482.
bassons(m). 493.
battant(m). 485.
batterie(m). 491.
bec(m). 483.
bécarre(m). 476.
bémol(m). 476.
bémol(m), double. 476.
biseau(m). 482.
blanche(f). 475.
bocal(m). 483, 488.
bois(m), famille(f) des. 483.
boisseau(m) d'embouchure. 484.
boîtier(m). 492.
bombarde(f). 488.
bouche(f). 482.
bourdon(m). 488.
boursette(f). 482.
bouton(m). 477, 478, 489.
bouton(m) d'arrêt. 492.
bouton(m) d'attaque. 495.
bouton(m) d'échappement. 480.
bouton(m) de clé. 483.
bouton(m) de combinaisons. 481.
bouton(m) de piston. 484.
bouton(m) de registre. 481, 482.
branche(f) d'embouchure. 484.
cadre(m). 479, 488.
caisse(f). 486.
caisse(f) claire. 486.
caisse(f) claire. 491, 493.
caisse(f) de résonance. 478, 487.
caisse(f) du piano. 479.
caisse(f) pleine. 494.
caisse(f) roulante. 486.
caisse(f) roulante. 491.
caisse(f) triangulaire. 487.
carillon(m) tubulaire. 485.
carillon(m) tubulaire. 493.
castagnettes(f). 485.
castagnettes(f). 493.
célesta(m). 493.
cercle(m) de serrage. 486.
chalumeau(m). 488.
chanterelle(f). 487.
chape(f). 482.
châssis(m). 485.
chevalet(m). 477, 480.
chevalet(m), ensemble(m) du. 494.
chevalet(m) des aigus. 479.
chevalet(m) des basses. 479.
cheville(f). 477, 478.
cheville(f) d'accord. 479.
cheville(f) de chanterelle. 487.
chevillier(m). 477.
cithare(f). 487.
clairon(m). 484.

clarinette(f). 483, 490, 491.
clarinettes(f). 493.
clavecin(m). 490.
clavier(m). 479, 495.
clavier(m) à pédales. 481.
clavier(m) accompagnement. 489.
clavier(m) chant. 489.
clavier(m) de grand orgue. 481.
clavier(m) de positif. 481.
clavier(m) de récit. 481.
clavier(m) manuel. 482.
claviers(m) manuels. 481.
clé(f). 483.
clé(f) d'eau. 484.
clé(f) d'ut. 475.
clé(f) de fa. 475.
clé(f) de serrage. 486.
clé(f) de sol. 475.
clés(f). 475.
coffre(m). 489.
coin(m). 482.
colonne(f). 478.
commutateur(m) du vumètre. 495.
commutateur(m) marche/arrêt.
495.
compatibilisateur(m). 495.
conduit(m). 481.
console(f). 481.
console(f). 478.
contre-attrape(f). 480.
contrebasse(f). 477, 491.
contrebasses(f). 493.
contrebasson(m). 493.
contrôle(m) de niveau d'entrée.
495.
contrôle(m) du générateur de bruit.
495.
contrôle(m) du séquenceur. 495.
contrôles(f) de niveau de sortie.
495.
cor(m) anglais. 483, 493.
cor(m) d'harmonie. 484, 490, 491.
corde(f). 477, 478, 479, 480.
corde(f) d'accompagnement. 487.
corde(f) de mélodie. 487.
corde(f) de timbre. 486.
cordier(m). 477.
cornemuse(f). 488.
cornet(m). 491.
cornet(m) à pistons. 484.
cornets(m). 493.
corps(m). 482, 483.
corps(m) de piston. 484.
cors(m) d'harmonie. 493.
coulisse(f) d'accord. 484.
coulisse(f) du deuxième piston.
484.
coulisse(f) du premier piston. 484.
coulisse(f) du troisième piston.
484.
croche(f). 475.
croche(f), double. 475.
croche(f), quadruple. 475.
croche(f), triple. 475.
crochet(m) de petit doigt. 484.
crochet(m) de pouce. 484.
cuivres(m), famille(f) des. 484.
cuvette(f). 478.
cylindre(m). 489.
cymbales(f). 485.
cymbales(f). 491, 493.
cymbalette(f). 486.
demi-pause(f). 475.
demi-soupir(m). 475.
diapason(m). 492.
dièse(m). 476.
dièse(m), double. 476.
do(m). 475.
duo(m). 490.
échancrure(f). 477.
échelle(f) des vitesses. 492.
éclisse(f). 477.
embouchure(f). 484.
éperon(m). 486.
étouffoir(m). 480.
fa(m). 475.

Les termes en **caractères gras** renvoient à une illustration; les termes en *italique* indiquent l'usage français.

869

faux registre(m). 482.
faux sommier(m). 482.
fermeture(f) du soufflet. 489.
feutre(m). 480.
filet(m). 477.
filtre(m) de sortie. 495.
filtre-oscillateur(m). 495.
flûte(f). 483, 490.
flûte(f) de Pan. 488.
flûtes(f). 493.
fond(m). 477.
frette(f). 487, 494.
gamme(f). 475.
gong(m). 485.
gong(m). 493.
grille(f). 489.
grosse caisse(f). 486.
grosse caisse(f). 491, 493.
groupes(m) instrumentaux. 490, 491.
gruppetto(m). 476.
guimbarde(f). 488.
guitare(f) électrique. 494.
harmonica(m). 488.
harpe(f). 478.
harpe(f). 493.
hausse(f). 478.
hautbois(m). 483, 490, 493.
instruments(m) à clavier. 479, 480.
instruments(m) à cordes. 477, 478.
instruments(m) à percussion. 485, 486.
instruments(m) à vent. 483, 484.
instruments(m) électriques. 494.
instruments(m) électroniques. 495.
instruments(m) traditionnels. 487, 488, 489.
interligne(m). 475.
intervalles(m). 476.
jack(m) de sortie. 494.
jazz(m), formation(f) de. 491.
la(m). 475.
laie(f). 482.
lame(f). 485, 488.
lame(f) d'étouffoir. 480.
languette(f). 482.
lanière(f). 480.
levier(m) d'échappement. 480.
levier(m) de réglage. 492.
levier(m) de vibrato. 494.
lèvre(f) inférieure. 482.
lèvre(f) supérieure. 482.
liaison(f). 476.
ligne(f). 475.
ligne(f) supplémentaire. 475.
lumière(f). 481.
lyre(f). 487.
mailloche(f). 486.
mailloches(f). 485.
manche(m). 477, 480, 487, 494.
mandoline(f). 487.
manivelle(f). 489.
marteau(m). 479, 480.
masse(f) de réglage. 492.
masse(f) pendulaire. 492.
matrice(f). 495.
mécanique(f). 477.
mécanique(f) d'accordage. 494.
mécanique(f) du piano droit. 480.
mécanisme(m) à échappement. 492.
mécanisme(m) d'octave. 483.
mécanisme(m) de l'orgue. 482.
mèche(f) de crins. 478.
médiator(m). 487.
membrane(f). 487.
mesure(f) à deux temps. 476.
mesure(f) à quatre temps. 476.
mesure(f) à trois temps. 476.
mesures(f). 476.
métronome(m). 492.
mi(m). 475.

micro(m) de fréquences aiguës. 494.
micro(m) de fréquences graves. 494.
micro(m) de fréquences intermédiaires. 494.
modulateur(m) en anneau. 495.
montant(m). 487.
monture(f). 488.
musique(f). 473.
noire(f). 475.
noix(f). 480.
notation(f) musicale. 475, 476.
notes(f), valeur(f) des. 475.
noyau(m). 482.
octave(f). 476.
orchestre(m) symphonique. 493.
oreille(f). 482.
orgue(m). 481, 482.
orgue(m) de Barbarie. 489.
orifice(m) du pied. 482.
ornements(m). 476.
oscillateurs(m). 495.
ouïe(f). 477.
pause(f). 475.
pavillon(m). 482, 483, 484.
peau(f). 486.
peau(f) de batterie. 486.
peau(f) de timbre. 486.
pédale(f). 478, 486.
pédale(f) d'expression. 481.
pédale(f) de combinaisons. 481.
pédale(f) de prolongement. 479.
pédale(f) douce. 479.
pédale(f) forte. 479.
piano(m). 490, 491, 493.
piccolo(m). 483, 493.
picot(m). 489.
pied(m). 478, 482, 486.
pilote(m). 480.
pilotes(m). 482.
piston(m). 484.
pivot(m). 492.
pivoteur(m). 495.
plaque(f) de protection. 494.
plateau(m) de clavier. 479.
poignée(f). 478.
point(m) d'orgue. 476.
pointe(f). 478, 480.
pointe(f) d'attache. 479.
pont(m). 489.
porte-vent(m). 481, 482.
portée(f). 475.
profileur(m) dynamique. 495.
pupitre(m). 479, 492.
pupitre(m) à musique. 492.
pupitre(m) du chef d'orchestre. 493.
quarte(f). 476.
quatuor(m). 490.
quinte(f). 476.
quintette(m). 490.
rasette(f). 482.
ré(m). 475.
registre(m) aigu. 489.
registre(m) basse. 489.
registre(m) coulissant. 482.
réglage(m) de la barre de tension. 494.
réglage(m) de la tonalité. 494.
réglage(m) du clavier. 495.
réglage(m) du volume. 494.
remontoir(m). 492.
repère(m) de touche. 494.
réservoir(m). 481.
ressort(m) d'échappement. 480.
ressort(m) de soupape. 482.
réverbérateur. 495.
ronde(f). 475.
roulette(f). 486.
sac(m). 488.
saxhorn(m). 484.
saxophone(m). 483.
saxophone(m). 491.

seconde(f). 476.
sélecteur(m) de micro. 494.
septième(f). 476.
sextuor(m). 491.
si(m). 475.
silences(m), valeur(f) des. 475.
sillet(m). 477, 479, 494.
sixte(f). 476.
sol(m). 475.
sommier(m). 479, 481.
son(m), production(f) du. 481.
soufflerie(f). 481.
soufflet(m). 489.
soupape(f). 482, 489.
soupir(m). 475.
soupir(m), huitième de. 475.
soupir(m), quart de. 475.
soupir(m), seizième de. 475.
sourdine(f). 484.
support(m) de pouce. 483.
synthétiseur(m). 495.
table(f). 482.
table(f) d'harmonie. 477, 478, 479.
talon(m). 478.
tambour(m) de basque. 486.
tendeur(m) de timbre. 486.
tête(f). 478, 494.
tierce(f). 476.
tige(f). 492.
timbale(f). 486.
timbales(m). 493.
tirant(m) de registre. 482.
touche(f). 477, 479, 480, 487, 489, 494.
touche(f) de pédalier. 481.
traverse(f). 487.
trépied(m). 486, 492.
triangle(m). 485.
triangle(m). 493.
trille(m). 476.
tringle(f) de pédale. 479.
tringle(f) de tension. 486.
trio(m). 490.
trombone(m). 484, 491.
trombones(m). 493.
trompette(f). 484.
trompette(f). 484, 491.
trompettes(f). 493.
tuba(m). 484, 493.
tube(m) de résonance. 485.
tuyau(m) à anche. 482.
tuyau(m) à bouche. 482.
tuyau(m) d'insufflation. 488.
tuyau(m) de montre. 481.
tuyauterie(f). 481.
tuyaux(m) d'orgue. 482.
unisson(m). 476.
vergette(f). 482, 489.
violon(m). 477, 478.
violon(m). 477, 490.
violon(m) famille(f) du. 477.
violoncelle(m). 477, 490.
violoncelles(m). 493.
violons(m), premiers. 493.
violons(m), seconds. 493.
vis(f) de tension. 486.
vis(f) sans fin. 489.
volute(f). 477.
voyant(m). 495.
vumètre(m). 495.
xylophene(m). 485.
xylophone(m). 493.

NOURRITURE

agneau(m). 151, 153.
agnolotti(m). 145.
aiguillette(f) de gîte à la noix. 149.
aiguillette(f) de romsteck. 149.
aloyau(m). 148.
alphabet(m). 145.
aneth(m). 143.
Anfrom(m). 154.
anneaux(m). 145.

avant(m). 147, 151.
bœuf(m). 152.
bagues(f). 145.
baguette(f) épi. 146.
baguette(f) parisienne. 146.
bajoue(f). 150.
Banon(m). 155.
bas(m) d'épaule. 150.
bas(m) de cuisseau. 147.
bas(m) de gigot. 151.
basilic(m). 143.
bavette(f). 149.
Beaumont(m). 155.
beignet(m). 156.
biscuit(m). 157.
bleu(m) de Bresse. 154.
bloc(m) d'épaule. 148.
boeuf(m). 148, 149.
bombe(f) glacée. 157.
boucles(f). 145.
bouclettes(f). 145.
bourrache(f). 143.
Boursault(m). 154.
bout(m) de côtes. 148, 150.
bout(m) de poitrine. 149.
bout(m) du filet. 150.
Brick(m). 154.
Brie(m). 155.
brioche(f). 156.
cake(m). 157.
Camembert(m). 155.
cannelloni(m). 145.
Cantal(m). 155.
Caprice(f) des Dieux. 154.
carré(m). 151.
carré(m) raccourci. 147.
cerfeuil(m). 143.
charlotte(f). 156.
Cheddar(m) américain. 154.
Cheddar(m) canadien. 154.
chou(m). 157.
clafoutis(m). 157.
Colby(m). 154.
collet(m). 147, 151.
collier(m). 148.
Comté(m). 155.
contre-filet(m). 148, 149.
coquilles(f). 145.
coquillettes(f). 145.
côte(f). 147, 148, 151.
côte(f) d'aloyau(m). 148.
côte(f) de flanc. 150.
côtelettes(f). 151.
côtelettes(f) découvertes. 151.
côtes(f). 150.
côtes(f) croisées. 148.
côtes(f) découvertes. 147.
coudes(m). 145.
Coulommiers(m). 155.
coupe(f) britannique. 152, 153.
coupe(f) nord-américaine. 147, 148, 150, 151.
coupe(f) parisienne. 147, 149, 150, 151.
[crak-pain](m) de seigle. 146.
[crak-pain](m) scandinave. 146.
crème(f) de Gruyère. 155.
crêpe(f). 157.
croissant(m). 146.
crosse(f). 147, 149, 150.
croupe(f). 148, 150.
cuisse(f). 148, 150.
cuisseau(m). 147.
culotte(f). 149.
desserts(m). 156, 157.
dessus(m) de côtes. 147, 149.
Doux(m) de Montagne. 154.
échine(f). 150.
entame(f) de romsteck. 149.
entrecôtes(f) couvertes. 149.
entrecôtes(f) découvertes. 149.
épaule(f). 147, 148, 150, 151.
escargots(m). 145.
estragon(f). 143.
étoiles(f). 145.
faux filet(m). 148.

Les termes en **caractères gras** renvoient à une illustration; les termes en *italique* indiquent l'usage français.

fedelini(m). 144.
feuilleté(m). 157.
filet(m). 148, 150, 151.
fines herbes(f). 143.
flan(m). 157.
flanc(m). 147, 148, 150, 151.
flanchet(m). 149.
fromages(m) français. 154, 155.
fromages(m) nord-américains.
154.
galette(f). 156.
gâteau(m). 156.
gâteau(m) aux fruits. 157.
gaufre(f). 157.
gigot(m). 151.
gîte(m) à la noix. 149.
gîte(m) de derrière. 149.
gîte(m) de devant. 149.
gorge(f). 150.
Gournay(m). 155.
grains(m) de plomb. 145.
hampe(f). 149.
haut-de-côtes(m). 148.
haut(m) de côtelettes. 151.
haut(m) de côtes. 147.
haut(m) de cuisseau. 147.
haut(m) de gigot. 151.
hysope(f). 143.
jambon(m). 150.
jambonneau(m). 150.
jambonneau(m) arrière. 150.
jambonneau(m) avant. 150.
jarret(m). 147, 148, 150, 151.
jarret(m) arrière. 147.
jarret(m) avant. 147.
jumeaux(m). 149.
lasagnes(f). 144.
lasagnes(f) aux épinards. 144.
lasagnes(f) frisées. 144.
laurier(m). 143.
Liederkranz(m). 154.
livèche(f). 143.
longe(f). 147, 148, 150, 151.
longe(f) complète. 147, 151.
macaroni(m). 144, 145.
macreuse(f). 149.
mafaldes(f). 144.
manicotti(m). 145.
marjolaine(f). 143.
menthe(f). 143.
meringue(f). 156.
milieu(m) de cuisse. 150.
milieu(m) de longe. 150.
milieu(m) de poitrine. 149.
milieu(m) de sous-noix. 147.
Mimolette(m). 155.
Monterey Jack(m). 154.
mousse(f). 157.
Munster(m). 155.
nerveux(m) de gîte à la noix. 149.
nerveux(m) de sous-noix. 147.
noix(f). 147.
noix(f) de hachage. 150.
noix(f) pâtissière. 147.
nouilles(f). 144.
nouilles(f) aux épinards. 144.
nourriture(f). 141.
onglet(m). 147, 149.
origan(m). 143.
pain(m). 146.
pain(m) américain. 146.
pain(m) au lait. 146.
pain(m) azyme. 146.
pain(m) bâtard. 146.
pain(m) blanc. 146.
pain(m) chapati indien. 146.
pain(m) complet. 146.
pain(m) de blé entier. 146.
pain(m) de maïs américain. 146.
pain(m) de mie. 146.
pain(m) de seigle allemand. 146.
pain(m) de seigle avec graines de
carvi. 146.
pain(m) de seigle danois. 146.
pain(m) de seigle noir. 146.
pain(m) irlandais. 146.

pain(m) naan indien. 146.
pain(m) noir russe. 146.
pain(m) parisien. 146.
pain(m) pita. 146.
pain(m) pita avec graines de
sésame. 146.
pain(m) pumpernickel. 146.
pain(m) rond. 146.
pain(m) tchallah juif. 146.
paleron(m). 149.
palette(f). 148, 150.
parfait(m). 156.
pâtes(f) alimentaires. 144, 145.
pépins(m). 145.
persil(m). 143.
Petit-Suisse(f). 155.
petits chapeaux(m). 145.
petits fours(m). 156.
pied(m). 150.
plat(m) de côte couvert. 149.
plat(m) de côte découvert. 149.
plumes(f). 145.
pointe(f) de poitrine. 148.
pointe(f) de surlonge. 148.
poitrine(f). 147, 148, 150, 151.
poitrine(f) complète. 148.
Pont l'évêque(m). 155.
porc(m). 150, 153.
Port-Salut(m). 155.
profiterole(f). 156.
quartier(m) arrière. 148.
quartier(m) avant. 148.
quasi(m). 147.
ravioli(m). 145.
Reblochon(m). 154.
romarin(m). 143.
romsteck(m). 149.
rond(m) de gîte à la noix. 149.
ronde(f). 148.
Rondelé(m). 154.
Roquefort(m). 154.
rouelle(f). 147.
roues(f). 145.
roulé(m). 157.
Saint-Marcelin(m). 155.
Saint-Nectaire(m). 155.
Sainte-maure(m). 154.
sarriette(f). 143.
sauge(f). 143.
savarin(m). 156.
selle(f). 151.
soc(m). 150.
sorbet(m). 157.
soufflé(m). 157.
spaghetti(m). 144.
spaghettini(m). 144.
spirales(f). 144.
spirales(f), grosses. 145.
surlonge(f). 148, 149.
talon(m) de ronde. 148.
tarte(f). 156.
tartelette(f). 156.
Teleme(m). 154.
tendron(m). 147, 149.
thym(m). 143.
Tomme(m) aux raisins. 154.
torsades(f). 145.
tortellini(m). 145.
tranche(f) grasse. 149.
tufoli(m). 145.
vacherin(m). 156.
Valençay(m). 154.
veau(m). 147, 153.
vermicelles(m). 144.
vermicelles(m) flottés. 144.

OBJETS PERSONNELS

accessoires(m) de coiffure. 343.
accessoires(m) de manucure.
343.
adaptateur(m) de fiche. 341.
allumette(f) de sûreté. 345.
amortisseur(m). 338.
anneau(m). 337, 338.

anneau(m) de suspension. 340.
ardillon(m). 349.
armature(f). 347.
articles(m) de maroquinerie. 350,
351.
articles(m) du fumeur. 344, 345.
attache(f). 346.
badine(f). 346.
bagages(m). 347.
bague(f). 344.
baleine(f). 346.
baluchon(m). 349.
bandelette(f) d'arrachage. 344.
bandoulière(f). 346, 347, 349.
barrette(f). 343.
base(f). 340.
bâton(m) de lumière. 340.
bâton(m) de manucure. 342.
béquille(f). 347.
bigoudi(m). 343.
blague(f) à tabac. 345.
blaireau(m). 337.
bloc(m) chargeur. 337.
bloc-notes(m). 351.
boîte(f) d'allumettes. 345.
boîte(f) de cigares. 344.
boîtier(m). 337, 339, 340, 341.
boîtier(m) du ventilateur. 340.
bol(m) à raser. 337.
boucle(f). 344.
bourre-pipe(m). 345.
bourse(f) à monnaie. 351.
bout-filtre(m). 344.
bouton(m) de nettoyage. 337.
bouton-pression(f). 348, 351.
branche(f). 338.
bride(f). 351.
briquet(m) à gaz. 344.
brosse-araignée(f). 338.
brosse(f). 339.
brosse(f) à dents. 339.
brosse(f) à friser. 341.
brosse(f) à ongles. 342.
brosse(f) anglaise. 338.
brosse(f) de nettoyage. 337.
brosse(f) pneumatique. 338.
brosse(f) ronde. 338.
brosses(f) à cheveux. 338.
brucelles(f). 343.
buse(f). 339, 340.
cadenas(m). 347.
cadre(m). 347, 350.
calculatrice(f). 351.
canne(f). 346.
cape(f). 344.
cartouche(f). 344.
cartouche(f) de papier à
cigarettes. 344.
casque(m). 340.
casque(m) sèche-cheveux. 340.
cendre(f). 344.
cendrier(m). 344.
charnière(f). 347, 349.
cigare(m). 344.
cigarette(f). 344.
ciseaux(m) à cuticules. 342.
ciseaux(m) à effiler. 338.
ciseaux(m) à ongles. 342.
ciseaux(m) de coiffeur. 338.
ciseaux(m) de pédicure. 343.
ciseaux(m) de sûreté. 338.
ciseaux(m) sculpteurs. 338.
classeur(m) à soufflets. 350.
coffret(m) de rangement. 350.
combiné(m) 2 dans 1. 338.
combiné(m) bucco-dentaire. 339.
commande(f) de température. 341.
commutateur(m) chaleur-vitesse.
340.
compartiment(m). 350.
compartiment(m) central. 349.
compartiment(m) ouvert. 349.
coque(f). 347.
cordon(m). 349.
cordon(m) d'alimentation. 337,
340.

cordon(m) d'alimentation articulé.
341.
corps(m). 340, 344.
coulant(m). 346.
coupe-cors(m). 342.
coupe-cuticules(m). 342.
coupe-ongles(m). 343.
courroie(f) d'attache. 346.
courroie(f) de valise. 347.
coussin(m) en caoutchouc. 338.
couture(f). 344.
couvercle(m). 341, 345.
crayon(m) blanchisseur d'ongles.
343.
crochet(m). 347, 351.
cure-ongles(m). 343.
curette(f). 345.
démêloir(m). 338.
distributeur(m) de lames. 337.
dos(m). 345.
doublure(f). 348, 350.
dragonne(f). 346, 347, 349, 350.
écritoire(f). 350.
embout(m). 345, 346.
embout(m) de baleine. 346.
embout(m) isolant. 341.
épingle(f) à cheveux. 343.
étiquette(f) extérieure du paquet.
344.
étui(m). 342.
extracteur(m) de comédons. 343.
fenêtre(f). 351.
fente(f). 351.
fer(m) à friser. 341.
fermeture(f) à glissière. 342, 346,
347, 348.
fermoir(m). 349, 350.
fermoir(m) à boules. 349, 351.
ferret(m). 346.
ferrure(f). 347.
feuillet(m). 351.
fourneau(m). 345.
fourreau(m). 346.
frottoir(m). 345.
fume-cigarettes(m). 344.
garniture(f). 347, 349.
gouge(f). 342.
gratte-ongles(m). 342.
grébiche(f). 351.
grille(f). 337.
grille(f) d'aspiration. 340.
grille(f) de sortie d'air. 340.
housse(f) à vêtements. 347.
indicateur(m) lumineux. 341.
interrupteur(m) d'éclairage. 340.
interrupteur(m) marche/arrêt. 337,
339, 340, 341.
lame(f). 337, 338.
lame(f) à double tranchant. 337.
lentille(f). 345.
levier(m). 341, 343.
lime-émeri(f). 343.
lime(f). 343.
lime(f) à ongles. 342.
malle(f). 347.
mallette(f) de toilette. 347.
mallette(f) porte-documents.
350.
manche(m). 337, 339, 346.
manchon(m). 349.
mégot(m). 344.
minaudière(f). 349.
miroir(m). 347.
miroir(m) double pivotant. 340.
miroir(m) grossissant. 340.
miroir(m) latéral. 340.
miroir(m) lumineux. 340.
molette(f). 344.
molette(f) de réglage de la flamme.
344.
monture(f). 346.
moraillon(m). 347.
mors(m). 345.
mortaise(f). 345.
nettoie-pipe(m). 345.
objets(m) personnels. 335.

Les termes en **caractères gras** renvoient à une illustration; les termes en *italique* indiquent l'usage français.

panneau(m) de séparation. 347.
papier(m). 344.
paquet(m) cellophané. 344.
parapluie-canne(m). 346.
parapluie(m). 346.
parapluie(m) télescopique. 346.
pâte(f) dentifrice. 339.
patte(f). 349, 350, 351.
peigne(m) à crêper. 338.
peigne(m) à tige. 338.
peigne(m) afro. 338.
peigne(m) de coiffeur. 338.
peigne(m) soufflant. 338.
peignes(m). 338.
pied(m). 344.
pince(f). 345.
pince(f) à billets. 351.
pince(f) à boucles de cheveux. 343.
pince(f) à cheveux. 343.
pince(f) à cuticules. 342.
pince(f) à épiler. 342.
pince(f) à épiler automatique. 342.
pince(f) à ongles. 342.
pince(f) de mise en plis. 343.
pinces(f) à rouleaux. 343.
pipe(f). 345.
pipe(f), coupe d'une. 345.
piqûre(f) d'ornementation. 349.
pivot(m). 337, 338.
plateau(m). 347.
poche(f). 351.
poche(f) à fermeture à glissière. 350, 351.
poche(f) à soufflet. 351.
poche(f) à tickets. 351.
poche(f) à timbres. 351.
poche(f) américaine. 351.
poche(f) extérieure. 347, 350.
poche(f) intérieure. 347.
poche(f) ministre. 351.
poche(f) secrète. 351.
pochette(f) d'allumettes. 345.
pochette(f) d'homme. 349.
poignée(f). 340, 341, 346, 347, 349.
poignée(f) escamotable. 350.
poignée(f) profilée. 341.
poil(m). 338, 339, 341.
point(m) indicateur de température. 341.
pointe(f). 343, 345.
polissoir(m) à ongles. 342.
porte-adresse(m). 347.
porte-bagages(m). 347.
porte-cartes(m). 351.
porte-chéquier(m). 351.
porte-clés(m). 351.
porte-coupures(m). 351.
porte-documents(m). 350.
porte-monnaie(m). 351.
porte-parapluies(m). 346.
porte-passeport(m). 351.
porte-photos(m). 351.
porte-pipes(m). 345.
porte-stylo(m). 351.
portefeuille(m). 351.
portefeuille(m) chéquier. 351.
pot(m) à tabac. 345.
poussoir(m) d'ouverture. 346.
rabat(m). 349, 351.
rabat(m), grand. 345.
rabat(m), petit. 345.
rang(m). 339.
rasoir(m) à double tranchant. 337.
rasoir(m) à manche. 337.
rasoir(m) effileur. 338.
rasoir(m) électrique. 337.
rasoir(m) jetable. 337.
rasoirs(m). 337.
rayon(m). 346.
réceptacle(m) de la brosse. 339.
repousse-chair(m). 342.
réservoir(m). 344.
rouleau(m). 341.

roulette(f). 347.
sac(m) à bandoulière. 349.
sac(m) à provisions. 348.
sac(m) accordéon. 348.
sac(m) bavolet. 349.
sac(m) besace. 349.
sac(m) boîte. 348.
sac(m) cabas. 348.
sac(m) de plage. 348.
sac(m) de vol. 347.
sac(m) fourre-tout. 347, 348.
sac(m) pochette. 348.
sac(m) polochon. 348.
sac(m) rond. 347.
sacoche(f). 349.
sacs(m) à main. 348, 349.
sangle(f) serre-vêtements. 347.
sèche-cheveux(m). 340.
sélecteur(m) de coupe. 337.
sélecteur(m) de température. 341.
sélecteur(m) de tension. 337, 340.
séparation-classeur(f). 350.
serrure(f). 347.
serrure(f) à clés. 350.
serrure(f) à combinaison. 350.
serviette(f). 350.
soie(f). 337.
soie(f) dentaire. 339.
soufflet(m). 348.
soupape(f) de détente. 344.
stimulateur(m) de gencives. 339.
support(m). 339, 341.
système(m) filtre. 345.
tabac(m). 344.
talon(m). 345.
taquet(m) de couvercle. 341.
tasse(f) graduée. 341.
tenon(m). 345.
tête(f). 337, 339, 344, 345.
tête(f) flottante. 337.
tige-brosse(f). 339.
tige(f). 345.
tige(f) de poignée. 350.
toile(f). 346.
tondeuse(f). 338.
tondeuse(f). 337.
tranchant(m). 338.
tripe(f). 344.
trousse(f) de manucure. 342.
trousse(f) de mise en plis. 341.
trousse(f) de toilette. 347.
tube(m). 345.
tuyau(m). 345.
valise(f) fin de semaine. 347.
valise(f) pullman. 347.
voyant(m) de charge. 337.
voyant(m) de marche. 341.
voyant(m) lumineux. 341.
vue(f). 351.

PARURE

afro(f). 331.
anneau(m). 325.
applicateur-mousse(m). 332.
bague(f) de fiançailles. 325.
bague(f) de finissant. 325.
bagues(f). 325.
bésicles(f) à pont élastique. 329.
bezel(m). 327.
bijouterie(f). 325, 326, 327.
bijoux(m). 325.
binocle(m). 329.
boucle(f) d'oreille à pince. 325.
boucle(f) d'oreille à tige. 325.
boucle(f) d'oreille à vis. 325.
boudin(m). 330.
bracelet(m) tubulaire. 325.
bracelets(m). 325.
branche(f). 328.
bras(m) de plaquette. 328.
breloques(f). 325.
broche(f). 325.
brosse(f) à fard-cils. 333.

brosse-peigne(f) pour cils et sourcils. 333.
cambre(f). 328.
cercle(f). 328.
charnon(m). 328.
chaton(m). 325.
chevalière(f). 325.
cheveux(m), types(m) de. 330.
cheveux(m) frisés. 330.
cheveux(m) ondulés. 330.
cheveux(m) raides. 330.
chignon(m). 330, 331.
coiffure(f). 330, 331.
coiffure(f), éléments(m) de la. 330, 331.
coiffure(f) à la Ninon. 331.
coiffure(f) à la Pompadour. 331.
coiffure(f) bouffante. 330.
collier-de-chien(m). 326.
collier(m) de perles. 326.
collier(m) de soirée. 326.
colliers(m). 326.
corne(f). 325.
corps(m). 328.
coude(m). 328.
coupe(f) à la Beatle. 331.
coupe(f) en brosse. 331.
couronne(f) de table. 327.
crayon(m) à sourcils. 333.
crayon(m) contour des lèvres. 333.
crayon(m) khôl. 332.
culasse(f). 327.
demi-lune(f). 329.
diamant(m). 327.
enjoliveur(m). 330.
épingle(f) à cravate. 326.
épinglette(f). 325.
éponge(f) à démaquiller. 333.
éponge(f) de mer. 333.
éponge(f) en latex. 333.
éponge(f) synthétique. 333.
éponges(f) à maquiller. 333.
étoile(f). 327.
eyeliner(m). 332.
face-à-main(m). 329.
fard-cils(m). 333.
fard-cils(m) en pain. 333.
fard(m) à joues en crème. 332.
fer(m) à cheval. 325.
fond(m) de teint liquide. 332.
frange(f). 331.
gourmette(f) d'identité. 325.
griffe(f). 325.
halefis(m) de culasse. 327.
halefis(m) de table. 327.
houpette(f). 332.
jonc(m). 325.
lavallière(f). 326.
lorgnette(f). 329.
lunettes(f). 328, 329.
lunettes(f). 329.
lunettes(f) de protection. 329.
lunettes(f) de sécurité. 329.
lunettes(f) de ski. 329.
maquillage(m). 332, 333.
maquillage(m), produits(m) de. 332, 333.
mascara(m). 332.
médaillon(m). 326.
miroir(m). 332.
monocle(m). 329.
nattes(f). 330.
ombre(f) à paupière. 332.
page(m), petit. 330.
parure(f). 323.
pavillon(m). 328.
pendant(m) d'oreille. 325.
permanente(f) bouclée. 331.
permanente(f) frisée. 331.
perruque(f). 331.
pierre(f) précieuse. 327.
pince(f) à cravate. 326.
pinceau(m) à lèvres. 333.
pinceau(m) éventail. 333.
pinceau(m) pour fard à joues. 332.
pinceau(m) pour poudre libre. 332.

pinceau-traceur(m). 332.
plaque(f). 328.
plaque(f) d'identité. 325.
plaquette(f). 328.
pont(m). 328.
postiches(f). 331.
poudre(f) comprimée. 332.
poudre(f) libre. 332.
queue(f) de cheval. 330.
ras-le-cou(m). 326.
recourbe-cils(m). 333.
rivet(m). 328.
rondiste(m). 327.
rouge(m) à lèvres. 332.
rouge(m) à lèvres en crème. 332.
sautoir(m). 326.
segment(m) de loin. 328.
segment(m) de près. 328.
sertisure(f). 325.
solitaire(m). 325.
support(m). 328.
table(f). 327.
taille(f) baguette. 327.
taille(f) brillant. 327.
taille(f) cabochon. 327.
taille(f) d'un diamant(m). 327.
taille(f) émeraude. 327.
taille(f) en ciseaux. 327.
taille(f) en escalier. 327.
taille(f) en goutte. 327.
taille(f) en poire. 327.
taille(f) en rose. 327.
taille(f) en table. 327.
taille(f) française. 327.
taille(f) huit facettes. 327.
taille(f) marquise. 327.
taille(f) ovale. 327.
tailles(f) des pierres. 327.
talon(m). 328.
tenon(m) haut. 328.
tige(f) pour col. 326.
torsade(f). 331.
toupet(m). 331.
tresses(f). 330.
trousse(f) à maquillage. 332.
types(m) de lunettes. 329.
vagues(f). 330.
verre(m) bifocal. 328.

RÈGNE ANIMAL

abdomen(m). 100, 103, 106.
abeille(f). 106, 107.
aiguillon(m). 106.
aile(f). 96.
aile(f). 95, 100, 108.
aile(f) antérieure. 100, 106.
aile(f) postérieure. 100, 106.
albumen(m). 97.
alule(f). 96.
alvéole(m) à couvain. 107.
alvéole(m) à miel. 107.
alvéole(m) à pollen. 107.
alvéole(m) operculé. 107.
andouiller de massacre(m). 89.
antenne(f). 100, 103, 106.
antennule(f). 103.
anus(m). 99, 102.
aorte dorsale(f). 99.
aorte(f) ventrale. 99.
apex(m). 101, 104.
appendice(m) nasal. 108.
arc(m) branchial inférieur. 98.
arc(m) branchial supérieur. 98.
arête(f) neurale. 95.
auriculaire(m). 95.
barbe(f). 96.
barre(f). 90, 93.
bassin(m). 92.
batraciens(m). 105.
bec(m) corné. 109.
becs(m), principaux types(m) de. 97.
bigorneau(m). 104.
bois(m) de cerf. 89.

Les termes en **caractères gras** renvoient à une illustration; les termes en *italique* indiquent l'usage français.

bord(m) antérieur. 101.
bord(m) crénelé. 101.
bord(m) du manteau. 102.
bord(m) externe. 101.
bord(m) interne. 101.
bord(m) postérieur. 101.
bouche(f). 102, 104, 105.
boulet(m). 91.
bourrelet(m). 93.
branche(f). 93.
branchicténie(f). 98.
branchies(f). 98.
branchies(m). 99, 102.
branchies(f) externes. 105.
bras(m). 91.
brosse(f) à pollen. 106.
buccin(m). 104.
bulbe(m) olfactif. 99.
cadre(m). 107.
caecum pylorique(m). 99.
cal(m). 101.
calamus(m). 96.
calcanéum(m). 92.
calotte(f). 95.
canal(m) à venin. 109.
canal(m) siphonal. 101.
canine(f). 90.
canon(m). 91.
carapace(f). 103, 109.
caribou(m). 89.
carnassière(f). 90.
carpe(m). 92.
castor(m). 90.
ceinture(f) pelvienne. 105.
cellule(f). 108.
cellule(f) royale. 107.
céphalothorax(m). 103.
cerf(m) de Virginie. 89.
cerf(m) du Canada. 89.
cerveau(m). 99.
cervidés(m). 89.
cervidés(m), principaux. 89.
chalaze(f). 97.
chambre(f) à air. 97.
chanfrein(m). 91.
chat(m). 94.
châtaigne(f). 91.
chauve-souris(f). 108.
chenille(f). 100.
cheval. 92.
cheval). 90, 91, 93.
cheval(m), morphologie(f). 91.
cheval(m), squelette(m). 92.
chevillure(f). 89.
chevreuil(m). 89.
chrysalide(f). 100.
cils(m). 94.
cire(f) gaufrée. 107.
coeur(m). 102.
colonne(f) vertébrale. 99, 105.
columelle(f). 101.
conduit(m) de la glande. 109.
coque(f). 102.
coquille(f). 97, 102, 104.
coquille(f) bivalve. 101.
coquille(f) Saint-Jacques. 102.
coquille(f) univalve. 101.
corbeille(f) à pollen. 106.
cornes(f). 104.
corps(m) de ruche. 107.
côte(f) axiale. 101.
côte(f) spiralée. 101.
côtes(f). 92.
cou(m). 109.
coude(m). 91, 108.
couronne(f). 91, 93.
coussinet(m) carpien. 94.
coussinet(m) de l'ergot. 94.
coussinet(m) digité. 94.
coussinet(m) palmaire. 94.
coussinet(m) plantaire. 94.
couteau(m). 102.
couvercle(m) branchial. 98.
couverture(f) sus-alaire. 95.
crabe(m). 103.

crâne(m). 92, 99.
crémaster(m). 100.
crevette(f). 103.
crinière(f). 91.
crochet(m). 101.
crochet(m) à venin. 109.
croupe(f). 91.
croupion(m). 95.
crustacé(m). 103.
crustacés(m) comestibles. 103.
cuisse(f). 91, 95.
dent(f). 109.
dent(f) de la charnière. 101.
disque(m) germinatif. 97.
doigt(m). 94, 97, 105.
doigt(m) externe. 95.
doigt(m) interne. 95.
doigt(m) médian. 95.
doigt(m) palmé. 105.
doigt(m) postérieur. 95.
dos(m). 91, 95.
dossière(f). 109.
écaille(f). 97, 98, 109.
écaille(f) cirière. 106.
écrevisse(f). 103.
écusson(m). 101.
élan(m). 89.
empaumure(f). 89.
empreinte(f) musculaire. 101.
empreinte(f) palléale. 101.
encolure(f). 91.
enfourchure(f). 89.
épaule(f). 91.
éperon(m). 106.
éperon(m) calcanéen. 108.
épine(f). 101.
époi(m). 89.
éponge(f). 103.
ergot(m). 94.
escargot(m). 104.
estomac(m). 99, 102.
étampure(f). 93.
fanon(m). 91.
faux bourdon(m). 106.
fémur(m). 92, 100, 105, 106, 108.
fer(m) à cheval. 93.
filament(m) branchial. 98.
flanc(m). 91, 95.
foie(m). 99.
fourchette(f). 93.
fourreau(m). 91.
fourreau(m) de la langue. 109.
front(m). 95.
ganache(f). 91.
garrot(m). 91.
gastéropode(m). 104.
gastéropodes(m) comestibles. 104.
genou(m). 91, 108.
glande(f) à venin. 109.
glande(f) digestive. 102.
globe(m) oculaire. 105.
glome(m). 93.
gorge(f). 95.
gouttière(f). 89.
grande sus-alaire(f). 96.
grasset(m). 91.
grenouille(f). 105.
griffe(f). 94, 95, 100, 103, 106, 108, 109.
griffe(f) abaissée. 94.
griffe(f) rétractée. 94.
grille(f) à reine. 107.
hanche(f). 100, 106.
hausse(f). 107.
hémibranchie(f). 98.
homard(m). 103.
huître(f). 102.
humérus(m). 92, 108.
hyporachis(m). 96.
incisive(f). 90.
intestin(m). 99, 102.
jambe(f). 91.
jarret(m). 91.
jaune(m). 97.
lacune(f) latérale. 93.

lacune(f) médiane. 93.
langouste(f). 103.
langoustine(f). 103.
langue(f). 99.
langue(f) bifide. 109.
larve(f). 107.
léopard(m). 90.
lèvre(f). 94.
ligament(m), position du. 101.
ligament(m) élastique. 94, 102.
ligne blanche(f). 93.
ligne(f) de croissance. 101, 104.
ligne(f) de suture. 101.
ligne(f) latérale. 98.
lobe(m). 97.
lore(m). 95.
lunule(f). 101.
mâchoire(f). 103.
mâchoire(f) d'herbivore. 90.
mâchoire(f) de carnivore. 90.
mâchoire(f) de rongeur. 90.
mâchoires(f), types(m) de. 90.
mamelle(f). 93.
mandibule(f). 103, 106.
mandibule(f). 98, 100.
mandibule(m) inférieure. 95.
mandibule(m) supérieure. 95.
manteau(m). 104.
maxillaire(m). 98.
maxillaire(m) basculant. 109.
maxillaire(m) inférieur. 92.
membrane(f) alaire. 108.
membrane(f) coquillière. 97.
membrane(f) interfémorale. 108.
membrane(f) vitelline. 97.
menton(m). 95.
merrain(m). 89.
mésothorax(m). 100.
métacarpe(m). 92, 94.
métacarpien(m). 108.
métamorphose(f) de la grenouille. 105.
métatarse(m). 92, 105.
métathorax(m). 100.
meule(f). 89.
moelle(f) épinière. 99.
molaire(f). 90.
mollusque(m). 102.
mollusques(m) comestibles, principaux. 102.
mortaise(f). 93.
moule(f). 102.
moustache(f). 95.
moustaches(f). 95.
moyenne sus-alaire(f). 96.
muscle(m) adducteur. 102.
museau(m). 94, 105.
mye(f). 102.
myomère(m). 99.
nageoire(f) anale. 98.
nageoire(f) caudale. 98, 103.
nageoire(f) dorsale. 98.
nageoire(f) pectorale. 98.
nageoire(f) pelvienne. 98.
narine(f). 95, 98, 105, 109.
naseau(m). 91.
nerf(m) olfactif. 99.
nervure(f). 108.
nid(m) à couvain. 107.
nuque(f). 95.
ocelle(m). 100.
oeil(m). 104, 109.
oeil(m) composé. 100, 106.
oeil(m) pédonculé. 103.
œsophage(m). 99, 102.
œuf(m). 97.
œuf(m). 107.
œufs(m). 99, 105.
oiseau(m). 95, 96, 97.
oiseau(m), morphologie(f). 95.
oiseau(m) aquatique. 97.
oiseau(m) aquatique. 97.
oiseau(m) échassier. 97.
oiseau(m) granivore. 97.
oiseau(m) insectivore. 97.
oiseau(m) percheur. 97.

oiseau(m) rapace. 97.
oiseau(m) rapace. 97.
ombilic(m). 101.
ombilic(m) inférieur. 96.
ombilic(m) supérieur. 96.
omoplate(f). 92.
opercule(m). 98, 105.
oreille(f). 108.
orifice(m) génital. 104.
orifice(m) intestinal. 104.
orifice(m) respiratoire. 104.
orifice(m) uro-génital. 99.
orignal(m). 89.
otolithe(f). 99.
ouverture(f). 101.
ouvrière(f). 106.
ovaire(m). 99.
palmure(f). 97.
palmure(f) lobée. 97.
palourde(f). 102.
palpe(m) labial. 100, 102.
papillon(m). 100.
paroi(f). 93.
patelle(f). 104.
patte(f). 104.
patte(f) abdominale. 103.
patte(f) ambulatoire. 100.
patte(f) anale. 100.
patte(f) antérieure. 94.
patte(f) antérieure. 100, 105, 106.
patte(f) médiane. 100, 106.
patte(f) postérieure. 100, 105, 106, 108.
patte(f) thoracique. 103.
patte(f) ventouse. 100.
patte-mâchoire(f). 103.
pattes(f), principaux types(m) de. 97.
paturon(m). 91.
paupière(f). 109.
paupière(f) inférieure. 94, 105.
paupière(f) interne. 94.
paupière(f) supérieure. 94, 105.
peau(f). 105.
peigne(m) à pollen. 106.
penne(f). 96.
perlure(f). 89.
péronéo-tibia(m). 105.
petite sus-alaire(f). 96.
pétoncle(m). 102.
phalange(f). 92, 94.
phalanges(f). 105.
phalangette(f). 94.
phalangine(f). 94.
pièces(f) buccales. 106.
pied(m). 95, 104, 108.
pince(f). 93, 103.
pince(f) tibio-tarsienne. 106.
pinçon(m). 93.
pivot(m). 89.
planche(f) d'envol. 107.
plaque(f) costale. 109.
plaque(f) marginale. 109.
plaque(f) nucale. 109.
plaque(f) supra-caudale. 109.
plaque(f) vertébrale. 109.
plastron(m). 109.
pli(m) de la columelle. 101.
poignet(m). 91.
poisson(m). 98, 99.
poisson(m), anatomie(f). 99.
poisson(m), morphologie(f). 98.
poitrail(m). 91.
poitrine(f). 95.
pouce(m). 97, 108.
pourtour(m) de l'oeil. 95.
poussoir(m) à pollen. 106.
praire(f). 102.
prémaxillaire(m). 98.
prémolaire(f). 90.
prothorax(m). 100.
pupille(f). 94.
pupille(f) verticale. 109.
quartier(m). 93.
queue(f). 108, 109.
rachis(m). 96.

Les termes en **caractères gras** renvoient à une illustration; les termes en *italique* indiquent l'usage français.

873

radius(m). 92, 108.
raie(f) sourcilière. 95.
rate(f). 99.
**rayon(m) de miel, coupe(f) d'un.
107.**
rayon(m) épineux. 98.
rayon(m) mou. 98.
rectrice(f). 95.
réducteur(m) d'entrée. 107.
règne(m) animal. 87.
rein(m). 91, 99.
reine(f). 106.
rémige(f) primaire. 96.
rémige(f) secondaire. 96.
rémige(f) tertiaire. 96.
renne(m). 89.
reptile(m). 109.
rive(f) externe. 93.
rive(f) interne. 93.
rostre(m). 103.
rotule(f). 92.
ruche(f). 107.
sabot(m). 93.
sabot(m). 91.
**sabot(m), face(f) plantaire du.
93.**
salière(f). 91.
scapulaire(f). 96.
sculptures(f). 101.
segment(m) abdominal. 100.
serre(f). 97.
sésamoïde(m), grand. 92.
sésamoïde(m), petit. 92.
sinus(m) palléal. 101.
sole(f). 93.
spire(f). 101, 104.
sternum(m). 92.
stigmate(m). 100.
surandouiller(m). 89.
talon(m). 93.
tarse(m). 92, 95, 100, 105, 106.
tectrice(f) primaire. 96.
tectrice(f) primaire, moyenne. 96.
tectrice(f) sous-caudale. 95.
tectrice(f) sus-caudale. 95.
telson(m). 103.
tendon(m). 94.
tentacule(m) oculaire. 104.
tentacule(m) tactile. 104.
tête(f). 94.
tête(f). 100, 104, 106.
**tête(f) de serpent venimeux.
109.**
thorax(m). 100, 106.
tibia(m). 92, 100, 106, 108.
toiture(f). 107.
tortue(f). 109.
toupet(m). 91.
tour(m), dernier. 101.
tour(m) de spire. 101.
tour(m) embryonnaire. 101.
tragus(m). 108.
trochanter(m). 100, 106.
trochure(f). 89.
trompe(f). 100.
trou(m) d'aération. 107.
trou(m) de vol. 107.
truffe(f). 94.
tympan(m). 105, 109.
uropode(m). 103.
urostyle(m). 105.
vaisseaux(m) sanguins. 108.
valve(f). 101.
ventre(m). 91, 95.
vertèbres(f) cervicales. 92.
vertèbres(f) coccygiennes. 92.
vertèbres(f) dorsales. 92.
vertèbres(f) lombaires. 92.
vertèbres(f) sacrées. 92.
vésicule biliaire(f). 99.
vessie(f). 99.
vessie(f) natatoire. 99.
vexille(m). 96.
wapiti(m). 89.

RÈGNE VÉGÉTAL

abricot(m). 75.
agrume(m), coupe(f) d'un. 77.
agrumes(m). 77.
**agrumes(m), principales
variétés(f) d'. 77.**
ail(m). 83.
airelle(f). 74.
aisselle(f) de la feuille. 69.
akène(m). 74, 78.
albumen(m) farineux. 79.
amande(f). 75, 78.
amanite(f) tue-mouches. 73.
amanite(f) vireuse. 73.
ananas(m). 80.
anis(m) étoilé. 79.
anneau(m). 73.
anthère(f). 72.
arachide(f). 78.
arbre(m). 71.
arbre(m), structure(f) d'un. 71.
arrondie. 70.
artichaut(m). 81.
asperge(f). 85.
aubergine(f). 81.
aubier(m). 71.
avocat(m). 80.
baie(f), coupe(f) d'une. 74.
**baies(f), principales variétés(f)
de. 74.**
banane(f). 80.
barbe(f). 85.
bette(f). 82.
bette(f) à carde. 85.
betterave(f). 84.
bleuet(m). 74.
bois(m) de coeur. 71.
bord(m). 70.
botte(f). 85.
bourgeon(m). 83.
bourgeon(m) axillaire. 69, 70.
bourgeon(m) terminal. 69.
bouton(m) floral. 69.
bractée(f). 70.
branche(f). 85.
branche(f) maîtresse. 71.
brocoli(m). 81.
brosse(f). 79.
brou(m). 78.
bulbe(m). 85.
bulbe(m), coupe(f) d'un. 83.
cœur(m). 76.
caïeu(m). 83.
calice(m). 72, 74, 76, 79.
calicule(m). 74.
cambium(m). 71.
canneberge(f). 74.
cantaloup(m). 81.
capitule(m). 72.
capsule(f). 79.
capsule(f), coupe(f) d'une. 79.
carde(f). 85.
cardon(m). 85.
carotte(f). 84.
cassis(m). 74.
céleri(m). 85.
céleri-rave(m). 84.
cèpe(m). 73.
cerise(f). 75.
cerne(m). 71.
cerneau(m). 78.
**champignon(m), structure(f)
d'un. 73.**
champignon(m) de couche. 73.
champignon(m) mortel. 73.
champignon(m) vénéneux. 73.
champignons(m). 73.
**champignons(m) comestibles.
73.**
chanterelle(f) commune. 73.
chapeau(m). 73.
chérimole(f). 80.
chevelu(m). 71.
chicorée(f). 82.
chou-fleur(m). 81.

chou(m) de Chine. 82.
chou(m) frisé. 82.
chou(m) pommé blanc. 82.
chou(m) pommé vert. 82.
chou-rave(m). 84.
choux(m) de Bruxelles. 82.
ciboulette(f). 83.
cilié. 70.
cime(f). 71.
citron(m). 77.
citrouille(f). 81.
cloison(f). 77.
cloison(f), fausse. 79.
coiffe(f). 69.
coing(m). 76.
collet(m). 69.
concombre(m). 81.
coque(f). 78.
cordée. 70.
corolle(f). 72.
corymbe(m). 72.
cosse(f). 79.
côte(f). 85.
cotylédon(m). 69, 75, 79.
courge(f). 81.
courgette(f). 81.
crénelé. 70.
cresson(m) de fontaine. 82.
cupule(f). 78.
datte(f). 75.
denté. 70.
doublement denté. 70.
drupéole(f). 74.
écaille(f). 73, 83.
échalote(f) à maturité. 83.
échalote(f) nouvelle. 83.
écorce(f). 71, 77.
endive(f). 82.
endocarpe(m). 75, 76.
entier. 70.
entre-noeuds(m). 69.
épi(m). 72, 85.
épicarpe(m). 74, 75, 76.
épinard(m). 82.
étamine(f). 72, 76.
fenouil(m). 85.
feuillage(m). 71.
feuille(f). 70.
feuille(f). 69, 85.
feuille(f), bord(m) d'une. 70.
feuille(f) de vigne. 82.
feuilles(f), types(m) de. 70.
feuilles(f) composées. 70.
feuilles(f) simples. 70.
fèves(f). 85.
figue(f) de Barbarie. 80.
filet(m). 72.
fleur(f). 69.
fleur(f), structure(f) d'une. 72.
follicule(m). 79.
follicule(m), coupe(f) d'un. 79.
fraise(f), coupe(f) d'une. 74.
framboise, coupe(f) d'une. 74.
**fruit(m) à noyau, coupe(f) d'un.
75.**
**fruit(m) à pépins, coupe(f) d'un.
76.**
**fruits(m) à noyau, principales
variétés(f) de. 75.**
**fruits(m) à pépins, principales
variétés(f) de. 76.**
fruits(m) charnus. 74, 77.
fruits(m) charnus à noyau. 75.
fruits(m) charnus à pépins. 76.
fruits(m) charnus complexes. 74.
fruits(m) secs. 78.
fruits(m) secs divers. 79.
fruits(m) tropicaux. 80.
fût(m). 71.
gadelle(f). 74.
gaine(f). 70.
germe(m). 79.
germes(m). 85.
gombo(m). 81.
gousse(f), coupe(f) d'une. 79.

goyave(f). 80.
grain(m). 85.
**grain(m) de blé, coupe(f) d'un.
79.**
graine(f). 74, 75, 76, 77, 78, 79.
graines(f) de soja. 85.
grappe(f). 72.
grenade(f). 80.
groseille(f) à grappes. 74.
groseille(f) à maquereau. 74.
gyromitre(m) comestible. 73.
haricot(m) vert. 81.
hastée. 70.
houppier(m). 71.
hyphe(f). 73.
imparipennée. 70.
**inflorescence(f), modes(m) d'.
72.**
kaki(m). 80.
kiwi(m). 80.
kumquat(m). 77.
lactaire(m) délicieux. 73.
laitue(f) pommée. 82.
lamelle(f). 73.
lancéolée. 70.
légumes-bulbes(m). 83.
légumes-feuilles(m). 82.
légumes-fleurs(m). 81.
légumes-fruits(m). 81.
légumes-graines(m). 85.
légumes(m). 81, 82, 83, 84, 85.
légumes-racines(m). 84.
légumes-tiges(m). 85.
légumes-tubercules(m). 84.
lentilles(f). 85.
liber(m). 71.
limbe(m). 70.
linéaire. 70.
litchi(m). 80.
lobé. 70.
loge(f). 76, 77.
mâche(f). 82.
maïs(m). 85.
mandarine(f). 77.
mangue(f). 75.
marron(m). 78.
melon(m) brodé. 81.
mésocarpe(m). 74, 75, 76, 77.
moelle(f). 71.
morille(f). 73.
moutarde(f). 79.
**mûre sauvage, coupe(f) d'une.
74.**
mycélium(m). 73.
myrtille(f). 74.
nœud(m). 69.
navet(m). 84.
nectarine(f). 75.
nèfle(f) du Japon. 76.
nervure(f) principale. 70, 79.
nervure(f) secondaire. 70.
noisette(f). 78.
noisette(f), coupe(f) d'une. 78.
noix(f). 78.
noix(f). 78.
noix(f), coupe(f) d'une. 78.
**noix(f), principales variétés(f)
de. 78.**
noix(f) de cajou. 78.
noix(f) de coco. 78.
noix(f) de pécan. 78.
noix(f) du Brésil. 78.
noyau(m). 75.
oignon(m) d'Espagne. 83.
olive(f). 75.
ombelle(f). 72.
orange(f). 77.
orange(f). 77.
oseille(f). 82.
ovaire(f). 72.
ovoïde. 70.
ovule(m). 72.
palmée. 70.
pamplemousse(m). 77.
panais(m). 84.
papaye(f). 80.

Les termes en **caractères gras** renvoient à une illustration; les termes en *italique* indiquent l'usage français.

paripennée. 70.
pastèque(f). 81.
patate(f). 84.
pavot(m). 79.
peau(f). 74, 75, 76.
pêche(f). 75.
pêche(f). 75.
pédoncule(m). 72, 74, 76.
peltée. 70.
pennée. 70.
pépin(m). 74, 76, 77.
péricarpe(m). 77, 78.
pétales(m). 72.
pétiole(m). 70.
petit oignon(m). 83.
petits pois(m). 85.
pied(m). 73, 85.
pignon(m). 78.
piment(m). 81.
pissenlit(m). 82.
pistache(f). 78.
pistil(m). 72.
plante(f), structure d'une. 70.
plante(f), structure(f) d'une. 69.
plantule(f). 75.
pleurote(m) en huître. 73.
poils(m) absorbants. 69.
point(m) d'attache. 70.
pointe(f). 70, 85.
poire(f). 76.
poireau(m). 83.
pois(m). 79.
pois(m). 79.
pois(m) chiches. 85.
pois(m) mange-tout. 85.
poivron(m). 81.
pomme de terre(f). 84.
pomme(f). 76.
pomme(f). 76.
pore(m). 79.
potiron(m). 81.
pousse(f). 69.
prune(f). 75.
pulpe(f). 74, 75, 76, 77.
quartier(m). 77.
queue(f). 74, 76.
racine(f). 69.
racine(f). 69, 83.
racine(f) pivotante. 71.
racine(f) principale. 69.
racine(f) secondaire. 69.
racine(f) traçante. 71.
radicelle(f). 69, 71.
radis(m). 84.
raifort(m). 84.
raisin(m). 74.
raisin(m). 74.
rameau(m). 69, 71.
ramille(f). 71.
ramure(f). 71.
rayon(m) médullaire. 71.
réceptacle(m). 72, 74.
règne(m) végétal. 67.
rejet(m). 71.
réniforme. 70.
rhubarbe(f). 85.
romaine(f). 82.
russule(f) verdoyante. 73.
rutabaga(m). 84.
salsifis(m). 84.
scarole(f). 82.
scorsonère(f). 84.
sépale(m). 74.
sépales(m). 72.
silique(f), coupe(f) d'une. 79.
souche(f). 71.
spadice(m). 72.
spatulée. 70.
spores(f). 73.
stigmate(m). 72, 78.
stipule(f). 70.
style(m). 72, 74, 75, 76, 79.
suture(f). 79.
tégument(m) de la graine. 75, 79.
tige(f). 69.
tige(f). 69, 83, 85.

tomate(f). 81.
topinambour(m). 84.
trifoliée. 70.
tronc(m). 71.
tronc(m), coupe(f) transversale du. 71.
truffe(f). 73.
turion(m). 85.
valve(f). 79.
volve(f). 73.
zeste(m). 77, 78.

SANTÉ

accoudoir(m). 631.
aides(f) à la marche. 630.
aiguille(f). 629.
alcool(m) à 90°. 629.
aspirine(f). 629.
bande(f) de gaze. 629.
bande(f) de tissu élastique. 629.
barre(f) d'espacement. 631.
béquille(f) canadienne. 630.
béquille(f) commune. 630.
béquille(f) d'avant-bras. 630.
béquilles(f). 630.
béquillon(m). 630.
bras(m). 631.
butée(f) talonnière. 631.
cadre(m) de marche. 630.
canne(f) avec poignée orthopédique. 630.
canne(f) avec quadripode. 630.
canne(f) en C. 630.
canne(f) en T. 630.
canne(f) tripode. 630.
cannes(f). 630.
ciseaux(m). 629.
compresse(f) stérile. 629.
corps(m) de pompe. 629.
coton(m) hydrophile. 629.
coton-tige(m). 629.
croisillon(m). 631.
crosse(f). 630.
dispositif(m) anti-bascule. 631.
embout(m) de caoutchouc. 630.
embrasse(f). 630.
épingle(f) de sûreté. 629.
fauteuil(m) roulant. 631.
garniture(f) dossier. 631.
garniture(f) siège. 631.
main(f) courante. 631.
montant(m). 630.
moyeu(m). 631.
panneau(m) de protection latéral. 631.
pansement(m) adhésif. 629.
pavillon(m). 629.
peroxyde(m). 629.
pince(f) à échardes. 629.
piston(m). 629.
poignée(f). 630.
poignée(f) de conduite. 631.
poignée(f) de frein. 631.
potence(f). 631.
quadripode(m). 630.
réglage(m). 630.
repose-pied(m). 631.
roue(f). 631.
roue(f) pivotante. 631.
ruban(m) de tissu adhésif. 629.
sabot(m). 630.
santé(f). 627.
seringue(f) de Luer Lock. 629.
seringues(f). 629.
traverse(f). 630.
trousse(f) d'urgence. 629.

SPORTS

à cheval sur deux colonnes. 594, 595.
à cheval sur deux douzaines. 594.
à cheval sur deux numéros. 594, 595.

abattre. 551.
accastillage(m). 553.
accéléromètre(m). 556.
accroche-mouche(m). 580.
aérofrein(m). 556.
aide-arbitre(m). 535.
aile(f). 556, 557, 581.
aile(f) volante. 557.
aileron(m). 551, 556.
ailier(m) défensif droit. 528, 529.
ailier(m) défensif gauche. 528, 529.
ailier(m) droit. 531, 532, 533, 539.
ailier(m) éloigné. 528, 529.
ailier(m) gauche. 531, 532, 533, 539.
ailier(m) rapproché. 528, 529.
alimentation(f) jackpot. 595.
allée(f). 585.
allée(f) d'entraînement. 585.
allures(f). 553.
alpinisme(m). 588, 589.
alpiniste(m). 589.
altimètre(m). 555, 556.
alvéole(m). 587.
ambleur(m) sous harnais. 568.
âme(f). 601.
anémomètre(m). 556.
anneau(m). 535, 573, 580, 588.
anneau(m) brisé. 581.
anneau(m) de départ. 580.
anneau(m) de tête. 580.
anneaux(m). 573.
anorak(m). 561.
anse(f). 580.
antenne(f). 581.
appui(m). 574.
appui-pieds(m). 544.
arbitre(m). 528, 531, 532, 533, 535, 536, 537, 542, 543, 545, 546, 578, 579.
arbitre(m) de champ. 539.
arbitre(m) de ligne de but. 539.
arbitre(m) en chef. 525, 528.
arc(m) de cercle. 532, 571.
arcade(f). 567.
arçon(m). 573.
ardillon(m). 581.
arête(f). 564.
arête(f) supérieure. 543.
armes(f), escrime(f). 577.
arraché(m) à deux bras. 575.
arrêt-court(m). 525.
arrière. 548.
arrière-champ(m). 525.
arrière(m). 528, 529, 531.
arrière(m) central. 532.
arrière(m) centre. 536.
arrière(m) court. 537.
arrière(m) droit. 532, 535, 536, 539.
arrière(m) du court. 541.
arrière(m) gauche. 532, 535, 536, 539.
arrivée(f). 566.
articulation(f). 581.
As(m). 592.
assiette(f) plate. 599.
assistant(m) du chronométreur. 545.
athlétisme(m). 570, 571, 572.
attaquant(m). 578.
attaque(f). 528, 529.
auvent(m). 587, 596.
avançon(m). 581.
avant. 548.
avant-aile(m). 531.
avant-centre(m). 539.
avant-champ(m). 525.
avant(m) centre. 532, 536.
avant(m) court. 537.
avant(m) droit. 535, 536.
avant(m) du court. 541.
avant(m) gauche. 535, 536.
bâbord(m) amures. 553.
bac(m) d'appel. 570.

badminton(m). 542.
bague(f). 586.
bague(f) filetée. 588.
baie(f). 596.
baie(f) vitrée. 533.
balai(m) de curling. 544.
balayeur(m). 544.
balle(f). 526, 587.
balle(f). 543.
balle(f), coupe(f) d'une. 587.
balle(f) de racquetball. 541.
balle(f) de squash. 540.
balle(f) de tennis. 538.
ballon(m). 531.
ballon(f). 545.
ballon(m) de basket. 535.
ballon(m) de football. 530, 532.
ballon(m) de hand-ball. 539.
ballon(m) de volley-ball. 536.
bambous(m). 593.
banc(m) d'équipe. 545.
banc(m) des joueurs. 525, 533, 535, 536.
banc(m) des pénalités. 533.
banc(m) des remplaçants. 539.
bandage(m). 579.
bandage(m). 586.
bandage(m) de gaze. 575.
bande(f). 533, 583, 584.
bande(f) centrale. 594, 595.
bande(f) de filet. 537.
bande(f) horizontale. 536.
bande(f) verticale de côté. 536.
barographe(m). 556.
barre(f). 552, 554, 558, 566, 570, 575.
barre(f) d'acier. 573.
barre(f) d'écoute. 553.
barre(f) de bois. 573.
barre(f) de commande. 557.
barre(f) de flèche. 552.
barre(f) de protection. 558.
barre(f) de saut. 571.
barre(f) de Spa. 566.
barre(f) fixe. 573.
barre(f) horizontale. 531.
barre(f) inférieure. 574.
barre(f) supérieure. 574.
barre(f) transversale. 545.
barres(f) asymétriques. 574.
barres(f) de Spa. 565.
barres(f) parallèles. 573.
barres(f) sur l'eau. 566.
barrière(f). 565, 566.
bas(m) de table. 583.
base(f). 573.
baseball(m). 525, 526.
basket-ball(m). 535.
bassin(m). 545, 546.
bassin(m) de plongeon. 548.
bâton(m).
bâton(m). 526, 561.
bâton(m) de gardien de but. 534.
bâton(m) de joueur. 534.
bâton(m) de ski. 561.
bâtons(m) de golf. 586.
bâtons(m) de golf, types(m) de. 586.
baudrier(m). 589.
bavette(f). 576.
bec(m). 588.
billard(m), matériel(m) de. 582.
billard(m), queue(f) de. 582.
billard(m) anglais. 584.
billard(m) français. 583.
billard(m) pool. 583.
bille(f) blanche. 584.
bille(f) blanche mouchetée. 584.
bille(f) bleue. 584.
bille(f) brune. 584.
bille(f) d'ivoire. 594.
bille(f) de choc. 583, 584.
bille(f) de visée blanche. 583.
bille(f) jaune. 584.
bille(f) noire. 584.
bille(f) rose. 584.

Les termes en **caractères gras** renvoient à une illustration; les termes en *italique* indiquent l'usage français.

875

bille(f) rouge. 583, 584.
bille(f) verte. 584.
billes(f) numérotées. 583.
blanc(m). 592, 593.
Blancs(m). 591.
bloc-essieu(m). 562.
bloc(m) de départ. 546.
bloqueur(m) droit. 528, 529.
bloqueur(m) gauche. 528, 529.
bobsleigh(m). 564.
bois(m). 586.
bois(m). 586.
boîte(f) à mouches. 582.
boîte(f) de service. 541.
boîte(f) jackpot. 595.
bombe(f). 565.
bôme(f). 552.
bonnet(m). 561.
bonnet(m) blanc. 545.
bonnet(m) bleu. 545.
bonnet(m) rouge. 545.
bord(m) d'attaque. 556, 557.
bord(m) de fuite. 556, 557.
bordure(f). 551.
bordure(f) blanche. 543.
borne(f). 544.
botte(f). 565.
botte(f) de couronne. 568.
botte(f) de genou. 568.
botte(f) de saut. 555.
botte(f) de tendon. 568.
bottillon(m). 550.
bottine(f). 575.
boucle(f). 560.
boucle(f) de piquet. 597.
bouclier(m). 534.
bouée(f) de sécurité. 550.
boule(f). 590.
boulier(m). 590.
boulon(m). 544.
boussole(f). 556.
bout(m). 581.
bout(m) d'aile. 556, 557.
bouteille(f) d'air comprimé. 550.
bouteille(f) isolante. 600.
bouton(m). 577.
boxe(f). 579.
boxeur(m). 579.
bracelet(m). 530.
brancard(m). 568.
branche(f). 567.
bras(m). 595.
brassard(m). 530, 534.
brasse(f). 547.
brèche(f). 593.
brelan(m). 592.
bretelle(f) pour botte de genou. 568.
bride(f). 567.
bride(f). 568.
brise-chute(m). 578.
broche(f) à glace. 589.
broche(f) à vis. 588.
but(m). 545.
but(m). 525, 527, 531, 532, 533, 539, 545.
butane(m), accessoires(m). 599.
butée(f). 559, 560.
butoir(m). 571.
cabine(f). 558.
cabine(f) de pilotage. 556.
câble(m). 601.
câble(m). 560, 572, 573, 601.
câble(m) d'acier. 588.
câble(m) de commande. 555.
câble(m) de haubanage. 573.
câble(m) tracteur. 558.
cadet(m). 585.
cadre(m). 538, 540, 563, 574, 584.
cafetière(f). 599.
cage(f). 570.
cagoule(f). 550, 589.
caisse(f) blindée. 595.
caisson(m). 555.
caleçon(m) de bain. 545.
calibreur(m). 599.

cambrure(f). 561.
camping(m), matériel(m) de. 598, 599, 600.
canif(m). 599.
canne(f) à lancer. 580.
canne(f) à mouche. 580.
capitaine(m). 544, 564.
capuchon(m). 587.
caractères(m). 593.
carre(f). 559, 561, 562.
carré(m). 592, 594, 595.
carré(m) de service. 540.
carreau(m). 592.
carte(f) isolée. 592.
carter(m). 580.
cartes(f). 592.
cartes(f), symboles(m) des. 592.
case(f). 594.
case(f) blanche. 591.
case(f) noire. 591.
casque(m). 530, 534, 557, 559, 589.
casque(m) de frappeur. 526.
casque(m) de saut. 555.
casque(m) protecteur. 564.
Cavalier(m). 591.
ceinture(f). 575, 578.
ceinture(f) de maintien. 530, 534.
ceinture(f) de plomb. 550.
centre(m). 528, 529, 532, 533, 535, 544.
centre(m) droit. 531.
centre(m) du court. 541.
centre(m) gauche. 531.
cercle(m). 570, 571.
cercle(m) bleu extérieur. 544.
cercle(m) central. 532, 533, 535.
cercle(m) d'attente. 525.
cercle(m) de mise au jeu. 533.
cercle(m) restrictif. 535.
cercle(m) rouge intérieur. 544.
cercles(m). 593.
cerques(m). 581.
chaise(f) d'arbitre. 542.
chalet(m). 558, 585.
chambre(f). 596.
champ(m) centre(m). 525.
champ(m) droit. 525.
champ(m) gauche. 525.
chandail(m). 530, 561.
chandail(m) à col roulé. 559.
chandail(m) d'équipe. 526.
chandail(m) de dessous. 526.
chanfrein(m). 538.
chariot(m). 587.
charnière(f). 560.
châssis(m). 595.
chaufferette(f). 599.
chaumard(m). 553.
chaussette(f). 530, 538, 561, 576.
chaussette(f) avec étrier. 526.
chausson(m). 550.
chausson(m) intérieur. 560.
chaussure(f). 561, 562.
chaussure(f) à crampons. 530.
chaussure(f) d'alpinisme. 589.
chaussure(f) d'escrime. 576.
chaussure(f) de badminton. 542.
chaussure(f) de basket. 535.
chaussure(f) de boxe. 579.
chaussure(f) de golf. 587.
chaussure(f) de ski. 560.
chaussure(f) de ski. 560.
chaussure(f) de tennis. 538.
chemin(m). 585.
chemise(f). 538.
cheval(m) d'arçons. 573.
cheval-sautoir(m). 573, 574.
cheville(f). 562.
chronométrage(m). 569.
chronométreur(m). 535, 539, 545, 576, 579.
chronométreur(m) de couloir. 546.
chronométreur(m) de jeu. 533.
chronométreur(m) des pénalités. 533.

chronométreur(m) principal. 546.
chute(f). 551.
chute(f) de départ. 569.
chute(f) libre. 555.
cibles(f), escrime(f). 577.
ciseaux(m). 599.
cliquet(m) anti-retour. 580.
cloison(f). 592, 594, 596.
clou(m). 587.
club(m) house. 569.
cocheur(m) d'allée. 586.
cocheur(m) de sable. 586.
cockpit(m). 578.
coeur(m). 538, 592.
coiffe(f). 581.
coin(m). 579.
coin(m) de patinoire. 533.
coinceur(m). 588.
col(m). 586.
collier(m). 560, 568.
collier(m) de serrage. 575.
colonne(f). 591.
colonnes(f). 594, 595.
combattant(m). 578.
combinaison(f) de ski. 559.
combinaison(f) de vol. 555.
combinaison(f) gagnante. 595.
commande(f) d'aérofrein. 556.
commande(f) de largage de câble. 556.
commande(f) électrique de paiement. 595.
compartiment(m). 587, 592.
compas(m). 556.
concurrent(m). 546.
conducteur(m). 568, 569.
conduit(m) de paiement jackpot. 595.
conduite(f) des pièces. 595.
contre-écrou(m). 562.
contre-sanglon(m). 567.
contrefort(m). 562.
coque(f) inférieure. 560.
coque(f) supérieure. 560.
coquille(f). 530, 534, 577.
cordage(m). 540, 601.
cordage(m) commis. 601.
cordage(m) tressé. 601.
corde(f). 579, 589.
corde(f) arrière. 583.
corde(f) centrale. 583.
corde(f) de couloir. 546.
corde(f) de faux départ. 546.
corde(f) de prise. 572.
corde(f) de tête. 583.
corde(f) de traction. 554.
cordelette(f). 588.
cornet(m) à dés. 592.
corps(m). 572, 574, 581.
costume(m) de judo. 578.
côté(f). 581.
cote(f) d'ouverture. 569.
cote(f) de fermeture. 569.
côté(m) Dame. 591.
côté(m) Roi. 591.
cou(m). 573.
coudière(f). 530.
couleur(f). 592.
couleurs(f) du conducteur. 569.
couloir(m). 537, 542, 546, 571.
couloir(m) de lancer franc. 535.
coup(m) de pied. 547.
coup(m) de pied de brasse. 547.
coup(m) de pied de papillon. 547.
courbure(f). 534, 581.
courroie(f). 564.
courroie(f) de correction d'allure. 568.
courroie(f) de rêne. 568.
courroie(f) de sécurité. 541.
course(f). 570.
course(f) sous harnais. 568, 569.
court(m) de service droit. 537.
court(m) de service gauche. 537.
coussin(m). 525, 584.
coussin(m) arrière. 583.

coussin(m) de protection. 574.
coussin(m) de rembourrage. 579.
coussin(m) de tête. 583.
coussinet(m). 562.
couteau(m). 550, 599, 600.
couture(f). 526.
craie(f). 582.
crampons(m). 589.
cran(m). 588.
cravache(f). 565.
crawl(m). 547.
crispin(m). 576.
crochet(m). 552.
crochet(m) de remorquage. 556.
crochet(m) fiffi. 588.
crochet(m) griff-fiffi. 588.
croupe(f). 573.
cruche(f). 600.
cube(m) avec barrière. 566.
cuiller(f). 581.
cuiller(f). 599.
cuisine(f). 600.
cuissard(m). 530.
cuissardes(f). 582.
culotte(f). 534, 565, 575, 576, 579.
curleur(m). 544.
curling(m). 544.
cuvette(f). 594.
dalot(m). 553.
Dame(f). 591, 592.
dames(f). 592.
date(f). 569.
dé(m) à pocker. 593.
dé(m) doubleur. 592.
dé(m) régulier. 593.
début(m). 601.
déclencheur(m) de paiement. 595.
défense(f). 528, 529.
défenseur(m) droit. 533.
défenseur(m) gauche. 533.
déflecteur(m). 551.
dégorgeoir(m). 582.
demi-centre(m). 539.
demi-cercle(m). 535.
demi-clé(f) renversée. 601.
demi-court(m) de service en double. 542.
demi-court(m) de service en simple. 542.
demi-inséré(m). 529.
demi(m). 529.
demi(m) d'ouverture. 531.
demi(m) de coin droit. 528, 529.
demi(m) de coin gauche. 528, 529.
demi(m) de mêlée. 531.
demi(m) de sûreté droit. 528, 529.
demi(m) de sûreté gauche. 528, 529.
demi(m) droit. 528, 532.
demi(m) en maraude. 529.
demi(m) gauche. 528, 532.
dent(f). 562, 582.
départ(m). 566, 585.
départ(m) de dos. 547.
dérive(f). 551, 552, 554, 556.
dériveur(m). 552.
dernier droit(m). 569.
dés(m). 593.
dés(m). 592.
descendeur(m). 588.
dessus(m). 538.
détendeur(m). 550, 599.
deuxième-but(m). 525.
deuxième espace(m). 535.
deuxième joueur(m). 544.
diagonale(f). 591.
diamant(m). 583.
disque(m). 575.
disques(m). 572.
doigt(m). 526, 588.
dominos(m). 593.
dossière(f). 568.
double-blanc(m). 593.
double(m). 593.
double(m) cube(m) avec haie. 566.
double-six(m). 593.

Les termes en **caractères gras** renvoient à une illustration; les termes en *italique* indiquent l'usage français.

double toit. 597.
double zéro(m). 595.
doublure(f). 562.
douzaine(f). 594, 595.
dragon(m) blanc. 593.
dragon(m) rouge. 593.
dragon(m) vert. 593.
dragonne(f). 561, 588.
drapeau(m). 531, 585.
drapeau(m) blanc. 545, 578.
drapeau(m) bleu. 545.
drapeau(m) de centre. 532.
drapeau(m) de coin. 532.
drapeau(m) de secteur. 570.
drapeau(m) rouge. 545, 578.
drisse(f) de foc. 552.
drisse(f) de grand-voile. 552.
droit(m) planche. 566.
eau(f) fortuite. 585.
échecs(m). 591.
échiquier(m) anglais. 591.
échiquiers(m). 591.
échiquiers(m) français. 591.
éclairage(f). 600.
écoute(f) de foc. 552.
écoute(f) de grand-voile. 552.
écrou(m) de blocage. 580.
écurie(f). 569.
élan(m), course d'. 574.
élévateur(m). 555.
embase(f). 560.
embout(m). 534, 550, 580, 586.
émerillon(m). 581.
empennage(m). 542.
en-but(m). 531.
en équilibre. 548.
en prison. 594, 595.
engins(m) féminins. 574.
engins(m) masculins. 573.
enregistrement(m) de touches.
    576.
enregistreur(m). 546.
enrouleur(m). 576.
enrouleur(m) à ressort. 558.
entraîneur(m). 569, 579.
entrave(f). 568.
entrée(f). 549.
entrée(f) pieds premiers. 548.
entrée(f) tête première. 548.
entrées(f) dans l'eau. 548.
enveloppe(f). 526, 587.
envol(m). 574.
épaule(f). 538, 581.
épaulé-jeté(m) à deux bras. 575.
épaulière(f). 530, 534.
épée(f). 577.
épéiste(f). 577.
éperon(m). 565.
épissure(f) courte. 601.
épuisette(f). 582.
équipe(f). 544.
équipe(f) de rugby. 531.
équipement(m) d'alpinisme. 588.
équipement(m) d'équitation. 565.
équipement(m) de protection.
    530.
équitation(f). 565, 566, 567.
escalier(m). 579.
escrime(f). 576, 577.
escrimeur(m). 576.
essieu(m). 562.
est(m). 593.
estrade(f). 569.
étai(m) avant. 552.
étrave(f). 552.
étrier(m). 588.
étrier(m). 561, 567.
étrivière(f). 567.
étui(m) de cuir. 599.
expiration(f). 547.
extrados(m). 556.
face(f). 543, 586.
faible(m). 577.
faîtière(f). 596.
faitout(m). 599.
fanion(m). 536, 558.

fauchage(m) extérieur. 578.
fauchage(m) intérieur. 578.
faux quartier(m). 567.
fenêtre(f). 551.
fenêtre(f) moustiquaire. 596.
fente(f) à monnaie. 595.
fer(m). 586.
fer(m). 586.
fer(m) droit. 586.
fer(m) droit. 586.
fermeture(f) à glissière. 597.
fibre(f). 601.
figures(f). 591.
fil(m). 580, 581.
fil(m) de caret. 601.
fil(m) de connexion. 576.
fil(m) de corps. 576.
filet(m). 533, 535, 536, 537, 539,
    542, 543.
filet(m) d'arrêt. 525.
filoir(m) d'écoute. 553.
filoir(m) de spinnaker. 552.
fin(f). 601.
fixation(f). 554.
fixation(f) à butée avant. 561.
fixation(f) à câble. 561.
fixation(f) arrière. 554.
fixation(f) avant. 554.
fixation(f) de sécurité. 560.
fixation(f) de sécurité. 559.
flanqueur(m). 529.
flèche(f). 582, 592.
fleuret(m). 577.
fleuret(m) électrique. 576.
fleurettiste(f). 577.
fleurs(f). 593.
flotteur(m). 581.
flotteur(m). 551.
foc(m). 552.
fond(m). 538.
fond(m) de bassin. 545.
fond(m) du bassin. 548.
football(m). 527, 528, 529, 530.
football(m) américain. 527, 528.
football(m) canadien. 527, 529.
football(m) européen. 532.
fort(m). 577.
fosse(f) de réception. 590.
fosse(f) de sable. 585.
Fou(m). 591.
foulard(m). 559.
fourchette(f). 561, 599.
fourreau(m). 551.
frappeur(m). 525.
frein(m). 559, 560, 580.
frein(m) de pointe. 562.
freineur(m). 564.
frontal(m). 567.
fuselage(m). 556.
fusil(m) à air comprimé. 550.
gaine(f). 600, 601.
ganse(f). 596, 599.
gant(m). 526.
gant(m). 534, 550, 555, 561, 564,
    565, 572, 576.
gant(m) de bâton. 534.
gant(m) de boxe. 579.
gant(m) de frappeur. 526.
gant(m) de receveur. 526.
garde(m) droit. 528, 529.
garde(m) gauche. 528, 529.
gardien(m) de but.
gardien(m) de but. 532, 533, 539,
    545.
genouillère(f). 526, 530, 534, 575.
girouette(f). 552.
glacière(f). 600.
golf(m). 585, 586, 587.
golfeur(m). 585.
gonfleur-dégonfleur(m). 598.
gonfleur(m). 598.
gorge(f). 581.
gourde(f). 600.
gourmette(f). 567.
gousset(m) de latte. 551, 552.
gouvernail(m). 552.

gouvernail(m) de direction. 556.
gouvernail(m) de profondeur. 556.
grand largue(m). 553.
grand tournant(m). 569.
grand-voile(f). 552.
gréement(m). 557.
gril(m) pliant. 600.
grille(f) stabilisatrice. 599.
guêtre(f) de ski. 559.
guide-ligne(m). 580.
guindant(m). 551.
gymnaste(f). 574.
gymnastique(f). 573, 574.
hachette(f). 600.
hackle(m). 581.
haie(f). 570.
haie(f) barrée. 565, 566.
haie(f) rivière. 565, 566.
halebas(m). 552.
haltère(m). 575.
haltérophile(m). 575.
haltérophilie(f). 575.
hameçon(m). 581.
hampe(f). 581.
hanche(f) ailée. 578.
hanche(f) fauchée. 578.
hand-ball(m). 539.
harnais(m). 500, 555, 557, 563.
hauban(m). 552, 557, 596.
haut(m) de table. 583.
hauteur(f). 548.
hauteur(f) du plongeon. 549.
hockey(m) sur glace. 533, 534.
hockeyeur(m). 534.
honneurs(m) simples. 593.
honneurs(m) supérieurs. 593.
honneurs(m) suprêmes. 593.
hors-limite(m). 585.
identification(f) de la piste. 569.
impair(m). 594, 595.
indicateur(m) d'inclinaison latérale.
    556.
indicateur(m) de réglage de
    libération du talon. 560.
indicateur(m) de virage. 556.
inspiration(f). 547.
instruments(m). 557.
inter(m) droit. 532.
inter(m) gauche. 532.
intrados(m). 556.
jacquet(m). 592.
jambière(f). 534, 589.
jambière(f) de gardien. 534.
jan(m) extérieur. 592.
jan(m) intérieur. 592.
jante(f). 572.
jaquette(f). 565.
javelots(m). 572.
jeton(m). 594, 595.
joker(m). 592.
joue(f). 581.
joueur(m). 526.
joueur(m). 525.
joueurs(m) de tennis. 538.
judo(m). 578.
juge-arbitre(m). 543.
juge(m). 576, 578, 579.
juge(m) de but. 533.
juge(m) de champ arrière. 528.
juge(m) de classement. 546.
juge(m) de départ. 546.
juge(m) de faute de pieds. 537.
juge(m) de filet. 537.
juge(m) de ligne. 528, 533, 536,
    537, 542.
juge(m) de nages. 546.
juge(m) de service. 542.
juge(m) de touche. 531, 532.
juge(m) de virages. 546.
jugulaire(f). 530.
jupette(f). 538.
knicker(m). 561.
lacet(m). 526, 562, 579.
lacis(m) de pied. 563.
lacis(m) de queue. 563.
lacis(m) de tête. 563.

laize(f). 552.
lame(f). 534, 562, 577, 588.
lampe(f) étanche. 550.
lampe(f) frontale. 589.
lampe-témoin(f). 576.
lampe-tempête(f). 600.
lancer(m) du disque. 570.
lancer(m) du javelot. 571.
lancer(m) du marteau. 570.
lancer(m) du poids. 571.
lancers(m). 572.
lanceur(m). 525.
languette(f). 560, 562.
lanière(f). 554, 589.
lanière(f) de sécurité. 560.
lanterne(f). 599.
largeur(f). 548.
largue(m). 553.
latte(f). 551, 552, 557.
leurres(m). 581.
levier(m) à ressort. 595.
ligne(f) arrière. 544, 551.
ligne(f) avant. 541, 551.
ligne(f) basse. 577.
ligne(f) bleue. 533.
ligne(f) centrale. 533, 536, 543.
ligne(f) d'appel. 570.
ligne(f) d'arrivée. 569, 571.
ligne(f) d'attaque. 536.
ligne(f) d'avertissement. 576.
ligne(f) de 2 m. 545.
ligne(f) de 4 m. 545.
ligne(f) de balayage. 544.
ligne(f) de ballon mort. 531.
ligne(f) de boîte de service. 541.
ligne(f) de but. 527, 531, 532, 533,
    539, 545.
ligne(f) de cadre. 584.
ligne(f) de centre. 527, 544.
ligne(f) de côté. 533.
ligne(f) de côté de double. 537.
ligne(f) de côté de simple. 537.
ligne(f) de demi-court. 540.
ligne(f) de départ. 538.
ligne(f) de fond. 527, 535, 536,
    537, 542, 543.
ligne(f) de jet franc. 539.
ligne(f) de jeu. 525, 544, 590.
ligne(f) de lancer franc. 535.
ligne(f) de limite arrière. 576.
ligne(f) de mêlée. 528, 529.
ligne(f) de mise en garde. 576.
ligne(f) de pied de mât. 551.
ligne(f) de réception de service.
    541.
ligne(f) de sept mètres. 539.
ligne(f) de service. 537, 540, 541.
ligne(f) de service court. 542.
ligne(f) de service long. 542.
ligne(f) de surface de but. 539.
ligne(f) de touche. 527, 531, 532,
    535, 539.
ligne(f) de touche de but. 531.
ligne(f) des 10 mètres. 531.
ligne(f) des 15 mètres. 531.
ligne(f) des 22 mètres. 531.
ligne(f) des 5 mètres. 531.
ligne(f) des 50 mètres. 531.
ligne(f) des courtes. 540.
ligne(f) des verges. 527.
ligne(f) externe. 577.
ligne(f) haute. 577.
ligne(f) interne. 577.
ligne(f) latérale. 540, 543, 544.
ligne(f) latérale de double. 542.
ligne(f) latérale de simple. 542.
ligne(f) médiane. 532, 535, 539,
    542, 545, 576.
ligne(f) médiane de service. 537.
ligneé(f) du cheval. 569.
lime(f). 599.
limite(f) hors-terrain. 540.
lit(m) de camp pliant. 598.
lit-matelas(m). 598.
lofer. 551.
loge(f) de juge de but. 533.

Les termes en **caractères gras** renvoient à une illustration; les termes en *italique* indiquent l'usage français.

877

longueur(f). 548.
luge(f). 564.
lugeur(m). 564.
lunettes(f). 564.
lunettes(f) de glacier. 589.
lunettes(f) de ski. 559.
lunettes(f) de soleil. 561.
lunettes(f) de vol. 555.
machine(f) à sous. 595.
mah-jong(m). 593.
maille(f). 543.
maillot(m). 538, 579.
maillot(m) de corps à manches courtes. 575.
main(f) pleine. 592.
maison(f). 544.
maître-brin(m). 563.
manche(f). 526, 534, 538, 540, 543, 582, 586, 588.
manche(m) à balai. 556.
manchette(f). 534.
manchon(m). 575.
manille(f). 553.
manille(f) de liaison. 555.
manivelle(f). 580.
manque(m). 594, 595.
marbre(m). 525.
marquage(f), feuille(f) de. 590.
marquage(m), table(f) de. 590.
marque(f) centrale. 537.
marqueur(m). 533, 535, 536, 576, 590.
marteau(m). 572.
marteau(m). 589.
marteau(m) dépitonneur. 588.
marteau-piolet(m). 588.
martingale(f). 577.
masque(m). 526, 530, 534, 550, 576.
mât(m). 551, 552, 557, 596.
mât(m) d'auvent. 596.
matelas(m) isolant. 598.
matelas(m) mousse. 598.
matelas(m) pneumatique. 598.
matelassure(f). 567.
matériel(m) d'alpinisme. 588.
mêlée(f). 531.
mêlée(f), football(m) américain. 528.
mêlée(f), football(m) canadien. 529.
meneur(m). 544.
méplat(m). 538.
mises(f), tableau(m) des. 594, 595.
mitaine(f). 559, 589.
mocassin(m). 563.
moniteur(m) de ski. 558.
montant(m). 562, 570, 571, 573, 574.
montant(m) de bride. 567.
montée(f) arrière. 569.
monticule(m). 525.
montre(f) de plongée. 550.
monture(f). 577.
mors(m). 568.
mors(m) de bride. 567.
mors(m) de filet. 567.
moteur(m). 587.
motte(f) de gazon. 585.
mouche(f). 584.
mouche(f) arrière. 583.
mouche(f) artificielle. 581.
mouche(f) centrale. 583, 584.
mouche(f) de ligne de cadre. 584.
mouche(f) de tête. 583.
mouche(f) supérieure. 584.
moufle(f). 559, 589.
moulinet(m) à lancer. 580.
moulinet(m) à tambour fixe. 580.
mousqueton(m). 588.
mousqueton(m). 552, 553.
mousqueton(m) à ressort. 553.
mouton(m). 568.
mur(m). 565, 566, 593, 596.
mur(m) amortisseur. 590.

mur(m) arrière. 540, 541.
mur(m) avant. 540, 541.
mur(m) avec barre en oxer. 566.
mur(m) avec colonne. 566.
mur(m) barré. 565, 566.
mur(m) d'extrémité. 546.
mur(m) de départ. 546.
mur(m) de retour. 547.
mur(m) latéral. 540, 541, 546.
muraille(f). 593.
muserolle(f). 567.
nage(f) sur le côté. 547.
nage(f) sur le dos. 547.
nages(f), types(m) de. 547.
nageur(m). 546.
nageur(m) de brasse. 547.
nageur(m) de crawl. 547.
nageur(m) de dos. 547.
nageur(m) de papillon. 547.
natation(f). 546.
natation(f), compétition(f) de. 546.
nervure(f). 550.
nez(m). 556, 557.
noeud(m) coulant. 601.
noeud(m) d'arrêt. 601.
noeud(m) d'écoute double. 601.
noeud(m) d'écoute simple. 601.
noeud(m) de cabestan. 601.
noeud(m) de chaise double. 601.
noeud(m) de chaise simple. 601.
noeud(m) de Franciscain. 601.
noeud(m) de jambe de chien. 601.
noeud(m) de pêcheur. 601.
noeud(m) de vache. 601.
noeud(m) plat. 601.
noeud(m) simple. 601.
noeuds(m). 601.
noir(m). 592, 594, 595.
Noirs(m). 591.
nom(m) du cheval. 569.
nord(m). 593.
noyau(m). 587.
numéro(m). 531, 594.
numéro(m) de tête. 568.
numéro(m) du cheval. 569.
numéro(m) du couloir. 546.
numéro(m) du joueur. 530.
numéro(m) plein. 594, 595.
obstacle(m) d'eau. 585.
obstacles(m), équitation(f). 565.
octave(f). 577.
oeil(m). 567, 588.
oeillet(m). 562, 581, 597.
oeilleton(m). 588.
opérateur(m) de l'appareil des trente secondes. 535.
ordre(m) d'arrivée. 569.
ouest(m). 593.
outils(m). 600.
ouverture(f). 555, 581.
ouvre-boîtes(m). 599.
oxer(m). 565, 566.
oxer(m) avec croix. 566.
paddock(m). 569.
pair(m). 594, 595.
paire(f). 592.
palanque(f). 565.
palette(f). 543, 581.
palme(f). 550.
palonnier(m) de slalom. 554.
panier(m). 535.
panier(m). 526, 535, 582.
panne(f). 588.
panneau(m). 535, 555.
pantalon(m). 526, 530, 561, 578, 589.
papillon(m). 547.
parachute-frein(m). 556.
parachute(m). 555.
parachute(m). 557.
parachute(m) de secours. 555.
parachute(m) dorsal. 555.
parachute(m) extracteur. 555.
parachutisme(m). 555.
parachutiste(m). 555.

parcours(m). 585.
parcours(m). 569.
parcours(m) d'obstacles. 566.
pare-chocs(m). 541.
pare-vent(m). 599.
passant(m). 596.
passe(f). 594, 595.
patin(m). 534, 564.
patin(m) à roulettes. 562.
patin(m) arrière. 564.
patin(m) avant. 564.
patin(m) de course. 562.
patin(m) de figure. 562.
patin(m) de hockey. 562.
patinage(m). 562.
patinoire(f). 533.
patins(m), types(m) de. 562.
patte(f). 526.
patte(f) d'ours. 563.
paume(f). 526.
pêche(f). 580, 581, 582.
pédale(f) de chaussage. 560.
pédale(f) de déchaussage. 560.
pédale(f) de palonnier. 556.
pelle-pioche(f) pliante. 600.
penderie(f). 596.
pennon(m). 552.
perche(f). 570.
perche(f) de tête. 568.
performance(f). 569.
petit largue(m). 553.
petit quartier(m). 567.
pièces(f). 591.
pied(m). 543, 563, 574, 580.
pied(m) de mât. 551.
pierre(f) de curling. 544.
pilier(m) droit. 531.
pilier(m) gauche. 531.
pilote(m). 557.
piolet(m). 588.
piolet(m). 589.
Pion(m). 591.
pique(f). 588.
pique(f). 592.
piquet(m). 558, 596, 597.
piste(f). 569, 576, 590.
piste(f). 571.
piste(f) d'élan. 570, 571, 590.
piste(f) de loutre. 563.
piste(f) de slalom. 558.
piton(m) à glace. 589.
pitons(m). 588.
pivot(m). 548, 562, 572.
plafond(m). 540, 541.
planche(f) à voile. 551.
planche(f) d'appel. 570, 571.
planche(f) de plasticine. 570.
plancher(m). 540, 541, 567, 579.
planchette(f). 588.
planeur(m). 556.
plaque(f) antifriction. 560.
plaque(f) de rouleau. 595.
plaque(f) de tôle. 540.
plaque(f) du lanceur. 525.
plaqueur(m) droit. 528, 529.
plaqueur(m) gauche. 528, 529.
plastron(m). 530, 534.
plastron(m) métallique. 576.
plate-forme(f). 548, 562.
plateau(m). 575.
plateau(m) mobile. 594.
plateau(m) réceptacle de paiement. 595.
plomb(m). 581.
plongée(f) sous-marine. 550.
plongeoir(m). 548.
plongeon(m). 548.
plongeon(m) de départ. 546.
plongeon(m) en arrière. 549.
plongeon(m) en avant. 549.
plongeon(m) en équilibre. 549.
plongeon(m) renversé. 549.
plongeon(m) retourné. 549.
plongeons(m), groupes(m) de. 549.
plongeur(m). 550.

plongeur(m). 549.
plongeur(m) au tremplin. 548.
plongeur(m) de haut-vol. 548.
poche(f). 583, 587, 590.
poche(f) centrale. 584.
poche(f) inférieure. 584.
poche(f) supérieure. 584.
poêle(f). 599.
poids(m). 572.
poids(m). 572.
poignée(f). 538, 540, 544, 559, 561, 564, 572, 577, 580, 586, 587, 588.
poignée(f) arrière. 580.
poignée(f) avant. 580.
poignée(f) d'ouverture. 555.
poignée(f) de départ. 546.
point(m). 593.
point(m) d'amure. 551.
point(m) d'ancrage. 557.
point(m) d'écoute. 551.
point(m) de mise au jeu. 533.
point(m) de réparation. 532.
point(m) repère. 590.
pointe(f). 559, 562, 572, 581, 586, 588, 589.
pointe(f) antérieure. 589.
pointe(f) d'arrêt électrique. 576.
pointe(f) de bâton. 561.
pointe(f) de ski. 561.
poker(m), combinaison(f) au. 592.
pommeau(m). 526, 567, 577.
pongiste(m). 543.
popote(f). 599.
porte(f). 540, 558, 563.
porte(f) moustiquaire à glissière. 596.
porte-marteau(m). 589.
porte-moulinet(m). 580.
porte-parapluie(m). 587.
porte-pitons(m). 589.
porte-sac(m). 587.
portique(m). 573.
position(f). 569.
position(f) carpée. 548.
position(f) de départ. 546.
position(f) de départ. 549.
position(f) des bras. 549.
position(f) des jambes. 549.
position(f) droite. 548.
position(f) groupée. 548.
positions(f), escrime(f). 577.
positions(f) de départ. 548.
postillon(m). 592.
poteau(m). 531, 536, 542, 545, 569.
poteau(m) d'arrivée. 571.
poteau(m) de but. 527.
poteau(m) de double. 537.
poteau(m) de simple. 537.
poteau(m) du ring. 579.
pouce(m). 526.
poulie(f). 553.
poupe(f). 551.
poutre(f). 574.
poutre(f) d'équilibre. 574.
premier-but(m). 525.
premier espace(m). 535.
près(m). 593.
près(m) bon plein. 553.
près(m) serré. 553.
président(m). 576.
presse-raquette(f). 538.
prime(f). 577.
prise(f) classique. 543.
prise(f) porte-plume. 543.
prises(f). 578.
prises(f), types(m) de. 543.
procédé(m). 582.
profondimètre(m). 550.
programme(m) de courses. 569.
projection(f) d'épaule par un côté. 578.
projection(f) en cercle. 578.

Les termes en **caractères gras** renvoient à une illustration; les termes en *italique* indiquent l'usage français.

propane(m), accessoires(m) au. 599.
propriétaire(m). 569.
protecteur(m). 562.
protecteur(m) de poitrine. 526.
protège-côtes(m). 530.
protège-coude(m). 534, 576.
protège-coudes(m). 564.
protège-dents(m). 579.
protège-genoux(m). 564.
protège-gorge(m). 526, 534.
protège-lame(m). 562.
protège-main(m). 530.
protège-tendon(m). 562.
protège-tibia(m). 526, 530.
proue(f). 551.
puits(m) de dérive. 551.
pull-over(m). 561.
pylône(m). 558.
quart-arrière(m). 528, 529.
quarte(f). 577.
quartier(m). 567.
queue(f). 554, 556, 557, 563, 599.
queue(f) de castor. 563.
quille. 557, 590.
quille-reine(f). 590.
quilles(f), jeu(m) de. 590.
quilles(f), soulier(f) de. 590.
quilleur(m). 590.
quillier(m). 590.
quinte(f). 577.
quinte(f) royale. 592.
rabat(m) à attaches. 596.
racquetball(m). 541.
racquetballeur(m). 541.
rail(m) de renvoi. 590.
rainure(f). 559, 561, 586.
ramasseur(m). 536, 537.
rangée(f). 591.
raquette(f) Alaska. 563.
raquette(f) algonquine. 563.
raquette(f) de badminton. 542.
raquette(f) de racquetball. 541.
raquette(f) de squash. 540.
raquette(f) de tennis. 538.
raquette(f) Ojibwa. 563.
raquettes(f). 543, 563.
raquettes(f), types(m) de. 563.
raquetteur(m). 563.
râteau(m). 582.
réceptacle(m). 595.
réception(f). 574.
receveur(m). 526.
receveur(m). 525, 540, 542, 543.
réchaud(m) à trois feux. 599.
réchaud(m) à un feu. 599.
rectangle(m) des instructeurs. 525.
rectangle(m) du frappeur. 525.
rectangle(m) du receveur. 525.
relanceur(m). 537.
remplaçant(m). 535, 536, 539, 545.
rêne(f). 568.
rêne(f) de bride. 567.
rêne(f) de filet. 567.
renfort(m) de pointe. 562.
rep'ère(m) de virage de dos. 546.
repose-pieds(m). 558.
réservoir(m) de gaz. 599.
ressort(m). 574.
rétenteur(m). 568.
revêtement(m). 543.
ridoir(m). 553.
ring(m). 579.
rivière(f) de steeple. 570.
robinet(m) relais. 599.
Roi(m). 591, 592.
rondelle(f). 534.
rondelle(f). 558, 559, 561.
rotation(f) des joueurs. 536.
roue(f) à rayons. 568.
rouge(m). 594, 595.
rough(m). 585.
rouleau(m). 595.
roulement(m) à billes. 562.
roulette(f). 594.
roulette(f). 562.

roulette(f), table(f) de. 595.
ruban(m) adhésif. 526.
ruban(m) blanc. 542.
ruban(m) de caoutchouc. 587.
rugby(m). 531.
sabot(m). 554.
sabre(m). 577.
sabreur(m). 577.
sac(m). 555.
sac(m) à cagoule. 598.
sac(m) à dos. 561, 589.
sac(m) banane. 559.
sac(m) de golf. 587.
sac(m) rectangulaire. 598.
sac(m) semi-rectangulaire. 598.
sacs(m) de couchage. 598.
saisons(f). 593.
sandow(m). 597.
sangle(f). 537, 567, 573, 587.
sangle(f) de brancard. 568.
sangle(f) sous-ventrière. 568.
sanglon(m). 567.
saut(m) à la perche. 570.
saut(m) en hauteur. 571.
saut(m) en longueur. 570.
sauteur(m). 555, 558.
scie(f). 599.
scie(f) de camping. 600.
scion(m). 580.
seconde(f). 577.
secondeur(m) au centre. 528, 529.
secondeur(m) extérieur droit. 528, 529.
secondeur(m) extérieur gauche. 528, 529.
secrétaire(m). 539, 545.
séjour(m). 596.
selle(f). 567.
selle(f). 573.
sellette(f). 568.
semelle(f). 554, 559, 560, 561, 562, 586.
septime(f). 577.
séquence(f). 592.
serre-poignet(m). 538.
serre-tête(m). 538, 561.
serveur(m). 536, 537, 540, 542, 543.
short(m). 538.
siège(m). 556, 558, 564, 567.
sixain(m). 594, 595.
sixte(f). 577.
ski(m). 558.
ski(m). 559.
ski(m) alpin. 559, 560.
ski(m) de figure. 554.
ski(m) de fond. 561.
ski(m) de saut. 554.
ski(m) de slalom. 554.
ski(m) de tourisme. 554.
ski(m) nautique. 554.
skieur(m) alpin. 559.
skieur(m) de fond. 561.
skieur(m) de slalom. 554.
skis(m), types(m) de. 554.
snooker(m). 584.
soie(f). 580.
soigneur(m). 579.
soulier(m) à crampons. 526.
soulier(m) de tennis de table. 543.
sous-gorge(m). 567.
spatule(f). 554, 559, 561.
sports(m). 523.
squash(m). 540.
stabilisateur(m). 555, 556.
stade(m). 570, 571.
station(f) de ski. 558.
stationata(f). 565.
steeple(m). 570.
sud(m). 593.
sulky(m). 568.
support(m). 543, 564.
support(m) d'entrave. 568.
support(m) de panneau. 535.
surface() de frappe. 526.
surface(f) de but. 532, 539.

surface(f) de coin. 532.
surface(f) de combat. 578.
surface(f) de glace. 544.
surface(f) de jeu. 543.
surface(f) de l'eau. 548.
surface(f) de réparation. 532.
surface(f) de sécurité. 578.
surliure(f). 601.
suspente(f). 555, 558.
symbole(m). 595.
table(f). 543.
table(f). 576.
table(f) de billard. 583, 584.
table(f) de roulette. 594.
tableau(m) de bord. 556.
tableau(m) indicateur. 569.
tablier(m). 579, 585.
tabouret(m). 579.
talon(m). 526, 534, 538, 559, 561, 562, 580, 581, 582, 586.
talonneur(m). 531.
talonnière(f). 554, 559, 560, 561.
tambour(m). 580.
tangon(m) de spinnaker. 552.
tapis(m). 579, 583, 584.
tapis(m), judo(m). 578.
tapis(m) de chute. 574.
tapis(m) de selle. 568.
tapis(m) de sol cousu. 596.
taquet(m). 552, 553.
taquet(m) coinceur. 551, 553.
tasse(f). 599.
té(m). 587.
téléphérique(m). 558.
télésiège(m) biplace. 558.
téléski(m) à archets. 558.
téléski(m) à perches. 558.
température(f). 569.
tendeur(m). 596.
tennis(m). 537, 538.
tennis(m) de table. 543.
tente(f) Baker. 597.
tente(f) canadienne. 597.
tente(f) dôme. 597.
tente(f) grange. 597.
tente(f) igloo. 597.
tente(f) intérieure. 597.
tente(f) rectangulaire. 597.
tente(f) touriste. 597.
tentes(f). 596, 597.
tentes(f), principaux types(m) de. 597.
tentes(f) familiales. 596.
terrain(m), badminton(m). 542.
terrain(m), baseball(m). 525.
terrain(m), basket-ball(m). 535.
terrain(m), curling(m). 544.
terrain(m), football(m) américain. 527.
terrain(m), football(m) canadien. 527.
terrain(m), hand-ball(m). 539.
terrain(m), rugby(m). 531.
terrain(m), tennis(m). 537.
terrain(m), volley-ball(m). 536.
terrain(m) de jeu, football(m) européen. 532.
tête(f). 538, 542, 563, 572, 581, 582, 586, 588.
tête(f) de marteau. 588.
tête(f) de mât. 551.
tête(f) de métal. 572.
tête(f) de scion. 580.
têtière(f). 551, 567.
tierce(f). 577.
tige(f). 560, 561, 562.
tirant(m) des cordes. 579.
tire-bouchon(f). 549.
tire-bouchon(m). 599.
tire-veille(m). 551.
toile(f) à pourrir. 596.
toile(f) de saut. 574.
toit(m). 596.
toron(m). 601.
Tour(f). 591.
tourillon(m). 582.

tournant(m) de club house. 569.
tournevis(m). 599.
tourniquet(m). 594.
trace(f). 558.
trait(m) de mise en jeu. 527.
trampoline(f). 574.
transversale(f) pleine. 594, 595.
trapèze(f). 554.
trapèze(m). 557.
trapèze(f) de figure. 554.
trapèzes(m), types(m) de. 554.
traverse(f) arrière. 563.
traverse(f) avant. 563.
trèfle(f). 592.
tremplin(m). 548, 558, 573, 574.
triangle(m). 582.
tribord(m) amures. 553.
tribune(f) des juges. 569.
tribune(f) populaire. 569.
triple(m) mur(m). 566.
triple(f) saut. 571.
trois-quarts(m). 531.
troisième-but(m). 525.
troisième joueur(m). 544.
trou(m). 585.
trou(m). 590.
troussequin(m). 567.
tuba(m). 550.
tube(m) de bord d'attaque. 557.
tube(m) transversal. 557.
tuiles(f) ordinaires. 593.
tuque(f). 561.
tuyau(m) d'air. 550.
uniforme(m), football(m). 530.
ustensiles(m) de campeur. 599.
Valet(m). 592.
variomètre(m). 556.
vélivole(m). 556.
vent(m). 553.
vent(m) arrière. 553.
vent(m) de travers. 553.
vent(m) debout. 553.
vents(m) d'est. 593.
vents(m) du nord. 593.
vents(m) du sud. 593.
vents(m) ouest. 593.
verrière(f). 556.
vert(m). 585.
veste(f). 576.
veste(f) de pêche. 582.
veste(f) en duvet. 589.
vêtement(m) isothermique. 550.
vêtements(m) d'équitation. 565.
virage-culbute(m). 547.
virage(m). 547.
virage(m) de brasse. 547.
virole(f). 582.
virole(f) femelle. 580.
virole(f) mâle. 580.
vis(f). 562.
vis(f) de réglage de hauteur. 560.
vis(f) de réglage de libération. 560.
vitre(f). 540.
voile(f). 551.
voile(f). 581.
voilure(f). 550, 555, 557.
voiturette(f) de golf. 587.
vol(m). 548.
vol(m) à voile. 556.
vol(m) libre. 556.
volant(m). 542.
volley-ball(m). 536.
vols(m). 548.
voltigeur(m) de centre. 525.
voltigeur(m) droit. 525.
voltigeur(m) gauche. 525.
water-polo(m). 545.
winch(m). 553.
wishbone(m). 551.
zéro(m). 594, 595.
zone(f) d'attaque. 533, 536.
zone(f) de but. 527, 533.
zone(f) de chute. 570, 571.
zone(f) de danger. 578.
zone(f) de défense. 533, 536.
zone(f) de service. 536, 541.

Les termes en **caractères gras** renvoient à une illustration; les termes en *italique* indiquent l'usage français.

zone(f) de service droite. 540.
zone(f) de service gauche. 540.
zone(f) libre. 536.
zone(f) neutre. 528, 529, 533.
zone(f) réservée. 535.

SYMBOLES

accès(m) interdit. 716.
accès(m) interdit aux bicyclettes. 716.
accès(m) interdit aux camions. 716.
accès(m) interdit aux cyclomoteurs. 716.
accès(m) interdit aux motocycles. 716.
accès(m) interdit aux piétons. 716.
accès(m) interdit aux véhicules à moteur. 716.
accès(m) pour handicapés physiques. 719.
addition(f). 723.
aigle(m). 710.
appartenance(f). 723.
argent(m). 710.
arrêt(m) à l'intersection. 715.
arrêt(m) interdit. 717.
arrêt(m) limité. 717.
articles(m) perdus et retrouvés. 720.
ascenseur(m). 719.
attention, passage(m) pour piétons. 718.
attention, plancher(m) glissant. 718.
autoroute(f). 717.
azur(m). 710.
Balance(f). 712.
banderole(f). 711.
bannière(f). 711.
bar(m). 720.
base(f). 709.
battant(m). 709.
Bélier(m). 712.
biologie(f). 722.
blanchiment(m). 722.
boutique(m) hors taxe. 720.
bureau(m) de poste. 720.
camping(m) interdit. 721.
Cancer(m). 712.
canton(m). 709.
canton(m) dextre de la pointe. 709.
canton(m) dextre du chef. 709.
canton(m) senestre de la pointe. 709.
canton(m) senestre du chef. 709.
Capricorne(m). 712.
carré(m). 711.
casiers(m) à bagages. 720.
casse-croûte(m). 719.
cédez le passage. 715.
cent(m). 723.
centre(m). 709.
change(m). 720.
chariots(m) à bagages. 720.
chaussée(f) cahoteuse. 714.
chaussée(f) glissante. 714.
chaussée(f) rétrécie. 714.
chef(m). 709, 710.
chevron(m). 710.
chutes(f) de pierres. 714.
circulation(f) dans les deux sens. 715.
coiffeur(m). 720.
constellations(f). 712.
copyright(m). 723.
couleurs(f). 710.
coupé(m). 710.
croissant(m). 710.
croix(f). 710.
dangers(m), autres. 715.
débouché(f) de cyclistes. 715.
défense(f) de fumer. 719.
descente(f) dangereuse. 714.

dextre(m). 709.
direction(f) d'une réaction. 723.
direction(f) obligatoire. 717.
division(f). 723.
dollar(m). 723.
dos(f) d'âne. 714.
drapeau(m). 709.
drapeau(m), éléments(m) d'un. 709.
drapeau(m), formes(f) de. 711.
drapeau(m) à Schwenkel. 711.
drisse(f). 709.
écartelé(m). 710.
écu(m). 709.
égal ou plus grand que. 723.
égal ou plus petit que. 723.
égale. 723.
égale à peu près. 723.
émaux(m). 710.
emblème(m). 709.
enregistrement(m). 720.
ensemble(m) vide. 723.
entrée(f) interdite. 718.
entretien(m) des tissus. 722.
équivaut à. 723.
escalier(m). 719.
escalier(m) mécanique descendant. 719.
escalier(m) mécanique montant. 719.
esperluette(m). 723.
est identique à. 723.
étoile(f). 710.
extincteur(m) d'incendie. 718.
fanion(m). 711.
fanion(m) double. 711.
femelle(f). 723.
fin(f) d'autoroute. 717.
fin(f) de l'interdiction de dépasser. 716.
flamme(f). 711.
flanc(m) dextre. 709.
flanc(m) senestre. 709.
fleur(f) de lis. 710.
fourrures(f). 710.
Gémeaux(m). 712.
gueules(f). 710.
guidon(m). 711.
guindant(m). 709.
hampe(f). 709.
hermine(f). 710.
hôpital(m). 718.
inclusion(f). 723.
infini(m). 723.
interdiction(f) de dépasser. 716.
interdiction(f) de faire demi-tour. 716.
interdiction(f de tourner à gauche. 716.
interdit aux chiens. 718.
intersection(f). 723.
intersection(f) à sens giratoire. 715.
intersection(f) à sens giratoire obligatoire. 717.
intersection(f) avec priorité. 715.
lavage(m). 722.
ligne(f) sous tension. 718.
limitation(f) de hauteur. 716.
limitation(f) de largeur. 716.
limitation(f) de poids. 716.
Lion(m). 712.
lion(m) passant. 710.
livraison(f) des bagages. 720.
livre(f). 723.
location(f) de voitures. 721.
mâle(m). 723.
manche(m) à air. 711.
marque(f) déposée. 723.
mât(m). 709.
mathématiques(f). 723.
matières(f) inflammables. 718.
métaux(m). 710.
meubles(m). 710.
monte-charge(m). 719.
mort(f). 723.

multiplication(f). 723.
n'égale pas. 723.
n'est pas identique à. 723.
naissance(f). 723.
ne pas utiliser avec un chariot à bagages. 720.
ne pas utiliser avec une chaise roulante. 719.
négatif(m). 723.
nettoyage(m) à sec. 722.
or(m). 710.
ordonnance(f). 723.
oriflamme(f). 711.
pal(m). 710.
parking(m). 717.
parti(m). 710.
partitions(f). 710.
passage(m) à niveau. 715.
passage(m) d'animaux sauvages. 715.
passage(m) de bétail. 715.
passage(m) pour piétons. 714.
pavillon(m) à deux pointes. 711.
pavillon(m) à deux pointes et langue. 711.
pennon(m). 711.
pente(f) raide. 714.
permission(f) de fumer. 719.
pharmacie(f). 720.
pièces(f) honorables. 710.
pique-nique(m) interdit. 721.
plus grand que. 723.
plus ou moins. 723.
plus petit que. 723.
point(m) du chef. 709.
pointe(f). 709.
pointe(f) de hampe. 709.
poison(f). 718.
Poissons(m). 712.
police(f). 718.
positif(m). 723.
poste(m) d'essence. 721.
poste(m) de dépannage. 721.
pourcentage(m). 723.
pourpre(m). 710.
premiers soins(m). 718.
priorité(f) aux intersections. 715.
projection(f) de gravillons. 714.
racine(f) carrée de. 723.
réaction(f) réversible. 723.
rectangulaire(m). 711.
renseignements(m). 718.
repassage(m). 722.
réservation(f) d'hôtel. 721.
restaurant(m). 719.
réunion(f). 723.
sable(m). 710.
Sagittaire(m). 712.
Scorpion(m). 712.
séchage(m). 722.
senestre(m). 709.
services(m) d'inspection. 720.
signal(m)[fin de priorité]. 715.
signal(m)[route à priorité]. 715.
signalisation(f) lumineuse. 718.
signaux(m) d'avertissement de danger. 714, 715.
signaux(m) d'indication. 717.
signaux(m) d'interdiction. 716.
signaux(m) d'obligation. 717.
signaux(m) de réglementation. 716.
signaux(m) relatifs à l'arrêt. 717.
signaux(m) relatifs au stationnement. 717.
signaux(m) routiers internationaux. 714, 715, 716, 717.
signes(m) du zodiaque. 712.
soustraction(f). 723.
stationnement(m) interdit. 717.
stationnement(m) limité. 717.
symboles(m). 707.
symboles(m), éléments(m) visuels des. 713.

symboles(m), exemples(m) de. 710.
symboles(m) d'usage courant. 718, 719, 720, 721.
Taureau(m). 712.
télégramme(m). 720.
téléphone(m). 718.
terrain(m) de camping. 721.
terrain(m) de caravaning. 721.
terrain(m) de pique-nique. 721.
toilettes(f) pour dames. 719.
toilettes(f) pour hommes. 719.
tranché(m). 710.
transport(m) ferroviaire. 721.
transport(m) par autobus. 721.
transport(m) par avion. 721.
transport(m) par hélicoptère. 721.
transport(m) par taxi. 721.
travaux(m). 715.
tuyau(m) d'incendie. 718.
vair(m). 710.
Verseau(m). 712.
vert(m). 710.
Vierge(f). 712.
virage(m), double. 714.
virage(m) à droite. 714.
virage(m) dangereux. 714.
vitesse(f) maximale limitée. 716.
voie(f) à sens unique. 717.
zone(f) scolaire. 714.

TRANSPORT

abri(m). 424.
accès(m) au réservoir d'essence. 397.
accès(m) aux quais. 426.
accès(m) étanche. 437.
accotement(m). 413.
accoudoir(m). 400.
aérogare(f) de passagers. 452.
aérogare(f) des passagers. 454.
aérogare(m) satellite. 452.
aérogare(m) de fret. 452.
aéroglisseur(m). 435.
aéroport(m). 452, 453.
affiche(f) publicitaire. 428.
afficheur(m) prix. 401.
afficheur(m) totaliseur. 401.
afficheur(m) volume. 401.
aiguillage(m). 424.
aiguillage(m) manoeuvré à distance. 423.
aiguillage(m) manoeuvré à pied d'oeuvre. 422.
aiguille(f). 422.
aile(f). 449.
aile(f). 397, 403, 448, 457.
aile(f) à géométrie variable. 449.
aile(f) arrière. 436.
aile(f) avant. 436.
aileron(m). 433, 448.
aileron(m) de stabilisateur. 433.
aileron(m) stabilisateur. 437.
ailes(f) en V. 436.
ailes(f) immergées. 436.
aimant(m). 443.
air(m) de refroidissement. 458.
aire(f) de repos. 457.
aire(f) de stationnement. 452.
aire(f) de trafic. 452.
alidade(f). 443.
allumeur(m). 405.
alternateur(m). 405, 418.
alvéole(f) de plaque. 406.
âme(f). 422.
amortisseur(m). 408.
amortisseur(m) arrière réglable. 409.
amortisseur(m) de direction. 410.
ampèremètre(m). 410.
ancrage(m) des haubans. 416.
ancre(f). 447.
ancre(f) à champignon. 447.
ancre(f) à jas. 447.

Les termes en **caractères gras** renvoient à une illustration; les termes en *italique* indiquent l'usage français.

ancre(f) à pattes articulées. 447.
ancre(f) charrue. 447.
ancre(f) de marine. 447.
ancre(f) flottante. 447.
ancre(f) sans jas. 447.
ancres(f), types(m) d'. 447.
anneau(m) catadioptrique. 446.
anneau(m) de retenue. 398.
anneau(m) dioptrique. 446.
antenne(f). 397, 448.
antenne(f) radar. 438.
antenne(f) radio. 438, 458.
antenne(f) VHF. 449.
anticheminant(m). 422.
antivol(m). 410.
appareils(m) de navigation. 442, 443.
appartement(m) de luxe. 433.
appartement(m) du commandant. 433.
appui-tête(m). 400, 421.
arbre(f). 453.
arbre(m) à cames. 405.
arbre(m) cannelé. 398.
arbre(m) de couche. 434.
arbre(m) de transmission. 455.
arbre(m) porte-hélice. 436.
arbre(m) turbine-compresseur. 450.
arc(m) à deux articulations. 415.
arc(m) à trois articulations. 415.
arc(m) encastré. 415.
arc(m) métallique à treillis. 415.
arche(f). 415.
arcs(m), types(m) d'. 415.
armature(f). 446.
arrivée(f) d'oxygène. 458.
articulation(f). 398.
atelier(m) de réparation. 401.
atelier(m) diesel. 424.
aubage(m) directeur d'entrée. 450.
aube(f). 450.
aube(f) fixe. 450.
aube(f) mobile. 450.
automobile(f). 397, 398, 399, 400.
auvent(m). 397.
avertisseur(m) sonore. 418.
avion(m) long-courrier. 448.
axe(m) d'attelage. 419.
axe(m) du pédalier. 412.
baguette(f) de flanc. 397.
baignoire(f). 437.
bajoyer(m). 440.
baladeur(m) à roues dentées. 412.
balai(m) d'essuie-glace. 398.
balai(m) pointe en bas. 446.
balai(m) pointe en haut. 446.
balancine(f). 430.
balcon(m) de veille. 445.
baleinière(f). 432.
balisage(m), système(m) cardinal. 445.
balisage(m), système(m) latéral de. 446.
ballast(m). 422.
banc(m). 428.
bande(f) de ris. 431.
bande(f) de roulement. 407.
bandes(f) horizontales. 444.
bandes(f) verticales. 444.
banquette(f) arrière. 400.
bar(m). 433.
barre(f) de guidage. 429.
barre(f) de plongée. 438.
barre(f) de prise de courant. 429.
barreau(m). 419.
barrette(f). 406.
bas-mât(m). 430.
base(f). 411, 423.
bassin(m) à flot. 441.
bassin(m) à marée. 441.
bassin(m) de radoub. 441.
bateau-porte(m). 441.
bathyscaphe(m). 437.
batterie(f) d'accumulateurs. 406.
batterie(f) d'accumulateurs. 437.

bavette(f) garde-boue. 397, 402, 403.
bec(m). 447.
bec(m) de bord d'attaque. 448.
béquille(f). 402, 436.
béquille(f) centrale. 409.
béquille(f) latérale. 409.
berline(f). 398.
bicyclette(f). 411, 412.
bidon(m). 411.
bief(m) amont. 440.
biellette(f) de commande de pas. 455.
billetterie(f). 426.
bitte(f) d'amarrage. 440.
bloc-cylindres(m). 405.
bloc(m) d'équipement. 456.
bogie(m). 429.
bogie(m). 418, 421.
boîte(f) à gants. 399.
boîte(f) d'essieu. 418.
boîte(f) de jonction. 423.
boîte(f) de vitesses. 435, 436.
boîtier(m). 442.
boîtier(m) de batterie. 402, 406.
boîtier(m) de phare. 398.
bord(m). 430.
bord(m) d'attaque. 448.
bord(m) de fuite. 448.
bordure(f) de quai. 427, 428.
bordure(f) de trottoir. 413.
borne(f). 406.
borne(f) de gonflage. 401.
borne(f) négative. 406.
borne(f) positive. 406.
bossoir(m). 430.
botte(f) lunaire. 458.
bouche(f) d'air. 399.
bouchon(m) à évents. 406.
bouchon(m) de radiateur. 406.
bouchon(m) de remplissage. 410.
bouchon(m) de remplissage d'huile. 405.
bouchon(m) de vidange d'huile. 405.
bouchon(m) du réservoir d'huile. 410.
boucle(f). 400.
bouclier(m). 397.
bouclier(m) thermique. 457.
bouée(f) à cloche. 444.
bouée(f) à plan focal élevé. 444.
bouée(f) à sifflet. 444.
bouée(f) conique. 444.
bouée(f) de sauvetage. 436.
bouée(f) Espar. 444.
bouée(f) tonne. 444.
bouées(f). 444.
bougie(f) d'allumage. 406.
boulon(m) d'éclisse. 422.
bourrelet(m). 407.
boutique(f) hors taxe. 454.
bouton(m) de réglage. 442.
bouton(m) de verrouillage. 400.
bouton(m) moleté. 442.
branchement(m) pluvial. 413.
bras(m). 431, 447.
bras(m) d'essuie-glace. 398.
bras(m) télécommandé. 457.
break(m). 398.
bretelle(f). 424, 452.
brick(m). 432.
brigantin(m). 432.
brigantine(f). 431.
bulletin(m) de bagages. 426.
bureau(m) de change. 426.
bureau(m) de renseignements. 426.
bureau(m) de réservation de chambres d'hôtel. 454.
bureau(m) des douanes. 441.
bureau(m) du changeur. 428.
buse(f) d'éjection. 450.
butée(f). 415.
butée(f) de porte. 419.
butoir(m). 397, 424.

butte(f). 425.
cabestan(m). 439.
cabine(f). 434, 448, 455.
cabine(f) classe touriste. 433.
cabine(f) de conduite. 418.
cabine(f) de pilotage. 435.
cabine(f) des passagers. 435, 436.
cabine(f) sphérique. 437.
cabinet(m) de toilette. 421.
câble(m). 442.
câble(m) de bougie. 405.
câble(m) de commande. 412.
câble(m) de frein. 411.
câble(m) électrique. 413.
câble(m) porteur. 416.
câble(m) téléphonique. 413.
cabriolet(m). 398.
cacatois(m), petit. 431.
cacatois(m) avant, grand. 431.
cadenas(m). 412.
cadre(m). 409.
calandre(f). 397.
cale(f). 453.
cale(f) à conteneurs. 434.
cale-pied(m). 411.
camion(m) avitailleur. 453.
camion(m) commissariat. 453.
camion(m) élévateur. 453.
camion(m) vide-toilette. 453.
canal(m) d'éjection. 450.
canal(m) d'entrée d'air. 450.
canalisation(f). 407.
canalisation(f) de carburant. 404.
caniveau(m). 413.
caniveau(m) de transmission. 423.
cannelure(f). 406.
canon(m) anti-aérien. 439.
canot(m) de sauvetage. 430.
canot(m) pneumatique. 439.
canot(m) pneumatique de sauvetage. 435.
capot(m). 397, 403, 408.
capsule(f) à membrane. 405.
capuchon(m). 423.
carburant(m). 401.
carburateur(m). 404, 405, 409.
cargue(f). 431.
cargue-point(m). 431.
carosserie(f). 397.
carrosseries(f), types(m) de. 398.
carrousel(m). 454.
carte(f) de ligne. 428.
carte(f) de réseau. 428, 429.
carte(f) du réseau. 426.
carter(m). 405, 409.
carter(m) d'engrenage de frein à main. 419.
case(f) d'affichage de l'heure de départ. 427.
case(f) d'affichage de la destination. 427.
case(f) d'affichage des retards. 427.
casque(m). 458.
ceinture(f). 407.
ceinture(f) de sécurité. 400.
centre(m) de gravité. 447.
chaîne(f). 411, 412.
chaîne(f) d'ancre. 447.
chaîne(f) de frein à main. 419.
chambre(f). 421.
chambre(f) à coucher. 445.
chambre(f) de chauffe. 439.
chambre(f) de combustion. 404, 450.
chambre(f) de combustion annulaire. 450.
chambre(f) de sédimentation. 406.
chambre(f) des cartes. 434.
chambre(f) des machines. 438, 439.
chambre(f) des torpilles. 438.
champignon(m). 422.
changeur(m) de lampe. 446.
chape(f) de rose. 443.
chapeau(m) d'angle. 419.

chapelle(f). 433.
charge(f) utile. 456.
chariot(m) à bagages. 454.
chariot(m) à plateau. 427.
chariot(m) porte-roues. 401.
chariot(m) transbordeur. 417.
châssis(m). 401.
châssis(m) d'aiguillage. 423.
châssis(m) de bogie. 418.
chaudière(f). 433, 438.
chaussée(f). 413.
chemin(m) de fer métropolitain. 429.
cheminée(f). 434.
cheminée(f) d'échappement. 403.
chenille(f). 446.
citerne(f) d'eau potable. 453.
clignotant(m). 402.
clignotant(m) arrière. 409.
clin, foc(m). 431.
clou(m) millésimé. 422.
coach(m). 398.
coeur(m) de croisement. 422.
coffre(m). 397.
collecteur(m) d'échappement. 404, 405, 406.
collet(m). 447.
collier(m) de serrage. 458.
colonne(f). 429.
colonne(f) de direction. 400.
combinaison(f) pressurisée. 458.
commande(f) d'essuie-glace. 400.
commande(f) de barrières. 423.
commande(f) de chauffage. 399.
commande(f) de dossier. 400.
commande(f) de la dérive arrière. 436.
commande(f) de la dérive avant. 436.
commutateur(m) de frein de secours. 429.
compartiment(m) des voitures. 435.
compas(m). 437.
compas(m) magnétique liquide. 443.
compresseur(m). 404.
compresseur(m) axial. 450.
compte-tours(m). 399.
compteur(m) kilométrique. 399.
comptoir(m) d'enregistrement. 454.
comptoir(m) de change. 454.
comptoir(m) de renseignements. 454.
comptoir(m) de vente des billets. 454.
conditionnement(m) d'air. 421.
conduite(f) de distribution d'eau potable. 413.
conduite(f) de transfert d'oxygène liquide. 456.
conduite(f) de transfert de carburant. 456.
conduite(f) principale de gaz. 413.
cône(m). 446.
cône(m) d'échappement. 450.
cône(m) d'entrée. 450.
cônes(m) accolés. 446.
consigne(f) automatique. 426.
console(f) centrale. 399.
conteneur(m). 425.
conteneur(m). 434.
contre-rail(m). 423.
contrepoids(m). 417, 422, 423.
contrôle(m) d'immigration. 454.
contrôle(m) de sécurité. 454.
contrôle(m) des passeports. 454.
contrôle(m) douanier. 454.
convoyeur(m) à bagages. 453.
corne(f). 432.
corps(m). 444.
cotre(m) Marconi. 432.
couche(f) de base. 413.
couche(f) de fondation. 413.
couche(f) de forme. 413.
couche(f) de surface. 413.
couchette(f). 438.

Les termes en **caractères gras** renvoient à une illustration; les termes en *italique* indiquent l'usage français.

couloir(m) central. 421.
couloir(m) d'intercirculation. 421.
couloir(m) latéral. 421.
coupé(m). 398.
coupole(f). 445.
courroie(f) de la pompe à huile. 404.
courroie(f) de ventilateur. 405, 406.
coussinet(m) de glissement. 422.
couvercle(m) de batterie. 406.
couvercle(m) de culasse. 405.
crampon(m). 422.
crémaillère(f). 446.
croc(m) de remorque. 437.
crocodile(m). 424.
croix(f) de Saint-André. 423.
croix(m) de Saint-Georges. 446.
cuisine(f). 421.
culasse(f). 409.
culée(f). 414, 415, 416.
culot(m). 406.
cuve(f) à mercure. 446.
cuvette(f). 443.
cylindre(m). 404, 409, 446.
cylindre(m) de roue. 407.
damier(m). 444.
décapotable(f). 398.
déflecteur(m). 403.
déflecteur(m) acoustique. 435.
déflecteur(m) de réservoir d'oxygène liquide. 456.
démarreur(m). 405.
démarreur(m) électrique. 410.
dépanneuse(f). 401.
déporteur(m). 448.
dépoussiéreur(m). 433.
dérailleur(m) arrière. 411.
dérailleur(m) avant. 411, 412.
dérive(f). 448, 455.
dérive(f) aérienne. 435.
détente(f). 401.
diable(m). 427.
diamant(m). 447.
diffuseur(m) d'air. 429.
direction(f). 400.
disque(m). 407.
disque(m) de papier-diagramme. 402.
distributeur(m) d'essence. 401.
distributeur(m) d'essence. 401.
distributeur(m) de boissons. 401.
distributeur(m) de correspondances. 428.
distributeur(m) de monnaie. 426.
dock(m) flottant. 441.
doigt(m) de jupe. 435.
dossier(m). 400, 408.
draille(f). 430.
drisse(f). 431.
dunette(f). 430.
durite(f) de radiateur. 406.
écartement(m) des électrodes. 406.
échappement(m), système(m) d'. 406.
échappement(m) diesel. 438.
échelle(f) de bout. 419.
échelle(f) de coupée. 434.
échelle(f) latérale. 419.
écho(m). 442.
éclisse(f). 422.
écluse(f). 440.
écluse(f). 441.
écoute(f). 431.
écran(m). 442.
écran(m) de visibilité. 423.
écrou(m). 422, 442.
écrou(m) hexagonal. 406.
écubier(m). 433.
édicule(m). 428.
égout(m) collecteur. 413.
électrode(f) centrale. 406.
électrode(f) de masse. 406.
élément(m). 406.
élevon(m). 457.
emblème(m). 397.

embout(m). 406.
émetteur(m). 442.
émetteur-récepteur(m). 442, 458.
empennage(m). 449.
empennage(m). 448.
empennage(m) bas. 449.
empennage(m) de stabilisation. 456.
empennage(m) en T. 449.
empennage(m) surélevé. 449.
encadrement(m) de lunette. 397.
enjoliveur(m) de phare. 398.
enjoliveur(m) de roue. 397.
enregistrement(m) des bagages. 426.
enregistreur(m) de pression. 437.
enseigne(f) directionnelle. 428.
enseigne(f) extérieure. 428.
entrée(f) d'air. 418, 435, 455.
entrée(f) d'air des moteurs. 435.
entrée(f) des gaz d'échappement. 404.
équipement(m) de contrôle biomédical. 458.
équipement(m) de vie. 458.
équipements(m) aéroportuaires. 453.
escalier(m) automoteur. 453.
escalier(m) d'accès. 453.
escalier(m) fixe. 428.
escalier(m) mécanique. 428.
essieu(m). 418.
essuie-glace(m). 398.
est(m). 445.
étage(m). 456.
étai(m). 430.
étrave(f). 430.
étrier(m). 407.
étrier(m) de fixation. 442.
évacuation(f) du gaz carbonique. 458.
faisceau(m) d'attente. 425.
faisceau(m) de débranchement. 425.
faisceau(m) de réception. 425.
familiale(f). 398.
familiale(f), arrière(m) d'une. 398.
fenêtre(f). 429.
fenêtre(f) coulissante. 421.
fenêtre(f) panoramique. 421.
feu(f) de gabarit. 397.
feu(m). 444.
feu(m) anticollision. 448.
feu(m) arrière. 409, 411.
feu(m) clignotant. 423.
feu(m) de gabarit. 402, 403.
feu(m) de gabarit rouge. 402.
feu(m) de lisse. 423.
feu(m) de marche arrière. 397.
feu(m) de navigation. 448.
feu(m) de tête de mât. 434.
feu(m) rouge arrière. 397, 402.
feux(m) d'extrémité de piste. 452.
fil(m) de contact. 427.
filtre(m) à air. 405.
filtre(m) à huile. 405.
fixation(f) de loquet de porte. 419.
flanc(m). 407.
flexible(m) de distribution. 401.
flotteur(m). 443.
foc(m), faux. 431.
foc(m), grand. 431.
foc(m), petit. 431.
fondation(f) de pile. 414.
fondation(f) de pylône. 416.
fossé(m). 413.
fourche(f). 411.
fourche(f) télescopique hydraulique. 409.
frégate(m). 439.
frein(m) à disque. 407.
frein(m) à disque. 409.
frein(m) à tambour. 407.
frein(m) arrière. 411.
frein(m) avant. 411.
freins(m) de voie primaires. 425.

freins(m) de voie secondaires. 425.
fusée(f). 456.
fusée(f). 430.
fusée(f) à propergol solide. 457.
fuselage(m). 448.
gaine(f) de rancher. 402.
galet(m). 446.
galet(m) tendeur. 412.
galhauban(m). 430.
gant(m). 458.
garage(m). 433, 434.
garcette(f) de ris. 431.
garde-boue(m) arrière. 411.
garde-boue(m) avant. 409.
garde-corps(m). 414.
garde-neige(m). 408.
gare(f). 424.
gare(f) de marchandises. 424.
gare(f) de triage. 425.
gare(f) de voyageurs. 424.
gare(f) maritime. 441.
garniture(f) de frein. 407.
génératrice(f). 411.
génératrice(f) principale. 418.
glace(f). 397, 443.
glace(f) de custode. 397.
glace(f) latérale. 403.
goélette(f) franche. 432.
goujon(m). 407.
gouttière(f). 397.
gouvernail(m). 433, 457.
gouvernail(m) avant. 434.
gouvernail(m) de direction. 438, 448.
gouvernail(m) de plongée avant. 438.
gouvernail(m) de profondeur. 448.
gouverne(f) de direction. 435.
grand-voile(f) arrière. 431.
grand-voile(f) avant. 431.
grappin(m). 447.
gréement(m). 430.
gréements(m), types(m) de. 432.
grille(f) d'égout. 413.
groupe(m) de plaques négatives. 406.
groupe(m) de plaques positives. 406.
groupe(m) électrogène. 453.
groupe(m) frigorifique. 402.
grue(f) à flèche. 441.
grue(f) à tour. 441.
grue(f) sur ponton. 441.
gui(m). 430.
guichet(m). 426.
guide-chaîne(m). 412.
guiderope(m). 430.
guidon(m). 408, 411.
hall(m) de gare. 426.
hall(m) des arrivées. 454.
hall(m) des départs. 454.
hall(m) public. 454.
hampe(f) de pavillon de beaupré. 439.
hangar(m). 452.
hangar(m) de transit. 441.
hangar(m) pour hélicoptère. 439.
hauban(m). 411, 430.
haubans(m) en éventail. 416.
haubans(m) en harpe. 416.
hayon(m). 398.
hélice(f). 433, 436, 437, 438.
hélice(f) de propulsion. 435.
hélicoptère(m). 455.
hélicoptère(m) de lutte anti-sous-marine. 439.
hublot(m). 448.
hublot(m) d'observation. 457.
hune(f). 430.
hunier(m) fixe, petit. 431.
hunier(m) fixe avant, grand. 431.
hunier(m) volant, petit. 431.
hunier(m) volant avant, grand. 431.
hydroptère(m). 436.
hygiaphone(m). 426.
îlot(m) de ravitaillement. 401.

index(m). 443.
indicateur(m). 442.
indicateur(m) de charge. 399.
indicateur(m) de niveau d'huile. 399.
indicateur(m) de niveau de carburant. 399.
indicateur(m) de température. 399.
indicateur(m) de vitesse. 399, 410.
injecteur(m). 404.
injecteur(m) de carburant. 450.
instruments(m) de bord. 399.
instruments(m) de bord. 399.
instruments(m) de contrôle des moteurs. 451.
instruments(m) de vol. 451.
interrupteur(m). 442.
interrupteur(m) d'éclairage. 410.
interrupteur(m) d'urgence. 410.
inverseur(m) route-croisement. 400, 410.
isolateur(m). 406.
jante(f). 407, 409, 411.
jas(m). 447.
jauge(f) d'huile. 405.
jeu(m) de dilatation. 422.
joint(m) de bougie. 406.
joint(m) de rail. 422.
jointure(f) de soufflet. 458.
joue(f) de jante. 407.
jupe(f) souple. 435.
ketch(m). 432.
kiosque(m). 438.
klaxon(m). 399, 410, 412.
laboratoire(m) spatial. 457.
lame(f). 398.
lampe(f) à incandescence. 446.
lampe-témoin(f) de phare. 410.
lampe-témoin(f) de pression d'huile. 410.
lance-missiles(m). 439.
lanceur(m). 410.
lanterne(f). 445.
lanterne(f) de phare. 446.
lave-auto(m). 401.
lentille(f) centrale. 446.
lest(m) de sécurité. 437.
levier(m) de commande. 411, 412.
levier(m) de commande à main. 422.
levier(m) de déclenchement. 403.
levier(m) de frein à main. 399.
levier(m) de levage. 419.
levier(m) de vitesse. 399.
levier(m) télescopique de dételage. 419.
ligne(f) de flottaison. 439.
ligne(f) de foi. 443.
ligne(f) de sécurité. 428.
lignes(f), grandes. 424.
limbe(m). 443.
limousine(f). 398.
lisse(f). 423.
lisse(f) d'aile. 449.
lit(m) du bas. 421.
lit(m) du haut. 421.
local(m) de service. 445.
locaux(m) du personnel. 433.
locaux(m) pour fret. 433.
loch(m) vertical. 437.
locomotive(f) de manœuvre. 425.
locomotive(f) diesel-électrique. 418.
longeron(m). 402, 403.
longeron(m) avant. 449.
longeron(m) latéral inférieur. 425.
longeron(m) principal. 449.
loquet(m) de porte. 419.
lunette(f) arrière. 397.
lunette(f) d'approche. 443.
machine(f) de rotation à poids. 446.
mâchoire(f) d'attelage. 419.
main(f) courante. 419.
maison(f) éclusière. 441.
manche(f) de commande. 451.

Les termes en **caractères gras** renvoient à une illustration; les termes en *italique* indiquent l'usage français.

manche(m) pilote. 455.
manette(f) de clignotant. 400.
manette(f) du frein. 408.
manettes(f) de commande. 451.
manivelle(f). 402, 412, 440.
manivelle(f) de lève-glace. 400.
manomètre(m). 458.
marchepied(m). 403, 408, 430, 455.
marchepied(m) en étrier. 419.
marque(f) d'aire de prise de contact. 452.
marque(f) d'axe de piste. 452.
marque(f) de distance fixe. 452.
marque(f) de point d'attente. 452.
marques(f) d'identification. 452.
marques(f) de seuil de piste. 452.
marques(f) latérales de piste. 452.
marquise(f). 427.
martinet(m). 430.
martingale(f). 430.
massif(m) d'ancrage des câbles. 416.
mât(m). 423.
mât(m) arrière, grand. 430.
mât(m) avant, grand. 430.
mât(m) d'artimont. 430.
mât(m) de beaupré. 430.
mât(m) de cacatois. 430.
mât(m) de charge. 434.
mât(m) de hune. 430.
mât(m) de misaine. 430.
mât(m) de perroquet. 430.
mât(m) rotor. 455.
mâture(f). 430.
membrure(f) inférieure. 415.
membrure(f) supérieure. 415.
mezzanine(f). 428.
miroir(m), grand. 443.
miroir(m), petit. 443.
miroir(m) de courtoisie. 399.
misaine(f). 431.
missile(m). 438.
module(m) de commande. 456.
module(m) de service. 456.
module(m) lunaire. 456.
montant(m). 445.
montant(m) d'angle. 425.
montant(m) latéral. 397.
montre(f). 399.
mortier(m). 439.
moteur(m). 405.
moteur(m). 456.
moteur(m) à essence. 405.
moteur(m) à turbocompression. 404.
moteur(m) d'aiguille. 423.
moteur(m) de manoeuvre. 457.
moteur(m) de traction. 418.
moteur(m) diesel. 404.
moteur(m) diesel. 418, 436.
moteur(m) électrique. 437.
moteurs(m). 404.
moteurs(m). 457.
moteurs(m) principaux. 457.
motocyclette(f). 409, 410.
motoneige(f). 408.
motrice(f). 429.
moyeu(m). 411.
moyeu(m) rotor. 455.
murette(f). 445.
nacelle(f). 417.
nacelle(f) élévatrice. 453.
navette(f) spatiale. 457.
navette(f) spatiale au décollage. 457.
navette(f) spatiale en orbite. 457.
navire(m) porte-barges LASH. 441.
navire(m) porte-conteneurs. 441.
nervure(f) d'aile. 449.
nervure(f) d'emplanture. 449.
nez(m). 448.
niche(f) d'urgence. 428.
nom(m) de la station. 428.
nord(m). 445.

numéro(m) de quai. 427.
oeil(m) témoin. 423.
office(m). 448.
onde(f) sonore. 442.
orbiteur(m). 457.
ordinateur(m) de contrôle. 436.
oreille(f). 447.
organeau(m). 447.
organeau(m) de hissage. 447.
orifice(m) de remplissage. 403, 443.
ossature(f). 421.
ouest(m). 445.
pale(f) de rotor. 455.
palier(m) avant. 450.
palier(m) central. 450.
palonnier(m). 451.
panneau(m) de cale. 433.
panneau(m) de commutation. 451.
panneau(m) de contrôle du pilotage automatique. 451.
panneau(m) de gare. 427.
panneau(m) du mécanicien. 451.
panneau(m) indicateur. 427.
panneau(m) nombre de voies. 423.
pantographe(m). 427.
paquebot(m). 433.
parachute(m). 457.
pare-brise(m). 397, 403, 408, 451.
pare-chocs(m). 397, 402, 403.
pare-chocs(m) arrière. 408.
pare-soleil(m). 399.
paroi(f) avant. 402.
paroi(f) de bout. 402.
paroi(f) latérale. 402, 425.
passage(m) à niveau. 423.
passage(m) à niveau à signalisation automatique. 424.
passage(m) à niveau de quai. 427.
passage(m) de fourche. 425.
passage(m) inférieur. 414.
passage(m) supérieur. 414.
passerelle(f). 424, 428, 434, 438.
passerelle(f) de navigation. 434.
passerelle(f) télescopique. 452.
patin(m). 422, 455.
patte(f). 447.
patte(f) de sécurité. 419.
pavillon(m). 397.
pavois(m). 430.
pédale(f). 411, 412.
pédale(f) d'accélérateur. 400.
pédale(f) de débrayage. 400.
pédale(f) de frein. 400, 412.
périscope(m). 438.
perroquet(m) fixe, petit. 431.
perroquet(m) fixe avant, grand. 431.
perroquet(m) volant, petit. 431.
perroquet(m) volant avant, grand. 431.
phare(m). 398, 445.
phare(m). 397, 403, 408, 409, 427.
phare(m) antibrouillard. 403.
phare(m) d'atterrissage. 455.
phare(m) latéral. 427.
pièce(f) de coin. 425.
pile(f). 414, 415.
piscine(f) de la première classe. 433.
piste(f) d'envol. 452.
piste(f) de roulement. 429.
pistolet(m) de distribution. 401.
piston(m). 405, 407.
pivot(m). 443.
pivot(m) central. 418.
pivot(m) d'accouplement. 402.
plage(f) arrière. 433.
plancher(m) de coffre. 398.
plaque(f) négative. 406.
plaque(f) positive. 406.
plaque(f) tournante. 417.
plaquette(f). 407.
plate-forme(f). 402.
plate-forme(f) élévatrice automotrice. 453.

plateau(m) d'optique. 446.
pli(m). 407.
pneu(m). 403, 411.
pneu(m) à carcasse diagonale. 407.
pneu(m) à carcasse radiale. 407.
pneu(m) à carcasse radiale ceinturée. 407.
pneu(m) à neige. 407.
pneumatique(m) de guidage. 429.
pneumatique(m) porteur. 429.
pneus(m). 407.
poche(f) pour échantillons lunaires. 458.
poignée(f) d'embrayage. 410.
poignée(f) de frein. 411.
poignée(f) de frein avant. 410.
poignée(f) de porte. 397.
poignée(f) des gaz. 410.
poignée(f) intérieure. 400.
poignée(f) montoir. 403, 429.
pompe(f). 411.
pompe(f) à eau. 406.
pompe(f) à essence. 405.
pompe(f) à huile. 404.
pompiste(m). 401.
pont(m) à béquilles. 415.
pont(m) à poutre. 414.
pont(m) à poutre simple. 414.
pont(m) à poutres indépendantes. 414.
pont(m) à tablier inférieur. 415.
pont(m) à tablier intermédiaire. 415.
pont(m) à tablier supérieur. 415.
pont(m) Bailey. 417.
pont(m) basculant à double volée. 417.
pont(m) basculant à simple volée. 417.
pont(m) cantilever. 414.
pont(m) de décloisonnement. 434.
pont(m) du réacteur. 438.
pont(m) en arc. 415.
pont(m) flottant. 417.
pont(m) levant. 417.
pont(m) roulant de chargement de conteneurs. 441.
pont(m) supérieur. 434.
pont(m) suspendu. 416.
pont(m) suspendu à haubans. 416.
pont(m) tournant. 417.
pont(m) transbordeur. 417.
pont-promenade(m). 434.
pontet(m) de connexion. 406.
ponton(m). 417.
ponts(m) à poutre, types(m) de. 414.
ponts(m) en arc, types(m) de. 415.
ponts(m) fixes. 414, 415, 416.
ponts(m) mobiles. 417.
port(m) maritime. 441.
porte-bagages(m). 398, 411.
porte-bidon(m). 411.
porte-conteneurs(m). 434.
porte-étiquette(m). 419.
porte-étiquette(m) d'acheminement. 419.
porte(f). 400.
porte(f). 397.
porte(f) amont. 440.
porte(f) arrière. 434.
porte(f) automatique. 454.
porte(f) avant. 435.
porte(f) busquée. 440.
porte(f) d'accès de plate-forme. 421.
porte(f) d'extrémité. 425.
porte(f) de la soute. 434.
porte(f) latérale. 425, 429.
porteur(m) de bagages. 427.
portique(m). 415.
portique(m) de signalisation. 424.
poste(m) à conteneurs. 441.

poste(m) d'aiguillage. 424, 425.
poste(m) de communication voyageur-opérateur. 429.
poste(m) de contrôle. 438.
poste(m) de pilotage. 451.
poste(m) de pilotage. 448, 455, 457.
poste(m) de trafic. 452.
pot(m) d'échappement. 406, 409.
poteau(m). 415.
potence(f). 411.
poulie(f). 405.
poutre(f) cantilever. 414.
poutre(f) continue. 414.
poutre(f) de bord de fuite. 449.
poutre(f) de queue. 455.
poutre(f) de rigidité. 416.
poutre(f) suspendue. 414.
prise(f) d'air. 408, 436.
projecteur(m). 436, 437.
propulsion(f), mécanisme(m) de. 412.
pupitre(m) central. 451.
pupitre(m) de conduite. 418.
pylône(m). 416, 424, 435.
pylône(m) du moteur. 449.
quai(m). 424.
quai(m) d'embarquement. 452.
quai(m) de gare. 427.
quai(m) de gare. 427.
quai(m) latéral. 428.
quatre-mâts(m) barque. 430, 431.
queue(f). 448.
radar(m). 435.
radar(m) de navigation. 439.
radar(m) de veille. 439.
radar(m) météorologique. 448.
radiateur(m). 406.
radiateur(m). 418.
radier(m). 429, 440.
rail(m). 422.
rail(m) de guidage. 402.
rail(m) de guidage de volet. 449.
rail(m) de raccord. 422.
rame(f). 424.
rame(f) de métro. 429.
rampe(f) d'accès. 416.
rampe(f) d'attelage. 403.
rampe(f) de quai. 441.
rayon(m). 411.
réacteur(m). 438.
réflecteur(m). 402, 408.
regard(m) de visite. 413.
remblai(m). 413.
remorque(f). 403, 429, 453.
repose-pied(m). 410.
repose-pied(m) du passager. 409.
repose-pied(m) du pilote. 409.
réservoir(m). 409.
réservoir(m) auxiliaire. 402.
réservoir(m) d'air. 437.
réservoir(m) d'eau. 421.
réservoir(m) d'essence de flottabilité. 437.
réservoir(m) d'hydrogène liquide (carburant). 456.
réservoir(m) d'oxygène de secours. 458.
réservoir(m) d'oxygène liquide (comburant). 456.
réservoir(m) de carburant. 403, 455.
réservoir(m) de fuel. 436.
réservoir(m) de kérosène. 456.
réservoir(m) de pétrole. 445.
réservoir(m) externe. 457.
réservoirs(m). 457.
ressort(m) à lames. 408.
ressort(m) de rappel. 407.
ressort(m) de soupape. 404, 405.
ressort(m) de suspension. 418.
ressort(m) de tension. 398.
rétroviseur(m). 399, 403, 409.
rétroviseur(m) extérieur. 397.
revêtement(m) en fibre de verre. 458.

Les termes en **caractères gras** renvoient à une illustration; les termes en *italique* indiquent l'usage français.

revêtement(m) intérieur. 407.
robinet(m) d'essence. 410.
rondelle(f) à ressort. 422.
rose(f) des vents. 443.
rotor(m) anticouple. 455.
roue(f). 407.
roue(f). 397.
roue(f) à jante amovible. 403.
roue(f) de sécurité. 429.
roue(f) de support. 408.
roue(f) dentée. 408, 412.
route(f), coupe(f) d'une. 413.
rue(f), coupe(f) d'une. 413.
sabot(m). 402.
salle(f) à manger. 421, 433, 434.
salle(f) d'attente. 426.
salle(f) d'embarquement. 454.
salle(f) de contrôle. 445.
salle(f) de jeux. 433.
salle(f) de séjour. 445.
salle(f) des machines. 445.
salle(f) des pas perdus. 426.
salon(m). 433.
sas(m). 440, 457.
sas(m) d'accès à la cabine. 437.
sas(m) d'accès arrière. 438.
saumon(m) d'aile. 449.
scaphandre(m) spatial. 458.
schnorchel(m) hissable. 438.
sculptures(f). 407.
secteur(m). 443.
section(f) prismatique. 446.
segment(m). 407.
sélecteur(m) de vitesses. 409, 410.
selle(f). 408, 411.
siège(m) biplace. 409.
selle(f) de rail. 422.
sellette(f) d'attelage. 403.
sémaphore(m). 424.
semi-remorque(f). 402.
semi-remorque(f). 403.
semi-remorque(f) plate-forme. 402.
séparateur(m). 406.
serrure(f) de porte. 397.
service(m) de colis. 426.
sextant(m). 443.
siège-baquet(m). 400.
siège(m) de l'observateur. 451.
siège(m) double. 429.
siège(m) du commandant de bord. 451.
siège(m) du copilote. 451.
siège(m) du mécanicien navigant. 451.
siège(m) réglable. 421.
siège(m) simple. 429.
sièges(m). 400.
signal(m) de départ. 427.
signal(m) de position d'aiguille. 422.
signal(m) lumineux d'aiguille. 423.
signalisation(f). 423.
signalisation(f) maritime. 444, 445, 446.
silencieux(m) auxiliaire. 406.
silo(m) à lest. 437.
sirène(f). 436.
ski(m). 408.
socle(m). 401.
sommellerie(f). 433.
sonar(m) à immersion variable. 439.
sonde(f) de détection de hauteur des vagues. 436.
sondeur(m) à éclats. 442.
sonnerie(f) de passage à niveau. 423.
sortie(f). 425.
sortie(f) de piste à grande vitesse. 452.
sortie(f) des gaz d'échappement. 404.
soufflante(f). 450.
soupape(f) d'admission. 404, 405.
soupape(f) d'échappement. 404.

soupape(f) de surpression. 458.
sous-marin(m). 438.
sous-vêtement(m) refroidi par circulation liquide. 458.
soute(f). 448.
soute(f) à bagages. 435, 455.
soute(f) à eau. 418.
sphère(f). 446.
sphère(f) d'hélium. 458.
stabilisateur(m). 443, 448, 455.
stabilisateur(m) à triple plan vertical. 449.
stabilisateur(m) de roulis à ailerons. 434.
station(f) de métro. 428.
station-service(f). 401.
sud(m). 445.
superstructure(f). 413, 444.
support(m) de lisse. 423.
support(m) de phare. 398.
suspension(f) à la Cardan. 443.
suspente(f). 416.
système(m) d'élimination de l'humidité. 458.
système(m) d'élimination de l'urine. 458.
système(m) de maintien de la pression. 458.
système(m) de refroidissement de l'eau. 458.
table(f) repliable. 421.
tableau(m) d'affichage des vols. 454.
tableau(m) de bord. 399.
tableau(m) de bord. 451.
tableau(m) des arrivées. 426.
tableau(m) des départs. 426.
tableau(m) horaire. 426.
tableau(m) indicateur des retards. 426.
tablier(m). 414, 415, 416.
tachymètre(m). 410.
talus(m). 413.
tambour(m). 407, 443.
tampon(m) de choc latéral. 418.
té(m). 446.
télépointeur(m). 439.
télépointeur(m) de missiles. 439.
tendeur(m). 423.
terrasse(f). 454.
terrasse(f) extérieure. 433.
tête(f) amont. 440.
tête(f) aval. 440.
tête(f) d'accouplement. 402.
tête(f) d'attelage. 419.
tête(f) de rotor. 455.
théâtre(m). 433.
tige(f) à ressort. 403.
tige(f) de selle. 411.
tige(f) filetée. 442.
timonerie(f). 436.
toit(m). 402, 425.
toit(m) ouvrant. 397.
ton(m) de mât. 430.
torpille(f). 438.
tour(f) de contrôle. 452.
tour(f) de guidage. 417.
tour(f) de sauvetage. 456.
tourelle(f) double. 439.
tourniquet(m) de contrôle d'accès. 428.
tourniquet(m) de sortie. 428.
tracteur(m). 403.
tracteur(m). 453.
tracteur(m) de piste. 453.
train(m) d'atterrissage avant. 448.
train(m) d'atterrissage principal. 448.
train(m) routier. 403.
transbordeur(m). 434.
transbordeur(m). 441, 453, 454.
transmission(f) funiculaire. 423.
transport(m). 395.
travée(f) centrale. 416.
travée(f) latérale. 416.
travée(f) levante. 417.

traverse(f). 422.
traverse(f) d'extrémité inférieure. 425.
traverse(f) d'extrémité supérieure. 425.
treuil(m). 434, 436, 439.
tringle(f). 407.
tringle(f) de commande. 422.
tringle(f) de connexion. 423.
trottoir(m). 413.
tube(m) de direction. 411.
tube(m) de selle. 411.
tube(m) horizontal. 411.
tube(m) lance-missiles. 438.
tube(m) oblique. 411.
turbine(f). 438, 450.
turbine(f) à gaz. 435.
turbine(f) d'entraînement. 404.
turbine(f) du compresseur. 404.
turbines(f) à vapeur. 434.
turbo-soufflante(f). 418.
turboréacteur(m). 450.
turboréacteur(m). 448.
turboréacteur(m) à double flux. 450.
tuyau(m) arrière. 406.
tuyau(m) avant. 406.
tuyau(m) d'échappement. 404, 406.
tuyère(f). 450, 455, 456.
unité(f) de contrôle de l'équipement de vie. 458.
valve(f). 411.
vanne(f) amont. 440.
vanne(f) de sortie. 440.
vannelle(f). 440.
vantail(m) de porte. 440.
vasque(f). 429.
vedette(f). 439.
ventilateur(m). 404, 405, 406.
ventilateur(m) d'extraction. 429.
ventilateur(m) de moteur de traction. 418.
ventilateur(m) de sustentation. 435.
ventilateur(m) des radiateurs. 418.
verge(f). 447.
vergue(f). 430.
verre(m) coloré. 443.
verrière(f). 448.
verrou(m) d'aiguille. 423.
vestibule(m). 421.
viaduc(m). 414.
vigie(f). 452.
vis(f) micrométrique. 443.
visière(f). 423, 458.
vitrage(m). 445.
voie(f). 429.
voie(f). 428.
voie(f) de banlieue. 424.
voie(f) de circulation. 425, 452.
voie(f) de circulation principale. 425.
voie(f) de retour de courant. 429.
voie(f) de service. 424.
voie(f) ferrée. 422, 423.
voie(f) ferrée. 427.
voie(f) ferrée bord à quai. 441.
voie(f) normale. 429.
voile(f) aurique. 432.
voile(f) carrée. 432.
voile(f) d'étai. 431.
voile(f) de flèche. 431.
voile(f) latine. 432.
voile(m). 407.
voiles(f), types(m) de. 432.
voilure(f). 431, 449.
voilure(f) delta. 449.
voilure(f) droite. 449.
voilure(f) en flèche. 449.
voilure(f) trapézoïdale. 449.
voiture-coach(f). 421.
voiture(f), intérieur(m) d'une. 429.
voiture(f) de course. 398.
voiture-lit(f). 421.
voiture-restaurant(f). 421.

voitures(f), types(m) de. 421.
volant(m). 399, 400, 404, 405.
volant(m) de frein à main. 419.
volet(m) d'air. 402.
volet(m) de bord de fuite. 448.
voyant(m). 444.
voyant(m) composé. 446.
voyants(m) simples. 446.
vraquier(m). 441.
wagon-citerne(m). 420.
wagon(m). 425.
wagon(m) à bestiaux. 420.
wagon(m) à copeaux. 420.
wagon(m) couvert. 419.
wagon(m) de queue. 420.
wagon(m) plat. 420.
wagon(m) plat à parois de bout. 420.
wagon(m) plat surbaissé. 420.
wagon(m) porte-automobiles. 420.
wagon(m) porte-conteneurs. 420.
wagon(m) rail-route. 420.
wagon(m) réfrigérant. 420.
wagon-tombereau(m). 420.
wagon-tombereau(m) bâché. 420.
wagon-trémie(m). 420.
wagon-trémie(m) à minerai. 420.
wagons(m), types(m) de. 420.
zone(f) de formation. 425.
zone(f) de retrait des bagages. 454.

VÊTEMENTS

agrafe(f). 294.
aile(f) de quartier. 318.
alliage(m) de magnésium. 322.
appareil(m) respiratoire à oxygène. 322.
ardillon(m). 294.
arête(f). 304.
armature(f). 313.
arrache-bottes(m). 320.
ascot(f). 295.
baguette(f). 299.
baleine(f). 313.
baleine(f) de col. 295.
ballerine(f). 321.
ballerine(f). 319.
bande(f) élastique. 294.
barboteuse(f) de croissance. 315.
bas-cuissarde(m). 311.
bas(m). 311.
bas(m) culotte. 311.
bas(m) relevé. 294.
bas(m) résille. 311.
bas(m) rose. 321.
basque(f). 313.
bavette(f). 310, 316.
bavoir(m). 315.
bavolet(m). 291.
béret(m). 314.
bermuda(m). 310.
berthe(f). 308.
biais(m). 315.
blazer(m). 307.
blouson(m) court. 301.
blouson(m) long. 301.
boa(m). 309.
bob(m). 314.
boîte(f) de nécessaire à chaussures. 320.
boléro(m). 307.
bonbout(m). 318.
bonnet(m). 313, 314, 315.
bord-côte(m). 296, 297, 301, 315, 316, 317.
bord(m). 298, 314.
bord(m) de pli. 304, 308.
boucle(f). 291, 294.
boucle(f) de ceinture. 294.
bourdalou(m). 298.
bout(m) fleuri. 318.
boutine(f). 319.

Les termes en **caractères gras** renvoient à une illustration; les termes en *italique* indiquent l'usage français.

bouton(m). 295.
bouton-pression(m). 299.
boutonnage(m), double. 291, 301.
boutonnage(m) sous patte. 300.
boutonnière(f). 291, 294, 295, 296.
bracelet(m). 306.
braguette(f). 294, 297.
brandebourg(m). 292, 308, 321.
brassière(f). 315.
brassière(f). 316.
bretelle(f). 313.
bretelle(f) boutonnée. 316.
bretelle(f) réglable à pressions. 316.
bretelles(f). 294.
bride(f). 314.
bride(f) de suspension. 296.
brodequin(m). 320.
bûchette(f). 292.
bustier(m). 313.
caban(m). 301.
câble(m). 322.
câble(m) de téléphone. 322.
cache-coeur(m).
cache-oreilles(m) abattant. 298.
cagoule(m). 314.
caleçon(m). 297.
caleçon(m) long. 297.
calot(m). 298.
calotte(f). 298, 314.
cambrion(m). 318.
camisole(f). 297, 315.
camisole(f). 312.
canadienne(f). 292.
canotier(m). 314.
cape(f). 301.
cape(f). 321.
cape(f) de bain. 315.
capeline(f). 314.
capuche(f) coulissée. 317.
capuchon(m). 292.
capucin(m). 294.
caraco(m). 312.
cardigan(m). 307.
casaque(f). 305.
casque(m). 322.
casquette(f). 298.
casquette(f) norvégienne. 298.
cassure(f). 308.
ceinture(f). 294.
ceinture(f). 291, 321.
ceinture(f) élastique. 297.
ceinture(f) montée. 294, 301.
ceinture(f) réglable. 317.
chapeau(m) de feutre. 298.
chapeau(m) pointu. 322.
chapska(m). 314.
Charles IX(m). 319.
charlotte(f). 314.
chasuble(f). 317.
chasuble(f). 302.
chausse-pied(m). 320.
chaussette(f). 297.
chaussette(f). 297, 311.
chausson(m) de danse. 321.
chaussure(f), parties(f) d'une. 318.
chaussure(f) d'entraînement. 319.
chaussure(f) de clown. 322.
chaussure(f) de tennis. 319.
chaussures(f). 318, 319, 320.
chaussures(f), principaux types(m) de. 319, 320.
chemise(f). 295.
chemise(f). 311.
chemise(f) de nuit. 311.
chemisier(m) classique. 305.
chemisiers(m). 305.
cheville(f) élastique. 317.
chukka(m). 320.
chute(f). 308.
circuit(m) d'oxygène. 322.
cireur(m). 320.
claque(f). 318, 320.
cloche(f). 314.
clown(m). 322.

coiffures(f). 298, 314.
coiffures(f), types(m) de. 298.
col(m). 308.
col(m). 291, 293, 295.
col(m) banane. 308.
col(m) cagoule. 308.
col(m) châle. 308.
col(m) chemisier. 305, 308.
col(m) chinois. 308.
col(m) Claudine. 308.
col(m) cravate. 308.
col(m) italien. 295.
col(m) marin. 308.
col(m) officier. 308.
col(m) pointes boutonnées. 295.
col(m) polo. 308.
col(m) roulé. 307, 308.
col(m) tailleur. 301, 308.
col(m) transformable. 291.
col roulé(m). 296.
collant(m). 311.
collant(m). 321.
collant(m) fantaisie. 315.
collerette(f). 308.
cols(m), types(m) de. 308.
combinaison(f). 297.
combinaison(f) de gymnastique. 317.
combinaison-jupon(f). 312.
combinaison-pantalon(f). 310.
combiné-culotte(f). 312.
combiné(m). 312.
combiné-slip(m). 312.
contrefort(m). 318.
cordelette(f). 321.
cordelière(f). 316.
cordon(m) de serrage. 292.
corsage-culotte(f). 305.
corsage(m). 317.
corset(m). 313.
corvette(f). 292.
costumes(m). 321, 322.
côte(f). 298.
couche(f). 315.
coulisse(f). 294.
couture(f). 318.
couture(f) d'assemblage. 299.
couture(f) médiane. 295.
couvre-chaussure(m). 320.
crampon(m). 320.
cran(m). 293, 294.
cravate(f). 295.
cravate(f) étroite. 321.
crochet(m) d'acier. 322.
croûte(f) de cuir. 294.
culotte(f). 313, 321.
culotte(f) à ruchés. 315.
culotte(f) bouffante. 317.
culotte(f) plastique. 315.
débardeur(m). 296, 307.
décolleté(m) carré. 309.
décolleté(m) drapé. 309.
décolleté(m) en coeur. 309.
décolleté(m) en V. 309.
décolleté(m) plongeant. 309.
décolletés(m). 309.
découpe(f) bretelle. 300.
découpe(f) princesse. 312.
derby(m). 320.
déshabillé(m). 311.
devant(m). 293.
devant(m) de chemise. 295.
doigt(m). 299.
dormeuse-couverture(f). 315.
dormeuse(f). 316.
dormeuse(f) de croissance. 315.
dos(m). 293.
doublure(f). 293, 318.
embauchoir(m). 320.
emmanchure(f). 297, 306.
emmanchure(f) américaine. 306.
empeigne(f). 318.
empiècement(m). 295, 305.
encolure(f). 297.
encolure(f) bateau. 309.
encolure(f) drapée. 309.

encolure(f) en V. 293, 296.
encolure(f) ras du cou. 309, 315.
encolures(f). 309.
endroit(m). 304.
enfourchure(f). 297.
envers(m). 304.
épaulette(f). 321.
escarpin(m). 319, 321.
espadrille(f). 319.
esquimau(m). 317.
Eton(m). 317.
fenêtre(f). 299.
fente(f) latérale. 293.
fente(f) médiane. 293.
fermeture(f) à glissière. 315, 316, 317.
fermeture(f) sous patte. 317.
ferret(f). 314.
feutre(m). 314.
flâneur(m). 320.
fond(m) de robe. 312.
fourchette(f). 299.
fronce(f). 305.
fuseau(m). 310.
gaine-culotte(f). 313.
gaine(f). 313.
galon(m). 298.
gant(m). 299.
gant(m) à crispin. 299.
gant(m) court. 299.
gant(m) de conduite. 299.
gant(m) saxe. 299.
gants(m), types(m) de. 299.
garant(m). 318.
gigoteuse(f). 316.
gilet(m). 293.
gilet(m). 307, 317, 321.
gilet(m) de laine. 296.
glissoir(m). 318.
grenouillère(f). 316.
haut-de-forme(f). 298.
hublot(m). 322.
imperméable(m). 291.
jabot(m). 308.
jambe(f). 297.
jambe(f) élastique. 297, 315, 317.
jarretelle(f). 313.
jarretière(f). 312.
jean(m). 311.
jupe-culotte(f). 303.
jupe(f) à empiècement. 303.
jupe(f) à lés. 303.
jupe(f) à volants étagés. 303.
jupe(f) droite. 303.
jupe(f) fourreau. 303.
jupe(f) froncée. 303.
jupe(f) portefeuille. 303.
jupes(f). 303.
jupes(f) à plis. 304.
jupon(m). 313.
kilt(m). 303.
kimono(m). 311.
knickerbockers(m). 310.
lacet(m). 318.
languette(f). 318.
lavallière(f). 309.
ligne(f) de pliure. 308.
liquette(f). 305.
macfarlane(f). 292.
manche(f). 293.
manche(f) à même. 306.
manche(f) ballon. 306.
manche(f) bouffante. 306.
manche(f) chauve-souris. 306.
manche(f) chemisier. 305, 306.
manche(f) gigot. 306.
manche(f) kimono. 306.
manche(f) marteau. 306.
manche(f) montée. 291, 295, 296, 306.
manche(f) pagode. 306.
manche(f) raglan. 291, 306, 306.
manche(f) tailleur. 306.
manche(f) trois-quarts. 306.
manche raglan. 300.
mancheron(m). 306.

manches(f). 306.
manteaux(m). 300, 301.
marinière(f). 305.
marmotte(f). 314.
martingale(f). 300.
masque(m). 322.
mi-bas(m). 297, 311.
mi-chaussette(f). 297, 311.
mini-slip(m). 297.
mitaine(f). 299, 317.
mocassin(m). 319.
modestie(f). 308.
montant(m). 308.
montera(m). 321.
motif(f).
motif(m) au cadre. 315.
moufle(f). 299, 317.
nez(m), faux. 322.
nid(m) d'ange. 316.
noeud(m) papillon. 295.
noeud(m) papillon. 322.
noeud(m) plat. 298.
nu-pied(m). 319.
nuisette(f). 311.
oeillet(m). 318.
paletot(m). 292, 300.
pan(m). 305.
pant(m) long. 299.
pantacourt(m). 310.
pantalon(m). 294.
pantalon(m) à pattes d'éléphant. 310.
pantalon(m) bouffant. 322.
pantalon(m) corsaire. 310.
pantalon(m) rayé. 317.
pantalons(m). 310.
pantin(m). 316.
par(m) arrière. 295.
par(m) avant. 295.
pardessus(m). 292.
parementure(f). 293.
paréo(m). 303.
parka(m). 292.
passant(m). 291, 294, 295, 316.
passant(m) tunnel. 294.
passe-bras(m). 301.
passe-montagne(m). 314.
patte(f). 294, 308.
patte(f) boutonnée. 294.
patte(f) capucin. 295, 306.
patte(f) d'entrejambe. 305.
patte(f) d'épaule. 291.
patte(f) de boutonnage. 295, 301.
patte(f) de serrage. 291.
patte(f) polo. 305.
paume(f). 299.
peignoir(m). 311.
pèlerine(f). 300.
perforation(f). 318.
perforation(m). 299.
pied(m). 297, 315, 316.
pied(m) de col. 305.
pince(f). 294.
pince(f) de taille. 292.
plastron(m). 313.
pli(m). 294.
pli(m) creux. 304.
pli(m) d'aisance. 304.
pli(m) piqué. 304.
pli(m) plat. 304.
pli(m) rond. 304.
pli(m) surpiqué. 304.
plissé(m) accordéon. 304.
poche(f), fausse. 301.
poche(f) à rabat. 292, 293, 304.
poche(f) cavalière. 310.
poche(f) côté. 291.
poche(f) coupée. 294.
poche(f) gilet. 293, 307.
poche(f) intérieure isolante. 315.
poche(f) manchon. 306.
poche(f) passepoilée. 296, 304.
poche(f) plaquée. 300, 304, 316.
poche(f) plaquée à revers. 300.
poche(f) poitrine. 292, 295, 305.

Les termes en **caractères gras** renvoient à une illustration; les termes en *italique* indiquent l'usage français.

poche(f) prise dans une couture. 300, 304.
poche(f) prise dans une découpe. 304.
poche(f) raglan. 291, 300, 304.
poche(f) repose-bras. 301.
poche(f) soufflet. 304, 307.
poche(f) tiroir. 293.
poche-montre(f). 293.
poche-revolver(f). 294.
poche-ticket(f). 293.
poches(f). 304.
pochette(f). 293.
poignet(m). 295.
poignet(m) droit. 306.
poignet(m) élastique. 317.
poignet(m) mousquetaire. 306.
pointe(f). 297, 308, 321.
pointe(f) de col. 295.
polo(m). 296, 305.
polojama(m). 317.
pompon(m). 314, 321.
poncho(m). 301.
porte-chaussures(m). 320.
porte-jarretelles(m). 313.
pouce(m). 299.
première(f). 318.
première(f) de propreté. 318.
pression(f) à l'entrejambe. 316.
pression(f) à la taille. 315.
pression(f) devant. 316.
pression(f) épaule. 316.
pression(f) sur les côtés. 315.
pull(m). 307.
pulls(m). 296, 307.
pyjama(m). 311.
quartier(m). 318.
queue(f), petite. 321.
rabat(m). 298.
raglan(m). 300.
ras-de-cou(m). 296.
ras(m) du cou. 307.
rebras(m). 299.
redingote(f). 300.
revers(m). 293, 308, 310, 318.
revers(m) à cran aigu. 292, 293.
revers(m) cranté. 291, 301, 308.
robe(f). 315.
robe(f) bain-de-soleil. 302.
robe(f) chemisier. 302.
robe(f) de maternité. 302.
robe(f) enveloppe. 302.
robe(f) fourreau. 302.
robe(f) princesse. 302.
robe(f) T-shirt. 302.
robe(f) taille basse. 302.
robe-manteau(f). 302.
robe-tablier(f). 302.
robes(f). 302.
ruban(m). 321.
ruché(m). 315.
saharienne(f). 307.
salomé(m). 319.
salopette(f). 310.
salopette(f) à bretelles croisées au dos. 316.
salopette(f) à dos montant. 316.
sandale(f). 319.
sandalette(f). 319.
scaphandre(m) moderne. 322.
semelle(f). 297, 320, 321.
semelle(f) antidérapante. 315, 316.
semelle(f) d'usure. 318.
semelle(f) intercalaire. 318.
short(m). 310.
slip(m). 313.
slip(m) ouvert. 297.
socque(m). 319.
socquette(f). 311.
sous-pied(m). 310.
sous-vêtements(m). 297, 312, 313.
soutien-gorge(m). 313.
soutien-gorge(m) balconnet. 313.
soutien-gorge(m) pigeonnant. 313.
spencer(m). 307, 317.

suroît(m). 314.
surpiqûre(f). 294, 316.
tablier-blouse(m). 305.
taille(f) élastique. 315.
talon(m). 297, 318.
talonnette(f) du dessus. 318.
tambourin(m). 314.
tandem(m). 307.
tapinois(m). 319.
tenue(f) de baptême. 315.
tirant(m) de réglage. 293.
tombant(m). 308.
tong(m). 319.
toque(f). 314.
torero(m). 321.
tour(m) de cou. 295.
tour(m) de tête. 314.
tourmaline(f). 314.
tout-en-un(m). 317.
trench-coat(m). 291.
trépointe(f). 318.
triplure(f). 295.
tunique(f). 302, 305.
tuque(f). 314.
turban(m). 314.
tutu(m). 321.
veste(f). 321.
veste(f) cardigan. 296.
veste(f) de laine. 307.
veste(f) droite. 293.
vestes(f). 307.
veston(m) croisé. 293.
vêtements(m). 289.
vêtements(m) d'enfants. 315, 316, 317.
vêtements(m) d'hommes. 291, 292, 293, 294, 295, 296, 297, 298.
vêtements(m) de femmes. 300, 301, 302, 303, 304, 305, 306, 307, 308, 309, 310, 311, 312, 313, 314.
vêtements(m) de nuit. 311.
visage(m) blanc. 322.
visère(f). 298.
voilette(f). 314.

Les termes en **caractères gras** renvoient à une illustration; les termes en *italique* indiquent l'usage français.

INDEX SPÉCIALISÉS

APPAREILS ÉLECTROMÉNAGERS

accessoires(m). 244.
agitateur(m). 240.
ailette(f). 241.
aimant(m) de retenue. 243.
anneau(m). 238.
anse(f). 236.
appareils(m) électroménagers. 235, 236, 237, 238, 239, 240, 241, 242, 243, 244.
appui-pouce(m). 243.
arbre(m). 236.
aspirateur-traîneau(m). 244.
bac(m) à légumes. 239.
bac(m) à viande. 239.
bac(m) de dégivrage. 239.
balconnet(f). 239.
barre(f) de retenue. 239.
batteur(m) à main. 235.
batteur(m) sur socle. 235.
bec(m) verseur. 236.
bloc-moteur(m). 235, 236.
bol(m). 235, 236.
bol(m) verseur. 236.
borne(f). 238.
bouchon-mesure(m). 235.
bouilloire(f). 243.
bouton(m) de commande. 238.
bouton(m) de vapeur. 243.
bouton(m) de vaporisation. 243.
bouton-poussoir(m) à impulsion. 235.
bras(m) gicleur. 242.
brosse(f) à épousseter. 244.
brosse(f) à planchers. 244.
buse(f) d'arrivée d'eau. 240.
butée(f) de porte. 238.
cadran(m) de sélection des températures. 243.
capot(m). 243, 244.
carrosserie(f). 240, 241, 242.
casier(m) laitier. 239.
centrifugeuse(f). 236.
charnière(f). 237, 238, 242.
clavier(m) à boutons-poussoirs. 242.
clayette(f). 239.
collecteur(m) de graisse. 237.
commande(f) amovible. 237.
commande(f) de température. 239.
commande(f) de vitesse. 235.
compresseur(m). 239.
conduit(m) d'évacuation. 241.
conduit(m) de chauffage. 241.
congélateur(m). 239.
cordon(m). 243.
cordon(m) escamotable. 244.
corps(m). 243.
courroie(f) d'entraînement. 240, 241.
couteau(m). 235, 236.
couvercle(m). 236, 237, 240.
couvercle(m) du répartiteur. 237.

crémaillère(f). 239.
crochet(m) pétrisseur. 235.
cuisinière(f) électrique. 238.
cuve(f). 240, 242.
cuvette(f). 236, 238.
décapsuleur(m). 243.
dévidoir(m) automatique. 244.
dispositif(m) antidébordement. 242.
disque(m) râpeur. 236.
disques(m). 236.
distributeur(m) de détergent. 242.
distributeur(m) de produit de rinçage. 242.
dosseret(m). 238, 240, 241.
écrou(m) de serrage. 236.
éjecteur(m) de fouets. 235.
élément(m) chauffant. 241, 242.
élément(m) de cuisson. 239.
élément(m) de dégivrage. 239.
élément(m) de grillage. 238.
élément(m) de surface. 238.
élément(m) tubulaire. 238.
encoche(f). 243.
entonnoir(m). 236.
étrier(m) de serrage. 236.
fente(f). 237.
fer(m) à vapeur. 243.
filtre(m) à charpie. 240, 241.
fouet(m). 235.
fouet(m) à fil. 235.
fouet(m) en spirale. 235.
fouet(m) quatre pales. 235.
fouets(m). 235.
four(m). 238.
four(m) à micro-ondes. 237.
fuide(m) des températures. 243.
galet(m). 241, 242.
garde-beurre(m). 239.
gaufrier-gril(m). 237.
glissière(f). 242.
gril(m) électrique. 237.
grille(f). 238.
grille(f) d'aération. 242.
grille-pain(m). 237.
guide(m). 237.
horloge(f) programmatrice. 237, 238.
hublot(m). 237, 238.
interrupteur(m). 238, 239, 244.
interrupteur(m) de démarrage. 241.
interrupteur(m) de la porte. 241.
joint(m). 238, 240, 242.
joint(m) magnétique. 239.
lampe(f) de four. 237, 238.
lave-linge(m). 240.
lave-vaisselle. 242.
lève-fil(m). 243.
levier(m) de perçage. 243.
limiteur(m) de surchauffe. 241.
loquet(m). 237, 238, 242.
manette(f). 237.
mélangeur(m). 235.
mélangeur(m) à main. 235.
minuterie(f). 238.
minuterie(f) de dégivrage. 239.
molette(f) d'entraînement. 243.

moteur(m). 240, 241, 244.
moule(m) à glaçons. 239.
oeufrier(m). 239.
orifice(m) de remplissage. 243.
ouvre-boîtes(m). 243.
palette(f). 236.
panier(m). 240, 242.
panier(m) à couverts. 242.
panneau(m) d'extrémité. 237.
panneau(m) inférieur. 239.
pare-chocs(m). 244.
passoire(f). 236.
pied(m) antibasculement. 242.
pied-mélangeur(m). 235.
plaque(f). 237.
plateau(m) tournant. 235.
poignée(f). 235, 236, 237, 238, 239, 243, 244.
pointe(f) avant. 243.
pompe(f). 240, 242.
porte(f). 237, 239, 241.
porte(f) étagère. 239.
poulie(f) du ressort-tendeur. 241.
poussoir(m). 236.
presse-agrumes(m). 236.
prise(f) chronométrée. 238.
prise(f) de la sonde thermique. 237.
programmateur(m). 240, 241, 242.
rainure(f). 237.
rallonge(f). 244.
rateau(m). 244.
récipient(m). 235.
récipient(m) à crème. 236.
réfrigérateur(m). 239.
réfrigérateur(m) sans givre. 239.
régulateur(m) d'aspiration. 244.
repère(m) transparent. 243.
robot(m) de cuisine. 236.
roulette(f). 244.
roulette(f) de coupe. 243.
seau(m) isotherme. 236.
sécheuse(f). 241.
sélecteur(m) à curseur. 237, 243.
sélecteur(m) de température. 240, 241.
sélecteur(m) de vitesse. 236.
sélecteur(m) du degré de grillage. 237.
sélecteur(m) du niveau d'eau. 240.
semelle(f). 243.
serpentin(m) de l'évaporateur. 239.
serpentin(m) du condenseur. 239.
socle(m). 235, 242, 243.
sonde(f) du thermostat. 238.
sonde(f) thermique. 237, 238.
sorbetière(f). 236.
suceur(m) à tapis et planchers. 244.
suceur(m) plat. 244.
suceur(m) triangulaire à tissus et meubles rembourrés. 244.
surface(f) à rebord. 238.
surface(f) de cuisson. 237, 238.
surface(f) de travail. 242.

tableau(m) de commande. 237, 238, 240, 241, 242.
tablette(f) de verre. 239.
talon(m) d'appui. 235, 243.
tambour(m). 236, 241.
tête(f) basculante. 235.
toupie(f). 236.
tourelle(f). 242.
tournebroche(m). 238.
transmission(f). 240.
tube(m) droit. 244.
turbine(f). 240.
tuyau(m) d'arrivée d'eau. 240, 242.
tuyau(m) d'évacuation. 240, 241.
tuyau(m) de vidange. 242.
tuyau(m) flexible. 244.
vaporisateur(m). 243.
ventilateur(m). 239, 241.
voyant(m). 238, 242.

ATHLÉTISME

anneau(m). 573.
anneaux(m). 573.
appui(m). 574.
arc(m) de cercle. 571.
arçon(m). 573.
arraché(m) à deux bras. 575.
athlétisme(m). 570, 571, 572.
bac(m) d'appel. 570.
bandage(m) de gaze. 575.
barre(f). 570, 575.
barre(f) d'acier. 573.
barre(f) de bois. 573.
barre(f) de saut. 571.
barre(f) fixe. 573.
barre(f) inférieure. 574.
barre(f) supérieure. 574.
barres(f) asymétriques. 574.
barres(f) parallèles. 573.
base(f). 573.
bottine(f). 575.
butoir(m). 571.
câble(m). 572, 573.
câble(m) de haubanage. 573.
cadre(m). 574.
cage(f). 570.
ceinture(f). 575.
cercle(m). 570, 571.
cheval(m) d'arçons. 573.
cheval-sautoir(m). 573, 574.
collier(m) de serrage. 575.
corde(f) de prise. 572.
corps(m). 572, 574.
cou(m). 573.
couloir(m). 571.
course(f). 570.
coussin(m) de protection. 574.
croupe(f). 573.
culotte(f). 575.
disques(m). 572.
drapeau(m) de secteur. 570.
élan(m), course d'. 574.
engins(m) féminins. 574.

Les termes en **caractères gras** renvoient à une illustration; les termes en *italique* indiquent l'usage français.

887

INDEX SPÉCIALISÉS

engins(m) masculins. 573.
envol(m). 574.
épaulé-jeté(m) à deux bras. 575.
gant(m). 572.
genouillère(f). 575.
gymnaste(m). 574.
gymnastique(f). 573, 574.
haie(f). 570.
haltère(m). 575.
haltérophile(m). 575.
haltérophilie(f). 575.
jante(f). 572.
javelots(m). 572.
lancer(m) du disque. 570.
lancer(m) du javelot. 571.
lancer(m) du marteau. 570.
lancer(m) du poids. 571.
lancers(m). 572.
ligne(f) d'appel. 570.
ligne(f) d'arrivée. 571.
ligne(f) de départ. 570.
maillot(m) de corps à manches
   courtes. 575.
manchon(m). 575.
marteau(m). 572.
montant(m). 570, 571, 573, 574.
perche(f). 570.
pied(m). 574.
piste(f). 571.
piste(f) d'élan. 570, 571.
pivot(m). 572.
planche(f) d'appel. 570, 571.
planche(f) de plasticine. 570.
plateau(m). 575.
poids(m). 572.
poids(m). 572.
poignée(f). 572.
pointe(f). 572.
portique(m). 573.
poteau(m) d'arrivée. 571.
poutre(f). 574.
poutre(f) d'équilibre. 574.
réception(f). 574.
ressort(m). 574.
rivière(f) de steeple. 570.
sangle(f). 573.
saut(m) à la perche. 570.
saut(m) en hauteur. 571.
saut(m) en longueur. 570.
selle(f). 573.
stade(m). 570, 571.
steeple(m). 570.
tapis(m) de chute. 574.
tête(f). 572.
tête(f) de métal. 572.
toile(f) de saut. 574.
trampoline(f). 574.
tremplin(m). 573, 574.
triple(m) saut. 571.
zone(f) de chute. 570, 571.

AUTOMOBILE

accès(m) au réservoir d'essence.
   397.
accoudoir(m). 400.
aile(f). 397.
allumeur(m). 405.
alternateur(m). 405.
alvéole(f) de plaque. 406.
anneau(m) de retenue. 398.
antenne(f). 397.
appui-tête(m). 400.
arbre(m) à cames. 405.
arbre(m) cannelé. 398.
articulation(f). 398.
automobile(f). 397, 398, 399, 400.
auvent(m). 397.
baguette(f) de flanc. 397.
balai(m) d'essuie-glace. 398.
bande(f) de roulement. 407.
banquette(f) arrière. 400.
barrette(f). 406.
batterie(f) d'accumulateurs. 406.
bavette(f) garde-boue. 397.

berline(f). 398.
bloc-cylindres(m). 405.
boîte(f) à gants. 399.
boîtier(m) de batterie. 406.
boîtier(m) de phare. 398.
borne(f). 406.
borne(f) négative. 406.
borne(f) positive. 406.
bouche(f) d'air. 399.
bouchon(m) à évents. 406.
bouchon(m) de radiateur. 406.
bouchon(m) de remplissage
   d'huile. 405.
bouchon(m) de vidange d'huile.
   405.
boucle(f). 400.
bouclier(m). 397.
bougie(f) d'allumage. 406.
bourrelet(m). 407.
bouton(m) de verrouillage. 400.
bras(m) d'essuie-glace. 398.
break(m). 398.
butoir(m). 397.
câble(m) de bougie. 405.
cabriolet(m). 398.
calandre(f). 397.
canalisation(f). 407.
canalisation(f) de carburant. 404.
cannelure(f). 406.
capot(m). 397.
capsule(f) à membrane. 405.
carburateur(m). 404, 405.
carrosserie(f). 397.
carrosseries(f), types(m) de. 398.
carter(m). 405.
ceinture(f). 407.
ceinture(f) de sécurité. 400.
chambre(f) de combustion. 404.
chambre(f) de sédimentation. 406.
coach(m). 398.
coffre(m). 397.
collecteur(m) d'échappement. 404,
   405, 406.
colonne(f) de direction. 400.
commande(f) d'essuie-glace. 400.
commande(f) de chauffage. 399.
commande(f) de dossier. 400.
compresseur(m). 404.
compte-tours(m). 399.
compteur(m) kilométrique. 399.
console(f) centrale. 400.
coupé(m). 398.
courroie(f) de la pompe à huile.
   404.
courroie(f) de ventilateur. 405, 406.
couvercle(m) de batterie. 406.
couvercle(m) de culasse. 405.
culot(m). 406.
cylindre(m). 404.
cylindre(m) de roue. 407.
décapotable(f). 398.
démarreur(m). 405.
direction(f). 400.
disque(m). 407.
dossier(m). 400.
durite(f) de radiateur. 406.
écartement(m) des électrodes.
   406.
échappement(m), système(m) d'.
   406.
écrou(m) hexagonal. 406.
électrode(f) centrale. 406.
électrode(f) de masse. 406.
élément(m). 406.
emblème(m). 397.
embout(m). 406.
encadrement(m) de lunette. 397.
enjoliveur(m) de phare. 398.
enjoliveur(m) de roue. 397.
entrée(f) des gaz d'échappement.
   404.
essuie-glace(m). 398.
étrier(m). 407.
familiale(f). 398.
familiale(f), arrière(m) d'une. 398.
feu(f) de gabarit. 397.

feu(m) de marche arrière. 397.
feu(m) rouge arrière. 397.
filtre(m) à air. 405.
filtre(m) à huile. 405.
flanc(m). 407.
frein(m) à disque. 407.
frein(m) à tambour. 407.
garniture(f) de frein. 407.
glace(f). 397.
glace(f) de custode. 397.
goujon(m). 407.
gouttière(f). 397.
groupe(m) de plaques négatives.
   406.
groupe(m) de plaques positives.
   406.
hayon(m). 398.
indicateur(m) de charge. 399.
indicateur(m) de niveau d'huile.
   399.
indicateur(m) de niveau de
   carburant. 399.
indicateur(m) de température. 399.
indicateur(m) de vitesse. 399.
injecteur(m). 404.
instruments(m) de bord. 399.
instruments(m) de bord. 399.
inverseur(m) route-croisement.
   400.
isolateur(m). 406.
jante(f). 407.
jauge(f) d'huile. 405.
joint(m) de bougie. 406.
joue(f) de jante. 407.
klaxon(m). 399.
lame(f). 398.
levier(m) de frein à main. 399.
levier(m) de vitesse. 399.
limousine(f). 398.
lunette(f) arrière. 397.
manette(f) de clignotant. 400.
manivelle(f) de lève-glace. 400.
miroir(m) de courtoisie. 399.
montant(m) latéral. 397.
montre(f). 399.
moteur(m). 405.
moteur(m) à essence. 405.
moteur(m) à turbocompression.
   404.
moteur(m) diesel. 404.
moteurs(m). 404.
pare-brise(m). 397.
pare-chocs(m). 398.
pare-soleil(m). 399.
pavillon(m). 397.
pédale(f) d'accélérateur. 400.
pédale(f) de débrayage. 400.
pédale(f) de frein. 400.
phare(m). 398.
phare(m). 398.
piston(m). 405, 407.
plancher(m) de coffre. 398.
plaque(f) négative. 406.
plaque(f) positive. 406.
plaquette(f). 407.
pli(m). 407.
pneu(m) à carcasse diagonale.
   407.
pneu(m) à carcasse radiale. 407.
pneu(m) à carcasse radiale
   ceinturée. 407.
pneu(m) à neige. 407.
pneus(m). 407.
poignée(f) de porte. 397.
poignée(f) intérieure. 400.
pompe(f) à eau. 406.
pompe(f) à essence. 405.
pompe(f) à huile. 404.
pontet(m) de connexion. 406.
porte-bagages(m). 398.
porte(f). 400.
porte(f). 397.
pot(m) d'échappement. 406.
poulie(f). 405.
radiateur(m). 406.
ressort(m) de rappel. 407.

ressort(m) de soupape. 404, 405.
ressort(m) de tension. 398.
rétroviseur(m). 399.
rétroviseur(m) extérieur. 397.
revêtement(m) intérieur. 407.
roue(f). 407.
roue(f). 397.
sculptures(f). 407.
segment(m). 407.
séparateur(m). 406.
serrure(f) de porte. 400.
siège-baquet(m). 400.
sièges(m). 400.
silencieux(m) auxiliaire. 406.
sortie(f) des gaz d'échappement.
   404.
soupape(f) d'admission. 404, 405.
soupape(f) d'échappement. 404.
support(m) de phare. 398.
tableau(m) de bord. 399.
tambour(m). 407.
toit(m) ouvrant. 397.
tringle(f). 407.
turbine(f) d'entraînement. 404.
turbine(f) du compresseur. 404.
tuyau(m) arrière. 406.
tuyau(m) avant. 406.
tuyau(m) d'échappement. 404,
   406.
ventilateur(m). 404, 405, 406.
voile(f). 407.
voiture(f) de course. 398.
volant(m). 399, 400, 404, 405.

AVION ET HÉLICOPTÈRE

aérogare(f) de passagers. 452.
aérogare(f) des passagers. 454.
aérogare(f) satellite. 452.
aérogare(f) de fret. 452.
aéroport(m). 452, 453.
aile(f). 449.
aile(f). 448.
aile(f) à géométrie variable. 449.
aileron(m). 449.
aire(f) de stationnement. 452.
aire(f) de trafic. 452.
antenne(f). 448.
antenne(f) VHF. 449.
arbre(m) de transmission. 455.
arbre(m) turbine-compresseur. 450.
aubage(m) directeur d'entrée. 450.
aube(f). 450.
aube(f) fixe. 450.
aube(f) mobile. 450.
avion(m) long-courrier. 448.
bec(m) de bord d'attaque. 449.
biellette(f) de commande de pas.
   455.
bord(m) d'attaque. 448.
bord(m) de fuite. 448.
boutique(f) hors taxe. 454.
bretelle(f). 452.
bureau(m) de réservation de
   chambres d'hôtel. 454.
buse(f) d'éjection. 450.
cabine(f). 448, 455.
cale(f). 453.
camion(m) avitailleur. 453.
camion(m) commissariat. 453.
camion(m) élévateur. 453.
camion(m) vide-toilette. 453.
canal(m) d'éjection. 450.
canal(m) d'entrée d'air. 450.
carrousel(m). 454.
chambre(f) de combustion. 450.
chambre(f) de combustion
   annulaire. 450.
chariot(m) à bagages. 454.
citerne(f) d'eau potable. 453.
compresseur(m) axial. 450.
comptoir(m) d'enregistrement. 454.
comptoir(m) de change. 454.

Les termes en **caractères gras** renvoient à une illustration; les termes en *italique* indiquent l'usage français.

comptoir(m) de renseignements. 454.
comptoir(m) de vente des billets. 454.
cône(m) d'échappement. 450.
cône(m) d'entrée. 450.
contrôle(m) d'immigration. 454.
contrôle(m) de sécurité. 454.
contrôle(m) des passeports. 454.
contrôle(m) douanier. 454.
convoyeur(m) à bagages. 453.
déporteur(m). 448.
dérive(f). 448, 455.
empennage(m). 449.
empennage(m). 448.
empennage(m) bas. 449.
empennage(m) en T. 449.
empennage(m) surélevé. 449.
entrée(f) d'air. 455.
équipements(m) aéroportuaires. 453.
escalier(m) automoteur. 453.
escalier(m) d'accès. 453.
feu(m) anticollision. 448.
feu(m) de navigation. 448.
feux(m) d'extrémité de piste. 452.
fuselage(m). 448.
gouvernail(m) de direction. 448.
gouvernail(m) de profondeur. 448.
groupe(m) électrogène. 453.
hall(m) des arrivées. 454.
hall(m) des départs. 454.
hall(m) public. 454.
hangar(m). 452.
hélicoptère(m). 455.
hublot(m). 448.
injecteur(m) de carburant. 450.
instruments(m) de contrôle des moteurs. 451.
instruments(m) de vol. 451.
lisse(f) d'aile. 449.
longeron(m) avant. 449.
longeron(m) principal. 449.
manche(m) de commande. 451.
manche(m) pilote. 455.
manettes(f) de commande. 451.
marchepied(m). 455.
marque(f) d'aire de prise de contact. 452.
marque(f) d'axe de piste. 452.
marque(f) de distance fixe. 452.
marque(f) de point d'attente. 452.
marques(f) d'identification. 452.
marques(f) de seuil de piste. 452.
marques(f) latérales de piste. 452.
mât(m) rotor. 455.
moyeu(m) rotor. 455.
nacelle(f) élévatrice. 453.
nervure(f) d'aile. 449.
nervure(f) d'emplanture. 449.
nez(m). 448.
office(m). 448.
pale(f) de rotor. 455.
palier(m) avant. 450.
palier(m) central. 450.
palonnier(m). 451.
panneau(m) de commutation. 451.
panneau(m) de contrôle du pilotage automatique. 451.
panneau(m) du mécanicien. 451.
pare-brise(m). 451.
passerelle(f) télescopique. 452.
patin(m). 455.
phare(m) d'atterrissage. 455.
piste(f) d'envol. 452.
plate-forme(f) élévatrice automotrice. 453.
porte(f) automatique. 454.
poste(m) de pilotage. 451.
poste(m) de pilotage. 448, 455.
poste(m) de trafic. 452.
poutre(f) de bord de fuite. 449.
poutre(f) de queue. 455.
pupitre(m) central. 451.
pylône(m) du moteur. 449.
quai(m) d'embarquement. 452.

queue(f). 448.
radar(m) météorologique. 448.
rail(m) de guidage de volet. 449.
remorque(f). 453.
réservoir(m) de carburant. 455.
rotor(m) anticouple. 455.
salle(f) d'embarquement. 454.
saumon(m) d'aile. 449.
siège(m) de l'observateur. 451.
siège(m) du commandant de bord. 451.
siège(m) du copilote. 451.
siège(m) du mécanicien navigant. 451.
sortie(f) de piste à grande vitesse. 452.
soufflante(f). 450.
soute(f). 448.
soute(f) à bagages. 455.
stabilisateur(m). 448, 455.
stabilisateur(m) à triple plan vertical. 449.
tableau(m) d'affichage des vols. 454.
tableau(m) de bord. 451.
terrasse(f). 454.
tête(f) de rotor. 455.
tour(f) de contrôle. 452.
tracteur(m). 453.
tracteur(m) de piste. 453.
train(m) d'atterrissage avant. 448.
train(m) d'atterrissage principal. 448.
transbordeur(m). 453, 454.
turbine(f). 450.
turboréacteur(m). 450.
turboréacteur(m). 448.
turboréacteur(m) à double flux. 450.
tuyère(f). 450, 455.
verrière(f). 448.
vigie(f). 452.
voie(f) de circulation. 452.
voilure(f). 449.
voilure(f) delta. 449.
voilure(f) droite. 449.
voilure(f) en flèche. 449.
voilure(f) trapézoïdale. 449.
volet(m) de bord de fuite. 448.
zone(f) de retrait des bagages. 454.

BASEBALL

arbitre(m) en chef. 525.
arrêt-court(m). 525.
arrière-champ(m). 525.
avant-champ(m). 525.
balle(f). 526.
banc(m) des joueurs. 525.
baseball(m). 525, 526.
bâton(m). 526.
bâton(m). 525.
but(m). 525.
casque(m) de frappeur. 526.
cercle(m) d'attente. 525.
champ(m) centre. 525.
champ(m) droit. 525.
champ(m) gauche. 525.
chandail(m) d'équipe. 526.
chandail(m) de dessous. 526.
chaussette(f) avec étrier. 526.
coussin(m). 525.
couture(f). 526.
deuxième-but(m). 525.
doigt(m). 526.
enveloppe(f). 526.
filet(m) d'arrêt. 525.
frappeur(m). 525.
gant(m). 526.
gant(m) de frappeur. 526.
gant(m) de receveur. 526.
genouillère(f). 526.
joueur(m). 526.
lacet(m). 526.

lanceur(m). 525.
ligne(f) de jeu. 525.
manche(m). 526.
marbre(m). 525.
masque(m). 526.
monticule(m). 525.
panier(m). 526.
pantalon(m). 526.
patte(f). 526.
paume(f). 526.
plaque(f) du lanceur. 525.
pommeau(m). 526.
pouce(m). 526.
premier-but(m). 525.
protecteur(m) de poitrine. 526.
protège-gorge(m). 526.
protège-tibia(m). 526.
receveur(m). 526.
receveur(m). 525.
rectangle(m) des instructeurs. 525.
rectangle(m) du frappeur. 525.
rectangle(m) du receveur. 525.
ruban(m) adhésif. 526.
soulier(m) à crampons. 526.
surface() de frappe. 526.
talon(m). 526.
terrain(m), baseball(m). 525.
troisième-but(m). 525.
voltigeur(m) de centre. 525.
voltigeur(m) droit. 525.
voltigeur(m) gauche. 525.

BICYCLETTE

axe(m) du pédalier. 412.
baladeur(m) à roues dentées. 412.
base(f). 411.
bicyclette(f). 411, 412.
bidon(m). 411.
câble(m) de commande. 412.
câble(m) de frein. 411.
cadenas(m). 412.
cale-pied(m). 411.
chaîne(f). 411, 412.
dérailleur(m) arrière. 411.
dérailleur(m) avant. 411, 412.
feu(m) arrière. 411.
fourche(f). 411.
frein(m) arrière. 411.
frein(m) avant. 411.
galet(m) tendeur. 412.
garde-boue(m) arrière. 411.
génératrice(f). 411.
guide-chaîne(m). 412.
guidon(m). 411.
hauban(m). 411.
jante(f). 411.
klaxon(m). 412.
levier(m) de commande. 411, 412.
manivelle(f). 412.
moyeu(m). 411.
pédale(f). 411, 412.
pneu(m). 411.
poignée(f) de frein. 411.
pompe(f). 411.
porte-bagages(m). 411.
porte-bidon(m). 411.
potence(f). 411.
propulsion(f), mécanisme(m) de. 412.
rayon(m). 411.
roue(f) dentée. 412.
selle(f). 411.
tige(f) de selle. 411.
tube(m) de direction. 411.
tube(m) de selle. 411.
tube(m) horizontal. 411.
tube(m) oblique. 411.
valve(f). 411.

CAMPING

assiette(f) plate. 599.
auvent(m). 596.
baie(f). 596.

boucle(f) de piquet. 597.
bouteille(f) isolante. 600.
butane(m), accessoires(m). 599.
cafetière(f). 599.
calibreur(m). 599.
camping(m), matériel(m) de. 598, 599, 600.
canif(m). 599.
chambre(f). 596.
chaufferette(f). 599.
ciseaux(m). 599.
cloison(f). 596.
couteau(m). 599, 600.
cruche(f). 600.
cuiller(f). 599.
cuisine(f). 600.
détendeur(m). 599.
double toit. 597.
éclairage(m). 600.
étui(m) de cuir. 599.
faîtière(f). 596.
faitout(m). 599.
fenêtre(f) moustiquaire. 596.
fermeture(f) à glissière. 597.
fourchette(f). 599.
gaine(f). 600.
ganse(f). 596, 599.
glacière(f). 600.
gonfleur-dégonfleur(m). 598.
gonfleur(m). 598.
gourde(f). 600.
gril(m) pliant. 600.
grille(f) stabilisatrice. 599.
hachette(f). 600.
hauban(m). 596.
lampe-tempête(f). 600.
lanterne(f). 599.
lime(f). 599.
lit(m) de camp pliant. 598.
lit-matelas(m). 598.
mât(m). 596.
mât(m) d'auvent. 596.
matelas(m) isolant. 598.
matelas(m) mousse. 598.
matelas(m) pneumatique. 598.
mur(m). 596.
oeillet(m). 597.
outils(m). 600.
ouvre-boîtes(m). 599.
pare-vent(m). 599.
passant(m). 596.
pelle-pioche(f) pliante. 600.
penderie(f). 596.
piquet(m). 596, 597.
poêle(f). 599.
popote(f). 599.
porte(f) moustiquaire à glissière. 596.
propane(m), accessoires(m) au. 599.
queue(f). 599.
rabat(m) à attaches. 596.
réchaud(m) à trois feux. 599.
réchaud(m) à un feu. 599.
réservoir(m) de gaz. 599.
robinet(m) relais. 599.
sac(m) à cagoule. 598.
sac(m) momie. 598.
sac(m) semi-rectangulaire. 598.
sacs(m) de couchage. 598.
sandow(m). 597.
scie(f). 599.
scie(f) de camping. 600.
séjour(m). 596.
tapis(m) de sol cousu. 596.
tasse(f). 599.
tendeur(m). 596.
tente(f) Baker. 597.
tente(f) canadienne. 597.
tente(f) dôme. 597.
tente(f) grange. 597.
tente(f) igloo. 597.
tente(f) intérieure. 597.
tente(f) rectangulaire. 597.
tente(f) touriste. 597.
tentes(f). 596, 597.

Les termes en **caractères gras** renvoient à une illustration; les termes en *italique* indiquent l'usage français.

tentes(f), principaux types(m) de. 597.
tentes(f) familiales. 596.
tire-bouchon(m). 599.
toile(f) à pourrir. 596.
toit(m). 596.
tournevis(m). 599.
ustensiles(m) de campeur. 599.

CHAÎNE STÉRÉO

adaptateur(m). 380.
affichage(m) numérique des stations. 379.
amplificateur(m). 379.
arrêt(m). 381.
avance(f) rapide. 381.
axe(m). 380.
axe(m) du moteur. 380.
bouton(m) d'éjection. 381.
bouton(m) de remise à zéro. 381.
bras(m) de lecture. 380.
câble(m) de mise à terre. 380.
câble(m) de raccordement. 378, 380.
cadran(m). 379.
casque(m) d'écoute. 378.
casque(m) d'écoute. 378.
chaîne(f) stéréo. 378, 379, 380, 381.
charnière(f). 380.
coffret(m). 378.
commande(f) de compensation. 379.
commutateur(m) d'entrée pour magnétophone. 379.
commutateur(m) haut-parleur. 379.
commutateur(m) marche/arrêt. 379.
commutateur(m) mono-stéréo. 379.
commutateurs(m) d'entrées. 379.
compensateur(m) de poussée latérale. 380.
composantes(f) d'un système. 378.
compteur(m). 381.
contre-platine(f). 380.
contrepoids(m). 380.
contrôle(m) automatique de fréquence. 379.
contrôle(m) de tonalité des aigus. 379.
contrôle(m) de tonalité des graves. 379.
cordon(m) d'alimentation. 378, 380.
correcteur(m). 378.
courroie(f). 380.
couvercle(m). 380.
couvre-plateau(m). 380.
disque(m). 380.
dôme(m) cache-poussière. 378.
enceinte(f) acoustique. 378.
enceinte(f) acoustique. 378.
enregistrement(m). 381.
équilibrage(m). 379.
étiquette(f). 380.
fiche(f) pour jack. 378.
haut-parleur(m) d'aigus. 378.
haut-parleur(m) de graves. 378.
haut-parleur(m) de médium. 378.
indicateur(m) de niveau électroluminescent. 381.
indicateur(m) de type de bande. 381.
interrupteur(m) d'accord silencieux. 381.
interrupteur(m) d'alimentation. 381.
lampe-témoin(f) stéréo. 379.
lecture(f). 381.
logement(m) de cassette. 381.
manette(f) de commande. 380.
membrane(f). 378.
microphone(m). 378.
oreillette(f). 378.

pause(f). 381.
plage(f) de séparation. 380.
plateau(m). 380.
platine(f) de magnétophone. 381.
platine(f) de magnétophone. 378.
platine(f) tourne-disque. 380.
platine(f) tourne-disque. 378.
préamplificateur-amplificateur(m). 378.
prise(f) casque. 379, 381.
prise(f) micro. 381.
rebobinage(m). 381.
réglage(m) de niveau. 378.
réglage(m) de niveau d'enregistrement. 381.
réglage(m) du volume. 379.
relève-bras(m). 380.
repose-bras(m). 380.
sélecteur(m) de bandes. 381.
sélecteur(m) de vitesses. 380.
serre-tête(m). 378.
sillon(m). 380.
sillon(m) concentrique. 380.
sillon(m) de départ. 380.
sillon(m) de sortie. 380.
socle(m). 380.
strie(f). 378.
super tweeter(m). 378.
surface(f) gravée. 380.
syntonisateur(m). 378.
tête(f) de lecture. 380.
touche(f) de présélection. 379.
touche(f) Dolby. 381.
touche(f) mémoire. 379.
touches(f) de modulation. 379.
touches(f) de réglage d'accord. 379.
treillis(m). 378.
trou(m) central. 380.
voyant(m) de contrôle. 379.

CHEMIN DE FER

abri(m). 424.
accès(m) aux quais. 426.
aiguillage(m). 424.
aiguillage(m) manoeuvré à distance. 423.
aiguillage(m) manoeuvré à pied d'oeuvre. 422.
aiguille(f). 422.
alternateur(m). 418.
âme(f). 422.
anticheminant(m). 422.
appui-tête(m). 421.
atelier(m) diesel. 424.
avertisseur(m) sonore. 418.
axe(m) d'attelage. 419.
ballast(m). 422.
barreau(m). 419.
base(f). 423.
billetterie(f). 426.
bogie(m). 418, 421.
boîte(f) d'essieu. 418.
boîte(f) de jonction. 423.
bordure(f) de quai. 427.
boulon(m) d'éclisse. 422.
bretelle(f). 424.
bulletin(m) de bagages. 426.
bureau(m) de change. 426.
bureau(m) de renseignements. 426.
butée(f) de porte. 419.
butoir(m). 424.
butte(f). 425.
cabine(f) de conduite. 418.
cabinet(m) de toilette. 421.
caniveau(m) de transmission. 423.
capuchon(m). 422.
carte(f) du réseau. 426.
carter(m) d'engrenage de frein à main. 419.
case(f) d'affichage de l'heure de départ. 427.

case(f) d'affichage de la destination. 427.
case(f) d'affichage des retards. 427.
chaîne(f) de frein à main. 419.
chambre(f). 421.
champignon(m). 422.
chapeau(m) d'angle. 419.
chariot(m) à plateau. 427.
châssis(m) d'aiguillage. 423.
châssis(m) de bogie. 418.
clou(m) millésimé. 422.
coeur(m) de croisement. 422.
commande(f) de barrières. 423.
conditionnement(m) d'air. 421.
consigne(f) automatique. 426.
conteneur(m). 425.
contre-rail(m). 422.
contrepoids(m). 422, 423.
couloir(m) central. 421.
couloir(m) d'intercirculation. 421.
couloir(m) latéral. 421.
coussinet(m) de glissement. 422.
crampon(m). 422.
crocodile(m). 424.
croix(f) de Saint-André. 423.
cuisine(f). 421.
diable(m). 427.
distributeur(m) de monnaie. 426.
échelle(f) de bout. 419.
échelle(f) latérale. 419.
éclisse(f). 422.
écran(m) de visibilité. 423.
écrou(m). 422.
enregistrement(m) des bagages. 426.
entrée(f) d'air. 418.
essieu(m). 418.
faisceau(m) d'attente. 425.
faisceau(m) de débranchement. 425.
faisceau(m) de réception. 425.
fenêtre(f) coulissante. 421.
fenêtre(f) panoramique. 421.
feu(m) clignotant. 423.
feu(m) de lisse. 423.
fil(m) de contact. 427.
fixation(f) de loquet de porte. 419.
freins(m) de voie primaires. 425.
freins(m) de voie secondaires. 425.
gare(f). 424.
gare(f) de marchandises. 424.
gare(f) de triage. 425.
gare(f) de voyageurs. 424.
génératrice(f) principale. 418.
guichet(m). 426.
hall(m) de gare. 426.
hygiaphone(m). 426.
jeu(m) de dilatation. 422.
joint(m) de rail. 422.
levier(m) de commande à main. 422.
levier(m) de levage. 419.
levier(m) télescopique de dételage. 419.
lignes(f), grandes. 424.
lisse(f). 423.
lit(m) du bas. 421.
lit(m) du haut. 421.
locomotive(f) de manoeuvre. 425.
locomotive(f) diesel-électrique. 418.
longeron(m) latéral inférieur. 425.
loquet(m) de porte. 419.
mâchoire(f) d'attelage. 419.
main(f) courante. 419.
marchepied(m) en étrier. 419.
marquise(f). 427.
mât(m). 423.
montant(m) d'angle. 425.
moteur(m) d'aiguille. 423.
moteur(m) de traction. 418.
moteur(m) diesel. 418.
numéro(m) de quai. 427.
oeil(m) témoin. 423.
ossature(f). 421.

panneau(m) de gare. 427.
panneau(m) indicateur. 427.
panneau(m) nombre de voies. 423.
pantographe(m). 427.
paroi(f) latérale. 425.
passage(m) à niveau. 423.
passage(m) à niveau à signalisation automatique. 424.
passage(m) à niveau de quai. 427.
passage(m) de fourche. 425.
passerelle(f). 424.
patin(m). 422.
patte(f) de sécurité. 419.
phare(m). 421.
phare(m) latéral. 427.
pièce(f) de coin. 425.
pivot(m) central. 418.
porte-étiquette(m). 419.
porte-étiquette(m) d'acheminement. 419.
porte(f) d'accès de plate-forme. 421.
porte(f) d'extrémité. 425.
porte(f) latérale. 425.
porteur(m) de bagages. 427.
portique(m) de signalisation. 424.
poste(m) d'aiguillage. 424, 425.
pupitre(m) de conduite. 418.
pylône(m). 424.
quai(m). 421.
quai(m) de gare. 427.
quai(m) de gare. 427.
radiateur(m). 418.
rail(m). 422.
rail(m) de raccord. 422.
rame(f). 424.
réservoir(m) d'eau. 421.
ressort(m) de suspension. 418.
rondelle(f) à ressort. 422.
salle(f) à manger. 421.
salle(f) d'attente. 426.
salle(f) des pas perdus. 426.
selle(f) de rail. 422.
sémaphore(m). 424.
service(m) de colis. 426.
siège(m) réglable. 421.
signal(m) de départ. 427.
signal(m) de position d'aiguille. 422.
signal(m) lumineux d'aiguille. 423.
signalisation(f). 423.
sonnerie(f) de passage à niveau. 423.
sortie(f). 425.
soute(f) à eau. 418.
support(m) de lisse. 423.
table(f) repliable. 421.
tableau(m) des arrivées. 426.
tableau(m) des départs. 426.
tableau(m) horaire. 426.
tableau(m) indicateur des retards. 426.
tampon(m) de choc latéral. 418.
tendeur(m). 423.
tête(f) d'attelage. 419.
toit(m). 425.
transmission(f) funiculaire. 423.
traverse(f). 423.
traverse(f) d'extrémité inférieure. 425.
traverse(f) d'extrémité supérieure. 425.
tringle(f) de commande. 422.
tringle(f) de connexion. 423.
turbo-soufflante(f). 418.
ventilateur(m) de moteur de traction. 418.
ventilateur(m) des radiateurs. 418.
verrou(m) d'aiguille. 423.
vestibule(m). 421.
visière(f). 423.
voie(f) de banlieue. 424.
voie(f) de circulation. 425.
voie(f) de circulation principale. 425.
voie(f) de service. 424.

Les termes en **caractères gras** renvoient à une illustration; les termes en *italique* indiquent l'usage français.

voie(f) ferrée. **422, 423.**
voie(f) ferrée. 427.
voiture-coach(f). 421.
voiture-lit(f). 421.
voiture-restaurant(f). 421.
voitures(f), types(m) de. 421.
volant(m) de frein à main. 419.
wagon-citerne(m). 420.
wagon(m). 425.
wagon(m) à bestiaux. 420.
wagon(m) à copeaux. 420.
wagon(m) couvert. 419.
wagon(m) de queue. 420.
wagon(m) plat. 420.
wagon(m) plat à parois de bout.
  420.
wagon(m) plat surbaissé. 420.
wagon(m) porte-automobiles. 420.
wagon(m) porte-conteneurs. 420.
wagon(m) rail-route. 420.
wagon(m) réfrigérant. 420.
wagon-tombereau(m). 420.
wagon-tombereau(m) bâché. 420.
wagon-trémie(m). 420.
wagon-trémie(m) à minerai. 420.
wagons(m), types(m) de. 420.
zone(f) de formation. 425.

COUTURE

agrafes(f). 502.
aiguille(f). 500.
aiguille(f). 499, 500, 501.
aimant(m). 501.
ardillon(m). 502.
arrondisseur(m). 501.
attaches(f). 502.
axe(m). 501.
barre(f) à aiguille. 500.
barre(f) de pied presseur. 500.
biais(m). 502.
bloc-tension(m). 500.
bloc-tension(m). 499.
bobine(f). 499.
bobineur(m). 499.
boîte(f) à canette. 500.
boucle(f). 502.
boucle(f). 502.
bouton(m) à tige. 502.
bouton-pression(m). 502.
boutons(m) à trous. 502.
branche(f). 501.
bras(m). 499.
bride(f). 502.
broche(f) porte-bobine. 499.
butée(f). 502.
canette(f). 500.
chaîne(f). 502.
chas(m). 500, 501.
ciseaux(m). 501.
ciseaux(m) à denteler. 501.
colonne(f). 499.
commande(f) au pied. 499.
côté(m) femelle. 502.
côté(m) mâle. 502.
coupe-fil(m). 500.
**couture(f). 499, 500, 501, 502,
  503.**
cran(m). 503.
crochet(m). 500, 502.
curseur(m). 502.
dé(m). 501.
dents(f). 502.
disque(m). 501.
disque(m) de tension. 500.
doublure(f). 502.
droit fil(m). 503.
enfile-aiguille(f). 501.
enfile-aiguille(m). 500.
entablure(f). 501.
entoilage(f). 502.
entredoublure(f). 502.
épingle(f). 501.
épingles(f) de sûreté. 501.
fermeture(f) à glissière. 502.

ferrule(f). 501.
griffe(f) d'entraînement. 500.
guide-fil(m). 499, 500.
indicateur(m) de tension. 500.
lame(f). 501.
ligne(f) d'ourlet. 503.
ligne(f) de bâti. 503.
ligne(f) de coupe. 503.
ligne(f) de modification. 503.
ligne(f) de piqûre de la fermeture.
  503.
lisière(f). 502.
machine(f) à coudre. 499, 500.
manche(f). 501.
mannequin(m). 501.
mètre(m) à ruban. 501.
moteur(m). 499.
navette(f). 500.
patron(m). 503.
pelote(f). 501.
pied-de-biche(m). 499, 500.
pied(m) presseur. 500.
pince-aiguille(m). 500.
pince(f). 503.
plaque(f) à aiguille. 499.
plaque-glissière(f). 499.
plateau(m). 499.
pliure(f). 503.
point(m) de repère. 503.
pointe(f). 500.
porte(f). 502.
rainure(f). 500.
règle-point(m). 499.
relève-presseur(m). 499.
releveur(m) de fil. 499.
rentré(m). 503.
ressort(m) compensateur de fil.
  500.
roulette(f). 501.
ruban(m). 502.
sélecteur(m) de points. 499.
talon(m). 500.
tête(f). 499.
tige(f). 500.
tirette(f). 502.
tissu(m), structure(f) du. 502.
tissu(m) du vêtement. 502.
tissus(m) de soutien. 502.
trame(f). 502.
tranchant(m). 501.
triplure(f). 502.
verrou(m). 500.
vis(f) d'accouplement. 499.
vis(f) de pince-aiguille. 500.
volant(m). 499.

ÉLECTRICITÉ

alternateur(m). 655, 656.
arbre(m). 655, 656, 657.
aspirateur(m). 655, 657.
aube(f). 656, 657.
auget(m). 657.
avant-directrice(f). 656, 657.
avant-distributeur(m). 656, 657.
bâche(f) spirale. 655, 656, 657.
barrage(m). 651, 660.
barrage(m) à contreforts. 653.
barrage(m) en béton. 652.
barrage(m) en remblai. 652, 653.
barrage(m) mobile. 652.
barrage-poids(m). 653.
barrage-voûte(m). 653.
**barrages(m), principaux
  types(m) de. 653.**
barre(f) blindée. 655.
bassin(m). 660.
bâtiment(m) administratif. 660.
bief(m) d'amont. 651.
bief(m) d'aval. 651, 652, 655.
blindage(m) d'aspirateur. 657.
borne(f). 659.
boulon(m) ajusté d'accouplement.
  657.
branchement(m) aérien. 659.

branchement(m) de l'abonné. 659.
branchement(m) du distributeur.
  659.
câble(m) de garde. 658.
canal(m) de dérivation. 651.
canal(m) de fuite. 655, 657.
centrale(f). 651, 655.
centrale(f) hydroélectrique. 655.
cercle(m) de vannage. 657.
chaîne(f) de suspension. 658.
chevalet(m) de câble de garde.
  658.
coffret(m) de branchement. 659.
collecteur(m). 656.
**complexe(m) hydroélectrique.
  651.**
compteur(m) d'électricité. 659.
conducteur(m) de phase. 659.
conducteur(m) de terre. 659.
conducteur(m) en faisceau. 658.
conducteur(m) neutre. 659.
conduite(f) forcée. 651, 655, 660.
connecteur(m) à serrage
  mécanique. 659.
console(f). 653, 658.
contrefiche(f). 659.
contrefort(m). 653.
corset(m). 659.
côté(m) bassin. 660.
côté(m) mer. 660.
couche(f) drainante. 652.
coupe-circuit(m). 659.
couronne(f) d'aubage. 657.
couronnement(m). 652.
coursier(m) d'évacuateur. 651.
crête(f). 651, 652, 655.
déversoir(m). 651.
déversoir(m), seuil(m) de. 651.
diagonale(f). 658.
digue(f) morte. 660.
directrice(f). 657.
disjoncteur(m). 655.
écluse(f). 660.
**électricité(f). 651, 652, 653, 654,
  655, 656, 657, 658, 659, 660.**
empattement(m). 658.
énergie(f) électrique. 654.
étage(m) d'exploitation. 660.
étapes(f) de production. 654.
fenêtre(f). 658.
filtre(m). 651.
flasque(m) inférieur. 657.
fondation(f). 653.
fourche(f). 658.
fusible(m). 659.
fût(m). 658.
galerie(f) d'accès. 660.
galerie(f) de visite. 655.
garde-fou(m). 651.
grille(f). 655.
groupe(m) bulbe. 660.
interrupteur(m) principal. 659.
isolateur(m). 659.
joint(m) périmétral. 653.
ligne(f). 651.
ligne(f) de distribution à basse
  tension. 659.
ligne(f) de distribution à moyenne
  tension. 659.
membrure(f) principale. 658.
moyeu(m). 657.
mur(m) bajoyer. 651.
mur(m) de batillage. 652.
noeud(m). 658.
noyau(m). 652.
ogive(f). 651.
pale(f). 657, 660.
palier(m) guide. 656.
parafoudre(m). 655, 659.
parafouille(m). 652.
parement(m) amont. 652.
parement(m) aval. 652.
passe(f) à billes. 651.
perré(m). 652.
pied(m). 658.
pied(m) amont. 652.

pied(m) aval. 652.
point(m) d'alimentation. 659.
point(m) de raccordement. 659.
pôle(m) saillant. 656.
pont(m) roulant. 655.
porte-fusible(m). 659.
portique(m). 651, 655.
poste(m). 660.
poste(m) de transformation. 655.
poutre(f). 658.
prise(f) d'eau. 651.
puits(m) d'accès. 660.
puits(m) d'accès du matériel. 660.
pulvino(m). 653.
pylône(m). 658.
raccord(m) pour conducteur de
  terre. 659.
recharge(f) amont. 652.
recharge(f) aval. 652.
remblai(m). 652.
réservoir(m). 651, 652, 655.
risberme(f). 652.
rive(f). 660.
roches(f). 653.
rotor(m). 655, 656.
roue(f). 656, 657.
roue(f) de turbine. 660.
salle(f) de commande. 651, 660.
salle(f) des machines. 651, 655.
sol(m). 653.
stator(m). 655, 656.
support(m). 651, 660.
tableau(m) de distribution. 659.
tapis(m) amont. 652.
tapis(m) drainant. 652.
terrain(m) de fondation. 652.
terre(f). 651.
tête(f). 658.
transformateur(m). 655, 656, 659.
traverse(f). 658, 659.
traversée(f). 658.
traversée(f) de transformateur.
  651.
treillis(m) de contreflambage. 658.
tronçon(m). 658.
turbine(f). 655.
turbine(f) Francis. 657.
turbine(f) hydraulique. 657.
turbine(f) Kaplan. 657.
turbine(f) Pelton. 657.
**turbines(f), principaux types(m)
  de. 657.**
turbo-alternateur(m). 656.
usine(f) marémotrice. 660.
vanne(f). 651, 655, 660.

ÉLECTRICITÉ
(BRICOLAGE)

ampoule(f). 284.
azote(m). 284.
barre(f) collectrice neutre. 288.
barre(f) collectrice thermique. 288.
boîte(f) électrique. 285.
borne(f). 285.
bouton(m). 284.
broche(f). 284, 285.
câble(m) d'alimentation de 240 V.
  288.
câble(m) de traction. 287.
capuchon(m). 285.
circuit(m). 288.
conduite(f) d'eau en métal. 288.
connecteur(m). 288.
connecteur(m) de liaison. 288.
couche(f) fluorescente. 284.
coupe-circuit(m). 285.
coupe-fil(m). 287.
couteau(m) d'électricien. 287.
culot(m). 284.
culot(m) à broches. 284.
culot(m) Goliath. 284.
débouchage(m). 288.
déflecteur(m) de chaleur. 284.
dénude-fil(m). 287.

Les termes en **caractères gras** renvoient à une illustration; les termes en *italique* indiquent l'usage français.

891

dénudeur(m) de fil. 287.
disjoncteur(m) bipolaire. 288.
disjoncteur(m) principal. 288.
disjoncteur(m) unipolaire. 288.
disjonteur(m) de fuite de terre. 288.
douille(f). 285.
douille(f) de lampe. 285.
électricité(f). 284, 285, 286, 287, 288.
électrode(f). 284.
électrode(f) d'amorçage. 284.
électrode(f) principale. 284.
entrée(f) de courant. 284.
enveloppe(f). 285.
étrier(m). 285.
fiche(f). 285.
fiche(f) européenne. 285.
fil(m) de liaison. 288.
fil(m) de service neutre. 288.
fil(m) de terre. 288.
fil(m) neutre. 288.
fil(m) thermique. 288.
filament(m). 284.
fusible-cartouche(m). 285.
fusible-cartouche(m) à lames. 285.
fusible(m) à culot. 285.
fusibles(m). 285.
gaine(f) isolante. 285.
gaz(m). 284.
gaz(m) inerte. 284.
interrupteur(m). 285.
interrupteur(m) électrique. 285.
isolant(m) en plastique. 288.
lame(f). 285, 287.
lame(f) au néon. 286.
lampe(f) à incandescence. 284.
lampe(f) à vapeur de mercure. 284.
lampe(f) isolée. 286.
mâchoire(f). 287.
manche(m) isolant. 287.
manche(m) isolé. 286.
marteau(m) d'électricien. 287.
mercure(m). 284.
molette(f) de réglage. 287.
monture(f) de tube à arc. 284.
outils(m) d'électricien. 286, 287.
pied(m). 284.
pince(f) à dénuder. 287.
pince(f) à long bec. 287.
pince(f) d'électricien. 287.
pince(f) universelle. 287.
pincement(m). 284.
pinces(f) à fusibel. 286.
pivot(m). 287.
plaque(f) de commutateur. 285.
prise(f) de courant. 285.
prise(f) de terre. 285.
queusot(m). 284.
réflecteur(m). 284.
résistance(f) d'amorçage. 284.
rhéostat(m). 285.
sertisseur(m). 287.
sonde(f). 286.
support(m). 284.
tableau(m) de distribution. 288.
tube à arc(m). 284.
tube(m). 284.
tube(m) fluorescent. 284.
vérificateur(m) de circuit. 286.
vérificateur(m) de continuité. 286.
vérificateur(m) de haure tension. 286.
vérificateur(m) de prise de courant. 286.
vérificateur(m) de tension. 286.
voltmètre(m). 286.

FOOTBALL

ailier(m) défensif droit. 528, 529.
ailier(m) défensif gauche. 528, 529.
ailier(m) droit. 531, 532.
ailier(m) éloigné. 528, 529.

ailier(m) gauche. 531, 532.
ailier(m) rapproché. 528, 529.
arbitre(m). 528, 531, 532.
arbitre(m) en chef. 528.
arc(m) de cercle. 532.
arrière(m). 528, 529, 531.
arrière(m) central. 532.
arrière(m) droit. 532.
arrière(m) gauche. 532.
attaque(f). 528, 529.
avant-aile(m). 531.
avant(m). 531.
avant(m) centre. 532.
ballon(m). 531.
ballon(m) de football. 530, 532.
barre(f) horizontale. 531.
bloqueur(m) droit. 528, 529.
bloqueur(m) gauche. 528, 529.
bracelet(m). 530.
brassard(m). 530.
but(m). 527, 531, 532.
casque(m). 530.
ceinture(f) de maintien. 530.
centre(m). 528, 529, 532.
centre(m) droit. 531.
centre(m) gauche. 531.
cercle(m) central. 532.
chandail(m). 530.
chaussette(f). 530.
chaussure(f) à crampons. 530.
coquille(f). 530.
coudière(f). 530.
cuissard(m). 530.
défense(f). 528, 529.
demi-inséré(m). 529.
demi(m). 529.
demi(m) d'ouverture. 531.
demi(m) de coin droit. 528, 529.
demi(m) de coin gauche. 528, 529.
demi(m) de mêlée. 531.
demi(m) de sûreté droit. 528, 529.
demi(m) de sûreté gauche. 528, 529.
demi(m) droit. 528, 532.
demi(m) en maraude. 529.
demi(m) gauche. 528, 532.
drapeau(m). 531.
drapeau(m) de centre. 532.
drapeau(m) de coin. 532.
en-but(m). 531.
épaulière(f). 530.
équipe(f) de rugby. 531.
équipement(m) de protection. 530.
flanqueur(m). 529.
football(f). 527, 528, 529, 530.
football(m) américain. 527, 528.
football(m) canadien. 527, 529.
football(m) européen. 532.
garde(m) droit. 528, 529.
garde(m) gauche. 528, 529.
gardien(m) de but. 532.
genouillère(f). 530.
inter(m) droit. 532.
inter(m) gauche. 532.
juge(m) de champ arrière. 528.
juge(m) de ligne. 528.
juge(m) de touche. 531, 532.
jugulaire(f). 530.
ligne(f) de ballon mort. 531.
ligne(f) de but. 527, 531, 532.
ligne(f) de centre. 527.
ligne(f) de fond. 532.
ligne(f) de mêlée. 528, 529.
ligne(f) de touche. 527, 531, 532.
ligne(f) de touche de but. 531.
ligne(f) des 10 mètres. 531.
ligne(f) des 15 mètres. 531.
ligne(f) des 22 mètres. 531.
ligne(f) des 5 mètres. 531.
ligne(f) des 50 mètres. 531.
ligne(f) des verges. 527.
ligne(f) médiane. 532.
masque(m). 530.
mêlée(f). 531.

mêlée(f), football(m) américain. 528.
mêlée(f), football(m) canadien. 529.
numéro(m). 531.
numéro(m) du joueur. 530.
pantalon(m). 530.
pilier(m) droit. 531.
pilier(m) gauche. 531.
plaqueur(m) droit. 528, 529.
plaqueur(m) gauche. 528, 529.
plastron(m). 530.
point(m) de réparation. 532.
poteau(m). 531.
poteau(m) de but. 527.
protège-côtes(m). 530.
protège-main(m). 530.
protège-tibia(m). 530.
quart-arrière(m). 528, 529.
rugby(m). 531.
secondeur(m) au centre. 528, 529.
secondeur(m) extérieur droit. 528, 529.
secondeur(m) extérieur gauche. 528, 529.
surface(f) de but. 532.
surface(f) de coin. 532.
surface(f) de réparation. 532.
talonneur(m). 531.
terrain(m), football(m) américain. 527.
terrain(m), football(m) canadien. 527.
terrain(m), rugby(m). 531.
terrain(m) de jeu, football(m) européen. 532.
trait(m) de mise en jeu. 527.
trois-quarts(m). 531.
uniforme(m), football(m). 530.
zone(f) de but. 527.
zone(f) neutre. 528, 529.

FRUITS

abricot(m). 75.
agrume(m), coupe(f) d'un. 77.
agrumes(m). 77.
agrumes(m), principales variétés(f) d'. 77.
airelle(f). 74.
akène(m). 74, 78.
albumen(m) farineux. 79.
amande(f). 75, 78.
ananas(m). 80.
anis(m) étoilé. 79.
arachide(f). 78.
avocat(m). 80.
baie(f), coupe(f) d'une. 74.
baies(f), principales variétés(f) de. 74.
banane(f). 80.
bleuet(m). 74.
bractée(f). 78.
brosse(f). 79.
brou(m). 78.
cœur(m). 76.
calice(f). 74, 76, 79.
calicule(f). 74.
canneberge(f). 74.
capsule(f). 79.
capsule(f), coupe(f) d'une. 79.
cassis(m). 74.
cerise(f). 75.
cerneau(m). 78.
chérimole(m). 80.
citron(m). 77.
cloison(f). 77.
cloison(f), fausse. 79.
coing(m). 76.
coque(f). 78.
cosse(f). 79.
cotylédon(m). 75, 79.
cupule(f). 78.
datte(f). 75.
drupéole(f). 74.

écorce(f). 77.
endocarpe(m). 75, 76.
épicarpe(m). 74, 75, 76.
étamine(f). 76.
figue(f) de Barbarie. 80.
follicule(f). 79.
follicule(m), coupe(f) d'un. 79.
fraise(f), coupe(f) d'une. 74.
framboise, coupe(f) d'une. 74.
fruit(m) à noyau, coupe(f) d'un. 75.
fruit(m) à pépins, coupe(f) d'un. 76.
fruits(m) à noyau, principales variétés(f) de. 75.
fruits(m) à pépins, principales variétés(f) de. 76.
fruits(m) charnus. 74, 77.
fruits(m) charnus à noyau. 75.
fruits(m) charnus à pépins. 76.
fruits(m) charnus complexes. 74.
fruits(m) secs. 78.
fruits(m) secs divers. 79.
fruits(m) tropicaux. 80.
funicule(m). 74, 79.
gadelle(f). 74.
germe(m). 79.
gousse(f), coupe(f) d'une. 79.
goyave(f). 80.
grain(m) de blé, coupe(f) d'un. 79.
graine(f). 74, 75, 76, 77, 78, 79.
grenade(f). 80.
groseille(f) à grappes. 74.
groseille(f) à maquereau. 74.
kaki(f). 80.
kiwi(m). 80.
litchi(m). 80.
loge(f). 76, 77.
mandarine(f). 77.
mangue(f). 75.
marron(m). 78.
mésocarpe(m). 74, 75, 76, 77.
moutarde(f). 79.
mûre sauvage, coupe(f) d'une. 74.
myrtille(f). 74.
nectarine(f). 75.
nèfle(f) du Japon. 76.
nervure(f) principale. 79.
noisette(f). 75.
noisette(f), coupe(f) d'une. 78.
noix(f). 78.
noix(f). 78.
noix(f), coupe(f) d'une. 78.
noix(f), principales variétés(f) de. 78.
noix(f) de cajou. 78.
noix(f) de coco. 78.
noix(f) de pécan. 78.
noix(f) du Brésil. 78.
noyau(m). 75.
olive(f). 75.
orange(f). 77.
orange(f). 77.
pamplemousse(m). 77.
papaye(f). 80.
pavot(m). 79.
peau(f). 74, 75, 76.
pêche(f). 75.
pêche(f). 75.
pédoncule(m). 74, 76.
pépin(m). 74, 76, 77.
péricarpe(m). 77, 78, 79.
pignon(m). 78.
pistache(f). 78.
plantule(f). 75.
poire(f). 76.
pois(m). 79.
pois(m). 79.
pomme(f). 76.
pomme(f). 76.
pore(m). 79.
prune(f). 75.
pulpe(f). 74, 75, 76, 77.

Les termes en **caractères gras** renvoient à une illustration; les termes en *italique* indiquent l'usage français.

quartier(m). 77.
queue(f). 74, 76.
raisin(m). 74.
raisin(m). 74.
réceptacle(m). 74.
sépale(m). 74.
silique(f), coupe(f) d'une. 79.
stigmate(m). 78.
style(m). 74, 75, 76, 79.
suture(f). 79.
tégument(m) de la graine. 75, 79.
valve(f). 79.
zeste(m). 77, 78.

GOLF

allée(f). 585.
allée(f) d'entraînement. 585.
alvéole(m). 587.
auvent(m). 587.
bague(f). 586.
balle(f). 587.
balle(f), coupe(f) d'une. 587.
bandage(m). 586.
bâtons(m) de golf. 586.
**bâtons(m) de golf, types(m) de.
586.**
bois(m). 586.
bois(m). 586.
cadet(m). 585.
capuchon(m). 587.
chalet(m). 585.
chariot(m). 587.
chaussure(f) de golf. 587.
chemin(m). 585.
clou(m). 587.
cocheur(m) d'allée. 586.
cocheur(m) de sable. 586.
col(m). 586.
compartiment(m). 587.
départ(m). 585.
drapeau(m). 585.
eau(f) fortuite. 585.
embout(m). 586.
enveloppe(f). 587.
face(f). 586.
fer(m). 586.
fer(m). 586.
fer(m) droit. 586.
fer(m) droit. 586.
fosse(f) de sable. 585.
golf(m). 585, 586, 587.
golfeur(m). 585.
hors-limite(m). 585.
manche(m). 586.
moteur(m). 587.
motte(f) de gazon. 585.
noyau(m). 587.
obstacle(m) d'eau. 585.
parcours(m). 585.
poche(f). 587.
poignée(f). 586, 587.
pointe(f). 586.
porte-parapluie(m). 587.
porte-sac(m). 587.
rainure(f). 586.
rough(m). 585.
ruban(m) de caoutchouc. 587.
sac(m) de golf. 587.
sangle(f). 586.
semelle(f). 586.
tablier(m). 585.
talon(m). 586.
té(m). 587.
tête(f). 586.
trou(m). 585.
vert(m). 585.
voiturette(f) de golf. 587.

HOCKEY

ailier(m) droit. 533.
ailier(m) gauche. 533.
arbitre(m). 533.
baie(f) vitrée. 533.

banc(m) des joueurs. 533.
banc(m) des pénalités. 533.
bande(f). 533.
bâton(m) de gardien de but. 534.
bâton(m) de joueur. 534.
bouclier(m). 534.
brassard(m). 534.
but(m). 533.
casque(m). 534.
ceinture(f) de maintien. 534.
centre(m). 533.
cercle(m) central. 533.
cercle(m) de mise au jeu. 533.
chronométreur(m) de jeu. 533.
chronométreur(m) des pénalités.
533.
coin(m) de patinoire. 533.
coquille(f). 534.
courbure(f). 534.
culotte(f). 534.
défenseur(m) droit. 533.
défenseur(m) gauche. 533.
embout(m). 534.
épaulière(f). 534.
filet(m). 533.
gant(m). 534.
gant(m) de bâton. 534.
gardien(m) de but. 534.
gardien(m) de but. 533.
genouillère(f). 534.
hockey(m) sur glace. 533, 534.
hockeyeur(m). 534.
jambière(f). 534.
jambière(f) de gardien. 534.
juge(m) de ligne. 533.
lame(f). 534.
ligne(f) bleue. 533.
ligne(f) centrale. 533.
ligne(f) de but. 533.
loge(f) de juge de but. 533.
manche(m). 534.
manchette(f). 534.
marqueur(m). 533.
masque(m). 534.
patin(m). 534.
patinoire(f). 533.
plastron(m). 534.
point(m) de mise au jeu. 533.
protège-coude(m). 534.
protège-gorge(m). 534.
rondelle(f). 534.
talon(m). 534.
zone(f) d'attaque. 533.
zone(f) de but. 533.
zone(f) de défense. 533.
zone(f) neutre. 533.

LÉGUMES

ail(m). 83.
artichaut(m). 81.
asperge(f). 85.
aubergine(f). 81.
barbe(f). 85.
bette(f). 82.
bette(f) à carde. 85.
betterave(f). 84.
botte(f). 85.
bourgeon(m). 83.
brocoli(m). 81.
bulbe(m). 85.
bulbe(m), coupe(f) d'un. 83.
caïeu(m). 83.
cantaloup(m). 81.
carde(f). 85.
cardon(m). 85.
carotte(f). 84.
céleri(m). 85.
céleri-rave(m). 84.
chicorée(f). 82.
chou-fleur(m). 81.
chou(m) de Chine. 82.
chou(m) frisé. 82.
chou(m) pommé blanc. 82.

chou(m) pommé vert. 82.
chou-rave(m). 84.
choux(m) de Bruxelles. 82.
ciboulette(f). 83.
citrouille(f). 81.
concombre(m). 81.
côte(f). 85.
courge(f). 81.
courgette(f). 81.
cresson(m) de fontaine. 82.
écaille(f). 83.
échalote(f) à maturité. 83.
échalote(f) nouvelle. 83.
endive(f). 82.
épi(m). 85.
épinard(m). 82.
fenouil(m). 85.
feuille(f). 85.
feuille(f) de vigne. 82.
fèves(f). 85.
germes(m). 85.
gombo(m). 81.
grain(m). 85.
graines(f) de soja. 85.
haricot(m) vert. 81.
laitue(f) pommée. 82.
légumes-bulbes(m). 83.
légumes-feuilles(m). 82.
légumes-fleurs(m). 81.
légumes-fruits(m). 81.
légumes-graines(m). 85.
légumes(m). 81, 82, 83, 84, 85.
légumes-racines(m). 84.
légumes-tiges(m). 85.
légumes-tubercules(m). 84.
lentilles(f). 85.
mâche(f). 82.
maïs(m). 85.
melon(m) brodé. 81.
navet(m). 84.
oignon(m) d'Espagne. 83.
oseille(f). 82.
panais(m). 84.
pastèque(f). 81.
patate(f). 84.
petit oignon(m). 83.
petits pois(m). 85.
pied(m). 85.
piment(m). 81.
pissenlit(m). 82.
pointe(f). 85.
poireau(m). 83.
pois(m) chiches. 85.
pois(m) mange-tout. 85.
poivron(m). 81.
pomme de terre(f). 84.
potiron(m). 81.
racine(f). 83.
radis(m). 84.
raifort(m). 84.
rhubarbe(f). 85.
romaine(f). 82.
rutabaga(m). 84.
salsifis(m). 84.
scarole(f). 82.
scorsonère(f). 84.
tige(f). 83, 85.
tomate(f). 81.
topinambour(m). 84.
turion(m). 85.

MENUISERIE

aile(f) à ressort. 264.
anneau(m) de réglage. 260.
anneau(m) du cliquet. 260.
bague(f) de blocage. 258.
base(f). 261.
bloc(m) d'arrêt. 257.
blocage(m) de l'inclinaison. 263.
blocage(m) de profondeur. 261.
blocage(m) du fourreau. 261.
blocage(m) du guide. 262.
blocage(m) du pivot. 259.
bois(m) de bout. 265.

boîtier(m). 261.
boulon(m). 264.
boulon(m). 259.
boulon(m) à ailettes. 264.
boulon(m) à épaulement. 264.
**boulon(m) à gaine d'expansion.
264.**
bouton-guide(m). 263.
bouton(m) d'ajustage du guide.
262.
bouton(m) de réglage. 257.
branche(f). 259.
câble(m). 261.
chignole(f). 260.
clé(f) à fourches. 258.
clé(f) à molette. 258.
clé(f) de mandrin. 261.
clé(f) mixte. 258.
clé(f) polygonale. 258.
clé(f) polygonale 6 pans. 258.
**clé(f) polygonale à têtes
fendues. 258.**
clés(f). 258.
cliquet(m). 258, 260.
clou(m). 264.
colonne(f). 261.
contre-fer(m). 257.
contreparement(m). 265.
contre-plaqué(m) à âme. 265.
contre-plaqué(m) moulé. 265.
contre-plaqué(m) multiplis. 265.
corps(m). 260.
coupe-fil(m). 259.
courroie(f). 261.
cran(m) de réglage. 259.
dent(f). 263.
dents(f). 262.
dos(m). 262.
écrou(m). 259, 264.
écrou(m) à oreilles. 264.
écrou(m) à oreilles. 262.
écrou(m) borgne. 264.
écrou(m) de collet. 260.
écrou(m) de la lame. 263.
épaulement(m). 264.
étau(m). 259.
fente(f). 264.
fer(m). 257.
feuille(f) protectrice. 265.
fiche(f). 261.
fil(m). 265.
filet(m). 264.
fixations(f). 264.
foret(m). 260.
foret(m). 260.
fourreau(m). 260, 261.
fraise(f). 260.
fût(m). 264.
glissière(f) du guide. 262.
gorge(f). 259.
goujure(f). 260.
guide(m) à onglet. 262.
guide(m) de refend. 262, 263.
inclinaison(f) de la lame. 263.
interrupteur(m). 260, 261.
interrupteur(m) à gâchette. 263.
joint(m) à coulisse. 259.
joue(f). 257.
lame(f). 258, 262, 263.
lame(f) de scie circulaire. 263.
levier(m). 259.
levier(m) de commande. 261.
levier(m) de dégagement. 259.
levier(m) de réglage latéral. 257.
levier(m) de serrage. 259.
levier(m) du bloc. 257.
levier(m) du protège-lame inférieur.
263.
lèvre(f). 260.
listel(m). 260.
mâchoire(f) dentée. 259.
mâchoire(f) droite. 259.
mâchoire(f) fixe. 258, 259.
mâchoire(f) incurvée. 259.
mâchoire(f) mobile. 258, 259.
maillet(m). 257.

Les termes en **caractères gras** renvoient à une illustration; les termes en *italique* indiquent l'usage français.

manche(m). 257.
manchon(m) de câble. 261.
mandrin(m). 258, 260, 261.
manette(f) de relèvement du
  plateau. 261.
manivelle(f). 260.
manivelle(f) de relèvement de la
  lame. 262.
marteau(m) à panne ronde. 257.
marteau(m) de menuisier. 257.
mécanisme(m) d'inclinaison de la
  lame. 262.
mèche(f). 260.
mèche(f) double torsade. 260.
mèche(f) hélicoïdale. 260.
menuiserie(f). 257, 258, 259, 260,
  261, 262, 263, 264, 265.
molette(f). 258.
monture(f). 259.
monture(f) réglable. 262.
mors(m). 258, 260, 261.
moteur(m). 260, 261, 263.
nez(m). 257.
oeil(m). 257.
outils(m). 257, 258, 259, 260, 261,
  262, 263.
panne(f) fendue. 257.
panne(f) ronde. 257.
panneau(m) à âme creuse. 265.
panneau(m) à âme lamellée. 265.
panneau(m) à âme lattée. 265.
panneau(m) de particules. 265.
panneau(m) dérivé du bois. 265.
panneau(m) dur. 265.
papier(m) décor. 265.
papier(m) kraft. 265.
parement(m). 265.
perceuse(f) à colonne. 261.
perceuse(f) à main. 260.
perceuse(f) électrique. 261.
pignon(m). 260.
pince-étau(f). 259.
pince(f) motoriste. 259.
pince(f) multiprise. 259.
placage déroulé(m). 265.
planche(f). 265.
plaque(f) d'instructions. 261.
plaque(f) signalétique. 261.
plateau(m). 261, 262.
plateau(m) de sciage. 262.
pli(m) central. 265.
pli(m) extérieur. 265.
pli(m) intérieur. 265.
poignée(f). 257, 258, 260, 262,
  263.
poignée(f) auxiliaire. 261.
poignée(f) latérale. 260.
poignée(f) pistolet. 261, 262.
poignée(f) supérieure. 260.
pointe(f). 262, 263, 264.
pointe(f) carrée. 258.
pointe(f) cruciforme. 258.
pointe(f) de centrage. 260.
pointe(f) plate. 258.
pomme(f). 260.
pommeau(m). 257.
poulie(f). 260.
protège-lame(m). 262.
protège-lame(m) inférieur. 263.
protège-lame(m) supérieur. 263.
protège-poulie(f). 261.
queue(f). 257.
rabot(m). 257.
rainure(f) du guide à onglet. 262.
rallonge(f) du plateau. 262.
ressort(m). 259.
rive(f). 265.
rivet(m). 259.
rochet(m). 260.
rondelle(f) à denture extérieure.
  264.
rondelle(f) à denture intérieure.
  264.
rondelle(f) à ressort. 264.
rondelle(f) plate. 264.
rotule(f). 259.

roue(f) d'engrenage. 260.
scie(f) à métaux. 262.
scie(f) circulaire. 263.
scie(f) égoïne. 262.
semelle(f). 257, 263.
semelle(f) pivotante. 259.
serre-joint(m). 259.
socle(m). 261.
spirale(f). 258.
stratifié(m). 265.
talon(m). 257, 262.
tête(f). 264.
tête(f) à sens unique. 264.
tête(f) bombée. 264.
tête(f) creuse. 264.
tête(f) cruciforme. 264.
tête(f) de trappe. 257.
tête(f) plate. 264.
tête(f) ronde. 264.
têtes(f). 257.
tige(f). 258, 264.
tige(f) filetée. 264.
torsade(f), simple. 260.
toupie(f). 260.
tournevis(m) à spirale et à
  rochet. 258.
traçoir(m). 260.
vilebrequin(m). 260.
vis(f). 264.
vis(f) de réglage. 259.
vis(f) de serrage. 259.

MICRO-ORDINATEUR

affichage(m) des données. 468.
barre(f) d'espacement. 470.
bouton(m) de commande. 471.
bouton-poussoir(f). 471.
câble(m) de raccordement. 471.
carte(f) perforée. 472.
cassette(f). 469.
clavier(m). 470.
clavier(m). 469.
clavier(m) alphanumérique. 470.
clavier(m) numérique. 470.
combiné(m) téléphonique. 471.
commande(f) d'unité de disques.
  472.
commande(f) de bande
  magnétique. 472.
configuration(f) d'un système.
  469.
coupleur(m) acoustique. 471.
coupleur(m) acoustique. 469.
curseur(m) de déplacement. 471.
dérouleur(m) de bande
  magnétique. 472.
disque(m). 472.
disquette(f). 469.
écran(m). 469.
enregistrement(m) des données en
  mémoire vive. 468.
ergot(m) d'entraînement. 471.
fixe-majuscules(m). 470.
fonctions(f) d'un système. 468.
galet(m) de guide-papier. 471.
haut-parleur(f). 471.
imprimante(f). 469, 472.
imprimante(f) matricielle. 471.
interrupteur(m). 471.
jeu(m) étendu de caractères. 470.
lecteur(m) de cartes. 472.
levier(m). 471.
magnétophone(m) à cassette. 469.
manche(m) à balai. 471.
manche(m) à balai. 469.
mémoire(f) à bande magnétique.
  472.
mémoire(f) à disques. 472.
mémoire(f) morte. 468.
micro-ordinateur(m). 468, 469,
  470, 471.
microphone(m). 471.
microprocesseur(m). 469.
module(m) de communication. 468.

molette(f). 471.
opérateur(m). 472.
ordinateur(m). 472.
panneau(m) de commande. 471.
perforateur(m) de cartes. 472.
périphériques(m). 471.
périphériques(m) d'entrée. 468.
périphériques(m) de sortie. 468.
périphériques(m) de traitement
  des données. 468.
photostyle(m). 469.
piste(f). 472.
pupitre(m) de commande. 472.
réglette(f). 471.
saisie(f) des données. 468.
secteur(m). 472.
souris(f). 469.
stockage(m) des données. 468.
terminal(m). 472.
tête(f) d'impression. 471.
touche(f) d'échappement. 470.
touche(f) d'envoi. 470.
touche(f) de position initiale. 470.
touche(f) de rappel arrière. 470.
touche(f) de remise à zéro. 470.
touche(f) de retour. 470.
touche(f) de service. 470.
touche(f) de tabulateur. 470.
touches(f) de configuration. 470.
touches(f) de directivité. 470.
touches(f) de fonction. 470.
touches(f) de traitement de texte.
  470.
touches(f) majuscules. 470.
touches(f) programmables. 470.
traceur(m). 470.
traitement(m) des données. 468.
traitement(m) spécifique des
  données. 468.
unité(f) centrale. 468, 469, 472.
unité(f) de disques. 472.
unité(f) de disquette. 469.
voyant(m). 471.

MOTOCYCLETTE

amortisseur(m) arrière réglable.
  409.
amortisseur(m) de direction. 410.
ampèremètre(m). 410.
antivol(m). 410.
béquille(f) centrale. 409.
béquille(f) latérale. 409.
bouchon(m) de remplissage. 410.
bouchon(m) du réservoir d'huile.
  410.
cadre(m). 409.
carburateur(m). 409.
carter(m). 409.
clignotant(m) arrière. 409.
culasse(f). 409.
cylindre(m). 409.
démarreur(m) électrique. 410.
feu(m) arrière. 409.
fourche(f) télescopique
  hydraulique. 409.
frein(m) à disque. 409.
garde-boue(m) avant. 409.
indicateur(m) de vitesse. 409.
interrupteur(m) d'éclairage. 410.
interrupteur(m) d'urgence. 410.
inverseur(m) route-croisement.
  410.
jante(f). 409.
klaxon(m). 410.
lampe-témoin(f) de phare. 410.
lampe-témoin(f) de pression
  d'huile. 410.
lanceur(m). 410.
motocyclette(f). 409, 410.
pédale(f) de frein. 410.
phare(m). 409.
poignée(f) d'embrayage. 410.
poignée(f) de frein avant. 410.
poignée(f) des gaz. 410.

pot(m) d'échappement. 409.
repose-pied(f). 410.
repose-pied(m) du passager. 409.
repose-pied(m) du pilote. 409.
réservoir(m). 409.
rétroviseur(m). 409.
robinet(m) d'essence. 410.
sélecteur(m) de vitesses. 409, 410.
selle(f) biplace. 409.
tachymètre(m). 410.

NUCLÉAIRE

alternateur(m). 661, 664.
bâche(f) du dégazeur. 661.
barre(f) de contrôle de la
  réactivité. 662.
bâtiment(m) de traitement de l'eau.
  661.
bâtiment(m) du réacteur. 661, 663,
  665.
blindage(m) à billes d'acier. 662.
bouchon(m). 663.
bouclier(m) axial. 661, 662.
calandre(f). 662, 663, 664.
calandre(f), tube(m) de. 662.
caloporteur(m). 664.
canal(m) de transfert. 665.
caténaire(f). 661.
centrale(f) nucléaire. 661, 664.
chambre(f) d'ionisation. 662.
circuit(m) de caloportage primaire.
  666.
circuit(m) de distribution électrique.
  666.
circuit(m) des générateurs de
  vapeur. 666.
collecteur(m). 661, 664.
combustible(m). 664.
combustible(m) défectueux sous
  gaine. 664.
combustible(m) nucléaire,
  cycle(m) du. 667.
condensat(m). 664.
condenseur(m). 661.
conversion(f). 667.
crayon(m). 663.
dégazeur(m). 661, 664.
détecteur(m) de flux horizontaux.
  662.
disque(m) de rupture. 662.
eau(f) d'alimentation. 664.
eau(f) de refroidissement. 664.
eau(f) lourde. 664.
échangeur(m) de chaleur du
  modérateur. 664.
écran(m) annulaire. 662.
élévateur(m). 665.
enceinte(f) de confinement. 662,
  663, 666.
énergie(f) nucléaire. 661, 662,
  663, 664, 665, 666, 667.
entrée(f) du modérateur. 662.
extraction(f) du minerai. 667.
fabrication(f) du combustible. 667.
gainage(m) du combustible
  défectueux. 665.
gaine(f). 663.
générateur(m) de vapeur. 661,
  664.
grappe(f) de combustible. 663.
grappe(f) de combustible. 663.
grille(f) d'extrémité. 663.
hublot(m) de chargement du
  combustible neuf. 665.
hublot(m) de déchargement du
  combustible irradié. 665.
imprimante(f) ligne par ligne. 666.
ionisation(f). 662.
machine(f) de chargement. 665.
machine(f) de chargement. 665.
machine(f) de manutention. 661,
  664.
manipulation(f) du combustible.
  665.

Les termes en **caractères gras** renvoient à une illustration; les termes en *italique* indiquent l'usage français.

modérateur(m). 662, 664, 666.
ordinateur(m) numérique. 666.
pastille(f) de combustible. 663.
patin(m) d'appui. 663.
patin(m) d'espacement. 663.
piscine(f) de réception. 665.
piscine(f) de stockage du combustible irradié. 663, 665, 667.
piscine(f) du combustible défectueux. 665.
plaque(f) tubulaire. 662.
plateau(m) de stockage. 665.
pompe(f) du modérateur. 664.
pompe(f) primaire. 664.
pont(m) roulant. 661.
poste(m) de distribution. 666.
pressuriseur(m). 661, 664.
production(f) d'électricité. 667.
prolongement(m) de canal. 662.
pupitre(m) de commande de manutention du combustible. 666.
pupitre(m) de l'opérateur. 666.
raffinage(m). 667.
réacteur(m). 662.
réacteur(m). 661, 664, 665, 666, 667.
réacteur(m) nucléaire. 663.
réchauffeur(m). 664.
refroidissement(m) d'urgence du coeur. 666.
réseau(m) de transport. 667.
réservoir(m) d'eau d'aspersion. 661.
réservoir(m) de poison. 661.
réservoir(m) de stockage. 661.
réservoir(m) de suppression. 664.
salle(f) de commande. 666.
salle(f) de commande. 661.
salle(f) de déchargement du combustible irradié. 665.
salle(f) de décontamination. 661.
salle(f) de l'appareillage électrique. 661.
salle(f) de stockage du combustible neuf. 665.
salle(f) des machines. 661.
sas(m). 661.
sas(m) pour équipement. 665.
séparateur(m) de vapeur. 664.
sortie(f) du modérateur. 662.
soupape(f) de sûreté. 664.
stockage(m) des déchets radioactifs. 667.
système(m) d'arrêt. 666.
système(m) de régulation du réacteur. 666.
télévision(f) en circuit fermé. 666.
tube(m) de détente. 662.
tube(m) de force. 663.
tube(m) de liaison. 662.
tube(m) de réseau. 662.
tubulure(f) d'injection de poison. 662.
turbine(f). 666.
turbine(f) basse pression. 664.
turbine(f) haute pression. 664.
turbo-alternateur(m). 666.
tuyauterie(f) de refroidissement. 662.
tuyauterie(f) de vapeur. 661, 664.
tuyauterie(f) de vapeur basse pression. 661.
vapeur(f). 664.
zone(f) de chargement du combustible neuf. 665.

PÊCHE

accroche-mouche(m). 580.
aile(f). 581.
anneau(m). 580.
anneau(m) brisé. 581.
anneau(m) de départ. 580.
anneau(m) de tête. 580.
anse(f). 580.
antenne(f). 581.
ardillon(m). 581.
articulation(f). 581.
avançon(m). 581.
billard(m), matériel(m) de. 582.
billard(m), queue(f) de. 582.
boîte(f) à mouches. 582.
bout(m). 581.
canne(f) à lancer. 580.
canne(f) à mouche. 580.
carter(m). 580.
cerques(m). 581.
cliquet(m) anti-retour. 580.
coiffe(f). 581.
corps(m). 581.
côte(f). 581.
courbure(f). 581.
craie(f). 582.
cuiller(f). 581.
cuissardes(f). 582.
dégorgeoir(m). 582.
dent(f). 582.
écrou(m) de blocage. 580.
embout(m). 580.
émérillon(m). 581.
épaule(f). 581.
épuisette(f). 582.
fil(m). 580, 581.
flèche(f). 582.
flotteur(m). 581.
frein(m). 580.
gorge(f). 581.
guide-ligne(m). 580.
hackle(f). 581.
hameçon(m). 581.
hampe(f). 581.
joue(f). 581.
leurres(m). 581.
manche(m). 582.
manivelle(f). 580.
mouche(f) artificielle. 581.
moulinet(m) à lancer. 580.
moulinet(m) à tambour fixe. 580.
oeillet(m). 581.
ouverture(f). 581.
palette(f). 581.
panier(m). 582.
pêche(f). 580, 581, 582.
pied(m). 580.
plomb(m). 581.
poignée(f). 580.
poignée(f) arrière. 580.
poignée(f) avant. 580.
pointe(f). 581.
porte-moulinet(m). 580.
procédé(m). 582.
râteau(m). 582.
scion(m). 580.
soie(f). 580.
talon(m). 580, 581, 582.
tambour(m). 580.
tête(f). 581, 582.
tête(f) de scion. 580.
tourillon(m). 582.
triangle(m). 582.
veste(f) de pêche. 582.
virole(f). 582.
virole(f) femelle. 580.
virole(m) mâle. 580.
voile(m). 581.

PEINTURE

armature(f). 280.
bac(m). 280.
bouchon(m) d'air. 280.
bouton(m) moleté. 280.
buse(f) à fluide. 280.
corde(f) de tirage. 278.
corps(m) du pistolet. 280.
dispositif(m) de blocage. 278.
échelle(f) à crochets. 278.
échelle(f) coulissante. 278.
échelle(f) d'échafaudage. 279.
échelle(f) de corde. 278.
échelle(f) droite. 278.
échelle(f) escamotable. 278.
échelle(f) fruitière. 279.
échelle(f) roulante. 279.
échelle(f) transformable. 278.
échelles(f). 278, 279.
échelon(m). 278.
entretoise(f). 279.
escabeau(m) plate-forme. 279.
escabeaux(m). 278, 279.
gâchette(f). 280.
garde-corps(m). 279.
godet(m). 280.
grattoir(m). 280.
lame(f) amovible. 280.
manche(m). 280.
manchon(m). 280.
marche(f). 279.
montant(m). 278.
orifice(m) d'aération. 280.
patin(m) antidérapant. 280.
peinture(f) d'entretien. 278, 279, 280.
piètement(m). 279.
pinceau(m). 280.
pistolet(m) à peinture. 280.
plate-forme(f). 279.
plateau(m) à outils. 279.
poignée(f). 280.
poulie(f). 278.
protège-lame(m). 280.
raccord(m) d'arrivée d'air. 280.
réglage(m) du pointeau du fluide. 280.
rouleau(m). 280.
soies(f). 280.
soupape(f) à air. 280.
soupape(f) de réglage du fluide. 280.
tablette(f). 279.
tabouret-escabeau(m). 279.
virole(m). 280.

PHOTOGRAPHIE

adapteur(m) grand angle. 372.
affichage(m) de la rapidité du film. 368.
agrandisseur(m). 376.
agrandisseur(m). 375.
aiguille(f). 372.
amorce(f). 371.
ampoule(f). 376.
analyseur(m) couleur. 375.
appareil-éclair(m). 372.
appareil(m) à télémètre couplé. 369.
appareil(m) à visée reflex mono-objectif. 368.
appareil(m) de presse. 369.
appareil(m) mini-format. 369.
appareil(m) petit-format. 369.
appareil(m) pliant. 369.
appareil(m) pour photodisque. 369.
appareil(m) reflex 6 X 6 mono-objectif. 369.
appareil(m) reflex à deux objectifs. 369.
appareil(m) stéréoscopique. 369.
appareils(m) photographiques. 369.
armoire(f) de séchage. 375.
bague(f) de réglage. 370.
bague(f) de serrage. 374.
bain(m) d'arrêt. 375.
bain(m) de fixation. 375.
bain(m) de révélateur. 375.
barrette(f) de liaison. 372.
blocage(m) de la colonne. 374.
blocage(m) vertical. 374.
bobine(f) réceptrice. 368.
boîte(f) à lumière. 376.
boîtier(m). 368.
bouchon(m) d'objectif. 370.
bouton(m) de commande de la course verticale. 376.
bouton(m) de mise au point. 376, 377.
bouton(m) déclencheur. 368, 371.
bouton-poussoir(m). 377.
branche(f) télescopique. 374.
câble(m) de synchronisation. 372.
câble(m) synchro. 373.
cadence(f) des images. 372.
cadre-cache(m). 377.
calculateur(m). 372.
calotte(f) diffusante. 372.
carter(m). 377.
cartouche(f) de pellicule. 371.
cassette(f). 371.
cellule(f) à visée reflex. 372.
cellule(f) photo-électrique. 371.
chambre(f) noire. 368.
chambre(f) photographique. 369.
châssis-presse(m). 375.
circuit(m) imprimé. 371.
cisaille(f). 375.
colonne(f). 376.
colonne(f) centrale. 374.
commande(f) à distance. 375.
compte-pose(m). 375.
compteur(m) de poses. 368.
condensateur(m). 376, 377.
condensateur(m) interchangeable. 376.
contrôle(m) d'exposition. 371.
convertisseur(m). 373.
cordon(m) d'alimentation. 373, 377.
coupe-flux(m). 373.
couvercle(m) du chargeur. 377.
crochet(m). 377.
culot(m). 372.
cuve(f) de développement. 375.
déclencheur(m) à action différée. 368.
déclencheur(m) pneumatique. 374.
déclencheur(m) souple. 374.
déverrouillage(m) de l'obturateur. 368.
diaphragme(m). 368.
diapositive(f). 377.
diffuseur(m). 373.
diffuseur(m) en nid d'abeilles. 373.
échelle(f) d'agrandissement. 376.
échelle(f) d'ouverture de diaphragme. 370.
échelle(f) d'ouverture relative. 372.
échelle(f) de durée d'exposition relative. 372.
échelle(f) de lecture. 372.
échelle(f) des distances. 370.
échelle(f) des indices d'exposition. 372.
échelle(f) des profondeurs de champ. 370.
éclairage(m) de studio. 373.
éclairage(m) inactinique. 375.
écran(m) de projection. 377.
écran(m) diffuseur. 373.
enveloppe(f) de verre. 372.
épreuve(f). 371.
étrier(m) d'attache. 368.
évier(m). 375.
fil(m) de magnésium. 372.
filament(m). 372.
film-disque(m). 368.
film-pack(m). 371.
filtre(m) de couleur. 370.
filtre(m) de polarisation. 370.
filtre(m) rouge inactinique. 376.
flash-cube(m). 372.
flash(m). 373.
flash(m) électronique. 372.
flashmètre(m). 373.
fond(m). 374.
garde-papier(m). 375.

Les termes en **caractères gras** renvoient à une illustration; les termes en *italique* indiquent l'usage français.

895

3'

girafe(f). 374.
glaceuse(f) à plat. 375.
hypergone(m). 370.
indices(f) d'exposition. 372.
interrupteur(m). 372.
jeu(m) de filtres colorés. 373.
jeu(m) de filtres diffusants. 373.
laboratoire(m) photographique. 375.
lampe-éclair(f). 372.
lampe(f) de projection. 377.
laveuse(f) pour épreuves. 375.
lentille(f) additionnelle. 370.
levier(m) d'armement. 368.
levier(m) de commande. 374.
loupe(f) de mise au point. 370, 376.
loupe(f) de mise au point. 375.
manivelle(f). 374.
margeur(m). 376.
margeur(m). 376.
marquage(m) de la sensibilité. 372.
minuterie(f). 375.
miroir(m). 368.
miroir(m) de prise de vues. 371.
molette(f) de rebobinage. 368.
monture(f) à pas de vis. 370.
monture(f) baïonnette. 368.
monture(f) d'objectif. 368.
moteur(m). 377.
moteur(m) électrique. 371.
multiplicateur(m) de focale. 370.
négatoscope(m). 375.
objectif(m). 370.
objectif(m). 371, 372, 377.
objectif(m) d'agrandissement. 376.
objectif(m) grand-angulaire. 370.
objectif(m) interchangeable. 368.
objectif(m) normal. 370.
objectif(m) super-grand angle. 370.
objectif(m) zoom. 370.
objectifs(m) interchangeables. 370.
obturateur(m). 368.
obturateur(m) central. 371.
oculaire(m). 371, 372.
oeilletons(m) du viseur. 370.
ombrelle(f). 373.
panier(m) de projection. 377.
parasoleil(m). 370.
passe-vues(m). 377.
pellicules(f). 371.
perforation(f). 371.
photographie(f). 368, 369, 370, 371, 372, 373, 374, 375, 376, 377.
phototype(m). 377.
pied(m) de studio. 374.
pied-sabot(m). 372.
pied-support(m). 373.
pile(f). 372.
pile(f). 371.
plate-forme(f). 374.
plateau(m). 376.
poignée(f). 372, 377.
Polaroïd(m). 371.
porte-négatif(m). 376.
posemètre(m) photo-électrique. 372.
potence(f). 377.
prise(f). 372.
prise(f) pour flash. 368.
prise(f) pour flash-bar. 371.
prisme(m). 368.
projecteur(m) diascope. 377.
réflecteur(m). 377.
réflecteur(m) diffusant. 373.
réflecteur(m) parabolique. 373.
réglage(m) en hauteur. 372.
report(m) de lecture. 372.
rouleaux(m) presseurs. 371.
sécheuse(f) pour papier RC. 375.
séchoir(m) d'épreuves RC. 375.
sélecteur(m) de vitesses d'obturation. 368.
soufflet(m). 376.

spirale(f). 375.
stabilisateur(m) de tension. 376.
studio(m), accessoires(m) de. 374.
support(m). 377.
tambour(m) d'entraînement. 368.
téléobjectif(m). 370.
télésenseur(m). 372.
tête(f) à bascule. 374.
tête(f) panoramique. 374.
tiroir(m) à filtres. 376.
toile(f) perlée. 377.
train(m) d'engrenages. 371.
transmetteur(m) infrarouge. 373.
trépied(m). 374.
trépied(m). 377.
tube(m) focaliseur conique. 373.
tube(m) focaliseur cylindrique. 373.
ventilateur(m) de refroidissement. 377.
ventilateur(m) extérieur. 375.
verrouillage(m) de rotation de tête d'agrandisseur. 376.
vis(f) de fixation. 372, 374.
viseur(m). 368.
viseur(m) d'angle. 370.

PLOMBERIE

abattant(m). 269.
about(m). 270.
adapteurs(m). 275.
aérateur(m). 271.
anneau(m) d'étanchéité en cire. 268.
anode(f). 273.
applique(f). 270.
applique(f) du robinet. 270.
armoire(f) de toilette. 269.
arrivée(f) d'eau chaude. 272.
bague(f) à treillis. 271.
bague(f) de fond. 271.
bague(f) de serrage de la cartouche. 271.
bague(f) de siège d'obturateur. 271.
baignoire(f). 269.
bec(m). 270, 271.
bec(m) du robinet. 271.
bille(f) creuse. 271.
bonde(f). 270.
borne(f) de terre. 277.
bouchon(m) de dégorgement. 270.
bouchon(m) de vidange. 271.
bouchon(m) de vidange. 267.
bouchon(m) femelle. 275.
bouchon(m) femelle à visser. 275.
bouchon(m) fileté. 275.
bouchon(m) mâle sans bourrelet. 275.
boues(f). 277.
branchement(m). 272.
branchement(m) d'appareil. 268.
bride(f) métallique. 268.
broyeur(m) d'évier. 270.
câble(m) électrique. 277.
canalisation(f) de branchement d'eau général. 267.
canalisation(f) de refoulement. 277.
capuchon(m) du levier. 271.
champ(m) d'épandage. 277.
chapeau(m). 277.
chapeau(m) de tuyau de ventilation. 275.
chauffe-eau(m). 273.
chauffe-eau(m) électrique. 273.
clapet(m). 268.
clapet(m) de retenue. 271.
clé(f) anglaise. 276.
clé(f) à chaîne. 276.
clé(f) à crémaillère. 276.
clé(f) à sangle. 276.
clé(f) à tuyau. 276.
clé(f) coudée à tuyau. 276.
collecteur(m) d'appareil. 267.

collecteur(m) d'évacuation. 267.
collecteur(m) principal. 267.
collet(m) repoussé. 274.
colonne(f) d'air. 267, 272.
colonne(f) de ventilation secondaire. 267.
colonne(f) montante d'eau chaude. 267.
colonne(f) montante d'eau froide. 267.
compteur(m) général. 267.
conduite(f) d'alimentation. 267.
conduite(f) d'eau chaude. 272.
conduite(f) d'eau froide. 272.
conduite(f) de distribution d'eau. 267.
conduite(f) principale. 268.
contacteur(m). 277.
corps(m) du robinet. 271.
coude(m). 270, 275.
coude(m) à 180°. 275.
coude(m) applique. 275.
coude(m) de renvoi. 267, 275.
coude(m) de trop-plein. 267.
coupe-circuit(m) limiteur de température. 273.
coupe-tubes(m). 276.
couvercle(m). 268.
couvercle(m) de réservoir. 269.
crépine(f). 271.
cuivre(m) et acier(m). 275.
culotte(f). 267.
cuvette(f). 268, 269.
douchette(f). 269, 270.
drain(m). 277.
écrou(m). 274.
écrou(m) à collet. 270.
écrou(m) à six pans. 274.
écrou(m) de blocage. 268.
écrou(m) de bonde. 270.
écrou(m) de fixation. 270.
écrou(m) de serrage. 274.
écrou(m) du presse-étoupe. 271.
élément(m) chauffant inférieur. 273.
élément(m) chauffant supérieur. 273.
enjoliveur(m). 271.
étrier(m). 277.
étrier(m) du flotteur. 277.
évaseur(m). 276.
évier-broyeur(m). 270.
évier(m). 270.
évier(m) double. 267.
filetage(m). 271.
filière(f). 276.
filtre(m) bactérien. 277.
flexible(m). 269, 270.
flotteur(m). 268, 277.
fosse(f) septique. 277.
fosse(f) septique. 277.
furet(m) de dégorgement. 276.
garniture(f). 274.
gravier(m). 277.
inverseur(m). 269.
isolant(m). 273.
joint(m) d'étanchéité. 270, 271, 273.
joint(m) torique. 271.
lampe(f) à souder. 276.
lavabo(m). 269.
lave-linge(m). 272.
lave-vaisselle(m). 272.
lève-soupape(m). 276.
levier(m). 270, 271.
levier(m) de déclenchement. 268.
mamelon(m) double. 275.
manchon(m). 270, 275.
manchon(m) cannelé. 271.
manette(f) de chasse. 269.
mélangeur(m) bain-douche. 267.
mitigeur(m). 270.
mitigeur(m) à bille creuse. 271.
mitigeur(m) d'évier. 271.
mitigeur(m) d'évier. 270.
moteur(m) électrique. 277.

outils(m) pour plomberie. 276.
panneau(m) d'accès. 273.
partie(f) femelle du raccord union. 274.
partie(f) mâle du raccord union. 274.
plastique(m) et acier(m). 275.
plastique(m) et cuivre(m). 275.
plomberie(f). 267, 268, 269, 270, 271, 272, 273, 274, 275, 276, 277.
plomberie(f) sanitaire. 267.
pomme(f) de douche. 269.
pompe(f) de puisard. 277.
porte-rouleau(m). 269.
porte-savon(m). 269.
porte-serviettes(m). 269.
porte-verre(m). 269.
presse-étoupe(m). 271.
prise(f) bipolaire. 277.
puisard(m). 277.
raccord(m). 274.
raccord(m) à collet repoussé. 274.
raccord(m) à compression. 274.
raccord(m) à compression. 270.
raccord(m) d'égout. 272.
raccord(m) de réduction. 275.
raccord(m) té d'égout. 272.
raccord(m) union. 274.
raccords(m). 275.
raccords(m) mécaniques. 274.
réduction(f) mâle-femelle. 275.
réduction(f) mâle-femelle à visser. 275.
regard(m) de prélèvement. 277.
renvoi(m). 267, 272.
réservoir(m) de chasse. 269.
ressort(m). 271.
robinet(m). 271.
robinet(m) d'arrêt. 268, 270, 272, 273.
robinet(m) d'arrêt général. 267.
robinet(m) de puisage. 267.
robinet(m) de vidange. 273.
robinet(m) flotteur à clapet. 268.
rondelle(f). 271.
rondelle(f) conique. 268.
rondelle(f) de fibre. 274.
rondelle(f) métallique. 270.
salle(f) de bains. 269.
scie(f) à métaux. 276.
séparateur(m) à graisse. 277.
siège(m). 268, 269, 271.
siège(m) d'obturateur. 271.
siphon(m). 267, 270, 275.
solin(m). 267.
soupape(f) de sûreté. 273.
support(m) douchette. 269.
té(m). 275.
tête(f) d'aspiration. 277.
thermostat(m) inférieur. 273.
thermostat(m) supérieur. 273.
tige(f). 271.
tige(f) de manoeuvre. 271.
tige(f) du robinet. 271.
toilette(f). 268.
toilette(f). 269.
trappe(f) de visite. 277.
trop-plein(m). 268, 269, 273.
tube(m). 274.
tube(m) d'arrivée. 270.
tube(m) d'eau chaude. 273.
tube(m) d'eau froide. 273.
tube(m) de cuivre. 274.
tube(m) de remplissage de la cuvette. 268.
tube(m) de remplissage du réservoir. 268.
tuyau(m) d'évacuation. 272.
tuyau(m) de chute. 268, 272.
tuyau(m) de chute unique. 267.
tuyau(m) de ventilation. 275.
tuyau(m) de vidange. 272.
tuyau(m) souple d'arrivée. 272.
union(f). 274.

Les termes en **caractères gras** renvoient à une illustration; les termes en *italique* indiquent l'usage français.

ventcuse(f). 276.
ventilation(f) primaire. 267.
ventilation(f) secondaire. 267.
vis(f) de fixation. 268.
w.c.(m). 268.
w.c.(m). 269.

PÉTROLE

anticlinal(m). 640.
arbre(m) de Noël. 641.
arbre(m) de Noël. 644.
asphalte(m). 649.
atelier(m). 648.
autoréfrigération(f), système(m) d'. 644.
bac(m) à boue. 640.
barge(f). 645.
barge(f) de forage. 642.
bassin(m) de décantation. 648.
bassin(m) de traitement. 648.
bâtiment(m) administratif. 648.
bitume(m). 650.
bitume(m), extraction. 650.
bitume(m) extraction. 650.
brise-lames(m). 646.
bulbe(m) d'étrave. 645.
buse(f). 641.
butanier(m). 645.
camion-citerne(m). 646.
canal(m) d'écoulement. 647.
canon(m) à mousse. 645.
canot(m) de sauvetage. 643.
carburant(m) diesel. 649.
carburéacteur(m). 649.
carlingue(f) centrale. 645.
centrale(f) thermique. 648.
chambre(f) des machines. 645.
citerne(f). 646.
citerne(f) centrale. 645.
citerne(f) de décantation. 645.
citerne(f) latérale. 645.
cloison(f) étanche. 645.
cloison(f) transversale. 645.
colonne(f) de production. 641.
conduite(f) à la terre. 647.
conduite(f) d'admission principale. 647.
conduite(f) d'admission secondaire. 647.
convoi(m) poussé. 645.
convoyeur(m). 650.
couche(f) imperméable. 640.
crépine(f). 641.
crochet(m). 640.
déparaffinage(m) des huiles. 648.
désasphaltage(m) des huiles. 648.
diesel-navire(m). 649.
distillation(f) sous vide. 649.
dôme(m). 646.
eau(f) salée. 640.
eaux(f) décantées. 650.
eaux(f) résiduaires. 650.
eaux(f) usées. 648.
échelle(f). 647.
entrepôt(m). 648.
escalier(m). 647.
escalier(m) en spirale. 647.
essence(f). 649.
étang(m) de décantation. 650.
excavatrice(f) à roue. 650.
extraction(f) minière. 650.
flotteur(m). 647.
fond(m) de tour. 649.
fondrière(f) de mousse. 650.
forage(m), appareil(m) de. 640.
forage(m) en mer. 642.
formation(f) aquifère. 650.
four(m) tubulaire. 649.
gaz(m). 640.
gicleur(m). 647.
graisses(f). 649.
grès(m). 650.
grue(f). 643.
hélisurface(f). 643.

huiles(f) lubrifiantes. 649.
hydroraffineur(m). 648.
injection(f) de gaz. 641.
injection(f) de vapeur. 650.
isolation(f). 644.
jauge(f) magnétique à lecture directe. 647.
jetée(f). 642.
joint(m) d'étanchéité. 647.
kérosène(m). 649.
laboratoire(m). 648.
laboratoire(m) des diagraphies. 643.
locaux(m) d'habitation. 645.
manomètre(m). 641, 647.
masse-tige(f). 640.
mazout(m) domestique. 649.
mazout(m) léger. 649.
mazout(m) lourd. 649.
merlon(m) de protection. 647.
méthanier(m). 645.
mine(f). 650.
mort terrain(m). 650.
moteur(m). 640.
moufle(m) fixe. 640.
moufle(m) mobile. 640.
navire(m) de forage. 642.
obturateur(m) de sécurité. 640.
panneau(m) de citerne. 645.
paraffines(f) 648.
parc(m) de stockage. 644, 648.
parc(m) de stockage terminal. 644.
pare-chocs(m). 644.
paroi(f) de citerne. 646.
passavant(m). 645.
passerelle(f). 645.
patin(m). 644.
pelle(f) à benne traînante. 650.
pétrole(m). 640, 641, 642, 643, 644, 645, 646, 647, 648, 649, 650.
pétrole(m). 640.
pétrole(m) brut. 649.
pétrole(m) émulsionné. 641.
pétrolier(m). 645.
piège(m) à pétrole. 640.
pile(f). 643.
pipeline(m). 644.
pipeline(m). 650.
pipeline(m) enterré. 644.
pipeline(m) sous-marin. 644.
pipeline(m) surélevé. 644.
pipeline(m) surélevé, support(m) de. 644.
plate-forme(f) auto-élévatrice. 642.
plate-forme(f) autonome. 642.
plate-forme(f) de production. 643.
plate-forme(f) fixe. 642.
plate-forme(f) flottante. 642.
plate-forme(f) semi-submersible. 642.
plate-forme(f) submersible. 642.
plongeur(m). 641.
pompage(m). 650.
pompage(m) au gaz. 641.
pompe(f). 646.
pompe(f) à balancier. 641.
pompe(f) à boue. 640.
pont(m) inférieur. 647.
pont(m) supérieur. 647.
porque(f). 645.
pousseur(m). 645.
produits(m) pétrochimiques. 649.
puits(m) marin. 644.
purge(f) d'eau. 647.
pyrolyse(f). 650.
quartiers(m) d'habitation. 643.
raffinerie(f). 648.
raffinerie(f). 644.
raffinerie(f), produits(m) de la. 649.
rampe(f) de chargement. 648.
récupération(f) du solvant. 650.
redistillation(f) des huiles. 648.
réformeur(m) catalytique. 648, 649.

remplissage(m). 647.
réservoir(m) à lest. 645.
réservoir(m) à toit fixe. 647.
réservoir(m) à toit flottant. 647.
réservoir(m) d'eau potable. 643.
réservoir(m) de boue de réserve. 643.
réservoir(m) de brut. 649.
réservoir(m) de stockage. 643.
réservoir(m) tampon. 644.
réservoirs à membrane. 645.
réservoirs(m) à semi-membrane. 645.
réservoirs(m) indépendants. 645.
revêtement(m). 647.
robe(f). 647.
robinet(m) de vidange. 647.
roche(f) couverture. 650.
roche(f) de base. 650.
sables(m) bitumineux. 650.
salle(f) de contrôle. 643.
section(f) tubulaire. 643.
semi-remorque(f). 646.
semi-remorque(f) citerne. 646.
séparateur(m) de gaz. 643.
service(m) d'incendie. 648.
service(m) de sécurité. 648.
solvant(m). 650.
soupape(f) à pression et dépression. 647.
soutirage(m) essence lourde. 649.
soutirage(m) gazole. 649.
soutirage(m) kérosène. 649.
station(f) de pompage. 644.
station(f) de pompage intermédiaire. 644.
station(f) de pompage principale. 644.
stockage(m) des gaz liquéfiés. 648.
stockage(m) des produits finis. 648.
stockage(m) du pétrole. 650.
support(m). 644.
système(m) de dépotage. 646.
système(m) de liaison. 645.
table(f) de rotation. 640.
tamis(m) vibrant. 640.
tender(m). 642.
tête(f) d'injection. 640.
tête(f) de puits. 641.
thermomètre(m). 647.
tige(f) carrée d'entraînement. 640.
tige(f) de forage. 640.
tiges(f) de pompage. 641.
toit(m) flottant. 647.
tôle(f) pare-gouttes. 647.
torche(f). 643, 648.
tour(f) de forage. 640, 643.
tour(f) de fractionnement. 649.
tour(f) de refroidissement. 648.
tracteur(m). 646.
traitement(m) à l'eau chaude. 650.
traitement(m) chimique. 649.
traitement(m) des essences. 648.
traitement(m) des gaz liquéfiés. 648.
traitement(m) des sables bitumineux. 650.
traitement(m) du bitume. 650.
traverse(f) de chargement. 645.
treillis(m). 643.
trépan(m). 640.
treuil(m). 640.
trou(m) d'homme. 646, 647.
tubage(m) cimenté. 640.
tubage(m) de surface. 641.
tubage(m) intermédiaire. 641.
turbine(f) à gaz. 643.
unité(f) d'extraction par solvant. 649.
unité(f) de polymérisation. 648.
unité(f) de soufflage des bitumes. 648.
unités(f) d'alkylation. 648.
unités(f) de cokéfaction fluide. 648.

usine(f) à asphalte. 649.
usine(f) des lubrifiants. 649.
usine(f) des utilités. 650.
usine(f) pétrochimique. 649.
valve(f) d'admission. 641.
vanne(f) maîtresse. 641.
vapocraqueur(m). 648.
vidange(f). 647.
wagon-citerne(m). 646.

SKI

anorak(m). 561.
barre(f). 558.
barre(f) de protection. 558.
bâton(m). 561.
bâton(m) de ski. 559.
bonnet(m). 561.
boucle(f). 561.
butée(f). 559, 560.
cabine(f). 558.
câble(m). 561.
câble(m) tracteur. 558.
cambrure(f). 561.
carre(f). 559, 561.
casque(f). 559.
chalet(m). 558.
chandail(m). 561.
chandail(m) à col roulé. 559.
charnière(f). 560.
chaussette(f). 561.
chausson(m) intérieur. 560.
chaussure(f). 561.
chaussure(f) de ski. 560.
chaussure(f) de ski. 559.
collier(m). 560.
combinaison(f) de ski. 559.
coque(f) inférieure. 560.
coque(f) supérieure. 560.
dragonne(f). 561.
embase(f). 560.
enrouleur(m) à ressort. 558.
étrier(m). 559.
fanion(m). 558.
fixation(f) à butée avant. 561.
fixation(f) à câble. 561.
fixation(f) de sécurité. 560.
fixation(f) de sécurité. 559.
foulard(m). 559.
fourchette(f). 561.
frein(f). 559, 560.
gant(m). 561.
guêtre(f) de ski. 559.
indicateur(m) de réglage de libération du talon. 560.
knicker(m). 561.
languette(f). 561.
lanière(f) de sécurité. 560.
lunettes(f) de ski. 559.
lunettes(f) de soleil. 561.
mitaine(f). 559.
moniteur(m) de ski. 558.
moufle(f). 559.
pantalon(m). 561.
pédale(f) de chaussage. 560.
pédale(f) de déchaussage. 560.
piquet(m). 558.
piste(f) de slalom. 558.
plaque(f) antifriction. 560.
poignée(f). 559, 561.
pointe(f). 559.
pointe(f) de bâton. 561.
pointe(f) de ski. 561.
porte(f). 558.
pull-over(m). 561.
pylône(f). 558.
rainure(f). 559, 561.
repose-pieds(m). 558.
rondelle(f). 558, 559, 561.
sac(m) à dos. 561.
sac(m) banane. 559.
sauteur(m). 558.
semelle(f). 559, 560, 561.
serre-tête(m). 561.
siège(f). 558.

Les termes en **caractères gras** renvoient à une illustration; les termes en *italique* indiquent l'usage français.

897

ski(m). **558.**
ski(m). 559.
ski(m) alpin. 559, 560.
ski(m) de fond. 561.
skieur(m) alpin. 559.
skieur(m) de fond. 561.
skieur(m) de slalom. 558.
spatule(f). 559, 561.
station(f) de ski. 558.
suspente(f). 558.
talon(m). 559, 561.
talonnière(f). 559, 560, 561.
téléphérique(m). 558.
télésiège(m) biplace. 558.
téléski(m) à archets. 558.
téléski(m) à perches. 558.
tige(f). 560, 561.
trace(f). 558.
tremplin(m). 558.
tuque(f). 561.
vis(f) de réglage de hauteur. 560.
vis(f) de réglage de libération. 560.

SPORTS NAUTIQUES
abattre. 551.
accastillage(m). 553.
aileron(m). 551.
allures(f). 553.
bâbord(m) amures. 553.
barre(f). 552, 554.
barre(f) d'écoute. 553.
barre(f) de flèche. 552.
bôme(f). 552.
bordure(f). 551.
chaumard(m). 553.
chute(f). 551.
cockpit(m). 552.
corde(f) de traction. 554.
dérive(f). 551, 552, 554.
dériveur(m). 552.
drisse(f) de foc. 552.
drisse(f) de grand-voile. 552.
écoute(f) de foc. 552.
écoute(f) de grand-voile. 552.
étai(m) avant. 552.
étrave(f). 552.
fenêtre(f). 551.
filoir(m) d'écoute. 553.
filoir(m) de spinnaker. 552.
fixation(f). 554.
fixation(f) arrière. 554.
fixation(f) avant. 554.
flotteur(m). 551.
foc(m). 552.
fourreau(m). 551.
girouette(f). 552.
gousset(m) de latte. 551, 552.
gouvernail(m). 552.
grand largue(m). 553.
grand-voile(f). 552.
guindant(m). 551.
halebas(m). 552.
hauban(m). 552.
laize(f). 552.
lanière(f). 554.
largue(m). 553.
latte(f). 551, 552.
ligne(f) arrière. 551.
ligne(f) avant. 551.
ligne(f) de pied de mât. 551.
lofer. 551.
manille(f). 553.
mât(m). 551, 552.
mousqueton(m). 552, 553.
mousqueton(m) à ressort. 553.
palonnier(m) de slalom. 554.
pennon(m). 552.
petit largue(m). 553.
pied(m) de mât. 551.
planche(f) à voile. 551.
point(m) d'amure. 551.
point(m) d'écoute. 551.
poulie(f). 553.
poupe(f). 551.

près(m). 553.
près(m) bon plein. 553.
près(m) serré. 553.
proue(f). 551.
puits(m) de dérive. 551.
queue(f). 554.
ridoir(m). 553.
sabot(m). 554.
semelle(f). 554.
ski(m) de figure. 554.
ski(m) de saut. 554.
ski(m) de slalom. 554.
ski(m) de tourisme. 554.
ski(m) nautique. 554.
skis(m), types(m) de. 554.
spatule(f). 554.
talonnière(f). 554.
tangon(m) de spinnaker. 552.
taquet(m). 552, 553.
taquet(m) coinceur. 551, 553.
tête(f) de mât. 551.
têtière(f). 551.
tire-veille(m). 551.
trapèze(m). 554.
trapèze(m) de figure. 554.
trapèzes(m), types(m) de. 554.
tribord(m) amures. 553.
vent(m). 553.
vent(m) arrière. 553.
vent(m) de travers. 553.
vent(m) debout. 553.
voile(f). 551.
winch(m). 553.
wishbone(m). 551.

TISSAGE
armures(f) de base. 511.
baguette(f) d'écartement. 509.
baguette(f) d'encroix. 508, 509.
barre(f) à lisse. 509.
basse lisse(f). 508.
bâti(m). 508.
battant(m). 508.
bobine(f). 510.
bobinoir(m). 510.
broche(f). 509.
canetière(f). 510.
canette(f). 509, 510.
cantre(m). 510.
chaîne(f). 508, 509.
chapeau(m) du battant. 508.
charpente(f) verticale. 509.
cheville(f). 510.
cliquet(m). 508.
clous(m). 509.
contremarche(f). 508.
corde(f) d'accrochage. 508.
croisement(m). 511.
dévidoir(m). 510.
ensouple(f) de chaîne. 508.
ensouple(f) de tissu. 508.
entretoise(f). 508.
fente(f). 511.
fil(m) de chaîne. 511.
fil(m) de trame. 511.
fuseau(m). 510.
guide-fil(m). 510.
hachure(f). 511.
harnais(m). 508.
haute lisse(f). 509.
lame(f). 508.
lisse(f). 508.
lisses(f). 509.
manivelle(f). 508.
marche(f). 508.
métier(m) de basse lisse. 508.
métier(m) de haute lisse. 509.
montant(m). 508, 509.
navette(f). 509.
noeud(m). 511.
oeil(m). 509.
oeillet(m). 508.
ourdissoir(m). 510.
passettes(f). 510.

pédale(f) de frein. 508.
peigne(m). 509.
poitrinière(f). 508.
porte-fils(m). 508.
réglette(f). 509.
ros(m). 508.
roue(f) d'engrenage. 510.
roue(f) d'entraînement. 510.
roue(f) dentée. 508.
rouleau(m) principal. 508.
satin(m). 511.
semelle(f) du battant. 508.
sergé(m). 511.
serre-joint(m). 510.
support(m). 509.
support(m) du rouleau. 508.
techniques(f) de tissage. 511.
templet(m). 510.
tentoir(m). 508.
tige(f). 509.
tissage(m). 508, 509, 510, 511.
tissage(m), schéma(m) de
** principe du. 511.**
toile(f). 511.
trame(f). 508.
traverse(f). 508, 509.
vis(f) sans fin. 510.

TÉLÉPHONE
aimant(m) permanent. 387.
arrêt(m). 388.
avance(f) rapide. 388.
berceau(m). 387.
bobine(f). 387.
bobine(f) de l'électro-aimant de la
  sonnerie. 387.
boîtier(m). 387.
bouton(m) de remboursement. 388.
butée(f). 387.
cadran(m). 387.
capsule(f). 387.
cassette(f) annonce. 388.
cassette(f) messages. 388.
circuit(m). 387.
clavier(m). 387.
combiné(m). 387, 388.
commande(f) de volume. 388.
cordon(m) à gaine métallique
  flexible. 388.
cordon(m) de combiné. 387.
cordon(m) de raccordement. 387.
cordon(m) du téléphone. 388.
crochet(m) commutateur. 387.
diaphragme(m). 387.
écoute(f). 388.
effacement(m). 388.
électrode(f). 387.
embouchure(f) de microphone.
  387.
enregistrement(m). 388.
fente(f) à monnaie. 388.
grenaille(f) de charbon. 387.
marteau(m). 387.
microphone(m). 387.
microphone(m). 387, 388.
mise(f) en marche. 388.
pavillon(m) d'écouteur. 387.
pièce(f) polaire. 387.
plongeur(m). 387.
poste(m) à clavier. 388.
poste(m) mains libres. 388.
poste(m) sans cordon. 388.
poste(m) téléphonique. 387.
postes(m) téléphoniques,
** types(m) de. 388.**
pupitre(m) dirigeur. 388.
rebobinage(m). 388.
récepteur(m). 387.
récepteur(m). 387.
répondeur(m) téléphonique. 388.
résistance(f) acoustique. 387.
sébile(f) de remboursement. 388.
téléphone(m) public. 388.
timbre(m). 387.

varistance(f). 387.
voyant(m) de réception de
  messages. 388.
voyant(m) de réponse
  automatique. 388.

TÉLÉVISION
accessoiriste(m). 390.
accord(m) précis. 392.
aiguilleur(m). 391.
amplificateur(m). 389.
antenne(f) télescopique. 392.
baie(f) de contrôle. 391.
bouton(m) marche/arrêt. 392.
caméra(f). 391.
caméraman(m). 390.
canon(m) à électrons. 392.
chef-électricien(m). 389.
chef(m) d'émission. 391.
coffret(m). 392.
col(m). 392.
commande(f) des gradateurs. 389.
cône(m). 392.
couche(f) conductrice extérieure.
  392.
culot(m). 392.
cyclorama(m). 390.
directeur(m) technique. 391.
dispositif(m) de levage. 390.
éclairagiste(m). 389.
écran(m). 392.
écran(m) de précontrôle. 391.
écran(m) de repérage. 391.
écran(m) sortie. 391.
écran(m) témoin. 391.
faisceau(m) bleu. 392.
faisceau(m) d'électrons. 392.
faisceau(m) rouge. 392.
faisceau(m) vert. 392.
fenêtre(f). 392.
girafe(f). 390.
grue(f) de prise de vues. 390.
haut-parleur(m). 390, 392.
haut-parleur(m) de contrôle. 391.
haut-parleur(m) de service. 391.
horloge(f). 391.
ingénieur(m) du son. 389.
luminophore(m). 392.
magnétoscope(m). 388.
masque(m) perforé. 392.
mire(f) de réglage. 391.
passerelle(f). 390.
perchiste(m). 390.
personnel(m) de plateau. 390.
pilote(m) d'écran-témoin. 390.
plateau(m). 390.
preneur(m) de son. 389.
présentateur(m). 390.
prise(f) pour écouteur. 392.
projecteur(m) à faisceau
  concentré. 390.
projecteur(m) d'ambiance. 390.
pupitre(m) de son. 389.
rampe(f) du cyclorama. 390.
réalisateur(m). 391.
régie(f) de production. 391.
régie(f) de production. 389.
régie(f) du son. 389.
régie(f) image-éclairage. 389.
régies(f). 389.
régisseur(m). 390.
réglage(m) de la luminosité. 392.
réglage(m) du contraste. 392.
scripte(f). 391.
sélecteur(m) de canaux UHF. 392.
sélecteur(m) de canaux VHF. 392.
socle(m) de caméra. 390.
studio(m). 389.
studio(m). 389.
tableau(m) de commande. 389,
  390.
technicien(m) de l'image. 389.
technicien(m) du son. 389.
télésouffleur(m). 390.

Les termes en **caractères gras** renvoient à une illustration; les termes en *italique* indiquent l'usage français.

téléviseur(m). 392.
télévision(f). 389, 390, 391, 392.
trucages(m). 391.
tube-image(m). 392.
vitre(f) protectrice. 392.

USTENSILES DE CUISINE

aiguisoir(m). 231.
balance(f) de cuisine. 229.
batteurs(m) à oeufs. 230.
bols(m) à mélanger. 230.
boule(f) à thé. 231.
brosse(f) à légumes. 231.
casse-noix(m). 228.
cisaille(f) à volaille. 231.
coquilleur(m) à beurre. 227.
coupe-oeuf(m). 231.
couperet(m). 227.
couteau-éplucheur(m). 227.
couteau(m) à découper. 227.
couteau(m) à désosser. 227.
couteau(m) à filets de sole. 227.
couteau(m) à huîtres. 227.
couteau(m) à jambon. 227.
couteau(m) à pain. 227.
couteau(m) à pamplemousse. 227.
couteau(m) à zester. 227.
couteau(m) d'office. 227.
couteau(m) de chef cuisinier. 227.
couteau(m) de cuisine. 227.
couteaux(m) de cuisine, types(m) de. 227.
cuiller(f) à crème glacée. 231.
cuiller(f) à égoutter. 229.
cuiller(f) à glace. 231.
cuillers(f) doseuses. 229.
décapsuleur(m). 229.
demi-manche(m). 227.
dénoyauteur(m). 231.
dos(m). 227.
écumoire(f). 229.
emporte-pièces(m). 230.
entonnoir(m). 228.
épaulement(m). 227.
essoreuse(f) à salade. 228.
fouet(m). 230.
fourchette(f) à découper. 227.
fusil(m). 227.
hachoir(m). 228.
jeu(m) d'ustensiles. 229.
lame(f). 227.
louche(f). 229.
machine(f) à faire les pâtes. 228.
mesures(f). 229.
minuteur(m). 229.
mitre(f). 227.
mortier(m). 228.
moule(m) à flan. 230.
moule(m) à gâteau. 230.
moule(m) à muffins. 230.
moule(m) à quiche. 230.
moule(m) à tarte. 230.
ouvre-boîtes(m). 229.
panier(m) à salade. 228.
passoire(f). 228.
pelle(f). 229.
pilon(m). 228, 229.
pince(f). 231.
pince(f) à escargots. 231.
pince(f) à spaghettis. 231.
pinceau(m) à pâtisserie. 230.
piston(m) à décorer. 230.
plaque(f) à biscuits. 230.
plat(m) à escargots. 231.
poche(f) à douilles. 230.
pointe(f). 227.
poire(f) à jus. 231.
pour broyer et râper. 228.
pour passer et égoutter. 228.
presse-agrumes(m). 228.
presse-ail(m). 228.
presse(f) à biscuits. 230.
râpe(f). 228.

rivet(m). 227.
rouleau(m) à pâtisserie. 230.
roulette(f) de pâtissier. 230.
sablier(m). 229.
saupoudreuse(f). 231.
soie(f). 227.
spatule(f). 229.
talon(m). 227.
tamis(m) à farine. 230.
thermomètre(m) à viande. 229.
tire-bouchon(m) à levier. 229.
tire-bouchon(m) de sommelier. 229.
tranchant(m). 227.
ustensiles(m) de cuisine. 227, 228, 229, 230, 231.
ustensiles(m) divers. 231.
ustensiles(m) pour la pâtisserie. 230.
ustensiles(m) pour mesurer. 229.
ustensiles(m) pour ouvrir. 229.
vide-pomme(m). 231.

VÊTEMENTS D'HOMMES

agrafe(f). 294.
ardillon(m). 294.
ascot(f). 295.
baleine(f) de col. 295.
bande(f) élastique. 294.
bas(m) relevé. 294.
bavolet(m). 291.
bord-côte(m). 296, 297.
bord(m). 298.
boucle(f). 291, 294.
boucle(f) de ceinture. 294.
bourdalou(m). 298.
bouton(m). 295.
boutonnage(m), double. 291.
boutonnière(f). 291, 294, 295, 296.
braguette(f). 294, 297.
brandebourg(m). 292.
bretelles(f). 294.
bride(f) de suspension. 296.
bûchette(f). 292.
cache-oreilles(m) abattant. 298.
caleçon(m). 297.
caleçon(m) long. 297.
calot(m). 298.
calotte(f). 298.
camisole(f). 297.
canadienne(f). 292.
capuchon(m). 292.
capucin(m). 292.
casquette(f). 298.
casquette(f) norvégienne. 298.
ceinture(f). 294.
ceinture(f). 291.
ceinture(f) élastique. 297.
ceinture(f) montée. 294.
chapeau(m) de feutre. 298.
chapska(m). 298.
chaussette(f). 297.
chaussette(f). 297.
chemise(f). 295.
coiffures(f). 298.
coiffures(f), types(m) de. 298.
col(m). 291, 293, 295.
col(m) italien. 295.
col(m) pointes boutonnées. 295.
col(m) transformable. 291.
col roulé(m). 296.
combinaison(f). 297.
cordon(m) de serrage. 292.
corvette(f). 292.
côte(f). 298.
coulisse(f). 294.
couture(f) médiane. 295.
cran(m). 293, 294.
cravate(f). 295.
croûte(f) de cuir. 294.
débardeur(m). 293.
devant(m). 293.
devant(m) de chemise. 295.
dos(m). 293.

doublure(f). 293.
emmanchure(f). 297.
empiècement(m). 295.
encolure(f). 297.
encolure(f) en V. 293, 296.
enfourchure(f). 297.
fente(f) latérale. 293.
fente(f) médiane. 293.
galon(m). 298.
gilet(m). 293.
gilet(m) de laine. 296.
haut-de-forme(m). 298.
imperméable(m). 291.
jambe(f). 297.
jambe(f) élastique. 297.
macfarlane(f). 292.
manche(f). 293.
manche(f) montée. 291, 295, 296.
manche(f) raglan. 291.
mi-bas(m). 297.
mi-chaussette(f). 297.
mini-slip(m). 297.
noeud(m) papillon. 295.
noeud(m) plat. 298.
paletot(m). 292.
pantalon(m). 294.
par(m) arrière. 295.
par(m) avant. 295.
pardessus(m). 292.
parementure(f). 293.
parka(m). 292.
passant(m). 291, 294, 295.
passant(m) tunnel. 294.
patte(f). 294.
patte(f) boutonnée. 294.
patte(f) capucin. 295.
patte(f) d'épaule. 291.
patte(f) de boutonnage. 295.
patte(f) de serrage. 291.
pied(m). 297.
pince(f). 294.
pince(f) de taille. 292.
pli(m). 294.
poche(f) à rabat. 292, 293.
poche(f) côté. 291.
poche(f) coupée. 294.
poche(f) gilet. 293.
poche(f) passepoilée. 296.
poche(f) poitrine. 292, 295.
poche(f) raglan. 291.
poche(f) tiroir. 293.
poche-montre(f). 293.
poche-revolver(f). 294.
poche-ticket(f). 293.
pochette(f). 293.
poignet(m). 295.
pointe(f). 297.
pointe(f) de col. 295.
polo(m). 296.
pulls(m). 296.
rabat(m). 298.
ras-de-cou(m). 296.
revers(m). 293.
revers(m) à cran aigu. 292, 293.
revers(m) cranté. 291.
semelle(f). 297.
slip(m) ouvert. 297.
sous-vêtements(m). 297.
surpiqûre(f). 294.
talon(m). 297.
tirant(m) de réglage. 293.
tour(m) de cou. 295.
trench-coat(m). 291.
triplure(f). 295.
veste(f) cardigan. 296.
veste(f) droite. 293.
veston(m) croisé. 293.
vêtements(m) d'hommes. 291, 292, 293, 294, 295, 296, 297, 298.
visère(f). 298.

VÊTEMENTS DE FEMMES

arête(f). 304.
armature(f). 313.
baleine(f). 313.
bas-cuissarde(m). 311.
bas(m). 311.
bas(m) culotte. 311.
bas(m) résille. 311.
basque(f). 313.
bavette(f). 310.
béret(m). 314.
bermuda(m). 310.
berthe(f). 308.
blazer(m). 307.
blouson(m) court. 301.
blouson(m) long. 301.
boa(m). 309.
bob(m). 314.
boléro(m). 307.
bonnet(m). 313, 314.
bord-côte(m). 301.
bord(m). 311.
bord(m) de pli. 304, 308.
boutonnage(m), double. 301.
boutonnage(m) sous patte. 300.
bracelet(m). 306.
brandebourg(m). 308.
bretelle(f). 313.
bride(f). 314.
bustier(m). 313.
caban(m). 301.
cache-coeur(m). 305.
cagoule(f). 314.
calotte(f). 314.
camisole(f). 312.
canotier(m). 314.
cape(f). 301.
capeline(f). 314.
caraco(m). 312.
cardigan(m). 307.
casaque(f). 305.
cassure(f). 308.
ceinture(f) montée. 301.
charlotte(f). 314.
chasuble(f). 302.
chaussette(f). 311.
chemise(f) de nuit. 311.
chemisier(m) classique. 305.
chemisiers(m). 305.
chute(f). 308.
cloche(f). 314.
coiffures(f). 314.
col(m). 308.
col(m) banane. 308.
col(m) cagoule. 308.
col(m) châle. 308.
col(m) chemisier. 305, 308.
col(m) chinois. 308.
col(m) Claudine. 308.
col(m) cravate. 308.
col(m) marin. 308.
col(m) officier. 308.
col(m) polo. 308.
col(m) roulé. 307, 308.
col(m) tailleur. 301, 308.
collant(m). 311.
collerette(f). 308.
cols(m), types(m) de. 308.
combinaison-jupon(f). 312.
combinaison-pantalon(f). 310.
combiné-culotte(f). 312.
combiné(m). 312.
combiné-slip(m). 312.
corsage-culotte(f). 305.
corset(m). 313.
culotte(f). 313.
débardeur(m). 307.
décolleté(m) carré. 309.
décolleté(m) drapé. 309.
décolleté(m) en coeur. 309.
décolleté(m) en V. 309.
décolleté(m) plongeant. 309.
décolletés(m). 309.

Les termes en **caractères gras** renvoient à une illustration; les termes en *italique* indiquent l'usage français.

découpe(f) bretelle. 300.
découpe(f) princesse. 312.
déshabillé(m). 311.
emmanchure(f). 306.
emmanchure(f) américaine. 306.
empiècement(m). 305.
encolure(f) bateau. 309.
encolure(f) drapée. 309.
encolure(f) ras du cou. 309.
encolures(f). 309.
endroit(m). 304.
envers(m). 304.
feutre(m). 314.
fond(m) de robe. 312.
fronce(f). 305.
fuseau(m). 310.
gaine-culotte(f). 313.
gaine(f). 313.
gilet(m). 307.
jabot(m). 308.
jarretelle(f). 313.
jarretière(f). 312.
jean(m). 310.
jupe-culotte(f). 303.
jupe(f) à empiècement. 303.
jupe(f) à lés. 303.
jupe(f) à volants étagés. 303.
jupe(f) droite. 303.
jupe(f) fourreau. 303.
jupe(f) froncée. 303.
jupe(f) portefeuille. 303.
jupes(f). 303.
jupes(f) à plis. 304.
jupon(m). 313.
kilt(m). 303.
kimono(m). 311.
knickerbockers(m). 310.
lavallière(f). 309.
ligne(f) de pliure. 308.
liquette(f). 305.
manche(f) à même. 306.
manche(f) ballon. 306.
manche(f) bouffante. 306.
manche(f) chauve-souris. 306.
manche(f) chemisier. 305, 306.
manche(f) gigot. 306.
manche(f) kimono. 306.
manche(f) marteau. 306.
manche(f) montée. 306.
manche(f) pagode. 306.
manche(f) raglan. 306.
manche(f) tailleur. 306.
manche(f) trois-quarts. 306.
manche raglan. 300.
mancheron(m). 306.
manches(f). 306.
manteaux(m). 300, 301.
marinière(f). 305.
marmotte(f). 314.
martingale(f). 300.
mi-bas(m). 311.
mi-chaussette(f). 311.
modestie(f). 308.
montant(m). 308.
nuisette(f). 311.
paletot(m). 300.
pan(m). 305.
pantacourt(m). 310.
pantalon(m) à pattes d'éléphant. 310.
pantalon(m) corsaire. 310.
pantalons(m). 310.
paréo(m). 303.
passe-bras(m). 301.
passe-montagne(m). 314.
patte(f). 308.
patte(f) capucin. 306.
patte(f) d'entrejambe. 305.
patte(f) de boutonnage. 301.
patte(f) polo. 305.
peignoir(m). 311.
pèlerine(f). 300.
pied(m) de col. 305.
plastron(m). 313.
pli(m) creux. 304.
pli(m) d'aisance. 304.

pli(m) piqué. 304.
pli(m) plat. 304.
pli(m) rond. 304.
pli(m) surpiqué. 304.
plissé(m) accordéon. 304.
poche(f), fausse. 301.
poche(f) à rabat. 304.
poche(f) cavalière. 310.
poche(f) gilet. 307.
poche(f) manchon. 304.
poche(f) passepoilée. 304.
poche(f) plaquée. 300, 304.
poche(f) plaquée à revers. 300.
poche(f) poitrine. 305.
poche(f) prise dans une couture. 300, 304.
poche(f) prise dans une découpe. 304.
poche(f) raglan. 300, 304.
poche(f) repose-bras. 301.
poche(f) soufflet. 304, 307.
poches(f). 304.
poignet(m) droit. 306.
poignet(m) mousquetaire. 306.
pointe(f). 308.
polo(m). 305.
pompon(m). 314.
poncho(m). 301.
porte-jarretelles(m). 313.
pull(m). 307.
pulls(m). 307.
pyjama(m). 311.
raglan(m). 300.
ras(m) du cou. 307.
redingote(f). 300.
revers(m). 308, 310.
revers(m) cranté. 301, 308.
robe(f) bain-de-soleil. 302.
robe(f) chemisier. 302.
robe(f) de maternité. 302.
robe(f) enveloppe. 302.
robe(f) fourreau. 302.
robe(f) princesse. 302.
robe(f) T-shirt. 302.
robe(f) taille basse. 302.
robe-manteau(f). 302.
robe-tablier(f). 302.
robes(f). 302.
saharienne(f). 307.
salopette(f). 310.
short(m). 310.
slip(m). 313.
socquette(f). 311.
sous-pied(m). 310.
sous-vêtements(m). 312, 313.
soutien-gorge(m). 313.
soutien-gorge(m) balconnet. 313.
soutien-gorge(m) pigeonnant. 313.
spencer(m). 307.
suroît(m). 314.
tablier-blouse(m). 305.
tambourin(m). 314.
tandem(m). 307.
tombant(m). 308.
toque(f). 314.
tour(m) de tête. 314.
tourmaline(f). 314.
tunique(f). 302, 305.
tuque(f). 314.
turban(m). 314.
veste(f) de laine. 307.
vestes(f). 307.
vêtements(m) de femmes. 300, 301, 302, 303, 304, 305, 306, 307, 308, 309, 310, 311, 312, 313, 314.
vêtements(m) de nuit. 311.
voilette(f). 314.

Les termes en **caractères gras** renvoient à une illustration; les termes en *italique* indiquent l'usage français.

BIBLIOGRAPHY
BIBLIOGRAPHIE

SELECTIVE BIBLIOGRAPHY

Dictionaries:

Gage Canadian Dictionary, Toronto, Gage Publishing Limited, 1983, 1313 p.

Larousse Illustrated International, Paris, Larousse, McGraw-Hill, 1972.

The New Britannica/Webster Dictionary and Reference guide, Encyclopedia Britannica, 1981.

The Oxford Illustrated Dictionary, Oxford, Clarendon Press, 1967.

The Random House Dictionary of the English Language, the unabridged Edition, 1983, 2059 p.

Webster's New Collegiate Dictionary, Springfield, G. @ C. Merriam Company, 1980, 1532 p.

Webster's New Twentieth Century Dictionary of the Language, unabridged, Cleveland, Collins World, 1975.

Webster's new world dictionary of the American language, New York, The World Pub., 1953.

French and English Dictionaries:

Belles-Isle, J.-Gerald. *Dictionnaire thématique général anglais-français*, Paris, Dunod, Montréal, Beauchemin, 2e édition, 1977, 553 p.

Collins-Robert. *French-English, English-French Dictionary*, London, Glasgow, Cleveland, Toronto, 1978, 781 p.

Dubois, Marguerite-Marie. *Dictionnaire moderne français-anglais*, Paris, Larousse, 1960.

Harrap's *New Standard French and English Dictionary*, part one, French-English, London, 1977, 2 vol., part two, English-French, London, 1983, 2 vol.

Harrap's *Shorter French and English Dictionary*, London, Toronto, Willington, Sydney, George G. Harrap and Company, 1953, 940 p.

Encyclopedias:

Academic American Encyclopedia, Princeton, Arete Publishing Company, Inc., 1980, 21 vol.

Chamber's Encyclopedia, New rev. edition, London, International Learning Systems, 1969.

Collier's Encyclopedia, New York, Macmillan Educational Company, 1984, 24 vol.

Compton's Encyclopedia, F.E. Compton Company, Division of Encyclopedia Britannica Inc., The University of Chicago, 1982, 26 vol.

Encyclopedia Americana, Danbury, International ed., Conn.: Grolier, 1981, 30 vol.

Encyclopedia Britannica, E. Britannica, Inc., USA, 1970.

How it works — The illustrated science and invention encyclopedia, New York, H.S. Stuttman, Co., Inc. publishers, 1974.

McGraw-Hill Encyclopedia of Science @ Technology, New York, McGraw-Hill Book Company, 1982, 5th edition.

Merit Students Encyclopedia, New York, Macmillan Educational Company, 1984, 20 vol.

New Encyclopedia Britannica, Chicago, Toronto, Encyclopedia Britannica, 1985.

The Joy of Knowledge Encyclopedia, London, Mitchell Beazleg Encyclopedias, 1976, 7 vol.

The Random House Encyclopedia, New York, Random House, 1977, 2 vol.

The World Book Encyclopedia, Chicago, Field enterprises educational Corporation, 1973.

Illustrations:

In addition to the above sources, we also consulted many specialized works recognized both nationally and internationally such as **Diagram Group, Maloine, Reader's Digest, Time-Life, Bornemann, Rand McNally, Elsevier, Eyrolles, McMillan**, etc.

BIBLIOGRAPHIE SÉLECTIVE

Dictionnaires :

Dictionnaire CEC jeunesse, Montréal, Centre Éducatif et Culturel, 1982, 1115 p.

Dictionnaire du français contemporain, Paris, Larousse, 1966.

Grand Larousse de la langue française, sous la direction de Louis Guilbert, et al., Paris, Larousse, 1971–1978, 7 vol.

Le Grand Robert de la langue française, Paris, Dictionnaires Le Robert, 1985, 9 vol.

Le Petit Robert, dictionnaire alphabétique et analogique de la langue française. Paris, Dictionnaires Le Robert, 1985, 2172 p.

Lexis, dictionnaire de la langue française, Paris, Larousse, 1975, 1946 p.

Petit Larousse en couleurs, dictionnaire encyclopédique pour tous, Paris, Larousse, éd. 1985, 1665 p.

Petit Larousse illustré, Paris, Larousse, 1983.

Encyclopédies :

Caratini, Roger. *Bordas Encyclopédie*, Paris, Bordas, 1974, 22 vol.

Comment ça marche — Encyclopédie pratique des inventions et des techniques, Paris, Atlas, 1980.

Dictionnaire des techniques, Focus international, Paris, Bordas, 1971.

Encyclopædia Universalis, Paris, Encyclopædia Universalis, France, 1968–1975, 20 vol.

Encyclopédie Alpha, Paris, Grange-Batelière S.A., 1968, 17 vol.

Encyclopédie AZ, Paris, Atlas, 1978–1983, 15 vol.

Encyclopédie de la jeunesse, Montréal, Grolier, 1979, 20 vol.

Encyclopédie des sciences industrielles Quillet, — Électricité, Électronique —, Paris, Quillet, 1973, vol. 1 et 2.

Encyclopédie des techniques de pointe, Paris, Alpha, 1982–1984, 8 vol.

Encyclopédie générale Hachette, Paris, Hachette, © 1975.

Encyclopédie générale Larousse en 3 volumes, Paris, Larousse, 1968.

Encyclopédie Grolier (L'), Montréal, Grolier, 1976, 10 vol.

Encyclopédie internationale des sciences et des techniques, Paris, Presses de la cité, 1975.

Encyclopédie scientifique et technique, Paris, Lidès, 1973–1975, 5 vol.

Encyclopédie thématique Weber, sous la direction de Serge Mahé et José Gallach, Paris, Weber, 1968–1975, 18 vol.

Encyclopédie universelle illustrée, Paris, Bordas, Ottawa, Éd. Maisonneuve, 1968, 12 vol.

La Grande Encyclopédie, Paris, Larousse, 1971 à 1976, 60 vol.

L'univers en couleurs, Paris, Larousse, 1977.

Dictionnaires encyclopédiques :

Dictionnaire encyclopédique Alpha, Paris, Alpha éditions, 1983, 6 vol.

Dictionnaire encyclopédique Larousse, Paris, Larousse, 1979.

Dictionnaire encyclopédique Quillet, Paris, Quillet, 1979.

Grand dictionnaire encyclopédique Larousse, Paris, Larousse, 1982, 12 tomes.

Grand Larousse encyclopédique, Paris, Larousse, 1960–1968, 1 vol. et un supplément.

Grand quid illustré, Paris, Robert Laffont, 1979, 19 vol.

Le livre des connaissances, Montréal, Grolier, 1973–1974, 15 vol.

Dictionnaires français/anglais :

Belles-Isle, J.-Gérald. *Dictionnaire technique général anglais-français*, Paris, Dunod, Montréal, Beauchemin, 2e édition, 1977, 553 p.

Robert-Collins. *Dictionnaire français-anglais, anglais-français*, Paris, Société du Nouveau Littré, 1978, 781 p.

Dubois, Marguerite-Marie. *Dictionnaire moderne français-anglais*, Paris, Larousse, 1960.

Harrap's *New Standard French and English Dictionary*, part one, French-English, London, 1977, 2 vol., part two, English-French, London, 1983, 2 vol.

Harrap's *Shorter French and English Dictionary*, London, Toronto, Willington, Sydney, George G. Harrap and Company, 1953, 940 p.

Illustrations :

À part les sources précédentes où nous avons trouvé inspiration, nous avons également consulté de nombreuses sources spécialisées, comme les normes nationales et internationales ou les publications d'éditeurs qui font autorité dans leurs domaines, par exemple **Diagram Group, Maloine, Reader's Digest, Time-Life, Bornemann, Rand McNally, Elsevier, Eyrolles, McMillan,** etc.

TABLE OF CONTENTS

CONTENTS

CONTENTS 9

PREFACE 13

INTRODUCTION 15

VISUAL DICTIONARY
USAGE GUIDE 30

ASTRONOMY 33
  Earth co-ordinate system 35
  Celestial co-ordinate system 35
  Seasons of the year 35
  Planets of the solar system 36
  Symbols of the planets 36
  Sun 37
    Structure of the Sun, solar eclipse
  Moon 38
    Lunar features, lunar eclipse, phases of the Moon
  Galaxy, Hubble's classification 39
  Comet 39
  Constellations of the northern hemisphere 40
  Constellations of the southern hemisphere 41
  Astronomical observatory 42
  Planetarium 43
  Planetarium projector 43

GEOGRAPHY 45
  Structure of the Earth 47
  Profile of the Earth's atmosphere 47
  Space achievements 47
  Section of the Earth's crust 48
  Configuration of the continents 49
  Ocean floor 50
  Wave 51
  Common coastal features 51
  Clouds and meteorological symbols 52
  Volcano 53
  Earthquake 53
  Mountain 54
  Cave 54
  Desert 55
  Glacier 56

Water forms 57
  Classification of snow crystals, kinds of precipitation
Hydrologic cycle 58
Climates of the world 59
International weather symbols 60
  Meteors, fronts, sky coverage, wind
Meteorology 62
  Weather map, station model, meteorological ground
Meteorological measuring instruments 64
  Direct-reading rain gauge, sunshine recorder
Meteorological satellite 65

VEGETABLE KINGDOM 67
  Structure of a plant 69
    Root, stem, leaf, leaf margin, types of leaves, simple leaves, compound leaves
  Structure of a tree 71
    Tree, cross section of a trunk, stump
  Structure of a flower 72
    Types of inflorescences
  Mushrooms 73
    Structure of a mushroom, edible mushrooms, poisonous mushroom, deadly mushroom
  Fleshy fruits : berry fruits 74
    Section of a berry : grape, major types of berries
  Compound fleshy fruits 74
    Section of a strawberry, section of a wild blackberry or raspberry
  Stone fleshy fruits 75
    Section of a stone fruit : peach, major types of stone fruits
  Pome fleshy fruits 76
    Section of a pome fruit : apple, principal types of pome fruits
  Fleshy fruits : citrus fruits 77
    Section of a citrus fruit : orange, major types of citrus fruits
  Dry fruits : nuts 78
    Section of a hazelnut, section of a walnut, major types of nuts
  Various dry fruits 79
    Section of a follicle : star anise, section of a legume : pea, section of a silique : mustard, section of a capsule : poppy, section of a grain of wheat

Table of Contents

Tropical fruits 80
  Major types of tropical fruits
Vegetables...................................... 81
  Fruit vegetables, inflorescent vegetables, leaf vegetables, section of a bulb, bulb vegetables, tuber vegetables, root vegetables, stalk vegetables, seed vegetables

ANIMAL KINGDOM 87
Deer family 89
  Deer antlers, kinds of deer
Types of jaws................................... 90
  Carnivore's jaw: leopard, rodent's jaw: beaver, herbivore's jaw: horse
Horse 91
  Morphology, skeleton, hoof, plantar surface of the hoof, horseshoe
Cat 94
  Head, foreleg, retracted claw, extended claw
Bird 95
  Morphology, wing, contour feather, principal types of bills, principal types of feet, egg
Fish 98
  Morphology, gills, anatomy
Butterfly....................................... 100
  Caterpillar, pupa, butterfly
Univalve shell 101
Bivalve shell 101
  Left valve, dorsal view
Mollusk.. 102
  Oyster, principal edible mollusks
Crustacean 103
  Lobster, principal edible crustaceans
Gastropod 104
  Snail, principal edible gastropods
Batrachian 105
  Frog, life cycle of the frog, skeleton of the hindlimb
Honeybee...................................... 106
  Worker, queen, drone, hind legs of the worker, hive, honeycomb section
Bat 108
Reptile.. 109
  Venomous snake's head, turtle

HUMAN BEING 111
Cell 113
  Plant cell, animal cell
Human body.................................... 114
  Anterior view, posterior view
Genital organs, male........................... 116
  Sagittal section, spermatozoon
Genital organs, female......................... 117
  Sagittal section, anterior view
Breast, sagittal section........................ 117
Muscles 118
  Anterior view, posterior view
Skeleton....................................... 120
  Anterior view, posterior view
Osteology of skull 122
  Lateral view, anterior view, superior view, inferior view

Teeth 123
  Cross section of a molar, human denture
Blood circulation 124
  Schema of circulation, heart, principal veins and arteries
Respiratory system, lungs...................... 126
Digestive system............................... 127
Urinary system 128
Nervous system................................ 129
  Peripheral nervous system, central nervous system, medullar axis of lumbar vertebra
Sense organs: sight 131
  Eye, eyeball
Sense organs: hearing 132
  External ear, internal and middle ear
Sense organs: smell............................ 133
  External nose, nasal fossae, sense of smell and taste
Sense organs: taste 134
  Mouth, dorsum of tongue
Sense organs: touch 135
  Skin, sensory impulse
Neuron 135
Skin 136
Nail 137
Hair 137
Family relationships........................... 138

FOOD 141
Herbs 143
Pasta.. 144
Bread 146
Veal... 147
  North American cut, Parisian cut
Beef... 148
  North American cut, Parisian cut
Pork... 150
  North American cut, Parisian cut
Lamb 151
  North American cut, Parisian cut
Beef... 152
  British cut
Veal, pork, lamb............................... 153
  British cut
North American cheeses 154
French cheeses 154
Desserts....................................... 156

FARMING 159
Buildings...................................... 161
Agricultural machinery 162

ARCHITECTURE.............................. 167
Traditional houses............................. 169
Architecture styles 170
  Doric order, ionic order, corinthian order, column base
Greek temple.................................. 171
  Basic plan of the Greek temple
Arches... 172
  Semicircular arch, types of arches
Roman house 173

Table of Contents

Gothic cathedral..................................... 174
  Cathedral, plan, façade, vault
Vauban fortification 176
Castle... 177
Downtown 178
Theater... 179
  Hall, wings, cross section of a stage
Elevator 181
Escalator 182
City houses...................................... 183

HOUSE 185
Exterior of a house 187
Plan reading..................................... 188
  Lot plan, ground floor, upper floor
Rooms of the house 189
  Ground floor, upper floor, basement
Structure of the house 190
  Roof structure, types of roofs, frame, foundations
Building materials 193
Wood flooring 196
  Wood flooring on wooden structure, wood floor-ing on cement screed, wood flooring arrange-ments
Stairs 197
Door 198
  Exterior door, types of doors, plan symbols
Window 199
  Structure, types of windows
Heating... 200
  Fireplace, wood stove, firetending tools, log car-rier, andiron, forced warm-air system, chimney, forced hot-water system, heating unit, convector, column radiator, baseboard radiator, boiler, split system heating pump, electric furnace, oil burner
Air conditioning................................ 206
  Room air conditioner, ceiling fan, dehumidifier

HOUSE FURNITURE 207
Table 209
  Gate-leg table, major types of tables
Armchair 210
  Parts, principal types of armchairs
Seats... 212
Side chair 213
  Parts, stretchers, types of chairs
Bed 214
  Parts, linen
Storage furniture 215
Window accessories 217
  Curtain, pole, rod, track, roller shade, roll-up blind, shutters, Venetian blind
Lights... 220
Glassware.. 222
Dinnerware...................................... 223
Silverware....................................... 224
  Knife, major types of knives, fork, major types of forks, spoon, major types of spoons
Kitchen utensils................................ 227
  Kitchen knife, types of kitchen knives, utensils for straining and draining, utensils for grinding and grating, set of utensils, utensils for opening,

utensils for measuring, baking utensils, miscel-laneous utensils
Cooking utensils................................ 232
Coffee makers................................... 234
Domestic appliances........................... 235
  Blender, table mixer, hand mixer, hand blender, beaters, food processor, ice-cream freezer, juicer, citrus juicer, microwave oven, grill and waffle baker, toaster, griddle, electric range, frost-free refrigerator, washer, dryer, dishwasher, steam iron, can opener, kettle, canister vacuum cleaner, cleaning tools

GARDENING 245
Pleasure garden 247
Tools and equipment 248
Chainsaw 253

DO-IT-YOURSELF.............................. 255
Carpentry: tools................................ 257
  Claw hammer, mallet, plane, screwdriver, wrenches, pliers, vise, C-clamp, brace, hand drill, router, drill press, electric drill, bench saw, hacksaw, handsaw, circular saw
Carpentry: fasteners 264
  Nail, screw, bolt, nut, washer
Carpentry... 265
  Board, peeled veneer, panel, plywood
Lock 266
  Mortise lock, cylinder, tubular lock
Plumbing.. 267
  Plumbing system, toilet, bathroom, sink, faucet, branching, electric water-heater tank, connectors, union, fittings, plumbing tools, septic tank, sump pump
Painting upkeep 278
  Ladders and stepladders, spray paint gun, brush, scraper, paint roller
Soldering and welding......................... 281
  Soldering iron, soldering gun, soldering torch, oxyacetylene welding, arc welding, welding torch, cutting torch, butt welding, pressure regulator, protective clothing
Electricity.. 284
  Incandescent lamp, mercury-vapor lamp, fluo-rescent lamp, electrical supplies, electrician's tools, distribution board

CLOTHING 289
Men's clothing 291
  Trench coat, raincoat, sheepskin jacket, duffle coat, parka, inverness cape, three-quarter coat, vest, double-breasted jacket, single-breasted coat, pants, suspenders, belt, shirt, collar, necktie, ascot tie, bow tie, V-neck cardigan, pullovers, sock, underwear, headgear
Glove 299
Women's clothing 300
  Coats, dresses, skirts, pockets, blouses, sleeves, vests and pullovers, types of collars, necklines and necks, pants, nightwear, hoses, underwear, headwear

Table of Contents

Children's clothing 315
Christening set, wraparound diaper shirt bathing wrap, grow sleepers, blanket sleepers, nylon rumba thights, plastic pants, diaper, vest, bib, crisscross back straps overall, high-back overall, jumpsuit, bunting bag, sleeper, body stocking, polojama, gym rompers, jumper, Eton suit, snowsuit

Shoes.. 318
Parts of a shoe, principal types of shoes, accessories for shoes

Costumes 321
Bullfighter, ballerina, diving suit, clown

PERSONAL ADORNMENT 323
Jewelry... 325
Diversity of jewelry, bracelets, charms, rings, necklaces, cuts for gemstones, brilliant cut facets

Eyeglasses...................................... 328
Front, temple, nose pad, principal types of eyeglasses

Hair styles 330
Kinds of hair, components of hair styles, wigs and hairpieces

Makeup.. 332
Makeup kit, makeup products, makeup accessories

PERSONAL ARTICLES 335
Razors... 337
Scissors... 338
Combs.. 338
Hairbrushes 338
Toothbrush 339
Oral hygiene center 339
Hair dryer 340
Lighted mirror 340
Salon-style hair dryer 340
Curling iron..................................... 341
Curling brush 341
Hairsetter 341
Manicure set.................................... 342
Manicuring instruments 343
Hairstyling implements 343
Smoking accessories 344
Umbrella 346
Luggage.. 347
Handbags.. 348
Leather goods 350

COMMUNICATIONS 353
Writing systems of the world................... 355
Braille alphabet 356
Deaf-mute alphabet 357
Punctuation marks 357
Diacritic symbols 357
International phonetic alphabet 358
Typical letter, *American model* 359
Typical letter, *Canadian model* 360
Typical letter, *British model*................. 361
Proofreading 362
Writing instruments 367

Photography 368
Single-lens reflex camera, still cameras, objective and accessories, Polaroid Land camera, films, flash unit, exposure meter, spotmeter, studio lighting, photographic accessories, studio accessories, darkroom, enlarger, slide projector, projection screen

Sound reproducing system 378
System elements amplifier-tuner, turntable, record, tape deck

Video tape recorder 382
Cinematography................................. 383
Sound camera, sound projector, video camera, dynamic microphone

Telegraph 385
Diagram of a circuit, receiver, transmitter, Morse code

Telex : teleprinter.............................. 386
Telephone set 387
Receiver, transmitter, types of telephones, telephone answering machine

Television....................................... 389
Studio and control rooms, studio floor, production control room, television set, picture tube

Telecommunication satellites 393
Hermes satellite, examples of satellites, trajectory of a satellite, telecommunications network

TRANSPORTATION............................. 395
Transportation by Road 397
Automobile 397
Body, types of bodies, headlight, back of a station wagon, windshield wiper, dashboard, instrument board, door, steering, seats

Service station 401
Gasoline pump

Semitrailer 402
Platform, truck trailer

Engines 404
Diesel engine, turbo-compressor engine, gasoline engine

Battery 406
Radiator... 406
Spark plug 406
Exhaust system 406
Tires 407
Brakes... 407
Snowmobile..................................... 408
Motorcycle...................................... 409
Bicycle 411
Cross section of a street...................... 413
Cross section of a road 413
Fixed bridges 414
Movable bridges 417

Rail transport 418
Diesel-electric locomotive..................... 418
Box car.. 419
Types of cars 420
Types of passenger cars....................... 421
Coach car, sleeping car, dining car

Railroad track 422

Highway crossing 423
Railroad station 424
Train yard...................................... 425
Container 425
Station hall 426
Station platform 427
Transportation by Subway.................. 428
Subway station............................... 428
Underground railway 429
  Subway train, passenger car interior, truck and track
Transportation by Sea...................... 430
Four-masted bark............................ 430
  Masting and rigging, sails
Types of sails................................. 432
Types of rigs 432
Passenger liner 433
Ferry... 434
Container ship 434
Hovercraft 435
Hydrofoil boat................................ 436
Bathyscaphe 437
Submarine..................................... 438
Frigate... 439
Canal lock 440
Harbor... 441
Navigation devices 442
  Echo sounder, sextant, liquid compass
Maritime signals 444
  *Buoys, lighthouse, lantern of lighthouse, cardinal
  system of marking, lateral system of marking*
Anchor 447
  Ship's anchor, types of anchors
Transportation by Air....................... 448
Long-range jet 448
Wing structure 449
Wing shape 449
Tail shape..................................... 449
Turbo-jet engine.............................. 450
Flight deck.................................... 451
Airport... 452
  Ground airport equipment
Passenger terminal........................... 454
Helicopter..................................... 455
Space Transportation 456
Rocket... 456
Space shuttle.................................. 457
  Space shuttle at takeoff, space shuttle in orbit
Space suit..................................... 458
OFFICE SUPPLIES AND EQUIPMENT........ 459
Stationery..................................... 461
Office furniture................................ 465
Typewriter 466
Microcomputer 468
  *Functions in a system, configuration of a system,
  keyboard, peripheral equipment, dot matrix
  printer, acoustic coupler, joystick*
Computer room................................ 472
MUSIC 473

Musical notation 475
Stringed instruments............................ 477
  Violin family, violin, bow, harp
Keyboard instruments 479
  Upright piano, upright piano action
Organ... 481
  *Production of sound, console, mechanism of the
  organ, organ pipes*
Wind instruments 483
  *Woodwind family, saxophone, reeds, brass family,
  trumpet*
Percussion instruments......................... 485
Traditional musical instruments.............. 487
Instrumental groups........................... 490
Musical accessories........................... 492
Symphony orchestra........................... 493
Electric and electronic instruments.......... 494
  Electric guitar, synthesizer
CREATIVE LEISURE ACTIVITIES.............. 497
Sewing 499
  *Sewing machine: tension block, presser foot,
  needle, sewing accessories, fasteners, zipper,
  fabric structure, underlying fabrics, pattern*
Knitting.. 504
  *Knitting machine: tension block, needle bed,
  carriage, latch needle*
Bobbin lace.................................... 506
Embroidery.................................... 507
  Frame, groups of stitches
Weaving....................................... 508
  *Low warp loom, high warp loom, accessories,
  diagram of weaving principle, basic weaves*
Fine bookbinding.............................. 512
  Bound book
Intaglio printing process 515
Relief printing process........................ 516
  Equipment, etching press
Lithography 517
  Equipment, lithographic press
Printing.. 518
  *Diagram of letterpress printing, diagram of in-
  taglio printing, diagram of planographic printing*
Pottery 519
  Turning wheel, tools, baking
Stained glass 521
SPORTS 523
Team Games................................. 525
Baseball....................................... 525
  Field, catcher, player, bat, glove
Football 527
  *Playing field for Canadian football, playing field
  for American football, scrimmage in American
  football, scrimmage in Canadian football, protec-
  tive equipment, uniform, football*
Rugby 531
  Field, team, ball
Soccer... 532
  Field, ball
Ice hockey..................................... 533
  *Rink, goalkeeper, ice hockey player, player's
  stick, goalkeeper's stick, puck*

Table of Contents

Basketball..................................... 535
  Court, basket
Volleyball.................................... 536
  Court, volleyball
Tennis... 537
  Court, tennis players, tennis racket
Handball...................................... 539
  Court, handball
Squash.. 540
  International singles court, squash racket
Racquetball................................... 541
  Four-wall court, racquetball racket
Badminton..................................... 542
  Court, shuttlecock
Table tennis.................................. 543
  Table
Curling....................................... 544
  Curling rink

Water Sports.............................. 545
Water polo.................................... 545
  Playing area
Swimming...................................... 546
  Swimming competition, starting position, types
  of strokes
Diving.. 548
  Diving installations, starting positions, groups of
  dives
Skin diving................................... 550
Sailboard..................................... 551
One-design sailboat........................... 552
  Points of sailing, upperworks
Water skiing.................................. 554

Aerial Sports............................. 555
Parachuting................................... 555
  Parachute, free fall
Gliding....................................... 556
  Glider, cockpit
Hang gliding.................................. 557
  Hang glider

Winter Sports............................. 558
Skiing.. 558
  Ski resort, alpine skier, ski boot, safety binding
Cross-country skiing.......................... 561
  Cross-country skier, cross-country ski
Skating....................................... 562
  Figure skate, hockey skate, speed skate, roller
  skate
Snowshoes..................................... 563
  Michigan snowshoe, snowshoe types
Bobsleigh..................................... 564
Toboggan...................................... 564

Equestrian Sports......................... 565
Riding.. 565
  Dress and equipment, obstacles, course of obsta-
  cles, bridle, saddle
Harness racing................................ 568
  Standardbred pacer, racing program, stand and
  track

Athletics................................. 570

Track and field athletics..................... 570
  Arena, throwings
Gymnastics.................................... 573
  Men's apparatus, women's apparatus, trampoline
Weightlifting................................. 575
Combat Sports............................. 576
Fencing....................................... 576
  Piste, fencer, parts of the weapon, fencing weap-
  ons, positions
Judo.. 578
  Mat, judo suit, holds
Boxing.. 579
  Ring
Leisure Sports............................ 580
Fishing....................................... 580
  Fly rod, spinning rod, fly reel, open-face spinning
  reel, fishhook, float, lures, accessories
Billiards..................................... 583
  Billiards equipment, pool and carom billiards,
  English billiards and snooker
Golf.. 585
  Course, hole, types of golf clubs, golf accessories
Mountaineering................................ 588
  Equipment, mountaineer
Bowling....................................... 590
Indoor Games.............................. 591
Chess... 591
  Men, chessboards, chess notation
Backgammon.................................... 592
Card games.................................... 592
Dice.. 593
Dominoes...................................... 593
Mah-jongg..................................... 593
Roulette table................................ 594
  Roulette wheel, betting layout
Slot machine.................................. 595
Camping................................... 596
Tents... 596
  Family tents, pup tent, major types of tents
Sleeping bags................................. 598
Bed-mattress and accessories.................. 598
Propane or butane accessories................. 599
Cooking set................................... 599
Combination knife............................. 599
Tools... 600
Knots... 601
MEASURING DEVICES......................... 603
Measure of time............................... 605
  Mechanical watch, tuning fork watch, hourglass,
  sundial, weight-driven clock mechanism, grand-
  father clock
Measure of weight............................. 608
  Steelyard, beam balance, spring balance, Rober-
  val's balance, analytical balance, self-indicating
  scales, bathroom scales, electronic scales
Measure of temperature........................ 611
  Bimetallic thermometer, clinical thermometer,
  room thermostat
Measure of pressure........................... 612
  Aneroid barometer, sphygmomanometer

Table of Contents

Tape measure.................................... 613
Pedometer..................................... 613
Micrometer caliper 613
Theodolite.................................... 614
Watt-hour meter 615
Horizontal seismograph 616
Vertical seismograph........................... 616
OPTICAL INSTRUMENTS........................ 617
Binocular microscope 619
Electron microscope 620
Prism binoculars.............................. 621
Telescopic sight 621
Reflecting telescope 622
Refracting telescope 623
Radar....................................... 624
Lens.. 625
Conveging lens, diverging lens
Magnetic compass 625
HEALTH..................................... 627
First aid kit................................... 629
Syringes..................................... 629
Walking aids.................................. 630
Crutches, canes
Wheelchair................................... 631

ENERGY..................................... 633
Coal mine.................................... 635
Open-pit mine, strip mine, mining, underground mine, pithead, pneumatic hammer, jackleg drill
Oil.. 640
Drilling rig, beam pump, gas lift, Christmas tree, offshore drilling, production platform, pipeline, tanker, tank car, tank trailer, tank truck, floating-roof tank, fixed-roof tank, refinery, refinery products, oil sands mining plant
Electricity.................................... 651
Hydroelectric complex, cross section of an embankment dam, cross section of a concrete dam, major types of dams, steps in production of electricity, cross section of an hydroelectric power station, generator, cross section of an hydraulic turbine, tower, overhead connection, tidal power plant
Nuclear energy................................ 661
Candu nuclear generating station, Candu reactor, nuclear reactor, fuel bundle, generating station flow diagram, fuel handling sequence, control room, production of electricity by nuclear energy, nuclear fuel cycle
Solar energy.................................. 668
Solar furnace, tower-type solar power station, solar house, solar cell, solar collector
Windmill..................................... 671
Tower mill, post mill
Wind turbine.................................. 672
Horizontal-axis wind turbine, vertical-axis wind turbine, wind turbine electricity production

HEAVY MACHINERY............................ 673
Dragline..................................... 675
Fire engine................................... 676
Aerial ladder truck, pumper

Bulldozer.................................... 678
Wheel loader 679
Grader...................................... 680
Hydraulic shovel 681
Scraper..................................... 682
Dump truck.................................. 682
Material handling 683
Crane, forklift truck, forklift reach truck, handling engines
WEAPONS 687
Stone Age arms............................... 689
African warrior................................ 689
Roman legionary 689
Armor....................................... 690
Bows and crossbow............................ 691
Swords 692
Bayonets.................................... 693
Major types of bayonets, parts of a hilted bayonet
Seventeenth century cannon 694
Muzzle loading, tube, projectiles, accessories for firing
Arquebus 696
Flintlock, loading
Hand grenade 696
Mortar 697
Modern, seventeenth century
Submachine gun.............................. 697
Modern howitzer............................... 698
Automatic rifle 699
Bazooka..................................... 700
Recoilless rifle 700
Heavy machine gun 701
Light machine gun 701
Hunting weapons.............................. 702
Rifle, shotgun, cartridge
Pistol....................................... 703
Revolver..................................... 703
Tank 704
Combat aircraft 705
Missiles..................................... 706
Structure of a missile, command system, major types of missiles
SYMBOLS................................... 707
Heraldry..................................... 709
Parts of a flag, shield, examples of symbols, flag shapes
Signs of the zodiac 712
Information symbols 713
Graphic elements for symbols, international road signs, common symbols, fabric care
Common scientific symbols 723
GENERAL INDEX — ENGLISH 725
THEMATIC INDEXES — ENGLISH 761
SPECIALIZED INDEXES — ENGLISH 801
GENERAL INDEX — FRENCH 815
THEMATIC INDEXES — FRENCH 849
SPECIALIZED INDEXES — FRENCH 887
SELECTIVE BIBLIOGRAPHY 901

TABLE DES MATIÈRES

SOMMAIRE 9

PRÉFACE 13

INTRODUCTION. 23

**MODE DE CONSULTATION DU
*DICTIONNAIRE THÉMATIQUE VISUEL*** 31

ASTRONOMIE. 33
   Coordonnées terrestres 35
   Coordonnées célestes 35
   Cycle des saisons 35
   Planètes du système solaire 36
   Symboles des planètes 36
   Soleil 37
     Structure interne du Soleil, éclipse du Soleil
   Lune 38
     *Relief lunaire, éclipse de Lune, phases de la
     Lune*
   Galaxie : classification de Hubble 39
   Comète. 39
   Constellations de l'hémisphère boréal 40
   Constellations de l'hémisphère austral. 41
   Observatoire astronomique 42
   Planétarium. 43
   Planétaire. 43

GÉOGRAPHIE. 45
   Structure de la Terre 47
   Coupe de l'atmosphère terrestre 47
   Conquête de l'espace 47
   Coupe de la croûte terrestre 48
   Configuration des continents. 49
   Fond de l'océan 50
   Vague. 51
   Configuration du littoral 51
   Nuages et symboles météorologiques 52
   Volcan 53
   Séisme 53
   Montagne 54
   Grotte 54
   Désert 55
   Glacier 56

États de l'eau 57
   *Classification des cristaux de neige, types de
   précipitations*
Cycle de l'eau 58
Climats du monde 59
Symboles météorologiques internationaux . 60
   Météores, fronts, nébulosité, vent
Météorologie 62
   *Carte météorologique, disposition des informa-
   tions d'une station, parc météorologique*
Instruments de mesure météorologique 64
   Pluviomètre à lecture directe, héliographe
Satellite météorologique 65

RÈGNE VÉGÉTAL 67
   Structure d'une plante 69
     *Racine, tige, feuille, bord d'une feuille, types de
     feuilles, feuilles simples, feuilles composées*
   Structure d'un arbre. 71
     Arbre, coupe transversale du tronc, souche
   Structure d'une fleur 72
     Modes d'inflorescence
   Champignons 73
     *Structure d'un champignon, champignons co-
     mestibles, champignon vénéneux, champignon
     mortel*
   Fruits charnus : baies 74
     *Coupe d'une baie : raisin, principales variétés
     de baies*
   Fruits charnus complexes 74
     *Coupe d'une fraise, coupe d'une mûre sauvage
     ou d'une framboise*
   Fruits charnus à noyau 75
     *Coupe d'un fruit à noyau : pêche, principales
     variétés de fruits à noyau*
   Fruits charnus à pépins 76
     *Coupe d'un fruit à pépins : pomme, principales
     variétés de fruits à pépins*
   Fruits charnus : agrumes 77
     *Coupe d'un agrume : orange, principales variétés
     d'agrumes*
   Fruits secs : noix 78
     *Coupe d'une noisette, coupe d'une noix, princi-
     pales variétés de noix*
   Fruits secs divers 79
     *Coupe d'un follicule : anis étoilé, coupe d'une
     gousse : pois, coupe d'une silique : moutarde,*

Table des matières

coupe d'une capsule : pavot, coupe d'un grain de blé

Fruits tropicaux 80
Principaux fruits tropicaux

Légumes 81
Légumes-fruits, légumes-fleurs, légumes-feuilles, coupe d'un bulbe, légumes-bulbes, légumes-tubercules, légumes-racines, légumes-tiges, légumes-graines

RÈGNE ANIMAL 87

Cervidés 89
Bois de cerf, principaux cervidés

Types de mâchoires.......................... 90
Mâchoire de carnivore : léopard, mâchoire de rongeur : castor, mâchoire d'herbivore : cheval

Cheval 91
Morphologie, squelette, sabot, face plantaire du sabot, fer à cheval

Chat 94
Tête, patte antérieure, griffe rétractée, griffe abaissée

Oiseau... 95
Morphologie, aile, penne, principaux types de becs, principaux types de pattes, œuf

Poisson.. 98
Morphologie, branchies, anatomie

Papillon 100
Chenille, chrysalide, papillon

Coquille univalve 101

Coquille bivalve.............................. 101
Valve gauche, vue dorsale

Mollusque.................................... 102
Huître, principaux types de mollusques comestibles

Crustacé 103
Homard, principaux crustacés comestibles

Gastéropode 104
Escargot, principaux gastéropodes comestibles

Batraciens 105
Grenouille, métamorphose de la grenouille, squelette du membre postérieur

Abeille 106
Ouvrière, reine, faux bourdon, pattes postérieures de l'ouvrière, ruche, coupe d'un rayon de miel

Chauve-souris................................ 108

Reptile 109
Tête de serpent venimeux, tortue

ÊTRE HUMAIN 111

Cellule.. 113
Cellule végétale, cellule animale

Corps humain................................ 114
Face antérieure, face postérieure

Organes génitaux masculins................. 116
Coupe sagittale, spermatozoïde

Organes génitaux féminins 117
Coupe sagittale, vue antérieure

Sein, coupe sagittale........................ 117

Muscles 118
Face antérieure, face postérieure

Squelette..................................... 120
Vue antérieure, vue postérieure

Ostéologie du crâne.......................... 122
Face latérale, face antérieure, face supérieure, face inférieure

Dents 123
Coupe d'une molaire, denture humaine

Circulation sanguine......................... 124
Schéma général de la circulation, cœur, principales veines et artères

Appareil respiratoire 126
Poumons

Appareil digestif 127

Appareil urinaire............................. 128

Système nerveux 129
Système nerveux périphérique, système nerveux central, axe médullaire d'une vertèbre lombaire

Organes des sens : vue....................... 131
Œil, globe oculaire

Organes des sens : ouïe...................... 132
Oreille externe, oreille moyenne et interne

Organes des sens : odorat 133
Partie externe du nez, fosses nasales, sens de l'odorat et du goût

Organes des sens : goût..................... 134
Bouche, dos de la langue

Organes des sens : toucher.................. 135
Peau, influx nerveux

Neurone...................................... 135

Peau.. 136

Ongle... 137

Poil... 137

Liens de parenté 138

NOURRITURE................................. 141

Fines herbes................................. 143

Pâtes alimentaires 144

Pain.. 146

Veau 147
Coupe nord-américaine, coupe parisienne

Bœuf 148
Coupe nord-américaine, coupe parisienne

Porc.. 150
Coupe nord-américaine, coupe parisienne

Agneau....................................... 151
Coupe nord-américaine, coupe parisienne

Bœuf 152
Coupe britannique

Veau, porc, agneau.......................... 153
Coupe britannique

Fromages nord-américains 154

Fromages français........................... 154

Desserts...................................... 156

FERME...................................... 159

Bâtiments.................................... 161

Machinerie agricole 162

ARCHITECTURE.............................. 167

Maisons traditionnelles 169

Styles d'architecture 170
Ordre dorique, ordre ionique, ordre corinthien, base d'une colonne

Temple grec.................................. 171
Plan du temple

Arcs..................................... 172
Arc en plein cintre, types d'arcs
Maison romaine.................................. 173
Cathédrale gothique 174
Cathédrale, plan, façade, voûte
Fortification à la Vauban 176
Château fort 177
Centre-ville 178
Salle de spectacle 179
Salle, coulisses, coupe transversale de la scène
Ascenseur 181
Escalier mécanique 182
Maisons de ville............................... 183

MAISON...................................... 185
Extérieur d'une maison 187
Lecture de plans.............................. 188
Plan du terrain, rez-de-chaussée, étage
Pièces de la maison 189
Rez-de-chaussée, étage, sous-sol
Structure de la maison....................... 190
Charpente du toit, types de toits, charpente, fondations
Matériaux de construction 193
Parquet....................................... 196
Parquet sur ossature de bois, parquet sur chape de ciment, arrangements des parquets
Escalier....................................... 197
Porte... 198
Porte extérieure, types de portes
Fenêtre 199
Structure, types de fenêtres
Chauffage..................................... 200
Cheminée à foyer ouvert, poêle à bois, serviteur, porte-bûches, chenêts, installation à air chaud pulsé, cheminée, installation à eau chaude, corps de chauffe, plinthe chauffante, chaudière, pompe à chaleur en deux éléments, générateur d'air chaud électrique, brûleur à mazout
Climatisation 206
Climatiseur de fenêtre, ventilateur de plafond, déshumidificateur

AMEUBLEMENT DE LA MAISON.............. 207
Table 209
Table à abattants, principaux types de tables
Fauteuil 210
Parties, principaux types de fauteuils
Sièges 212
Chaise 213
Parties, entrejambes, types de chaises
Lit 214
Parties, literie
Meubles de rangement 215
Parures de fenêtre 217
Rideau, barre, tringle, store à enroulement automatique, store à enroulement manuel, persiennes, store vénitien
Luminaires.................................... 220
Verres 222
Vaisselle..................................... 223

Couvert....................................... 224
Couteau, principaux types de couteaux, fourchette, principaux types de fourchettes, cuiller, principaux types de cuillers
Ustensiles de cuisine.......................... 227
Couteau de cuisine, types de couteaux de cuisine, ustensiles pour passer et égoutter, ustensiles pour broyer et râper, jeu d'ustensiles, ustensiles pour ouvrir, ustensiles pour mesurer, ustensiles pour la pâtisserie, ustensiles divers
Batterie de cuisine............................ 232
Cafetières.................................... 234
Appareils électroménagers.................... 235
Mélangeur, batteur sur socle, batteur à main, mélangeur à main, fouets, robot de cuisine, sorbetière, centrifugeuse, presse-agrumes, four à micro-ondes, gaufrier-gril, grille-pain, gril électrique, cuisinière électrique, réfrigérateur sans givre, lave-linge, sécheuse, lave-vaisselle, fer à vapeur, ouvre-boîtes, bouilloire, aspirateur-traîneau, accessoires de l'aspirateur

JARDINAGE 245
Jardin d'agrément 247
Outillage 248
Scie à chaîne................................. 253

BRICOLAGE................................. 255
Menuiserie : outils........................... 257
Marteau, maillet, rabot, tournevis, clés, pince, étau, serre-joint, vilebrequin, perceuse à main, toupie, perceuse à colonne, perceuse électrique, plateau de sciage, scie à métaux, scie égoïne, scie circulaire
Menuiserie : fixations 264
Clou, vis, boulon, écrou, rondelle
Menuiserie.................................... 265
Planche, placage, panneau, contreplaqué
Serrure 266
Serrure à mortaiser, barillet, serrure tubulaire
Plomberie.................................... 267
Plomberie sanitaire, toilette, salle de bains, évier, robinet, branchement, chauffe-eau électrique, raccords mécaniques, raccords, adapteurs, outils pour plomberie, fosse septique, pompe de puisard
Peinture d'entretien 278
Échelles et escabeaux, pistolet à peinture, pinceau, grattoir, rouleau
Soudage 281
Fer à souder, pistolet à souder, chalumeau braseur, soudage oxyacétylénique, soudage à l'arc, chalumeau soudeur, chalumeau coupeur, soudage bout à bout, régulateur de pression, équipement de protection
Électricité 284
Lampe à incandescence, lampe à vapeur de mercure, tube fluorescent, accessoires, outils d'électricien, tableau de distribution

VÊTEMENTS................................. 289
Vêtements d'hommes 291
Trench-coat, imperméable, canadienne, corvette, parka, macfarlane, pardessus, paletot, gilet, ves-

Table des matières

ton croisé, veste droite, pantalon, bretelles, ceinture, chemise, col, cravate, ascot, nœud papillon, gilet de laine, pulls, chaussette, sous-vêtements, coiffures

Gant 299
Vêtements de femmes 300
Manteaux, robes, jupes, poches, chemisiers, manches, vestes et pulls, types de cols, décolletés, encolures, pantalons, vêtements de nuit, bas, sous-vêtements, coiffures
Vêtements d'enfants............................ 315
Tenue de baptême, barboteuse de croissance, cape de bain, dormeuse de croissance, dormeuse-couverture, collant fantaisie, culotte plastique, couche, camisole, bavoir, salopette, grenouillère, nid d'ange, dormeuse, tout-en-un, polojama, combinaison de gymnastique, chasuble, Eton, esquimau
Chaussures.. 318
Parties d'une chaussure, principaux types de chaussures, accessoires de chaussure
Costumes... 321
Torero, ballerine, scaphandre moderne, clown

PARURE.. 323
Bijouterie 325
Variété de bijoux, bracelets, breloques, bagues, colliers, tailles des pierres, taille d'un diamant
Lunettes.. 328
Face, branche, plaquette, principaux types de lunettes
Coiffure 330
Types de cheveux, éléments de la coiffure, perruque et postiche
Maquillage... 332
Trousse à maquillage, produits de maquillage, accessoires de maquillage

OBJETS PERSONNELS 335
Rasoirs 337
Ciseaux 338
Peignes... 338
Brosses à cheveux............................... 338
Brosse à dents 339
Combiné bucco-dentaire........................ 339
Sèche-cheveux.................................... 340
Miroir lumineux 340
Casque sèche-cheveux.......................... 340
Fer à friser 341
Brosse à friser.................................... 341
Trousse de mise en plis......................... 341
Trousse de manucure............................ 342
Accessoires de manucure....................... 343
Accessoires de coiffure......................... 343
Articles du fumeur................................ 344
Parapluie... 346
Bagages.. 347
Sacs à main.. 348
Articles de maroquinerie 350

COMMUNICATIONS 353
Écritures des peuples 355
Alphabet Braille.................................. 356

Alphabet des sourds-muets.................... 357
Signes de ponctuation........................... 357
Signes diacritiques............................... 357
Alphabet phonétique international............ 358
Lettre type, modèle américain 359
Lettre type, modèle canadien.................. 360
Lettre type, modèle britannique 361
Corrections typographiques.................... 362
Instruments d'écriture 367
Photographie 368
Appareil à visée reflex mono-objectif, appareils photographiques, objectif et accessoires, polaroïd, pellicules, appareil-éclair, posemètre photo-électrique, cellule à visée reflex, éclairage de studio, accessoires photographiques, accessoires de studio, laboratoire photographique, agrandisseur, projecteur diascope, écran de projection
Chaîne stéréo 378
Composantes d'un système, enceinte acoustique, casque d'écoute, amplificateur, platine tourne-disque, disque, platine de magnétophone
Magnétoscope 382
Cinématographie 383
Caméra sonore, projecteur sonore, caméra vidéo, microphone dynamique
Télégraphe 385
Schéma de fonctionnement, récepteur, émetteur, code morse
Télex : téléimprimeur 386
Téléphone 387
Poste téléphonique, récepteur, microphone, types de postes téléphoniques, répondeur téléphonique
Télévision.. 389
Studio et régies, plateau, régie de production, téléviseur, (tube-image)
Satellites de télécommunications............ 393
Satellite Hermès, exemples de satellites, trajectoire d'un satellite, réseau de télécommunications

TRANSPORT 395
Transport routier 397
Automobile 397
Carrosserie, types de carrosseries, phare, arrière d'une familiale, essuie-glace, tableau de bord, instruments de bord, porte, direction, sièges
Station-service 401
Distributeur d'essence
Semi-remorque 402
Tracteur
Moteurs 404
Moteur diesel, moteur à turbocompression, moteur à essence
Batterie d'accumulateurs....................... 406
Radiateur 406
Bougie d'allumage................................ 406
Système d'échappement 406
Pneus... 407
Freins... 407
Motoneige 408
Motocyclette 409
Bicyclette 411

Coupe d'une rue 413
Coupe d'une route 413
Ponts fixes 414
Ponts mobiles 417
Transport ferroviaire 418
Locomotive diesel-électrique 418
Wagon couvert 419
Types de wagons 420
Types de voitures 421
Voiture-coach, voiture-lit, voiture-restaurant
Voie ferrée 422
Passage à niveau 423
Gare 424
Gare de triage 425
Conteneur 425
Hall de gare 426
Quai de gare 427
Transport par métro 428
Station de métro 428
Chemin de fer métropolitain 429
Rame de métro, intérieur d'une voiture, bogie et voie
Transport maritime 430
Quatre-mâts barque 430
Mâture et gréement, voilure
Types de voiles 432
Types de gréements 432
Paquebot 433
Transbordeur 434
Porte-conteneurs 434
Aéroglisseur 435
Hydroptère 436
Bathyscaphe 437
Sous-marin 438
Frégate 439
Écluse 440
Port maritime 441
Appareils de navigation 442
Sondeur à éclats, sextant, compas magnétique liquide
Signalisation maritime 444
Bouées, phare, lanterne de phare, système latéral de balisage
Ancre 447
Ancre de marine, types d'ancres
Transport aérien 448
Avion long-courrier 448
Aile 449
Voilure 449
Empennage 449
Turboréacteur 450
Poste de pilotage 451
Aéroport 452
Équipements aéroportuaires
Aérogare des passagers 454
Hélicoptère 455
Transport spatial 456
Fusée 456

Navette spatiale 457
Navette spatiale au décollage, navette spatiale en orbite
Scaphandre spatial 458
FOURNITURES ET ÉQUIPEMENT DE BUREAU 459
Articles de bureau 461
Mobilier de bureau 465
Machine à écrire 466
Micro-ordinateur 468
Fonctions d'un système, configuration d'un système, clavier, périphériques, (imprimante matricielle, coupleur acoustique, manche à balai), salle de l'ordinateur
MUSIQUE 473
Notation musicale 475
Instruments à cordes 477
Famille du violon, violon, archet, harpe
Instruments à clavier 479
Piano droit, mécanique du piano droit
Orgue 481
Production du son, console, mécanisme de l'orgue, tuyaux d'orgue
Instruments à vent 483
Famille des bois, (saxophone, anches), famille des cuivres, (trompette)
Instruments à percussion 485
Instruments traditionnels 487
Groupes instrumentaux 490
Accessoires de musique 492
Orchestre symphonique 493
Instruments électriques et électroniques 494
Guitare électrique, synthétiseur
LOISIRS DE CRÉATION 497
Couture 499
Machine à coudre, (bloc-tension, pied presseur, aiguille), accessoires de couture, attaches, fermeture à glissière, structure du tissu, tissus de soutien, patron
Tricot 504
Machine à tricoter, (bloc-tension, fonture, chariot, aiguille à clapet)
Dentelle aux fuseaux 506
Broderie 507
Métier à broder, catégories de points
Tissage 508
Métier de basse lisse, métier de haute lisse, accessoires de tissage, schéma de principe du tissage, armatures
Reliure d'art 512
Gravure en creux 515
Gravure en relief 516
Matériel, presse à taille douce
Lithographie 517
Matériel, presse lithographique
Impression 518
Schéma de l'impression en relief, schéma de l'impression en creux, schéma de l'impression à plat
Poterie 519
Tour à pied, outils, cuisson
Vitrail 521

Table des matières

SPORTS 523

Sports d'équipe 525
Baseball 525
Terrain, receveur, joueur, bâton, gant
Football 527
Terrain de football canadien, terrain de football
américain, mêlée au football américain, mêlée
au football canadien, équipement de protection,
uniforme, ballon de football
Rugby 531
Terrain, équipe, ballon
Football européen 532
Terrain, ballon
Hockey sur glace 533
Patinoire, gardien de but, hockeyeur, bâton de
joueur, bâton de gardien de but, rondelle
Basket-ball 535
Terrain, panier
Volley-ball 536
Terrain, ballon
Tennis 537
Terrain, joueurs de tennis, raquette de tennis
Hand-ball 539
Terrain, ballon
Squash 540
Terrain international de simples, raquette de
squash
Racquetball 541
Terrain à quatre murs, raquette de racquetball
Badminton 542
Terrain, volant
Tennis de table 543
Table
Curling 544
Terrain

Sports nautiques 545
Water-polo 545
Surface de jeu, but
Natation 546
Compétition de natation, position de départ,
types de nages
Plongeon 548
Plongeoir, positions de départ, groupes de plon-
geons
Plongée sous-marine 550
Planche à voile 551
Dériveur 552
Allures, accastillage
Ski nautique 554

Sports aériens 555
Parachutisme 555
Parachute, chute libre
Vol à voile 556
Planeur, cabine de pilotage
Vol libre 557
Aile volante

Sports d'hiver 558
Ski 558
Station de ski

Ski alpin 559
Skieur alpin, chaussure de ski, fixation de sécu-
rité
Ski de fond 561
Skieur de fond, ski de fond
Patinage 562
Patin de figure, patin de hockey, patin de course,
patin à roulettes
Raquette 563
Raquette algonquine, types de raquettes
Bobsleigh 564
Luge 564

Sports équestres 565
Équitation 565
Vêtements et équipement, obstacles, parcours
d'obstacles, bride, selle
Course sous harnais 568
Ambleur sous harnais, programme de courses,
estrade et piste

Sports athlétiques 570
Athlétisme 570
Stade, stade (suite), lancers
Gymnastique 573
Engins masculins, engins féminins, trampoline
Haltérophilie 575

Sports de combat 576
Escrime 576
Piste, escrimeur, parties de l'arme, armes, posi-
tions
Judo 578
Tapis, prises, costume de judo
Boxe 579
Ring

Sports de loisir 580
Pêche 580
Canne à mouche, canne à lancer, moulinet à
lancer, moulinet à tambour fixe, hameçon, flot-
teur, leurres, accessoires de pêche
Billard 583
Matériel de billard, billard pool et billard français,
billard anglais et snooker
Golf 585
Parcours, trou, types de bâtons de golf, acces-
soires de golf
Alpinisme 588
Matériel et équipement, alpiniste
Jeu de quilles 590

Jeux de société 591
Échecs 591
Pièces, échiquier, notation descriptive
Jacquet 592
Cartes 592
Dés 593
Dominos 593
Mah-jong 593
Table de roulette 594
Roulette, tableau des mises
Machine à sous 595

Camping 596
  Tentes 596
    Tentes familiales, tente canadienne, principaux types de tentes
  Sacs de couchage 598
  Lit-matelas et accessoires.................... 598
  Accessoires au propane ou au butane 599
  Popote....................................... 599
  Ustensiles de campeur...................... 599
  Outils 600
  Nœuds 601

APPAREILS DE MESURE...................... 603
  Mesure du temps 605
    Montre mécanique, montre à diapason, sablier, cadran solaire, mécanisme de l'horloge à poids, horloge de parquet
  Mesure de la masse 608
    Balance romaine, balance à fléau, peson, balance de Roberval, balance de précision, balance automatique, pèse-personne, balance électronique
  Mesure de la température 611
    Thermomètre bimétallique, thermomètre médical. thermostat d'ambiance
  Mesure de la pression........................ 612
    Baromètre anéroïde, sphygmomanomètre
  Mètre à ruban 613
  Podomètre................................... 613
  Micromètre 613
  Théodolite 614
  Wattheuremètre.............................. 615
  Sismographe horizontal 616
  Sismographe vertical........................ 616

APPAREILS DE VISION...................... 617
  Microscope binoculaire...................... 619
  Microscope électronique 620
  Jumelles à prismes 621
  Lunette de visée 621
  Télescope.................................... 622
  Lunette astronomique 623
  Radar 624
  Lentilles 625
    Lentilles convergentes, lentilles divergentes
  Boussole magnétique......................... 625

SANTÉ 627
  Trousse d'urgence, seringues
  Aides à la marche............................ 630
    Béquilles, cannes
  Fauteuil roulant 631

ÉNERGIES 633
  Mine de charbon............................. 635
    Carrière en entonnoir, carrière exploitée en chassant, exploitation minière, mine souterraine, carreau de mine, marteau pneumatique, marteau perforateur à poussoir pneumatique
  Pétrole...................................... 640
    Appareil de forage, pompe à balancier, pompage au gaz, arbre de Noël, forage en mer, plateforme de production, pipeline, pétrolier, wagon-citerne, semi-remorque citerne, camion-citerne, réservoir à toit flottant, réservoir à toit fixe,

raffinerie, produits de la raffinerie, traitement des sables bitumineux
  Électricité 651
    Complexe hydroélectrique, coupe d'un barrage en remblai, coupe d'un barrage en béton, principaux types de barrages, étapes de production de l'énergie électrique, coupe d'une centrale hydroélectrique, turbo-alternateur, coupe d'une turbine hydraulique, pylône, branchement aérien, usine marémotrice
  Énergie nucléaire............................ 661
    Centrale nucléaire CANDU, réacteur CANDU, réacteur nucléaire, grappe de combustible, schéma de fonctionnement d'une centrale nucléaire, séquence de manipulation du combustible, salle de commande, production d'électricité par énergie nucléaire, cycle du combustible nucléaire
  Énergie solaire.............................. 668
    Four solaire, centrale solaire à tour, maison solaire, photopile, capteurs solaires
  Moulin à vent............................... 671
    Moulin tour, moulin pivot
  Éolienne.................................... 672
    Éolienne à axe horizontal, éolienne à axe vertical, production d'électricité par éolienne

MACHINERIE LOURDE....................... 673
  Pelle à benne traînante 675
  Voiture de pompiers......................... 676
    Échelle pivotante automatique, fourgon-pompe
  Bouteur 678
  Chargeuse-pelleteuse........................ 679
  Niveleuse 680
  Pelle hydraulique 681
  Décapeuse................................... 682
  Camion-benne 682
  Manutention 683
    Grue, chariot motorisé, chariot élévateur, engins de manutention

ARMES 687
  Armes de l'âge de pierre..................... 689
  Guerrier africain 689
  Légionnaire romain 689
  Armure 690
  Arcs et arbalète 691
  Épées 692
  Baïonnettes.................................. 693
    Principaux types de baïonnettes, monture d'une baïonnette à poignée
  Canon du XVIIe siècle........................ 694
    Bouche à feu, tube, projectiles, accessoires de mise à feu
  Arquebuse................................... 696
    Platine à silex, chargement
  Grenade à main.............................. 696
  Mortier 697
    Mortier contemporain, mortier du XVIIe siècle
  Pistolet-mitrailleur.......................... 697
  Obusier moderne 698
  Fusil automatique 699
  Bazooka..................................... 700

Table des matières

Canon sans recul................................ 700
Mitrailleuse...................................... 701
Fusil-mitrailleur.................................. 701
Armes de chasse............................... 702
   Carabine, fusil, cartouche
Pistolet... 703
Revolver.. 703
Char d'assaut................................... 704
Avion de combat............................... 705
Missiles.. 706
   Structure d'un missile, système de commande,
   principaux types de missiles
SYMBOLES..................................... 707
Héraldique....................................... 709
   Éléments d'un drapeau, écu, exemples de sym-
   boles, formes de drapeau

Signes du zodiaque 712
Symboles d'affichage 713
   Éléments visuels des symboles, signaux routiers
   internationaux, symboles d'usage courant, entre-
   tien des tissus
Symboles scientifiques usuels................ 723

INDEX GÉNÉRAL — ANGLAIS 725
INDEX THÉMATIQUES — ANGLAIS 761
INDEX SPÉCIALISÉS — ANGLAIS 801
INDEX GÉNÉRAL — FRANÇAIS 815
INDEX THÉMATIQUES — FRANÇAIS 849
INDEX SPÉCIALISÉS — FRANÇAIS 887
BIBLIOGRAPHIE SÉLECTIVE 901

Printed and Bound in Canada by